मध्य प्रदेश शासन,
स्कूल शिक्षा विभाग के अन्तर्गत

मध्य प्रदेश माध्यमिक शिक्षक (विषय)

चयन परीक्षा 2025

हिन्दी

मध्य प्रदेश शासन,
स्कूल शिक्षा विभाग के अन्तर्गत

मध्य प्रदेश माध्यमिक शिक्षक (विषय) चयन परीक्षा 2025

हिन्दी

लेखक
अशोक सिंह

अरिहन्त पब्लिकेशन्स (इण्डिया) लिमिटेड

卐 **रजि. कार्यालय**

'रामछाया' 4577/15, अग्रवाल रोड, दरिया गंज, नई दिल्ली- 110002

फोन: 011-47630600, 43518550

卐 **मुख्य कार्यालय**

कालिन्दी, टी.पी. नगर, मेरठ (यूपी)– 250002

फोन: 0121-7156203, 7156204

卐 **शाखा कार्यालय**

आगरा, अहमदाबाद, बरेली, बंगलुरु, चेन्नई, दिल्ली, गुवाहाटी, हैदराबाद, जयपुर, झाँसी, कोलकाता, लखनऊ, नागपुर तथा पुणे

卐 **मूल्य** ₹ 350.00

PO No : TXT-59-T063190-02-25

PUBLISHED BY ARIHANT PUBLICATIONS (INDIA) LTD.

'अरिहन्त' की पुस्तकों के बारे में अधिक जानकारी के लिए हमारी वेबसाइट **www.arihantbooks.com** पर लॉग इन करें या **info@arihantbooks.com** पर सम्पर्क करें।

विषय-सूची

इकाई 01 हिन्दी की ऐतिहासिक पृष्ठभूमि

संसार की प्रत्येक भाषा की एक सैद्धान्तिक व्यवस्था होती है। हिन्दी एक भारतीय आर्यभाषा है। 'हिन्दी' शब्द का मौलिक अर्थ है— हिन्द का अर्थात् भारतीय भाषा के अर्थ में 'हिन्दी' का प्रयोग फारसियों और अरबों ने किया। **पं. रामनरेश त्रिपाठी** के अनुसार, 'ईरानी' महाभारत काल से ही भारत को 'हिन्द' कहने लगे थे। अत: स्पष्ट है कि कालान्तर में 'हिन्द' देश के निवासियों को हिन्दुस्तानी और उनकी भाषा को 'हिन्दी' कहा जाने लगा।

भारतीय आर्य भाषाएँ

- विश्व की लगभग 3000 भाषाओं को मुख्यत: 12 भाषा परिवारों में विभाजित किया गया है-भारोपीय (भारत-यूरोपीय), द्रविड़, चीनी, सैमेटिक, टैमेटिक, आग्नेय, यूराल, बाँटू, रैड इण्डियन, काकेशस, सूडानी तथा बुशमैन।
- इन 12 भाषा परिवारों में भारोपीय समूह विश्व का अत्यन्त विस्तृत भाषा परिवार है। 'हिन्दी' इसी भाषा परिवार की भाषा है। इस भाषा परिवार की भारतीय शाखा को ही 'भारतीय आर्य भाषा' कहा जाता है।
- भारतीय आर्य भाषाओं को तीन कालों में विभाजित किया गया है
  1. प्राचीन भारतीय आर्य भाषाएँ (1500 ई. पू. से 500 ई. पू. तक)
  2. मध्यकालीन भारतीय आर्य भाषाएँ (500 ई. पू. से 1000 ई. पू. तक)
  3. आधुनिक भारतीय आर्य भाषाएँ (1000 ई. पू. से अब तक)

प्राचीन भारतीय आर्य भाषाएँ (1500 ई.पू. से 500 ई.पू. तक)

प्राचीन भारतीय आर्य भाषाओं को दो भागों वैदिक संस्कृत व लौकिक संस्कृत में वर्गीकृत किया गया है, जिनका विवरण इस प्रकार है

वैदिक संस्कृत

प्राचीन भारतीय आर्य भाषा का प्राचीनतम रूप वैदिक साहित्य में दृष्टिगोचर होता है। वैदिक संस्कृत को तीन भागों में विभाजित किया जा सकता है-संहिता, ब्राह्मण एवं उपनिषद्।

- **संहिता** संहिता के अन्तर्गत चारों वेद आते हैं-ऋग्वेद, यजुर्वेद (शुक्ल और कृष्ण), सामवेद और अथर्ववेद।
  - **ऋग्वेद** संस्कृत का प्राचीनतम ग्रन्थ है। इसमें 10 मण्डल, 1028 सूक्त एवं 10580 ऋचाएँ हैं। ऋग्वेद में देवताओं की स्तुतियों से सम्बन्धित श्लोक हैं।
  - **यजुर्वेद** कृष्ण एवं शुक्ल इन दो रूपों में सुरक्षित है। कृष्ण यजुर्वेद संहिता में मन्त्र भाग एवं गद्यमय व्याख्यात्मक भाग साथ-साथ संकलित किए गए हैं किन्तु शुक्ल यजुर्वेद संहिता में केवल मन्त्र भाग संगृहीत है।
  - **सामवेद** इसमें सोम यागों (यज्ञ) में वीणा के साथ गाए जाने वाले सूक्तों को गेय पदों के रूप में सजाया गया है।
  - **अथर्ववेद** इसमें जन साधारण में प्रचलित मन्त्र-तन्त्र, टोने-टोटकों का संकलन है।
- **ब्राह्मण** प्रत्येक संहिता के अपने-अपने ब्राह्मण ग्रन्थ हैं

वेद	ब्राह्मण ग्रन्थ
ऋग्वेद	ऐतरेय ब्राह्मण
शुक्ल यजुर्वेद	शतपथ ब्राह्मण
कृष्ण यजुर्वेद	तैत्तिरीय ब्राह्मण
सामवेद	ताण्डव अथवा पंचाविंश ब्राह्मण
अथर्ववेद	गोपथ ब्राह्मण

- **उपनिषद्** उपनिषद् वस्तुत: ब्राह्मण ग्रन्थों के ही अन्तिम भाग हैं। उपनिषदों की संख्या 108 है, परन्तु इनमें 12 उपनिषद् ही मुख्य हैं-ईश, केन, कठ, प्रश्न, बृहदारण्यक, ऐतरेय, छान्दोग्य, तैत्तिरीय, मुण्डक, माण्डूक्य, श्वेताश्वेतर तथा कौषीतकी।
- विद्वानों ने **वैदिक ध्वनियों** की संख्या 52 मानी है। इसमें 13 स्वर तथा 39 व्यंजन हैं।

  स्वर अ, आ, इ, ई, उ, ऊ, ऋ, ॠ, लृ, ए, ओ, ऐ, औ

  व्यंजन क, ख, ग, घ, ङ, च, छ, ज, झ, ञ, ट, ठ, ड, ळ, ढ, ळह, ण, त, थ, द, ध, न, प, फ, ब, भ, म, य, र, ल, व, श, ष, स, ह, अनुस्वार (ं), विसर्ग (:), जिह्वामूलीय (क़, ख़), उपध्मानीय (प़, फ़)।

  वैदिक संस्कृत में तीन लिंग (पुल्लिंग, स्त्रीलिंग व नपुंसकलिंग) तथा तीन वचनों (एकवचन, द्विवचन व बहुवचन) का प्रयोग किया जाता है।

लौकिक संस्कृत

पाणिनि की अष्टाध्यायी, रामायण, महाभारत, पुराण आदि की रचना लौकिक संस्कृत में ही हुई है। लौकिक संस्कृत में केवल 48 वर्ण रह गए। ळ, ळह, जिह्वामूलीय तथा उपध्मानीय के लुप्त हो जाने के कारण लौकिक संस्कृत में 48 ध्वनियाँ ही शेष रह गईं। लौकिक संस्कृत में वैदिक संस्कृत की अपेक्षा क्रिया रूपों और धातु रूपों में विशेष अन्तर आ गया है।

मध्यकालीन भारतीय आर्य भाषाएँ (500 ई.पू. से 1000 ई. तक)

भगवान बुद्ध के जन्म तक भारतीय आर्य भाषा विकास के मध्यकाल में प्रवेश कर चुकी थी। 500 ई. पू. से 1000 ई. तक के 1500 वर्षों तक भारतीय- आर्य भाषा विभिन्न 'प्राकृतों' तथा 'अपभ्रंश' के रूप में विकसित होती हुई, आधुनिक भारतीय आर्य भाषा की जननी बनी। आर्य भाषा के मध्यकालीन स्वरूप को तीन भागों में बाँटा गया, जिनका वर्णन निम्नलिखित है

पालि

- पालि को प्रथम प्राकृत भी कहा जाता है। इसमें बौद्ध साहित्य की रचना हुई है। इस भाषा में त्रिपिटक ग्रन्थों -सुत्त पिटक, विनय पिटक एवं अभिधम्म पिटक की रचना हुई। 'सुत्त पिटक' साधारण बातचीत के ढंग पर दिए गए बुद्ध के उपदेशों का संग्रह है। 'विनय पिटक' में बुद्ध की उन शिक्षाओं का संकलन है, जो उन्होंने समय-समय पर संघ-संचालन को नियमित करने के लिए दी थीं। 'अभिधम्म पिटक' में चित्त, चेतसिक आदि धर्मों का विशद् विश्लेषण किया गया है।
- पालि भारत की प्रथम देशीय भाषा थी। पालि में लिखे कुछ प्रमुख ग्रन्थ हैं-मिलिन्दपन्हो, महावंश, दीपवंश, अट्ठकथा साहित्य आदि। पालि भाषा के तीन व्याकरण उपलब्ध हैं- सद्दनीति व्याकरण, कच्चान व्याकरण तथा मोग्गलान व्याकरण। सद्दनीति व्याकरण की रचना अग्गवंश ने की थी, जो एक बर्मी भिक्षु थे।
- श्रीलंका के मोग्गलान ने 'मोग्गलान व्याकरण' तथा कच्चान ने 'कच्चान व्याकरण' की रचना की थी। पालि भाषा मुख्यत: मगध, उज्जयिनी, कलिंग, कोसल आदि स्थानों पर प्रचलित थी। मुख्य रूप से पालि को मध्य प्रदेश की बोली माना जाता है।

  पालि में वर्णों का वर्गीकरण निम्न ढंग से किया गया है

  पालि भाषा के स्वर अ, आ, इ, ई, उ, ऊ, एँ, ए, ओं, ओ।

  व्यंजन क, ख, ग, घ, ङ, च, छ, ज, झ, ञ, ट, ठ, ड, ढ, ण, त, थ, द, ध, न, प, फ, ब, भ, म, य, र, ल, व, स, ह, ळ, अं।

प्राकृत

- प्राकृत को द्वितीय प्राकृत कहा जाता है। प्राकृत प्राचीन रूप से सर्वाधिक प्रचलित भाषा रही है। हेमचन्द्र, मार्कण्डेय आदि विद्वानों ने प्राकृत की उत्पत्ति संस्कृत से मानी है। वररुचि ने सर्वप्रथम 'प्राकृत प्रकाश' के नाम से प्राकृत व्याकरण लिखा तथा हेमचन्द्र ने 'प्राकृत व्याकरण' की रचना की। हेमचन्द्र को प्राकृत के 'पाणिनि' की संज्ञा दी जाती है।
- वररुचि ने प्राकृत भाषा के चार भेद माने हैं- महाराष्ट्री, पैशाची, मागधी और शौरसेनी, परन्तु हेमचन्द्र ने अपने 'प्राकृत व्याकरण' में प्राकृत को तीन भेदों में वर्गीकृत किया- अर्द्धमागधी (आर्षी), चूलिका पैशाची और अपभ्रंश। भरतमुनि ने नाट्यशास्त्र में सात प्राकृतों का उल्लेख किया— शौरसेनी, मागधी, अर्द्धमागधी, दक्षिणात्या, बाह्लीक, अवन्तिजा तथा प्राच्या। साहित्यिक महत्ता की दृष्टि से शौरसेनी, पैशाची, महाराष्ट्री, मागधी और अर्द्धमागधी मुख्य हैं।

प्राकृत भाषा के प्रकार

प्राकृत भाषा के निम्नलिखित प्रकार हैं

- **शौरसेनी प्राकृत** शौरसेनी प्राकृत मुख्यत: मथुरा के आस-पास की बोली थी। यह मध्यदेश की प्रमुख बोली थी। आचार्य भरतमुनि के अनुसार शौरसेनी नाटकों के गद्य भाग की भाषा थी। बाद में इससे पंजाबी तथा अन्य हिन्दी भाषा समूहों की उत्पत्ति हुई। दिगम्बर जैनाचार्यों ने अपने महाकाव्य शौरसेनी में ही लिखे। आधुनिक विद्वानों के अनुसार, शौरसेनी प्राकृत से ही आगे चलकर महाराष्ट्री प्राकृत का विकास हुआ। जैन साहित्य के अतिरिक्त कर्पूरमंजरी (राजशेखर), चन्द्रलेखा (रुद्रदास), आनन्दसुन्दरी (घनश्याम) आदि रचनाओं में भी शौरसेनी प्राकृत का प्रयोग हुआ है।
- **अर्द्धमागधी** अर्द्धमागधी मुख्यत: प्राचीन काल में मगध की साधारण-बोलचाल की साहित्यिक भाषा थी। जॉर्ज ग्रियर्सन के अनुसार अर्द्धमागधी मध्यदेश (शूरसेन या मथुरा) तथा मगध के मध्यवर्ती देश (कोसल या अयोध्या) की भाषा थी। जैन धर्म के अन्तिम (24वें) तीर्थंकर महावीर स्वामी ने अपने धर्मोपदेश अर्द्धमागधी में ही दिए थे। इसी कारण इनके उपदेशों के संकलन को आगम कहा जाता है। आचार्य हेमचन्द्र ने अर्द्धमागधी को 'आर्ष प्राकृत' कहा है। जैनाचार्यों ने भी अर्द्धमागधी को विभिन्न नामों से पुकारा; जैसे-आदिभाषा, आर्ष, आर्षी आदि।
- **मागधी** मागधी प्राचीन काल में दक्षिण बिहार (मगध) में प्रचलित थी। पालि त्रिपिटक में भगवान बुद्ध के उपदेशों की भाषा को मागधी कहा गया है। मार्कण्डेय ने मागधी की उत्पत्ति शौरसेनी प्राकृत से बताई है। अश्वघोष के नाटकों में मागधी प्राकृत के प्राचीनतम रूप परिलक्षित होते हैं। प्राकृत व्याकरण के अनुसार मागधी प्राकृत की विशेषताएँ थीं-'र' के स्थान पर 'ल' का, स, श, ष के स्थान पर 'श' का उच्चारण तथा अकारान्त शब्दों के कर्ता कारक एकवचन की विभक्ति 'ए' का प्रयोग; जैसे-जन-जने। मुद्राराक्षस (विशाखदत्त), मृच्छकटिकम् (शूद्रक) आदि रचनाओं में यत्र-तत्र मागधी के दर्शन होते हैं।
- **पैशाची** यह उत्तर-पश्चिम में कश्मीर के आस-पास की भाषा थी। हार्नले ने इसे द्रविड़ों द्वारा प्रयुक्त भाषा तथा पुरुषोत्तम देव ने संस्कृत और शौरसेनी का विकृत रूप माना है। पैशाची उन आर्यों की भाषा है, जिन्होंने आर्य संस्कृत को पूर्ण रूप से नहीं अपनाया था। इसके अवशेष चीन, तुर्किस्तान, काफिरस्तान, गान्धार आदि में पाए गए शिलालेखों में मिलते हैं। पंजाब, सिन्ध, बलूचिस्तान और कश्मीर की भाषाओं में पैशाची का प्रभाव स्पष्ट लक्षित होता है।
- **महाराष्ट्री** साहित्यिक प्राकृतों में महाराष्ट्री प्राकृत सर्वाधिक विकसित है। प्राकृत वैयाकरणों ने इसे आदर्श प्राकृत माना है और सबसे पहले उन्होंने ही इसका विवेचन किया। संस्कृत नाटकों में प्राकृत-पद्य रचना प्राय: महाराष्ट्री में ही हुई है। काव्य भाषा के रूप में यह पूरे उत्तर भारत में प्रचलित रही है। कालिदास तथा हर्ष ने अपने नाटकों के गीत इसी भाषा में लिखे।

अपभ्रंश

अपभ्रंश भाषा मध्यकालीन आर्य भाषा की तीसरी अवस्था है। अपभ्रंश का शाब्दिक अर्थ है— बिगड़ा हुआ या गिरा हुआ। आचार्य हेमचन्द्र व वाग्भट्ट ने अपभ्रंश को 'ग्रामभाषा' कहा तथा दण्डी ने इसे 'आभीरादि' की भाषा कहा है।

- अपभ्रंश शब्द का सर्वप्रथम उल्लेख पतंजलि ने अपने 'महाभाष्य' में किया है। इस ग्रन्थ में उन्होंने उदाहरण देकर अपभ्रंश सम्बन्धी विचार स्पष्ट किया है।
- डॉ. उदय नारायण तिवारी ने अपनी पुस्तक 'हिन्दी भाषा का उद्गम व विकास' में अपभ्रंश का जन्मकाल 700 ई. स्वीकारा है।
- डॉ. नामवर सिंह भी अपने ग्रन्थ 'हिन्दी के विकास में अपभ्रंश का योगदान' में अपभ्रंश का काल 700 ई. स्वीकार करते हैं।
- डॉ. भोलानाथ तिवारी अपभ्रंश का जन्म 500 ई. के आस-पास मानते हैं।

मार्कण्डेय व इतर आचार्यों ने अपभ्रंश के कुल तीन भेद बताए हैं,

- नागर (गुजरात की बोली)
- उपनागर (राजस्थान की बोली)
- ब्राचड़ (सिन्ध की बोली)

'दूहा' अर्थात् दोहा भी मूलत: अपभ्रंश भाषा का ही छन्द है।

अपभ्रंश का क्षेत्रीय रूप व भाषाएँ

अपभ्रंश	भाषाएँ
शौरसेनी अपभ्रंश	पश्चिमी हिन्दी, राजस्थानी, गुजराती
पैशाची अपभ्रंश	पंजाबी
ब्राचड़ अपभ्रंश	सिन्धी
खस अपभ्रंश	पहाड़ी
महाराष्ट्री अपभ्रंश	मराठी
अर्द्धमागधी अपभ्रंश	पूर्वी हिन्दी
मागधी अपभ्रंश	बिहारी, उड़िया, बांग्ला, असमिया

- अपभ्रंश के महान् कवि **स्वयंभू** हैं, जिन्होंने 'पउमचरिउ', 'रिट्ठणेमिचरिउ' तथा 'स्वयंभू छन्द' नामक तीन ग्रन्थों की रचना की। पउमचरिउ एक अपूर्ण ग्रन्थ है फिर भी इसमें राम का चरित्र विस्तार से वर्णित है। कथा के अन्त में राम निर्वाण प्राप्त करते हैं।
- अपभ्रंश के दूसरे कवि **पुष्पदन्त** 10वीं शताब्दी में हुए, इनकी भी तीन रचनाएँ हैं—'महापुराण', 'णयकुमार चरिउ' और 'जसहर चरिउ'।
- अपभ्रंश के तीसरे प्रमुख कवि **धनपाल** ने 10वीं शताब्दी में 'भविसयत्तकहा' की रचना की।
- अपभ्रंश साहित्य के समर्थ कवियों में **अब्दुल रहमान** का नाम आता है, जिन्होंने 'सन्देशरासक' लिखी। सन्देशरासक एक खण्डकाव्य है, जिसमें विक्रमपुर की एक वियोगिनी की विरह कथा वर्णित है।
- कनकामर मुनि की 'करकंडचरित' अपभ्रंश काल की प्रसिद्ध रचना है। अपभ्रंश काल की कुछ अन्य रचनाएँ इस प्रकार हैं

अपभ्रंश काल की रचनाएँ व रचनाकार

रचना	रचनाकार
प्राकृत व्याकरण	जैन आचार्य हेमचन्द्र
प्रबन्ध चिन्तामणि	मेरुतुंग
प्राकृत पैंगलम	लक्ष्मीधर
राउलवेल	रोडा
सन्देशरासक	अब्दुल रहमान
पाहुड़दोहा	रामसिंह
उपदेश रसायनरास	जिनदत्त सूरि
कीर्तिलता व कीर्तिपताका	विद्यापति
श्रावकाचार	देवसेन

अपभ्रंश की विशेषताएँ

अपभ्रंश की निम्नलिखित विशेषताएँ हैं

- अपभ्रंश को उकार बहुला भाषा कहा गया है। सामान्यतः अपभ्रंश ट वर्ग-प्रधान भाषा है। इसमें 'ण' की बहुलता है।
- अपभ्रंश में दो वचन तथा दो लिंग मिलते हैं। नपुंसक लिंग का उदाहरण नागर अपभ्रंश में मिलता है। आदिकाल का द्वितीय प्रकारण अपभ्रंश काल है

अपभ्रंश अवहट्ठ और पुरानी हिन्दी का सम्बन्ध

- अपभ्रंश का प्रयोग साहित्य में 12वीं शताब्दी तक होता रहा, परन्तु 1000 ई. तक आते-आते यह बोली हिन्दी के रूप में प्रतिष्ठित हो गई।
- अपभ्रंश के ही परवर्ती रूप को विद्वानों ने 'अवहट्ठ' का नाम दिया। 13वीं-14वीं ई. के साहित्यकारों ने अपनी भाषा को अपभ्रंश अवहट्ठ कहा तथा हेमचन्द्र ने उन्हें **देशी नाममाला** में शामिल करना उचित समझा।
- अपभ्रंश की ध्वनियाँ भी हिन्दी में प्रचलित हैं। कुछ नई ध्वनियों का भी हिन्दी में विकास हुआ। हिन्दी शब्दों की इसी अधिकता को लक्षित कर महापण्डित राहुल सांकृत्यायन और चन्द्रधर शर्मा 'गुलेरी' ने इस भाषा को पुरानी हिन्दी के नाम से सम्बोधित किया। इस प्रकार हम कह सकते हैं कि 1000 ई. के लगभग अधिकांशतः साहित्य में हिन्दी का प्रयोग होने लगा।
- हिन्दी ने अपभ्रंश की सारी प्रवृत्तियों को अपनाया है। संस्कृत, पालि, प्राकृत आदि संयोगात्मक भाषाएँ थीं। संज्ञा, सर्वनाम के कारक रूपों के लिए अपभ्रंश में कारक चिह्न अलग से प्रयुक्त हुए। काव्य में प्रयुक्त भाषा अपभ्रंश कहलाई।
- आचार्य रामचन्द्र शुक्ल ने अपभ्रंश के कई उदाहरण अपने हिन्दी साहित्य के इतिहास में प्रयुक्त किए हैं।
- डॉ. सुनीति कुमार चटर्जी एवं बहुत से अन्य भाषाविदों ने अपभ्रंश को भारतीय आर्य भाषा के विकास की एक स्थिति माना है।
- डॉ. सुनीति कुमार चटर्जी के अनुसार, शौरसेनी अपभ्रंश अर्थात् अवहट्ठ मध्यदेश के अतिरिक्त बंगाल आदि प्रदेशों में भी काव्य भाषा के रूप में प्रयुक्त होती रही। मागधी अपभ्रंश से ही बिहारी, बांग्ला, असमी और उड़िया भाषाओं का विकास हुआ।
- शौरसेनी अपभ्रंश से पश्चिमी हिन्दी, पंजाबी और गुजराती विकसित हुई।
- मार्कण्डेय और कुछ अन्य विद्वानों ने अपभ्रंश के तीन प्रकार बताए हैं, जिनमें नागर से गुजरात की, उपनागर से राजस्थान की, ब्राचड से सिन्ध की बोली विकसित हुई। इस प्रकार पुरानी हिन्दी अर्थात् अपभ्रंश और अवहट्ठ से ही हिन्दी का विकास हुआ।
- सिद्ध साहित्य में यदा-कदा अपभ्रंश के दर्शन होते हैं। मुख्य रूप से सिद्धों ने अपनी रचनाएँ हिन्दी के तत्कालीन लोक-प्रचलित रूप में लिखीं।

आधुनिक भारतीय आर्य भाषाएँ

आधुनिक भारतीय आर्य भाषाओं का विकास अपभ्रंश के विभिन्न क्षेत्रीय स्वरूपों से हुआ है। विभिन्न आधुनिक आर्य भाषाएँ हैं—पश्चिमी हिन्दी, राजस्थानी, गुजराती, पंजाबी, लहँदा, सिन्धी, मराठी, बिहारी, बांग्ला, पहाड़ी, असमिया, पूर्वी हिन्दी आदि। कालान्तर में पश्चिमी हिन्दी की खड़ी बोली ही विकसित होकर अपने परिनिष्ठित और मानक रूप को पाकर वर्तमान में राजभाषा हिन्दी के रूप में प्रतिष्ठित हुई।

आधुनिक भारतीय आर्य भाषाओं का वर्गीकरण

डॉ. जॉर्ज ग्रियर्सन ने आधुनिक भारतीय आर्य भाषाओं का वर्गीकरण निम्न रूप से किया है

बाह्य उपशाखा

- उत्तरी-पश्चिमी समूह—लहँदा, सिन्धी
- दक्षिणी समूह—मराठी
- पूर्वी समूह—उड़िया, बिहारी, असमिया, बांग्ला

मध्य उपशाखा

- मध्यवर्ती समूह—पूर्वी हिन्दी

अन्तः उपशाखा

- केन्द्रीय समूह—पश्चिमी हिन्दी, पंजाबी, गुजराती, खानदेशी, राजस्थानी।
- पहाड़ी समूह—नेपाली या पूर्वी पहाड़ी, मध्य पहाड़ी, पश्चिमी पहाड़ी।

डॉ. हार्नले ने आधुनिक भारतीय आर्य भाषाओं को चार वर्गों में विभाजित किया

- पूर्वी गौडियन—पूर्वी हिन्दी, बांग्ला, असमिया, उड़िया
- पश्चिमी गौडियन—पश्चिमी हिन्दी, राजस्थानी, गुजराती, सिन्धी, पंजाबी
- उत्तरी गौडियन—गढ़वाली, नेपाली, पहाड़ी
- दक्षिणी गौडियन—मराठी

भोलानाथ तिवारी ने अपभ्रंश के क्षेत्रीय स्वरूपों के आधार पर वर्गीकरण किया

अपभ्रंश का क्षेत्रीय स्वरूप एवं आधुनिक भाषाएँ

अपभ्रंश	आधुनिक भाषाएँ
शौरसेनी	पश्चिमी हिन्दी, गुजराती, राजस्थानी, पहाड़ी
मागधी	बांग्ला, बिहारी, असमिया, उड़िया
अर्द्धमागधी	पूर्वी हिन्दी
महाराष्ट्री	मराठी
ब्राचड़-पैशाची	लहँदा, पंजाबी, सिन्धी

स्पष्टतः आधुनिक भारतीय आर्य भाषाओं का विकास अपभ्रंश से हुआ। भारत में उस समय अपभ्रंश के विभिन्न रूप प्रचलित थे—शौरसेनी, मागधी, अर्द्धमागधी, महाराष्ट्री आदि। आधुनिक भारतीय आर्य भाषाओं में हिन्दी, उर्दू, पंजाबी, गुजराती, कश्मीरी, सिन्धी, मराठी, बांग्ला, उड़िया और असमिया आदि सम्मिलित हैं। चूँकि इन सभी आधुनिक आर्य भाषाओं का स्रोत संस्कृत रही है, इसलिए इन आर्य भाषाओं में संस्कृत के प्रचुर शब्द मिलते हैं।

हिन्दी का भौगोलिक विस्तार

- हिन्दी का भौगोलिक विस्तार बहुत दूर-दूर तक है। हिन्दी भारत देश के अतिरिक्त अन्य क्षेत्रों में अपने भाविक स्वरूप के अन्तर्गत प्रयोग की जाती है। सीमावर्ती देशों के अतिरिक्त यूरोप, अफ्रीका, ऑस्ट्रेलिया, अमेरिका, मध्य एशिया आदि स्थानों पर भी हिन्दी का प्रभुत्व है। प्रमुख रूप से हिन्दी प्रदेशों में बोली जाने वाली हिन्दी का स्वरूप इस प्रकार है-पूर्व में अवधी, छत्तीसगढ़ी, भोजपुरी, मैथिली; पश्चिम में खड़ी बोली, हरियाणी या हरियाणवी, ब्रजभाषा, बुन्देली, राजस्थानी, कन्नौजी; उत्तर में कुमाऊँनी, गढ़वाली तथा दक्षिण में दक्खिनी आदि।
- हिन्दी भारत के बहुसंख्यक लोगों की भाषा होने के साथ विश्व की तीसरी सबसे अधिक बोली जाने वाली भाषा है। हिन्दी ऐतिहासिक दृष्टि से युग-युग की मध्यदेशीय भाषाओं संस्कृत, पालि, प्राकृत, अपभ्रंश आदि की उत्तराधिकारिणी है। वस्तुतः हिन्दी सम्पूर्ण देश में व्याप्त है। व्यवहार में यह राष्ट्रभाषा है, परन्तु राजनीतिक स्वार्थों के कारण कुछ राज्यों में इसे मान्यता नहीं मिल पाई। इसलिए यह कहना ठीक नहीं है कि हिन्दी का क्षेत्र सम्पूर्ण भारत है।
- पश्चिम में अम्बाला छावनी से लेकर पूर्व में पूर्णिया (बिहार व बंगाल के बीच की सीमा) तक तथा उत्तर में बद्रीनाथ से लेकर खण्डवा (मध्य प्रदेश की दक्षिणी सीमा) तक हिन्दी बोली जाती है।
- इस विस्तृत क्षेत्र के अन्तर्गत बिहार, उत्तर प्रदेश, छत्तीसगढ़, झारखण्ड, उत्तराखण्ड, हरियाणा, हिमाचल प्रदेश, दिल्ली, राजस्थान व मध्य प्रदेश सम्मिलित हैं। इस पूरे क्षेत्र को ही हिन्दी प्रदेश कहते हैं।

हिन्दी की उपभाषाएँ तथा उनकी बोलियाँ

हिन्दी के अन्तर्गत आने वाली पाँच उपभाषाएँ एवं उनकी बोलियाँ इस प्रकार हैं

उपभाषाएँ	बोलियाँ
पश्चिमी हिन्दी	खड़ी बोली, हरियाणवी, ब्रजभाषा, बुन्देली, कन्नौजी
पूर्वी हिन्दी	अवधी, बघेली, छत्तीसगढ़ी
राजस्थानी हिन्दी	मारवाड़ी, जयपुरी/ढूँढाड़ी, मेवाती, मालवी
बिहारी हिन्दी	भोजपुरी, मैथिली, मगही
पहाड़ी हिन्दी	गढ़वाली, कुमाऊँनी, नेपाली

पश्चिमी हिन्दी

पश्चिमी हिन्दी का विकास शौरसेनी अपभ्रंश से हुआ है। पश्चिमी हिन्दी की प्रमुख बोलियाँ निम्न प्रकार हैं

खड़ी बोली

- इस बोली को 'हिन्दुस्तानी', 'सरहिन्दी', 'बोल-चाल की हिन्दुस्तानी खड़ी बोली' आदि नाम दिए गए हैं। इसका दूसरा व सही नाम 'कौरवी' है। यह वही प्रदेश है, जिसे पहले कुरु जनपद कहते थे।
- कौरवी या खड़ी बोली रामपुर, मुरादाबाद, बिजनौर, मुजफ्फरनगर, मेरठ, बुलन्दशहर, सहारनपुर, देहरादून के मैदानी भाग, अम्बाला (पूर्वी भाग) तथा पटियाला के पूर्वी भागों में बोली जाती है।
- खड़ी बोली तथा उसके परिष्कृत रूप मानक हिन्दी में पर्याप्त समानताएँ मिलती हैं।
- 14वीं शताब्दी में सर्वप्रथम अमीर खुसरो ने इस बोली का प्रयोग किया। 16-17वीं शताब्दी तक हिन्दी साहित्य पर ब्रजभाषा व अवधी का आधिपत्य रहा, परन्तु कालान्तर में खड़ी बोली में हिन्दी साहित्य लिखा जाने लगा, न केवल पद्य में अपितु गद्य में भी खड़ी बोली का प्रयोग हुआ।
- खड़ी बोली के विकास के साथ-साथ हिन्दी साहित्य में गद्य का भी जन्म हुआ। सदल मिश्र, लल्लू लाल, सदासुख लाल आदि ने अपने गद्य में खड़ी बोली का प्रयोग किया। अतः गद्य साहित्य के विविध रूपों में हिन्दी खड़ी बोली ने उल्लेखनीय विकास किया।
- जयशंकर प्रसाद, सूर्यकान्त त्रिपाठी निराला, महादेवी वर्मा आदि कवियों ने अपने काव्य में खड़ी बोली का ही प्रयोग किया।
- जयशंकर प्रसाद रचित **कामायनी** खड़ी बोली का प्रसिद्ध महाकाव्य है।
- खड़ी बोली में अतुकान्त पद्य में 'निराला' जी का प्रमुख स्थान है। खड़ी बोली का प्रथम महाकाव्य 'हरिऔध' रचित **प्रिय प्रवास** है।

खड़ी बोली की विशेषताएँ

- खड़ी बोली आकार बहुला बोली है। इसमें अधिकांशतः आकारान्त शब्दों का प्रयोग होता है; जैसे-माता, पिता, हथौड़ा आदि।
- खड़ी बोली में बहुधा द्वित्व व्यंजनों का प्रयोग किया जाता है; *जैसे*-करत्ता, बेट्टा, गाड्डी आदि।
- खड़ी बोली में मूर्धन्य 'ल' का प्रयोग मिलता है, जिसका मानक हिन्दी में अभाव है; जैसे-बाल, जंगल आदि।
- खड़ी बोली में मानक हिन्दी के न, भ के स्थान पर क्रमशः ण, ब का प्रयोग होता है; जैसे—खाणा, जाणा, आणा, अबी (अभी), कबी (कभी) आदि।

हरियाणवी

- हरियाणवी को 'हरियाणी' तथा 'बाँगरू' भी कहा जाता है। जॉर्ज ग्रियर्सन ने हरियाणवी को 'बाँगरू' नाम दिया था। हरियाणा प्रान्त (पानीपत, सोनीपत, जीन्द, पटियाला, हिसार, गुड़गाँव आदि) तथा दिल्ली के देहात क्षेत्र में हरियाणवी बोली जाती है।
- हरियाणा प्रान्त में अहीर तथा जाटों की बाहुल्यता है, इस कारण हरियाणी को 'जाटू' भाषा भी कहा जाता है। हरियाणवी में साहित्य का अभाव है।

ब्रजभाषा

- ब्रजभाषा पश्चिमी हिन्दी की बोली है जिसका जन्म शौरसेनी अपभ्रंश से हुआ है। यह मथुरा, वृन्दावन, आगरा, भरतपुर, धौलपुर, करौली, पश्चिमी ग्वालियर, अलीगढ़, मैनपुरी, बदायूँ, बरेली आदि प्रदेशों में बोली जाती है।
- ब्रजभाषा अपने विस्तार के साथ मथुरा मण्डल की भाषा के रूप में विकसित हुई।
- ब्रजभाषा का आरम्भिक उल्लेख ऋग्वेद में है। इसके अतिरिक्त श्रीमद्‌भगवद्‌पुराण व हरिवंश पुराण में भी इसका उल्लेख है। ब्रज का शाब्दिक अर्थ-गोस्थली (जहाँ गाएँ रहती हैं) होता है।
- इसके बोलने वालों की संख्या लगभग डेढ़ करोड़ होगी। ब्रजभाषा का साहित्य अत्यन्त विशाल है।
- सूरदास, नन्ददास, रसखान, घनानन्द, बिहारी, केशव, भारतेन्दु, जगन्नाथदास रत्नाकर आदि ब्रजभाषा के कवि हैं।

ब्रजभाषा की विशेषताएँ

- ब्रजभाषा में ओकारान्त शब्दों की प्रधानता है। खड़ी बोली का 'ए' तथा 'ओ' ब्रजभाषा में 'ऐ' तथा 'औ' हो गया।
- श, ष, स में से ब्रज में 'स' की प्रधानता है। मानक हिन्दी की 'ण' ध्वनि ब्रज में 'न' रूप में मिलती है; जैसे– गणेश-गनेस। इसी प्रकार 'ड़' तथा 'ल' ध्वनियाँ ब्रज में 'र' ध्वनि के रूप में प्रयुक्त होती हैं; जैसे– थोड़ा-थोरो, बिजली-विजुरी आदि।

  सर्वनामों की दृष्टि से ब्रजभाषा में निम्न का प्रयोग होता है

  उत्तम पुरुष मैं, हौं, मोरो, मोहिं मुझ, हमारो

  मध्यम पुरुष तु, तेरो, तुज, तोहिं, तुम्हारो

  अन्य पुरुष इह, उह, इन, जोई, सोई
- ब्रजभाषा में बहुवचन में 'अन', 'अनि' प्रत्ययों का प्रयोग बहुतायत से होता है; जैसे—छोरौ-छोरनि, लड़का-लरकानि आदि।
- मानक हिन्दी में नाकारान्त क्रिया रूप ब्रज में नोकारान्त रूप में प्रयुक्त होते हैं; जैसे—चलना-चलनो, दौड़ना-दौड़नो आदि।

बुन्देली

- बुन्देला राजपूतों का प्रदेश होने के कारण जिस क्षेत्र का नाम बुन्देलखण्ड पड़ा, उसकी बोली को बुन्देली कहते हैं। यह बोली उत्तर प्रदेश के झाँसी, उरई, जालौन, हमीरपुर और बाँदा (पश्चिमी भाग) तथा मध्य प्रदेश के ओरछा, दतिया, चटखारी, सागर, टीकमगढ़, दमोह, नरसिंहपुर, छिन्दवाड़ा, सिवनी, होशंगाबाद और बालाघाट के अतिरिक्त ग्वालियर (पूर्वी भाग) में बोली जाती है।
- बुन्देलखण्ड क्षेत्र के कवि तुलसीदास, केशवदास, बिहारी, मतिराम, पजनेश, श्रीपति, रसनिधि, ठाकुर, पद्माकर, भट्ट आदि हैं। बुन्देली पर ब्रज तथा अवधी का प्रभाव है। बुन्देली में अधिकतर महाप्राण व्यंजनों का अल्पप्राणीकरण हो जाता है, जैसे-नहीं-नई, दही-दई, कहीं-कई, सूधो-सूदो आदि। इसमें शब्द के बीच से 'र' का लोप हो जाता है। बुन्देली औकार बहुला है; जैसे– तुम्हारा-तुमाओ, आओ, गाओ, बैठो आदि।
- बुन्देली में कर्मकारक तथा सम्प्रदान कारक के रूप बदल जाते हैं, क्रमशः 'को' का 'खो' तथा 'के लिए' का 'के लाने' हो जाता है। संख्यावाची शब्दों में भी परिवर्तन हो जाता है; जैसे-गैरा (ग्यारह), बेरा (बारह) आदि।

कन्नौजी

- यह बोली कन्नौज प्रदेश की भाषा है। कानपुर, हरदोई, शाहजहाँपुर, फर्रूखाबाद, इटावा, पीलीभीत आदि प्रदेशों में कन्नौजी बोली जाती है।
- कन्नौजी का विकास शौरसेनी प्राकृत की पांचाली प्राकृत से हुआ है। इस कारण आचार्य किशोरीदास बाजपेई जी ने इसे 'पांचाली' भी कहा है। कन्नौजी ओकारान्त प्रधान बोली है। कन्नौजी में संयुक्त स्वर की प्रधानता है; जैसे—और-अउर, कौन-कउन आदि।
- इसकी ध्वनियों में बीच में 'ह' का लोप हो जाता है। अन्त्य अल्पप्राण, महाप्राण में परिवर्तित हो जाता है; जैसे—साथ-सात्, हाथ-हात् आदि। 'य' के स्थान पर 'ज' का प्रयोग होता है; जैसे-यमुना-जमुना, यश-जस आदि। 'व' के स्थान पर 'ब' का प्रयोग होता है— वर-बर आदि।
- कन्नौजी के स्वरों में मुख्यतः अनुनासिकीकरण की प्रवृत्ति पाई जाती है; जैसे-भौजाई-भउजाईं, जुआ-जुआँ आदि।

पूर्वी हिन्दी

पूर्वी हिन्दी का विकास अर्द्धमागधी प्राकृत से हुआ है। पूर्वी हिन्दी की प्रमुख बोलियाँ निम्न हैं

अवधी

- अवध की बोली अवधी है। अवध प्रान्त के अन्तर्गत लखीमपुर खीरी, सीतापुर, हरदोई, लखनऊ, बाराबंकी, बहराइच, गोण्डा, फैजाबाद, उन्नाव, रायबरेली आदि जिले आते हैं। इनमें हरदोई जिले को छोड़कर अन्य सभी जिलों में अवधी बोली जाती है। ब्रजभाषा के पश्चात् अवधी ही साहित्य की दृष्टि से समृद्ध रही है। अवधी को पूर्वी तथा कोसली भी कहा जाता है। अवधी में पर्याप्त मात्रा में साहित्य सृजन हुआ है।
- तुलसीदास (रामचरितमानस), जायसी (पद्मावत), कुतुबन (मृगावती), लालदास (जानकी रामायण), नाभादास (भक्तमाल), अग्रदास (ध्यान मंजरी), नूर मोहम्मद (इन्द्रावती), मंझन (मधुमालती), उसमान (चित्रावली) आदि अवधी के प्रमुख कवि व साहित्यकार रहे हैं।

अवधी की विशेषताएँ

- अवधी में 'ऐ' का उच्चारण 'अई' और 'औ' का उच्चारण 'अऊ' रूप में होता है; जैसे– कैसा–कइसा, पैसा–पइसा, औरत–अऊरत।
- शब्दान्त में आने वाली ध्वनि 'व' निश्चित रूप से 'उ' में परिवर्तित होती है; जैसे– नाव–नाउ, भाव–भाउ, गाँव–गाउ।
- अवधी में अकारण 'र' का आगमन होना; जैसे पसन्द–परसन्द, वियोग–विरोग।
- अन्तस्थ व्यंजन 'य' और 'व' यदि किसी संयुक्त व्यंजन के साथ संयुक्त रूप से जुड़े हों तो अवधी में 'य' के स्थान पर इआ, व के स्थान पर उआ परिवर्तन देखा जाता है; जैसे– ग्वाल–गुआर, यार–सिआर, द्वार–दुआर, यार–पियार।
- शब्द के आरम्भ में और शब्द के मध्य में आने वाली 'ई' ध्वनि 'ह' में परिवर्तित होती है; जैसे– रइस–रहीस, इच्छा–हिच्छा, सइस–सहिस।

  कुछ ध्वनि परिवर्तन इस प्रकार हैं

ण—न	गुण—गुन	य—ज	योग—जोग
क—ग	भक्त—भगत	ष—ख	भाषा—भाखा
ल—र	भाल—भार	व—ब	वर्षा—बर्षा

- अवधी में अधिकांश शब्द वाकारान्त होते हैं; जैसे—जगदीसवा, घोड़वा आदि।
- कारक रचना की दृष्टि से विभिन्न कारकों में जहाँ अवधी के अपने परसर्ग हैं, वहीं कर्ता कारक के चिह्न 'ने' का विलोपन होता है; जैसे—उसने खाया—उ खाइल।

बघेली

बघेलखण्ड की बोली 'बघेली' कहलाती है। बघेलखण्ड में बघेल राजाओं का राज्य था जिनकी राजधानी रीवा थी। अत: इसका केन्द्र रीवा है। इसके अतिरिक्त यह जबलपुर, माण्डला, हमीरपुर, मिर्जापुर, बाँदा, दमोह, नागौर, सतना, शहडोल, मैहर में बोली जाती है।

बघेली की विशेषताएँ

- 'व' का 'ब' हो जाता है; जैसे-आवा (अवधी)-आबा (बघेली)
- आदिवासियों की शब्दावली की बहुलता।
- विशेषण के साथ 'हा' प्रत्यय का प्रयोग; जैसे-कमहा, सुन्दरहा आदि।

छत्तीसगढ़ी

यह भाषा रायपुर, बिलासपुर, रायगढ़, दुर्ग, नन्दगाँव, कांकेर, सरगुजा, कोरिया में बोली जाती है। इस बोली में साहित्य न के बराबर है। इसमें शब्दों के महाप्राणीकरण की प्रवृत्ति होती है; जैसे—जन-झन आदि।

राजस्थानी हिन्दी

राजस्थानी हिन्दी की उत्पत्ति शौरसेनी अपभ्रंश से हुई है। राजस्थानी हिन्दी की प्रमुख बोलियाँ निम्न प्रकार हैं

मारवाड़ी

- राजस्थान के मारवाड़ क्षेत्र की बोली मारवाड़ी है। शुद्ध मारवाड़ी जोधपुर और उसके आस-पास बोली जाती है। कुछ मिश्रित रूप; जैसे—अजमेर, किशनगढ़, मेवाड़, सिरोही, पालनपुर व जैसलमेर में भी बोली जाती है। मारवाड़ी भाषा का प्राचीन नाम 'मरुभाषा' है। मारवाड़ी राजस्थानी हिन्दी की प्रमुख साहित्यिक भाषा रही है। मारवाड़ी की लगभग 14 उपबोलियाँ हैं। साहित्यिक मारवाड़ी का शुद्ध रूप जोधपुर और उसके आस-पास के भागों व शेखावटी क्षेत्र में मिलता है।
- मारवाड़ी में करण तथा अपादान कारकों में सूँ, ऊँ तथा सम्बन्ध कारक में मैं, माई आदि कारक चिह्नों का प्रयोग होता है। सर्वनामों में 'मैं' के लिए म्हें, म्ह आदि सर्वनामों का प्रयोग किया जाता है।

जयपुरी/ढूँढाड़ी

ढूँढाड़ी को 'जयपुरी' भी कहा जाता है। जयपुर के शेखावटी क्षेत्र को छोड़कर सम्पूर्ण जयपुर में ढूँढाड़ी या ढूँढाणी बोली जाती है। ढूँढाड़ी के साहित्यिक रूप में ब्रजभाषा, गुजराती और मारवाड़ी का प्रभाव परिलक्षित होता है। ढूँढाड़ी में गद्य और पद्य दोनों रूपों में साहित्य की रचना की गई है।

मेवाती

राजस्थान में जहाँ मेओ जाति निवास करती है, उस क्षेत्र को 'मेवात' तथा वहाँ की बोली को 'मेवाती' कहा गया। अलवर-भरतपुर के उत्तर-पश्चिमी क्षेत्र तथा गुड़गाँव क्षेत्र में मेवाती बोली जाती है। चरणदास की शिष्या दयाबाई व सहजोबाई ने अधिकांशत: मेवाती में ही साहित्यिक रचनाएँ की हैं। प्राय: इसमें साहित्य का अभाव देखने को मिलता है।

मालवी

मध्य प्रदेश का वह क्षेत्र, जो दक्षिण-पूर्वी राजस्थान से जुड़ा है, मालवा कहा जाता है। इसमें रतलाम, भोपाल, ग्वालियर, नीमच, इन्दौर, चित्तौड़ का पूर्वी क्षेत्र, प्रतापगढ़, उज्जैन आदि प्रदेश आते हैं। इन क्षेत्रों में बोली जाने वाली भाषा 'मालवी' कहलाती है। मालवी में साहित्य का अभाव है।

बिहारी हिन्दी

बिहारी हिन्दी की उत्पत्ति मागधी प्राकृत से हुई है। इसकी प्रमुख बोलियाँ निम्नलिखित हैं

भोजपुरी

- बिहार राज्य के आरा जिले के एक गाँव 'भोजपुर' के नाम पर इस भाषा का नाम भोजपुरी पड़ा।
- 'भोजपुर' क्षेत्र को राजा भोज ने बसाया था। भोजपुरी ऐसी बोली है, जो उत्तर प्रदेश, बिहार, झारखण्ड, नेपाल, फिजी, मॉरीशस आदि क्षेत्रों में बोली जाती है। उत्तर प्रदेश के बलिया, गोरखपुर, वाराणसी, आजमगढ़, गाजीपुर, चन्दौली, महाराजगंज, जौनपुर, इलाहाबाद, सुल्तानपुर, प्रतापगढ़, बस्ती, फैजाबाद, बहराइच, गोण्डा, सिद्धार्थनगर, मिर्जापुर, मउ आदि जिलों में तथा बिहार के बक्सर, भोजपुर, पूर्वी-पश्चिम चम्पारण, गोपालगंज, रोहतास, सारण, सिवान, वैशाली, भभुआ आदि जिलों में भोजपुरी बोली जाती है।
- भोजपुरी भारत की सर्वाधिक बोली जाने वाली बोलियों में से एक है। सन्त कवि-कबीर, धरमदास, धरणीदास आदि पर भोजपुरी भाषा का प्रभाव रहा। 'रामनाथ पाण्डेय' भोजपुरी के प्रमुख साहित्यकार हैं। भोजपुरी में स्त्रीलिंग संज्ञाएँ ईकारान्त में बोली जाती हैं; जैसे-बहिनि, आगि आदि। भोजपुरी में 'र' का लोप हो जाता है; जैसे-लरिका-लइका आदि।

मैथिली

- मैथिली मगध के ऊपरी क्षेत्रों तथा नेपाल में बोली जाती है। दरभंगा, समस्तीपुर, शिवहर, मधुबनी, पूर्णिया, कटिहार, सीतामढ़ी, किशनगंज, जमशेदपुर, देवघर आदि क्षेत्रों में तथा नेपाल के आठ जिलों सरलाही, धनुषा, मोहतरी, सप्तरी, रॉतहट, मोरंग, सुनसरी तथा सिरहा में मैथिली बोली जाती है। मैथिली भाषा एकमात्र वह बोली है, जिसे भारतीय संविधान की आठवीं अनुसूची में शामिल किया गया। झारखण्ड राज्य में मैथिली को दूसरी राजभाषा का दर्जा प्राप्त है।
- विद्यापति, गोविन्द दास, चन्दा झा आदि मैथिली के प्रमुख साहित्यकार रहे हैं। नागार्जुन (यात्री) हिन्दी के साथ-साथ मैथिली के भी महानतम् कवि थे। इन्हें मैथिली में लिखी रचना 'पत्रहीन नग्न गाछ' के लिए साहित्य अकादमी पुरस्कार मिला था।

मगही

मगध क्षेत्र की बोली मगही कही जाती है। इसके अन्तर्गत गया, पटना, भागलपुर, हजारीबाग आदि क्षेत्र आते हैं। भोजपुरी और मगही में अत्यधिक समानताएँ देखने को मिलती हैं।

पहाड़ी हिन्दी

जॉर्ज ग्रियर्सन ने पहाड़ी हिन्दी को 'मध्य पहाड़ी' कहा है। पहाड़ी हिन्दी का विकास 'खस' प्राकृत से हुआ है। पहाड़ी हिन्दी की प्रमुख बोलियाँ इस प्रकार हैं

गढ़वाली

यह बोली उत्तराखण्ड के गढ़वाल क्षेत्र की बोली है। इसके अन्तर्गत टिहरी गढ़वाल, उत्तरकाशी, चमोली जिले शामिल हैं। इस बोली पर पंजाबी, ब्रज व राजस्थानी तथा कुछ सीमा तक वैशाली का प्रभाव रहा है। गढ़वाली में लोक-साहित्य प्रचुर मात्रा में रचा गया है।

कुमाऊँनी

कुमाऊँ का पुराना नाम कूर्मांचल था। इसके अन्तर्गत नैनीताल, पिथौरागढ़, अल्मोड़ा व रानीखेत जिले शामिल हैं, यहाँ यह भाषा बोली जाती है। कुमाऊँनी की 12 उपबोलियाँ हैं, जिनमें 'खस' प्रमुख उपबोली है।

नेपाली

यह बोली हिमाचल प्रदेश के शिमला, मण्डी, चम्पा, जौनसार, सिरमौर क्षेत्र में बोली जाती है। हिन्दी के विविध रूपों में हिन्दी, उर्दू, दक्खिनी तथा हिन्दुस्तानी को शामिल किया जाता है

वस्तुनिष्ठ प्रश्न

1. "ईरानी महाभारत काल से ही भारत को 'हिन्द' कहने लगे थे।" यह कथन किसने कहा है?
(a) जॉर्ज ग्रियर्सन (b) राहुल सांकृत्यायन
(c) हेमचन्द्र (d) पं. रामनरेश त्रिपाठी

2. विश्व की भाषाओं को मुख्यत: कितने भाषा परिवारों में विभाजित किया गया है?
(a) 12 (b) 7 (c) 15 (d) 10

3. हिन्दी किस भाषा परिवार की भाषा है?
(a) द्रविड़ (b) सैमेटिक
(c) भारोपीय (d) रैड इण्डियन

4. भारतीय आर्य भाषाएँ किस भाषा परिवार से सम्बन्धित हैं?
(a) चीनी (b) भारोपीय
(c) सूडानी (d) द्रविड़

5. प्राचीन भारतीय आर्य भाषा है
(a) वैदिक संस्कृत (b) पालि
(c) अवहट्ठ (d) प्राकृत

6. वैदिक ग्रन्थों की भाषा थी
(a) पालि (b) लौकिक संस्कृत
(c) वैदिक संस्कृत (d) अपभ्रंश

7. विद्वानों ने वैदिक ध्वनियों की संख्या 52 मानी है। इसमें कितने स्वर तथा कितने व्यंजन हैं?
(a) 11 स्वर तथा 41 व्यंजन
(b) 13 स्वर तथा 39 व्यंजन
(c) 12 स्वर तथा 40 व्यंजन
(d) 15 स्वर तथा 37 व्यंजन

8. लौकिक संस्कृत से सम्बन्धित निम्न में कौन-सा कथन असत्य है?
(a) लौकिक संस्कृत में केवल 48 वर्ण शेष रह गए।
(b) लौकिक संस्कृत की ध्वनियों में जिह्वामूलीय तथा उपध्मानीय लुप्त नहीं हुए।
(c) रामायण, महाभारत, अष्टाध्यायी, पुराण आदि ग्रन्थों की रचना लौकिक संस्कृत में ही हुई।
(d) लौकिक संस्कृत में वैदिक संस्कृत की अपेक्षा क्रिया रूपों और धातुरूपों में विशेष अन्तर आ गया।

9. मध्यकालीन भारतीय आर्य भाषा का कालक्रम है
(a) 1500 ई. पू. से 500 ई. पू.
(b) 500 ई. पू. से 1000 ई.
(c) 1000 ई. से 500 ई. (d) 500 ई. से अब तक

10. प्रथम प्राकृत भाषा कहा जाता है
(a) अपभ्रंश (b) संस्कृत
(c) पालि (d) अवहट्ठ

11. त्रिपिटक ग्रन्थों की रचना किस भाषा में हुई?
(a) संस्कृत (b) प्राकृत
(c) अपभ्रंश (d) पालि

12. निम्न में पालि भाषा में लिखी रचना है
(a) महाभारत (b) कर्पूरमंजरी
(c) जैन ग्रन्थ आगम (d) मिलिन्दपन्हो

13. 'सद्दनीति व्याकरण' के रचनाकार थे
(a) मोग्गलान (b) कच्चान
(c) अग्गवंश (d) अश्वघोष

14. 'कच्चान व्याकरण' किस भाषा में लिखा ग्रन्थ है?
(a) संस्कृत
(b) प्राकृत
(c) पालि
(d) खड़ी बोली

15. प्राकृत भाषा को अर्द्धमागधी, चूलिका पैशाची और अपभ्रंश इन तीन भागों में किसने वर्गीकृत किया है?
(a) वररुचि (b) हेमचन्द्र
(c) जॉर्ज ग्रियर्सन (d) मार्कण्डेय

16. निम्न में किस भाषा का सम्बन्ध मगध के मध्यवर्ती देश से था?
(a) प्राकृत
(b) शौरसेनी प्राकृत
(c) अर्द्धमागधी प्राकृत
(d) मागधी प्राकृत

17. मार्कण्डेय ने मागधी की उत्पत्ति किससे बताई है?
(a) शौरसेनी प्राकृत (b) अर्द्धमागधी प्राकृत
(c) महाराष्ट्री प्राकृत (d) अपभ्रंश अवहट्ठ

18. जैन धर्म के उपदेशों के संकलन को 'आगम' कहा जाता है। इन उपदेशों की भाषा थी
(a) शौरसेनी प्राकृत
(b) मागधी प्राकृत
(c) अर्द्धमागधी प्राकृत
(d) पालि

19. 'र' के स्थान पर 'ल' का उच्चारण किस प्राकृत में देखने को मिलता है?
(a) शौरसेनी प्राकृत (b) अर्द्धमागधी प्राकृत
(c) मागधी प्राकृत (d) प्रथम प्राकृत

20. निम्न में कौन-सी आधुनिक भाषा अर्द्धमागधी अपभ्रंश की है?
(a) पश्चिमी हिन्दी (b) लहँदा
(c) मराठी (d) पूर्वी हिन्दी

21. अपभ्रंश के महान् कवि स्वयंभू हैं, जिन्होंने
(a) 10वीं शताब्दी में भविसयत्तकहा की रचना की
(b) पउमचरिउ, रिट्ठणेमिचरिउ की रचना की
(c) महापुराण की रचना की
(d) करकंउचरित की रचना की

22. कौन-सी भारतीय आर्य भाषा पश्चिमी गौडियन की भाषा नहीं है?
(a) राजस्थानी (b) पंजाबी
(c) सिन्धी (d) गढ़वाली

23. हिन्दी भारत के बहुसंख्यक लोगों की भाषा होने के पश्चात् भी इसका क्षेत्र सम्पूर्ण भारत नहीं है, क्योंकि
(a) केवल उत्तरी-पश्चिमी क्षेत्र को हिन्दी प्रदेश कहा जाता है
(b) राजनीतिक स्वार्थहितों के कारण इसे कुछ ही राज्यों में मान्यता प्राप्त है
(c) दक्षिण भारत में हिन्दी भाषी लोगों की संख्या कम है
(d) आर्यों का प्रभुत्व सम्पूर्ण देश में नहीं था

24. निम्न में कौन-सी बोली पूर्वी हिन्दी की नहीं है?
(a) अवधी (b) छत्तीसगढ़ी
(c) बघेली (d) बुन्देली

25. निम्न में कौन-सी बोली पश्चिमी हिन्दी की नहीं है?
(a) कन्नौजी (b) ब्रजभाषा (c) अवधी (d) कौरवी

26. बेट्टा, गाड्डी जैसे द्वित्व व्यंजनों का प्रयोग किस बोली की प्रमुख विशेषता है?
(a) पूर्वी हिन्दी की बघेली
(b) पश्चिमी हिन्दी की खड़ी बोली
(c) पश्चिमी हिन्दी की ब्रजभाषा
(d) पूर्वी हिन्दी की अवधी

27. निम्नलिखित में किस बोली को जॉर्ज ग्रियर्सन ने बाँगरू नाम दिया था?
(a) कौरवी (b) छत्तीसगढ़ी
(c) अवधी (d) हरियाणवी

28. बुन्देलखण्ड क्षेत्र में 'बुन्देली' बोली जाती है। यह बोली उत्तर प्रदेश में कहाँ बोली जाती है?
(a) कानपुर, हरदोई (b) मिर्जापुर, बाँदा
(c) लखनऊ, बहराइच (d) झाँसी, उरई

29. निम्न में कन्नौजी का क्षेत्र है
(a) फर्रुखाबाद, हरदोई
(b) भागलपुर, पटना
(c) मथुरा, वाराणसी
(d) सुल्तानपुर, गाजीपुर

30. निम्न में राजस्थानी हिन्दी की बोली है
(a) मारवाड़ी (b) मेवाती
(c) ढूँढाड़ी (d) ये सभी

31. चरणदास की शिष्या दयाबाई व सहजोबाई राजस्थानी हिन्दी की किस बोली में रचना करती थी?
(a) मेवाती (b) ढूँढाड़ी (c) मालवी (d) मारवाड़ी

32. बिहारी हिन्दी की कौन-सी बोली बिहार से अधिक उत्तर प्रदेश राज्य में बोली जाती है?
(a) मगही (b) मैथिली
(c) भोजपुरी (d) बिहारी

33. निम्न में से कौन-से क्षेत्र मैथिली बोली के हैं?
(a) सिवान, सारण, गोपालगंज
(b) झारखण्ड, छत्तीसगढ़, पूर्णिया
(c) दरभंगा, शिवहर, पूर्णिया
(d) वाराणसी, बस्ती, गोण्डा

34. पहाड़ी हिन्दी का विकास हुआ है
(a) शौरसेनी प्राकृत से
(b) मागधी प्राकृत से
(c) अर्द्धमागधी प्राकृत स
(d) खस प्राकृत से

35. निम्नलिखित में से किन भाषाओं को मध्यकाल में साहित्यिक भाषाओं का दर्जा प्राप्त था?
(a) खड़ी बोली, फारसी (b) संस्कृत, उर्दू
(c) ब्रजभाषा, अवधी (d) अवधी, दक्खिनी

36. दक्खिनी भाषा में खड़ी बोली के अतिरिक्त ब्रज, हरियाणवी, मेवाती, अवधी, पंजाबी आदि के भी रूप पाए जाते हैं, क्योंकि
(a) दक्खिनी इन सभी भाषाओं और बोलियों से प्रभावित रही है
(b) दक्खिनी इन सभी बोलियों के मूल क्षेत्र से ही निकली है
(c) दक्खिनी के साथ-साथ इन सभी भाषाओं और बोलियों का विकास एक साथ हुआ है
(d) दक्खिनी भाषा इन सभी बोलियों की तरह ओकार बहुल्य है

37. ''शौरसेनी अपभ्रंश अर्थात् अवहट्ठ मध्यदेश के अतिरिक्त बंगाल आदि प्रदेशों में भी काव्यभाषा के रूप में प्रयुक्त होती रही।'' यह कथन किसका है?
(a) चन्द्रधर शर्मा गुलेरी
(b) आचार्य रामचन्द्र शुक्ल
(c) मेरुतुंग
(d) डॉ. सुनीति कुमार चटर्जी

38. पालि भाषा मुख्यतः इन स्थानों में प्रचलित थी
1. मगध, उज्जयिनी
2. कलिंग, कोसल
3. श्रावस्ती, नेपाल
4. कुरु, पांचाल
कूट
(a) 2 व 4 (b) 1 व 2
(c) 1 व 3 (d) 3 व 4

39. ''शौरसेनी नाटकों के गद्य भाग की भाषा थी।'' यह विचार किसका है?
(a) जॉर्ज ग्रियर्सन
(b) मार्कण्डेय
(c) आचार्य हेमचन्द्र
(d) आचार्य भरतमुनि

40. ''उर्दू का जन्म दिल्ली और आगरा में नहीं बल्कि दक्खिनी भारत में हुआ।'' इस कथन से सहमति कौन रखते हैं?
(a) अमीर खुसरो
(b) रामधारी सिंह दिनकर
(c) रामचन्द्र शुक्ल
(d) राहुल सांकृत्यायन

41. निम्नलिखित रचनाओं में से किसका सम्बन्ध शौरसेनी प्राकृत से है?
1. कच्चांन व्याकरण
2. जैन साहित्य
3. प्राकृत प्रकाश
4. आनन्द सुन्दरी
कूट
(a) 1 व 2 (b) 2 व 3
(c) 2 व 4 (d) 1, 3 व 4

42. सुमेलित कीजिए

सूची I (बोली)	सूची II (क्षेत्र)
A. बाँगरू	1. अलीगढ़
B. भोजपुरी	2. मेरठ
C. कुमाऊँनी	3. अल्मोड़ा
D. खड़ी बोली	4. छपरा
	5. रोहतक

कूट

	A	B	C	D
(a)	2	1	4	3
(b)	4	3	2	1
(c)	3	2	5	4
(d)	5	4	3	2

43. निम्न में मागधी से सम्बन्धित कौन-से कथन सही हैं
1. मागधी प्राचीन काल में दक्षिण बिहार (मगध) में प्रचलित थी।
2. 24वें तीर्थंकर महावीर स्वामी ने अपने धर्मोपदेश मागधी में ही दिए थे।
3. अश्वघोष के नाटकों में मागधी का प्राचीनतम रूप मिलता है।
4. 'र' के स्थान पर 'ल' तथा स, श, ष के स्थान पर 'श' का उच्चारण मागधी प्राकृत की प्रमुख विशेषता है।
कूट
(a) 1, 2 व 3 (b) 1, 3 व 4
(c) 1 व 4 (d) 2 व 3

44. 'आयो गोष्ठ बड़ो व्यापारी,
लादि खेप ज्ञान योग की ब्रज में आनि उतारी।'
उक्त पंक्तियाँ किस बोली में लिखी गई हैं?
(a) अवधी (b) ब्रजभाषा
(c) बुन्देली (d) कन्नौजी

45. निम्न में से कौन-कौन सी रचनाएँ अपभ्रंश काल की हैं?
1. णयकुमार चरिउ
2. मृच्छकटिकम्
3. मिलिन्दपन्हो
4. भविसयत्तकहा
कूट
(a) 1, 2 व 4 (b) 2, 3 व 4
(c) 3 व 4 (d) 1 व 4

46. शौरसेनी अपभ्रंश से विकसित हुई भाषाएँ हैं
1. सिन्धी
2. राजस्थानी
3. पश्चिमी हिन्दी
4. गुजराती
कूट
(a) 2, 3 व 4 (b) 1, 3 व 4
(c) 1, 2, व 3 (d) 1 व 4

47. निम्नलिखित में से कौन-से युग्म सही हैं?
1. लहँदा—आधुनिक भारतीय आर्य भाषा
2. लौकिक संस्कृत—मध्यकालीन भारतीय आर्य भाषा
3. पालि—मध्यकालीन भारतीय आर्य भाषा
4. मध्य पहाड़ी—आधुनिक भारतीय आर्य भाषा
कूट
(a) 1, 2 व 4 (b) 1, 3 व 4
(c) 1 व 2 (d) 2 व 4

48. कालक्रम के अनुसार निम्नलिखित भाषाओं का सही अनुक्रम है
(a) संस्कृत, अपभ्रंश, पालि, प्राकृत
(b) पालि, संस्कृत, अपभ्रंश, प्राकृत
(c) संस्कृत, पालि, प्राकृत, अपभ्रंश
(d) पालि, संस्कृत, प्राकृत, अपभ्रंश

49. कालक्रम के अनुसार निम्नलिखित रचनाओं का सही अनुक्रम है

(a) ऋग्वेद, त्रिपिटक, प्राकृत प्रकाश, जैन ग्रन्थ आगम
(b) ऋग्वेद, प्राकृत प्रकाश, जैन ग्रन्थ आगम, त्रिपिटक
(c) प्राकृत प्रकाश, ऋग्वेद, जैन ग्रन्थ आगम, त्रिपिटक
(d) जैन ग्रन्थ आगम, ऋग्वेद, त्रिपिटक, प्राकृत प्रकाश

50. साहित्य रचना के आधार पर कालक्रम के अनुसार निम्नलिखित भाषाओं/बोलियों का सही अनुक्रम है

(a) अवधी, अपभ्रंश, खड़ी बोली, ब्रजभाषा
(b) अपभ्रंश, ब्रजभाषा, अवधी, खड़ी बोली
(c) ब्रजभाषा, अवधी, अपभ्रंश, खड़ी बोली
(d) अपभ्रंश, अवधी, खड़ी बोली, ब्रजभाषा

51. निम्नलिखित में से कौन-सा युग्म सही नहीं है?

(a) स्वयंभू – अपभ्रंश
(b) मोग्गलान – पालि
(c) जयशंकर प्रसाद – अवधी
(d) सूरदास – ब्रजभाषा

52. सुमेलित कीजिए

सूची I (आधुनिक भाषा)	सूची II (क्षेत्रीय स्वरूप)
A. असमिया	1. ब्राचड़-पैशाची
B. राजस्थानी	2. महाराष्ट्री
C. लहँदा	3. मागधी
D. पूर्वी हिन्दी	4. शौरसेनी
	5. अर्द्धमागधी

कूट

	A	B	C	D
(a)	5	3	2	4
(b)	3	4	1	5
(c)	1	3	2	4
(d)	2	5	1	3

53. सुमेलित कीजिए

सूची I (कवि/साहित्यकार)	सूची II (रचना)
A. रुद्रदास	1. सन्देशरासक
B. विशाखदत्त	2. भविसयत्तकहा
C. अब्दुल रहमान	3. चन्द्रलेखा
D. धनपाल	4. मुद्राराक्षस
	5. करकंडचरित

कूट

	A	B	C	D
(a)	1	2	3	5
(b)	3	2	4	1
(c)	2	5	1	3
(d)	3	4	1	2

54. सुमेलित कीजिए

सूची I (काव्यभाषा)	सूची II (रचना)
A. अपभ्रंश	1. महाभारत
B. लौकिक संस्कृत	2. पद्मावत
C. खड़ी बोली	3. सुजानसागर
D. ब्रजभाषा	4. कामायनी
	5. श्रावकाचार

कूट

	A	B	C	D
(a)	5	1	4	3
(b)	2	1	4	5
(c)	3	2	1	4
(d)	4	5	3	2

55. सुमेलित कीजिए

सूची I (काव्य पंक्ति)	सूची II (भाषा)
A. भोरे भोर अएल छी धड़ि	1. खड़ी बोली
B. बैठ शिला की शीतल छाँह	2. अवधी
C. या आगै रस कथा प्रकासौं	3. ब्रजभाषा
D. भोग भोज जस माना	4. मैथिली
	5. भोजपुरी

कूट

	A	B	C	D
(a)	4	1	3	2
(b)	5	2	1	4
(c)	1	2	3	4
(d)	2	1	5	3

56. सुमेलित कीजिए

सूची I (बोली)	सूची II (क्षेत्र)
A. बुन्देली	1. आगरा, मथुरा
B. अवधी	2. झाँसी, जालौन
C. मारवाड़ी	3. रीवा, सतना
D. ब्रजभाषा	4. किशनगढ़, सिरोही
	5. लखीमपुर खीरी, फैजाबाद

कूट

	A	B	C	D
(a)	5	2	4	1
(b)	1	3	2	4
(c)	2	5	4	1
(d)	2	3	4	5

57. सुमेलित कीजिए

सूची I (बोली)	सूची II (रचनाकार)
A. मैथिली	1. मलिक मुहम्मद जायसी
B. अवधी	2. कुशलराय वाचक
C. राजस्थानी	3. धरणीदास
D. भोजपुरी	4. यात्री
	5. सूरदास

कूट

	A	B	C	D
(a)	1	2	5	3
(b)	4	1	2	3
(c)	1	2	4	5
(d)	5	2	3	4

58. सुमेलित कीजिए

सूची I (कथन)	सूची II (विद्वान्)
A. इन्होंने अपभ्रंश को आभीरादि की भाषा कहा	1. चन्द्रधर शर्मा 'गुलेरी'
B. इन्होंने अपभ्रंश को देशी नाम माला में शामिल किया	2. विद्यापति
C. इन्होंने अपभ्रंश भाषा को पुरानी हिन्दी कहा	3. डॉ. सुनीति कुमार चटर्जी
D. इनके अनुसार, शौरसेनी अपभ्रंश मध्यदेश के अलावा बंगाल में भी काव्यभाषा के रूप में प्रयुक्त हुई	4. दण्डी
	5. आचार्य हेमचन्द्र

कूट

	A	B	C	D
(a)	2	5	1	3
(b)	1	2	3	4
(c)	3	2	5	4
(d)	4	5	1	3

59. निम्नलिखित में कौन-सा युग्म सही नहीं है?

(a) पश्चिमी हिन्दी – शौरसेनी अपभ्रंश
(b) पूर्वी हिन्दी – अर्द्धमागधी प्राकृत
(c) राजस्थानी हिन्दी – ब्राचड़ अपभ्रंश
(d) पहाड़ी हिन्दी – खस प्राकृत

60. सुमेलित कीजिए

सूची I (वाक्य)	सूची II (बोली)
A. मेरे कू घर जाने कु दिल बोल रा	1. मालवी
B. गंगा मइया तोहे पियरी चढ़इबो	2. अवधी
C. हमरी छाती पर डंड करैं राजा-परजा और साहचोर	3. भोजपुरी
D. ओको बड़ो छोरो खेत में थो	4. दक्खिनी
	5. मैथिली

कूट

	A	B	C	D
(a)	4	3	2	1
(b)	1	2	3	4
(c)	3	1	5	4
(d)	5	4	1	2

61. सुमेलित कीजिए

सूची I (बोली)	सूची II (क्षेत्र)
A. गढ़वाली	1. ब्रजभाषा
B. कुमाऊँनी	2. वाराणसी
C. अवधी	3. अयोध्या
D. भोजपुरी	4. बागेश्वर
	5. टिहरी

कूट

	A	B	C	D
(a)	5	4	3	2
(b)	3	1	2	4
(c)	1	2	3	5
(d)	4	3	5	1

62. सुमेलित कीजिए

सूची I (बोली)	सूची II (क्षेत्र)
A. हाड़ौती	1. उत्तराखण्ड
B. बघेली	2. उत्तर प्रदेश
C. गढ़वाली	3. राजस्थान
D. कन्नौजी	4. मध्य प्रदेश
	5. हरियाणा

कूट

	A	B	C	D		A	B	C	D
(a)	5	1	2	3	(b)	3	4	2	1
(c)	3	4	1	2	(d)	4	1	5	3

63. पूर्व से पश्चिम की ओर जाते हुए भाषाओं का सही क्रम है

(a) मैथिली, अवधी, ब्रज, हरियाणवी
(b) अवधी, मैथिली, ब्रज, हरियाणवी
(c) हरियाणवी, ब्रज, मैथिली, अवधी
(d) हरियाणवी, ब्रज, अवधी, मैथिली

64. पश्चिम से पूर्व की ओर जाते समय भाषाओं का सही क्रम है

(a) पंजाबी, कौरवी, अवधी, भोजपुरी
(b) भोजपुरी, अवधी, कौरवी, पंजाबी
(c) पंजाबी, कौरवी, अवधी, भोजपुरी
(d) कौरवी, भोजपुरी, अवधी, पंजाबी

65. सुमेलित कीजिए

सूची I (क्षेत्र)	सूची II (बोली)
A. झाँसी	1. भोजपुरी
B. रोहतक	2. अवधी
C. सीतापुर	3. हरियाणवी
D. बलिया	4. बुन्देली
	5. मैथिली

कूट

	A	B	C	D		A	B	C	D
(a)	2	1	5	3	(b)	1	2	3	4
(c)	3	5	4	2	(d)	4	3	2	1

66. निम्नलिखित बोलियों को उत्तर से दक्षिण क्रम में संयोजित कीजिए।

(a) मालवी, बाँगरू, बुन्देली, मैथिली
(b) बाँगरू, बुन्देली, मालवी, मैथिली
(c) मैथिली, मालवी, बुन्देली, बाँगरू
(d) बुन्देली, मैथिली, बाँगरू, मालवी

67. सुमेलित कीजिए

सूची I (क्षेत्र)	सूची II (बोली)
A. मधुबनी	1. हाड़ौती
B. नैनीताल	2. मेवाड़ी
C. भीलवाड़ा	3. कुमाऊँनी
D. झालावाड़	4. मैथिली
	5. गढ़वाली

कूट

	A	B	C	D		A	B	C	D
(a)	2	1	4	3	(b)	4	3	2	1
(c)	1	2	3	5	(d)	3	4	5	2

68. सुमेलित कीजिए

सूची I (क्षेत्र)	सूची II (बोली)
A. इन्दौर	1. कुमाऊँनी
B. हमीरपुर	2. कन्नौजी
C. हरदोई	3. बुन्देली
D. पिथौरागढ़	4. मालवी
	5. बघेली

कूट

	A	B	C	D		A	B	C	D
(a)	5	4	3	2	(b)	4	3	2	1
(c)	3	2	4	5	(d)	2	1	5	3

69. आए भुजबन्ध दये ऊधव सखा कैं कंध
डग-मग पाय मग धरत धराये हैं।
उपर्युक्त काव्य पंक्ति के सम्बन्ध में कौन-सा कथन सही है?

1. ये पंक्तियाँ ब्रजभाषा की हैं।
2. इन पंक्तियों में 'कैं' सर्वनाम है, जो 'मैं' का रूपान्तरण है।
3. इन पंक्तियों के रचनाकार जगन्नाथदास रत्नाकर हैं।
4. ये पंक्तियाँ अवधी के महान् कवि जायसी कृत हैं।

नीचे दिए गए कूट में से सही उत्तर को चुनिए

(a) 2 और 4 (b) 1 और 3
(c) 1 और 4 (d) 2 और 3

70. अवधी की प्रमुख विशेषताएँ हैं

1. अवधी में 'ऐ', 'औ' का उच्चारण क्रमशः 'अई' व 'अऊ' होता है।
2. अवधी के विशेषण मूल रूप से अकारान्त होते हैं।
3. अवधी में सम्बन्ध कारक के लिए 'सै' का प्रयोग होता है।
4. आसई, आसौ, नाँ अवधी में अव्यय के रूप में प्रयुक्त होते हैं।

नीचे दिए गए कूट में से सही उत्तर को चुनिए

(a) 1, 2 व 4 (b) 1, 3 व 4
(c) 1, 2 व 3 (d) 2, 3 व 4

निर्देश (प्र.सं. 71-77) **निम्नलिखित स्थापना एवं तर्क को ध्यानपूर्वक पढ़कर सही उत्तर का चयन कीजिए।**

कूट

(a) A और R दोनों सही हैं
(b) A सही, किन्तु R गलत हैं
(c) A गलत और R सही है
(d) A और R दोनों गलत हैं

71. **स्थापना** (A) भारोपीय समूह विश्व का अत्यन्त विस्तृत भाषा परिवार है। इस भाषा परिवार की भारतीय शाखा को ही 'भारतीय आर्य भाषा' कहा जाता है।

तर्क (R) हिन्दी भारतीय आर्य भाषा होने के कारण भारोपीय समूह के अन्तर्गत ही आती है।

72. **स्थापना** (A) ऐतिहासिक दृष्टि से हिन्दी प्रदेश में पाँच प्राकृतें थीं—अपभ्रंश, शौरसेनी, अर्द्धमागधी, मागधी और खस।

तर्क (R) जिसे हम हिन्दी कहते हैं वह इन्हीं पाँच प्राकृतों की उत्तराधिकारिणी विभाषाओं का संघ है।

73. **स्थापना** (A) मारवाड़ी राजस्थान के पश्चिमी भाग की बोली है। अत: इसे पश्चिमी राजस्थानी भी कहते हैं।

तर्क (R) पुरानी मारवाड़ी को ही 'डिंगल' कहा गया है। हिन्दी साहित्य का आदिकालीन वीरगाथा काव्य इसी उपभाषा में है।

74. **स्थापना** (A) भाषा विज्ञान की दृष्टि से अवधी और बघेली भाषा में कोई अन्तर नहीं है।

तर्क (R) बघेली भाषा का केन्द्र मध्य प्रदेश का रीवा क्षेत्र है। अत: इसे 'रीवाई' भी कहते हैं।

75. **स्थापना** (A) हिन्दी ने अपभ्रंश की सारी प्रवृत्तियों को नहीं अपनाया।

तर्क (R) संस्कृत, पालि, प्राकृत आदि संयोगात्मक भाषाएँ थीं।

76. **स्थापना** (A) ब्रजभाषा पश्चिमी हिन्दी की बोली है।

तर्क (R) इसका जन्म शौरसेनी अपभ्रंश से हुआ है।

77. **स्थापना** (A) राजस्थानी हिन्दी की बोली 'मेवाती' मेवात क्षेत्र में प्रचलित है।

तर्क (R) क्योंकि वहाँ मेओ जाति निवास करती है।

निर्देश (प्र.सं. 78-82) **दिए गए गद्यांश को ध्यानपूर्वक पढ़िए और उससे सम्बन्धित प्रश्नों के उत्तर के लिए सही विकल्प का चयन कीजिए**

आदिकाल में हिन्दी साहित्य के समानान्तर संस्कृत और अपभ्रंश साहित्य की भी रचना हो रही थी। इनमें से संस्कृत साहित्य का तो सामान्य जनता तथा हिन्दी कवियों पर उतना प्रत्यक्ष प्रभाव नहीं पड़ रहा था, किन्तु अपभ्रंश साहित्य भाषा की निकटता के कारण हिन्दी साहित्य के लिए निरन्तर साथ चलने वाली पृष्ठभूमि का काम कर रहा था। आचार्य रामचन्द्र शुक्ल ने अपभ्रंश काल के अन्तर्गत अपभ्रंश और आरम्भिक हिन्दी दोनों की रचनाएँ सम्मिलित कर ली थीं, परन्तु नवीन खोजों से यह सिद्ध हो चुका है कि उनमें से कुछ रचनाएँ आरम्भिक हिन्दी साहित्य के अन्तर्गत आती हैं और अन्य को अपभ्रंश साहित्य में रखा जाना ही उचित है। डॉ. देवेन्द्र कुमार जैन, स्वयंभू, पुष्पदन्त, धनपाल, जिनदत्त सूरि, जोइन्दु, रामसिंह आदि को अपभ्रंश का कवि मानते हैं।

कवि स्वयंभू 783 ई. के आस-पास विद्यमान थे। उनके जन्म एवं मृत्यु, जन्म स्थान आदि के सम्बन्ध में कुछ भी विदित नहीं हो सका है। डॉ. जैन के मतानुसार वे कर्नाटक प्रदेश के निवासी थे। पउमचरिउ, रिट्ठणेमिचरिउ तथा स्वयंभू छन्द नामक तीन ग्रन्थ

उन्होंने लिखे थे। पउमचरिउ पूरा नहीं लिखा जा सका, फिर भी इसमें राम का चरित्र विस्तार से वर्णित है। कथा के अन्त में राम निर्वाण प्राप्त करते हैं। मुनीन्द्र उपदेश देते हैं कि राग-द्वेष से दूर रहकर ही मोक्ष प्राप्त किया जा सकता है।

अपभ्रंश के दूसरे कवि पुष्पदन्त दसवीं शताब्दी में हुए थे। वे शैव थे। बाद में वे अपने आश्रयदाता के अनुरोध से जैन हो गए थे। उनकी भी तीन रचनाएँ मिलती हैं—महापुराण, णयकुमार चरिउ तथा जसहरचरिउ। इनकी रचना धार्मिक उद्देश्य से हुई है। परिणामस्वरूप साहित्यिक शिल्प तथा तात्विक दृष्टि से इन पर 'जिनभक्ति' का प्रभाव सर्वत्र मिलता है। महापुराण में अनेक घटनाएँ और चरित्र हैं।

अपभ्रंश के तीसरे प्रमुख कवि धनपाल ने दसवीं सदी में 'भविसयत्तकहा' की रचना की। यह रचना मनुष्य हृदय की अत्यन्त मार्मिक अभिव्यक्ति है। अपभ्रंश साहित्य के समर्थ कवियों में अब्दुल रहमान का नाम आता है जिसने सन्देशरासक लिखकर हिन्दी काव्य के लिए एक स्थायी प्रेरणा का काम किया। सन्देशरासक एक खण्डकाव्य है।

78. निम्न में से कौन-सा कथन सही है?
(a) अपभ्रंश भाषा ने हिन्दी भाषा के विकास में रुकावटें उत्पन्न कीं।
(b) आदिकाल में संस्कृत और अपभ्रंश भाषा में भी साहित्य सृजन हुआ।
(c) अपभ्रंश साहित्य का प्रभाव हिन्दी साहित्यकारों पर नहीं पड़ा।
(d) संस्कृत साहित्य ने जन सामान्य को भी प्रभावित किया।

79. निम्न में से कौन-सा कथन सही है?
(a) रामचन्द्र शुक्ल ने अपभ्रंश काल के अन्तर्गत आरम्भिक हिन्दी की भी कुछ रचनाएँ संकलित कीं।
(b) स्वयंभू तथा पुष्पदन्त हिन्दी के महान् कवि हैं।
(c) कवि स्वयंभू 683 ई. के आस-पास के थे।
(d) डॉ. देवेन्द्र कुमार जैन, धनपाल, जिनदत्त सूरि आदि को अपभ्रंश का कवि नहीं मानते।

80. निम्न में से कौन-सा कथन सही है?
(a) डॉ. देवेन्द्र कुमार जैन के अनुसार कवि स्वयंभू कर्नाटक के रहने वाले थे।
(b) पउमचरिउ, रिट्ठणेमि धनपाल की रचनाएँ हैं।
(c) पउमचरिउ एक पूर्ण ग्रन्थ है, जिसमें श्री राम का चरित्र-चित्रण है।
(d) स्वयंभू छन्द की रचना पुष्पदन्त ने की थी।

81. निम्न में से कौन-सा कथन सही नहीं है?
(a) णयकुमारचरिउ कवि पुष्पदन्त की रचना है।
(b) पुष्पदन्त शैव थे।
(c) धनपाल ने दसवीं सदी में 'भविसयत्तकहा' की रचना की थी।
(d) धनपाल अपभ्रंश के दूसरे प्रमुख कवि थे।

82. 'भविसयत्तकहा' के रचनाकार इनमें से कौन हैं?
(a) जिनदत्त सूरि
(b) धनपाल
(c) अब्दुल रहमान
(d) जोइन्दु

सही उत्तर

1. (d)	2. (a)	3. (c)	4. (b)	5. (a)	6. (c)	7. (b)	8. (b)	9. (b)	10. (c)
11. (d)	12. (d)	13. (c)	14. (c)	15. (b)	16. (c)	17. (a)	18. (c)	19. (c)	20. (d)
21. (b)	22. (d)	23. (b)	24. (d)	25. (c)	26. (b)	27. (d)	28. (d)	29. (a)	30. (d)
31. (a)	32. (c)	33. (c)	34. (d)	35. (c)	36. (c)	37. (d)	38. (b)	39. (a)	31. (d)
41. (c)	42. (d)	43. (b)	44. (b)	45. (d)	46. (a)	47. (b)	48. (c)	49. (a)	50. (b)
51. (c)	52. (b)	53. (d)	54. (a)	55. (a)	56. (c)	57. (b)	58. (d)	59. (c)	60. (a)
61. (a)	62. (c)	63. (a)	64. (a)	65. (d)	66. (b)	67. (b)	68. (b)	69. (b)	70. (a)
71. (a)	72. (a)	73. (a)	74. (a)	75. (c)	76. (a)	77. (a)	78. (b)	79. (a)	80. (a)
81. (d)	82. (b)								

इकाई 02 हिन्दी भाषा के विविध रूप

हिन्दी भाषा प्रयोग के विविध रूप हैं। कहीं तो यह क्षेत्रीय भाषा के रूप में प्रयोग की जाती है, तो कहीं परिष्कृत रूप में। राजभाषा, प्रशासनिक भाषा, सम्पर्क भाषा आदि के रूप में हिन्दी भाषा के मानक रूप का प्रयोग किया जाता है। हिन्दी भाषा प्रयोग के विविध रूप निम्नलिखित हैं

बोली

- किसी क्षेत्र-विशेष में स्थानीय रूप से प्रयुक्त होने वाली साधारण बोलचाल की भाषा 'बोली' कहलाती है। 'बोली' में साहित्य का अभाव होता है। लोक-साहित्य की रचना 'बोली' में ही होती है। एक निश्चित बोली केवल अपने क्षेत्र तक ही सीमित होती है। बोली में देशज शब्दों का पर्याप्त प्रभाव रहता है।
- यदि आधुनिक आर्य भाषाओं में हिन्दी सर्वाधिक लोकप्रिय और प्रतिष्ठित भाषा है, तो इसकी बोलियाँ भी अपना एक विशिष्ट स्थान रखती हैं। हिन्दी की बोलियाँ विश्व की सभी भाषाओं से संख्या में बहुत अधिक हैं। संख्या में अधिक होने के पश्चात् भी इन बोलियों में पारस्परिक सम्बद्धता और साम्य देखने को मिलता है।
- सभी बोलियाँ एक-दूसरे की पूरक दिखाई देती हैं। इनके बीच में कोई विभाजक रेखा नहीं है। व्याकरण, शब्द, ध्वनि, प्रकृति आदि के दृष्टिकोण से सभी बोलियाँ परस्पर समानता रखती हैं। हिन्दी भाषी क्षेत्रों में ये सम्पूर्ण बोलियाँ अच्छी तरह से एक-दूसरे के द्वारा समझी जाती हैं।
- मध्यकाल में पश्चिमी हिन्दी की **ब्रजभाषा** तथा पूर्वी हिन्दी की **अवधी** को साहित्यिक भाषाओं का दर्जा प्राप्त था। काव्यभाषा के रूप में ब्रजभाषा ने हजारों वर्षों तक शासन किया। अष्टछाप के कवियों में सूरदास, नन्ददास, कुम्भनदास, परमानन्ददास, गोविन्ददास, छीतस्वामी आदि ने ब्रजभाषा को तत्कालीन साहित्य की प्रमुख भाषा के रूप में प्रस्तुत किया।
- कालान्तर में बिहारी, रसखान, भारतेन्दु हरिश्चन्द्र, नरोत्तमदास, जगन्नाथ दास 'रत्नाकर' आदि कवियों ने ब्रजभाषा को परिपक्वता प्रदान की। अवध क्षेत्र की अवधी भाषा को मुख्यत: तुलसीदास जी और मलिक मुहम्मद जायसी ने एक महत्त्वपूर्ण साहित्यिक भाषा का रूप प्राप्त करने में अपना अभूतपूर्व योगदान दिया।
- अन्य कवियों में ईश्वरदास, अग्रदास, रहीम, लालदास, उसमान आदि अवधी के महत्त्वपूर्ण साहित्यकार रहे हैं। खड़ी बोली ने भी पद्य साहित्य और गद्य साहित्य में अभूतपूर्व प्रगति की। भारतेन्दु युग से अब तक खड़ी बोली साहित्यिक रूप से अति समृद्ध भाषा रही है।
- जयशंकर प्रसाद द्वारा रचित 'कामायनी' खड़ी बोली का प्रसिद्ध महाकाव्य है। सूर्यकान्त त्रिपाठी निराला ने खड़ी बोली में अतुकान्त काव्य में अपना महत्त्वपूर्ण योगदान दिया। गद्य साहित्य के विविध रूपों में भी खड़ी बोली ने बहुत विकास किया।
- हजारी प्रसाद द्विवेदी, महावीर प्रसाद द्विवेदी, रामचन्द्र शुक्ल, जयशंकर प्रसाद, प्रेमचन्द आदि महान् साहित्यकारों ने गद्य की विभिन्न विधाओं में खड़ी बोली को समृद्ध कर दिया।
- राजस्थानी हिन्दी की विभिन्न बोलियों में भी साहित्यिक रचनाएँ हुईं। राजस्थानी हिन्दी की प्रमुख रचनाएँ हैं-बीसलदेव रासो (नरपति नाल्ह), ढोला मारू रा दूहा (कुशलराय वाचक), वीर सतसई (वियोगी हरि) आदि। दादू, मीरा आदि सन्तों और भक्तों ने भी अपना साहित्य राजस्थानी में लिखा। सूर्यमल्ल मिश्रण, चन्दबरदाई, पृथ्वीराज राठौड़ प्राचीन राजस्थानी हिन्दी के प्रमुख साहित्यकार रहे हैं।
- पहाड़ी हिन्दी की गढ़वाली बोली में लोक-साहित्य प्रचुर मात्रा में रचा गया है। बिहारी हिन्दी की भोजपुरी, मैथिली आदि बोलियाँ भी साहित्यिक रूप से समृद्ध रही हैं। विद्यापति को 'मैथिली का कोकिल' कहा जाता है।
- निष्कर्षत: इतने विशाल भू-भाग में बोली जाने वाली हिन्दी बोलियों में जो साम्य दिखता है, वह दर्शाता है कि इन सभी बोलियों को चेतन बनाने वाली आत्मा एक ही है, जिससे ये अपनी एक विशिष्ट पहचान बनाए हुए हैं।

मानक भाषा

- मानक भाषा, वह भाषा होती है, जिसका मानकीकरण किया गया हो। हिन्दी की अनेक बोलियाँ व उपबोलियाँ हैं, जिनमें खड़ी बोली को मानक हिन्दी नाम दिया गया है। इसी खड़ी बोली से हिन्दी में शिक्षा का प्रचार-प्रसार होता है। इस खड़ी बोली के अन्तर्गत अन्य क्षेत्रीय बोलियाँ समाविष्ट नहीं हैं।
- सम्पूर्ण देश में भाषा में एकरूपता व उसे अनुशासित रखने के लिए मानक भाषा की आवश्यकता पड़ती है। मानक का अर्थ होता है-परिनिष्ठित, आदर्श या श्रेष्ठ। भाषा के जिस रूप का व्यवहार शिक्षा, प्रशासनिक कार्यों, सामाजिक-सांस्कृतिक रूप से उसमें उपस्थित विविध विषमताओं को दूर करके उसमें साम्यता लाकर एकरूप में किया जाता है, वही भाषा का मानक रूप होता है। किसी क्षेत्र की स्थानीय या आँचलिक बोली का शब्द-भण्डार सीमित होता है तथा उसका कोई नियमित व्याकरण भी नहीं होता, जिसके कारण इसे अधिकारिक या व्यावहारिक भाषा का माध्यम नहीं बनाया जा सकता।
- इसलिए ऐसी बोली विशिष्ट भौगोलिक, राजनीतिक, प्रशासनिक, सांस्कृतिक, सामाजिक आदि कारणों से अपना एक व्याकरणिक रूप विकसित कर लेती है, जोकि पत्राचार, शिक्षा, व्यापार, प्रशासन आदि में लिखित रूप में प्रयोग होने लगता है। इस प्रकार वह बोली एक मानक भाषा बन जाती है। भाषा प्रयोग की दृष्टि से यह बोली व्यापक हो जाती है और एक आदर्श, परिनिष्ठितता को प्राप्त कर लेती है। इसकी एक मानक शब्दावली का जन्म हो जाता है, जिससे यह मानक भाषा शुद्ध व परिमार्जित हो जाती है।

- भाषा का मानकीकरण एक बहुत ही महत्त्वपूर्ण और अत्यावश्यक प्रक्रिया है। उदाहरण के लिए, क्षेत्रीय भाषा के स्तर पर 'चाबी' को अनेक नामों से पुकारा जाता है; जैसे-कुंजी, खोलनी, चाभी आदि, लेकिन यह आवश्यक नहीं कि पूरे हिन्दी प्रदेश में 'चाबी' को खोलनी या कुंजी कहा जाए और सभी को समझ आ जाए। इसलिए इस शब्द के यदि एक मानक रूप 'चाबी' को स्वीकृत किया जाए तो पूरा हिन्दी प्रदेश इसके प्रयोग को समझ जाएगा। इस प्रकार स्पष्ट है कि भाषा का मानकीकरण एक अनिवार्य प्रक्रिया होती है। एक आदर्श या मानक भाषा अपने आप में जीवन्त, स्वायत्त और ऐतिहासिक होती है।

राजभाषा, राष्ट्रभाषा तथा हिन्दी की संवैधानिक स्थिति

- संविधान द्वारा स्वीकृत सरकारी कामकाज की भाषा राजभाषा कहलाती है। राजभाषा का प्रावधान संविधान की धारा 343 से 351 के अनुच्छेदों में वर्णित है। अनुच्छेद 343 में संघ की राजभाषा के रूप में हिन्दी व देवनागरी को लिपि के रूप में मान्यता मिली। भारतीय संविधान ने 14 सितम्बर, 1949 को हिन्दी को मान्यता दी।
- इसी कारण 14 सितम्बर को प्रति वर्ष **हिन्दी दिवस** मनाया जाता है। अनुच्छेद 120 के अनुसार संसद का कार्य हिन्दी या अंग्रेज़ी में होगा। अनुच्छेद 210 के अनुसार प्रान्तों के राज्य विधानमण्डलों का कार्य राज्य की राजभाषा में या हिन्दी/अंग्रेज़ी में होगा।

राजा भाषा आयोग 1955

राष्ट्रपति ने एक राजभाषा आयोग की नियुक्ति की, जिसके 21 सदस्य थे। इस आयोग के कुछ मुख्य सुझाव निम्न हैं

- किन्हीं मामलों में अंग्रेज़ी भाषा का ज्ञान आवश्यक होते हुए भी सार्वजनिक क्षेत्र में विदेशी भाषा का व्यवहार उचित नहीं है।
- हिन्दी सर्वाधिक बोली व समझी जाने वाली भाषा है, यही सम्पूर्ण भारत का एक माध्यम है।
- चौदह वर्ष की उम्र तक भारत के प्रत्येक छात्र को हिन्दी का ज्ञान करा देना चाहिए।
- हिन्दी क्षेत्र के विद्यार्थियों को एक और भाषा विशेषतः दक्षिण भारत की भाषा, अनिवार्य रूप से सीखनी चाहिए।
- भारत सरकार के प्रकाशन अधिक-से-अधिक हिन्दी में हों।
- संसद व विधानमण्डलों में हिन्दी और प्रादेशिक भाषाओं का व्यवहार होना चाहिए।
- प्रतियोगी परीक्षाओं में हिन्दी का एक अनिवार्य प्रश्न-पत्र रखा जाए।
- भारत की भाषाओं में निकटता लाने की व्यवस्था करनी चाहिए।

- **अनुच्छेद 344** के अनुसार, प्रारम्भ से 5 वर्ष की समाप्ति पर राष्ट्रपति एक आयोग गठित करेगा, जो निश्चित की जाने वाली एक प्रक्रिया के अनुसार राष्ट्रपति को सिफारिश करेगा कि किन शासकीय प्रयोजनों के लिए हिन्दी का प्रयोग अधिकाधिक किया जा सकता है। साथ ही अंग्रेज़ी, न्यायालयों में प्रयुक्त होने वाली भाषा के स्वरूप, विभिन्न प्रयोजनों के लिए अंकों का रूप तथा संघ की राजभाषा तथा राज्य के बीच या एक-दूसरे राज्य के बीच भाषा सम्बन्धी सुझाव देगा।
- **अनुच्छेद 345** के अनुसार, किसी राज्य का विधानमण्डल, विधि द्वारा उस राज्य में प्रयुक्त होने वाली या किन्हीं अन्य भाषाओं को या हिन्दी को शासकीय प्रयोजनों के लिए स्वीकार करेगा और ऐसा नहीं हो सकने की स्थिति में अंग्रेज़ी का प्रयोग यथावत् रहेगा।
- **अनुच्छेद 346** के अनुसार, संघ द्वारा प्राधिकृत भाषा एक राज्य और दूसरे राज्य के बीच में तथा किसी राज्य और संघ की सरकार के बीच पत्र आदि की राजभाषा होगी। यदि कोई राज्य परस्पर हिन्दी भाषा को स्वीकार करेगा तो उस भाषा को प्रयोग किया जा सकेगा।
- **अनुच्छेद 347** के अनुसार, यदि किसी राज्य की जनसंख्या का एक बड़ा भाग यह चाहता हो कि उसके द्वारा बोली जाने वाली भाषा को उस राज्य में मान्यता दी जाए और इस निमित्त से माँग की जाए, तो राष्ट्रपति यह निर्देश दे सकेगा कि ऐसी भाषा को भी उस राज्य में सर्वत्र या उसके किसी भाग में ऐसे प्रयोजन के लिए जो वह विनिर्दिष्ट करे, शासकीय मान्यता दी जाए।
- **अनुच्छेद 348** के अनुसार, जब तक संसद विधि द्वारा उपबन्ध न करे, तब तक उच्चतम न्यायालय तथा प्रत्येक उच्च न्यायालय में सब तरह की कार्यवाही अंग्रेज़ी भाषा में होगी। संसद के प्रत्येक सदन या राज्य के विधानमण्डल के किसी सदन में विधेयकों, अधिनियमों, प्रस्तावों, आदेशों, नियमों, विनियमों आदि की भाषा अंग्रेज़ी होगी।
- **अनुच्छेद 349** के अनुसार, राज्य भाषा से सम्बन्धित संसद यदि कोई विधेयक या संशोधन पुनः स्थापित या प्रस्तावित करना चाहे तो राष्ट्रपति की पूर्व मंजूरी लेनी पड़ेगी और राष्ट्रपति आयोग की सिफ़ारिशों पर और उन सिफारिशों की गठित रिपोर्ट पर विचार करने के पश्चात् ही अपनी मंजूरी देगा, अन्यथा नहीं।
- **अनुच्छेद 350** के अनुसार, प्रत्येक व्यक्ति किसी शिकायत को दूर करने के लिए संघ या राज्य के किसी अधिकारी या प्राधिकारी को यथास्थिति संघ में या राज्य में प्रयोग होने वाली किसी भाषा में अभ्यावेदन देने का अधिकारी होगा।
- **अनुच्छेद 351** में सरकार के उन कर्त्तव्यों एवं दायित्वों का उल्लेख किया गया है जिनका पालन हिन्दी के प्रचार-प्रसार और विकास के लिए उसे करना है। आठवीं अनुसूची की भाषाएँ असमिया, उड़िया, उर्दू, कन्नड़, कश्मीरी, गुजराती, तमिल, तेलुगू, पंजाबी, बांग्ला, मराठी, मलयालम, संस्कृत, सिन्धी, हिन्दी, नेपाली, कोंकणी, मणिपुरी, बोडो, सन्थाली, डोगरी, मैथिली (22 भाषाएँ) हैं।
- **आठवीं अनुसूची में 92वें संशोधन अधिनियम 2003** के द्वारा वर्ष 2004 में चार भाषाएँ— (बोडो, सन्थाली, डोगरी, मैथिली) जोड़ी गईं। 26 जनवरी, 1950 को संविधान लागू हो गया और उसमें यह व्यवस्था की गई कि हिन्दी को 1965 तक राजभाषा के पद पर आसीन कर दिया जाएगा। इसके बाद राष्ट्रपति राजभाषा आयोग, संसद और सरकार ने आदेश सुझाव अधिनियम अनुदेश और नियम निर्धारित किए, जिनके द्वारा राजभाषा हिन्दी के प्रयोग को सुनिश्चित किया गया।

राजभाषा अधिनियम 1976

इस अधिनियम के द्वारा हिन्दी का अधिक-से- अधिक प्रयोग करने के लिए कुछ प्रभावी कदम उठाए गए हैं, जो निम्न प्रकार हैं

- भारत के राज्यों को 3 वर्गों में बाँटा गया है

  क वर्ग के क्षेत्र उत्तर प्रदेश, मध्य प्रदेश, राजस्थान, बिहार, हिमाचल प्रदेश, हरियाणा एवं दिल्ली । ये सभी हिन्दी भाषी क्षेत्र हैं।

  ख वर्ग के क्षेत्र पंजाब, गुजरात, महाराष्ट्र, केन्द्रशासित—चण्डीगढ तथा अण्डमान निकोबार।

  ग वर्ग के क्षेत्र शेष सभी राज्य एवं संघशासित क्षेत्र।

- केन्द्रीय कार्यालयों से 'क' श्रेणी के राज्यों को भेजे जाने वाले पत्र हिन्दी में देवनागरी लिपि में भेजे जाएँगे।
- 'ख' श्रेणी के राज्यों से पत्र-व्यवहार हिन्दी व अंग्रेज़ी दोनों भाषाओं में किया जा सकता है। केन्द्रीय कार्यालयों में प्रेषित हिन्दी पत्रों का उत्तर भी हिन्दी में ही दिया जाएगा।
- केन्द्र सरकार के कार्यालयों में सभी पत्र, रजिस्टर हिन्दी व अंग्रेज़ी दोनों भाषाओं में होंगे। केन्द्र सरकार के कर्मचारी हिन्दी या अंग्रेज़ी में टिप्पणी लिख सकेंगे।
- कोई भी व्यक्ति आवेदन या अपील हिन्दी या अंग्रेज़ी में दे सकता है। यदि आवेदन या अपील हिन्दी में हो या उस पर हस्ताक्षर हिन्दी में हैं तब उसका उत्तर हिन्दी में देना अनिवार्य है।
- जहाँ 80% से अधिक कर्मचारी हिन्दी में कार्य करते हों वहाँ टिप्पणी, प्रारूप इत्यादि का कार्य हिन्दी में किया जा सकेगा।

हिन्दी की वर्तमान स्थिति

- वर्तमान में हिन्दी विश्व की तीसरी सर्वाधिक बोली जाने वाली भाषा है, फिर भी भारत में यह उपेक्षित रही है। आज भी सरकारी कामकाज अंग्रेज़ी में ही होता है। इसका मुख्य कारण राजनीतिक इच्छा शक्ति का न होना है। यदि हमारी सरकार अदम्य इच्छा शक्ति रखे तो वह दिन दूर नहीं जब यह भाषा अन्तर्राष्ट्रीय स्तर पर द्वितीय स्थान पर आ जाएगी। हिन्दी भाषा आज भी उपेक्षा का शिकार है। 1815 ई. में जर्मनी के स्वतन्त्र होने पर बिस्मार्क ने आदेश दिया था कि एक वर्ष के भीतर सभी कामकाज जर्मन भाषा में होंगे, जो नहीं करेंगे उन्हें नौकरी से बर्खास्त कर दिया जाएगा। एक वर्ष के भीतर ही जर्मन भाषा राष्ट्रभाषा बन गई, परन्तु भारत में अंग्रेज़ी के भक्तों के कारण यह पूर्णतः राजभाषा नहीं बन पाई है। अंग्रेज़ी माध्यम से शिक्षित लोग अंग्रेज़ी में व्यवहार करने को गर्व समझते हैं। वे गांधी जी की बातों को भूल जाते हैं।
- हिन्दी वर्णमाला में कुल वर्ण अंग्रेज़ी की अपेक्षा दो गुने तथा टाइपराइटर पर हिन्दी टाइपिंग कठिन होने के कारण भी अंग्रेज़ी को अधिक महत्त्व दिया जाता है। विदेशों में पर्यटन या उच्च शिक्षा के लिए जाने वाले लोग अंग्रेज़ी प्रशिक्षण लेते हैं। वे विदेश जाकर हिन्दी में व्यवहार न कर अंग्रेज़ी में बातचीत करते हैं। भारत में न्यायालयों का कार्य भी अंग्रेज़ी में होने के कारण वकीलों, न्यायाधीशों को अंग्रेज़ी में ही व्यवहार करना पड़ता है जिससे अंग्रेज़ी के प्रसार को बल मिलता है तथा हिन्दी उपेक्षित होती है। उपर्युक्त सभी समस्याएँ हिन्दी को पूर्णतः राजभाषा बनने में रुकावटें उत्पन्न करती रही हैं।

सम्पर्क भाषा

- सम्पर्क भाषा वह भाषा है जो हमें अन्य लोगों के सम्पर्क में लाए। डॉ. भोलानाथ तिवारी के अनुसार, वर्तमान में अंग्रेज़ी सम्पर्क भाषा का कार्य कर रही है, क्योंकि यदि हमें तमिल भाषा-भाषी व्यक्ति से सम्पर्क साधना है तो तमिल आनी चाहिए अन्यथा अंग्रेज़ी। प्रत्येक जाति या देश की एक सम्पर्क भाषा होनी चाहिए। एक ऐसी भाषा जो उस देश में कहीं चले जाने पर काम आए अर्थात् जिसका व्यवहार देशव्यापी हो। भारत में हिन्दी सम्पर्क भाषा काफी लम्बे समय से रही है। दक्षिण से आकर मध्वाचार्य, वल्लभाचार्य, निम्बार्काचार्य और अन्य आचार्य सम्पूर्ण भारत में इसी भाषा के माध्यम से अपने धार्मिक विचारों का प्रचार करते रहे।
- दक्षिण के तीर्थों—तिरुपति, मदुरै, कन्याकुमारी और रामेश्वरम् तक उत्तर भारत के लोग जाते थे तो हिन्दी का उपयोग होता था। वर्तमान में रेडियो, टी. वी. , सिनेमा, समाचार-पत्र-पत्रिकाएँ हिन्दी का बेहतर प्रचार-प्रसार कर रहे हैं। सभी प्रदेशों के लोग हिन्दी प्रदेशों में आकर सरकारी/प्राइवेट नौकरी करते हैं तथा वे शीघ्र ही हिन्दी का ज्ञान प्राप्त कर लेते हैं। इस प्रकार हिन्दी का सम्पर्क भाषा रूप उज्ज्वल हो रहा है।

संचार माध्यम और हिन्दी

- **रॉबर्ट एण्डरसन के अनुसार** "वाणी, लेखन या संकेतों द्वारा विचारों, अभिमतों या सूचना का विविध विनिमय करना संचार कहलाता है।" संचार एक अर्थपूर्ण सन्देश है, जिसमें एक व्यक्ति दूसरे व्यक्ति से सूचना का आदान-प्रदान करता है। संचार से सूचनाओं का आदान-प्रदान होने के साथ-साथ हमारा जनसम्पर्क बढ़ता है। हम एक-दूसरे को प्रभावित करते हैं, सूचनाएँ अधिक होने पर व्यक्ति अत्यधिक ज्ञानवान व शक्तिशाली होता है और वह अधिक-से-अधिक उच्च प्रस्थिति प्राप्त करता है। संचार के माध्यम हैं—रेडियो, टीवी, इण्टरनेट, फैक्स, समाचार-पत्र, पुस्तकें, पत्रिकाएँ, पोस्टर, पैम्फलेट, वीडियो-ऑडियो, कैसेट, डीवीडी, सीडी, उपग्रह संचार आदि।
- इण्टरनेट का उपयोग आज प्रायः जीवन के प्रत्येक क्षेत्र में हो रहा है। इस तकनीक का व्यापक उपयोग इलेक्ट्रॉनिक मेल के रूप में होता है। कम्प्यूटरों पर सन्देश टाइप करके इसे भेजने का कार्य इसके द्वारा ही सम्पन्न होता है। इण्टरनेट सेवा का सर्वाधिक लाभ व्यापारियों, उद्यमियों, चिकित्सकों, शिक्षकों तथा वैज्ञानिक संस्थाओं को हुआ है। उद्यमियों और व्यापारियों को घर बैठे ही अन्तर्राष्ट्रीय बाज़ार के रुख का पता चल जाता है। संचार के क्षेत्र में अत्याधुनिक संचार प्रणालियों का प्रयोग होने लगा है। सूचना प्रौद्योगिकी के प्रयोग से सूचना और सन्देश कम समय में अत्यधिक लोगों तक पहुँचाए जा सकते हैं। आधुनिक संचार प्रणाली की उपयोगिता सरकारी प्रशासन से लेकर कम्पनी प्रबन्धन, विपणन, बैंकिंग, बीमा, शिक्षा, घरेलू आँकड़ों के प्रोसेसिंग आदि तक फैली हुई है।
- आज भारत अन्तरिक्ष विज्ञान तथा उपग्रह संचार के क्षेत्र में नई उपलब्धियाँ प्राप्त करते हुए आत्मनिर्भरता की ओर बढ़ रहा है। इनसेट उपग्रहों की शृंखला भारत के लिए मील का पत्थर सिद्ध हुई है। इसने देश में आधुनिकतम सूचना प्रौद्योगिकी का विकास करने में मदद पहुँचाई है। आज लोग घर बैठे-बैठे अपने टीवी पर हवाई जहाज अथवा ट्रेन में अपने आरक्षण की अन्तिम स्थिति की सहजता से जानकारी प्राप्त कर सकते हैं। किसी भी देश की घटना की जानकारी चन्द मिनटों में प्राप्त हो जाती है।
- टीवी, रेडियो, इण्टरनेट आदि पर हिन्दी का बहुत प्रयोग हो रहा है। ये हिन्दी ही है जिसके माध्यम से दूर-दराज ग्रामीण क्षेत्रों में सूचनाएँ पहुँचाई जाती हैं। विज्ञापन भी हिन्दी में ही दिखाए जाते हैं। संचार माध्यमों में हिन्दी का इतना अधिक प्रयोग हुआ है जिससे हिन्दी का भविष्य उज्ज्वल बना है। हिन्दी भाषी फिल्में (बॉलीवुड) भी हिन्दी का प्रचार-प्रसार करने में सहायक सिद्ध हुई हैं।

कम्प्यूटर और हिन्दी

- आज का युग प्रौद्योगिकी, सूचना तथा संचार का युग है। सूचना प्रौद्योगिकी, तकनीकी उपकरणों के माध्यम से सूचनाओं का संकलन तथा सम्प्रेषण करता है। सूचना प्रौद्योगिकी में कम्प्यूटर का महत्त्व अवर्णनीय है। आज के युग में कम्प्यूटर के द्वारा सूचना प्रौद्योगिकी के क्षेत्र में जो नई क्रान्ति हुई है, वह है— यान्त्रिकी और कम्प्यूटर की नई भाषाई माँगों को पूरा करना।

- इन नई भाषाओं में हिन्दी का भी अपना विशेष महत्त्व है। हिन्दी विश्व की तीसरी सबसे बड़ी भाषा है। हिन्दी की शब्द-सम्पदा का नित विस्तार होने से कम्प्यूटर और हिन्दी एक-दूसरे के पूरक हो गए हैं। धीरे-धीरे अन्य देशों में हिन्दी के पठन-पाठन और प्रचार-प्रसार में तेजी से वृद्धि हुई है। दूर संचार के माध्यमों ने हिन्दी के प्रचार-प्रसार में अपना महत्त्वपूर्ण योगदान दिया है। चूँकि हिन्दी भाषा का व्याकरण वैज्ञानिक है, इसलिए देवनागरी लिपि कम्प्यूटर के लिए अनुकूल है। कम्प्यूटर युग में हिन्दी के प्रयोग की सम्भावनाओं को ध्यान में रखते हुए इलेक्ट्रॉनिक विभाग ने भारतीय भाषाओं के लिए तकनीकी विकास के अन्तर्गत विभिन्न परियोजनाओं को शुरू किया है।
- आज विण्डोज प्लेटफार्म में कार्य करने वाले हिन्दी के अनेक सॉफ्टवेयर बाज़ार में उपलब्ध हैं; जैसे-सी डैक, लीप ऑफिस, अक्षर फॉर विण्डोज आदि। हिन्दी भाषा में वेब पेज विकसित करने के लिए प्लग इन पैकेट तैयार किया गया है, जिससे कोई भी व्यक्ति या संस्था अपना वेब पेज हिन्दी में प्रकाशित कर सकता है।
- कम्प्यूटर एवं इण्टरनेट के परस्पर सहयोग से हिन्दी भाषा का प्रसार तीव्र गति से होने की सम्भावनाएँ बढ़ गई हैं। माइक्रोसॉफ्ट, रेडिफ, गूगल, याहू आदि विदेशी कम्पनियाँ अपनी वेबसाइट पर हिन्दी भाषा को स्थान दे रही हैं। इण्टरनेट सेवा के अन्तर्गत ई-मेल, वॉइस मेल आदि के कारण हिन्दी भाषा के विकास व सम्प्रेषण की सम्भावनाएँ बढ़ गई हैं। हिन्दी वर्ड नेट पर हिन्दी शब्दों के एक विशाल भण्डार को विकसित किया गया है।
- निष्कर्षतः हिन्दी और कम्प्यूटर को जोड़ने के काफी प्रयास किए जा रहे हैं, परन्तु अभी भी हिन्दी तकनीकी के दृष्टिकोण से पूर्णरूपेण विकसित नहीं है। अतः इस क्षेत्र में अभी युद्ध स्तर पर कार्य करने की आवश्यकता है, जिससे हिन्दी के प्रचार-प्रसार में वैश्विक रूप से महत्त्वपूर्ण वृद्धि की जा सके।

देवनागरी लिपि

- प्रत्येक भाषा की अपनी एक लिपि होती है, जिसमें उस भाषा को लिखा जाता है। लिपि का आधार लिखित संकेत होते हैं। लिपि दृश्य व दृष्टिगोचर होती है। हिन्दी की लिपि 'देवनागरी', अंग्रेज़ी की 'रोमन', उर्दू की 'फारसी' तथा पंजाबी, की 'गुरुमुखी' है। भारत की प्राचीन लिपियों में सिन्धु घाटी की लिपि, खरोष्ठी लिपि और ब्राह्मी लिपि प्रसिद्ध हैं। सिन्धु घाटी की लिपि चित्राक्षर तथा कुछ ध्वन्याक्षर थी। देवनागरी लिपि का आविष्कार ब्राह्मी लिपि से हुआ।
- देवनागरी लिपि का सर्वप्रथम प्रयोग गुजरात के राजा जयभट्ट के एक शिलालेख में हुआ है। यह लिपि हिन्दी प्रदेश के अतिरिक्त महाराष्ट्र व नेपाल में प्रचलित है। गुजरात में सर्वप्रथम प्रचलित होने से वहाँ के पण्डित वर्ग अर्थात् नागर ब्राह्मणों के नाम से इसे नागरी कहा गया। देवभाषा संस्कृत में इसका प्रयोग होने से इसके साथ 'देव' शब्द जुड़ गया। देवताओं की उपासना के लिए जो संकेत बनाए जाते थे, उन्हें देवनगर कहते थे। वे संकेत लिपि के समान थे वहीं से इसे 'देवनागरी' कहा जाने लगा।
- सर्वप्रथम महादेव गोविन्द रानाडे ने लिपि सुधार समिति का गठन किया। काका कालेलकर ने 'अ' की बारहखड़ी का सुझाव दिया तथा स्वर ध्वनियों की संख्या को कम कर दिया गया; जैसे—अ, आ, अि, अ, अु, अू, अे, अै, ओ, औ। डॉ. श्यामसुन्दर दास ने पंचमाक्षर के स्थान पर अनुस्वार का प्रयोग करने का सुझाव दिया। जैसे हिन्दी—हिंदी, कण्ठ—कंठ।
- श्रीनिवास का सुझाव था कि महाप्राण ध्वनियों के स्थान पर अल्पप्राण ध्वनियाँ शामिल कर उनके नीचे कोई चिह्न लगाकर प्रयोग किया जाए। हिन्दी साहित्य सम्मेलन प्रयाग (5 अक्टूबर, 1941) ने लिपि सुधार हेतु एक बैठक की, जिसमें मात्राओं को उच्चारण क्रम में लगाने तथा छोटी 'इ' की मात्रा को व्यंजन के आगे लगाने का सुझाव पेश किया। वर्ष 1947 में उत्तर प्रदेश सरकार द्वारा गठित समिति की अध्यक्षता नरेन्द्र देव ने की, जिसमें निम्न सुझाव पेश किए गए

  'अ' की बारहखड़ी भ्रामक है।

  मात्राएँ यथास्थान रहें, परन्तु उन्हें थोड़ा दाहिनी ओर लिखा जाए।

  अनुस्वार व पंचमाक्षर के स्थान पर बिन्दी (ं) से काम चलाया जाए।

  दो तरीकों से लिखे जाने वाले अक्षरों में निम्न अक्षरों को स्वीकार किया जाए। अ, झ, ध, भ, ल

  संयुक्त वर्णों क्ष, त्र, ज्ञ, श्र को वर्णमाला में स्थान दिया जाए।
- उपरोक्त सुझावों में कुछ परिवर्तन कर इन्हें स्वीकार कर लिया गया है। समय- समय पर इसमें सुधार होते रहे हैं। फारसी की क़, ख़, ग़, ज़, .फ ध्वनियाँ भी शामिल कर ली गई हैं तथा कुछ अंग्रेज़ी के शब्दों को भी शामिल किया गया है।

देवनागरी लिपि की विशेषताएँ

देवनागरी लिपि की विशेषताएँ निम्नलिखित हैं

- देवनागरी लिपि पर प्रायः दोषारोपण होता रहा है कि इसमें वर्णों की संख्या अधिक है, परन्तु वास्तविकता तो यह है कि यहाँ वर्णमाला का वर्गीकरण अत्यन्त वैज्ञानिक है। इसके वर्ण सभी ध्वनियों को प्रस्तुत करने में सक्षम हैं। पूरी वर्णमाला पहले स्वर, फिर व्यंजन में वर्गीकृत है। स्वरों का वर्गीकरण भी एक स्वर वर्ण के पश्चात् दीर्घ वर्ण निश्चित है;

  जैसे— अ आ इ ई उ ऊ ऋ ए ऐ ओ औ अं अ
- व्यंजन वर्णों का वर्गीकरण कण्ठ्य, तालव्य, मूर्धन्य, दन्त्य, ओष्ठ्य, अन्तःस्थ, ऊष्म, संयुक्त व्यंजन व द्विगुण व्यंजनों के रूप में वर्गीकृत है। पुनः व्यंजनों को अल्पप्राण, महाप्राण, अघोष व सघोष में वर्गीकृत किया गया है। ऐसी विशेषता किसी अन्य लिपि में नहीं पाई जाती।
- स्वर ध्वनियों के उच्चारण में किसी अन्य ध्वनि की सहायता नहीं लेनी पड़ती, परन्तु व्यंजन के उच्चारण में अन्य ध्वनि की सहायता लेनी पड़ती है।
- देवनागरी लिपि अक्षरात्मक है। यह विशेषता अन्य लिपियों में नहीं पाई जाती। इस लिपि में शब्दों को लिखने के क्रम में स्वर और व्यंजन वर्ण अलग- अलग नहीं लिखे जाते, बल्कि संयुक्त होकर पूर्ण अक्षर का निर्माण करते हैं; जैसे—कमल, कलम
- अक्षरात्मक लिपि में वर्ण के ऊपर-नीचे, दाएँ-बाएँ कहीं भी मात्राओं का प्रयोग हो सकता है, परन्तु उच्चारण पहले वर्ण का होगा और उसके पश्चात् मात्राएँ उच्चारित होंगी; जैसे—कोमल, दोमट, कुम्हार
- अक्षरात्मक लिपि अक्षर प्रयोग के कारण कम स्थान घेरती है, जबकि वर्णात्मक लिपि वर्णों के पहले प्रयोग के कारण समय, श्रम तथा स्थान सभी दृष्टिकोणों से उपयुक्त नहीं है;

जैसे	राम	—	RAMA
	कृष्ण	—	KRISHNA
	सम्भव	—	SAMBHVA

- देवनागरी लिपि में सभी ध्वनियों को अंकित करने की क्षमता है, परन्तु रोमन लिपि में ऐसा नहीं है;
  जैसे ण, न के लिए N अक्षर
  द, ड के लिए D अक्षर
- देवनागरी लिपि में प्रत्येक ध्वनि के लिए एक निश्चित वर्ण है तथा प्रत्येक वर्ण से एक निश्चित ध्वनि भी निकलती है। ऊष्म व्यंजन श, ष, स को लेकर सजग रहे तो अन्तर स्पष्ट है कि तालव्य 'श', मूर्धन्य 'ष' व दन्त्य 'स' का प्रयोग अलग-अलग है।
- 'र' ध्वनि के लिए चार वर्ण प्रतीक एक ही वर्ण के चार कोणीय परिवर्तन मात्र हैं; जैसे— राम, कृति, कर्म, त्रिशूल।
- C से 'क', A से 'अ' तथा आ, ए तीनों ध्वनियाँ निकलती हैं;
  जैसे Cake, Cat, Car, Bat.
- देवनागरी लिपि में प्रत्येक वर्ण के लिए निश्चित उच्चारण है, परन्तु रोमन लिपि में एक ही वर्ण अलग-अलग शब्दों के साथ अलग-अलग उच्चारण देता है;
  जैसे Call—कॉल में C 'क' का उच्चारण देती है।
  City—सिटी में C 'स' का उच्चारण देती है।
- देवनागरी लिपि में मूकवर्ण (साइलेण्ट लेटर) जैसी समस्या नहीं है, परन्तु रोमन लिपि में ऐसी समस्या है। रोमन लिपि में शब्द लिखे कुछ और जाते हैं तथा उच्चारित कुछ और होते हैं;
  जैसे Knowledge में K मूकवर्ण, W व D भी मूकवर्ण
  Knife में K मूकवर्ण
  Haemorrhage में E, O, H मूकवर्ण
- देवनागरी लिपि के सभी वर्णों को लिखना आसान है। देवनागरी लिपि के वर्णों को लिखने के लिए एक पड़ी रेखा, एक खड़ी रेखा और एक अर्द्धवृत्त का सहारा ही काफी होता है।
- देवनागरी लिपि एक वैज्ञानिक लिपि है। शिरोरेखा के कारण भी देवनागरी लिपि की वैज्ञानिकता स्पष्ट होती है, क्योंकि इसके कारण वर्णों व शब्दों के बीच अन्तर किया जा सकता है।

देवनागरी लिपि का मानकीकरण

देवनागरी लिपि विश्व की अन्य लिपियों की तुलना में वैज्ञानिक है। किसी भी लिपि के आदर्श होने के लिए निम्नलिखित शर्तें होनी अनिवार्य हैं

- वह लिपि दुनिया की किसी भी भाषा को अन्तरित करने की क्षमता रखती हो।
- प्रत्येक ध्वनि के लिए स्वतन्त्र वर्ण प्रतीक हो।
- किसी वर्ण प्रतीक से एक से अधिक ध्वनि उच्चारित न हो।
- शब्दों को लेकर लिपि अर्थभेद न हो।
- उस लिपि में भूमण्डल की लिपि होने की अर्हता हो।

उपरोक्त तथ्यों के आधार पर देवनागरी लिपि निश्चित तौर पर वैज्ञानिक है, परन्तु कुछ समस्याओं के कारण यह मानकीकरण की दिशा में उलझी हुई है। इसकी मानकता के लिए कुछ सुझाव निम्नलिखित हैं

- शिरोरेखा के प्रयोग को अनिवार्य कर देना चाहिए। इससे वर्णों के बीच भेद किया जा सकेगा। शिरोरेखा के अभाव में ध-घ, ख-व, र-व, म-भ का अन्तर स्पष्ट नहीं हो पाता।
- ध्वनियों के उच्चारण में एकरूपता अति आवश्यक है। इस लिपि के वर्णों की द्विरूपता को समाप्त कर देना चाहिए;
  जैसे— अ श्र, रा, ण, झ फ, ल क्त, त त्र आदि।
- संयुक्त वर्णों का प्रयोग संयोग, लेखन व उच्चारण लाघवता व तीव्रता को दर्शाता है। इसे भी बनाए रखा जाए; जैसे— क्ष, त्र, ज्ञ।
- वर्णों को संयुक्त करने की प्रक्रिया चाहे आस-पास हो या ऊपर-नीचे दोनों ही स्थितियों में वैज्ञानिक है; जैसे
  मिट्टी—मिट्टी, लट्टू—लट्टू
- 'र' ध्वनि के चारों प्रयोग वस्तुत: अलग-अलग न होकर 'र' के कोणीय परिवर्तन मात्र हैं। इनका प्रयोग हूबहू किया जाए।
- 'र' का चौथा प्रयोग (^) मूर्धन्य वर्णों में किया जाता है। राष्ट्र, ट्रक, ड्रम, टुण्ड्रा आदि।
- संज्ञा शब्दों के अन्त में 'ई' का प्रयोग होना चाहिए 'यी' का नहीं;
  जैसे— भलाई, पिटाई, कमाई, पढ़ाई आदि।
- नासिक ध्वनियों एवं उनमें प्रयुक्त वर्ण प्रतीकों के संयोग को लेकर यदि सजग रहा जाए तो इनमें से किसी प्रयुक्त को हटाने की जरूरत नहीं है। ये सभी प्रतीक एक-दूसरे से अलग व अर्थभेदक हैं। नासिक वर्णों को अनुस्वार तथा अनुनासिक में बाँटा जाता है। अनुस्वार ध्वनियों के उच्चारण में नाक की भूमिका होती है, जबकि अनुनासिक ध्वनियों के उच्चारण में नाक व मुख दोनों का सहयोग होता है।
- अनुस्वार ध्वनियों के उच्चारण में बिन्दी या बिन्दु के प्रतीक का उपयोग होता है, जबकि अनुनासिक ध्वनियों के लिए अर्द्धचन्द्र बिन्दु (ँ) का प्रयोग होता है।

अनुस्वार ध्वनियाँ प्रत्येक वर्ण के पंचमाक्षरों के रूप में ही जानी जाती हैं जबकि अनुनासिक ध्वनियाँ अलग-अलग होती हैं। अनुस्वार ध्वनियों या पंचमाक्षरों के लिए प्रतिस्थापक प्रतीक बिन्दी या बिन्दु के अतिरिक्त कहीं-कहीं अर्द्धपंचमाक्षर का प्रयोग भ्रम का कारण हो सकता है, परन्तु यह प्रयोग वैज्ञानिक है।

वर्ण एवं वर्णमाला

वर्ण

- वर्ण भाषा की सबसे छोटी इकाई है। वर्ण उस मूल ध्वनि को कहते हैं, जिसके खण्ड या टुकड़े नहीं किए जा सकते; जैसे—अ, ई, क्, ख् इत्यादि।
- उदाहरणस्वरूप मूल ध्वनियों को इस प्रकार स्पष्ट किया जा सकता है 'आम' शब्द में तीन मूल ध्वनियाँ हैं—आ + म् + अ। इन्हीं अखण्ड मूल ध्वनियों को वर्ण कहते हैं। प्रत्येक वर्ण की अपनी लिपि होती है। लिपि को 'वर्ण संकेत' भी कहते हैं। हिन्दी में **52 वर्ण** होते हैं।

वर्णमाला

- वर्णों के व्यवस्थित समूह या समुदाय को वर्णमाला कहते हैं। हिन्दी वर्णमाला में वर्णों की गणना दो आधार पर की जाती है
  1. **उच्चारण के आधार पर** हिन्दी में उच्चारण के आधार पर वर्णों की संख्या **45** है, जिनमें **10** स्वर तथा **35** व्यंजन हैं।
  2. **लेखन के आधार पर** लेखन के आधार पर वर्णों की संख्या 52 है, जिनमें 13 स्वर, **35** व्यंजन तथा 4 संयुक्त व्यंजन हैं।
- हिन्दी वर्णमाला में दो प्रकार के वर्ण होते हैं—स्वर तथा व्यंजन।

स्वर अ, आ, इ, ई, उ, ऊ, (ऋ), ए, ऐ, ओ, औ, (अं), (अः)

[कुल 10+ 3 = 13]

व्यंजन व्यंजनों को निम्न प्रकार विभाजित किया गया है

- क वर्ग– क, ख, ग, घ, ङ
- च वर्ग– च, छ, ज, झ, ञ
- ट वर्ग– ट, ठ, ड, (ड़), ढ (ढ़) ण (ड़, ढ़–द्विगुण व्यंजन)
- त वर्ग– त, थ, द, ध, न
- प वर्ग– प, फ, ब, भ, म
- अंतःस्थ व्यंजन– य, र, ल, व [कुल = 4]
- ऊष्म व्यंजन– श, ष, स, ह [कुल = 4]
- संयुक्त व्यंजन– क्ष (क् + ष), त्र (त् + र), ज्ञ (ज् + ञ), श्र (श + र) [कुल = 4]

स्वर

स्वर, स्वतन्त्र रूप से बोले जाने वाले वर्ण हैं। इनके उच्चारण में हवा मुख-विवर (मुख द्वार) से अबाध गति से निकलती है। इनकी संख्या **13** मानी गई है, परन्तु उच्चारण के आधार पर इनकी संख्या केवल **10** ही मानी गई है।

नोट ऋ को लिखने के आधार पर स्वर की संज्ञा दी जाती है, परन्तु इसका उच्चारण 'रि' होता है। अतः ऋ को उच्चारण के आधार पर स्वरों में स्थान नहीं दिया गया।

स्वरों का वर्गीकरण

स्वरों को निम्न प्रकार से वर्गीकृत किया गया है

1. मात्रा/उच्चारण काल के आधार पर
2. मुख-द्वार के खुलने के आधार पर
3. जीभ के प्रयोग के आधार पर
4. ओंठों की स्थिति के आधार पर
5. हवा के नाक व मुँह से निकलने
6. प्राणत्व के आधार पर के आधार पर
7. घोषत्व के आधार पर

मात्रा/उच्चारण काल के आधार पर

मात्रा/उच्चारण के आधार पर स्वर तीन प्रकार के होते हैं

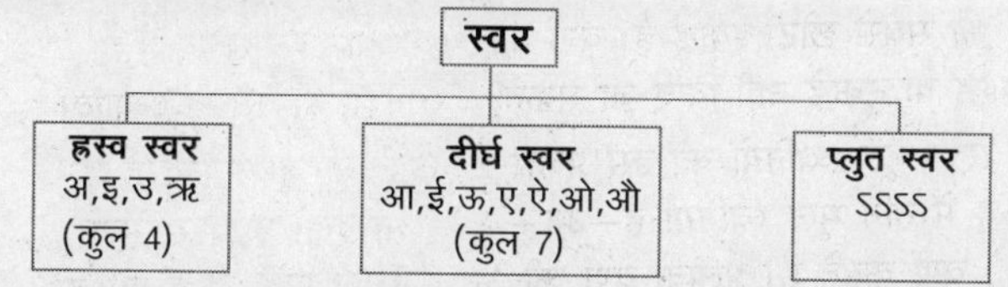

- **ह्रस्व/मूल स्वर** वे स्वर जिनके उच्चारण में **कम समय** (एक मात्रा का समय) लगता है, मूल स्वर या ह्रस्व स्वर कहलाते हैं; जैसे–अ, इ, उ, ऋ।
- **दीर्घ स्वर** जिन स्वरों के उच्चारण में **अधिक समय** (दो मात्रा का समय) लगता है, दीर्घ स्वर कहलाते हैं; जैसे–आ, ई, ऊ, ए, ऐ, ओ, औ। दीर्घ स्वरों की रचना दो स्वरों को जोड़कर होती, इसलिए इन्हें **संयुक्त स्वर** भी कहा जाता है। ये निम्न दो प्रकार के होते हैं

सजातीय स्वर ऐसे दीर्घ स्वर जिनका निर्माण एक ही स्थान से बोले जाने वाले स्वर के संयोग से होता है, सजातीय स्वर कहलाते हैं; जैसे–आ, ई, ऊ।

विजातीय स्वर ऐसे स्वर जो विभिन्न स्थानों से बोले जाने वाले स्वर के संयोग से निर्मित हुए हों, विजातीय स्वर कहलाते हैं; जैसे– ए, ऐ, ओ, औ। इन्हें संयुक्त स्वर के नाम से भी जाना जाता है।

- **प्लुत स्वर** वे स्वर जिनके उच्चारण में दीर्घ स्वर से भी अधिक समय लगता है, प्लुत स्वर कहलाते हैं; जैसे–ओऽऽऽऽम। इन स्वरों का उपयोग मुख्यतः नाटक के संवादों में अथवा किसी को पुकारने के लिए किया जाता है।

मुख विविर (मुख द्वार) के खुलने के आधार पर

इस आधार पर स्वर चार वर्गों में विभाजित किए जा सकते हैं

- **विवृत** जिन स्वरों के उच्चारण में मुख द्वार पूरा खुलता है; उन्हें विवृत स्वर कहते हैं; जैसे–आ।
- **अर्द्ध विवृत** जिन स्वरों के उच्चारण में मुख द्वार आधा खुलता है, उन्हें अर्ध विवृत स्वर कहते हैं; जैसे–अ, ऐ, औ, ऑ।
- **संवृत** जिन स्वरों के उच्चारण में मुख द्वार लगभग बन्द रहता है, उन्हें संवृत स्वर कहते हैं; जैसे–इ, ई, उ, ऊ।
- **अर्ध संवृत** जिन स्वरों के उच्चारण में मुख द्वार आधा बन्द रहता है, उन्हें अर्ध संवृत स्वर कहते हैं; जैसे–ए, ओ।

जिह्वा (जीभ) के प्रयोग के आधार पर

इस आधार पर स्वरों को तीन वर्गों में विभाजित किया जा सकता है

- **अग्र स्वर** जिन स्वरों के उच्चारण में जिह्वा का अग्र भाग ऊपर उठता है, वे अग्र स्वर कहलाते हैं; जैसे–इ, ई, ए, ऐ।
- **मध्य स्वर** जिन स्वरों के उच्चारण में जिह्वा समान अवस्था में रहती है, वे मध्य स्वर कहलाते हैं; जैसे–'अ'।
- **पश्च स्वर** जिन स्वरों के उच्चारण में जिह्वा का पश्च भाग ऊपर उठता है, वे पश्च स्वर कहलाते हैं; जैसे–आ, उ, ऊ, ओ, औ, ऑ।

ओंठो की स्थिति के आधार पर

इस आधार पर स्वर दो प्रकार के होते हैं

- **अवृतमुखी** जिन स्वरों के उच्चारण में ओंठ (होंठ) वृतमुखी या गोलाकार नहीं होते हैं, उन्हें अवृतमुखी स्वर कहते हैं; जैसे–अ, आ, इ, ई, ए, ऐ।
- **वृतमुखी** जिन स्वरों के उच्चारण में ओंठ वृतमुखी या गोलाकार होते हैं, उन्हें वृतमुखी स्वर कहते हैं; जैसे–उ, ऊ, ओ, औ, ऑ।

हवा के नाक क मुँह से निकलने के आधार पर

इस आधार पर स्वर दो प्रकार के होते हैं

- **निरनुनासिक या मौखिक स्वर** जिन स्वरों के उच्चारण में हवा केवल मुँह से निकलती है, उन्हें निरनुनासिक या मौखिक स्वर कहते हैं; जैसे–अ, आ, इ आदि।
- **अनुनासिक स्वर** जिन स्वरों के उच्चारण में हवा मुँह के साथ-साथ नाक से भी निकलती है, उन्हें अनुनासिक स्वर कहते हैं; जैसे–अँ, आँ, इँ आदि।

प्राणत्व के आधार पर

यहाँ प्राण का अर्थ हवा (वायु) से है। सभी स्वरों के उच्चारण में मुख से हवा कम निकलती है, इसलिए सभी स्वरों को **अल्पप्राण** माना जाता है।

घोषत्व के आधार पर

यहाँ घोष का अर्थ स्वरतन्त्रियों में श्वास के कंपन से है। स्वरों के उच्चारण से स्वरतन्त्रियों में कंपन उत्पन्न होती है, इसलिए सभी स्वर **सघोष** (Voiced) ध्वनियाँ हैं।

स्वरों का वर्गीकरण व उच्चारण स्थान

वर्णनाम	उच्चारण स्थान	ह्रस्व स्वर	दीर्घ स्वर	निरानुनासिक /मौखिक स्वर	अनुनासिक
कण्ठ्य	कण्ठ	अ	आ	अ, आ	अँ, आँ
तालव्य	तालु	इ	ई	इ	इँ
मूर्धन्य	मूर्धा	ऋ			
ओष्ठ्य	ओष्ठ/ओंठ	उ	ऊ		
कण्ठतालव्य	कण्ठ + तालु		ए, ऐ		
कण्ठोष्ठय	कण्ठ + ओष्ठ		ओ, औ		

आयोगवाह

- **अनुस्वार** (ं) और **विसर्ग** (:) ऐसी ध्वनियाँ हैं, जो न स्वर हैं और न ही व्यंजन। आचार्य किशोरीदास वाजपेयी ने इन्हें अयोगवाह कहा है, क्योंकि ये बिना किसी से योग किए ही अर्थ वहन करते हैं। हिन्दी वर्णमाला में इनका स्थान स्वरों के बाद और व्यंजनों से पहले निर्धारित किया गया है।
- अनुस्वार को 'शीर्ष बिन्दु वाला वर्ण' तथा विसर्ग को 'पार्श्व बिन्दु वाला वर्ण' भी कहते हैं। परम्परा के अनुसार, अनुस्वार व विसर्ग को स्वरों के साथ रखा जाता है, लेकिन ये स्वर ध्वनियाँ नहीं हैं, क्योंकि इनका उच्चारण व्यंजनों के उच्चारण की तरह 'अ' स्वर की सहायता से होता है। इनमें अन्तर इतना है कि व्यंजन में स्वर पीछे आता है (क् + अ = क) तथा इन दोनों में स्वर पहले आता है (अ + ँ = अं, अ +: = अ:)।
- इन दोनों वर्णों का जातीय योग न तो स्वर के साथ बैठता है और न ही व्यंजन के साथ। यही कारण है कि इन्हें अयोग कहा जाता है। ये अपना अलग अर्थ वहन करते हैं, इसलिए अयोगवाह कहलाते हैं।

वस्तुनिष्ठ प्रश्न

1. मानक भाषा मुख्यत: होती है
(a) जो परिनिष्ठित, शुद्ध व परिमार्जित हो
(b) जो सामाजिक-सांस्कृतिक रूप से साम्य हो
(c) जो किसी क्षेत्र की आँचलिक बोली हो
(d) भाषा प्रयोग की दृष्टि से स्वीकृत हो

2. कौन-से अनुच्छेद में हिन्दी को संघ की राजभाषा व देवनागरी को लिपि के रूप में मान्यता मिली है?
(a) अनुच्छेद 343 (b) अनुच्छेद 348
(c) अनुच्छेद 351 (d) अनुच्छेद 358

3. आठवीं अनुसूची में 92वें संशोधन द्वारा किस भाषा को सम्मिलित किया गया?
(a) सन्थाली (b) डोगरी
(c) मैथिली (d) ये सभी

4. देवनागरी लिपि है
(a) चित्रात्मक लिपि
(b) संकेतात्मक लिपि
(c) अक्षरात्मक लिपि
(d) वर्णात्मक लिपि

5. देवनागरी लिपि की विशेषताएँ हैं
1. देवनागरी लिपि अक्षरात्मक है।
2. देवनागरी लिपि में सभी ध्वनियों को अंकित करने की क्षमता है।
3. देवनागरी लिपि में मूकवर्ण की समस्या है।
4. देवनागरी लिपि में प्रत्येक ध्वनि के लिए एक निश्चित वर्ण है।

दिए गए कूट में से सही उत्तर को चुनिए
(a) 1, 2 और 3 (b) 1, 2 और 4
(c) 2, 3 और 4 (d) 1, 3 और 4

6. देवनागरी लिपि के मानकीकरण से सम्बन्धित कौन-सा कथन सत्य नहीं है?
(a) पंचमाक्षरों के लिए अनुस्वार का प्रयोग किया जाना चाहिए
(b) संयुक्त वर्णों का प्रयोग ज्यों का त्यों होना चाहिए
(c) शिरोरेखा का प्रयोग अनिवार्य नहीं है
(d) संज्ञा शब्दों के अन्त में 'ई' का प्रयोग होना चाहिए, 'यी' का नहीं

7. निम्नलिखित में से कौन उर्दू के प्रसिद्ध लेखक व शायर नहीं हैं?
1. गुलाम अली 2. जफर
3. गालिब 4. शाह मिराजी

नीचे दिए गए कूट में से सही उत्तर को चुनिए
कूट
(a) 1 और 4
(b) 2 और 3
(c) 1, 2 और 3
(d) 3 और 4

8. निम्न में से कौन-से कथन सत्य हैं?
1. राजभाषा का प्रावधान संविधान की धारा 343 से 351 के अनुच्छेदों में वर्णित है।
2. 92वें संशोधन अधिनियम 2003 द्वारा वर्ष 2004 में चार भाषाएँ बोडो, सन्थाली, डोगरी, ब्रजभाषा जोड़ी गईं।
3. अनुच्छेद 210 के अनुसार प्रान्तों के राज्य विधानमण्डलों का कार्य राज्य की राजभाषा में या हिन्दी/अंग्रेजी में होगा।
4. राजभाषा अधिनियम 1976 के अनुसार, केन्द्रीय कार्यालयों में प्रेषित हिन्दी पत्रों का उत्तर भी हिन्दी में ही दिया जाएगा।

नीचे दिए गए कूट में से सही उत्तर को चुनिए
(a) 1, 2 और 3 (b) 2, 3 और 4
(c) 1, 2 और 4 (d) 1, 3 और 4

9. निम्नलिखित में से कौन-से हिन्दी के संचार माध्यम हैं?
1. इण्टरनेट
2. बी. बी. सी. न्यूज
3. हॉलीवुड
4. बॉलीवुड

दिए गए कूट में से सही विकल्प का चयन कीजिए
(a) 1 व 4 (b) 2 व 3
(c) 2 व 4 (d) 1 व 3

10. वर्णमाला किसे कहते हैं?
(a) शब्द समूह को
(b) वर्णों के संकलन को
(c) शब्द गणना को
(d) वर्णों के व्यवस्थित समूह को

11. उच्चारण के आधार पर वर्णों की संख्या कितनी है?
(a) 45 (b) 48
(c) 50 (d) 52

12. स्वरों के वर्गीकरण के कितने प्रकार हैं?
(a) दो (b) तीन
(c) चार (d) सात

13. ओ, औ किस प्रकार की ध्वनियाँ हैं?
(a) ओष्ठ्य
(b) तालव्य
(c) कण्ठोष्ठ्य
(d) कण्ठतालव्य

14. निम्नलिखित में से कौन सा वर्ण संयुक्त स्वर के अन्तर्गत आता है?

(a) ऊ (b) औ
(c) ई (d) ऋ

15. हिन्दी में दीर्घ स्वरों की संख्या कितनी है?

(a) दो (b) पाँच
(c) सात (d) नौ

16. जिन स्वरों के उच्चारण में मुख विवर (मुख द्वार) बन्द रहता है, उन्हें क्या कहते हैं?

(a) संवृत
(b) अर्द्धसंवृत
(c) विवृत
(d) अर्द्धविवृत

17. निम्नलिखित में से कौन-सा वर्ण विवृत स्वर है?

(a) ऑ (b) ऊ
(c) ए (d) आ

18. निम्नलिखित में से कौन-सा स्वर अवृतमुखी स्वर है?

(a) ऊ (b) ओ (c) अ (d) ऑ

19. जिन स्वरों के उच्चारण में हवा मुँह के साथ-साथ नाक से भी निकलती है, उन्हें क्या कहते हैं?

(a) अनुनासिक (b) निरनुनासिक
(c) वृतमुखी (d) अर्द्ध संवृत

20. **स्थापना** (A) सर्वप्रथम महादेव गोविन्द रानाडे ने लिपि सुधार समिति का गठन किया।

तर्क (R) डॉ. श्यामसुन्दर दास ने पंचमाक्षर के स्थान पर अनुस्वार का प्रयोग करने का सुझाव दिया।

21. **स्थापना** (A) वर्णात्मक लिपि समय, श्रम व स्थान सभी दृष्टिकोणों से उपयुक्त नहीं है।

तर्क (R) यह अधिक स्थान घेरती है।

22. **स्थापना** (A) खड़ी बोली आकार बहुल है।

तर्क (R) इसमें अधिकांशत: आकारान्त शब्दों का प्रयोग नहीं होता।

23. **स्थापना** (A) सम्पूर्ण देश में भाषा में एकरूपता रखने के लिए मानक भाषा का होना अनिवार्य नहीं है।

तर्क (R) किसी क्षेत्र की आँचलिक बोली भी सम्पूर्ण देश में साम्यता लाती है, क्योंकि उसका शब्द भण्डार असीमित होता है।

24. **स्थापना** (A) हिन्दी को अत्यधिक प्रसिद्धि नहीं मिल सकी।

तर्क (R) अधिकांश सरकारी कामकाज अंग्रेजी में होता है।

25. **स्थापना** (A) 14 सितम्बर, 1950 को भारतीय संविधान ने हिन्दी को मान्यता दी।

तर्क (R) 14 सितम्बर को प्रति वर्ष हिन्दी दिवस मनाया जाता है।

सही उत्तर

1. (a)	2. (a)	3. (d)	4. (c)	5. (c)	6. (b)	7. (b)	8. (d)	9. (a)	10. (d)
11. (a)	12. (d)	13. (c)	14. (c)	15. (c)	16. (a)	17. (d)	18. (c)	19. (d)	20. (a)
21. (a)	22. (b)	23. (d)	24. (a)	25. (c)					

इकाई 03 हिन्दी साहित्येतिहास दर्शन

- संसार की प्रत्येक भाषा की एक सैद्धान्तिक व्यवस्था होती है। हिन्दी एक भारतीय आर्यभाषा है। 'हिन्दी' शब्द का मौलिक अर्थ है— हिन्द का अर्थात् भारतीय। भाषा के अर्थ में 'हिन्दी' का प्रयोग फारसियों और अरबों ने किया। **पं. रामनरेश त्रिपाठी** के अनुसार, 'ईरानी' महाभारत काल से ही भारत को 'हिन्द' कहने लगे थे। अत: स्पष्ट है कि कालान्तर में 'हिन्द' देश के निवासियों को हिन्दुस्तानी और उनकी
- सामान्यत: 'इतिहास' शब्द से सांस्कृतिक एवं राजनीतिक इतिहास का बोध होता है, किन्तु साहित्य भी इतिहास से भिन्न न होकर उससे जुड़ा हुआ है। साहित्य के इतिहास का अर्थ है– देशकाल की सीमाओं में विकसित साहित्य का समग्र रूप से अध्ययन करना। साहित्यिक रचनाओं के इतिहास को समझने के लिए साहित्यकार से सम्बन्धित स्थितियों, परिस्थितियों और परम्पराओं को समझना आवश्यक है। पाश्चात्य साहित्य के क्षेत्र में अनेक विद्वानों ने साहित्य की विकास प्रक्रिया के सम्बन्ध में कुछ सामान्य सिद्धान्तों की स्थापना का प्रयास किया है, जिसमें सर्वाधिक महत्त्वपूर्ण सिद्धान्त तेन महोदय (फ्रेंच इतिहासकार) का है।
- **तेन महोदय** ने साहित्य के विकास की व्याख्या के तीन आधारभूत सूत्र बताए हैं—जाति, वातावरण और क्षण। तेन का मानना था कि ये तीनों सूत्र जातीय परम्परा, राष्ट्रीय वातावरण तथा समय विशेष की परिस्थितियों के सूचक हैं। अत: साहित्य के इतिहास को समझने के लिए इन तीनों को समझना अति आवश्यक है।
- कुछ जर्मन इतिहासकारों ने केवल युग चेतना को साहित्य विकास का आधार माना है, वहीं कुछ अंग्रेज विचारक परम्परा को महत्त्व देते हैं। **हडसन महोदय** ने युग चेतना व परम्परा दोनों का समन्वय करते हुए साहित्यकार के विशिष्ट व्यक्तित्व को भी विकास का आधार बताया। **मार्क्सवादी चिन्तक** व्यक्ति के स्थान पर समाज की आर्थिक परिस्थितियों एवं वर्ग संघर्ष के आधार पर साहित्य की व्याख्या करते हैं। **फ्रॉयडवादी विचारक** केवल मानसिक अन्तर्द्वन्द्व को ही साहित्य विकास का मूल कारण मानते हैं। **आई ए रिचर्ड्स** जैसे विद्वानों ने काव्य के शैली पक्ष की व्याख्या मनोवैज्ञानिक एवं अर्थ विज्ञान के आधार पर की है।
- **कार्लाइल महोदय** की मान्यता है कि किसी राष्ट्र के काव्य का इतिहास वहाँ के धर्म, राजनीति व विज्ञान के इतिहास का सार होता है। काव्य के इतिहास में लेखक को राष्ट्र के उच्चतम लक्ष्य, उसकी क्रमागत दिशा और विकास को देखना अत्यन्त आवश्यक है, क्योंकि इससे राष्ट्र का निर्माण होता है।
- उपर्युक्त सिद्धान्तों को देखने से ज्ञात होता है कि बहुसंख्यक विद्वानों ने परम्परा, वातावरण व द्वन्द्व पर ही अधिक बल दिया है तथा शेष दो तत्त्वों की उपेक्षा की गई है। कुछ विद्वानों ने द्वन्द्व को स्वीकारा है, परन्तु जहाँ द्वन्द्व है वहाँ सन्तुलन होना भी स्वाभाविक है, क्योंकि प्रत्येक प्रकार के द्वन्द्व का अन्तिम लक्ष्य सन्तुलन स्थापित करना ही होता है। वस्तुत: विकास की प्रक्रिया इनमें से किसी एक सूत्र पर आधारित नहीं हो सकती।
- भारतीय विचारकों ने साहित्य के इतिहास लेखन में युगीन परिवेश की महत्ता पर पर्याप्त बल दिया। अत: कहा जा सकता है कि साहित्य के इतिहास का अध्ययन, विश्लेषण, युगीन चेतना एवं साहित्यकार की वैयक्तिक प्रवृत्तियों के परिप्रेक्ष्य में किया जाना चाहिए।

हिन्दी साहित्य के इतिहास लेखन की पद्धतियाँ

हिन्दी साहित्य के इतिहास लेखन की प्रमुख पद्धतियों का परिचय निम्नलिखित है

- **वर्णानुक्रम पद्धति** इस पद्धति में लेखकों एवं कवियों का परिचय उनके नामों के **वर्णों** के क्रम में दिया जाता है; *जैसे*—नगेन्द्र, हजारीप्रसाद द्विवेदी (न, ह, क्रम)। इस पद्धति में कालक्रम अलग-अलग होने के बाद भी कवि को एक साथ रखा जाता है; *जैसे*—कबीर व केशव। दोनों का नाम 'क' अक्षर से तो है, परन्तु कालक्रम भिन्न है। एक का कालक्रम भक्तिकाल तो दूसरे का रीतिकाल है। 'डॉ. शिवसिंह सेंगर' एवं 'गार्सा-द-तासी' दोनों ने इस पद्धति का प्रयोग किया है। इस पद्धति से लिखे ग्रन्थ अनुपयोगी व दोषपूर्ण माने जाते हैं।
- **कालानुक्रमी पद्धति** इस पद्धति में कवियों एवं लेखकों का विवरण ऐतिहासिक कालक्रमानुसार तिथिक्रम से होता है। रचनाकार की जन्मतिथि को आधार बनाकर इतिहास ग्रन्थ में उनका क्रम निर्धारित किया जाता है। 'जॉर्ज ग्रियर्सन' व 'मिश्रबन्धुओं' ने इस पद्धति का प्रयोग किया है।
- **वैज्ञानिक पद्धति** इस पद्धति में इतिहास लेखक पूर्णत: तटस्थ रहकर तथ्यों का संकलन करता है। वह तथ्यों को क्रमबद्ध एवं व्यवस्थित करके प्रस्तुत करता है। इस पद्धति में क्रमबद्धता तथा तथ्यों की पुष्टता अनिवार्य है। वैज्ञानिक पद्धति भी दोषपूर्ण है, क्योंकि इतिहास लेखन तथ्यों की ही नहीं, बल्कि व्याख्या व विश्लेषण की भी माँग करता है। अत: विश्लेषण अनिवार्य है।
- **विधेयवादी पद्धति** यह पद्धति सर्वाधिक महत्त्वपूर्ण है। इस पद्धति के जन्मदाता तेन थे। तेन महोदय ने इस पद्धति को तीन शब्दों में बाँटा है

  1. जाति 2. वातावरण 3. क्षण।

  इस पद्धति से इतिहास लिखने की परम्परा की शुरुआत आचार्य रामचन्द्र शुक्ल जी ने की। साहित्य के इतिहास को परिभाषित करते हुए शुक्ल जी लिखते हैं कि ''प्रत्येक देश का साहित्य वहाँ की जनता की चित्तवृत्ति का संचित प्रतिबिम्ब होता है। आदि से अन्त तक इन्हीं चित्तवृत्तियों की परम्परा को परखते हुए साहित्य परम्परा के साथ उनका सामंजस्य बिठाना ही साहित्य का इतिहास कहलाता है।''

हिन्दी साहित्य के प्रमुख इतिहास ग्रन्थकार

हिन्दी साहित्य के इतिहास लेखन का वास्तविक सूत्रपात 19वीं शताब्दी से माना जाता है। मध्यकाल में भी कुछ रचनाएँ; जैसे— चौरासी वैष्णवन की वार्ता, दो सौ बावन वैष्णवन की वार्ता, भक्तमाल इत्यादि मिलती हैं, परन्तु इनमें कालक्रमानुसार वर्णन नहीं मिलता। अत: इन्हें हिन्दी साहित्य के इतिहास ग्रन्थ के अन्तर्गत शामिल नहीं किया जा सकता।

हिन्दी साहित्य के प्रमुख इतिहास ग्रन्थकारों का संक्षिप्त परिचय निम्नलिखित है

गार्सा-द-तासी

- हिन्दी साहित्य के इतिहास लेखन की परम्परा की शुरुआत 'गार्सा-द-तासी' ने की, जोकि एक फ्रेंच विद्वान् थे। उनकी इस लेखन परम्परा की शुरुआत उनके द्वारा रचित ग्रन्थ **इस्त्वार द ला लितरेत्यूर ऐन्दुई ऐन्दुस्तानी** से हुई। यह दो भागों में है— प्रथम भाग का प्रकाशन 1839 ई. व द्वितीय भाग का प्रकाशन 1847 ई. में हुआ। इस ग्रन्थ में निम्न बिन्दुओं को समावेशित किया गया
  - इसमें वर्णानुक्रम पद्धति का प्रयोग किया गया है।
  - इसके प्रथम भाग में कवियों का परिचय तथा दूसरे भाग में उनकी रचनाओं के उदाहरण फ्रेंच भाषा में अनुवादित किए हुए थे।
  - इस ग्रन्थ में उन्होंने हिन्दी और उर्दू कवियों को एक साथ रखा है।
  - इसमें 783 कवियों/लेखकों का वर्णन है, जिसमें से केवल 72 कवियों का सम्बन्ध हिन्दी से है।
  - इस ग्रन्थ के आरम्भ में 100 पृष्ठों की विस्तृत भूमिका देकर शब्दों और विचारों को स्पष्ट किया गया है।
  - इस ग्रन्थ का दूसरा संस्करण 1871 ई. में तीन खण्डों में प्रकाशित हुआ। यह संस्करण पहले संस्करण से भी विस्तृत था।
- यद्यपि इस ग्रन्थ में अनेक त्रुटियाँ हैं; *जैसे*—काल विभाजन का कोई प्रयास न करना, कवियों का कालक्रमानुसार वर्गीकरण न करना तथा युगीन परिस्थितियों का विवेचन न करना, तब भी इस ग्रन्थ को हिन्दी साहित्य के इतिहास लेखन की परम्परा में प्रथम ग्रन्थ होने का गौरव प्राप्त है, क्योंकि इस ग्रन्थ में पहली बार हिन्दी काव्य के इतिहास को प्रस्तुत करने का प्रयास किया गया है।

शिवसिंह सेंगर

- इतिहास लेखन परम्परा से जुड़ी दूसरी रचना **शिवसिंह सरोज** है, जिसकी रचना शिवसिंह सेंगर ने 1883 ई. में की थी।
- 'शिवसिंह सरोज' में लगभग एक हजार छोटे-बड़े कवियों की रचनाएँ व जन्मकाल (जीवन चरित्र) दिया गया है, परन्तु उनमें अधिकांश तथ्य अविश्वसनीय हैं, जो इस प्रकार हैं
  - इस ग्रन्थ में सभी कवियों का रचनाकाल एवं जन्मकाल भी दिया गया है, परन्तु इसके लिए उन्होंने किंवदन्तियों तथा अनुमानों का आश्रय लिया है, जिससे वे विवादास्पद हो गए हैं।
  - 'शिवसिंह सरोज' में प्रथम बार इतनी अधिक संख्या में कवियों तथा कविता सम्बन्धी जानकारी को एक जगह एकत्र करने का सराहनीय प्रयास किया गया है।
  - यह ग्रन्थ परवर्ती इतिहासकारों के लिए एक मुख्य आधार रहा। यही इस विशाल ग्रन्थ की महत्ता है।

सर जॉर्ज ग्रियर्सन

- **द मॉडर्न वर्नाक्यूलर लिटरेचर ऑफ हिन्दुस्तान** जॉर्ज ग्रियर्सन की कृति है, जिसका प्रकाशन 'एशियाटिक सोसायटी ऑफ बंगाल' में हुआ। अनेक विद्वानों ने इस ग्रन्थ को साहित्य का प्रथम इतिहास माना है।
- ग्रियर्सन महोदय ने गार्सा-द-तासी व शिवसिंह सेंगर के द्वारा एकत्रित सामग्री का उपयोग करते हुए अपने ग्रन्थ को और भी प्रमाणित बनाने का प्रयास किया।

इस ग्रन्थ के मुख्य बिन्दु निम्नलिखित हैं
- ग्रियर्सन महोदय ने अपने ग्रन्थ में केवल हिन्दी कवियों को ही शामिल किया है।
- इस ग्रन्थ में पहली बार कवियों और लेखकों को कालक्रमानुसार वर्गीकृत किया गयाकक है तथा उनकी प्रवृत्तियों पर भी प्रकाश डाला गया है।
- ग्रियर्सन ने इस ग्रन्थ को 11 विभिन्न अध्यायों में बाँटा है तथा प्रत्येक अध्याय एक काल विशेष का सूचक है।
- इसमें लगभग 952 कवियों की जीवनी तथा काव्य परिचय दिया गया है।
- ग्रियर्सन ने सबसे पहले अपने इस इतिहास ग्रन्थ में भक्तिकाल को हिन्दी साहित्य की महत्त्वपूर्ण उपलब्धि बताते हुए इसे हिन्दी साहित्य का स्वर्ण युग माना है। इस ग्रन्थ का आधार स्रोत 'शिवसिंह सरोज' होने के कारण इस ग्रन्थ का विवरण, तिथियाँ आदि अपूर्ण, अनुमानित तथा भ्रामक हैं, परन्तु हिन्दी साहित्य का अध्ययन करने हेतु तथा इतिहास बोध की दृष्टि से यह ग्रन्थ महत्त्वपूर्ण है।

मिश्रबन्धु

मिश्रबन्धु द्वारा रचित **मिश्रबन्धु विनोद** ग्रन्थ हिन्दी साहित्य के इतिहास में महत्त्वपूर्ण स्थान रखता है। इसे कृष्ण बिहारी मिश्र, शुकदेव बिहारी मिश्र तथा गणेश बिहारी मिश्र इन तीनों भाइयों ने लिखा था। इसकी रचना चार भागों में हुई, जिसके प्रथम तीन भाग 1913 ई. तथा चौथा भाग 1914 ई. में प्रकाशित हुआ। इस ग्रन्थ के मुख्य बिन्दु निम्न हैं

- मिश्रबन्धु विनोद एक विशाल ग्रन्थ है, जिसमें पाँच हजार कवियों के सम्बन्ध में विवरण दिया गया है। रामचन्द्र शुक्ल जी ने भी मिश्र बन्धुओं की रचना से सामग्री जुटाकर रीतिकाल के कवियों के परिचय लिखे।
- इस ग्रन्थ में पहली बार काल विभाजन का समुचित प्रयास किया गया है।
- इस ग्रन्थ में रचनाकाल को आठ खण्डों में विभाजित किया गया है तथा विभिन्न कालखण्डों के कवियों का परिचयात्मक विवरण देते हुए उनके साहित्यिक महत्त्व पर भी प्रकाश डाला गया है।
- इसमें काव्य समीक्षा के परम्परागत सिद्धान्त अपनाए गए हैं।

आचार्य रामचन्द्र शुक्ल

आचार्य रामचन्द्र शुक्ल ने वर्ष 1929 में 'हिन्दी साहित्य का इतिहास' नामक ग्रन्थ लिखा। यह ग्रन्थ पहले **हिन्दी शब्द सागर** की भूमिका के रूप में लिखा गया, परन्तु बाद में इसे स्वतन्त्र पुस्तक का रूप दिया गया। इस ग्रन्थ को हिन्दी साहित्य के इतिहास का प्रस्थान बिन्दु कहा गया है। इस ग्रन्थ के मुख्य बिन्दु निम्न हैं

- शुक्ल जी ने अपने इस ग्रन्थ में युगीन परिस्थितियों के सन्दर्भ में साहित्यिक प्रवृत्तियों के विकास की बात कही।
- इन्होंने अपने ग्रन्थ में प्रत्येक कवि की रचना के साहित्यिक वैशिष्ट्य पर आलोचनात्मक मत दिया है।
- शुक्ल जी ने 900 वर्षों के इतिहास को चार खण्डों में बाँटने का प्रयास किया है, जो निम्न है
  - आदिकाल (वीरगाथाकाल)
  - पूर्व मध्यकाल (भक्तिकाल)
  - आधुनिक काल (गद्यकाल)
  - उत्तर मध्यकाल (रीतिकाल)
- शुक्ल जी द्वारा किया गया काल विभाजन अत्यन्त लोकप्रिय हुआ। बाद के इतिहास लेखकों ने थोड़ा बहुत परिवर्तन कर इसी को आधार बनाकर अपने काल विभाजन एवं कालों का नामकरण प्रस्तुत किया।

- शुक्ल जी ने ही भक्तिकाल को निर्गुण व सगुण धाराओं में बाँटकर पुन: उन्हें क्रमश: दो-दो उपभागों ज्ञानाश्रयी, प्रेमाश्रयी तथा राम भक्ति व कृष्ण भक्ति में बाँटा। रीतिकाल के कवियों को भी उन्होंने रीतिबद्ध, रीतिसिद्ध एवं रीतिमुक्त कवियों में स्थान दिया। उन्होंने रीतिकालीन कवियों के आचार्यत्व पर भी निष्कर्ष दिए हैं। आचार्य शुक्ल खोजी प्रवृत्ति के थे। उनकी दृष्टि वैज्ञानिक थी। यही कारण था कि वे ऐसे ग्रन्थों की रचना कर पाए, जो हिन्दी साहित्य के इतिहास में सुप्रसिद्ध रहे।
- हिन्दी साहित्य के इतिहास लेखन में आचार्य शुक्ल ने अपभ्रंश साहित्य को हिन्दी से अलग मानकर उसे पूर्व पीठिका के रूप में प्रस्तुत किया। इसे प्रथम क्रान्तिकारी कदम माना गया।
- इन्होंने जनता की चित्तवृत्ति को काल विभाजन का आधार बनाया।
- इन्होंने आदिकाल के तृतीय प्रकरण में वीरगाथा काव्य का विवेचन किया है।
- इन्होंने सिद्ध और नाथ साहित्य को साम्प्रदायिक कहकर साहित्य के क्षेत्र से बाहर कर दिया।

डॉ. रामकुमार वर्मा

- डॉ. रामकुमार वर्मा जी ने हिन्दी साहित्य इतिहास को दो भागों में प्रकाशित करवाया, जिनमें से एक भाग वर्ष 1938 में 'हिन्दी साहित्य का आलोचनात्मक इतिहास' नाम से प्रकाशित हुआ।
- डॉ. वर्मा जी के ग्रन्थ का दूसरा भाग प्रकाशित नहीं हुआ है, क्योंकि यह ग्रन्थ अधूरा है। द्वितीय भाग में भक्तिकाल के बाद के कालों की चर्चा न होने के कारण यह अप्रकाशित है।
- डॉ. रामकुमार वर्मा जी, शुक्ल जी के वीरगाथाकाल को 'चारण काल' कहना अधिक श्रेष्ठ मानते थे। इससे पहले के साहित्य को उन्होंने सन्धिकाल नाम दिया है।
- डॉ. वर्मा जी ने अपने ग्रन्थ में अपभ्रंश की अत्यधिक सामग्री को समाहित किया है। इसी के चलते वे स्वयं-भू को हिन्दी का पहला कवि मानने की गलती कर बैठे।

हजारीप्रसाद द्विवेदी

शुक्ल जी के बाद हिन्दी जगत् में हजारीप्रसाद द्विवेदी का महत्त्वपूर्ण स्थान है। हजारीप्रसाद द्विवेदी जी ने निम्न पुस्तकें लिखी हैं

- हिन्दी साहित्य की भूमिका
- हिन्दी साहित्य का उद्भव एवं विकास
- साहित्य का आदिकाल

- शुक्ल जी के 'वीरगाथाकाल' को द्विवेदी जी 'आदिकाल' कहना उचित समझते हैं।
- शुक्ल जी ने जिन ग्रन्थों के आधार पर इस काल को 'वीरगाथाकाल' नाम दिया है, द्विवेदी जी उन ग्रन्थों को प्रामाणिक नहीं मानते।
- शुक्ल जी द्वारा भक्ति आन्दोलन के उदय की व्याख्या का भी द्विवेदी जी खण्डन करते हैं।
- इन्होंने सिद्धों और नाथों का वर्णन करके कबीर पर उनका प्रभाव दिखाया है।
- इन्होंने आदिकाल की विस्तृत खोज कर आदिकाल पर अलग से ग्रन्थ लिखा है।
- द्विवेदी जी की मान्यता है कि भक्तिकाल (हिन्दी सन्त काव्य) पूर्ववर्ती नाथ, सिद्ध साहित्य का सहज विकसित रूप है। द्विवेदी जी हिन्दी सूफी काव्य को भी संस्कृत, प्राकृत व अपभ्रंश की काव्य परम्पराओं पर ही आधारित मानते हैं।
- कबीर जी की काव्य प्रतिभा को द्विवेदी जी ने उजागर करने का महत्त्वपूर्ण कार्य किया। डॉ. गणपतिचन्द्र गुप्त ने द्विवेदी जी के योगदान पर लिखा है कि "वस्तुत: वे पहले व्यक्ति हैं, जिन्होंने आचार्य शुक्ल की अनेक धारणाओं और स्थापनाओं को चुनौती देते हुए उन्हें सबल प्रमाणों के आधार पर खण्डित किया। निश्चय ही आचार्य द्विवेदी हिन्दी के सबसे अधिक सशक्त इतिहासकार रहे हैं।"

गणपतिचन्द्र गुप्त

- गणपतिचन्द्र गुप्त ने हिन्दी साहित्य के इतिहास लेखन की परम्परा में महत्त्वपूर्ण योगदान दिया है। गुप्त जी ने सन् 1965 में **हिन्दी साहित्य का वैज्ञानिक इतिहास** दो खण्डों में लिखा। *इसमें इन्होंने निम्न तथ्यों को समावेशित किया*
  - इस ग्रन्थ में साहित्येतिहास के विकासवादी सिद्धान्तों की स्थापना करते हुए उसके आधार पर हिन्दी साहित्य की नवीन व्याख्या प्रस्तुत की गई है।
  - इन्होंने शुक्ल जी के काल विभाजन को स्वीकार न करते हुए हिन्दी साहित्य के इतिहास को तीन खण्डों में विभाजित किया— प्रारम्भिक काल, मध्यकाल और आधुनिक काल।
  - इन्होंने अपने इस ग्रन्थ में शुक्ल की अनेक मान्यताओं का खण्डन करते हुए अपनी मान्यताओं को तर्कपूर्ण ढंग से स्थापित किया है।

अत: हिन्दी साहित्य के इतिहास लेखन की परम्परा की शुरुआत गार्सा-द-तासी से हुई, जो अब तक चली आ रही है। विद्वानों ने अपने-अपने दृष्टिकोण से इतिहास ग्रन्थ की रचना कर अत्यन्त महत्त्वपूर्ण कार्य किया है।

हिन्दी साहित्य के प्रमुख इतिहास ग्रन्थ व उनके ग्रन्थकार

ग्रन्थ	ग्रन्थकार
इस्त्वार द ला लितरेत्यूर ऐन्दुई ऐन्दुस्तानी (1839)	गार्सा-दा-तासी
शिवसिंह सरोज (1883)	शिवसिंह सेंगर
द मॉडर्न वर्नाक्यूलर लिटरेचर ऑफ हिन्दुस्तान (1888)	जॉर्ज ग्रियर्सन
मिश्रबन्धु विनोद (1913)	मिश्रबन्धु
हिन्दी साहित्य का इतिहास (1929)	आचार्य रामचन्द्र शुक्ल
हिन्दी साहित्य का इतिहास	डॉ. नगेन्द्र व डॉ. हरदयाल
हिन्दी साहित्य का आदिकाल (1952)	आचार्य हजारीप्रसाद द्विवेदी
हिन्दी साहित्य की भूमिका (1940)	आचार्य हजारीप्रसाद द्विवेदी
हिन्दी साहित्य : उद्भव व विकास (1952)	आचार्य हजारीप्रसाद द्विवेदी
हिन्दी साहित्य का वैज्ञानिक इतिहास (1965)	डॉ.गणपतिचन्द्र गुप्त
हिन्दी साहित्य का इतिहास (1933)	सं. डॉ. धीरेन्द्र वर्मा
हिन्दी काव्यशास्त्र का इतिहास (1902)	डॉ. भगीरथ मिश्र
रीतिकाव्य की भूमिका (1949)	डॉ. नगेन्द्र
हिन्दी साहित्य का अतीत (1960)	विश्वनाथ प्रसाद मिश्र
उत्तरी भारत की सन्त परम्परा (1951)	परशुराम चतुर्वेदी
राजस्थानी भाषा और साहित्य (1960 लगभग)	डॉ. मोतीलाल मेनारिया
राजस्थानी पिंगल साहित्य (1961 लगभग)	डॉ. मोतीलाल मेनारिया
हिन्दी साहित्य का इतिहास दर्शन (1960)	डॉ. नलिन विलोचन शर्मा

ग्रन्थ	ग्रन्थकार
हिन्दी काव्य संग्रह (1873)	पं. महेशदत्त शुक्ल
कविता कौमुदी (1928)	पं. रामनरेश त्रिपाठी
हिन्दी भाषा एवं साहित्य (1930)	बाबू श्यामसुन्दर दास
हिन्दी साहित्य का विवेचनात्मक इतिहास (1930)	सूर्यकान्त शास्त्री
हिन्दी साहित्य का इतिहास -	आचार्य चतुरसेन शास्त्री
इतिहास एवं साहित्य दृष्टि (1981)	मैनेजर पाण्डेय
हिन्दी साहित्य और संवेदना का विकास (1986)	डॉ. रामस्वरूप चतुर्वेदी
हिन्दी वीर काव्य (1954)	डॉ. टीकम सिंह तोमर
चैतन्य सम्प्रदाय और उसका साहित्य (1968 लगभग)	प्रभुदयाल मीतल
खड़ी बोली हिन्दी साहित्य का इतिहास (1998)	ब्रजरत्न दास
आधुनिक हिन्दी साहित्य का विकास (1900-1925)	डॉ. श्रीकृष्ण लाल
आधुनिक हिन्दी साहित्य (1850-1900)	डॉ. लक्ष्मी सागर वार्ष्णेय
राजस्थानी साहित्य की रूपरेखा (1939)	मोतीलाल मेनारिया
हिन्दी साहित्य का आलोचनात्मक इतिहास (1938)	डॉ. रामकुमार वर्मा
हिन्दी साहित्य का सरल इतिहास (1985)	डॉ. विश्वनाथ त्रिपाठी
हिन्दी साहित्य का वृहत् इतिहास (1961)	नागरी प्रचारिणी सभा
हिन्दी साहित्य का दूसरा इतिहास (1996)	बच्चन सिंह
हिन्दी भाषा और साहित्य का विकास (1931)	अयोध्यासिंह उपाध्याय 'हरिऔध'

हिन्दी साहित्य के इतिहास का काल विभाजन और नामकरण

- हिन्दी साहित्य के इतिहास के काल विभाजन के कई आधार हो सकते हैं; *जैसे*—प्रवृत्ति के आधार पर (सन्त काव्य, सूफी काव्य, भक्तिकाल, रीतिकाल, छायावाद, प्रगतिवाद)।
- विकासवादिता के आधार पर (आदिकाल, मध्यकाल, आधुनिक काल), सामाजिक एवं सांस्कृतिक घटनाओं के आधार पर (स्वच्छन्दतावाद, स्वातन्त्र्योत्तर काल) प्रधानकर्ता के आधार पर (भारतेन्दु युग, द्विवेदी युग, प्रसाद युग)। इस प्रकार काल विभाजन का आधार निम्नलिखित होना चाहिए
  - काल विभाजन साहित्यिक प्रवृत्तियों और आदर्शों में समानता के आधार पर होना चाहिए।
  - कालों का नामकरण मूल साहित्य चेतना को आधार बनाकर करना चाहिए।
  - कालों का सीमांकन मूल प्रवृत्तियों के आरम्भ और समापन के अनुसार होना चाहिए।
  - काल की मूल प्रवृत्ति का निर्धारण प्रमुख ग्रन्थों के आधार पर करना चाहिए।

हिन्दी के प्रमुख इतिहासकारों द्वारा किए गए काल विभाजन

हिन्दी साहित्य के प्रारम्भिक इतिहासकारों; जैसे—गार्सा-द-तासी एवं शिवसिंह सेंगर ने काल विभाजन का कोई प्रयास नहीं किया, परन्तु कुछ इतिहासकारों द्वारा किया गया *काल विभाजन निम्न है*

जॉर्ज ग्रियर्सन का काल विभाजन

काल विभाजन के सम्बन्ध में सबसे पहला प्रयास जॉर्ज ग्रियर्सन का है। वें कालविभाजन में पूर्णत: सफल तो नहीं हो सके, फिर भी उन्होंने यथासम्भव काल क्रमानुसार सामग्री को प्रस्तुत करने का प्रयास किया है। उनका काल विभाजन इस प्रकार है

- चारण काल (700-1300 ई.)
- 15वीं शताब्दी का धार्मिक पुनर्जागरण
- जायसी की प्रेम कविता
- ब्रज का कृष्ण सम्प्रदाय
- मुगल दरबार
- तुलसीदास
- रीतिकाव्य
- तुलसी के अन्य परवर्ती
- 18वीं शताब्दी
- कम्पनी के शासन में हिन्दुस्तान
- महारानी विक्टोरिया के शासन में हिन्दुस्तान

इस प्रकार जॉर्ज ग्रियर्सन द्वारा किया गया यह विभाजन वैज्ञानिक नहीं है, क्योंकि चारण काल के तत्पश्चात् वे 15वीं शताब्दी में पहुँच जाते हैं। 14वीं शताब्दी का उल्लेख ही नहीं है। कालों का नामकरण भी सर्वत्र किसी एक आधार पर नहीं है।

मिश्रबन्धुओं का काल विभाजन

मिश्रबन्धुओं ने अपनी पुस्तक 'मिश्रबन्धु विनोद' (1913) में काल विभाजन का एक नया प्रयास किया, जो ग्रियर्सन के काल विभाजन से ज्यादा विकसित है। उनका विभाजन इस प्रकार है

- **प्रारम्भिक काल** पूर्वारम्भिक काल (700-1343 वि.)
  उत्तरारम्भिक काल (1344-1444 वि.)
- **माध्यमिक काल** पूर्वमाध्यमिक काल (1445-1560 वि.)
  प्रौढ़ माध्यमिक काल (1561-1680 वि.)
- **अलंकृत काल** पूर्वालंकृत काल (1681-1790 वि.)
  उत्तरालंकृत काल (1791-1889 वि.)
- **परिवर्तन काल** 1890-1924 वि.
- **वर्तमान काल** 1926 वि. से अब तक

मिश्रबन्धुओं का यह विभाजन सम्यक् व स्पष्ट है, परन्तु तथ्यों की दृष्टि से इसमें अनेक असंगतियाँ विद्यमान हैं। ये असंगतियाँ इस प्रकार हैं

- कालखण्डों के नामकरण में विभिन्न पद्धतियाँ अपनाई गई हैं।
- ग्रियर्सन की भाँति 700 से 1300 ई. तक के युग को हिन्दी साहित्य के साथ सम्बद्ध कर दिया, जोकि अपभ्रंश का युग है।
- परिवर्तन काल अनावश्यक है।
- अलंकार काल आन्तरिक प्रवृत्ति पर आधारित है।
- काल विभाजन का कोई स्पष्ट आधार भी नहीं दिखता।

आचार्य रामचन्द्र शुक्ल का काल विभाजन

आचार्य रामचन्द्र शुक्ल ने हिन्दी साहित्य के इतिहास (1929 ई.) में काल विभाजन इस प्रकार किया है

- आदिकाल या वीरगाथाकाल (संवत् 1050-1375)
- पूर्वमध्यकाल या भक्तिकाल (संवत् 1375-1700)
- उत्तर मध्यकाल या रीतिकाल (संवत् 1700-1900)
- आधुनिक काल या गद्यकाल (संवत् 1900-1984)

डॉ. रामकुमार वर्मा का काल विभाजन

आचार्य रामचन्द्र शुक्ल के काल विभाजन की त्रुटियों को संशोधित कर नया रूप देने में डॉ. रामकुमार वर्मा का नाम उल्लेखनीय है।

डॉ. वर्मा जी का काल विभाजन इस प्रकार है

- सन्धिकाल (750-1000 वि.)
- चारणकाल (1000-1375 वि.)

- भक्तिकाल (1375-1700 वि.)
- रीतिकाल (1700-1900 वि.)
- आधुनिक काल (1900 वि. से अब तक)

डॉ. वर्मा जी का काल विभाजन केवल वीरगाथा काल को छोड़कर शुक्ल जी के काल विभाजन से साम्यता रखता है। एक विशेषता सन्धिकाल की है, जो वस्तुत: गुण वृद्धि का द्योतक कम, परन्तु दोष वृद्धि का द्योतक अधिक है। हिन्दी साहित्य का आरम्भ 7वीं व 8वीं शताब्दी से मानना भ्रामक है, क्योंकि वह काल अपभ्रंश का काल रहा है। अत: वर्मा जी का काल विभाजन शुक्ल जी के काल विभाजन का परिष्कृत रूप नहीं है, परन्तु फिर भी उनका प्रयास सराहनीय है।

डॉ. गणपतिचन्द्र गुप्त का काल विभाजन

गुप्त जी ने अपनी पुस्तक 'हिन्दी साहित्य का वैज्ञानिक इतिहास' में निम्नलिखित काल विभाजन किया है

- प्रारम्भिक काल या आदिकाल (1184-1350 ई.)
- मध्यकाल पूर्व मध्यकाल (1350-1600 ई.)
- मध्यकाल उत्तर मध्यकाल (1600-1857 ई.)
- आधुनिक काल (1857 से अब तक)

डॉ. गणपतिचन्द्र गुप्त जी ने शुक्ल जी के काल विभाजन को स्वीकार न करते हुए हिन्दी साहित्य के इतिहास को तीन खण्डों में विभाजित किया है

- मध्य काल
- प्रारम्भिक काल
- आधुनिक काल

डॉ. गुप्त जी ने प्रारम्भिक व मध्यकाल के अन्तर्गत तीन-तीन प्रकार के काव्यों की रचना को स्वीकार किया है

- धर्माश्रित काव्य
- लोकाश्रित काव्य
- राज्याश्रित काव्य

डॉ. गणपतिचन्द्र गुप्त जी धर्माश्रित काव्य परम्पराओं के अन्तर्गत पाँच काव्य परम्पराओं को स्वीकार करते हैं, जो निम्नलिखित हैं

- धार्मिक रास काव्य परम्परा
- सन्त काव्य परम्परा
- पौराणिक काव्य परम्परा
- पौराणिक प्रबन्ध परम्परा
- रसिक भक्ति परम्परा

राज्याश्रित काव्य परम्परा के अन्तर्गत भी पाँच काव्य परम्पराओं को स्वीकारा है, जो निम्नलिखित हैं

- ऐतिहासिक रास परम्परा
- मैथिली गीति परम्परा
- ऐतिहासिक चरित काव्य
- ऐतिहासिक मुक्तक परम्परा
- शास्त्रीय मुक्तक परम्परा

लोकाश्रित काव्य के अन्तर्गत केवल दो परम्पराएँ हैं, जो निम्न हैं

- रोमांस काव्य परम्परा
- स्वच्छन्द प्रेमकाव्य परम्परा

विभिन्न कालखण्डों के नामकरण

साहित्येतिहासकारों द्वारा विभिन्न कालों के लिए सुझाए गए नाम निम्न हैं

आदिकाल

- वीरगाथा काल — आचार्य रामचन्द्र शुक्ल
- आदिकाल — हजारीप्रसाद द्विवेदी
- चारणकाल — डॉ. रामकुमार वर्मा
- बीज वपन काल — महावीरप्रसाद द्विवेदी
- सिद्ध सामन्त युग — राहुल सांकृत्यायन
- आरम्भिक काल — मिश्रबन्धु
- प्रारम्भिक काल — डॉ. गणपतिचन्द्र गुप्त

भक्तिकाल

- माध्यमिक काल — मिश्रबन्धु
- भक्तिकाल — आचार्य रामचन्द्र शुक्ल, डॉ. रामकुमार वर्मा, हजारी प्रसाद द्विवेदी
- पूर्व मध्यकाल — डॉ. गणपति चन्द्र गुप्त

रीतिकाल

- अलंकृत काल — मिश्रबन्धु
- रीतिकाल — आचार्य रामचन्द्र शुक्ल, डॉ. रामकुमार वर्मा, हजारी प्रसाद द्विवेदी
- श्रृंगार काल — विश्वनाथ त्रिपाठी
- कला काल — डॉ. भगीरथ मिश्र

आधुनिक काल

- वर्तमान काल — मिश्रबन्धु
- गद्यकाल — आचार्य रामचन्द्र शुक्ल
- आधुनिक काल — हजारीप्रसाद द्विवेदी

स्पष्ट है कि विभिन्न कालों के नामकरण को लेकर विद्वानों में मतभेद हैं, किन्तु जितनी वैचारिक भिन्नता आदिकाल और रीतिकाल के नामकरण के सम्बन्ध में है, उतनी अन्य में नहीं।

साहित्येतिहासकारों द्वारा दिए गए भिन्न-भिन्न नामों के पश्चात् जो सर्वमान्य नाम हैं, वे निम्नलिखित हैं

- आदिकाल (1000 ई. से 1350 ई.)
- भक्तिकाल (1350 ई. से 1650 ई.)
- रीतिकाल (1650 ई. से 1850 ई.)
- आधुनिक काल (1850 ई. से अब तक)

उपर्युक्त नाम ही अब सर्वस्वीकृत हैं। इतिहास ग्रन्थों में इन्हीं का प्रयोग होता है।

वस्तुनिष्ठ प्रश्न

1. हिन्दी साहित्य के इतिहास लेखन की कालानुक्रमी पद्धति का प्रयोग किस विद्वान् ने किया है?
(a) आचार्य रामचन्द्र शुक्ल
(b) शिवसिंह सेंगर
(c) मिश्रबन्धु
(d) गार्सा-द-तासी

2. हिन्दी साहित्य के इतिहास लेखन की परम्परा का सूत्रपात किसके द्वारा माना जाता है?
(a) गार्सा-द-तासी (b) शिवसिंह सेंगर
(c) जॉर्ज ग्रियर्सन (d) मिश्रबन्धु

3. हिन्दी साहित्य के इतिहास की नींव का पत्थर किस ग्रन्थ को माना गया है?
(a) इस्त्वार द ला लितरेत्यूर ऐन्दुई ऐन्दुस्तानी
(b) द मॉडर्न वर्नाक्यूलर लिटरेचर ऑफ हिन्दुस्तान
(c) शिवसिंह सरोज
(d) मिश्रबन्धु विनोद

4. निम्नलिखित में से किस लेखक ने हिन्दी साहित्य के इतिहास लेखन में सबसे पहले कालक्रमानुसार वर्गीकरण, प्रवृत्ति, निरूपण और मूल्यांकन किया?
(a) गार्सा-द-तासी (b) डॉ. ग्रियर्सन
(c) शिवसिंह सेंगर (d) रामचन्द्र शुक्ल

5. हिन्दी साहित्य के इतिहास का 'प्रस्थान बिन्दु' किस ग्रन्थ को कहा गया है?
(a) शिवसिंह सरोज
(b) मिश्रबन्धु विनोद
(c) द मॉडर्न वर्नाक्यूलर लिटरेचर ऑफ हिन्दुस्तान
(d) हिन्दी साहित्य का इतिहास– 'रामचन्द्र शुक्ल'

6. डॉ. ग्रियर्सन ने अपने इतिहास ग्रन्थ 'द मॉडर्न वर्नाक्यूलर लिटरेचर ऑफ हिन्दुस्तान' के लेखन में सबसे अधिक सहायता किस ग्रन्थ से प्राप्त की?
(a) मिश्रबन्धु विनोद
(b) शिवसिंह सरोज
(c) इस्त्वार द ला लितरेत्यूर ऐन्दुई ऐन्दुस्तानी
(d) तजकिरा-ए-शुअरा-ई-हिन्दी

7. 'द मॉडर्न वर्नाक्यूलर लिटरेचर ऑफ हिन्दुस्तान' हिन्दी के अध्ययनकर्ताओं की दृष्टि का केन्द्र बिन्दु नहीं बन सका, क्योंकि
(a) इसमें साहित्य के विकास क्रम का उचित निर्धारण नहीं किया गया है
(b) यह ग्रन्थ शिवसिंह सरोज के आधार पर लिखा गया है
(c) इसमें व्याकरण सम्बन्धी अशुद्धियाँ पर्याप्त मात्रा में हैं
(d) यह अंग्रेजी भाषा में लिखा गया है

8. आचार्य रामचन्द्र शुक्ल का 'हिन्दी साहित्य का इतिहास' नामक ग्रन्थ सर्वप्रथम किस रूप में प्रकाशित हुआ?
(a) हिन्दी शब्द सागर
(b) हिन्दी शब्द सागर की प्रस्तावना
(c) हिन्दी साहित्य का विकास
(d) हिन्दी का समीक्षात्मक ग्रन्थ

9. हिन्दी साहित्य के इतिहास लेखन में आचार्य रामचन्द्र शुक्ल का प्रथम क्रान्तिकारी कदम किसे माना गया
(a) प्रवृत्ति विशेष के अनुरूप नामकरण का प्रयास
(b) ग्रन्थों की प्रसिद्धि को महत्त्व देना
(c) आदिकाल को वीरगाथा काल नाम देना
(d) अपभ्रंश साहित्य को हिन्दी से अलग मानकर उसे पूर्व पीठिका के रूप में प्रस्तुत करना

10. जनता की चित्तवृत्ति को काल विभाजन का आधार बनाने वाले आचार्य हैं
(a) हजारीप्रसाद द्विवेदी (b) जॉर्ज ग्रियर्सन
(c) रामचन्द्र शुक्ल (d) मिश्रबन्धु

11. आचार्य रामचन्द्र शुक्ल ने आदिकाल के तृतीय प्रकरण में किसका विवेचन किया है?
(a) भक्ति काव्य का
(b) रीति काव्य का
(c) वीरगाथा काव्य का
(d) आधुनिक काव्य का

12. निम्नलिखित में से किसे आचार्य रामचन्द्र शुक्ल ने 'साम्प्रदायिक' कहकर साहित्य के क्षेत्र से बाहर रखा है?
(a) दरबारी काव्य
(b) आरम्भिक मुस्लिम काव्य
(c) सूफी काव्य
(d) सिद्ध और नाथ साहित्य

13. हिन्दी साहित्येतिहास का वह प्रमुख ग्रन्थ जो अभी तक अधूरा है
(a) हिन्दी साहित्य का आलोचनात्मक इतिहास–डॉ. रामकुमार वर्मा
(b) हिन्दी साहित्य का दूसरा इतिहास–बच्चन सिंह
(c) हिन्दी साहित्य का समीक्षात्मक इतिहास–प्रो. वासुदेव सिंह
(d) हिन्दी साहित्य का आधा इतिहास–सुमन राजे

14. 'आचार्य रामचन्द्र शुक्ल' के इतिहास की रिक्तियों को भरते हुए उसमें सुधार कर 'नए तथ्य' उजागर करने वाले पहले विद्वान् थे
(a) प्रेमदास
(b) रामप्रसाद द्विवेदी
(c) हजारीप्रसाद द्विवेदी
(d) बाबू गुलाबराय

15. हिन्दी साहित्य का सर्वाधिक व्यवस्थित और लोकप्रिय इतिहास ग्रन्थ है
(a) हिन्दी साहित्य का आलोचनात्मक इतिहास–रामकुमार वर्मा
(b) हिन्दी साहित्य का आधा इतिहास–सुमन राजे
(c) हिन्दी भाषा और साहित्य का विकास–हरिऔध
(d) हिन्दी साहित्य का इतिहास–आचार्य रामचन्द्र शुक्ल

16. पण्डित हजारीप्रसाद द्विवेदी ने भक्ति साहित्य से वास्तविक हिन्दी साहित्य का आरम्भ माना है, क्योंकि
(a) आदिकाल से लेकर भक्तिकाल तक की रचनाएँ पुरानी हिन्दी में मिलती हैं
(b) आदिकालीन हिन्दी उलटबाँसी शैली के कारण दुरूह है
(c) पुरानी हिन्दी में ब्राह्मणों के कर्मकाण्ड एवं वर्णाश्रम व्यवस्था पर तीव्र प्रहार किया गया है
(d) अपभ्रंशाभास हिन्दी भक्तिकाल तक आते-आते काव्य भाषा के रूप में स्थापित हो जाती है और हिन्दी का स्वरूप स्पष्ट हो जाता है

17. कवियों की तुलना में 'काव्यगत विशेषताओं' को प्रमुखता देने वाले पहले इतिहास का नाम है
(a) शिवसिंह सरोज
(b) द मॉडर्न वर्नाक्यूलर लिटरेचर ऑफ हिन्दुस्तान
(c) हिन्दी साहित्य का इतिहास
(d) ए हिस्ट्री ऑफ हिन्दी लिटरेचर

18. निम्नलिखित में किसने अपने इतिहास ग्रन्थ में साहित्य के विकास के साथ-साथ संवेदना के विकास को रेखांकित किया है?
(a) राहुल सांकृत्यायन
(b) वासुदेव सिंह
(c) डॉ. रामस्वरूप चतुर्वेदी
(d) गणपतिचन्द्र गुप्त

19. किस साहित्येतिहासिक ग्रन्थ को आधुनिक साहित्य सम्पत्ति का 'बीजक' कहा गया है?
(a) हिन्दी का संक्षिप्त इतिहास–रामनरेश त्रिपाठी
(b) आधुनिक हिन्दी साहित्य का विकास–श्रीकृष्ण लाल
(c) हिन्दी साहित्य और संवेदना का विकास–डॉ. रामस्वरूप चतुर्वेदी
(d) हिन्दी पुस्तक साहित्य–माता प्रसाद गुप्त

20. हिन्दी साहित्य के इतिहास ग्रन्थों और उनके लेखकों के सम्बन्ध में निम्नलिखित में से कौन-सा युग्म सुमेलित नहीं है?
(a) रीतिकाव्य की भूमिका–डॉ. नगेन्द्र
(b) हिन्दी काव्य संग्रह–पण्डित महेशदत्त शुक्ल
(c) हिन्दी भाषा एवं साहित्य–बाबू श्यामसुन्दर दास
(d) हिन्दी साहित्य एवं संवेदना का विकास–हजारीप्रसाद द्विवेदी

21. हिन्दी साहित्य के इतिहास ग्रन्थों में हिन्दी कवियों का प्रथम वृत्त संग्रहकार माना गया है
(a) गार्सा-द-तासी (b) शिवसिंह सेंगर
(c) जॉर्ज ग्रियर्सन (d) हजारीप्रसाद द्विवेदी

22. 'हिन्दी साहित्य के इतिहास' के काल विभाजन का सर्वप्रमुख आधार है
(a) काव्यगत जनजीवन
(b) प्रवृत्ति विशेष का प्रेरणा स्रोत
(c) ग्रन्थों की संख्या
(d) कवियों की संख्या

23. 'हिन्दी साहित्य के इतिहास' ग्रन्थ की परम्परा में काल विभाजन का सर्वप्रथम प्रयास किसने किया था?
(a) मिश्रबन्धु
(b) आचार्य रामचन्द्र शुक्ल
(c) जॉर्ज ग्रियर्सन
(d) शिवसिंह सेंगर

24. मिश्रबन्धुओं द्वारा किए गए काल विभाजन के अन्तर्गत 'अज्ञात काल' का उल्लेख है, इसमें
(a) चन्द पूर्व हिन्दी का विवरण है
(b) रीतिकालीन कवियों का विवरण है
(c) उन कवियों का विवरण है, जिनका निश्चित समय ज्ञात नहीं है
(d) उन रचनाओं का विवरण है जिनके रचनाकारों का पता नहीं है

25. आचार्य रामचन्द्र शुक्ल द्वारा दिए गए 'वीरगाथा काल' नाम के विरुद्ध सर्वप्रमुख आपत्ति है
(a) उनमें कुछ अप्राप्य और कुछ परवर्ती काल की रचनाएँ हैं
(b) उनमें शृंगार रस भी है
(c) जिन ग्रन्थों के आधार पर यह नामकरण किया है उनमें धार्मिकता का प्राधान्य है
(d) उनमें हठयोग की प्रधानता है

26. डॉ. गणपतिचन्द्र गुप्त ने प्रारम्भिक एवं मध्य काल के अन्तर्गत किस प्रकार के काव्यों की रचनाओं को स्वीकार किया है?
(a) धर्माश्रित काव्य (b) लोकाश्रित काव्य
(c) राज्याश्रित काव्य (d) ये सभी

27. आदिकाल के नामकरण के सम्बन्ध में निम्नलिखित में से कौन-सा युग्म सुमेलित नहीं है?
(a) आरम्भिक काल – मिश्रबन्धु
(b) सिद्ध सामन्त युग – राहुल सांकृत्यायन
(c) चारण काल – आचार्य शुक्ल
(d) आदिकाल – हजारीप्रसाद द्विवेदी

28. आदिकाल की सर्वमान्य सीमा अवधि मानी गई है
(a) 1000 ई. से 1200 ई.
(b) 1000 ई. से 1150 ई.
(c) 1000 ई. से 1350 ई.
(d) 1000 ई. से 1500 ई.

29. ''इतिहास दर्शन का सम्बन्ध न तो अपने आप में अतीत से होता है न ही अतीत के बारे में इतिहासकार के विचारों से, बल्कि उसका सम्बन्ध इन दोनों के पारस्परिक सम्बन्ध से होता है।'' उपर्युक्त कथन किस इतिहासकार का है?
(a) कॉलिंगवुड
(b) हीगल
(c) विको
(d) मार्क्स

30. ''साहित्य का इतिहास जनता की चित्तवृत्ति का इतिहास है''—यह कथन किसका है?
(a) डॉ. रामकुमार वर्मा
(b) आचार्य रामचन्द्र शुक्ल
(c) हजारीप्रसाद द्विवेदी
(d) महावीर प्रसाद द्विवेदी

31. सुमेलित कीजिए

सूची I (आदिकाल)	**सूची** II (प्रदत्तकर्ता)
A. वीरगाथा काल	1. आचार्य रामचन्द्र शुक्ल
B. आदिकाल	2. आचार्य हजारीप्रसाद द्विवेदी
C. आरम्भिक काल	3. मिश्रबन्धु
D. सिद्ध सामन्तकाल	4. राहुल सांकृत्यायन
	5. डॉ. रामकुमार वर्मा

कूट

	A	B	C	D
(a)	1	2	3	4
(b)	4	5	2	1
(c)	3	4	5	2
(d)	2	1	3	4

32. सुमेलित कीजिए

सूची I (कृति)	**सूची** II (रचनाकार)
A. हिन्दी साहित्य का दूसरा इतिहास	1. रामकुमार वर्मा
B. हिन्दी साहित्य का वैज्ञानिक इतिहास	2. गणपतिचन्द्र गुप्त
C. हिन्दी साहित्य का आलोचनात्मक इतिहास	3. रामस्वरूप चतुर्वेदी
D. हिन्दी साहित्य और संवेदना का विकास	4. लक्ष्मीसागर वार्ष्णेय
	5. बच्चन सिंह

कूट

	A	B	C	D
(a)	5	2	1	3
(b)	2	3	4	1
(c)	3	1	5	2
(d)	1	4	3	2

33. सुमेलित कीजिए

सूची I (कृति)	**सूची** II (रचनाकार)
A. हिन्दी साहित्य का इतिहास दर्शन	1. सूर्यकान्त शास्त्री
B. हिन्दी काव्य संग्रह	2. बाबू श्यामसुन्दर दास
C. हिन्दी भाषा एवं साहित्य	3. पण्डित महेशदत्त शुक्ल
D. हिन्दी साहित्य का विवेचनात्मक इतिहास	4. डॉ. नलिन विलोचन शर्मा
	5. हजारीप्रसाद द्विवेदी

कूट

	A	B	C	D
(a)	4	3	2	1
(b)	2	1	3	4
(c)	1	2	3	5
(d)	4	5	2	1

34. सुमेलित कीजिए

सूची I (कृति)	**सूची** II (रचनाकार)
A. रीतिकाव्य की भूमिका	1. डॉ. मोतीलाल मेनारिया
B. हिन्दी साहित्य का अतीत	2. परशुराम चतुर्वेदी
C. उत्तरी भारत की सन्त परम्परा	3. विश्वनाथ प्रसाद मिश्र
D. राजस्थानी भाषा और साहित्य	4. डॉ. नगेन्द्र
	5. आचार्य रामचन्द्र शुक्ल

कूट

	A	B	C	D
(a)	3	4	5	1
(b)	1	2	3	4
(c)	4	3	2	1
(d)	4	2	5	1

35. हिन्दी साहित्येतिहास लेखन कार्य से सम्बद्ध लेखकों को सही अनुक्रम में लगाएँ
(a) मिश्रबन्धु, जॉर्ज ग्रियर्सन, शिवसिंह सेंगर, गार्सा-द-तासी
(b) गार्सा-द-तासी, शिवसिंह सेंगर, जॉर्ज ग्रियर्सन, मिश्रबन्धु
(c) जॉर्ज ग्रियर्सन, मिश्रबन्धु, शिवसिंह सेंगर, गार्सा-द-तासी
(d) शिवसिंह सेंगर, जॉर्ज ग्रियर्सन, मिश्रबन्धु, गार्सा-द-तासी

36. ''वस्तुत: वे पहले व्यक्ति हैं, जिन्होंने आचार्य शुक्ल की अनेक धारणाओं और स्थापनाओं को चुनौती देते हुए उन्हें सबल प्रमाणों के आधार पर खण्डित किया।.....जहाँ तक ऐतिहासिक चेतना व पूर्व परम्परा के बोध की बात है, निश्चय ही आचार्य द्विवेदी हिन्दी के सबसे अधिक सशक्त इतिहासकार हैं।''—यह कथन किसका है?
(a) डॉ. रामकुमार वर्मा (b) दशरथ ओझा
(c) गणपतिचन्द्र गुप्त (d) नलिन विलोचन शर्मा

37. ''विगत तीस-पैंतीस वर्षों में हिन्दी साहित्य के क्षेत्र में पर्याप्त अनुसन्धान कार्य हुआ है, जिनसे बहुत-सी ऐसी नई सामग्री, नए तथ्य और नए निष्कर्ष प्रकाश में आए हैं, जो आचार्य शुक्ल के वर्गीकरण, विश्लेषण आदि के सर्वथा प्रतिकूल पड़ते हैं।''—यह कथन किसका है?
(a) गणपतिचन्द्र गुप्त
(b) डॉ. रामस्वरूप चतुर्वेदी
(c) आचार्य चतुरसेन शास्त्री
(d) पण्डित महेशदत्त शुक्ल

38. सुमेलित कीजिए

सूची I (कृति)	**सूची** II (रचनाकार)
A. शिवसिंह सरोज	1. आचार्य रामचन्द्र शुक्ल
B. मिश्रबन्धु विनोद	2. डॉ. नगेन्द्र व डॉ. हरदयाल
C. हिन्दी साहित्य का इतिहास	3. मिश्रबन्धु
D. हिन्दी साहित्य का इतिहास	4. शिवसिंह सेंगर
	5. रामकुमार वर्मा

कूट

	A	B	C	D		A	B	C	D
(a)	4	3	1	2	(b)	3	5	2	1
(c)	1	2	3	5	(d)	2	1	4	3

39. सुमेलित कीजिए

सूची I (कृति)	सूची II (रचनाकार)
A. हिन्दी साहित्य का आदिकाल	1. डॉ. गणपतिचन्द्र गुप्त
B. हिन्दी साहित्य का वैज्ञानिक इतिहास	2. आचार्य हजारीप्रसाद द्विवेदी
C. हिन्दी साहित्य का इतिहास	3. डॉ. भगीरथ मिश्र
D. हिन्दी काव्यशास्त्र का इतिहास	4. डॉ. धीरेन्द्र वर्मा
	5. ब्रजमोहन दास

कूट

	A	B	C	D
(a)	5	2	3	4
(b)	2	1	4	3
(c)	3	4	1	5
(d)	4	3	2	1

40. सुमेलित कीजिए

सूची I (कृति)	सूची II (रचनाकार)
A. आधुनिक हिन्दी साहित्य	1. मिश्रबन्धु
B. राजस्थानी साहित्य की रूपरेखा	2. डॉ. लक्ष्मी सागर वार्ष्णेय
C. हिन्दी साहित्य : उद्‌भव व विकास	3. आचार्य हजारीप्रसाद द्विवेदी
D. मिश्रबन्धु विनोद	4. मोतीलाल मेनारिया
	5. डॉ. नगेन्द्र

कूट

	A	B	C	D		A	B	C	D
(a)	5	1	2	3	(b)	1	3	5	2
(c)	2	4	3	1	(d)	3	2	1	4

41. सुमेलित कीजिए

सूची I (कृति)	सूची II (रचनाकार)
A. हिन्दी वीर काव्य	1. पण्डित रामनरेश त्रिपाठी
B. कविता कौमुदी	2. डॉ. टीकम सिंह तोमर
C. हिन्दी साहित्य की भूमिका	3. शिवसिंह सेंगर
D. शिवसिंह सरोज	4. आचार्य हजारी प्रसाद द्विवेदी
	5. महावीर प्रसाद द्विवेदी

कूट

	A	B	C	D		A	B	C	D
(a)	2	1	4	3	(b)	3	5	1	4
(c)	4	5	2	1	(d)	1	4	3	2

42. सुमेलित कीजिए

सूची I (कृति)	सूची II (रचनाकार)
A. हिन्दी साहित्य का इतिहास	1. डॉ. रामस्वरूप चतुर्वेदी
B. इतिहास एवं साहित्य दृष्टि	2. डॉ. बच्चन सिंह
C. आधुनिक हिन्दी साहित्य का इतिहास	3. मैनेजर पाण्डे
D. हिन्दी साहित्य और संवेदना का विकास	4. आचार्य चतुरसेन शास्त्री
	5. विश्वनाथ त्रिपाठी

कूट

	A	B	C	D		A	B	C	D
(a)	3	1	5	2	(b)	4	3	2	1
(c)	5	2	3	4	(d)	2	5	1	3

43. सुमेलित कीजिए

सूची I (कृति)	सूची II (रचनाकार)
A. हिन्दी वीर काव्य	1. डॉ. श्रीकृष्ण लाल
B. चैतन्य सम्प्रदाय और उसका साहित्य	2. ब्रजरत्न दास
C. खड़ी बोली हिन्दी साहित्य का इतिहास	3. प्रभुदयाल मीतल
D. आधुनिक हिन्दी साहित्य का विकास	4. डॉ. टीकम सिंह तोमर
	5. आचार्य रामचन्द्र शुक्ल

कूट

	A	B	C	D
(a)	1	3	2	4
(b)	4	3	2	1
(c)	2	4	5	1
(d)	3	1	4	2

निर्देश (प्र.सं. 44-45) निम्नलिखित स्थापना एवं तर्क को ध्यानपूर्वक पढ़कर सही उत्तर का चयन कीजिए।

कूट

(a) A और R दोनों सही
(b) A सही, R गलत
(c) A गलत, R सही
(d) A और R दोनों गलत

44. स्थापना (A) मिश्रबन्धुओं के काल विभाजन में त्रुटियाँ हैं।

तर्क (R) इन्होंने कालखण्डों के नामकरण में एक जैसी पद्धति अपनाई है।

45. स्थापना (A) वर्णानुक्रम पद्धति को 'वर्णमाला पद्धति' भी कहते हैं।

तर्क (R) इस पद्धति में विवरण को उनके नामों के वर्णानुक्रम के अनुसार लिखा जाता है।

सही उत्तर

1. (c)	2. (a)	3. (b)	4. (b)	5. (d)	6. (b)	7. (d)	8. (a)	9. (d)	10. (c)
11. (c)	12. (d)	13. (a)	14. (c)	15. (d)	16. (d)	17. (c)	18. (c)	19. (d)	20. (d)
21. (c)	22. (b)	23. (c)	24. (c)	25. (a)	26. (d)	27. (c)	28. (c)	29. (a)	30. (b)
31. (a)	32. (a)	33. (a)	34. (c)	35. (b)	36. (c)	37. (a)	38. (a)	39. (b)	40. (c)
41 (a)	42 (b)	43 (b)	44 (a)	45 (a)					

इकाई 04 गद्य की प्रमुख विधाएँ

हिन्दी कहानी का आरम्भ व विकास

संस्कृत साहित्य में वृहतकथामंजरी, कथा सरित्सागर, हितोपदेश, पंचतन्त्र आदि कहानियाँ हैं। यद्यपि इनमें कहानी के तत्त्व विद्यमान नहीं हैं। हिन्दी में कहानी के सूत्र संस्कृत साहित्य से आए और पश्चिमी प्रभाव से उनका तात्विक विकास हुआ।

हिन्दी गद्य के प्रारम्भ में ही कहानी का लेखन शुरू हुआ। मुंशी सदासुखलाल ने विष्णुपुराण के उपदेशों को, प्रसंगों को आधार बनाकर सुखसागर की रचना की। किशोरीलाल गोस्वामी ने 'इन्दुमती' कहानी लिखकर हिन्दी का प्रथम कहानीकार होने का गौरव प्राप्त किया। लल्लूलाल ने सिंहासन बत्तीसी, बैताल पच्चीसी, प्रेमसागर की रचना की। गद्य की सभी विधाओं में हिन्दी कहानी में युगबोध की क्षमता सर्वाधिक दिखाई पड़ती है।

प्रेमचन्द पूर्व कहानी (सन् 1850 से 1915 ई.)

- भारतेन्दु युग कहानी विधा के विकास का युग है। उनका कथात्मक लेख 'स्वर्ग में विचार सभा' कहानी का रूप ले सकता है। 'एक अद्भुत अपूर्व स्वप्न' में कहानी की रोचकता विद्यमान है। इस काल में बांग्ला और अंग्रेजी कहानियों का हिन्दी अनुवाद हुआ।
- भारतेंदु युग में स्वयं भारतेन्दु जी ने 'कुछ आपबीती कुछ जगबीती' नामक कहानी लिखनी शुरू की थी, जिसे वे पूरा नहीं कर पाए। शिवप्रसाद सितारे हिन्द ने 'राज भोज का सपना' नामक कहानी लिखी थी।
- द्विवेदी युग में कहानी साहित्य का विशेष विकास हुआ। सरस्वती, इन्दु, कविवचन सुधा आदि पत्रिकाओं में कहानियाँ छपने लगीं। श्री चन्द्रधर शर्मा गुलेरी की कहानी 'उसने कहा था' इस युग की सर्वश्रेष्ठ मौलिक कहानी है। आचार्य रामचन्द्र शुक्ल की कहानी 'ग्यारह वर्ष का समय' उनके भाषा सामर्थ्य का परिचायक है। रामकृष्ण दास की कहानियाँ भावुकता और आदर्शवाद से परिपूर्ण हैं
- 'इन्दुमती' (1900ई.) 'गुलबहार' किशोरीलाल गोस्वामी, 'प्लेग की चुड़ैल' लाला भगवानदीन, 'ग्यारह वर्ष का समय' रामचन्द्र शुक्ल, 'पण्डित-पण्डितानी' गिरिजादत्त वाजपेयी, 'दुलाईवाली' बंग महिला। इस प्रकार हिन्दी के प्रथम कहानीकार श्री किशोरीलाल गोस्वामी सिद्ध होते हैं।
- हिन्दी की प्रथम कहानी के अन्तर्गत जिन कहानियों का उल्लेख किया जा चुका है, उनके अतिरिक्त इस काल में लिखी गई अन्य प्रसिद्ध कहानियाँ हैं—माधवप्रसाद मिश्र की मन की चंचलता, लाला भगवानदीन की प्लेग की चुड़ैल, वृन्दावनलाल वर्मा की राखीबन्द भाई और नकली किला, विश्वम्भरनाथ शर्मा 'कौशिक' की रक्षाबन्धन, ज्वालादत्त शर्मा की मिलन। वस्तुत: 'सरस्वती' पत्रिका में प्रकाशित कहानियों ने हिन्दी कहानी को एक दिशा प्रदान की और हिन्दी कहानी अपने विकास पथ पर अग्रसर हुई।
- उक्त सभी कहानियाँ भी इसी पत्रिका में प्रकाशित हुई थीं। सन् 1909 ई. में काशी में 'इन्दु' नामक पत्रिका का प्रकाशन प्रारम्भ हुआ जिसमें जयशंकर प्रसाद की कहानियाँ प्रकाशित होने लगीं थीं। बाद में इन कहानियों का संग्रह 'छाया' नाम से सन् 1912 ई. में प्रकाशित हुआ। राधिकारमण प्रसाद की कहानी कानों में कंगना भी 'इन्दु' में सन् 1913 ई. में प्रकाशित हुई।

प्रेमचन्दयुगीन हिन्दी कहानी (सन् 1916 से 1936 ई.)

- प्रेमचन्द जी पहले उर्दू में लिखते थे। उनका उर्दू में लिखा हुआ प्रसिद्ध कहानी-संग्रह सोजे-वतन 1907 ई. में प्रकाशित हुआ था जो स्वातन्त्र्य भावनाओं से ओत-प्रोत होने के कारण सरकार द्वारा जब्त कर लिया गया था। 1916 ई. में उनकी हिन्दी में रचित प्रथम कहानी, पंच-परमेश्वर प्रकाशित हुई।
- उनकी कहानियों में 'पंच-परमेश्वर' के अतिरिक्त 'आत्माराम', 'बड़े घर की बेटी', 'शतरंज के खिलाड़ी', 'वज्रपात', 'रानी सारन्धा', 'अलग्योझा', 'ईदगाह', 'पूस की रात', 'सुजान भगत', 'कफन', 'पण्डित मोटेराम' आदि अधिक विख्यात हैं। प्रेमचन्द की कहानियों में विषय वैविध्य दिखाई देता है। प्रेमचन्द की कहानियाँ अपने परिवेश व आस-पास के जीवन से जुड़ी हैं।
- प्रेमचन्द के समकालीन कहानीकारों में पं. विश्वम्भरनाथ शर्मा 'कौशिक', सुदर्शन, जयशंकर प्रसाद, चतुरसेन शास्त्री, रायकृष्णदास, पाण्डेय बेचन शर्मा 'उग्र', भगवतीप्रसाद वाजपेयी, जैनेन्द्र, अज्ञेय, इलाचन्द्र जोशी, यशपाल आदि उल्लेखनीय हैं।
- गुलेरी जी की दूसरी कहानी 'सुखमय जीवन' भी पर्याप्त रोचक व भावोत्तेजक है। इसमें एक अविवाहित युवक के द्वारा विवाहित जीवन पर लिखी गई पुस्तक को लेकर अच्छा विवाद खड़ा किया गया है।
- उर्दू से हिन्दी में आने वाले लेखकों में विश्वम्भरनाथ 'कौशिक' भी प्रसिद्ध हैं। उनकी प्रथम कहानी 'रक्षाबन्धन' 1913 ई. में प्रकाशित हुई। विचारधारा की दृष्टि से कौशिक जी प्रेमचन्द की परम्परा में आते हैं। इन्होंने भी समाज सुधार को अपनी कहानी कला का लक्ष्य बनाया। उनकी कहानियों की शैली अत्यन्त सरल, सरस व रोचक है। उनकी हास्य और विनोद से परिपूर्ण कहानियाँ 'चाँद' में दुबे जी की चिट्ठियों के रूप में प्रकाशित हुई थीं। ताई, विधवा, कर्त्तव्य बल आदि उनकी प्रसिद्ध कहानियाँ हैं।
- प्रेमचन्द युग के एक प्रतिभाशाली कथाकार के रूप में जयशंकर प्रसाद का नाम लिया जाता है। उनके पाँच कहानी संग्रह प्रकाशित हुए हैं—छाया, प्रतिध्वनि, आकाशदीप, आँधी और इन्द्रजाल। कुल मिलाकर 69 कहानियाँ इन संकलनों में संकलित की गई हैं। उनकी कहानियों में अनुभूति की तीव्रता, काव्यात्मकता, प्रेम चित्रण, प्रकृति निरूपण एवं कल्पना की प्रचुरता विद्यमान है। उनकी कुछ कहानियों में ऐतिहासिक देशकाल एवं वातावरण की सफल प्रस्तुति की गई है।
- अतीत गौरव, स्वप्निल भावुकता एवं कल्पना की ऊँची उड़ान उनकी कहानियों की विशेषता मानी जा सकती है। प्रेम, करुणा, त्याग, बलिदान, इनकी कहानियों के विषय हैं। उन्होंने उच्चकोटि के नारी चरित्र अपनी

कहानियों में प्रस्तुत किए हैं जो अपने निश्छल प्रेम, बलिदान और त्याग से पाठकों पर अमिट छाप छोड़ते हैं। प्रसाद की उल्लेखनीय कहानियाँ हैं—पुरस्कार, इन्द्रजाल, आकाशदीप, ममता, मधुवा, देवरथ, बेड़ी, प्रतिध्वनि, आँधी, सालवती आदि।

- 'सूर्यकान्त त्रिपाठी निराला' की कहानियाँ 'लिली', 'सखी', 'सुकुल की बीवी' और 'चतुरी चमार' शीर्षक संग्रहों में संगृहीत हैं।
- इस युग के कहानी साहित्य में सामाजिक समस्याओं को ही प्रमुख स्थान प्राप्त हुआ है। इनमें पारिवारिक, सामाजिक, राजनीतिक, धार्मिक जीवन की विभिन्न परिस्थितियों एवं समस्याओं का चित्रण हुआ है।
- आचार्य चतुरसेन शास्त्री ने ऐतिहासिक विषयों पर मार्मिक कहानियों की रचना की। 'अंबपालिका', 'भिक्षुराज', 'सिंहगढ़ विजय', 'पन्नाधाय', 'रूठी रानी', 'दे खुदा की राह पर' आदि उनकी प्रमुख कहानियाँ हैं। रायकृष्णदास भी प्रसाद परम्परा के कहानी लेखक हैं। उनकी कहानियों में कवित्वपूर्ण वातावरण और नाटकीयता विद्यमान है। अन्तपुर का आरम्भ में इन तत्त्वों को देखा जा सकता है।
- उपेन्द्रनाथ अश्क ने मध्यमवर्गीय जीवन से अपनी कहानियों के विषय चुने हैं। समाज की कुरीतियों, आन्दोलनों एवं कुण्ठाओं को भी उनकी कहानियों में अभिव्यक्ति मिली है। व्यक्ति चित्रण के साथ-साथ समष्टि चित्रण भी अश्क जी की कहानियों में दिखाई पड़ता है। इनमें कहीं उनका मार्क्सवादी दृष्टिकोण है, तो कहीं व्यक्तिमूलक चेतना एवं मनोविश्लेषण की प्रवृत्ति है। अश्क जी के प्रमुख कहानी संग्रह हैं—'निशानियाँ' और 'दो धारा'।
- **पाण्डेय बेचन शर्मा 'उग्र'** का प्रवेश हिन्दी कहानी जगत में 1922 ई. में हुआ। उनकी उग्रता के प्रभाव को 'उल्कापात', 'धूमकेतु', 'तूफान' आदि की संज्ञा दी है। उन्होंने अपनी रचनाओं में राजनीतिक परिस्थितियों, सामाजिक रूढ़ियों और राष्ट्र को हानि पहुँचाने वाली प्रवृत्तियों के प्रति गहरा विद्रोह व्यक्त किया। उनके कहानी संग्रह 'दोजख की आग', 'चिंगारियाँ', 'बलात्कार', 'सनकी अमीर' आदि प्रकाशित हुए हैं।
- **ज्वालादत्त शर्मा** ने बहुत कम कहानियाँ लिखी हैं परन्तु हिन्दी जगत में उनका अच्छा स्वागत हुआ है। उनकी कहानियों में 'भाग्य-चक्र', 'अनाथ बालिका' आदि उल्लेखनीय हैं।
- **चण्डी प्रसाद हृदयेश** का दृष्टिकोण आदर्शवादी था। उनकी कहानियाँ भावना प्रधान हैं। उनके कहानी संग्रह 'नन्दन-निकुंज' 'वनमाला' आदि नामों से प्रकाशित हुए हैं।
- **राधिका रमण प्रसाद सिंह** ने विभिन्न सामाजिक समस्याओं एवं राजनीतिक आन्दोलनों का चित्रण अपनी कहानियों में किया है। इनके कहानी संग्रह 'गाँधी टोपी', 'सावनी सुधा', 'गल्प कुसुमांजली' आदि हैं।
- **विश्वम्भरनाथ जिज्जा** ने प्रेम एवं रोमांस से परिपूर्ण कहानियों की रचना की है। इनमें 'सौन्दर्य की महिमा', 'विदीर्ण हृदय', 'परदेशी' आदि उल्लेखनीय हैं।

प्रेमचन्द्रोत्तर हिन्दी कहानी (सन् 1936 से 1650 ई.)

- इस काल में कहानी की पुरानी परम्पराओं के साथ नई परम्पराओं का उदय और विकास हुआ, जिनका वर्णन इस प्रकार है— मनोविश्लेषणवादी परम्परा में मुख्यत: जैनेन्द्र कुमार, भगवती प्रसाद वाजपेयी, भगवतीचरण वर्मा, अज्ञेय, इलाचन्द्र जोशी प्रभृति लेखक आते हैं। जैनेन्द्र कुमार के अनेक कहानी-संग्रह प्रकाशित हुए; यथा—'वातायन', 'स्पर्द्धा', 'फाँसी', 'पाजेब', 'जय-सन्धि', 'एक रात', 'दो चिड़ियाँ' आदि।
- **जैनेन्द्र** जी ने स्थूल समस्याओं के स्थान पर सूक्ष्म-मनोविज्ञान का चित्रण करते हुए हिन्दी कहानी को नई अन्तर्दृष्टि, संवेदनशीलता और दार्शनिक गहराई प्रदान की है। उनका दृष्टिकोण समाजवादी की अपेक्षा व्यक्तिवादी, भौतिकवादी की अपेक्षा अध्यात्मवादी अधिक है।
- **भगवती प्रसाद वाजपेयी** ने जैनेन्द्र जी की परम्परा को आगे बढ़ाते हुए अनेक कहानियाँ लिखीं जो 'हिलोर', 'पुष्करिणी', 'खाली बोतल' आदि में संगृहीत हैं। भगवतीचरण वर्मा ने भी इस क्षेत्र में पर्याप्त सफलता प्राप्त की है। उनके कहानी-संग्रह 'खिलते फूल', 'इंस्टॉलमेण्ट' 'दो बाँके' आदि हैं। सच्चिदानन्द हीरानन्द वात्स्यायन 'अज्ञेय' ने भी मनोविश्लेषणात्मक कहानियाँ लिखीं जो 'विपथगा', 'परम्परा', 'कोठरी की बात', 'जयदोल' आदि में संगृहीत हैं।
- **इलाचन्द्र जोशी** ने अपनी कहानियों में मनोविश्लेषण के आधार पर सूक्ष्म मानसिक तथ्यों का उद्घाटन मर्मस्पर्शी रूप में किया है। उनके कहानी-संग्रहों में 'रोमांटिक छाया', आहुति, 'दिवाली और होली' आदि महत्त्वपूर्ण हैं।
- प्रगतिवादी परम्परा में मुख्यत: यशपाल, ख्वाजा अहमद अब्बास, अमृतराय, मन्मथनाथ गुप्त, कृष्णचन्द्र, रांगेय राघव, श्री कृष्णदास प्रभृति कहानीकारों को स्थान दिया जा सकता है। यशपाल ने समाजवादी-साम्यवादी दृष्टिकोण से आधुनिक समाज की विषमताओं का उद्घाटन अपनी कहानियों में किया है। इनके कहानी संग्रहों में 'पिंजरे की उड़ान', 'वो दुनिया', 'तर्क का तूफान', 'फूलों का कुर्ता', 'तुमने क्यों कहा था कि मैं सुन्दर हूँ', 'उत्तमी की माँ' आदि उल्लेखनीय हैं।

नई कहानी

1950 ई. के अनन्तर हिन्दी कहानी के क्षेत्र में एक नए आन्दोलन का प्रवर्तन हुआ जिसे 'नई कहानी' आन्दोलन की संज्ञा दी गई। इस आन्दोलन के उन्नायकों—राजेन्द्र यादव, निर्मल वर्मा, कमलेश्वर, मोहन राकेश ने घोषित किया कि नई कहानी का लक्ष्य नए भाव-बोध या आधुनिकता बोध पर आधारित जीवन के यथार्थ अनुभव का चित्रण करना है।

- नया कहानीकार न अतीत के आदर्शों से जुड़ा है और न ही भविष्य के स्वप्नों से वह वर्तमान में और वर्तमान में भी केवल अपने भोगे हुए यथार्थ को अपनी दृष्टि का केन्द्र बनाता है।
- नई कहानी के प्रमुख लेखकों में मोहन राकेश, निर्मल वर्मा, राजेन्द्र यादव, भीष्म साहनी, कृष्ण बलदेव वेद, रमेश बख्शी, मन्नू भण्डारी, उषा प्रियंवदा आदि के नाम उल्लेखनीय हैं। मोहन राकेश के 'इंसान के खण्डहर', 'नए बादल', 'जानवर और जानवर', 'एक और जिन्दगी' आदि कहानी-संग्रह प्रकाशित हुए हैं, जिनमें शहरी जीवन की कृत्रिमता, बाह्य-आडम्बर, नारी-पुरुष सम्बन्धी, दाम्पत्य एवं पारिवारिक जीवन के विघटन आदि का चित्रण यथार्थ रूप में हुआ है।
- निर्मल वर्मा के कहानी संग्रहों में, 'परिन्दे', 'एक दिन का मेहमान', 'जलती झाड़ी', 'पिछली गर्मियों में', 'कव्वे और काला पानी' आदि उल्लेखनीय हैं, जिनमें प्राय: पाश्चात्य संस्कृति एवं विदेशी जीवन का चित्रण करते हुए यौन प्रवृत्तियों को प्रमुखता दी गई है।
- राजेन्द्र यादव के कहानी-संग्रहों में 'देवताओं की मूर्तियाँ', 'अभिमन्यु की आत्महत्या', 'जहाँ लक्ष्मी कैद है', 'किनारे से किनारे तक', 'प्रतीक्षा', 'अपने पार', 'टूटना और अन्य कहानियाँ', 'छोटे-छोटे ताजमहल' आदि उल्लेखनीय हैं।

सचेतन कहानी

नई कहानी आन्दोलन की ही प्रतिक्रिया एवं प्रतिद्वन्द्विता में 'सचेतन कहानी' आन्दोलन का प्रवर्तन हुआ। इसके प्रवर्तक डॉ. महीप सिंह हैं, जिन्होंने अपनी पत्रिका 'संचेतना' के माध्यम से इस आन्दोलन को आगे बढ़ाया। 'सचेतन कहानी' आन्दोलन के साथ जुड़े हुए कहानीकारों में महीप सिंह, मनहर चौहान, रामकुमार भ्रमर, सुखवीर, बलराज पण्डित, कुलभूषण, वेद राही, महरुन्निसा परवेज आदि के नाम उल्लेखनीय हैं।

डॉ. महीप सिंह के कई कहानी संग्रह प्रकाशित हुए हैं, जिनमें 'उजाले के उल्लू', 'कुछ और कितना', 'घिराव', 'इक्यावन कहानियाँ', 'कितने सम्बन्ध' आदि उल्लेखनीय हैं।

समानान्तर कहानी आन्दोलन

1971 ई. के लगभग कमलेश्वर के द्वारा 'समान्तर' जो सम्भवतः 'समानान्तर' शब्द का तद्भव रूप है, कहानी आन्दोलन का प्रवर्तन हुआ है, जो कहानी आन्दोलन की प्रतिक्रिया में प्रवर्तित कहा जा सकता है। समानान्तर कहानी का प्रचार-प्रसार मुख्यतः 'सारिका' पत्रिका के माध्यम से हुआ।

समकालीन कहानी

इस कहानी आन्दोलन के प्रवर्तक डॉ. गंगा प्रसाद 'विमल' हैं। इस कहानी में समकालीनता और आधुनिकता बोध पर अत्यधिक बल दिया गया है। समकालीन कहानीकार किसी विशेष आन्दोलन से नहीं जुड़े।

अकहानी

इस अकहानी आन्दोलन में कुछ ऐसे कथाकार जुड़े जिन्होंने कहानी के स्वीकृत मूल्यों को स्वीकार न करके अपने स्वतन्त्र अस्तित्व की घोषणा की।

हिन्दी कहानीकार एवं कहानियाँ

कहानीकार	कहानियाँ
इंशाअल्ला खाँ	रानी केतकी की कहानी (1803 ई.)
शिवप्रसाद 'सितारे हिन्द'	राजा भोज का सपना (1856 ई.)
गौरीदत्त	देवरानी-जेठानी की कहानी (1870 ई.)
भारतेन्दु हरिश्चन्द्र	एक अद्भुत स्वप्न
माधवराव स्प्रे	एक टोकरी भर मिट्टी (1901 ई.)
किशोरीलाल गोस्वामी	इन्दुमती (1901 ई.), गुलबहार (1902 ई.)
आचार्य रामचन्द्र शुक्ल	ग्यारह वर्ष का समय (1903 ई.)
बंग महिला (राजेन्द्र बाला घोष)	दुलाई वाली (1907 ई.)
राजा राधिकारमण सिंह	कानों में कंगना (1913 ई.)
चन्द्रधर शर्मा 'गुलेरी'	उसने कहा था (1915 ई.), सुखमय जीवन, बुद्धू का कांटा
जयशंकर प्रसाद	ग्राम (1911 ई.), आग, चन्दा, गुलाम, चित्तौड़-उद्धार, गुंडा, पत्थर की पुकार, करुणा की विजय, उस पार का योगी, खण्डहर की लिपि, प्रतिमा, पाप की पराजय, दुखिया, शरणागत, बिसाती, संदेह, मधुवा, पुरस्कार, चित्रमन्दिर, देवरथ, सालवती, सुनहरा साँप, छाया (1912 ई.), प्रतिध्वनि (1926 ई.), आकाशदीप (1929 ई.), आँधी (1931 ई.), इन्द्रजाल (1936 ई.)
मुंशी प्रेमचन्द	सौत (1915 ई.), पंचपरमेश्वर (1916 ई.), बलिदान (1918 ई.), आत्माराम (1920 ई.), बूढ़ी काकी (1921 ई.), विचित्र होली (1921 ई.), गृहदाह (1922 ई.), हार की जीत (1922 ई.), परीक्षा (1923 ई.), आपबीती (1923 ई.), उद्धार (1924 ई.), सवा सेर गेहूँ (1924 ई.), शतरंज के खिलाड़ी (1925 ई.), माता का हृदय (1925 ई.), कजाकी (1926 ई.), सुजान भगत (1927 ई.), इस्तीफा (1928 ई.), अलग्योझा (1929 ई.), पूस की रात (1930 ई.), तावान (1931 ई.), होली का उपहार (1931 ई.), ठाकुर का कुआँ (1932 ई.), बेटों वाली विधवा (1932 ई.), ईदगाह (1933 ई.), नशा (1934 ई.), बड़े भाई साहब (1934 ई.), कफन (1936 ई.)
सुदर्शन	सुदर्शन सुधा, सुदर्शन सुमन (1934 ई.), तीर्थ यात्रा (1945 ई.), पुष्पलता (1919 ई.), गल्प मंजरी (1932 ई.), सुप्रभात, पनघट, परिवर्तन, हार की जीत (1920 ई.), कवि की स्त्री
विश्वम्भरनाथ शर्मा 'कौशिक'	रक्षाबन्धन (1913 ई.), ताई, चित्रशाला (दो भाग), गल्प मन्दिर, प्रेम प्रतिमा, मणिमाला, कल्लोल
चतुरसेन शास्त्री	दुखवा मैं कासों कहूँ, मोरी सजनी, अंबपालिका, प्रबुद्ध, भिक्षुराज, बावर्चिन, हल्दीघाटी में वाणबधू
पाण्डेय बेचन शर्मा 'उग्र'	चिंगारियाँ (1993 ई.), शैतान मण्डली (1924 ई.), इन्द्रधनुष (1927 ई.), बलात्कार (1927 ई.), चाकलेट (1928 ई.), दोज़ख की आग (1929 ई.), निर्लज्जा (1929 ई.), आदि
जैनेन्द्र	खेल (1928 ई.), फाँसी (1929 ई.), वातायन (1930 ई.), नीलमदेश की राजकन्या (1933 ई.), एकरात (1934 ई.), दो चिड़ियाँ (1935 ई.), पाजेब (1942 ई.), जयसंधि (1949 ई.), अपना-अपना भाग्य, बाहुबली, ध्रुव यात्रा, एक दिन, राजीव और भाभी
यशपाल	पिंजरे की उड़ान (1939 ई.), ज्ञानदान (1943 ई.), अभिशप्त (1943 ई.), तर्क का तूफान (1944 ई.), भस्मावृत चिनगारी (1946 ई.), वो दुनिया (1948 ई.), फूलों का कुर्ता (1949 ई.), धर्मयुद्ध (1950 ई.), उत्तराधिकारी (1951 ई.), चित्र का शीर्षक (1951 ई.), तुमने क्यों कहा था मैं सुन्दर हूँ (1954 ई.), उत्तमी की माँ (1955 ई.) सच बोलने की भूल (1962 ई.), खच्चर और आदमी (1965 ई.), भूख के तीन दिन (1968 ई.), मक्रील, शिवपार्वती, दूसरी नाक, परदा
इलाचन्द्र जोशी	धूपरेखा (1938 ई.), दीवाली और होली (1942 ई.), रोमांटिक छाया (1943 ई.), आहुति (1945 ई.), खण्डहर की आत्माएँ (1948 ई.), डायरी के नीरस पृष्ठ (1951 ई.), कँटीले फूल लजीले काँटे (1957 ई.)
अज्ञेय	विपथगा (1937 ई.), परम्परा (1940 ई.), कोठरी की बात (1945 ई.), शरणार्थी (1948 ई.), जयदोल (1951 ई.), अमरबल्लरी (1945 ई.), ये तेरे प्रतिरूप (1961 ई.)
उपेन्द्रनाथ 'अश्क'	अंकुर, नासूर, डाची, पिंजरा, गोखरू, छीटें (1949 ई.), सत्तर श्रेष्ठ कहानियाँ (1958 ई.), पलंग (1961 ई.), आकाशचारी (1966 ई.), मुक्त, देशभक्त, कांगड़ा का तेली, टेबुललैण्ड

कहानीकार	कहानियाँ
भगवतीचरण वर्मा	सौदा हाथ से निकल गया, संकट, समझौता, गनेसीलाल का रामराज, इंस्टालमेंट, दो बाँके, प्रायश्चित, मुगलों ने सल्तनत बख्स दी, वो दुनिया
भीष्म साहनी	भाग्य रेखा (1953 ई.), पहला पाठ (1957 ई.), भटकती राख (1966 ई.), पटरियाँ (1973 ई.), वाङ्चू (1978 ई.), शोभायात्रा (1981 ई.), निशाचर (1983 ई.), पाली (1989 ई.), डायन (1998 ई.)
मुक्तिबोध	काठ का सपना (1967 ई.), सतह से उठता आदमी (1971 ई.), जलता पक्षी और दीमक, विपात्र, क्लॉड ईथरली
भैरव प्रसाद गुप्त	मुहब्बत की राहें (1945 ई.), फरिश्ता (1946 ई.), बिगड़े हुए दिमाग (1948 ई.), इंसान (1950 ई.), सितार के तार (1951 ई.), बलिदान की कहानियाँ (1951 ई.), मंजिल (1951 ई.), महफिल (1958 ई.), सपने का अन्त (1961 ई.), आँखों का सवाल (1965 ई.), मंगली की टिकुली (1982 ई.), आप क्या कर रहे हैं (1983 ई.)
अमरकान्त	जिंदगी और जोंक (1956 ई.), देश के लोग, मौत का नगर, मित्र मिलन, कुहासा, दोपहर का भोजन, डिप्टी कलक्टरी (1956 ई.)
राजेन्द्र यादव	देवताओं की मूर्तियाँ (1925 ई.), खेल-खिलौने (1954 ई.), जहाँ लक्ष्मी कैद है (1957 ई.), अभिमन्यु की आत्महत्या (1959 ई.), छोटे-छोटे ताजमहल (1962 ई.), किनारे से किनारे तक (1963 ई.), टूटना (1966 ई.), अपने पार (1968 ई.), ढोल और अन्य कहानियाँ (1972 ई.), हासिल तथा अन्य कहानियाँ (2006 ई.)
मोहन राकेश	इंसान के खण्डहर (1950 ई.), नए बादल (1957 ई.), जानवर और जानवर (1958 ई.), एक और जिन्दगी (1961 ई.), फौलाद का आकाश (1966 ई.), मिस पाल, मलबे का मालिक (1957 ई.), आज के साये (1967 ई.)
कमलेश्वर	राजा निरबंसिया (1957 ई.), कस्बे का आदमी (1958 ई.), खोई हुई दिशाएँ (1963 ई.), माँस का दरिया (1966 ई.), बयान (1973 ई.), आजादी मुबारक (2002 ई.), जार्ज पंचम की नाक, अपना एकान्त, साँप, नीलीझील, जोखिम
विष्णु प्रभाकर	धरती अब भी घूम रही है (1962 ई.), साँचे और कला (1962 ई.), पुल टूटने से पहले (1977 ई.), मेरा वतन (1980 ई.), खिलौने (1981 ई.), एक और कुंती (1985 ई.), जिन्दगी एक रिहर्सल (1986 ई.)
धर्मवीर भारती	मुर्दों का गाँव (1994 ई.), स्वर्ग और पृथ्वी (1949 ई.), चाँद और टूटे हुए लोग (1955 ई.), बंद गली का आखिरी मकान (1969 ई.), गुलकी बन्नो
निर्मल वर्मा	परिन्दे (1960 ई.), जलती झाड़ी (1965 ई.), पिछली गर्मियों में (1968 ई.), बीच बहस में (1973 ई.), कव्वे और काला पानी (1983 ई.), सूखा तथा अन्य कहानियाँ (1995 ई.)
फणीश्वरनाथ रेणु	ठुमरी (1959 ई.), आदिम रात्रि की महक (1967 ई.), अग्निखोर (1973 ई.), एक श्रावणी दोपहर की धूप (1984 ई.), अच्छे आदमी (1986 ई.), रसप्रिया, तीसरी कसम, मारे गए गुलफाम

कहानीकार	कहानियाँ
शिवप्रसाद सिंह	आरपार की माला (1955 ई.), कर्मनाशा की हार (1958 ई.), इन्हें भी इन्तजार है (1961 ई.), मुरदा सराय (1966 ई.), अँधेरा हँसता है (1975 ई.), भेड़िए (1977 ई.), दादी माँ, नन्हों
मारकण्डेय	पानफूल (1954 ई.), पत्थर और परछाइयाँ (1956 ई.), महुए का पेड़ (1957 ई.), हंसा जाई अकेला (1957 ई.), भूदान (1958 ई.), माही (1962 ई.), बीच के लोग (1975 ई.)
रघुवीरं सहाय	रास्ता इधर से है (1972 ई.), जो आदमी हम बना रहे हैं (1982 ई.), सेब, मेरे और नंगी औरत के बीच, मुठभेड़, तीन मिनट
गंगाप्रसाद विमल	विध्वंस (1965 ई.), शहर में (1966 ई.), बीच की दरार (1968 ई.), अतीत में कुछ (1972 ई.), कोई शुरुआत (1973 ई.), खोई हुई थाती (1975 ई.)
रवीन्द्र कालिया	नौ साल छोटी पत्नी (1969 ई.), काला रजिस्टर (1972 ई.), गरीबी हटाओ (1976 ई.), चकैया नीम (1979 ई.)
शैलेश मटियानी	दो दुःखों का एक सुख (1961 ई.), सुहागिनी तथा अन्य कहानियाँ (1966 ई.), हारा हुआ (1970 ई.), तीसरा सुख (1972 ई.), महाभोज (1975 ई.), चील (1976 ई.)
रामदरश मिश्र	खाली घर (1969 ई.), एक वह (1974 ई.), दिनचर्या (1979 ई.), सर्पदंश (1982 ई.), बसंत का एक दिन(1982 ई.), अपने लिए (1992 ई.), आज का दिन भी (1996 ई.), एक कहानी लगातार (1997 ई.), फिर कब आएँगे (1998 ई.), विदूषक (2002 ई.)
शेखर जोशी	कोसी का घटवार (1957 ई.), अप्रतीक्षित (1958 ई.), सहयात्री (1959 ई.), प्रश्नवाचक आकृतियाँ (1961 ई.), समर्पण (1961 ई.), दौड़ (1965 ई.), रास्ते (1965 ई.), बदबू, साथ के लोग (1967 ई.), दाज्यू, हलवाहा (1981 ई.), मेरा पहाड़ (1989 ई.), नौरंगी बीमार है (1990 ई.), डाँगरी वाले (1994 ई.), किंकरोमि जनार्दन, तरु का निर्णय, उस्ताद
ज्ञानरंजन	फेंस के इधर-उधर (1968 ई.), यात्रा (1971 ई.), क्षणजीवी (1977 ई.), सपना नहीं (1977 ई.), घण्टा, बहिर्गमन, अनुभव
काशीनाथ सिंह	लोग बिस्तरों पर (1968 ई.), सुबह का डर (1975 ई.), आदमीनामा (1978 ई.), नयी तारीख (1979 ई.), कल की फटेहाल कहानियाँ (1980 ई.), सदी का सबसे बड़ा आदमी (1986 ई.)
दूधनाथ सिंह	'सपाट चेहरे वाला आदमी' (1967 ई.), सुखांत (1971 ई.), पहला कदम (1976 ई.), माई का शोक गीत (1992 ई.), नमो अन्धकार (1998 ई.), धर्मक्षेत्रे कुरुक्षेत्रे (2002 ई.), निष्कासन (2002 ई.), 'विजेता', 'कबंध', 'रीछ', 'सुखांत', 'प्रतिशोध'
गिरिराज किशोर	चार मोती बेआब (1936 ई.), नीम के फूल (1964 ई.), पेपरवेट (1967 ई.), रिश्ता और अन्य कहानियाँ (1969 ई.), शहर-दर-शहर (1976 ई.), हम प्यार कर लें (1980 ई.), जगतारनी और अन्य कहानियाँ (1981 ई.), लहू पुकारेगा (सम्पादित), वल्दरोजी (1989 ई.), गाना बड़े गुलाम अली खाँ (1985 ई.), वह देह किसकी है (1990 ई.), आन्द्रे की प्रेमिका तथा अन्य कहानियाँ (1995 ई.)

कहानीकार	कहानियाँ
महीप सिंह	सुबह के फूल (1959 ई.), उजाले के उल्लू (1964 ई.), घिराव (1968 ई.), कुछ और कितना (1973 ई.), कितने सम्बन्ध (1979 ई.), दिल्ली कहाँ है (1985 ई.),
कामतानाथ	छुट्टियाँ (1977 ई.), तीसरी साँस (1977 ई.), सब ठीक हो जाएगा (1983 ई.), शिकस्त (1992 ई.), रिश्तेनाते (1998 ई.),
विवेकीराय	नयी कोयल (1975 ई.), गूँगा जहाज (1977 ई.), बेटे की बिक्री (1981 ई.), कालातीत (1982 ई.), चित्रकूट के घाट पर (1988 ई.), सर्कस (2005 ई.),
संजीव	तीस साल का सफरनामा (1981 ई.), भूमिका तथा अन्य कहानियाँ (1987 ई.), अपराध (पुरस्कृत तथा चर्चित कहानी है), प्रेतमुक्ति (1991 ई.), दुनिया की सबसे हसीन औरत (1993 ई.), प्रेरणास्रोत तथा अन्य कहानियाँ (1995 ई.), ब्लैकहोल (1997 ई.), खोज (1999 ई.), गति का पहला सिद्धान्त (2004 ई.), गुफा का आदमी (2006 ई.)
उदय प्रकाश	दरियाई घोड़ा, तिरिछ (1989 ई.), और अन्त में प्रार्थना (1994 ई.), पाल गोमरा का स्कूटर (1997 ई.), पीली छतरी वाली लड़की (2001 ई.), दत्तात्रेय का दुःख (2002 ई.), राम सजीवन की प्रेमकथा
शिवमूर्ति	कसाईबाड़ा (1980 ई.), भरतनाट्यम, सिरी उपमा जोग, तिरिया चरित्तर, केशर कस्तूरी आदि
शिवानी	लाल हवेली (1965 ई.), पुष्पहार (1969 ई.), अपराधिनी (1972 ई.), रथ्या (1976 ई.), स्वयंसिद्धा (1977 ई.), रतिविलाप (1977 ई.), पुष्पहार (1978 ई.),
कृष्णा सोबती	मित्रोमरजानी, बादलों के घेरे (1980 ई.), सिक्का बदल गया, यारों के यार
मन्नू भण्डारी	मैं हार गई (1957 ई.), यही सच है (1996 ई.), एक प्लेट सैलाब (1968 ई.), तीन निगाहों की तस्वीर (1968 ई.), त्रिशंकु (1978 ई.), रानी माँ का चबूतरा
उषा प्रियंवदा	वापसी (1950 ई.), जिन्दगी और गुलाब के फूल (1961 ई.), फिर वसन्त आ गया (1961 ई.), एक कोई दूसरा (1966 ई.), कितना बड़ा झूठ (1972 ई.)
ममता कालिया	छुटकारा (1969 ई.), सीट नं. 6 (1978 ई.), एक अदद औरत (1979 ई.), प्रतिदिन (1983 ई.), उसका यौवन (1985 ई.), बोलने वाली औरत (2000 ई.), मुखौटा (2002 ई.),
मृदुला गर्ग	कितनी कैदें (1975 ई.), टुकड़ा टुकड़ा आदमी (1977 ई.), डेफोडिल जल रहे हैं (1978 ई.), ग्लेशियर से (1980 ई.), उर्फ सैम (1986 ई.), समागम (1996 ई.), मेरे देश की मिट्टी अहा (2001 ई.),
चित्रा मुद्गल	जहर ठहरा हुआ (1980 ई.), लाक्षागृह (1982 ई.), अपनी वापसी (1983 ई.), इस हमाम में एवं ग्यारह लम्बी कहानियाँ (1987 ई.), जगदम्बा बाबू गाँव आ रहे हैं (1992 ई.), जिनावर (1996 ई.), भूख (2001 ई.), लपटेंच (2002 ई.)
राजी सेठ	अन्धे मोड़ के आगे (1979 ई.), तीसरी हथेली (1981 ई.), यात्रा मुक्त (1987 ई.), दूसरे देश काल में (1992 ई.), यह कहानी नहीं (1998 ई.), गमे हयात ने मारा (2006 ई.),
मंजुल भगत	गुलमोहर के गुच्छे (1974 ई.), टूटा हुआ इन्द्रधनुष (1976 ई.), क्या छूट गया (1976 ई.), आत्महत्या से पहले (1979 ई.), कितना छोटा सफर (1979 ई.), बावन पत्ते एक जोकर (1982 ई.), सफेद कौआ (1986 ई.), दूत (1992 ई.), बूँद (1998 ई.), अन्तिम बयान (2001 ई.),
मेहरुन्निसा परवेज	आदम और हव्वा (1972 ई.), टहनियों पर धूप (1977 ई.), फाल्गुनी (1978 ई.), गलत पुरुष (1978 ई.), अन्तिम चढ़ाई (1982 ई.), अम्मा (1997 ई.), समर (1999 ई.), लाल गुलाब (2006 ई.),
मैत्रेयी पुष्पा	चिन्हार (1991 ई.), ललमनियाँ (1996 ई.), गोमा हँसती है (1998 ई.),
नासिरा शर्मा	शामी कागज, पत्थर गली (1986 ई.), संगसार (1993 ई.), इब्नेमरियम (1994 ई.), सबीना के चालीस चोर (1997 ई.), खुदा की वापसी (1998 ई.), इन्सानी नस्ल (2001 ई.), दूसरा ताजमहल (2002 ई.)

हिन्दी उपन्यास

- हिन्दी उपन्यास की शुरुआत 19वीं शती के अन्तिम चरण में हुई। आधुनिकयुगीन भारतीय साहित्य में उपन्यासों का विकास अंग्रेज़ी साहित्य के सम्पर्क से हुआ। उपन्यासों के प्रचलन विकास व सृजन का श्रेय पाश्चात्य देशों के लेखकों को है। हिन्दी में उपन्यास लेखन की परम्परा की शुरुआत अंग्रेज़ी व बांग्ला उपन्यासों की प्रेरणा से हुई।
- हिन्दी से पहले बांग्ला में उपन्यास लिखे जाते थे। बांग्ला के अनेक उपन्यासकार रहे हैं, जिन्होंने हिन्दी उपन्यास साहित्य पर गहरा प्रभाव डाला। इनमें बंकिमचन्द्र चटर्जी, शरतचन्द्र चटोपाध्याय, रवीन्द्र नाथ 'टैगोर' आदि प्रमुख हैं। हिन्दी में प्रथम उपन्यास को लेकर विद्वानों में पर्याप्त मतभेद हैं।

प्रथम उपन्यास के सम्बन्ध में विभिन्न विद्वानों के मत

उपन्यास	उपन्यासकार	प्रथम उपन्यास मानने वाले आलोचक
रानी केतकी की कहानी (1803)	इंशा अल्ला खाँ	श्री शिवनारायण श्रीवास्तव
देवरानी जेठानी की कहानी (1870)	पं. गौरीदत्त	श्री गोपाल राय
भाग्यवती (1877)	श्रद्धाराम फुल्लौरी	डॉ. हरमिंदर सिंह
परीक्षा गुरु (1882)	लाला श्रीनिवासदास	आ. रामचन्द्र शुक्ल
चन्द्रकांता (1891)	देवकीनन्दन खत्री	डॉ. श्रीकृष्ण लाल
पूर्ण प्रकाश और चन्द्रप्रभा	भारतेन्दु हरिश्चन्द्र	आ. हजारी प्रसाद द्विवेदी

उपरोक्त सभी कृतियों के कालक्रम पर विचार करने पर हम पाते हैं कि श्रद्धाराम फुल्लौरी कृत 'भाग्यवती' ही प्रथम उपन्यास है जिसका रचनाकल अन्य उपन्यासों के पहले है, किन्तु सभी कृतियों में 'परीक्षा गुरु' ही ऐसा उपन्यास है जिसमें औपन्यासिक तत्त्वों का सुगठ रूप से प्रयोग किया गया है। इसलिए आचार्य शुक्ल एवं अन्य अधिकतर विद्वानों ने लाला श्रीनिवासदास के 'परीक्षा गुरु' (1882) को ही हिन्दी का सर्वप्रथम मौलिक उपन्यास माना है।

प्रेमचन्द पूर्व हिन्दी उपन्यास

- 1882 से लगभग 1916 ई. तक के युग को हिन्दी उपन्यास में प्रेमचन्द पूर्व युग के नाम से जाना जाता है। यह हिन्दी उपन्यास के विकास का आरम्भिक काल है। प्रेमचन्द पूर्व उपन्यास लेखन की परम्परा में दो ही प्रवृत्तियाँ उभरकर आईं–उपदेशात्मक तथा मनोरंजनात्मक।

इस दौर के उपन्यासों को चार वर्गों में बाँटा जा सकता है

1. तिलस्मी अय्यारी उपन्यास लेखन की परम्परा
2. जासूसी उपन्यास लेखन की परम्परा
3. ऐतिहासिक उपन्यास लेखन की परम्परा
4. सामाजिक उपन्यास लेखन की परम्परा

तिलस्मी अय्यारी उपन्यास लेखन

- इस विधा की शुरुआत देवकीनन्दन खत्री से हुई। खत्री महोदय का सम्बन्ध जंगली लकड़ियों के व्यवसाय से था। बीहड़ जंगलों से जुड़े होने के कारण कल्पना लोक को तैयार करना उनके लिए आसान था।
- इच्छानुसार वेश बदलने वाले अय्यारों को केन्द्र में रखकर काल्पनिक कथा गढ़ने की यह परम्परा काफी विकसित हुई। घटना प्रधान तथा औत्सुक्य उत्पन्न करने वाले ये उपन्यास तिलस्मी अथवा एन्द्रजालिक कथाओं के सूत्र को लेकर चलते थे।
- खत्री महोदय का उपन्यास 'चन्द्रकान्ता' इसी श्रेणी का उपन्यास रहा है। इसके अतिरिक्त चन्द्रकान्ता सन्तति, भूतनाथ, काजल की कोठरी, कुसुमकुमारी, नरेन्द्रमोहिनी तथा वीरेन्द्रवीर आदि इसी श्रेणी के उपन्यास हैं।

जासूसी उपन्यास

- इसकी धारा बाबू गोपालराय गहमरी से शुरू हुई। गहमरी साहब अंग्रेजी के जासूसी उपन्यासकार ऑर्थर कानन डायल से प्रभावित थे। गहमरी जी के निम्नलिखित उपन्यास हैं
  - (i) अद्भुत लाश (1896)
  - (ii) सिरकटी लाश (1900)
  - (iii) जासूस की भूल (1901)
  - (iv) जासूस पर जासूसी (1904)
- इन उपन्यासों में भी घटना की प्रधानता थी। सामान्यत: ऐसे उपन्यासों की शुरुआत किसी हत्या अथवा लावारिस लाश की छानबीन से होती थी। इनमें सामाजिक सीख अथवा उपदेशात्मकता की कोई गुंजाइश नहीं थी।

किशोरी लाल गोस्वामी कृत जासूसी उपन्यास निम्नलिखित हैं

(i) जिन्दे की लाश (ii) तिलस्मी शीशमहल
(iii) लीलावती (iv) याकूत तख्ती

ऐतिहासिक उपन्यास

- इस प्रकार के उपन्यासों का सम्बन्ध भारतीय अतीत की गौरवगाथा से रहा है। इस धारा के उपन्यासकारों पर पुनरोत्थानवादी चेतना का विशेष प्रभाव था।
- ऐतिहासिक पात्रों को आधार बनाकर राष्ट्रीय सामाजिक जागरण का प्रयास करने वाले उपन्यासकारों में आचार्य हजारी प्रसाद द्विवेदी, किशोरीलाल गोस्वामी, दीनबन्धु मित्र की विशेष भूमिका रही है। सजातमीर देव, प्रथा, नीलदर्पण उस दौर के कुछ महत्त्वपूर्ण उपन्यास रहे हैं।

सामाजिक उपन्यास

- सामाजिक उपन्यासों में नैतिकता तथा सोद्देश्यपरकता की स्पष्ट झलक देखी गई। लज्जाराम मेहता, अयोध्या प्रसाद खत्री और बाबू जगमोहन सिंह इस धारा के प्रमुख उपन्यासकार रहे।

इस धारा के प्रमुख उपन्यास निम्नलिखित हैं

(i) आदर्श रमणी (ii) सुशीला विधवा
(iii) हिन्दू दम्पति (iv) स्वतन्त्र रमा परतन्त्र लक्ष्मी
(v) धूर्त रसिकलाल (vi) अधखिला फूल
(vii) ठेठ हिन्दी का ठाठ (viii) श्यामास्वप्न

प्रेमचन्दयुगीन हिन्दी उपन्यास

- इस दौर के उपन्यास लेखन में प्रेमचन्द जी की भूमिका मील का पत्थर साबित हुई। इनके उपन्यास लेखन में दो स्पष्ट मोड़ों की पहचान की जा सकती है— सामाजिक यथार्थवाद एवं सामाजिक आदर्शवाद।
- प्रेमचन्द जी ने अपने आरम्भिक उपन्यासों में सामाजिक समस्या के समाधानों को सुलझाने का प्रयास किया है।
- समाज में नारी जीवन की यन्त्रणा, बेमेल विवाह, प्रदर्शनप्रियता, सामन्ती, अभिजात्य शोषण, जाति-पाँति, छुआछूत की घृणित परम्परा आदि को इन्होंने नैतिकतावादी चश्मे से देखने का कार्य किया।
- दहेज प्रथा, बेमेल विवाह आदि से उत्पन्न वैधव्य जीवन व वेश्यावृत्ति को उन्होंने समाज में जघन्य अपराध के रूप में देखा। विधवाओं तथा वेश्याओं के पुनर्वास के लिए उन्होंने आचार्य, सदनवादी, आश्रमवादी व्यवस्था में विश्वास जताया।
- अपने आखिरी पड़ाव में प्रेमचन्द के उपन्यास लेखन की परम्परा पूरी तरह बदल गई। आदर्शात्मक समाधान की जगह उन्होंने सामाजिक समस्याओं के हू-ब-हू चित्रण का समाधान किया।
- गोदान से सामाजिक यथार्थवाद की धारा प्रस्फुटित हुई। किसानों मजदूरों की त्रासदी, औपनिवेशिक महाजनी शोषण, अलाभकर कृषि, ग्रामीण-सामाजिक ताने-बाने को इस उपन्यास में प्रेमचन्द जी ने बिना किसी लाग लपेट के उभारने का प्रयास किया।

  प्रेमचन्द जी के प्रमुख उपन्यास इस प्रकार हैं—सेवासदन (1918), प्रेमाश्रम (1922), रंगभूमि (1925), कायाकल्प (1926), निर्मला (1927), गबन (1931), कर्मभूमि (1933), गोदान (1935)।
- 'सेवासदन' में मुंशी प्रेमचन्द जी ने विवाह से जुड़ी समस्याओं; जैसे दहेज प्रथा, कुलीनता का प्रश्न, पत्नी का स्थान, सम्मान, आदि को उठाया है। इसकी कथावस्तु पूर्ववर्ती उपन्यासों से अलग है। 'निर्मला' उपन्यास में मुंशी प्रेमचन्द जी ने दहेज प्रथा तथा बेमेल विवाह की समस्या को चित्रित किया है।
- 'प्रेमाश्रम व गोदान' में प्रेमचन्द जी ने कृषक जीवन की समस्याओं को उद्घाटित किया है। गोदान मुंशी प्रेमचन्द जी का सर्वश्रेष्ठ उपन्यास है। इस उपन्यास में मुंशी जी ने ग्रामीण कृषक जीवन का यथार्थ चित्रण किया है। समाज में व्याप्त समस्याओं को भी इसमें चित्रित किया गया है।
- उपन्यास गोदान आज भी प्रासंगिक है। प्रेमचन्द जी ने जीवन के सभी पहलुओं को छूने का प्रयास किया है एवं चरित्रों को स्वाभाविक रूप से पेश किया गया है। मुंशी जी के उपन्यासों में पात्र जीवन्त लगते हैं। रंगभूमि में मुंशी जी ने शासक वर्ग के अत्याचारों का चित्रण किया है।
- 'कर्मभूमि' में मुंशी जी ने स्वतन्त्रता संग्राम की एक झलक प्रस्तुत की है। 'गबन' में मुंशी जी ने स्त्रियों के आभूषण-प्रेम के दुष्परिणामों का चित्रण किया है। 'कायाकल्प' पुनर्जन्म से सम्बन्धित है। मुंशी जी के उपन्यासों की प्रमुख विशेषता-आदर्शोन्मुखी यथार्थवाद है, जिसके कारण वे पाठकों में अतिलोकप्रिय हुए हैं।
- 'निर्मला' से मनोवैज्ञानिक उपन्यासों की आंशिक शुरुआत देखी जा सकती है। इसमें दहेज प्रथा और अनमेल विवाह की समस्या को प्रस्तुत किया गया है। साथ ही इसमें किशोरमन की भावुकता तथा अधेड़ मन की भोगलिप्सा का यथार्थपूर्ण चित्रण है। मुंशी जी का अधूरा उपन्यास 'मंगलसूत्र' था।

- प्रेमचन्दकालीन उपन्यासकारों में छायावादी कवि निराला, जयशंकर प्रसाद के उपन्यासों की मुख्य भूमिका रही है। प्रसाद जी ने दो प्रमुख उपन्यास कंकाल (1929) व तितली (1934) की रचना की है। इनका अधूरा उपन्यास 'इरावती' था, जिसे वे अकाल मृत्यु के कारण पूरा नहीं कर सके।
- 'कंकाल' में प्रसाद जी ने व्यक्ति की स्वतन्त्रता पर बल दिया है, जबकि 'तितली' में उन्होंने प्रेम के आदर्श स्वरूप का चित्रण किया है तथा इसमें ग्रामीण समस्याओं का भी चित्रण किया है।
- प्रेमचन्द के अन्य समकालीन उपन्यासकारों में विश्वम्भरनाथ शर्मा कौशिक के उपन्यास 'भिखारिणी', 'माँ' एवं 'संघर्ष' हैं। इन्होंने नारी हृदय की विशालता, माँ की ममता और आदर्श प्रेम को अपने उपन्यासों में जगह दी है।
- प्रतापनारायण श्रीवास्तव भी आदर्शवादी परम्परा के उपन्यासकार हैं। इन्होंने 'विदा', 'विजय', 'विकास', 'बेकसी का मजार', 'विसर्जन', 'वेदना' आदि उपन्यास लिखे हैं।
- 'बेकसी का मजार' एक ऐतिहासिक उपन्यास है, शेष सभी सामाजिक वर्ग के उपन्यास हैं। श्रीवास्तव जी ने अपने उपन्यासों में उच्च वर्ग के आधुनिक जीवन का चित्रण करते हुए दिखाया है कि किस प्रकार हम आज अपनी सभ्यता एवं संस्कृति को भूलकर पाश्चात्य का अन्धानुकरण कर रहे हैं। श्रीवास्तव जी राष्ट्रीय समस्याओं के प्रति बेहद जागरूक लेखक रहे हैं।
- पाण्डेय बेचन शर्मा 'उग्र' ने अपने उपन्यासों में समाज की विभिन्न समस्याओं को उद्घाटित करने का प्रयास किया है। उन्होंने सभ्य समाज की भीतरी दुर्बलताओं, अनीतियों और घृणित प्रवृत्तियों का चित्रण अपने उपन्यासों में किया है। इनके प्रमुख उपन्यास इस प्रकार हैं

  (i) चन्द हसीनों के खतूत (1927)
  (ii) घण्टा
  (iii) दिल्ली का दलाल (1927)
  (iv) शराबी (1930)
  (v) कढ़ी में कोयला
  (vi) फागुन के दिन चार (1955)
  (vii) जीजीजी (1944)
- उपेन्द्रनाथ अश्क जी ने मध्यवर्गीय समाज की जीवन रीति, स्वभाव, संस्कार, विचार पद्धति, विभिन्न पारिवारिक एवं सामाजिक बुराइयों, कुण्ठाओं आदि को अपने उपन्यासों में चित्रित किया है। इनके प्रमुख उपन्यास इस प्रकार हैं

  (i) सितारों का खेल (1937) (ii) गिरती दीवारें
  (iii) गरम राख (iv) बड़ी-बड़ी आँखें
- सूर्यकान्त त्रिपाठी निराला के उपन्यासों में भावुकता एवं काव्यात्मकता का समावेश है। इन्होंने नारी समस्या का चित्रण किया है। इनके प्रमुख उपन्यास निम्नलिखित हैं

  (i) अप्सरा (1931) (ii) अलका (1933)
  (iii) निरूपमा (1936) (iv) प्रभावती (1936)
- प्रेमचन्दयुगीन उपन्यासों में विविधता एवं शिल्पगत नवीनता स्पष्ट दिखाई देती है। इन उपन्यासों में सामाजिक समस्याओं को चित्रित किया गया है। ऐतिहासिक उपन्यासों में मनोरंजन भी मिलता है।

प्रेमचन्दोत्तर हिन्दी उपन्यास

प्रेमचन्द जी के बाद के उपन्यासों को विषय दृष्टि से हम पाँच भागों में वर्गीकरण कर सकते हैं

1. मनोविश्लेषणवादी उपन्यास 2. प्रगतिवादी उपन्यास (साम्यवादी)
3. ऐतिहासिक उपन्यास 4. आँचलिक उपन्यास
5. प्रयोगवादी उपन्यास

मनोविश्लेषणवादी उपन्यास

मनोविश्लेषणवादी उपन्यासों में जैनेन्द्र, इलाचन्द्र जोशी एवं अज्ञेय का नाम प्रसिद्ध है। इलाचन्द्र जोशी ने अपने उपन्यासों में मानव मन की कुण्ठाओं को व्यक्त किया है। जोशी जी के अधिकांश उपन्यासों की कथावस्तु प्रेम व रोमांस है, परन्तु उन्होंने उसका विवेचन मनोविज्ञान के आलोक में किया है। अज्ञेय में मनोविश्लेषण की गहन समझ थी। वे सौन्दर्य बोध व कला में काफी निपुण थे। 'शेखर : एक जीवनी' उनकी उत्कृष्ट रचना है।

जैनेन्द्र के प्रमुख उपन्यास

1. परख (1929) 2. सुनीता (1935)
3. त्याग-पत्र (1937) 4. कल्याणी (1939)
5. सुखदा (1952) 6. विवर्त (1953)
7. व्यतीत (1953)

इलाचन्द्र जोशी के उपन्यास

1. संन्यासी (1941) 2. पर्दे की रानी (1941)
3. प्रेत और छाया (1945) 4. निर्वासित (1946)
5. जिप्सी (1952)

अज्ञेय के उपन्यास

1. शेखर : एक जीवनी (1941) 2. नदी के द्वीप (1951)
3. अपने-अपने अजनबी (1961)

प्रगतिवादी (साम्यवादी) उपन्यास

हिन्दी में मार्क्सवादी या साम्यवादी उपन्यास वे हैं, जिनमें मार्क्सवादी विचारधारा का ताना-बाना बुना गया है।

मार्क्सवादी रचनाकार व उनकी रचनाएँ

1. **यशपाल** की रचनाएँ इस प्रकार हैं
   - दादा कामरेड (1941), देशद्रोही (1943)
   - दिव्या (1945), पार्टी कामरेड (1946)
   - मनुष्य के रूप (1949), अमिता (1946)
   - बारह घण्टे (1964), झूठा सच (दो भाग 1958 व 1960)
     - झूठा सच (1958 व 1960) यशपाल जी का सर्वोत्कृष्ट उपन्यास माना जाता है। इस उपन्यास में वर्ष 1947 के भारत विभाजन की घटना को आधार बनाकर साम्प्रदायिक दंगे, अत्याचार, बलात्कार की घटनाएँ तथा शरणार्थियों के जीवन की कठिनाइयों तथा कांग्रेसी सरकार की नीतियों का यथावत चित्रण किया गया है।
     - दादा कामरेड में यशपाल जी ने विभिन्न राजनीतिक आन्दोलनों तथा नेताओं के चरित्र का अंकन करते हुए अप्रत्यक्ष रूप में अपने युग की तीन राजनीतिक विचारधाराओं—गाँधीवाद, आतंकवाद और साम्यवाद की आलोचना प्रस्तुत की है।
2. **भैरव प्रसाद गुप्त** भैरव प्रसाद गुप्त जी ने अपने इन उपन्यासों में प्रगतिवादी दृष्टिकोण से किसानों और मजदूरों के जीवन का चित्रण करते हुए शोषित वर्ग की अनुभूतियों एवं भावनाओं की अभिव्यक्ति की है। भैरव प्रसाद द्वारा रचित उपन्यास इस प्रकार हैं
   मशाल (1951), गंगा मैया (1953), सती मैया का चौरा

3. **भगवतीचरण वर्मा** इनके उपन्यासों में समकालीन राजनीति एवं समाज से कथानक लिए गए हैं तथा उपन्यासकार ने अपनी पैनी दृष्टि से संयुक्त परिवार की समस्या शोषण, सत्याग्रह, मिल मालिकों की दुरंगी नीति, पुलिस की धाँधली आदि का चित्रण किया है। 'चित्रलेखा' में पाप-पुण्य की समस्या को प्रस्तुत किया गया है। भगवतीचरण वर्मा द्वारा रचित उपन्यास इस प्रकार हैं
'चित्रलेखा' 'भूले-बिसरे चित्र', 'टेढ़े-मेढ़े रास्ते,' 'सामर्थ्य और सीमा', सबहिं नचावत राम गोसाईं।
4. **अमृतलाल नागर** इनके उपन्यास निम्नलिखित हैं
सेठ बाँकेमल, अमृत और विष, बूँद और समुद्र, महाकाल
शतरंज के मोहरे, सुहाग के नूपुर, मानस का हंस, खंजन नयन

ऐतिहासिक उपन्यास ऐतिहासिक उपन्यासों में बाबू वृन्दावन लाल वर्मा चतुरसेन शास्त्री, हजारीप्रसाद द्विवेदी, राहुल सांकृत्यायन, रांगेय राघव आदि प्रमुख हैं।

आचार्य चतुरसेन शास्त्री के उपन्यास निम्नलिखित हैं

(i) मन्दिर की नर्तकी (1939) (ii) रक्त की प्यास (1940)
(iii) वैशाली की नगरवधू (1948) (iv) सोमनाथ (1954)
(v) आलमगीर (1954) (vi) वयम रक्षामः (1955)
(vii) सोना और खून (1960)

उपरोक्त उपन्यासों में सर्वाधिक सफल उपन्यास 'वैशाली की नगरवधू' है। यह उपन्यास बौद्धयुगीन संस्कृति का चित्रण करता है। इस उपन्यास में तत्कालीन सामाजिक, राजनीतिक, धार्मिक परिस्थितियों एवं वातावरण का सूक्ष्म अंकन किया गया है।

राहुल सांकृत्यायन के उपन्यास निम्नलिखित हैं

(i) सिंह सेनापति (1944) (ii) जय यौधेय (1944)
(iii) मधुर स्वप्न (1949) (iv) विस्मृत यात्री (1954)

राहुल सांकृत्यायन जी ने अतीत की विभिन्न घटनाओं एवं परिस्थितियों का अंकन करते हुए ऐसे तत्त्वों का उद्घाटन किया है जिनमें भौतिकवादी जीवन दृष्टि तथा वर्ग संघर्ष की भावना आदि सिद्धान्तों की पुष्टि हो सके।

आचार्य हजारीप्रसाद द्विवेदी जी के उपन्यास

(i) बाणभट्ट की आत्मकथा (1946)
(ii) चारुचन्द्र लेख (1963), पुनर्नवा (1973),
अनामदास का पोथा (1976)

बाणभट्ट की आत्मकथा और चारुचन्द्र लेख दोनों उपन्यासों में छठीं-सातवीं शती में पतनोन्मुखी भारत की सभ्यता एवं संस्कृति का चित्रण अत्यन्त सूक्ष्म एवं सजीव रूप से हुआ है।

रांगेय राघव के उपन्यास

(i) मुर्दों का टीला (1948)
(ii) चीतर (1951)
(iii) अँधेरे के जुगनू (1953)
(iv) यशोधरा जीत गई (1954)
(v) जब आवेगी काली घटा (1958)
(vi) राह न रुकी (1958)
(vii) महायात्रा गाथा (1960)

- राघव जी ने 'मुर्दों का टीला' में मोहनजोदड़ो के समय की सामाजिक, राजनीतिक एवं सांस्कृतिक परिस्थितियों एवं वातावरण का चित्रण किया है। 'अँधेरे के जुगनू' में महाभारत काल का एवं 'यशोधरा जीत गई' में बौद्ध युग का चित्रण किया गया है।

आँचलिक उपन्यास

- आँचलिक उपन्यासों की परम्परा का विकास वर्ष 1950 के बाद हुआ। 'आँचलिक' संज्ञा का आविष्कार फणीश्वरनाथ रेणु द्वारा उनके उपन्यास 'मैला आँचल' (1954) की भूमिका में हुआ, परन्तु इस परम्परा का सूत्रपात नागार्जुन के उपन्यासों से हो चुका था।
- मैला आँचल में रेणु जी ने किसान-जमींदार संघर्ष तथा राजनीतिक आन्दोलनों का चित्रण किया है। 'परती परिकथा' में भी जमींदारी प्रथा के अन्त, नए बन्दोबस्त, भूमिदान, ग्रामीण नेताओं के अभ्युदय, नेताओं की स्वार्थ परायणता, राजनीतिक पार्टियों की धाँधली आदि का चित्रण हुआ है।

फणीश्वरनाथ रेणु के उपन्यास

(i) मैला आँचल (1954)
(ii) परती परिकथा (1957)

- नागार्जुन ने अपने उपन्यासों में ग्रामीण जीवन की अनेक समस्याओं, रूढ़ियों, वर्ग-विषमता, किसानों की दरिद्रता, अनमेल विवाह, वैधव्य जीवन, जमींदारों के अत्याचार, राजनीतिक नेताओं की चालबाजी आदि का निरूपण किया है। नागार्जुन की महत्त्वपूर्ण रचनाएँ इस प्रकार हैं

रतिनाथ की चाची (1948), बलचनमा (1952), नई पौध (1953), बाबा बटेसरनाथ (1954)

रांगेय राघव के उपन्यास

(i) काका
(ii) कब तक पुकारूँ (1957)

प्रयोगवादी उपन्यास

- प्रयोगवादी परम्परा के लेखकों में धर्मवीर भारती, सर्वेश्वरदयाल सक्सेना, नरेश मेहता, शिवप्रसाद मिश्र, गिरिधर गोपाल, निर्मल वर्मा, मन्नू भण्डारी, ऊषा प्रियंवदा आदि हैं। आधुनिक हिन्दी उपन्यासों की नवीनतम धारा को प्रयोगवादी उपन्यास कहा जा सकता है।
- औद्योगीकरण, बदलते परिवेश, भ्रष्टाचार, कुण्ठा, तनाव, महानगरीय जीवन, अकेलापन, असुरक्षा की भावना से मानव त्रस्त हैं। उपन्यासकारों की दृष्टि इस ओर पड़ी, तो उन्होंने अपने उपन्यासों में इसे अभिव्यक्ति दी।
- राजेन्द्र यादव व मन्नू भण्डारी के संयुक्त प्रयासों से 'एक इंच मुस्कान' लिखा गया। इसमें खण्डित व्यक्तित्व वाले आधुनिक व्यक्तियों की प्रेम ट्रेजडी को चित्रित किया गया है। मन्नू भण्डारी के उपन्यास 'आपका बन्टी' में साथ-साथ रह रहे युवक-युवती से उत्पन्न सन्तान पर, बाद में उनका तलाक होने पर बच्चे पर पड़ने वाले दुष्प्रभाव का चित्रण हुआ है।
- 'तमस' में भीष्म साहनी ने विभाजन में कुत्सित मानसिकता वाले लोग जिन्होंने विभाजन के दौरान लाभ उठाया, की गन्दी मानसिकता को चित्रित किया है। जोशी जी ने 'कुरु कुरु स्वाहा' में युवा पीढ़ी की दिशाहीनता को प्रदर्शित किया है।
- प्रयोगवादी उपन्यासों में नए-नए कथानकों व शिल्प का प्रयोग हुआ है। गिरधर गोपाल का 'चाँदनी रात के खण्डहर' में नवीन शिल्प दृष्टि का प्रयोग हुआ है। आधुनिक उपन्यासों में शैली के साथ-साथ नए विषय लिए गए हैं।
- मानवीय सम्बन्धों के बदलते रूप को इन उपन्यासों में अभिव्यक्ति दी गई है। हिन्दी उपन्यास ने कम समय में आशातीत उपलब्धि हासिल की है। हिन्दी उपन्यास का भविष्य अभी सुनहरा है।

हिन्दी उपन्यासकार और उनकी औपन्यासिक कृतियाँ

उपन्यासकार	उपन्यास
श्री निवासदास	परीक्षागुरु (1882 ई.)
श्रद्धाराम फुल्लौरी	भाग्यवती (1877 ई.)
भारतेन्दु हरिश्चन्द्र	पूर्ण प्रकाश-चन्द्रप्रभा (1889 ई.)
बालकृष्ण भट्ट	नूतन ब्रह्मचारी (1886 ई.), सौ अजान एक सुजान (1892 ई.), रहस्यकथा (1879)
लज्जाराम मेहता	धूर्त रसिकलाल (1890 ई.), स्वतन्त्र रमा और परतन्त्र लक्ष्मी (1899 ई.), आदर्श दम्पति (1904 ई.) बिगड़े का सुधार अथवा सती सुखदेवी (1907 ई.), आदर्श हिन्दू (1914 ई.)
किशोरीलाल गोस्वामी	सौभाग्यश्री (1890 ई.), स्वर्गीय कुसुम (1901 ई.), तारा वा क्षात्रकुल कमलिनी (1902 ई.), सुल्ताना रजिया बेगम वा रंगमहल में हलाहल (1904 ई.), हृदयहारिणी वा आदर्श रमणी (1904 ई.), लवंगलता वा आदर्शबाला (1904 ई.), मल्लिकादेवी वा बंगसरोजिनी (1905 ई.), सोना और सुगंध वा पन्नाबाई (1909-11 ई.), गुलबहार वा आदर्श मातृस्नेह (1916 ई.), लखनऊ की कब्र वा शाहीमहलसरा (1917 ई.) गोस्वामीजी ने 65 उपन्यासों की रचना की
अयोध्यासिंह उपाध्याय 'हरिऔध'	ठेठ हिन्दी का ठाठ या देवबाला (1899 ई.), अधखिला फूल (1907),
देवकीनन्दन खत्री	'चन्द्रकान्ता' (1882 ई.), 'चन्द्रकान्ता संतति'-24 भाग (1896 ई.), 'नरेन्द्र मोहिनी' (1893 ई.), 'वीरेन्द्रवीर' (1895 ई.), कुसुमकुमारी (1899 ई.), 'भूतनाथ' (1906 ई.)
गोपालराय गहमरी	अद्‌भुत लाश (1896 ई.), गुप्तचर (1899 ई.), बेकसूर की फाँसी (1900 ई.), सरकटी लाश (1900 ई.), खूनी कौन (1900 ई.), बेगुनाह का खून (1900 ई.), डबल जासूस (1900 ई.), मायाविनी (1901 ई.), चक्करदार चोरी (1901 ई.) जासूस की भूल (1901 ई.), जासूस की चोरी (1902 ई.), जासूस चक्कर में (1906 ई.), किले में खून (1910 ई.), भोजपुर की ठगी (1911 ई.), गुप्तभेद (1913 ई.), जासूस की ऐयारी (1914 ई.), इत्यादि, गहमरी जी ने लगभग 200 जासूसी उपन्यासों की रचना की
मुंशी प्रेमचन्द	'सेवासदन' (1918 ई.), 'प्रेमाश्रम' (1922 ई.), 'रंगभूमि' (1925 ई.), 'कायाकल्प' (1926 ई.), 'निर्मला' (1927 ई.), 'गबन' (1931 ई.), 'कर्मभूमि' (1933 ई.), 'गोदान' (1935 ई.), 'मंगलसूत्र' (अपूर्ण) (1936 ई.)
विश्वम्भरनाथ शर्मा 'कौशिक'	'माँ' (1929 ई.), 'भिखारिणी (1929 ई.)
भगवती प्रसाद वाजपेयी	प्रेमपथ (1926 ई.), मीठी-चुटकी (1928 ई.), अनाथ पत्नी (1928 ई.), मुस्कान (1929 ई.), त्यागमयी (1932 ई.), प्रेमनिर्वाह (1934 ई.), लालिमा (1934 ई.), पतिता की साधना (1936 ई.), पिपासा (1937 ई.), दो बहनें (1940 ई.), निमन्त्रण (1942 ई.), चलते-चलते (1951 ई.), भूदान (1955 ई.), विश्वास का बल (1956 ई.), एक प्रश्न (1956 ई.), निरन्तर (1957 ई.), उनसे न कहना (1957 ई.), चन्दन और पानी (1962 ई.), टूटते बन्धन (1963 ई.), विजयश्री (1966 ई.), आज और अभी (1971 ई.)
राजा राधिकारमण प्रसाद सिंह	राम-रहीम (1936 ई.), पुरुष और नारी (1939 ई.), संस्कार (1942 ई.), चुम्बन और चाँटा (1956 ई.)
पं. हजारी प्रसाद द्विवेदी	बाणभट्ट की आत्मकथा (1946 ई.), चारुचन्द्रलेख (1963 ई.), पुनर्नवा (1973 ई.), अनामदास का पोथा (1976 ई.)

उपन्यासकार	उपन्यास
जयशंकर प्रसाद	कंकाल (1929 ई.), तितली (1934 ई.), इरावती (अपूर्ण)
चतुरसेन शास्त्री	हृदय की परख (1918 ई.), हृदय की प्यास (1931 ई.), अमर अभिलाषा (1933 ई.), वैशाली की नगर वधू (1948 ई.), मन्दिर की नर्तकी (1951 ई.), अपराजिता (1952 ई.), आलमगीर (1954 ई.), सोमनाथ (1955 ई.), वयं रक्षामः (1955 ई.), सोना और खून (1957-58 ई.), सहयाद्रि की चट्टानें (1959 ई.), बिना चिराग का शहर (1960 ई.)
पाण्डेय बेचन शर्मा 'उग्र'	दिल्ली का दलाल (1927 ई.), चाकलेट (1927 ई.), चन्द हसीनों के खतूत (1924 ई.), बुधुवा की बेटी (1928 ई.), शराबी (1931 ई.), सरकार तुम्हारी आँखों में (1937 ई.), 'जीजीजी' (1937 ई.), मनुष्यानन्द (1935 ई.), घण्टा (1945 ई.), फागुन के दिन चार (1960 ई.), जूहू (1963 ई.)
ऋषभचरण जैन	मास्टर साहब (1927 ई.), दिल्ली का व्यभिचार (1928 ई.), बुर्के वाली (1928 ई.), चाँदनी रात (1930 ई.), सत्याग्रह (1930 ई.), गदर (1931 ई.), भाग्य (1931 ई.), भाई (1931 ई.), रहस्यमयी (1931 ई.), मधुकरी (1933 ई.), चम्पाकली (1935 ई.), मंदिर दीप (1936 ई.), मयखाना (1938 ई.), तीन इक्के (1940 ई.)
वृन्दावनलाल वर्मा	गढ़कुण्डार (1924 ई.), विराटा की पद्मिनी (1936 ई.), लगन (1928 ई.), कुण्डलीचक्र (1929 ई.), संगम (1929 ई.), प्रेम की भेंट (1931 ई.), झाँसी की रानी (1946 ई.), कचनार (1948 ई.), मृगनयनी (1950 ई.), अमरबेल (1952 ई.), टूटे-काँटे (1954 ई.), अहिल्याबाई (1955 ई.), भुवन विक्रम (1957 ई.), माधव जी सिंधिया (1957 ई.), रामगढ़ की रानी (1961 ई.), महारानी दुर्गावती (1964 ई.), कीचड़ और कमल (1964 ई.), सोती आग (1966 ई.), ललितादित्य देवगढ़ की मुस्कान (1973 ई.),
भगवतीचरण वर्मा	पतन (1927 ई.), चित्रलेखा (1934 ई.), तीन वर्ष (1936 ई.), टेढ़े मेढ़े रास्ते (1946 ई.), आखिरी दाँव (1950 ई.), अपने खिलौने (1957 ई.), भूले बिसरे चित्र (1959 ई.), वह फिर नहीं आई (1960 ई.), सामर्थ्य और सीमा (1962 ई.), थके पाँव (1963 ई.), रेखा (1964 ई.), सीधी सच्ची बातें (1968 ई.), सबहिं नचावत राम गोसाईं (1970 ई.), प्रश्न और मरीचिका (1973 ई.), युवराज चूण्डा (1978 ई.), धुप्पल (1981 ई.), चाणक्य (1982 ई.)
उपेन्द्रनाथ अश्क	सितारों के खेल (1940 ई.), गिरती दीवारें (1947 ई.), बड़ी-बड़ी आँखें (1955 ई.), पत्थर अल पत्थर (1957 ई.), गर्म राख (1957 ई.), शहर में घूमता आईना (1963 ई.), एक नन्हीं किंदील (1969 ई.), बाँधों न नाव इस ठाँव (1974 ई.), निमिषा (1980 ई.)
उदयशंकर भट्ट	नए मोड़ (1954 ई.), सागर लहरें और मनुष्य (1956 ई.), लोक-परलोक (1958 ई.), शेष-अशेष (1960 ई.), दो अध्याय (1963 ई.)
सूर्यकान्त त्रिपाठी 'निराला'	अप्सरा (1931 ई.), अलका (1933 ई.), प्रभावती (1936 ई.), निरुपमा (1936 ई.)
सुमित्रानन्दन पन्त	हार (1960 ई.)
सियारामशरण गुप्त	गोद (1932 ई.), अन्तिम आकांक्षा (1934 ई.), नारी (1934 ई.)
जैनेन्द्र कुमार	परख (1929 ई.), सुनीता (1934 ई.), त्याग-पत्र (1937 ई.), कल्याणी (1939 ई.), सुखदा (1952 ई.), विवर्त (1953 ई.), व्यतीत (1953 ई.), जयवर्द्धन (1956 ई.), मुक्तिबोध (1965 ई.), अनन्तर (1968 ई.), अनामस्वामी (1974 ई.), दशार्क (1985 ई.)

उपन्यासकार	उपन्यास
इलाचन्द्र जोशी	लज्जा (1929 ई.), संन्यासी (1940 ई.), पर्दे की रानी (1942 ई.), प्रेत और छाया (1944 ई.), निर्वासित (1946 ई.), मुक्तिपथ (1948 ई.), सुबह के भूले (1951 ई.), जिप्सी (1952 ई.), जहाज का पंछी (1954 ई.), ऋतु-चक्र (1969 ई.), भूत का भविष्य (1973 ई.), कवि की प्रेयसी (1976 ई.)
अज्ञेय	शेखर : एक जीवनी (1941 ई.), नदी के द्वीप (1954 ई.), अपने-अपने अजनबी (1961 ई.)
डॉ. देवराज	पथ की खोज (1951 ई.), बाहर-भीतर (1954 ई.), रोड़े और पत्थर (1958 ई.), अजय की डायरी (1960 ई.), मैं,वे और आप (1969 ई.)
यशपाल	दादा कामरेड (1941 ई.), देशद्रोही (1943 ई.), दिव्या (1945 ई.), पार्टी कामरेड (1946 ई.), मनुष्य के रूप (1949 ई.), अमिता (1956 ई.), झूठा-सच–दो भाग (1958 ई.), बारह घण्टे (1962 ई.), अप्सरा का शाप (1965 ई.), क्यों फँसे (1968 ई.), मेरी तेरी उसकी बात (1974 ई.)
अमृतलाल नागर	महाकाल (1946 ई.), बूँद और समुद्र (1956 ई.), शतरंज के मोहरे (1959 ई.), सुहाग के नूपुर (1960 ई.), अमृत और विष (1966 ई.), सात घूंघट वाला मुखड़ा (1968 ई.), एकदा नैमिषारण्य (1972 ई.), मानस का हंस (1972 ई.),खंजन नयन (1981 ई.), नाच्यौ बहुत गोपाल (1978 ई.), बिखरे तिनके (1982 ई.),अग्निगर्भा (1983 ई.), करवट (1985 ई.), पीढ़ियाँ (1990 ई.)
विष्णु प्रभाकर	निशिकान्त (1955 ई.), तट के बन्धन (1955 ई.), स्वप्नमयी (1956 ई.), दर्पण का व्यक्ति (1968 ई.), कोई तो (1980 ई.), अर्द्धनारीश्वर (1992 ई.)
नागार्जुन	रतिनाथ की चाची (1948 ई.), बलचनमा (1952 ई.), नई पौध (1953 ई.), बाबा बटेसरनाथ (1954 ई.), वरुण के बेटे (1957 ई.), दुःखमोचन (1957 ई.), कुम्भीपाक (1960 ई.), हीरक जयन्ती (1961 ई.), उग्रतारा (1963 ई.), इमरतिया (1968 ई.), पारो (1975 ई.), गरीब दास (1979 ई.)
फणीश्वरनाथ रेणु	मैला आँचल (1954 ई.), परती परिकथा (1957 ई.), पल्टूबाबू रोड (1960 ई.), दीर्घतया (1964 ई.), जुलूस (1965 ई.), कितने चौराहे (1966 ई.), कलंकमुक्ति (1972 ई.)
रांगेय राघव	घरौंदे (1946 ई.), विषादमठ (1946 ई.), मुर्दों का टीला (1948 ई.), चीवर (1951 ई.), सीधा-साधा रास्ता (1951 ई.), हुजूर (1951 ई.), अँधेरे के जुगनू (1953 ई.), उबाल (1954 ई.), बोलते खण्डहर (1955 ई.), कब तक पुकारूँ (1957 ई.), बौने और घायल फूल (1957 ई.), पक्षी और आकाश (1957 ई.), जब आवेगी कालीघटा (1958 ई.), बन्दूक और बीन (1958 ई.), राई और पर्वत (1958 ई.), राह न रुकी (1958 ई.), छोटी-सी बात (1959 ई.), पथ का पाप (1959 ई.), महायात्रा (1960 ई.), धरती मेरा घर (1960 ई.), प्रोफेसर (1961 ई.), पतझर (1962 ई.), आखिरी आवाज (1963 ई.)
भैरव प्रसाद गुप्त	शोले (1946 ई.), मशाल (1948 ई.), गंगा मैया (1952 ई.), जंजीरें और नया आदमी (1954 ई.), सती मैया का चौरा (1959 ई.), अन्तिम अध्याय (1970 ई.), उसका मुजरिम (1972 ई.), नौजवान (1972 ई.), भाग्यदेवता (1992 ई.), अक्षरों के आगे (मास्टरजी) (1993 ई.), छोटी-सी शुरुआत (मरणोपरान्त 1997 ई.)
अमृतराय	बीज (1952 ई.), नागफनी का देश (1953 ई.), हाथी के दाँत (1956 ई.), सुख-दुःख (1969 ई.), भठियाली (1969 ई.), जंगल (1969 ई.), धुआँ (1977 ई.)

उपन्यासकार	उपन्यास
भीष्म साहनी	झरोखे (1967 ई.), कड़ियाँ (1970 ई.), तमस (1973 ई.), बसन्ती (1980 ई.), मय्यादास की माड़ी (1988 ई.), कुन्तो (1993 ई.), नीलू नीलिमा नीलोफर (2000 ई.), जयहिन्द की सेना (2010 ई.)
अमरकान्त	सूखा पत्ता (1959 ई.), आकाशपक्षी (1967 ई.), काले उजले दिन (1969 ई.), ग्राम सेविका (1961 ई.), बीच की दीवार (1981 ई.), सुखजीवी (1982 ई.), सुन्नर पाण्डेय की पतोहू 2005, खुदीराम, इन्हीं हथियारों से (2003 ई.)
राही मासूम रज़ा	आधा गाँव (1966 ई.), टोपी शुक्ला (1969 ई.), हिम्मत जौनपुरी (1969 ई.), ओस की बूँद (1970 ई.), दिल एक सादा कागज (1973 ई.), 'सीनी 75' (1977 ई.), कटरा-बी आरजू (1978 ई.), असन्तोष के दिन (1985 ई.), नीम का पेड़ (1991)
बदीउज्जमाँ	एक चूहे की मौत (1971 ई.), छाको की वापसी (1975 ई.), अपुरुष (1976 ई.), छठातन्त्र (1977 ई.), सभापर्व (1994 ई.)
संजीव	सर्कस (1984 ई.), सावधान नीचे आग है (1986 ई.), किशनगढ़ के अहेरी और 'धार' (1990 ई.), पाँव तले की दूब (1995 ई.), जंगल जहाँ शुरू होता है (2000 ई.), सूत्रधार (2003 ई.)
विभूतिनारायणराय	घर (1982 ई.), शहर में कर्फ्यू (1986 ई.), किस्सा लोकतन्त्र (1983 ई.), तबादला (2001 ई.), प्रेम की भूतकथा (2009 ई.)
शिवप्रसाद सिंह	अलग-अलग वैतरणी (1967 ई.), गली आगे मुड़ती है (1974 ई.), शैलूष (1989 ई.), मंजुशिमा (1990 ई.), नीला-चाँद (1988 ई.), कुहरे में युद्ध (1992 ई.), दिल्ली दूर है (1993 ई.), वैश्वानर (1996 ई.)
विवेकीराय	बबूल (1964 ई.), पुरुष पुराण (1975 ई.), लोकऋण (1977 ई.), श्वेत-पत्र (1979 ई.), सोनामाटी (1983 ई.), समरशेष है (1988 ई.), मंगल भवन (1994 ई.), नमामिग्रामम् (1997 ई.), देहरी के पार (2003 ई.)
प्रभाकर माचवे	परन्तु (1940 ई.), एकतारा (1952 ई.), साँचा (1956 ई.), द्वाभ (1957 ई.), 'जो' (1964 ई.), किशोर (1969 ई.), तीस चालीस पचास (1973 ई.), 'अनदेखी' दर्द के पैबन्द (1974 ई.), द्यूत (1976 ई.), किसलिए (1975 ई.), आँख मेरी बाकी उनका (1983 ई.), लापता (1984 ई.)
नरेश मेहता	डूबते मस्तूल (1954 ई.), धूमकेतु एक श्रुति (1962 ई.), वह पथबन्धु था (1962 ई.), दो एकान्त (1964 ई.), नदी यशस्वी है (1967 ई.), प्रथम फाल्गुन (1968 ई.), उत्तरकथा (भाग एक-1979 भाग दो 1982 ई.)
मोहन राकेश	अँधेरे बन्द कमरे (1961 ई.), न आने वाला कल (1968 ई.), अन्तराल (1972 ई.)
सर्वेश्वर	सोया हुआ जल (1954 ई.), पागल कुत्तों का मसीहा (1977 ई.), सूने चौखटे (1981 ई.)
राजेन्द्र यादव	प्रेत बोलते हैं (1952 ई.), उखड़े हुए लोग (1956 ई.), कुल्टा (1958 ई.), शह और मात (1959 ई.), एक इन्च मुस्कान (1963 ई.), अनदेखे अनजाने पुल (1963 ई.)
निर्मल वर्मा	वे दिन (1964 ई.), लाल टीन की छत (1974 ई.), एक चिथड़ा सुख (1979 ई.), रात का रिपोर्टर (1989 ई.), अन्तिम अरण्य (2000 ई.)
राजकमल चौधरी	नदी बहती थी (1962 ई.), मछली मरी हुई (1966 ई.), शहर था शहर नहीं था (1966 ई.), देहगाथा, ताश के पत्तों का शहर, बीस रानियों का बाइसकोप (1972 ई.), अग्नि स्नान (1978 ई.)

उपन्यासकार	उपन्यास
कमलेश्वर	एक सड़क सत्तावन गलियाँ (1957 ई.), डाक बंगला (1959 ई.), लौटे हुए मुसाफिर (1961 ई.), समुद्र में खोया हुआ आदमी (1967 ई.), काली आँधी (1974 ई.), तीसरा आदमी (1976 ई.), आगामी अतीत (1976 ई.), वही बात (1980 ई.), सुबह दोपहर शाम (1982 ई.), रेगिस्तान (1988 ई.), कितने पाकिस्तान (2000 ई.)
मनोहर श्याम जोशी	कुरु कुरु स्वाहा (1980 ई.), कसप (1982 ई.), हरिया हरक्यूलीज की हैरानी (1994 ई.), हमजाद (1996 ई.), टा-टा प्रोफेसर (2001 ई.), 'क्याप' (2001 ई.), कौन हूँ मैं (2006 ई.)
कामतानाथ	सुबह होने तक, समुद्र तट पर खुलने वाली खिड़की (1975 ई.), एक और हिन्दुस्तान (1977 ई.), तुम्हारे नाम (1979 ई.), कालकथा दो भाग (1998 ई.), पिघलेगी बर्फ (2006 ई.)
गिरिराज किशोर	लोग (1966 ई.), चिड़ियाघर (1968 ई.), यात्राएँ (1971 ई.), जुगलबन्दी (1973 ई.), 'दो' (1974 ई.), इन्द्र सुने (1978 ई.), दावेदार (1979 ई.), यथाप्रस्तावित (1982 ई.), तीसरी सत्ता (1982 ई.),परिशिष्ट (1984 ई.), असलाह (1987 ई.), अन्तर्ध्वंश (1990 ई.), ढाईघर (1991 ई.), यातनाघर (1997 ई.), पहला गिरमिटिया (1999 ई.)
रमेशचन्द्र शाह	गोबर गणेश (1978 ई.), किस्सा गुलाम (1986 ई.), पूर्वापर (1990 ई.), आखिरी दिन (1992 ई.), पुनर्वास (1995 ई.)
गोविन्द मिश्र	वह अपना चेहरा (1970 ई.), उतरती हुई धूप (1971 ई.), लाल पीली जमीन (1976 ई.), हुजूर दरबार (1981 ई.), तुम्हारी रोशनी में (1985 ई.), धीरे समीरे (1988 ई.), पाँच आँगनों वाला घर (1995 ई.), फूल इमारतें और बन्दर (2000 ई.), 'कोहरे में कैद रंग' (2004 ई.)
गंगा प्रसाद विमल	अपने से अलग (1969 ई.), कहीं कुछ और (1971 ई.), मरीचिका (1973 ई.), मृगान्तक (1978 ई.)
राजकृष्ण मिश्र	दारुलसफा (1981 ई.), सचिवालय (1984 ई.), कुत्तो मनुष्यः (1994 ई.), मन्त्रिमण्डल (1996 ई.)
सुरेन्द्र वर्मा	अँधेरे से परे (1980 ई.), मुझे चाँद चाहिए (1993 ई.), दो मुर्दों के लिए गुलदस्ता (1998 ई.)
असगर वजाहत	सात आसमान (1996 ई.), कैसी आग लगाई (2004 ई.)
शिवानी	चौदह फेरे (1965 ई.), कृष्णकली (1968 ई.), भैरवी (1969 ई.), विषकन्या (1970 ई.), स्वयंसिद्ध (1977 ई.), रथ्या (1977 ई.), शमशान चम्पा (1972 ई.), रतिविलाप (1977 ई.), करिए छिमा (1971 ई.), मणिक (1977 ई.), किशुनली (1979 ई.), विवर्त (1984 ई.)
कृष्णा सोबती	सूरजमुखी अँधेरे के (1972 ई.), जिन्दगीनामा (1979 ई.), दिलोदानिश (1993 ई.), समय-सरगम (2000 ई.)
मन्नू भण्डारी	आपका बन्टी (1971 ई.), महाभोज (1979 ई.)
उषा प्रियंवदा	पचपन खम्भे लाल दीवारें (1961 ई.), रुकोगी नहीं राधिका (1967 ई.), शेषयात्रा (1984 ई.), अन्तर्वंशी (2000 ई.)
मृदुला गर्ग	उसके हिस्से की धूप (1975 ई.), वंशज (1976 ई.), चित्तकोबरा (1979 ई.), अनित्य (1980 ई.), मैं और मैं (1984 ई.)
चन्द्रकान्ता	अर्थान्तर (1981 ई.), अन्तिम साक्ष्य (1990 ई.), बाकी सब खैरियत है (1983 ई.), ऐलान गली जिन्दा है (1984 ई.), यहाँ वितस्ता बहती है (1992 ई.), अपने-अपने कोणार्क (1995 ई.), 'कथासतीसर' (2001 ई.)
ममता कालिया	बेघर (1971 ई.), नरक-दर-नरक (1975 ई.), प्रेम कहानी (1980 ई.), साथी, लड़कियाँ, दुक्खम-सुक्खम (2009 ई.)
चित्रा मुद्गल	एक जमीन अपनी (1990 ई.), आवाँ (1999 ई.)
सूर्यबाला	मेरे संधि-पत्र (1977 ई.), सुबह के इन्तजार तक (1980 ई.), अग्निपंखी (1984 ई.)
नासिरा शर्मा	सात नदियाँ : एक समुन्दर (1984 ई.), शाल्मली (1987 ई.), ठीकरे की मँगनी (1989 ई.), जिन्दा मुहावरे (1993 ई.), अक्षयवट (2003 ई.), कुइयाँजान (2005 ई.)
प्रभाखेतान	आओं पेपें घर चलें (1990 ई.), तालाबन्दी (1991 ई.), छिन्नमस्ता (1993 ई.), अपने-अपने चेहरे (1994 ई.), पीली आँधी (1996 ई.)
मैत्रेयी पुष्पा	स्मृतिदंश (1990 ई.), बेतवा बहती रही (1993 ई.), 'इदननमम्' (1994 ई.), चाक (1997 ई.), झूलानट (1999 ई.), अल्माकबूतरी (2000 ई.), अगनपाखी (2001 ई.), विजन (2002 ई.), कहे ईसुरी फाग (2004 ई.), त्रियाहठ (2005 ई.)
मधुकाँकरिया	खुले गगन के सितारे (2000 ई.)
अलका सरावगी	कलिकथा वाया बाईपास (1998 ई.), शेष कादम्बरी (2001 ई.), कोई बात नहीं (2004 ई.)

हिन्दी नाटक का प्रारम्भ व विकास

- आधुनिक काल में भारतेन्दु के पिता गोपालचन्द्र गिरधरदास ने 'नहुष' (1857) एवं शीतला प्रसाद त्रिपाठी ने 'जानकी मंगल' नाटक की रचना 1868 ई. में की। 'जानकी मंगल' नाट्य गुणों से सम्पन्न नाटक है, परन्तु 1868 ई. में भारतेन्दु जी का विद्यासुन्दर नाटक प्रकाशित हो चुका था। यह नाटक संस्कृत के चौर 'पंचाशिका' का हिन्दी अनुवाद है।
- भारतेन्दु जी ने हिन्दी में नाटकों की रचना के साथ-साथ दूसरी भाषाओं के श्रेष्ठ नाटकों की रचना भी की, उन्होंने तत्कालीन परिस्थितियों पर प्रकाश डालते हुए नाटकों की रचना की। साथ ही उन्होंने भारतीय एवं पाश्चात्य नाटकों में समन्वय करने का प्रयास किया।
- भारतेन्दु जी को संस्कृत, प्राकृत, बांग्ला व अंग्रेजी के नाटक साहित्य का अच्छा ज्ञान था। उन्होंने इन सभी भाषाओं में अनुवाद किए थे। नाट्य कला के सिद्धान्तों का भी उन्होंने सूक्ष्म अध्ययन किया था। साथ ही उन्होंने अपने नाटकों के अभिनय की भी व्यवस्था की थी तथा वे अभिनय में भाग लेते थे।
- उनको नाट्य कला के सभी अंगों का पूरा ज्ञान एवं अनुभव था। नाटकों में भारतेन्दु जी का सर्वोच्च स्थान है। 1850 ई. से अब तक के युग को नाट्य रचना की दृष्टि से तीन खण्डों में विभक्त कर सकते हैं

1. भारतेन्दु युगीन नाटक
2. प्रसाद युगीन नाटक
3. प्रसादोत्तर युगीन नाटक

भारतेन्दु युगीन हिन्दी नाटक

- बाबू भारतेन्दु हरिश्चन्द्र ने हिन्दी का प्रथम नाटक अपने पिता बाबू गोपालचन्द्र द्वारा रचित 'नहुष' नाटक (1857 ई.) को बताया है, किन्तु तात्विक दृष्टि से यह पूर्ववर्ती ब्रजभाषा पद्य-नाटकों की ही परम्परा में आता है, किन्तु 1861 ई. में राजा लक्ष्मणसिंह ने 'अभिज्ञानशाकुन्तलम्' का अनुवाद प्रकाशित करवाया।
- भारतेन्दु जी का प्रथम नाटक 'विद्या सुन्दर' (1868 ई.) भी संस्कृत नाटक चौर पंचाशिका के बांग्ला संस्करण बांग्ला के नाटक का छायानुवाद था। इसके अनन्तर उनके अनेक मौलिक व अनुवादित नाटक प्रकाशित हुए जिनमें पाखण्ड-विडम्बनम् (1872 ई.), वैदिकी हिंसा-हिंसा न भवति (1873 ई.), धनंजय-विजय, मुद्राराक्षस (1878 ई.), सत्य-हरिश्चन्द्र (1875 ई.), प्रेम-योगिनी (1875 ई.), विषस्य विषमौषधम्, (1876 ई.) कर्पूर-मंजरी (1876 ई.), चन्द्रावली (1876 ई.), भारत-दुर्दशा (1876 ई.), नील देवी (1877 ई.) अंधेर नगरी (1881 ई.) और सती-प्रताप (1884 ई.) आदि उल्लेखनीय हैं। भारतेन्दु नाटक मुख्यत: पौराणिक, सामाजिक एवं राजनैतिक विषयों पर आधारित हैं।
- सत्य-हरिश्चन्द्र, धनंजय-विजय, मुद्राराक्षस, कर्पूर मंजरी ये चारों भारतेन्दु के अनूदित नाटक हैं। अपने मौलिक नाटकों में उन्होंने सामाजिक कुरीतियों एवं धर्म के नाम पर होने वाले कुकृत्यों आदि पर तीखा व्यंग्य किया है।
- 'विषस्य-विषमौषधम में देशी-नरेशों की दुर्दशा पर आँसू बहाए गए हैं तथा उन्हें चेतावनी दी गई है कि यदि वे न सँभले तो धीरे-धीरे अंग्रेज सभी देशी रियासतों को अपने अधिकार में ले लेंगे। 'भारत दुर्दशा' में भारतेन्दु की राष्ट्र-भक्ति का स्वर उद्घोषित हुआ है। इसमें अंग्रेज को भारत दुर्देव के रूप में चित्रित करते हुए भारतवासियों के दुर्भाग्य की कहानी को यथार्थ-रूप में प्रस्तुत किया गया है।
- उनके नाटकों में जीवन और कला, सौन्दर्य और शिव, मनोरंजन और लोक सेवा का सुन्दर समन्वय मिलता है।
- भारतेन्दु-युग या उन्नीसवीं शताब्दी के अन्य प्रमुख नाटककारों में लाला श्रीनिवासदास, राधाकृष्ण दास, बालकृष्ण भट्ट, बद्रीनारायण चौधरी 'प्रेमघन', राधाचरण गोस्वामी, प्रताप नारायण मिश्र, प्रभृति का नाम उल्लेखनीय हैं। लाला श्रीनिवासदास ने चार नाटकों 'प्रह्लाद चरित', 'तप्तासंवरण (1874)', 'रणधीर-प्रेममोहनी' (1877) और 'संयोगिता-स्वयंवर' (1885) की रचना की। इनमें पहली रचना को छोड़कर शेष उच्चकोटि के नाटक हैं।
- डॉ. वेदपाल खन्ना के विवेचन के अनुसार, इनमें भी सर्वश्रेष्ठ रचना रणधीर प्रेममोहिनी है। इसे हिन्दी का पहला दु:खान्त नाटक भी माना गया है।
- राधाकृष्ण दास के द्वारा रचित नाटकों में 'महारानी पद्मावती' (1883), धर्मालाप (1885), 'महाराणा प्रताप या राजस्थान केसरी' (1897) उल्लेखनीय हैं। महारानी पद्मावती का कथानक ऐतिहासिक है। जिसमें सतीत्व के गौरव की व्यंजना की गई है। 'धर्मालाप' में विभिन्न धर्मों के प्रतिनिधियों का वार्तालाप दिखाते हैं। अन्त में सभी धर्मों की एकता का प्रतिपादन किया गया है। 'दु:खिनी बाला' अनमेल विवाह के परिणामों को व्यक्त करता है। इनका सर्वश्रेष्ठ नाटक महाराणा प्रताप है।
- बालकृष्ण भट्ट ने लगभग एक दर्जन मौलिक एवं अनूदित नाटक प्रस्तुत किए हैं। उनके मौलिक नाटकों में 'दमयन्ती स्वयंवर', 'वृहन्नला', 'वेणुसंहार', 'कलिराज की सभा', 'रेल का विकट खेल', 'बाल विवाह', 'जैसा काम वैसा परिणाम' आदि उल्लेखनीय हैं। इनमें अन्तिम चार प्रहसन हैं, जिनमें अपने युग और समाज के विभिन्न वर्गों एवं परिस्थितियों पर व्यंग्य किया गया है। वस्तुत: प्रहसनों की परम्परा को आगे बढ़ाने में भट्ट जी का अद्भुत योगदान है।
- बद्रीनारायण 'प्रेमघन' ने समाज एवं राष्ट्र की विभिन्न परिस्थितियों से प्रेरित होकर 'भारत-सौभाग्य' (1888), 'प्रयाग-रामागमन (1904)', 'वारांगन-रहस्य' (अपूर्ण), 'वृद्ध विलाप' आदि नाटकों की रचना की जो राष्ट्र सुधार की भावनाओं से अनुप्राणित हैं।
- इसी प्रकार राधाचरण गोस्वामी ने भी अनेक नाटकों की रचना की; जैसे—'सती चन्द्रावली' (1890), 'अमर-राठौर' (1894), 'श्रीदामा' (1904), 'बूढ़े मुँह मुँहासे' (1887), 'भंग-तरंग' (1892)। इनमें प्रथम तीन को छोड़कर शेष प्रहसन हैं, जिनमें अपने युग की सामाजिक एवं धार्मिक बुराइयों की आलोचना व्यंग्यात्मक शैली में की गई है। प्रतापनारायण मिश्र के 'भारत दुर्दशा' (1902), 'गो-संकट' (1886), 'हठी-हमीर', 'कलिकौतुक रूपक' आदि नाटक भी राष्ट्र-जागरण एवं समाज-सुधार की प्रेरणा से रचित हैं, किन्तु नाट्य की दृष्टि से ये साधारण कोटि के हैं।
- देवकीनन्दन त्रिपाठी के अनेक पौराणिक नाटक 'सीता-हरण' (1876), 'रुक्मिणी हरण' (1876), 'कंस-वध' (1909) आदि हैं तथा प्रहसनों की नामावली इस प्रकार है— 'रक्षा बन्धन' (1878), एक-एक के तीन-तीन' (1879), 'स्त्री चरित्र' (1879), 'वेश्या-विलास', 'बैल छ: टके को' आदि बलदेव प्रसाद मिश्र का 'मीराबाई' (1897) भक्ति-भाव से परिपूर्ण है। इसमें बीच-बीच में मीरा के पदों का भी उपयोग किया गया है।
- इनके अतिरिक्त तोताराम रचित 'विवाह-विडम्बन' (1900), कृष्णदेव शरण सिंह 'गोप' का 'माधुरी रूपक' (1888), दामोदर शास्त्री का 'रामलीला नाटक' (1869), ज्वाला प्रसाद मिश्र का 'सीता-वनवास' (1895), काशीनाथ खत्री के 'तीन ऐतिहासिक रूपक' (1884) आदि भी इस युग की उल्लेखनीय कृतियाँ हैं।
- गोपाल राम गहमरी का 'जैसे को तैसा', नवलसिंह का 'वेश्या नाटक', विजयानन्द त्रिपाठी का 'महा अंधेर नगरी' (1892), देवदत्त शर्मा का 'अति अंधेर नगरी' (1895), बलदेव प्रसाद मिश्र का 'लल्ला बाबू' आदि उल्लेखनीय हैं।
- भारतेन्दुयुगीन पौराणिक एवं ऐतिहासिक नाटकों की रचना के मूल में अतीत की घटनाओं एवं पात्रों के आधार पर अपने युग के पाठकों को साहस, शौर्य, त्याग, आत्म-बलिदान आदि उदात्त नैतिक तत्त्वों की शिक्षा देना है। इसी प्रकार काल्पनिक वस्तु पर आधारित नाटकों में सभी सामाजिक, धार्मिक एवं राजनीतिक परिस्थितियों की आलोचना करते हुए जनता को जगाने का लक्ष्य रहा है। इस दृष्टि से इस युग का अधिकांश नाटक-साहित्य आदर्शवादी या सुधारवादी कहा जा सकता है।

प्रसाद युगीन हिन्दी नाटक

- जयशंकर प्रसाद हिन्दी के सुप्रसिद्ध नाटककार हैं। उन्होंने अधिकतर ऐतिहासिक नाटक लिखे हैं, जो सर्वाधिक सफल रहे। इन्होंने ऐतिहासिक-सांस्कृतिक परम्पराओं, नए जातीय जीवन की जो प्रतिष्ठा की, उसमें हमारी अस्मिता को सर्जनात्मक आकार मिला, प्रसाद ने अपने नाटकों के लिए प्रसिद्ध ऐतिहासिक वृत्तों का चुनाव किया। उनके काव्य विकास की तरह नाटक विकास भी धीरे-धीरे से हुआ।
- उनके प्रमुख नाटक सज्जन, कल्याणी परिणय, प्रायश्चित्त, करुणालय, राज्यश्री हैं। अजातशत्रु उनका प्रथम महत्त्वाकांक्षापूर्ण नाटक है। यह नाटक गहन अन्तर्द्वन्द्वों पर आधारित है। उनके प्रौढ़तम नाटक हैं— स्कन्दगुप्त, चन्द्रगुप्त और ध्रुवस्वामिनी, इन तीनों में स्कन्दगुप्त अपने लम्बे नाटकीय तनाव संघर्ष और बनावट में अप्रतिम है।

- प्रसाद जी का स्कन्दगुप्त नाटक व्यक्ति-निर्माण और मानवीयता की दृष्टि से अद्वितीय है।
- इस युग के अन्य ऐतिहासिक नाटकों में बद्रीनाथ भट्ट द्वारा रचित 'चन्द्र गुप्त' (1915), 'दुर्गावती' (1926), 'तुलसीदास' (1925), सुदर्शन द्वारा रचित 'दयानन्द' (1917), मुंशी प्रेमचन्द द्वारा रचित 'काबा-कर्बला' (1924), पाण्डेय बेचन शर्मा 'उग्र' का 'महात्मा ईसा' (1922), जगन्नाथ प्रसाद 'मिलिन्द' का 'प्रताप-प्रतिज्ञा' (1928), गोविन्द बल्लभपन्त का 'वरमाला' (1925) चन्द्रराज भण्डारी का 'सम्राट अशोक' (1923) आदि उल्लेखनीय हैं।
- बद्रीनाथ भट्ट के नाटकों में 'दुर्गावती' सर्वश्रेष्ठ है। इसकी घटनाएँ ऐतिहासिक हैं तथा चरित्र-चित्रण में स्वाभाविकता है। संवाद एवं भाषा-शैली की दृष्टि से भी यह उत्कृष्ट रचना है। सुदर्शन का 'दयानन्द' चरित्र प्रधान नाटक है। चरित्र-चित्रण एवं घटना-क्रम के विकास की दृष्टि से यह भी एक सफल नाटक है। प्रेमचन्द का 'काबा-कर्बला' पाठ्य रचना की दृष्टि से तो ठीक है, किन्तु अभिनय की दृष्टि से दोषपूर्ण है।
- प्रसाद युग के अन्य प्रमुख नाटककारों में लक्ष्मी नारायण मिश्र का नाम प्रमुख है। उनके नाटकों में संन्यासी, राक्षस का मन्दिर, मुक्ति का रहस्य, राजयोग, सिन्दूर की होली और आधी रात प्रमुख हैं। मिश्र जी समस्या प्रधान नाटकों के लिए प्रसिद्ध रहे हैं। इनके नाटकों में बौद्धिकतावाद, यथार्थवाद एवं फ्रायडवाद की प्रमुखता है। वर्ष 1929 में रचित संन्यासी में उन्होंने विदेशी शासकों की छलकपट पूर्ण नीति व गाँधीजी के असहयोग को विषयवस्तु बनाया है। प्रेम विवाह, काम, दाम्पत्य जीवन आदि उनके नाटकों की विषयवस्तु रहे हैं।
- गोविन्द बल्लभ पन्त राजनीतिज्ञ के साथ-साथ नाटककार भी हैं। अपने नाटक 'अंगूर की बेटी' में उन्होंने शराबी के दुर्गुणों की चर्चा की है
- वृन्दावन लाल वर्मा भी प्रसाद जी की तरह ऐतिहासिक नाटककार रहे हैं। फूलों की बोली, पूर्व की ओर, ललित विक्रम, बीरबल आदि उनके प्रसिद्ध ऐतिहासिक नाटक हैं। ऐतिहासिक नाटकों के अतिरिक्त इन्होंने समस्या प्रधान नाटक भी लिखे हैं, जो इस प्रकार हैं—राखी की लाज, सगुन, नीलकण्ठ, केवट, निस्तार, देखा-देखी आदि।
- प्रसाद युग में सामाजिक सुधारों यथा बालविवाह, अनमेल विवाह, छुआछूत, वर्ण व्यवस्था, अन्धविश्वास आदि समस्याओं का चित्रण तत्कालीन नाटकों में हुआ। यह युग हिन्दी नाटकों को प्रौढ़ता की ओर ले जाने में सहायक सिद्ध हुआ।

प्रसादोत्तर युगीन नाटक

- प्रसादोत्तर युग में ऐतिहासिक नाटकों की परम्परा का पर्याप्त विकास हुआ है। इस क्षेत्र में हरिकृष्ण प्रेमी, वृन्दावन लाल वर्मा, गोविन्द बल्लभपन्त, चन्द्रगुप्त, विद्यालंकार, सेठ गोविन्ददास, उदयशंकर भट्ट आदि प्रमुख हैं।
- हरिकृष्ण प्रेमी के ऐतिहासिक नाटकों में 'रक्षाबन्धन' (1934), 'शिव-साधना' (1937), 'प्रतिशोध' (1937), 'स्वप्न-भंग' (1940), 'आहूति' (1940), 'उद्धार' (1949), 'शपथ' (1951), 'भग्न-प्राचीर' (1954), 'प्रकाश-स्तम्भ' (1954), 'कीर्ति स्तम्भ' (1955), 'संरक्षक' (1958), 'विदा' (1958), 'संवत्-प्रवर्तन' (1959), 'साँपों की सृष्टि' (1959), 'आन का मान' (1961) आदि को लिया जा सकता है। इनके विभिन्न नाटकों से राष्ट्र-भक्ति, आत्म-त्याग, बलिदान, हिन्दू-मुस्लिम एकता आदि भावों एवं प्रवृत्तियों की उद्दीप्त एवं पुष्टि होती है।
- गोविन्द बल्लभपन्त जी ने अनेक सामाजिक एवं ऐतिहासिक नाटकों की रचना की है। उनके 'राज-मुकुट' (1935), 'अन्त:पुर का छिद्र' (1940) आदि ऐतिहासिक नाटक हैं। पहले नाटक में मेवाड़ की पन्नाधाय का पुत्र-बलिदान तथा दूसरे में वत्सराज उदयन के अन्त:पुर की कलह का चित्रण प्रभावोत्पादक रूप में किया गया है। पन्त जी के नाटकों पर संस्कृत, अंग्रेजी, पारसी आदि विभिन्न परम्पराओं का प्रभाव परिलक्षित होता है। अभिनेयता का उन्होंने अत्यधिक ध्यान रखा है।
- सामाजिक नाटकों के क्षेत्र में सेठ गोविन्द दास, उपेन्द्रनाथ अश्क, वृन्दावन लाल वर्मा, हरिकृष्ण प्रेमी आदि का महत्त्वपूर्ण योगदान है। सेठ गोविन्द दास ने ऐतिहासिक एवं पौराणिक विषयों के अतिरिक्त सामाजिक समस्याओं का चित्रण भी अपने नाटकों में किया है, जिनमें से 'कुलीनता' (1940), 'सेवा-पथ' (1940), 'दु:ख क्यों?' (1946), 'सिद्धान्त-स्वतन्त्रता' (1938), 'त्याग का ग्रहण' (1943), 'सन्तोष कहाँ' (1945), 'पाकिस्तान' (1946), 'महत्त्व किसे' (1947), 'गरीबी-अमीरी' (1947) तथा 'बड़ा पापी कौन' (1948) आदि उल्लेखनीय हैं।
- पृथ्वीनाथ शर्मा ने 'दुविधा' (1938), 'अपराधी' (1939), 'साध' (1944) आदि सामाजिक नाटकों की रचना की है, जिनमें उन्मुक्त प्रेम, विवाह तथा सामाजिक न्याय से सम्बन्धित विभिन्न प्रश्नों को प्रस्तुत किया गया है।
- प्रतीकात्मक नाटकों की परम्परा का उत्थान प्रसाद के 'कामना' (1927) नाटक से माना गया है। इसके बाद लिखे गए प्रतीकात्मक नाटकों में से ये उल्लेखनीय हैं। सुमित्रानन्दन पन्त का ज्योत्स्ना (1934), भगवती प्रसाद वाजपेयी का 'छाणना' (1939), सेठ गोविन्ददास का 'नवरस', कुमार हृदय का 'नक्शे का रंग' (1941) आदि।
- इन लेखकों ने प्रतीकात्मक नाटकों के माध्यम से आधुनिक जीवन की विसंगतियों के उद्घाटन का प्रयास किया है। इस दृष्टि से डॉ. लक्ष्मीनारायण लाल के 'मादा कैक्टस', 'सुन्दर रस', 'दर्पण' आदि उल्लेखनीय हैं। इसमें राग-विराग, मोह-त्याग, सांसारिकता-आध्यात्मिकता के द्वन्द्व को सफलतापूर्वक उभारा गया है।
- आधुनिकता बोध को स्थापित करने की दृष्टि से धर्मवीर भारती का 'अन्धा युग' एवं मोहन राकेश का 'आधे-अधूरे', 'आषाढ़ का एक दिन' व 'लहरों के राजहंस' उल्लेखनीय नाटक हैं।
- अन्धा युग में महाभारत युद्ध के उपरान्त की जिन परिस्थितियों एवं घटनाओं को प्रस्तुत किया गया है, वे द्वितीय विश्वयुद्ध के बाद की घटनाओं का चित्रण करती हैं। अपनी प्रतीकात्मकता से यह नाटक सिद्ध करता है कि कोई भी लड़ाई सत्य के लिए नहीं होती, सत्य से हटकर होती है। दोनों पक्ष असत्य होते हैं कोई कम, कोई अधिक।
- मोहन राकेश ने मूलत: आधुनिक मानव के द्वन्द्व और तनाव को अपने नाटकों का विषय बनाया है। रंगमंच के स्तर पर मोहन राकेश प्रसाद की सीमाओं का अतिक्रमण करते हैं। इनकी भाषा चरम, रचनात्मकता तथा नाटकीय सम्भावनाओं से युक्त है। 'आषाढ़ का एक दिन' की कथा कालिदास की प्रणयकथा है। यह नाटक सत्ता और सर्जनात्मकता के द्वन्द्व एवं जटिल सम्बन्धों को व्यक्त करता है। 'लहरों के राजहंस' गौतम बुद्ध के भ्राता नन्द के द्वन्द्व को रूपायित करता है। मोहन राकेश की परम्परा में ही अन्य एक नाम है 'सुरेन्द्र वर्मा'। इन्होंने खासतौर पर आधुनिक जीवन के तनाव और तल्खी को व्यक्त करने की कोशिश की है। 'द्रौपदी', 'सूर्य की अन्तिम किरण से सूर्य की पहली किरण तक', 'आठवाँ सर्ग' इनके प्रमुख नाटक हैं। 'द्रोपदी' में आधुनिक मनुष्य के बहु-मुखौटेपन को व्यक्त किया गया है।
- 'सूर्य की अन्तिम किरण से पहली किरण तक' में स्त्री के काम-मनोविज्ञान को बहुत काव्यात्मकता के साथ व्यक्त किया गया है। 'आठवाँ सर्ग' से अश्लीलता और लेखकीय अभिव्यक्ति की स्वतन्त्रता का प्रश्न उठाया गया है। इस काल में भ्रष्टाचार, पीढ़ियों के संघर्ष, सम्बन्धों की अर्थहीनता, समसामयिक व्यंग्य, राजनीतिक सन्दर्भ आदि विषयों पर नाटक लिखे गए हैं।

- इस दौर में जो नाटक लिखे गए, उनमें मध्य वर्ग की आशाओं, आकांक्षाओं व विडम्बनाओं का चित्रण किया गया। इन नाटककारों ने आधुनिकता बोध के नाटक लिखे। भुवनेश्वर प्रसाद के 'असर' नाटक से आधुनिकता बोध का आरम्भ माना गया। इन्हीं के दूसरे नाटक 'ताँबे के कीड़े' से विसंगति बोध के नाटकों की शुरुआत हुई।

नाटक रचनाकार और उनकी कृतियाँ

रचनाकार	नाटक
विश्वनाथ सिंह	आनन्द रघुनन्दन (1833 से 45 ई. के मध्य)
अमानत	इन्दरसभा (1853 ई.)
गिरिधरदास (वास्तविक नाम बाबू गोपालचन्द्र)	नहुष (1857 ई.)
भारतेन्दु हरिश्चन्द्र	अनूदित : विद्यासुन्दर (1868 ई.), (नाटक), पाखण्ड विडम्बन (1872 ई.), (रूपक), धनंजय विजय (1873 ई.), (व्यायोग), कर्पूर मंजरी (1875 ई.), (सट्टक), मुद्राराक्षस (1878 ई.), (नाटक), दुर्लभबन्धु (1880 ई.), मौलिक : वैदिकी हिंसा हिंसा न भवति (1883 ई.), (प्रहसन), सत्यहरिश्चन्द्र (नाटक), श्रीचन्द्रावली (1876 ई.), (नाटिका), विषस्य विषमौषधम् (1876 ई.), (भाण), भारत जननी (1877 ई.), (नाट्यगीत), भारत दुर्दशा (1876 ई.), (नाट्यरासक), नीलदेवी (1881 ई.), (ऐतिहासिक गीति रूपक), अंधेर नगरी (1881 ई.), (प्रहसन) अपूर्ण कृतियाँ प्रेमजोगिनी (नाटिका) 1875 ई., सती प्रताप (गीतरूपक) 1884 ई., प्रवास नाटक (1868 ई.), नवमल्लिका, रत्नावली, मृच्छकटिक
श्रीनिवासदास	रणधीर प्रेममोहिनी (1878 ई.), तप्तासंवरण (1883 ई.), संयोगिता स्वयंवर (1885 ई.)
राधाकृष्णदास	दु:खिनीबाला (1880 ई.), पद्मावती (1882 ई.), धर्मालाप (1885 ई.), महाराणा प्रताप (1897 ई.)
किशोरीलाल गोस्वामी	मयंक मंजरी (1891 ई.)
कृष्णदेव शरणसिंह	'माधुरीरूपक'
बदरीनाथ भट्ट	'कुरुवनदहन' (1912 ई.) (वेणी संहार का अनुवाद), चुंगी की उम्मीदवारी (1919), दुर्गावती (1925).
आगा हश्र काश्मीरी	अछूता दामन, असीरे हिर्स, खूबसूरत बला, चंडीदास नाटक, जहरी साँप, भीष्म प्रतिज्ञा, विल्वमंगल, यहूदी की लड़की
गोविन्द बल्लभ पन्त	वरमाला (1925 ई.), राजमुकुट (1935 ई.), अंगूर की बेटी (1937 ई.), ययाति (1951 ई.)
माखनलाल चतुर्वेदी	कृष्णार्जुन युद्ध (1918 ई.),
सुदर्शन	दयानन्द नाटक (1917 ई.), अंजना (1923 ई.), भाग्यचक्र (1937 ई.), आनरेरी मजिस्ट्रेट
पाण्डेय बेचन शर्मा 'उग्र'	महात्मा ईसा (1922 ई.), चुम्बन (1937 ई.), डिक्टेटर (1937 ई.), गंगा का बेटा (1940 ई.), उजबक, चार-बेचारे
जयशंकर प्रसाद	सज्जन (1910 ई.), करुणालय (1913 ई.), प्रायश्चित्त (1912 ई.), राज्यश्री (1914 ई.), विशाख (1921 ई.), अजातशत्रु (1922 ई.), जनमेजय का नागयज्ञ (1926 ई.), कामना (1927 ई.), चन्द्रगुप्त (1928 ई.), स्कन्दगुप्त (1928 ई.), ध्रुवस्वामिनी (1932 ई.)
जी. पी. श्रीवास्तव	उलटफेर (1918 ई.), दुमदार आदमी (1919 ई.), मरदानी औरत (1920 ई.), विवाह विज्ञापन (1927 ई.), मिस अमेरिकन (1928 ई.)
लक्ष्मीनारायण मिश्र	संन्यासी (1930 ई.), राक्षस का मन्दिर (1931 ई.), मुक्ति का रहस्य (1932 ई.), राजयोग (1933 ई.), सिन्दूर की होली (1934 ई.), आधीरात (1934 ई.), चित्रकूट, नारद की वीणा (1946 ई.), चक्रव्यूह (1954 ई.), दशाश्वमेध (1950 ई.) वत्सराज (1950 ई.), वितस्ता की लहरें (1953 ई.), गंगा द्वार (1974 ई.)

रचनाकार	नाटक
उदयशंकर भट्ट	विक्रमादित्य (1929 ई.), सागर विजय (1933 ई.), दाहर अथवा सिंधपतन (1933 ई.), विद्रोहिणी अम्बा (1935 ई.), कमला (1935 ई.), मत्स्यगंधा (1937 ई.), विश्वामित्र (1938 ई.), राधा (1941 ई.), अशोक वनवन्दिनी (1959 ई.), गुरुद्रोण का अन्तर्निरीक्षण (1959 ई.), अश्वत्थामा (1959 ई.), असुरसुन्दरी (1972 ई.)
चन्द्रगुप्त विद्यालंकार	अशोक (1935 ई.), रेवा (1935 ई.)
हरिकृष्ण 'प्रेमी'	स्वर्ण विहान (1930 ई.), रक्षाबन्धन (1934 ई.), पातालविजय (1936 ई.), शिवसाधना (1937 ई.), प्रतिशोध (1937 ई.)
सेठ गोविन्द दास	हर्ष (1935 ई.), प्रकाश (1935 ई.), कर्त्तव्य (1935 ई.), कर्ण (1946 ई.), शेरशाह नवरस, सेवापथ (1940 ई.), विकास (1941 ई.), सन्तोष कहाँ (1945 ई.), महत्व किसे (1947 ई.), गरीबी-अमीरी (1947 ई.), कुलीनता (1940 ई.), ग्रहण और त्याग
वृन्दावनलाल वर्मा	धीरे-धीरे (1939 ई.), राखी की लाज (1943 ई.), सगुन (1946 ई.), फूलों की बोली (1947 ई.), झाँसी की रानी (1948 ई.), मंगलसूत्र (1949 ई.), खिलौने की खोज (1950 ई.), पूर्व की ओर (1950 ई.), बीरबल (1950 ई.), नीलकण्ठ (1951 ई.), केवट (1951 ई.), पीले हाथ (1952 ई.), जहाँदारशाह (1952 ई.), ललित विक्रम (1953 ई.), निस्तार (1955 ई.), देखा-देखी (1956 ई.)
डॉ. रामकुमार वर्मा	कौमुदी महोत्सव (1954 ई.), विजय पर्व (1954 ई.), कला और कृपाण (1955 ई.), नाना फड़नवीस (1956 ई.), महाराणा प्रताप (1960 ई.), शिवाजी (1965 ई.), अशोक का शोक (1967 ई.), जौहर की ज्योति (1967 ई.), अग्निशिखा (1970 ई.), जयादित्य (1971 ई.), सन्त तुलसीदास (1974 ई.), जयवर्धमान (1975 ई.), भगवानबुद्ध (1975 ई.), समुद्रगुप्त पराक्रमांक (1978 ई.), सम्राट कनिष्क (1978 ई.), स्वयंवरा (1980 ई.), वत्सराज उदयन, महामेघ वाहन खारवेल, जहीरुद्दीन मुहम्मद बाबर
जगदीश चन्द्र माथुर	कोणार्क (1951 ई.), शारदीया (1959 ई.), पहला राजा (1969 ई.), दशरथ-नन्दन (1974 ई.), रघुकुलरीति (1985 ई.)
लक्ष्मीकान्त वर्मा	तिन्दुवुलम् (1958 ई.), सीमान्त के बादल (1963 ई.), अपना-अपना जूता (1964 ई.), रोशनी एक नदी है (1974 ई.), ठहरी हुई जिन्दगी (1980 ई.)
विनोद रस्तोगी	आजादी के बाद (1953 ई.), नए हाथ (1958 ई.), बर्फ की मीनार (1966 ई.), जनतन्त्र जिन्दाबाद (1970 ई.), गोपा का दान (1957 ई.),, देश के दुश्मन (1964 ई.), फिसलन के पाँव, भगीरथ के बेटे (1965 ई.), सराय के अन्दर (1971 ई.),
मोहन राकेश	अषाढ़ का एक दिन (1958 ई.), लहरों के राजहंस (1963 ई.), आधे-अधूरे (1969 ई.), पैर तले की जमीन
भीष्म साहनी	हानूश (1977 ई.), कबीरा खड़ा बाजार में (1981 ई.), माधवी (1985 ई.), मुआवजे (1993 ई.), रंग दे वसंती चोला (1998 ई.), आलमगीर (1999 ई.),
विष्णु प्रभाकर	डॉक्टर (1958 ई.), युगे-युगे क्रान्ति (1969 ई.), टूटते परिवेश (1974 ई.), कुहासा और किरण (1975 ई.), डरे हुए लोग (1978 ई.), वंदिनी (1979 ई.), अब और नहीं (1981 ई.), सत्ता के आर-पार (1981 ई.), श्वेत कमल (1984 ई.)
लक्ष्मीनारायण लाल	अंधाकुआँ (1955 ई.), मादा कैक्टस (1959 ई.), तीन आँखों वाली मछली (1960 ई.), सूखा सरोवर (1960 ई.), नाटक बहुरंगी (1961 ई.), नाटक तोता-मैना (1962 ई.), रात-रानी (1962 ई.), दर्पन (1962 ई.), रक्तकमल (1963 ई.), सूर्यमुख (1968 ई.), कलंकी (1969 ई.), मिस्टर अभिमन्यु (1971 ई.), कर्फ्यू (1972 ई.), दूसरा दरवाजा (1972 ई.), अब्दुल्ला दीवाना (1973 ई.), नरसिंह कथा (1975 ई.), व्यक्तिगत (1975 ई.), गुरु (1976 ई.), यक्षप्रश्न (1976 ई.), एक सत्य हरिश्चन्द्र (1976 ई.), गंगामाटी (1977 ई.), सगुन पंछी (1977 ई.), सबरंग मोहभंग (1977 ई.), पंचपुरुष (1978 ई.), राम की लड़ाई (1979 ई.), बलराम की तीर्थयात्रा (1983 ई.), कजरीवन

रचनाकार	नाटक
सर्वेश्वरदयाल सक्सेना	बकरी (1974 ई.)
अमृतराय	चिन्दियों की एक झालर (1969 ई.), शताब्दी, हमलोग
ज्ञानदेव अग्निहोत्री	नेफा की एक शाम (1962 ई.), माटी जागीर (1964 ई.), वतन की आबरू (1966 ई.), चिराग जल उठा, शुतुरमुर्ग (1968 ई.), अनुष्ठान
रेवती सरन शर्मा	चिराग की लौ (1962 ई.), अपनी धरती (1963 ई.), अँधेरे का बेटा (1969 ई.), न धर्म न ईमान (1970 ई.), दीपशिखा (1973 ई.),
राजेन्द्र कुमार शर्मा	रेत की दीवार (1963 ई.), अपनी कमाई (1969 ई.), नीलामघर (1977 ई.),
सुरेन्द्र वर्मा	द्रौपदी (1972 ई.), सेतुबन्ध (1972 ई.), नायक-खलनायक विदूषक (1972 ई.), सूर्य की अन्तिम किरण से सूर्य की पहली किरण तक (1975 ई.), आठवाँ सर्ग, (1976 ई.), छोटे सैयद बड़े सैयद (1982 ई.), एक दूनी एक (1987 ई.), शकुन्तला की अँगूठी (1990 ई.), कैद-ए-हयात (1993 ई.),
रमेश बक्षी	देवयानी का कहना है (1972 ई.), तीसरा हाथी (1975 ई.), वामाचार (1977 ई.), यादों के घर, कसे हुए तार (1979 ई.),
हमीदुल्ला	उलझी आकृतियाँ (1973 ई.), दरिन्दे (1975 ई.), उत्तर उर्वशी (1979 ई.), हरबार (1986 ई.),
सुशील कुमार सिंह	बापू की हत्या हजारवीं बार, अँधेरे के राही, सिंहासन खाली है (1974 ई.),
मणिमधुकर	रसगंधर्व (1975 ई.), बुलबुल की सराय (1978 ई.), दुलारी बाई (1978 ई.), खेला पोलमपुर (1979 ई.), इकतारे की आँख (1980 ई.),
शंकर शेष	एक और द्रोणाचार्य (1977 ई.), घरौंदा (1978 ई.), अरे मायावी सरोवर (1980 ई.), रक्तबीज (1975 ई.), बन्धन अपने-अपने (1967 ई.), पोस्टर (1977 ई.), खजुराहो का शिल्पी (1970 ई.)
गिरिराज किशोर	बादशाह बेगम गुलाम (1979 ई.), प्रजा ही रहने दो (1977 ई.), घोड़ा और घास (1980 ई.), चेहरे-चेहरे किसके चेहरे (1983 ई.), केवल मेरा नाम लो (1984 ई.), जुर्म आयद (1987 ई.), काठ की तोप (2001 ई.),
मुद्राराक्षस	तिलचट्टा, योर्स फेथफुली, मरजीवा, प्रथम स्तुति, आला अफसर (1979 ई.), गुफाएँ (1979 ई.), संतोला (1980 ई.),
बृजमोहन शाह	त्रिशंकु (1973 ई.), युद्धमन (1975 ई.), शह पे मात (1976 ई.)
रामेश्वर प्रेम	चारपाई, राजा नंगा है, कालपात्र, अज्ञातघर, अन्तरंग, कैम्प, लोमड़ वेश (1980 ई.), शस्त्र सन्तान (1997 ई.)
नरेन्द्र मोहन	कहै कबीर सुनो भई साधो (1987 ई.), सींगधारी (1988 ई.), कलन्दर (1991 ई.), नो मैंस लैण्ड (1994 ई.), अभंग गाथा (2000 ई.)
शरद जोशी	एक था गधा (1980 ई.), अंधों का हाथी (1980 ई.),
कृष्णबलदेव वैद्य	भूख आग है (1998 ई.), हमारी बुढ़िया (2000 ई.), सवाल और स्वप्न (2001 ई.)
स्वदेशी दीपक	नाटक बालभगवान (1989 ई.), कोर्ट मार्शल (1991 ई.), जलता हुआ रथ (1998 ई.), सबसे उदास कविता (1998 ई.), काल कोठरी (1999 ई.),
राजेश जैन	वायरस (1994 ई.), विषदंश (1999 ई.),
मन्नू भण्डारी	बिना दीवारों का घर (1965 ई.), महाभोज (1982 ई.),
मृदुला गर्ग	एक और अजनबी (1978 ई.), जादू का कालीन (1993 ई.), कितनी कैदें, दुलहिन एक पहाड़ की, दूसरा संस्करण
कुसुम कुमार	संस्कार को नमस्कार, ओम क्रान्ति क्रान्ति, सुनो शेफाली, दिल्ली ऊँचा सुनती है, रावण लीला, मादा मिट्टी, पवन चतुर्वेदी की डायरी

एकांकी

'एकांकी' का शाब्दिक अर्थ है—'एक अंक वाला' (One act play)। यह नाटक के समान ही अभिनय से सम्बन्धित साहित्य की एक विधा है, जिसमें किसी घटना या विषय को एक अंक में प्रस्तुत किया जाता है। नाटक के विभिन्न भेदों में से व्यायोग, प्रहसन, भाण, वीथी, नाटिका, गोष्ठी आदि में एक ही अंक होता है, अतः इन्हें प्राचीन ढंग के 'एकांकी' कह सकते हैं। संस्कृत एवं प्राकृत में 'एकांकी' के अनेक उदाहरण मिलते हैं।

हिन्दी एकांकी का विकास क्रम

- हिन्दी में एकांकी लेखन का आरम्भ भारतेन्दु युग से होता है, किन्तु एकांकी के कुछ तत्त्व हमारे पूर्ववर्ती साहित्य में भी यत्र-तत्र उपलब्ध होते हैं।
- हिन्दी में प्राचीन ढंग के गद्य-पद्य एकांकियों का आरम्भ भारतेन्दु हरिश्चन्द्र द्वारा हुआ। उन्होंने प्राचीन संस्कृत नाट्य साहित्य से प्रेरणा ग्रहण करते हुए नाटक व एकांकी के विभिन्न रूपों के विकास का प्रयत्न किया। उन्होंने 'धनंजय-विजय', 'प्रेम-योगिनी', 'पाखण्ड-विडम्बन', 'विषस्य विषमौषधम्', 'वैदिकी हिंसा-हिंसा न भवति' आदि की रचना की, जिनमें प्राचीन ढंग के एकांकियों के लक्षणों का निर्वाह हुआ है।
- हिन्दी एकांकी-साहित्य के अधिकारी विद्वान् डॉ. महेन्द्र भारतेन्दु इन एकांकियों पर विचार करते हुए लिखते हैं—''जिस बात से हम विशेष प्रभावित होते हैं, वह उनकी प्रतिभा है। उन पर नए ढंग के बांग्ला नाटकों तथा पारसी रंगमंच का भी प्रभाव था।''
- भारतेन्दु के अतिरिक्त उनके युग में अन्य लेखकों ने शताधिक रूपकों व प्रहसनों आदि की रचना की, जिन्हें प्राचीन ढंग के एकांकी कह सकते हैं। इनमें से कुछ का नाम यहाँ उद्धृत किया जाता है। 'तन मन धन गुसाईं जी के अर्पण', 'कलियुगी जनेऊ', 'शिक्षादान', 'जनेऊ का खेल' 'हिन्दी उर्दू नाटक' आदि। इन एकांकियों में वे सभी विशेषताएँ उपलब्ध होती हैं, जो पीछे भारतेन्दु के एकांकियों में बताई गई हैं।
- द्विवेदी युग में हिन्दी एकांकी के स्वरूप पर पाश्चात्य एकांकी का भी प्रभाव पड़ने लगा, जिससे उनके बाह्य रूप में क्रमशः थोड़ा-थोड़ा अन्तर आने लगा, किन्तु उनकी मूल आत्मा भारतेन्दु युग के अनुरूप ही रही। उनका प्रमुख उद्देश्य समाज सुधार एवं राष्ट्रोन्नति ही रहा।
- इस युग के प्रमुख एकांकियों में मंगल प्रसाद विश्वकर्मा का 'शेरसिंह', सियारामशरण गुप्त का 'कृष्णा', ब्रजलाल शास्त्री के 'भारती' में प्रकाशित अनेक एकांकी—'नीला', 'दुर्गावती', 'पन्ना', 'तारा' आदि रामसिंह वर्मा के दो प्रहसन 'रेशमी रूमाल' और 'क्रिसमस', 'सरयूप्रसाद बिन्दु का 'भयंकर भूत', शिवरामदास गुप्त का 'नाक में दम', बद्रीनाथ भट्ट का रेगड़ समाचार के एडीटर की धुल दच्छना', रूपनारायण पाण्डेय का 'मूर्ख मण्डली', पाण्डेय बेचन शर्मा 'उग्र' का 'चार बेचारे' श्री सुदर्शन का 'ऑनरेरी मजिस्ट्रेट' आदि उल्लेखनीय हैं।
- पाश्चात्य शैली में लिखे गए एकांकियों को 'आधुनिक एकांकी' कह सकते हैं। इसका विकास हिन्दी कियों लगभग 1930 ई. के अनन्तर हुआ। जयशंकर प्रसाद ने 1929 ई. के लगभग 'एक घूँट' एकांकी की रचना की। विभिन्न विद्वानों ने 'एक घूँट' को आधुनिक ढंग की सर्वप्रथम हिन्दी एकांकी स्वीकार को किया है।

प्रमुख एकांकीकार

- लक्ष्मीनारायण मिश्र के एकांकी संग्रह इस क्रम से प्रकाशित हुए हैं— अशोक वन, प्रलय के पंख पर, एक दिन, कावेरी में कमल, बलहीन, नारी का रंग, स्वर्ग में विप्लव, भगवान मनु तथा अन्य एकांकी आदि। इन्होंने अपने एकांकियों में पौराणिक, ऐतिहासिक, राजनैतिक, सामाजिक, मनोवैज्ञानिक समस्याओं का चित्रण सूक्ष्म रूप में किया है। उसमें ज्ञान और मनोरंजन का समन्वय सुन्दर ढंग से हुआ है।
- सामाजिक समस्याओं के चित्रण में श्री उपेन्द्रनाथ अश्क को अभूतपूर्व सफलता प्राप्त हुई। वे मध्यमवर्ग के समाज की कमजोरियों, रूढ़ियों तथा जीर्ण-शीर्ण परम्पराओं पर व्यंग्यात्मक शैली में प्रकाश डालते हैं। व्यंग्य की तीखी चोट करने में अश्क की बराबरी हिन्दी का और कोई एकांकी-लेखक नहीं कर सका। अधिकार का रक्षक उनकी इस व्यंग्यात्मक शैली का स्थायी प्रमाण है।

उपेन्द्रनाथ अश्क के एकांकियों को तीन वर्गों में विभाजित किया जा सकता है।

1. सामाजिक व्यंग्य
2. सांकेतिक एवं प्रतीकात्मक एकांकी
3. मनोवैज्ञानिक एकांकी तथा प्रहसन

सामाजिक व्यंग्य, सांकेतिक एवं प्रतीकात्मक एकांकी

सामाजिक व्यंग्य	सांकेतिक एवं प्रतीकात्मक एकांकी
पापी (1937 ई.)	चरवाहे (1942 ई.)
लक्ष्मी का स्वागत (1938 ई.)	चिलमन (1942 ई.)
मोहब्बत (1938 ई.)	खिड़की (1942 ई.)
क्रॉसवर्ड पहेली (1936 ई.)	चुम्बक (1942 ई.)
अधिकार का रक्षक (1938 ई.)	मैमूना (1942 ई.)
आपस का समझौता (1936 ई.)	देवताओं की छाया में (1940 ई.)
स्वर्ग की झलक (1936 ई.)	चमत्कार (1943 ई.)
विवाह के दिन (1936 ई.)	सूखी डाली (1943 ई.)
जोंक (1936 ई.)	अन्धी गली (1952 ई.)

मनोवैज्ञानिक एकांकी तथा प्रहसन
आदि मार्ग (1947 ई.)
अन्जो दीदी, भँवर (1944 ई.)
कैसा साहब, कैसी आया (1951 ई.)
पर्दा उठाओ, पर्दा गिराओ (1952 ई.)
बतसिया सयाना मालिक, जीवन-साथी (1952 ई.)

भुवनेश्वर प्रसाद मिश्र

- मिश्र पाश्चात्य एकांकियों एवं एकांकीकारों की शैली का हिन्दी में पूर्ण विकास करने की दृष्टि से बहुत विख्यात हैं। उनका प्रथम एकांकी 'श्यामा: एक वैवाहिक विडम्बना' 1936 ई. में प्रकाशित हुआ था जिस पर बर्नाड शॉ के 'कैण्डिडा' का प्रभाव दृष्टिगोचर होता है। तत्पश्चात् 'पतिता' एक साम्यहीन साम्यवादी, प्रतिभा का विवाह, रहस्य रोमांच, लॉटरी, मृत्यु आदि प्रकाशित हुए, जो पाश्चात्य प्रभाव से युक्त हैं।
- उनकी प्रौढ़ रचनाओं में 'सवा आठ बजे', 'आदमखोर', 'इन्सपेक्टर जनरल', 'रोशनी और आग', 'फोटोग्राफर के सामने', 'ताँबे के कीड़े', 'इतिहास की केंचुल', 'आजादी की नींद', 'सीकों की गाड़ी' आदि उल्लेखनीय हैं।
- जगदीशचन्द्र माथुर का प्रथम एकांकी 'मेरी बाँसुरी' 1936 ई. में प्रकाशित हुआ था।
- तदनन्तर उनके अनेक एकांकी संग्रह प्रकाशित हुए—'भोर का तारा', 'कलिंग-विजय', 'रीढ़ की हड्डी', 'मकड़ी का जाला', 'खण्डहर खिड़की की राह', 'घोंसले', 'कबूतर खाना भाषण', 'ओ मेरे सपने', 'शारदीय', 'बन्दी' आदि। हास्य और व्यंग्य का पुट भी उनकी रचनाओं में मिलता है। उनकी रचनाओं में विचार और अनुभूति/प्रचार और कला तथा ज्ञान एवं मनोरंजन दोनों का सुन्दर समन्वय उपलब्ध होता है।

एकांकी, नाटक, रचनाकार और उनकी कृतियाँ

रचनाकार	कृतियाँ
जयशंकर प्रसाद	एक घूँट (1929 ई.)
भुवनेश्वर	कारवाँ (1935 ई.), श्यामा, एक साम्यहीन साम्यवादी, शैतान, प्रतिभा का विवाह, स्ट्राइक, लॉटरी, ऊसर, पतित, ताँबे के कीड़े, सिकन्दर, आजादी की नींद, रोशनी, आग तथा खामोशी
रामकुमार वर्मा	बादल की मृत्यु (1930 ई.), पृथ्वीराज की आँखें, औरंगजेब की आखिरी रात, रेशमी टाई, चारुमित्रा, रूपरंग, सप्तकिरण, कौमुदी महोत्सव, ऋतुराज, रजतरश्मि, दस मिनट, मयूरपंख, दीपदान, कामकंदला, बापू, इन्द्रधनुष
उपेन्द्रनाथ 'अश्क'	देवताओं की छाया में चरवाहे (1940 ई.), तूफान से पहले (1950 ई.), कैद और उड़ान (1948 ई.), अधिकार का रक्षक (1951 ई.), स्वर्ग की झलक (1939 ई.), साहब को जुकाम है, (1939 ई.) जोंक, पर्दा उठाओ पर्दा गिराओ (1939 ई.), सूखी डाली (1953 ई.), भँवर (1942 ई.), लक्ष्मी का स्वागत, पापी (1938 ई.), बतसिया (1938 ई.), जीवन साथी (1950 ई.), आँधी, अंधी गली (1961 ई.)।
उदयशंकर भट्ट	एक ही कब्र में (1936 ई.), आदिमयुग, समस्या का अन्त, आज का आदमी, स्त्री का हृदय, पर्दे के पीछे, दस हजार
सेठ गोविन्ददास	स्पर्द्धा (1935 ई.), बुद्ध की एक शिष्या, नानक की नमाज, मैत्री, मानवमन, ईद और होली, हंगर स्ट्राइक, सच्चा कांग्रेसी कौन? बन्द नोट, प्रलय और सृष्टि, शाप का वर, प्रायश्चित्त, निर्माण का आनन्द
जगदीशचन्द्र माथुर	मेरी बाँसुरी (1936 ई.), भोर का तारा (1957 ई.), खण्डहर, कलिंग-विजय, मकड़ी का जाला, रीढ़ की हड्डी, ओ मेरे सपने, (1953 ई.) कबूतरखाना
लक्ष्मीनारायण मिश्र	अशोक वन, एक दिन, प्रलय के पंख पर, कावेरी में कलम, स्वर्ग के विप्लव, नारी के रंग आदि
लक्ष्मीनारायण लाल	मड़वे का भोर, अंधा कुआँ, ताजमहल के आँसू, पर्वत के पीछे, नाटक बहुरंगी और दूसरा दरवाजा
विष्णु प्रभाकर	लिपिस्टिक की मुस्कान, दृष्टि की खोज, बीमार
वृन्दावनलाल वर्मा	लो भाई पंचों लो, कनेर, टंटा गुरु, शासन का डण्डा, कश्मीर का काँटा, बाँस की फाँस
भगवतीचरण वर्मा	मैं और केवल मैं, सबसे बड़ा आदमी, दो कलाकार, महाकाल, चौपाल में, द्रोपदी
हरिकृष्ण 'प्रेमी'	स्वर्णविहान, सेवा मन्दिर, मातृ मन्दिर, राष्ट्र मन्दिर, मान मन्दिर, न्याय मन्दिर, वाणी मन्दिर आदि
गिरजा कुमार माथुर	कुमार सम्भव, राम की अग्नि परीक्षा, धरादीप, शकुन्तला, मदनोत्सव आदि
नरेश मेहता	'सुबह के घण्टे'
जैनेन्द्र कुमार	'टकराहट'
धर्मवीर भारती	'नदी प्यासी थी'
मोहन राकेश	'अण्डे के छिलके'

भारतेन्दु युग में गद्य की अन्य विधाओं के साथ आलोचना का द्वार पत्र-पत्रिकाओं के प्रकाशन ने खोल दिए। हिन्दी आलोचना को चरम उत्कर्ष पर पहुँचाने का श्रेय आचार्य रामचन्द्र शुक्ल को है।

हिन्दी के प्रमुख आलोचक और उनकी कृतियाँ

आलोचक	कृतियाँ
आचार्य रामचन्द्र शुक्ल	चिन्तामणि (दो भाग), रस मीमांसा, भ्रमरगीत सार, गोस्वामी तुलसीदास, सूरदास, जायसी ग्रन्थावली
आचार्य नन्ददुलारे वाजपेयी	हिन्दी साहित्य-बीसवीं सदी, आधुनिक साहित्य, प्रेमचन्द, जयशंकर प्रसाद, महाकवि सूरदास, नया साहित्य-नए प्रश्न, राष्ट्रभाषा की समस्या
आचार्य हजारी प्रसाद द्विवेदी	हिन्दी साहित्य की भूमिका, हिन्दी साहित्य का आदिकाल, सूर साहित्य, कबीर, हिन्दी साहित्य, मध्यकालीन बोध का स्वरूप
डॉ. नगेन्द्र	रस सिद्धान्त, सुमित्रानन्दन पन्त, साकेत : एक अध्ययन, रीतिकाव्य की भूमिका, आधुनिक हिन्दी नाटक, विचार और विवेचन, नई समीक्षा-नए सन्दर्भ आदि।
डॉ. रामविलास शर्मा	प्रगति और परम्परा, प्रगतिशील साहित्य की समस्याएँ, आस्था और सौन्दर्य, साहित्य और संस्कृति, प्रेमचन्द और उनका युग, आचार्य रामचन्द्र शुक्ल और हिन्दी आलोचना आदि।
डॉ. नामवर सिंह	कहानी और नई कहानी, छायावाद, कविता के नए प्रतिमान, दूसरी परम्परा की खोज, इतिहास और आलोचना, आधुनिक साहित्य की प्रवृत्तियाँ

वस्तुनिष्ठ प्रश्न

1. निम्नलिखित में से किसे हिन्दी की पहली कहानी माना जाता है?
(a) इन्दुमती
(b) रानी केतकी की कहानी
(c) दुलाई वाली
(d) उपरोक्त में से कोई नहीं

2. 'इन्दुमती' कहानी के लेखक कौन हैं?
(a) किशोरीलाल गोस्वामी
(b) मास्टर भगवानदास
(c) गिरिजादत्त वाजपेयी
(d) लाला भगवानदीन

3. आचार्य शुक्ल जी किस कहानी को हिन्दी की पहली कहानी मानते हैं?
(a) दुलाई वाली
(b) राजा भोज का सपना
(c) इन्दुमती
(d) प्लेग की चुड़ैल

4. 'इन्दुमती' कहानी का प्रकाशन सरस्वती पत्रिका में कब हुआ?
(a) 1900 ई. (b) 1905 ई.
(c) 1910 ई. (d) 1881 ई.

5. 'प्लेग की चुड़ैल' कहानी के लेखक हैं
(a) मास्टर भगवान दास
(b) गिरिजादत्त वाजपेयी
(c) बंग महिला
(d) उपरोक्त में से कोई नहीं

6. 'दुलाई वाली' के लेखक कौन हैं?
(a) आचार्य शुक्ल (b) रामदुलारे वाजपेयी
(c) गिरिजादत्त वाजपेयी (d) बंग महिला

7. कहानी 'पण्डित-पण्डितानी' के लेखक इनमें से कौन हैं?
(a) गिरिजादत्त वाजपेयी (b) मास्टर भगवानदास
(c) जयशंकर प्रसाद (d) किशोरीलाल

8. आचार्य शुक्ल के अनुसार हिन्दी के प्रथम कहानीकार कौन हैं?
(a) किशोरीलाल गोस्वामी
(b) गिरिजादत्त वाजपेयी
(c) मास्टर भगवानदास
(d) बंग महिला

9. 'रानी केतकी की कहानी' के लेखक हैं
(a) सदासुखलाल
(b) सदल मिश्र
(c) इंशाअल्ला खाँ
(d) उपरोक्त में से कोई नहीं

10. जयशंकर प्रसाद की प्रथम कहानी कौन-सी थी, जो वर्ष 1909 में प्रकाशित हुई?
(a) ग्राम (b) छाया
(c) प्रतिध्वनि (d) आकाशदीप

11. कहानी 'इन्द्रजाल' के कहानीकार इनमें से कौन हैं?
(a) जयशंकर प्रसाद (b) निराला
(c) दिनकर (d) मुंशी प्रेमचन्द

12. जयशंकर प्रसाद जी की आरम्भिक कहानियों पर किस भाषा का प्रभाव है?
(a) मैथिली (b) तमिल
(c) बांग्ला (d) इनमें से कोई नहीं

13. मुंशी प्रेमचन्द जी की कहानियाँ किसमें संकलित हैं?
(a) मानसरोवर (b) इन्दु
(c) प्रताप (d) इनमें से कोई नहीं

14. मुंशी प्रेमचन्द जी का कौन-सा कहानी संग्रह अंग्रेजी सरकार द्वारा जब्त कर लिया गया?
(a) रंगभूमि (b) कर्मभूमि
(c) सोजे वतन (d) इनमें से कोई नहीं

15. 'सोजे वतन' का प्रकाशन वर्ष था
(a) 1905 ई. (b) 1906 ई.
(c) 1907 ई. (d) 1908 ई.

16. मुंशी प्रेमचन्द जी की प्रथम हिन्दी कहानी इनमें से कौन-सी है?
(a) बड़े घर की बेटी (b) शतरंज के खिलाड़ी
(c) ईदगाह (d) पंच परमेश्वर

17. निम्नलिखित में से कौन-सी कहानी मुंशी प्रेमचन्द जी की नहीं है?
(a) कफन (b) पण्डित मोटेराम
(c) सुजान भगत (d) उसने कहा था

18. कहानी 'वज्रपात' के लेखक हैं
(a) मुंशी प्रेमचन्द
(b) जयशंकर प्रसाद
(c) हजारी प्रसाद द्विवेदी
(d) किशोरीलाल गोस्वामी

19. चन्द्रधर शर्मा गुलेरी की प्रथम कहानी कौन-सी है?
(a) उसने कहा था (b) सुखमय जीवन
(c) बुद्धू का काँटा (d) इनमें से कोई नहीं

20. चन्द्रधर शर्मा गुलेरी की प्रथम कहानी कब प्रकाशित हुई?
(a) 1911 ई. (b) 1912 ई.
(c) 1914 ई. (d) 1915 ई.

21. विश्वम्भरनाथ कौशिक की प्रथम कहानी कौन-सी है?
(a) चाँद (b) दुबे जी की चिट्ठियाँ
(c) रक्षाबन्धन (d) इनमें से कोई नहीं

22. 'रक्षाबन्धन' कहानी का प्रकाशन वर्ष क्या है?
(a) 1912 ई. (b) 1913 ई.
(c) 1914 ई. (d) 1915 ई.

23. कहानी 'हार की जीत' के लेखक इनमें से कौन हैं?
(a) सुदर्शन
(b) विश्वम्भरनाथ कौशिक
(c) चन्द्रधर शर्मा गुलेरी
(d) इनमें से कोई नहीं

24. 'प्रतिध्वनि' कहानी के लेखक हैं
(a) सुदर्शन (b) प्रेमचन्द
(c) जैनेन्द्र (d) जयशंकर प्रसाद

25. कहानी 'गल्प मंजरी' के लेखक हैं
(a) पाण्डेय बेचन शर्मा 'उग्र
(b) गुलेरी जी
(c) पण्डित बद्रीनाथ भट्ट
(d) उपरोक्त में से कोई नहीं

26. कहानी 'उल्कापात' के लेखक हैं
(a) पाण्डेय बेचन शर्मा
(b) पण्डित बद्रीनाथ भट्ट
(c) ज्वालादत्त शर्मा
(d) वृन्दावन लाल वर्मा

27. 'भाग्य चक्र' कहानी के लेखक हैं
(a) वृन्दावन लाल वर्मा
(b) पण्डित बद्रीनाथ भट्ट
(c) पाण्डेय बेचन शर्मा
(d) ज्वालादत्त शर्मा

28. 'निम्नलिखित में से किस कहानी के लेखक प्रेमचन्द नहीं हैं?
(a) बड़े घर की बेटी
(b) मिस पद्मा
(c) ठाकुर का कुआँ
(d) छोटा जादूगर

29. वातायन के लेखक हैं
(a) जैनेन्द्र (b) उपेन्द्रनाथ अश्क
(c) अमृतलाल नागर (d) इनमें से कोई नहीं

30. 'दामुल का कैदी' के लेखक कौन हैं?
(a) प्रसाद (b) सुदर्शन
(c) प्रेमचन्द (d) यशपाल

31. प्रेमचन्द उर्दू में किस नाम से लिखते थे?
(a) धनपत राय
(b) नवाब राय
(c) गणपत राय
(d) उपरोक्त में से कोई नहीं

32. 'गुण्डा' कहानी 'प्रसाद' के क़िस कहानी संग्रह में संकलित है?
(a) इन्द्रजाल (b) आकाशदीप
(c) प्रतिध्वनि (d) आँधी

33. नारी पात्र 'मधुलिका' का सम्बन्ध किस कहानी से हैं?
(a) आकाशदीप (b) पुरस्कार
(c) देवदासी (d) इन्द्रजाल

34. कहानी संग्रह 'दूसरा ताजमहल' की लेखिका हैं
(a) नासिरा शर्मा (b) क्षमा कौल
(c) ममता कालिया (d) अनिता जैन

35. 'दुलाई वाली' किस विधा की रचना है?
(a) कहानी (b) रेखाचित्र
(c) उपन्यास (d) संस्मरण

36. निम्नलिखित में से कौन-सा लेखक मनोविश्लेषणवादी परम्परा का नहीं है?
(a) जैनेन्द्र (b) इलाचन्द्र जोशी
(c) प्रेमचन्द (d) भगवतीचरण वर्मा

37. इन्दु नामक पत्रिका का प्रकाशन कब प्रारम्भ हुआ?
(a) वर्ष 1912 (b) वर्ष 1913
(c) वर्ष 1914 (d) वर्ष 1909

38. 'खाली बोतल' कहानी संग्रह में किस लेखक की कहानियाँ हैं?
(a) भगवती प्रसाद वाजपेयी
(b) भगवतीचरण वर्मा
(c) जैनेन्द्र
(d) इनमें से कोई नहीं

39. 'खिलते फूल' किसका कहानी संग्रह है?
(a) भगवतीचरण वर्मा
(b) भगवती प्रसाद वाजपेयी
(c) जैनेन्द्र
(d) इलाचन्द्र जोशी

40. 'कोठरी की बात' कहानी संग्रह किसका है?
(a) अज्ञेय
(b) जैनेन्द्र
(c) इलाचन्द्र जोशी
(d) उपरोक्त में से कोई नहीं

41. कहानी संग्रह 'रोमाण्टिक छाया' किसका है?
(a) इलाचन्द्र जोशी (b) जैनेन्द्र
(c) अज्ञेय (d) इनमें से कोई नहीं

42. निम्नलिखित में से कौन-सा कहानी संग्रह इलाचन्द्र जोशी का है?
(a) कोठरी की बात (b) विपथगा
(c) दिवाली और होली (d) भय का राज्य

43. 'निशानियाँ' किस कहानीकार ने लिखी है?
(a) चन्द्रधर विद्यालंकार
(b) चन्द्रधर शर्मा गुलेरी
(c) इलाचन्द्र जोशी
(d) जैनेन्द्र

44. 'नया रास्ता' कहानी के लेखक हैं
(a) रामप्रसाद निरंजनी
(b) रामप्रसाद पहाड़ी
(c) डॉ. सत्यप्रकाश सेंगर
(d) इनमें से कोई नहीं

45. इलाचन्द्र जोशी किस वर्ग के कहानीकार हैं?
(a) यथार्थवादी (b) प्रगतिवादी
(c) आदर्शवादी (d) मनोविश्लेषणवादी

46. कहानी 'कितना ऊँचा कितना नीचा' के लेखक हैं?
(a) डॉ. सत्यप्रकाश सेंगर
(b) रामप्रसाद पहाड़ी
(c) कृष्णानन्दन गुप्त
(d) इनमें से कोई नहीं

47. डॉ. सत्यप्रकाश सेंगर की निम्नलिखित में से कौन-सी कहानी है?
(a) लम्बे दिन जलती रातें
(b) अधूरा चित्र
(c) त्रयोदशी
(d) पुरस्कार

48. 'टेसू के फूल' के कहानीकार कौन हैं?
(a) किशोर साहू (b) रामप्रसाद पहाड़ी
(c) डॉ. सत्यप्रकाश सेंगर (d) इनमें से कोई नहीं

49. कहानी 'उजाले से पहले' किस लेखक की है?
(a) मधुसूदन (b) किशोर साहू
(c) मोहनलाल महतो (d) कमलकान्त वर्मा

50. हास्य रस सम्बन्धी कहानी संग्रह 'मेरी हजामत' के लेखक हैं
(a) अन्नापूर्ण नन्द (b) श्रीनिवास जोशी
(c) राधाकृष्ण (d) इनमें से कोई नहीं

51. 'गरम चाय' के कहानीकार निम्नलिखित में से कौन हैं?
(a) सटपटसराय बनारसी (b) श्रीनिवास शर्मा
(c) बद्रीनारायण शुक्ल (d) इनमें से कोई नहीं

52. नई कहानी का प्रारम्भ कब माना जाता है?
(a) 1945 ई. (b) 1950 ई.
(c) 1955 ई. (d) 1972 ई.

53. 'नए बादल' के कहानीकार इनमें से कौन हैं?
(a) मोहन राकेश (b) भीष्म साहनी
(c) मन्नू भण्डारी (d) उषा प्रियंवदा

54. हिन्दी की पहली कहानी लेखिका हैं
(a) चन्द्रकिरण सौनरेक्सा (b) बंग महिला
(c) होमवती देवी (d) चन्द्रमुखी ओझा

55. आचार्य रामचन्द्र शुक्ल द्वारा लिखित 'ग्यारह वर्ष का समय' किस विधा की रचना है?
(a) कहानी (b) उपन्यास
(c) डायरी (d) संस्मरण

56. अपने जीवन-काल में सिर्फ तीन कहानियों की रचना कर हिन्दी कथा साहित्य में अपनी अमिट पहचान बना लेने वाले रचनाकार का नाम है
(a) रामचन्द्र शुक्ल
(b) चन्द्रधर शर्मा गुलेरी
(c) अज्ञेय
(d) इनमें से कोई नहीं

57. 'बुद्धू का काँटा' कहानी के लेखक हैं
(a) बेचन शर्मा 'उग्र'
(b) चन्द्रधर शर्मा गुलेरी
(c) प्रेमचन्द
(d) विश्वम्भरनाथ शर्मा 'कौशिक'

58. समान्तर कहानी का प्रचार-प्रसार किस पत्रिका के माध्यम से हुआ?
(a) सारिका (b) इन्दु
(c) संध्या (d) इनमें से कोई नहीं

59. 'सीट नं.छ:' किस लेखिका की कहानी है?
(a) मन्नू भण्डारी (b) मंजुल भगत
(c) ममता कालिया (d) इन्दुबाली

60. सुमेलित कीजिए

सूची I	सूची II
A. यही सच है	1. सुधा अरोड़ा
B. बेगाने घर में	2. मृदुला गर्ग
C. टुकड़ा-टुकड़ा आदमी	3. मंजुल भगत
D. बगैर तराशे हुए	4. मन्नू भण्डारी

कूट

	A	B	C	D
(a)	1	2	3	4
(b)	4	3	2	1
(c)	1	2	4	3
(d)	1	4	3	2

61. 'ढाई आखर प्रेम का' के कहानीकार हैं
(a) मणिका मोहिनी (b) मृदुला गर्ग
(c) उषा प्रियंवदा (d) मन्नू भण्डारी

62. समानान्तर कहानी के प्रवर्तक हैं
(a) मोहन राकेश (b) धर्मवीर भारती
(c) कमलेश्वर (d) इनमें से कोई नहीं

63. महीप सिंह किस कहानी आन्दोलन से जुड़े हैं?
(a) नई कहानी (b) सचेतन कहानी
(c) समानान्तर कहानी (d) अकहानी

64. 'माता का हृदय' के कहानीकार कौन हैं?
(a) जयशंकर प्रसाद (b) शिवप्रसाद सिंह
(c) मुंशी प्रेमचन्द (d) इनमें से कोई नहीं

65. हिन्दी की सर्वश्रेष्ठ कहानी कौन-सी मानी जाती है?
(a) सुखमय जीवन (b) कफन
(c) ताई (d) उसने कहा था

66. सुमेलित कीजिए

सूची I	सूची II
A. पुरस्कार	1. जयशंकर प्रसाद
B. हार की जीत	2. सुदर्शन
C. रूठी रानी	3. चतुरसेन शास्त्री
D. चॉकलेट	4. पाण्डेय बेचन शर्मा

कूट

	A	B	C	D
(a)	1	2	3	4
(b)	2	3	4	1
(c)	1	4	3	2
(d)	2	4	1	3

67. निम्नलिखित में से कौन-सी कहानी जैनेन्द्र की है?
(a) मिसपाल (b) शरणार्थी
(c) एक रात (d) प्रेतात्मा

68. 'टूटना' कहानी किस लेखक की है?
(a) कमलेश्वर
(b) निर्मल वर्मा
(c) भगवती प्रसाद वाजपेयी
(d) राजेन्द्र यादव

69. कौन-सी कहानी अमरकान्त की है?
(a) जिन्दगी और जोंक
(b) त्रिशंकु
(c) मृत्यु की ओर
(d) सच बोलने की भूख

70. मन्नू भण्डारी की इनमें से कौन-सी कहानी है?
(a) सफेद कौआ (b) बंजर
(c) फूलों का कुर्ता (d) मैं हार गई

71. 'चाँद और टूटे लोग' कहानी के कहानीकार हैं
(a) धर्मवीर भारती (b) दूधनाथ
(c) मालती जोशी (d) अखिलेश

72. 'बोलने वाली औरत' की लेखिका इनमें से कौन है?
(a) ममता कालिया (b) ऊषा
(c) मन्नू भण्डारी (d) निर्मला वर्मा

73. 'रहिमन धागा प्रेम का' के कहानीकार हैं
(a) दूधनाथ जोशी (b) धीरेन्द्र अस्थाना
(c) ज्ञान रंजन (d) मालती जोशी

74. असत्य कथन को चुनें
(a) मुंशी प्रेमचन्द की कहानियाँ मानसरोवर के 8 भागों में संगृहीत हैं
(b) 'सप्त सरोज' मुंशी प्रेमचन्द का उपन्यास संग्रह है
(c) 'सोजे वतन' स्वातन्त्र्य भावनाओं से ओत-प्रोत उपन्यास है
(d) मुंशी प्रेमचन्द मनोविश्लेषणवादी उपन्यासकार रहे हैं

75. असत्य युग्म को चुनें
(a) सुखमय जीवन – चन्द्रधर शर्मा गुलेरी
(b) रक्षाबन्धन – विश्वम्भरनाथ 'कौशिक'
(c) हार की जीत – सुदर्शन
(d) लिली सखी – दिनकर

76. कहानी संग्रह 'वातायन', 'फाँसी' एवं 'स्पर्द्धा' किसके द्वारा रचित हैं?
(a) जैनेन्द्र कुमार (b) यशपाल
(c) दिनकर (d) मुंशी प्रेमचन्द

77. सुमेलित कीजिए

सूची I	सूची II
A. रामलीला	1. राधाकृष्ण
B. चिक का पर्दा	2. श्रीनिवास जोशी
C. टनाटन	3. श्रीकृष्णदेव प्रसाद गौड़
D. मौसेरे भाई	4. कान्तानाथ पाण्डे

कूट

	A	B	C	D
(a)	1	2	3	4
(b)	3	2	4	1
(c)	4	3	1	2
(d)	2	3	1	4

78. सुमेलित कीजिए

सूची I	सूची II
A. यही सच है	1. मन्नू भण्डारी
B. टुकड़ा-टुकड़ा आदमी	2. मृदुला गर्ग
C. एक नीच ट्रेजडी	3. मृणाल पाण्डेय
D. आतंक बीज	4. निरूपमा सेवती

कूट

	A	B	C	D
(a)	1	2	3	4
(b)	3	2	1	4
(c)	4	3	1	2
(d)	2	3	1	4

79. सुमेलित कीजिए

सूची I	सूची II
A. मन्त्र	1. विश्वम्भरनाथ 'कौशिक'
B. ताई	2. मुंशी प्रेमचन्द
C. आँधी	3. जयशंकर प्रसाद
D. दो मित्र	4. सुदर्शन

कूट

	A	B	C	D
(a)	1	2	3	4
(b)	4	3	2	1
(c)	2	1	3	4
(d)	4	3	1	2

80. 'बन्द गली का आखिरी मकान' कहानी के लेखक हैं
(a) धर्मवीर भारती (b) मंजुल भगत
(c) अमरकान्त (d) इनमें से कोई नहीं

81. सुमेलित कीजिए

सूची I	सूची II
A. ताला बन्द है	1. क्षितिज शर्मा
B. समय कम है	2. क्षितिज शर्मा
C. कल का भरोसा	3. अमर गोस्वामी
D. सलाम	4. ओमप्रकाश वाल्मीकि

कूट

	A	B	C	D
(a)	1	2	3	4
(b)	4	3	1	2
(c)	2	3	1	4
(d)	3	4	1	2

82. 'अलग-अलग परिचय' कहानी के कहानीकार हैं
(a) निराला (b) दिनकर
(c) प्रसाद (d) महादेवी वर्मा

83. 'दिल्ली में पहला दिन' कहानी के कहानीकार हैं
(a) पंकज बिष्ट
(b) वीरेन्द्र सक्सेना
(c) पुन्नी सिंह
(d) उपरोक्त में से कोई नहीं

84. असत्य को चुनें
(a) शरणार्थी – अज्ञेय
(b) एक और जिन्दगी – मोहन राकेश
(c) इन्द्रजाल – जयशंकर प्रसाद
(d) कमल की बेटी – पाण्डेय बेचन शर्मा 'उग्र'

85. समान्तर कहानी का प्रचार-प्रसार मुख्यत: किस पत्रिका के माध्यम से हुआ?
(a) हंस (b) इन्दु
(c) सारिका (d) इनमें से कोई नहीं

86. 'टीन के घेरे में' की लेखिका कौन हैं?
(a) सुधा अरोड़ा
(b) कृष्णा अग्निहोत्री
(c) मृणाल पाण्डेय
(d) उपरोक्त में से कोई नहीं

87. 'समान्तर कहानी' का सूत्रपात किसके द्वारा हुआ?
(a) कमलेश्वर
(b) संतीश जमाली
(c) रमेश उपाध्याय
(d) इनमें से कोई नहीं

88. 'कितने सम्बन्ध' कहानी संग्रह के लेखक हैं
(a) रामकुमार भ्रमर
(b) डॉ. महीप सिंह
(c) मोहन राकेश
(d) इनमें से कोई नहीं

89. समाजवादी-साम्यवादी दृष्टिकोण से आधुनिक समाज की विषमताओं का उद्घाटन किसने किया है?
(a) जैनेन्द्र कुमार (b) यशपाल
(c) डॉ. महीष सिंह (d) देवीदयाल चतुर्वेदी

90. प्रगतिवादी परम्परा में निम्नलिखित में से कौन-सा एक लेखक नहीं है?
(a) अमृतराय (b) यशपाल
(c) मन्मथनाथ गुप्त (d) जैनेन्द्र

91. नई कहानी की शुरुआत किस लेखक की कहानी से होती है?
(a) निर्मल वर्मा (b) शिवप्रसाद सिंह
(c) महीप सिंह (d) इनमें से कोई नहीं

92. 'सचेतन कहानी' के प्रवर्तक इनमें से कौन हैं?
(a) कमलेश्वर
(b) डॉ. महीप सिंह
(c) अमरकान्त
(d) उपरोक्त में से कोई नहीं

93. सुमेलित कीजिए

सूची I (कहानी)	सूची II (प्रवर्तक)
A. सहज कहानी	1. अमृतराय
B. समकालीन कहानी	2. गंगाप्रसाद विमल
C. समानान्तर कहानी	3. कमलेश्वर
D. सक्रिय कहानी	4. राकेश वत्स

कूट

	A	B	C	D
(a)	4	3	1	2
(b)	2	3	1	4
(c)	3	1	2	4
(d)	1	2	3	4

94. कहानी-'परदा' एवं 'वो दुनिया' के लेखक इनमें से हैं
(a) यशपाल
(b) अज्ञेय
(c) मुक्तिबोध
(d) इनमें से कोई नहीं

निर्देश (प्र.सं. 95-98) दिए गए स्थापना और तर्क को ध्यानपूर्वक पढ़कर कूट की सहायता से सही उत्तर का चयन कीजिए।

कूट
(a) A गलत, किन्तु R सही है
(b) A सही, किन्तु R गलत है
(c) A और R दोनों सही हैं
(d) A और R दोनों गलत हैं

95. **स्थापना** (A) प्रेमचन्दोत्तर कथाकारों में मनोविश्लेषण की प्रधानता है। वर्ग संघर्ष एवं यथार्थवाद की ओर रुझान भी कुछ कहानीकारों का रहा है तथा उन्होंने प्रेम, रोमांस एवं यौन समस्याओं को भी अपनी विषयवस्तु बनाया है।
तर्क (R) युगीन परिवेश को पूर्णत: व्यक्त करने में नई कहानी की महत्त्वपूर्ण भूमिका है। कहानी के शिल्प ने भी इस काल में उत्तरोत्तर प्रगति की है। अब कहानी में घटना विरलता के साथ-साथ व्यक्ति चरित्र पर विशेष बल दिया जाने लगा।

96. **स्थापना** (A) कहानी की मूल आत्मा 'एक संवेदना या एक प्रभाव' है। कहानी का मूल उद्देश्य कम-से-कम शब्दों में उस प्रभाव को अभिव्यक्त करना है।
तर्क (R) उपन्यास और कहानी में आकार का ही भेद है। उपन्यास छोटा होने पर कहानी बन जाता है और कहानी बड़ी होने पर उपन्यास बन जाती है।
उक्त कथनों के परिप्रेक्ष्य में सही विकल्प का चयन कीजिए

97. **स्थापना** (A) कहानी में किसी एक अंग की संवेदना की अभिव्यक्ति होती है, जबकि उपन्यास में जीवन की समग्रता की अभिव्यक्ति होती है।
तर्क (R) कहानी एक लघुकथा है, उसमें किसी संवेदना को व्यक्त कर पाना मुश्किल है।

98. **स्थापना** (A) नई कहानी का लक्ष्य नए भाव बोध पर आधारित जीवन के यथार्थ अनुभव का चित्रण करना है।
तर्क (R) नया कहानीकार न अतीत से जुड़ा है, न ही भविष्य के स्वप्नों से वह वर्तमान में और वर्तमान में भी केवल भोगे हुए यथार्थ को अपनी दृष्टि का केन्द्र बनाता है।

99. हिन्दी का प्रथम उपन्यास कौन-सा है?
(a) परीक्षा गुरु (b) श्यामास्वप्न
(c) सफेद मेमने (d) इनमें से कोई नहीं

100. हिन्दी का प्रथम उपन्यासकार इनमें से कौन-सा है?
(a) देवकीनन्दन खत्री
(b) लाला श्रीनिवासदास
(c) सदल मिश्र
(d) जगमोहन सिंह

101. 'श्यामास्वप्न' नामक उपन्यास किसके द्वारा लिखा गया है?
(a) जगमोहन सिंह (b) भारतेन्दु
(c) राधाकृष्णदास (d) लज्जाराम मेहता

102. 'चन्द्रकान्ता' के उपन्यासकार हैं
(a) श्रीनिवास (b) भारतेन्दु
(c) देवकीनन्दन खत्री (d) इनमें से कोई नहीं

103. गोवध की समस्या हेतु राधाकृष्णदास ने कौन-सा उपन्यास लिखा?
(a) निस्सहाय हिन्दू
(b) बिगड़े का सुधार
(c) आदर्श हिन्दू
(d) इनमें से कोई नहीं

104. जासूसी उपन्यासों के लिखने की शुरुआत किसने की?
(a) गोपालराम गहमरी
(b) अयोध्या सिंह उपाध्याय
(c) विशवम्भर दास
(d) प्रेमचन्द

105. 'जासूस पर जासूसी' उपन्यास किसने लिखा है?
(a) प्रेमचन्द
(b) चतुरसेन शास्त्री
(c) गोपालदास गहमरी
(d) उपरोक्त में से कोई नहीं

106. 'जिन्दे की लाश' किसका उपन्यास है?
(a) किशोरीलाल गोस्वामी (b) प्रेमचन्द
(c) निराला
(d) उपरोक्त में से कोई नहीं

107. 'ठेठ हिन्दी का ठाठ' तथा 'अधखिला फूल' किसके उपन्यास हैं?
(a) प्रेमचन्द
(b) निराला
(c) दिनकर
(d) अयोध्या सिंह उपाध्याय

108. 'सेवासदन' उपन्यास किसके द्वारा लिखा गया है?
(a) मुंशी प्रेमचन्द
(b) देवकीनन्दन खत्री
(c) वृन्दावन लाल वर्मा
(d) उपरोक्त में से कोई नहीं

109. सुमेलित करें

सूची I	सूची II
A. गोदान	1. लज्जाराम मेहता
B. सरकटी लाश	2. गोपाल गहमरी
C. अप्सरा	3. सूर्यकान्त त्रिपाठी निराला
D. बिगड़े का सुधार	4. मुंशी प्रेमचन्द

कूट

	A	B	C	D
(a)	1	2	3	4
(b)	4	2	3	1
(c)	2	3	1	4
(d)	4	1	2	3

110. सुमेलित कीजिए

सूची I (उपन्यास)	सूची II (उपन्यासकार)
A. काजर की कोठरी	1. देवकीनन्दन खत्री
B. जासूस की भूल	2. गोपाल गहमरी
C. अधखिला फूल	3. अयोध्या सिंह उपाध्याय
D. मंगलसूत्र	4. मुंशी प्रेमचन्द

कूट

	A	B	C	D
(a)	1	2	4	3
(b)	3	1	4	2
(c)	2	1	4	3
(d)	1	2	3	4

111. 'गोदान' का प्रकाशन कब हुआ?
(a) 1930 ई. (b) 1932 ई.
(c) 1934 ई. (d) 1935 ई.

112. 'दिल्ली का दलाल' किसका उपन्यास है?
(a) पाण्डेय बेचन शर्मा 'उग्र'
(b) वृन्दावन लाल वर्मा
(c) निराला
(d) मुंशी प्रेमचन्द

113. 'विदा' के उपन्यासकार कौन हैं?
(a) वृन्दावन लाल वर्मा
(b) प्रतापनारायण श्रीवास्तव
(c) विश्वम्भरनाथ शर्मा 'कौशिक'
(d) इनमें से कोई नहीं

114. मुंशी प्रेमचन्द जी ने अपने किस उपन्यास में दहेज प्रथा व अनमेल विवाह को चित्रित किया है?
(a) निर्मला (b) सेवासदन
(c) गोदान (d) गबन

115. कृषक की त्रासदी से सम्बन्धित प्रेमचन्द जी का कौन-सा उपन्यास है?
(a) गबन (b) रंगभूमि
(c) कर्मभूमि (d) गोदान

116. निम्नलिखित में से कौन-सा एक उपन्यास मुंशी प्रेमचन्द जी का लिखा हुआ है?
(a) कायाकल्प (b) निरूपमा
(c) कुण्डली चंक्र (d) प्रभावती

117. मुंशी प्रेमचन्द जी का कौन-सा उपन्यास पुनर्जन्म से सम्बन्धित है?
(a) प्रेमाश्रम (b) कायाकल्प
(c) सेवासदन (d) निर्मला

118. 'कंकाल' उपन्यास के लेखक हैं
(a) जीपी श्रीवास्तव
(b) पाण्डेय बेचन शर्मा 'उग्र'
(c) जयशंकर प्रसाद
(d) उपरोक्त में से कोई नहीं

119. जयशंकर प्रसाद जी का कौन-सा उपन्यास उनकी अकाल मृत्यु के कारण पूरा नहीं हो सका?
(a) इरावती
(b) तितली
(c) कंकाल
(d) उपरोक्त में से कोई नहीं

120. 'यह पथ बंधु था' उपन्यास के लेखक हैं
(a) नरेश मेहता (b) प्रभाकर माचवे
(c) भैरव प्रसाद गुप्ता (d) रांगेय राघव

121. 'दुक्खन-सुक्खम' उपन्यास की लेखिका हैं
(a) चित्रा मुदगल (b) प्रभा खेतान
(c) ममता कालिया (d) नासिरा शर्मा

122. निम्नलिखित में से अमृतराय का उपन्यास है
(a) विषाद मठ (b) हुजूर
(c) बीज (d) दु:ख मोचन

123. 'लालटीन की छत' के लेखक हैं
(a) भीष्म साहनी (b) ऊषा प्रियंवदा
(c) निर्मल वर्मा (d) नरेन्द्र कोहली

124. 'परख' उपन्यास के लेखक हैं
(a) अज्ञेय
(b) जैनेन्द्र
(c) इलाचन्द्र जोशी
(d) इनमें से कोई नहीं

125. 'जहाज का पंछी' उपन्यास किसने लिखा है?
(a) इलाचन्द्र जोशी (b) जैनेन्द्र
(c) अज्ञेय (d) इनमें से कोई नहीं

126. 'नदी के द्वीप' के उपन्यासकार हैं
(a) अज्ञेय
(b) जैनेन्द्र
(c) इलाचन्द्र जोशी
(d) इनमें से कोई नहीं

127. निम्नलिखित में से कौन-सा एक साम्यवादी उपन्यासकार नहीं है?
(a) यशपाल (b) रांगेय राघव
(c) भैरव प्रसाद गुप्त (d) अज्ञेय

128. 'पार्टी कामरेड' के लेखक हैं
(a) यशपाल (b) जैनेन्द्र
(c) रांगेय राघव (d) अज्ञेय

129. 'देशद्रोही' के लेखक कौन हैं?
(a) रांगेय राघव
(b) जैनेन्द्र
(c) राहुल सांकृत्यायन
(d) यशपाल

130. 'झूठा सच' उपन्यास किसके द्वारा लिखा गया है?
(a) यशपाल (b) राहुल सांकृत्यायन
(c) रांगेय राघव (d) भैरव प्रसाद गुप्त

131. देश विभाजन की त्रासदी पर यशपाल जी ने कौन-सा उपन्यास लिखा है?
(a) दादा कामरेड (b) दिव्या
(c) अमिता (d) झूठा सच

132. 'अमृत और विष' किसका उपन्यास है?
(a) अमृतलाल नागर
(b) भगवती चरण वर्मा
(c) यशपाल
(d) रांगेय राघव

133. 'चित्रलेखा' के उपन्यासकार कौन हैं?
(a) भगवतीचरण वर्मा
(b) यशपाल
(c) जैनेन्द्र
(d) अमृतलाल नागर

134. 'गर्म राख' उपन्यास के लेखक कौन हैं?
(a) सूर्यकान्त त्रिपाठी निराला
(b) अज्ञेय
(c) अम्रतलाल नागर
(d) उपेन्द्रनाथ अश्क

135. 'अपने-अपने अजनबी' उपन्यास के लेखक हैं
(a) यशपाल (b) नागार्जुन
(c) अज्ञेय (d) मुक्तिबोध

136. निम्नलिखित में से कौन-सा उपन्यास नागार्जुन का नहीं है?
(a) बलचनमा (b) रतिनाथ की चाची
(c) वरुण के बेटे (d) परती परिकथा

137. साम्प्रदायिक समस्या पर लिखा गया उपन्यास कौन है?
(a) तमस (b) बलचनमा
(c) अपने-अपने अजनबी (d) बूँद और समुद्र

138. 'पुनर्नवा' के लेखक हैं
(a) महावीर प्रसाद द्विवेदी
(b) हजारी प्रसाद द्विवेदी
(c) जयशंकर प्रसाद
(d) उपरोक्त में से कोई नहीं

139. 'आपका बण्टी' के लेखक कौन हैं?
(a) मन्नू भण्डारी
(b) राजेन्द्र यादव
(c) ऊषा प्रियंवदा
(d) मनोहर जोशी

140. 'एक चिथड़ा सुख' के उपन्यासकार कौन हैं?
(a) राम प्रसाद निरंजनी (b) मनोहर जोशी
(c) निर्मल वर्मा (d) मन्नू भण्डारी

141. मनोहर जोशी कृत निम्नलिखित में से कौन-सा एक उपन्यास है?
(a) सूरज का सातवाँ घोड़ा
(b) चाँदनी के खण्डहर
(c) रुकोगी नहीं राधिका
(d) कुरु कुरु स्वाहा

142. 'सूरज का सातवाँ घोड़ा' के लेखक हैं?
(a) धर्मवीर भारती (b) ऊषा प्रियंवदा
(c) मन्नू भण्डारी (d) दिनकर

143. सुमेलित करें

सूची I (उपन्यास)	सूची II (उपन्यासकार)
A. प्रेमाश्रम	1. मुंशी प्रेमचन्द
B. अप्सरा	2. निराला
C. त्याग-पत्र	3. जैनेन्द्र
D. तितली	4. जयशंकर प्रसाद

कूट

	A	B	C	D
(a)	4	3	2	1
(b)	1	2	4	3
(c)	3	4	2	1
(d)	1	2	3	4

144. सुमेलित कीजिए

सूची I	सूची II
A. परीक्षा गुरु	1. श्रीनिवासदास
B. गबन	2. जैनेन्द्र
C. परख	3. मुंशी प्रेमचन्द
D. आदर्श दम्पति	4. लज्जाराम शर्मा

कूट

	A	B	C	D
(a)	1	3	2	4
(b)	4	3	2	1
(c)	1	2	3	4
(d)	3	4	2	1

145. 'सूरदास' किस उपन्यास का पात्र है?
(a) रंगभूमि (b) कर्मभूमि
(c) गबन (d) मानस का हंस

146. 'भागवन्ती' उपन्यास के रचयिता हैं
(a) सुदर्शन
(b) ज्ञानेन्द्र
(c) रामवृक्ष बेनीपुरी
(d) अज्ञेय

147. 'वीरांगना' नामक उपन्यास के रचयिता हैं
(a) जयशंकर प्रसाद
(b) रामनरेश त्रिपाठी
(c) जगन्नाथ
(d) रामधारी सिंह

148. प्रेमचन्द द्वारा उर्दू भाषा में लिखा गया उपन्यास 'बाजारे हुस्न' का हिन्दी रूपान्तरण है
(a) कायाकल्प (b) सेवासदन
(c) गबन (d) रंगभूमि

149. निम्नलिखित में से कौन-सा उपन्यास यशपाल का है?
(a) दादा कामरेड (b) पार्टी कामरेड
(c) दिव्या (d) ये सभी

150. 'मित्रो मरजानी' की लेखिका हैं
(a) मन्नू भण्डारी (b) कृष्णा सोबती
(c) ऊषा प्रियंवदा (d) नासिरा शर्मा

151. 'लखनऊ मेरा लखनऊ' किसका उपन्यास है?
(a) रामदरश मिश्र (b) भगवती चरण वर्मा
(c) जैनेन्द्र (d) मनोहरश्याम जोशी

152. प्रेमचन्द जी के उपन्यासों को रचनाकाल के आरोही क्रम में सजाइए
(a) सेवासदन, गोदान, रंगभूमि, निर्मला
(b) सेवासदन, रंगभूमि, निर्मला, गोदान
(c) गोदान, सेवासदन, निर्मला, रंगभूमि
(d) रंगभूमि, गोदान, सेवासदन, निर्मला

153. निम्नलिखित में से किस उपन्यास का कथानक भारत-पाकिस्तान विभाजन पर आधारित नहीं है?
(a) झूठा-सच (b) तमस
(c) आधा गाँव (d) कर्मभूमि

154. 'दिव्या' किसका उपन्यास है?
(a) यशपाल (b) जैनेन्द्र
(c) इलाचन्द्र जोशी (d) मन्नू भण्डारी

155. प्रेमचन्द के किस उपन्यास में हरिजन समस्या का चित्रण है?
(a) रंगभूमि (b) गोदान
(c) सेवासदन (d) कर्मभूमि

156. 'चन्द हसीनों के खतूत' नामक उपन्यास की रचना किसने की है?
(a) प्रतापनारायण श्रीवास्तव
(b) चतुरसेन शास्त्री
(c) इलाचन्द्र जोशी
(d) पाण्डेय बेचन शर्मा 'उग्र'

157. निम्नलिखित में से कौन-सा उपन्यास अज्ञेय का नहीं है?
(a) अपने-अपने अजनबी
(b) शेखर : एक जीवनी
(c) नदी के द्वीप
(d) सुहाग के नूपुर

158. 'हजार चौरासी की माँ' नामक उपन्यास के लेखक हैं
(a) कृष्णा सोबती (b) अमृता प्रीतम
(c) महाश्वेता देवी (d) मृदुला गर्ग

159. 'अनदेखे अन्जान पुल' नामक उपन्यास के लेखक कौन हैं?
(a) राजेन्द्र यादव (b) मन्नू भण्डारी
(c) मिथिलेश्वर (d) मोहन राकेश

160. 'दीक्षा' उपन्यास किस लेखक का है?
(a) मिथिलेश्वर (b) मन्नू भण्डारी
(c) नरेन्द्र कोहली (d) जैनेन्द्र

161. निम्न में से कौन-सा समूह आचार्य हजारीप्रसाद द्विवेदी के उपन्यासों को दर्शाता है?
(a) अप्सरा, अलका, प्रभावती, निरुपमा
(b) बाणभट्ट की आत्मकथा, चारु चन्द्रलेख, पुनर्नवा, अनामदास का पोथा
(c) झूठा सच, दादा कामरेड, देशद्रोही, दिव्या
(d) सोमनाथ धर्मपुत्र, वयं रक्षाम आत्मदाह

162. 'चारु चन्द्रलेख' के उपन्यासकार हैं
(a) महावीर प्रसाद द्विवेदी
(b) भगवती चरण वर्मा
(c) वृन्दावनलाल वर्मा
(d) हजारी प्रसाद द्विवेदी

163. 'रजिया बेगम' किसकी रचना है?
(a) गोपालराम गहमरी
(b) किशोरीलाल गोस्वामी
(c) श्रद्धाराम फुल्लौरी
(d) प्रसाद

164. प्रसाद द्वारा रचित इरावती कैसा उपन्यास है?
(a) सामाजिक (b) ऐतिहासिक
(c) पौराणिक (d) यथार्थवादी

165. 'झूठा सच' का प्रकाशन वर्ष है
(a) 1947 ई. (b) 1948 ई.
(c) 1957 ई. (d) 1958 ई.

166. 'जिप्सी' उपन्यास के लेखक इनमें से कौन हैं?
(a) इलाचन्द्र जोशी (b) मनोहर श्याम जोशी
(c) जैनेन्द्र (d) मोहन राकेश

167. प्रेमचन्द जी का कौन-सा उपन्यास पूर्ण नहीं है?
(a) रंगभूमि (b) मंगलसूत्र
(c) प्रेमाश्रम (d) निर्मला

168. 'बरगद की छाया' उपन्यास के लेखक हैं
(a) डॉ. सत्यप्रकाश सेंगर
(b) मुंशी प्रेमचन्द
(c) जयशंकर प्रसाद
(d) मोहन राकेश

169. प्रेमचन्द जी किस प्रकार के उपन्यासकार माने जाते हैं?
(a) यथार्थवादी
(b) आदर्शवादी
(c) आदर्शोन्मुख यथार्थवादी
(d) उपरोक्त में से कोई नहीं

170. 'जुगलबन्दी' के लेखक कौन हैं?
(a) राजकमल चौधरी
(b) गिरिराज किशोर
(c) विवेकीराय
(d) काशीनाथ सिंह

171. निम्नलिखित में से कौन-सा उपन्यास आँचलिक है?
(a) झूठा सच (b) मैला आँचल
(c) महाभोज (d) दिव्या

172. 'शेखर-एक जीवनी' किसके जीवन को उद्घाटित करने वाली रचना है?
(a) अज्ञेय (b) मुक्तिबोध
(c) अज्ञेय के पिता (d) अज्ञेय की माँ

173. असत्य कथन का चयन करें
(a) विकास क्रम की दृष्टि से हिन्दी उपन्यास को मुख्यतः दो भागों में बाँटा गया है
(b) मुंशी प्रेमचन्द के उपन्यास सामाजिक हैं
(c) चन्द्रकान्ता, देवकीनन्दन खत्री का प्रसिद्ध उपन्यास है
(d) उपन्यास पद्य की एक विधा है

174. असत्य कथन का चयन करें
(a) 'सरकटी लाश' मुंशी प्रेमचन्द जी का उपन्यास है
(b) 'जिन्दे की लाश' गोपाल गहमरी का उपन्यास है
(c) जासूसी उपन्यासों को लिखने की परम्परा गोपाल गहमरी ने शुरू की
(d) अधखिला फूल में सामाजिक कुरीतियों पर व्यंग्य किया गया है

175. असत्य कथन का चयन करें
(a) हिन्दी में मुंशी प्रेमचन्द जी का प्रथम उपन्यास 'सेवा सदन' है
(b) सेवा सदन का प्रकाशन 1918 ई. में हुआ
(c) आधुनिक साहित्यकार के जीवन की समस्याएँ प्रस्तुत करने वाला उपन्यास मंगलसूत्र है
(d) मंगलसूत्र मुंशी जी का अन्तिम पूर्ण उपन्यास है

176. असत्य कथन को चुनें
(a) मुंशी प्रेमचन्द आदर्शोन्मुख लेखक थे
(b) उन्होंने समस्याओं का चित्रण ईमानदारी से किया है
(c) उन्होंने समाज के प्रत्येक वर्ग की समस्या को उठाया है
(d) 'विसर्जन' उनका रोचक उपन्यास है

177. 'नूतन ब्रह्मचारी' है
(a) नाटक (b) उपन्यास
(c) कहानी संग्रह (d) इनमें से कोई नहीं

178. 'काला जल' का कथानक किस समस्या से सम्बन्धित है?
(a) स्त्री उत्पीड़न (b) दलित समस्या
(c) भ्रष्टाचार (d) साम्प्रदायिकता

179. 'काला जल' उपन्यास के लेखक हैं
(a) बदीउज्जमाँ (b) रमेश बक्शी
(c) शानी (d) कृष्णा सोबती

180. 'मृगनयनी' उपन्यास के रचनाकार हैं
(a) वृन्दावनलाल वर्मा (b) रांगेय राघव
(c) राहुल सांकृत्यायन (d) आचार्य चतुरसेन

181. पद्यात्मक भावभूमि पर 'श्यामा स्वप्न' नामक उपन्यास की सर्जना किसने की?
(a) श्रीनिवासदास
(b) ठाकुर जगमोहन सिंह
(c) राजा लक्ष्मण सिंह
(d) भारतेन्दु हरिश्चन्द्र

182. 'अप्सरा' उपन्यास के रचनाकार हैं
(a) निराला (b) दिनकर
(c) प्रसाद (d) महादेवी वर्मा

183. सुमेलित करें

सूची I	सूची II
A. सितारों का खेल	1. यज्ञदत्त शर्मा
B. इन्सान	2. उपेन्द्रनाथ अश्क
C. महाकाल	3. अमृतलाल नागर
D. सुनीता	4. जैनेन्द्र कुमार

कूट

	A	B	C	D
(a)	2	1	3	4
(b)	3	4	1	2
(c)	1	2	3	4
(d)	4	3	2	1

184. 'श्रीकान्त' निम्नलिखित में से किस उपन्यास का एक पात्र है?
(a) सुनीता (b) त्याग-पत्र
(c) कल्याणी (d) इनमें से कोई नहीं

185. निम्नलिखित में से किस एक उपन्यास में यौन प्रवृत्तियों का चित्रण हुआ है?
(a) अपने-अपने अजनबी
(b) गबन
(c) अप्सरा
(d) इनमें से कोई नहीं

186. निम्नलिखित में से कौन-सा एक प्रगतिवादी परम्परा का उपन्यासकार है?
(a) यशपाल (b) डॉ. धर्मवीर भारती
(c) मुंशी प्रेमचन्द (d) इनमें से कोई नहीं

187. असत्य कथन को चुनिए
(a) अजय की डायरी– डॉ. देवराज
(b) पत्थर पानी– यादव चन्द्र जैन
(c) चाँदनी रात के खण्डहर– गोपाल गहमरी
(d) दादा कामरेड– यशपाल

188. असत्य कथन को चुनिए
(a) बारह घण्टे-यशपाल
(b) नदी के द्वीप-अज्ञेय
(c) मशाल-भैरव प्रसाद गुप्त
(d) काले कारनामे-निराला

189. असत्य कथन को चुनिए
(a) मित्रो मरजानी – कृष्णा सोबती
(b) कल्याणी – जैनेन्द्र कुमार
(c) अधखिला फूल – हरिऔध
(d) भाग्यवती – ठाकुर जगमोहन सिंह

190. असत्य कथन को चुनिए
(a) कर्मभूमि – मुंशी प्रेमचन्द
(b) भिखारिणी – विशम्भरनाथ शर्मा कौशिक
(c) प्रणयिनी परिणय – किशोरीलाल गोस्वामी
(d) परीक्षा गुरु – बालकृष्ण भट्ट

191. असत्य कथन को चुनिए
(a) अँधेरे के जुगनू – अमृतलाल नागर
(b) क्षमा – प्रभाकर माचवे
(c) आपका बण्टी – मन्नू भण्डारी
(d) वे दिन – निर्मल वर्मा

192. 'रूपाजीवा' उपन्यास है
(a) लक्ष्मीनारायण लाल का
(b) लक्ष्मीनारायण शर्मा का
(c) राजेन्द्र यादव का
(d) अमृतलाल नागर का

193. पण्डित किशोरीलाल गोस्वामी का उपन्यास निम्नलिखित में से कौन नहीं हैं?
(a) तरुण तपस्विनी
(b) रजिया बेगम या रंगमहल में हलाहल
(c) राजकुमारी
(d) भोजपुर का ठग

194. 'विश्वास की वेदी पर' उपन्यास के रचयिता इनमें से हैं
(a) प्रतापनारायण मिश्र
(b) प्रतापनारायण श्रीवास्तव
(c) चण्डी प्रसाद
(d) इनमें से कोई नहीं

195. 'अन्तिम आकांक्षा' उपन्यास के उपन्यासकार हैं
(a) सियारामशरण गुप्त
(b) डॉ. सत्यप्रकाश सेंगर
(c) जैनेन्द्र
(d) इनमें से कोई नहीं

निर्देश (प्र.सं. 196-198) **दिए गए स्थापना और तर्क को ध्यानपूर्वक पढ़कर कूट की सहायता से सही उत्तर का चयन कीजिए।**

कूट
(a) A और R दोनों सही हैं
(b) A सही, किन्तु R गलत है
(c) A गलत R सही है
(d) A और R दोनों गलत हैं

196. **स्थापना** (A) हिन्दी के मनोविश्लेषणवादी उपन्यासों में फ्रायड, युंग, एडलर जैसे मनोवैज्ञानिकों के सिद्धान्तों के आधार पर पात्रों के मन की उलझनों, गुत्थियों, कुण्ठाओं, काम भावना, आदि का विश्लेषण किया गया है। वैयक्तिक मनोविज्ञान के क्षेत्र में 'शेखर: एक जीवनी' महती उपलब्धि है।
तर्क (R) मनोविज्ञान के आलोक में किया गया यह विश्लेषण एकांकी एवं अधूरा है। इससे उपन्यास साहित्य का कोई उपकार नहीं हुआ।

197. **स्थापना** (A) कृषक जीवन में शादी विवाह जैसे अवसर व पारिवारिक सामाजिक वर्चस्व दिखाने के लिए प्रदर्शनप्रियता को विशेष महत्त्व दिया जाता है।
तर्क (R) गोदान में होरी ने भी बड़ी बेटी की शादी बिना माँगे अपनी क्षमता से अधिक दहेज देकर की।

198. **स्थापना** (A) प्रेमचन्द के यहाँ भारतीय ग्राम्य जीवन का सही रूप प्रकट हुआ है।
तर्क (R) गोदान भारतीय किसान के संघर्ष का दस्तावेज है।

199. 'नहुष' नाटक लिखा गया है
(a) भारतेन्दु हरिश्चन्द्र के द्वारा
(b) वियोगी हरि के द्वारा
(c) शिवमंगल सिंह 'सुमन' के द्वारा
(d) गोपालचन्द्र के द्वारा

200. अभिज्ञानशाकुन्तलम् किसके द्वारा अनुवादित रचना है?
(a) राजा लक्ष्मण सिंह
(b) भारतेन्दु
(c) जयशंकर प्रसाद
(d) इनमें से कोई नहीं

201. 'पाखण्ड-विडम्बन' किसकी रचना है?
(a) भारतेन्दु (b) जयशंकर प्रसाद
(c) मैथिलीशरण गुप्त (d) इनमें से कोई नहीं

202. 'विषस्य विषमौषधम्' किसकी रचना है?
(a) विद्या प्रसाद (b) भारतेन्दु
(c) जयशंकर प्रसाद (d) इनमें से कोई नहीं

203. 'अंधेर नगरी' (प्रहसन) किसके द्वारा रचित है?
(a) जयशंकर प्रसाद
(b) गोपालराम गहमरी
(c) राधाकृष्णदास
(d) भारतेन्दु

204. भारतेन्दु कृत नाटक 'अंधेर नगरी' का रचनाकाल क्या है?
(a) 1881 ई. (b) 1882 ई.
(c) 1883 ई. (d) 1884 ई.

205. तत्कालीन अंग्रेजी शासन की कमियों को उजागर करने वाली भारतेन्दु की कौन-सी रचना है?
(a) अंधेर नगरी (b) भारत दुर्दशा
(c) भारत जननी (d) इनमें से कोई नहीं

206. भारतेन्दु के नाटकों का आरोही क्रम में कालक्रम निर्धारित करें
(a) भारत दुर्दशा, भारत जननी, अंधेर नगरी, सती प्रताप,
(b) अंधेर नगरी, भारत दुर्दशा, भारत जननी, सती प्रताप
(c) सती प्रताप, अंधेर नगरी, भारत जननी, भारत दुर्दशा
(d) भारत दुर्दशा, सती प्रताप, भारत जननी, अंधेर नगरी

207. 'संयोगिता स्वयंवर' किसका ऐतिहासिक नाटक है?
(a) लाला श्रीनिवास
(b) बालकृष्ण भट्ट
(c) राधाचरण गोस्वामी
(d) उपरोक्त में से कोई नहीं

208. 'रणधीर प्रेममोहिनी' के रचनाकार हैं?
(a) भारतेन्दु
(b) राधाकृष्णदास
(c) लाला श्रीनिवास दास
(d) इनमें से कोई नहीं

209. 'देश दशा' नामक नाटक के रचनाकार हैं?
(a) गोपाल गहमरी (b) जीपी श्रीवास्तव
(c) राधाकृष्णदास (d) बालकृष्ण भट्ट

210. निम्नलिखित में से कौन-सा नाटक भारतेन्दु का नहीं है?
(a) भारत दुर्दशा (b) अंधेर नगरी
(c) भारत जननी (d) चन्द्रगुप्त

211. निम्न में से कौन-सा नाटक गोपाल गहमरी का नहीं है?
(a) देश दशा (b) जैसों को तैसा
(c) विद्याविनोद (d) उलटफेर

212. गोविन्द बल्लभ पन्त ने किस नाटक में शराब के दुर्गुणों की चर्चा की है?
(a) अंगूर की बेटी (b) सिन्दूर की होली
(c) राजमुकुट (d) इनमें से कोई नहीं

213. 'ध्रुवस्वामिनी' नाटक के लेखक हैं?
(a) हरिकृष्ण प्रेमी (b) जयशंकर प्रसाद
(c) भारतेन्दु (d) इनमें से कोई नहीं

214. एक घूँट का रचनाकाल है
(a) 1929 ई. (b) 1930 ई.
(c) 1931 ई. (d) 1936 ई.

215. प्रसाद जी के नाटकों का कालक्रम निर्धारित करें
(a) अजातशत्रु, कामना, एक घूँट, चन्द्रगुप्त
(b) अजातशत्रु, कामना, चन्द्रगुप्त, एक घूँट
(c) कामना, अजातशत्रु, चन्द्रगुप्त, एक घूँट
(d) एक घूँट, कामना, अजातशत्रु, चन्द्रगुप्त

216. निम्नलिखित में से कौन-सा एक प्रसादयुगीन नाटककार नहीं है?
(a) लक्ष्मीनारायण
(b) गोपाल गहमरी
(c) गोविन्द वल्लभ पन्त
(d) जगदीशचन्द्र माथुर

217. 'ओ मेरे सपने' नाटक किसने लिखा है?
(a) जगदीश चन्द्र माथुर (b) गणेशप्रसाद द्विवेदी
(c) गिरिजाकुमार माथुर (d) इनमें से कोई नहीं

218. 'जानकी मंगल' नामक नाट्यकृति के रचयिता कौन हैं?
(a) शीतलाप्रसाद त्रिपाठी
(b) भारतेन्दु
(c) जयशंकर प्रसाद
(d) उपरोक्त में से कोई नहीं

219. 'डॉक्टर' किसका नाटक है?
(a) विष्णु प्रभाकर
(b) जगदीश प्रसाद माथुर
(c) मोहन राकेश
(d) इनमें से कोई नहीं

220. निम्न में से कौन-सा एक प्रसादोत्तर नाटककार है?
(a) सेठ गोविन्ददास
(b) गिरिराज किशोर
(c) नरेन्द्र कोहली
(d) डॉ. शिवप्रसाद सिंह

221. प्रसादोत्तर नाटककारों में कौन-सा एक नहीं है?
(a) रामकुमार वर्मा
(b) विष्णु प्रभाकर
(c) धर्मवीर भारती
(d) उपेन्द्रनाथ अश्क

222. विष्णु प्रभाकर जी के किस नाटक में पारिवारिक विघटन को यथार्थ अभिव्यक्ति मिली है?
(a) टूटते परिवेश (b) युगे-युगे क्रान्ति
(c) क्रान्ति (d) इनमें से कोई नहीं

223. 'समाधि' नाटक किसके द्वारा लिखा गया है?
(a) विष्णु प्रभाकर (b) उदयशंकर भट्ट
(c) वृन्दावनलाल (d) इनमें से कोई नहीं

224. सर्वेश्वर दयाल सक्सेना की नाट्य कृति का नाम है
(a) तिलचट्टा (b) शुतुरमुर्ग
(c) अन्धों का हाथी (d) बकरी

225. हिन्दी का सर्वप्रथम गीतिनाट्य है
(a) अनघ (b) प्रभात
(c) करुणालय (d) पंचवटी-प्रसंग

226. 'उत्तर प्रियदर्शी' नामक गीति नाट्य के लेखक कौन हैं?
(a) अज्ञेय (b) मुक्तिबोध
(c) प्रसाद (d) हरिकृष्ण प्रेमी

227. 'स्वर्ग की झलक' व 'अन्धी गली' के नाटककार इनमें से कौन हैं?
(a) उपेन्द्रनाथ 'अश्क' (b) उदयशंकर भट्ट
(c) वृन्दावनलाल वर्मा (d) इनमें से कोई नहीं

228. इनमें से कौन-सा एक मोहन राकेश का नाटक नहीं है?
(a) आधे-अधूरे (b) लहरों के राजहंस
(c) आषाढ़ का एक दिन (d) बाल विवाह

229. सुमेलित करें

सूची I (नाटक)	सूची II (नाटककार)
A. प्रेमजोगिनी	1. जयशंकर प्रसाद
B. ध्रुवस्वामिनी	2. भारतेन्दु
C. कैद	3. विष्णु प्रभाकर
D. समाधि	4. उपेन्द्रनाथ अश्क

कूट

	A	B	C	D
(a)	1	2	3	4
(b)	4	3	2	1
(c)	2	1	3	4
(d)	2	1	4	3

230. 'संजय' निम्न में से किस नाटक का पात्र है?
(a) अन्धा युग (b) आधे-अधूरे
(c) चन्द्रगुप्त (d) इनमें से कोई नहीं

231. 'आठवाँ सर्ग' किसका प्रसिद्ध नाटक है?
(a) सुरेन्द्र वर्मा (b) मोहन राकेश
(c) विष्णु प्रभाकर (d) इनमें से कोई नहीं

232. सुमेलित करें

सूची I (नाटक)	सूची II (नाटककार)
A. कबीरा खड़ा बाजार में	1. सुदर्शन चोपड़ा
B. अब गरीबी हटाओ	2. भीष्म साहनी
C. घाटियाँ गूँजती हैं	3. शिवप्रसाद सिंह
D. काला पहाड़	4. सर्वेश्वर दयाल सक्सेना

कूट

	A	B	C	D
(a)	1	2	3	4
(b)	4	3	1	2
(c)	2	3	4	1
(d)	2	4	3	1

233. प्रसिद्ध नाटक 'अपना-अपना जूता' के लेखक कौन हैं?
(a) लक्ष्मीकान्त वर्मा (b) सुदर्शन चोपड़ा
(c) शिवप्रसाद सिंह (d) मन्नू भण्डारी

234. 'महाकवि कालिदास' के जीवन पर आधारित मोहन राकेश का कौन-सा नाटक है?
(a) आधे-अधूरे (b) लहरों के राजहंस
(c) आषाढ़ का एक दिन (d) इनमें से कोई नहीं

235. 'पेपर वेट' नामक प्रसिद्ध नाटक की रचना किसने की है?
(a) रमेश उपाध्याय (b) भीष्म साहनी
(c) अमृतराय (d) इनमें से कोई नहीं

236. सुमेलित करें

सूची I (नाटक)	सूची II (नाटककार)
A. मिस्टर अभिमन्यु	1. लक्ष्मीनारायण लाल
B. रस गन्धर्व	2. मणि मधुकर
C. एक और द्रोणाचार्य	3. शंकर शेष
D. काल कोठरी	4. स्वदेश दीपक

कूट

	A	B	C	D
(a)	1	2	3	4
(b)	2	3	4	1
(c)	4	1	2	3
(d)	2	4	1	3

237. इनमें से प्रसादयुगीन नाटककार कौन हैं?
(a) उपेन्द्रनाथ 'अश्क' (b) उदयशंकर भट्ट
(c) गोविन्द बल्लभपन्त (d) उपरोक्त में से कोई नहीं

238. 'अंजो दीदी' किस विधा की रचना है?
(a) कविता (b) नाटक
(c) कहानी (d) उपन्यास

239. 'रेल का विकट खेल' नाटक के रचनाकार हैं
(a) भारतेन्दु (b) प्रतापनारायण मिश्र
(c) बालकृष्ण भट्ट (d) प्रेमघन

240. 'करुणाभरण' किसका नाटक है?
(a) लच्छीराम (b) प्राणचन्द चौहान
(c) नेवाज (d) इनमें से कोई नहीं

241. निम्नलिखित में से कौन-सा एक भारतेन्दु का नाटक नहीं है?
(a) भारत दुर्दशा (b) अंधेर नगरी
(c) नीलदेवी (d) अन्धा युग

242. हिन्दी का प्रथम दुखान्त नाटक इनमें से कौन है?
(a) तप्ता संवरण (b) भारत दुर्दशा
(c) सती प्रताप (d) इनमें से कोई नहीं

243. 'नदी प्यासी थी' एकांकी किसने लिखा है?
(a) धर्मवीर भारती (b) विनोद रस्तोगी
(c) विष्णु प्रभाकर (d) इनमें से कोई नहीं

244. 'टूटे हुए दिल' किसका लिखा एकांकी है?
(a) विष्णु प्रभाकर (b) विनोद रस्तोगी
(c) आर सी प्रसाद सिंह (d) इनमें से कोई नहीं

245. 'सिपाही की माँ' किसने लिखा है?
(a) मोहन राकेश (b) धर्मवीर भारती
(c) रेवतीशरण शर्मा (d) इनमें से कोई नहीं

246. 'मादा कैक्टस' नाटक किसने लिखा है?
(a) रांगेय राघव (b) लक्ष्मीनारायण लाल
(c) हरिकृष्ण 'प्रेमी' (d) जयशंकर प्रसाद

247. 'ऊँचा पर्वत गहरा सागर' के एकांकीकार हैं
(a) विष्णु प्रभाकर (b) गोविन्द बल्लभपन्त
(c) सत्येन्द्र शरत (d) इनमें से कोई नहीं

248. उपेन्द्रनाथ अश्क रचित 'जोंक' किस प्रकार की एकांकी है?
(a) प्रतीकात्मक (b) सामाजिक व्यंग्य
(c) मनोवैज्ञानिक (d) राजनैतिक व्यंग्य

249. 'रुपया तुम्हें खा गया' एकांकी के लेखक हैं
(a) भगवतीचरण वर्मा (b) रघुवंशी
(c) राजीव सक्सेना (d) विनय रंजन

250. 'अजातशत्रु' की रचना कब हुई?
(a) 1920 ई. (b) 1921 ई.
(c) 1922 ई. (d) 1924 ई.

251. हिन्दी में यथार्थवादी एकांकी के जनक हैं
(a) रामकुमार वर्मा (b) उपेन्द्रनाथ अश्क
(c) उदयशंकर भट्ट (d) भुवनेश्वर

252. आधुनिक एकांकी के जनक माने जाते हैं
(a) उदयशंकर भट्ट (b) जयशंकर प्रसाद
(c) रामकुमार वर्मा (d) जगदीशचन्द्र माथुर

253. 'गरुड़ध्वज' नाटक किसने लिखा है?
(a) जयशंकर प्रसाद (b) रामकुमार वर्मा
(c) लक्ष्मीनारायण मिश्र (d) इनसे कोई नहीं

254. 'नारी समस्या' को किस नाटककार ने अपने नाटकों में स्थान दिया?
(a) भारतेन्दु (b) लक्ष्मी नारायण मिश्र
(c) गोपाल गहमरी (d) इनमें से कोई नहीं

255. जयशंकर प्रसाद का अन्तिम नाटक कौन-सा था?
(a) ध्रुवस्वामिनी (b) चन्द्रगुप्त
(c) विशाखदत्त (d) अजातशत्रु

256. 'गुड बॉय' किसकी कृति है?
(a) सत्येन्द्र शरत (b) मोहन राकेश
(c) धर्मवीर भारती (d) इनमें से कोई नहीं

257. 'लक्ष्मी का स्वागत' किस एकांकीकार की कृति है?
(a) उपेन्द्रनाथ अश्क (b) सेठ गोविन्द दास
(c) विनोद रस्तोगी (d) इनमें से कोई नहीं

258. 'अमावस का अन्धकार' के लेखक कौन हैं?
(a) रेवतीशरण वर्मा (b) चिरंजीत
(c) धर्मवीर भारती (d) इनमें से कोई नहीं

259. सुमेलित करें

सूची I	सूची II
A. सज्जन	1. जयशंकर प्रसाद
B. सुदामा नाटक	2. शिवनन्दन सहाय
C. उर्वशी	3. लक्ष्मी प्रसाद
D. तथागत	4. रामवृक्ष बेनीपुरी

कूट

	A	B	C	D
(a)	1	2	3	4
(b)	2	1	3	4
(c)	3	4	2	1
(d)	2	1	4	3

260. डॉ. हरिश्चन्द्र वर्मा हिन्दी में एकांकी की परम्परा को विकसित करने का श्रेय किसे देते हैं?
(a) डॉ. रामकुमार वर्मा (b) भगवतीशरण वर्मा
(c) हजारी प्रसाद द्विवेदी (d) इनमें से कोई नहीं

261. निम्नलिखित नाटककारों में ऐतिहासिक नाटककार कौन है?
(a) लक्ष्मीनारायण लाल (b) डॉ. धर्मवीर भारती
(c) उपेन्द्रनाथ अश्क (d) डॉ. रामकुमार वर्मा

262. निम्न में से असत्य कथन छाँटें
(a) सोहाग बिन्दी गणेशप्रसाद द्विवेदी की कृति है
(b) एक औरत विष्णु प्रभाकर का एकांकी है
(c) सूखी डाली उपेन्द्रनाथ अश्क की रचना है
(d) चक्रव्यूह धर्मवीर भारती की रचना है

263. डॉ. नगेन्द्र के अनुसार हिन्दी का प्रथम एकांकी कौन-सा है?
(a) एक बूँद (b) एक घूँट
(c) एक औरत (d) बादल की मृत्यु

264. भारतेन्दु युग के पूर्व में लिखा गया नाटक 'रामायण महानाटक' किस लेखक का है?
(a) नेवाज (b) महाराज लछिराम
(c) प्राणचन्द चौहान (d) इनमें से कोई नहीं

265. सुमेलित कीजिए

सूची I	सूची II
A. एक घूँट	1. धर्मवीर भारती
B. विजय पर्व	2. जयशंकर प्रसाद
C. अण्डे के छिलके	3. डॉ. रामकुमार वर्मा
D. सृष्टि का आखिरी काम	4. मोहन राकेश

कूट

	A	B	C	D
(a)	1	2	3	4
(b)	4	3	2	1
(c)	2	3	4	1
(d)	3	4	1	2

266. 'हाथी के दाँत' एकांकी के एकांकीकार हैं
(a) जयनाथ नलिन (b) विष्णु प्रभाकर
(c) गणेशप्रसाद द्विवेदी (d) इनमें से कोई नहीं

267. इनमें से कौन-सा प्रारम्भिक एकांकी नहीं है?
(a) एक घूँट
(b) विषस्य विषमौषधम्
(c) वैदिकी हिंसा-हिंसा न भवति
(d) सुनीता

268. 'कावेरी में कमल' एकांकी के लेखक हैं
(a) रामकुमार वर्मा (b) लक्ष्मीनारायण मिश्र
(c) निराला (d) दिनकर

269. सुमेलित करें

सूची I (नाटक)	सूची II (वर्ष)
A. पापी	1. 1938
B. लक्ष्मी का स्वागत	2. 1938
C. स्वर्ग की झलक	3. 1939
D. खिड़की	4. 1941

कूट

	A	B	C	D
(a)	1	2	3	4
(b)	2	1	3	4
(c)	4	3	1	2
(d)	3	4	1	2

270. असत्य कथन को चुनें
(a) दुमदार आदमी जी पी श्रीवास्तव का कल्पना आधारित नाटक है
(b) विवाह विज्ञापन बद्रीनाथ भट्ट का नाटक है
(c) हरिकृष्ण प्रेमी प्रसादोत्तरयुगीन नाटककार है
(d) 'रक्षाबन्धन' जैनेन्द्र द्वारा लिखा गया नाटक है

271. डॉ. नगेन्द्र के अनुसार हिन्दी एकांकी के विकास का श्रेय किसे है?
(a) निराला
(b) दिनकर
(c) भारतेन्दु
(d) जयशंकर प्रसाद

272. इनमें से हिन्दी का पहला एकांकी कौन-सा है, जिसमें कल्पना एवं काव्यात्मकता की प्रधानता है?
(a) बादल की मृत्यु (b) श्यामा
(c) एक घूँट (d) दुर्गावती

273. सुमेलित करें

सूची I	सूची II
A. अमावस का अन्धकार	1. सत्येन्द्र शरत्
B. टूटे हुए दिल	2. आरसी प्रसाद सिंह
C. कर्फ्यू	3. मोहन राकेश
D. अनीता	4. रेवतीशरण शर्मा

कूट

	A	B	C	D
(a)	1	2	3	4
(b)	2	3	1	4
(c)	4	2	3	1
(d)	3	4	1	2

274. 'बहू की विदा' एकांकी के एकांकीकार हैं
(a) सेठ गोविन्द दास (b) विनोद रस्तोगी
(c) चिरंजीव (d) इनमें से कोई नहीं

275. 'आजादी की नींद' के एकांकीकार हैं
(a) गिरिजाकुमार माथुर (b) धर्मवीर भारती
(c) मोहन राकेश (d) भुवनेश्वर प्रसाद मिश्र

276. निम्नलिखित में से कौन-सा एकांकी मनोवैज्ञानिक हैं
(a) मोहब्बत (b) स्वर्ग की झलक
(c) पर्दा उठाओ (d) इनमें से कोई नहीं

277. महाभारत की कथा पर आधारित नाटक है
(a) अन्धायुग (b) अन्धी गली
(c) कोणार्क (d) आधे-अधूरे

278. निम्नलिखित में मोहन राकेश लिखित एक नाटक है
(a) जनमेजय का नागयज्ञ (b) सिन्दूर की होली
(c) पर्दा उठाओ (d) लहरों के राजहंस

279. मध्यम वर्ग की पारिवारिक समस्या को दर्शाने वाला नाटक है
(a) जनमेजय का नागयज्ञ
(b) अन्धायुग
(c) मिस्टर अभिमन्यु
(d) लहरों के राजहंस

280. 'शारदीया' के नाटककार हैं
(a) मोहन राकेश
(b) डॉ. लक्ष्मीनारायण लाल
(c) जगदीश चन्द्र माथुर
(d) उपरोक्त में से कोई नहीं

सही उत्तर

1. (a)	2. (a)	3. (c)	4. (a)	5. (a)	6. (d)	7. (a)	8. (a)	9. (c)	10. (a)
11. (a)	12. (c)	13. (a)	14. (c)	15. (c)	16. (d)	17. (d)	18. (a)	19. (a)	20. (d)
21. (c)	22. (a)	23. (a)	24. (d)	25. (c)	26. (a)	27. (d)	28. (b)	29. (d)	30. (c)
31. (b)	32. (a)	33. (b)	34. (a)	35. (a)	36. (c)	37. (d)	38. (c)	39. (a)	40. (a)
41. (a)	42. (c)	43. (a)	44. (c)	45. (d)	46. (a)	47. (a)	48. (a)	49. (a)	50. (a)
51. (a)	52. (c)	53. (a)	54. (b)	55. (a)	56. (b)	57. (b)	58. (a)	59. (c)	60. (b)
61. (a)	62. (c)	63. (b)	64. (d)	65. (d)	66. (a)	67. (c)	68. (d)	69. (a)	70. (d)
71. (a)	72. (a)	73. (d)	74. (d)	75. (d)	76. (a)	77. (a)	78. (a)	79. (c)	80. (a)
81. (a)	82. (b)	83. (b)	84. (d)	85. (c)	86. (b)	87. (a)	88. (b)	89. (b)	90. (b)
91. (a)	92. (b)	93. (d)	94. (a)	95. (c)	96. (b)	97. (b)	98. (c)	99. (a)	100. (b)
101. (a)	102. (c)	103. (a)	104. (a)	105. (c)	106. (a)	107. (d)	108. (a)	109. (b)	110. (d)
111. (d)	112. (a)	113. (b)	114. (a)	115. (d)	116. (a)	117. (b)	118. (c)	119. (a)	120. (a)
121. (c)	122. (c)	123. (c)	124. (b)	125. (a)	126. (a)	127. (d)	128. (a)	129. (d)	130. (a)
131. (d)	132. (a)	133. (a)	134. (a)	135. (c)	136. (d)	137. (a)	138. (b)	139. (a)	140. (d)
141. (d)	142. (a)	143. (d)	144. (a)	145. (a)	146. (a)	147. (d)	148. (b)	149. (d)	150. (b)
151. (b)	152. (b)	153. (d)	154. (a)	155. (d)	156. (d)	157. (b)	158. (c)	159. (a)	160. (c)
161. (b)	162. (d)	163. (b)	164. (b)	165. (d)	166. (a)	167. (b)	168. (a)	169. (c)	170. (b)
171. (b)	172. (a)	173. (d)	174. (a)	175. (a)	176. (d)	177. (b)	178. (d)	179. (c)	180. (a)
181. (b)	182. (a)	183. (a)	184. (a)	185. (a)	186. (a)	187. (c)	188. (d)	189. (d)	190. (d)
191. (a)	192. (a)	193. (d)	194. (b)	195. (a)	196. (a)	197. (a)	198. (a)	199. (d)	200. (a)
201. (a)	202. (b)	203. (d)	204. (a)	205. (a)	206. (a)	207. (a)	208. (c)	209. (a)	210. (d)
211. (d)	212. (a)	213. (b)	214. (a)	215. (b)	216. (d)	217. (a)	218. (a)	219. (a)	220. (a)
221. (d)	222. (d)	223. (a)	224. (d)	225. (c)	226. (a)	227. (a)	228. (d)	229. (d)	230. (a)
231. (a)	232. (d)	233. (a)	234. (c)	235. (a)	236. (a)	237. (a)	238. (b)	239. (c)	240. (a)
241. (d)	242. (a)	243. (a)	244. (c)	245. (a)	246. (b)	247. (a)	248. (b)	249. (a)	250. (c)
251. (a)	252. (c)	253. (c)	254. (b)	255. (a)	256. (a)	257. (a)	258. (a)	259. (a)	260. (a)
261. (d)	262. (d)	263. (b)	264. (c)	265. (c)	266. (a)	267. (d)	268. (b)	269. (b)	270. (d)
271. (b)	272. (a)	273. (c)	274. (b)	275. (d)	276. (c)	277. (a)	278. (d)	279. (c)	280. (c)

इकाई 05 गद्य की गौण विधाएँ

हिन्दी की गद्य विधाओं को दो प्रमुख भागों में विभाजित किया गया है-मुख्य और गौण। गौण गद्य विधाओं का विवरण निम्नलिखित है

रेखाचित्र

- जब शब्दों के माध्यम से किसी व्यक्ति के व्यक्तित्व को उभारा जाता है तब उस रचना को रेखाचित्र कहते हैं। **डॉ. गोविन्द त्रिगुणायत** के अनुसार, "रेखाचित्र वस्तु, व्यक्ति अथवा घटना का शब्दों द्वारा विनिर्मित वह मर्मस्पर्शी और भावमय रूप विधान है, जिसमें कलाकार का संवेदनशील हृदय और उसकी सूक्ष्म पर्यवेक्षण दृष्टि अपना निजीपन उड़ेलकर प्राण प्रतिष्ठा कर देती है।"
- इस प्रकार रेखाचित्र में शब्दों का ऐसा प्रयोग किया जाता है जिससे व्यक्ति का व्यक्तित्व उभरकर सामने आए। रेखाचित्र का वर्ण्य-विषय काल्पनिक न होकर वास्तविक होता है और उसकी आन्तरिक एवं बाह्य विशेषताएँ कलात्मक ढंग से अभिव्यक्ति पाती हैं।

संस्मरण

- संस्मरण को अंग्रेज़ी में 'मेमोयर्स' कहते हैं। संस्मरण का सम्बन्ध लेखक की स्मृति से होता है। स्मृति में वही अंकित होता है जिसने लेखक की भावनाओं को उद्वेलित (प्रभावित) किया हो। हिन्दी संस्मरण लेखन का कार्य महावीर प्रसाद द्विवेदी के समय से प्रारम्भ हुआ। द्विवेदी जी ने स्वयं 'अनुमोदन का अन्त', 'सभा की सत्यता', 'विज्ञानाचार्य वसु का मन्दिर' आदि संस्मरणात्मक लेखों की रचना की। संस्मरण व रेखाचित्र दोनों ही आधुनिक गद्य विधाएँ हैं।
- **डॉ. पद्मसिंह शर्मा** के अनुसार, "प्राय: प्रत्येक संस्मरण लेखक रेखाचित्र लेखक भी है और प्रत्येक रेखाचित्र लेखक संस्मरण लेखक भी है।" इसी कारण रेखाचित्र व संस्मरण में भेद कर पाना कठिन हो जाता है। रेखाचित्र का उद्भव शताब्दी के तीसरे दशक से प्रारम्भ हुआ। डॉ. हरवंशलाल शर्मा ने पण्डित पद्मसिंह शर्मा को संस्मरण व रेखाचित्र दोनों का जनक माना है। पद्मसिंह शर्मा कृत 'पद्मपराग' हिन्दी का प्रथम रेखाचित्र संग्रह है। इसमें संस्मरणात्मक निबन्धों तथा रेखाचित्रों का संकलन है।
- **बालमुकुन्द गुप्त जी** ने प्रतापनारायण मिश्र पर एक संस्मरण लिखा है। इसी प्रकार **आचार्य रामदेव** ने स्वामी श्रद्धानन्द पर वर्ष 1929 में तथा **पण्डित बनारसी दास चतुर्वेदी** ने श्रीधर पाठक पर संस्मरण लिखे हैं। हिन्दी रेखाचित्र साहित्य में **महादेवी वर्मा** का नाम सर्वप्रथम उल्लेखनीय है। महादेवी वर्मा उत्कृष्ट रेखाचित्रकार हैं। इनके स्मृति चित्रों को रेखाचित्र व संस्मरण दोनों में ही स्थान दिया जाता है। वर्ष 1947 में 'स्मृति की रेखाएँ' प्रकाशित हुआ। इसमें संस्मरण व रेखाचित्र दोनों हैं जिनमें भक्तिजन, चीनी फेरेवाला, जंगबहादुर, नुन्नू, ठकुरी बाबा, बिबिया आदि उल्लेखनीय हैं।
- वर्ष 1941 में अतीत के चलचित्र प्रकाशित हुआ। महादेवी वर्मा ने उपेक्षित व शोषित व्यक्तियों, पशुओं तथा पक्षियों को संस्मरणात्मक रेखाचित्रों में जगह दी है। इनके संस्मरणों से इनका व्यक्तित्व भी उजागर होता है। इसके अतिरिक्त महादेवी वर्मा जी के 'पथ के साथी' (1956) में महादेवी वर्मा ने अपने समकालीन साहित्यकारों के रेखाचित्र प्रस्तुत किए हैं। स्मारिका (1971) में महादेवी जी के चार रेखाचित्र हैं, जो राजनीतिक क्षेत्र के महापुरुषों से सम्बन्धित हैं।
- मेरा परिवार (1972) में महादेवी जी के सात रेखाचित्र हैं, जो नीलकण्ठ, गिल्लू, सोना, दुर्मुख, गौरा, नीलू आदि पशु-पक्षियों के जीवन से सम्बन्धित हैं। इन रेखाचित्रों में महादेवी जी की संवेदना इतनी सरस एवं पावन है कि जिन पात्रों को लेकर ये रेखाचित्र लिखे गए हैं; जैसे उनसे उनका रागात्मक सम्बन्ध हो गया है। अपनी संवेदना को कवितापूर्ण शैली के माध्यम से मूर्त रूप देने में वर्मा जी अत्यन्त निपुण हैं।
- **प्रकाशचन्द्र गुप्त** भी उपरोक्त दोनों विधाओं में योगदान देने वाले लेखकों में ऊँचा स्थान रखते हैं। इनके स्मृतिचित्र 'पुरानी स्मृतियाँ' (1947) में संकलित हैं। रेखाचित्र में निर्जीव वस्तुओं, स्थानों आदि पर लिखे गए रेखाचित्र हैं।
- हिन्दी रेखाचित्रों में **पण्डित श्रीराम शर्मा** का नाम बड़े आदर से लिया जाता है। इनका प्रथम रेखाचित्र संकलन 'जंगल के जीव' वर्ष 1949 में प्रकाशित हुआ। **जंगल के जीव** में जंगली जानवरों के रेखाचित्रों को विषय बनाया गया है। शर्मा जी का दूसरा संकलन 'वे कैसे जीते हैं' वर्ष 1957 में तथा 'बोलती प्रतिमा' वर्ष 1967 में प्रकाशित हुआ। बोलती प्रतिमा में ठाकुर की आन, वसीयत, वरदान, रतना की अम्मा, चन्दा आदि रेखाचित्र अत्यन्त रोचक हैं।
- **बनारसीदास चतुर्वेदी** के रेखाचित्रों में प्रमुख साहित्यकारों, राजनीतिज्ञों, देशभक्तों एवं समाजसेवकों के चरित्र अंकित किए गए हैं। हमारे अराध्य, संस्मरण (1952), रेखाचित्र (1952) इनके संस्मरणात्मक रेखाचित्र हैं।
- **शिवपूजन सहाय** के संस्मरण तथा रेखाचित्र 'वे दिन वे लोग' (1965) में संकलित हैं। **सत्यवती मलिक** के संस्मरण तथा रेखाचित्र 'अमिट रेखाएँ' (1951) में संकलित हैं। **देवेन्द्र सत्यार्थी** भावात्मक संस्मरण व रेखाचित्र लिखने में प्रसिद्ध हैं।
- **उपेन्द्रनाथ 'अश्क'** के संस्मरण व रेखाचित्र 'रेखाएँ व चित्र' (1955), 'मन्टो मेरा दुश्मन' (1956) और 'ज्यादा अपनी कम पराई' (1959) में संकलित हैं।

हिन्दी के प्रख्यात रसवादी आलोचक एवं निबन्धकार **डॉ. नगेन्द्र** का स्मृति चित्र है—चेतना के बिम्ब (1967)। इस संस्मरण में नगेन्द्र जी ने गम्भीर विश्लेषण किया है।

- **रामवृक्ष बेनीपुरी** कृत 'माटी की मूरतें' में रजिया, बलदेव सिंह, सरजू भइया, भउजी, बैजू मामा, बुधिया, मंगर, रूपा की आजी, बालगोबिन भगत आदि ग्रामीण परिचितों के रेखाचित्र हैं। 'लालतारा' बेनीपुरी जी का बौद्धिकता प्रधान रेखाचित्र संग्रह है। रामवृक्ष बेनीपुरी कृत 'गेहूँ और गुलाब' के अधिकांश रेखाचित्र प्रतीकात्मक हैं, जैसे—गेहूँ और गुलाब, चरवाहा, मीरा नाची रे, घासवाली आदि।
- 'बेनीपुरी जी' द्वारा लिखित 'मील के पत्थर' में साहित्यकारों के रेखाचित्र हैं। संस्मरण साहित्य को अलंकृत करने में **माखनलाल चतुर्वेदी, रामधारी सिंह दिनकर, हरिवंशराय बच्चन** आदि प्रसिद्ध रहे हैं। चतुर्वेदी जी ने 'समय के पाँव' (1962) में अनेक भावपूर्ण रेखाचित्र अंकित किए हैं।
- **दिनकर जी** की 'लोक देव नेहरू' (1965) तथा संस्मरण व श्रद्धांजलियाँ उल्लेखनीय हैं। **हरिवंशराय बच्चन** की कृति 'नए-पुराने झरोखे' वर्ष 1962 में प्रकाशित हुई। इसमें बच्चन जी ने आधुनिक हिन्दी साहित्य पर टिप्पणियाँ करते हुए उसकी दुर्बलताओं व सबलताओं को अंकित किया है।
- हिन्दी संस्मरण साहित्य को कई अनूदित रचनाओं ने भी समृद्ध किया है। बंगला से, अनूदित रचनाओं में हजारी प्रसाद द्विवेदी द्वारा अनूदित रवीन्द्रनाथ ठाकुर की रचना 'मेरा बचपन' गुजराती से अनूदित रचनाओं में मनु बहन गांधी की रचनाएँ 'बा: मेरी माँ' तथा पंजाबी से अनूदित रचनाओं में अमृता प्रीतम की रचना अतीत की परछाइयाँ (1962) आदि हैं।

हिन्दी रेखाचित्र एवं संस्मरण विधा के अन्तर्गत पर्याप्त कार्य हुआ है। पत्र-पत्रिकाओं में इस विधा से सम्बन्धित लेख निकलते रहते हैं। साहित्यकारों, राजनेताओं और समाजसेवियों से सम्बन्धित अनेक संस्मरणात्मक रेखाचित्र विभिन्न पत्र-पत्रिकाओं में प्रकाशित होते रहते हैं।

प्रमुख रेखाचित्रकार व उनके रेखाचित्र

हिन्दी गद्य में रामवृक्ष बेनीपुरी तथा महादेवी वर्मा प्रमुख रेखाचित्रकार माने जाते हैं। 'माटी की मूरतें' तथा 'ठकुरी बाबा' क्रमश: रामवृक्ष बेनीपुरी तथा महादेवी के रेखाचित्र हैं। इनकी समीक्षा इस प्रकार है

रामवृक्ष बेनीपुरी- माटी की मूरतें

- रामवृक्ष बेनीपुरी हिन्दी के श्रेष्ठ रेखाचित्रकार माने जाते हैं। इनके रेखाचित्रों में सरल भाषा शैली में सिद्धहस्त कलाकारी दिखाई देती है। 'माटी की मूरतें' वर्ष १९४६ में प्रकाशित हुई। इस संग्रह को विशेष ख्याति मिली। इस संग्रह में इन्होंने समाज के उपेक्षित पात्रों को गढ़कर नायक का दर्जा दिया है।
- उदाहरणस्वरूप 'रजिया' नामक रेखाचित्र के माध्यम से निम्न वर्ग की एक बालिका को जीवन्त कर दिया है। इस संग्रह के अन्य रेखाचित्रों में बलदेव सिंह, मंगर बालगोबिन भगत, बुधिया, सरजू भैया प्रमुख हैं। इन रेखाचित्रों की श्रेष्ठता के बारे में मैथिलीशरण गुप्त का कथन है ''लोग माटी की मूरतें बनाकर सोने के भाव बेचते हैं पर बेनीपुरी सोने की मूरतें बनाकर माटी के मोल बेच रहे हैं।''
- 'माटी की मूरतें' संग्रह की रचनाओं में बेनीपुरी जी ने गाँव की जमीन से उठाए गए कुछ अनगढ़ चरित्रों को न केवल रंगत दी है अपितु उनमें प्राण भी फूँक डाले हैं। गाँव के किसी पीपल या बड़ के नीचे रखी हुई-माटी की मूरतों के बारे में बेनीपुरी जी उन मूर्तियों को जीवनियाँ व चलते-फिरते हुए शब्द चित्र मानते हुए कहते हैं—''मानता हूँ, कला ने उन पर पच्चीकारी की है, किन्तु मैंने ऐसा नहीं होने दिया कि रंग-रंग में मूल रेखाएँ ही गायब हो जाएँ, मैं उसे अच्छा रसोइया नहीं मानता, जो इतना मसाला रख दे कि सब्जी का मूल स्वाद ही नष्ट हो जाए।'' यह जीवन के विविध रंगों को रेखांकित करती बेनीपुरी जी की सशक्त लेखनी से निकली आकर्षक, मार्मिक और संवेदनशील रेखाचित्र है।

महादेवी वर्मा- ठाकुर

- छायावादी कवयित्री महादेवी वर्मा द्वारा रचित रेखाचित्र 'ठकुरी बाबा' में ग्रामीण जीवन के लक्षण का यथार्थ चित्रण है। 'ठकुरी बाबा' ग्रामीण यात्रियों के दल का नेतृत्व करते हैं, जो परम शान्त, स्नेहसिक्त स्वर के हैं। यात्रियों के दल में विविधता है। प्रत्येक व्यक्ति की अपनी-अपनी समस्याएँ हैं। वृद्धावस्थां में जीवन-यापन करते समय आने वाली समस्याओं का चित्रण करना महादेवी वर्मा का परम उद्देश्य रहा है।
- ठकुरी बाबा अपने समाज के प्रतिनिधि हैं। समाज में विकृतियाँ व्यक्तिगत हैं, परन्तु सद्भाव सामूहिक रहते हैं। इसके विपरीत हमारी दुर्बलताएँ समष्टिगत होती हैं, परन्तु शक्ति वैयक्तिक मिलती है। ठकुरी बाबा की सहायता वैयक्तिक चित्रित न होकर ग्रामीण जीवन में व्याप्त सहृदयता को व्यक्त करती है। वृद्ध और युवा के अन्तर को स्पष्ट करते हुए महादेवी जी लिखती हैं ''यदि वह वृद्ध यहाँ न होकर हमारे बीच में होता, यह प्रश्न भी मेरे मन में अनेक बार उठ चुका है, पर जीवन के अध्ययन ने मुझे बता दिया कि इन दोनों समाजों का अन्तर मिटा सकना सहज नहीं।
- उनका बाह्य जीवन दीन है और हमारा अन्तर्जीवन रिक्त।'' विधवा की समस्या, विधुर की समस्या, वृद्ध की समस्या, ग्रामीण जीवन, स्त्री शृंगार आदि का चित्रण करना महादेवी जी का उद्देश्य रहा है।
- महादेवी जी ने इस रेखाचित्र के माध्यम से नगरीय एवं ग्रामीण सभ्यताओं का अन्तर बड़ी मार्मिकता के साथ स्पष्ट किया है। लेखिका ने सांस्कृतिक समन्वय की भावना को चित्रित किया है। रेखाचित्र द्वारा ग्रामीण समाज की विशेषताओं का उद्घाटन किया है। आधुनिक शिक्षित, शिष्ट और सभ्य कहे जाने वाले व्यक्तियों पर व्यंग्य किया है।

हिन्दी के प्रमुख रेखाचित्रकार एवं संस्मरण

लेखक	रेखाचित्र एवं संस्मरण
पद्मसिंह शर्मा	पद्मपराग (1929)
श्रीराम शर्मा	बोलती प्रतिमा (1937), प्राणों का सौदा (1939), जंगल के जीव (1949), वे जीते कैसे हैं? (1957)
महादेवी वर्मा	स्मृति की रेखाएँ (1947),अतीत के चलचित्र (1941), पथ के साथी (1956), स्मारिका (1971), मेरा परिवार (1972)
प्रकाशचन्द्र गुप्त	रेखाचित्र (1940), पुरानी स्मृतियाँ (1947)
पण्डित बनारसीदास चतुर्वेदी	संस्मरण, हमारे अराध्य (1952), रेखाचित्र (1952), सेतुबन्ध (1962)
रामवृक्ष बेनीपुरी	माटी की मूरतें (1946), गेहूँ व गुलाब (1950), लाल तारा (1938), मील के पत्थर (1957)
कन्हैयालाल मिश्र प्रभाकर	दीप जले शंख बजे (1959), भूले हुए चेहरे, जिन्दगी मुस्कराई (1953), माटी हो गई सोना, बाजे पयलिया के घुँघरू, क्षण बोले कण मुस्काए
आचार्य विनयमोहन शर्मा	रेखाएँ और रंग (1955)
डॉ. नगेन्द्र	चेतना के बिम्ब (1967)
उपेन्द्रनाथ अश्क	ज्यादा अपनी कम पराई (1959), रेखाएँ और चित्र (1955), मण्टो मेरा दुश्मन (1956)
ओंकार शरद	लंका महाराजिन
सेठ गोविन्द दास	स्मृतिकण (1959), चेहरे जाने पहचाने (1966)

लेखक	रेखाचित्र एवं संस्मरण
डॉ. प्रेमनारायण टण्डन	रेखाचित्र (1940)
श्रीमती सत्यवती मलिक	अमिट रेखाएँ
सत्यजीत वर्मा	एलबम
कैलाशनाथ काटजू	मैं भूल नहीं सकता (1955)
सम्पूर्णानन्द	कुछ स्मृतियाँ और स्फुट विचार (1962)
कुन्तल गोयल	कुछ रेखाएँ कुछ चित्र (1967)
कृष्णा सोबती	हम हशमत (1977)
भारत भूषण अग्रवाल	लीक अलीक
डॉ. रामकुमार वर्मा	संस्मरणों के सुमन
विष्णु प्रभाकर	मेरे अग्रज मेरे मीत, जाने-अनजाने (1962), कुछ शब्द कुछ रेखाएँ (1965), हँसते निर्झर : दहकती भट्टी, यादों की तीर्थ यात्रा (1981), सृजन के सेतु (1990)
फणीश्वरनाथ रेणु	वनतुलसी की गन्ध (1984)
भगवती शरण सिंह	रस गगन गुफा में
जगदीश चन्द्र माथुर	दस तस्वीरें (1963), जिन्होंने जीना जाना (1971)
सेठ गोविन्द दास	स्मृति कण (1959)
माखनलाल चतुर्वेदी	समय के पाँव (1962)
हरिवंशराय बच्चन	नए-पुराने झरोखे (1962)
महावीर प्रसाद द्विवेदी	अतीत स्मृति
बालमुकुन्द गुप्त	हरिऔध जी के संस्मरण
राहुल सांकृत्यायन	बचपन की स्मृतियाँ (1955), जिनका मैं कृतज्ञ (1956), मेरे असहयोग के साथी (1956)
रामवृक्ष बेनीपुरी	जंजीरें और दीवारें
इलाचन्द्र जोशी	कुछ संस्मरण, मेरे प्रारम्भिक जीवन की स्मृतियाँ
काका साहेब कालेलकर	गांधी संस्मरण और विचार (1968)
रामधारी सिंह दिनकर	लोकदेव नेहरू (1965), संस्मरण और श्रद्धांजलियाँ (1969)
अमृतलाल नागर	जिनके साथ जिया (1973)
प्रतिभा अग्रवाल	सृजन का सुख-दु:ख (1981)
रामेश्वर शुक्ल 'अंचल'	युगपुरुष (1983)
पद्मा सचदेव	दीवानखाना (1984), मितवाघर (1995), अमराई
सच्चिदानन्द हीरानन्द वात्स्यायन 'अज्ञेय'	स्मृतिलेखा (1986)
कमल किशोर गोयनका	हजारी प्रसाद द्विवेदी : कुछ संस्मरण (1988)
बिन्दु अग्रवाल	भारत भूषण अग्रवाल : कुछ यादें कुछ चर्चाएँ (1989), यादें और बातें (दो खण्डों में 1998)
काशीनाथ सिंह	याद हो कि न याद हो (1992), आछे दिन पाछे गए (2004)
अमृतराय	जिनकी याद हमेशा रहेगी (1992)

यात्रा साहित्य

- यात्रा करना मनुष्य की नैसर्गिक प्रवृत्ति है। मानव के विकास की गाथा में यायावरी का महत्त्वपूर्ण योगदान है। मनुष्य कभी-न-कभी, कोई न कोई यात्रा अवश्य करता है लेकिन सृजनात्मक प्रतिभा के धनी अपने यात्रा अनुभवों को पाठकों के सम्मुख प्रस्तुत कर यात्रा साहित्य की रचना करने में सक्षम हो जाते हैं। जब कोई लेखक अपने द्वारा की गई किसी यात्रा का वास्तविक, कलात्मक या साहित्यिक वर्णन करता है तो ऐसी रचना को यात्रावृत्त या यात्रा साहित्य कहते हैं।
- यात्रा साहित्य का उद्‌देश्य लेखक के यात्रा अनुभवों को पाठकों के साथ बाँटना और पाठकों को भी उन स्थानों की यात्रा के लिए प्रेरित करना है। हिन्दी साहित्य में अन्य गद्य-विधाओं की भाँति ही भारतेन्दु-युग से यात्रा-साहित्य का आरम्भ माना जा सकता है। **भारतेन्दु** ने 'सरयू पार की यात्रा', 'मेंहदावल की यात्रा', 'लखनऊ की यात्रा' आदि यात्रा वृत्तान्तों का बड़ा रोचक और सजीव वर्णन किया है। **बालकृष्ण भट्ट** की 'गया यात्रा' और **प्रताप नारायण मिश्र** की 'विलायत यात्रा' क्रमश: हिन्दी प्रदीप के मार्च, 1894 के तथा नवम्बर, 1897 के अंकों में प्रकाशित हुए।
- द्विवेदी युग में **देवी प्रसाद खत्री** कृत 'बद्रिकाश्रम यात्रा', **गोपालराम गहमरी** कृत लंका यात्रा का विवरण, **ठा. गदाधर सिंह** कृत 'चीन में तेरह मास' तथा 'हमारी एडवर्ड तिलक यात्रा' उल्लेखनीय कृतियाँ हैं।
- छायावाद युग में **रामनारायण मिश्र** ने 'यूरोप में छह मास' (1932) में यूरोप के दर्शनीय स्थानों के रोचक वर्णन के साथ-साथ वहाँ के रहन-सहन, शिक्षा पद्धति आदि का भी यथास्थान उल्लेख किया है। **सत्यदेव परिव्राजक** छायावादी युग के सर्वप्रमुख यात्रावृत्त लेखक हैं। 'मेरी जर्मन यात्रा' (1926), 'यात्री मित्र' (1936), 'यूरोप की सुखद स्मृतियाँ' (1937), 'ज्ञान के उद्यान में' (1937), 'नई दुनिया के मेरे अद्‌भुत संस्मरण' (1937), 'अमरीका प्रवास की मेरी अद्‌भुत कहानी' (1937) इनकी उल्लेखनीय कृतियाँ हैं।
- यात्रावृत्त लेखन में **राहुल सांकृत्यायन** का महत्त्वपूर्ण स्थान है। 'तिब्बत में सवा वर्ष' (1933), 'मेरी यूरोप यात्रा' (1935), 'मेरी तिब्बत यात्रा' (1937), 'मेरी लद्दाख यात्रा' (1939), 'किन्नर देश में' (1948), 'रूस में पच्चीस मास' (1952) इनके महत्त्वपूर्ण यात्रावृत्त हैं। 'उत्तराखण्ड के पथ' पर सांकृत्यायन ने अपनी बद्री-केदार, यात्रा का औपन्यासिक शैली में वर्णन किया है। इसी प्रकार **रामवृक्ष बेनीपुरी** कृत 'पैरों में पंख बाँधकर' (1952), 'उड़ते चलो उड़ते चलो' (1954), **यशपाल** कृत 'लोहे की दीवार के दोनों ओर' (1953), **अज्ञेय** कृत 'अरे यायावर रहेगा याद', 'एक बूँद सहसा उछली' (1960) आदि महत्त्वपूर्ण यात्रावृत्त हैं।
- **रामधारी सिंह 'दिनकर'** कृत 'देश-विदेश' (1957) तथा 'मेरी यात्राएँ' (1970) में अनेक यात्रावृत्त संकलित हैं। **विष्णु प्रभाकर** ने 'हँसते निर्झर : दहकती भट्टी' (1966) में देश-विदेश से सम्बन्धित इक्कीस यात्रावृत्तों को संकलित किया है।
- 'अप्रवासी की यात्राएँ' में **डॉ. नगेन्द्र** ने जापान, अमेरिका, यूरोप आदि देशों के शैक्षिक जीवन का चित्रण किया है। 'अमेरिकी विश्वविद्यालयों में हिन्दी' इस यात्रावृत्त का सर्वाधिक ज्ञानवर्द्धक प्रकरण है।
- **मोहन राकेश** कृत 'आखिरी चट्टान तक' (1953) सृजनात्मक यात्रावृत्त है। 'यातना शिविर' में **हिमांशु जोशी** ने अण्डमान निकोबार की सेल्युलर जेल की कथा लिखी है जिसमें भारतीय क्रान्तिवीरों को रखकर उन्हें अनेक प्रकार की पाशविक यातनाएँ दी जाती थीं।
- 'कितना अकेला आकाश' में **नरेश मेहता** ने यूगोस्लाविया और अन्य यूरोपीय लोगों की मानसिकता का बड़ा मार्मिक और प्रभावशाली चित्रण किया है। **मनोहर श्याम जोशी** कृत 'क्या हाल है चीन के' में चीन के दो मुँहे कूटनीतिक चरित्र की असलियत का पर्दाफाश किया है। इसके साथ ही 'पश्चिमी जर्मनी पर उड़ती नज़र' में पश्चिमी जर्मनी के प्राकृतिक सौन्दर्य के साथ वहाँ के लोगों के रहन-सहन, उनकी सोच और जीवन शैली का यथार्थ चित्रण किया है।

प्रमुख यात्रा साहित्यकार तथा उनके यात्रा वृत्तान्त

राहुल सांकृत्यायन तथा सच्चिदानन्द हीरानन्द वात्स्यायन 'अज्ञेय' हिन्दी के प्रसिद्ध यात्रा साहित्यकार रहे हैं। उनके प्रसिद्ध यात्रा वृत्तान्त क्रमश: 'मेरी तिब्बत यात्रा' तथा 'अरे यायावर रहेगा याद' की समीक्षा इस प्रकार है

राहुल सांकृत्यायन- मेरी तिब्बात यात्रा

- राहुल सांकृत्यायन को महापण्डित की उपाधि दी जाती है। ये हिन्दी के एक प्रमुख साहित्यकार हैं। 'मेरी तिब्बत यात्रा' वृत्तान्त में इन्होंने अपनी तिब्बत यात्रा का वर्णन किया है, जो लेखक ने वर्ष 1929-30 में नेपाल के रास्ते की थी। उस समय भारतीयों को तिब्बत यात्रा की अनुमति नहीं थी। अत: उन्होंने यह यात्रा एक भिखारी के छद्म वेश में की थी।
- लेखक ने तिब्बत की यात्रा उस समय की थी, जब नेपाल से तिब्बत जाने का केवल एक ही रास्ता था। इस रास्ते पर नेपाल के लोग भी भारत के लोगों के साथ-साथ जाते थे। यह रास्ता व्यापारिक और सैनिक रास्ता भी था, इसलिए लेखक ने इसे मुख्य रास्ता बताया है। तिब्बत में जाति-पाँति और छुआछूत नहीं था।
- वहाँ औरतें पर्दा नहीं करती थीं। चोरी की आशंका के कारण भिखारियों को कोई घर में घुसने नहीं देता था और न ही अपरिचित होने पर कोई घर के अन्दर जा सकता था। साथ ही अपनी जरूरत के अनुसार अपनी झोली से चाय दे सकते थे, घर में बहू या सास उसे आपके लिए पका देगी।
- राहुल सांकृत्यायन का योगदान यात्रा साहित्य में अद्वितीय व अग्रणी है। मेरी तिब्बत यात्रा में उन्होंने तिब्बतीय समाज और ज्ञान वर्धक संस्कृति का वर्णन किया है। तिब्बत की धार्मिक व्यवस्था, प्रथा-परम्पराएँ, खान-पान तथा वेश-भूषा अन्य देशों से बिलकुल भिन्न हैं। लेखक ने तिब्बती लोगों की कलाप्रियता पर प्रकाश डालते हुए वहाँ के मन्दिरों का वर्णन भी किया है।
- तिब्बत के नारी समाज का वर्णन करते हुए उन्होंने लिखा है कि तिब्बत में भिक्षुणियों की संख्या ज्यादा है, क्योंकि वहाँ की प्रथानुसार सभी भाइयों की एक पत्नी होने के कारण अनेक लड़कियाँ अविवाहित रह जाती थीं और वे भिक्षुणियाँ बन जाती हैं। राहुल जी ने 'अपनी तिब्बत यात्रा' में वहाँ की संस्कृति का अद्भुत ढाँचा प्रस्तुत किया है।

अज्ञेय- अरे यायावर रहेगा याद

- 'अरे यायावर रहेगा याद' पुस्तक सच्चिदानन्द हीरानन्द वात्स्यायन 'अज्ञेय' द्वारा रचित यात्रा वृत्तान्त है। इसमें आठ यात्रा वृत्तान्तों का वर्णन है और सभी में पर्याप्त विविधता है। यात्राओं में असम, बंगाल, औरंगाबाद, कश्मीर, पंजाब व हिमाचल प्रदेश के भू-भागों का वर्णन है तथा इसमें तमिलनाडु के अति प्राचीन मन्दिरों के बारे में भी बताया गया है।
- इस पुस्तक की शुरुआत ब्रह्मपुत्र के मैदानी भाग में अवतरण से हुई, फिर बात हिमालय की दुर्गम झील में डेरा डालने की हुई और अन्त एलोरा की गुफाओं में इतिहास खोजने की कोशिश से हुआ। 'अज्ञेय' जी के यात्रा वृत्तान्तों को पढ़ते समय पाठक को लगता है कि वह अज्ञेय जी के साथ स्वयं पहाड़ों में व नावों में घूम रहा है। लेखक ने स्थानीय लोगों के साथ उनकी भाषा में बात करके कई स्थानों के बारे में प्रचलित किंवदन्तियों के बारे में बताया है।
- 'अज्ञेय' जी ने एक लेख में पर्यटकों की जिम्मेदारियों का भी बोध कराया है। लाहौली लोगों में अपनी संस्कृति के प्रति अभिमान और बाहर से आने वाले लोगों के प्रति अनभिज्ञता का वर्णन करते हुए चिन्ता व्यक्त की है कि बाहर से आने वाले लोग किस प्रकार नशा, व्यसन आदि यहाँ पर लेकर आते हैं। माना कि पहाड़ी जनजातियाँ पर्यटकों की जीवन पद्धति के अनुसार विकसित नहीं हैं लेकिन उनमें विकृतियाँ तो नहीं हैं।
- 'अज्ञेय' जी के यात्रा वृत्तान्तों में पर्यावरण का, इतिहास का व साहित्य का चिन्तन देखने को मिलता है। उन्होंने प्रचलित ऐतिहासिक गाथा को उपलब्ध प्राकृतिक अवरोधों से तौलने की कोशिश की है और सोचा है कि उस समय क्या हुआ होगा।
- 'अज्ञेय' जी की भाषा संस्कृतनिष्ठ है। यात्रा वृत्तान्त की शैली कहानीमय है। ऐसा लगता है कि अज्ञेय जी कोई कहानी कह रहे हैं। हम सब उस कहानी के पात्र हैं। बीच-बीच में उन्होंने संस्कृत में सूक्तियाँ भी लिखीं और हिन्दी की कविताएँ भी रचीं जो कि उतनी ही अच्छी हैं जितने अज्ञेय जी के यात्रा वृत्तान्त।
- 'अज्ञेय' जी की दृष्टि के कारण यात्रा, भ्रमण की बजाय एक ऐसी घटना बन सकी जिसकी क्रिया-प्रतिक्रिया में अपना कुछ अगर खो जाता है तो बहुत कुछ मिल भी जाता है। अपना बहुत कुछ खोने, पाने और सृजन करने का नाम है 'अरे यायावर रहेगा याद'।

हिन्दी के प्रमुख लेखक एवं उनके यात्रावृत्त

लेखक	यात्रावृत्त
सत्यदेव परिव्राजक	मेरी कैलाश यात्रा (1915), मेरी जर्मन यात्रा (1926), मेरी पाँचवीं जर्मन यात्रा (1955)
भारतेन्दु बाबू हरिश्चन्द्र	सरयू पार की यात्रा, मेंहदावल की यात्रा, मेरी लखनऊ यात्रा
भगवतशरण उपाध्याय	कलकत्ता से पेकिंग (1953), वह दुनिया में (1952), सागर की लहरों पर (1959)
राहुल सांकृत्यायन	मेरी तिब्बत यात्रा (1937), मेरी लद्दाख यात्रा (1939), किन्नर देश में (1948), रूस में पच्चीस मास (1947), घुमक्कड़शास्त्र (1949), राहुल यात्रावली (1949), यात्रा के पन्ने (1952), एशिया के दुर्गम खण्डों में (1956), चीन में कम्यून (1959), चीन में क्या देखा (1960)
ओमप्रकाश मन्त्री	माओं के देश में पाँच साल (1968)
पण्डित सूर्यनारायण व्यास	सागर प्रवास (1940), आवारे की यूरोप यात्रा (1940)
डॉ. सत्यनारायण	यूरोप के झरोखे में (1940), युद्ध यात्रा (1940)
सेठ गोविन्ददास	सुदूर दक्षिण पूर्व (1951), पृथ्वी परिक्रमा (1954)
यशपाल	राहबीती (1956), लोहे की दीवार के दोनों ओर (1953)
स्वामी सत्यभक्त	मेरी अफ्रीका यात्रा (1955)
रामधारी सिंह दिनकर	देश-विदेश (1957), मेरी यात्राएँ (1970)
ब्रजकिशोर नारायण	नन्दन से लन्दन (1957)
भुवनेश्वर प्रसाद भुवन	आँखों देखा यूरोप
अज्ञेय	एक बूँद सहसा उछली (1960), अरे यायावर रहेगा याद (1953)
गोपालव्यास	अरबों के देश में (1960)
प्रभाकर माचवे (1912)	गोरी नजरों में हम (1969)

लेखक	यात्रावृत्त
विष्णु प्रभाकर	हँसते निर्झर : दहकती भट्टी (1966), ज्योतिपुंज हिमालय (1982), हमसफर मिलते रहे (1996)
डॉ. नगेन्द्र	अप्रवासी की यात्राएँ (1972)
राजेन्द्र अवस्थी	सैलानी की डायरी (1977)
अनन्त गोपाल शेवड़े	दुनिया रंग बिरंगी (1978)
गोविन्द मिश्र	धुन्ध भरी सुर्खी (1979)
शिवानी	यात्रिक (1980)
मुनि क्रान्ति सागर	खोज की पगडण्डियाँ, खण्डहरों का वैभव
प्रभाकर द्विवेदी	पार उतरि कहं जइ हौ
डॉ. रघुवंश	हरी घाटी
काका कालेलकर	हिमालय की यात्रा, सूर्योदय का देश
शंकर	ए पार बंगला ओ पार बंगला
कन्हैयालाल मणिकलाल मुंशी	बद्रीनाथ की ओर
निर्मल वर्मा	चीड़ों पर चाँदनी (1964)
मोहन राकेश	आखिरी चट्टान तक (1953)
ज्ञानरंजन (1931)	कबाड़खाना
पंकज बिष्ट	खरामा-खरामा
निर्मला जैन (1932)	दिल्ली : शहर-दर-शहर
इन्दु जैन	पत्रों की तरह चुप (1987)
कृष्णदत्त पालीवाल	जापान में कुछ दिन (2003)
नरेश मेहता	कितना अकेला आकाश (2003)
नासिरा शर्मा	जहाँ फव्वारे लहू रोते हैं (2003)
पद्मा सचदेव	'मैं कहती हूँ आँखिन देखी' (2014)
कृष्णा सोबती (1925)	बुद्ध का कमण्डल : लद्दाख (2013)
मधु कांकरिया	बुद्ध, बारूद और पहाड़
उर्मिलेश	क्रिस्टेनिया मेरी जान (2016)

आत्मकथा

- जब कोई महान् व्यक्ति अपने जीवन की सम्पूर्ण घटनाओं का क्रमशः विवरण स्वयं लिखता है तो ऐसी विधा आत्मकथा कहलाती है। किसी भी व्यक्ति की आत्मकथा से उसकी विचारधारा, दृष्टिकोण और युगीन परिस्थितियों का भी बोध हो जाता है।
- हिन्दी की प्रथम आत्मकथा **बनारसीदास** कृत 'अर्ध कथानक' है। अर्ध कथानक में उन्होंने अपने जीवन के पचपन वर्षों का सच्चा विवरण प्रस्तुत किया है। इनके बाद **सत्यानन्द अग्निहोत्री** ने 'मुझमें देव जीवन का विकास', **स्वामी दयानन्द** ने 'जीवन-चरित्र' नाम से, **मुंशी प्रेमचन्द** ने अपनी संक्षिप्त आत्मकथा 'जीवनसार', **प्रसाद** ने अपना आत्मकथ्य छायावादी शैली में प्रस्तुत किया।
- **जानकी देवी बजाज** हिन्दी की प्रथम महिला आत्मकथा लेखिका हैं। 'मेरी जीवन यात्रा' (1956) में इन्होंने अपने बचपन से लेकर पति की मृत्यु तक के जीवन की घटनाओं को निबद्ध किया है। 'मेरा जीवन प्रवाह' में **वियोगी हरि** ने परिनिष्ठित भाषा-शैली में अपना आत्मचरित प्रस्तुत किया है। **डॉ. राजेन्द्र प्रसाद** ने मूलतः हिन्दी में अपनी आत्मकथा 'सत्य की खोज' लिखी थी। **बाबू गुलाबराय** ने 'मेरी असफलताएँ' में अपने जीवन का तटस्थ भाव से चित्रण किया है।
- **राहुल सांकृत्यायन** ने 'मेरी जीवन यात्रा' अपने विद्रोही स्वभाव, यायावरी वृत्ति एवं विद्याव्यसन की चर्चा की है। **यशपाल** की आत्मकथा 'सिंहावलोकन' में उनके राजनीतिक विचारों की प्रमुखता है। **कमलेश्वर** की आत्मकथा 'गर्दिश के दिन' (1980), 'जो मैंने जिया' (1992), 'यादों का चिराग' (1997) और 'जलती हुई नदी' (1999) नामक चार खण्डों में प्रकाशित है।
- **रामदरश मिश्र** की आत्मकथा 'सहचर है समय' (1991) में स्वतन्त्रता प्राप्ति के बाद ग्रामीण परिवेश से निकलकर संघर्ष के रास्ते पर अपने जीवन का लक्ष्य तलाश करने वाले एक साहित्यकार का पूरा अनुभव संसार साकार हुआ है। **हरिवंशराय बच्चन** ने अपनी आत्मकथा को 'स्मृति-यात्रा-यज्ञ' कहा है। इनकी आत्मकथा चार खण्डों में विभाजित हैं— 'क्या भूलूँ क्या याद करूँ' (1969), 'नीड़ का निर्माण फिर-फिर' (1976), 'बसेरे से दूर' (1978) और 'दशद्वार से सोपान तक' (1985) में प्रकाशित है।
- दलित लेखकों में **मोहनदास नैमिषराय** की 'अपने-अपने पिंजरे' और ओमप्रकाश वाल्मीकि की 'जूठन' चर्चित आत्मकथाएँ हैं। **तसलीमा नसरीन** की आत्मकथा सात खण्डों में प्रकाशित हुई है— 'मेरे बचपन के दिन', 'उत्ताल हवा', 'द्विखण्डित', 'वे अँधेरे दिन', 'मुझे घर ले चलो', 'नहीं कहीं कुछ भी नहीं' (2013), 'निर्वासन' (2017)।
- इसी प्रकार डॉ. नगेन्द्र, भीष्म साहनी, बाबू श्यामसुन्दर दास, सेठ गोविन्ददास, विष्णु चन्द्र शर्मा, पाण्डेय बेचन शर्मा उग्र, यशपाल आदि लेखकों ने भी अपनी-अपनी आत्मकथाएँ लिखी हैं।

प्रमुख आत्म-कथाकार तथा उनकी आत्मकथाएँ

प्रस्तुत प्रसंग में आत्म-कथाकार तुलसीराम की आत्मकथा 'मुर्दहिया', मन्नू भण्डारी की 'एक कहानी यह भी', हरिवंशराय बच्चन की 'क्या भूलूँ क्या याद करूँ' तथा रमणिका गुप्ता की 'आपहुदरी' आदि आत्म-कथाओं की समीक्षा इस प्रकार है

तुलसीराम-मुर्दहिया

- डॉ. तुलसीराम द्वारा रचित आत्मकथा 'मुर्दहिया' में दलितों की पीड़ा को रेखांकित करने के साथ-साथ अपने गाँव धरमपुर (आजमगढ़) के जरिए उस समय के पूरे भारतवर्ष के गाँवों को ही चित्रित कर दिया है। डॉ. तुलसीराम कहते हैं—"इसमें मेरा दर्द है, मेरे समाज का दर्द है। मेरा पूरा जीवन ही मुर्दहिया है। मुर्दहिया यानि गाँव का वह कोना जहाँ मुर्दे फूँके जाते हैं, मुर्दहिया यानि गाँव का वह हिस्सा जहाँ मरे हुए जानवरों के चमड़े उतारे जाते हैं।" तुलसीराम द्वारा अपनी आत्मकथा को मुर्दहिया नाम देना केवल एक शीर्षक मात्र नहीं अपितु उनकी रचना की आत्मा है।
- 'मुर्दहिया' आत्मकथा में गाँव में घटित हर घटना को अन्ध-विश्वास से जोड़कर देखा जाता है। उल्का पिण्ड का रात में टूटने को भूत समझा जाता है। जब कोई उड़ता हुआ कौआ किसी को पैरों या चोंच से मार देता है तो इसे भी अपशकुन माना जाता है। बचपन में डॉ. तुलसीराम को चेचक निकल आने व इसमें उनकी एक आँख चले जाने से घरवालों समेत सभी गाँव वाले उन्हें अपशकुनि मानते हैं।
- डॉ. तुलसीराम 'मुर्दहिया' आत्मकथा के माध्यम से पूरे भारतीय देहाती गाँव में फैले अन्धविश्वास को अपने गाँव के जरिए बताते हैं। गाँव की दक्षिण दिशा में दलितों को रहने के लिए ब्राह्मणों, ठाकुरों आदि द्वारा विवश किया जाता है, क्योंकि एक हिन्दू अन्धविश्वास के अनुसार किसी भी गाँव की दक्षिण दिशा में ही सर्वप्रथम कोई आपदा या बीमारी आती है।

- एक तरफ धरमपुर गाँव अन्धविश्वास में डूबा पड़ा है, वहीं दूसरी तरफ दलित तुलसीराम ज्ञान हासिल करने के लिए परिवार और समाज की विपरीत परिस्थितियों से जूझते हुए दसवीं कक्षा में प्रथम आते हैं तथा एक होनहार विद्यार्थी के रूप में उनकी ख्याति पूरे गाँव में फैल जाती है।
- इस प्रकार कठिनाइयों का सामना करते हुए तुलसीराम कॉलेज में पहुँच जाते हैं, लेकिन उनके ही एक दोस्त द्वारा उनके स्कॉलरशिप के 162 रुपये में से 81 रुपये चाकू की नोंक पर लूट लेने से तुलसीराम समझ जाते हैं कि मानवीय मूल्यों पर पैसा हावी है।
- 'मुर्दहिया' आत्मकथा में वेदना, आक्रोश व उत्तेजना का उतावलापन नहीं है अपितु इसमें सभी चीज़ों को बड़ी बारीकियों से पेश किया गया है। तुलसीराम का चमरा और कनवा जैसे अपमानजनक सम्बन्धों से सूचित होते हुए भी इन सभी रूढ़िवादी परिवेश के बीच से अपना रास्ता निकालते हुए ज्ञान के क्षेत्र में आगे बढ़ना एक प्रेरक प्रसंग के रूप में उभरा है।

मन्नू-भण्डारी एक कहानी यह भी

- 'एक कहानी यह भी' मन्नू भण्डारी द्वारा आत्मपरक शैली में लिखी हुई आत्मकथा है। इसमें लेखिका ने बड़े ही प्रभावशाली ढंग से यह बात समझाने का प्रयास किया है कि बालिकाओं को किस तरह की पाबन्दियों का सामना करना पड़ता है। लेखिका ने अपने पिता से अपने वैचारिक मतभेद का भी इसमें चित्रण किया है। इसमें मन्नू भण्डारी ने पारिभाषिक अर्थ में कोई सिलसिलेवार आत्मकथा नहीं लिखी।
- अपनी आत्मकथा में लेखिका ने अपने जीवन से जुड़े हुए व्यक्तियों व घटनाओं के बारे में उल्लेख किया है। इस आत्मकथा में मन्नू जी के किशोर जीवन से जुड़ी हुई कुछ घटनाओं के साथ उनके पिताजी और उनकी कॉलेज की प्राध्यापिका शीला अग्रवाल का व्यक्तित्व विशेष रूप से उभर कर आया है जिसने आगे चलकर उनके लेखकीय व्यक्तित्व के निर्माण में महत्त्वपूर्ण भूमिका निभाई है।
- लेखिका ने बड़े रोचकीय ढंग से एक साधारण लड़की के असाधारण बनने के प्रारम्भिक पड़ावों का वर्णन किया है। वर्ष 1946-47 की आज़ादी की आँधी ने मन्नू जी को भी अछूता नहीं छोड़ा। छोटे शहर की युवा होती लड़की ने आज़ादी की लड़ाई में जिस तरह से भागीदारी की, उससे उसका उत्साह, ओज, संगठन-क्षमता और विरोध करने का तरीका देखते ही बनता है। इन सब घटनाओं के साथ-साथ ही हो रहे अपने पिताजी के अन्तर्विरोधों को भी लेखिका ने भली-भाँति उजागर किया है।
- उपर्युक्त आत्मकथा की भाषा तथा शिल्प में सादगी है। कहानी के भावों के अनुरूप ही तत्सम, तद्भव व देशज शब्दों का समुचित प्रयोग किया गया है। कहीं-कहीं पर कुछ अंग्रेज़ी व उर्दू शब्दों का भी प्रयोग किया गया है जिससे भाषा में सहजता व रोचकता आ गई है।

हरिवंशराय बच्चन-क्या भूलूँ क्या याद करूँ

- 'क्या भूलूँ क्या याद करूँ' बच्चन जी की आत्मकथा अपने जीवन और युग के प्रति एक प्रयास है। यह आत्मकथा वर्ष 1969 में प्रकाशित हुई। इस आत्मकथा की गणना कालजयी रचनाओं में की जाती है। बच्चन जी की आत्मकथा के चार खण्ड हैं- पहला खण्ड- 'क्या भूलूँ क्या याद करूँ, दूसरा खण्ड- 'नीड़ का निर्माण फिर-फिर', तीसरा खण्ड- 'बसेरे से दूर' तथा चौथा खण्ड-'दश द्वार से सोपान तक'। हिन्दी प्रकाशनों में इस कथा का अत्यन्त ऊँचा स्थान है।
- उन्होंने स्वयं अपनी आत्मकथा की भूमिका में कहा है- 'अगर मैं दुनिया से किसी पुरस्कार का तलबगार होता तो अपने आपको और अच्छी तरह सजाता-बजाता और अधिक ध्यान से रंग चुनकर उसके सामने पेश करता। मैं चाहता हूँ कि लोग मुझे मेरे सरल, स्वाभाविक और साधारण रूप में देख सकें। सहज निष्प्रयास प्रस्तुत, क्योंकि मुझे अपना ही तो चित्रण करना है।' यह आत्मकथा किसी एक व्यक्ति की निजी गाथा नहीं, अपितु युगीन तत्कालीन परिस्थितियों में जकड़े, एक भावुक, कर्मठ व्यक्ति और जीवन के कोमल-कठोर, गोचर-अगोचर, लौकिक-अलौकिक पक्षों को जीवन्त करता महाकाव्य है।
- बच्चन जी ने अपनी इस यात्रा में कीट्स से लेकर कबीर तक के मध्य साहित्य को मापा तथा अपने जीवन के धार्मिक पक्षों को उजागर किया है। अस्वस्थता के कारण बच्चन जी की पहली पत्नी श्यामा चल बसीं। उनके साथ गुजरे जीवन के उन अंकों को बच्चन जी ने बड़ी भावुकता से ऐसे साकार किया कि वे सभी युगलों के लिए एक प्रतीक बन गए।
- यह एक सशक्त महागाथा है, जो उनके जीवन और कविता की अन्तर्धारा का वृत्तान्त ही नहीं कहती अपितु छायावादी युग के बाद के साहित्यिक परिदृश्य का विवेचन भी प्रस्तुत करती है। यह आत्मकथा हिन्दी साहित्य के सफर का मील का पत्थर है। बच्चन जी को इसके लिए भारतीय साहित्य में सर्वोच्च स्थान प्राप्त हुआ है। साथ ही उन्हें 'सरस्वती सम्मान' से सम्मानित किया जा चुका है।

रमणिका गुप्ता-आपहुदरी

- 'आपहुदरी' एक जिद्दी लड़की की आत्मकथा है। यह रमणिका गुप्ता की अपनी एक निजी यात्रा है। इसमें लेखिका ने एक निर्भीक स्त्री के रूप में अपने जीवन की अन्तरंगताओं को बेहद स्पष्ट रूप से दिखाने का प्रयास किया है।
- रमणिका गुप्ता ट्रेड यूनियन से जुड़ी कार्यकर्ता रही हैं, लेकिन उनके जीवन की अपनी खोज सत्ता तक पहुँचकर अपनी उपस्थिति का अहसास कराना भर न था बल्कि वे खुद की आकांक्षा के बारे में इसी आत्मकथा के बारे में कहती हैं "मैं जब सब परिधियाँ बाँध सकती थीं, सीमाएँ तोड़ सकती थीं सीमाओं में रहना मुझे हमेशा कचोटता रहा है, सीमा तोड़ने का आभास ही मुझे अत्यधिक सुखकारी लगता है, मैं वर्जनाएँ तोड़ सकती हूँ--- अपनी देह की मैं खुद मालिक हूँ, मैं संचालक हूँ, संचालित नहीं,"
- सम्पूर्ण आत्मकथा में रमणिका एक जिद्दी लड़की की भूमिका के साथ-साथ स्त्री की स्वतन्त्र अभिव्यक्ति की कामना की खोज में निकल पड़ती हैं वे जहाँ कहीं भी जाती हैं, उनके सम्बन्ध वहीं बनते जाते हैं, वे कहीं भी छली नहीं जातीं। अपने इन सम्बन्धों के बारे में जब भी वे लिखती हैं, पुरुष प्रधान समाज के तिलिस्म को रेशा-रेशा कर डालती हैं।
- वे अपने अनुभव का बखान इन शब्दों में करती हैं-"मौन के बारे में सभ्य-असभ्य क्या है, समाज इसका फैसला तो करता रहा है, पर उसने समझ के साथ अपने मानदण्ड नहीं बदले। व्यक्ति बदलता रहा, प्यार की परिभाषाएँ, सुख की व्याख्या, यौन का दायरा सब तो देशकाल के अनुरूप बदलता है, रिश्ते भी सापेक्ष होते हैं, दुर्भाग्यवश समाज ने अपना दृष्टिकोण नहीं बदला खासकर भारतीय समाज ने।"
- इस भारतीय समाज के जिन पुरुषों से रमणिका गुप्ता का सामना हुआ उनमें उनका पति, पति के दोस्त, नेता, नेता के साथ चलने वाले छुटभैये, ओहदेदार पुरुषों की भी लम्बी फेहरिस्त है। आपहुदरी से गुजरते हुए यह स्पष्ट तौर से महसूस होता है कि सेक्सुअलिटी की खोज उत्सवधर्मिता में तब्दील होती है। पूरी आत्मकथा में स्त्री दैन्य कहीं नहीं है।

- आपहुदरी में रमणिका गुप्ता अन्तरंगता के विमर्श में भिन्न-भिन्न आयामों की पड़ताल कर स्त्री को स्वयं अपनी राह बनने को तैयार करती हैं। रमणिका गुप्ता ने हिन्दी की सेवा एक सामाजिक कार्यकर्ता की तरह की है। इस आत्मकथा में रमणिका जी ने जैसा अपना जीवन जिया वैसा ही लिखा है। लेखिका ने इस आत्मकथा के माध्यम से अपने साहस की कथा कही है। आपहुदरी आत्मकथा के रूप में एक नया मोड़ भी है।

हिन्दी के प्रमुख आत्मकथा लेखक एवं उनकी कृतियाँ

आत्मकथा लेखक	कृतियाँ
बनारसीदास जैन	अर्धकथानक (1641)
भारतेन्दु	कुछ आप बीती कुछ जग बीती
श्यामसुन्दर दास	मेरी आत्म कहानी (1941)
हरिभाऊ उपाध्याय	साधना के पथ पर (1946)
वियोगी हरि	मेरा जीवन प्रवाह (1948)
यशपाल	सिंहावलोकन (तीन खण्ड क्रमशः 1951, 1952, 1955)
स्वामी सत्यदेव परिव्राजक	स्वतन्त्रता की खोज में (1951)
गंगाप्रसाद उपाध्याय	जीवन चक्र (1954)
चतुरसेन शास्त्री	यादों की परछाइयाँ (1960), मेरी आत्म कहानी (1963)
देवराज उपाध्याय	बचपन के वो दिन, यौवन के द्वार पर
पाण्डेय बेचन शर्मा 'उग्र'	अपनी खबर (1960)
सन्तराम बीए	मेरे जीवन के अनुभव (1963)
डॉ. भुवनेश्वर प्रसाद मिश्र	जीवन के चार अध्याय (1967)
हरिवंशराय बच्चन	क्या भूलूँ क्या याद करूँ (1969), नीड़ का निर्माण फिर (1970), बसेरे से दूर (1978), दशद्वार से सोपान तक (1985) (चार खण्डों में)
वृन्दावन लाल वर्मा	अपनी कहानी (1970)
रामावतार अरुण	अरुणायन (1974)
राजेन्द्र यादव	मुड़-मुड़ कर देखता हूँ (2001), देहरि भई विदेस (2005)
अखिलेश	और वह जो यथार्थ था (2001)
भीष्म साहनी	आज के अतीत (2003)
अशोक बाजपेयी	पाव भर जीरे में ब्रह्मभोज (2003)
स्वदेश दीपक	मैंने माण्डू नहीं देखा (2003)
रवीन्द्रनाथ त्यागी	वसंत से पतझर तक (2005)
विष्णु प्रभाकर	पंखहीन, मुक्त गगन में, और पंछी उड़ गया (2004)
मिथिलेश्वर	पानी बिच मीन पियासी
श्री विष्णु चन्द्र शर्मा	मुक्तिबोध की आत्मकथा (1984)
सूर्य प्रसाद दीक्षित	निराला की आत्मकथा (1970)
विश्वनाथ प्रसाद तिवारी	दिनरैन (2014)
गोपीचन्द नारंग	सफ़र आशना (2014)
ए.पी.जे. अब्दुल कलाम	अग्नि की उड़ान टर्निंग पॉइण्ट्स (2015)
पदुमलाल पुन्नालाल बख्शी	मेरी अपनी कथा (1958)
सेठ गोविन्ददास	आत्मनिरीक्षण (तीन भाग, 1958)
पाण्डेय बेचन शर्मा 'उग्र'	अपनी खबर (1960)
चतुरसेन शास्त्री	मेरी आत्मकहानी (1963)
उपेन्द्रनाथ अश्क	ज्यादा अपनी कम परायी (1959), चेहरे अनेक (1977)
नागार्जुन	विषकीट (1999)
बलराज साहनी	मेरी फिल्मी आत्मकथा (1947)
डॉ. राम विलास शर्मा	घर की बात (1983), अपनी धरती अपने लोग (तीन खण्डों में)
शिवपूजन सहाय	मेरा जीवन (1985)
हंसराज रहबर	मेरे सात जन्म (तीन खण्डों में)
कन्हैयालाल मिश्र 'प्रभाकर'	तपती पगडण्डियों पर यात्रा (1989)
फणीश्वरनाथ 'रेणु'	आत्मपरिचय (1988)
अमृतलाल नागर	टुकड़े-टुकड़े दास्तान (1986)
डॉ. नगेन्द्र	अर्धकथा (1988)
रामदरश मिश्र	सहचर है समय (1991), फुर्सत के दिन (2000)
कमलेश्वर	गर्दिश के दिन (1980), आत्मकथा (चार खण्डों में 1992, 1997, 1999)
मूलचन्द अग्रवाल	पत्रकार की आत्मकथा
गोपाल प्रसाद व्यास	कहो व्यास कैसी कटी (1994)
रवीन्द्र कालिया	गालिब छुटी शराब (2000)
भगवतीचरण वर्मा	कहि न जाय का कहिए (2001)
दयानन्द सरस्वती	जीवन चरित्र (1860)
सत्यानन्द अग्निहोत्री	मुझमें देव जीवन का विकास (1910)
भवानी दयाल सन्यासी	प्रवासी की कहानी (1939)
गुलाबराय	मेरी असफलताएँ (1941)
राहुल सांकृत्यायन	मेरी जीवन यात्रा (1946)
डॉ. राजेन्द्र प्रसाद	आत्मकथा (1947)

महिला रचनाकारों की आत्मकथाएँ

अनीता राकेश	सतरें और सतरें
चन्द्रकान्ता	हाशिए की इबारतें
मैत्रेयी पुष्पा	कस्तूरी कुण्डल बसै (2002), गुड़िया भीतर गुड़िया (2012)
रमणिका गुप्ता	हादसे (2005), आपहुदरी (2014)
चन्द्रकिरण सौनरिक्सा	पिंजरे में मैना (2010)
जोहरा सहगल	करीब से (2013)
राजी सेठ	जहाँ से उजास (2013)
निर्मला जैन	जमाने में हम (2015)
जानकी देवी बजाज	मेरी जीवन यात्रा (1956)
प्रतिभा अग्रवाल	दस्तक जिंदगी की (1990), मोड़ जिन्दगी का (1996)
कुसुम अन्सल	जो कहा नहीं गया (1996)
शिवानी	सुनहु तात यह अकथ कहानी (1998)
पद्मा सचदेव	बूँद बावड़ी (1999)
शीला झुनझुनवाला	कुछ कही कुछ अनकही (2000)
कृष्णा अग्निहोत्री	लगता नहीं है दिल मेरा (1997), और ... और ... औरत (2010)
प्रभा खेतान	अन्या से अनन्या (2010)
ममता कालिया	कितने शहरों में कितनी बार (2011)
मन्नू भण्डारी	एक कहानी यह भी, कली यह भी (2007)

दलित लेखकों की आत्मकथाएँ

डी.आर. जाटव	मेरा सफर मेरी मंजिल
माता प्रसाद	झोपड़ी से राजभवन (2002)
नवेन्दु महर्षि	इंसान से ईश्वर तक, मेरे मन की बाइबिल, रुकी हुई रोशनी (2011), मेरा बचपन मेरा संघर्ष (2012)
भालचन्द्र मुणगेकर	मेरी हकीकत (2010)
बराक ओबामा (अमेरीका के राष्ट्रपति)	पिता से मिले सपने (2009)
सुशीला टाकभौरे	शिकंजे का दर्द (2012)
तुलसीराम	मुर्दहिया (2012), मणिकर्णिका (2013)
बलवीर माधोपुरी	छंग्यारुख (2012)
कौशल्या वैसन्त्री	दोहरा अभिशाप
दया पवार	अछूत (2011)
भगवान दास	मैं भंगी हूँ (1981)
मोहनदास नैमिषराय	अपने-अपने पिंजरे' भाग-1 (1995), अपने-अपने पिंजरे भाग-2 (2000)
ओमप्रकाश बाल्मीकि	जूठन (1997)
सूरजपाल चौहान	तिरस्कृत (2002), संतप्त (2006)
रूपनारायण सोनकर	नागफनी (2005)
श्योराज सिंह बेचैन	मेरा बचपन मेरे कन्धों पर (2009)
डॉ. धर्मवीर	मेरी पत्नी और भेड़िया (2009)
शरण कुमार लिंबाले	अक्करमाशी
रमाशंकर आर्य	घुटन
लक्ष्मण गायकवाड़	उचक्का (2011)

जीवनी

- किसी भी महान् व्यक्ति का सम्पूर्ण विवरण क्रमश: महत्त्वपूर्ण घटनाओं के माध्यम से किसी अन्य लेखक द्वारा लिखा जाना जीवनी कहलाती है। हिन्दी में जीवनी लेखन 19वीं शताब्दी से प्रारम्भ हुआ। सर्वप्रथम **बाबू कार्तिक प्रसाद खत्री** ने 1893 ई. में मीराबाई का जीवन चरित्र लिखा। इसके बाद भारतेन्दु युग से जीवनी लिखने का क्रमबद्ध इतिहास मिलता है।
- **भारतेन्दु हरिश्चन्द्र** ने कालिदास, रामानुज, जयदेव, सूरदास, शंकराचार्य, बल्लभाचार्य आदि की जीवनियाँ लिखीं। **महावीर प्रसाद द्विवेदी** ने भी कई महापुरुषों की जीवनियाँ लिखीं, जो सुकवि संकीर्तन, प्राचीन पण्डित और कवि तथा चरित्र-चर्चा नामक ग्रन्थों में संकलित हैं। छायावाद युग में जीवनी लेखन की परम्परा काफी समृद्ध रही। इस युग में प्रसिद्ध राष्ट्रीय नेताओं के जीवन वृत्तों में रामनरेश त्रिपाठी कृत गाँधी जी कौन हैं? नरोत्तमदास कृत 'गांधी गौरव' आदि उल्लेखनीय हैं।
- छायावाद युग में ऐतिहासिक विभूतियों पर भी जीवनियाँ लिखी गईं। रामनरेश त्रिपाठी ने **पृथ्वीराज चौहान**, सम्पूर्णानन्द ने **सम्राट हर्षवर्धन**, चन्द्रशेखर पाठक ने **राणाप्रताप सिंह**, रामवृक्ष शर्मा ने **महाराणा प्रताप**, प्रेमचन्द ने **दुर्गादास**, 'भदन्त आनन्द' कौसल्यायन ने **भगवान बुद्ध**, यदुनाथ सरकार ने **शिवाजी की जीवनी** आदि महत्त्वपूर्ण जीवनियाँ लिखी हैं।
- **महात्मा गांधी** की जीवनी कई लोगों ने लिखी जिनमें घनश्यामदास बिड़ला कृत 'बापू', काका कालेलकर कृत 'बापू की झाँकियाँ', सुमंगल प्रकाश कृत 'बापू के साथ', राजेन्द्र प्रसाद कृत 'बापू के कदमों में', जैनेन्द्र कुमार कृत 'अकाल पुरुष गांधी' विशेष उल्लेखनीय हैं।
- विशिष्ट साहित्यकारों के जीवन वृत्तों में **बाबू राधाकृष्ण दास** ने 'भारतेन्दु बाबू हरिश्चन्द्र', **ब्रजरत्न दास** ने 'भारतेन्दु हरिश्चन्द्र', **शिवनन्दन सहाय** ने 'हरिश्चन्द्र', रामचन्द्र शुक्ल ने **'बाबू राधाकृष्ण दास'**, **बरुआ** ने 'माखनलाल चतुर्वेदी', **गंगा प्रसाद पाण्डेय** ने 'महाप्राण निराला', **शिवरानी देवी** ने 'प्रेमचन्द घर में', **उमेशचन्द्र मिश्र** ने 'विश्व कवि रवीन्द्रनाथ', **अमृतराय** ने 'प्रेमचन्द : कलम का सिपाही', **रामविलास शर्मा** ने 'निराला की साहित्य साधना' अत्यन्त महत्त्वपूर्ण जीवनियाँ लिखी हैं।
- **विष्णु प्रभाकर** ने वर्ष 1974 में आवारा मसीहा की रचना की। इसमें उन्होंने शरतचन्द्र के जीवन से सम्बन्धित समस्त जीवन की उपलब्ध सामग्री का अनुशीलन करके उनकी प्रतिभा का पुनर्सृजन किया है। इसी प्रकार **शिवसागर मिश्र** ने 'दिनकर : एक सहज पुरुष' में दिनकर के मानवीय पक्ष को उभारने का प्रयास किया है। शोभाकान्त ने 'बाबूजी' में नागार्जुन के जीवन के अछूते प्रसंगों को उभारने का प्रयास किया है।

प्रमुख जीवनीकार तथा उनकी जीवनी

यहाँ हम प्रसिद्ध जीवनीकार शिवरानी देवी द्वारा रचित जीवनी 'प्रेमचन्द घर में' तथा विष्णु प्रभाकर कृत जीवनी 'आवारा मसीहा' की समीक्षा का अध्ययन करेंगे

शिवरानी देवी- प्रेमचन्द घर में

- प्रेमचन्द जी की पत्नी शिवरानी देवी ने 'प्रेमचन्द घर में' नाम से उनकी जीवनी लिखी और उनके व्यक्तित्व के उस हिस्से को उजागर किया है, जिससे लोग अनभिज्ञ थे। इस जीवनी में लिखी गई हर घटना सत्य पर आधारित है, क्योंकि उन्होंने खुद उन पलों को जिया है, महसूस किया है।
- यह पुस्तक वर्ष 1949 में प्रथम बार प्रकाशित हुई तथा वर्ष 2005 में संशोधित करके इसे पुन: प्रकाशित किया गया। यह साहित्य की एक अमूल्य निधि है।
- प्रेमचन्द एक महान् साहित्यकार तथा सहृदय होने के अतिरिक्त एक संवेदनशील पति भी थे, वे स्त्री-पुरुष समानता के पक्षधर थे। उन्होंने अपनी पत्नी को हमेशा लिखने तथा सामाजिक कार्यों में बढ़-चढ़कर हिस्सा लेने के लिए प्रेरित किया। शिवरानी ने इस पुस्तक में प्रेमचन्द जी के साथ बिताए हुए जीवन के सुनहरे पलों को सहज संवेदना के साथ लिखा है।
- जीवन के अन्तिम क्षणों में भी प्रेमचन्द जी ने साहित्य रचना का साथ नहीं छोड़ा और उनका पत्नी के प्रति लगाव और भी बढ़ गया। शिवरानी अपने पति की महानता को उनके मरणोपरान्त ही समझ पाईं। उनकी मृत्यु के पश्चात् शिवरानी देवी का वह विलाप हृदय को छू लेता है कि जब तक जो चीज हमारे पास रहती है तब तक हमें उसकी कद्र नहीं होती, लेकिन वो जब हमसे ओझल हो जाती है, तो हमारा मन पछताता रहता है और तब हमारे पास दु:खी होने के अलावा कोई विकल्प नहीं बचता।
- प्रेमचन्द के मरणोपरान्त शिवरानी देवी के जीवन में भी ऐसी ही परिस्थितियाँ उत्पन्न हुईं। ऐसे में उनकी लेखनी से साहित्य जगत के लिए संग्रहनीय जीवनी फूटी। इस जीवनी में साहित्य प्रेमी प्रेमचन्द का केवल साहित्यकार का रूप ही नहीं, अपितु उनके सम्पूर्ण व्यक्तित्व का वर्णन है।

विष्णु प्रभाकर- आवारा मसीहा

- विष्णु प्रभाकर जी की सर्वश्रेष्ठ कृति 'आवारा मसीहा' है। यह बंगाल के अमर कथा-शिल्पी और सुप्रसिद्ध उपन्यासकार शरतचन्द्र चट्टोपाध्याय के जीवन पर आधारित है। इस जीवनी को लिखकर विष्णु जी ने हिन्दी और बंगला साहित्य के बीच ऐसे सेतु का निर्माण किया है, जो समूचे राष्ट्र की रागात्मक एकता का प्रतीक है। शरतचन्द्र की सम्पूर्ण जीवनी में लगभग 430 पृष्ठ हैं, ये तीन पर्वों में विभाजित हैं-(1) दिशाहारा (2) दिशा की खोज (3) दिशान्त।

- प्रथम पर्व **दिशाहारा** शीर्षक में हैं- विदा का दर्द, भागलपुर में कठोर अनुशासन राजू उर्फ इन्द्रनाथ से परिचय, वंश का गौरव, होनहार बिरवान राबिनहुड अच्छे विद्यार्थी से कथा-विशारद तक, एक प्रेम-प्लावित आत्मा, वह युग, नाना परिवार से विद्रोह, शरत को घर मत आने दो, राजू उर्फ इन्द्रनाथ की याद, सृजन का युग, आलोशध्य और छाया मेम की अपार भूख, निरुद्देश्य यात्रा, जीवन मन्थन से निकला विष।
- द्वितीय पर्व **दिशा की खोज** में शरत के लेखन विकास प्रेरणा के स्रोत रचनाओं की पृष्ठभूमि और पात्रों से समरसता, रंगून प्रवास, गृह दाह, सृजन का आवेग, चरित्रहीन, विराज बहू और आवारा श्रीकान्त की चर्चा है।
- तृतीय पर्व **दिशान्त** में 'वह' से 'वे' सृजन का स्वर्ण युग देश की मुक्ति का व्रत, राजनीति से उनका लगाव और नारी चरित्र के परम रहस्य ज्ञाता के रूप में शरत का चित्रण है। शरत के जीवन पर प्रकाश डालने वाली यह प्रथम कृति है। इसके स्त्री पात्र इतने मजबूत और विशाल से लगते हैं कि पाठकों के साथ विशेष कर, महिला पाठकों के मन में शरत के लिए अगाध लगाव को समझा जा सकता है।

हिन्दी के प्रमुख जीवनीकार एवं उनकी जीवनियाँ

जीवनी लेखक	जीवनियाँ
भारतेन्दु हरिश्चन्द्र	बादशाह दर्पण, पंच पवित्रात्मा
रामविलास शर्मा	निराला की साहित्य साधना
अमृतराय	कलम का सिपाही (1962)
शान्ति जोशी	पन्त की जीवनी
विष्णु प्रभाकर	आवारा मसीहा (1974)
भगवती प्रसाद सिंह	मनीषी की लोकयात्रा
घनश्याम दास बिड़ला	बापू (1940), मेरे जीवन में गाँधी जी (1975)
काका कालेलकर	बापू की झाँकियाँ (1948)
सुमंगल प्रकाश	बापू के कदमों में (1950)
डॉ. राजेन्द्र प्रसाद	चम्पारन में महात्मा गांधी (1919), बापू के कदमों में (1950)
रतनलाल बंसल	अमर शहीद चन्द्रशेखर आजाद (1946)
द्वारका प्रसाद शर्मा	भीष्म पितामह (1940)
जीवनलाल प्रेम	गुरु गोविन्द सिंह (1945)
चन्द्रबली त्रिपाठी	धर्मराज युधिष्ठिर
शिवरानी देवी (मुंशी प्रेमचन्द की पत्नी)	प्रेमचन्द घर में (1949)
मदनगोपाल	कलम का मजदूर (1965)
गंगाप्रसाद पाण्डेय	महाप्राण निराला
प्रतिभा अग्रवाल	प्यारे हरिश्चन्द्रजू (1997)
सुलोचना रांगेय राघव	रांगेय राघव : एक-अंतरंग परिचय (1997)
मदनमोहन ठाकौर	'राजेन्द्र यादव-मार्फत मदनमोहन ठाकौर' (1999)
बिन्दु अग्रवाल	स्मृति के झरोखे में (1999) (भारत भूषण अग्रवाल के जीवन पर आधारित)
महिमा मेहता	उत्संव पुरुष : नरेश मेहता (2003)
कुमुद नागर	वटवृक्ष की छाया में (2004) (अमृतलाल नागर के जीवन पर आधारित)
जैनेन्द्र कुमार	अकाल पुरुष गांधी (1968)
शिवकुमार कौशिक	प्रियदर्शिनी इन्द्रिरा गांधी (1970)
शान्ति जोशी	सुमित्रानन्दन पन्त : जीवन और साहित्य
जगदीश चन्द्र माथुर	जिन्होंने जीना जाना (1954) (इसमें 12 प्रसिद्ध व्यक्तियों-सात साहित्यकारों, दो राज-नेताओं, एक विचारक, एक कलाकार और एक अभिनेत्री का जीवन चरित्र प्रस्तुत किया गया है)
नाभादास	भक्तमाल (1585)
गोसाईं गोकुलनाथ	चौरासी वैष्णवन की वार्ता, दो सौ वैष्णवन की वार्ता
गोपाल शर्मा शास्त्री	दयानन्द दिग्विजय (1881)
रमाशंकर व्यास	नेपोलियन बोनापार्ट का जीवन चरित्र (1883)
कार्तिक प्रसाद खत्री	महाराज विक्रमादित्य (1883), अहिल्याबाई (1887), छत्रपति शिवाजी का जीवन चरित्र (1890), मीराबाई का जीवन चरित्र (1893)
राधाकृष्णदास	श्री नागरीदास जी का जीवन चरित्र (1894), कविवर बिहारीलाल (1895), सूरदास (1900), भारतेन्दु हरिश्चन्द्र का जीवन चरित्र (1904)
सम्पूर्णानन्द	महाराज छत्रसाल (1916), चेतसिंह और काशी का विद्रोह (1919), महादजी सिन्धिया (1920), सम्राट हर्षवर्द्धन (1920), सम्राट अशोक (1924), धर्मवीर गांधी (1914)
मन्मथनाथ गुप्त	चन्द्रशेखर आजाद (1938), गुरुनानक (1938)
महावीर प्रसाद द्विवेदी	प्राचीन पण्डित और कवि (1918), सुकवि संकीर्तन (1924), चरितचर्चा (1929)
गौरीशंकर हीराचन्द ओझा	कर्नल जेम्स टॉड (1902)
बालमुकुन्द गुप्त	प्रतापनारायण मिश्र (1907)
बाबू श्यामसुन्दर दास	हिन्दी कोविद रत्नमाला (प्रथम भाग-1909, द्वितीय भाग-1914), हिन्दी के चालीस साहित्यकारों की जीवनियाँ
आचार्य रामचन्द्र शुक्ल	बाबू राधाकृष्ण दास (1913)
बनारसीदास चतुर्वेदी	कविरत्न सत्यनारायण जी की जीवनी (1926)
गणेश शंकर विद्यार्थी	श्री गांधी (1931)
सीताराम चतुर्वेदी	महामना पण्डित मदनमोहन मालवीय (1937)
शिवरानी देवी	प्रेमचन्द घर में (1949)
छविनाथ पाण्डेय	नेताजी सुभाष (1946)
शिव प्रसाद सिंह	उत्तरयोगी : श्री अरविन्द (1972)
विष्णु चन्द्र शर्मा	अग्निसेतु (1954) (बांग्ला के विद्रोही कवि नजरुल इस्लाम के जीवन पर आधारित), समय साम्यवादी (1997) (राहुल सांकृत्यायन के जीवन पर आधारित)
शोभाकान्त	बाबूजी (1991) (नागार्जुन के जीवन पर आधारित)
तेज बहादुर चौधरी	मेरे बड़े भाई शमशेरजी (1995)
कमला सांकृत्यायन	महामानव महापण्डित (1955) (राहुल सांकृत्यायन के जीवन पर आधारित)

रिपोर्ताज

रिपोर्ताज फ्रांसीसी भाषा का शब्द है। जिस रचना में वर्ण्य विषय का आँखों देखा तथा कानों सुना ऐसा विवरण प्रस्तुत किया जाता है, जिससे पाठक का हृदय भाव-विभोर हो जाए और वह उसे भूल न सके उसे रिपोर्ताज कहते हैं। रिपोर्ताज में तथ्यों को कलात्मक व प्रभावी ढंग से व्यक्त किया जाता है। रिपोर्ताज का उद्भव 1939 ई. में हुआ। हिन्दी में रिपोर्ताज लेखन की परम्परा **शिवदान सिंह चौहान** की रचना 'लक्ष्मीपुरा' (1938) से शुरू हुई। कुछ महत्त्वपूर्ण रिपोर्ताज इस प्रकार हैं

- रिपोर्ताज के प्रचार-प्रसार में **हंस पत्रिका** का सर्वाधिक योगदान है। इसी पत्रिका में **शिवदान सिंह चौहान** ने 'मौत के खिलाफ जिन्दगी की लड़ाई' शीर्षक रिपोर्ताज लिखा था जिसमें स्वतन्त्रता से पूर्व देश की स्थिति का विवरण है। 'हंस' पत्रिका में 'समाचार और विचार' तथा 'अपना देश' स्तम्भों के अन्तर्गत विभिन्न लेखकों के रिपोर्ताज प्रकाशित होते रहे हैं।
- 'विशाल भारत' में **रांगेय राघव** के रिपोर्ताज 'अदम्य जीवन' शीर्षक से प्रकाशित होते हैं। द्वितीय विश्वयुद्ध के अन्तिम दिनों में भयंकर अकाल पड़ा और महामारी का प्रकोप भी हुआ। रांगेय राघव उस भयानक दृश्य को स्वयं देखने गए।
  वहाँ उन्होंने क्षुधापीड़ित, अकाल/महामारी से मरते हुए नर-नारियों और उनकी विवशता का लाभ उठाते शोषक पूँजीपतियों, व्यवसायियों के अमानवीय कृत्यों को देखा और उन दृश्यों के मार्मिक एवं हृदय विदारक रिपोर्ताज लिखे, जो 'तूफानों के बीच' शीर्षक से प्रकाशित हुए।
- **प्रकाश चन्द्र गुप्त** ने 'अल्मोड़े का बाज़ार', 'बंगाल का अकाल' तथा 'स्वराज्य भवन' आदि रिपोर्ताज लिखे। **जगदीश चन्द्र जैन** ने डायरी शैली में रिपोर्ताज लिखे, जो 'पेकिंग की डायरी' नाम से प्रकाशित हुए हैं। **रामनारायण उपाध्याय** ने व्यंग्यात्मक शैली में 'गरीब और अमीर पुस्तकें' नामक रिपोर्ताज की रचना की।
- इनके अतिरिक्त **प्रभाकर माचवे** का 'प्रभाकर जब पाताल गए', **लक्ष्मी चन्द्र जैन** का 'कागज की किश्तियाँ', **कामता प्रसाद सिंह** का 'मैं छोटा नागपुर में हूँ', **भदन्त आनन्द** का 'देश की मिट्टी बुलाती है', **धर्मवीर भारती** का 'युद्धयात्रा' तथा **शमशेर बहादुर सिंह** का 'प्लॉट का मोर्चा' आदि हिन्दी के उल्लेखनीय रिपोर्ताज हैं।

हिन्दी के प्रमुख रिपोर्ताज लेखक एवं उनके रिपोर्ताज

रिपोर्ताज लेखक	रिपोर्ताज का नाम
शिवदान सिंह चौहान	लक्ष्मीपुरा (1938)
रांगेय राघव	तूफानों के बीच (1946)
शिवसागर मिश्र	ये लड़ेंगे हजार साल (1966)
भदन्त आनन्द	देश की मिट्टी बुलाती है
डॉ. धर्मवीर भारती	युद्ध यात्रा (1972)
कन्हैयालाल मिश्र प्रभाकर	क्षण बोले कण मुसकुराए, गुरुकुल कांगड़ी
शमशेर बहादुर सिंह	प्लॉट का मोर्चा
श्रीकान्त वर्मा	अपोलो का रथ
फणीश्वरनाथ रेणु	ऋणजल धनजल (1977), नेपाली क्रान्ति कथा (1978), श्रुत-अश्रुत पूर्व (1984)
विवेकीराय	जुलूस रुका है (1977)
प्रकाशचन्द्र गुप्त	बंगाल का अकाल, अल्मोड़े का बाज़ार, 'स्वराज्य भवन
रामनारायण उपाध्याय	गरीब और अमीर पुस्तकें
प्रभाकर	रजत जयन्ती (1936)
लक्ष्मीचन्द्र जैन	कागज की किश्तियाँ,
कामता प्रसाद सिंह	मैं छोटा नागपुर में हूँ
उपेन्द्रनाथ 'अश्क'	रेखाएँ और चित्र
जगदीश चन्द्र जैन	पेकिंग की डायरी
प्रभाकर माचवे	जब प्रभाकर पाताल गए
बलराम	औरत की पीठ पर
मैत्रेयी पुष्पा	फाइटर की डायरी
कृष्णा अग्निहोत्री	भीगे मन रीते तन

डायरी

- डायरी लेखन व्यक्ति के द्वारा लिखा गया व्यक्तिगत अनुभवों, सोच और भावनाओं को लिखित रूप में अंकित करके बनाया गया एक संग्रह है। इसे दैनन्दिनी, रोजनामचा और दैनिकी भी कहते हैं।
- डायरी का सम्बन्ध दैनिक कार्य या दिनचर्या से है अर्थात् डायरी दैनिक व्यापारों या घटनाओं का ब्यौरा है। सामान्यत: यह माना जाता है कि डायरी एक दैनन्दिनी आत्मकथ्य है। डायरी में लेखक घटनाओं को उसी अनुक्रम में लिखता जाता है, जिस क्रम से वे घटित होती हैं।
- साहित्यिक अर्थ में यह केवल तिथि देकर अपनी दिनचर्या का उल्लेख मात्र नहीं है। डायरी इससे परे एक मानसिक उद्वेग को व्यक्त करने का ऐसा माध्यम है जिसमें भावुक हृदय की संवेदनात्मक अभिव्यक्ति भी हो सकती है। समीक्षकों ने डायरी को इसलिए साहित्य की कोटि में रखा है कि या तो वह किसी महत्त्वपूर्ण व्यक्ति के व्यक्तित्व का उद्घाटन करती है या मानव समाज के विभिन्न पक्षों का सूक्ष्म और जीवन्त चित्र उपस्थित करती है।
- डायरी में लेखक अपनी रुचि व आवश्यकतानुसार राजनीतिक, सामाजिक, सांस्कृतिक, धार्मिक, साहित्यिक आदि विभिन्न पक्षों के साथ निज अनुभूतियों का चित्रण कर सकता है। डायरी के माध्यम से हम अतीत में लौट सकते हैं तथा अपने अच्छे व बुरे अनुभवों को पुनर्जीवित भी कर सकते हैं।
- साहित्य की एक विधा के रूप में प्रतिष्ठित डायरी विधा का आगमन भारत में 19वीं शताब्दी में हुआ। जब व्यक्ति तथा अन्तरंग अनुभूतियों को साहित्य में स्थान मिलना आरम्भ हुआ तो डायरी का प्रचलन तेजी से बढ़ा, जो अब तक चल रहा है।
  रामधारी सिंह दिनकर 'डायरी' शब्द को इस प्रकार स्पष्ट करते हैं कि "डायरी वह चीज है, जो रोज लिखी जाती है और जिसमें घोर रूप से वैयक्तिक बातें भी लिखी जा सकती हैं।"
  कमलेश्वर डायरी को "लेखक का अपना और अपने हाथ से किया हुआ 'पोस्टमार्टम' मानते हैं।"
  अन्तत: कहा जा सकता है कि डायरी का सम्बन्ध मूलत: लेखक से होता है। अत: यह उनके ही विचार और अनुभव की शब्द सृष्टि है।

प्रमुख डायरी लेखक तथा उनके द्वारा रचित 'डायरी'

मुक्तिबोध एक प्रमुख डायरी लेखक हैं। उनके द्वारा रचित डायरी 'एक साहित्यिक की डायरी' की समीक्षा इस प्रकार है

मुक्ति एक सहित्यिक की डायरी

- भारत के प्रगतिशील कवि और हिन्दी साहित्य की स्वातन्त्र्योत्तर प्रगतिशील काव्यधारा के शीर्ष व्यक्तित्व गजानन माधव **मुक्तिबोध** द्वारा 'एक साहित्यिक की डायरी' पुस्तक लिखी गई है। यह पुस्तक भारतीय ज्ञानपीठ द्वारा 25 जून, 2000 में प्रकाशित की गई थी। मुक्तिबोध की डायरी उस सत्य की खोज है, जिसके आलोक में कवि ने अपने अनुभव को सार्वभौमिक अर्थ दिया है। 'हिन्दी में डायरी की विधा की यह प्रथम कृति है जो फैंटेसी, मनोविश्लेषण, तर्क कविता, आत्माख्यान के विविध स्तरों पर एक साथ चलती है। इस कृति में शैली, गुण और विकार तत्त्व दोनों ही विद्यमान हैं।
- इसमें कुल 13 प्रकरणों का समावेश किया गया है, जो इस प्रकार हैं— 'तीसरा क्षण', 'एक लम्बी कविता का अन्त', 'हाशिये पर कुछ नोट्स', 'सड़क को लेकर एक बातचीत', 'एक मित्र की पत्नी का प्रश्नचिह्न', 'नए

की जन्म कुण्डली', 'एक कुटुयान और काव्य सत्य', 'कलाकार की व्यक्तिगत ईमानदारी' आदि। मुक्तिबोध की डायरी केवल निजी स्मृतियाँ नहीं है, इसमें साहित्य सम्बन्धी तथ्यों को डायरी विधा में एक काल्पनिक मित्र केशव के साथ हुए संवाद के रूप में लिखा गया है।

- कहीं-कहीं केशव के स्थान पर 'मित्र' वह अथवा अन्य किसी पात्र के साथ संवाद शैली में निबन्ध रचना की गई है। जिसमें काव्य सम्बन्धी आधारभूत तत्त्वों, शिल्प स्वरूप रचना की स्थितियाँ, परिस्थितियों के साथ रचनाकार की रचना प्रक्रिया का भी सूक्ष्म विश्लेषण किया गया है। इसमें कहीं-कहीं नाटकीय शैली के भी दर्शन होते हैं।
- मुक्तिबोध की डायरी की भाषा सहज सरलता के कलेवर से युक्त है। उनका विचार-विमर्श और लम्बे-लम्बे संवाद एक विशेष प्रकार की संवेदनात्मक उपस्थिति दर्ज करते हैं। इसमें विचारों की गम्भीरता है तथा भावात्मक व आत्मपरक तत्त्व शामिल हैं।

हिन्दी के प्रमुख डायरी लेखक एवं उनकी डायरियाँ

डायरी लेखक	डायरी
श्रीराम शर्मा	सेवाग्राम डायरी (1946)
घनश्यामदास बिड़ला	डायरी के पन्ने
डॉ. धीरेन्द्र वर्मा	मेरी कॉलेज डायरी (1954)
भारतेन्दु हरिश्चन्द्र	हिन्दी नई चाल में ढली (1873)
सियाराम शरण गुप्त	दैनिकी
स.ही.वा. 'अज्ञेय'	एक बूँद सहसा उछली (1960) (इसमें बर्लिन की डायरी के कुछ अंश उद्धृत हैं)
हरिवंशराय बच्चन	प्रवास की डायरी (1971)
रामधारी सिंह दिनकर	दिनकर की डायरी (1973)
रघुवीर सहाय	दिल्ली मेरा परदेश (1976)
राजेन्द्र अवस्थी	सैलानी की डायरी (1976)
गजानन माधव 'मुक्तिबोध'	एक साहित्यिक की डायरी (1964)
मोहन राकेश	मोहन राकेश की डायरी (1985)
रवीन्द्र कालिया	स्मृतियों की जन्मपत्री (1979)
रामविलास शर्मा	पंचरत्न (1980)
फणीश्वरनाथ रेणु	वनतुलसी की गन्ध (1984)
श्रीकान्त वर्मा	श्रीकान्त वर्मा की डायरी (1978)
जमनालाल बजाज	जमनालाल बजाज़ की डायरी (1966)
शान्ता कुमार	एक मुख्यमन्त्री की डायरी (1977)
जयप्रकाश नारायण	मेरी जेल डायरी (1975-77)
कमलेश्वर	देश-देशान्तर (1992)
डॉ. नामवर सिंह (संपादक)	मलयज की डायरी (2000)
बिशन टण्डन	आपातकाल की डायरी (भाग एक 2002, भाग-दो 2005)
डॉ. नरेश मोहन	साथ-साथ मेरा साया (2003)
विवेकीराय	मनबोध मास्टर की डायरी (1984)
कृष्ण बलदेव वैद	ख्वाब है दीवानें का (2005)
जाबिर हुसैन	डोला बीबी की मजार, जो आगे है, अतीत का चेहरा लोगों, एक नदी रेत भरी
मधु कांकरिया	बंजारा मन और बन्दिशें, शहर-शहर जादू
सुधा अरोड़ा	जिंदा जुनूनों का कोलॉज
देवराज	अजय की डायरी (डायरी शैली का उपन्यास)
राजेन्द्र यादव	शह और मात (डायरी शैली का उपन्यास)
जैनेन्द्र	जयवर्द्धन (डायरी शैली का उपन्यास)
श्रीलाल शुक्ल	मकान (डायरी शैली का उपन्यास)
रमेश चन्द्र शाह	अकेला मेला (2011), इस खिड़की से (2012), आज और सभी (2013), जंगल जूही (2014)
रामदरश मिश्र	आते जाते दिन
तेजिन्दर	डायरी सागा-सागा
श्री रामेश्वरम टाण्टिया	क्या खोया क्या पाया
सीताराम केसरिया	एक कार्यकर्ता की डायरी दो भाग
अजीत कुमार	अंकित होने दो
उपेन्द्रनाथ अश्क	ज्यादा अपनी कम पराई

इनके अतिरिक्त अन्य गद्य विधाओं में 'रामधारी सिंह दिनकर' की रचना **संस्कृति के चार अध्याय** आलोचनात्मक निबन्ध के रूप तथा 'कृष्ण चन्दर' की **जामुन का पेड़** व 'हरिशंकर परसाई' की **भोलाराम का जीव** आदि व्यंग्यात्मक लेख में अपना महत्त्वपूर्ण स्थान रखते हैं।

रामधारी सिंह दिनकर संस्कृति के चार अध्याय

- 'संस्कृति के चार अध्याय' हिन्दी के विख्यात साहित्यकार रामधारी सिंह दिनकर द्वारा रचित एक भारतीय संस्कृति का सर्वेक्षण है, जिसके लिए उन्हें वर्ष 1959 में साहित्य अकादमी पुरस्कार से सम्मानित किया गया था।
- यह पुस्तक पूरी तरह से भारतीय संस्कृति की प्राचीन भारत से लेकर आज़ादी तक के आधुनिक भारत पर शोधपरक तथ्यों के साथ लिखी गई है। इसमें आर्य और द्रविड़ समस्याएँ, वैदिक संस्कृति, बौद्ध आन्दोलन के कारण और उसके प्रभाव, इस्लाम का आगमन तथा इस्लाम का हिन्दुत्व पर प्रभाव, सिख मत, भारतीय संस्कृति पर यूरोप का प्रभाव, गांधी जी, तिलक, स्वामी विवेकानन्द, ब्रह्म समाज आदि का राष्ट्रीय एकता में योगदान आदि विषयों को क्रमबद्ध तरीके से प्रस्तुत किया गया है।
- इसके माध्यम से हम जान सकते हैं कि हमें अपने देश की विरासतों पर गर्व क्यों करना चाहिए तथा अपनी संस्कृति से प्रेम क्यों करना चाहिए। भारत में होने वाले सभी धार्मिक जागरणों व भक्ति जागरणों में तुलसी, कबीर और गुरुनानक भी थे और इनका उद्देश्य समाज सुधार था, लेकिन विवेकानन्द ने पश्चिम से वैज्ञानिकता पर सीख लेने के लिए ज़ोर दिया, लेकिन साथ ही अपने दर्शन व संस्कृति पर गर्व करने की बात भी कही।
- समग्र रूप में हम कह सकते हैं कि इस किताब से हमें अपनी सांस्कृतिक विरासत की पूरी जानकारी मिलती है तथा हमें अपनी संस्कृति पर गर्व होता है। हमें इस बात की भी जानकारी मिलती है कि हमने पश्चिम से लिया कम है तथा दिया अधिक है।
- इस देश के निर्माण में हर व्यक्ति का योगदान है। एक तरह से उपर्युक्त पुस्तक प्रागैतिहासिक युग से लेकर आधुनिक काल तक का भारत का सांस्कृतिक इतिहास है। यह भारतीय सभ्यता की जड़ों और पहलुओं का बखूबी अन्दाजा देती है।

हरिशंकर परसाई-भोलाराम का जीव

- परसाईं जी की रचना 'भोलाराम का जीव' एक व्यंग्य रचना है। इस रचना में लेखक ने एक मनुष्य की आत्मा के लुप्त हो जाने की घटना के माध्यम से शासकीय व्यवस्था, घूसखोरी जड़ता और यथार्थ का उद्‌घाटन किया है। यह कहानी सतही तौर पर एक व्यक्ति की व्यथा कथा दिखाई देती है, जो भ्रष्टाचार की चक्की में पिस रहा है, परन्तु इस कथा के पीछे लेखक की मानवीय करुणा और सामाजिक यथार्थ के प्रति आक्रोश झलकता है।
- यह रचना स्वातन्त्र्योत्तर भारत के सामाजिक यथार्थ की सशक्त प्रस्तुति है। एक मामूली सरकारी कर्मचारी रिटायर हो गया और पाँच साल तक पेंशन के लिए चक्कर लगाते-लगाते मर गया। उसके जीव को लेने जब यमदूत गया तो जीव यमदूत को चकमा देकर ऐसा गायब हुआ कि बहुत खोजने पर भी नहीं मिला। आखिरकार जब नारद जी उसे ढूँढ़ते हुए स्वयं धरती पर आए तो वह जीव अपनी पेंशन फाइल में अटका हुआ पाया गया।
- आश्चर्य यह था कि नारद जी के कहने पर भी वह स्वर्ग में जाने को तैयार नहीं, क्योंकि उसका मन अपनी पेंशन फाइलों में ही अटक गया है। कहानी के माध्यम से परसाईं जी यह बताना चाहते हैं कि जिस भ्रष्टाचार से आज हम दबे हुए हैं वह इतना सर्वव्यापी है कि आज उसकी पहुँच अलौकिक हो गई। इस कहानी के प्रारम्भ में ही लेखक स्वर्ग और नरक की दिव्यता अलौकिकता का मिथक तोड़ देते हैं।
- मिथक तोड़ते हुए वे कहते हैं कि कुछ भी जीवन के बाहर नहीं है और जीवन से अधिक सत्य कुछ भी नहीं है। जिस अलौकिकता को आधार बनाकर धर्म के पुरोहित-पण्डे लोगों को ठगते हैं उस अलौकिकता को प्रारम्भ में ये वाक्य धराशायी कर देते हैं। यह मनुष्य की जय का गान है, क्योंकि परसाईं जी की विचारधारा मानती है कि मनुष्य से बड़ा कुछ भी नहीं हैं न देवता और न स्वर्ग। इस कहानी की शैली और भाषा अत्यधिक सरल व स्पष्ट है। इस कहानी का उद्‌देश्य भ्रष्टाचार की कथा कहना है। भ्रष्टाचार कितना सनातन है, यह परसाईं जी ने इस कहानी के माध्यम से स्पष्ट रूप से दिखाया है।

कृष्ण चन्दर जामुन का पेंड

- कृष्ण चन्दर की प्रसिद्ध कहानी 'जामुन का पेड़' एक व्यंग्यात्मक कहानी है। यह कहानी एक ऐसे फलदायी पेड़ के चारों ओर घूमती है, जिसके नीचे दबकर एक व्यक्ति अपने प्राणों को त्याग देता है। कहानी के प्रारम्भ में सेक्रेटेरियट के लॉन में जामुन का एक पेड़ गिर जाता है।
- देखने पर पता चलता है कि पेड़ के नीचे एक आदमी भी दबा हुआ है। वहाँ खड़े लोग उसे निकालने का प्रयास करते हैं, परन्तु व्यापार विभाग का यह निर्णय आता है कि फाइल कृषि विभाग भेजी जा रही है। इस प्रकार फाइल एक विभाग से दूसरे विभाग जाती रहती है। यहाँ दबे हुए व्यक्ति की फाइल एक विभाग से दूसरे विभाग, दूसरे से तीसरे विभाग चलती रहती है, किन्तु कोई निर्णय नहीं लिया जाता। अन्त में फाइल प्रधानमन्त्री के पास पहुँचती है और पेड़ को काटने का हुक्म दे दिया जाता है।
- अन्त में पेड़ उठाने या काटने की कार्यवाही में इतनी अधिक देर हो जाती है कि पेड़ के नीचे दबा हुआ व्यक्ति अपने प्राणों से हाथ धो बैठता है। इस प्रकार जामुन के पेड़ के नीचे दबा व्यक्ति सरकारी कर्मचारियों की उदासीनता और लापरवाही के कारण दम तोड़ देता है।
- प्रस्तुत कहानी 'जामुन का पेड़' के माध्यम से कहानीकार ने सरकारी दफ्तरों और विभागों द्वारा की जाने वाली लापरवाही पर तीखा व्यंग्य करते हुए यह बताया है कि सरकारी कार्यालयों में समय पर कोई भी फैसला नहीं लिया जाता और मामला ज्यों-का-त्यों एक विभाग से दूसरे विभाग तक चलता रहता है।
- सरकारी कार्यालयों में काम करने वाले कर्मचारियों को आम आदमी की परेशानी, पीड़ा, दु:ख आदि की कोई चिन्ता नहीं होती। सरकारी दफ्तरों में किसी भी समस्या का निवारण समय पर और सरलता से नहीं होता है।
- कभी-कभी तो निर्णय आने में इतना विलम्ब हो जाता है कि उसका कोई महत्त्व ही नहीं रह जाता है। यही कारण है कि साधारण व्यक्ति इन सबसे दूर रहना चाहता है।

वस्तुनिष्ठ प्रश्न

1. रेखाचित्र का वर्ण्य-विषय है
(a) काल्पनिक (b) वास्तविक
(c) आन्तरिक (d) बाह्य

2. 'संस्मरण' का सम्बन्ध होता है
(a) कल्पनाओं से (b) स्मृति से
(c) भावनाओं से (d) इनमें से कोई नहीं

3. हिन्दी संस्मरण लेखन का कार्य किसके समय से प्रारम्भ हुआ?
(a) महावीर प्रसाद द्विवेदी (b) हजारी प्रसाद द्विवेदी
(c) आचार्य रामचन्द्र शुक्ल (d) इनमें से कोई नहीं

4. 'रेखाचित्र' विधा का जनक किसे कहा जाता है?
(a) रामवृक्ष बेनीपुरी (b) गुलाबराय
(c) पद्मसिंह शर्मा (d) शिवपूजन सहाय

5. हिन्दी का प्रथम रेखाचित्र संग्रह है
(a) पद्मपराग (b) बोलती प्रतिमा
(c) अतीत के चलचित्र (d) स्मृति की रेखाएँ

6. प्रतापनारायण मिश्र के सम्बन्ध में किस लेखक ने संस्मरण लिखा?
(a) आचार्य रामदेव ने (b) बालमुकुन्द गुप्त ने
(c) महादेवी वर्मा ने (d) बनारसीदास चतुर्वेदी ने

7. 'स्मृति की रेखाएँ' का प्रकाशन वर्ष है
(a) 1945 (b) 1946
(c) 1947 (d) 1948

8. निम्नलिखित में से किसने अपने संस्मरणात्मक रेखाचित्रों में उपेक्षित व शोषित व्यक्तियों, पशुओं तथा पक्षियों को स्थान दिया?
(a) महादेवी वर्मा (b) कृष्णा सोबती
(c) मृदुला गर्ग (d) चित्रा मुद्गल

9. 'स्मारिका' में संकलित रेखाचित्र किससे सम्बन्धित है?
(a) सामाजिक क्षेत्र के महापुरुषों से
(b) राजनीतिक क्षेत्र के महापुरुषों से
(c) सांस्कृतिक क्षेत्र के महापुरुषों से
(d) मनोवैज्ञानिक क्षेत्र के महापुरुषों से

10. महादेवी वर्मा ने अपने समकालीन साहित्यकारों के रेखाचित्र प्रस्तुत किए हैं
(a) अतीत के चलचित्र (b) मेरा परिवार
(c) पथ के साथी (d) स्मृति की रेखाएँ

11. 'प्रकाशचन्द्र गुप्त' के स्मृतिचित्र संकलित हैं
(a) पुरानी स्मृतियाँ (b) नई स्मृतियाँ
(c) नई व पुरानी स्मृतियाँ (d) इनमें से कोई नहीं

12. निम्नलिखित में से प्रथम रेखाचित्र संकलन 'जंगल का जीव' के रचनाकार हैं
(a) बनारसी दास (b) बालमुकुन्द गुप्त
(c) पण्डित श्रीराम शर्मा (d) श्यामसुन्दर दास

13. निम्नलिखित में से किसने अपने रेखाचित्रों में साहित्यकारों, राजनीतिज्ञों, देशभक्तों एवं समाज सेवकों के चरित्र अंकित किए हैं?
(a) बनारसीदास चतुर्वेदी (b) रबीन्द्रनाथ ठाकुर
(c) रामधारी सिंह दिनकर (d) इनमें से कोई नहीं

14. भावात्मक संस्मरण व रेखाचित्र लिखने के लिए प्रसिद्ध है
(a) सत्यवती मलिक (b) शिवपूजन सहाय
(c) देवेन्द्र सत्यार्थी (d) उपेन्द्रनाथ अश्क

15. निम्नलिखित में से 'उपेन्द्रनाथ अश्क' के रेखाचित्र व संस्मरण किसमें संकलित हैं?
(a) रेखाएँ व चित्र
(b) मन्टो मेरा दुश्मन
(c) ज्यादा अपनी कम पराई
(d) ये सभी

16. डॉ. नगेन्द्र ने 'चेतना के बिम्ब' नामक संस्मरण लिखा। इसमें
(a) महापुरुषों के संस्मरण हैं
(b) नगेन्द्र जी ने गम्भीर विश्लेषण किया है
(c) नगेन्द्र जी ने सामाजिक रूप से विश्लेषण किया है
(d) उपरोक्त में से कोई नहीं

17. रामवृक्ष बेनीपुरी ने 'मील के पत्थर' नामक संस्मरण लिखा। इसमें
(a) महापुरुषों के संस्मरण हैं
(b) राजनीतिज्ञों के संस्मरण हैं
(c) साहित्यिक व्यक्तियों के संस्मरण हैं
(d) उनके सम्पर्क में आने वाले व्यक्तियों के संस्मरण हैं

18. हरिवंशराय बच्चन ने अपनी किस कृति के माध्यम से आधुनिक हिन्दी साहित्य पर टिप्पणियाँ करते हुए उसकी दुर्बलताओं व सबलताओं को अंकित किया है?
(a) नए-पुराने झरोखे (b) हवा के झरोखे
(c) पुराने झरोखे (d) ये सभी

19. लोग 'माटी की मूरतें' बनाकर सोने के भाव बेचते हैं पर बेनीपुरी सोने की मूरतें बनाकर माटी के मोल बेच रहे हैं
(a) रामधारी सिंह दिनकर
(b) मैथिलीशरण गुप्त
(c) अज्ञेय
(d) हरिवंश राय बच्चन

20. निम्न रेखाचित्रों में से कौन-सा रेखाचित्र रामवृक्ष बेनीपुरी का नहीं है?
(a) रजिया (b) बालगोबिन भगत
(c) सरजू भैया (d) ठकुरी बाबा

21. निम्न रेखाचित्रों में से महादेवी वर्मा द्वारा रचित रेखाचित्र कौन-सा है?
(a) ठकुरी बाबा (b) बालगोबिन भगत
(c) बुधिया (d) मंगर

22. ''यदि वह वृद्ध यहाँ न होकर हमारे बीच में होता, तो कैसा होता, यह प्रश्न भी मेरे मन में अनेक बार उठ चुका है, पर जीवन के अध्ययन ने मुझे बता दिया कि इन दोनों समाजों का अन्तर मिटा सकना सहज नहीं। उनका बाह्य जीवन दीन है और हमारा अन्तर्जीवन रिक्त'' ये पंक्तियाँ महादेवी जी की किस रचना से उद्धृत हैं?
(a) अतीत के चित्र (b) पथ के साथी
(c) स्मृति की रेखाएँ (d) ठकुरी बाबा

23. महादेवी जी का उद्देश्य किन समस्याओं का चित्रण करना रहा है?
(a) विधवा की समस्या (b) वृद्धा की समस्या
(c) ग्रामीण जीवन (d) ये सभी

24. हिन्दी में 'यात्रा-वृत्तान्त' लिखने की परम्परा को सूत्रपात किस युग से माना जाता है?
(a) भारतेन्दु (b) द्विवेदी
(c) छायावाद (d) प्रगतिवाद

25. निम्नलिखित में से भारतेन्दु ने अपनी किस यात्रा का रोचक व सजीव वर्णन किया है?
(a) सरयूपार की यात्रा (b) मेंहदावल की यात्रा
(c) मेरी लखनऊ की यात्रा (d) ये सभी

26. 'गया यात्रा' व 'विलायत यात्रा' के लेखक हैं
(a) भारतेन्दु व हजारी प्रसाद द्विवेदी
(b) बालकृष्ण भट्ट व प्रतापनारायण मिश्र
(c) श्यामसुन्दर दास व लक्ष्मी प्रसाद
(d) हरिसुन्दर दास व बालमुकुन्द गुप्त

27. रामनारायण मिश्र ने 'यूरोप में छह मास' में वर्णन किया है
(a) यूरोप के दर्शनीय स्थानों का
(b) यूरोप के रहन-सहन का
(c) यूरोप की शिक्षा पद्धति का
(d) ये सभी

28. 'उत्तराखण्ड के पथ पर' सांकृत्यायन ने अपनी किस यात्रा का वर्णन किया है?
(a) केदारनाथ यात्रा का (b) बद्री-केदार यात्रा का
(c) गंगोत्री धाम यात्रा (d) ये सभी

29. 'अप्रवासी की यात्राएँ' यात्रा-साहित्य में नगेन्द्र ने किसका चित्रण किया है?
(a) जापान के शैक्षिक जीवन का
(b) अमेरिका के शैक्षिक जीवन का
(c) यूरोप के शैक्षिक जीवन का
(d) ये सभी

30. निम्नलिखित में से कौन-सा यात्रावृत्त सृजनात्मक यात्रावृत्त की श्रेणी में आता है?
(a) अमेरिकी विश्वविद्यालयों में हिन्दी
(b) यातना शिविर
(c) आखिरी चट्टान तक
(d) हँसते निर्झर : दहकती भट्टी

31. अण्डमान-निकोबार की सेल्युलर जेल की कथा किसने अपने यात्रावृत्त में लिखी?
(a) हिमांशु जोशी (b) मनोहर श्याम जोशी
(c) श्याम जोशी (d) इनमें से कोई नहीं

32. निम्नलिखित में से मनोहर श्याम जोशी का यात्रावृत्त है
(a) क्या हाल है चीन के
(b) पश्चिमी जर्मनी पर उड़ती नजर
(c) बद्रीनाथ की ओर
(d) 'a' और 'b' दोनों

33. जिस विधा के द्वारा लेखक अपने बीते हुए जीवन का विवरण प्रस्तुत करता है, उसे कहते हैं?
(a) यात्रावृत्त (b) संस्मरण
(c) आत्मकथा (d) रेखाचित्र

34. राहुल सांकृत्यायन ने अपनी तिब्बत यात्रा किस छद्म वेश में की थी?
(a) भिखारी के (b) महापण्डित के
(c) सिपाही के (d) सैनिक के

35. निम्नलिखित में से कौन-सा कथन असत्य है?
(a) मेरी तिब्बत यात्रा में लेखक ने तिब्बतीय समाज का वर्णन किया है
(b) तिब्बतीय लोगों की ज्ञानवर्धक संस्कृति का वर्णन किया है
(c) तिब्बत में भिक्षुणियों की संख्या बहुत कम है
(d) तिब्बतीय लोगों की कलाप्रियता पर प्रकाश डालते हुए वहाँ के मन्दिरों का वर्णन किया है

36. 'अज्ञेय' जी के यात्रा वृत्तान्तों में किस प्रकार का चिन्तन देखने को मिलता है?
(a) पर्यावरण का (b) इतिहास का
(c) साहित्य का (d) ये सभी

37. 'अज्ञेय' जी के यात्रा वृत्तान्त 'अरे यायावर रहेगा याद' के विषय में असत्य कथन का चयन कीजिए
(a) यात्रा वृत्तान्त की भाषा संस्कृतनिष्ठ है
(b) यात्रा वृत्तान्त की शैली कहानी मय है।
(c) इसमें पाँच यात्रा वृत्तान्तों का वर्णन है
(d) इसमें तमिलनाडु के अति प्राचीन मन्दिरों के बारे में भी बताया गया है

38. हिन्दी की प्रथम आत्मकथा है
(a) अर्द्धकथानक (b) जीवन चरित्र
(c) तरुण के स्वप्न (d) अतीत के चलचित्र

39. हिन्दी की प्रथम महिला आत्मकथा लेखिका हैं
(a) स्मृति देवी (b) जानकी देवी बजाज
(c) मृदुला गर्ग (d) इनमें से कोई नहीं

40. डॉ. राजेन्द्र प्रसाद की आत्मकथा है
(a) अतीत के चलचित्र (b) सत्य की खोज
(c) मेरा जीवन प्रवाह (d) मेरी जीवन यात्रा

41. बाबू गुलाबराय ने अपने जीवन का तटस्थ भाव से चित्रण किया है
(a) मेरा जीवन प्रवाह
(b) मेरे जीवन की कहानी
(c) मेरी असफलताएँ
(d) इनमें से कोई नहीं

42. राहुल सांकृत्यायन ने अपनी आत्मकथा में चर्चा की है
(a) अपने विद्रोही स्वभाव की
(b) अपनी यायावरी वृत्ति की
(c) अपने विद्या व्यसन की
(d) ये सभी

43. निम्नलिखित में से किसने अपनी आत्मकथा में राजनीतिक विचारों को प्रमुखता दी है?
(a) राहुल सांकृत्यायन (b) यशपाल
(c) डॉ. राजेन्द्र प्रसाद (d) रामदरश मिश्र

44. 'कमलेश्वर' की आत्मकथा कितने खण्डों में प्रकाशित हुई है?
(a) एक (b) दो
(c) तीन (d) चार

45. अपनी आत्मकथा को 'स्मृति यात्रा यज्ञ' किसने कहा?
(a) विष्णु प्रभाकर (b) कमलेश्वर
(c) हरिवंशराय बच्चन (d) वियोगी हरि

46. हरिवंशराय बच्चन की आत्मकथा कितने भागों में प्रकाशित है?
(a) दो (b) तीन
(c) चार (d) पाँच

47. निम्नलिखित में से दलित आत्मकथाकार हैं
(a) राहुल सांकृत्यायन
(b) मोहनदास नैमिषराय
(c) ओमप्रकाश वाल्मीकि
(d) (b) और (c)

48. 'तसलीमा नसरीन' की आत्मकथा कितने खण्डों में प्रकाशित हुई?
(a) दो (b) चार
(c) छः (d) सात

49. इसमें मेरा दर्द है, मेरे समाज का दर्द है। मेरा पूरा जीवन ही मुर्दहिया है। मुर्दहिया यानि गाँव का वह कोना जहाँ मुर्दे फूँके जाते हैं, मुर्दहिया यानि गाँव का वह हिस्सा जहाँ मरे हुए जानवरों के चमड़े उतारे जाते हैं। "उक्त पंक्तियाँ किस आत्मकथा से उद्धृत हैं?
(a) मुर्दहिया
(b) क्या भूलूँ क्या याद करूँ
(c) एक कहानी यह भी
(d) प्रेमचन्द घर में

50. 'मुर्दहिया' आत्मकथा में किस घटना द्वारा लेखक ने मानवीय मूल्यों पर पैसा हावी होने की बात कही?
(a) कठिनाइयों का सामना करते हुए लेखक के कॉलेज में पहुँचने की घटना
(b) लेखक के मित्र द्वारा उससे चाकू की नोंक पर उसके स्कॉलरशिप के 162 रुपयों में से 81 रुपये छीन लेने की घटना
(c) लेखक के दसवीं कक्षा में प्रथम आने की घटना
(d) लेखक की एक आँख चेचक में चले जाने से घर वालों समेत पूरे गाँव में उन्हें अपशकुनि मानने की घटना

51. मन्नू भण्डारी द्वारा रचित आत्मपरक शैली में लिखी हुई आत्मकथा है
(a) क्या भूलूँ क्या याद करूँ
(b) एक कहानी यह भी
(c) मुर्दहिया
(d) आपहुदरी

52. 'एक कहानी यह भी' आत्मकथा से सम्बन्धित असत्य कथन कौन-सा है?
(a) यह एक सिलसिलेवार आत्मकथा है
(b) इसमें लेखिका ने अपने जीवन से जुड़े हुए व्यक्तियों व घटनाओं का उल्लेख किया है
(c) इसमें लेखिका के कॉलेज की प्राध्यापिका शीला अग्रवाल का व्यक्तित्व विशेष रूप से उभरकर आया है
(d) यह आत्मकथा एक साधारण लड़की के असाधारण बनने के प्रारम्भिक पड़ावों का वर्णन है

53. निम्न में से कौन-सी रचना मन्नू भण्डारी की नहीं है?
(a) मैं हार गई (b) त्रिशंकु
(c) एक कहानी यह भी (d) माटी की मूरतें

54. 'क्या भूलूँ क्या याद करूँ' आत्मकथा से सम्बन्धित निम्न कथनों में से असत्य कथन कौन-सा है?
(a) यह आत्मकथा बच्चन जी का अपने जीवन और युग के प्रति एक सफल प्रयास है
(b) बच्चन जी की यह आत्मकथा वर्ष 1979 में प्रकाशित हुई
(c) इस आत्मकथा की गणना कालजयी रचनाओं में की जाती है
(d) बच्चन जी को इस आत्मकथा के लिए सरस्वती सम्मान से सम्मानित किया जा चुका है

55. "अगर मैं दुनिया के किसी पुरस्कार का तलबगार होता तो अपने आपको और अच्छी तरह सजाता-बजाता और अधिक ध्यान से रंग चुनकर उनके सामने पेश करता। मैं चाहता हूँ कि लोग मुझे मेरे सरल, स्वाभाविक और साधारण रूप में देख सकें। सहज निष्प्रयास प्रस्तुत, क्योंकि मुझे अपना ही तो चित्रण करना है।"
ये पंक्तियाँ बच्चन जी की किस रचना से ली गई हैं?
(a) मधुशाला
(b) मधु कलश
(c) निशा निमन्त्रण
(d) क्या भूलूँ क्या याद करूँ

56. "मैं जब सब परिधियाँ बाँध सकती थी, सीमाएँ तोड़ सकती थी, सीमाओं में रहना मुझे हमेशा कचोटता रहा है, सीमा तोड़ने का आभास ही मुझे अत्यधिक सुखकारी लगता है, मैं वर्जनाएँ तोड़ सकती हूँ, अपनी देह की मैं खुद मालिक हूँ, मैं संचालक हूँ, संचालित नहीं।" ये पंक्तियाँ किस आत्मकथा से उद्धृत हैं?
(a) क्या भूलूँ क्या याद करूँ
(b) आपहुदरी
(c) एक कहानी यह भी
(d) मुर्दहिया

57. हिन्दी के प्रथम जीवनी लेखक कौन हैं?
(a) बाबू कार्तिक प्रसाद खत्री
(b) भारतेन्दु हरिश्चन्द्र
(c) देवी प्रसाद मुन्सिफ
(d) राधाकृष्ण दास

58. हिन्दी में जीवनी साहित्य का आरम्भ किस युग में हुआ?
(a) द्विवेदी युग (b) भारतेन्दु युग
(c) प्रेमचन्द युग (d) आधुनिक युग

59. निम्नलिखित में से भारतेन्दु द्वारा लिखित जीवनी है
(a) कालिदास (b) रामानुज
(c) जयदेव (d) ये सभी

60. निम्नलिखित में से किसने महात्मा गांधी की जीवनी लिखी?
(a) घनश्यामदास बिड़ला (b) काका कालेलकर
(c) सुमंगल प्रकाश (d) ये सभी

61. 'अकाल पुरुष गांधी' में लेखक ने किसके जीवन का परिचय दिया है?
(a) पृथ्वीराज चौहान (b) महाराणा प्रताप
(c) महात्मा गांधी (d) इनमें से कोई नहीं

62. 'कलम का सिपाही' में लेखक ने किसके जीवन का परिचय दिया है?
(a) भारतेन्दु हरिश्चन्द्र (b) आचार्य रामचन्द्र शुक्ल
(c) प्रेमचन्द (d) अमृत राय

63. 'आवारा मसीहा' किसके जीवन से सम्बन्धित है?
अथवा 'आवारा मसीहा' किस उपन्यासकार के जीवन पर आधारित है?
(a) शरतचन्द्र
(b) शरत जोशी
(c) शरत गुप्त
(d) इनमें से कोई नहीं

64. 'दिनकर : एक सहज पुरुष' में दिनकर के मानवीय पक्ष को किसने उभारने का प्रयास किया है?
(a) शिवसागर मिश्र
(b) शिवसिंह सरोज
(c) श्यामसिंह जोशी
(d) इनमें से कोई नहीं

65. 'प्रेमचन्द घर में' हिन्दी गद्य साहित्य की किस विधा की रचना है?
(a) आत्मकथा (b) यात्रावृत्तान्त
(c) कहानी (d) जीवनी

66. इस जीवनी के विषय में असत्य कौन-सा है?
(a) इस पुस्तक का प्रकाशन प्रथम बार वर्ष 1947 में हुआ
(b) इस पुस्तक को संशोधित 2005 में पुनः प्रकाशित किया गया
(c) इस जीवनी में प्रेमचन्द जी की पत्नी शिवरानी देवी ने उनके व्यक्तित्व के उस हिस्से को उजागर किया है, जिससे लोग अनभिज्ञ थे
(d) इस जीवनी में प्रेमचन्द जी के केवल साहित्यकार का रूप ही नहीं अपितु उनके पूर्ण जीवन का वर्णन है

67. 'आवारा मसीहा' जीवनी के विषय में असत्य कथन कौन-सा है?
(a) इस जीवनी के लेखन द्वारा विष्णु प्रभाकर जी ने हिन्दी और बंगला साहित्य के बीच राष्ट्र की रागात्मक एकता के प्रतीक एक सेतु का निर्माण किया है।
(b) इस जीवनी में लगभग 630 पृष्ठ हैं
(c) यह जीवनी तीन पर्वों में विभाजित है
(d) शरत जी के जीवन पर प्रकाश डालने वाली यह प्रथम कृति है।

68. हिन्दी में रिपोर्ताज विधा के जनक हैं
(a) शिवदान सिंह चौहान (b) पद्मसिंह शर्मा
(c) नन्ददुलारे बाजपेई (d) परमानन्द श्रीवास्तव

69. हिन्दी का प्रथम रिपोर्ताज 'लक्ष्मीपुरा' का प्रकाशन कब हुआ?
(a) 1936 (b) 1937 (c) 1938 (d) 1939

70. निम्नलिखित में से किस रिपोर्ताज की विषय-वस्तु में स्वतन्त्रता से पूर्व देश की स्थिति का विवरण है?
(a) लक्ष्मीपुरा
(b) समाचार और विचार
(c) अपना देश
(d) मौत के खिलाफ ज़िन्दगी की लड़ाई

71. 'अदम्य जीवन' शीर्षक से किसके रिपोर्ताज प्रकाशित हुए?
(a) बालमुकुन्द गुप्त (b) भारतेन्दु हरिश्चन्द्र
(c) रांगेय राघव (d) प्रकाशचन्द्र जैन

72. निम्नलिखित में से कौन-सा रिपोर्ताज प्रकाशचन्द्र गुप्त द्वारा लिखा गया है?
(a) अल्मोड़े का बाज़ार (b) बंगाल का अकाल
(c) स्वराज्य भवन (d) ये सभी

73. डायरी का सम्बन्ध है
(a) दैनिक कार्य (b) दिनचर्या
(c) मासिक कार्य (d) 'a' और 'b' दोनों

74. डायरी के माध्यम से
(a) किसी महत्त्वपूर्ण व्यक्ति के व्यक्तित्व का उद्घाटन होता है
(b) मानव समाज के विभिन्न पक्षों का सूक्ष्म और जीवन्त चित्र उपस्थित कर सकते हैं
(c) 'a' और 'b' दोनों
(d) मनुष्यों के भावों का खण्डन होता है

75. हिन्दी में डायरी विधा की कृति है
(a) एक कहानी यह भी
(b) एक साहित्यिक की डायरी
(c) क्या भूलूँ क्या याद करूँ
(d) जामुन का पेड़

76. 'एक साहित्यिक की डायरी' में सूक्ष्म विश्लेषण किया गया है
(a) काव्य सम्बन्धी आधारभूत तत्त्वों का
(b) शिल्प स्वरूप रचना की स्थितियों का
(c) रचनाकार की रचना प्रक्रिया का
(d) उपरोक्त सभी

77. निम्न में से किस रचना के लिए रामधारी सिंह 'दिनकर' को 'साहित्य अकादमी पुरस्कार' से सम्मानित कियां गया?
अथवा निम्नलिखित में से रामधारी सिंह दिनकर द्वारा रचित कौन-सा ग्रन्थ 'भारतीय एकता का सैनिक' कहा जाता है?
(a) रश्मि लोक
(b) उर्वशी
(c) धूप-छाँव
(d) संस्कृति के चार अध्याय

78. नारद जी द्वारा भोलाराम के जीव को ढूँढ़ने के लिए धरती पर आने पर उन्हें भोलाराम का जीव कहाँ मिला?
(a) उसके घर में
(b) उसकी अपनी पेंशन फाइल में
(c) उसकी पत्नी के कमरे में
(d) बाजार में

79. 'जामुन का पेड़' हास्य-व्यंग्य कथा में
(a) कार्यालयी तौर तरीकों के निरर्थक व हास्यपद विस्तार को दिखाया गया है।
(b) व्यवस्था के संवेदन शून्य व अमानवीय पक्ष को दिखाया गया है।
(c) सरकारी आदेश की संवेदन हीनता को दिखाया गया है।
(d) उपरोक्त सभी

80. कृष्ण चन्दर द्वारा रचित हास्य व्यंग्य कथा 'जामुन का पेड़' के विषय में कौन-सा कथन असत्य है?
(a) तेज आँधी चलने से सचिवालय के आँगन में जामुन का पेड़ गिर गया था
(b) जामुन के पेड़ के नीचे बहुत से लोग दब गए थे
(c) जामुन का पेड़ पीटोनिया राज्य के प्रधानमन्त्री ने लगाया था
(d) जामुन का पेड़ काटने में बहुत देर हो चुकी थी तथा उसके नीचे दबा हुआ आदमी मर चुका था।

81. "रेखाचित्र वस्तु, व्यक्ति अथवा घटना का शब्दों द्वारा विनिर्मित वह मर्मस्पर्शी और भावमय रूप विधान है, जिसमें कलाकार का संवेदनशील हृदय और उसकी सूक्ष्म पर्यवेक्षण दृष्टि अपना निजीपन उड़ेलकर प्राण प्रतिष्ठा कर देती है।" यह कथन किसका है?
(a) उपेन्द्रनाथ अश्क
(b) सत्यजीत वर्मा
(c) डॉ. गोविन्द त्रिगुणायत
(d) विष्णु प्रभाकर

82. "संस्मरण लेखक की स्मृति से सम्बन्ध रखता है और स्मृति में वही अंकित रह जाता है जिसने उसके भाव या बोध को कभी गहराई में उद्वेलित किया हो।" संस्मरण के सम्बन्ध में यह कथन किसका है?
(a) महादेवी वर्मा
(b) पद्मसिंह शर्मा
(c) श्रीराम शर्मा
(d) आचार्य विनयमोहन शर्मा

83. "अपने संस्मरण और रेखचित्रों में महादेवी जी ने सर्वत्र भाषा प्रांजल, संस्कृतगर्भित और कवित्वपूर्ण रखी है। बीच-बीच में ग्रामीण बोलचाल के शब्द और मुहावरे भी स्वाभाविक रूप में आ गए हैं। ...... उनकी शैली में भावुकता और गाम्भीर्य का जो पुट है, वह जीवन के मंगलमय रूप का दिग्दर्शक है।" यह कथन किसका है?
(a) उपेन्द्रनाथ अश्क
(b) पद्मसिंह शर्मा 'कमलेश'
(c) सम्पूर्णानन्द
(d) फणीश्वरनाथ रेणु

84. "बेनीपुरी जी ने चतुर पारखी जौहरी की भाँति जहाँ-कहीं भी पात्र मिले, उन्हें लेकर अपनी कुशल लेखनी से पात्र का चित्र खड़ा कर दिया। विषय की जितनी विविधता और शैली का जितना अद्भुत चमत्कार बेनीपुरी जी में मिलता है, उतना अन्यत्र नहीं।" यह कथन किसका है?
(a) राजेन्द्र यादव (b) डॉ. हरवंशलाल शर्मा
(c) माखनलाल चतुर्वेदी (d) डॉ. रामकुमार वर्मा

85. प्रकाशन वर्ष के अनुसार निम्नलिखित रचनाओं का सही अनुक्रम है
(a) चेतना के बिम्ब, रेखाएँ और रंग, हमारे अराध्य, बोलती प्रतिमा
(b) चेतना के बिम्ब, हमारे अराध्य, बोलती प्रतिमा, रेखाएँ और रंग
(c) बोलती प्रतिमा, हमारे अराध्य, रेखाएँ और रंग, चेतना के बिम्ब
(d) हमारे अराध्य, चेतना के बिम्ब, बोलती प्रतिमा, रेखाएँ और रंग

86. प्रकाशन वर्ष के अनुसार निम्नलिखित रचनाओं का सही अनुक्रम है
(a) सृजन का सुख-दुःख, युगपुरुष, जिनकी याद हमेशा रहेगी, आछे दिन पाछे गए
(b) आछे दिन पाछे गए, जिनकी याद हमेशा रहेगी, सृजन का सुख-दुःख, युगपुरुष
(c) जिनकी याद हमेशा रहेगी, आछे दिन पाछे गए, सृजन का सुख-दुःख, युगपुरुष
(d) युगपुरुष, सृजन का सुख-दुःख, जिनकी याद हमेशा रहेगी, आछे दिए पाछे गए

87. प्रकाशन वर्ष के अनुसार निम्नलिखित रचनाओं का सही अनुक्रम है
(a) औरों के बहाने, मेरे अग्रज मेरे मीत, श्रद्धांजलियाँ, बचपन की स्मृतियाँ
(b) बचपन की स्मृतियाँ, श्रद्धांजलियाँ, मेरे अग्रज मेरे मीत, औरों के बहाने
(c) बचपन की स्मृतियाँ, औरों के बहाने, मेरे अग्रज मेरे मीत, श्रद्धांजलियाँ
(d) बचपन की स्मृतियाँ, श्रद्धांजलियाँ, औरों के बहाने, मेरे अग्रज मेरे मीत

88. प्रकाशन वर्ष के अनुसार निम्नलिखित यात्रावृत्तों का सही अनुक्रम है
(a) क्रिस्टेनिया मेरी जान, मैं कहती हूँ आँखिन देखी, जहाँ फव्वारे लहू रोते हैं, पत्रों की तरह चुप
(b) मैं कहती हूँ आँखिन देखी, क्रिस्टेनिया मेरी जान, जहाँ फव्वारे लहू रोते हैं, पत्रों की तरह चुप
(c) पत्रों की तरह चुप, जहाँ फव्वारे लहू रोते हैं, मैं कहती हूँ आँखिन देखी, क्रिस्टेनिया मेरी जान
(d) जहाँ फव्वारे लहू रोते हैं, पत्रों की तरह चुप, क्रिस्टेनिया मेरी जान, मैं कहती हूँ आँखिन देखी

89. सुमेलित कीजिए

	सूची I (रेखाचित्र संकलन)		सूची II (रेखाचित्रकार)
A.	दस तस्वीरें	1.	श्रीराम शर्मा
B.	पथ के साथी	2.	रामवृक्ष बेनीपुरी
C.	जंगल के जीव	3.	महादेवी वर्मा
D.	लाल तारा	4.	प्रकाश चन्द्र गुप्त
		5.	जगदीश चन्द्र माथुर

कूट
A B C D A B C D
(a) 4 5 2 3 (b) 5 3 1 2
(c) 2 1 4 3 (d) 1 4 5 2

90. सुमेलित कीजिए

	सूची I (रचनाएँ)		सूची II (प्रकाशन वर्ष)
A.	अतीत के चलचित्र	1.	1947
B.	मेरा परिवार	2.	1941
C.	पथ के साथी	3.	1971
D.	स्मृति की रेखाएँ	4.	1972
		5.	1956

कूट
A B C D A B C D
(a) 1 2 3 4 (b) 2 3 4 5
(c) 5 4 3 2 (d) 2 4 5 1

91. सुमेलित कीजिए

	सूची I (रेखाचित्र संकलन)		सूची II (रचनाकार)
A.	जंगल के जीव	1.	पण्डित बनारसीदास चतुर्वेदी
B.	संस्मरण	2.	कन्हैयालाल मिश्र प्रभाकर
C.	गेहूँ व गुलाब	3.	जगदीशचन्द्र माथुर
D.	दीप जले शंख बजे	4.	रामवृक्ष बेनीपुरी
		5.	पण्डित श्रीराम शर्मा

कूट
A B C D A B C D
(a) 1 2 3 4 (b) 3 4 5 1
(c) 2 3 4 5 (d) 5 1 4 2

92. सुमेलित कीजिए

	सूची I (रचनाएँ)		सूची II (प्रकाशन वर्ष)
A.	जाने-अनजाने	1.	1970
B.	स्मृतिलेखा	2.	1962
C.	दस तस्वीरें	3.	1983
D.	युगपुरुष	4.	1986
		5.	1963

कूट
A B C D
(a) 1 2 3 4
(b) 5 4 3 2
(c) 2 4 5 3
(d) 4 3 2 1

93. संस्मरण के सम्बन्ध में कौन-सा कथन सत्य नहीं है?
1. यथार्थ चित्रण के साथ संस्मरण में भावना की गहराई होती है
2. लेखक द्वारा अपने विषय में रोचक तथ्य प्रस्तुत किए जाते हैं
3. संस्मरण में व्यक्ति की अपेक्षा घटना को रोचक शैली में प्रस्तुत किया जाता है
4. संस्मरण सम्बन्धित व्यक्ति के चरित्र का दर्पण होता है

कूट
(a) केवल 1
(b) केवल 2
(c) 1, 2 और 3
(d) केवल 4

94. निम्नलिखित में से कौन-सा कथन असत्य है?
1. गेहूँ व गुलाब भारतेन्दु की रचना है
2. वातायन चतुरसेन शास्त्री की कृति है
3. चेतना के बिम्ब के रचनाकार डॉ. नगेन्द्र हैं
4. अरे यायावर रहेगा याद अज्ञेय की रचना है

कूट
(a) केवल 1 (b) केवल 2
(c) केवल 3 (d) 1, 2, 3 और 4

95. निम्नलिखित में से सत्य कथन है
1. एक बूँद सहसा उछली अज्ञेय की रचना है
2. गोरी नजरों में हम प्रभाकर माचवे की रचना है
3. खोज की पगडण्डियाँ मुनि कान्ति सागर की रचना है
4. एशिया के भूखण्डों में यशपाल की रचना है

कूट
(a) 1, 2 और 3
(b) 2 और 3
(c) 2, 3 और 4
(d) 4 और 1

96. निम्नलिखित में से कौन-सा कथन असत्य है?
1. कलम का सिपाही जीवनी है
2. लक्ष्मीपुरा रिपोर्ताज है
3. घुमक्कड़शास्त्र यात्रावृत्त है
4. हिमालय की यात्रा रेखाचित्र है
कूट
(a) 1 और 4 (b) 1, 2 और 3
(c) केवल 3 (d) केवल 4

97. ''छोटे-छोटे वाक्य, सरल शब्द, सहानुभूतिपूर्ण चित्रण आदि के अतिरिक्त आकार में भी लघु होना इनके रेखाचित्रों की विशेषता है। संस्मरण का तत्त्व इनके रेखाचित्रों में अपेक्षाकृत कम है। अभीष्ट विषय से इधर-उधर भटकने की प्रवृत्ति भी इनकी नहीं है। श्रेष्ठ रेखाचित्र की सभी विशेषताएँ इनके रेखाचित्रों में मिलती हैं।'' यह कथन किसका है?
(a) अमृतलाल नागर (b) कमल किशोर
(c) डॉ. नगेन्द्र (d) राजेन्द्र यादव

98. ''प्राय: प्रत्येक संस्मरण लेखक रेखाचित्र लेखक भी है और प्रत्येक रेखाचित्र लेखक संस्मरण लेखक भी है।'' यह कथन है
(a) महावीर प्रसाद द्विवेदी (b) बालमुकुन्द गुप्त
(c) राहुल सांकृत्यायन (d) डॉ. पद्मसिंह शर्मा

99. ''डायरी वह चीज है, जो रोज लिखी जाती है और जिसमें घोर रूप से वैयक्तिक बातें भी लिखी जा सकती हैं।'' डायरी के सम्बन्ध में यह कथन किसका है?
(a) काका साहेब कालेलकर
(b) राजेन्द्र यादव
(c) इलाचन्द्र जोशी
(d) रामधारी सिंह दिनकर

100. प्रकाशन वर्ष के अनुसार निम्नलिखित यात्रावृत्तों का सही अनुक्रम है
(a) एशिया के दुर्गम खण्डों में, राहुल यात्रावली, हमसफर मिलते रहे, सागर की लहरों पर
(b) राहुल यात्रावली, एशिया के दुर्गम खण्डों में, सागर की लहरों पर, हमसफर मिलते रहे
(c) एशिया के दुर्गम खण्डों में, हमसफर मिलते रहे, राहुल यात्रावली, सागर की लहरों पर
(d) सागर की लहरों पर, हमसफर मिलते रहे, राहुल यात्रावली, एशिया के दुर्गम खण्डों में

101. प्रकाशन वर्ष के अनुसार निम्नलिखित आत्मकथाओं का सही अनुक्रम है
(a) मुड़-मुड़ कर देखता हूँ, देहरि भई विदेस, और वह जो यथार्थ था, आज के अतीत
(b) मुड़-मुड़ कर देखता हूँ, और वह जो यथार्थ था, आज के अतीत, देहरि भई विदेस
(c) आज के अतीत, देहरि भई विदेस, और वह जो यथार्थ था, मुड़-मुड़ कर देखता हूँ
(d) और वह जो यथार्थ था, देहरि भई विदेस, मुड़-मुड़ कर देखता हूँ, आज के अतीत

102. प्रकाशन वर्ष के अनुसार निम्नलिखित महिला रचनाकारों की आत्मकथाओं का सही अनुक्रम है
(a) करीब से, जमाने में हम, हादसे, आपहुदरी
(b) जमाने में हम, हादसे, आपहुदरी, करीब से
(c) हादसे, करीब से, आपहुदरी, जमाने में हम
(d) जमाने में हम, आपहुदरी, हादसे, करीब से

103. प्रकाशन वर्ष के अनुसार निम्नलिखित दलित लेखकों की आत्मकथाओं का सही क्रम है
(a) जूठन, तिरस्कृत, नागफनी, संतप्त
(b) तिरस्कृत, जूठन, नागफनी, संतप्त
(c) जूठन, संतप्त, नागफनी, तिरस्कृत
(d) नागफनी, तिरस्कृत, जूठन, संतप्त

104. सुमेलित कीजिए

	सूची I (रचनाएँ)		सूची II (रचनाकार)
A.	याद हो कि न याद हो	1.	पद्मा सचदेव
B.	जिनकी याद हमेशा रहेगी	2.	राजेन्द्र यादव
C.	दीवानखाना	3.	काशीनाथ सिंह
D.	जिनके साथ जिया	4.	अमृतराय
		5.	अमृतलाल नागर

कूट
A B C D A B C D
(a) 1 2 3 4 (b) 2 3 4 5
(c) 5 4 3 2 (d) 3 4 1 5

105. सुमेलित कीजिए

	सूची I (यात्रावृत्त)		सूची II (लेखक)
A.	सरयुपार की यात्रा	1.	बालकृष्ण भट्ट
B.	विलायत यात्रा	2.	गदाधर सिंह
C.	लंका यात्रा	3.	प्रतापनारायण मिश्र
D.	गया यात्रा	4.	गोपालराम गहमरी
		5.	भारतेंदु

कूट
A B C D A B C D
(a) 1 2 3 4 (b) 2 3 4 5
(c) 5 4 3 2 (d) 5 3 4 1

106. सुमेलित कीजिए

	सूची I (यात्रावृत्त)		सूची II (लेखक)
A.	मेरी पाँचवीं जर्मन यात्रा	1.	ब्रजकिशोर नारायण
B.	नन्दन से लन्दन	2.	डॉ. नगेन्द्र
C.	अप्रवासी की यात्राएँ	3.	मोहन राकेश
D.	सेलानी की डायरी	4.	राजेन्द्र अवस्थी
		5.	सत्यदेव परिव्राजक

कूट
A B C D A B C D
(a) 1 2 3 4 (b) 5 1 2 4
(c) 2 3 4 5 (d) 5 4 3 2

107. सुमेलित कीजिए

	सूची I (यात्रावृत्त)		सूची II (लेखक)
A.	ज्योतिपुंज हिमालय	1.	विष्णु प्रभाकर
B.	सूर्योदय का देश	2.	काका कालेलकर
C.	कबाड़खाना	3.	ज्ञानरंजन
D.	खरामा-खरामा	4.	पंकज बिष्ट
		5.	निर्मला जैन

कूट
A B C D A B C D
(a) 1 2 3 4 (b) 5 4 3 2
(c) 2 3 4 5 (d) 2 4 5 1

108. निम्नलिखित में से श्रीराम शर्मा की रचना है
1. बोलती प्रतिमा 2. प्राणों का सौदा
3. जंगल के जीव 4. लाल तारा
कूट
(a) केवल 1 (b) 2 और 3
(c) 1, 2 और 3 (d) केवल 4

109. निम्नलिखित में से कौन-सी रचना इलाचन्द्र जोशी की है?
1. कुछ संस्मरण
2. मेरे प्रारम्भिक जीवन की स्मृतियाँ
3. गाँधी संस्मरण और विचार
4. सृजन का सुख-दु:ख
कूट
(a) 1, 2, 3 और 4 (b) 1 और 2
(c) 2 और 3 (d) 3 और 4

110. 'याद हो कि न याद हो' के रचनाकार हैं
1. अमृतराय 2. बिन्दु अग्रवाल
3. काशीनाथ सिंह 4. पद्मा सचदेव
कूट
(a) केवल 1 (b) केवल 2
(c) केवल 3 (d) केवल 4

111. निम्नलिखित में से कौन-सा कथन असत्य है?
1. बालकृष्ण भट्ट की 'गया यात्रा'
2. प्रतापनारायण मिश्र की 'विलायत यात्रा'
3. भारतेन्दु की 'बाद्रिकाश्रम की यात्रा'
4. गोपालराम गहमरी की 'चीन में तेरह मास'
कूट
(a) 1 और 2 (b) 2 और 3
(c) 3 और 4 (d) 1, 2, 3 और 4

112. प्रकाशन वर्ष के अनुसार निम्नलिखित जीवनीपरक ग्रन्थों का सही अनुक्रम है
(a) आवारा मसीहा, मेरे जीवन में गाँधी जी, भीष्म पितामह, प्रेमचन्द घर में
(b) भीष्म पितामह, प्रेमचन्द घर में, आवारा मसीहा, मेरे जीवन में गाँधी जी
(c) प्रेमचन्द घर में, भीष्म पितामह, मेरे जीवन में गाँधी जी, आवारा मसीहा
(d) आवारा मसीहा, मेरे जीवन में गाँधी जी, प्रेमचन्द घर में, भीष्म पितामह

113. प्रकाशन वर्ष के अनुसार निम्नलिखित जीवनीपरक ग्रन्थों का सही अनुक्रम है
(a) चन्द्रशेखर आजाद, गुरुनानक, प्रतापनारायण मिश्र, भक्तमाल
(b) भक्तमाल, प्रतापनारायण मिश्र, चन्द्रशेखर आजाद, गुरुनानक
(c) चन्द्रशेखर आजाद, प्रतापनारायण मिश्र, भक्तमाल, गुरुनानक
(d) गुरुनानक, भक्तमाल, प्रतापनारायण मिश्र, चन्द्रशेखर आजाद

114. प्रकाशन वर्ष के अनुसार निम्नलिखित रिपोर्ताज ग्रन्थों का सही अनुक्रम क्या है?
(a) रजत जयन्ती, युद्ध यात्रा, लक्ष्मीपुरा, ये लड़ेंगे हजार साल
(b) ये लड़ेंगे हजार साल, युद्ध यात्रा, लक्ष्मीपुरा, रजत जयन्ती
(c) रजत जयन्ती, लक्ष्मीपुरा, ये लड़ेंगे हजार साल, युद्ध यात्रा
(d) युद्ध यात्रा, ये लड़ेंगे हजार साल, लक्ष्मीपुरा, रजत जयन्ती

115. प्रकाशन वर्ष के अनुसार निम्नलिखित डायरियों का सही क्रम है
(a) सेवाग्राम डायरी, दिनकर की डायरी, मोहन राकेश की डायरी, मलयज की डायरी
(b) मलयज की डायरी, मोहन राकेश की डायरी, दिनकर की डायरी, सेवाग्राम डायरी
(c) सेवाग्राम डायरी, दिनकर की डायरी, मलयज की डायरी, मोहन राकेश की डायरी
(d) मोहन राकेश की डायरी, मलयज की डायरी, दिनकर की डायरी, सेवाग्राम डायरी

116. सुमेलित कीजिए

	सूची I (यात्रावृत्त)		सूची II (लेखक)
A.	सरयू पार की यात्रा	1.	भारतेन्दु हरिश्चन्द्र
B.	मेरी लखनऊ यात्रा	2.	भारतेन्दु हरिश्चन्द्र
C.	चीन में कम्यून	3.	राहुल सांकृत्यायन
D.	युद्ध यात्रा	4.	डॉ. सत्यनारायण
		5.	प्रतापनारायण मिश्र

कूट
A B C D
(a) 1 2 3 4
(b) 4 2 1 3
(c) 3 4 1 2
(d) 2 3 4 1

117. सुमेलित कीजिए

	सूची I (यात्रावृत्त)		सूची II (लेखक)
A.	मेरी पाँचवीं जर्मन यात्रा	1.	सत्यदेव परिव्राजक
B.	राहबीती	2.	स्वामी सत्यभक्त
C.	मेरी अफ्रीका यात्रा	3.	यशपाल
D.	एक बूँद सहसा उछली	4.	अज्ञेय
		5.	भारतेन्दु

कूट
A B C D
(a) 1 2 3 4
(b) 1 3 2 4
(c) 4 1 2 3
(d) 3 2 1 4

118. सुमेलित कीजिए

	सूची I (यात्रावृत्त)		सूची II (लेखक)
A.	जापान में कुछ दिन	1.	नासिरा शर्मा
B.	जहाँ फव्वारे लहू रोते हैं	2.	मधु कांकरिया
C.	बारूद और पहाड़	3.	कृष्णदत्त पालीवाल
D.	क्रिस्टेनिया मेरी जान	4.	उर्मिलेश
		5.	यशपाल

कूट
A B C D
(a) 1 2 3 4
(b) 3 1 2 4
(c) 2 3 4 5
(d) 5 4 3 2

119. निम्नलिखित में से कौन-सी रचना यशपाल की है?
1. राहबीती
2. यूरोप के झरोखे में
3. लोहे की दीवार के दोनों ओर
4. मेरी अफ्रीका यात्रा

कूट
(a) 1 और 2
(b) 2 और 4
(c) 2 और 3
(d) 1 और 3

120. निम्नलिखित में से 'देवराज उपाध्याय' की आत्मकथा है
1. बचपन के वो दिन
2. यौवन के द्वार पर
3. मुड़-मुड़ कर देखता हूँ
4. आज के अतीत

कूट
(a) केवल 1
(b) 2 और 3
(c) 1 और 2
(d) 1, 2, 3 और 4

121. निम्नलिखित में से दलित कथाकार हैं
1. माता प्रसाद
2. सूरजपाल चौहान
3. भगवान दास
4. दया पवार

कूट
(a) 1 और 2
(b) 2 और 3
(c) 3 और 4
(d) 1, 2, 3 और 4

122. निम्नलिखित में से दलित आत्मकथा है
1. पिता से मिले सपने, मेरी हकीकत
2. अपने-अपने पिंजरे, जूठन
3. एक कहानी यह भी, कली यह भी
4. कितने शहरों में कितनी बार, अन्या से अनन्या

कूट
(a) 1, 2, 3 और 4
(b) 2, 3 और 4
(c) 3, 4 और 1
(d) 1 और 2

123. निम्नलिखित में से जीवनी है
1. जिन्होंने जीना जाना, वटवृक्ष की छाया में, स्मृति के झरोखे में
2. उत्सव पुरुष : नरेश मेहता, कलम का मजदूर, प्रेमचन्द घर में
3. मेरी हकीकत, दोहरा अभिशाप, अक्करनाशी
4. घुटन, नागफनी, तिरस्कृत

कूट
(a) 1, 2, 3 और 4
(b) 2 और 3
(c) 2, 3 और 4
(d) 1 और 2

124. जन्मकाल के आधार पर निम्नलिखित रचनाकारों का सही अनुक्रम है
(a) श्रीराम शर्मा, पद्मसिंह शर्मा, महादेवी वर्मा, जगदीशचन्द्र माथुर
(b) पद्मसिंह शर्मा, महादेवी वर्मा, श्रीराम शर्मा, जगदीशचन्द्र माथुर
(c) जगदीशचन्द्र माथुर, श्रीराम शर्मा, महादेवी वर्मा, पद्मसिंह शर्मा
(d) महादेवी वर्मा, पद्मसिंह शर्मा, श्रीराम शर्मा, जगदीशचन्द्र माथुर

125. जन्मकाल के आधार पर निम्नलिखित रचनाकारों का सही अनुक्रम है
(a) डॉ. नगेन्द्र, महावीर प्रसाद द्विवेदी, राहुल सांकृत्यायन, रामवृक्ष बेनीपुरी
(b) रामवृक्ष बेनीपुरी, राहुल सांकृत्यायन, महावीर प्रसाद द्विवेदी, डॉ. नगेन्द्र
(c) महावीर प्रसाद द्विवेदी, राहुल सांकृत्यायन, रामवृक्ष बेनीपुरी, डॉ. नगेन्द्र
(d) राहुल सांकृत्यायन, महावीर प्रसाद द्विवेदी, डॉ. नगेन्द्र, रामवृक्ष बेनीपुरी

126. जन्मकाल के आधार पर निम्नलिखित रचनाकारों का सही अनुक्रम है
(a) अज्ञेय, रामधारी सिंह दिनकर, इलाचन्द्र जोशी, जगदीशचन्द्र माथुर
(b) जगदीशचन्द्र माथुर, इलाचन्द्र जोशी, रामधारी सिंह दिनकर, अज्ञेय
(c) इलाचन्द्र जोशी, रामधारी सिंह दिनकर, अज्ञेय, जगदीशचन्द्र माथुर
(d) रामधारी सिंह दिनकर, अज्ञेय, इलाचन्द्र जोशी, जगदीशचन्द्र माथुर

127. सुमेलित कीजिए

	सूची I (यात्रावृत्त)		सूची II (लेखक)
A.	बुद्ध का कमण्डल : लद्दाख	1.	1964
B.	पत्रों की तरह चुप	2.	1987
C.	चीड़ों पर चाँदनी	3.	2013
D.	यात्रिक	4.	1987
		5.	1980

कूट
A B C D
(a) 1 2 3 4
(b) 2 3 4 5
(c) 3 4 1 5
(d) 5 4 3 2

128. सुमेलित कीजिए

	सूची I (यात्रावृत्त)		सूची II (प्रकाशन वर्ष)
A.	सैलानी की डायरी	1.	1983
B.	धुन्ध भरी सुर्खी	2.	1977
C.	अरे यायावर रहेगा याद	3.	1979
D.	ज्योतिपुंज हिमालय	4.	1953
		5.	1982

कूट

	A	B	C	D		A	B	C	D
(a)	1	2	3	4	(b)	5	4	3	2
(c)	2	3	4	5	(d)	2	1	5	4

129. सुमेलित कीजिए

	सूची I (यात्रावृत्त)		सूची II (प्रकाशन वर्ष)
A.	रूस में पच्चीस मास	1.	1996
B.	हमसफर मिलते रहे	2.	1953
C.	आखिरी चट्टान तक	3.	1947
D.	सुदूर दक्षिण-पूर्व	4.	1951
		5.	1955

कूट

	A	B	C	D		A	B	C	D
(a)	3	1	2	4	(b)	1	2	3	4
(c)	4	5	3	2	(d)	5	4	3	2

130. सुमेलित कीजिए

	सूची I (आत्मकथा)		सूची II (लेखक)
A.	अर्द्धकथानक	1.	भारतेन्दु
B.	कुछ आपबीती कुछ जगबीती	2.	हरिभाऊ उपाध्याय
C.	मेरी आत्म कहानी	3.	श्यामसुन्दर दास
D.	साधना के पथ पर	4.	वियोगी हरि
		5.	बनारसीदास जैन

कूट

	A	B	C	D		A	B	C	D
(a)	1	2	3	4	(b)	2	3	4	5
(c)	5	4	3	2	(d)	5	1	3	2

131. 'भोलाराम का जीव' कहानी में बताया गया है कि

1. भ्रष्टाचार सनातन है।
2. भ्रष्टाचार की पहुँच अलौकिक हो गई है।
3. सत्य, जीवन से अधिक कुछ भी नहीं है।
4. स्वर्ग और नरक की दिव्यता-अलौकिकता मिथ्या है।

कूट

(a) 1, 2 और 3
(b) 1, 2 और 4
(c) 1, 3 और 4
(d) 1, 2, 3 और 4

132. 'एक साहित्यिक की डायरी' में

1. शैली गुण और विकार तत्त्व दोनों विद्यमान हैं।
2. निजी स्मृतियों का डायरी विधा में वर्णन है।
3. साहित्य सम्बन्धी तथ्यों का डायरी विधा में वर्णन है।
4. कहीं-कहीं नाटकीय शैली के भी दर्शन होते हैं।

कूट

(a) 1 और 2 (b) 1, 2 और 3
(c) 1, 3 और 4 (d) 1, 2, 3 और 4

133. 'संस्कृति के चार अध्याय' में क्रमबद्ध तरीके से प्रस्तुत किया गया है

1. आर्य और द्रविड़ समस्याएँ।
2. वैदिक संस्कृति।
3. भारतीय संस्कृति पर यूरोप का प्रभाव।
4. गाँधीजी, तिलक, स्वामी विवेकानन्द का राष्ट्रीय एकता में योगदान।

कूट

(a) 1, 2, 3 और 4
(b) 1, 2 और 4
(c) 2, 3 और 4
(d) 1, 3 और 4

134. 'ठकुरी बाबा' रेखाचित्र में

1. ग्रामीण जीवन के लक्षण का यथार्थ चित्रण है।
2. नागरीय एवं ग्रामीण सभ्यताओं का अन्तर मार्मिकता के साथ स्पष्ट किया गया है।
3. ग्रामीण समाज की विशेषताओं का उद्घाटन नहीं किया गया है।
4. आधुनिक शिक्षित, शिष्ट और सभ्य कहे जाने वाले व्यक्तियों पर व्यंग्य किया गया है।

कूट

(a) 1, 2 और 3
(b) 1, 2 और 4
(c) 2, 3 और 4
(d) 1, 2, 3 और 4

135. सुमेलित कीजिए

	सूची I (आत्मकथा)		सूची II (लेखक)
A.	मेरा जीवन प्रवाह	1.	1951
B.	स्वतन्त्रता की खोज में	2.	1954
C.	जीवन चक्र	3.	1948
D.	यादों की परछाइयाँ	4.	1960
		5.	1962

कूट

	A	B	C	D
(a)	1	2	3	4
(b)	5	4	3	2
(c)	2	3	4	5
(d)	3	1	2	4

136. सुमेलित कीजिए

	सूची I (आत्मकथा)		सूची II (लेखक)
A.	क्या भूलूँ क्या याद करूँ	1.	डॉ. हरिवंशराय बच्चन
B.	मेरा जीवन प्रवाह	2.	वियोगी हरि
C.	मेरी असफलताएँ	3.	गुलाबराय
D.	सिंहावलोकन	4.	यशपाल

कूट

	A	B	C	D		A	B	C	D
(a)	1	2	3	4	(b)	2	3	1	4
(c)	1	2	4	3	(d)	3	4	1	2

137. सुमेलित कीजिए

	सूची I (आत्मकथा)		सूची II (लेखक)
A.	बचपन के वो दिन	1.	सूर्य प्रसाद दीक्षित
B.	अपनी खबर	2.	गोपीचन्द नारंग
C.	निराला की आत्मकथा	3.	देवराज उपाध्याय
D.	सफर आशना	4.	पाण्डेय बेचन शर्मा उग्र
		5.	विष्णु प्रभाकर

कूट

	A	B	C	D		A	B	C	D
(a)	1	2	3	4	(b)	3	4	1	2
(c)	2	3	4	5	(d)	5	4	3	2

138. सुमेलित कीजिए

	सूची I (आत्मकथा)		सूची II (लेखक)
A.	वसन्त से पतझर तक	1.	रवीन्द्रनाथ त्यागी
B.	पंखहीन	2.	विष्णु प्रभाकर
C.	पानी बिच मीन पियासी	3.	मिथिलेश्वर
D.	मुक्तिबोध की आत्मकथा	4.	विष्णुचन्द्र शर्मा
		5.	सेठ गोविन्ददास

कूट

	A	B	C	D		A	B	C	D
(a)	1	2	3	4	(b)	5	4	3	2
(c)	2	3	4	5	(d)	2	3	4	1

139. 'आपहुदरी' आत्मकथा में

1. रमणिका एक जिद्दी लड़की की भूमिका में है।
2. स्त्री की स्वतन्त्रता अभिव्यक्ति की खोज है।
3. रमणिका गुप्ता ने एक निर्भीक स्त्री के रूप के अपने जीवन की अन्तरंगताओं को बेहद स्पष्ट तरीके से पेश किया है।
4. पुरुष प्रधान समाज के तिलिस्म को स्वीकार किया है।

कूट

(a) 1, 2 और 3 (b) 1, 2 और 4
(c) 2, 3 और 4 (d) 1 और 4

140. 'अरे यायावर रहेगा याद' यात्रा वृतान्त में
1. सभी आठों यात्रा वृत्तान्तों में पर्याप्त विविधता है।
2. यात्राओं में असम, बंगाल औरंगाबाद, कश्मीर, पंजाब व हिमाचल प्रदेश के भू-भागों का वर्णन है।
3. पर्यटकों को उनकी जिम्मेदारियों का भी बोध कराया है।
4. यात्रों वृत्तान्तों के बीच में कहीं भी संस्कृत सूक्तियों का प्रयोग नहीं किया है।

कूट
(a) 1, 2 और 3
(b) 1, 2 और 4
(c) 1, 3 और 4
(d) 1, 2, 3 और 4

141. राहुल सांकृत्यायन द्वारा रचित मेरी तिब्बत यात्रा के विषय में सत्य कथन कौन सा/से है/हैं?
1. लेखक के तिब्बत यात्रा पर जाते समय नेपाल से तिब्बत जाने के अनेक रास्ते थे
2. तिब्बत में जाति-पाँति और छुआ-छूत नहीं थी।
3. तिब्बत में औरतें पर्दा नहीं करती थीं।
4. तिब्बत की अविवाहित लड़कियाँ भिक्षुणियाँ बन जाती थी।

कूट
(a) 1, 2 और 3 (b) 2, 3 और 4
(c) 3 और 4 (d) 1 और 4

142. 'माटी की मूरतें' रेखाचित्र में
1. भाषा-शैली सरल है।
2. समाज के उपेक्षित पात्रों को गढ़कर नायक का दर्जा दिया गया है।
3. गाँव की जमीन से चरित्रों को लिया गया है।
4. सिद्धहस्त कलाकारी कहीं दिखाई नहीं देती है।

कूट
(a) 1, 2 और 3
(b) 1 और 2
(c) 2 और 4
(d) 1, 2 और 4

143. सुमेलित कीजिए

	सूची I (आत्मकथा)		सूची II (प्रकाशन वर्ष)
A.	दिन	1.	2003
B.	चेहरे अनेक	2.	1974
C.	पाव भर जीरे में ब्रह्मभोज	3.	1975
D.	अरुणायन	4.	1977
		5.	1978

कूट
A B C D A B C D
(a) 1 2 3 4 (b) 5 4 1 2
(c) 4 5 3 2 (d) 5 4 3 2

144. सुमेलित कीजिए

	सूची I (जीवनी)		सूची II (प्रकाशन वर्ष)
A.	विषकीट	1.	1947
B.	मेरी फिल्मी आत्मकथा	2.	1983
C.	घर की बात	3.	1985
D.	मेरा जीवन	4.	1999
		5.	1975

कूट
A B C D A B C D
(a) 1 2 3 4 (b) 4 3 2 1
(c) 5 4 3 2 (d) 4 1 2 3

145. सुमेलित कीजिए

	सूची I (जीवनी)		सूची II (लेखक)
A.	कलम का सिपाही	1.	रामविलास शर्मा
B.	निराला की साहित्य साधना	2.	अमृतराय
C.	पन्त की जीवनी	3.	भगवती प्रसाद सिंह
D.	मनीषी की लोकयात्रा	4.	शान्ति जोशी

कूट
A B C D A B C D
(a) 1 2 3 4 (b) 4 3 1 2
(c) 2 3 1 4 (d) 2 1 4 3

146. सुमेलित कीजिए

	सूची I (जीवनी)		सूची II (लेखक)
A.	कलम का मजदूर	1.	शिवरानी प्रेमचन्द
B.	महाप्राण निराला	2.	चन्द्रबली त्रिपाठी
C.	प्रेमचन्द घर में	3.	बिन्दु अग्रवाल
D.	धर्मराज युधिष्ठिर	4.	गंगा प्रसाद पाण्डेय
		5.	मदन गोपाल

कूट
A B C D
(a) 1 2 3 4
(b) 5 4 3 2
(c) 2 3 4 5
(d) 5 4 1 2

147. निम्नलिखित में से जगदीशचन्द्र जैन के रिपोर्ताज हैं
1. पेकिंग की डायरी
2. फाइटर की डायरी
3. भीगे मन रीते तन
4. जब प्रभाकर पाताल गए

कूट
(a) 1 और 2 (b) 2, 3 और 4
(c) 1, 2 और 3 (d) केवल 1

148. निम्नलिखित में से 'डायरी' है
1. आते जाते दिन, डायरी सागा-सागा, अजय की डायरी
2. मकान, शह और मात, जयवर्द्धन
3. अकेला मेला, आज और अभी, इस खिड़की से
4. साथ-साथ मेरा साया, ख्वाब है दीवाने का, मलयज की डायरी

कूट
(a) 1, 2, 3 और 4 (b) 2, 3 और 4
(c) 1 और 4 (d) 1 और 4

149. निम्नलिखित में से कौन-सी रचना मिथिलेश्वर की है?
1. पानी बिच मीन पियासी
2. दिनरैन
3. आज के अतीत
4. अपनी कहानी

कूट
(a) 1 और 2 (b) 2 और 3
(c) 2, 3 और 4 (d) केवल 1

150. सुमेलित कीजिए

	सूची I (जीवनी)		सूची II (लेखक)
A.	भीष्म पितामह	1.	रतनलाल बंसल
B.	अमर शहीद चन्द्रशेखर आजाद	2.	सुमंगल प्रकाश
C.	बापू के कदमों में	3.	द्वारका प्रसाद शर्मा
D.	प्यारे हरिश्चन्द्रजू	4.	प्रतिभा अग्रवाल
		5.	मदनमोहन ठाकौर

कूट
A B C D
(a) 1 2 3 4
(b) 4 5 3 1
(c) 2 3 4 5
(d) 3 1 2 4

151. सुमेलित कीजिए

	सूची I (जीवनी)		सूची II (प्रकाशन वर्ष)
A.	बापू की झाँकियाँ	1.	2005
B.	स्मृति के झरोखे में	2.	2004
C.	वटवृक्ष की छाया में	3.	1970
D.	प्रियदर्शिनी इन्दिरा गांधी	4.	1948
		5.	1999

कूट
A B C D
(a) 1 2 3 4
(b) 2 3 4 5
(c) 4 5 3 2
(d) 4 5 2 3

152. सुमेलित कीजिए

	सूची I (जीवनी)		सूची II (प्रकाशन वर्ष)
A.	श्री गांधी	1.	1938
B.	चन्द्रशेखर आजाद	2.	1916
C.	महाराज छत्रसाल	3.	1931
D.	सूरदास	4.	1894
		5.	1900

कूट

	A	B	C	D
(a)	1	2	3	4
(b)	2	3	4	5
(c)	5	4	3	2
(d)	3	1	2	5

153. सुमेलित कीजिए

	सूची I (रिपोर्ताज)		सूची II (लेखक)
A.	लक्ष्मीपुरा	1.	रांगेय राघव
B.	युद्ध यात्रा	2.	शिवदान सिंह चौहान
C.	प्लॉट का मोर्चा	3.	शमशेर बहादुर सिंह
D.	तूफानों के बीच	4.	धर्मवीर भारती

कूट

	A	B	C	D		A	B	C	D
(a)	1	2	3	4	(b)	4	3	1	2
(c)	2	3	1	4	(d)	2	4	3	1

154. मुर्दहिया आत्मकथा में

1. दलितों की पीड़ा को रेखांकित किया गया है।
2. गाँव धरमपुर के जरिए उस समय के पूरे भारतवर्ष के गाँवों को चित्रित किया गया है।
3. इस आत्मकथा को 'मुर्दहिया' नाम केवल शीर्षक मात्र नहीं अपितु इस रचना की आत्मा है।
4. सभी चीजों को बारीकियों से पेश किया गया है।

कूट

(a) 1, 2 और 3 (b) 2, 3 और 4
(c) 1, 3 और 4 (d) 1, 2, 3 और 4

155. सुमेलित कीजिए

	सूची I (रिपोर्ताज)		सूची II (लेखक)
A.	लक्ष्मीपुरा	1.	प्रभाकर माचवे
B.	तूफानों के बीच	2.	भदन्त आनन्द
C.	ये लड़ेंगे हजार साल	3.	शिवसागर मिश्र
D.	देश की मिट्टी बुलाती है	4.	रांगेय राघव
		5.	शिवदान सिंह चौहान

कूट

	A	B	C	D		A	B	C	D
(a)	1	2	3	4	(b)	2	3	4	5
(c)	5	4	3	2	(d)	1	4	5	3

156. सुमेलित कीजिए

	सूची I (रिपोर्ताज)		सूची II (लेखक)
A.	ऋणजल धनजल	1.	फणीश्वरनाथ रेणु
B.	अपोलो का रथ	2.	कन्हैयालाल मिश्र प्रभाकर
C.	प्लॉट का मोर्चा	3.	श्रीकान्त वर्मा
D.	क्षण बोले कण मुस्कुराए	4.	डॉ. धर्मवीर भारती
		5.	शमशेर बहादुर सिंह

कूट

	A	B	C	D		A	B	C	D
(a)	1	2	3	4	(b)	2	3	4	5
(c)	1	3	5	2	(d)	5	4	3	2

157. सुमेलित कीजिए

	सूची I (रिपोर्ताज)		सूची II (प्रकाशन वर्ष)
A.	रजत जयन्ती	1.	1977
B.	जुलूस रुका है	2.	1978
C.	श्रुत-अश्रुत पूर्व	3.	1990
D.	नेपाली क्रान्ति कथा	4	1984
		5.	1936

कूट

	A	B	C	D		A	B	C	D
(a)	5	1	4	2	(b)	4	3	2	1
(c)	1	2	3	4	(d)	3	4	5	2

158. सुमेलित कीजिए

	सूची I (डायरी)		सूची II (लेखक)
A.	सेवाग्राम डायरी	1.	अज्ञेय
B.	डायरी के पन्ने	2.	श्रीराम शर्मा
C.	मेरी कॉलेज डायरी	3.	घनश्याम दास बिड़ला
D.	हिन्दी नई चाल में ढली	4.	डॉ. धीरेन्द्र वर्मा
		5.	भारतेन्दु हरिश्चन्द्र

कूट

	A	B	C	D		A	B	C	D
(a)	1	2	3	4	(b)	4	5	3	2
(c)	2	3	4	5	(d)	1	2	5	3

159. सुमेलित कीजिए

	सूची I (डायरी)		सूची II (लेखक)
A.	स्मृतियों की जन्मपत्री	1.	फणीश्वरनाथ रेणु
B.	पंचरत्न	2.	शान्ता कुमार
C.	वनतुलसी की गन्ध	3.	रवीन्द्र कालिया
D.	एक मुख्यमन्त्री की डायरी	4.	मधु कांकरिया
		5.	रामविलास शर्मा

कूट

	A	B	C	D
(a)	1	2	3	4
(b)	5	4	3	2
(c)	3	5	1	2
(d)	2	3	4	5

160. सुमेलित कीजिए

	सूची I (डायरी)		सूची II (लेखक)
A.	अकेला मेला	1.	जैनेन्द्र
B.	मकान	2.	राजेन्द्र यादव
C.	जयवर्द्धन	3.	देवराज
D.	शह और मात	4.	रमेशचन्द्र शाह
		5.	श्रीलाल शुक्ल

कूट

	A	B	C	D
(a)	1	2	3	4
(b)	4	5	1	2
(c)	4	5	3	2
(d)	5	4	3	2

161. सुमेलित कीजिए

	सूची I (डायरी)		सूची II (प्रकाशन वर्ष)
A.	ख्वाब है दीवाने का	1.	2012
B.	साथ-साथ मेरा साया	2.	2000
C.	अकेला मेला	3.	2003
D.	मलयज की डायरी	4.	2011
		5.	2005

कूट

	A	B	C	D
(a)	5	3	4	2
(b)	1	2	3	4
(c)	4	5	3	2
(d)	1	2	4	3

162. सुमेलित कीजिए

	सूची I (डायरी)		सूची II (प्रकाशन वर्ष)
A.	मोहन राकेश की डायरी	1.	1880
B.	दिनकर की डायरी	2.	1873
C.	एक बूँद सहसा उछली	3.	1985
D.	हिन्दी नई चाल में ढली	4.	1973
		5.	1960

कूट

	A	B	C	D
(a)	1	2	3	4
(b)	5	4	3	2
(c)	2	3	4	5
(d)	3	4	5	2

163. सुमेलित कीजिए

	सूची I		सूची II
A.	सृजन का युग	1.	द्वितीय पर्व 'दिशा की खोज'
B.	रंगून प्रवास	2.	तृतीय पर्व 'दिशान्त'
C.	सृजन का स्वर्ण युग	3.	आवारा समीहा
D.	शरद के जीवन पर प्रकाश डालने वाली	4.	प्रथम पर्व 'दिशाहारा'

कूट

A B C D
(a) 4 1 2 3
(b) 4 3 2 1
(c) 1 2 3 4
(d) 2 3 4 1

164. सुमेलित कीजिए

	सूची I (रचनाकार)		सूची II (रचनाएँ)
A.	महादेवी वर्मा	1.	संस्कृति के चार अध्याय
B.	तुलसीराम	2.	एक कहानी यह भी
C.	मन्नू भण्डारी	3.	मुर्दहिया
D.	रामधारी सिंह दिनकर	4.	ठकुरी बाबा

कूट

A B C D
(a) 4 3 2 1
(b) 2 3 4 1
(c) 1 2 3 4
(d) 3 4 2 1

165. सुमेलित कीजिए

	सूची I		सूची II
A.	पहला खण्ड	1.	दश द्वार से सोपान तक
B.	दूसरा खण्ड	2.	बसेरे से दूर
C.	तीसरा खण्ड	3.	नीड़ का निर्माण फिर-फिर
D.	चौथा खण्ड	4.	क्या भूलूँ क्या याद करूँ

कूट

A B C D
(a) 4 3 2 1
(b) 1 2 3 4
(c) 3 2 1 4
(d) 2 3 1 4

निर्देश (प्र.सं. 166-175) निम्नलिखित स्थापना एवं तर्क को ध्यानपूर्वक पढ़कर सही उत्तर का चयन कीजिए।

कूट
(a) A और R दोनों सही
(b) A सही, R गलत
(c) A गलत, R सही
(d) A और R दोनों गलत

166. स्थापना (A) संस्मरण का सम्बन्ध लेखक की स्मृति से होता है।
तर्क (R) स्मृति में वही अंकित होता है जिसने लेखक की भावनाओं को उद्वेलित किया हो।

167. स्थापना (A) रेखाचित्र में वर्ण्य-विषय वास्तविक होता है।
तर्क (R) इसमें शब्दों के माध्यम से व्यक्ति के व्यक्तित्व को उभारा जाता है।

168. स्थापना (A) रिपोर्ताज में तथ्यों को कलात्मक एवं प्रभावी ढंग से व्यक्त किया जाता है।
तर्क (R) इसका वर्ण्य-विषय आँख देखा या कानों सुना होता है।

169. स्थापना (A) भारतेन्दु जी ने रोचक यात्रावृत्तों की रचना की है।
तर्क (R) वे घुमक्कड़ प्रवृत्ति के लेखक थे।

170. स्थापना (A) आत्मकथा का अर्थ है—अपनी कथा। जब कोई महान व्यक्ति अपने जीवन की महत्त्वपूर्ण घटनाओं का शृंखलाबद्ध विवरण स्वयं लिखता है, तब उसे आत्मकथा कहा जाता है। आत्मकथा में लेखक को तटस्थ एवं निरपेक्ष रहना चाहिए।
तर्क (R) हिन्दी में लिखी गई कुछ आत्मकथाएँ हैं—अपनी खबर, मेरी जीवन यात्रा, मेरा जीवन प्रवाह, मेरी असफलताएँ। आत्मकथा स्वयं लिखी जाती है जबकि जीवनी किसी दूसरे व्यक्ति द्वारा लिखी जाती है।

171. स्थापना (A) संस्मरण और रेखाचित्रों में महादेवी जी ने सर्वत्र प्रांजल भाषा, कवित्वपूर्ण शैली का प्रयोग किया है। संस्कृत गर्भित भाषा के बीच-बीच में ग्रामीण बोलचाल के शब्द और मुहावरे भी स्वाभाविक रूप से प्रयुक्त हैं।
तर्क (R) महादेवी जी के रेखाचित्रों में ग्रामीण जीवन के दीन-हीन उपेक्षित पात्र—घीसा, मुन्नू की माई, बिबिया आदि का मार्मिक चित्रण किया गया है। उनके पात्र मानवीय गुणों के प्रतीक बन गए हैं।

172. स्थापना (A) 'एक कहानी यह भी' आत्मकथा में मन्नू भण्डारी के अपने किशोर जीवन से जुड़ी कुछ घटनाओं के साथ उनके पिताजी और कॉलेज प्राध्यापिका शीला अग्रवाल का व्यक्तित्व विशेष रूप से उभर कर आया है।
तर्क (R) लेखिका के पिता तथा प्राध्यापिका शीला अग्रवाल ने उनके लेखकीय व्यक्तित्व के निर्माण में महत्त्वपूर्ण भूमिका निभाई है।

173. स्थापना (A) प्रेमचन्द जी ने अपनी पत्नी को हमेशा लिखने तथा कार्यों में बढ़-चढ़कर हिस्सा लेने के लिए प्रेरित किया।
तर्क (R) प्रेमचन्द जी स्त्री-पुरुष समानता के पक्षधर थे।

174. स्थापना (A) नारद जी स्वयं भोलाराम के जीव को ढूँढ़ते हुए धरती पर आए।
तर्क (R) भोलाराम का जीव यमदूत को चकमा देकर गायब हो गया था।

175. स्थापना (A) आपहुदरी आत्मकथा में रमणिका गुप्ता ने जैसा अपना जीवन जिया है वैसा ही लिखा है।
तर्क (R) रमणिका गुप्ता ने आपहुदरी आत्मकथा के माध्यम से अपने साहस की कथा कही है।

निर्देश प्र.सं. (176-177) गद्यांश को ध्यानपूर्वक पढ़िए और प्रश्नों के उत्तर दीजिए।

रिपोर्ताज फ्रांसीसी भाषा का शब्द है तथा इसकी गणना नव्यतम साहित्य रूपों के अन्तर्गत की जाती है। जिस रचना में वर्ण्य-विषय का आँखों देखा तथा कानों सुना ऐसा विवरण प्रस्तुत किया जाए कि पाठक की हृदयतन्त्री के तार झंकृत हो उठें और वह उसे भूल न सके उसे 'रिपोर्ताज' कहते हैं। 'रिपोर्ट' से यह इस अर्थ में भिन्न है कि उसमें जहाँ कलात्मक अभिव्यक्ति का अभाव होता है तथा तथ्यों का लेखा-जोखा मात्र रहता है, वहीं 'रिपोर्ताज' में तथ्यों को कलात्मक एवं प्रभावोत्पादक ढंग से व्यक्त किया जाता है।

इस रचना विधा का प्रादुर्भाव 1939 ई. के आसपास द्वितीय विश्वयुद्ध के समय हुआ था। रूसी साहित्यकारों ने इसका विशेष प्रचार-प्रसार किया तथा इलिया एहरेनबर्ग ने रिपोर्ताज के कुशल लेखक के रूप में सर्वाधिक प्रतिष्ठा प्राप्त की। हिन्दी में रिपोर्ताज लेखन की परम्परा शिवदान सिंह चौहान की रचना 'लक्ष्मीपुरा' (रूपाभ, दिसम्बर, 1938) से आरम्भ हुई। हंस के 'समाचार और विचार' तथा 'अपना देश' स्तम्भों के अन्तर्गत भी उनकी इस शैली की अनेक रचनाएँ प्रकाशित हुईं, जिनमें 'मौत के खिलाफ जिन्दगी की लड़ाई' विशेषरूपेण उल्लेखनीय है। बंगाल के दुर्भिक्ष तथा महामारी के सन्दर्भ में रांगेय राघव द्वारा 'विशाल भारत' के लिए लिखित रिपोर्ताज भी अपनी मार्मिकता के लिए प्रसिद्ध है।

अकालग्रस्त क्षेत्र में पहुँचकर उन्होंने पूँजीपतियों, व्यापारियों तथा मुनाफाखोरों के अमानवीय कृत्यों और भूख से बिलबिलाते नर-कंकालों पर जो मर्मस्पर्शी रिपोर्ताज लिखे, वे आगे चल कर 'तूफानों के बीच' (1946) में संकलित व प्रकाशित हुए।

176. निम्न में से कौन-सा कथन सही है?
(a) रिपोर्ताज में कानों सुना विवरण होता है
(b) रिपोर्ताज में कलात्मक अभिव्यक्ति का अभाव है
(c) रूसी साहित्यकारों ने रिपोर्ताज का विशेष प्रचार-प्रसार किया
(d) रिपोर्ताज अंग्रेजी भाषा का शब्द है

177. निम्न में से कौन-सा कथन सही है?
(a) रिपोर्ताज की गणना नव्यतम साहित्य रूपों के अन्तर्गत होती है
(b) रिपोर्ताज में सिर्फ आँखों देखा वर्णन होता है
(c) रिपोर्ताज में तथ्यों का लेखा-जोखा मात्र नहीं रहता है
(d) रिपोर्ताज लेखन की विधा शिवदान सिंह चौहान के 'समाचार और विचार' से आरम्भ हुई

178. निम्न में से कौन-सा कथन सही नहीं है?
(a) रिपोर्ताज में वर्ण्य-विषय का आँखों देखा तथा कानों सुना विवरण प्रस्तुत किया जाता है
(b) रिपोर्ताज में तथ्यों को कलात्मक एवं प्रभावोत्पादक ढंग से व्यक्त किया जाता है
(c) हिन्दी में रिपोर्ताज लेखन की परम्परा शिवदान सिंह चौहान की रचना 'लक्ष्मीपुरा' से आरम्भ हुई
(d) 'विशाल भारत' के रचनाकार शिवदान सिंह चौहान हैं

179. निम्न में से कौन-सा कथन सही नहीं है?
(a) बंगाल की महामारी पर लिखा गया रिपोर्ताज 'विशाल भारत' रांगेय राघव का है
(b) रिपोर्ताज में कलात्मक अभिव्यक्ति का अभाव है
(c) रिपोर्ताज रचना विधा का प्रादुर्भाव 1939 ई. के आसपास प्रथम विश्वयुद्ध के समय हुआ
(d) उपरोक्त सभी

180. 'तूफानों के बीच' में किस प्रकार के रिपोर्ताज संकलित हुए?
(a) पूँजीपतियों के अमानवीय कृत्यों
(b) भूख से बिलबिलाते नर-कंकालों पर
(c) व्यापारियों तथा मुनाफाखोरों के अमानवीय कृत्यों
(d) उपरोक्त सभी

सही उत्तर

1. (b)	2. (b)	3. (a)	4. (c)	5. (a)	6. (b)	7. (c)	8. (a)	9. (b)	10. (c)
11. (a)	12. (c)	13. (a)	14. (c)	15. (d)	16. (b)	17. (c)	18. (a)	19. (b)	20. (d)
21. (a)	22. (d)	23. (d)	24. (a)	25. (d)	26. (b)	27. (d)	28. (b)	29. (d)	30. (c)
31. (a)	32. (d)	33. (c)	34. (a)	35. (c)	36. (d)	37. (c)	38. (a)	39. (b)	40. (b)
41. (c)	42. (d)	43. (b)	44. (d)	45. (c)	46. (c)	47. (d)	48. (d)	49. (a)	50. (b)
51. (b)	52. (a)	53. (d)	54. (b)	55. (d)	56. (b)	57. (a)	58. (b)	59. (d)	60. (d)
61. (c)	62. (c)	63. (a)	64. (a)	65. (d)	66. (a)	67. (b)	68. (a)	69. (c)	70. (d)
71. (c)	72. (d)	73. (d)	74. (c)	75. (b)	76. (d)	77. (d)	78. (b)	79. (d)	80. (b)
81. (c)	82. (a)	83. (b)	84. (b)	85. (c)	86. (a)	87. (d)	88. (c)	89. (b)	90. (d)
91. (d)	92. (c)	93. (b)	94. (a)	95. (a)	96. (d)	97. (c)	98. (d)	99. (d)	100. (b)
101. (b)	102. (c)	103. (a)	104. (d)	105. (d)	106. (b)	107. (a)	108. (c)	109. (b)	110. (c)
111. (c)	112. (b)	113. (b)	114. (c)	115. (a)	116. (a)	117. (b)	118. (b)	119. (d)	120. (c)
121. (d)	122. (d)	123. (d)	124. (b)	125. (c)	126. (c)	127. (c)	128. (c)	129. (a)	130. (a)
131. (d)	132. (c)	133. (a)	134. (b)	135. (d)	136. (a)	137. (a)	138. (a)	139. (a)	140. (a)
141. (b)	142. (a)	143. (b)	144. (d)	145. (d)	146. (d)	147. (d)	148. (a)	149. (d)	150. (d)
151. (d)	152. (d)	153. (d)	154. (d)	155. (c)	156. (c)	157. (a)	158. (c)	159. (c)	160. (b)
161. (a)	162. (d)	163. (a)	164. (a)	165. (a)	166. (a)	167. (a)	168. (a)	169. (a)	170. (a)
171. (a)	172. (a)	173. (a)	174. (a)	175. (a)	176. (c)	177. (a)	178. (d)	179. (c)	180. (d)

इकाई 06 काव्य

काव्यशास्त्र

- प्राचीन समय में (आदिकाल एवं मध्यकाल) काव्यशास्त्र को ही 'साहित्यशास्त्र' तथा 'अलंकारशास्त्र' कहा जाता था। 'साहित्यशास्त्र' में प्रथमतः 'अलंकार' ही काव्य का सर्वस्व था। अलंकार के गहन विश्लेषण को 'वक्रोक्ति' और अर्थ-समीक्षा से 'ध्वनि' के सिद्धान्त को स्पष्ट स्वरूप मिला। अन्ततः रस, ध्वनि, गुण आदि काव्य तत्त्वों के समावेशन के कारण साहित्यशास्त्र को सम्भवतः 'काव्यशास्त्र' या 'अलंकारशास्त्र' कहा गया।
- आधुनिक साहित्य में 'साहित्य' शब्द का प्रयोग अंग्रेजी के 'लिटरेचर' (Literature) का पर्याय है। साहित्य शब्द की व्युत्पत्ति 'सहित' शब्द से हुई है। संस्कृत में इसकी व्याख्या इस प्रकार की गई है-'साहितेन भावः स साहित्यम्' अर्थात् जो हित के भावों से परिपूर्ण है वही साहित्य है। साहित्य में 'यत्' प्रत्यय लगाकर साहित्य शब्द बना है।
- अंग्रेज़ी में 'लिटरेचर' शब्द का प्रयोग दो अर्थों में होता है— व्यापक अर्थ में तथा संकुचित अर्थ में। व्यापक अर्थ में यह सम्पूर्ण वाङ्मय का बोध कराता है, जिसके अन्तर्गत सम्पूर्ण विषयों का साहित्य आ जाता है।
- संकुचित अर्थ में साहित्य का तात्पर्य रसात्मक साहित्य से है। इसके अन्तर्गत उपन्यास, कविता, नाटक, कहानी, निबन्ध, संस्मरण, रेखाचित्र आदि सभी विधाएँ आ जाती हैं।
- अतः समाज के लिए कल्याणकारी प्रत्येक रचना अथवा कृति साहित्य की श्रेणी में आ जाती है, किन्तु साहित्य का वास्तविक तात्पर्य रसात्मक साहित्य से है, क्योंकि रसात्मक साहित्य में ही भावनाओं को प्रमुखता दी जाती है।
- इन भावनाओं को साहित्य की विभिन्न विधाओं; जैसे—महाकाव्य, खण्डकाव्य, गीत, प्रगीत, निबन्ध, आलोचना, कहानी, उपन्यास, संस्मरण, जीवनी, रेखाचित्र, यात्रावृत्त, पत्र-साहित्य, नवगीत, गजल, चतुष्पदी, लम्बी कविता आदि के माध्यम से प्रकट किया जाता है।

काव्य के लक्षण

- काव्यशास्त्र के स्वरूप को समझने के लिए कालान्तर में विभिन्न काव्य सम्प्रदायों का विकास हुआ, जिसमें काव्य तथा उसके लक्षणों पर आचार्यों ने अपने-अपने मत प्रस्तुत किए।
- उन्होंने अपने-अपने मत को प्रमुखता देते हुए विभिन्न काव्य लक्षण निर्धारित किए हैं, यद्यपि उन सभी मतों को सर्वमान्य नहीं कहा जा सकता।
- यहाँ हम संस्कृत, हिन्दी तथा अंग्रेज़ी के प्रमुख आचार्यों तथा समीक्षकों द्वारा निर्दिष्ट काव्य-लक्षणों की विस्तृत विवेचना करेंगे।

संस्कृत आचार्यों के अनुसार काव्य लक्षण

संस्कृत आचार्यों के अनुसार काव्य लक्षण निम्नलिखित हैं

आचार्य भामह

- भामह छठी शताब्दी के प्रमुख संस्कृत आचार्य थे। उन्होंने अपने ग्रन्थ 'काव्यालंकार' में काव्य की परिभाषा इस प्रकार दी—

  "शब्दार्थौ सहितौ काव्यम्"

- अर्थात् शब्द और अर्थ के 'सहित' भाव को काव्य कहते हैं। यहाँ 'सहित' शब्द भ्रम की स्थिति उत्पन्न करता है। सहित के यहाँ दो अर्थ हो सकते हैं—हित सहित और साहित्यिक समन्वय। 'हित सहित' लेने पर भामह की परिभाषा होगी—शब्द और अर्थ के लोक कल्याणकारी भाव को काव्य कहा जाता है, परन्तु 'साहित्यिक समन्वय' अर्थ लेने पर परिभाषा का स्वरूप इस प्रकार होगा—शब्द और अर्थ के साहित्यिक समन्वय को काव्य कहा जाता है।

आचार्य दण्डी

- आचार्य दण्डी 7वीं शताब्दी के संस्कृत आचार्य थे। उन्होंने अपने ग्रन्थ 'काव्यादर्श' में काव्य की परिभाषा इस प्रकार दी है—

  "शरीरंतावदिष्टार्थ व्यवच्छिन्ना पदावली"

- अर्थात् इष्ट और अर्थ से युक्त पदावली तो काव्य का शरीर मात्र है। यहाँ स्पष्ट है कि आचार्य दण्डी शब्द और अर्थ को काव्य का केवल शरीर मानते हैं, काव्य की आत्मा नहीं। वस्तुतः आचार्य दण्डी अलंकार काव्य के प्रणेता थे। उनके अनुसार बिना अलंकार काव्य की सृष्टि असम्भव है।

आचार्य वामन

- आचार्य वामन 8वीं शताब्दी के संस्कृत विद्वान् थे। इन्होंने रीति सम्प्रदाय का प्रतिपादन किया था। उन्होंने अपने ग्रन्थ 'काव्यालंकार सूत्रवृत्ति' में काव्य की परिभाषा इस प्रकार दी है—

  "काव्यशब्दोऽयं गुणालंकारः संस्कृतयो शब्दार्थयोर्वर्तते"

- अर्थात् गुण व अलंकार युक्त शब्दार्थ ही काव्य के रूप में जाना जाता है। आचार्य वामन ने आचार्य भामह व आचार्य दण्डी से अधिक परिष्कृत काव्य की परिभाषा दी है। उन्होंने गुण व अलंकार युक्त शब्दार्थ को काव्य माना। अपने काव्य लक्षणों में वामन ने 'दोषहीनता' को भी स्थान दिया।

आचार्य रुद्रट

- आचार्य रुद्रट नौवीं शताब्दी के संस्कृत कवि थे। उन्होंने आचार्य भामह का अनुकरण करते हुए शब्द व अर्थ को ही काव्य माना। उनके अनुसार, 'शब्दार्थौ सहितौ काव्यम्' ही काव्य की उचित परिभाषा है।
- अलंकारवादी होते हुए भी आचार्य रुद्रट ने रस के सिद्धान्त को अपने काव्य में अलंकारों की सत्ता माना।

आचार्य मम्मट

आचार्य मम्मट, जोकि 12वीं सदी के संस्कृत विद्वान् थे, उन्होंने अपने ग्रन्थ 'काव्य प्रकाश' में काव्य की निम्न परिभाषा दी–

"तद्दोषौ शब्दार्थों सगुणावनलंकृति पुनः क्वापि"

अर्थात् काव्य वह शब्द तथा अर्थ है, जो दोषहीन, गुण से अलंकृत तथा कभी-कभी अलंकारहीन होता है।

आचार्य मम्मट के अनुसार काव्य के चार लक्षण हैं

- **शब्दार्थों** मम्मट ने काव्य को शब्द तथा अर्थ का योग माना। उन्होंने आचार्य भामह, वामन, रुद्रट आदि काव्याचार्यों का अनुसरण किया। इस मत के अनुसार, काव्य न तो शब्द के सौष्ठव का परिणाम है और न ही अर्थ के सौन्दर्य का। इस प्रकार शब्द और अर्थ दोनों काव्य की सृष्टि करते हैं।
- **अदोषौ** मम्मट के अनुसार, काव्य दोषहीन होना चाहिए। आचार्य वामन ने भी अपने काव्य को दोषहीन माना, परन्तु आचार्य विश्वनाथ के अनुसार, काव्य कभी दोषहीन हो ही नहीं सकता। कवि कितना भी सावधान हो, लेकिन काव्य में दोष आ ही जाता है। विश्वनाथ कहते हैं कि काव्य में दोष होने पर भी उसका काव्यत्व बना रहता है, भले ही सौन्दर्य में थोड़ा-बहुत व्याघात आ जाए।
- **सगुणौ** मम्मट ने काव्य को गुणयुक्त माना है, लेकिन यहाँ आचार्य विश्वनाथ मम्मट से सहमत नहीं होते हैं। उनके अनुसार, गुण शब्द-अर्थ के नहीं अपितु रस के धर्म हैं। मम्मट के 'काव्य में गुण' के पक्ष में आचार्य बलदेव उपाध्याय अपना मत रखते हुए कहते हैं कि रस की अभिव्यक्ति गुण की सत्ता पर ही निर्भर करती है।
- **अनलंकृति पुनः क्वापि** आचार्य मम्मट के अनुसार, अलंकार काव्य का आवश्यक तत्त्व नहीं हैं। मम्मट का मानना है कि अलंकार के न होने से काव्य का काव्यत्व नष्ट नहीं होता।

  अलंकारवादी आचार्यों ने मम्मट के इस मत की आलोचना की है। वस्तुतः आचार्य मम्मट रसवादी कवि थे, इसलिए उन्होंने काव्य में गुण और रस पर बल दिया।

आचार्य विश्वनाथ

- आचार्य विश्वनाथ 14वीं शताब्दी के प्रसिद्ध संस्कृत आचार्य थे। उन्होंने 'साहित्य दर्पण' की रचना की। आचार्य मम्मट के काव्य लक्षणों का खण्डन करते हुए उन्होंने काव्य की परिभाषा इस प्रकार दी–

  "वाक्यं रसात्मकं काव्यम्"
- अर्थात् रस से पूर्ण वाक्य ही काव्य है। इस परिभाषा में रस को ही काव्य माना गया है, जबकि पूर्व आचार्यों ने काव्य में शब्द-अर्थ, अलंकार और सगुण की निष्पत्ति की है।
- बाबू गुलाबराय ने उपर्युक्त परिभाषा को स्पष्ट करते हुए कहा है कि, 'वाक्य' से कलापक्ष तथा 'रसात्मकं' से अनुभूति पक्ष की अभिव्यंजना होती है, परन्तु डॉ. भगीरथ मिश्र के अनुसार, यदि 'रस' को ही काव्यार्थ लें, तो काव्य-क्षेत्र संकीर्ण हो जाएगा।
- यहाँ रस का अर्थ माधुर्य और सरसता समझने से परिभाषा को व्यापक रूप मिलेगा। मिश्र जी का कहना है–"यदि 'रस' ही काव्य होगा तो बिहारी और केशव की रचनाएँ काव्य क्षेत्र से बाहर हो जाएँगी, क्योंकि उन्होंने अपने काव्य में अधिकांशतः अलंकार व उक्ति-वैचित्र्य को ही स्थान दिया है।"

पण्डितराज जगन्नाथ

- पण्डितराज जगन्नाथ 17वीं शताब्दी के आचार्य थे। उन्होंने अपने ग्रन्थ 'रस गंगाधर' में काव्य के निम्न लक्षण बताए हैं–

  "रमणीयार्थ प्रतिपादकः शब्दः काव्यम्"
- अर्थात् रमणीय अर्थ का प्रतिपादन करने वाला शब्द ही काव्य है। यहाँ रमणीय शब्द अस्पष्ट है। बाबू गुलाबराय के अनुसार, यहाँ रमणीय का अर्थ 'मन को लीन करने वाला या रमाने वाला' है। उनका मानना है कि रमणीयता के अन्तर्गत रसात्मकता तथा अलंकारादि के चमत्कार भी आ जाते हैं। अतः यहाँ 'रमणीय' शब्द का अर्थ व्यापक रूप से लिया जा सकता है।
- डॉ. भगीरथ मिश्र ने उक्त व्याख्या की आलोचना की है। उनके अनुसार, शब्द में अर्थ की रमणीयता नहीं रहती, बल्कि वाक्य से रमणीयता प्राप्त होती है। अतः शब्द के स्थान पर 'वाक्य' का प्रयोग करना चाहिए।

निष्कर्षतः कहा जा सकता है कि आचार्य मम्मट ने काव्य की जो परिभाषा व लक्षण दिए हैं वो उपयुक्त व तर्कसंगत हैं।

हिन्दी आचार्यों के अनुसार काव्य लक्षण

- हिन्दी के रीतिकालीन आचार्यों ने काव्य के लक्षणों पर विचार किया। आचार्य केशवदास जी कहते हैं–

  "जदपि सुजाति सुलक्षणी, सुबरन सरस सुवृत्त।
  भूषण बिनु न बिराजई कविता बनिता भित्त।।"
- अर्थात् जिस प्रकार सुवर्ण वाली सुलक्षणी, सरस स्त्री, बिना आभूषणों के सुशोभित नहीं होती, उसी प्रकार बिना अलंकारों के कविता शोभायमान नहीं होती। चिन्तामणि कहते हैं–

  "सगुणालंकार सहित दोष रहित जो होई।
  शब्द अर्थ ताको कवित्त कहत बिबुध सब कोई।।"
- अर्थात् सगुण अलंकार सहित, दोष रहित शब्दार्थ को काव्य कहते हैं।

इस प्रकार रीतिकालीन विद्वानों ने अनेक काव्य लक्षण प्रस्तुत किए, फिर भी उनमें मौलिकता का अभाव है। आधुनिक युग के विद्वानों व आचार्यों ने काव्य लक्षणों की मौलिकता पर विचार किया। *उनमें से कुछ इस प्रकार हैं*

आचार्य महावीर प्रसाद द्विवेदी

द्विवेदी जी ने काव्य की परिभाषा इस प्रकार दी है

"किसी प्रभावोत्पादक और मनोरंजक लेख, बात या वक्तृता का नाम कविता है।"

अतः इस परिभाषा के अनुसार कविता प्रभावी और मनोरंजक होनी चाहिए।

बाबू गुलाबराय

बाबू गुलाबराय ने काव्य की परिभाषा कुछ इस प्रकार दी है–"काव्य संसार के प्रति कवि की भाव प्रधान मानसिक प्रतिक्रियाओं की श्रेय को प्रेय देने वाली अभिव्यक्ति है।" उपर्युक्त परिभाषा में काव्य का मूल आधार 'भावप्रवणता' को ही माना गया है।

आचार्य रामचन्द्र शुक्ल

- शुक्ल जी ने काव्य की परिभाषा कुछ इस प्रकार दी है–"जिस प्रकार आत्मा की मुक्तावस्था ज्ञानदशा कहलाती है, उसी प्रकार हृदय की मुक्तावस्था रसदशा कहलाती है। हृदय की इसी मुक्ति साधना के लिए मनुष्य की वाणी जो शब्द विधान करती आई है, उसे कविता कहते हैं।"

- उपर्युक्त परिभाषा में स्पष्ट है कि शुक्ल जी ने काव्य में 'रसात्मकता' और 'भावनात्मकता' को प्रधानता दी है। इस परिभाषा में रस को प्रमुखता दी गई है और अलंकार, उक्ति वैचित्र्य आदि गौण हैं। अतः उक्त परिभाषा भी संकीर्ण कही जा सकती है।

पाश्चात्य समीक्षकों द्वारा दिए गए काव्य लक्षण

- पाश्चात्य समीक्षकों के कवियों ने काव्य के जो लक्षण प्रस्तुत किए हैं, उनमें कुछ भावप्रधान हैं तो कुछ कलापक्ष को काव्य में स्थान देते हैं।
- **हडसन** ने कहा है, "कविता कल्पना और भाव के द्वारा जीवन की व्याख्या है।" यहाँ हडसन ने कविता में कल्पना और भाव को प्रधानता देते हुए उसे जीवन से जोड़ा है। हडसन का यह मत भारतीय आचार्यों द्वारा प्रस्तुत किए गए काव्य लक्षणों के लगभग समान प्रतीत होता है।

कालरिज के अनुसार,

"सर्वश्रेष्ठ क्रम में सर्वश्रेष्ठ शब्द काव्य है।"

उक्त परिभाषा में कालरिज ने काव्य के कलापक्ष को प्रमुखता दी है।

मैथ्यू आर्नल्ड के अनुसार,

"मूलतः काव्य जीवन की आलोचना है।"

- यहाँ उक्त परिभाषा से काव्य का कोई लक्षण प्रकट नहीं हो रहा, परन्तु यहाँ यह स्पष्ट है कि काव्य का जीवन से गहरा सम्बन्ध है।
- निष्कर्षतः हिन्दी आचार्यों और पाश्चात्य विद्वानों की परिभाषाओं के आधार पर कहा जा सकता है कि समयानुसार काव्य की परिभाषा बदलती रहती है। उपर्युक्त सभी परिभाषाओं के परिप्रेक्ष्य में 'नई कविता' खरी नहीं उतरती। अतः काव्य का सार्वभौमिक लक्षण यह हो सकता है— "मानवीय अनुभूतियों की भाषा द्वारा की गई रसात्मक व कलात्मक अभिव्यक्ति को काव्य कहा जा सकता है।"

काव्य हेतु

काव्य हेतु से तात्पर्य काव्य की उत्पत्ति का कारण है। बाबू गुलाबराय के अनुसार हेतु का अभिप्राय उन साधनों से है, जो कवि की काव्य रचना में सहायक होते हैं। काव्य हेतु पर सर्वप्रथम अग्नि पुराण में विचार किया गया है।

काव्य हेतु पर विभिन्न विद्वानों के मत

काव्य हेतु पर विभिन्न विद्वानों के मत इस प्रकार हैं

आचार्य भामह का मत

- भामह ने अपने ग्रन्थ 'काव्यालंकार' में वर्णित किया है कि गुरु के उपदेश से जड़ बुद्धि भी शास्त्र अध्ययन करने में योग्यता प्राप्त कर लेता है, परन्तु काव्य तो केवल प्रतिभाशाली व्यक्ति ही रच सकता है। भामह द्वारा श्लोक में वर्णित है

"गुरुदेशादध्येतुं शास्त्रं जड़धिममोऽप्यलम्।
काव्यं तु जायते जातु कस्यचित् प्रतिभावतः।।"

- भामह प्रतिभा को काव्य का मुख्य हेतु स्वीकार करते हैं, क्योंकि प्रतिभा के बिना काव्य रचना सम्भव नहीं है। भामह प्रतिभा के अतिरिक्त व्युत्पत्ति एवं अभ्यास को भी महत्त्वपूर्ण मानते हैं।

आचार्य दण्डी का मत

- दण्डी ने अपने ग्रन्थ 'काव्यादर्श' में प्रतिभा, आनन्द अभियोग और लोक व्यवहार को काव्य हेतु के रूप में माना है। दण्डी के अनुसार,

"नैसर्गिकी च प्रतिभा श्रुतं च बहु निर्मलम्।
आनन्दाश्चयाभियोगो अस्याः कारणं काव्य सम्पदा।।"

- अर्थात् निर्मल शास्त्र ज्ञान, नैसर्गिक प्रतिभा और बढ़ा-चढ़ा अभ्यास काव्य सम्पत्ति में कारण होते हैं।

आचार्य वामन

- आचार्य वामन ने अपने ग्रन्थ काव्यालंकार सूत्रवृत्तिह में प्रतिभा को जन्मजात गुण माना है। वामन के अनुसार, 'कवित्व बीजं प्रतिभानं कवित्वस्य बीजम्' अर्थात् प्रतिभा कवित्व का बीज है।

आचार्य रुद्रट का मत

रुद्रट ने अपने ग्रन्थ 'काव्यालंकार' में प्रतिभा, व्युत्पत्ति और अभ्यास को काव्य हेतु के रूप में स्वीकार किया है। रुद्रट प्रतिभा के दो प्रकार बताते हैं—सहजा एवं उत्पाद्या। सहजा जन्मजात और उत्पाद्या से लोकव्यवहार एवं अभ्यास उत्पन्न होता है।

आचार्य मम्मट का मत

- मम्मट अपने ग्रन्थ 'काव्यप्रकाश' में काव्य के तीन हेतु मानते हैं— शक्ति, लोकशास्त्र का अन्वेक्षण और अभ्यास। मम्मट ने लिखा है

"शक्तिर्निपुणता लोकशास्त्र काव्याधवेक्षणात्।
काव्यज्ञशिक्षयाभ्यास इति हेतुस्तदुद्वे।।"

- अर्थात् काव्य के तीन हेतु हैं-शक्ति, लोकशास्त्र का अन्वेक्षण और अभ्यास। वे मानते हैं कि काव्य का बीज संस्कार है। इसके अभाव में काव्य रचना नहीं हो सकती।

हेमचन्द्र का मत

हेमचन्द्र ने अपने ग्रन्थ 'शब्दानुशासन' में 'प्रतिभा' को काव्य का हेतु माना है। ये अपने ग्रन्थ में लिखते हैं कि 'प्रतिभाऽस्य हेतुः प्रतिभा नवन्वोन्मेषशालिनी' अर्थात् प्रतिभा काव्य का हेतु है तथा नवन्वोन्मेषशालिनी को प्रतिभा कहते हैं।

राजशेखर का मत

राजशेखर प्रतिभा और व्युत्पत्ति को काव्य का हेतु स्वीकार करते हैं। इन्होंने प्रतिभा को दो रूपों में बाँटा है—कावयित्री एवं भावयित्री। कावयित्री प्रतिभा जन्मजात होती है तथा भावयित्री प्रतिभा का सम्बन्ध पाठक से होता है।

पं. जगन्नाथ का मत

पं. जगन्नाथ ने अपने ग्रन्थ 'रस गंगाधर' में प्रतिभा को काव्य हेतु स्वीकार किया है।

काव्य के प्रमुख हेतु

काव्य के प्रमुख हेतु इस प्रकार हैं

प्रतिभा

वक्रोक्ति सम्प्रदाय के प्रवर्तक आचार्य कुन्तक ने प्रतिभा उस शक्ति को माना है, जो शब्द और अर्थ में अपूर्व सौन्दर्य की सृष्टि करती है। महिम भट्ट प्रतिभा को कवि का तृतीय नेत्र मानते हैं, जिससे समस्त भावों का साक्षात्कार होता है। प्रतिभा नए सृजन में सहायक होती है। प्रतिभा के अभाव में सृजन सम्भव नहीं हो पाता। आचार्य मम्मट प्रतिभा को शक्ति का नाम देते हैं और प्रतिभा को काव्य का बीज मानते हैं। मम्मट कहते हैं कि

"शक्तिः कवित्व बीज रूपः संस्कार विशेषः"

अर्थात् शक्ति का बीज रूप संस्कार विशेष है।

- **डॉ. नगेन्द्र** प्रतिभा को असाधारण कोटि की मेधा मानते हैं। वे कहते हैं कि प्रतिभा को नीरस और साधारण वातावरण अच्छे नहीं लगते। इस प्रकार प्रतिभा काव्य का मूल है, ईश्वर प्रदत्त शक्ति है, काव्य का बीज है, प्रतिभा के बल पर ही सृजना और काव्य को रचा जा सकता है। राजशेखर प्रतिभा के दो भेद बताते हैं—कावयित्री एवं भावयित्री। कावयित्री प्रतिभा जन्मजात होती है जिसका सम्बन्ध कवि से होता है। भावयित्री प्रतिभा का सम्बन्ध पाठक से होता है।

व्युत्पत्ति

- राजशेखर व्युत्पत्ति का अर्थ बहुज्ञता से लगाते हैं। ज्ञान की प्राप्ति भी व्युत्पत्ति कहलाती है। ज्ञान की उपलब्धता शास्त्रों के अध्ययन और लोकव्यवहार से मिलती है। आचार्य वामन ने 'विद्या परिज्ञान' को व्युत्पत्ति माना है। **रुद्रट** छन्द, व्याकरण, लोकस्थिति कला के सम्यक् ज्ञान को व्युत्पत्ति मानते हैं। आचार्य **मम्मट** व्युत्पत्ति को 'निपुणता' का नाम देते हैं, जबकि **राजशेखर** की मान्यता है कि उचित-अनुचित का विवेक ही व्युत्पत्ति है। राजशेखर कहते हैं कि

  "उचितानुचित विवेकौ व्युत्पत्तिः"
- व्युत्पत्ति के कारण ही व्यक्ति निर्णय ले पाता है कि किस स्थान पर किस शब्द का प्रयोग किया जाए। वस्तुतः प्रतिभा और व्युत्पत्ति ही समग्रतः काव्य रचना का हेतु है। *व्युत्पत्ति दो प्रकार की होती है*

  1. शास्त्रीय
  2. लौकिक
- शास्त्रीय व्युत्पत्ति शास्त्रों के अध्ययन से मिलती है। लौकिक व्युत्पत्ति लोक व्यवहार के निरीक्षण से प्राप्त होती है। लोकव्यवहार में हम सीखते हैं। शास्त्रीय व्युत्पत्ति से काव्य में सौन्दर्य और व्यवस्था का समावेश होता है।
- लौकिक व्युत्पत्ति से विषय की सम्यक् प्रस्तुति सम्भव हो पाती है। कवि तभी दोषरहित काव्य रचना कर पाता है, जब वह उपर्युक्त दोनों प्रकार की व्युत्पत्ति से युक्त हो। लोकव्यवहार व शास्त्रों, पुस्तकों का अध्ययन करने से व्यक्ति को वर्ण्य विषय का ज्ञान, ऋतु, देश, भौगोलिक जानकारी आदि प्राप्त होती है। उपर्युक्त सभी जानकारी होने से वह त्रुटियों से बच जाता है।

अभ्यास

- प्रतिभा और व्युत्पत्ति के बाद काव्य निर्माण का तीसरा हेतु अभ्यास है। अभ्यास न होने पर प्रतिभा व्यर्थ हो जाती है। **आचार्य वामन** अभ्यास के महत्त्व को बताते हुए लिखते हैं कि अभ्यास के द्वारा ही कवि कर्म में कुशलता प्राप्त करता है।

  "अभ्यासोहि कर्मसु कौशलं भावहिति"
- **आचार्य दण्डी** अभ्यास को काव्य का प्रमुख हेतु मानते हैं। उनकी मान्यता है कि प्रतिभा और व्युत्पत्ति के अभाव में काव्य रचना में कोई भी कुशल नहीं हो पाता। अभ्यास के महत्त्व को अस्वीकार नहीं किया जा सकता। 'करत-करत अभ्यास ते जड़मति हो सुजान' अर्थात् अभ्यास से तो जड़बुद्धि भी प्रखर हो जाती है। निरन्तर अभ्यास करते रहने से काव्य में निखार आता है तथा कवि अच्छी कविता का सृजन कर पाते हैं।
- रीतिकालीन कवि **भिखारीदास** काव्य रचनाओं की शक्ति को जन्मजात मानते हैं। भिखारीदास जी लिखते हैं कि

  "सक्ति कवित्त बनाइबे की, जिन जन्म नक्षत्र में दीनी विधाता।"
- **आचार्य श्रीपति** ने अपने काव्य ग्रन्थ 'काव्य सरोज' में काव्य हेतुओं की चर्चा की है। **अरस्तू** भी कवि की प्रतिभा को जन्मजात मानते हैं। उनकी मान्यता है कि मनुष्य बुद्धिमान उत्पन्न होते हैं। **आचार्य हजारीप्रसाद द्विवेदी** 'प्रतिभा' को कवि के लिए महत्त्वपूर्ण मानते हैं।

काव्य प्रयोजन

- काव्य प्रयोजन से तात्पर्य काव्य रचना के उद्देश्य से होता है अर्थात् जिस प्रकार कर्ता का किसी कार्य को करने के पीछे कोई उद्देश्य निहित होता है, उसी प्रकार काव्य रचना में भी रचनाकार का कोई-न-कोई उद्देश्य अवश्य होता है। इसी उद्देश्य को काव्य का प्रयोजन कहते हैं। प्राचीन काल से ही भारतीय मनीषियों के जीवन का उद्देश्य धर्म, अर्थ, काम और मोक्ष की प्राप्ति रहा है।
- काव्यशास्त्रियों का भी अपने काव्य-सृजन के पीछे यही उद्देश्य निहित रहता है।

संस्कृत काव्यशास्त्र में काव्य प्रयोजन

संस्कृत आचार्यों द्वारा काव्य प्रयोजन की विवेचना इस प्रकार है

भरतमुनि के अनुसार काव्य प्रयोजन

- भरतमुनि के समय में नाट्य तथा काव्य में कोई भेद नहीं था। भरतमुनि ने जो भी प्रयोजन बताए हैं, वे नाट्य से सन्दर्भित हैं, परन्तु तत्कालीन नाट्य व काव्य में भेद न होने के कारण उन्हें काव्य प्रयोजन माना जा सकता है।

  भरतमुनि के अनुसार, नाट्य (काव्य) धर्म, यश और आयु का साधक, हितकारक, बुद्धिवर्धक तथा लोकोपदेशक होता है

  "धर्म्यं यशस्यमायुष्यं हितं बुद्धिविवर्धनम्।
  लोकोपदेशजननं नाट्यमेतद् भविष्यति।।"
- वस्तुतः यहाँ भरतमुनि ने काव्य प्रयोजन न बताकर अपने नाट्य ग्रन्थ का प्रयोजन बताया है। भरतमुनि ने सांसारिक सुखों धर्म, यश, आयु आदि को ही मुख्य प्रयोजन माना। उन्होंने आनन्द प्राप्ति तथा स्वान्तः सुखाय का कहीं भी उल्लेख नहीं किया।

भामह के अनुसार काव्य प्रयोजन

भामह ने अपने ग्रन्थ 'काव्यालंकार' में काव्य-प्रयोजनों का वर्णन दो प्रकार से किया है—कवि और पाठक के आधार पर तथा केवल कवि के आधार पर।

कवि और पाठक के आधार पर भामह कहते हैं—

"सूत्र धर्मार्थ काम मोक्षेषु वैचक्षण्यं कलासु च।
करोति कीर्ति प्रीतिञ्च साधुकाव्य निबन्धनम्।।"

धर्म, अर्थ, काम, मोक्ष की प्राप्ति कलाओं में निपुणता के साथ-साथ उत्तम काव्य से कीर्ति और प्रीति की प्राप्ति होती है। केवल कवि के आधार पर भामह के काव्य का प्रयोजन कवि के नाम को अमर रखना है।

वामन के अनुसार काव्य प्रयोजन

वामन ने काव्य प्रयोजनों की चर्चा कर्ता की दृष्टि से की है। उनके अनुसार *काव्य रचना के दो मुख्य प्रयोजन हैं*— दृष्ट प्रयोजन तथा अदृष्ट प्रयोजन।

"काव्यं सद्दृष्टादृष्टार्थ प्रीतिकीर्ति हेतुत्वात् ।"

अर्थात् काव्य के दृष्ट व अदृष्ट प्रयोजन क्रमशः प्रीति एवं कीर्ति हैं।

रुद्रट के अनुसार काव्य प्रयोजन

- रुद्रट द्वारा काव्य प्रयोजन का अन्य पूर्व आचार्यों की अपेक्षा अधिक विस्तृत वर्णन किया गया है। रुद्रट के समय में काव्य, नायक के चरित्र पर आधारित होता था। अतः रुद्रट के अनुसार—

  "ज्वलदुज्जलवाक् प्रसरः सरसं कुर्वन् महाकविः काव्यम् ।
  स्फुटमाकल्पनाल्यं प्रतनोति यशः परस्यापि।।"

- अर्थात् अलंकारों से सुसज्जित व दोषहीन सरस काव्य की रचना करने वाला महाकवि अपने तथा नायक के प्रत्यक्ष व युगों तक रहने वाले यश का विस्तार करता है।

आचार्य कुन्तक के अनुसार काव्य प्रयोजन

- कुन्तक ने अपने ग्रन्थ 'वक्रोक्ति जीवितम्' में लिखा है कि काव्य धर्मादि सिद्धि का साधन होने के साथ-साथ आह्लाद उत्पन्न करने वाला होता है।

"श्लोक धर्मादि साधनोपायः सुकुमारक्रमोदितः।
काव्य बन्धोऽभिजातानां हृदयाह्लादकारकः।।"

- अतः कुन्तक ने पूर्ववर्ती आचार्यों से इतर अपने काव्य प्रयोजन की विवेचना की।

मम्मट के अनुसार काव्य प्रयोजन

मम्मट के सामने भरतमुनि से लेकर कुन्तक तक की पूरी परम्परा थी। उन्होंने विभिन्न आचार्यों द्वारा निर्दिष्ट काव्य प्रयोजन का आत्मसात करके उन्हें ज्ञान रूप में व्यक्त किया–

"काव्यं यशसेऽर्थकृते व्यवहारविदे शिवेतरक्षतये।
सधः परनिर्वृतये कांतासम्मिततयोंपदेश युजे।।"

- इस प्रकार इन्होंने काव्य के छः प्रयोजन माने हैं-यश की प्राप्ति, धन (अर्थ) की प्राप्ति, व्यावहारिक ज्ञान की उपलब्धि, अकल्याणकारी तत्त्वों का नाश, अलौकिक आनन्द की प्राप्ति, पत्नी के समान मधुर उपदेश। यद्यपि मम्मट द्वारा प्रस्तुत काव्य प्रयोजन में मौलिकता नहीं है फिर भी संग्रहण की दृष्टि से उनका मत सबसे अधिक महत्त्वपूर्ण एवं ग्रहणीय है। परवर्ती आचार्यों ने मम्मट से प्रेरणा लेकर ही अपने मत प्रस्तुत किए हैं।

हिन्दी काव्यशास्त्र में काव्य प्रयोजन

- हिन्दी में रीतिकालीन आचार्यों तथा गोस्वामी तुलसीदास ने काव्य प्रयोजनों पर विचार किया है।
- कुलपति ने आचार्य मम्मट के अनुसार, काव्य के छः प्रयोजन माने हैं– यश की प्राप्ति, धन की प्राप्ति, व्यावहारिक ज्ञान, अकल्याणकारी तत्त्वों की क्षति, अलौकिक आनन्द तथा पत्नी के समान मधुर उपदेश; यथा–

"जस सम्पत्ति, आनन्द अति दुःखन डारै खोई।
होत कवित्त तें चतुराई, जगत गाम बस होई।।"

- **देव** ने यश को ही काव्य प्रयोजन मानकर भामह के कथन की पुष्टि की है–

"ऊँच नीच अरु कर्म बस, चलो जात संसार।
रहत भव्य भगवन्त जस, नव्य काव्य सुखसार।।"

- **तुलसीदास** आचार्य नहीं थे, वे भक्त कवि थे। काव्य प्रयोजनों के विषय में उनका मत है कि कवि 'स्वान्तः सुखाय' अर्थात् अपनी आत्मा की प्रसन्नता और आनन्द के लिए काव्य की रचना करता है–

"स्वान्तः सुखाय तुलसी रघुनाथ गाथा।"

आधुनिक साहित्यकारों में **डॉ. नगेन्द्र** ने काव्य का प्रयोजन कवि की आत्माभिव्यक्ति को माना है। उन्होंने कहा है–"साहित्य का प्रयोजन आत्माभिव्यक्ति है। कवि या लेखक के हृदय में जो भाव या विचार उठते हैं, उन्हें वह प्रकाशित करना चाहता है।"

- **आचार्य नन्ददुलारे वाजपेयी** जयशंकर प्रसाद के 'कवि का पलायनवादी होना' मत का खण्डन करते हुए काव्य की अनुभूति को एक पूर्ण आत्मिक व्यापार मानते हैं– "काव्यानुभूति स्वतः एक अखण्ड, आत्मिक व्यापार है, जिसे किसी दार्शनिक, राजनीतिक, सामाजिक तथा साहित्यिक खण्ड व्यापार या वाद से जोड़ने की आवश्यकता नहीं है।"
- **डॉ. रामधारी सिंह दिनकर** भी नन्ददुलारे वाजपेयी के मत का समर्थन करते हुए कहते हैं– "मैं यह मानता हूँ कि बसन्त का गुलाब और कवि का स्वप्न अपने मन में पूर्ण होता है, वह किसी को कुछ सिखाने में नहीं होता है।"

उपर्युक्त विवेचना से यही निष्कर्ष निकलता है कि काव्य का प्रयोजन अनुभूति को स्पष्ट व सुन्दर अभिव्यक्ति में प्रस्तुत करना होता है।

पाश्चात्य काव्यशास्त्र में काव्य प्रयोजन

- प्लेटो से लेकर आई.ए. रिचर्ड्स तक के अनेक पाश्चात्य विचारकों ने काव्य प्रयोजन पर अपने-अपने विचार प्रकट किए हैं। इन विचारों को तीन वर्गों में विभाजित किया जा सकता है

1. लोकमंगलवादी या उपयोगितावादी 2. आनन्दवादी
3. समन्वयवादी या मध्यमार्गी

लोकमंगलवादी या उपयोगितावादी दृष्टिकोण

- इस वर्ग में प्लेटो, रास्किन और टॉलस्टॉय के नाम आते हैं। इन सभी ने काव्य के प्रयोजन पर अपने-अपने विचार प्रकट किए हैं। प्लेटो ने काव्य का चरम लक्ष्य लोकमंगल को माना है। इसी के अभाव में प्लेटो ने होमर जैसे महान् काव्यसृजक की भी आलोचना की। उनके काव्य प्रयोजन हैं– "आन्तरिक उदात्त भाव और सौन्दर्य को उद्घाटित करना, लोक-व्यवस्था और न्याय-संगतता का परिपालन करना और जगत् के सत्य-रूप को ही अभिव्यक्त करना।"
- टॉलस्टॉय ने स्पष्ट रूप से लिखा है "यह (काव्य कला) आनन्द नहीं है वरन् मानव एकता का साधन है, जो मानव-मानव को सह-अनुभूति द्वारा परस्पर सम्बन्धित करता है।"

आनन्दवादी दृष्टिकोण

- आनन्दवादी आलोचक काव्य प्रयोजन आनन्दवाद को मान्यता देते हैं। इन लोगों का मत है कि कला में नैतिकता का विरोध नहीं है, किन्तु नैतिकता के लिए प्रासांगिक नहीं है।
- कला का एकमात्र प्रयोजन पाठक को आनन्द प्रदान करना तथा उत्साहित करना है।

समन्वयवादी या मध्यमार्गी दृष्टिकोण

समन्वयवादी दृष्टिकोण रखने वाले विचारकों में अरस्तू, डाइडन, होरेस, वर्ड्सवर्थ, मैथ्यू आर्नल्ड के नाम मुख्य रूप से आते हैं। अरस्तू के अनुसार, कला का विशिष्ट उद्देश्य आनन्द है, किन्तु यह आनन्द नीति सापेक्ष है, यह अनैतिक नहीं हो सकता। डाइडन के अनुसार, काव्य का प्रयोजन मधुर रीति से शिक्षा देना है। होरेस ने आह्लाद और उपयोगिता दोनों के सम्बन्ध पर बल दिया है।

प्रमुख काव्य सम्प्राय तथा सिद्धान्त

प्रमुख काव्य सम्प्रदाय तथा सिद्धान्त निम्नलिखित हैं

1. रस सम्प्रदाय व सिद्धान्त – आचार्य भरतमुनि
2. अलंकार सम्प्रदाय व सिद्धान्त – आचार्य भामह
3. रीति सम्प्रदाय व सिद्धान्त – आचार्य वामन
4. ध्वनि सम्प्रदाय व सिद्धान्त – आचार्य आनन्दवर्द्धन
5. वक्रोक्ति सम्प्रदाय व सिद्धान्त –आचार्य कुन्तक
6. औचित्य सम्प्रदाय व सिद्धान्त –आचार्य क्षेमेन्द्र

काव्य की आत्मा

- 'आत्मा' शब्द एक दार्शनिक शब्द है। इसमें वेदान्त दर्शन आदि के स्वरूप का स्पष्टीकरण हुआ है। इसमें आत्मा को प्राण अथवा चेतनता को आत्मा कहते हैं अर्थात् आत्मा ज्ञान का अधिकरण अथवा आधार है। काव्यशास्त्र में इसी प्राण तत्त्व को आत्मा स्वीकार किया गया है। काव्यशास्त्र में आत्मा से आशय काव्य का वह आधारभूत तत्त्व है, जिसके अभाव में काव्य का काव्यत्व ही समाप्त हो जाता है।
- संस्कृत काव्यशास्त्र में काव्य की आत्मा को लेकर विविध मत हैं। संस्कृत आचार्यों में भरतमुनि ने रस को, भामह ने अलंकार को, वामन ने रीति को, आनन्दवर्द्धन ने ध्वनि को, कुन्तक ने वक्रोक्ति को और क्षेमेन्द्र ने औचित्य को काव्य का मूल तत्त्व स्वीकार किया है। काव्य की आत्मा के प्रश्न को लेकर ही काव्यशास्त्र के छः सम्प्रदायों का आविर्भाव एवं विकास हुआ है। इन सम्प्रदायों के आचार्यों ने काव्य के कला एवं भावपक्ष के किसी एक पक्ष पर ध्यान दिया है। इन सम्प्रदायों के द्वारा आत्म तत्त्व के महत्त्व पर प्रकाश डाला गया है।

  प्रमुख काव्य सम्प्रदायों तथा सिद्धान्तों की विवेचना इस प्रकार है

रस सम्प्रदाय व सिद्धान्त

- रस सम्प्रदाय तथा सिद्धान्त के प्रथम **आचार्य भरतमुनि** हैं। इन्होंने रस को काव्य का प्राण तत्त्व माना है। उनके अनुसार, काव्य में रस तत्त्व के अभाव में किसी भी अर्थ का प्रवर्तन नहीं होता। अग्निपुराण में रस को काव्य की आत्मा स्वीकार किया गया है

  "वाग्वैदग्ध्यप्रधानेऽपि रस स्वात्र जीवितम्"
- अर्थात् काव्य में वाणी का चमत्कार महत्त्वपूर्ण तत्त्व होने पर भी उसका प्राणतत्त्व रस ही है।
- **राजशेखर** ने अपने ग्रन्थ 'काव्यमीमांसा' में शब्दार्थ को काव्य का शरीर और रस को उसका प्राण तत्त्व मानते हुए इस सिद्धान्त को महत्त्वपूर्ण माना है

  'शब्दार्थों शरीरं रस आत्मा'
- इसी प्रकार **आचार्य विश्वनाथ** ने अपने ग्रन्थ 'साहित्यदर्पण' में 'वाक्यं रसात्मक काव्यं' कहकर रस को काव्य की आत्मा माना है।
- उपर्युक्त संस्कृत आचार्यों के अतिरिक्त हिन्दी आचार्यों ने भी रस को काव्य की आत्मा मानते हुए अपने विचार अभिव्यक्त किए हैं—रीतिकालीन आचार्य **देव** ने 'शब्दरसायन' नामक ग्रन्थ में स्पष्ट किया है कि रस काव्य का सारतत्त्व है।
- इसी प्रकार **आचार्य रामचन्द्र शुक्ल** ने भी रस को प्रमुखता देते हुए कहा है कि "जिस प्रकार आत्मा की मुक्तावस्था ज्ञानदशा कहलाती है, उसी प्रकार हृदय की मुक्तावस्था रसदशा कहलाती है। अनूठी-से-अनूठी उक्ति काव्य तभी हो सकती है जब उसका कोई भी सम्बन्ध दूर का ही सही हृदय के किसी भाव या वृत्ति के साथ होगा।" अतः कहा जा सकता है कि साहित्य का अध्ययन करने, देखने और सुनने से जिस आनन्द की अनुभूति होती है, उसे रस कहा जाता है। भरतमुनि ने अपने ग्रन्थ में रस की उद्भावना रस सूत्र से की है—

  "विभावानुभावव्यभिचारी संयोगाद्रसनिष्पत्ति"
- अर्थात् विभाव, अनुभाव और व्यभिचारी (संचारी) भाव के संयोग से रस की निष्पत्ति होती है। इस सूत्र में संयोग और निष्पत्ति दो शब्द महत्त्वपूर्ण हैं। इन दोनों शब्दों को लेकर विद्वानों ने रस की समीक्षा करते हुए अपने-अपने मत प्रस्तुत किए हैं कि रस की उत्पत्ति किस प्रकार होती है। सहृदय पाठक, श्रोता अथवा दर्शक में रसोद्रेक किस प्रकार होता है और वह रसानन्द का अनुभव किस प्रक्रिया के माध्यम से प्राप्त करता है तथा इस मूल नायक अभिनेता अथवा नटादि या सहृदय कवि में अर्थात् इनमें से किसमें स्थित होता है।
- इस सिद्धान्त के पोषक आचार्यों ने काव्य का महत्त्वपूर्ण उद्देश्य 'सहृदय को आनन्द प्रदान करना' स्वीकार किया है। रस को परमात्मा अथवा ब्रह्मसहोदर माना गया है—"रसौ वै सः" अर्थात् रस ही परमात्मा है। अद्वैतवाद सम्प्रदाय के आचार्यों ने आत्मा के परमात्मा में लीन होने की दशा को आनन्दानुभूति माना है।

रस के अवयव

जिनके कारण सभी रसों की निष्पत्ति या अनुभूति होती है, उन्हें रस के अवयव या रस के अंग कहा जाता है। भरतमुनि ने अपने सूत्र में बताया भी है कि विभाव, अनुभाव और व्यभिचारी (संचारी) भावों के संयोग से रस की निष्पत्ति होती है। अतः रस के अवयव के अन्तर्गत स्थायी भाव, विभाव, अनुभाव तथा संचारी भाव आदि आते हैं। *इनका वर्णन निम्न है*

- ***स्थायी भाव*** सहृदय व्यक्तियों के हृदय में वासना रूपी स्थित भाव स्थायी भाव कहलाते हैं।
- आचार्य विश्वनाथ के अनुसार, स्थायी भाव न किसी अनुकूल भाव से तिरोहित होता है और न प्रतिकूल भाव से दबता है। जब स्थायी भाव विभाव, अनुभाव और संचारी भाव द्वारा अभिव्यक्त होते हैं, तो उन्हें रस कहा जाता है। आचार्य विश्वनाथ ने 'साहित्य दर्पण' में कहा है—

  "विभावेनानुभावेन व्यक्त संचारिणा तथा।
  रसतामेति रत्यादिः स्थायी भाव सन्वेतसाम्।।"

  स्थायी भाव हृदय में सुप्तावस्था में रहते हैं। उचित अवसरानुकूल ये जाग्रत होकर 'रस' में परिणत हो जाते हैं। 'साहित्य दर्पण' के अनुसार इनकी संख्या नौ है—रति, हास, शोक, क्रोध, उत्साह, भय, जुगुप्सा, विस्मय, निर्वेद (शम)।

  "रतिहासिश्च शोकश्च क्रोधोत्साहौं भयं तथा।
  जुगुप्सा विस्मयश्चेत्समष्टौ प्रोक्ताः शमोऽपिच।।"

  यद्यपि वत्सलता तथा देवविषयक रति दो नए स्थायी भावों को शृंगार के अन्तर्गत स्थान दिया गया है।
- ***विभाव*** विभाव का अर्थ 'कारण' होता है। अतः जो कारण किसी व्यक्ति या आश्रय के हृदय में स्थायी भावों को उद्दीप्त या जाग्रत करते हैं, उन्हें विभाव' कहते हैं। *विभाव के दो भेद होते हैं*
  - **आलम्बन** किसी काव्य के नाट्य में जिनके कारण भाव जाग्रत होते हैं, उन्हें आलम्बन विभाव कहते हैं।

    "आलम्बनं नायकादिस्तमालम्ब्य रसोद्रमात् ।"
  - ***उद्दीपन*** जिन्हें देखने पर आश्रय के मन में स्थायी भाव उद्दीप्त होते हैं, उन्हें उद्दीपन विभाव कहते हैं।

    "उद्दीपन विभावास्ते रसमुद्दीपयन्ति ये"

  आचार्य विश्वनाथ ने आलम्बन की चेष्टाओं व देशकाल आदि को उद्दीपन का कारण माना है।

  "आलम्बनस्य चेष्टाद्या देशकालाद्यस्तया।"
- ***अनुभाव*** विभाव के पश्चात् अनुभाव उत्पन्न होते हैं। अतः आश्रय की चेष्टाओं को पुष्ट करने वाले भाव अनुभाव कहलाते हैं। धनंजय (दशरूपक) के अनुसार, अनुभाव, विकार और भाव सूचनात्मक होते हैं।

  "अनुभावो विकारस्तु भाव संसूचनात्मकः।"

विद्वानों के अनुसार, अनुभाव चार प्रकार के होते हैं—कायिक (शरीर की कृत्रिम चेष्टाएँ), वाचिक या मानसिक (हर्ष-विषाद का अनुभव), आहार्य (मनोनुरूप वस्त्राभूषण धारण करना) तथा सात्विक (सत्व या प्राण के उद्रेक से उत्पन्न स्थायी भाव)। *सात्विक अनुभाव निम्नलिखित होते हैं*

– स्तम्भ	– स्वेद	– रोमांच
– स्वर भंग	– कम्पन	– अश्रु
– प्रलय	– चेतना शून्य	– वैवर्ण्य

- ***संचारी भाव*** स्थायी भाव को पुष्ट करने वाले भाव संचारी भाव कहलाते हैं। स्थायी भावों के अतिरिक्त अन्य सभी भाव संचारी भाव कहलाते हैं। रसाचार्यों ने संचारी भावों की संख्या 33 मानी है, *जो इस प्रकार हैं*

– निर्वेद	– आवेग	– दैन्य
– श्रम	– मद	– जड़ता
– उग्रता	– मोह	– विबोध
– स्वप्न	– ग्लानि	– शंका
– औत्सुक्य	– असूया	– निद्रा
– आलस्य	– अपस्मार	– चिन्ता
– अमर्ष	– स्मृति	– अवहित्था
– धृति	– मति	– ब्रीड़ा (लज्जा)
– व्याधि	– चपलता	– उन्माद
– हर्ष	– मरण	– गर्व
– त्रास	– विषाद	– वितर्क

रस निष्पत्ति

- काव्यास्वादन से पाठक को रसानुभूति किस प्रकार होती है, इस प्रश्न पर रस सिद्धान्त के आचार्यों में मतभेद हैं। इस विषय से आचार्य भरतमुनि द्वारा प्रतिपादित सूत्र 'विभावानुभावव्यभिचारी संयोगाद्रसनिष्पत्ति' अर्थात् विभाव, अनुभाव, व्यभिचारी के संयोग से रस की निष्पत्ति होती है। आचार्य भरतमुनि ने इसी सूत्र के आधार पर रस के स्वरूप को आनुषंगिक रूप में प्रस्तुत किया था। आद्य आचार्य भरतमुनि का स्पष्ट मत है कि जिस प्रकार नाना प्रकार के व्यंजनों औषधियों तथा द्रव्यों के संयोग से रस की निष्पत्ति होती है, जैसे गुड़ आदि द्रव्यों और औषधियों से 'षाडवादि' रस बनते हैं, उसी प्रकार विविध भावों से संयुक्त होकर स्थायी भाव भी रस रूप को प्राप्त होते हैं—

  ''यथा हि नाना व्यंजनौषधिद्रव्य संयोगाद्रस निषत्तिर्भवति, यथा हि गुडादिभिर्द्रव्यै व्यंजनैशेषधिभिश्च षाडवादयों रसा निर्वतन्ते, तथा नाना भावोपगता अपि स्थायिनो भावा रसत्वमाप्नुवन्तीति।''

- भरतमुनि के सूत्र में आए 'संयोग' और 'निष्पत्ति' शब्द की व्याख्या जिन चार आचार्यों ने की उन्हें रस सूत्र का व्याख्याता आचार्य कहा जाता है। आचार्य भट्टलोल्लट, शंकुक, भट्टनायक, अभिनव गुप्त ने रस सूत्र की व्याख्या करते हुए अपने-अपने मत प्रस्तुत किए हैं, *जो इस प्रकार हैं*

भट्टलोल्लट का उत्पत्तिवाद

- आचार्य भरत ने रस सूत्र की जो व्याख्या की है, उसके प्रथम व्याख्याकार भट्टलोल्लट हैं। भट्टलोल्लट का ग्रन्थ अभी तक अप्राप्य है, परन्तु इनके मतों को मम्मट ने अपने ग्रन्थ 'काव्यप्रकाश' में तथा अभिनव गुप्त ने अपने ग्रन्थ 'अभिनव भारती' में स्थान दिया है। इन संक्षिप्त मतों से लोल्लट की 'रस' से सम्बन्धित धारणाएँ स्पष्ट हो जाती हैं।
- भट्टलोल्लट ने भरतमुनि के द्वारा अपने रस सूत्र में प्रयुक्त संयोग एवं निष्पत्ति शब्दों की व्याख्या करते हुए संयोग का आशय सम्बन्ध एवं निष्पत्ति का अर्थ 'उत्पत्ति' माना है। उनके अनुसार, विभावों से रस की उत्पत्ति, संचारी भावों से पुष्टि तथा अनुभावों से प्रतीति होती है। इस प्रकार रस एवं विभाव में उत्पाद्य एवं उत्पादक, रस एवं संचारी भावों में 'पोष्य-पोषक' तथा रस एवं अनुभावों में 'गम्य गमक' का सम्बन्ध होता है।
- इस प्रकार उनके रस सिद्धान्त को **उत्पत्तिवाद** कहा जाता है। भट्टलोल्लट ने अपने सिद्धान्त में निष्पत्ति शब्द के अन्तर्गत न केवल उत्पत्ति को लिया है, बल्कि पुष्टि और प्रतीति को भी स्थान दिया है। उनके मतानुसार, मूलभाव या स्थायी भाव की स्थिति मूल पात्रों में होती है, किन्तु अभिनेता मौलिक, ऐतिहासिक पात्रों का अनुकरण करते हैं तथा सामाजिक या सहृदय अथवा दर्शक मूल पात्रों का आरोपण अभिनेता अथवा नटादि पर करके रस का अनुभव प्राप्त करते हैं

  ''विभावैललनोदयानादिभिरालम्बनोद्दीपन कारकैः रत्यादिको भावो जनितः अनुभावैः काटाक्षभुजाक्षेप प्रभृतिभिः कार्यै प्रतीतियोग्य कृतः व्यभिचारिभि निर्वेदादिभिः सहकारिभिरूपचितो मुख्यया वृत्ता रासादावनुकार्यै तद्रू पताननुसन्धानान्नर्त्तकेऽपि प्रतीयमानो रस इति भट्टलोल्लट प्रभृतयः।''

- अतः भट्टलोल्लट की दृष्टि में रस उत्पत्ति के तीन तत्त्व हैं—कारण, कार्य और सहकारी कारण। रस उत्पत्ति के कारण विभाव, कार्य अनुभाव तथा सहकारी कारण संचारी भाव हैं।

मत की आलोचना अथवा समीक्षा

- यद्यपि भट्टलोल्लट द्वारा की गई रस सूत्र की व्याख्या परिष्कृत व स्पष्ट थी, परन्तु विद्वान् उसे ग्रहण नहीं कर पाए। उन्हें भट्टलोल्लट की रस व्याख्या में अनेक दोष दृष्टिगत हुए। भट्टलोल्लट ने रस की अवस्थिति राम आदि ऐतिहासिक पात्रों का अभिनय करने वाले 'नट' में मानी। उनके अनुसार, सहृदय या सामाजिक में रस की अवस्थिति नहीं होती। दर्शक को आनन्द की प्राप्ति नाटक के मंचन से होती है।
- यदि रस की उत्पत्ति प्रधान रूप में ऐतिहासिक पात्र और उसके अनुकर्ता नट में मानी भी जाए तो ऐसी दशा में काव्यानुभूति और लौकिक अनुभूति में अन्तर समाप्त हो जाएगा और काव्यानुभूति भी लौकिक अनुभूति की भाँति सुख-दुःखात्मक ही होगी, जबकि नाट्य एवं काव्य की रसात्मक अनुभूति सदैव सुखात्मक ही होती है। आचार्य भट्टलोल्लट विभावों और रस में कारण कार्य सम्बन्ध मानते हैं, जो सर्वथा अवैज्ञानिक है, क्योंकि लोकजीवन में कारण के नष्ट होने पर भी कार्य नष्ट नहीं होता है, जबकि विभावादि कारणों के नष्ट हो जाने पर कार्य रूप रस नष्ट हो जाता है। इतना ही नहीं भट्टलोल्लट विवेचित 'रस' नाट्य विधा पर आधारित होने के कारण अत्यन्त संकीर्ण हो गया है।

शंकुक का अनुमितिवाद

- शंकुक भरत के रस सूत्र के द्वितीय व्याख्याकार थे। भट्टलोल्लट की भाँति ही शंकुक का स्वयं का कोई ग्रन्थ उपलब्ध नहीं है, परन्तु मम्मट के 'काव्यशास्त्र' व अभिनव गुप्त के 'अभिनव भारती' तथा 'ध्वन्यालोचन' में उनके मत उद्धृत हैं।
- शंकुक ने भरत के रस सूत्र की व्याख्या करते हुए बताया है कि ''कारण रूप विभावों, कार्यरूप अनुभावों व सहकारी रूप संचारी (व्यभिचारी) भावों के कारण ऐतिहासिक पात्रों में स्थित स्थायी भाव के अनुकरण से अनुकर्ता (नट) में अनुमित होने वाला 'रस' कहलाता है।''

"तस्माद् हेतुभिविभावाख्यै: कार्यैरनुभावात्मभि: सहचारिरूपैश्च
व्यभिचारिभि: प्रयत्नर्जिततया कृत्रिमैरपि तथानभिमयमानै:
अनुकर्तृस्थत्वेन लिङ्ग बलत: प्रतीयमान: स्थायिभावो मुख्य
रामादिगत स्थाय्यनुकरण रूप: अनुकरणत्वादेव च नामान्तरेण
व्यदिष्टो रस:।"

- शंकुक के अनुसार, नट में स्थायी भाव नहीं होता, क्योंकि अनुभाव की भाँति वह स्थायी भाव का अभिनय नहीं करता, परन्तु नट द्वारा किए गए सकल अभिनय के फलस्वरूप सामाजिक स्थायी भाव का अनुमान कर लेता है।
- आचार्य शंकुक का मत 'अनुमितिवाद' कहा जाता है। इन्होंने संयोग का अर्थ 'अनुमान' और निष्पत्ति का अर्थ 'अनुमिति' माना है।

मत की आलोचना अथवा समीक्षा

- यहाँ यह प्रश्न उठता है कि अनुमान बुद्धि से सम्बद्ध एक बौद्धिक प्रक्रिया है, जबकि रस भावनाओं से सम्बद्ध है। अत: अनुमान के द्वारा रसानुभूति किस प्रकार सम्भव है? शंकुक के द्वारा प्रयुक्त 'अनुमिति' शब्द ठीक उसी अर्थ का द्योतक नहीं है, जो हिन्दी का 'अनुमान' शब्द देता है।
- शंकुक का 'अनुमिति' या अनुमान न्यायशास्त्र से सम्बन्धित एक पारिभाषिक शब्द है, जिसका अर्थ 'अनुमान' से बहुत अधिक व्यापक है। अनुमिति को प्रचलित अर्थ के अनुसार कहना अधिक व्यापक है।
- अनुमिति को प्रचलित अर्थ के अनुसार अनुभूति कहना अधिक उचित है। इस प्रकार शंकुक ने न्यायशास्त्र के आधार पर रस निष्पत्ति की व्याख्या की। नट और सामाजिक के सम्बन्ध को स्पष्ट करते हुए उसने चित्रतुरंग न्याय का उदाहरण दिया अर्थात् जिस प्रकार चित्रपट पर घोड़े के चित्र को देखकर घोड़े की अनुमति या अनुमिति होती है, उसी प्रकार अभिनेताओं के अभिनय से मूल पात्रों की प्रतीति होती है।
- वस्तुत: शंकुक की देन इस क्षेत्र में अधिक महत्त्वपूर्ण नहीं है, जो बात भट्टलोल्लट ने साधारण शब्दों में कही थी, उसी को न्यायशास्त्र के पारिभाषिक शब्दों में आचार्य शंकुक ने उलझा दिया। इन दोनों ही विद्वानों ने इस बात का कोई उत्तर नहीं दिया कि मूल पात्रों के स्थायी भाव की अभिव्यक्ति या अनुमिति से सामाजिक को आनन्द की अनुभूति क्यों होती है? इस प्रश्न पर आगे चलकर भट्टनायक ने विचार किया।

भट्टनायक का भोगवाद या भुक्तिवाद

- भट्टनायक के विचार भी अभिनव गुप्त के 'अभिनव भारती' तथा मम्मट के 'काव्यप्रकाश' में मिलते हैं। भट्टनायक ने पूर्ववर्ती रस व्याख्याकारों के मतों का खण्डन करते हुए भरतमुनि की रस निष्पत्ति का अर्थ 'भुक्ति' या 'भोगवाद' तथा संयोग का अर्थ 'भोज्य-भोजक' स्वीकार किया। उन्होंने अपने मत को स्पष्ट करते हुए कहा कि रस न तो प्रतीत होता है, न उत्पन्न होता है और न ही अभिव्यक्त होता है—

  "रसो न प्रतीयते नोत्पद्य नाभिव्यज्यते"

- भट्टनायक ने स्पष्ट किया कि काव्य या नाटक में अभिधा से द्वितीय विभावादि के साधारणीकरण रूप भावकत्व नामक व्यापार से भाव्यमान स्थायी भाव, सत्व के उद्रेक के प्रकाश और आनन्दमय ब्रह्म के समान भोग के द्वारा आस्वादित किया जाता है—

  "अपितु काव्ये नाट्ये चाभिधातो द्वितीयेन विभावादि
  साधारणीकरणात्मना भावकत्त्व व्यापारेण भाव्यमान: स्थायी
  सत्त्वोद्रेक प्रकाशानन्दमय संविद्धि श्रान्ति सतत्त्वेन भोगेन भुज्यते।"

मत की आलोचना या समीक्षा

यद्यपि भट्टनायक का 'भुक्तिवाद' महत्त्वपूर्ण माना जाता है, उनकी भावकत्व व साधारणीकरण की खोज महत्त्वपूर्ण देन है, परन्तु परवर्ती विद्वानों ने उनके मत की विभिन्न प्रकार से आलोचनाएँ कीं। भट्टनायक रस को न तो प्रतीति, न अभिव्यक्ति और न ही निष्पत्ति मानते हैं। ऐसी स्थिति में प्रतीति और अभिव्यक्ति न होने से रस 'नित्य' तथा निष्पत्ति और उत्पत्ति न होने से रस 'असत्' हो जाएगा। इससे रस के अस्तित्व की ही समस्या उत्पन्न हो जाएगी।

अभिनव गुप्त का अभिव्यक्तिवाद

- अभिनव गुप्त भरतमुनि के रस सूत्र के प्रौढ़ व्याख्याकार माने जाते हैं। इन्होंने अपने ग्रन्थ 'अभिनव भारती' तथा 'ध्वन्यालोकलोचन' में अपने रस विषयक मत प्रस्तुत किए। मम्मट ने अपने ग्रन्थ 'काव्यप्रकाश' में अभिनव गुप्त के मतों का सार उल्लेखित किया।
- अभिनव गुप्त ने 'संयोग' को 'व्यंग्य-व्यंजकत्व सम्बन्ध' और निष्पत्ति को 'अभिव्यक्ति' माना, इसलिए इनके मत को 'अभिव्यक्तिवाद' कहा जाता है। इन्होंने रस को 'व्यंग्य' तथा विभावादि को 'व्यंजनत्व' कहा।
- मानव-हृदय में भावानुभूति की क्षमता स्वाभाविक रूप से विद्यमान होती है, इसलिए भावकत्व शक्ति की कल्पना की आवश्यकता नहीं है तथा रसानुभूति का आधार व्यंजना-शक्ति है, इसलिए 'भोजकत्व' की कल्पना आवश्यक नहीं। काव्यों के पढ़ने से भावनाओं की उत्पत्ति या निष्पत्ति नहीं होती अपितु वे केवल व्यक्त होती हैं। अत: भाव पहले से ही हमारे हृदय में विद्यमान होते हैं। इस प्रकार अभिनवगुप्त के अनुसार काव्य हमारी भावोत्तेजना या भावाभिव्यक्ति का साधन-मात्र है, वह नए भावों की सृष्टि नहीं करता।
- परवर्ती आचार्यों ने प्राय: अभिनवगुप्त के मत को ही स्वीकार किया है, किन्तु कुछ विद्वानों ने उसमें यत्र-तत्र संशोधन भी किए हैं। धनंजय ने 'व्यंजनाशक्ति' के स्थान पर 'तात्पर्य वृत्ति' का प्रयोग किया है।
- 'नाट्यदर्पण' के रचयिता रामचन्द्र गुणचन्द्र ने चमत्कार को रसानुभूति का कारण कहा है। चमत्कार के कारण हमारा हृदय एक विशिष्ट अनुभूति से आन्दोलित हो उठता है, किन्तु इनका मत परवर्ती विद्वानों में अधिक मान्यता प्राप्त नहीं कर सका है।

साधारणीकरण

- साधारणीकरण का सिद्धान्त भारतीय काव्यशास्त्र में अपना विशिष्ट स्थान रखता है। भारतीय काव्यशास्त्र में रस को काव्य की आत्मा माना गया है, किन्तु सहृदय पाठक, श्रोता अथवा दर्शक को रसानुभूति किस प्रकार होती है, इस प्रश्न के समाधान के लिए साधारणीकरण के सिद्धान्त का प्रणयन किया गया। इस प्रकार साधारणीकरण का सिद्धान्त रसानुभूति की प्रक्रिया का एक महत्त्वपूर्ण अंग है।
- भरतमुनि के रससूत्र की व्याख्या के क्रम में लगातार कुछ प्रश्न सामने आते गए, जैसे काव्यादि के माध्यम से अभिव्यक्त होने वाले भाव सभी पाठक अथवा श्रोतागणों की समान अनुभूति के विषय कैसे बन जाते हैं। रामादि पात्र जो विभाव हैं ऐतिहासिक होते हैं, उनसे रसानुभूति कैसे हो सकती है? एक कवि की अनुभूति सभी की अनुभूति कैसे बन सकती है?
- इन सभी प्रश्नों अथवा आक्षेपों पर भट्टनायक के पूर्ववर्ती आचार्यों भट्टलोल्लट एवं शंकुक जैसे आचार्यों ने कोई समाधान प्रस्तुत नहीं किया। भट्टनायक ने सर्वप्रथम इनका समाधान प्रस्तुत करते हुए साधारणीकरण के सिद्धान्त को प्रतिपादित किया।

- भट्टनायक के अनुसार, भावकत्व अथवा विभावादि का साधारणीकरण होता है अर्थात् राम-सीतादि विभाव विशिष्ट न होकर सामान्य नायक-नायिका प्रतीत होने लगते हैं। इस प्रक्रिया में भावना का महत्त्वपूर्ण योगदान होता है, जिसे इन्होंने भावकत्व व्यापार कहा है, जिसमें पाठक 'स्व' एवं 'पर' की भावना से मुक्त हो जाता है। काव्य अथवा नाटकादि में वर्णित प्रत्येक भाव, साधारणीकृत में प्रस्तुत होता है। उनके अनुसार भावकत्व व्यापार है और साधारणीकरण उसका फल होता है। अभिनव गुप्त के अनुसार, सर्वप्रथम आलम्बन विभाव का साधारणीकरण होता है। तत्पश्चात् नायक-नायिकाओं की चेष्टाएँ, देशकाल आदि उद्दीपन विभाव बन्धनमुक्त होकर साधारणीकृत हो जाते हैं।
- वस्तुतः अभिनव गुप्त के साधारणीकरण विवेचन से स्पष्ट होता है कि साधारणीकरण रसास्वादन के पूर्व की प्रक्रिया है, जिसके परिणामस्वरूप सर्वप्रथम काव्य और नाटक में निबद्ध कारण रूप विभावादि और कार्यरूप रस देशकाल विभाग की चेतना से मुक्त होता है। फलतः कारणरूप विभावादि और कार्यरूप रत्यादिभाव (रस) लौकिक सुख-दुःखात्मक चेतना से मुक्त होकर अलौकिक प्रकाशमान, आनन्दस्वरूप रत्यादि भावों की प्रतीति कराने में सहायक होते हैं। यह साधारणीकरण वैयक्तिक क्रिया न होकर सामूहिक क्रिया है। परिणामतः प्रत्येक सामाजिक को कारणरूप विभावादि और कार्यरूप रत्यादि भावों की समान प्रतीति होती है। अतः साधारणीकरण का सार-स्थायीभाव का साधारणीकरण है। कवि विश्वनाथ ने काव्य में निबद्ध रामादि के साथ सामाजिक या सहृदय का तादात्म्य साधारणीकरण माना।
- पण्डितराज जगन्नाथ ने काव्य और नाट्य में निबद्ध पात्रों के साथ सामाजिकों की तादात्म्यता के अतिरिक्त 'भावना दोष' को साधारणीकरण माना। हिन्दी आचार्यों में रामचन्द्र शुक्ल, गुलाबराय तथा डॉ. नगेन्द्र के साधारणीकरण के विषय में मत उल्लेखनीय हैं।
- **आचार्य रामचन्द्र शुक्ल** के अनुसार, जब तक किसी भाव का कोई विषय इस रूप में नहीं लाया जाता कि वह सामान्यतः सबके उसी भाव का आलम्बन हो सके तब तक उसमें रसोद्बोधन की पूर्ण शक्ति नहीं आती। विषय का इसी रूप में लाया जाना हमारे यहाँ साधारणीकरण कहलाता है।

  आचार्य शुक्ल ने कवि के लोक हृदय में लीन होने की दशा को रस दशा माना। वे लिखते हैं—

  ''साधारणीकरण का अभिप्राय यह है कि पाठक या श्रोता के मन में जो व्यक्ति-विशेष या वस्तु-विशेष आती है, वह जैसे काव्य में वर्णित 'आश्रय' के भाव का आलम्बन होती है, वैसे ही सब सहृदय पाठकों या श्रोताओं के भाव का आलम्बन हो जाता है।''
- आचार्य शुक्ल के बाद साधारणीकरण का विवेचन गुलाबराय जी ने किया। गुलाबराय कवि के सम्बन्धों का साधारणीकरण होना मानते हैं। उनके अनुसार, ''साधारणीकरण व्यक्ति का नहीं वरन् उनके सम्बन्धों का होता है। कवि भी अपने निजी व्यक्तित्व से ऊँचा उठकर साधारणीकृत हो जाता है। वह लोक प्रतिनिधि होकर भावाभिव्यक्ति करता है।
- पाठक का साधारणीकरण इस अर्थ में होता है कि वह अपने व्यक्तित्व के क्षुद्र बन्धनों को तोड़कर लोक सामान्य की भाव-भूमि में आ जाता है। उसका हृदय कवि और लोक हृदय के साथ प्रतिस्पन्दित होने लगता है। भावों का साधारणीकरण इस अर्थ में होता है कि उनसे भी 'अयं निजः परोवा' की भावना जाती रहती है।''
- **डॉ. नगेन्द्र** ने भारतीय और पाश्चात्य मतों को ध्यान में रखते हुए साधारणीकरण की नवीन व्याख्या की। डॉ. नगेन्द्र ने साधारणीकरण को भाषा या काव्य भाषा का धर्म माना। उनके अनुसार-''साधारणीकरण का मूलाधार मानव सुलभ सहानुभूति है, जो सभी मनुष्यों के हृदय में एकतार अनुस्यूत है।'' डॉ. नगेन्द्र के अनुसार, साधारणीकरण आश्रय के साथ पाठक का तादात्म्य है, न कि साधारणीकरण आलम्बन का होता है न आलम्बन के धर्म का, न सहृदय की चेतना का और न ही सर्वांग का। डॉ. नगेन्द्र कहते हैं कि ''काव्य प्रसंग और कुछ नहीं कार्य की भावना का बिम्ब नाम है।''

अलंकार सम्प्रदाय तथा सिद्धान्त

- भारतीय काव्यशास्त्र में अलंकार सिद्धान्त का महत्त्वपूर्ण स्थान है। संस्कृत काव्यशास्त्र में अलंकार का अपना ही एक स्थान रहा है। हिन्दी के रीतिकालीन कवियों ने भी अलंकार को काव्य का एक प्रमुख मानक मानकर उसका विवेचन किया। प्रारम्भ में 'काव्यशास्त्र' के नाम के साथ 'अलंकार' शब्द का प्रयोग करके संस्कृत आचार्यों ने अपने ग्रन्थ लिखे; जैसे—भामह का 'काव्यालंकार', उद्भद का 'काव्यालंकार सार संग्रह', वामन का 'काव्यालंकार सूत्र', रुद्रट का 'काव्यालंकार', सय्यक का 'अलंकार सर्वस्व' आदि।
- अलंकार शब्द की व्युत्पत्ति 'अलम्' शब्द के साथ 'कृ' धातु की खोज से हुई है। अलम् का अर्थ 'पर्याप्त' तथा 'कृ' का करना होता है। मूल रूप से संस्कृत में 'अलम्' शब्द का अर्थ अलंकृत, काव्य आदि शब्दों के रूप में हुआ।

  आचार्य भामह का मत था—जिस प्रकार कामिनी का मुख सुन्दर होते हुए भी आभूषणों के बिना सुशोभित नहीं होता, उसी प्रकार अलंकारों के बिना काव्य की शोभा नहीं होती—

  ''न कांतमपि निर्भूषं विभाति वनितामुखम्।''

  आचार्य भामह शब्द और अर्थ की वक्रतापूर्ण उक्ति को अलंकार मानते हैं—

  ''वक्राऽभिधेयशब्दोक्तिरिष्टा वाचामलंकृतिः।''

  भामह ने अलंकार के मूल में वक्रोक्ति को आवश्यक माना। उन्होंने कहा कि यह सारी अतिशयोक्ति की वक्रोक्ति होती है। इससे अर्थ चमत्कृत होता है। कवि को इसी में प्रयत्न करना चाहिए। कौन अलंकार है जो इससे रहित हो-

  ''सैषा सर्वैव वक्रोक्तिरनयार्थो विभाव्यते।
यत्नोऽस्यां कविना कार्यः कोऽलंकारोऽनया बिना।।''

  आचार्य दण्डी ने काव्य के शोभाकार धर्मों को अलंकार माना है—

  ''काव्यशोभाकरान् धर्मानलंकारान् प्रचक्षते।''

  अग्निपुराण में कहा गया है—

  ''अर्थालंकार रहिता विधवेव सरस्वती''

  अर्थात् अर्थालंकारों से रहित कविता (सरस्वती) विधवा समान होती है। वामन रीति प्रवर्तक थे, परन्तु उन्होंने काव्य में अलंकारों की महत्ता पर प्रकाश डाला। उन्होंने अलंकार को ग्राह्य व सौन्दर्य मात्र माना—

  ''काव्य ग्राह्यमलंकारत् सौन्दर्यमलंकारः''

  उन्होंने शोभा के अतिशय वर्णन हेतु अलंकार को सर्वोपरि माना

  ''तद्तिशयहेतवस्त्वलंकारः''

  इस प्रकार कहा जा सकता है कि आचार्य भामह, दण्डी, वामन आदि ने अलंकार को अनिवार्य तत्त्व माना, परन्तु आनन्दवर्द्धन ने अपने ग्रन्थ 'ध्वन्यालोक' में अलंकार को अनिवार्य तत्त्व न मानकर मात्र शोभा बढ़ाने वाले बाह्य धर्म माना। उन्होंने कहा कि जो अंगीरूप अर्थ का अवलम्बन करते

हैं, उन्हें गुण कहते हैं, जबकि अंगों पर आश्रित रहने वाले आभूषण की भाँति, काव्यांग अलंकार कहलाते हैं

"तमर्भवलम्बन्ते येऽगिनं ते गुणा: स्मृता:।
अंगाश्रितास्त्वलंकारा मंतव्या: कटकादिवत्।।"

अत: कालान्तर में आनन्दवर्द्धन का अनुसरण करते हुए अभिनव गुप्त, मम्मट, विश्वनाथ, पण्डितराज जगन्नाथ आदि ने अलंकार को काव्य का बाह्य शोभाकार तत्त्व माना।

अत: संस्कृत काव्यशास्त्र में अलंकार सम्बन्धी दो मुख्य धारणाएँ निर्धारित हुईं

- अलंकार काव्य के लिए अनिवार्य तत्त्व है। इस धारणा को मानने वाले आचार्यों में भामह, दण्डी, वामन, अग्निपुराणकार कुन्तक और जयदेव आदि प्रमुख हैं।
- अलंकार काव्य के बाह्य शोभाकर धर्म हैं। इस धारणा को मानने वाले आचार्यों में आनन्दवर्द्धन, अभिनव गुप्त, मम्मट, विश्वनाथ और पण्डितराज जगन्नाथ का नाम आता है।

हिन्दी रीतिकालीन काव्य आचार्यों के भी अलंकार विषयक दो वर्ग बने। केशव, श्रीपति, बंशीधर, इलह, दलपति आदि ने अलंकारों को काव्य का आवश्यक तत्त्व माना।

आचार्य केशव के अनुसार,

"जदपि सुजाति सुलक्षणी, सुबरन सरस सुवृत्त।
भूषण बिन न बिराजई, कविता बनिता भित्त।।"

अर्थात् कविता रूपी सुन्दर स्त्री अच्छी जाति, लक्षणों, वर्णों, छन्दों, रसों से युक्त होने के पश्चात् भी बिना अलंकार (आभूषण) सुशोभित नहीं होती। चिन्तामणि, भिखारीदास, देव आदि ने आनन्दवर्द्धन की भाँति अलंकारों को केवल बाह्य शोभाकार तत्त्व माना

अलंकार ज्यौं पुरुष को हारादिक मन आनि।
प्रासोपम आदिक कवित अलंकार ज्यौं जानि।।

अलंकारों की विवेचना

- भामह ने 'काव्यालंकार' के अपने विवेचन में लगभग 38 प्रकार के अलंकारों का प्रयोग किया, जिनमें दो शब्दालंकार (अनुप्रास, यमक) तथा 36 अर्थालंकार हैं। आचार्य दण्डी ने अपने ग्रन्थ 'काव्यादर्श' में लगभग 39 अलंकारों का विवेचन किया। उनमें 4 शब्दालंकार (अनुप्रास, चित्र, यमक, प्रहेलिका) तथा 35 अर्थालंकार हैं, हालाँकि आचार्य दण्डी ने प्रहेलिका को अलंकार नहीं माना।

  वामन ने अलंकारों की संख्या लगभग 32 मानी तथा व्याजोक्ति नामक नवीन अलंकार की उद्भावना की। रुद्रट (काव्यालंकार) ने अलंकारों की संख्या लगभग 64 मानी।
- आचार्य कुन्तक ने अलंकारों की संख्या लगभग 20 मानी और स्वाभावोक्ति अलंकार को अलंकार की श्रेणी में नहीं माना। मम्मट (काव्य प्रकाश) ने लगभग 61 अलंकारों का विवेचन किया। उन्होंने सम, सामान्य, विनोक्ति एवं एतद्गुण नामक चार नवीन अलंकारों की उद्भावना की।
- अप्पयदीक्षित ने जयदेव कृत ग्रन्थ चन्द्रलोक के आधार पर अपने ग्रन्थ कुवलयानन्द में 118 अलंकारों का विवेचन किया है, जिसमें 102 अर्थालंकारों, 7 रसावादि और 9 प्रत्याक्षादि प्रमाणलंकार हैं, इनके विवेचन में शब्दालंकारों का कोई वर्णन नहीं मिलता है।

  आचार्य रुय्यक ने अपने ग्रन्थ 'अलंकार सर्वस्व' में शब्द और अर्थ के विविध वर्गों के अन्तर्गत लगभग 75 अलंकारों की विवेचना की।
- हिन्दी के अधिकांश विद्वान् रीतिकालीन अलंकार साहित्य पर संस्कृत के अलंकार साहित्य का प्रभाव मानते हैं, फिर भी हिन्दी के कुछ आचार्यों में केशवदास ने 'प्रेम', 'अभिमत', 'सुसिद्ध', 'प्रसिद्ध', 'विपरीत', 'गणना', 'आशिष' और 'युक्तलंकार', मतिराम ने 'गुणवत', 'देवकृत गुणवत लेख', 'संकीर्ण और प्रयुक्ति', भिखारीदास कृत 'सिंहावलोकन' 'वीप्सा', 'स्वगुण', 'स्वरूप कृत धन्यता', 'निर्णय उन्मतोक्ति' तथा जगत सिंह कृत 'संग्रामोद्दाम' आदि मौलिक अलंकारों की उद्भावना की।
- हिन्दी गद्य अलंकार साहित्य के अन्तर्गत 'मुरारिदीन' ने 13 अलंकारों की मौलिक रचना की–अतुल्ययोगिता, अनवसर, अपूर्वरूप, प्रत्यनीक, अभेद, अवसर, आभास, नियम, प्रतिमा, भिष, विकास, संकोच और संस्कार। सेठ पोद्दार ने एक नए अलंकार 'अपरिवृत्ति' तथा बिहारीलाल भट्ट ने दो नए अलंकारों 'दीपयोग' व 'गुणोक्ति' की विवेचना की।

  पाश्चात्य काव्यशास्त्र से प्रभावित होकर रामदहिन मिश्र ने 'काव्यदर्पण' के 12 वें प्रकाश में तीन पाश्चात्य अलंकारों की विवेचना की–

  मानवीकरण, ध्वन्यर्थ-व्यंजना और विशेषण-विपर्यय।

रीति सम्प्रदाय व सिद्धान्त

रीति सम्प्रदाय के प्रवर्तक आचार्य वामन हैं। रीति सम्प्रदाय को गुण सम्प्रदाय भी कहा जाता है।

रीति का अर्थ

- रीति का कोशगत अर्थ है– गति, मार्ग, प्रस्थान, पन्थ, पद्धति, प्रणाली, विधि, शैली। रीति शब्द 'रीङ्' धातु से निष्पन्न है, जिसका अर्थ है गति अथवा जाना। आचार्य वामन ने 'काव्यालंकार सूत्र' में विशिष्ट पद-रचना को रीति कहा है—**विशिष्ट पदरचना रीति:** और उसमें यह विशेषता गुणों के कारण मानी है—**विशेषोगुणात्मा।** इस प्रकार यह कहा जा सकता है कि पद-रचना में विशेषता अथवा सुन्दरता का जो धर्म होता है, उसे रीति कहते हैं। वामन के अनुसार, **रीतिरात्मा काव्यस्य।** उन्होंने विशिष्ट पद-रचना को रीति मानते हुए विशिष्टता का कारण गुण को बताया है— **विशेषोगुणात्मा**। इस प्रकार उन्होंने रीति और गुण का तादात्म्य स्थापित किया है। शृंगार और करुण की अलंकृत रचना माधुर्य गुण से युक्त होती है।
- वीर रस से ओत-प्रोत समास-बहुल पदावली ओजगुण से युक्त तथा वृत्तिविहीन सरल भाषा की रचना प्रसाद गुण से युक्त कही जाती है। उन्होंने गुणों के दो मुख्य भेद किए—शब्दगुण और अर्थगुण। इसके बाद उन्होंने दस शब्दागुणों और दस अर्थगुणों का विवेचन किया। गुण का लक्षण करते हुए वामन लिखते हैं—**काव्यशोभाया: कर्तारो धर्म: गुणो** अर्थात् गुणों में वे सभी तत्त्व सन्निहित हैं, जो अनिवार्य रूप से काव्य की शोभा बढ़ाते हैं। इन गुणों के नाम हैं–

  "श्लेष: प्रसाद: समता माधुर्य सुकुमारता।
  अर्थव्यक्तिरुदारत्वमोज: कान्तिसमाधय:।"
- अर्थात् श्लेष, प्रसाद, समता, माधुर्य, सुकुमारता, अर्थव्यक्ति, उदारता, ओज, कान्ति और समाधि। यही रस नाम शब्द और अर्थ दोनों प्रकार के गुणों के हैं, किन्तु दोनों स्थलों पर इनके लक्षण और उदाहरण एक-दूसरे से सर्वथा भिन्न हैं। वामन ने गुणों के आधार पर ही वैदर्भी, गौड़ीय और पांचाली तीन रीतियों को स्वीकार किया। समस्त गुणों से गुम्फित, दोषों से रहित और वीणा के मधुर स्वरों जैसे वैदर्भी रीति को वामन ने सर्वोत्तम माना। गौड़ी रीति को

'केवल ओज और कान्ति से युक्त दो गुणों वाली समासयुक्त उद्‌भट पदावली' माना तथा अशिष्ट और शिथिल पदावली वाली एवं माधुर्य और सौकुमार्य केवल दो गुणों से युक्त रीति को पांचाली कहा।'

- आचार्य वामन ने रीति सिद्धान्त की व्याख्या करते हुए रीति को काव्य की आत्मा माना है—'रीतिरात्मा काव्यस्थ' अर्थात् रीति ही काव्य की आत्मा है, क्योंकि इसमें निहित दस शब्द गुण और अर्थ गुणों में काव्य के अधिकांश तत्त्व किसी-न-किसी रूप में अनुस्यूत होते हैं। कान्ति गुण में रस; माधुर्य गुण में उक्ति-वैचित्र्य; अर्थ में सरलता; श्लेष, ओज और उदारता में समासबद्धता और गूढ़बद्धता तथा समाधि गुण में लय होती है। इन्होंने वैदर्भी, गौडीय, पांचाली नाम की तीन रीतियों का उल्लेख किया है। वैदर्भी सर्वगुण सम्पन्न होती है, गौड़ीय ओज और कान्ति गुण से सम्बन्धित होती है तथा पांचाली माधुर्य और सुकुमार गुणों से युक्त होती है।

ध्वनि सम्प्रदाय व सिद्धान्त

'ध्वनि सम्प्रदाय' का काव्यशास्त्र में प्रमुख स्थान है। आनन्दवर्द्धन ने अपने ग्रन्थ 'ध्वन्यालोक' में ध्वनि सिद्धान्त की स्थापना की। ध्वनि सिद्धान्त से पूर्व काव्यशास्त्र में अलंकार, रस और रीति आदि सिद्धान्तों का प्रवर्तन हो चुका था। ध्वनि को काव्य की आत्मा मानकर इसके सिद्धान्तों का विभिन्न विद्वानों द्वारा मूल्यांकन किया गया।

ध्वनि का अर्थ एवं स्वरूप

- ध्वनि का सामान्य अर्थ है—आवाज। 'ध्वन्यते अनेन इति ध्वनि:' अर्थात् जिससे ध्वनि उत्पन्न होती है, उसे ही ध्वनि के रूप में जाना जाता है। 'ध्वननं ध्वनि:' के अनुसार, ध्वनित होने वाले कारक ध्वनि होते हैं। रस, अलंकार, नीति आदि सभी ध्वनित होने वाले काव्यांग हैं। अत: ये सभी प्रकारान्तर में ध्वनि हैं। ध्वनि का सर्वप्रथम प्रयोग भाषाशास्त्र में हुआ। वर्णों के विस्फोट को भाषा में ध्वनि कहा गया। तत्पश्चात् शब्दों और वाक्यों की अर्थव्यंजना के रूप में ध्वनि होती हुई यह साहित्यशास्त्र में आई। भाषाशास्त्र में शब्दों के विस्फोट द्वारा होने वाले अर्थ बोध को ध्वनि कहा गया है, जबकि काव्यशास्त्र अथवा साहित्यशास्त्र में यह व्यंजना से सम्बद्ध है।

  भारतीय काव्यशास्त्र में ध्वनि सिद्धान्त एक महत्त्वपूर्ण सिद्धान्त है, जिसमें शब्द, अर्थ, गुण, अलंकार, रीति सम्बन्धी सभी धारणाओं में बदलाव माना गया था। इसके स्वरूप का विवेचन करते हुए आचार्य आनन्दवर्द्धन लिखते हैं

  ''यत्रार्थ: शब्दो वा तमर्थमुपसर्जनीकृत स्वार्थौ।
  व्यक्त: काव्यविशेष: स ध्वनिरिति सूरिभि: कथित:।।''

- अर्थात् जहाँ शब्द और अर्थ अपने अभिधात्मक अर्थ को छोड़कर किसी अन्य अर्थ को ध्वनित करते हैं, उस विशेष प्रकार के काव्यों को विद्वान् ध्वनि कहते हैं। काव्यशास्त्र में तीन शब्द शक्तियों का उल्लेख है—अभिधा, लक्षणा तथा व्यंजना। व्यंजना का सम्बन्ध ही ध्वनि से होता है। व्यंजना ऐसी शब्द शक्ति है, जो लक्ष्यार्थ में छिपे व्यंग्यार्थ को स्पष्ट करती है और वास्तविकता को व्यक्त करती है।

  व्यंजना द्वारा व्यक्त अर्थ ही व्यंग्यार्थ या प्रतीयमान अर्थ कहलाता है। आनन्दवर्द्धन ने प्रतीयमान अर्थ को ही काव्य की आत्मा स्वीकार किया है

  ''प्रतीयमानं पुनरन्यदेव वसत्वस्ति वाणीषु महाकवीनाम् ।
  यत् तत् प्रसिद्धावयवातिरिक्तं विभाति लावण्यमिवांगनासु।।''

  अर्थात् प्रतीयमान अर्थ कुछ और ही वस्तु है, जो रमणियों के प्रसिद्ध अवयवों (मुख, नेत्र आदि) से भिन्न लावण्य के समान महाकवियों की वाणी में भाषित होता है।'' आनन्दवर्द्धन ने काव्य के तीन भेद किए हैं—ध्वनिकाव्य, गुणीभूतव्यंग्य काव्य तथा चित्रकाव्य।

  जब व्यंग्यार्थ, वाच्यार्थ से सुन्दर हो, तब ध्वनिकाव्य होता है; जब वाच्यार्थ की तुलना में व्यंग्यार्थ कम सुन्दर हो, तब गुणीभूत व्यंग्य काव्य होता है तथा जब काव्य में केवल वाच्यार्थ हो, तब वह चित्रकाव्य होता है। आनन्दवर्द्धन ने इन तीनों प्रकार के काव्यों को क्रमश: उत्तम, मध्यम व अधम कोटि का काव्य माना। आचार्य आनन्दवर्द्धन ने ध्वनि को काव्य का प्राण तत्त्व माना

  ''काव्यस्य आत्मा ध्वनिरिति:''

  अन्य आचार्यों ने ध्वनि को रस व्यंजना का माध्यम माना है। आनन्दवर्द्धन भी रस के महत्त्व को अस्वीकार न कर सके, इसलिए उन्होंने उसे 'रस ध्वनि' का नाम दिया। अत: कहा जा सकता है कि ध्वनि द्वारा रस की ही व्यंजना की जाती है।

ध्वनि के भेद

ध्वनि के सामान्यत: दो भेद किए गए हैं

1. अभिधामूला ध्वनि 2. लक्षणामूला ध्वनि

अभिधामूला ध्वनि में अभिधेयार्थ से व्यंग्यार्थ ध्वनित होता है, जबकि लक्षणामूला ध्वनि में लक्ष्यार्थ से व्यंग्यार्थ की प्रतीति होती है।

अभिधामूला ध्वनि को पुन: दो वर्गों में बाँटा गया है

(i) असंलक्ष्य क्रम ध्वनि (ii) संलक्ष्य क्रम ध्वनि

- जहाँ वाच्यार्थ के साथ-साथ ही व्यंग्यार्थ ध्वनि होती है तथा दोनों के बीच समय का अन्तराल प्रतीत नहीं होता, वहाँ **असंलक्ष्य क्रम ध्वनि** होती है, जबकि वाच्यार्थ और व्यंग्यार्थ की प्रतीति में समय का अन्तराल होने पर **संलक्ष्य क्रम ध्वनि** होती है। आनन्दवर्द्धन ने ध्वनि के तीन भेद किए हैं—रसध्वनि, अलंकारध्वनि, वस्तुध्वनि। इनमें से रसध्वनि को ध्वनि सम्प्रदाय में सर्वाधिक महत्त्वपूर्ण स्थान दिया गया है। ध्वनिवादी यह तो स्वीकार करते हैं कि 'रस' श्रेष्ठतम काव्य तत्त्व है, पर वे काव्य की आत्मा पद पर 'ध्वनि' को ही प्रतिष्ठित करते हैं।

ध्वनि-सम्प्रदाय का विकास

- आनन्दवर्द्धन के पश्चात् अभिनवगुप्त ने ध्वनि सम्प्रदाय को विकसित करने का प्रयास किया। उन्होंने **ध्वन्यालोक** पर अपनी लोचन टीका लिखकर ध्वनि सिद्धान्त का प्रबल समर्थन किया। अपने विवेचन द्वारा अभिनवगुप्त ने रस-सिद्धान्त तक ध्वनि-सिद्धान्त को प्रगाढ़ रूप में सम्बद्ध कर दिया।
- अभिनवगुप्त के उपरान्त आचार्य मम्मट ने ध्वनि सिद्धान्त को व्यवस्थित किया। मम्मट मूलरूप से ध्वनिवादी हैं। उन्होंने अपने विवेचन में सर्वत्र ध्वनि और रस की महत्ता को प्रतिपादित किया है। पण्डितराज जगन्नाथ ने ध्वनि को परम रमणीय माना है। कुलपति मिश्र, श्रीपति, सोमनाथ, देव, भिखारी, सूरति मिश्र आदि रीतिकालीन महत्त्वपूर्ण ध्वनिवादी आचार्य हैं, जिन्होंने ध्वनि सम्प्रदाय के सिद्धान्त का अनुसरण किया है।

ध्वनि-विरोधी मत

- ध्वनि मत का अनेक आचार्यों ने विरोध किया। प्रतिहारेंदुराज ने अलंकार को तथा मुकुल भट्ट ने अभिधा शक्ति को ही ध्वनि माना। भट्टनायक ने भावकत्व व भोजकत्व की परिकल्पना की और व्यंजना को नकार दिया। महिम भट्ट ने 'ध्वन्यालोक' में दिए गए ध्वनि के सिद्धान्तों को 'अनुमान' माना।

- महिम भट्ट का मानना था कि प्रतीयमान अर्थ केवल अनुमान पर आधारित होता है। अत: उन्होंने केवल अभिधा को स्वीकार कर ध्वनि का खण्डन किया। उन्होंने ध्वनि सिद्धान्त का विरोध करने के लिए 'व्यक्ति विवेक' नामक ग्रन्थ की रचना की।

ध्वनि-विरोधी मतों का खण्डन

- आनन्दवर्द्धन ने ध्वनि-विरोधी मतों का खण्डन करके ध्वनि-सिद्धान्त की स्थापना की। अलंकारवादियों के विरोध का खण्डन करते हुए आनन्दवर्द्धन ने कहा कि ध्वनि ही काव्य का महत्त्वपूर्ण तत्त्व है। जहाँ काव्य में अलंकार आदि नहीं होते, वहाँ भी व्यंग्यार्थ की विशिष्टता से काव्य होता है।
- आचार्य आनन्दवर्द्धन ने स्पष्ट किया है कि काव्य में रस, भाव आदि कथित नहीं होते, बल्कि ध्वनित होते हैं। यदि वे कथित होने लगें तो काव्य की शोभा ही समाप्त हो जाएगी, इसलिए 'व्यंग्यार्थ' रस, अलंकार आदि से भिन्न ही अन्य विलक्षण तत्त्व है। उपर्युक्त विवेचन से स्पष्ट है कि ध्वनि सिद्धान्त रस एवं अलंकार सिद्धान्त का उपकारक है।

वक्रोक्ति सम्प्रदाय व सिद्धान्त

- वक्रोक्ति शब्द दो शब्दों से मिलकर बनता है— वक्र + उक्ति। वक्र का अर्थ है—टेढ़ापन और उक्ति का अर्थ है—कथन अर्थात् किसी बात को सीधे ढंग से न कहकर चमत्कारिक रूप से कहना ही 'वक्रोक्ति' है। वक्रोक्ति सम्प्रदाय के प्रवर्तक आचार्य कुन्तक ने वक्रता शब्द का अर्थ प्रसिद्ध कथन से भिन्न अर्थात् असामान्य या विचित्र ही किया है।
- इस सम्प्रदाय के अनुसार, काव्य का सौन्दर्य उक्ति की विशिष्टता या विचित्रता में है तथा ऐसी युक्ति ही काव्य की आत्मा होती है, जैसे—सामान्य व्यक्ति किसी से प्रश्न करेगा कि 'आप कहाँ से आ रहे हैं?' परन्तु 'अभिज्ञानशाकुन्तलम्' में शकुन्तला की सखी अनुसूया ने राजा दुष्यन्त से यह प्रश्न इस प्रकार पूछा कि "किस देश की प्रजा को आपने अपने विरह से व्याकुल बनाया है?"

  इस प्रकार वक्रोक्ति के माध्यम से उक्ति में चमत्कार उत्पन्न होता है, जो हमें चमत्कृत करती है।

वक्रोक्ति सिद्धान्त के प्रवर्तक

- वक्रोक्ति सिद्धान्त के प्रवर्तक आचार्य कुन्तक हैं। उन्होंने दसवीं शताब्दी में 'वक्रोक्तिजीवितम्' नामक ग्रन्थ लिखकर अपने वक्रोक्ति सिद्धान्त का प्रणयन किया। यद्यपि इनसे पूर्व आचार्य भामह वक्रोक्ति को अलंकारों की जननी का पर्याय मानकर इसका विवेचन कर चुके हैं। भामह के पश्चात् दण्डी ने काव्य के भेदों को वक्रोक्ति के आधार पर 'स्वाभावोक्ति' और 'वक्रोक्ति' के रूप में स्थापित किया।

  इसी परम्परा में वामन, रुद्रट ने इसे एक अलंकार माना है, किन्तु आगे चलकर ध्वनिवादी आचार्य आनन्दवर्द्धन ने इसके महत्त्व को स्वीकारा है। आचार्य कुन्तक ने वक्रोक्ति को अत्यन्त व्यापक रूप में स्वीकार करते हुए इसे काव्य की आत्मा घोषित किया है। उन्होंने 'वैदग्धभंगीभणिति' को वक्रोक्ति कहा है। दूसरे शब्दों में—

  "उभावेतालङ्कार्यों तयोः पुनरलंकृति।
  वक्रोक्तिरेव वैदग्धभंगी-भणितिरुच्यते।।"

- अर्थात् शब्द और अर्थ दोनों अलंकार्य होते हैं तथा विदग्धतापूर्ण कथन रूपी वक्रोक्ति ही इन दोनों का अलंकार होती है। यहाँ अलंकार से आशय उपमा, रूपक के समान विशिष्ट अलंकार नहीं, बल्कि काव्य तत्त्व का सूचक है, जो सर्वत्र अलंकरण की क्षमता रखता है। इस प्रकार वक्रोक्ति प्रसिद्ध कथन पद्धति से भिन्न विचित्र कथन शैली है।

वक्रोक्ति के भेद

आचार्य कुन्तक ने वक्रोक्ति के छ: भेद किए हैं

- ***वर्ण विन्यास वक्रता*** जिसमें दो या दो से अधिक वर्ण थोड़े अन्तर में बार-बार प्रयुक्त हुए हों, उसे वर्ण विन्यास वक्रता अथवा रचना वक्रता कहते हैं।
- ***पद पूर्वार्द्ध वक्रता*** पद (शब्द) के पूर्वार्द्ध में उत्पन्न वक्रता अथवा मूल धातु से सम्बन्धित वक्रता को ही पद पूर्वार्द्ध वक्रता कहते हैं।
- ***पद परार्द्ध वक्रता*** इसका प्रयोग शब्दों के बाद परिधि में होता है।
- ***वाक्य वक्रता*** इसमें पूरे वाक्य में वक्रता विद्यमान होती है।
- ***प्रकरण वक्रता*** सृजन के उत्साह से प्रेरित होकर कवि अपने काव्य विवेचन में अपूर्व उत्कर्ष उत्पन्न करता है, उसे प्रकरण वक्रता कहते हैं।
- ***प्रबन्ध वक्रता*** इसमें प्रबन्ध काव्य, महाकाव्य, नाटक आदि के समग्र सौन्दर्य से सम्बन्धित होती है।

उपर्युक्त विवेचन से स्पष्ट है कि कुन्तक ने वक्रोक्ति सिद्धान्त को व्यापक रूप प्रदान कर इसके महत्त्व को काव्यशास्त्र में रेखांकित किया है।

औचित्य सम्प्रदाय व सिद्धान्त

- औचित्य से तात्पर्य है— उचित व्यवहार, उचित कार्य अथवा उचित आचरण, किन्तु साहित्यशास्त्र में औचित्य का अभिप्राय है— काव्यांगों की उचित योजना। काव्य सृजना के आवश्यक उपादान भाव, रस, अलंकार, रीति आदि सभी तत्त्वों में उचित सामंजस्य ही औचित्य है अर्थात् काव्यांगों में उचित का अभाव ही औचित्य है। आचार्य क्षेमेन्द्र औचित्य सिद्धान्त के प्रणेता हैं। इन्होंने अपने ग्रन्थ 'औचित्य-विचार चर्चा' में औचित्य को इस प्रकार परिभाषित किया है

  "उचित प्राहुराचार्याः सदृशं किल यस्य यत्।
  उचितस्य च यो भावः तदौचित्यं प्रचक्षते।"

- अर्थात् जो जिस स्थान के अनुरूप हो अथवा जो जहाँ सही हो, उसी स्थान पर उसका प्रयोग उचित कहलाता है और उचित का भाव ही औचित्य है। तात्पर्य यह है कि भिन्न-भिन्न वस्तुओं का एक-दूसरे की सापेक्षता में परस्पर अनुकूल होना ही औचित्य है।
- आचार्य क्षेमेन्द्र औचित्य को एक उदाहरण के माध्यम से स्पष्ट करते हैं कि जिस प्रकार उचित ढंग से उचित स्थान पर प्रयुक्त वस्तु ही सौन्दर्य की जननी होती है, यदि कोई सुन्दरी गले में मेखला, नितम्ब पर हार, हाथों में नूपुर, पैरों में कैयूर पहन ले तो वह अनुचित प्रयोग के कारण हास्यास्पद लगेगी। इसी प्रकार यदि कोई पुरुष शरणागत पर वीरता और शत्रु पर दया प्रदर्शित करे तो कौन उसकी हँसी न उड़ाएगा? वास्तव में औचित्य अभाव में न तो अलंकार, अलंकार प्रतीत होते हैं और न गुण—

  "कण्ठे मेखला नितम्बफलके तारेण हारेण वा,
  पाणौ नूपुर बन्धनेन, चरणे केयूरपाशेन वा।
  शौर्येण प्रणते, रिपौ करुणया, नायान्ति के हास्यताम्
  औचित्येन बिना रुचिं प्रतनुते नालंकृतिनों गुणाः।"

औचित्य के भेद

औचित्य के छः भेद होते हैं

- ***अलंकार औचित्य*** अलंकारों का मुख्य भाव की पुष्टि के लिए स्वाभाविक प्रयोग।
- ***गुण औचित्य*** रसानुसार काव्य गुणों प्रसाद, माधुर्य और ओज गुणों से सम्पन्न काव्य।
- ***संगठन औचित्य*** रस, विषय, वक्ता और वाच्य का विचार करके ही काव्य का संगठन किया जाए अर्थात् सम्यक् सामाजिक पद की रचना।
- ***प्रबन्ध औचित्य*** प्रबन्ध काव्य में ऐतिहासिक व कल्पनात्मक कथ्य का उचित अनुपात।
- ***रीति औचित्य*** वैदर्भी, गौड़ी, पांचाली आदि रीतियों का सम्यक् प्रयोग।
- ***रस औचित्य*** विभाव, अनुभाव, संचारी भाव आदि का वर्णन करने में औचित्य का ध्यान।

शब्द शक्तियाँ

- शब्द का अर्थ-बोध कराने वाली शक्ति को 'शब्द शक्ति' कहते हैं। शब्द या शब्द समूह में जो अर्थ छिपा होता है, उसे प्रकाशित करने वाली शक्ति का नाम शब्द शक्ति है। शब्द शक्ति शब्द के अर्थ का बोध कराने का व्यापार है। पं. विश्वनाथ ने 'शक्ति' शब्द, 'मम्मट' ने 'व्यापार' शब्द का प्रयोग किया है।
- साहित्य में तीन प्रकार के शब्द होते हैं—वाचक, लक्षक और व्यंजक। वाचक शब्दों में वाच्यार्थ, लक्षक शब्द से लक्ष्यार्थ और व्यंजक शब्द से व्यंग्यार्थ प्रकट होता है। शब्दों के अनुसार ही अभिधा, लक्षणा और व्यंजना नामक तीन शब्द शक्तियाँ हैं। कुमारिल भट्ट 'तात्पर्या' नामक एक चौथी शब्द शक्ति भी मानते हैं।

अभिधा शब्द शक्ति

- जिस वाचक शब्द से मुख्यार्थ का बोध होता है, उसे अभिधा शब्द शक्ति कहते हैं। उद्भट के अनुसार, अभिधा शब्द शक्ति की परिभाषा इस प्रकार है

  ''शब्दामभिधानं अभिधाव्यापारो मुख्यो गुणवृतिश्च''
- शब्दों का प्रत्यक्ष अर्थ-बोध ही अभिधा व्यापार है, जिसके मुख्य और गौण अर्थ होते हैं। मम्मट के अनुसार, वाच्यार्थ को मुख्यार्थ कहते हैं, क्योंकि जिस प्रकार शरीर के विभिन्न अवयवों में मुख मुख्य होता है, उसी प्रकार अभिधार्थ में मुख्यता का विचार प्रमुख होता है। वे कहते हैं

  ''साक्षात् संकेतितम् योर्थम् अभिधत्ते स वाचकः''
- शब्द की वह शक्ति जो बिना किसी व्यवधान के मुख्य रूप से गृहीत साक्षात् संकेतित अर्थ का बोध कराती है, अभिधा कहलाती है। *उदाहरणार्थ*

'निराला' की 'वह तोड़ती पत्थर' कविता की आरम्भ की पंक्तियाँ अभिधा का प्रसिद्ध उदाहरण हैं

'वह तोड़ती पत्थर
देखा उसे मैंने इलाहाबाद के पथ पर।'

- यहाँ कवि ने शब्दों से सीधे-सीधे अर्थ प्रकट किया है अर्थात् कवि ने इलाहाबाद के पथ पर एक पत्थर तोड़ती हुई महिला को देखा।

  अलंकारशास्त्री अभिधा को महत्त्वहीन मानते हैं, लेकिन रीतिकालीन आचार्य देव की ये पंक्तियाँ अभिधा के महत्त्व को स्पष्ट करती हैं—

  ''अभिधा उत्तम काव्य है, मध्य लक्षणालीन।
  अधम व्यंजना रस विरस, उल्टी कहत नवीन।।''

अभिधा के भेद

'अभिधा' शक्ति द्वारा तीन प्रकार के शब्दों के अर्थ-बोध होते हैं

- ***रूढ़ शब्द*** ये शब्द जातिवाचक होते हैं; जैसे-घोड़ा, मनुष्य आदि।
- ***यौगिक शब्द*** इन शब्दों का अर्थ-बोध अवयवों (प्रकृति और प्रत्ययों) की शक्ति से होता है; जैसे-दिवाकर, सुधांशु आदि।
- ***योगरूढ़ शब्द*** इनका अर्थ-बोध समुदाय और अवयवों की शक्ति से होता है। ये शब्द यौगिक होते हुए भी रूढ़ होते हैं; जैसे-जलज, वारिज आदि। इनका यौगिक अर्थ जल में उत्पन्न वस्तु है, परन्तु योगरूढ़ अर्थ केवल कमल है।

लक्षणा शब्द शक्ति

जब मुख्यार्थ या वाच्यार्थ ग्रहण करने में बाधा उपस्थित हो, तब अन्यार्थ ग्रहण करने में सहायक शब्द शक्ति को लक्षणा शब्द शक्ति कहते हैं।

आचार्य मम्मट के मतानुसार, जब मुख्यार्थ में बाधा आ जाती है, तब रूढ़ि या प्रयोजन के आधार पर मुख्यार्थ से सम्बन्ध रखने वाले किसी अन्यार्थ का आरोपण किया जाता है। लक्षणा शब्द शक्ति द्वारा भिन्नार्थ का ज्ञान कराने वाले शब्द 'लक्षक' या 'भिन्नार्थ', 'लक्ष्यार्थ' या 'लक्षणार्थ' कहलाते हैं।

जैसे— 'मेरा भाई शेर है' भाई शेर नहीं हो सकता।

अतः यहाँ मुख्यार्थ ग्रहण में बाधा आ गई। भाई की प्रशंसा करने के लिए यहाँ भाई पर शेर होने का आरोप है। यहाँ 'शेर' होने का तात्पर्य शेर जैसा वीर व साहसी होना है। इस आरोपित लक्ष्यार्थ का सम्बन्ध मुख्यार्थ से भी जुड़ा है।

लक्षणा शब्द शक्ति के अर्थग्रहण के व्यापार में तीन विशेषताएँ होती हैं

1. मुख्यार्थ या वाच्यार्थ में बाधा।
2. मुख्यार्थ से कुछ-न-कुछ सम्बन्ध।
3. रूढ़ि या प्रयोजन द्वारा अन्य अर्थ का बोध।

लक्षणा शब्द शक्ति के भेद

लक्षणा शब्द शक्ति के निम्नलिखित भेद होते हैं

रूढ़ि लक्षणा

जहाँ किसी शब्द के नियत सांकेतिक अर्थ को त्यागकर उसमें भिन्न अन्य अर्थ या लक्ष्यार्थ लिया जाता है जो काफी समय से रूढ़ या परम्परा से नियत हो गया हो, तो वहाँ रूढ़ि लक्षणा होती है। *उदाहरण—*

- डिगत पानि डिगुलात, गिरि लखि सब ब्रज बेहाल।
  कंपि किशोरी दरसि कै, खरै लजाने लाल।
- दृग उरझत टूटत कुटुम्ब, जुरत चतुर चित प्रीति।
  परत गाँठ दुर्जन हिए, दई नई यह रीति।।

प्रयोजनवती लक्षणा

जहाँ किसी शब्द का नियत अर्थ न लेकर उसमें भिन्न अन्य अर्थ या लक्ष्य अर्थ किसी विशेष प्रयोजन (उद्देश्य) से लिया जाए, तो वहाँ प्रयोजनवती लक्षणा होती है। उदाहरण

- उदित उदय गिरि मंच पर रघुवर बाल पतंग।
  विकसे सन्त सरोज तब, हरषे लोचन भृंग।
- तुम शुद्ध बुद्ध आत्मा केवल, हे चिर पुरान हे चिर नवीन। (पन्त लोकायतन)

  प्रयोजनवती लक्षणा के दो मुख्य भेद होते हैं— गौणी एवं शुद्धा लक्षणा।

गौणी लक्षणा

जहाँ सादृश्य सम्बन्ध अर्थात् समान गुण या धर्म के कारण लक्ष्यार्थ की प्रतीति होती है, वहाँ गौणी लक्षणा होती है; जैसे-मुखचन्द्र। यहाँ मुख चन्द्रमा के समान सुन्दर है।

गौणी लक्षणा के दो भेद होते हैं

- ***गौणी सारोपा*** जहाँ उपमान और उपमेय दोनों शब्दश: कथित होते हैं एवं उनका सम्बन्ध सादृश्यमूलक होता है, वहाँ गौणी सारोपा होती है; जैसे-'गौर्वाहीक:'। यहाँ 'वाहीक' उपमेय (वाहीक देश का नाम) और 'गौ' उपमान है। 'वाहीक देश का वासी पुरुष गौ है' यह कथन गौ और वाहीक दोनों के गुण सादृश्य (मूर्खता व आलस्य) पर आश्रित है।
- ***गौणी साध्यवसाना*** जहाँ सादृश्य आधार प्रमुख रहता है और उपमेय का लोप करके मात्र उपमान का कथन होता है, वहाँ गौणी साध्यवसाना लक्षणा होती है, *उदाहरण*

  "कहा वृषभ सौं कहत हौं, बातैं ह्वैं मतिमान"

  यहाँ उपमेय का कथन न होकर मात्र उपमान 'वृषभ' का कथन है, जो गुण सादृश्य पर आश्रित है। अत: गौणी साध्यवसाना लक्षणा है।

शुद्धा लक्षणा

जहाँ सादृश्येत्तर सम्बन्ध (सादृश्य सम्बन्ध के अतिरिक्त किसी अन्य सम्बन्ध) से लक्ष्यार्थ की प्रतीति हो, वहाँ शुद्धा लक्षणा होती है; जैसे-'आँचल में है दूध और आँखों में पानी' यहाँ आँचल का मुख्यार्थ बाधित है और आँचल का लक्ष्यार्थ स्तन है। शुद्धा लक्षणा के दो भेद होते हैं

- ***उपादान लक्षणा*** उपादान लक्षणा का दूसरा नाम अहत्स्वार्था है। इसमें शब्द का मुख्यार्थ या त्याग नहीं होता वरन् अपने अन्वय की सिद्धि के लिए अन्य अर्थ का आक्षेप कर लिया जाता है।

  इसे मम्मट 'स्वसिद्धये पराक्षेप:' कहते हैं। इसमें मुख्यार्थ का भी उपादान या ग्रहण रहता है, जैसे—'कुन्ता: प्रविशन्ति' में कुन्त स्वयं प्रविष्ट नहीं हो सकते। अत: उनपर 'पुरुष' पद का आक्षेप कर लिया गया है।
- ***लक्षण लक्षणा*** इसका दूसरा नाम जहत्स्वार्था है। जहाँ शब्द काव्य में प्रयुक्त दूसरे शब्द की अन्वय की सिद्धि के लिए अपने मुख्य अर्थ का परित्याग कर अन्य अर्थ में समर्पित हो जाए, वहाँ लक्षण लक्षणा होती है।

  उपादान और लक्षण लक्षणा में भेद यही है कि प्रथम में मुख्यार्थ का त्याग नहीं होता है और साथ ही अन्य अर्थ का आक्षेप नहीं होता है, लेकिन द्वितीय में मुख्यार्थ अन्य अर्थ में संक्रमित हो जाता है; जैसे—'गंगाया घोष:' में 'गंगा' शब्द अपने मुख्यार्थ जलप्रवाह को छोड़कर 'घोष' पद के अन्वय सिद्धि के लिए सामीप्य सम्बन्ध से 'तट' रूप अन्य अर्थ में स्वयं को अर्पित कर देता है।

व्यंजना शब्द शक्ति

अभिधा और लक्षणा अपने अर्थ का बोध कराकर जब अलग हो जाती हैं तब जिस शब्द शक्ति द्वारा व्यंग्यार्थ का बोध होता है, उसे व्यंजना शक्ति कहते हैं। व्यंग्यार्थ के लिए 'ध्वन्यार्थ', 'सूच्यार्थ', 'आक्षेपार्थ', प्रतीयमानार्थ जैसे शब्दों का प्रयोग होता है।

व्यंजना के भेद

इस आधार पर इसके दो प्रधान भेद किए गए हैं

शाब्दी व्यंजना

शाब्दी व्यंजना के व्यंजक शब्द और आर्थी में व्यंग्य अर्थ की प्रधानता रहती है, यद्यपि दोनों अवस्थाओं में शब्द और अर्थ व्यंजक होकर एक-दूसरे के सहायक बनते हैं। *शाब्दी व्यंजना के दो भेद किए गए हैं*

(i) अभिधामूला (ii) लक्षणामूला

- ***अभिधामूला शाब्दी व्यंजना*** मम्मट इसे परिभाषित करते हुए कहते हैं— "अनेकार्थक शब्द का एक अर्थ में संयोगादि के द्वारा नियन्त्रण हो जाने पर भी उससे जो अन्य अर्थ की प्रतीति होती रहती है, उस प्रतीति को कराने वाला शब्द-व्यापार अभिधामूला व्यंजना नाम से जाना जाता है।" *जैसे*

  "मालिनि आज कहै न क्यों वा रसाल को हाल"

  यहाँ 'रसाल' शब्द द्व्यर्थक (जिस शब्द के दो अर्थ हों) है। मालिन के साहचर्य से रसाल का वाच्यार्थ आम निर्धारित हुआ, लेकिन व्यंग्यार्थ यह है कि 'हे सखी' मेरे प्रिय का समाचार क्यों नहीं देती है?
- ***लक्षणामूला शाब्दी व्यंजना*** जिस प्रयोजन के लिए लक्षणा का आश्रय लेते हैं तथा वह जिस शक्ति द्वारा प्रतीत होता है, उसे लक्षणामूला शाब्दी व्यंजना कहते हैं *जैसे*

  "फली सकल मनकामना, लूट्यौ अगणित चैन।
  आजु अँचे हरि रूप सखि भए प्रफुल्लित नैन।।"

  यहाँ लक्षणा के 'फली' का अर्थ है—पूर्ण हुई तथा लूट्यौ का अर्थ है—प्राप्त किया, परन्तु सम्पूर्ण पद में व्यंग्यार्थ है—नायक (कृष्ण) के दर्शन से नायिका ने अधिक आनन्द प्राप्त किया।

आर्थी व्यंजना

- वाचक, लक्षण और व्यंजक शब्दों के अर्थ वाच्य, लक्ष्य और व्यंग्य कहलाते हैं, आर्थी व्यंजना उनके ऊपर आश्रित होती है।

  मम्मट के अनुसार, "वक्ता, बोधव्य, काकु, वाक्य, वाच्य, अन्य सन्निधि, प्रस्ताव, देश, काल एवं चेष्टादि के वैशिष्ट्य से सहृदयों को अन्यार्थ की प्रतीति कराने वाला अर्थ का जो व्यापार होता है, वह आर्थी व्यंजना कहलाता है।" *जैसे—*

  "यह गाँव गंगा में ही बसा है।
- इसके कई व्यंग्यार्थ होंगे; जैसे—श्रोता धार्मिक हो तो व्यंग्यार्थ होगा— गाँव पवित्र है, यहाँ रहना चाहिए। प्रतिदिन गंगास्नान का पुण्य मिलेगा। यदि श्रोता मल्लाह है तो व्यंग्यार्थ होगा— गंगा पार कराने पर अच्छा धन मिलेगा आदि।

काव्य गुण

- दोषों का विपर्यय ही गुण होते हैं। काव्य जब व्याकरणगत त्रुटि से रहित होता है तथा उसमें सभी विशेषताएँ निहित होती हैं, तब उसमें शब्द गुण अथवा काव्य गुण होते हैं। भारतीय काव्य चिन्तन में इसे प्रारम्भिक आचार्यों ने अलंकार के रूप में काव्य गुण वर्णित किया है। भरतमुनि ने अपने ग्रन्थ नाट्यशास्त्र में दस काव्य दोषों की चर्चा करने के पश्चात् प्रबन्धाश्रित दस गुणों की चर्चा की और गुण के सन्दर्भ में मात्र इतना कहा—

  "गुणा विपर्ययादोषाम्"

- अर्थात् गुण-दोषों के विपर्यय होते हैं। विपर्यय से उनका क्या तात्पर्य था—विपरीत भाव, 'अभावात्मक रूप' या 'अन्यथाभाव' यह स्पष्ट नहीं होता। भरत ने गुण का सम्बन्ध काव्य के सामान्य स्वरूप से स्थापित किया, जैसे उनके इस कथन 'काव्यस्य गुणाः दशैते:' से लक्षित होता है। उन्होंने जिन गुणों का कथन किया, *वे इस प्रकार हैं*

  "श्लेष प्रसादः समतः समाधिः माधुर्यओज पद सौकुमार्यम्।
  अर्थस्य च व्यक्तिकदारता च, कान्तिश्च काव्यः गुण दर्शतै।"

- काव्य गुण पर सर्वप्रथम विचार करने वाले नाट्यशास्त्र के प्रणेता भरतमुनि हैं। उन्होंने अपने काव्यशास्त्र में 10 गुणों की चर्चा की।
- ***भामह*** ने भरत की ही भाँति गुण का उल्लेख काव्य के सामान्य गुण के रूप में किया। इन्होंने अपने ग्रन्थ 'काव्यालंकार' में दो प्रकार के काव्य-गुण वैदर्भ और गौड़ीय का उल्लेख किया है। उन्होंने यह भी कहा है कि विद्वान् वैदर्भ काव्य को श्रेष्ठ मानते हैं और गौड़ीय को उदात्त अर्थ में युक्त होने पर भी वैदर्भी की भाँति श्रेष्ठ नहीं मानते। वामन के अनुसार, गुणों की संख्या 20 है। इसमें 10 शब्द-गुण और 10 अर्थ-गुण हैं।
- ***आनन्दवर्द्धन*** के अनुसार, गुण रस के नित्य धर्म हैं और रस अंगी हैं और गुण उनके अंग हैं।
- ***मम्मट*** के अनुसार, आत्मा के शौर्यादि गुणों की भाँति काव्य के प्रधान तत्त्व रस के उत्कर्षकारी और नित्य धर्मों का नाम गुण है। अतः मम्मट गुण के विषय में मानते हैं
  - गुण, रस के धर्म हैं।
  - वे अचल स्थिर और नित्य हैं।
  - वे रस का उत्कर्ष करते हैं।
- ***विश्वनाथ*** ने मम्मट का अनुकरण करते हुए बताया है कि रस के अंगों में व्याप्त धर्म एवं शौर्य आदि ही गुण हैं।
- ***जगन्नाथ*** ने गुण को शब्दार्थ का धर्म माना है।

निष्कर्ष रूप में कह सकते हैं कि गुण काव्य के उत्कर्ष साधक तत्त्व हैं। मम्मट, हेमचन्द्र, विश्वनाथ एवं जगन्नाथ आदि प्रभृति विद्वानों ने काव्य के तीन ही गुणों को प्रतिष्ठित किया है, क्योंकि इन तीनों ओज, प्रसाद एवं माधुर्य में काव्य के दसों गुण समाहित हो जाते हैं।
यहाँ हम माधुर्य, ओज एवं प्रसाद गुणों का वर्णन करेंगे।

माधुर्य गुण

- माधुर्य शब्द का शाब्दिक अर्थ है—श्रुतिसुखदा, आह्लादकतापूर्ण, आर्द्रता आदि से युक्त। **आचार्य भामह** ने इसे इस प्रकार परिभाषित किया है, "श्रव्यं नातिसमस्तार्थ काव्यं मधुरमिष्यते" अर्थात् जिसमें अधिक समस्त पद न हों इस प्रकार का कानों को प्रिय लगने वाला मधुर काव्य ही माधुर्य गुण से युक्त होता है।
- **मम्मट** के अनुसार, चित्त के द्रवीभूत का कारण और श्रृंगार में रहने वाला जो आह्लादस्वरूपत्व है, वह माधुर्य नामक गुण कहलाता है। शृंगारादि रस आह्लादजनक नहीं आह्लादस्वरूप होते हैं।
- **विश्वनाथ** के अनुसार, "वह भावमय आह्लाद जिससे चित्त द्रवित हो उठे माधुर्य है।" वस्तुतः चित्त का द्रुति रूप आह्लाद जिसमें अन्तःकरण द्रवित हो जाए, माधुर्य कहलाता है।
- **मम्मट** के अनुसार, यह गुण संयोग शृंगार, करुण, विप्रलम्भ शृंगार एवं शान्त रसों में क्रम से बढ़ा हुआ रहता है।

माधुर्य गुण के व्यंजक

- इस गुण के व्यंजक वर्ण हैं, ट, ठ, ड और ढ को छोड़कर शेष क से म तक के वर्ण। इस गुण में समास का अभाव या लघु समास होता है; *जैसे*

  "कंकन किंकिनि नूपुर धुनि सुनि,
  कहत लखन सन रामु हृदय गुनि।"

इसमें वर्णगत एवं रसगत दोनों प्रकार का माधुर्य गुण है।

ओज गुण

- ओज गुण का शाब्दिक अर्थ दीप्ति, तेज, प्रताप आदि होता है। काव्य को पढ़ने अथवा सुनने से मन में ओज, उत्साह, साहस, पौरुष, आवेश आदि का संचार होकर चित्त के विस्तार से उत्पन्न दीप्ति ओज कहलाती है।
- आनन्दवर्द्धन से पूर्व ओज गुण के सम्बन्ध में यह मान्यता थी कि इसका सम्बन्ध भाषा की सामासिकता से है और यह प्रसाद गुण के ठीक विपरीत है, किन्तु आनन्दवर्द्धन ने इसको रौद्र, वीर, भयानक, बीभत्स आदि के सहायक धर्म के रूप में वर्णित किया है।
- **इस गुण की विशेषताएँ हैं** समास बहुलता, द्वित्व, रेफ एवं 'ट' वर्ग वर्णों का बाहुल्य; *जैसे*

  "मुण्ड कटत कहुँ रुण्ड नटत कहुँ सुण्ड पटत घन।
  गिद्ध लसत कहुँ सिद्ध हसत सुख वृद्धि रसत मन।।"

प्रसाद गुण

- प्रसाद का शाब्दिक अर्थ प्रसन्नता या खिलना होता है अर्थात् जिस काव्य में स्वच्छता, सरलता, सहजग्राह्यता हो, वह प्रसाद गुण युक्त काव्य होता है। इस प्रकार की रचना अनायास ही हृदय में व्याप्त हो जाती है। जिस प्रकार सूखा ईंधन अग्नि को, स्वच्छ जल में धुले हुए वस्त्र सहसा चित्त को आकर्षित कर लेते हैं, उसी प्रकार जो रचना पाठक के चित्त में सहसा व्याप्त हो जाती है, वह प्रसाद गुण युक्त कहलाती है।
- यह गुण सभी रसों में व्याप्त रह सकता है। जब यह गुण वीर, रौद्र आदि रसों में होता है, तब शुष्क ईंधन में अग्नि के समान और जब श्रृंगार, करुण आदि कोमल रसों में होता है, तब स्वच्छ वस्त्र में जल के समान चित्त में व्याप्त हो जाता है; *जैसे–*

  "जाकी रही भावना जैसी। प्रभु मूरत देखी तिन्ह तैसी।
  देखहि भूप महारन धीरा। मनहु वीर रस धरे शरीरा।।"

काव्य दोष

- काव्य रचना में भावों की अभिव्यक्ति में बाधा उत्पन्न करने वाले तत्त्व काव्य दोष कहलाते हैं। काव्यशास्त्र चिन्तन परम्परा में दोष के लक्षण एवं स्वरूप के विषय में दो बातें महत्त्वपूर्ण हैं— एक, जो दोष का सम्बन्ध गुण से स्थापित कर दोष के विपर्यस्त रूप में गुण को तथा गुण के विपर्यस्त रूप में दोष को मानती है और दूसरी, वह जो दोष का सम्बन्ध रस से स्थापित कर रस के उत्कर्ष में बाधक तत्त्वों को दोष की संज्ञा देती है।
- काव्य दोषों के विषय में सर्वप्रथम उल्लेख भरतमुनि के नाट्यशास्त्र में मिलता है। इन्होंने दस काव्य दोषों का उल्लेख करते हुए कहा कि इन्हें नाटक के आश्रय से दोष समझना चाहिए तथा इनके विपर्यस्त गुण हैं। विपर्यस्त से उनका वस्तुतः क्या अभिप्राय था 'विपरीत भाव' या 'अभाव' यह तो स्पष्ट नहीं होता, लेकिन उन्होंने इतना अवश्य कहा कि दोषों के सम्बन्ध में किसी

को अधिक संवेदनशील नहीं होना चाहिए, क्योंकि संसार का कोई भी पदार्थ गुणहीन अथवा दोषरहित नहीं है।

- **आचार्य मम्मट** का मत भी इस विषय में उल्लेखनीय है। आचार्य मम्मट द्वारा प्रस्तुत काव्य लक्षण ''तददोषौ शब्दार्थौ सगुणावनलंकृती पुनः क्वापि'' में ''अदोष'' पद की स्थिति इस तथ्य की द्योतक है कि दोष काव्य का एक विधेयात्मक तत्त्व है।

दोष के भेद

- सर्वप्रथम भरतमुनि ने नाट्यशास्त्र के 17वें अध्याय में दस काव्य दोषों का उल्लेख किया है—अगूढ़, अर्थान्तर, अर्थहीन, भिन्नार्थ, एकार्थ, अभिप्लुतार्थ, न्याय से अपेत, विषम, विसन्धि और शब्दच्युत।
- भामह ने निम्न प्रकार के दोष माने हैं—ग्यारह सामान्य दोष, चार वाणी दोष तथा ग्यारह अन्य दोष। इनके अनुसार ये सभी एक-दूसरे में समन्वित होकर कुल ग्यारह ही रह जाते हैं।
- दण्डी ने भी ग्यारह दोषों का उल्लेख किया है। वामन ने भरत की भाँति दस काव्यदोष माने, लेकिन इन्हें शब्द एवं अर्थ में पृथक्-पृथक् विभाजित किया। फलस्वरूप दोष की संख्या बीस हो गई। वामन के अनुसार, दोष शब्दगत एवं अर्थगत हैं—पद दोष, पदार्थ दोष, वाक्य दोष, वाक्यार्थ दोष आदि।

आचार्य मम्मट ने काव्य प्रकाश में दोषों का स्पष्ट विवेचन करते हुए तीन प्रकार के दोष बताए हैं

1. शब्ददोष 2. रसदोष 3. अर्थ दोष

इनके अनुसार—

''मुख्यार्थ हृतिर्दोषः रसश्च मुख्य तदाशया द्वाच्यः।
उभयोपयोगिनः स्युः शब्दाद्यास्तेन तेष्वपि सः।।''

अर्थात् मुख्य अर्थ का अपकर्ष करने वाले तत्त्व दोष कहलाते हैं। काव्य में रस ही मुख्य अर्थ है। अतः रस का अपकर्ष करने वाले तत्त्व दोष हैं, क्योंकि रस की अभिव्यक्ति शक्ति और शब्द का आश्रय लेकर होती है। अतः ये दोष शब्द और अर्थ के भी हो सकते हैं।

कुछ महत्त्वपूर्ण एवं सर्वमान्य काव्य दोषों का परिचय इस प्रकार है

पद दोष

इनकी सूची है—श्रुति कटु, च्युतसंस्कृति, अप्रयुक्त, असमर्थ, निहतार्थ, अनुचितार्थ, निरर्थक, अवाचक, अश्लील, सन्दिग्ध, अप्रतीति, ग्राम्, नेयार्थ, क्लिष्ट, अविमृष्ट विधेयांश, विरुद्धमतिकृत।

इन दोषों में नेयार्थ तक तेरह दोष पदागत तथा अन्तिम तीन दोष समागत होते हैं।

पदार्थ दोष

च्युतसंस्कृति, असमर्थ और निरर्थक को छोड़कर शेष तेरह दोष पदगत होने के अतिरिक्त वाक्यगत भी होते हैं। इन तेरह दोषों में से कुछ दोष पदार्थगत भी होते हैं, जो निम्नलिखित हैं

- ***श्रुतिकटु*** कठोर वर्णरूप रसापकर्षक पद श्रुतिकटु कहलाता है। जैसे शृंगार रस के प्रसंग में ''ट'' वर्ण का प्रयोग एवं उसकी आवृत्ति श्रुति कटु प्रतीत होती है। अतः रस का अपकर्ष करती है।
- ***च्युतसंस्कृति*** जो पद व्याकरण के नियम के अनुकूल न हो, वह च्युत संस्कार दोषयुक्त कहलाता है।
- ***निहितार्थ*** जो शब्द दोनों अर्थों का वाचक होने पर भी अप्रसिद्ध अर्थ में प्रयुक्त हो।
- ***निरर्थक*** केवल पादपूर्ति मात्र के लिए प्रयुक्त ''च'' आदि पद का प्रयोग निरर्थक होता है।
- ***अप्रतीत*** जो शब्द केवल किसी विशेष शास्त्र का पारिभाषिक शब्द है, उसका प्रयोग साधारण रूप से करना अप्रतीत दोष कहलाता है।
- ***अप्रयुक्त*** व्याकरण सम्मत लेकिन कवियों द्वारा अनाहत अर्थात् अप्रचलित शब्दों का प्रयोग।
- ***क्लिष्ट*** जहाँ अर्थ प्रतीति व्यवधान से हो।

वाक्य दोष

ये 21 प्रकार के वाक्य दोष निम्न हैं

- प्रतिकूलवर्णता,
- उपहतविसर्गता,
- विसन्धि
- हत्वृत्तता,
- न्यूनपदता,
- अधिकपदता,
- कथितपदता,
- पतत्प्रकर्षता,
- समाप्तपुनरात्ता,
- अर्थान्तरैकवाचकता,
- अभवन्मतसम्बन्ध,
- अमतयोग,
- अनभिहितवाच्यता,
- अस्थानपदता,
- अस्थानसमासता,
- संकीर्णता,
- गर्भितता,
- प्रसिद्धि विरोध,
- भग्तप्रक्रमता,
- अक्रमता,
- अमतरार्थता

रस दोष

विभिन्न रस दोषों का वर्णन निम्नलिखित है

व्यभिचारी भावों, रसों, स्थायी भावों का अपने वाचक शब्द द्वारा कहना (स्वशब्द वाच्यता), अनुभाव और विभाग की कष्ट कल्पना से अभिव्यक्ति, रस के प्रतिकूल विभावादि का ग्रहण करना, रस की बार-बार दीप्ति, रस का अनवसर में विस्तार करना, विच्छेद कर देना, अप्रधान अंग रस का अत्यधिक विस्तार करना, प्रधान (अंगी) रस को त्याग देना आदि।

आचार्यों का काल (समय) **एवं उनकी रचनाएँ** (कालक्रमानुसार)

भरतमुनि	नाट्यशास्त्र	दूसरी शती ई.पू. से 2 ई.पू. के बीच
भामह	काव्यालंकार	6वीं शती
दण्डी	काव्यादर्श	7वीं शती
वामन	काव्यालंकार सूत्रवृत्ति	8वीं शती
उद्भट्ट	काव्यालंकार सार संग्रह	9वीं शती
रुद्रट	काव्यालंकार	9वीं शती
रुय्यक	अलंकार सर्वस्व	9वीं शती
शंकुक	–	9वीं शती
आनन्दवर्द्धन	ध्वन्यालोक	9वीं शती
रुद्रभट्ट	शृंगार तिलक	10वीं शती
राजशेखर	काव्यमीमांसा	880-920 के बीच
मुकुलभट्ट		9वीं-10वीं शती
धनन्जय	दशरूपक	10वीं शती
भट्टनायक		10वीं शती
लोल्लट		उद्भट और अभिनवगुप्त के बीच
अभिनवगुप्त	ध्वनिलोकलोचन	10वीं-11वीं शती
कुन्तक	वक्रोक्तिजीवितम्	10वीं-11वीं शती

भोजराज	शृंगार प्रकाश, सरस्वती कण्ठाभरण	11वीं शती
सागरनन्दी		11वीं शती
महिम भट्ट	व्यक्तिविवेक	11वीं शती
क्षेमेन्द्र	औचित्य विचार चर्चा, कविकण्ठाभरण	11वीं शती
मम्मट	काव्यप्रकाश	11वीं शती
हेमचन्द्र	काव्यानुशासन	11वीं शती
रामचन्द्र गुणचन्द्र	नाट्य दर्पण	12वीं शती
बाणभट्ट प्रथम	चन्द्रालोक	11वीं शती
अमरचन्द		13वीं शती
जयदेव		13वीं शती
शारदातनय		13वीं शती
शिंगभूपाल		13वीं शती
विद्याधर	एकावली	13वीं-14वीं शती
विद्यानाथ	प्रतापरूद्रयशोभूषन	13वीं-14वीं शती
भानूदत्त	रसमंजरी, रसतरंगिणी	13वीं-14वीं शती
बाणभट्ट॥		14वीं शती
विश्वनाथ	साहित्य दर्पण	14वीं शती
रूपगोस्वामी	उज्ज्वल नीलमणि	14-15वीं शती
शेखर केशवमिश्र	अलंकार शेखर	16वीं शती
कविकर्णपुर		16वीं शती
अप्पय दीक्षित	कुवलयानन्द चित्रमीमांसा	16वीं-17वीं शती
पण्डितराज जगन्नाथ	रसगंगाधर	17वीं शती

रस

- कविता, कहानी, उपन्यास आदि को पढ़ने या सुनने एवं नाटक को देखने से जिस आनन्द की अनुभूति होती है, उसे रस कहते हैं।
- रस को काव्य की आत्मा माना गया है।
- आचार्य विश्वनाथ ने 'साहित्य-दर्पण' में 'वाक्यं रसात्मकं काव्यं' अर्थात् 'रसात्मक वाक्य ही काव्य है' कहा गया है।
- काव्य को पढ़ते या सुनते समय हमें जिस आनन्द की अनुभूति होती है, उसे ही रस कहते हैं।
- रस सिद्धान्त के आदि प्रणेता 'नाट्यशास्त्र' के रचयिता आचार्य भरत मुनि माने जाते हैं।
- भरत मुनि का रस सम्बन्धी मूल सूत्र
- **''विभावानुभाव व्यभिचारि संयोगाद्रसनिष्पत्ति''** अर्थात् विभाव, अनुभाव और व्यभिचारी भाव के संयोग से ही रस की निष्पत्ति होती है।
- रस शब्द की व्युत्पत्ति के अनुसार—'रसस्यते असो इति रसा:' अर्थात् जिससे आस्वाद मिले, वही रस है।
- काव्य में रस का वही महत्त्व है, जो शरीर में प्राण का है। रस ही पाठक या श्रोता को आनन्दमग्न कर भाव समाधि में पहुँचा देता है।
- विभाव, अनुभाव के साथ संचारी भाव के योग से आश्रय के चित्त में स्थायी भाव पैदा होता है, जिससे रस का जन्म होता है।

रस के अवयव

भाव

- रस रूप में पुष्ट या परिणत होने वाला सम्पूर्ण प्रसंग में व्याप्त रहने वाला स्थायी भाव कहलाता है।
- **'दशरूपक'** के रचनाकार धनंजय के अनुसार—''जो विरुद्ध या अविरुद्ध से कभी क्षीण नहीं होता तथा जो अन्य भावों को लवणासागर के समान अपने में लीलकर आदि से अन्त तक बना रहता है।
- डॉ. गोविन्द त्रिगुणायत का कथन है—''सहृदयों के हृदयों में वासना रूप में स्थित शाश्वत मनोविकार साहित्य में स्थायी भाव कहलाते हैं।''
- भरत मुनि ने स्थायी भाव माने थे—रति, शोक, आश्चर्य, क्रोध, उत्साह, भय, हास, जुगुप्सा।
- पश्चात्वर्ती आचार्यों ने निर्वेद, वात्सल्य, ईश्वर विषयक रति आदि तीन स्थायी भाव और जोड़े।

विभाव

- जो व्यक्ति, वस्तु, परिस्थितियाँ आदि स्थायी भावों को जागृत या उद्दीप्त करती हैं, वे विभाव हैं।
- **साहित्य दर्पण** के रचनाकार ने लिखा—''दर्शक या पाठक के हृदय में भावों को आस्वाद योग्य बनाने वाले कारण विभाव हैं।''
- आचार्य रामचन्द्र शुक्ल के अनुसार—''विभाव से अभिप्राय उन वस्तुओं और विषयों के वर्णन से है, जिनके प्रति किसी प्रकार की भाव या संवेदना होती है।''
- डॉ. गोविन्द त्रिगुणायत ने लिखा है कि ''सहृदयों के हृदय में संस्कार रूप में स्थित रति आदि स्थायी भावों के उद्दीपक कारण को विभाव कहते हैं।''
- **विभाव** के दो भेद हैं—'आलम्बन' और 'उद्दीपन'।

अनुभाव

- भावों के उदय होने के पश्चात् आश्रय में जो चेष्टाएँ दीख पड़ती हैं, वे अनुभाव कहलाती हैं।
- आचार्य विश्वनाथ के अनुसार—''आलम्बन, उद्दीपन आदि अपने-अपने कारणों से उत्पन्न भावों को बाहर प्रकाशित करने वाली लोक में जो कार्यरूप होती हैं, वे ही काव्यनाट्यादि में निबद्ध होकर अनुभाव कहलाती हैं।''
- **अनुभाव मुख्य रूप से—सात्विक** (स्तम्भ, स्वेद, रोमांच, स्वरभंग, कम्पन, वैवर्ण्य, प्रलय, अश्रु), **वाचिक** (मन के मोह, हर्ष आदि को अभिव्यक्ति देने के लिए वाणी से कुछ कहना, सीटी बजाना आदि), **कायिक**—(कटाक्ष, भूभंग, संकेत, अंग-संचालन), **आहार्य**—(कृत्रिम वेशभूषा)।

संचारी या व्यभिचारी भाव

- मानव के हृदय में थोड़े समय तक रहते हैं और स्थायी भावों को पुष्ट करने के उपरान्त तुरन्त लुप्त हो जाते हैं।
- **आचार्यों** ने इनकी संख्या 33 बताई है। ये हैं—निर्वेद, ग्लानि, शंका, श्रम, धृति, जड़ता, हर्ष, दैन्य, उग्रता, चिन्ता, त्रास, असूया, अमर्ष, गर्व, स्मृति, मरण, मद, सुप्त, निद्रा, विबोधा, क्रीड़ा, अपस्मार, मोह, मति, आलस्य, आवेग, वितर्क, अवहित्या, व्याधि, उन्माद, विषाद, औत्सुक्य, चापल्य।

- आचार्य रामचन्द्र शुक्ल ने संचारी भावों को सुखात्मक, दुःखात्मक, उभयात्मक एवं उदासीन चार वर्गों में बाँटते हुए एक और 'सटपटाहट' के साथ संचारी भावों की संख्या 34 संचारी भाव माना है।
- महाकवि देव ने 'छल' को भी संचारी भाव माना है।
- इस प्रकार अब संचारी भाव 35 हो गए।

रस के प्रकार

आचार्य भरत मुनि ने आठ रस माने हैं, तो आचार्य विश्वनाथ तथा आचार्य मम्मट ने रसों की संख्या नौ मानी है। आगे चलकर भक्ति तथा वात्सल्य रस जुड़ कर 'ग्यारह' हो गए।

1. श्रृंगार रस

- 'श्रृंग' तथा 'आर' के योग से उत्पत्ति। श्रृंग (काम की उत्पत्ति) तथा आर (गीत या प्राप्ति)। अर्थात् श्रृंगार का अर्थ-काम-वृद्धि की प्राप्ति है। श्रृंगार में स्त्री-पुरुष की पवित्र प्रेम भावना का वर्णन होता है।
- नायक-नायिका के मिलन के वर्णन में **संयोग श्रृंगार** तथा नायक-नायिका के विरह-वियोग की मनोदशा में वियोग या विप्रलम्भ श्रृंगार होता है।

संयोग श्रृंगार

- कौन हो तुम बसन्त के दूत, बिरस पतझड़ में अति सुकुमार;
घन तिमिर में चपला की रेख तपन में शीतल मन्द बयार।
- **विश्लेषण-स्थायीभाव**-रति। **विभाव-आलम्बन**-श्रद्धा, **आश्रय**-मनु, **उद्दीपन**—एकान्त प्रदेश, श्रद्धा की सुन्दरता, कोकिल कण्ठ, रम्य वेशभूषा। **संचारी भाव**—हर्ष, चपलता, आशा, उत्सुकता आदि।

वियोग श्रृंगार

मेरे प्यारे नव जलद से कंज से नेत्र वाले।
जाके आये न मधुबन से औ न भेजा सन्देशा।
मै रो-रो के प्रिय-विरह से बावली हो रही हूँ।
जा के मेरी सब दुःख कथा श्याम को तू सुना दे।।

- **विश्लेषण—स्थायी भाव**—रति। **विभाव-आलम्बन**-कृष्ण। **आश्रय**—राधा। **उद्दीपन**—शीतल-मन्द-पवन और एकान्त स्थल। **संचारी भाव**—स्मृति, रुदन, चपलता, आवेग, उन्माद आदि।

2. हास्य रस

अपने अथवा पराये परिधान, वचन, क्रिया-कलाप आदि से उत्पन्न हुआ हास नामक स्थायी भाव, विभाव, अनुभाव और संचारी भाव के संयोग से हास्य का रूप ग्रहण करता है। जैसे

नाना वाहन नाना वेषा।
बिहँसे सिव समाज निज देखा।।

- कोउ मुख-हीन विपुल मुख काहू। बिनु पद-कर कोउ बहु पद-बाहू।
- **विश्लेषण—स्थायी भाव**—हास। **आलम्बन**—शिव समाज, **आश्रय**—शिव, **उद्दीपन**—विचित्र वेशभूषा। **अनुभाव**—शिवजी का हँसना। **संचारी भाव**—रोमांच, हर्ष, चापल्य।

3. करुण रस

किसी प्रिय व्यक्ति अथवा प्रिय वस्तु के विनाश हो जाने, प्रेमीजन के वियोग, धन की हानि आदि से हृदय में करुण रस की निष्पत्ति होती है। इसका स्थायी भाव-'शोक' है।

जो भूरि भाग्य भरी विदित थी निरुपमेय सुहागिनी।
हे हृदय बल्लभ ! हूँ वही अब मैं महा हतभागिनी।।
जो साथिनी होकर तुम्हारी थी अतीव सनाथिनी।
है अब उसी मुझ-सी जगत में और कौन अनाथिनी।।

- **विश्लेषण-स्थायी भाव**—शोक। **विभाव**—आश्रय-उत्तरा, **आलम्बन**-अभिमन्यु की मृत्यु, **उद्दीपन**—पति के वीरत्व-गुणादि। **अनुभाव**—उत्तरा का क्रन्दन। **संचारी भाव**—स्मृति, दैन्य, रुदन, अपस्मार, जड़ता आदि।

4. वीर रस

दुष्कर कार्यों यथा, युद्ध आदि में वीर रस की उत्पत्ति होती है। वीरता का प्रदर्शन अनेक क्षेत्रों में सम्भव है और उसी के आधार पर दानवीर, वाग्वीर, दयावीर, धर्मवीर, युद्धवीर, शोधवीर, कर्मवीर जैसे वीर हो सकते हैं। इसका स्थायी भाव 'उत्साह' है।

सौमित्र से घननाद का रव, अल्प भी न सहा गया।
निज शत्रु को देखे बिना, उससे तनिक न रहा गया।।

- **विश्लेषण—स्थायी भाव**—उत्साह। **विभाव**—आलम्बन, मेघनाथ (घननाद), **आश्रय**—लक्ष्मण, **उद्दीपन**—घननाद का रव। **अनुभाव**—युद्धोत्सुक होना। **संचारी भाव**—क्षोभ, आवेग आदि।

5. रौद्र रस

अपनी, अपने गुरुजनों या प्रियजनों आदि की निन्दा, मान-भंग, स्वाभिमान पर चोट आदि की स्थिति में रौद्र रस का जन्म होता है। इसका स्थायी भाव 'क्रोध' है।

उस काल मारे क्रोध के तन काँपने उनका लगा।
मानो हवा के जोर से सोता हुआ सागर जगा।।

- **विश्लेषण—स्थायी भाव**—क्रोध। **विभाव**—आश्रय-अर्जुन, **आलम्बन**-शत्रु, **उद्दीपन**-शत्रु की ललकार तथा युद्ध का वातावरण। **अनुभाव**—कम्प। **संचारी भाव**—उग्रता, चपलता, उद्वेग आदि।

6. भयानक रस

किसी भयंकर व्यक्ति, वस्तु या दृश्य को देखने, बलशाली के भयंकर कार्य से उत्पन्न रस 'भयानक' रस है। इसका स्थायी भाव 'भय' है।

एक ओर अजगरहि लखि, एक ओर मृगराइ।
बिकल बटोही बीच ही, परयो मूर्छा खाइ।।

- **विश्लेषण—स्थायी भाव**—'भय'। **विभाव**—आश्रय-बटोही, **आलम्बन**-अजगर और शेर, **उद्दीपन**-निर्जनता और शेर एवं अजगर के बीच घिर जाना। **अनुभाव**—विकलता और मूर्च्छित होना। **संचारी भाव**—पीड़ा, विषाद, शंका, अपस्मार।

7. अद्भुत रस

विचित्र, विस्मयकारक व्यक्ति, वस्तु या कृत्य को देखकर उत्पन्न भाव से अद्भुत रस की उत्पत्ति होती है। इसका स्थायी भाव 'विस्मय' है।

बिनु पद चलै, सुनै बिनु काना।
कर बिनु कर्म करै विधि नाना।।
आनन रहित सकल रस भोगी।
बिनु वाणी वक्ता बड़ जोगी।।

- **विश्लेषण—स्थायी भाव**—विस्मय। **विभाव**—आश्रय-पाठक या दर्शक या श्रोता, **आलम्बन**—उक्त पंक्तियाँ या व्यक्ति-कर्म, **उद्दीपन**-बिना

शारीरिक अंगों के कार्य सम्पन्न होना। **अनुभाव**—मुख फाड़कर रह जाना, दाँतों तले अँगुली दबाना आदि। **संचारी भाव**—हर्ष, भ्रान्ति, आवेग, वितर्क, चिन्ता, जड़ता, चंचलता, स्वर-भंग, उत्सुकता आदि।

8. वीभत्स रस

'घृणा' नामक स्थायी भाव से इस रस की उत्पत्ति होती है। घृणा पैदा करने वाली वस्तुओं (पीव, हड्डी, मांस, चर्बी आदि) के सड़ने की दुर्गन्ध से हृदय में एक प्रकार की ग्लानि उत्पन्न होती है। इसका स्थायी भाव—'जुगुप्सा' नाम से भी पुकारा जाता है।

कोउ अंतड़िनि का पहिरि माल इतरात दिखावत।
कोउ चरबी ले चोप सहित निज अंगनि लावत।।
कोउ मुंडनि ले मनि, मोद कंदुक लौ डारत।
कोउ रुंडनि पै बैठि करेजी फारि निकारत।।

- **विश्लेषण—स्थायी भाव**—जुगुप्सा। **आश्रय**—पाठक, दर्शक, श्रोता। **आलम्बन**—श्मशान का दृश्य। **उद्दीपन**—अंतड़ी की माला पहनना, शरीर पर चर्बी पोतना, हाथों में मुण्डों को लेकर गेंद की तरह उछालना आदि। **अनुभाव**—नाक-भौं सिकोड़ना, थूकना, रोमांच आदि। **संचारी भाव**—दैन्य, ग्लानि, निर्वेद, चंचलता ।

9. शान्त रस

संसार की क्षण भंगुरता, असारता तथा विषय-भोगों की अनिश्चितता तथा परमात्मा के ज्ञान से उत्पन्न 'वैराग्य' ही पुष्ट होकर शान्त रस में परिणत होता है। इसका स्थायी भाव 'निर्वेद' (उदासीनता) है।

मन पछितैहै अवसर बीते।
दुर्लभ देह पाई हरिपद भजु, करम वचन अरु हीते।
अब नाथहिं अनुराग, जागु जड़-त्यागु दुरासा जीते।
बुझे न काम अगिनि तुलसी कहुँ विषय भोर बहु घी ते।।

- **विश्लेषण—स्थायी भाव**—निर्वेद। **विभाव**—आश्रय-तुलसी (पाठक)। **आलम्बन**-संसार की निस्सारता। **उद्दीपन**-अपना मनुष्य जन्म व्यर्थ होने की चिन्ता। **अनुभाव**—वैराग्य परक वचन। **संचारी भाव**—मति, धृति, स्मृति, ग्लानि, दैन्य, जड़ता आदि।

10. वात्सल्य रस

सन्तान-स्नेह या वत्सलता स्थायी भाव से इस रस की उत्पत्ति होती है। प्राचीन आचार्यों ने इसे श्रृंगार के अन्तर्गत माना। परन्तु आज यह स्वतन्त्र रस है। इसका वर्णन हिन्दी साहित्य में अनुपमेय है। सूर तो इसके सम्राट कहे गए।

- इसके भी 'संयोग वात्सल्य' और 'वियोग वात्सल्य' दो भेद किए गए हैं।

संयोग वात्सल्य

'माँ ओ' कहकर बुला रही थी, मिट्टी खाकर आई थी।
कुछ मुँह मे कुछ लिए हाथ मे, मुझे खिलाने आई थी।
मैंने पूछा यह क्या लाई, बोल उठी वह 'माँ काओ'।
हुआ प्रफुल्लित हृदय खुशी से, मैंने कहा 'तुम्हीं खाओ'।।

वियोग वात्सल्य

संदेशो देवकी सौ कहियो।
हौं तो धाय तिहारे सुत की कृपा करत ही रह्यो।
उबटन तेल औ तातो जल देखत ही भजि जाते।
जोइ-जोइ माँगत सोइ सोइ देत क्रम-क्रम करि न्हाते।।

- **विश्लेषण—स्थायी भाव**—'वत्सल'। **विभाव**—आश्रय-माता। **आलम्बन**—पुत्र (कृष्ण) या बेटी। **उद्दीपन**—कृष्ण की बाल-क्रीडाएँ या बेटी का मिट्टी खाकर आना। **अनुभाव**—आलिंगन, चुम्बन, स्मरण, एकटक देखना, भावावेग से आँखों में आँसू आ जाना। **संचारी भाव**—मोह, आवेग, हर्ष, अश्रु, चिन्ता, रोमांच आदि।

11. भक्ति रस

ईश्वर या देवता के विषय में जो रति (श्रद्धा) भाव भक्त के हृदय में उत्पन्न होता है, उसी से भक्ति रस की उत्पत्ति होती है। स्थायी-भाव—'देवता विषयक रति'।

मेरे तो गिरधर गोपाल दूसरा न कोई।
जाके सिर मोर मुकुट मेरो पति सोई।
साधुन संग बैठि-बैठि लोक लाज खोई।
अब तो बात फैल गई जाने सब कोई।
अँसुअन जल सीचि-सीचि प्रेम बेल बोई।
मीरा की लगन लागी होनी हो सो होई।।

- **विश्लेषण—स्थायी भाव**—कृष्ण विषयक रति भाव।
- **विभाव**—आश्रय-मीरा, **आलम्बन**-कृष्ण **उद्दीपन**-सत्संग ।
- **अनुभाव**-आँसू, रोमांचित होना आदि, कृष्ण गुणगान, संकीर्तन।
- **संचारी भाव**—हर्ष, स्मृति, पुलक, गर्व, उत्सुकता आदि।

छन्द

जिन रचनाओं में वर्ण, मात्रा, यति, गति, तुक आदि पर बल दिया जाता है, वे छन्द कहलाते हैं। डॉ. वासुदेव प्रसाद वे+ अनुसार, ''अक्षरों की संख्या एवं क्रम, मात्रा-गणना तथा यति-गति से सम्ब्र द्धविशिष्ट नियमों से नियोजित पद्य रचना 'छन्द' कहलाती है।''

पिंगलाचार्य को छन्दशास्त्र का आदि आचार्य माना जाता है। इन्होंने अपने ग्रंथ छन्दसूत्र में छन्द का विस्तृत वर्णन किया है।

इनवे+ नाम पर छन्दशास्त्र को पिंगलशास्त्र भी कहा जाता है।

छन्द के अंग

1. वर्ण

वर्ण ही अक्षर कहलाते हैं। इसके दो भेद हैं

(i) हृहस्व जिन वर्णों के उच्चारण में थोड़ा समय लगे, वे ह्रस्व वर्ण कहलाते हैं जैसे अ, इ, उ, ;।

इसकी एक मात्रा मानी जाती है। इन्हें लघु की संज्ञा भी दी गई है, इनका चिऋ '।' है।

(ii) दीर्घ जिन वर्णों के उच्चारण में ह्रस्व वर्ण से दोगुना समय लगे, उन्हें दीर्घ वर्ण कहा जाता है जैसे आ, ई, ऊ, ए, ऐ ओ, औ।

इसकी दो मात्राएँ मानी जाती हैं। इन्हें गुरु की संज्ञा भी दी गई है इसका चिह्न '*' है।

2. मात्रा

किसी स्वर के उच्चारण में जितना समय लगता है वह मात्रा कहलाती है। छन्दशास्त्र में मात्रा की कई संज्ञाएँ दी गई हैं। जैसे माता, मत, कला, कल।

3. यति

छन्दों को पढ़ते समय कई स्थानों पर विराम लेना पड़ता है। उन्हीं विराम स्थलों को 'यति' कहते हैं।

4. गति

छन्दों को पढ़ते समय एक प्रकार के प्रवाह ॒धाराॠ की अनुभूति होती है, जिसे गति कहते हैं।

5. तुक

छन्दों के पदान्त में जो अक्षरों की समानता पायी जाती है, उन्हें तुक कहते हैं। तुक दो प्रकार के होते हैं–॒कॠ तुकान्त, ॒खॠ अतुकान्त।

तुक वाले छन्द तुकान्त व तुक-हीन छन्दों को अतुकान्त कहते हैं।

6. लघु और गुरु

छन्दशास्त्र में ह्रस्व को लघु और दीर्घ को गुरु कहते हैं। गुरु का चिह्न '*' है। लघु का चिह्न '।' है।

गण–तीन वर्णों के लघु-गुरु क्रम के अनुसार योग को गण कहते हैं। गणों की संख्या आठ होती है। ये हैं–यगण, मगण, तगण, रगण, जगण, भगण, नगण, सगण।

हिन्दी वे + प्रमुख छन्द

मात्रा और वर्ण के आधार पर छन्द मुख्यतया दो प्रकार के होते हैं–मात्रिक छन्द और वर्णिक छन्द।

मात्रिक छन्द

1. दोहा

अर्द्ध सम मात्रिक छन्द, चार चरण, प्रथम और तृतीय चरण में 13-13 तथा द्वितीय और चतुर्थ चरण में 11-11 मात्राएँ, विषम चरणों के अन्त में जगण (।ऽ।) नहीं होना चाहिए—

ऽऽ ।। ऽऽ ।ऽ ऽऽ ऽ।। ऽ।

मेरी भव बाधा हरौ, राधा नागरि सोय।

ऽ ।। ऽ ऽऽ ।ऽ ऽ। ।।। ।। ऽ।

जा तन की झाँई परै, स्याम हरित दुति होय।।

2. चौपाई

सम मात्रिक छन्द, चार चरण, प्रत्येक चरण में 16-16 मात्राएँ, अन्त में जगण (।ऽ।), तगण (ऽऽ।) का निषेध।

।।। ।।। ऽ।। ।।ऽऽ ।।। ।ऽ। ।ऽ।। ऽऽ

निरखि सिद्ध साधक अनुरागे। सहज सनेहु सराहन लागे।।

ऽ। । ऽ।। ऽ। ।।। ऽ ।।। ।।। ।। ।।। ।।। ऽ

होत न भूतल भाउ भरत को। अचर सचर चर अचर करत को।।

3. सोरठा

अर्द्धसम मात्रिक-छन्द, प्रथम एवं तृतीय चरण में 11-11 और द्वितीय एवं चतुर्थ चरण में 13-13 मात्राएँ, दोहे का उल्टा होता है—

ऽ। ।ऽ।। ऽ। ।। ।।। ऽ।। ।।।

नील सरोरुह स्याम, तरुन अरुन बारिज नयन।

।।। ऽ ।। ।। ऽ। ।ऽ ऽ। ऽ।। ।।।

करउ सो मम उर धाम, सदा छीर सागर सयन।।

4. कुण्डलियाँ

विषम मात्रिक छन्द, छः चरण, प्रत्येक चरण में 24 मात्राएं, आदि में एक दोहा तथा बाद में एक रोला जोड़कर यह छन्द बनता है।

जिस शब्द से आरम्भ उसी पर अन्त होता है 'दोहे' का चौथा तथा 'रोला' का प्रथम चरण 'एक' ही होता है—

साईं बैर न कीजिए गुरु पण्डित कवि यार।

ऽऽ ऽ। । ऽ।ऽ ।। ऽ।। ।। ऽ।

बेटा बनिता पौरिया यज्ञ करावन हार।।

ऽऽ ।।ऽ ऽ।ऽ ऽ। ।ऽ।। ऽ।

यज्ञ, करावन हार, राजमन्त्री जो होई।

ऽ। ।ऽ।। ऽ। ऽ।ऽऽ ऽ ऽऽ

विप्र पड़ौसी वैद्य आपुनौ तपै रसोई।।

।। ।ऽऽ ऽ। ऽ।ऽ ।ऽ ।ऽऽ

कह गिरिधर कविराय जुगन, सो यह चलि आई।

।। ।।।। ।।।। ।।। ऽ ।। ।। ऽऽ

इन तेरह को तरह दिए बनि आवै साईं।।

।। ऽ।। ऽ ।।। ।। ।। ऽऽ ऽऽ

5. बरवै

- अर्द्धसम मात्रिक छन्द, विषम चरणों में 12-12 तथा सम चरणों में 7-7 मात्राएँ। सम चरणों के अन्त में जगण (।ऽ।) होता है
- चम्पक हरवा अँग मिलि, अधिक सुहाय।
- जानि परै सिय हियरे, जब कुंभिलाइ।।

6. हरिगीतिका

सम मात्रिक छन्द, चार चरण, प्रत्येक चरण में 28 मात्राएँ, 16-12 पर यति, प्रत्येक चरण के अन्त में रगण (ऽ।ऽ) आवश्यक है

खग-वृन्द सोता है अतः कल-कल नहीं होता वहाँ।

।। ऽ। ऽऽ ऽ ।ऽ ।। ।। ।ऽ ऽऽ ।ऽ

वर्णिक छन्द

1. इन्द्रवज्रा

समवर्ण वृत्त, चार चरण, प्रत्येक चरण में 11-11 वर्ण, गणक्रम त-त-ज-2 गुरु।

ऽऽ।ऽ ऽ। ।ऽ।ऽ ऽ ऽऽ।ऽ ऽ ।। ऽ। ऽऽ

- मैं जो नया ग्रन्थ विलोकता हूँ, भाता मुझे सो नव मित्र सा है।
  देखूँ उसे मैं नित नेम से ही, मानो मिला मित्र मुझे पुराना।।

2. उपेन्द्रवज्रा

- सम वर्ण वृत्त, चार चरण, 11 वर्ण (प्रत्येक चरण में), गणक्रम-ज त ज -2 गुरु।
- बड़ा कि छोटा कुछ काम कीजै, परन्तु पूर्वापर सोच लीजै।
- बिना विचारे यदि काम होगा, कभी न अच्छा परिणाम होगा।।

3. वसन्ततिलका

- सम वर्ण वृत्त, चार चरण, प्रत्येक चरण में 14वर्ण, गणक्रम—त भ ज ज-2गुरु
  ''जो राजपंथ वन-भूतल में बना था''।।

  ऽ ऽ। ऽ। ।। ऽ।। ऽ ।ऽ ऽ

4. **सवैया**

- 22-26 तक के वर्ण वृत्त 'सवैया' जाने जाते हैं।

मत्तगयंद सवैया

23 वर्ण, सम वर्ण वृत्त, प्रत्येक चरण में 7 भगण (ऽ।।) तथा 2 गुरु।

'सीस जटा उर बाहु विसाल, विलोचन लाल तिरीछी सी भौहै।

ऽ। ।ऽ ।। ऽ। ।ऽ। ।ऽ।। ऽ। ।ऽऽ ऽ ऽऽ

सुन्दरी सवैया

सम वर्ण वृत्त, 25 वर्ण, आठ सगण, एक गुरु वर्ण।

भुव भारहि संयुक्त राकस को गन जाय रसातल मैं अनुराग्यौ।

।। ऽ।। ऽ।। ऽ।। ऽ ।। ऽ। ।ऽ।। ऽ ।।ऽऽ

सुमुखि सवैया

इसे मदिरा सवैया भी कहते हैं। 11-12 वर्ण पर यति, सात जगण।

''सखीन सो देत उराहनो नित्य सो चित्र संकोच सने लहिए।''

5. **मनहर कवित्त**

यह दण्डक वृत्त, 31 चरण, 16-15 पर यति, अन्त में गुरु वर्ण

- ''बालधी विसाल विकराल ज्वाल जाल मानौं, लंक लीलिबे को काल रसना पसारी है।।''

6. **मन्दाक्रान्ता**

सम वर्ण वृत्त, 17 वर्ण, गण क्रम— भ-भ-न-त-त + 2 गुरु, 10-7 पर यति

- बैठी खिन्ना यक दिवस वे गेह में थी अकेली।

7. **मालिनी**

सम वर्ण वृत्त, 15 वर्ण, 7-8 पर यति, गण-क्रम- न-न-भ-य-य।

- 'पल-पल जिसके मैं पंथ को देखती थी।'

8. **गीतिका**

सम मात्रिक छन्द, 26 मात्राएँ, 14-12 पर यति। अन्त में लघु-गुरु वर्ण।

9. **छप्पय**

मात्रिक विषम छन्द, छः चरण, रोला (4 पंक्ति) + उल्लाला (2 पंक्ति)।

मन हर, मनहरण, घनाक्षरी, कवित्त छंद

यह वर्णिक सम छंद होता है। इसके हर चरण में 31 से 33 वर्ण होते हैं और अन्त में तीन लघु होते हैं। 16, 17 वें वर्ण पर विराम होता है जैसे—

कवित्त छंद के उदाहरण

- मेरे मन भावन के भावन के ऊध्व के आवन की
- सुधि ब्रज गाँवन में पावन जबै लगीं।
- कहै रत्नाकर सु ग्वालिन की झौर-झौर
- दौरि-दौरि नन्द पौरि, आवन सबै लगीं।
- उझकि-उझकि पद-कंजनी के पंजनी पै,
- पेखि-पेखि पाती, छाती छोहन सबै लगीं।
- हमको लिख्यौ है कहा, हमको लिख्यौ है कहा,
- हमको लिक्ष्यौ है कहा, पूछ्न सबै लगी।

द्रुतविलम्बित छंद

हर चरण में 12 वर्ण, एक नगण, दो भगण तथा एक सगण होते हैं। जैसे—

द्रुतविलम्बित छंद के उदाहरण

- दिवस का अवसान समीप था,
- गगन था कुछ लोहित हो चला।
- तरु शिखा पर भी अब राजती,

कमलिनी कुल-वल्लभ की प्रभा।।

अलंकार

काव्य को सुन्दरतम बनाने के लिए अनेक उपकरणों की आवश्यकता पड़ती है। इन उपकरणों में एक 'अलंकार' भी है।

- मानव शरीर को अलंकृत करने के लिए वस्त्राभूषण आवश्यक हैं, कविता को सजाने के लिए अलंकार आवश्यक हैं।
- **आचार्य दण्डी**—''काव्यशोभाकरान् धर्मान् अलंकारान् प्रचक्षते''।
- **भामह**—''न कान्तमपिनिभूषणं विभाति वनिता मुखम्''।
- **ब्लेअर**—''कल्पना या भावावेश से भाषा अलंकृत होती है।''
- **केशव**—''जदपि सुजाति सुलच्छनि, सुबरन, सरस, सुवृत्त।
  भूषण बिनु नहि राजहि, कविता वनिता मित्त।''
- **आचार्य रामचन्द्र शुक्ल**—''भावों का उत्कर्ष दिखाने और वस्तुओं के रूप, गुण और क्रिया का अधिक तीव्र अनुभव कराने में कभी-कभी सहायक होने वाली युक्ति अलंकार है।''
- **पन्त**—''अलंकार केवल वाणी की सजावट के लिए नहीं, वे भाव की अभिव्यक्ति के विशेष द्वार हैं।''

अलंकार के भेद

- अलंकार मुख्यतः दो प्रकार के होते हैं—*शब्दालंकार* और *अर्थालंकार*।
- 'शब्दों' (वर्ण एवं शब्द) के माध्यम से काव्य में चमत्कार उत्पन्न हो, वहाँ शब्दालंकार होता है।
- 'अर्थ' के माध्यम से चमत्कार उत्पन्न हो, वहाँ अर्थालंकार होता है।
- विद्वान तीसरा भेद 'उभयालंकार' भी मानते हैं, जिसमें शब्द व अर्थ-दोनों से चमत्कार उत्पन्न किया जाए।

शब्दालंकार

अनुप्रास—व्यंजनों की बार-बार आवृत्ति। इसके- छेकानुप्रास, वृत्यानुप्रास, श्रुत्यानुप्रास, लाटानुप्रास, अन्त्यानुप्रास, पाँच भेद हैं—

"पूत सपूत तो क्यों धन संचय।
पूत कपूत तो क्यों धन संचय।।"

यमक—एक से अधिक बार शब्द विभिन्न अर्थों में प्रयुक्त

"उधौ जोग-जोग हम नाहिं"।

श्लेष—एक बार शब्द प्रयोग से अनेकार्थ की व्यंजना।

"चिरजीवौ जोरी जुरै क्यों न सनेह गंभीर।
को घटि ए वृषभानुजा वे हलधर के वीर।।"

वक्रोक्ति—''वक्ता के आशय से भिन्न अर्थ की कल्पना''। इसके-काकु तथा श्लेष दो भेद होते हैं, जैसे ''को द्वार पै, हरि, मैं राधे। क्या वानर का काम यहाँ ?''

अर्थालंकार

उपमा—समान धर्म, गुण या क्रिया के आधार पर एक वस्तु की तुलना दूसरी वस्तु से की जाए; जैसे

"पीपर पात सरिस मन डोला"

रूपक—उपमेय में उपमान का अभेद आरोप

"चरण-कमल बन्दौ हरिराई"

उत्प्रेक्षा—उपमेय में उपमान की सम्भावना

"मनहुँ सुभग-सिंगार-सिसु-तरु,
फरयो अद्भुत फरनि।।"

सन्देह—एक वस्तु के सम्बन्ध में अनेक वस्तुओं का सन्देह

"कैंधो व्योम विथिका भरे है भूरि धूमकेतु।
वीर रस वीर तरवारि सी उघारी है।।"

भ्रान्तिमान—समानता के कारण एक वस्तु में दूसरी वस्तु का भ्रम हो जाए

"किंशुक कुसुम जानकर झपटा, भौरा शुक की लाल चोंच पर।
तोते ने निज चोंच चलाई, जामुन का फल उसे समझकर।।"

अनन्वय—उपमान के अभाव में उपमेय को ही उपमान मान लिया जाए

"राम से राम, सिया सी सिया।।"

प्रतीप—प्रसिद्ध उपमान को उपमेय बना दिया जाए। उपमा का उल्टा अलंकार—

"उतरि नहाये जमुन जल जो सरीर सम स्याम।।"

दृष्टान्त—उपमेय व उपमान के साधारण धर्म में भिन्नता होते हुए भी बिम्ब-प्रतिबिम्ब भाव से कथन किया जाए

"करत-करत अभ्यास के जड़मति होत सुजान।।
रसरी आवत जात ते सिल पर परत निसान।।"

अतिशयोक्ति—लोकमर्यादा का अतिक्रमण करते हुए किसी वस्तु की अतिशय प्रशंसा

"देखलो साकेत नगरी है यही,
स्वर्ग से मिलने गगन को जा रही।"

मानवीकरण—जड़ वस्तुओं पर मानवी क्रियाओं का आरोपण

"आई धीरे इस सदन में पुष्प सद्‌गंध को ले।
x x x x x
प्यारी प्रातः पवन इतना क्यों मुझे है सताती।
क्या तू भी है कलुषित हुई काल की क्रूरता से।।

अन्योक्ति—अन्य के प्रति कही गई उक्ति, प्रतीकों से प्रस्तुत का वर्णन—

स्वारथ, सुकृत, श्रम वृथा देखि विहंग विचारि।
बाज पराये पानि परि, तू पच्छिनु न मारि।।

विभावना अलंकार—जहाँ पर बिना किसी हेतु अथवा कारण के ही कार्य की उत्पत्ति का वर्णन किया जाए वहाँ पर विभावना अलंकार होता है। इसके 6 भेद होते हैं।

प्रथम विभावना—जहाँ प्रसिद्ध कारण के अभाव में कार्य होता है। जैसे—

बिनु पद चलै सुनै बिन काना।
कर बिनु कर्म करै विधि नाना।।
आनन रहित सकल रस भोगी।
बिनु बानी वक्ता बड़ योगी।।

यहाँ पर पद, कर, आनन, बानी आदि प्रसिद्ध कारणों के बिना भी चलने, कर्म करने, रस भोगने, बोलने आदि कार्यों का वर्णन किया गया है।

द्वितीय विभावना—जहाँ अपूर्ण कारण से ही कार्य हो जाए। जैसे—

रामचंद्र कटि सौं पटु बाँध्यो।
लीलयैव हर को धनु साँध्यो।।
नेकु ताहि कर-पल्लव सों छावै।
फूल-मूल जिमि टूक कर यौ द्वै।।

यहाँ पर धनुष खाने को छूना अपूर्ण कारण है, परन्तु फिर भी धनुष के टूटने का कार्य हो जाता है।

तृतीय विभावना—जहाँ प्रतिबन्धक होने पर भी कार्य की उत्पत्ति होती है। जैसे—

गुरु गृह पढ़न गए रघुराई।
अल्प काल विदया सब पाई।।

विद्या प्राप्ति के लिए अधिक समय अपेक्षित होता है, परन्तु यहाँ अल्पकाल में ही उसे प्राप्त कर लिया गया।

लाज लगाम व मानहीं, नैना मो बस नाहीं।
ये मुँहजोर तुरंग लौं, ऐंचत हू चलि जाहिं।।

यहाँ पर लाज-लगाम रूपी प्रतिबन्धक के होते हुए भी नायिका के नैन-तुरंग वश में नहीं रह पाते। इस प्रकार प्रतिबन्धक के रहते हुए भी कार्य हो जाता है।

चतुर्थ विभावना—जहाँ कारण से ही कार्य की उत्पत्ति हो जाती है। जैसे—

क्या देखूंगी न अब कढ़ता इंद्र को आलयों से?
क्या फूलेगा न अब, गृह में अब पदम सौन्दर्यशास्त्री?

यहाँ घरों में इंद्र का निकलना, घरों में कंज का खिलना कारण ही है।

पंचम विभावना—जहाँ विरुद्ध कारण से कार्य हो जाए। जैसे—

'तेरा होना उदय ब्रज में तो अंधेरा करेगा।'

यहाँ पर सूर्य से अंधकार की उत्पत्ति कही गई है जो विरुद्ध कारण है।

चुभते ही तेरा अरुण बान।
बहते कन-कन से फूट-फूट मधु के निर्झर से सजल गान।।

यहाँ पर बाण के चुभने से गान का निकलना विरुद्ध कारण से कार्य का होना दिखाया गया है।

षष्टम विभावना—जहाँ कार्य से कारण की उत्पत्ति का वर्णन किया जाए। जैसे—

'कमलनयन से बहि चली जलधारा तेहि काल।'

जल से कमल की उत्पत्ति होती है, परन्तु यहाँ कमल से जल का बहना दिखाया गया है।

अचरज भूषण मन बढ़यो, श्री सिवराज खुमान।
तव कृपानु धुव धूम से, भयो प्रताप कृसान।।

अग्नि से धुएँ की उत्पत्ति होती है, परन्तु यहाँ पर धुएँ से अग्नि की उत्पत्ति दिखाई गई है।

असंगति अलंकार

- जब कारण कहीं हो और कार्य कहीं दूसरे स्थान पर तब असंगित अलंकार होता है। इस अलंकार में कार्य तथा कारण ही स्थिति अलग-अलग स्थान पर दिखाई जाती है। प्रायः जहाँ पर कारण रहता है वहीं उससे अलग होने वाला कार्य भी रहता है, पर इस अलंकार में कारण तथा कार्य का स्थान अलग-अलग दिखाया जाता है।

इसके तीन भेद हैं—

प्रथम असंगति—एक ही समय में कारण तथा कार्य का अलग-अलग होना प्रथम असंगति है। जैसे—

हृदय घाव मेरे पीर रघुवीरै।
पाह सजीवनि जागि कहत यों प्रेम पुलकि विसराय सरीरै।।

यहाँ पर शक्ति का घाव तो होता है लक्ष्मण जी के शरीर में और पीड़ा होती है। रघुवीर के। साधारणत: जहाँ घाव होता है वहीं पीड़ा भी होती है; परन्तु यहाँ पर दोनों को अलग-अलग दिखाया गया है।

द्वितीय असंगति—जो कार्य जिस स्थान पर होना चाहिए, उसको दूसरे स्थान पर दिखाने में द्वितीय संगति होती है। जैसे—

'तेरे अरि की अंगना तिलक लगायौ पानि।।'

तिलक माथे पर दिया जाता है, परन्तु तेरे शत्रु की स्त्रियाँ हाथ में तिलक करती हैं। भाव यह है कि अपने वैभव के कारण अपने हाथ से मस्तक का सौभाग्य चिह्न मिटाती है।

तृतीय असंगति—जिस कार्य को आरम्भ किया जाए उसे छोड़कर दूसरा कार्य किया जाए। जैसे—

'मोह मिटायो नाही प्रभु मोह लगा यो आनि।'

प्रभु ने मोह नहीं मिटाया (जो आवश्यक था) और उल्टा मोह लगा दिया। बिहारी का निम्नलिखित दोहा असंगति का प्रसिद्ध उदाहरण है।

दृग उरझत टूटत कुटुम, जुरत चतुर चित प्रीति।
परति गांठ दुरजन हिए, दई नई यह रीति।।

प्राय: यह देखा जाता है कि जो वस्तु उलझती है वही टूटती है परन्तु यहाँ पर उलझती तो आँखें हैं, और टूटता है कुटुम्ब।

विरोधाभास अलंकार

- जहाँ दो वस्तुओं में मूलत: विरोध न होने पर भी विरोध के आभास का वर्णन किया जाए, वहाँ विरोधाभास अलंकार होता है: जैसे—

या अनुरागी चित्र की, गति समुझै नहिं कोय।
ज्यों ज्यों बूड़े श्याम रंग, त्यों त्यों उज्ज्वल होय।।

शब्द शक्तियों के भेद एवं उदाहरण।

- शब्द में अर्थ किस प्रकार आता है? आपने कभी सोचा है? जब हम कहते हैं कमल, तब हम क + म + ल ध्वनियों को मिलाकर एक शब्द बना लेते हैं। लेकिन कमल का अर्थ क्या है? अर्थ है सरोवर में खिला हुआ सफेद लाल नुकीली पंखुड़ियों वाला एक विशेष फूल। उस विशेष फूल को एक नया नाम दे दिया गया कमल। इसी प्रकार दुनिया में जितनी चीजें हैं, उन्हें मनुष्य ने नाम दे दिया है। पदार्थों को सूचित करने के लिए जो शब्द कहा जाता है उसमें अर्थ उन पदार्थों से ही आता है।
- बच्चों की दुनिया बहुत छोटी होती है इसलिए उनका शब्द भण्डार भी बहुत छोटा होता है। जैसे-जैसे हम बड़े होते जाते हैं हम बहुत-सी चीजों, बातों, परिस्थितियों, भावों और विचारों के सम्पर्क में आते जाते हैं और हमारा शब्द भण्डार भी बढ़ता जाता है। अर्थात् दुनिया की बातों और चीजों के सम्पर्क तथा सम्बन्ध से नये-नये शब्द बनते हैं। जैसे हमारे सम्बन्ध समाज में होते हैं, उसी प्रकार शब्द के सम्बन्ध भी होते हैं, जिन्हें वाक्य कहते हैं। शब्दों के इस सम्बन्ध का अध्ययन व्याकरण में होता है।
- भाषा का काम है कार्य को सूचित करना। लेकिन साहित्य में जिस भाषा का व्यवहार किया जाता है वह सिर्फ अर्थ नहीं बताती। साहित्य की भाषा का कार्य है अनुभूति और रस को व्यक्त करना या निर्मित करना। अर्थ को मनोहर बनाकर कहने से रस की प्रतीति होती है। अर्थ को मनोहर बनाने में कवि शब्द का प्रयोग विशेष प्रकार से करता है। इस विशेषता का अध्ययन व्याकरण नहीं, काव्यशास्त्र करता है।
- काव्यशास्त्र' के अनुसार शब्द में अर्थ तीन प्रकार से आता है। अर्थ के जो तीन स्रोत हैं उन्हीं के आधार पर शब्द की तीन शक्तियों का नामकरण किया गया है।

पहला स्रोत है पदार्थ। शब्द और पदार्थ के सीधे सम्बन्ध से जो अर्थ उत्पन्न होता है, उसे अभिधा शब्द शक्ति कहते हैं। जैसे ऊपर 'कमल' का उदाहरण दिया गया है।

- कभी-कभी शब्द का प्रयोग विशेष प्रयोजन से किया जाता है। जैसे सीता का मुख कमल है। सीता का मुख और कमल दो अलग-अलग वस्तुएँ हैं। लेकिन मुख की सुन्दरता को बढ़ा-चढ़ा कर कहने के विशेष प्रयोजन के कारण दोनों को एक कर दिया गया है। यहाँ अर्थ इस विशेष प्रयोजन के कारण उत्पन्न होता है। इस प्रकार दूसरा स्रोत या शक्ति प्रयोजन है। इसे लक्षणा शब्द शक्ति कहते हैं।
- इसके अतिरिक्त एक और स्रोत या शक्ति है जिससे अर्थ उत्पन्न होता है। यह स्रोत, वस्तु और प्रयोजन से अलग है। इसमें शब्द और वाक्य का अर्थ नहीं बदलता लेकिन प्रसंग से कई अर्थों की व्यंजना होने लगती है। इसे व्यंजना शब्द शक्ति कहते हैं।

इन तीनों शब्द शक्तियों के अनुसार, शब्द और उनके अर्थ को अलग-अलग नाम दिया गया है।

- अभिधा में शब्द का नाम है वाचक और अर्थ का नाम है वाच्यार्थ या मुख्यार्थ।
- लक्षणा में शब्द को लक्षक और अर्थ को लक्ष्यार्थ कहते हैं।
- व्यंजना में शब्द को व्यंजक कहते हैं और अर्थ को व्यंग्यार्थ।

अभिधा

जीवन के नित्य व्यवहार में अभिधा का अत्यधिक महत्त्व है। शब्द को सुनकर हम उसके प्रचलित और निश्चित अर्थ को तुरन्त समझ लेते हैं। जैसे सिंह कहने से एक विशेष प्रकार के जीव को हम समझ लेते हैं। उसे किताब या पेड़ नहीं समझते। यहाँ सिंह वाचक शब्द है जिसका मुख्यार्थ विशेष जीव है जो निश्चित है। व्यवहार, परम्परा, कोश, व्याकरण आदि से यह अर्थ सिद्ध और निश्चित है। यानी शब्द और उसके अर्थ के बीच किसी प्रकार की बाधा नहीं है। अलंकार शास्त्र में इसे साक्षात् संकेतित कहते हैं।

अलंकार शास्त्रियों के अनुसार काव्य में अभिधा शब्द शक्ति का विशेष महत्त्व नहीं है। लेकिन आचार्य रामचन्द्र शुक्ल के साक्ष्य पर कहा जा सकता है कि जब कविता में कल्पना और सौन्दर्यवाद का अतिशय जोर हो जाता है तब जीवन की वास्तविकता पर बल देने के लिए काव्य में भी अभिधा शक्ति का महत्त्व बढ़ जाता है।

लक्षणा

ऊपर जिस सिंह शब्द का उल्लेख किया गया है अगर उसे इस तरह कहा जाए कि शिवाजी सिंह हैं तो सिंह शब्द के प्रचलित या मुख्य अर्थ में बाधा पड़ जाती है। हम सब जानते हैं कि शिवाजी आदमी थे, सिंह नहीं। लेकिन यहाँ शिवाजी के लिए सिंह शब्द का प्रयोग विशेष प्रयोजन के लिए किया गया है। शिवाजी के साहस और वीरतापूर्ण कार्यों को लक्षित करने के लिए सिंह शब्द का प्रयोग हुआ है। इस प्रकार यहाँ सिंह शब्द का अर्थ विशेष जीव न होकर वीर और साहसी है। सिंह शब्द का वीर या साहसी अर्थ लक्ष्यार्थ कहा जाएगा, वाच्यार्थ नहीं।

लेकिन यह भी ध्यान रखने की जरूरत है कि वीरता और साहस का जो लक्ष्यार्थ किया गया है, उसका सम्बन्ध सिंह शब्द के वाच्यार्थ या उस विशेष जीव से है। अर्थात् लक्ष्यार्थ, वाच्यार्थ से भिन्न तो होता है लेकिन असम्बद्ध नहीं हो सकता। अभिधा में शब्द और अर्थ सम्बन्धित तो होता है, अभिन्न भी होता है।

ऊपर की बातों से लक्षणा में तीन बातें जरूरी लगती हैं

- मुख्यार्थ में बाधा
- मुख्यार्थ और लक्ष्यार्थ का सम्बन्ध; और
- प्रयोजन

लक्षणा शब्द शक्ति की परिभाषा निम्न प्रकार की गई है

मुख्यार्थ की बाधा हो पर रूढ़ि या प्रयोजन को लेकर जिस शक्ति के द्वारा मुख्यार्थ से सम्बन्ध रखने वाला अर्थ लक्षित हो उसे लक्षणा कहते हैं। इसके कुछ उदाहरण दिए जा रहे हैं

1. **आगि बड़वागि ते बड़ी है आगि पेट की।** —*तुलसी*

यहाँ पेट की आग का कथन किया गया है। पेट में आग नहीं, भूख लगती है। इसलिए मुख्यार्थ की बाधा है। किन्तु तीव्र और कठिन भूख के लिए 'पेट की आग' का प्रयोग परम्परा से होता रहा है। इस परम्परा सम्बन्ध या रूढ़ि से 'पेट की आग' में तीव्र और कठिन भूख का लक्ष्यार्थ व्यक्त होता है। सभी मुहावरे और लेकोक्तियों में लक्षणा होती है। साकेत के आठवें सर्ग में लक्ष्मण जब कुटी के भीतर जाते हैं तो उर्मिला एक कोने में दिखाई पड़ती है

2. **दीख पड़ी कोणस्थ उर्मिला रेखा।** —*मैथिलीशरण गुप्त*

यहाँ कोने में एक रेखा की तरह उर्मिला दिखाई पड़ती है। उर्मिला रेखा नहीं हो सकती। मुख्य अर्थ की बाधा है। अत: रेखा का अर्थ 'दुर्बल' होगा। इसमें कवि का प्रयोजन उर्मिला को दुर्बल बताना है। उसकी दुर्बलता के देखकर लक्ष्मण के मन में वेदना और करुणा का भाव पुष्ट होता है। पाठक के मन में भी यह भाव जागृत होता है।

3. **कौशल्या के वचन सुनि भरत सहित रनिवास।**
व्याकुल बिलपत राजगृह मानहुँ शोक निवास। —*तुलसी*

कौशल्या के वचन सुनकर समस्त राजगृह व्याकुल होकर रो रहा है। राजगृह रो नहीं सकता। राजगृह का अर्थ उसमें रहने वाले लोगों से है। समस्त राजगृह के रोने में अत्यधिक दुख को व्यक्त करने का विशेष प्रयोजन है।

काव्य में लक्षणा के प्रयोग से जीवन के अनुभव को समृद्ध किया जाता है। कल्पना के सहारे सादृश्य और साधर्म्य के अनेकानेक विधानों द्वारा अनुभवों की सूक्ष्मता और विस्तार को प्रगट किया जाता है। इसीलिए काव्य में लक्षण शक्ति की प्रबलता है।

व्यंजना

व्यंजना वह शक्ति है जिससे सूचित अर्थ व्यंग्य होता है। एक शास्त्र प्रसिद्ध वाक्य से व्यंजना को इस प्रकार समझाया गया है—सास ने बहू से कहा—"सूर्य अस्त हो गया।" बहू ने इसका अर्थ समझा कि दीपक जलाओ। यह अर्थ वाच्य नहीं हो सकता, कयोंकि सूर्य का दीपक अर्थ और अस्त होने का जलाना अर्थ किसी प्रकार साक्षात्-संकेत नहीं है। फिर यह अर्थ लक्ष्य भी नहीं है। क्योंकि लक्षणा की पहली शर्त है मुख्यार्थ में बाधा। सो सूर्य का जो वाच्य अर्थ है, वही यहाँ भी है। कहीं कोई बाधा नहीं है इसलिए इस अर्थ को न तो वाच्य ही कह सकते हैं न लक्ष्य ही। यह अर्थ व्यंग्य है। अर्थात् विशेष प्रसंग से इस अर्थ की व्यंजना या प्रतीति होती है। *इसके कुछ उदाहरण हैं*

1. **झूमत मतवारो झमकि बनमाली रस रूप।**

अर्थात् रस से भरे हुए बनमाली मतवाले होकर झूम रहे हैं। 'वनमाली' का अर्थ मेघ और कृष्ण दोनों है। इसके दो अर्थ हो सकते हैं। -मेघ/कृष्ण मतवाले होकर झूम रहे हैं। किन्तु कृष्ण से सम्बन्धित अर्थ का आभास भर है, वह प्रधान नहीं है। यानी मुख्य अर्थ में बाधा के बिना दूसरा अर्थ भी झलकता है। यह दूसरा अर्थ व्यंजित है।

2. **पुर तें निकसी रघुवीर बधू, धरि धीर दये मग में डग द्वै। झलकीं भरि भाल कनी जल की, पुट सूखि गए मधुराधर वै। फिर बूझति हैं, चलनो अब केतिक, पर्नकुटी करि हौं कित ह्वै?** —*तुलसी*

यहाँ सीता राम से पूछती हैं कि आप कहाँ पर्णकुटी बनाएँगे? सीता को पैदल चलने का अभ्यास नहीं है। इस विशेषता के कारण उनके शब्दों से यह अर्थ व्यंजित होता है कि वे थक गई हैं। यह भी ध्यान रहे कि मुख्यार्थ में बाधा नहीं है। पूछने का मुख्य अर्थ भी बना रहता है।

3. **कर्णधार सँभाल कर पतवार अपनी थामना।** —*प्रसाद*

इसमें कर्णधार या नाविक को साधन किया गया है। प्रसंग के अनुसार यह नाविक कोई भी हो सकता है। प्रेम के प्रसंग में प्रेमी या प्रेमिका, युद्ध के प्रसंग में सेनापति और कठिन जीवन के प्रसंग में मनुष्य मात्र को सावधान करने की व्यंजना हो सकती है।

4. **प्रभुहि चितइ पुनि चितव महि राजत लोचन लोल।**
खेलत मनसिज मीन जुग जनु बिधु मण्डल डोल। —*तुलसी*

यह धनुष यज्ञ का प्रसंग है। सीता राम को देखती हैं फिर धरती की ओर देखने लगती हैं। उनके नेत्र चंचल होकर शोभित होने लगते हैं। यह शोभा ऐसी है मानो चन्द्रमण्डल रूपी डोल में कामदेव की दो मछलियाँ खेल रही हों। अभिधा से इसमें केवल इतना अर्थ प्रतीत होता है कि सीता राम को देखकर फिर धरती देखने लगती हैं और उनकी चंचल आँखें सुशोभित हो रही हैं। लेकिन उनकी आँखों को कामदेव की मछलियाँ भी कहा गया है जिससे लक्षणा के द्वारा उन आँखों के आकार की सुन्दरता को बताना भी एक विशेष प्रयोजन है। किन्तु इसके आगे हर्ष, उत्सुकता, लज्जा, रति आदि का भाव विशेष प्रसंग से व्यंजित होता है।

इस प्रकार व्यंजना शक्ति काव्य में अर्थ की गहराई, सघनता और विस्तार लाकर रस को व्यंजित करती है। काव्यशास्त्रियों ने तो सर्वश्रेष्ठ काव्य की सत्ता वहीं स्वीकार की है जहाँ रस व्यंग्य (व्यंजित) हो।

वस्तुनिष्ठ प्रश्न

1. साहित्यशास्त्र तथा काव्यशास्त्र में पहले अलंकार का ही वर्चस्व था। अलंकार के गहन विश्लेषण तथा अर्थ समीक्षा से क्रमशः किस सिद्धान्तों को स्पष्ट रूप मिला?
(a) वक्रोक्ति और ध्वनि
(b) औचित्य और अलंकार
(c) अलंकार तथा रस
(d) रस तथा ध्वनि

2. 'शब्दार्थों सहितौ काव्यम्' किस आचार्य का काव्य लक्षण है?
(a) पण्डितराज जगन्नाथ (b) भामह
(c) विश्वनाथ (d) मम्मट

3. आचार्य दण्डी ने 'शरीरंतावदिष्टार्थ' व्यवच्छिना पदावली' कहकर काव्य की परिभाषा दी है। निम्न में से उनका ग्रन्थ कौन-सा है?
(a) काव्यालंकार (b) काव्यादर्श
(c) काव्य परिचय (d) काव्य प्रकाश

4. आचार्य वामन 8वीं सदी के संस्कृत विद्वान् थे, उन्होंने 'काव्यालंकार सूत्रवृत्ति' ग्रन्थ की रचना की थी, उन्होंने किस सम्प्रदाय का प्रतिपादन किया था?
(a) रस सम्प्रदाय (b) अलंकार सम्प्रदाय
(c) रीति सम्प्रदाय (d) औचित्य सम्प्रदाय

5. आचार्य वामन ने आचार्य भामह व आचार्य दण्डी से अधिक परिष्कृत काव्य की परिभाषा की। उन्होंने किसे काव्य माना?
(a) शब्द और अर्थ के सहित भाव को
(b) इष्ट और अर्थ से युक्त पदावली को
(c) गुण व अलंकार युक्त शब्दार्थ को
(d) शब्दार्थ युक्त, गुण से अलंकृत दोषहीन काव्य को

6. आचार्य रुद्रट ने आचार्य भामह का अनुकरण करते हुए शब्दार्थ को ही काव्य माना। आचार्य रुद्रट कौन-सी शताब्दी के संस्कृत कवि थे?
(a) 6वीं शताब्दी (b) 8वीं शताब्दी
(c) 7वीं शताब्दी (d) 9वीं शताब्दी

7. आचार्य विश्वनाथ 14वीं शताब्दी के प्रसिद्ध संस्कृत आचार्य थे, उन्होंने आचार्य मम्मट के काव्य लक्षणों का खण्डन किया। उन्होंने किस ग्रन्थ की रचना की?
(a) काव्य प्रकाश (b) काव्यालंकार सूत्रवृत्ति
(c) साहित्य दर्पण (d) अभिनव भारती

8. काव्य हेतु के सन्दर्भ में निम्न में से कौन-सा कथन असत्य है?
(a) काव्य हेतु से तात्पर्य काव्य ही उत्पत्ति का कारण है
(b) भामह ने प्रतिभा को काव्य का मुख्य हेतु माना
(c) आचार्य रुद्रट ने प्रतिभा के दो भेद बताए-सहजा एवं उत्पाद्या।
(d) आचार्य हेमचन्द्र ने काव्य के तीन हेतु माने हैं-शक्ति, लोकशास्त्र का अन्वेक्षण और अभ्यास

9. 'प्रतिभा' काव्य के प्रमुख हेतुओं में से एक है। प्रतिभा को कवि का तृतीय नेत्र किसने माना है?
(a) आचार्य कुन्तक (b) महिम भट्ट
(c) आचार्य मम्मट (d) डॉ. नगेन्द्र

10. काव्य के तीन प्रमुख हेतु हैं—प्रतिभा, व्युत्पत्ति तथा अभ्यास। व्युत्पत्ति का अर्थ 'बहुज्ञता' किसने माना है?
(a) आचार्य वामन (b) राजशेखर
(c) आचार्य रुद्रट (d) आचार्य दण्डी

11. काव्य प्रयोजन के सन्दर्भ में कौन-सा कथन असत्य है?
(a) काव्य प्रयोजन से तात्पर्य काव्य रचना के उद्देश्य से होता है
(b) काव्य रचना में रचनाकार का कोई उद्देश्य निहित नहीं होता है
(c) भरतमुनि ने धर्म, यश, आयु का साधक, हितकारक आदि को काव्य प्रयोजन माना
(d) काव्य प्रयोजन का मुख्य उद्देश्य धर्मार्थ, काम व मोक्ष की प्राप्ति रहा है

12. आचार्य वामन, भरतमुनि, भामह, रुद्रट आदि ने अपने-अपने काव्य के प्रयोजन सिद्ध किए हैं। आचार्य भामह के अनुसार काव्य का प्रयोजन क्या है?
(a) कवि के नाम को अमर रखना
(b) काव्य के दृष्ट व अदृष्ट प्रयोजन
(c) सरस व दोषहीन काव्य रचना करना
(d) यश की प्राप्ति व धन अर्जित करना

13. हिन्दी में रीतिकालीन आचार्यों तथा अन्य कवियों ने भी काव्य प्रयोजन पर विचार किया। कुलपति ने काव्य के कितने प्रयोजन माने हैं?
(a) तीन (b) चार
(c) पाँच (d) छः

14. तुलसीदास जी भक्त कवि थे। उन्होंने भी काव्य प्रयोजन के विषय में अपना मत रखा। उनके अनुसार काव्य प्रयोजन क्या है?
(a) स्वान्तः सुखाय
(b) शब्दार्थ
(c) यशः प्राप्ति
(d) कवि का पलायनवादी होना

15. रस सम्प्रदाय के सम्बन्ध में कौन-सा कथन असत्य है?
(a) इसके प्रवर्तक भरतमुनि हैं
(b) अग्नि पुराण में रस को काव्य की आत्मा माना है
(c) रीतिकालीन आयार्च देव के अनुसार रस काव्य का सारतत्त्व है
(d) आचार्य रामचन्द्र शुक्ल के अनुसार हृदय की मुक्तावस्था रस दशा है

16. 'विभावानुभावव्यभिचारी संयोगाद्रस निष्पत्ति' नामक रस सूत्र की रचना किसने की है?
(a) भरतमुनि (b) भट्टनायक
(c) रुद्रट (d) विश्वनाथ

17. आचार्य विश्वनाथ ने रस की संख्या नौ मानी है। उनके अनुसार स्थायी भाव हृदय में सुप्तावस्था में रहते हैं, उन्होंने कौन-से ग्रन्थ की रचना की?
(a) साहित्यदर्पण
(b) नाट्यशास्त्र
(c) रस प्रबन्ध
(d) रस अनुभूति

18. जो कारण किसी व्यक्ति या आश्रय के हृदय में स्थायी भावों को उद्दीप्त या जाग्रत करते हैं, उन्हें क्या कहते हैं?
(a) स्थायी भाव (b) विभाव
(c) अनुभाव (d) रस

19. भरतमुनि ने अपने रस सूत्र के आधार पर रस के स्वरूप को आनुषंगिक रूप में प्रस्तुत किया। आचार्य भरतमुनि के रस सूत्र की अनेक विद्वानों ने अपने अनुसार व्याख्या की। भरतमुनि के रस सूत्र के प्रथम व्याख्याकार कौन थे?
(a) शंकुक (b) अभिनव गुप्त
(c) भट्टनायक (d) भट्टलोल्लट

20. भट्टलोल्लट की दृष्टि में रस की उत्पत्ति के तीन तत्त्व हैं—कारण, कार्य, और सहकारी कारण। उनके रस सिद्धान्त को क्या कहा जाता है?
(a) अनुमितिवाद (b) उत्पत्तिवाद
(c) भुक्तिवाद (d) अभिव्यक्तिवाद

21. आचार्य शंकुक भरतमुनि के रस सूत्र के द्वितीय व्याख्याकार थे। इनका स्वयं का कोई ग्रन्थ नहीं है। इनकी रस सूत्र सम्बन्धी व्याख्या मिलती है
(a) मम्मट के 'काव्यशास्त्र' तथा अभिनव गुप्त के 'अभिनव भारती' में
(b) साहित्य दर्पण में
(c) केवल मम्मट के 'काव्यप्रकाश' में
(d) केवल अभिनव गुप्त के 'ध्वन्यालोचन' में

22. भट्टनायक के अनुसार, रस न तो प्रतीत होता है, न उत्पन्न होता है और न ही अभिव्यक्त होता है। भट्टनायक के रस सूत्र सम्बन्धी मत को क्या कहा जाता है?
(a) अभिव्यक्तिवाद
(b) उत्पत्तिवाद
(c) भोगवाद या भुक्तिवाद
(d) अनुमितिवाद

23. भरतमुनि के रस सूत्र की व्याख्या करते समय विद्वानों के समक्ष बहुत-से प्रश्न खड़े हुए, जैसे रामादि पात्र जो विभाव हैं, ऐतिहासिक होते हैं, उनसे रसानुभूति कैसे हो सकती है? सर्वप्रथम भट्टनायक ने इसका समाधान प्रस्तुत किया। इसके लिए उन्होंने किस सिद्धान्त का प्रतिपादन किया?
(a) भावानुभूति का सिद्धान्त
(b) साधारणीकरण का सिद्धान्त
(c) अलंकार का सिद्धान्त
(d) रीति का सिद्धान्त

24. साधारणीकरण के सन्दर्भ में निम्न में से कौन-सा कथन असत्य है?
(a) साधारणीकरण का सिद्धान्त रसानुभूति की प्रक्रिया एक महत्त्वपूर्ण अंग है
(b) भट्टनायक के अनुसार अनुभावादि का साधारणीकरण होता है
(c) साधारणीकरण रसास्वादन के पूर्व की प्रक्रिया है
(d) साधारणीकरण का सार-स्थायी भाव साधारणीकरण है

25. आचार्य भामह ने अपने अलंकार विवेचन में कितने प्रकार के अर्थालंकार माने हैं?
(a) 35 (b) 36
(c) 37 (d) 40

26. आचार्य भामह, दण्डी, वामन आदि विद्वानों ने अलंकार को अनिवार्य तत्त्व माना है, परन्तु किस विद्वान् ने अलंकार को अनिवार्य तत्त्व न मानकर शोभा बढ़ाने वाला बाह्य धर्म माना?
(a) आचार्य कुन्तक ने
(b) आचार्य भरतमुनि ने
(c) आचार्य आनन्दवर्द्धन ने
(d) आचार्य रुद्रट ने

27. आचार्य वामन ने लगभग 32 अलंकारों का विवेचन किया है। उन्होंने निम्न में से कौन-से नवीन अलंकार की उद्‌भावना की?
(a) स्वाभावोक्ति (b) व्याजोक्ति
(c) मानवीकरण (d) प्रत्यक्ष

28. अप्पयदीक्षित ने जयदेव कृत ग्रन्थ 'चन्द्रलोक' के आधार पर 118 अलंकारों की विवेचना की, जिनमें 102 अर्थालंकार, 7 रसावादि व 9 प्रत्यक्षादि प्रमाणलंकार हैं। इन्होंने अपने कौन-से ग्रन्थ में उक्त अलंकारों की विवेचना की है?
(a) काव्यादर्श (b) कुवलयानन्द
(c) काव्य प्रकाश (d) साहित्यदर्पण

29. रीति सम्प्रदाय के प्रवर्तक आचार्य वामन थे। आचार्य वामन ने 'काव्यालंकार सूत्र' में विशिष्ट पद रचना को रीति कहा है। रीति सम्प्रदाय को अन्य किस नाम से जाना जाता है?
(a) गुण सम्प्रदाय
(b) रस सम्प्रदाय
(c) विशेष सम्प्रदाय
(d) भाव सम्प्रदाय

30. काव्य शास्त्र में तीन प्रकार की शब्द शक्तियों का उल्लेख मिलता है—अभिधा, लक्षणा तथा व्यंजना। व्यंजना द्वारा व्यक्त अर्थ क्या कहलाता है?
(a) प्रतीयमान अर्थ (b) अभिधात्मक अर्थ
(c) अव्यय (d) विद्वान् ध्वनि

31. ध्वनि सम्प्रदाय के प्रवर्तक आनन्दवर्द्धन थे। इन्होंने काव्य के तीन भेद किए हैं— ध्वनिकाव्य, गुणीभूत व्यंग्य काव्य तथा चित्रकाव्य। निम्न में से कौन-सा ग्रन्थ इनका लिखा हुआ है?
(a) काव्यादर्श (b) प्रतीपसमुत्यवाद
(c) ध्वन्यालोक (d) साहित्यदर्पण

32. ध्वनि मत का अनेक आचार्यों ने विरोध किया। इनमें से किस आचार्य ने 'ध्वन्यालोक' में किए गए ध्वनि के सिद्धान्तों को अनुमान माना?
(a) प्रतिहारेंदुराज (b) महिम भट्ट
(c) भट्टनायक (d) डॉ. नगेन्द्र

33. वक्रोक्ति सिद्धान्त के प्रवर्तक आचार्य कुन्तक हैं। उन्होंने 'वक्रोक्ति जीवितम्' नामक ग्रन्थ लिखकर अपने वक्रोक्ति सिद्धान्त का प्रणयन किया। वे किस शताब्दी के आचार्य थे?
(a) 7वीं (b) 8वीं
(c) 9वीं (d) 10वीं

34. औचित्य सम्प्रदाय के सन्दर्भ में निम्न में से कौन-सा कथन असत्य है?
(a) आचार्य कुन्तक औचित्य सिद्धान्त के प्रणेता हैं
(b) साहित्यशास्त्र में औचित्य का अभिप्राय काव्यांगों की उचित योजना से है
(c) उचित का भाव ही औचित्य है
(d) औचित्य के अभाव में न तो अलंकार, अलंकार प्रतीत होते हैं और न गुण

35. शब्द का अर्थ बोध कराने वाली शक्ति, शब्द शक्ति कहलाती है। इनमें से किस विद्वान् ने 'व्यापार' शब्द का प्रयोग किया है
(a) पं. विश्वनाथ (b) आचार्य मम्मट
(c) आचार्य कुन्तक (d) आचार्य भामह

36. लक्षणा शब्द शक्ति के सन्दर्भ में निम्न में से कौन-सा कथन असत्य है?
(a) मुख्यार्थ या वाच्यार्थ ग्रहण करने में बाधा आने पर अन्यार्थ ग्रहण करने में सहायक शब्द शक्ति लक्षणा कहलाती है
(b) लक्षणा शब्द शक्ति द्वारा भिन्नार्थ का ज्ञान कराने वाले शब्द लक्षणार्थ कहलाते हैं
(c) रूढ़ि लक्षणा शब्द शक्ति का एक भेद है
(d) सारोपा गौणी लक्षणा का एक भेद है

37. व्यंजना शब्द शक्ति से व्यंग्यार्थ का बोध होता है। इसके लिए ध्वन्यार्थ, सूच्यार्थ, प्रतीयमानार्थ आदि शब्दों का प्रयोग होता है। इसके दो प्रमुख भेद होते हैं
(a) शाब्दी व आर्थी व्यंजना
(b) रूढ़ी व गौणी व्यंजना
(c) सारोपा व साध्यवसाना व्यंजना
(d) उपादान व लक्षणा व्यंजना

38. 'काव्य गुण' के सन्दर्भ में निम्न में से कौन-सा कथन असत्य है?
(a) दोषों का विपर्यय ही गुण होते हैं
(b) भरतमुनि ने अपने ग्रन्थ में तीन काव्य गुणों की चर्चा की है
(c) गुण तीन होते हैं-माधुर्य, ओज तथा प्रसाद
(d) गुण को चित्तवृत्ति का पर्याय भी माना जाता है

39. काव्य रचना में भावों की अभिव्यक्ति में बाधा उत्पन्न करने वाले तत्त्व काव्य दोष कहलाते हैं। भरतमुनि ने नाट्यशास्त्र में दस काव्य दोष माने हैं। काव्य दोष के तीन प्रकार सामान्य, वाणी तथा अन्य, किस आचार्य ने माने हैं?
(a) भामह (b) दण्डी
(c) कुन्तक (d) रुद्रट

40. "शरीरंतावदिष्टार्थ व्यवच्छिन्ना पदावली" काव्य की यह परिभाषा किस आचार्य ने दी है?
(a) दण्डी (b) भामह
(c) रुद्रट (d) विश्वनाथ

41. "काव्यशब्दोऽयं गुणालंकार संस्कृतयो शब्दार्थयोर्वर्तते" काव्य की यह परिभाषा किसने दी है?
(a) वामन (b) दण्डी
(c) भामह (d) रुद्रट

42. निम्न में काव्य आचार्य मम्मट द्वारा काव्य के लक्षण हैं
1. शब्दार्थों
2. अदोषौ व सगुणौ
3. शब्दार्थों व दोषहीन
4. अनलंकृति पुनःक्वापि

कोड
(a) 1, 2 और 3 (b) 1, 2 और 4
(c) 2, 3 और 4 (d) 1, 3 और 4

43. काव्य के लक्षणों पर यह विचार किसने किया?
"जदपि सुजाति सुलक्षणी, सुबरन सरस सुवृत्त। भूषण बिनु न बिराजई कविता बनिता मित्त।।"
(a) कुलपति (b) चिन्तामणि
(c) देव (d) केशवदास

44. "किसी प्रभावोत्पादक और मनोरंजन लेख, बात या वक्तृता का नाम कविता है।" किसका कथन है?
(a) रामचन्द्र शुक्ल (b) डॉ. नगेन्द्र
(c) बाबू गुलाबराय (d) महावीर प्रसाद द्विवेदी

45. "काव्य संसार के प्रति कवि की भाव प्रधान मानसिक प्रतिक्रियाओं की श्रेय को प्रेय देने वाली अभिव्यक्ति है।" यह विचार किसका है?
(a) केशवदास (b) बाबू गुलाबराय
(c) डॉ. नगेन्द्र (d) श्यामसुन्दर दास

46. "सर्वश्रेष्ठ क्रम में सर्वश्रेष्ठ शब्द काव्य है" किसका कथन है?
(a) हडसन (b) मैथ्यू आर्नल्ड
(c) कॉलरिज (d) भामह

47. ''नैसर्गिकी च प्रतिभा श्रुतं च बहु निर्मलम् ।
आनन्दाश्चयाभियोगो अस्या: कारणं काव्य सम्पदा।।''
काव्य हेतु के सन्दर्भ में यह मत किसने दिया?
(a) आचार्य रुद्रट (b) आचार्य वामन
(c) आचार्य दण्डी (d) आचार्य कुन्तक

48. प्रमुख काव्य हेतु हैं
1. प्रतिभा 2. गौण
3. व्युत्पत्ति 4. अभ्यास
कोड
(a) 1, 2 और 4 (b) 2, 3 और 4
(c) 1, 3 और 4 (d) 1, 2 और 3

49. ''मुख्य अर्थ के साथ लक्ष्यार्थ का सम्बन्ध ही लक्षणा है'' यह कथन किसका है?
(a) रसगंगाधर (b) मम्मट
(c) भिखारीदास (d) सोमनाथ

50. ''सा अक्षर को यह अरथ ठीकहिं ये ठहराय
जानि परै जातैं सु वह अभिधावृत्ति कहाय।''
यह कथन किसका है?
(a) सोमनाथ (b) देव
(c) जगन्नाथ (d) इनमें से कोई नहीं

51. काव्य-प्रयोजन के सन्दर्भ में यह कथन किसका है?
''सूत्र धर्मार्थ काम मोक्षेषु वैचक्षण्यं कलासु च।
करोति कीर्ति प्रीतिञ्च साधुकाव्य निबन्धनम् ।।''
(a) वामन (b) दण्डी
(c) भामह (d) पण्डिराज जगन्नाथ

52. पाश्चात्य काव्यशास्त्र में काव्य प्रयोजन से सम्बन्धित विचार कौन-कौन से हैं?
1. लोकमंगलवादी 2. आनन्दवादी
3. उपभोगवादी 4. समन्वयवादी
कोड
(a) 1, 2 और 3 (b) 1, 3 और 4
(c) 2, 3 और 4 (d) 1, 2 और 4

53. ''शब्दार्थों शरीरं रस आत्मा'' रस को काव्य का प्राणतत्त्व मानते हुए यह कथन किसने कहा?
(a) राजशेखर (b) भरतमुनि
(c) विश्वनाथ (d) अभिनव गुप्त

54. रस के प्रमुख अवयव हैं
1. स्थायी भाव 2. बिभाब
3. निष्पत्ति 4. अनुभाव
कोड
(a) 1, 2 और 4
(b) 1, 2 और 3
(c) 2, 3 और 4
(d) 1, 2 और 4

55. 'रस निष्पत्ति' के सन्दर्भ में मुख्य मत हैं
1. भट्टलोल्लट का उत्पत्तिवाद
2. शंकुक का अनुमितिवाद
3. हडसन का लोकमंगलवाद
4. अभिनवगुप्त का अभिव्यक्तिवाद
कोड
(a) 1, 2 और 3 (b) 1, 2 और 4
(c) 2, 3 और 4 (d) 1, 3 और 4

56. ''जब तक किसी भाव का कोई विषय इस रूप में नहीं लाया जाता कि वह सामान्यत: सबके उसी भाव का आलम्बन हो सके तब तक उसमें रसोद्बोधन की पूर्ण शक्ति नहीं आती। विषय का इसी रूप में लाया जाना हमारे यहाँ साधारणीकरण कहलाता है।''
उपर्युक्त कथन किसका है?
(a) पण्डितराज जगन्नाथ (b) रामचन्द्र शुक्ल
(c) बाबू गुलाबराय (d) डॉ. नगेन्द्र

57. ''प्रतीयमानं पुनरन्यदेव वसत्वस्ति वाणीषु महाकवीनाम् ।
यत् तत् प्रसिद्धा वयवातिरिक्तं विभाति लावण्यमिवांगनासु।।''
प्रतीयमान अर्थ को काव्यात्मा स्वीकार करने में उपर्युक्त मत किसने दिया?
(a) आनन्दवर्द्धन
(b) पण्डितराज जगन्नाथ
(c) कुन्तक
(d) अभिनवगुप्त

58. ध्वनिमत का अनेक आचार्यों ने विरोध किया। उनमें से हैं
1. प्रतिहारेंदुराज
2. भट्टनायक
3. पण्डितराज जगन्नाथ
4. महिम भट्ट
कोड
(a) 1, 2 और 3 (b) 1, 2 और 4
(c) 1, 3 और 4 (d) 2, 3 और 4

59. आचार्य कुन्तक द्वारा वक्रोक्ति के भेद हैं
1. वर्ण विन्यास व पद पूर्वार्द्ध
2. पद परार्द्ध व वाक्य वक्रता
3. प्रकरण व प्रबन्ध वक्रता
4. संलक्ष्य व असंलक्ष्य क्रम
कोड
(a) 1, 2 और 4 (b) 2 और 4
(c) 1, 2 और 3 (d) 2, 3 और 4

60. साधारणीकरण के विषय में कौन-से कथन सही हैं?
1. साधारणीकरण रसास्वाद के बाद की प्रक्रिया है।
2. साधारणीकरण आलम्बनत्व धर्म का होता है।
3. साधारणीकरण के लिए भोजकत्व व्यापार अनिवार्य है।
4. साधारणीकरण के बिना भी रसानुभूति सम्भव है।
कोड
(a) 1 और 2 (b) 1 और 3
(c) 2 और 3 (d) 3 और 4

61. ''निरख सखी ये खंजन आए।
फेरे उन मेरे रंजन में इधर नयन मन भाए।''
इस पंक्ति में काव्य गुण है
(a) प्रसाद (b) ओज
(c) माधुर्य (d) ये सभी

62. ''मन्द मन्द जमुना-तरंगिनी हिलोरैं लेति मन्द मन्द मोद मंजु मल्लिका सुमन तें।''
उपर्युक्त पंक्तियों में गुण है
(a) ओज (b) माधुर्य
(c) प्रसाद (d) इनमें से कोई नहीं

63. सुमेलित कीजिए

सूची I (सम्प्रदाय)	**सूची** II (प्रवर्तक)
A. अलंकार	1. भरतमुनि
B. ध्वनि	2. वामन
C. रस	3. आनन्दवर्द्धन
D. रीति	4. भामह
	5. रुद्रट

कूट
A B C D
(a) 4 3 1 2
(b) 2 3 1 5
(c) 3 2 1 4
(d) 1 2 3 4

64. सुमेलित कीजिए

सूची I	**सूची** II
A. भामह	1. छठी शताब्दी
B. वामन	2. सातवीं शताब्दी
C. दण्डी	3. आठवीं शताब्दी
D. मम्मट	4. बारहवीं शताब्दी
	5. दसवीं शताब्दी

कूट
A B C D A B C D
(a) 4 5 1 2 (b) 2 3 1 4
(c) 3 2 5 4 (d) 1 2 3 4

65. सुमेलित कीजिए

सूची I (कथन)	**सूची** II (आचार्य)
A. सौन्दर्यामलंकार	1. रूद्रट
B. काव्य शोभाकरान् धर्मान् अलंकारान् प्रचक्षते	2. मम्मट
C. अभिधान प्रकारा विशेषा एवं चालंकारा	3. दण्डी
D. तद्दोषौ शब्दार्थों सगुणावनलंकृति पुनः क्वापि	4. वामन
	5. भोजराज

कूट
A B C D
(a) 4 3 1 2
(b) 2 3 5 4
(c) 3 2 1 4
(d) 5 2 3 4

66. सुमेलित कीजिए

सूची I (रचनाएँ)	सूची II (रचनाकार)
A. काव्यदर्पण	1. पतंजलि
B. दशरूपक	2. रूपगोस्वामी
C. महाभाष्य	3. धनन्जय
D. उज्ज्वल नीलमणि	4. पं. रामदहिन मिश्र
	5. महिम भट्ट

कूट

A B C D
(a) 4 3 1 2
(b) 5 3 1 4
(c) 3 2 1 4
(d) 1 2 3 5

67. सुमेलित कीजिए

सूची I (रचनाकार)	सूची II (अलंकारों की संख्या)
A. भामह	1. 39
B. दण्डी	2. 32
C. वामन	3. 38
D. रुद्रट	4. 64
	5. 18

कूट

A B C D
(a) 3 1 2 4 (b) 1 5 3 4
(c) 4 2 3 1 (d) 3 2 5 1

68. सुमेलित कीजिए

सूची I	सूची II
A. काव्यालंकार सूत्रवृत्ति	1. महिम भट्ट
B. व्यक्तिविवेक	2. अभिनवगुप्त
C. ध्वन्यालोक लोचन	3. धनन्जय
D. दशरूपक	4. वामन
	5. भोजराज

कूट

A B C D
(a) 3 2 1 5
(b) 4 2 1 3
(c) 4 1 2 3
(d) 5 1 4 2

69. सुमेलित कीजिए

सूची I	सूची II
A. रमणीयार्थ प्रतिपादकः शब्दः काव्यम्	1. कुन्तक
B. तस्य कवेः कर्म स्मृतं काव्यम्	2. राजशेखर
C. अदोषौं गुणवत्काव्यमलऽवकार लंकृतम्	3. भोजराज
D. वैदग्ध भंगी भणिति रुच्यते	4. जगन्नाथ
	5. रुद्रट

कूट

A B C D
(a) 4 2 3 1 (b) 1 3 2 4
(c) 1 2 3 4 (d) 4 3 2 1

70. सुमेलित कीजिए

सूची I (आचार्य)	सूची II (सिद्धान्त)
A. शंकुक	1. रस निष्पत्ति
B. अभिनवगुप्त	2. भुक्तिवाद
C. भट्टनायक	3. उत्पत्तिवाद
D. भट्टलोल्लट	4. अभिव्यक्तिवाद
	5. अनुमितिवाद

कूट

A B C D
(a) 5 4 2 3 (b) 1 2 3 4
(c) 4 1 2 3 (d) 1 2 3 4

71. सुमेलित कीजिए

सूची I (सिद्धान्तकार)	सूची II (दर्शन)
A. भट्टनायक	1. मीमांसा दर्शन
B. भट्टलोल्लट	2. न्याय दर्शन
C. शंकुक	3. सांख्य दर्शन
D. अभिनवगुप्त	4. शैव दर्शन
	5. अद्वैतवाद दर्शन

कूट

A B C D
(a) 3 1 2 4 (b) 4 2 3 1
(c) 3 5 2 1 (d) 5 4 1 2

72. वामन के अनुसार रीतियाँ हैं

1. वैदर्भी 2. गौड़ी
3. पांचाली 4. अवन्ती

कूट

(a) 1, 2 और 4 (b) 2, 3 और 4
(c) 1, 2 और 3 (d) 1, 3 और 4

73. रचनाकाल के आधार पर निम्नलिखित ग्रन्थों का सही अनुक्रम है

(a) काव्यालंकार सार संग्रह, अलंकार सर्वस्व, चन्द्रलोक, व्यक्तिविवेक
(b) व्यक्तिविवेक, अलंकार सर्वस्व, काव्यालंकार सार संग्रह, चन्द्रलोक
(c) चन्द्रलोक, व्यक्तिविवेक, अलंकार सर्वस्व, काव्यालंकार सार संग्रह
(d) काव्यालंकार सार संग्रह, व्यक्तिविवेक, अलंकार सर्वस्व, चन्द्रलोक

74. अलंकार सम्प्रदाय से सम्बन्धित अलंकार ग्रन्थों का सही अनुक्रम है

(a) अलंकार शेखर, अलंकार सर्वस्व, काव्यालंकार सूत्रवृत्ति, काव्यालंकार
(b) काव्यालंकार, काव्यालंकार सूत्रवृत्ति, अलंकार सर्वस्व, अलंकार शेखर
(c) काव्यालंकार, काव्यालंकार सूत्रवृत्ति, अलंकार शेखर, अलंकार सर्वस्व
(d) अलंकार शेखर, काव्यालंकार, काव्यालंकार सूत्रवृत्ति, अलंकार सर्वस्व,

75. रचनाकाल के आधार पर आचार्यों का सही अनुक्रम है

(a) कुन्तक, क्षेमेन्द्र, वामन, भामह
(b) भामह, वामन, कुन्तक, क्षेमेन्द्र
(c) भामह, वामन, कुन्तक, क्षेमेन्द्र
(d) भामह, कुतक, वामन, क्षेमेन्द्र

76. रचनाकाल के अनुसार निम्नलिखित आचार्यों का सही अनुक्रम है

(a) हेमचन्द्र, शंकुक, भोजराज, शारदातनय
(b) शंकुक, हेमचन्द्र, भोजराज, शारदातनय
(c) शारदातनय, भोजराज, हमेचन्द्र, शंकुक
(d) भोजराज, शंकुक, हेमचन्द्र, शारदातनय

निर्देश निम्नलिखित स्थापना एवं तर्क को ध्यानपूर्वक पढ़कर सही उत्तर का चयन कीजिए

कूट

(a) A और R दोनों सही
(b) A सही R गलत
(c) A गलत, R सही
(d) A और R दोनों गलत

77. **स्थापना** (A) औचित्य वह विवेक है जो भले-बुरे का ज्ञान देता है, वस्तुओं के उचित सौन्दर्य को दर्शाता है।
तर्क (R) औचित्य सिद्धान्त की परम्परा का अनुकरण, भरतमुनि, आनन्दवर्द्धन इत्यादि सभी ने किया है, किन्तु काव्यात्मा के रूप में प्रतिष्ठित आचार्य क्षेमेन्द्र ने किया है।

78. **स्थापना** (A) भारतीय काव्यशास्त्र में सभी आचार्यों ने अपने सम्प्रदायों से सम्बन्धित काव्यांगों को काव्य की आत्मा घोषित किया है।
तर्क (R) रस सम्प्रदाय काव्य का सार तत्त्व एवं सबसे प्रामाणिक सिद्धान्त रहा है।

79. **स्थापना** (A) अलंकार काव्य के स्वाभाविक धर्म हैं।
तर्क (R) बिना अलंकारों के कोई रचना काव्य हो ही नहीं सकती।

80. **स्थापना** (A) कविता मूल रूप से जीवन की आलोचना है।
तर्क (R) कविता का जीवन से गहरा सम्बन्ध होता है।

81. **स्थापना** (A) हडसन के अनुसार कविता कल्पना और संवेग का मिश्रण है।
तर्क (R) कविता का सीधा सम्बन्ध जीवन से होता है।

82. **स्थापना** (A) गुण रस के धर्म होते हैं।
तर्क (R) यह कथन आनन्दवर्द्धन का है।

निर्देश दिए गए गद्यांश को ध्यानपूर्वक पढ़कर नीचे दिए गए प्रश्नों के उत्तर चुनिए।

आधुनिक साहित्य में 'साहित्य' शब्द का प्रयोग अंग्रेजी के 'लिटरेचर' (Literature) का पर्याय है। साहित्य शब्द की व्युत्पत्ति 'सहित' शब्द से हुई है। संस्कृत में इसकी व्याख्या इस प्रकार की गई है-साहितेन भावः स साहित्यम् अर्थात् जो हित के

भावों से परिपूर्ण है वही साहित्य है। साहित्य में 'यत्' प्रत्यय लगाकर साहित्य शब्द बना है। *अंग्रेजी में 'लिटरेचर' शब्द का प्रयोग दो अर्थों में होता है—*

व्यापक अर्थ में तथा संकुचित अर्थ में। व्यापक अर्थ में यह सम्पूर्ण वाङ्मय का बोध कराता है, जिसके अन्तर्गत सम्पूर्ण विषयों का साहित्य आ जाता है। संकुचित अर्थ में साहित्य का तात्पर्य रसात्मक साहित्य से है। इसके अन्तर्गत उपन्यास, कविता, नाटक, कहानी, निबन्ध, संस्मरण, रेखाचित्र आदि सभी विधाएँ आ जाती हैं।

अत: समाज के लिए कल्याणकारी प्रत्येक रचना अथवा कृति साहित्य की श्रेणी में आ जाती है, किन्तु साहित्य का वास्तविक तात्पर्य रसात्मक साहित्य से है, क्योंकि रसात्मक साहित्य में ही भावनाओं को प्रमुखता दी जाती है। इन भावनाओं को साहित्य की विभिन्न विधाओं, जैसे— महाकाव्य, खण्डकाव्य, गीत, प्रगीत, निबन्ध, आलोचना, कहानी, उपन्यास, संस्मरण, जीवनी, रेखाचित्र, यात्रावृत्त, पत्र-साहित्य, नवगीत, गजल, चतुष्पदी लम्बी कविता आदि के माध्यम से प्रकट किया जाता है।

83. साहित्य शब्द की व्युत्पत्ति हुई
(a) भाव से (b) साहितेन से
(c) सहित से (d) साहित्यम् से

84. निम्न में कौन-सा कथन सत्य है?
(a) साहित्य में 'यत्' प्रत्यय लगाने से साहित्य शब्द बना है
(b) अंग्रेजी में लिटरेचर का व्यापक तथा संकुचित दोनों अर्थों में प्रयोग होता है
(c) साहित्य अंग्रेजी के लैंग्वेज शब्द का पर्याय है
(d) व्यापक अर्थ में सम्पूर्ण वाङ्मय का बोध होता है

85. निम्न में कौन-सा कथन सत्य है?
(a) व्यापक अर्थ के अन्तर्गत कुछ ही विषयों का साहित्य आता है
(b) संकुचित साहित्य के अन्तर्गत केवल नाटक, कविता, कहानी विधाएँ आती हैं
(c) संकुचित अर्थ में साहित्य का अर्थ रसात्मक साहित्य से है
(d) जो अहित के भावों से परिपूर्ण है वही साहित्य है।

86. निम्न में कौन-सा कथन सत्य है?
(a) समाज के लिए कल्याणकारी रचनाएँ ही साहित्य की श्रेणी में आएँ ये आवश्यक नहीं है
(b) रसात्मक साहित्य में ही भावनाओं को प्रमुखता दी जाती है
(c) कविता, संस्मरण, रेखाचित्र संकुचित साहित्य के अन्तर्गत आते हैं
(d) व्यापक साहित्य में महाकाव्य, खण्डकाव्य जैसी विधाएँ आती हैं

87. निम्न में कौन-सा कथन सत्य है?
(a) गजल, चतुष्पदी रसात्मक साहित्य नहीं है
(b) रसात्मक साहित्य में कल्याणकारी साहित्य आता है
(c) 'साहित्य' में 'इत्' प्रत्यय लगाकर साहित्य शब्द बना है
(d) साहित्य का तात्पर्य रूक्ष साहित्य से है

88. काव्य में कितने रस माने जाते हैं?
(a) छः (b) सात
(c) आठ (d) नौ

89. श्रृंगार रस का स्थायी भाव क्या है?
(a) शोक (b) रति
(c) हास्य (d) विस्मय

90. शान्त रस का स्थायी भाव क्या है?
(a) शोक (b) निर्वेद
(c) विस्मय (d) वत्सलता

91. सर्वश्रेष्ठ रस किसे माना जाता है?
(a) शान्त रस (b) हास्य रस
(c) करुण रस (d) श्रृंगार रस

92. जुगुप्सा किस रस का स्थायी भाव है?
(a) अद्‌भुत रस (b) करुण रस
(c) वीभत्स रस (d) वीर रस

93. वीर रस का स्थायी भाव क्या है?
(a) भय (b) शोक
(c) निर्वेद (d) उत्साह

94. जो वस्तु, व्यक्ति या परिस्थितियाँ स्थायी भाव को जाग्रत करती हैं उन्हें क्या कहते हैं?
(a) विभाव (b) उत्प्रेरक
(c) अनुभाव (d) संचारी

95. अनुराग किस रस का स्थायी भाव है?
(a) वात्सल्य रस (b) भक्ति रस
(c) शान्त रस (d) भयानक रस

96. रौद्र रस का स्थायी भाव क्या है?
(a) भय (b) घृणा
(c) क्रोध (d) शोक

97. शोक किस रस का स्थायी भाव है?
(a) करुण रस
(b) वीर रस
(c) वीभत्स रस
(d) अद्‌भुत रस

निर्देश निम्नलिखित प्रश्नों में दी गई पंक्तियों में प्रयुक्त रस वे+ लिए चार-चार विकल्प दिए गए हैं। इनमें एक ही विकल्प सही है। सही विकल्प का चयन कीजिए।

98. अँखियाँ हरि दरसन की भूखी।
कैसे रहे रूप रस राँची ए बातँया सुँन रूखीं।
(a) संयोग श्रृंगार (b) वियोग श्रृंगार
(c) हास्य रस (d) करुण रस

99. मन रे तन कागद का पुतला।
लागै बूँद विनसि जाय छिन में गरब करै क्यों इतना।
(a) भक्ति रस
(b) संयोग श्रृंगार
(c) करुण रस
(d) शान्त रस

100. शोक विकल सब रोवहिं रानी।
रूप शील बल तेज बखानी।
करहिं विलाप अनेक प्रकारा।
परहिं भूमि-तल बारहिं बारा।।
(a) शान्त रस (b) भक्ति रस
(c) करुण रस (d) वीर रस

101. जौ तुम्हारि अनुसासन पावौं कंदुक इव ब्रह्माण्ड उठावौं।
काचे घट जिमि डारों फोरी, सकऊँ मेरू मूसक जिमि तोरी।।
(a) वीर रस (b) शान्त रस
(c) अद्‌भुत रस (d) रौद्र रस

102. खद्दर कुर्ता भकभको, नेता जैसी चाल।
येहि बालक मों मन बसौं सदा बिहारी लाल।।
(a) भक्ति रस (b) करुण रस
(c) हास्य रस (d) भयानक रस

103. बौरौं सबै रघुवंश कुठार की धार में वारन बाजि सरत्थहिं।
बान की वायु उड़ाय कै लच्छन लच्छ करौं अरिहा समरत्थहिं।।
(a) भयानक रस (b) करुण रस
(c) रौद्र रस (d) भक्ति रस

104. हे खग मृग हे मधुकर श्रेनी।
तुम देखी सीता मृगनैनी।।
(a) करुण रस (b) रौद्र रस
(c) संयोग श्रृंगार रस (d) वियोग श्रृंगार रस

105. मैया मैं तो चन्द्र खिलौना लैहों।
(a) वात्सल्य रस (b) शान्त रस
(c) करुण रस (d) अद्‌भुत रस

106. हा राम! हा प्राण प्यारे।
जीवित रहूँ किसवे+ सहारे?
(a) भक्ति रस (b) करुण रस
(c) रौद्र रस (d) हास्य रस

107. राम को रूप निहारति जानकी,
कंकन वे+ नग की परछाही।
जातै सबै सुधि भूल रही,
कर टेकि रही पल टारत नाहीं।।
(a) वियोग रस (b) संयोग श्रृंगार रस
(c) भक्ति रस (d) करुण रस

108. निसिदिन बरसत नयन हमारे
(a) करुण रस (b) रौद्र रस
(c) वियोग श्रृंगार रस (d) अद्‌भुत रस

109. किलक अरे मैं नेह निहारूँ
इन दाँतों पर मोती वारूँ
(a) हास्य रस
(b) वात्सल्य रस
(c) करुण रस
(d) वीर रस

110. एक ओर अजगरहि लखि, एक ओर मृगराय।
बिकल बटोही बीच ही, परयो मूरछा खाय।।
(a) भयानक रस (b) रौद्र रस
(c) वीभत्स रस (d) करुण रस

111. जसोदा हरि पालने झुलावै
हलरावै दुलरावै मल्हावै जोइ सोई कछु गावै।
(a) करुण रस (b) भक्ति रस
(c) वात्सल्य रस (d) अद्भुत रस

112. वीर तुम बढ़े चलो, धीर तुम बढ़े चलो।
सामने पहाड़ हो, सिंह की दहाड़ हो।
तुम कभी रुको नहीं, तुम कभी झुको नहीं।
(a) भयानक रस (b) रौद्र रस
(c) वीर रस (d) अद्भुत रस

113. मैं तो गिरधर वे+ संग जाऊँ।
गिरधर मेरो साँचों प्रीतम देखत रूप लुभाऊँ।
(a) भक्ति रस (b) करुण रस
(c) अद्भुत रस (d) शृंगार रस

114. धोखा न दो भैया मुझे, इस भाँति आकर वे+ यहाँ
मझधार में मुझको बहाकर तात जाते हो कहाँ?
सीता गई तुम भी चले मैं भी न जीऊँगा यहाँ।
सुग्रीव बोले साथ में सब जाएँगे वानर वहाँ।
(a) वीर रस (b) करुण रस
(c) भयानक रस (d) भक्ति रस

115. कै विरहिन कू मीचु दै, कै आपा दिखराय।
आठ पहर का दीझड़ा, मो पैं सह्या न जाय।।
(a) वियोग शृंगार रस (b) संयोग शृंगार रस
(c) शान्त रस (d) भक्ति रस

116. अतिरस बोले बचन कठोर।
बेगि देखाउ मूढ़ नत आजू
उलटऊं महि जह लग तव राजू
(a) हास्य रस
(b) रौद्र रस
(c) भयानक रस
(d) करुण रस

117. अखिल भुव चर अचर सब, हरि मुख में लखि मातु।
चकित भई गदगद वचन, विकसित मुख पुलकातु।।
(a) अद्भुत रस (b) करुण रस
(c) भयानक रस (d) भक्ति रस

118. गणों की संख्या कितनी है?
(a) 4 (b) 5
(c) 7 (d) 8

119. छन्द मुख्यत: कितने प्रकार वे+ होते हैं?
(a) एक (b) दो
(c) तीन (d) चार

120. जिन छन्दों में प्रत्येक चरण में मात्रायें या वर्ण समान हों उन्हें क्या कहा जाता है?
(a) असम छन्द
(b) सम छन्द
(c) अर्धसम छन्द
(d) ये सभी

121. यति का अर्थ क्या है?
(a) लय
(b) अन्तिम वर्णों की आवृत्ति
(c) विराम
(d) इनमें से कोई नहीं

122. छन्दशास्त्र वे+ प्रारम्भिक प्रणेता कौन माने जाते हैं?
(a) डिंगल (b) पिंगल
(c) पतंजलि (d) मनु

123. कितने अक्षरों वे+ समूह को गण कहा जाता है?
(a) दो (b) तीन
(c) चार (d) पाँच

124. किस छन्द का प्रथम व अन्तिम अक्षर एक-सा होता है?
(a) चौपाई (b) सोरठा
(c) कुण्डलियाँ (d) मालिनी

125. दोहा में कितने चरण होते हैं?
(a) 2 (b) 4
(c) 6 (d) 8

126. चौपाई वे+ प्रत्येक चरण में कितनी मात्रायें होती हैं?
(a) 12 (b) 14
(c) 16 (d) 18

127. हरिगीतिका वे+ प्रत्येक चरण में कितनी मात्राएँ होती हैं?
(a) 22 (b) 24
(c) 26 (d) 28

128. दोहा वे+ सम चरणों में कितनी मात्राएँ होती हैं?
(a) 11 (b) 13
(c) 16 (d) 18

129. निम्न में से कौन-सा मात्रिक छन्द है?
(a) दोहा (b) चौपाई
(c) रोला (d) ये सभी

130. निम्न में से कौन-सा वर्णिक छन्द है?
(a) दोहा (b) चौपाई
(c) रोला (d) सवैया

131. निम्न में से कौन-सा वर्णिक छन्द है?
(a) इन्द्रवज्रा
(b) सवैया
(c) कवित्त
(d) ये सभी

132. कौन-सा छन्द 22 से 26 वर्ण और चार चरणों वाला है?
(a) दोहा (b) सोरठा
(c) सवैया (d) कवित्त

निर्देश निम्नलिखित प्रत्येक पद्य को पढ़कर सही छन्द चुनिए।

133. चम्पक हरवा अंगमिलि अधिक सुहाय
जानि परे सिय हियरे जब कुमिलाय
(a) दोहा (b) चौपाई
(c) बरवै (d) कुण्डलियाँ

134. मूक होई वाचाल, पंगु चढ़ई गिरिवर गहन।
जासू कृपा सो दयाल द्रवहु सकल कलिमल दहन।।
(a) सोरठा (b) बरवै
(c) मालिनी (d) रोला

135. श्री गुरु चरन सरोज रज निज मन मुकुर सुधारि।
बरनउं रघुवर विमल जस जो दायक फल चारि।।
(a) दोहा (b) सोरठा
(c) चौपाई (d) बरवै

136. नील सरोरूह स्याम तरुन अरुन वारिज नयन।
करउ सो मम उर धाम, सदा छीरसागर सयन।।
(a) दोहा (b) सोरठा
(c) रोला (d) बरवै

137. नित नव लीला ललित ठानि गोलोक अजिर में।
रमत राधिका रंग रास रंग रुचिर में।।
(a) बरवै
(b) रोला
(c) हरिगीतिका
(d) सोरठा

138. रहिमन मोहि न सुहाय, अमिय पियावत मान बिनु
वरन विष देय बुलाय, मान सहित मरिबो भला।
(a) दोहा
(b) सोरठा
(c) चौपाई
(d) मालिनी

139. मैं जो नया ग्रंथ विलोकता हूँ।
भाता मुझे नवे मित्र-सा है।
देखूँ उसे मैं नित नेम से ही।
मानो मिला मित्र मुझे पुराना।।
(a) चौपाई
(b) दोहा
(c) इन्द्रवज्रा
(d) बरवै

140. सोवै कित चकोर! तू सफल करै किन नैन?
चार दिना की चाँदनी फिरी अँधियारी रैन।।
फिरी अँधियारी रैन सखे। लखि सोच करैगो।
सजग रहे नहिं भूलि, काल कृत जाल परैगो।।
बरनै दीनदयाल लाल। यह काल न खौवे
रोम-रोम प्रति सोम कला न लखत कित सोवै।।
(a) सवैया (b) दोहा
(c) कुण्डलियाँ (d) चौपाई

141. ठाढ़े हैं नो द्रुम डार गहे धनु कांधे धरे कर सायक लै।
(a) सवैया (b) बरवै
(c) सोरठा (d) उल्लाला

142. कोई पत्ता नवल तरु का पीत जो हो रहा हो।
तो प्यारे वे+ दृग युगल वे+ सामने ला उसे ही।।
धीरे-धीरे सम्भल रखना औ उन्हें यों बताना।
पीला होना प्रबल दुःख से प्रेषिता सा हमारा।।
(a) मालिनी (b) मन्दाक्रान्ता
(c) उपेन्द्रवज्रा (d) द्रुत विलम्बित

143. मातृ भू सी मातृ भू है, अन्य से तुलना नहीं।
(a) मालिनी (b) हरिगीतिका
(c) गीतिका (d) मन्दाक्रान्ता

144. जान की जीवन को जन है जरि जाउ सो जीह जो जाँचत औरहि।
(a) दोहा (b) चौपाई
(c) सवैया (d) मालिनी

145. निज भाषा उन्नति अहै सब उन्नति कौ मूल।
बिन निज भाषा ज्ञान वे+ मिटै न हिय कौ शूल।।
(a) दोहा (b) रोला
(c) चौपाई (d) बरवै

146. जागो उठो भारत देशवासी
आलस्य त्यागो न बनो विलासी
ऊँचे उठो दिव्य कला दिखाओ,
संसार में पूज्य पुनः कहलाओ।
(a) उपेन्द्रवज्रा (b) सवैया
(c) इन्द्रवज्रा (d) कवित्त

147. जय हनुमान ज्ञान गुन सागर, जय कपीस तिहु लोक उजागर।
राम दूत अतुलित बलधामा, अंजनि पुत्र पवन सुत नामा।।
(a) दोहा (b) चौपाई
(c) सोरठा (d) बरवै

148. अवधि शिला का उर पर था गुरु भार।
तिल-तिल काट रही थी, दृग जलधार।।
(a) ताटंक (b) बरवै
(c) दोहा (d) ललित पद

149. तू मंगला मंगल कारिणी है।
पद भक्त वे+ धाम विहारिणी है।
(a) दोहा (b) मालिनी
(c) इन्द्रवज्रा (d) बरवै

150. जहाँ स्वतन्त्र विचार न बदलें मन में मुख में,
जहाँ न बाधक बनें सबल निबलों वे+ सुख में।
(a) दोहा (b) सोरठा
(c) छप्पय (d) बरवै

151. प्रियपति वह मेरा प्राण प्यारा कहाँ है?
दुःख जलधि में डूबी का, सहारा कहाँ है?
(a) मल्लिका (b) मालिनी
(c) वंशस्थ (d) तारक

152. प्रेम प्रीति को विरवा चले लगाई।
सींचन की सुधि लीजो मुरझि न जाइ।
(a) बरवै (b) सोरठा
(c) छन्द (d) कुण्डलियाँ

153. हिन्दी वे+ उ)ार हित, कष्ट अनवे+न जिन सहे।
भारतेन्दु हरिशचन्द की, उज्ज्वल कीर्ति सदा रहे।
(a) बरवै
(b) दोहा
(c) छप्पय
(d) उल्लाला

154. सकल सनेह सिथिल रघुवर वे+।
गए कोस दुई दिनकर ढर वे+ ।।
(a) मालिनी (b) दोहा
(c) छन्द (d) चौपाई

155. भव्य भावों में भयानक भावना भरना नहीं।
(a) मालिनी (b) हरिगीतिका
(c) गीतिका (d) दोहा

156. मंगल भवन अमंगल हारी।
द्रवहु सो दशरथ अजिर बिहारी।।
(a) सोरठा
(b) चौपाई
(c) दोहा
(d) सवैया

157. रहिमन पानी राखिए बिन पानी सब सून।
पानी गए न ऊबरै मोती मानस चून।।
(a) चौपाई (b) सोरठा
(c) दोहा (d) मंजरी

158. कुन्द इन्दु सम देह, उमा रमन करुण अयन।
(a) उपमा (b) प्रतीप
(c) श्लेष (d) दृष्टांत

159. चरन धरत चिन्ता करत, भावत नींद न शोर।
सुबरन को खोजत फिरत, कवि व्यभिचारी चोर।।
(a) यमक (b) उत्प्रेक्षा
(c) दृष्टान्त (d) श्लेष

160. अजौ तर्‌यौना ही रह्यों, श्रुति सेवत इक अंग।
नाक बास बेसिर लह्यौं, बसि मुक्तन वे+ संग।।
(a) रूपक (b) उत्प्रेक्षा
(c) यमक (d) श्लेष

161. ऊधौ, मेरा हृदय तल था एक उद्यान न्यारा
शोभा देतीं अमित उसमें कल्पना-क्यारियाँ थीं।।
(a) उत्प्रेक्षा (b) रूपक
(c) यमक (d) उपमा

162. भूरि-भूरि भेदभाव भूमि से भगा दिया।
(a) यमक (b) रूपक
(c) अनुप्रास (d) उत्प्रेक्षा

163. हृदय घाव मेरे पीर रघुवीरै।
(a) प्रतीप
(b) व्यतिरेक
(c) असंगति
(d) उल्लेख

164. मुन्ना तब मम्मी वे+ सर पर देख-देख दो चोटी।
भाग उठा भय मानकर सर पर साँपिन लोटी।।
(a) उपमा (b) सन्देह
(c) भ्रान्तिमान (d) यमक

165. तू रूप है किरण में, सौन्दर्य है सुमन में।
तू प्राण है पवन में, विस्तार है गगन में।।
(a) रूपक (b) उल्लेख
(c) यमक (d) अतिशयोक्ति

166. भर लाऊँ सीपी में सागर।
प्रिय! मेरी अब हार विजय क्या?
(a) रूपक (b) उल्लेख
(c) विभावना (d) विरोधाभास

167. बहुरि विचार कीन्ह मन माहीं।
सीय वचन सम हितकर नाहीं।।
(a) सन्देह (b) यमक
(c) रूपक (d) प्रतीप

168. हैं गरजते घन नहीं बजते नगाड़े।
विद्युल्लता चमकी न कृपाण जाल से।।
(a) उत्प्रेक्षा (b) यमक
(c) अपन्हुति (d) रूपक

169. जुग उरोज तेरे अली। नित-नित अधिक बढ़ायँ।
अब इन भुज लतिकान में, एरी ये न समायँ।
(a) रूपक
(b) यमक
(c) असम्बतिशयोक्ति
(d) दृष्टान्त

170. अधरों पर अलि मँडराते, केशों पर मुग्ध पपीहा।
(a) सन्देह (b) उपमा
(c) रूपक (d) भ्रान्तिमान

171. गर्व करउ रघुनन्दन जिन मन माँहा।
देखउ आपन मूरति सिय वे+ छाँह।।
(a) रूपक (b) प्रतीप
(c) व्यतिरेक (d) उल्लेख

172. तरनि तनूजा तट तमाल तरुवर बहु छाए।
(a) यमक (b) अनुप्रास
(c) रूपक (d) उत्प्रेक्षा

173. माला फेरत जुग गया, फिरा न मन का फेर।
कर का मनका डारि दे, मन का मनका फेर।।
(a) रूपक (b) अनुप्रास
(c) यमक (d) उल्लेख

174. लेवत मुख में घास मृग, मोर तजत नृत जात।
आँसू गिरियत जर लता, पीरे-पीरे पात।।
(a) रूपक (b) उल्लेख
(c) अतिशयोक्ति (d) विरोधाभास

175. यह मुख है नीले अंबर में या यह चंद्र विमल है।
अंधेरे में दीप जला, या सर में खिला कमल है।।
(a) उपमा (b) रूपक
(c) उल्लेख (d) सन्देह

176. अति मलीन, वृषभानु कुमारी।
अधमुख रहित, उरध नहीं चितवत्,
ज्यों गथ हारे पकित जुआरी।
छूटे चिकुर बदन कुम्हिलानो, ज्यों
नलिनी हिसकर की मारी।।
(a) रूपक (b) उपमा
(c) उत्प्रेक्षा (d) प्रतीप

177. पट-पीत मानहुँ तड़ित रुचि, सुचि नौमि जनक सुतावरं।
(a) अतिशयोक्ति (b) यमक
(c) रूपक (d) उपमा

178. तीन बेर खाती थीं, वे तीन बेर खाती हैं।
(a) यमक (b) उत्प्रेक्षा
(c) श्लेष (d) रूपक

179. जग प्रकाश तब जस करै, वृथा भानु यह देख।
(a) यमक (b) उपमा
(c) प्रतीप (d) उत्प्रेक्षा

180. बढ़त-बढ़त सम्पति सलिल मन-सरोज बढ़ जाए।
घटत-घटत फिर न घटै करू समूल कुम्हिलाय।।
(a) रूपक
(b) यमक
(c) उल्लेख
(d) विभावना

181. नदियाँ जिनकी यशधारा-सी।
बहती हैं अब भी निशि-वासर।।
(a) यमक (b) उपमा
(c) रूपक (d) श्लेष

182. हनुमान की पूँछ में लगन न पाई आग।
लंका सिगरी जल गई, गए निसाचर भाग।।
(a) रूपक (b) उत्प्रेक्षा
(c) यमक (d) अतिशयोक्ति

183. नाक का मोती अधर की कान्ति से,
बीज दाड़िम का समझकर भ्रान्ति से।
देखकर सहसा हुआ शुक मौन है।
सोचता है अन्य शुक यह कौन है?
(a) यमक (b) रूपक
(c) विभावना (d) भ्रान्तिमान

184. नहिं पराग नहिं मधुर, मधु, नहिं विकास येहि काल।
अली कली ही सों बंध्यो, आगे कौन हवाल।।
(a) अन्योक्ति (b) अतिशयोक्ति
(c) उपमा (d) उत्प्रेक्षा

185. सोहत ओढ़े पीत पट, स्याम सलोने गात।
मनहुं नील मनि सैल पर आतप पर्‌यो प्रभात।।
(a) उत्प्रेक्षा (b) यमक
(c) रूपक (d) भ्रान्तिमान

186. दिवसावसान का समय
मेघमय आसमान से उतर रही है
वह संध्या-सुन्दरी परी-सी
धीरे-धीरे-धीरे।
(a) अनुप्रास (b) उपमा
(c) वक्रोक्ति (d) अन्योक्ति

187. अब अति रही गुलाब में, अपत कटीली डार।
(a) रूपक (b) अन्योक्ति
(c) उत्प्रेक्षा (d) उदाहरण

188. माया महाठगिनी हम जानी।
तिरगुन फाँस लिए कर डोलै, बोलै मधुरी बानी।
(a) रूपक (b) श्लेष
(c) उपमा (d) प्रतीप

189. चरर मरर खुल गए भरर रवस्फुटों से।
(a) उत्प्रेक्षा (b) रूपक
(c) अनुप्रास (d) श्लेष

190. ज्यों-ज्यों बूढ़े स्याम रंग त्यों-त्यों उज्ज्वल होय
(a) विरोधाभास
(b) अतिशयोक्ति
(c) अनुप्रास
(d) भ्रान्तिमान

191. कबिरा सोई पीर है, जे जाने पर पीर।
जे पर पीर न जानई, सो काफिर बेपीर।।
(a) उपमा (b) यमक
(c) रूपक (d) अनुप्रास

192. कनक-कनक ते सौ गुनी मादकता अधिकाय।
या खाए बौराय जग, वा पाए बौराय।।
(a) यमक (b) अनुप्रास
(c) श्लेष (d) प्रतीप

193. पीपर पात सरिस मन डोला।
(a) उल्लेख (b) अनुप्रास
(c) उपमा (d) श्लेष

194. रहिमन पानी राखिये, बिनु पानी सब सून।
पानी गए न ऊबरै, मोती मानुस चून।।
(a) रूपक (b) यमक
(c) श्लेष (d) भ्रान्तिमान

195. बड़े न हूजे गुनन बिनु विरद बड़ाई पाय।
कहत धतूरे सों कनक, गहनो गढ़ो न जाय।।
(a) अन्योक्ति (b) रूपक
(c) विरोधाभास (d) अर्थान्तरन्यास

196. मेरो मन अनत कहाँ सुख पावै।
जैसे उड़ि जहाज को पंछी फिरि जहाज पै आवै।।
(a) रूपक (b) उपमा
(c) अन्योक्ति (d) उत्प्रेक्षा

197. बीती विभावरी जाग री।
अंम्बर-पनघट में डुबो रही तारा-घट ऊषा-नागरी।।
(a) रूपक (b) उपमा
(c) अतिशयोक्ति (d) उत्प्रेक्षा

198. चरण-कमल बन्दौ हरि राई।
(a) उत्प्रेक्षा (b) अनुप्रास
(c) उपमा (d) रूपक

199. ऊँचे घोर मन्दर वे+ अन्दर रहनवारी,
ऊँचे घोर मन्दर वे+ अन्दर रहती है।
(a) अतिशयोक्ति (b) विभावना
(c) यमक (d) श्लेष

200. चिरजीवो जोरी जुरै, क्यों न सनेह गंभीर।
को घटि वै वृषभानुजा, वे हलधर वे+ बीर।।
(a) श्लेष (b) उत्प्रेक्षा
(c) यमक (d) रूपक

201. रहिमन जो गति दीप की, कुल कपूत गति सोय।
बारे उजियारे लगै, बढ़े अंधेरो होय।।
(a) रूपक
(b) अनुप्रास
(c) श्लेष
(d) उपमा

202. स्वच्छ चाँदनी बिछी हुई है अवनि और अंबर तल में।
(a) लाटानुप्रास (b) वृत्यानुप्रास
(c) अन्योक्ति (d) विरोधाभास

203. करत-करत अभ्यास वे+ जड़मति होत सुजान।
रसरी आवत जात ते सिल पर परत निसान।।
(a) दृष्टांत (b) रूपक
(c) उत्पेक्षा (d) विरोधाभास

204. फूले कास सकल महि छाई।
जनु बरखा कृत प्रकट बुढ़ाई।।
(a) रूपक (b) अनुप्रास
(c) श्लेष (d) उत्प्रेक्षा

205. सठ सुधरहिं सत संगति पाई।
पारस पर कुधातु सुहाई।।
(a) उपमा (b) अनुप्रास
(c) यमक (d) दृष्टांत

206. बंदहु गुरु पद कंज।
(a) रूपक (b) उपमा
(c) अनुप्रास (d) वक्रोक्ति

207. सूर सूर तुलसी ससि।
(a) अनुप्रास (b) श्लेष
(c) यमक (d) भ्रांतिमान

208. चारु-चन्द्र की चंचल किरणें
खेल रही हैं जल थल में।
(a) अनुप्रास (b) श्लेष
(c) भ्रांतिमान (d) विरोधाभास

209. तुलसीदास सीदत निसिदिन देखत तुम्हार निठुराई।
(a) वक्रोक्ति (b) उपमा
(c) अनुप्रास (d) यमक

210. संतो भाई ज्ञान की आंधी।
भ्रम की टाटी सवै उड़ानी माया रहे न बांधी।।
(a) उपमा (b) अनुप्रास
(c) रूपक (d) श्लेष

211. काव्य शास्त्रकारों ने आलोचना करते हुए कितने सम्प्रदाय निश्चित किए?
(a) सात (b) छः (c) पाँच (d) चार

212. अलंकार सम्प्रदाय के प्रवर्तक थे
(a) मम्मट (b) जयदेव
(c) भामह (d) दण्डी

213. भामह का समय किस शताब्दी को माना गया?
(a) पाँचवीं (b) छठी
(c) चौथी (d) इनमें से कोई नहीं

214. भामह ने किसको सम्पूर्ण अलंकारों का मूल माना?
(a) वक्रोक्ति (b) अभिधार्थ
(c) श्लेष (d) यमक

215. भामह ने अलंकारों की संख्या कितनी मानी है?
(a) चालीस (b) छत्तीस
(c) चौंतीस (d) अड़तीस

216. निम्नलिखित में से किसने 'काव्यादर्श' की रचना की?
(a) भामह (b) दण्डी
(c) मम्मट (d) विश्वनाथ

217. 'काव्यालंकार' के रचनाकार थे
(a) मम्मट (b) दण्डी
(c) भामह (d) विश्वनाथ

218. 'काव्यालंकार-सार-संग्रह' के रचनाकार कौन थे?
(a) उद्भट (b) भामह
(c) मम्मट (d) जयदेव

219. 17 वीं सदी तक अलंकारों की संख्या कहाँ तक पहुँच चुकी थी?
(a) सौ (b) एक सौ पच्चीस
(c) एक सौ पचास (d) दो सौ

220. रीतिकालीन अलंकारवादी आचार्य थे
(a) केशव तथा चिन्तामणि
(b) मतिराम तथा पद्माकर
(c) भूषण तथा देव
(d) ये सभी

221. आधुनिक युग के अलंकारवादी आचार्य हैं
(a) मुरारिदान तथा जगन्नाथ प्रसाद भानु
(b) भगवानदीन तथा अर्जुनदास केडिया
(c) बिहारीलाल भट्ट एवं रामदहिन मिश्र
(d) उपरोक्त सभी

222. रीति सम्प्रदाय के प्रवर्त्तक आचार्य थे
(a) आचार्य वामन (b) भरत मुनि
(c) रुद्रट (d) दण्डी

223. वामन से 'रीति' शब्द के लिए 'प्रवृत्ति' शब्द का प्रयोग किसने किया?
(a) रुद्रट (b) भरत मुनि
(c) कुन्तक (d) इनमें से कोई नहीं

224. 'नाट्यशास्त्र' के रचनाकार थे
(a) रुद्रट (b) भामह
(c) भरत मुनि (d) कुन्तक

225. रीति-सम्प्रदाय के प्रवर्तक वामन की रचना का नाम है
(a) काव्यालंकार
(b) काव्यालंकार सूत्रवृत्ति
(c) अलंकार-चन्द्रोदय
(d) इनमें से कोई नहीं

226. 'काव्यालंकार सूत्रवृत्ति' की रचना किस शताब्दी में हुई?
(a) 8वीं शताब्दी (b) 7वीं शताब्दी
(c) 9वीं शताब्दी (d) 10वीं शताब्दी

227. 'रीति' का शाब्दिक अर्थ है
(a) मार्ग (b) प्रणाली
(c) पद्धति तथा शैली (d) ये सभी

228. आचार्य रुद्रट ने 'रीति' के कौन-से चौथे भेद की कल्पना की?
(a) भाटी (b) लाटी
(c) नाटी (d) इनमें से कोई नहीं

229. 10वीं सदी में 'रीति' को 'मार्ग' की संज्ञा किसने दी?
(a) भरत मुनि (b) रुद्र
(c) विश्वनाथ (d) कुन्तक

230. 14वीं सदी में 'रीति' को 'रस' का उपकार करने वाली किसने माना?
(a) विश्वनाथ (b) भरत मुनि
(c) रुद्रट (d) कुन्तक

231. 'ध्वनि-सम्प्रदाय' के प्रवर्तक कौन थे?
(a) भरत मुनि (b) आचार्य आनन्दवर्द्धन
(c) रुद्रट (d) विश्वनाथ

232. आचार्य आनन्दवर्द्धन की रचना का नाम क्या है?
(a) ध्वन्यालोक (b) साहित्य दर्पण
(c) रस-गंगाधर (d) रस रहस्य

233. "जहाँ अर्थ अपने को अथवा शब्द अपने अर्थ को गुणीभूत करके उसको अभिव्यक्त करते हैं, उस काव्य विशेष को विद्वान ध्वनि काव्य कहते हैं"—यह कथन किसका है?
(a) भरत मुनि (b) रुद्रट
(c) आचार्य आनन्दवर्द्धन (d) विश्वनाथ

234. रीति के भेद बताए गए
(a) वैदर्भी (b) गौडी
(c) पांचाली (d) ये सभी

235. "सामान्य व्यवहार में कानों को सुनाई पड़ने वाले नाद को ध्वनि कहते हैं"—यह कथन किस पुस्तक से है?
(a) ध्वन्यालोक (b) हिन्दी-साहित्य-कोश
(c) साहित्य-दर्पण (d) काव्य प्रकाश

236. 'वक्रोक्ति सम्प्रदाय' के प्रवर्तक कौन थे?
(a) आनन्दवर्द्धन (b) विश्वनाथ
(c) कुन्तक (d) मम्मट

237. 'वक्रोक्ति जीवितम्' के रचनाकार थे
(a) कुन्तक (b) विश्वनाथ
(c) आनन्दवर्द्धन (d) मम्मट

238. कुन्तक ने काव्य में किसकी समानता को प्रतिपादित किया है?
(a) शब्द-अर्थ की समानता
(b) रस-अलंकार प्रयोग की समानता
(c) शब्दशक्ति-गुण की समानता
(d) उपरोक्त में से कोई नहीं

239. 'वक्रोक्ति' का क्या अर्थ है?
(a) सामान्य अर्थ
(b) विलक्षण अर्थ
(c) लोकातिक्रान्त कथन
(d) 'b' तथा 'c'

240. कुन्तक ने 'वक्रोक्ति' के कितने भेद बताए हैं?
(a) आठ (b) छः
(c) सात (d) पाँच

241. कुन्तक के अनुसार वक्रोक्ति के 'भेद' हैं
(a) वर्ण, विन्यास, वक्रता एवं पद-पूर्वार्द्ध-वक्रता
(b) पद-परार्द्ध-वक्रता एवं वाक्य-वक्रता
(c) प्रकरण-वक्रता एवं प्रबन्ध-वक्रता
(d) उपरोक्त सभी

242. 'वक्रोक्ति सम्प्रदाय' के रीतिकालीन कवि थे
(a) केशव (b) बिहारी
(c) घनानन्द (d) ये सभी

243. 'वक्रोक्ति' से प्रभावित 'आधुनिक काल' के कवि एवं साहित्यकार थे
(a) पद्मसिंह शर्मा तथा रत्नाकर
(b) हरिऔध एवं महावीर प्रसाद द्विवेदी
(c) प्रसाद एवं महादेवी वर्मा
(d) उपरोक्त सभी

244. 'रस-सिद्धान्त' के आदि प्रणेता के रूप में किसे जाना जाता है?
(a) आचार्य भरत मुनि (b) भामह
(c) कुन्तक (d) विश्वनाथ

245. आचार्य भरत मुनि की प्रसिद्ध रचना का नाम है
(a) साहित्य दर्पण (b) नाट्यशास्त्र
(c) रस-गंगाधर (d) काव्यप्रकाश

246. 'विभावानुभावव्यभिचारिसंयोगाद्रसनिष्पत्ति' द्वारा रस को काव्य की आत्मा किसने कहा?
(a) आचार्य विश्वनाथ (b) भामह
(c) भरत मुनि (d) पं. जगन्नाथ

247. 'वाक्यं रसात्मक काव्यम' सूत्र किसने, किस शताब्दी में दिया?
(a) ईसा पूर्व पहली शताब्दी के आस-पास–भरत मुनि
(b) 14वीं शताब्दी – विश्वनाथ
(c) 17वीं शताब्दी – पं. जगन्नाथ
(d) 11वीं शताब्दी – मम्मट

248. 'साहित्य-दर्पण' के रचनाकार थे
(a) विश्वनाथ (b) मम्मट
(c) पं. जगन्नाथ (d) भरत मुनि

249. 'रमणीयार्थ प्रतिपादकः शब्दः काव्यम्' के उद्घोषक 'रस' के समर्थक विद्वान थे
(a) भरत मुनि (b) मम्मट
(c) पं. जगन्नाथ (d) विश्वनाथ

250. मम्मट ने 11वीं सदी में किस ग्रन्थ में ध्वनि के अन्तर्गत तथा 'रस' की चर्चा की?
(a) काव्य प्रकाश (b) साहित्य दर्पण
(c) रस गंगाधर (d) शृंगार प्रकाश

251. 14वीं सदी के दो विद्वान (रस को काव्य की आत्मा मानने वाले) थे
(a) भोजराज (b) मम्मट
(c) भानुदत्त (d) 'a' तथा 'c'

252. आधुनिक काल में 'रस' को 'ब्रह्मानन्द सहोदर' की संज्ञा किसने दी?
(a) डॉ. नगेन्द्र
(b) आचार्य रामचन्द्र शुक्ल
(c) श्यामसुन्दर दास
(d) आचार्य महावीर प्रसाद द्विवेदी

253. "ऐन्द्रिय और बौद्धिक अनुभूति के तत्त्वों का लवण-नीर संयोग" रस के सन्दर्भ में किसने माना है ?
(a) आचार्य रामचन्द्र शुक्ल
(b) बाबू श्यामसुन्दर दास
(c) डॉ. नगेन्द्र
(d) आचार्य महावीर प्रसाद द्विवेदी

254. 'औचित्य-सम्प्रदाय' के प्रवर्तक आचार्य थे
(a) भरत मुनि (b) आचार्य क्षेमेन्द्र
(c) आचार्य विश्वनाथ (d) मम्मट

255. उचित भाव को औचित्य किसने कहा?
(a) मम्मट (b) भरत मुनि
(c) आचार्य क्षेमेन्द्र (d) आचार्य विश्वनाथ

256. औचित्य की सर्वप्रथम विशद व्याख्या किसने प्रस्तुत की थी?
(a) आनन्दवर्द्धन (b) आचार्य क्षेमेन्द्र
(c) भरत मुनि (d) मम्मट

257. आनन्दवर्द्धन ने औचित्य के प्रकार निश्चित किए
(a) रसौचित्य एवं अलंकारौचित्य
(b) गुणौचित्य एवं संघटनौचित्य
(c) प्रबन्धौचित्य एवं रीति-औचित्य
(d) उपरोक्त सभी

258. आचार्य क्षेमेन्द्र ने औचित्य के कितने अंग या भेद निर्धारित किए?
(a) तीस (b) अट्ठाइस
(c) उन्तीस (d) सत्ताइस

259. आचार्य क्षेमेन्द्र ने 'औचित्य' के प्रमुख भेद किसे माना है?
(a) शब्द
(b) काव्यशास्त्रीय तत्व
(c) परिस्थिति एवं चरित्र
(d) ये सभी

260. शब्द-सम्बन्धी औचित्य के भेद हैं
(a) पद-वाक्य-क्रिया (b) कारक-लिंग-वचन
(c) विशेषण-उपसर्ग-निपात (d)ये सभी

261. काव्य-शास्त्रीय-तत्त्व-औचित्य के भेद हैं
(a) प्रबन्धार्थ-गुण-अलंकार
(b) रस-सारसंग्रह-तत्त्व
(c) आशीर्वाद-काव्य के अन्य विविध अंग
(d) उपरोक्त सभी

262. परिस्थिति-औचित्य के भेद हैं
(a) काल (b) देश
(c) कुल तथा अवस्था (d) ये सभी

263. 'चरित्र औचित्य' के भेद हैं
(a) व्रत-तत्त्व-अभिप्राय (b) स्वभाव-प्रतिभा
(c) विचार-नाम (d) ये सभी

264. भरत मुनि के रस-निष्पत्ति सूत्र की व्याख्या करने वाले प्रमुख आचार्य कौन थे?
(a) भट्ट लोलट्ट एवं श्री शंकुक
(b) भट्ट नायक
(c) अभिनव गुप्त
(d) उपरोक्त सभी

265. भट्ट लोलट्ट ने रस सम्बन्धी सूत्र व्याख्या में किस सिद्धान्त को चलाया?
(a) उत्पत्तिवाद (b) अनुमितिवाद
(c) भुक्तिवाद (d) अभिव्यक्तिवाद

266. 'रस-निष्पत्ति' सूत्र में 'निष्पत्ति' का अर्थ 'उत्पत्ति' तथा 'संयोग' का अर्थ 'कार्य-कारण-सम्बन्ध' किसने माना?
(a) भट्ट नायक (b) भट्ट लोलट्ट
(c) श्री शंकुक (d) अभिनव गुप्त

267. 'अनुमितिवाद' सूत्र (सिद्धान्त) के प्रतिपादक थे
(a) भट्ट नायक (b) भट्ट लोलट्ट
(c) श्री शंकुक (d) अभिनव गुप्त

268. भट्ट लोलट्ट के रस सिद्धान्त को किस अन्य नाम से जाना जाता है?
(a) उत्पत्तिवाद (b) आरोपवाद
(c) चमत्कारवाद (d) ये सभी

269. "अनुमिति का अर्थ है—नट के कुशल अभिनय के कारण प्रेक्षक नट में नायकत्व का अनुमान कर लेता है" यह विचार किसके व किस सूत्र का है?
(a) भट्ट लोलट्ट का उत्पत्तिवाद
(b) श्री शंकुक का अनुमितिवाद
(c) अभिनव गुप्त का अभिव्यक्तिवाद
(d) उपरोक्त में से कोई नहीं

270. 'भुक्तिवाद' के प्रवर्तक आचार्य थे
(a) भट्ट लोलट्ट
(b) श्री शंकुक
(c) भट्ट नायक
(d) इनमें से कोई नहीं

271. 'संयोग' का अर्थ 'ध्वनित' तथा 'निष्पत्ति' का अर्थ 'आनन्द भाव में प्रकाशित होना' किस सूत्र के अन्तर्गत निकला?
(a) उत्पत्तिवाद
(b) भुक्तिवाद
(c) अनुमितिवाद
(d) अभिव्यक्तिवाद

272. सांख्यशास्त्र के अनुयायी कौन थे?
(a) भट्ट नायव
(b) भट्ट लोलट्ट
(c) श्री शंकुक
(d) अभिनव गुप्त

273. सामाजिक में 'रस निष्पत्ति' किसने मानी?
(a) भट्ट लोलट्ट
(b) भट्ट नायक
(c) श्री शंकुक
(d) अभिनव गुप्त

274. 'अभिव्यक्तिवाद' सूत्र के प्रवर्तक आचार्य थे
(a) अभिनव गुप्त
(b) भट्ट लोलट्ट
(c) भट्ट नायक
(d) श्री शंकुक

275. संयोग का अर्थ 'व्यंजना' और 'निष्पत्ति' का अर्थ 'अभिव्यक्ति' किसके व किस सूत्र में माना गया?
(a) भट्ट लोलट्ट का उत्पत्तिवाद
(b) श्री शंकुक का अनुमितिवाद
(c) भट्ट नायक का भुक्तिवाद
(d) अभिनव गुप्त का अभिव्यक्तिवाद

276. "रस वास्तविक रूप में दर्शक को ही प्राप्त होता है, क्योंकि वह वर्तमान है"—यह विचार किसका है?
(a) धनंजय
(b) भट्ट नायक
(c) श्री शंकुक
(d) भट्ट लोलट्ट

277. शब्द की अभिव्यंजना-शक्ति को कहते हैं
(a) अलंकार-बोध
(b) गुण-बोध
(c) शब्व शक्ति
(d) रस-बोध

278. शब्द-शक्ति के भेद हैं
(a) अभिधा
(b) लक्षणा
(c) व्यंजना
(d) ये तीनों

279. "साक्षात् संकेतित (मुख्यार्थ) का बोध कराने वाले व्यापार को अभिधा कहते हैं"—यह कथन किसका है?
(a) मम्मट
(b) श्री शंकुक
(c) भट्ट नायक
(d) धनंजय

280. मुख्य अर्थ को छोड़कर किसी दूसरे अर्थ की कल्पना करने को क्या कहते हैं?
(a) अभिधा
(b) लक्षणा
(c) व्यंजना
(d) इनमें से कोई नहीं

281. लक्षणा के भेद किए गए
(a) रूढ़ा-प्रयोजनवती (b) लक्षण-लक्षणा
(c) गौणी-शुद्धा (d) ये तीनों

282. 'पंजाब वीर है' कौन-सी शब्द-शक्ति है?
(a) अभिधा (b) रूढ़ा लक्षणा
(c) प्रयोजनवती लक्षणा (d) व्यंजना

283. "गंगा पर गाँव है" कौन-सी शब्द-शक्ति है?
(a) रूढ़ा लक्षणा (b) गौणी-शुद्धा
(c) प्रयोजनवती लक्षणा (d) लक्षण-लक्षणा

284. "लाल पगड़ी आते ही भीड़ छँट गई" में शब्द-शक्ति है
(a) रूढ़ा (b) गौणी और शुद्धा
(c) प्रयोजनवती लक्षणा (d) लक्षण-लक्षणा

285. वाक्य मुख्यार्थ को छोड़कर लक्ष्यार्थ ग्रहण करे तो शब्द-शक्ति होगी
(a) लक्षण-लक्षणा
(b) रूढ़ा
(c) गौणी और शुद्धा
(d) प्रयोजनवती लक्षणा

286. साधारण अर्थ को छोड़कर किसी विशेष अर्थ का बोध हो, तो यह है
(a) अभिधा
(b) लक्षणा
(c) व्यंजना
(d) इनमें से कोई नहीं

287. 'शाब्दा' और 'आर्थी' किसके भेद हैं?
(a) अभिधा
(b) व्यंजना
(c) लक्षणा
(d) इनमें से कोई नहीं

288. "चिरजीवौ जौरी जुरै क्यों न सनेह गम्भीर। को घटि ये वृषभानुजा, वे हलधर के वीर।।"—में कौन-सी व्यंजना शब्द-शक्ति है?
(a) शाब्दी
(b) आर्थी
(c) लक्षणा
(d) इनमें से कोई नहीं

289. "हम भली प्रकार जानते हैं कि आप बड़े महात्मा हैं"—में कौन-सी शब्द-शक्ति है?
(a) शाब्दी व्यंजना (b) आर्थी व्यंजना
(c) अभिधा (d) लक्षणा

290. 'पत्ता नहीं हिलता' में किस प्रकार की शब्द-शक्ति है?
(a) अलंकार-व्यंजना (b) वस्तु-व्यंजना
(c) रस-व्यंजना (d) इनमें से कोई नहीं

291. "दक्षिण दिशा में जाने से सूर्य का प्रताप भी मन्द पड़ जाता है" में शब्द-शक्ति है
(a) वस्तु-व्यंजना
(b) रस-व्यंजना
(c) अलंकार-व्यंजना
(d) इनमें से कोई नहीं

292. अभिधा तथा लक्षणा अर्थ का बोध कराकर हट जाती है तब कार्य शुरू होता है
(a) रूढ़ा लक्षणा
(b) प्रयोजनवती लक्षणा
(c) अभिधा
(d) व्यंजना

293. जिसमें हृदय के किसी मनोविकार या भाव की व्यंजना हो, तो यह है
(a) शाब्दी (b) आर्थी
(c) रस (d) अलंकार

294. "भाखे लखन कुटिल भइ भौहें। रद पट फरकत नयन रिसोहैं"—में व्यंजना है
(a) आर्थी
(b) रस
(c) शाब्दी
(d) अलंकार

295. हृदय में उत्पन्न भावों की अभिव्यक्ति का माध्यम है
(a) शैली (b) रस
(c) भाषा (d) छन्द

296. "मानव अन्य प्राणियों में सर्वश्रेष्ठ माना जाता है", क्योंकि उसके पास है
(a) शब्द-विन्यास (b) धन
(c) शक्ति (d) रूप

सही उत्तर

1. (a)	2. (b)	3. (b)	4. (c)	5. (c)	6. (d)	7. (c)	8. (d)	9. (b)	10. (b)
11. (b)	12. (a)	13. (b)	14. (a)	15. (d)	16. (a)	17. (a)	18. (b)	19. (d)	20. (b)
21. (a)	22. (c)	23. (b)	24. (b)	25. (b)	26. (c)	27. (b)	28. (b)	29. (a)	30. (a)
31. (c)	32. (b)	33. (d)	34. (a)	35. (b)	36. (b)	37. (a)	38. (b)	39. (a)	40. (a)
41. (a)	42. (c)	43. (d)	44. (d)	45. (b)	46. (c)	47. (c)	48. (c)	49. (a)	50. (b)
51. (c)	52. (b)	53. (a)	54. (a)	55. (b)	56. (b)	57. (a)	58. (b)	59. (c)	60. (a)
61. (c)	62. (b)	63. (a)	64. (d)	65. (a)	66. (a)	67. (a)	68. (c)	69. (a)	70. (a)
71. (a)	72. (c)	73. (d)	74. (b)	75. (c)	76. (b)	77. (a)	78. (a)	79. (a)	80. (a)
81. (a)	82. (a)	83. (c)	84. (c)	85. (c)	86. (a)	87. (b)	88. (b)	89. (b)	90. (b)
91. (d)	92. (c)	93. (d)	94. (a)	95. (b)	96. (c)	97. (a)	98. (b)	99. (d)	100. (c)
101. (a)	102. (c)	103. (c)	104. (d)	105. (a)	106. (b)	107. (b)	108. (c)	109. (b)	110. (a)
111. (c)	112. (c)	113. (d)	114. (d)	115. (a)	116. (b)	117. (a)	118. (d)	119. (b)	120. (b)
121. (c)	122. (b)	123. (b)	124. (c)	125. (b)	126. (c)	127. (d)	128. (a)	129. (d)	130. (d)
131. (d)	132. (c)	133. (c)	134. (a)	135. (a)	136. (b)	137. (a)	138. (b)	139. (c)	140. (c)
141. (a)	142. (b)	143. (c)	144. (c)	145. (a)	146. (c)	147. (b)	148. (b)	149. (c)	150. (c)
151. (b)	152. (a)	153. (a)	154. (d)	155. (c)	156. (b)	157. (c)	158. (a)	159. (d)	160. (d)
161. (b)	162. (c)	163. (c)	164. (c)	165. (c)	166. (b)	167. (d)	168. (d)	169. (c)	170. (d)
171. (b)	172. (b)	173. (b)	174. (c)	175. (d)	176. (b)	177. (d)	178. (c)	179. (c)	180. (a)
181. (b)	182. (d)	183. (d)	184. (a)	185. (a)	186. (b)	187. (d)	188. (b)	189. (c)	190. (a)
191. (b)	192. (a)	193. (c)	194. (c)	195. (d)	196. (b)	197. (a)	198. (d)	199. (c)	200. (a)
201. (c)	202. (a)	203. (a)	204. (d)	205. (b)	206. (a)	207. (c)	208. (a)	209. (c)	210. (c)
211. (b)	212. (c)	213. (b)	214. (a)	215. (d)	216. (b)	217. (c)	218. (a)	219. (b)	220. (d)
221. (d)	222. (a)	223. (b)	224. (c)	225. (b)	226. (c)	227. (d)	228. (b)	229. (d)	230. (a)
231. (b)	232. (a)	233. (c)	234. (d)	235. (b)	236. (c)	237. (a)	238. (a)	239. (d)	240. (b)
241. (d)	242. (d)	243. (d)	244. (a)	245. (b)	246. (c)	247. (b)	248. (a)	249. (c)	250. (a)
251. (d)	252. (b)	253. (c)	254. (b)	255. (c)	256. (b)	257. (d)	258. (b)	259. (d)	260. (d)
261. (d)	262. (d)	263. (d)	264. (d)	265. (a)	266. (b)	267. (c)	268. (d)	269. (b)	270. (c)
271. (b)	272. (a)	273. (d)	274. (a)	275. (d)	276. (a)	277. (c)	278. (d)	279. (a)	280. (b)
281. (d)	282. (b)	283. (c)	284. (b)	285. (d)	286. (c)	287. (b)	288. (a)	289. (b)	290. (b)
291. (c)	292. (d)	293. (c)	294. (b)	295. (c)	296. (a)				

इकाई 07 शब्द भेद

व्याकरण का अर्थ है-व्याकृत या विश्लेषण करने वाला शास्त्र। व्याकरण वह शास्त्र है, जो किसी भाषा के स्वरूप को स्पष्ट करता है तथा उसे शुद्ध उच्चारित करने, लिखने और समझने की विधि बताता है। इसके द्वारा भाषा विशेष के वे नियम स्पष्ट किए जाते हैं, जो शिष्ट एवं सुशिक्षित जनों के भाषा-प्रयोग में दिखाई देते हैं। व्याकरण के अन्तर्गत संज्ञा, लिंग, वचन, कारक, सर्वनाम, विशेषण, क्रिया इत्यादि का वर्णन किया गया है। हिन्दी व्याकरण के अन्तर्गत इनका विशेष स्थान है।

संज्ञा

- संज्ञा का शाब्दिक अर्थ नाम है। किसी वस्तु, व्यक्ति (जिसका अस्तित्व होता है या होने की कल्पना की जा सकती है), स्थान इत्यादि के नाम को ही संज्ञा (Noun) कहा जाता है।
- अन्य शब्दों में, जिन विकारी शब्दों से किसी व्यक्ति, स्थान, प्राणी, गुण, काम, भाव इत्यादि का बोध होता है, उन्हें संज्ञा कहते हैं। इस प्रकार नाम और संज्ञा समानार्थक शब्द हैं। व्याकरण में संज्ञा शब्द ही प्रचलित है।

संज्ञा के प्रकार

अर्थ के आधार पर संज्ञा पाँच प्रकार की होती है

1. जातिवाचक संज्ञा
2. व्यक्तिवाचक संज्ञा
3. भाववाचक संज्ञा
4. समूहवाचक संज्ञा
5. द्रव्यवाचक संज्ञा

1. जातिवाचक संज्ञा

वह संज्ञा शब्द जिनसे किसी एक ही प्रकार की अनेक वस्तुओं का बोध होता है अर्थात् वे संज्ञा शब्द जहाँ एक ही शब्द से पूरी जाति का बोध हो जाता है, उन्हें जातिवाचक (Common Noun) संज्ञा कहते हैं; जैसे— घर, पहाड़, नदी, शहर, पक्षी, पशु इत्यादि।

घर कहने से सभी तरह के घरों का, पहाड़ कहने से संसार के सभी पहाड़ों का और नदी कहने से सभी नदियों का जातिगत बोध होता है। जातिवाचक संज्ञाओं की स्थितियाँ इस प्रकार हैं; जैसे—

- **वस्तुओं के नाम** मकान, कुर्सी, मेज, पुस्तक, कलम, चाकू इत्यादि।
- **पशु-पक्षियों के नाम** बैल, घोड़ा, हिरण, तोता, मैना, मोर इत्यादि।
- **प्राकृतिक तत्त्वों के नाम** बिजली, वर्षा, आँधी, तूफान, भूकम्प, ज्वालामुखी, ओला वृष्टि, हिमपात इत्यादि।
- **सम्बन्धियों, व्यवसायों, पदों और कार्यों के नाम** भाई, माँ, डॉक्टर, वकील, मन्त्री, अध्यक्ष, किसान, अध्यापक, मजदूर इत्यादि।

2. व्यक्तिवाचक संज्ञा

जिन संज्ञा शब्दों से किसी एक ही वस्तु, व्यक्ति या स्थान इत्यादि का बोध होता है, उन्हें व्यक्तिवाचक संज्ञा (Proper Noun) कहते हैं; जैसे—

- **व्यक्तियों के नाम** राम, कृष्ण, गौतम बुद्ध, हनुमान, ईसा मसीह इत्यादि।
- **फलों के नाम** आम, अमरूद, सेब, संतरा, टमाटर, मिर्च, केला इत्यादि।
- **ग्रन्थों के नाम** रामायण, रामचरितमानस, कामायनी, कुरान, साकेत इत्यादि।
- **समाचार-पत्रों के नाम** हिन्दुस्तान, दैनिक जागरण, अमर उजाला इत्यादि।
- **नदियों के नाम** गंगा, ब्रह्मपुत्र, यमुना, गोदावरी, कावेरी, सिन्धु इत्यादि।

जातिवाचक और व्यक्तिवाचक संज्ञा में अन्तर

जातिवाचक संज्ञा	कवि	स्त्री	नदी	नगर	पर्वत
व्यक्तिवाचक संज्ञा	सूरदास	राधा	यमुना	मुम्बई	हिमालय

3. भाववाचक संज्ञा

जिन संज्ञा शब्दों से किसी वस्तु के गुण, दशा, भाव या अवस्था का बोध होता है, उन्हें भाववाचक संज्ञा (Abstract Noun) कहते हैं; जैसे—

- **गुण के अर्थ में** सुन्दरता, कुशाग्रता, बुद्धिमत्ता इत्यादि।
- **अवस्था के अर्थ में** जवानी, बचपन, बुढ़ापा इत्यादि।
- **दशा के अर्थ में** उन्नति, अवनति, चढ़ाई, ढलान इत्यादि।
- **भाव के अर्थ में** मित्रता, शत्रुता, कृपणता इत्यादि।

इन शब्दों से भाव विशेष का बोध होता है। अतः ये सभी भाववाचक संज्ञा शब्द हैं। भाववाचक संज्ञाएँ मुख्यतः दो प्रकार की होती हैं

(i) **स्वतन्त्र** भाववाचक संज्ञाएँ ईर्ष्या, द्वेष, सुख, दुःख, लोभ इत्यादि स्वतन्त्र भाववाचक संज्ञा के उदाहरण हैं। इन्हें वाक्यों में स्वतन्त्र रूप में प्रयोग किया जाता है।

(ii) **परतन्त्र** कुछ भाववाचक संज्ञाओं का निर्माण जातिवाचक संज्ञा, व्यक्तिवाचक संज्ञा, सर्वनाम, विशेषण, क्रिया तथा अव्यय में आव, अन, ई, ता, त्व, पन, आई इत्यादि प्रत्यय जोड़कर किया जाता है, इन्हें ही परतन्त्र भाववाचक संज्ञा कहते हैं; जैसे—
अपना + त्व = अपनत्व, लिखा + ई = लिखाई इत्यादि।

भाववाचक संज्ञाओं का विशिष्ट परिवर्तन

जातिवाचक संज्ञा से भाववाचक संज्ञा

जातिवाचक संज्ञा	भाववाचक संज्ञा	जातिवाचक संज्ञा	भाववाचक संज्ञा
मनुष्य	मनुष्यता/मनुष्यत्व	पुरुष	पुरुषत्व
लड़का	लड़कपन	नारी	नारीत्व

व्यक्तिवाचक संज्ञा से भाववाचक संज्ञा

व्यक्तिवाचक संज्ञा	भाववाचक संज्ञा	व्यक्तिवाचक संज्ञा	भाववाचक संज्ञा
राम	रामत्व	शिव	शिवत्व
रावण	रावणत्व	गुरु	गुरुत्व

सर्वनाम से भाववाचक संज्ञा

सर्वनाम	भाववाचक संज्ञा	सर्वनाम	भाववाचक संज्ञा
अपना	अपनापन/अपनत्व	मम	ममत्व/ममता
अहं	अहंकार	निज	निजत्व

विशेषण से भाववाचक संज्ञा

विशेषण	भाववाचक संज्ञा	विशेषण	भाववाचक संज्ञा
कठोर	कठोरता	सुन्दर	सुन्दरता/सौन्दर्य
चौड़ा	चौड़ाई	ललित	लालित्य
वीर	वीरता/वीरत्व	भोला	भोलापन

क्रिया से भाववाचक संज्ञा

क्रिया	भाववाचक संज्ञा	क्रिया	भाववाचक संज्ञा
घबराना	घबराहट	पढ़ना	पढ़ाई
खेलना	खेल	मिलना	मिलाप

अव्यय से भाववाचक संज्ञा

अव्यय	भाववाचक संज्ञा	अव्यय	भाववाचक संज्ञा
दूर	दूरी	निकट	निकटता
नीचे	नीचाई	समीप	सामीप्य

4. समूहवाचक संज्ञा

जिन संज्ञा शब्दों से एक ही जाति की वस्तुओं के समूह (समुदाय) का बोध होता है, उन्हें समूहवाचक संज्ञा (Collective Noun) कहते हैं; जैसे—

- **व्यक्तियों के समूह** कक्षा, सेना, समूह, संघ, टुकड़ी, गिरोह और दल, वर्ग, टीम, समिति, परिवार, सभा इत्यादि।
- **वस्तुओं के समूह** कुंज, ढेर, गट्ठर, गुच्छा, ताश, टी-सेट इत्यादि।

5. द्रव्यवाचक संज्ञा

जिन संज्ञा शब्दों से किसी ऐसे पदार्थ (सामग्री) या द्रव्य का बोध होता है, जिसे हम नाप-तौल सकते हैं लेकिन गिन नहीं सकते, उन्हें द्रव्यवाचक संज्ञा (Material Noun) कहते हैं; जैसे—

- **धातुओं (ठोस) के नाम** सोना, चाँदी, लोहा, ताँबा, पीतल इत्यादि।
- **पदार्थों के नाम** दूध, दही, घी, तेल, पानी इत्यादि।
- **गैसीय पदार्थों के नाम** हाइड्रोजन, ऑक्सीजन, धुआँ इत्यादि।

अत: ये सभी द्रव्यवाचक संज्ञा शब्द हैं।

संज्ञाओं के विभिन्न प्रयोग

संज्ञाओं के विभिन्न प्रयोग निम्न प्रकार हैं

जातिवाचक संज्ञा का व्यक्तिवाचक के रूप में प्रयोग

जब कोई जातिवाचक संज्ञा किसी विशेष व्यक्ति के लिए प्रयुक्त हो, तब जातिवाचक संज्ञा होते हुए भी वह व्यक्तिवाचक संज्ञा बन जाती है; जैसे—

- **पंडितजी** देश के लिए कई बार जेल गए।
- **गाँधीजी** ने देश के लिए अपना तन-मन धन लगा दिया।

यहाँ 'पंडितजी' और 'गाँधीजी' शब्द जातिवाचक होते हुए भी व्यक्ति विशेष अर्थात् पंडित जवाहरलाल नेहरू और महात्मा गाँधी के लिए प्रयुक्त हुए हैं। अत: यहाँ ये दोनों शब्द व्यक्तिवाचक हो गए हैं।

व्यक्तिवाचक संज्ञा का जातिवाचक के रूप में प्रयोग

व्यक्तिवाचक संज्ञा का प्रयोग सदा एकवचन में होता है, परन्तु जब कोई व्यक्तिवाचक संज्ञा किसी व्यक्ति विशेष का बोध न कराकर उस व्यक्ति के गुण-दोषों वाले व्यक्तियों (अन्य) का बोध कराती है, तब वह संज्ञा व्यक्तिवाचक न रहकर जातिवाचक संज्ञा बन जाती है; जैसे—

- कलियुग में **हरिश्चन्द्रों** की कमी नहीं है।

यहाँ 'हरिश्चन्द्र' व्यक्तिवाचक संज्ञा उसके 'सत्य' और 'निष्ठा' के गुण को प्रकट करने से जातिवाचक संज्ञा बन गई है।

- हमें भारत में **जयचन्दों** पर कड़ी नजर रखनी चाहिए।

यहाँ 'जयचन्द' शब्द व्यक्तिवाचक संज्ञा होते हुए भी उसके 'विश्वासघात' गुण को प्रकट करने के कारण अन्य व्यक्तियों का बोध कराती है। अत: यह जातिवाचक संज्ञा है।

द्रव्यवाचक, भाववाचक एवं समूहवाचक संज्ञाओं का प्रयोग

जातिवाचक के रूप में द्रव्यवाचक, भाववाचक और समूहवाचक संज्ञाओं का प्रयोग बहुवचन में नहीं होता, इसका कारण यह है कि जब इन्हें बहुवचन के रूप में प्रयोग करते हैं, तो ये सभी जातिवाचक संज्ञा में परिवर्तित हो जाती हैं; जैसे—

- यहाँ **तेल** बिकता है।
  उपर्युक्त उदाहरण में तेल का एकवचन में प्रयोग किया गया है। इसलिए तेल (द्रव्यवाचक संज्ञा) है।
- वहाँ अनेक प्रकार के **तेल** बिकते हैं।
  उपर्युक्त उदाहरण में तेल का बहुवचन में प्रयोग किया गया है। इसलिए तेल (जातिवाचक संज्ञा) है।
- राहुल की **चोरी** पकड़ी गई।
  उपर्युक्त उदाहरण में चोरी का एकवचन में प्रयोग किया गया है। इसलिए चोरी (भाववाचक संज्ञा) है।
- दिल्ली के वसंतकुंज में कई **चोरियाँ** हुईं।
  उपर्युक्त उदाहरण में चोरी का बहुवचन में प्रयोग किया गया है। इसलिए चोरियाँ (जातिवाचक संज्ञा) है।
- **सेना** युद्ध के लिए तैयार है।
  उपर्युक्त उदाहरण में सेना का एकवचन में प्रयोग किया गया है। इसलिए सेना (समूहवाचक संज्ञा) है।
- **सेनाओं** में भयंकर युद्ध हुआ।
  उपर्युक्त उदाहरण में सेनाओं का बहुवचन में प्रयोग किया गया है। इसलिए सेनाओं (जातिवाचक संज्ञा) है।

विशेषण का प्रयोग संज्ञा के रूप में

जहाँ विशेषण के साथ विशेष्य का अभाव हो तब उस विशेषण का प्रयोग संज्ञा के रूप में किया जाता है; जैसे—

- **राम** बहुत **अमीर** है। *(विशेष्य-राम, विशेषण-अमीर)*
- **गरीबों** की सहायता करो। *(जातिवाचक संज्ञा-गरीबों)*

(यहाँ गरीबों शब्द से समस्त गरीब व्यक्तियों का बोध हो रहा है।)

क्रिया का प्रयोग संज्ञा के रूप में

जब किसी क्रिया का प्रयोग वाक्य में संज्ञा के स्थान पर हो, तो वह क्रियार्थक संज्ञा कहलाती है; जैसे–

- **हँसना** सेहत के लिए लाभकारी होता है।
- **दौड़ना** अच्छी आदत है।

अव्यव का प्रयोग संज्ञा के रूप में

अव्यव (वाह-वाह, हाँ-हाँ, हाय-हाय) का प्रयोग कभी-कभी संज्ञा के रूप में होता है; जैसे–

- क्यों **हाय-हाय** कर रहे हो।
- मोहन के जीतने के बाद बड़ी **वाह-वाह** हो रही है।
- यहाँ 'हाय-हाय' तथा 'वाह-वाह' विस्मयादिबोधक अव्ययों का संज्ञा के रूप में प्रयोग हुआ है।

लिंग

- लिंग शब्द संस्कृत भाषा का है, जिसका शाब्दिक अर्थ 'चिह्न' है। जिस चिह्न द्वारा यह जाना जाए कि अमुक शब्द पुरुष जाति का है या स्त्री जाति का, उसे लिंग (Gender) कहते हैं।
- अन्य शब्दों में, संज्ञा के जिस रूप से पुरुषत्व या स्त्रीत्व का बोध हो, उसे लिंग कहते हैं। लिंग द्वारा ही संज्ञा, सर्वनाम, विशेषण इत्यादि शब्दों की जाति का बोध होता है। हिन्दी में लिंग दो प्रकार के होते हैं

1. पुल्लिंग

जिन संज्ञा शब्दों से यथार्थ या कल्पित पुरुषत्व का बोध होता है, उन्हें पुल्लिंग (Masculine) कहते हैं; जैसे–लड़का, बैल, घोड़ा, कुत्ता, शेर, पेड़, नगर इत्यादि।
यहाँ 'लड़का', 'बैल', 'घोड़ा' से यथार्थ पुरुषत्व तथा 'पेड़' और 'नगर' से कल्पित पुरुषत्व का बोध होता है।

2. स्त्रीलिंग

जिन संज्ञा शब्दों से यथार्थ या कल्पित स्त्रीत्व का बोध होता है, उन्हें स्त्रीलिंग (Feminine) कहते हैं; जैसे–लड़की, गाय, लता, पुरी इत्यादि।
यहाँ 'लड़की' और 'गाय' यथार्थ स्त्रीत्व का तथा 'लता' और 'पुरी' से कल्पित स्त्रीत्व का बोध होता है।

हिन्दी में लिंग निर्धारण

हिन्दी में लिंग का निर्धारण तीन प्रकार से किया गया है

1. रूप के आधार पर

रूप का शाब्दिक अर्थ 'बनावट' है। शब्द रचना में प्रत्यय तथा स्वर के प्रयोग को आधार बनाकर शब्द के लिंग का निर्धारण होता है; जैसे–

पुल्लिंग शब्द

अकारान्त शब्द, अकारान्त भाववाचक संज्ञाएँ तथा कुछ प्रत्यय वाले शब्द पुल्लिंग होते हैं; जैसे–

- **अकारान्त शब्द**–गौरव, चन्द्रमा, कुत्ता, कपड़ा, समुद्र इत्यादि।
- **भाववाचक संज्ञा**–जिनके अन्त में भाववाचक संज्ञा (त्व, ता, य, व इत्यादि) लगी होती है; जैसे–अपनत्व, गुरुत्व, सुन्दरता इत्यादि।
- **प्रत्यय शब्द**–जिन शब्दों के अन्त में पा, पन, आव, आवा, खाना प्रत्यय जुड़े होते हैं; जैसे–दवाखाना, बचपन, मोटापा, बुलावा, जुड़ाव इत्यादि।

स्त्रीलिंग शब्द

आकारान्त शब्द, इकारान्त शब्द तथा कुछ प्रत्यय वाले शब्द स्त्रीलिंग शब्द होते हैं; जैसे–

- **आकारान्त** या **ईकारान्त** शब्द–लता, कविता, उमा इत्यादि।
- **इकारान्त/ईकारान्त** शब्द–कवि, हानि, नदी इत्यादि।
- (**नोट**: कुछ इकारान्त/ईकारान्त शब्द पुल्लिंग होते हैं; जैसे–कवि, रवि, हाथी, दही, पानी।)
- **प्रत्यय शब्द**–जिन शब्दों के अन्त में आई, इया, आवट, आहट, ता, इमा इत्यादि प्रत्यय होते हैं, वे स्त्रीलिंग होते हैं; जैसे–पढ़ाई, लुटिया, बनावट, घबराहट, मित्रता, लालिमा इत्यादि।

2. अर्थ के आधार पर

बहुत-से शब्द अर्थ की दृष्टि से तो समान होते हैं, परन्तु लिंग की दृष्टि से भिन्न होते हैं; जैसे–

पुल्लिंग	स्त्रीलिंग	पुल्लिंग	स्त्रीलिंग
दादा	दादी	अध्यापक	अध्यापिका
कवि	कवयित्री	लेखक	लेखिका
घोड़ा	घोड़ी	शेर	शेरनी
नर	मादा	श्रीमान	श्रीमती
सिंह	सिंहनी	शिष्य	शिष्या

स्त्रीलिंग एवं पुल्लिंग शब्दों का उचित प्रयोग करने से ही वाक्य शुद्ध होता है; जैसे–

- रूपा **विद्वान** है। (*अशुद्ध*)
  रूपा **विदुषी** है। (*शुद्ध*)
- रेखा अच्छी **कवि** है। (*अशुद्ध*)
  रेखा अच्छी **कवयित्री** है। (*शुद्ध*)

3. प्रयोग के आधार पर

प्रयोग के आधार पर लिंग का निर्धारण करने हेतु संज्ञा, सर्वनाम, कारक-चिह्न और विशेषण को आधार बनाया जाता है; जैसे–

- **सोहन** अच्छा लड़का है। (*पुल्लिंग-सोहन*)
- **रीमा** अच्छी लड़की है। (*स्त्रीलिंग-रीमा*)
- यह विनय की **पुस्तक** है। (*स्त्रीलिंग-पुस्तक*)
- यह विनय का **पेन** है। (*पुल्लिंग-पेन*)

शब्दों में स्त्रीलिंग एवं पुल्लिंग की पहचान करना

- 'आ' प्रत्ययान्त पुल्लिंग शब्दों में 'आ' के स्थान पर 'इया' लगाने से स्त्रीलिंग बन जाते हैं; जैसे–कुत्ता-कुतिया, बूढ़ा-बुढ़िया, बछड़ा-बछिया इत्यादि।
- व्यवसायबोधक, जातिबोधक तथा उपनामवाचक शब्दों के अन्तिम स्वर का लोप करके उनमें 'इन' और 'आइन' प्रत्यय लगाने से स्त्रीलिंग बन जाता है; जैसे–धोबी-धोबिन, कहार-कहारिन, माली-मालिन, बाघ-बाघिन इत्यादि।
- कतिपय उपनामवाची शब्दों में 'आनी' प्रत्यय लगाकर स्त्रीलिंग बनाया जाता है; जैसे–देवर-देवरानी, जेठ-जेठानी, खत्री-खत्रानी इत्यादि।
- संस्कृत के 'वान' और 'मान' प्रत्ययान्त विशेषण शब्दों में 'वान' तथा 'मान' को क्रमशः 'वती' और 'मती' कर देने से स्त्रीलिंग बन जाते हैं; जैसे–पुत्रवान्-पुत्रवती, श्रीमान्-श्रीमती, बुद्धिमान्-बुद्धिमती, बलवान-बलवती, भगवान्-भगवती इत्यादि।
- संस्कृत के अकारान्त विशेषण शब्दों के अन्त में 'आ' लगा देने से स्त्रीलिंग बन जाते हैं; जैसे–प्रियतम-प्रियतमा, श्याम-श्यामा, चंचल-चंचला, आत्मज-आत्मजा, कान्त-कान्ता, सुत-सुता इत्यादि।

- जिन पुल्लिंग शब्दों के अन्त में 'अक' होता है, उनमें 'अक' के स्थान पर 'इका' लगा देने से स्त्रीलिंग बन जाते हैं; जैसे–बालक-बालिका, नायक-नायिका, पालक-पालिका, सेवक-सेविका, लेखक-लेखिका इत्यादि।
- महीनों, दिनों, ग्रहों और पर्वतों के नाम पुल्लिंग होते हैं; जैसे–चैत्र, बैसाख, ज्येष्ठ, आषाढ़ ···; सोमवार, मंगलवार, बुधवार, गुरुवार ···; राहु, केतु, हिमालय, विन्ध्याचल इत्यादि।
- नदियों, तिथियों तथा नक्षत्रों के नाम स्त्रीलिंग होते हैं; जैसे–गंगा, यमुना, गोदावरी, कावेरी; द्वितीया, तृतीया, चतुर्थी; अश्विनी, रोहिणी इत्यादि।
- भाषा, बोली और लिपि का नाम स्त्रीलिंग होता है; जैसे–हिन्दी, अंग्रेज़ी, रूसी, चीनी, अरबी, फ़ारसी, अवधी, बघेली, छत्तीसगढ़ी, भोजपुरी, कुमाऊँनी, गढ़वाली, देवनागरी, रोमन, कैथी, मुड़िया, खरोष्ठी, ब्राह्मी इत्यादि।
- कुछ शब्दों के लिंग निर्धारण के लिए शब्दों के साथ 'नर' या 'मादा' शब्द जोड़ देते हैं; जैसे–तोता (नर), चीता (मादा), कोयल (नर) इत्यादि।

वचन

संज्ञा, सर्वनाम, विशेषण और क्रिया के जिस रूप से एकत्व या अनेकत्व का बोध होता है, उसे वचन (Number) कहते हैं। अर्थात् वचन का सम्बन्ध विकारी शब्दों के रूप की संख्या (एक या अनेक) से है।

वचन दो प्रकार के होते हैं

1. एकवचन

शब्द के जिस रूप से एक वस्तु का बोध होता है, उसे एकवचन (Singular) कहते हैं; जैसे–नदी, लड़का, घोड़ा, कलम इत्यादि।

2. बहुवचन

शब्द के जिस रूप से अनेक वस्तुओं का बोध होता है, उसे बहुवचन (Plural) कहते हैं; जैसे–लड़के, घोड़े, कलमें, नदियाँ इत्यादि।

सामान्यतः एक संख्या के लिए एकवचन और अनेक संख्याओं के लिए बहुवचन का प्रयोग होता है।

बहुवचन बनाने में प्रयुक्त प्रत्यय

- **ए** (आकारान्त पुल्लिंग) तद्भव संज्ञाओं के अन्त में यदि 'आ' के स्थान पर 'ए' कर दें, तो वह बहुवचन में परिवर्तित हो जाता है।

'ए' के प्रयोग से बने शब्द

एकवचन	बहुवचन	एकवचन	बहुवचन
घोड़ा	घोड़े	कुत्ता	कुत्ते
लड़का	लड़के	पत्ता	पत्ते

- **एँ** (अकारान्त एवं आकारान्त स्त्रीलिंग) शब्दों के अन्त में यदि एँ जोड़ दिया जाए, तो वह बहुवचन में परिवर्तित हो जाते हैं।

'एँ' के प्रयोग से बने शब्द

एकवचन	बहुवचन	एकवचन	बहुवचन
पुस्तक	पुस्तकें	सड़क	सड़कें
गाय	गायें	माता	माताएँ

- **याँ** यह ईकारान्त, इकारान्त स्त्रीलिंग शब्दों में जुड़कर उन्हें बहुवचन में परिवर्तित कर देते हैं।

'याँ' के प्रयोग से बने शब्द

एकवचन	बहुवचन	एकवचन	बहुवचन
रीति	रीतियाँ	नदी	नदियाँ
जाति	जातियाँ	लड़की	लड़कियाँ

- **ओं** कुछ एकवचन शब्दों के अन्त में ओं लगाकर भी उन्हें बहुवचन में परिवर्तित किया जा सकता है।

'ओं' के प्रयोग से बने शब्द

एकवचन	बहुवचन	एकवचन	बहुवचन
कथा	कथाओं	साधु	साधुओं
बहन	बहनों	नेता	नेताओं

- उकारान्त/ऊकारान्त स्त्रीलिंग शब्दों में 'एँ' जोड़कर बहुवचन बनाते हैं।

एकवचन	बहुवचन	एकवचन	बहुवचन
वस्तु	वस्तुएँ	वधू	वधुएँ

- कुछ शब्द जो हमेशा बहुवचन के लिए प्रयोग होते हैं।

शब्द	प्रयोग	शब्द	प्रयोग
बाल	हमने बाल कटा दिए।	दर्शन	आपके दर्शन हुए।
हस्ताक्षर	तुमने हस्ताक्षर कर दिए।	होश	वे सब होश में हैं।
आँसू	आँखों से आँसू छलक रहे हैं।	प्राण	उनके प्राण निकल गए।

- कुछ शब्द हमेशा एकवचन के लिए प्रयोग होते हैं।

शब्द	प्रयोग	शब्द	प्रयोग
सामान	सामान कहाँ गया।	जनता	जनता जवाब चाहती है।
सामग्री	हवन सामग्री लेकर आओ।	माल	माल गायब हो गया।
सोना	सोना बहुत महँगा है।	पुस्तक	यह पुस्तक मेरी है।

एकवचन के लिए बहुवचन का प्रयोग

(i) सम्मानसूचक शब्द हमेशा बहुवचन में प्रयुक्त होते हैं; जैसे–
- **गाँधीजी** सत्य और अहिंसा के पुजारी **थे**।
- **पिताजी** बाजार जा रहे **हैं**।
- **प्रधानाचार्य** जी इस सभा की अध्यक्षता **करेंगे**।

(ii) अभिमान या अधिकार प्रकट करने के लिए संज्ञा, सर्वनाम इत्यादि का प्रयोग बहुवचन में होता है; जैसे–
- हम उससे **बात नहीं करेंगे**।
- हम तुम्हें **कक्षा से निकाल देंगे**।

(iii) कभी-कभी कुछ शब्दों के बहुवचन रूप ही लोकव्यवहार में प्रयुक्त होते हैं; जैसे—तू एकवचन और तुम बहुवचन है, परन्तु एक व्यक्ति के लिए प्रायः **तुम** शब्द का ही प्रयोग किया जाता है। **तू** शब्द का प्रचलन नगण्य है।

(iv) अनेकता प्रकट करने के लिए कई संज्ञा शब्दों के साथ; लोग, गण, जन, वर्ग, वृन्द, समूह, समुदाय, जाति, दल इत्यादि शब्द जोड़ दिए जाते हैं, तो उनका प्रयोग बहुवचन में हो जाता है; जैसे–तुम लोग, प्रियजन, अध्यापक वर्ग, नारिवृन्द, जनसमूह, जनसमुदाय, पुरुष जाति, क्रान्तिदल इत्यादि।

बहुवचन के लिए एकवचन का प्रयोग

जातिवाचक संज्ञाएँ कभी-कभी एकवचन में ही बहुवचन का बोध कराती हैं; जैसे–एक किलो आलू, मुम्बई का केला, एक लाख रुपये इत्यादि।

वचन सम्बन्धी महत्त्वपूर्ण निर्देश

'प्रत्येक' तथा 'हर एक' का प्रयोग सदा एकवचन में होता है। दूसरी भाषाओं के शब्दों का प्रयोग हिन्दी व्याकरण के अनुसार होना चाहिए; जैसे–अंग्रेज़ी का Foot (फुट) एकवचन तथा Feet (फीट) बहुवचन है। हिन्दी में फुट शब्द ही चलेगा।

इसी प्रकार फ़ारसी में 'वकील' एकवचन और 'वकला' बहुवचन है, लेकिन हिन्दी में 'वकला' शब्द नहीं चलेगा। यही बात अन्य भाषाओं के शब्दों पर लागू होगी। ऐसे शब्दों का प्रयोग हिन्दी की प्रकृति और व्याकरण के अनुसार ही होगा; जैसे–

(i) सड़क बीस **फीट** चौड़ी है। *(अशुद्ध)*
सड़क बीस **फुट** चौड़ी है। *(शुद्ध)*

(ii) लखनऊ में रहीम के तीन **मकानात** हैं। *(अशुद्ध)*
लखनऊ में रहीम के तीन **मकान** हैं। *(शुद्ध)*

(iii) मेरे पास अनेक महत्त्वपूर्ण **कागजात** हैं। *(अशुद्ध)*
मेरे पास अनेक महत्त्वपूर्ण **कागज** हैं। *(शुद्ध)*

- भाववाचक तथा गुणवाचक संज्ञाओं का प्रयोग एकवचन में होता है; जैसे–मैं आपकी **सज्जनता** से प्रभावित हूँ।
- द्रव्यवाचक संज्ञाओं का प्रयोग एकवचन में होता है; जैसे–उनके पास बहुत **सोना** है, उनका बहुत-सा **धन** तिजोरी में बन्द है इत्यादि।

कारक

- वाक्य में जिस शब्द का सम्बन्ध क्रिया से होता है, उसे कारक (Case) कहते हैं। अन्य शब्दों में, संज्ञा अथवा सर्वनाम का किसी भी वाक्य के अन्य पदों मुख्यत: क्रिया से जो सम्बन्ध होता है, वह कारक कहलाता है; जैसे–
अभय ने कुत्ते को **डण्डे** से मारा।
- इस वाक्य में अभय, क्रिया (मारा) का कर्ता है, 'कुत्ता' क्रिया का कर्म है, 'डण्डे से' यह क्रिया पूर्ण की गई है। अत: 'डण्डा' क्रिया का साधन होने से करण कारक है। कारक को **विभक्ति** या **परसर्ग** (बाद में जुड़ने वाले) भी कहा जाता है; ये सामान्यत: स्वतन्त्र होते हैं और संज्ञा या सर्वनाम के साथ प्रयुक्त होते हैं।

कारक के प्रकार

हिन्दी में आठ कारक माने गए हैं, जो निम्न हैं

विभक्ति	कारण	चिह्न	अर्थ
प्रथमा	कर्ता	ने	काम करने वाला
द्वितीया	कर्म	को	जिस पर काम का प्रभाव पड़े
तृतीया	करण	से, द्वारा	जिसके द्वारा कर्ता काम करे
चतुर्थी	सम्प्रदान	को, के लिए	जिसके लिए क्रिया की जाए
पंचमी	अपादान	से (अलग होना)	जिससे अलगाव हो
षष्ठी	सम्बन्ध	का, के, की	अन्य पदों से सम्बन्ध
सप्तमी	अधिकरण	में, पर	क्रिया का आधार
सम्बोधन	सम्बोधन	हे! अरे! अजी!	किसी को पुकारना, बुलाना

1. कर्ता कारक

वाक्य में जिस शब्द द्वारा काम करने का बोध होता है, उसे कर्ता कारक (Nominative) कहते हैं; जैसे–

- **राम** ने श्याम को मारा।

इस वाक्य में राम कर्ता है, क्योंकि 'मारा' क्रिया करने वाला राम ही है। इस वाक्य में कर्ता के साथ कारक चिह्न 'ने' का प्रयोग हुआ है। अत: यह कर्ता कारक है। कर्ता कारक वाक्य में बिना कारक चिह्न के भी प्रयुक्त होता है; जैसे–राम छत पर चढ़ गया।

2. कर्म कारक

वाक्य में क्रिया का प्रभाव या फल जिस शब्द पर पड़ता है, उसे कर्म (क्रिया द्वारा प्रभावित) कारक (Accusative) कहते हैं; जैसे–

- राम ने **श्याम** को मारा।

यहाँ कर्ता राम है और उसके 'मारने' का फल श्याम पर पड़ता है। अत: श्याम कर्म है। यहाँ श्याम के साथ कारक चिह्न 'को' का प्रयोग हुआ है। अत: यह कर्म कारक है।

3. करण कारक

करण का शाब्दिक अर्थ 'साधन' है। संज्ञा का वह रूप जिससे किसी क्रिया के साधन का बोध हो, उसे करण (क्रिया का उपकरण) कारक (Instrumental) कहते हैं; जैसे–

- शिकारी ने शेर को **बन्दूक** से मारा।

इस वाक्य में बन्दूक द्वारा शेर को मारने का उल्लेख है। अत: यहाँ 'बन्दूक' करण कारक है। करण कारक के अन्य चिह्न 'से', 'के द्वारा', 'के कारण', 'के साथ', 'के बिना' इत्यादि हैं।

4. सम्प्रदान कारक

सम्प्रदान का शाब्दिक अर्थ 'देना' है। जब वाक्य में किसी को कुछ दिया जाए या किसी के लिए कुछ किया जाए, तो वहाँ सम्प्रदान कारक (Dative) होता है; जैसे–

- उसने **विद्यार्थी** को पुस्तक दी।

वाक्य में विद्यार्थी को कुछ दिया गया है इसलिए 'विद्यार्थी' सम्प्रदान है और इसका चिह्न 'को' है। अत: यहाँ सम्प्रदान कारक है।

5. अपादान कारक

अपादान का शाब्दिक अर्थ 'अलगाव' होता है। संज्ञा या सर्वनाम के जिस रूप से दूर होने, निकलने, डरने, रक्षा करने, विद्या सीखने, तुलना करने का भाव प्रकट होता है, उसे अपादान कारक (Ablative) कहते हैं; जैसे–

- मैं **अल्मोड़ा से** आया हूँ।

उपर्युक्त उदाहरण में कर्ता 'मैं' अल्मोड़ा से अलग हुआ है और 'से' (अलग होने का भाव) कारक चिह्न का प्रयोग हुआ है। अत: यहाँ अपादान कारक है।

6. सम्बन्ध कारक

संज्ञा या सर्वनाम के जिस रूप से किसी अन्य शब्द के साथ सम्बन्ध या लगाव प्रतीत हो, उसे सम्बन्ध कारक (Genitive) कहते हैं। सम्बन्ध कारक का प्रयोग हमेशा विभक्ति के साथ ही होता है। सम्बन्ध कारक का प्रयोग निम्नलिखित स्थितियों में होता है; जैसे–

- अनीता **सुरेश की बहन** है।
- **नेताजी का लड़का** बदमाश है।

उपर्युक्त उदाहरण में 'की' एवं 'का' कारक चिह्न का प्रयोग सम्बन्ध दर्शाने के लिए हुआ है। अत: यहाँ सम्बन्ध कारक है।

7. अधिकरण कारक

संज्ञा या सर्वनाम के जिस रूप से क्रिया के आधार, स्थान, समय, अवसर का बोध होता है, उसे अधिकरण कारक (Locativo) कहते हैं; जैसे–

- वह **तीन दिन** में आएगा।
- **छोटी-सी बात पर** मत लड़ो।

उपर्युक्त उदाहरणों में 'में,' 'पर' कारक चिह्नों का प्रयोग हुआ है। अत: यहाँ अधिकरण कारक है।

8. सम्बोधन कारक

संज्ञा के जिस रूप से किसी को पुकारने, चेतावनी देने या सम्बोधित करने का बोध होता है, उसे सम्बोधन कारक (Vocative) कहते हैं। सम्बोधन कारक की कोई विभक्ति नहीं होती है। इसे प्रकट करने के लिए **हे, अरे, अजी, रे** इत्यादि शब्दों का प्रयोग होता है; जैसे–

- **हे राम!** रक्षा करो।
- **अजी**, सुनते हो।

कर्म कारक और सम्प्रदान कारक में अन्तर

- दोनों कारकों में 'को' परसर्ग (कारक चिह्न) का प्रयोग होने पर भी दोनों में अन्तर है।
- वह शब्द जिस पर कर्ता द्वारा की गई क्रिया पर फल पड़ता है कर्म कारक कहलाता है; जैसे—

राम ने **श्याम को बुलाया**।

यहाँ 'को' परसर्ग का फल श्याम पर पड़ता है।

- सम्प्रदान कारक में देने या उपकार का भाव मुख्य होता है; जैसे—

मालिक ने नौकर को धन दिया।

यहाँ देने का प्रभाव सम्प्रदान कारक को प्रकट कर रहा है।

करण कारक और अपादान कारक में अन्तर

- करण और अपादान कारकों में 'से' कारक चिह्न का प्रयोग किया जाता है, इसके बाद भी इन दोनों में मुख्य अन्तर है। करण क्रिया का साधन या उपकरण है; जबकि अपादान से अलग होने का भाव प्रकट होता है।
- कर्ता कार्य पूर्ण करने के लिए जिस उपकरण या साधन का प्रयोग करता है, उसे करण कारक कहते हैं; जैसे—

मैं **चाकू से फल** काटता हूँ।

यहाँ चाकू से काटने का कार्य हुआ है। अत: चाकू शब्द का प्रयोग करण कारक में हुआ है।

- अपादान कारक में अलग होने का भाव निहित रहता है; जैसे—

रोहन गाँव से चला गया।

यहाँ अपादान कारक गाँव में माना जाएगा न कि रोहन में, क्योंकि जो अलग होता है उसमें अपादान कारक नहीं माना जाता, बल्कि जिस स्थान या वस्तु से वह अलग हुआ है, उसमें अपादान कारक माना जाता है।

सर्वनाम

सर्वनाम का शाब्दिक अर्थ सबका नाम है। संज्ञा के स्थान पर जिन शब्दों का प्रयोग किया जाता है, उन्हें 'सर्वनाम' (Pronoun) कहते हैं; जैसे—

- **राजीव** देर से घर पहुँचा, क्योंकि **उसकी** ट्रेन देर से चली थी।

इस वाक्य में 'उसकी' का प्रयोग 'राजीव' के लिए हुआ है, अत: 'उसकी' शब्द सर्वनाम कहा जाएगा। हिन्दी में सर्वनामों की संख्या 11 है, जो निम्न प्रकार हैं; मैं, तू, आप, यह, वह, जो, सो, कोई, कुछ, कौन, क्या।

सर्वनाम के भेद

व्यावहारिक आधार पर सर्वनाम के निम्नलिखित छ: भेद हैं

1. पुरुषवाचक सर्वनाम
2. निजवाचक सर्वनाम
3. प्रश्नवाचक सर्वनाम
4. सम्बन्धवाचक सर्वनाम
5. निश्चयवाचक सर्वनाम
6. अनिश्चयवाचक सर्वनाम

1. पुरुषवाचक सर्वनाम

वह सर्वनाम जो पुरुष या स्त्री के नाम के स्थान पर प्रयुक्त होते हैं, पुरुषवाचक सर्वनाम (Personal Pronoun) कहलाते हैं। ये तीन प्रकार के होते हैं;

पुरुषवाचक सर्वनाम	परिभाषा व उदाहरण
उत्तम पुरुष	जिन सर्वनामों का प्रयोग वक्ता (बोलने वाला) अपने लिए करता है, उन्हें उत्तम पुरुषवाचक (First Person) सर्वनाम कहते हैं; जैसे—**मैं, मेरा, हम, मुझे, हमारी, मुझको** इत्यादि।
मध्यम पुरुष	जिन सर्वनामों का प्रयोग श्रोता (सुनने वाले) के लिए किया जाता है, उन्हें मध्यम पुरुषवाचक (Second Person) सर्वनाम कहते हैं; जैसे—**तुम, तू, आप, तुमने, आपने, तुम्हें** इत्यादि।
अन्य पुरुष	जिन सर्वनामों का प्रयोग किसी अन्य व्यक्ति के लिए किया जाता है, उन्हें अन्य पुरुषवाचक (Third Person) सर्वनाम कहते हैं; जैसे—**यह, वह, ये, वे, उनको, उन्हें** इत्यादि।

2. निजवाचक सर्वनाम

जिन शब्दों का प्रयोग वक्ता स्वयं के लिए करता है और जो सर्वनाम प्रथम पुरुष, द्वितीय पुरुष, तृतीय पुरुष में निजत्व (आप) का बोध कराते हैं, उन्हें निजवाचक सर्वनाम (Reflexive) कहते हैं; जैसे—

- मैं **अपने आप** ही आया हूँ।
- मैं **अपने आप** काम कर लूँगा।
- **आप** भला तो जग भला।

निजवाचक सर्वनाम 'आप' का प्रयोग निम्नलिखित अर्थों में होता है

(i) निजवाचक 'आप' का प्रयोग किसी संज्ञा या सर्वनाम के अवधारण (निश्चय) के लिए होता है; जैसे—
- मैं और आप वहीं से आए हैं।

(ii) निजवाचक 'आप' का प्रयोग दूसरे व्यक्ति के निराकरण के लिए भी होता है; जैसे—
- उन्होंने मुझे रहने को कहा और आप चलते बने।

(iii) सर्वसाधारण के अर्थ में भी 'आप' का प्रयोग होता है; जैसे—
- अपने से बड़ों की आज्ञा का पालन करना चाहिए।

(iv) अवधारण के अर्थ में कभी-कभी 'आप' के साथ 'ही' जोड़ा जाता है; जैसे—
- 'मैं यह काम 'आप ही' कर लूँगा।

3. प्रश्नवाचक सर्वनाम

प्रश्न पूछने के लिए जिन सर्वनाम शब्दों का प्रयोग किया जाता है, उन्हें प्रश्नवाचक सर्वनाम (Interrogative Pronoun) कहते हैं; जैसे—कौन, क्या, कहाँ।

- **कौन** शोर कर रहा है?
- उसे **क्या** हो गया है?
- तुम **कहाँ** रहते हो?

4. सम्बन्धवाचक सर्वनाम

वाक्य में संज्ञा या सर्वनाम के साथ सम्बन्ध प्रदर्शित करने के लिए जिस सर्वनाम का प्रयोग किया जाता है; उसे सम्बन्धवाचक सर्वनाम (Relative Pronoun) कहते हैं; जैसे—उसकी, जिसकी, जो, सो।

- **जिसकी** लाठी **उसकी** भैंस।
- **जो** देता है **सो** लेता है।
- **जो** कहा गया **वही** करो।

5. निश्चयवाचक सर्वनाम

जिन सर्वनाम शब्दों से किसी निश्चित वस्तु (निकट अथवा दूर) का बोध होता है, उन्हें निश्चयवाचक सर्वनाम (Demonstrative Pronoun) या संकेतवाचक सर्वनाम कहते हैं; जैसे—यह, वह, ये, वे।

- **यह** उपयोगी साधन है।
- **ये** भ्रष्टाचार के प्रबल विरोधी हैं।
- **वह** बहुत सुन्दर है।
- **वे** अच्छे लोग नहीं हैं।

6. अनिश्चयवाचक सर्वनाम

जिन सर्वनाम शब्दों से किसी निश्चित वस्तु का बोध न हो, उन्हें अनिश्चयवाचक (Indefinite Pronoun) सर्वनाम कहते हैं; जैसे—कोई, कुछ।

- **कोई** आ रहा है।
- वह **कुछ** लाया था।

सर्वनामों में अन्तर

पुरुषवाचक सर्वनाम और निश्चयवाचक सर्वनाम में अन्तर

पुरुषवाचक सर्वनाम में वक्ता अर्थात् बोलने वाला व्यक्ति जिन शब्दों का प्रयोग स्वयं के लिए करता हो अथवा दूसरों को सम्बोधित करने के लिए करता हो या किसी तीसरे अन्य व्यक्ति के विषय में संकेत करते हुए उन शब्दों का प्रयोग करता हो, तो वहाँ पुरुषवाचक सर्वनाम होता है; जैसे—

- **मैं** आज घूमने जाऊँगा।
  यहाँ वक्ता 'मैं' का प्रयोग स्वयं के लिए प्रयोग कर रहा है अर्थात् उत्तम पुरुष।
- **तुम** कहाँ जा रहे हो?
  यहाँ वक्ता 'तुम' का प्रयोग सामने वाले व्यक्ति के लिए कर रहा है, अर्थात् मध्यम पुरुष।
- **वह** आज मेरे घर आएगा।
  यहाँ वक्ता 'वह' का प्रयोग किसी अन्य व्यक्ति के लिए कर रहा है अर्थात् अन्य पुरुष।
- निश्चयवाचक सर्वनाम किसी व्यक्ति या वस्तु की ओर संकेत करते हैं; जैसे—वह घर की ओर जा रहा है।

पुरुषवाचक सर्वनाम और निजवाचक सर्वनाम में अन्तर

पुरुषवाचक सर्वनाम के उदाहरण

- **आप** आजकल क्या कर रहे हैं? *(आप-मध्यम पुरुष)*
- **आप** बड़े धैर्यवान हैं। *(आप-अन्य पुरुष)*

निजवाचक सर्वनाम के उदाहरण

- मैं अपने **आप** खा लूँगा। *(आप-प्रथम पुरुष)*
- वह **आप** ही चला जाएगा। *(आप-अन्य पुरुष)*

सर्वनाम के प्रयोग सम्बन्धी निर्देश

- स्त्रीलिंग और पुल्लिंग के आधार पर सर्वनाम में परिवर्तन नहीं होता; जैसे— 'यह', 'वह', 'मैं', 'तुम' इत्यादि स्त्रीलिंग और पुल्लिंग दोनों में समान रहते हैं; जैसे—
- वह खाता है।
- वचन और कारक के आधार पर सर्वनामों में रूपान्तर होता है; जैसे—मैं-हम, तू-तुम, मेरा-हमारा; आप-आपने, आपसे, आपको, आपके लिए इत्यादि।
- सर्वनाम जिस संज्ञा के स्थान पर प्रयुक्त होता है, उसी के अनुसार लिंग और वचन चलते हैं।
- उत्तम पुरुष सम्बन्ध कारक के चिह्न 'का', 'की', 'के' क्रमशः 'रा', 'रे' के रूप में बदल जाते हैं।
- 'मैं', 'तू', 'यह', 'वह' विभक्ति रहित सर्वनाम कर्ता कारक के बहुवचन में क्रमशः 'हम', 'तुम', 'ये', 'वे' के रूप में परिवर्तित हो जाते हैं।

विशेषण

जो शब्द संज्ञा या सर्वनाम की विशेषता बताते हैं, उन्हें विशेषण (Adjective) कहते हैं। विशेषण जिसकी विशेषता बताता है, उसे विशेष्य कहते हैं। विशेषणों की विशेषता बताने वाले शब्द प्रविशेषण कहलाते हैं; जैसे—

- राम बहुत **तेज़** दौड़ता है।

दिए गए उदाहरण में **राम** संज्ञा शब्द है, जिसकी विशेषता **तेज़** दौड़ने से है। अत: यहाँ **तेज़** विशेषण है। विशेषण (तेज़), राम की विशेषता बता रहा है। अतः **राम** विशेष्य है। यहाँ 'बहुत' शब्द विशेषण 'तेज' की विशेषता बता रहा है। अत: यह प्रविशेषण है। विशेषण के चार प्रमुख भेद हैं

1. गुणवाचक विशेषण

जिन शब्दों द्वारा संज्ञा के गुण अथवा दोष का बोध होता है, उन्हें 'गुणवाचक विशेषण' (Adjective of Quality) कहते हैं। गुणवाचक विशेषण के प्रमुख रूप निम्नलिखित हैं

- **भाव** शूरवीर, कायर, बलवान, दयालु, निर्दयी, अच्छा, बुरा इत्यादि।
- **काल** अगला, पिछला, नया, पुराना इत्यादि।
- **स्थान** ग्रामीण, शहरी, मैदानी, पहाड़ी, पंजाबी, बिहारी इत्यादि।
- **आकार** टेढ़ा-मेढ़ा, सुन्दर, भद्दा, लम्बा, ऊँचा, नीचा, चौड़ा इत्यादि।
- **समय** प्रात:कालीन, मासिक, त्रैमासिक, साप्ताहिक, दैनिक इत्यादि।
- **दशा** स्वस्थ, अस्वस्थ, रोगी, निरोग, दुबला, कमजोर, बलिष्ठ इत्यादि।
- **रंग** लाल, हरा, पीला, नीला, काला, सफेद, बैंगनी, नारंगी इत्यादि।

2. परिमाणवाचक विशेषण

जिन विशेषण शब्दों द्वारा संज्ञा की मात्रा (नाप-तौल) का बोध होता है, उन्हें 'परिमाणवाचक विशेषण' (Adjective of Quantity) कहते हैं। परिमाणवाचक विशेषण दो प्रकार के होते हैं

(i) **निश्चित परिमाणवाचक** जिन विशेषण शब्दों से संज्ञा की निश्चित मात्रा का बोध होता है, उन्हें 'निश्चित परिमाणवाचक' (Quantity) विशेषण कहते हैं; जैसे—**एक लीटर** दूध, **दस मीटर** कपड़ा, **एक किलो** आलू इत्यादि।

(ii) **अनिश्चित परिमाणवाचक** जिन विशेषण शब्दों से संज्ञा की अनिश्चित मात्रा का बोध होता है, उन्हें 'अनिश्चित परिमाणवाचक' विशेषण कहते हैं; जैसे—**थोड़ा** दूध, **कुछ** शहद, **बहुत** पानी, **अधिक** पैसा इत्यादि।

3. संख्यावाचक विशेषण

जिन विशेषण शब्दों से संज्ञा की संख्या का बोध होता है, उन्हें संख्यावाचक विशेषण (Adjective of Number) कहते हैं; जैसे—**एक** मेज, **चार** कुर्सियाँ, **दस** पुस्तकें, **कुछ** रुपए इत्यादि।

संख्यावाचक विशेषण दो प्रकार के होते हैं

(i) **निश्चित संख्यावाचक** जिन विशेषण शब्दों से निश्चित संख्या का बोध होता है, उन्हें 'निश्चित संख्यावाचक' विशेषण कहते हैं; जैसे—एक, दूसरा, तीसरा, दोनों, तीनों, प्रति, प्रत्येक, हर-एक, एक-एक इत्यादि।

विशेषण	उदाहरण
पूर्णांकवाचक	एक, दो, चार, आठ, दस इत्यादि।
अपूर्णांकवाचक	आधा, सवा, डेढ़, पौना, ढाई इत्यादि।
कर्मवाचक	दूसरा, पाँचवाँ, आठवाँ, दसवाँ इत्यादि।
आवृत्तिवाचक	दोगुना, तिगुना, सौगुना इत्यादि।
समुदायवाचक	दोनों, तीनों, पाँचों, सातों इत्यादि।
विभागबोधक्	एक-एक, दस-दस घोड़े, प्रत्येक इत्यादि।

(ii) **अनिश्चित संख्यावाचक** जिन विशेषण शब्दों से अनिश्चित संख्या का बोध होता है, उन्हें 'अनिश्चित संख्यावाचक' विशेषण कहते हैं; जैसे—**थोड़े** आदमी, **कुछ** रुपए इत्यादि।

4. सार्वनामिक विशेषण

जो सर्वनाम शब्द संज्ञा के लिए विशेषण का काम करते हैं, उन्हें 'सार्वनामिक विशेषण' (Demonstrative Adjective) कहते हैं। 'यह', 'वह', 'जो', 'कौन', 'क्या', 'कोई', 'ऐसा', 'ऐसी', 'वैसा', 'वैसी' इत्यादि ऐसे सर्वनाम हैं, जो संज्ञा शब्दों के पहले प्रयुक्त होकर विशेषण का कार्य करते हैं, इसलिए इन्हें सार्वनामिक विशेषण कहते हैं; जैसे–

- **वह** लड़का बदमाश है।
- **इस** परीक्षार्थी ने नकल की है।

सार्वनामिक विशेषण	उदाहरण
निश्चयवाचक सार्वनामिक विशेषण	यह, वह, ये, वे।
अनिश्चयवाचक सार्वनामिक विशेषण	कोई, कुछ।
सम्बन्धवाचक सार्वनामिक विशेषण	जो, सो।
प्रश्नवाचक सार्वनामिक विशेषण	कौन, क्या।

जब ये सर्वनाम अकेले प्रयुक्त होते हैं, तो वे केवल सर्वनाम होते हैं; जैसे–

- वह घर चला गया।

विशेषण की तुलनावस्था

विशेषण संज्ञा शब्दों की विशेषता बताते हैं। यह विशेषता किसी में सामान्य, किसी में कुछ अधिक और किसी में सबसे अधिक होती है। विशेषणों के इसी उतार-चढ़ाव को तुलना कहा जाता है। इस प्रकार, दो या दो-से-अधिक वस्तुओं या भावों के गुण, मान इत्यादि के मिलान या तुलना करने वाले विशेषण को तुलनात्मक विशेषण कहते हैं। हिन्दी में तुलनात्मक विशेषण की तीन अवस्थाएँ हैं

1. मूलावस्था (Positive Degree)
2. उत्तरावस्था (Comparative Degree)
3. उत्तमावस्था (Superlative Degree)

तुलनात्मक विशेषण की दृष्टि से विशेषणों की अवस्थाएँ

मूलावस्था	उत्तरावस्था	उत्तमावस्था
अधिक	अधिकतर	अधिकतम
उच्च	उच्चतर	उच्चतम
कोमल	कोमलतर	कोमलतम
गुरु	गुरुतर	गुरुतम
निकट	निकटतर	निकटतम
निम्न	निम्नतर	निम्नतम
बृहत्	बृहत्तर	बृहत्तम
महत्	महत्तर	महत्तम
सुन्दर	सुन्दरतर	सुन्दरतम
लघु	लघुतर	लघुतम

विशेषण सम्बन्धी महत्त्वपूर्ण निर्देश

विशेषण का प्रयोग करते समय निम्नलिखित बातों को ध्यान में रखना चाहिए

- हिन्दी में विशेषण शब्दों के आगे विभक्ति चिह्न नहीं लगते; जैसे—वीर मनुष्य, अच्छे घर का।
- विशेषण के लिंग, वचन और कारक वही होते हैं, जो विशेष्य के; जैसे—अच्छे विद्यार्थी, अच्छा विद्यार्थी। आकारान्त विशेषण स्त्रीलिंग में ईकारान्त हो जाते हैं; जैसे—काला घोड़ा, काली घोड़ी, अच्छा लड़का, अच्छी लड़की इत्यादि।
- पुल्लिंग आकारान्त विशेषण का अन्तिम 'आ' कर्ता कारक, एकवचन को छोड़कर अन्य सब कारकों में 'ए' हो जाता है; जैसे—अच्छे लड़के को।
- संस्कृत विशेषणों के रूप हिन्दी में विशेष्य के लिंग के अनुसार कभी नहीं बदलते और कभी बदल जाते हैं; जैसे—सुन्दर काया, सुशील लड़की इत्यादि।
- ऐसे विशेषण जो विशेष्य से ठीक पहले आते हैं, उन्हें उद्देश्य विशेषण कहते हैं। वे विशेषण जो विशेष्य के ठीक बाद आते हैं, उन्हें विधेय विशेषण कहते हैं।

क्रिया

- जिन शब्दों से किसी कार्य का होना या करना समझा जाए, उन्हें 'क्रिया' (Verb) कहते हैं; जैसे—पढ़ना, खाना, लिखना, चलना, दौड़ना, हँसना इत्यादि।
- हिन्दी में क्रिया के रूप लिंग, वचन और पुरुष के अनुसार बदलते हैं।
- क्रिया के मूल रूप को धातु कहते हैं। धातु के आगे **ना** जोड़ने से क्रिया का सामान्य रूप बन जाता है; जैसे–

  पढ़ धातु में ना जोड़ने से पढ़ना बन जाता है, इसी प्रकार लिख + ना = लिखना; चल + ना = चलना इत्यादि।
- धातु के दो रूप होते हैं

  (i) **मूल धातु** को स्वतन्त्र धातु भी कहते हैं, क्योंकि यह अन्य किसी शब्द पर निर्भर नहीं होती है; जैसे—हस, खा, पी इत्यादि।

  (ii) **यौगिक धातु** को संयुक्त धातु भी कहते हैं, क्योंकि यह एक या दो धातुओं द्वारा अथवा संज्ञा, विशेषण में प्रत्यय लगाने से बनती है।

प्रयोग के आधार पर क्रिया के भेद

कर्म के अनुसार क्रिया के मुख्य रूप से दो भेद हैं

1. सकर्मक क्रिया

जिन क्रियाओं के कार्य का फल (प्रभाव) कर्ता को छोड़कर कर्म पर पड़ता है उन्हें 'सकर्मक क्रिया' कहते हैं; जैसे–

- अध्यापक ने **लड़के को पीटा**।

इस वाक्य में अध्यापक (कर्ता) द्वारा 'पीटने' के कार्य का फल लड़के (कर्म) पर पड़ा। अत: इस वाक्य में सकर्मक क्रिया है।

सकर्मक क्रियाएँ दो प्रकार की होती हैं

(i) एककर्मक सकर्मक क्रिया

ऐसी क्रियाएँ जिनका एक ही कर्म हो एककर्मक सकर्मक क्रिया कहलाती हैं: जैसे–

- राजन आम खाता है।
- सीमा दूध पीती है।

इन वाक्यों में आम और दूध कर्म है।

(ii) द्विकर्मक सकर्मक क्रिया

द्विकर्मक का अर्थ होता है—दो कर्म वाला या दो कर्म सहित। जिस क्रिया के साथ दो कर्मों के पूर्ण होने का पता चलता है उसे द्विकर्मक क्रिया कहते हैं। इसमें हमेशा पहला क्रम प्राणीवाचक तथा दूसरा क्रम निर्जीव होता है; जैसे–

- सोहन ने **गुरुजी को प्रणाम** किया। *(दो क्रम-गुरुजी, प्रणाम)*
- श्याम अपने **भाई के साथ टीवी** देख रहा है। *(दो क्रम-भाई, टीवी)*
- राहुल ने **गौरव को चाय** पिलाई। *(दो क्रम-गौरव, चाय)*

अपूर्ण सकर्मक क्रिया

- जिस सकर्मक क्रिया का पूरा आशय स्पष्ट करने के लिए वाक्य में कर्म के साथ अन्य संज्ञा या विशेषण का प्रयोग पूर्ति के रूप में होता है, उसे अपूर्ण सकर्मक क्रिया कहते हैं; जैसे–राजा ने गंगाधर को मन्त्री बनाया।
- वाक्य में 'बनाया' सकर्मक क्रिया का कर्म 'गंगाधर' है, किन्तु इतने मात्र से इस कर्म का आशय स्पष्ट नहीं होता। उसका आशय स्पष्ट करने के लिए उसके साथ 'मन्त्री', संज्ञा भी प्रयुक्त होती है। इस वाक्य में 'बनाया' अपूर्ण सकर्मक है, 'गंगाधर' कर्म है और 'मन्त्री' शब्द कर्म-पूर्ति है।

2. अकर्मक क्रिया

जिन क्रियाओं के कार्य का फल कर्ता में ही रहता है, उन्हें 'अकर्मक क्रिया' कहते हैं; जैसे—

- **विद्यार्थी पढ़ता है।**

इस वाक्य में 'पढ़ना' क्रिया का फल विद्यार्थी (कर्ता) पर पड़ता है। अतः इस वाक्य में अकर्मक क्रिया है। जिन धातुओं का प्रयोग अकर्मक और सकर्मक दोनों रूपों में होता है, उन्हें उभयविध धातु कहते हैं।

अपूर्ण अकर्मक क्रिया

- जिस क्रिया से पूर्ण अर्थ का बोध कराने के लिए कर्ता के अतिरिक्त अन्य व्याकरणिक इकाइयों; जैसे-संज्ञा या विशेषण की आवश्यकता पड़ती है, उसे अपूर्ण अकर्मक क्रिया कहते हैं। अपूर्ण अकर्मक क्रिया का अर्थ पूर्ण करने के लिए जो संज्ञा या विशेषण जोड़ा जाता है, उसे पूर्ति कहते हैं; जैसे–वह मनुष्य बुद्धिमान है।
- वाक्य में 'वह मनुष्य है' से अभीष्ट अर्थ स्पष्ट नहीं होता है। अभीष्ट अर्थ जानने के लिए यदि पूछा जाए, वह मनुष्य क्या है, तो उत्तर मिलेगा बुद्धिमान। इस प्रकार प्रयुक्त वाक्य 'मनुष्य' अपूर्ण अकर्मक क्रिया है तथा 'बुद्धिमान' पूर्ति है।

व्युत्पत्ति/रचना के आधार पर क्रिया के भेद

व्युत्पत्ति/रचना के अनुसार क्रिया के दो भेद हैं

1. मूल (रूढ) क्रिया

जो क्रिया मूल धातु से बनती है, उसे मूल (रूढ़) क्रिया कहते हैं; जैसे—लिखना, हँसना, रोना इत्यादि ये सभी क्रियाएँ लिख, हँस, रो इत्यादि मूल धातुओं से बनी हैं।

2. यौगिक क्रिया

यौगिक का शाब्दिक अर्थ है—अनेक तत्त्वों के योग से बनी। यह मूल क्रिया में प्रत्यय लगाकर, कई क्रियाओं को संयुक्त करके अथवा संज्ञा और विशेषण में प्रत्यय लगाकर बनाई जाती है; जैसे—बताना (नामधातु क्रिया), हँसाना (नामधातु क्रिया), पढ़ाना (प्रेरणार्थक क्रिया) इत्यादि। यौगिक क्रिया के निम्न भेद होते हैं

(i) नामधातु क्रिया (ii) प्रेरणार्थक क्रिया
(iii) पूर्णकालिक क्रिया (iv) संयुक्त क्रिया
(v) अनुकरणात्मक क्रिया।

(i) नामधातु क्रिया

ऐसी धातु जिनका निर्माण संज्ञा, सर्वनाम अथवा विशेषण से होता है, उन्हें 'नामधातु क्रिया' कहते हैं; जैसे—

- **संज्ञा से** बात से बतियाना, हाथ से हथियाना, दुःख से दुःखाना, लाज से लजाना।
- **विशेषण से** गर्म से गरमाना, चिकना से चिकनाना।

कुछ नामधातुओं के उदाहरण इस प्रकार हैं

संज्ञा नामधातु

संज्ञा	नामधातु	नामधातु क्रिया
शर्म	शर्मा	शर्माना
लोभ	लुभा	लुभाना
माटी	मटिया	मटियाना
बात	बतिया	बतियाना
झूठ	झूठ	झूठलाना

सर्वनाम नामधातु

सर्वनाम	नामधातु	नामधातु क्रिया
अपना	अपना	अपनाना

विशेषण नामधातु

विशेषण	नामधातु	नामधातु क्रिया
लज्जा	लजा	लजाना
चिकना	चिकना	चिकनाना
लालच	लालच	ललचाना
फिल्म	फिल्मी	फिल्माना

(ii) प्रेरणार्थक क्रिया

जिन क्रियाओं से यह बोध होता है कि कर्ता स्वयं कार्य न करके किसी दूसरे को कार्य करने के लिए प्रेरित करता है, उन्हें 'प्रेरणार्थक क्रिया' कहते हैं; जैसे—

- **रोहन राधा से खाना पकवाता** है।

यहाँ पहला कर्ता रोहन तथा दूसरा कर्ता राधा है। इस उदाहरण में राधा खाना पका तो रही है, लेकिन उसे कार्य करने की प्रेरणा रोहन से मिल रही है। जो कर्ता दूसरे कर्ता को प्रेरित करता है, उसे प्रेरक कर्ता एवं जिसको प्रेरित किया जाता है, उसे प्रेरित कर्ता कहते हैं। उपर्युक्त उदाहरण में रोहन प्रेरक कर्ता तथा राधा प्रेरित कर्ता है।

प्रेरणार्थक क्रिया बनाने के प्रमुख नियम इस प्रकार हैं

- मूल द्वि-अक्षरी धातुओं में 'आना' तथा 'वाना' जोड़ने से प्रेरणार्थक क्रियाएँ बनती हैं; जैसे—

  पढ़ (पढ़ना)—पढ़ाना-पढ़वाना, चल (चलना)—चलाना-चलवाना इत्यादि।

- द्वि-अक्षरी धातुओं में 'ऐ' या 'ओ' को छोड़कर दीर्घ स्वर ह्रस्व हो जाता है; जैसे—

  जीत (जीतना)—जिताना, जितवाना,
  लेट (लेटना)—लिटाना, लिटवाना इत्यादि।

- तीन अक्षर वाली धातुओं में भी 'आना' और 'वाना' जोड़कर प्रेरणार्थक क्रियाएँ बनाई जाती हैं लेकिन ऐसी धातुओं से बनी प्रेरणार्थक क्रियाओं के दूसरे 'अ' अनुच्चरित रहते हैं; जैसे—

  समझ (समझना), समझाना, समझवाना।
  बदल (बदलना)—बदलाना, बदलवाना इत्यादि।

- 'खा', 'आ', 'जा' इत्यादि एकाक्षरी आकारान्त 'जी', 'पी', 'सी' इत्यादि ईकारान्त, 'चू', 'छू-ये दो ऊकारान्त; 'खे' 'दे', 'ले' और 'से'-चार एकारान्तः 'खो', 'हो', 'धो', 'बी', 'ढो', 'रो' तथा 'सो'-इन ओकारान्त धातुओं में 'लाना', 'लवाना', 'वाना' इत्यादि प्रत्यय आवश्यकतानुसार लगाए जाते हैं; जैसे—

  जी (जीना)—जिलाना, जिलवाना।
  पी (पीना)—पिलाना, पिलवाना।

(iii) पूर्वकालिक क्रिया

पूर्वकालिक क्रिया की मुख्य पहचान यह होती है कि इसमें दो क्रियाएँ होती हैं, एक क्रिया पहले (पूर्व) होती है और दूसरी क्रिया बाद (अन्त) में होती है। जो क्रिया पूर्व में होती है, उसे **समायिका क्रिया** कहते हैं। पूर्वकालिक क्रिया की मुख्य पहचान है कि इसमें क्रिया में कर, करके, ते, ही इत्यादि शब्द जुड़े होते हैं; जैसे—

- राम के **दादाजी खाना खाकर घूमने गए।**
- सीता **चारपाई पर जाते ही सो गई।**

(iv) संयुक्त क्रिया

दो या दो-से-अधिक क्रियाओं के योग से जो पूर्ण क्रिया बनती है, उसे 'संयुक्त क्रिया' कहते हैं; जैसे—

- राम **खाना खा चुका।**

इस वाक्य में 'खाना' और 'चुका' दो क्रियाओं के योग से पूर्ण क्रिया बनी है। अत: यहाँ संयुक्त क्रिया है।

संयुक्त क्रियाएँ अभ्यास, अनिष्टता, अनुमति, अवकाश, आरम्भ, आवश्यकता, इच्छा, निरन्तर, समाप्ति इत्यादि अर्थों में प्रयुक्त होती हैं।

(v) अनुकरणात्मक क्रियाएँ

किसी वास्तविक या कल्पित ध्वनि के अनुकरण से बनने वाली क्रियाओं को अनुकरणात्मक क्रियाएँ कहते हैं; जैसे-खटखट से खटखटाना, भनभन से भनभनाना, थपथप से थपथपाना तथा झनझन से झनझनाना।

अर्थ की दृष्टि से क्रिया के भेद

अर्थ की दृष्टि से क्रिया के निम्नलिखित भेद हैं

1. **आरम्भबोधक संयुक्त क्रिया** जिन संयुक्त क्रियाओं से हमें पता चले की क्रिया आरम्भ होने वाली है, उसे आरम्भबोधक संयुक्त क्रिया कहते हैं; जैसे—
   - वह **नाचने लगी।**
   - मेरे घर से निकलते ही **बरसात होने लगी।**
   - राम **खेलने लगा।**
2. **समाप्तिबोधक संयुक्त क्रिया** जिन संयुक्त क्रियाओं से मुख्य क्रिया के समापन का पता चले, उसे समाप्तिबोधक संयुक्त क्रिया कहते हैं; जैसे—
   - वह **सो चुका** है।
   - राम **खा चुका** है।
   - राम ने **पुस्तक पढ़ ली।**
3. **अवकाशबोधक संयुक्त क्रिया** जिन संयुक्त क्रियाओं से किसी क्रिया को निष्पन्न करने के लिए अवकाश का बोध कराया जाए, उसे अवकाशबोधक संयुक्त क्रिया कहते हैं; जैसे—
   - वह बहुत **मुश्किल से सो पाया** है।
4. **अनुमतिबोधक संयुक्त क्रिया** जिन संयुक्त क्रियाओं से किसी क्रिया को करने की अनुमति दिए जाने का पता चले, उसे अनुमतिबोधक संयुक्त क्रिया कहते हैं; जैसे—
   - मुझे **सोने दो।**
   - मुझे **कहने दो।**
5. **नित्यताबोधक संयुक्त क्रिया** जिन संयुक्त क्रियाओं से किसी क्रिया की नित्यता का या उसके समाप्त न होने का पता चले, उसे नित्यताबोधक संयुक्त क्रिया कहते हैं; जैसे—
   - नदी **बह रही है।**
   - पेड़ **बढ़ता गया।**
6. **आवश्यकताबोधक संयुक्त क्रिया** जिन संयुक्त क्रियाओं से किसी क्रिया की आवश्यकता का या कर्त्तव्य का पता चले, उसे आवश्यकताबोधक संयुक्त क्रिया कहते हैं; जैसे—
   - मुझे यह काम करना पड़ता है, तुम्हें यह काम **करना चाहिए।**
7. **निश्चयबोधक संयुक्त क्रिया** जिन संयुक्त क्रियाओं से मुख्य क्रिया के व्यवहार की निश्चयता का पता चले, उसे निश्चयबोधक संयुक्त क्रिया कहते हैं; जैसे—
   - वह बीच में ही बोल उठा—मैं मार बैठूँगा।
8. **इच्छाबोधक संयुक्त क्रिया** जिन संयुक्त क्रियाओं से क्रिया के करने की इच्छा का पता चले, उसे इच्छाबोधक संयुक्त क्रिया कहते हैं; जैसे—
   - वह **घर आना चाहता है।**
9. **अभ्यासबोधक संयुक्त क्रिया** जिन संयुक्त क्रियाओं से क्रिया को करने के अभ्यास का पता चले, उसे अभ्यासबोधक संयुक्त क्रिया कहते हैं। जब सामान्य भूतकाल की क्रियाओं में 'करना' क्रिया लगा दी जाती है तब अभ्यासबोधक संयुक्त क्रिया बनती है; जैसे—
   - वह **हमेशा पढ़ा करता है।**
   - राधा रात्रि में **हमेशा डायरी लिखा करती है।**
10. **शक्तिबोधक संयुक्त क्रिया** जिन संयुक्त क्रियाओं से क्रिया को करने के लिए शक्ति का पता चलता है, उसे शक्तिबोधक क्रिया कहते हैं; जैसे—
    - मैं **लिख सकता** हूँ।
    - मैं **पढ़ सकता** हूँ।
11. **पुनरुक्त संयुक्त क्रिया** जब दो समान ध्वनि वाली क्रियाओं के जुड़ने का पता चलता है उसे पुनरुक्त संयुक्त क्रिया कहते हैं; जैसे—
    - वह **खेला-कूदा करता है।**

क्रियाओं के अन्य भेद

क्रियाओं के अन्य (Secondary) भेद निम्नलिखित हैं

क्रिया के भेद	उदाहरण
सहायक क्रिया	सहायक क्रिया मुख्य क्रिया के साथ प्रयुक्त होकर अर्थ को स्पष्ट एवं पूर्ण करने में सहायक होती है; जैसे— • मैं घर जाता हूँ। इस वाक्य में 'जाना' मुख्य क्रिया है और 'हूँ' सहायक क्रिया है।
क्रियार्थक क्रिया	क्रिया के इस रूप से भविष्य में होने वाले व्यापार का बोध होता है, किन्तु इसका प्रयोग मुख्य क्रिया के पहले होता है, इसलिए इसे क्रियार्थक क्रिया कहते हैं। यह पूर्वकालिक क्रिया के ठीक विपरीत है; जैसे— • वह खेलने मैदान गया। • वह पढ़ने विद्यालय गया। इन उदाहरणों में 'खेलने' तथा 'पढ़ने' क्रियार्थक क्रियाएँ हैं।

वाच्य

क्रिया के जिस रूप से यह पता चले कि किसी वाक्य में कर्ता, कर्म या भाव में किसी एक की प्रधानता है, उसे वाच्य (Voice) कहते हैं। वाच्य तीन प्रकार के होते हैं

1. कर्तृवाच्य

क्रिया के जिस रूप में कर्ता की प्रधानता रहती है और क्रिया का सीधा तथा प्रधान सम्बन्ध कर्ता से होता है, उसे कर्तृवाच्य कहते हैं। इस वाच्य में क्रिया के **लिंग** और **वचन** कर्ता के अनुसार होते हैं; जैसे—

- **राम** पत्र **लिखता** है।
- **रीता** पत्र **लिखती** है।

• **लड़के** पत्र **लिखते** हैं।

इन वाक्यों में कर्ता की प्रधानता है तथा क्रिया के लिंग और वचन कर्ता के अनुसार हैं। कर्तृवाच्य में सकर्मक क्रिया के भी वाक्य होते हैं और अकर्मक क्रिया के भी; जैसे—

• **सकर्मक कर्तृवाच्य**—गोपाल पुस्तक पढ़ता है।
• **अकर्मक कर्तृवाच्य**—बालक सोता है।

2. कर्मवाच्य

क्रिया के जिस रूप में कर्म की प्रधानता होती है और क्रिया का सीधा सम्बन्ध कर्म से होता है, उसे कर्मवाच्य कहते हैं। इस वाच्य में क्रिया के **लिंग** और **वचन** कर्म के अनुसार होते हैं; जैसे—

• राम से **पत्र लिखा जाता** है। • श्याम से **गाना गाया जाता** है।

इस वाक्य में 'लिखा जाता है' क्रिया का सीधा सम्बन्ध 'पत्र' (कर्म) से है। अत: यह वाक्य कर्मवाच्य है। इस वाच्य में सकर्मक क्रिया के ही वाक्य होते हैं, अकर्मक क्रिया के नहीं।

3. भाववाच्य

क्रिया के जिस रूप में भाव की प्रधानता होती है और क्रिया का सीधा सम्बन्ध **भाव** से होता है, उसे 'भाववाच्य' कहते हैं। यह केवल अकर्मक क्रिया के ही वाक्यों में प्रयुक्त होता है; जैसे—

• सोहन से **गाया नहीं जाता**। • राधा से **बैठा नहीं जाता**।

इन वाक्यों में भाव की ही प्रधानता है। अत: ये वाक्य भाववाच्य हैं।

कर्मवाच्य और भाववाच्य में अन्तर

कर्मवाच्य	भाववाच्य
कर्मवाच्य में कर्म की प्रधानता होती है इसलिए इसमें कर्म अवश्य होता है।	भाववाच्य में कर्म नहीं होता है, क्योंकि उसमें भाव प्रमुख होता है।
इसमें 'जा' क्रिया का प्रयोग वैकल्पिक रूप में होता है; जैसे- 'रमेश के द्वारा दरवाजा खोला गया'	इसमें 'जा' का प्रयोग अनिवार्य रूप से होता है; जैसे- 'साधना से पढ़ा नहीं जाता'।
इस वाच्य में सदैव सकर्मक क्रिया के ही वाक्य होते हैं।	इस वाच्य में केवल अकर्मक क्रिया के ही वाक्य प्रयुक्त होते हैं।
इसमें 'नहीं' शब्द का प्रयोग नहीं किया जाता है।	इसमें अधिकतर 'नहीं' शब्द का प्रयोग किया जाता है।

वाच्य परिवर्तन

वाच्य परिवर्तन को तीन रूपों में दर्शाया गया है

1. कर्तृवाच्य से कर्मवाच्य बनाना

कर्तृवाच्य से कर्मवाच्य में रूपान्तरण करने के लिए निम्नलिखित परिवर्तन करने होते हैं

• कर्तृवाच्य के मुख्य कर्ता के साथ 'से'/'द्वारा' विभक्ति जोड़कर उसे करण-कारक बना दिया जाता है; जैसे—राधा-राधा से, सचिन-सचिन से, मैंने-मुझसे या मेरे द्वारा, मित्र-मित्र द्वारा इत्यादि।
• क्रिया का प्रयोग कर्म के लिंग पुरुष और वचन के अनुसार करके 'जा' धातु को उचित रूप देकर जोड़ देते हैं।
• इसमें साधारण क्रिया को संयुक्त में बदला जाता है।
• कर्म के साथ कोई परसर्ग हो तो उसे हटा दिया जाता है।
• कर्तृवाच्य की मुख्य क्रिया को सामान्य भूतकाल में परिवर्तित किया जाता है; जैसे—

कर्तृवाच्य	कर्मवाच्य
अब आप गाना गाएँ।	अब आपके द्वारा गाना गाया जाए।
दादाजी अखबार पढ़ते हैं।	दादाजी द्वारा अखबार पढ़ा गया।
माँ ने खाना पका लिया है।	माँ द्वारा खाना पका लिया जाता है।
छात्र पाठ याद करते हैं।	छात्रों द्वारा पाठ याद किया जाता है।
मजदूरों ने सड़क बना दिया है।	मजदूरों द्वारा सड़क बना दी गई।
चलो, खाना खाते हैं।	चलो खाना खाया जाए।

2. कर्तृवाच्य से भाववाच्य बनाना

कर्तृवाच्य से भाववाच्य में रूपान्तरण करने के लिए निम्नलिखित परिवर्तन करने होते हैं

• कर्तृवाच्य के मुख्य कर्ता के साथ 'से'/'द्वारा' विभक्ति जोड़कर उसे करण-कारण बना दिया जाता है; जैसे—मोहन-मोहन से, नीलिमा-नीलिमा से, मैंने-मुझसे या मेरे द्वारा आदि।
• मुख्य क्रिया को सामान्य क्रिया एवं अन्य पुरुष पुल्लिग एकवचन में स्वतन्त्र रूप में रखा जाता है।
• कर्तृवाच्य की मुख्य क्रिया को भाववाच्य में सामान्य भूतकाल में बदलकर 'जाना' क्रिया का रूप काल के अनुरूप प्रयोग करते हैं।

कर्तृवाच्य	भाववाच्य
पक्षी रात में सोते हैं।	पक्षियों से रात में सोया जाता है।
गर्मियों में लोग खूब नहाते हैं।	गर्मियों में लोगों से खूब नहाया जाता है।
बच्चे शान्त नहीं रह सकते।	बच्चों से शान्त नहीं रहा जाता।
हम नहीं हँस सकते।	हमसे हँसा नहीं जाता।
चलो, अब सोते हैं।	चलो, अब सोया जाए।
अब चलते हैं।	अब चला जाय।

3. कर्मवाच्य से कर्तृवाच्य बनाना

कर्मवाच्य से कर्तृवाच्य में रूपान्तरण करने के लिए निम्नलिखित बातों का ध्यान रखना चाहिए

• कर्ता के अपने चिह्न (ने) आवश्यकतानुसार लगाने चाहिए।
• यदि वाक्य की क्रिया वर्तमान एवं भविष्यत् की है तो कर्तानुसार क्रिया की रूप रचना रखनी चाहिए।
• भूतकाल की सकर्मक क्रिया रहने पर कर्म के लिंग, वचन के अनुसार क्रिया को रखना चाहिए; जैसे—

कर्मवाच्य	कर्तृवाच्य
मुझसे यह दृश्य नहीं देखा गया।	मैं यह दृश्य नहीं देख सका।
मजदूरों से पत्थर नहीं तोड़े जा रहे।	मजदूर पत्थर नहीं तोड़ रहे।
लड़कियों द्वारा गीत गाए जा रहे हैं।	लड़कियाँ गीत गा रही हैं।
मुझसे अखबार पढ़ा नहीं जाता।	मैं अखबार नहीं पढ़ सकता।
किसान द्वारा खेत में खाद डाली जाती है।	किसान खेत में खाद डालते हैं।
छात्रों को प्रार्थना स्थल पर इकट्ठा किया	छात्रों को प्रार्थना स्थल पर इकट्ठा कीजिए।

वाच्य के प्रयोग

क्रिया के पुरुष, लिंग और वचन कहीं **कर्ता** के अनुसार होते हैं, कहीं **कर्म** के अनुसार और कहीं **क्रिया** के अनुसार होते हैं। अत: क्रिया का प्रयोग तीन प्रकार से होता है

1. **कर्तरि प्रयोग** जिस वाक्य में क्रिया के पुरुष, लिंग और वचन **कर्ता** के अनुसार होते हैं, वहाँ क्रिया के इस प्रयोग को 'कर्तरि प्रयोग' कहते हैं; जैसे–
   - राहुल अच्छी **पुस्तकें** पढ़ता है। *(क्रिया कर्ता के अनुसार)*
2. **कर्मणि प्रयोग** जिस वाक्य में क्रिया के पुरुष, लिंग और वचन **कर्म** के अनुसार होते हैं, वहाँ क्रिया के इस प्रयोग को 'कर्मणि प्रयोग' कहते हैं; जैसे–
   - गीता को पुस्तक **पढ़नी** पड़ेगी। *(क्रिया कर्म के अनुसार)*
3. **भावे प्रयोग** जिस वाक्य में क्रिया के पुरुष, लिंग और वचन कर्ता के अनुसार न होकर सदैव अन्य पुरुष, पुल्लिंग तथा एकवचन में हों, तब 'भावे प्रयोग' होता है; जैसे–
   - मुझसे **चला** नहीं जाता। *(क्रिया भाव के अनुसार)*

सन्धि से तात्पर्य

- सन्धि का शाब्दिक अर्थ **मेल** होता है। दो समीपवर्ती वर्णों या ध्वनियों के संयोग से होने वाले परिवर्तन या विकार को सन्धि कहते हैं।
- सन्धि करते समय कभी-कभी एक अक्षर में, कभी-कभी दोनों अक्षरों में परिवर्तन होता है। सन्धि में पहले शब्द के **अन्तिम वर्ण** तथा दूसरे शब्द के **प्रथम वर्ण** का मेल होता है;
  जैसे— सुर + इन्द्र = सुरेन्द्र विद्या + आलय = विद्यालय
- सन्धि के नियमों द्वारा बनाए गए वर्णों या शब्दों को पुन: मूल अर्थात् प्रारम्भिक अवस्था में ले आने को **सन्धि-विच्छेद** कहते हैं;
  जैसे— परिच्छेद = परि+ छेद नयन = ने + अयन आदि।

  सन्धि वहीं होती है, जहाँ ध्वनियों (वर्णों) के मेल के फलस्वरूप उनमें परिवर्तन हो। ध्वनियों के पास-पास होने पर भी यदि उनमें परिवर्तन न हो, तो उसे सन्धि नहीं बल्कि संयोग कहते हैं; जैसे—कालातीत (काल‡अतीत) में सन्धि है, कालयोग (काल ‡ योग) में नहीं।

सन्धि के प्रकार

सन्धि तीन प्रकार की होती है

स्वर सन्धि दो स्वरों के मेल से उत्पन्न विकार को स्वर सन्धि कहते हैं; जैसे–'हिम' और 'आलय' में, हिम में **अ** (स्वर वर्ण) तथा आलय में आ (स्वर वर्ण) है।

व्यंजन सन्धि सन्धि का प्रथम वर्ण यदि व्यंजन हो तो वहाँ व्यंजन सन्धि होती हैं; जैसे–'दिक्' और 'अम्बर' में, दिक् में **क** (व्यंजन वर्ण) है।

विसर्ग सन्धि सन्धि के प्रथम वर्ण में यदि विसर्ग का प्रयोग हो रहा है, तो वहाँ विसर्ग सन्धि होती है; जैसे–'नि:' और 'शब्द' में **नि:** (विसर्ग वर्ण) है।

स्वर सन्धि

- स्वर के साथ स्वर का मेल होने पर जो परिवर्तन होता है, उसे स्वर सन्धि कहते हैं; जैसे–
  देव + आलय = देवालय वीर + आंगना = वीरांगना
- स्वर सन्धि के निम्नलिखित पाँच भेद हैं
  1. दीर्घ सन्धि
  2. गुण सन्धि
  3. वृद्धि सन्धि
  4. यण् सन्धि
  5. अयादि सन्धि

1. **दीर्घ सन्धि** इस सन्धि का सूत्र **अक: सवर्णे दीर्घ** होता है। यदि ह्रस्व ('अ', 'इ', 'उ') या दीर्घ (आ, ई, ऊ) स्वर एक-दूसरे के पश्चात् आ जाएँ तो वे मिलकर दीर्घ **आ, ई, ऊ** हो जाते हैं। इस परिवर्तन को दीर्घ सन्धि कहते हैं; जैसे–

सन्धि	उदाहरण
अ + अ = आ	पुष्प + अवली = पुष्पावली
	देव + अर्चन = देवार्चन
अ + आ = आ	हिम + आलय = हिमालय
	सत्य + आग्रह = सत्याग्रह
आ + अ = आ	माया + अधीन = मायाधीन
	सीमा + अंत = सीमांत
आ + आ = आ	विद्या + आलय = विद्यालय
	महा + आनंद = महानंद
इ + इ = ई	कवि + इच्छा = कवीच्छा
	मुनि + इंद्र = मुनींद्र
इ + ई = ई	हरि + ईश = हरीश
	परि + ईक्षा = परीक्षा
ई + इ = ई	मही + इन्द्र = महीन्द्र
	लक्ष्मी + इच्छा = लक्ष्मीच्छा
ई + ई = ई	नदी + ईश = नदीश
	योगी + ईश्वर = योगीश्वर
उ + उ = ऊ	सु + उक्ति = सूक्ति
	विधु + उदय = विधूदय
उ + ऊ = ऊ	सिन्धु + ऊर्मि = सिन्धूर्मि
	धातु + ऊष्मा = धातूष्मा
ऊ + उ = ऊ	भू + उद्धार = भूद्धार
ऊ + ऊ = ऊ	भू + ऊर्ध्व = भूर्ध्व

2. गुण सन्धि इस सन्धि का सूत्र **आद्गुण** होता है। जब अ अथवा आ के आगे 'इ' या 'ई', 'उ' या 'ऊ' तथा 'ऋ' स्वर आता है तो क्रमश: **ए, ओ** और **अर्** हो जाता है, इस परिवर्तन को गुण सन्धि **कहते हैं**; जैसे—

सन्धि	उदाहरण
अ + इ = ए	उप + इन्द्र = उपेन्द्र
	पुष्प + इंद्र = पुष्पेंद्र
अ + ई = ए	गण + ईश = गणेश
	सोम + ईश = सोमेश
आ +इ = ए	महा + इन्द्र = महेन्द्र
	राजा + इंद्र = राजेन्द्र
आ + ई = ए	रमा + ईश = रमेश
	महा + ईश = महेश
अ + उ = ओ	चन्द्र + उदय = चन्द्रोदय
	वीर + उचित = वीरोचित
अ + ऊ = ओ	समुद्र + ऊर्मि = समुद्रोर्मि
	सूर्य + ऊर्जा = सूर्योर्जा
आ + उ = ओ	महा + उत्सव = महोत्सव
	गंगा + उदक = गंगोदक
आ +ऊ = ओ	गंगा + ऊर्मि = गंगोर्मि
	महा + ऊर्मि = महोर्मि
अ + ऋ = अर्	देव + ऋषि = देवर्षि
आ + ऋ = अर्	महा + ऋषि = महर्षि

3. वृद्धि सन्धि इस सन्धि का सूत्र **वृद्धिरेचि** होता है। जब अ या आ के आगे 'ए' या 'ऐ' आता है तो दोनों का **ऐ** हो जाता है। इसी प्रकार 'अ' या 'आ' के आगे 'ओ' या 'औ' आता है तो दोनों का **औ** हो जाता है, इसे वृद्धि सन्धि कहते हैं; जैसे—

सन्धि	उदाहरण
अ + ए = ऐ	पुत्र + एषणा = पुत्रैषणा
	लोक + एषणा = लोकैषणा
अ + ऐ = ऐ	मत + ऐक्य = मतैक्य
	धन + ऐश्वर्य = धनैश्वर्य
आ + ए = ऐ	सदा + एव = सदैव
	तथा + एव = तथैव
आ + ऐ = ऐ	महा + ऐश्वर्य = महैश्वर्य
	रमा + ऐश्वर्य = रमैश्वर्य
अ + ओ = औ	जल + ओकस = जलौकस
	दंत + ओष्ठ = दंतौष्ठ
अ + औ = औ	परम + औषध = परमौषध
	परम + औदार्य = परमौदार्य
आ + ओ = औ	महा + ओषधि = महौषधि
	महा + ओज = महौज
आ + औ = औ	महा + औदार्य = महौदार्य
	महा + औषध = महौषध

4. यण् सन्धि इस सन्धि का सूत्र **इको यणचि** होता है। जब इ-ई, उ-ऊ तथा ऋ के आगे कोई भिन्न स्वर आता है तो ये क्रमशः य्, व् तथा र् में परिवर्तित हो जाते हैं, इस परिवर्तन को यण् सन्धि कहते हैं; जैसे—

सन्धि	उदाहरण
इ + अ = य	अति + अल्प = अत्यल्प
	अति + अधिक = अत्यधिक
इ + आ = या	इति + आदि = इत्यादि
	अति + आचार = अत्याचार
इ + उ = यु	अभि +उदय = अभ्युदय
	प्रति + उत्तर = प्रत्युत्तर
इ +ऊ = यू	नि + ऊन = न्यून
	प्रति + ऊष = प्रत्यूष
इ + ए = ये	अधि +एषणा = अध्येषणा
	प्रति + एक = प्रत्येक
ई + आ = या	देवी + आलय = देव्यालय
	सखी + आगमन = सख्यागमन
ई + ऐ = यै	देवी + ऐश्वर्य = देव्यैश्वर्य
	नदी + ऐश्वर्य = नद्यैश्वर्य
उ + अ = व	अनु + अय = अन्वय
	मनु + अन्तर = मन्वन्तर
उ +आ = वा	सु + आगत = स्वागत
	अनु + आदेश = अन्वादेश
उ + इ = वि	अनु + इत = अन्वित
	धातु + इक = धात्विक
उ + ए = वे	अनु + एषण = अन्वेषण
	प्रभु + एषणा = प्रभ्वेषणा
उ + ओ = वो	मधु + ओदन = मध्वोदन
	लघु + ओष्ठ = लघ्वोष्ठ
उ + औ = वौ	मधु + औषध = मध्वौषध
	गुरु + औदार्य = गुर्वौदार्य
ऊ + आ = वा	भू + आदि = भ्वादि
	वधू + आगमन = वध्वागमन
ऋ + अ = र	पितृ + अनुमति = पित्रनुमति
	पितृ + अनुदेश = पित्रनुदेश
ऋ + आ = रा	पितृ + आज्ञा = पित्राज्ञा
	मातृ + आज्ञा = मात्राज्ञा
ऋ + इ = रि	मातृ + इच्छा = मात्रिच्छा
	पितृ + इच्छा = पित्रिच्छा

5. अयादि सन्धि इस सन्धि का सूत्र **एचोवयाव** होता है। जब 'ए', 'ऐ', 'ओ' और 'औ' के बाद कोई भिन्न स्वर आता है, तो 'ए' का **अय**, 'ऐ' का **आय्**, 'ओ' का **अव्** और 'औ' का **आव्** हो जाता है; इस परिवर्तन को अयादि सन्धि कहते हैं; जैसे—

सन्धि	उदाहरण
ए + अ = अय	ने + अयन = नयन
	चे + अयन = चयन
ऐ + अ = आय	नै + अक = नायक
	विधै + अक = विधायक
ऐ + इ = आयि	नै + इका = नायिका
	गै + इका = गायिका
ओ + अ = अव	पो + अन = पवन
	श्रो + अन = श्रवण
ओ + इ = अवि	पो + इत्र = पवित्र
	गो + इनि = गविनी
ओ + ई = अवी	गो + ईश = गवीश
	रो + ईश = रवीश
औ + अ =आव	पौ + अक = पावक
	धौ + अक = धावक
औ + इ = आवि	भौ + इनि = भाविनी
	नौ + इक = नाविक
औ + उ – आवु	भौ + उक = भावुक

व्यंजन सन्धि

व्यंजन के पश्चात् व्यंजन या स्वर का मेल होने से जो परिवर्तन होता है, उसे व्यंजन सन्धि कहते हैं; जैसे—

दिक् + गज = दिगज (क् + ग = ग्ग)

सुप + अन्त = सुबंत (प + अ = बं)

व्यंजन सन्धि के प्रमुख नियम इस प्रकार हैं

1. **वर्ग के पहले वर्ण का तीसरे वर्ण में परिवर्तन** यदि स्पर्श या वर्गीय व्यंजनों के प्रथम वर्ण; 'क्', 'च्', 'ट्', 'त्', 'प्' के आगे कोई स्वर अथवा किसी वर्ग का **तीसरा** या **चौथा** वर्ण अथवा 'य', 'र', 'ल', 'व'

आए तो 'क्', 'च्', 'ट्', 'त्', 'प्' के स्थान पर उसी वर्ग का तीसरा वर्ण अर्थात् 'क' के स्थान पर '**ग**', 'च' के स्थान पर **ज**, 'ट' के स्थान पर **ड**, 'त' के स्थान पर **द** और 'प' के स्थान पर **ब** हो जाता है।

परिवर्तन →

		1 वर्ण	2 वर्ण	3 वर्ण	4 वर्ण	5 वर्ण
1 वर्ग	क	क	ख	ग	घ	ङ
2 वर्ग	च	च	छ	ज	झ	ञ
3 वर्ग	ट	ट	ठ	ड	ढ	ण
4 वर्ग	त	त	थ	द	ध	न
5 वर्ग	प	प	फ	ब	भ	म

वर्ण; अनुनासिक वर्ण

जैसे—

क् का ग् होना दिक् + अम्बर = दिगम्बर्
वाक् + ईश = वागीश

च् का ज् होना अच् + अन्त = अजन्त
अच् + आदि = अजादि

ट् का ड् होना षट् + आनन = षडानन
षट् + दर्शन = षडदर्शन

त् का द् होना सत् + आचार = सदाचार
जगत् + आनन्द = जगदानन्द
उत् + योग = उद्योग

प् का ब् होना सुप् + अन्त = सुबन्त
अप् + ज = अब्ज

2. **वर्ग के पहले वर्ण का पाँचवें वर्ण में परिवर्तन** यदि स्पर्श व्यंजनों के प्रथम वर्ण अर्थात् 'क्', 'च्', 'ट्', 'त्', 'प्' के आगे कोई अनुनासिक व्यंजन (प्राय: न या म) आए तो प्रथम वर्ण के बदले उसी वर्ग का **पाँचवाँ** वर्ण 'ङ', 'ञ्', 'ण्', 'न्', 'म्'(अनुनासिक वर्ण) हो जाता है।

परिवर्तन →

		1 वर्ण	2 वर्ण	3 वर्ण	4 वर्ण	5 वर्ण
1 वर्ग	क	क	ख	ग	घ	ङ
2 वर्ग	च	च	छ	ज	झ	ञ
3 वर्ग	ट	ट	ढ	ड	ढ	ण
4 वर्ग	त	त	थ	द	ध	न
5 वर्ग	प	व	फ	ब	भ	म

वर्ण; अनुनासिक वर्ण

जैसे—

क् का ङ् होना वाक् + मय = वाङ्मय
वाक् + मात्र = वाङ्मात्र

च् का ञ् होना रुच् + मय = रुञ्मय

ट् का ण् होना षट् + मास = षण्मास
षट् + मुख = षण्मुख

त् का न् होना सत् + मार्ग = सन्मार्ग
उत + नति = उन्नति

प् का म् होना अप् + मय = अम्मय

3. **'छ' सम्बन्धी नियम** जब किसी ह्रस्व या दीर्घ स्वर के आगे 'छ्' आता है तो 'छ्' के पहले **च्** आ जाता है; जैसे—

परि + छेद = परिच्छेद
आ + छादन = आच्छादन
लक्ष्मी + छाया = लक्ष्मीच्छाया
पद + छेद = पदच्छेद
गृह + छिद्र = गृहच्छिद्र

4. **'म' सम्बन्धी नियम**

- **'म' का पंचमाक्षर में परिवर्तन** यदि 'म्' के आगे कोई स्पर्श व्यंजन आए तो 'म्' के स्थान पर उसी वर्ग का **पाँचवाँ** वर्ण हो जाता है; जैसे—

शम् + कर = शङ्कर या शंकर
सम् + चय = संचय
घम् + टा = घण्टा
सम् + तोष = सन्तोष

- **'म' का अनुस्वार में परिवर्तन** यदि म के आगे कोई अन्तस्थ या ऊष्म व्यंजन आए अर्थात् 'य्', 'र्', 'ल्', 'व्', 'श्', 'ष्', 'स्', 'ह्' आए तो **म** अनुस्वार में बदल जाता है; जैसे—

सम् + सार = संसार
सम् + योग = संयोग
स्वयम् + वर = स्वयंवर
सम् + रक्षा = संरक्षा

- **'म' में परिवर्तन न होना** 'म्' के बाद 'म' आने पर **कोई परिवर्तन नहीं** होता है; जैसे—

सम् + मान = सम्मान
सम् + मति = सम्मति

5. **'त्' सम्बन्धी नियम**

- यदि 'त्' या 'द्' के आगे 'ज्' या 'झ्' आए तो 'त्' या 'द्', **ज** में बदल जाता है; जैसे—

उत् + ज्वल = उज्ज्वल
विपद् + जाल = विपज्जाल
सत् + जन = सज्जन
सत् + जाति = सज्जाति
उत् + झटिका = उज्झटिका

- यदि 'त्' या 'द्' के आगे 'श्' आए तो 'त्' या 'द्' का **च्** और 'श्' का **छ्** हो जाता है; जैसे—

उत् + श्वास = उच्छ्वास
तत् + शरीर = तच्छरीर

- 'त्' के बाद यदि 'ट', 'ड' हो तो 'त्' क्रमश: **ट्**, **ड्** में बदल जाता है; जैसे—

उत् + डयन = उड्डयन
बृहत् + टीका = बृहट्टीका

- 'त्' के बाद यदि 'ल्' हो तो 'त्', **ल्** में बदल जाता है; जैसे—

तत् + लीन = तल्लीन
उत् + लंघन = उल्लंघन

- 'त' के बाद यदि 'ह' हो तो 'त्' के स्थान पर **द्** और 'ह' के स्थान पर **ध** हो जाता है; जैसे—

  उत् + हार = उद्धार

  पद् + हति = पद्धति
- 'त्' के बाद यदि 'च', 'छ' हो तो 'त्' का **च्** हो जाता है; जैसे—

  उत् + चारण = उच्चारण

  सत् + चरित्र = सच्चरित्र
- यदि 'च्' या 'ज्' के बाद 'न्' आए तो 'न्' के स्थान पर 'ञ' हो जाता है; जैसे—

  यज् + न = यज्ञ

  याच् + न = याञ्च

6. **'स' सम्बन्धी नियम** यदि 'अ', 'आ' को छोड़कर किसी भी स्वर के आगे 'स्' आता है तो बहुधा 'स्' के स्थान पर **ष्** हो जाता है; जैसे—

   अभि + सेक = अभिषेक

   वि + सम = विषम

   नि + सेध = निषेध

   सु + सुप्त = सुषुप्त
7. **ट, ठ सम्बन्धी नियम** 'ष्' के पश्चात् 'त' या 'थ' आने पर उसके स्थान पर क्रमशः **ट** और **ठ** हो जाता है; जैसे—

   आकृष् + त = आकृष्ट

   तुष् + त = तुष्ट

   पृष् + थ = पृष्ठ

   षष् + थ = षष्ठ
8. **'न' सम्बन्धी नियम** यदि 'ऋ', 'र', 'ष' के बाद 'न' आए और इनके मध्य में कोई स्वर, 'क' वर्ग, 'प' वर्ग, अनुस्वार तथा 'य', 'व', 'ह' में से कोई वर्ण आए तो 'न' का **ण** हो जाता है; जैसे—

   भर + अन = भरण

   भूष + अन = भूषण

   राम + अयन = रामायण

   परि + मान = परिमाण

   ऋ + न = ऋण

विसर्ग सन्धि

विसर्ग के साथ स्वर या व्यंजन के संयोग से जो विकार होता है, उसे विसर्ग सन्धि कहते हैं; जैसे—

मन: + हर = मनोहर

दुः + आशा = दुराशा

विसर्गों का प्रयोग संस्कृत को छोड़कर अन्य किसी भी भाषा में नहीं होता है। हिन्दी में भी विसर्गों का प्रयोग नहीं के बराबर होता है। कुछ ही शब्दों में हिन्दी भाषा में विसर्ग प्रयुक्त होते हैं; जैसे—अतः, पुनः, प्रायः, शनैः आदि। इसके प्रमुख नियम निम्नलिखित हैं

1. **विसर्ग का श्, स् में परिवर्तन**
   - यदि विसर्ग के आगे 'श', 'स' आए तो विसर्ग क्रमशः **श्, स्** में बदल जाता है; जैसे—

     नि: + शंक = निश्शंक

     दुः + शासन = दुश्शासन

     नि: + शब्द = निश्शब्द

     नि: + सन्देह = निस्सन्देह

     नि: + संग = निस्संग

     नि: + स्वार्थ = निस्स्वार्थ
   - यदि विसर्ग के बाद 'च-छ', 'ट-ठ' तथा 'त-थ' आए तो विसर्ग क्रमशः **श, ष, स्** में बदल जाते हैं; जैसे—

     नि: + तार = निस्तार

     दुः + चरित्र = दुश्चरित्र

     नि: + छल = निश्छल

     धनुः + टंकार = धनुष्टंकार

     नि: + ठुर = निष्ठुर
2. **विसर्ग का 'ष्' में परिवर्तन** यदि विसर्ग से पहले 'इ' या 'उ' आए और बाद में क, ख, ट, ठ, प, फ में से कोई वर्ण आए तो विसर्ग **ष्** में बदल जाता है; जैसे—

   नि: + कर्म = निष्कर्म

   नि: + काम = निष्काम

   नि: + करुण = निष्करुण

   नि: + पाप = निष्पाप

   नि: + कपट = निष्कपट

   नि: + फल = निष्फल

   नि: + ठुर = निष्ठुर
3. **विसर्ग का लोप हो जाना**
   - यदि विसर्ग से पहले 'इ' या 'उ' हो और बाद में 'र' आए तो विसर्ग का लोप हो जाएगा और 'इ' तथा 'उ' दीर्घ **ई, ऊ** में बदल जाएँगे; जैसे—

     नि: + रव = नीरव

     नि: + रोग = नीरोग

     नि: + रस = नीरस
   - यदि विसर्ग के बाद 'छ' हो तो विसर्ग का लोप हो जाता है तथा **च्** जुड़ जाता है; जैसे—

     छत्र: + छाया= छत्रच्छाया

     अनुः + छेद = अनुच्छेद
   - यदि विसर्ग से पहले 'अ' या 'आ' हो और विसर्ग के बाद कोई भिन्न स्वर आए तो विसर्ग का **लोप** हो जाता है; जैसे—

     अतः + एव= अतएव
4. **विसर्ग में कोई परिवर्तन न होना** यदि विसर्ग के पहले 'अ' हो तथा बाद में 'क', 'ख', 'प', 'फ' हो, तो विसर्ग में कोई विकार (परिवर्तन) नहीं होता; जैसे—

   प्रातः + काल – प्रातःकाल

   पयः + पान = पयःपान

   अन्तः + करण = अन्तःकरण
5. **विसर्ग का 'र' में परिवर्तन**
   - यदि विसर्ग से पहले 'अ' या 'आ' को छोड़कर कोई स्वर हो और बाद में वर्ग के तृतीय, चतुर्थ और पंचम वर्ण अथवा 'य', 'र', 'ल', 'व' में से कोई वर्ण हो तो विसर्ग **र** में बदल जाता है; जैसे—

     दुः + निवार = दुर्निवार

     दुः + बोध = दुर्बोध

     नि: + गुण = निर्गुण

नि: + धन = निर्धन

नि: + झर = निर्झर

यदि विसर्ग से पहले 'अ', 'आ' को छोड़कर कोई अन्य स्वर आए और बाद में कोई भी स्वर आए तो भी विसर्ग र् में बदल जाता है; जैसे—

नि: + आशा = निराशा

नि: + ईह = निरीह

नि: +. उपाय = निरुपाय

नि: + अर्थक = निरर्थक

6. **विसर्ग का 'ओ' में परिवर्तन** यदि विसर्ग से पहले 'अ' आए और बाद में 'य', 'र', 'ल', 'व' या 'ह' आए तो विसर्ग का लोप हो जाता है तथा विसर्ग **ओ** में बदल जाता है; जैसे—

मन: + विकार = मनोविकार   मन: + रथ = मनोरथ

पुर: + हित = पुरोहित   मन: + रम = मनोरम

हिन्दी की कुछ विशेष सन्धियाँ

हिन्दी की कुछ अपनी विशेष सन्धि हैं, इनकी रूपरेखा अभी तक विशेष रूप से स्पष्ट निर्धारित नहीं हुई है, फिर भी इनका ज्ञान हमारे लिए आवश्यक है। हिन्दी की प्रमुख विशेष सन्धियाँ निम्नलिखित हैं

1. 'जब', 'तब', 'कब', 'सब' और 'अब' आदि शब्दों के अन्त में (पीछे) 'ही' आने पर 'ह' का **भ** हो जाता है और 'ब' का लोप भी हो जाता है; जैसे—

जब + ही = जभी   तब + ही = तभी

कब + ही = कभी   सब + ही = सभी

अब + ही = अभी

2. 'जहाँ', 'कहाँ', 'यहाँ', 'वहाँ' आदि शब्दों के बाद 'ही' आने पर ही (स्वर सहित) लुप्त हो जाता है और अन्तिम **ई** पर **अनुस्वार** लग जाता है; जैसे—

यहाँ + ही = यहीं

कहाँ + ही = कहीं

वहाँ + ही = वहीं

जहाँ + ही = जहीं

3. कहीं-कहीं संस्कृत के 'र्' लोप, दीर्घ और यण् आदि सन्धियों के नियम हिन्दी में नहीं लागू होते हैं; जैसे—

अन्तर् + राष्ट्रीय = अन्तर्राष्ट्रीय

स्त्री + उपयोगी = स्त्रियोपयोगी

उपरि + उक्त = उपर्युक्त

कुछ महत्त्वपूर्ण सन्धि-विच्छेद

शब्द	सन्धि-विच्छेद	शब्द	सन्धि-विच्छेद
दीर्घ सन्धि			
राष्ट्राध्यक्ष	राष्ट्र + अध्यक्ष	नवांकुर	नव + अंकुर
नयनाभिराम	नयन + अभिराम	सहानुभूति	सह + अनुभूति
युगान्तर	युग + अन्तर	दीक्षान्त	दीक्षा + अन्त
शरणार्थी	शरण + अर्थी	वार्तालाप	वार्ता + आलाप
सत्यार्थी	सत्य + अर्थी	पुस्तकालय	पुस्तक + आलय
दिवसावसान	दिवस + अवसान	विकलांग	विकल + अंग
प्रसंगानुकूल	प्रसंग +अनुकूल	आनन्दातिरेक	आनन्द + अतिरेक
विद्यानुराग	विद्या + अनुराग	कामायनी	काम + अयनी
परमावश्यक	परम + आवश्यक	दीपावली	दीप +अवली
उदयाचल	उदय + अचल	दावानल	दाव + अनल
ग्रामांचल	ग्रामा + अंचल	महात्मा	महा + आत्मा
ध्वंसावशेष	ध्वंस + अवशेष	हिमालय	हिम + आलय
हस्तान्तरण	हस्त + अन्तरण	देशान्तर	देश + अन्तर
परमानन्द	परम + आनन्द	सावधान	स + अवधान
रत्नाकर	रत्न + आकर	तीर्थाटन	तीर्थ + अटन
देवालय	देव + आलय	विचाराधीन	विचार + अधीन
धर्मात्मा	धर्म + आत्मा	मुरारि	मुर + अरि
आग्नेयास्त्र	आग्नेय + अस्त्र	कुशासन	कुश + आसन
मर्मान्तक	मर्म + अन्तक	उत्तमांग	उत्तम + अंग
रामायण	राम + अयन	सावयव	स + अवयव
सुखानुभूति	सुख + अनुभूति	भग्नावशेष	भग्न + अवशेष

शब्द	सन्धि-विच्छेद	शब्द	सन्धि-विच्छेद
आज्ञानुपालन	आज्ञा +अनुपालन	धर्माधिकारी	धर्म + अधिकारी
देहान्त	देह + अन्त	जनार्दन	जन + अर्दन
गीतांजलि	गीत + अंजलि	अधिकांश	अधिक + अंश
मात्राज्ञा	मातृ + आज्ञा	गौरीश	गौरी + ईश
भयाकुल	भय + आकुल	लक्ष्मीश	लक्ष्मी + ईश
त्रिपुरारि	त्रिपुर + अरि	पृथ्वीश्वर	पृथ्वी + ईश्वर
आयुधागार	आयुध + आगार	अनूदित	अनु + उदित
स्वर्गारोहण	स्वर्ग + आरोहण	मंजूषा	मंजु + उषा
प्राणायाम	प्राण + आयाम	गुरूपदेश	गुरु + उपदेश
कारागार	कारा + आगार	साधूपदेश	साधु + उपदेश
शाकाहारी	शाक् + आहारी	बहूद्देशीय	बहु + उद्देशीय
फलाहार	फल + आहार	वधूपालम्भ	वधु + उपालम्भ
गदाघात	गदा + आघात	भानूदय	भानु + उदय
स्थानापन्न	स्थान + आपन्न	मधूत्सव	मधु + उत्सव
कंटकाकीर्ण	कंटक + आकीर्ण	बहूर्ज	बहु + उर्ज
स्नेहाकांक्षी	स्नेह + आकांक्षी	सिन्धूर्मि	सिन्धु + ऊर्मि
महामात्य	महा + अमात्य	चमूत्तम	चमू + उत्तम
चिकित्सालय	चिकित्सा + आलय	लघूत्तम	लघु + उत्तम
रचनात्मक	रचना + आत्मक	वधूल्लास	वधू + उल्लास
क्षितीन्द्र	क्षिति + इन्द्र	भ्रूर्ध्व	भ्रू + ऊर्ध्व
अधीश्वर	अधि + ईश्वर	पितृण	पितृ + ऋण
प्रतीक्षा	प्रति + ईक्षा	मातृण	मातृ + ऋण

शब्द	सन्धि-विच्छेद	शब्द	सन्धि-विच्छेद
परीक्षा	परि + ईक्षा	महीन्द्र	मही + इन्द्र
गिरीन्द्र	गिरि + इन्द्र	श्रीश	श्री + ईश
मुनीन्द्र	मुनि + इन्द्र	सतीश	सती + ईश
अधीक्षक	अधि + ईक्षक	फणीन्द्र	फणी + इन्द्र
हरीश	हरि + ईश	रजनीश	रजनी + ईश
अधीन	अधि + इन	नारीश्वर	नारी + ईश्वर
गिरीश	गिरि + ईश	देवीच्छा	देवी + इच्छा
वारीश	वारि + ईश	लक्ष्मीच्छा	लक्ष्मी + इच्छा
गणेश	गण + ईश	परमेश्वर	परम + ईश्वर
सुधीन्द्र	सुधि + इन्द्र	परोपकार	पर + उपकार
अभीष्ट	अभि + इष्ट	सूक्ति	सु + उक्ति
गुण सन्धि			
योगेन्द्र	योग + इन्द्र	शुभेच्छा	शुभ + इच्छा
मानवेन्द्र	मानव + इन्द्र	गजेन्द्र	गज + इन्द्र
मृगेन्द्र	मृग + इन्द्र	जितेन्द्रिय	जित + इन्द्रिय
पूर्णेन्द्र	पूर्ण + इन्द्र	सुरेन्द्र	सुर + इन्द्र
यथेष्ट	यथा + इष्ट	विवाहेतर	विवाह + इतर
हितेच्छा	हित + इच्छा	साहित्येतर	साहित्य + इतर
शब्देतर	शब्द + इतर	भारतेन्द्र	भारत + इन्द्र
उपदेष्टा	उप + दिष्टा	स्वेच्छा	स्व + इच्छा
अन्त्येष्टि	अन्त्य + इष्टि	बालेन्दु	बाल + इन्दु
राजर्षि	राज + ऋषि	नीलोत्पल	नील + उत्पल
देशोपकार	देश + उपकार	सूर्योदय	सूर्य + उदय
रोगोपचार	रोग + उपचार	ज्ञानोदय	ज्ञान + उदय
पुरुषोचित	पुरुष + उचित	दुग्धोपजीवी	दुग्ध + उपजीवी
अन्त्योदय	अन्त्य + उदय	वेदोक्त	वेद + उक्त
महोदय	महा + उदय	विद्योन्नति	विद्या + उन्नति
महोपदेशक	महा + उपदेशक	महोपकार	महा + उपकार
दलितोत्थान	दलित + उत्थान	सर्वोपरि	सर्व + उपरि
सोद्देश्य	स + उद्देश्य	जनोपयोगी	जन + उपयोगी
सोल्लास	स + उल्लास	भावोद्रेक	भाव + उद्रेक
धीरोदधत	धीर + उदधत	सर्वोत्तम	सर्व + उत्तम
मानवोचित	मानव + उचित	कथोपकथन	कथ + उपकथन
नवोन्मेष	नव + उन्मेष	नवोदय	नव + उदय
महोर्मि	महा + ऊर्मि	महोर्जा	महा + ऊर्जा
सूर्योष्मा	सूर्य + उष्मा	महोत्सव	महा + उत्सव
नवोढ़ा	नव + ऊढ़ा	क्षुधोत्तेजन	क्षुधा + उत्तेजन
देवर्षि	देव + ऋषि	महर्षि	महा + ऋषि

शब्द	सन्धि-विच्छेद	शब्द	सन्धि-विच्छेद
वृद्धि सन्धि			
प्रियैषी	प्रिय + एषी	पुत्रैषणा	पुत्र + एषणा
लोकैषणा	लोक + एषणा	देवौदार्य	देव + औदार्य
परमौषध	परम + औषध	हितैषी	हित + एषी
जलौध	जल + ओध	वनौषधि	वन + ओषधि
धनैषी	धन + एषी	महौदार्य	महा + औदार्य
विश्वैक्य	विश्व + एक्य	स्वैच्छिक	स्व + ऐच्छिक
महैश्वर्य	महा + ऐश्वर्य	अधरोष्ठ	अधर + ओष्ठ
शुद्धोधन	शुद्ध + ओधन	स्वागत	सु + आगत
यण् सन्धि			
व्याकरण	वि + आकरण	प्रत्युत्तर	प्रति + उत्तर
उपर्युक्त	उपरि + उक्त	उभ्युत्थान	अभि + उत्थान
अध्यात्म	अधि + आत्म	अत्युक्ति	अति + उक्ति
अत्युत्तम	अति + उत्तम	सख्यागमन	सखी + आगमन
स्वच्छ	सु + अच्छ	तन्वंगी	तनु + अंगी
समन्वय	सम् + अनु + अय	अन्वेषण	अनु + एषण
अभ्यास	अभि + आस	पर्यवसान	परि + अवसान
रीत्यनुसार	रीति + अनुसार	अभ्यर्थना	अभि + अर्थना
प्रत्यभिज्ञ	प्रति + अभिज्ञ	प्रत्युपकार	प्रति + उपकार
त्र्यम्बक	त्रि + अम्बक	अत्यल्प	अति + अल्प
जात्यभिमान	जाति + अभिमान	गत्यानुसार	गति + अनुसार
देव्यागमन	देवी + आगमन	गुर्वौदार्य	गुरु + औदार्य
लघ्वोष्ठ	लघु + औष्ठ	मात्रुपदेश	मातृ + उपदेश
पर्यावरण	परि + आवरण	ध्वन्यात्मक	ध्वनि + आत्मक
अभ्यागत	अभि + आगत	अत्याचार	अति + आचार
व्याख्यान	वि + आख्यान	मन्वंतर	मनु + अन्तर
अयादि सन्धि			
नायक	नै + अक	गायक	गै + अक
गायन	गै + अन	विधायक	विधै + अक
पवन	पो + अन	हवन	हो + अन
शावक	शौ + अक	श्रावण	श्रौ + अन
नाविक	नौ + इक	भावुक	भौ + उक
व्यंजन सन्धि			
ऋग्वेद	ऋक् + वेद	सद्धर्म	सत् + धर्म
जगदाधार	जगत् + आधार	उद्वेग	उत् + वेग
अजंत	अच् + अन्त	षडंग	षट् + अंग
जगदम्बा	जगत् + अम्बा	जगद्गुरु	जगत् + गुरु
जगज्जनी	जगत् + जननी	उज्ज्वल	उत् + ज्वल

शब्द	सन्धि-विच्छेद	शब्द	सन्धि-विच्छेद
सज्जन	सत् + जन	सदात्मा	सत् + आत्मा
सदानन्द	सत् + आनन्द	स्यादवाद	स्यात् + वाद
सद्वेग	सत् + वेग	छत्रच्छाया	छत्र + छाया
परिच्छेद	परि + छेद	सन्तोष	सम् + तोष
आच्छादन	आ + छादन	उच्चारण	उत् + चारण
जगन्नाथ	जगत् + नाथ	जगन्मोहिनी	जगत् + मोहिनी
उन्नयन	उत् + नयन	सन्मान	सत् + मान
सन्निकट	सम् + निकट	दण्ड	दम् + ड
सन्त्रास	सम् + त्रास	सच्चिदानन्द	सत् +चित + आनन्द
यावज्जीवन	यावत् + जीवन	तज्जन्य	तद् + जन्य
परोक्ष	पर + उक्ष	सारंग	सार + अंग
अनुषंगी	अनु + संगी	सुषुप्त	सु + सुप्त
प्रतिषेध	प्रति + सेध	षड्दर्शन	षट् + दर्शन
वागीश	वाक् + ईश	उन्मत्	उत् + मत
दिग्ज्ञान	दिक् + ज्ञान	वाग्दान	वाक् + दान
वाग्व्यापार	वाक् + व्यापार	दिग्दिगन्त	दिक् + दिगन्त
सम्यग्दर्शन	सम्यक् + दर्शन	दिग्विजय	दिक् + विजय
विसर्ग सन्धि			
निस्सहाय	निः + सहाय	तपोभूमि	तपः + भूमि
निस्सार	निः + सार	नभोमण्डल	नभः + मण्डल
निश्चल	निः + चल	तमोगुण	तमः + गुण
निष्कलुष	निः + कलुष	तिरोहित	तिरः + हित
निष्काम	निः + काम	दिवोज्योति	दिवः + ज्योति
निष्कासन	निः + कासन	यशोदा	यशः + दा
निश्चय	निः + चय	शिरोभूषण	शिरः + भूषण
दुश्चरित्र	दुः + चरित्र	मनोवांछा	मनः + वांछा
निष्प्रयोजन	निः + प्रयोजन	पुरोगामी	पुरः + गामी
निष्प्राण	निः + प्राण	मनोग्राह्य	मनः+ ग्राह्य
निष्प्रभ	निः + प्रभ	निर्मम	निः + मम
निष्पालक	निः + पालक	दुर्जन	दुः + जन
निष्पाप	निः + पाप	निराशा	निः + आशा
प्राणिविज्ञान	प्राणि + विज्ञान	निष्ठुर	निः + ठुर
योगीश्वर	योगी + ईश्वर	धनुष्टंकार	धनुः + टंकार
स्वामिभक्त	स्वामी + भक्त	दुश्शासन	दुः + शासन
युववाणी	युव + वाणी	शिरोरेखा	शिरः + रेखा
मनीष	मन + ईष	यजुर्वेद	यजुः + वेद
दुर्दशा	दुः + दशा	नमस्कार	नमः + कार
दुर्लभ	दुः + लभ	शिरस्त्राण	शिरः + त्राण
निर्भय	निः + भय	चतुस्सीमा	चतुः + सीमा
यशोगान	यशः + भूमि	आविष्कार	आविः + कार
दुस्साहस	दुः + साहस		

समास

- **समास** दो शब्दों के मेल से बना है—सम (संक्षिप्त) + आस (कथन), जिसका अर्थ होता है—संक्षिप्तीकरण करना।
- जब दो या दो से अधिक शब्दों के परस्पर सम्बन्ध के मेल से नए सार्थक शब्द का निर्माण होता है, तो उसे समास कहते हैं।
- समास के नियमों के द्वारा निर्मित पद **समस्त पद** या **सामासिक पद** कहलाता है।
- **समास विग्रह** सामासिक शब्दों के बीच के सम्बन्धों को स्पष्ट करना समास विग्रह कहलाता है। अन्य शब्दों में, किसी सामासिक पद के (समस्त पद) सभी पदों को अलग-अलग किए जाने की प्रक्रिया समास विग्रह कहलाती है; जैसे—'चरणकमल' का विग्रह है 'कमल के समान चरण' तथा 'नीलकण्ठ' का विग्रह है 'नीला है जो कण्ठ' या नीला है कण्ठ जिसका।
- समास में प्रायः दो पद **पूर्वपद** (पहला पद) तथा **उत्तरपद** (दूसरा पद) होते हैं; जैसे—'प्रतिदिन' में पूर्वपद 'प्रति' तथा उत्तरपद 'दिन' है।
- समास प्रक्रिया के द्वारा दो पदों के बीच की विभक्ति का लोप हो जाता है; जैसे—'दयासागर' एक सामासिक पद है। इसका समास विग्रह 'दया का सागर' होगा। इस उदाहरण में 'दया' और 'सागर' इन दो शब्दों का परस्पर सम्बन्ध बताने वाले 'का' प्रत्यय का लोप हो गया और एक स्वतन्त्र शब्द 'दयासागर' बन गया।

समास के प्रकार

समास के मुख्यतः छः प्रकार होते हैं

1. अव्ययीभाव समास
2. तत्पुरुष समास
3. कर्मधारय समास
4. द्विगु समास
5. द्वंद्व समास
6. बहुव्रीहि समास

पदों की प्रधानता के अनुसार समास को निम्न भागों में विभाजित किया गया है

- पूर्वपद प्रधान — अव्ययीभाव समास
- उत्तरपद प्रधान — तत्पुरुष, द्विगु, कर्मधारय समास
- दोनों पद प्रधान — द्वंद्व समास
- दोनों पद अप्रधान — बहुव्रीहि समास (अन्य तीसरा अर्थ प्रधान)

1. अव्ययीभाव समास

जिस समास में **पूर्वपद** (पहला पद) **अव्यय तथा प्रधान** या उपसर्ग हो, अव्ययीभाव समास कहलाता है। अव्यय वह पद होता है, जिसे परिवर्तित नहीं किया जा सकता। यह वाक्य में क्रिया-विशेषण का कार्य करता है।

पहचान का नियम जहाँ वाक्य में पहला पद आ, अनु, भर, प्रति, यथा, हर आदि हो, वहाँ अव्ययीभाव समास (Adverbial Compound) होता है; जैसे—

पूर्वपद		उत्तरपद		समस्त पद	विग्रह
यथा	+	स्थान	=	यथास्थान	स्थान के अनुसार
यथा	+	समय	=	यथासमय	समय के अनुसार
प्रति	+	दिन	=	प्रतिदिन	प्रत्येक दिन
प्रति	+	कूल	=	प्रतिकूल	इच्छा के विरुद्ध
आ	+	जीवन	=	आजीवन	सम्पूर्ण जीवन
भर	+	पूर	=	भरपूर	पूरा भर के
भर	+	पेट	=	भरपेट	पेट भर के
निस्	+	संदेह	=	निस्संदेह	बिना संदेह के

2. तत्पुरुष समास

जिस समास में **पूर्वपद अप्रधान तथा उत्तरपद** (बाद वाला पद) **प्रधान** हो, तत्पुरुष समास (Determinative Compound) कहलाता है। इसमें दोनों पदों के बीच **कारक** का लोप रहता है।

तत्पुरुष समास के भेद

कारक लोप के आधार पर तथा विभक्तियों के नामों के अनुसार तत्पुरुष समास के छ: भेद हैं

(i) **कर्म तत्पुरुष** (द्वितीय तत्पुरुष) जहाँ कर्म कारक की विभक्ति 'को' का लोप हो; जैसे—

समस्त पद		विग्रह
मतदाता	=	मत को देने वाला
गिरहकट	=	गिरह को काटने वाला
ग्रामगत	=	ग्राम को गया हुआ
यशप्राप्त	=	यश को प्राप्त
ग्रन्थकार	=	ग्रन्थ को लिखने वाला
माखनचोर	=	माखन को चुराने वाला
सम्मानप्राप्त	=	सम्मान को प्राप्त
स्वर्गगत	=	स्वर्ग को गया हुआ
गगनचुम्बी	=	गगन को चूमने वाला
रथचालक	=	रथ को चलाने वाला
चिड़ीमार	=	चिड़ियों को मारने वाला
जेबकतरा	=	जेब को कतरने वाला

(ii) **करण तत्पुरुष** (तृतीय तत्पुरुष) जहाँ करण कारक की विभक्तियों 'से' एवं 'के द्वारा' का लोप हो; जैसे—

समस्त पद		विग्रह
जन्मजात	=	जन्म से उत्पन्न
मुँहमाँगा	=	मुँह से माँगा
गुणहीन	=	गुणों से हीन
शोकाकुल	=	शोक से आकुल
करुणापूर्ण	=	करुणा से पूर्ण
कष्टसाध्य	=	कष्ट से साध्य
शराहत	=	शर (बाण) से आहत
मनचाहा	=	मन से चाहा
भयाकुल	=	भय से आकुल
वाल्मीकिरचित	=	वाल्मीकि द्वारा रचित
सूरचित	=	सूरदास द्वारा रचित

(iii) **सम्प्रदान तत्पुरुष** (चतुर्थी तत्पुरुष) जहाँ सम्प्रदान कारक 'के लिए' चिह्न का लोप हो; जैसे—

समस्त पद		विग्रह
हथकड़ी	=	हाथ के लिए कड़ी
सत्याग्रह	=	सत्य के लिए आग्रह
युद्धभूमि	=	युद्ध के लिए भूमि
प्रयोगशाला	=	प्रयोग के लिए शाला
रसोईघर	=	रसोई के लिए घर
यज्ञशाला	=	यज्ञ के लिए शाला
देशार्पण	=	देश के लिए अर्पण
छात्रावास	=	छात्रों के लिए आवास
विद्यालय	=	विद्या के लिए आलय
सभाभवन	=	सभा के लिए भवन

(iv) **अपादान तत्पुरुष** (पंचमी तत्पुरुष) जहाँ अपादान कारक चिह्न 'से' (अलग होने का भाव) का लोप हो; जैसे—

समस्त पद		विग्रह
धनहीन	=	धन से हीन
भयभीत	=	भय से भीत
जन्मान्ध	=	जन्म से अन्धा
ऋणमुक्त	=	ऋण से मुक्त
गुणहीन	=	गुण से हीन
पथभ्रष्ट	=	पथ से भ्रष्ट
रोगमुक्त	=	रोग से मुक्त
दूरागत	=	दूर से आगत
जलहीन	=	जल से हीन
पापमुक्त	=	पाप से मुक्त
शोकग्रस्त	=	शोक से ग्रस्त
मदांध	=	मद से अन्धा
धर्मविरत	=	धर्म से विरत
राजद्रोह	=	राजा से द्रोह

(v) **सम्बन्ध तत्पुरुष** (षष्ठी तत्पुरुष) जहाँ सम्बन्ध कारक चिह्न 'का', 'की', 'के' का लोप हो जाता है; जैसे—

समस्त पद		विग्रह
प्रेमसागर	=	प्रेम का सागर
दिनचर्या	=	दिन की चर्या
भारतरत्न	=	भारत का रत्न
भूदान	=	भू (भूमि) का दान
राष्ट्रगौरव	=	राष्ट्र का गौरव
पुष्पवर्षा	=	पुष्पों की वर्षा
उद्योगपति	=	उद्योग का पति
देशरक्षा	=	देश की रक्षा
गृहस्वामी	=	गृह (घर) का स्वामी
पराधीन	=	दूसरों के अधीन

(vi) **अधिकरण तत्पुरुष** (सप्तमी तत्पुरुष) जहाँ अधिकरण कारक चिह्न 'में', 'पर' का लोप हो; जैसे—

समस्त पद		विग्रह
नीतिनिपुण	=	नीति में निपुण
आत्मविश्वास	=	आत्मा पर विश्वास
घुड़सवार	=	घोड़े पर सवार
गृह प्रवेश	=	गृह में प्रवेश
पर्वतारोहण	=	पर्वत पर आरोहण
जलज	=	जल में जन्मा
आपबीती	=	आप पर बीती
ग्रामवास	=	ग्राम में वास
नरोत्तम	=	नरों में उत्तम
जलसमाधि	=	जल में समाधि

तत्पुरुष समास के उपभेद

तत्पुरुष समास के कुछ मुख्य उपभेद भी हैं

1. **नञ तत्पुरुष समास** जिस समास में 'न' पूर्वपद में निषेधसूचक या नकारात्मक शब्दों का प्रयोग हो उसे नञ् तत्पुरुष समास कहते हैं। इसमें अ, अन्, गैर, ना आदि शब्दों का प्रयोग होता है; जैसे–

असभ्य	न सभ्य
नापसंद	ना पसंद
गैरवाजिब	न वाजिब
असम्भव	न सम्भव
अनिष्ट	न इष्ट

2. **उपपद तत्पुरुष** ऐसा समास जिनका उत्तरपद भाषा में स्वतन्त्र रूप से प्रयुक्त न होकर प्रत्यय के रूप में ही प्रयोग में लाया जाता है; जैसे–

नभचर	नभ में विचरण करने वाला
स्वर्णकार	स्वर्ण (सोना) का काम करने वाला
कृतज्ञ	उपकार को मानने वाला

3. लुप्तपद तत्पुरुष जब किसी समास में कोई कारक चिह्न अकेला लुप्त न होकर पूरे पद सहित लुप्त हो और तब उसका सामासिक पद बने तो वह लुप्तपद तत्पुरुष समास कहलाता है; जैसे–

ऊँटगाड़ी	ऊँट से चलने वाली गाड़ी
पवनचक्की	पवन से चलने वाली चक्की
वनमानुष	वन में रहने वाला मानुष
जलपोत	जल पर चलने वाल पोत

4. **अलुक् तत्पुरुष** जिस समास में पहले शब्द के बाद कारक-चिह्न किसी-न-किसी रूप में उपस्थित हो, तो वहाँ अलुक् तत्पुरुष समास होता है; जैसे–'मृत्युंजय' में पहले शब्द 'मृत्युम्' में संस्कृत के कर्म कारक की विभक्ति 'म्' उपस्थित है; जैसे–

युधिष्ठिर	युद्ध में (युधिः) स्थिर
धनंजय	धन (कुबेर) को जय करने वाला
मनसिज	मन में (मनसि) जन्म लेने वाला
कर्मणिप्रयोग	कर्म से सम्बन्धित (कर्मणि) प्रयोग

3. कर्मधारय समास

जिस समास में **उत्तरपद प्रधान** हो तथा पूर्वपद व उत्तरपद में विशेषण-विशेष्य अथवा उपमान-उपमेय का सम्बन्ध हो, वह कर्मधारय समास (Appositional Compound) कहलाता है। इस समास में विग्रह करने पर दोनों पदों (पूर्व व उत्तरपद) के मध्य 'के समान', 'है जो' आदि आते हैं; जैसे—

विशेषण-विशेष्य

समस्त पद		विग्रह
कालीमिर्च	=	काली है जो मिर्च
नीलकमल	=	नीला है जो कमल
नीलकंठ	=	नीला है जो कंठ
महापुरुष	=	महान है जो पुरुष
महादेव	=	महान है जो देव
महावीर	=	महान है जो वीर
सज्जन	=	सत है जो जन
सद्गुण	=	सद् हैं जो गुण
पीताम्बर	=	पीत (पीला) है जो अम्बर
नील गगन	=	नीला है जो गगन
महात्मा	=	महान है जो आत्मा
लालटोपी	=	लाल है जो टोपी
पुरुषोत्तम	=	पुरुषों में है जो उत्तम
अधपका	=	आधा है जो पका
श्वेताम्बर	=	श्वेत है जो अम्बर
कृष्णसर्प	=	कृष्ण है जो सर्प

उपमान-उपमेय

समस्त पद		विग्रह
चरणकमल	=	कमल के समान चरण
चन्द्रमुखी	=	चन्द्र के समान मुख वाली
कमलनयन	=	कमल के समान नयन
घनश्याम	=	घन के समान श्याम (काला)
लौहपुरुष	=	लौह के समास पुरुष
मृगलोचन	=	मृग के समान लोचन
चन्द्रमुख	=	चन्द्र के समान मुख
कनकलता	=	कनक के समान लता
प्राणप्रिय	=	प्राणों के समान प्रिय

4. द्विगु समास

जिस समास में **उत्तरपद प्रधान** हो तथा **पूर्वपद संख्यावाचक** हो, द्विगु समास (Numeral Compound) कहलाता है; इसमें विग्रह करने पर समूह या समाहार का बोध होता है; जैसे—

समस्त पद		विग्रह
नवरत्न	=	नौ रत्नों का समूह
सप्तदीप	=	सात दीपों का समूह
सतमंजिल	=	सात मंजिलो का समूह
सप्ताह	=	सात दिनों का समूह
सप्तसिन्धु	=	सात सिन्धुओं सागरों का समूह
दोपहर	=	दो पहरों का समूह
चौराहा	=	चार राहों का समूह
त्रिलोक	=	तीन लोकों का समाहार
त्रिकोण	=	तीन कोणों का समूह
त्रिभुवन	=	तीन भुवनों का समूह
तिरंगा	=	तीन रंगों का समूह
पंचमढ़ी	=	पाँच मढ़ियों का समूह

5. द्वन्द्व समास

जिस समास में **पूर्वपद और उत्तरपद दोनों ही प्रधान** हों अर्थात् अर्थ की दृष्टि से दोनों का स्वतन्त्र अस्तित्व हो और उनके मध्य संयोजक शब्द (और, एवं, या, अथवा) का लोप हो, द्वन्द्व समास कहलाता है। अन्य शब्दों में जहाँ दो पदों के मध्य योजक चिह्न (–) का प्रयोग होता हो, तो द्वन्द्व समास (Copulative Compound) कहलाता है; जैसे—

समस्त पद		विग्रह
माता-पिता	=	माता और पिता
राम-कृष्ण	=	राम और कृष्ण
भाई-बहन	=	भाई और बहन
पाप-पुण्य	=	पाप और पुण्य
सुख-दुःख	=	सुख और दुःख
नदी-नाले	=	नदी और नाले
देश-विदेश	=	देश और विदेश

खरा-खोटा = खरा और खोटा
आचार-विचार = आचार और विचार
उतार-चढ़ाव = उतार और चढ़ाव

द्वन्द्व समास के भेद

- **इतरेतर द्वन्द्व** ऐसे द्वन्द्व समास जिनमें दो पद 'और' से जुड़े हों तथा अपना अलग अस्तित्व रखते हों 'इतरेतर द्वन्द्व' कहलाते हैं। इस समास द्वारा निर्मित पद हमेशा बहुवचन में प्रयोग होते हैं, क्योंकि ये दो या दो से अधिक पदों के मेल से बने होते हैं; जैसे–

  भाई और बहन — भाई-बहन
  लड़का और लड़की — लड़का-लड़की

- **समाहार द्वन्द्व** समाहार का शाब्दिक अर्थ समष्टि या समूह होता है। जब द्वन्द्व समास के दोनों पद 'और' समुच्चयबोधक से जुड़े होने के पश्चात् भी अपना अलग-अलग अस्तित्व न रखकर एक ही समूह का बोध कराते हैं, समाहार द्वन्द्व कहलाते हैं; जैसे–

  दाल-रोटी — अर्थात् भोजन के सभी मुख्य पदार्थ,
  धन-धनाढ्य — अर्थात् सब तरह के धनी लोग।

- **वैकल्पिक द्वन्द्व** जिस द्वन्द्व समास में दो पदों के बीच 'या' 'अथवा' आदि विकल्पसूचक अव्यय छिपे हों, उसे वैकल्पिक द्वन्द्व कहते हैं। इसमें विपरीतार्थक शब्दों का योग होता है; जैसे–दिन-रात, पाप-पुण्य आदि

6. बहुव्रीहि समास

जिस समास में न तो पूर्व पद प्रधान होता है और न ही उत्तर पद प्रधान होता है अर्थात् **कोई अन्य पद प्रधान होता है**। वह बहुव्रीहि समास (Attributive Compound) कहलाता है; जैसे–

समस्त पद		विग्रह
महात्मा	=	महान् आत्मा है जिसकी अर्थात् ऊँची आत्मा वाला
नीलकण्ठ	=	नीला कण्ठ है जिनका अर्थात् शिवजी
लम्बोदर	=	लम्बा उदर है जिनका अर्थात् गणेशजी
गिरिधर	=	गिरि को धारण करने वाले अर्थात् श्रीकृष्ण
त्रिलोचन	=	तीन लोचन (आँखों) वाला अर्थात् शिव
दशानन	=	दस हैं आनन (मुख) जिसके अर्थात् रावण
मुरधीधर	=	मुरली धारण करने वाला अर्थात् श्रीकृष्ण
निशाचर	=	निशा (रात) में विचरण करने वाला अर्थात् राक्षस
चतुर्मुख	=	चार हैं मुख जिसके अर्थात् ब्रह्म

समास में अन्तर

कर्मधारय और बहुव्रीहि समास में अन्तर

कर्मधारय समास में एक पद **विशेषण** या **उपमान** होता है और दूसरा पद **विशेष्य** या **उपमेय** होता है; जैसे—'लम्बोदर' में 'लम्बा' विशेषण तथा 'उदर' विशेष्य है। इसी प्रकार 'महात्मा' में 'महान' उपमान तथा 'आत्म' उपमेय है। अतः ये दोनों समास कर्मधारय समास के उदाहरण हैं।

जबकि बहुव्रीहि समास में समस्त पद ही किसी **संज्ञा के विशेषण** का कार्य करता है; जैसे—'गिरिधर', गिरि को धारण करने वाला है जो अर्थात् कृष्ण। यहाँ गिरिधर, कृष्ण (संज्ञा) का विशेषण है। इस प्रकार कह सकते हैं कर्मधारय और बहुव्रीहि समास के अन्तर को समझने के लिए इनके विग्रह पर ध्यान देना आवश्यक है; जैसे–

कमलनयन—कमल के समान नयन (कर्मधारय समास)
कमलनयन—कमल के समान नयन वाले अर्थात् विष्णु (बहुव्रीहि समास)
पीताम्बर—पीले हैं जो अम्बर (वस्त्र)—(कर्मधारय समास)
पीताम्बर—पीले अम्बर हैं जिसके अर्थात् कृष्ण—(बहुव्रीहि समास)
नीलकण्ठ—नीला है जो कण्ठ–(कर्मधारय समास)
नीलकण्ठ—नीला है कण्ठ जिसका अर्थात् शिव (बहुव्रीहि समास)

द्विगु और बहुव्रीहि समास में अन्तर

द्विगु समास का पूर्वपद (पहला पद) **संख्यावाची विशेषण** होता है, जो उत्तर पद (दूसरे पद) की संख्या बताता है। इसमें दूसरा पद विशेष्य होता है।

जबकि बहुव्रीहि समास में प्रथम पद संख्यावाचक होने के बाद भी निष्क्रिय होकर द्वितीय पद के साथ मिलकर किसी **तीसरे पद** का निर्माण करता है।

इस प्रकार बहुव्रीहि समास में समस्त पद ही विशेषण का कार्य करता है; जैसे—

चौमासा—चार मासों (महीनों) का समूह (द्विगु समास)
चौमासा—चार मासों का है जो अर्थात् वर्षा ऋतु का (बहुव्रीहि समास)
चतुर्भुज—चार भुजाओं का समूह (द्विगु समास)
चतुर्भुज—चार हैं भुजाएँ जिसकी अर्थात् विष्णु (बहुव्रीहि समास)
दशानन—दस आननों का समूह (द्विगु समास)
दशानन—दस आनन हैं जिसके अर्थात् रावण (बहुव्रीहि समास)

द्विगु और कर्मधारय में अन्तर

द्विगु समास में पहला पद **संख्यावाचक** विशेषण होता है, जो दूसरे पद की संख्या (गिनती) को बताता है। इसमें पहला पद ही **विशेषण** बनकर प्रयोग में आता है; जैसे—'नवग्रह'—नव ग्रहों का समूह।

कर्मधारय समास का एक पद विशेषण होने पर भी संख्यावाचक कभी नहीं होता है। इसमें कोई भी पद दूसरे पद का विशेषण हो सकता है; जैसे—'नवग्रह'—नव हैं जो ग्रह

त्रिभुवन—तीन भुवनों का समूह (द्विगु समास)
त्रिभुवन—तीन हैं जो भुवन (कर्मधारय समास)
नवरत्न—नौ रत्नों का समूह (द्विगु समास)
नवरत्न—नौ हैं जो रत्न (कर्मधारय समास)

सन्धि और समास मे अन्तर

- सन्धि और समास दोनों का अर्थ **मेल** होता है, परन्तु सन्धि में वर्णों का (परीक्षा + अर्थी = परीक्षार्थी) तथा समास में शब्दों का (प्रति + दिन = प्रतिदिन) मेल होता है। अतः समास में दो पदों का योग होता है जबकि सन्धि में दो वर्णों का मेल होता है।
- सन्धि में वर्णों के योग से वर्ण परिवर्तन भी होता है, जबकि समास में ऐसा नहीं होता है। समास का विग्रह होता है, जबकि सन्धि में दो पदों के बीच विच्छेद होता है।

महत्त्वपूर्ण समास विग्रह के उदाहरण

अव्ययीभाव समास

सामासिक पद	विग्रह	सामासिक पद	विग्रह
बारम्बार	बार-बार	अपादमस्तक	पद से लेकर मस्तक तक
प्रत्यक्ष	अक्षि के प्रति	घड़ी-घड़ी	घड़ी के बाद घड़ी
यथाविधि	विधि के अनुसार	निधड़क	बिना धड़क के
बेकाम	काम के बिना	निर्विवाद	बिना विवाद के
प्रत्येक	एक-एक के प्रति	प्रतिमास	हर मास
बेशर्म	बिना शर्म के	अनुकूल	मन के अनुसार
यथाकर्म	कर्म के अनुसार	सरासर	एकदम से
अकारण	बिना कारण के	बीचों-बीच	ठीक बीच में
एकाएक	अचानक ही	हाथों-हाथ	एक हाथ से दूसरे हाथ
परोक्ष	अक्षि (आँख) के परे	यशाशीघ्र	जितना शीघ्र हो
उपकूल	कूल के समीप	बार-बार	हर बार
अभूतपूर्व	जो पूर्व नहीं भूत (हुआ) है	दिनानुदिन	दिन प्रतिदिन
यावज्जीवन	जीवन पर्यंत	अनुरूप	रूप के अनुसार

तत्पुरुष समास

सामासिक पद	विग्रह	समास का नाम
अग्निपक्षी	अग्नि को भक्षण करने वाला	कर्म तत्पुरुष
गृहागत	गृह को आगत (आया हुआ)	कर्म तत्पुरुष
जलधर	जल को धारण करने वाला	कर्म तत्पुरुष
मुँहतोड़	मुँह को तोड़ने वाला	कर्म तत्पुरुष
सुख प्राप्त	सुख को प्राप्त करने वाला	कर्म तत्पुरुष
आतपजीवी	आतप (धूप) से जीने वाला	करण तत्पुरुष
अकालपीड़ित	अकाल से पीड़ित	करण तत्पुरुष
देहचोर	देह से चोर	करण तत्पुरुष
धर्मान्ध	धर्म से अंधा	करण तत्पुरुष
नियमाबद्ध	नियम से आबद्ध	करण तत्पुरुष
गोशाला	गाय के लिए शाला	सम्प्रदान तत्पुरुष
मार्ग व्यय	मार्ग के लिए व्यय	सम्प्रदान तत्पुरुष
राहखर्च	राह के लिए खर्च	सम्प्रदान तत्पुरुष
शिवालय	शिव के लिए आलय	सम्प्रदान तत्पुरुष
फलाकांक्षी	फल के लिए आकांक्षी	सम्प्रदान तत्पुरुष
क्रियाहीन	क्रिया से हीन	अपादान तत्पुरुष
जलजात	जल से जात (उत्पन्न)	अपादान तत्पुरुष
धर्मच्युत	धर्म से च्युत	अपादान तत्पुरुष
बन्धनमुक्त	बन्धन से मुक्त	अपादान तत्पुरुष
वनरहित	वन से रहित	अपादान तत्पुरुष
आनन्दमठ	आनन्द का मठ	सम्बन्ध तत्पुरुष
त्रिपुरारि	त्रिपुर का अरि	सम्बन्ध तत्पुरुष
न्यायालय	न्याय का आलय	सम्बन्ध तत्पुरुष
प्रेमोपहार	प्रेम का उपहार	सम्बन्ध तत्पुरुष
बन्धनागार	बन्धन का आगार	सम्बन्ध तत्पुरुष
आनन्दमग्न	आनन्द में मग्न	अधिकरण तत्पुरुष
फलासक्त	फल में आसक्त	अधिकरण तत्पुरुष
रणवीर	रण में वीर	अधिकरण तत्पुरुष
गृहप्रवेश	गृह में प्रवेश	अधिकरण तत्पुरुष
अगोचर	न गोचर	नञ् तत्पुरुष
अचल	न चल	नञ् तत्पुरुष
अनभिज्ञ	न अभिज्ञ	नञ् तत्पुरुष
अनपढ़	न पढ़	नञ् तत्पुरुष
अन्याय	न न्याय	नञ् तत्पुरुष
अपवित्र	न पवित्र	नञ् तत्पुरुष
अनन्त	न अन्त	नञ् तत्पुरुष
तुलादान	तुला के बराबर करके दिया जाने वाला दान	लुप्तपद तत्पुरुष
अश्रुगैस	अश्रु लाने वाली गैस	लुप्तपद तत्पुरुष
व्यर्थ	जिसका अर्थ चला गया है	लुप्तपद तत्पुरुष
मधुमक्खी	मधु एकत्र करने वाली मक्खी	लुप्तपद तत्पुरुष
मालगाड़ी	माल ढोने वाली गाड़ी	लुप्तपद तत्पुरुष
स्वर्ग	स्वयं गमन करना	उपपद तत्पुरुष
चर्मकार	चर्म का काम करने वाला	उपपद तत्पुरुष
दिनकर	दिन को करने वाला	उपपद तत्पुरुष
नभचर	नभ में विचरण करने वाला	उपपद तत्पुरुष
स्वस्थ	स्व में स्थित रहने वाला	उपपद तत्पुरुष

कर्मधारय समास

सामासिक पद	विग्रह	सामासिक पद	विग्रह
वीरबाला	वीर है जो बाला	भक्तिसुधा	भक्ति रूपी सुधा
छुटभैया	छोटा है जो भैया	महाकवि	महान है जो कवि
मृगनयन	मृग के समान नयन	पीतसागर	पीत है जो सागर
किसलयकोमल	किसलय के समान कोमल	परमेश्वर	परम है जो ईश्वर
प्राणधन	प्राणरूपी धन	नीलोत्पल	नील है जो उत्पल (कमल)
मुखारविन्द	अरविन्द के समान मुख	संसार सागर	संसार रूपी सागर

द्विगु समास

सामासिक पद	विग्रह	सामासिक पद	विग्रह
अठन्नी	आठ आनों का समाहार	पंचपात्र	पाँच पात्रों का समाहार
अष्ठधातु	आठ धातुओं का समाहार	पंचमुख	पाँच मुख का समाहार
तिकोना	तीन कोनों का समाहार	सतसई	सात सौ (दोहा आदि) का समाहार
चौराहा	चार राहों का समाहार	चवन्नी	चार आनों का समाहार
छमाही	छः माह का समाहार	सप्तशती	सात सौ (श्लोक आदि) का समाहार

द्वन्द्व समास

सामासिक पद	विग्रह	सामासिक पद	विग्रह
घर-द्वार	घर और द्वार	गाय-बैल	गाय और बैल
घर-संसार	घर और संसार	दालरोटी	दाल और रोटी
लोटा-डोरी	लोटा और डोरी	अमीर-गरीब	अमीर और गरीब
लव-कुश	लव और कुश	राम-कृष्ण	राम और कृष्ण
नमक-मिर्च	नमक और मिर्च	भाई-बहन	भाई और बहन
भला-बुरा	भला और बुरा	माता-पिता	माता और पिता

बहुव्रीहि समास

सामासिक पद	विग्रह
वीणापाणि	वीणा है पाणि (हाथ) में जिसके अर्थात् सरस्वती
नीलाम्बर	नीला है अम्बर जिसका अर्थात् बलराम
घनश्याम	घन के समान श्याम है जो अर्थात् श्रीकृष्ण
चक्रधर	चक्र को जो धारण करता है अर्थात् विष्णु
जलज	जल में उत्पन्न होता है जो अर्थात् कमल
जलद	जल देता है जो अर्थात् बादल
खगेश	खगों का ईश है जो अर्थात् गरुड़
कपीश	कपियों (बन्दरों) में ईश है जो अर्थात् हनुमान

अव्यय

अव्यय दो शब्दों 'अ + व्यय' से मिलकर बना है, जिसका अर्थ है—जो व्यय न हो अर्थात् जिसमें कोई परिवर्तन न हो, उसे अव्यय (Indeclinables) कहते हैं। इसे **अविकारी** शब्द भी कहते हैं, क्योंकि इसमें किसी प्रकार का विकार नहीं होता; जैसे—जब, तब, इधर, उधर, यहाँ, वहाँ, किन्तु, परन्तु, बल्कि, इसलिए, अतः, और, तथा, एवं, कब, वह, आदि। अव्यय चार प्रकार के होते हैं

1. क्रिया-विशेषण
2. सम्बन्धबोधक
3. समुच्चयबोधक
4. विस्मयादिबोधक

1. क्रिया-विशेषण

जो शब्द क्रिया की विशेषता प्रकट करते हैं, उन्हें 'क्रिया-विशेषण' (Adverb) कहते हैं। क्रिया-विशेषण को **अविकारी विशेषण** भी कहते हैं; जैसे—

• **धीरे** चलो।

वाक्य में 'धीरे' शब्द 'चलो' क्रिया की विशेषता बताता है। अत: 'धीरे' शब्द क्रिया-विशेषण है। इसके अतिरिक्त क्रिया-विशेषण दूसरे क्रिया-विशेषण की भी विशेषता बताता है; जैसे—

• वह **बहुत धीरे** चलता है।

इस वाक्य में 'बहुत' क्रिया-विशेषण है और यह दूसरे क्रिया-विशेषण 'धीरे' की विशेषता बतलाता है।

अर्थ की दृष्टि से क्रिया-विशेषण के भेद

अर्थ की दृष्टि से क्रिया-विशेषण के चार भेद हैं

स्थानवाचक

जिन शब्दों से क्रिया में स्थान सम्बन्धी विशेषता प्रकट हो, उन्हें स्थानवाचक क्रिया-विशेषण कहते हैं; जैसे—यहाँ, वहाँ, जहाँ, तहाँ, कहाँ, वहीं, कहीं, हर जगह, सर्वत्र, बाहर-भीतर, आगे-पीछे, ऊपर-नीचे, कहीं-कहीं, अन्यत्र इत्यादि। स्थानवाचक क्रिया-विशेषण से 'कहाँ' का उत्तर मिलता है।

स्थानवाचक के दो भेद माने जाते हैं

(i) **स्थितिवाचक** यहाँ, वहाँ, भीतर, बाहर इत्यादि।
(ii) **दिशावाचक** इधर, उधर, दाएँ, बाएँ इत्यादि।

कालवाचक

जिन शब्दों से क्रिया में समय सम्बन्धी विशेषता प्रकट हो, उन्हें कालवाचक क्रिया विशेषण कहते हैं; जैसे—अब, कब, तब, जब; आज, कल, परसों; सुबह, दोपहर, शाम; अभी-अभी, कभी-कभी, कभी न कभी, सदा, सर्वदा, सदैव; पहले, पीछे, नित्य, ज्यों ही, त्यों ही, एक बार, पहली बार, आजकल, घड़ी-घड़ी, रातभर, दिनभर, क्षणभर, कितनी देर में, शीघ्र, जल्दी, बार-बार इत्यादि। कालवाचक क्रिया-विशेषण से 'कब' का उत्तर मिलता है।

कालवाचक के तीन उपभेद माने जाते हैं

(i) **समयवाचक** आज, कल, अभी, तुरन्त, परसों इत्यादि।
(ii) **अवधिवाचक** अभी-अभी, रातभर, दिनभर, आजकल, नित्य इत्यादि।
(iii) **बारम्बारतावाचक** हर बार, कई बार, प्रतिदिन इत्यादि।

परिमाणवाचक

जिन शब्दों से क्रिया की परिमाण (नाप-तौल) सम्बन्धी विशेषता प्रकट होती है, उन्हें परिमाणवाचक क्रिया विशेषण कहते हैं; जैसे—इतना, उतना, कितना, जितना, थोड़ा-थोड़ा, बारी-बारी, क्रमशः, कम, अधिक, ज्यादा, पर्याप्त, काफी, केवल, जरा, बस, लगभग, कुछ, बिल्कुल, कहाँ तक, जहाँ तक, पूर्णतया इत्यादि। परिमाणवाचक क्रिया-विशेषण से 'कितना' का उत्तर मिलता है।

परिमाणवाचक के पाँच भेद माने जाते हैं

(i) **अधिकताबोधक** बहुत, खूब, अत्यन्त, अति इत्यादि
(ii) **न्यूनताबोधक** ज़रा, थोड़ा, किंचित, कुछ इत्यादि
(iii) **पर्याप्तिबोधक** बस, यथेष्ट, काफ़ी, ठीक इत्यादि
(iv) **तुलनाबोधक** कम, अधिक, इतना, उतना इत्यादि
(v) **श्रेणीबोधक** बारी-बारी, तिल-तिल, थोड़ा-थोड़ा इत्यादि

रीतिवाचक

जिन शब्दों से क्रिया की रीति सम्बन्धी विशेषता प्रकट होती है, उन्हें रीतिवाचक क्रिया-विशेषण कहते हैं। रीतिवाचक क्रिया-विशेषणों की संख्या बहुत बड़ी है। जिन क्रिया-विशेषणों का समावेश दूसरे वर्गों में नहीं हो सकता, उनकी गणना इसी में की जाती है। रीतिवाचक क्रिया-विशेषण से 'कैसे' का उत्तर मिलता है। रीतिवाचक क्रिया-विशेषण को निम्नलिखित भागों में बाँटा जा सकता है

• **प्रकारबोधक** ऐसे, कैसे, वैसे, मानो, अचानक, धीरे-धीरे, स्वयं, परस्पर, आपस में, यथाशक्ति, फटाफट, झटपट, आप ही आप इत्यादि।
• **निश्चयबोधक** नि:सन्देह, अवश्य, बेशक, सही, सचमुच, जरूर, अलबत्ता, दरअसल, यथार्थ में, वस्तुतः इत्यादि।
• **अनिश्चयबोधक** कदाचित्, शायद, सम्भव है, हो सकता है, प्राय: यथासम्भव इत्यादि।
• **स्वीकारबोधक** हाँ, हाँ जी, ठीक, सच इत्यादि।
• **निषेधबोधक** न, नहीं, गलत, मत, झूठ इत्यादि।
• **कारणबोधक** इसलिए, क्यों, काहे को इत्यादि।
• **अवधारणबोधक** तो, ही, भी, मात्र, भर, तक इत्यादि।

रूप/रचना की दृष्टि से क्रिया-विशेषण के भेद

रूप/रचना की दृष्टि से क्रिया-विशेषण के दो भेद होते हैं

(i) **मूल क्रिया-विशेषण** जो क्रिया-विशेषण किसी दूसरे शब्द से नहीं बने, बल्कि स्वतन्त्र रूप वाले होते हैं, उन्हें मूल क्रिया-विशेषण कहते हैं; जैसे-नहीं, दूर, फिर, ठीक, आज, बस, इधर इत्यादि।

(ii) **यौगिक क्रिया-विशेषण** जो क्रिया-विशेषण किसी दूसरे शब्द की सहायता से बनते हैं, उन्हें यौगिक क्रिया-विशेषण कहते हैं; जैसे-यहाँ पर, मन से, हर बार, यहाँ तक इत्यादि। यौगिक क्रिया-विशेषण तीन प्रकार से बनते हैं

- शब्द भेदों में प्रत्यय या शब्दांश जोड़कर—रातभर, नियम से इत्यादि।
- शब्दों की द्विरुक्ति से—पल-पल, अभी-अभी इत्यादि।
- भिन्न-भिन्न शब्दों के मेल से—घर-बाहर, सुबह-शाम इत्यादि।

2. सम्बन्धबोधक

जिन अविकारी शब्दों से संज्ञा या सर्वनाम का सम्बन्ध वाक्य के दूसरे शब्दों से प्रकट होता है, उन्हें 'सम्बन्धबोधक अव्यय' (Preposition) कहते हैं; जैसे—

- **मैं गोपाल** के **बिना** नहीं जाऊँगा।

इस वाक्य में 'बिना' शब्द 'गोपाल' और 'मैं' के बीच सम्बन्ध प्रकट करता है। अत: बिना शब्द सम्बन्धबोधक अव्यय है।

सम्बन्धबोधक अव्ययों का वर्गीकरण तीन आधारों पर किया गया है

प्रयोग के आधार पर

सम्बन्धबोधक अव्यय का प्रयोग तीन प्रकार से होता है

अव्यय	प्रयोग
विभक्ति सहित	जिन अव्यय शब्दों का प्रयोग कारक विभक्तियों (ने, को, से इत्यादि) के साथ होता है; उन्हें विभक्ति सहित सम्बन्धबोधक अव्यय कहते हैं; जैसे—यथा, पास, लिए इत्यादि।
विभक्ति रहित	जिस अव्यय का प्रयोग बिना कारक विभक्तियों के होता है, उसे विभक्ति रहित सम्बन्धबोधक अव्यय कहते हैं; जैसे—रहित, सहित इत्यादि।
उभयविधि	जिस अव्यय का प्रयोग विभक्ति सहित और विभक्ति रहित दोनों प्रकार से होता है, उसे उभयविधि सम्बन्धबोधक कहते हैं; जैसे—द्वारा, बिना इत्यादि।

अर्थ के आधार पर

सम्बन्धबोधक अव्यय तेरह प्रकार के होते हैं

अव्यय	प्रयोग
कालवाचक	जिन अव्यय शब्दों से **समय** का बोध होता है, उन्हें 'कालवाचक सम्बन्धबोधक अव्यय' कहते हैं; जैसे—के आगे, के पीछे, के बाद में, के पश्चात्, उपरान्त इत्यादि।
स्थानवाचक	जिन अव्यय शब्दों से **स्थान** का बोध हो उन्हें स्थानवाचक सम्बन्धबोधक अव्यय कहते हैं; जैसे—के आगे, के पीछे, ऊपर, नीचे, सामने, निकट, भीतर इत्यादि।
दिशावाचक	जिन अव्यय शब्दों से किसी **दिशा** का बोध होता है, उन्हें दिशावाचक सम्बन्धबोधक अव्यय कहते हैं; जैसे—की ओर, तरफ, के आस-पास, के प्रति, के आर-पार इत्यादि।
साधनवाचक	जिन अव्यय शब्दों से किसी **साधन** का बोध होता है, उन्हें साधनवाचक सम्बन्धबोधक अव्यय कहते हैं; जैसे— माध्यम, मार्फ़त, द्वारा, सहारे, ज़रिए इत्यादि।
कारणवाचक/हेतु वाचक	जिन अव्यय शब्दों से किसी **कारण** का बोध होता है, उन्हें कारणवाचक सम्बन्धबोधक अव्यय कहते हैं, इसे 'हेतु वाचक' भी कहा जाता है; जैसे—कारण, हेतु, वास्ते, निमित्त, ख़ातिर इत्यादि।
सादृश्यवाचक	जिन अव्यय शब्दों से **समानता** का बोध होता है, उन्हें सादृश्यवाचक सम्बन्धबोधक अव्यय कहते हैं; जैसे—के समान, की तरह, के जैसा, वैसा ही इत्यादि।
विरोधवाचक	जिन अव्यय शब्दों से प्रतिकूलता या **विरोध** का बोध होता है, उन्हें विरोधवाचक सम्बन्धबोधक अव्यय कहते हैं; जैसे—के विरुद्ध, के प्रतिकूल, के विपरीत, से उल्टा इत्यादि।
संग्रहवाचक	जिन अव्यय शब्दों से किसी **संग्रह** का पता चलता है, उन्हें संग्रहवाचक सम्बन्धबोधक अव्यय कहते हैं; जैसे—तक, पर्यन्त, भर, मात्र इत्यादि।
विषयवाचक	जिन अव्यय शब्दों से विषय का बोध हो, उन्हें विषयवाचक सम्बन्धबोधक अव्यय कहते हैं; जैसे—के लेखे, की बावत, के भरोसे, निस्बत, के मद्दे इत्यादि।
विनिमयवाचक	जिन अव्यय शब्दों से विनिमय का बोध हो, उन्हें विनिमयवाचक सम्बन्धबोधक अव्यय कहते हैं; जैसे—के बदले, की जगह, के एवज में इत्यादि।
व्यतिरेकवाचक	जिन अव्यय शब्दों से व्यतिरेक (अभाव या अन्त) का बोध हो, उन्हें व्यतिरेकवाचक सम्बन्धबोधक अव्यय कहते हैं; जैसे—के बिना, के अलावा, के सिवा, के अतिरिक्त इत्यादि।
साहचर्यवाचक	जिन अव्यय शब्दों से सहचर (साथ) का बोध हो, उन्हें सहचरवाचक सम्बन्धबोधक अव्यय कहते हैं; जैसे—के संग, साथ, के सहित, समेत इत्यादि।
तुलनावाचक	जिन अव्यय शब्दों से तुलना का बोध हो, उन्हें तुलनावाचक सम्बन्धबोधक अव्यय कहते हैं; जैसे—की अपेक्षा, बनिस्पत, के सामने इत्यादि।

व्युत्पत्ति या रूप के आधार पर

सम्बन्धबोधक अव्यय दो प्रकार के होते हैं, जो निम्न हैं

मूल सम्बन्धबोधक	जो अव्यय किसी दूसरे शब्द के योग से नहीं बनते अपितु अपने मूलरूप में ही रहते हैं, उन्हें मूल सम्बन्धबोधक अव्यय कहते है; जैसे—बिना, समेत, तक इत्यादि।
यौगिक सम्बन्धबोधक	जो अव्यय संज्ञा, विशेषण, क्रिया इत्यादि के योग से बनते हैं, उन्हें यौगिक सम्बन्धबोधक अव्यय कहते हैं; जैसे—पर्यन्त (परि + अन्त)।

3. समुच्चयबोधक

जो अव्यय क्रिया या संज्ञा की विशेषता न बतलाकर शब्दों, वाक्यांशों अथवा वाक्यों को जोड़ने का कार्य करते हैं, उन्हें 'समुच्चयबोधक अव्यय' (Conjunction) कहते हैं; जैसे—

- **अखिल और सुहेल** कॉलेज को **जाते हैं।**

इस वाक्य में 'और' शब्द अखिल और सुहेल को क्रिया 'जाते हैं' से जोड़ता है इसलिए यहाँ 'और' शब्द समुच्चयबोधक है।

प्रयोग की दृष्टि से समुच्चयबोधक अव्यय के भेद

प्रयोग की दृष्टि से समुच्चयबोधक अव्यय के दो भेद हैं

(i) **समानाधिकरण समुच्चयबोधक** जो अव्यय दो या दो-से-अधिक पदों, शब्दों या वाक्यों का संयोजन-विभाजन करते हैं, उन्हें समानाधिकरण समुच्चयबोधक कहते हैं। इसके चार भेद निम्न हैं

संयोजक तथा, एवं, और, व, या इत्यादि।

विभाजक अथवा, या, वा, किंवा, कि, चाहे, नहीं तो इत्यादि।

विरोधदर्शक वरन्, मगर, किन्तु, परन्तु, लेकिन पर इत्यादि।

परिणामदर्शक अतः, अतएव, इसलिए इत्यादि।

(ii) **व्यधिकरण समुच्चयबोधक** जो अव्यय मुख्य वाक्य से एक या एक से अधिक आश्रित वाक्यों को जोड़ने का कार्य करते हैं, उन्हें व्यधिकरण समुच्चयबोधक अव्यय कहते हैं। इसके चार भेद हैं

कारणवाचक इसलिए, कि, जो कि, क्योंकि इत्यादि।

उद्देश्यवाचक ताकि, जो, इसलिए, कि इत्यादि।

संकेतवाचक यदि तो, जो तो, यद्यपि, तथापि इत्यादि।

स्वरूपवाचक अर्थात्, मानो, यानि, कि, जो इत्यादि।

रचना की दृष्टि से समुच्चयबोधक अव्यय के भेद

रचना की दृष्टि से समुच्चयबोधक अव्यय के दो भेद हैं

(i) **रूढ़ समुच्चयबोधक अव्यय** इसके अन्तर्गत और, एवं, कि, यदि इत्यादि आते हैं।

(ii) **यौगिक समुच्चयबोधक अव्यय** इसके अन्तर्गत क्योंकि, यद्यपि, तथापि, न ····· न, जो ···· तो, यदि ···· तो इत्यादि आते हैं।

4. विस्मयादिबोधक

जिन अव्यय शब्दों से हर्ष, विस्मय, शोक, लज्जा, ग्लानि इत्यादि मनोभाव प्रकट होते हैं, उन्हें विस्मयादिबोधक (Interjection) अव्यय कहते हैं; जैसे—

- हाय! वह चल बसा।, वाह! क्या मौसम है।

विस्मयादिबोधक निम्नलिखित प्रकार के होते हैं

हर्षबोधक	अहा! वाह! वाह-वाह इत्यादि।
शोकबोधक	हाय! हा! ऊँह! उफ! त्राहि-त्राहि इत्यादि।
प्रशंसाबोधक	शाबाश! खूब! इत्यादि।
तिरस्कारबोधक	राम-राम! थू-थू! छिः!-छिः! धत्! धिक् इत्यादि।
आश्चर्यबोधक	अरे! हैं! ऐ! ओह! इत्यादि।
क्रोधबोधक	अबे! पाजी! अजी! इत्यादि।
व्यथाबोधक	हाय रे! बाप रे! अरे दादा! ऊँह इत्यादि।
विनयबोधक	जी! जी हाँ! हजूर! साहब इत्यादि।
स्वीकारबोधक	ठीक! हाँ-हाँ! अच्छा! बहुत अच्छा इत्यादि।

निपात

निपात का प्रयोग अव्ययों के लिए होता है। इनका कोई लिंग, वचन नहीं होता। निपातों का प्रयोग निश्चित शब्द या पूरे वाक्य को श्रव्य भावार्थ प्रदान करने के लिए होता है। निपात सहायक शब्द होते हुए भी वाक्य के अंग नहीं होते। निपात का कार्य शब्द समूह को बल प्रदान करना भी है।

निपात के निम्नलिखित प्रकार हैं

- **स्वीकृतिबोधक** हाँ, जी, जी हाँ।
- **नकारबोधक** जी नहीं, नहीं।
- **निषेधात्मक** मत।
- **प्रश्नबोधक** क्या।
- **विस्मयादिबोधक** क्या, काश।
- **तुलनाबोधक** सा।
- **आदरबोधक** जी।
- **बलप्रदायक** तो, ही, भी, तक, भर, सिर्फ, केवल।
- **अवधारणाबोधक** ठीक, करीब, लगभग, तकरीबन।

पद-परिचय

वर्णों का सार्थक समूह 'शब्द' कहलाता है, किन्तु जब उन्हीं शब्दों को विभक्तियों के साथ वाक्य में प्रयुक्त किया जाता है, तब वे शब्द 'पद' कहलाते हैं; जैसे—राम, पुस्तक, बच्चे, केला इत्यादि।

- **राम** पढ़ता है।
- उसने नई **पुस्तक** खरीदी।
- **बच्चे** खेल रहे हैं।
- वह **हँस** रहा है।

पद-परिचय से तात्पर्य है—पदों का विश्लेषण। वाक्य में प्रयुक्त पदों का व्याकरणिक परिचय ही **पद-परिचय** कहलाता है। इसे 'पद व्याख्या' या 'पदान्वय' भी कहा जाता है। अन्य शब्दों के साथ किसी वाक्य में प्रयुक्त संज्ञा, सर्वनाम, विशेषण, क्रिया-विशेषण, सम्बन्धबोधक, समुच्चयबोधक अथवा विस्मयादिबोधक इत्यादि शब्दों का जिस रूप में प्रयोग हुआ है, उन्हें स्पष्ट करना ही पद-परिचय कहलाता है। किसी पद का परिचय देने के लिए उस शब्द अथवा पद का भेद, उपभेद, लिंग, वचन, कारक, कर्ता इत्यादि के सम्बन्ध का परिचय दिया जाता है।

पद-परिचय करते समय निम्नलिखित बातों का ध्यान रखा जाना अत्यन्त आवश्यक है

- प्रत्येक पद को अलग-अलग करना चाहिए।
- प्रत्येक पद के प्रकार बताने चाहिए।
- वाक्य में उसका दूसरे पदों से सम्बन्ध बताना चाहिए।
- वाक्य में उसका कार्य बताना चाहिए।

पद-परिचय के भेदों का उदाहरण सहित विवरण

1. **संज्ञा भेद** (जातिवाचक, व्यक्तिवाचक एवं भाववाचक) लिंग, **वचन**, कारक, क्रिया तथा अन्य शब्दों से उसका सम्बन्ध; जैसे—
   - गौरव हास्य की एक पुस्तक पढ़ता है।

   गौरव व्यक्तिवाचक संज्ञा, पुल्लिंग, एकवचन, कर्ता कारक
   हास्य की भाववाचक संज्ञा, पुल्लिंग, एकवचन, सम्बन्ध कारक
   पुस्तक जातिवाचक संज्ञा, स्त्रीलिंग, एकवचन, कर्म कारक

2. **सर्वनाम भेद** (पुरुषवाचक, निश्चयवाचक, अनिश्चयवाचक, सम्बन्धवाचक, प्रश्नवाचक एवं निजवाचक) लिंग, वचन, कारक या अन्य शब्दों से उसका सम्बन्ध; जैसे—
   - मैं तुमसे कुछ पूछूँगा।

   मैं पुरुषवाचक सर्वनाम (उत्तम पुरुष), एकवचन, पुल्लिंग, कर्ता कारक
   तुमसे पुरुषवाचक सर्वनाम (मध्यम पुरुष), स्त्रीलिंग-पुल्लिंग दोनों लिंगों में सम्भव, एकवचन, करण कारक
   कुछ अनिश्चयवाचक सर्वनाम, पुल्लिंग, एकवचन, कर्म कारक
3. **विशेषण भेद** (गुणवाचक, संख्यावाचक, परिमाणवाचक एवं सार्वनामिक) लिंग, वचन, कारक, विशेषणानुसार विशेष्य; जैसे—
   - मेरे बगीचे में दो नीले फूल हैं।

   दो संख्यावाचक विशेषण (निश्चित), 'फूल' विशेष्य
   नीले गुणवाचक विशेषण, बहुवचन, पुल्लिंग
4. **क्रिया भेद** (अकर्मक एवं सकर्मक) धातु, वाच्य, काल (भूतकाल, वर्तमानकाल एवं भविष्यत् काल—उपभेद सहित) लिंग, वचन, कर्ता, कर्म इत्यादि से सम्बन्ध; जैसे—
   - जब वह स्टेशन पहुँचा, तब गाड़ी चल रही थी।

   पहुँचा अकर्मक क्रिया, सामान्य भूतकाल, पुल्लिंग, एकवचन, कर्तृवाच्य
   चल रही थी सकर्मक क्रिया, अपूर्ण भूतकाल, स्त्रीलिंग, एकवचन, कर्तृवाच्य (संयुक्त क्रिया भी)
5. **क्रिया-विशेषण भेद** (स्थानवाचक, कालवाचक, रीतिवाचक एवं परिमाणवाचक) उस क्रिया का निर्देश, जिसकी विशेषता बताई जा रही है; जैसे—
   - जब खाओ, कम बोलो।

   जब कालवाचक क्रिया-विशेषण, 'खाओ' क्रिया का विशेषण
   कम परिमाणवाचक क्रिया-विशेषण, 'बोलो' क्रिया का विशेषण
6. **सम्बन्धबोधक भेद** जिन पदों अथवा उपवाक्यों का सम्बन्ध बताया जा रहा है; जैसे—
   - वह खुशी के मारे चीख पड़ा।

   के मारे कारणवाचक सम्बन्धबोधक अव्यय (सम्बन्धी शब्द 'खुशी')
7. **समुच्चयबोधक भेद** (संयोजक एवं विभाजक) जोड़ने वाले शब्दों अथवा वाक्यों का निर्देश; जैसे—
   - वह आया और मैं चला गया।

   और समुच्चयबोधक, समानाधिकरण
8. **विस्मयादिबोधक भाव** (हर्ष, शोक, घृणा, भय, विस्मय, क्रोध इत्यादि) जिस किसी को भी प्रकट कर रहा है, उसका निर्देश; जैसे—
   - आह! कितना सुन्दर दृश्य है।

   आह! विस्मयादिबोधक (हर्षसूचक)
9. **निपात** (स्वीकृतिबोधक, नकारबोधक, निषेधात्मक, प्रश्नबोधक, विस्मयादिबोधक, तुलनाबोधक, अवधारणाबोधक, आदरबोधक, बलप्रदायक) इनके प्रयोग से वाक्य का समग्र (सम्पूर्ण/पूरा) अर्थ प्रभावित होता है; जैसे—
   - सुरेश ने ही मुझे मारा।

   ही निपात (बलप्रदायक

वस्तुनिष्ठ प्रश्न

1. संज्ञा किसे कहते हैं?
(a) स्थान के नाम को (b) वस्तु के नाम को
(c) प्राणी के नाम को (d) ये सभी

2. जातिवाचक संज्ञा शब्द है
(a) डॉक्टर (b) कामायनी
(c) सुशील (d) बचपन

3. 'मिठास' शब्द है
(a) व्यक्तिवाचक (b) जातिवाचक
(c) भाववाचक (d) समूहवाचक

4. 'महात्म्य' शब्द है
(a) क्रिया (b) विशेषण
(c) क्रिया-विशेषण (d) भाववाचक

5. निम्नलिखित विकल्पों में से किस विकल्प में सभी शब्द समूहवाचक संज्ञाएँ हैं?
(a) सेना, कक्षा, सभा
(b) अध्यापक, मिठाई, समाचार
(c) पशु, मानव, अच्छा
(d) चोरी, गुरुता, साधु

6. निम्नलिखित में से कौन-सा शब्द व्यक्तिवाचक संज्ञा से सम्बन्धित है?
(a) आगरा (b) गरीब
(c) पानी (d) बचपन

7. संज्ञा के जिस रूप से पुरुषत्व या स्त्रीत्व का बोध हो, उसे क्या कहते हैं?
(a) वचन (b) कारक
(c) लिंग (d) क्रिया

8. हिन्दी भाषा में लिंग के कितने भेद हैं?
(a) तीन (b) दो
(c) चार (d) पाँच

9. कवि का स्त्रीलिंग रूप होगा
(a) कवित्री (b) लेखिका
(c) कवीत्री (d) कवयित्री

10. छात्र ने परीक्षा उत्तीर्ण की। (रेखांकित शब्द का स्त्रीलिंग लिखिए)
(a) छात्रों (b) छात्रा
(c) छात्राएँ (d) छात्री

11. हिन्दी में वचन के कितने भेद हैं?
(a) एक (b) तीन
(c) दो (d) चार

12. किस वाक्य में वचन का सही प्रयोग हुआ है?
(a) मेरी होश उड़ गई।
(b) हमारे होश उड़ गई।
(c) मैं होश उड़ गया।
(d) मेरे होश उड़ गए।

13. वाक्य में क्रिया का सम्बन्ध किससे होता है?
(a) लिंग (b) वचन
(c) कारक (d) इनमें से कोई नहीं

14. हिन्दी में कितने कारक हैं?
(a) दस (b) नौ
(c) सात (d) आठ

15. 'राम ने श्याम को मारा।' वाक्य में कौन-सा कारक है?
(a) कर्ता (b) कर्म
(c) करण (d) अपादान

16. संज्ञा के स्थान पर प्रयुक्त होने वाले शब्दों को क्या कहते हैं?
(a) विशेषण (b) सर्वनाम
(c) क्रिया (d) कारक

17. हिन्दी में सर्वनामों की कितनी संख्या है?
(a) बारह (b) ग्यारह
(c) तेरह (d) दस

18. 'मोहन प्रकाशजी ...... हिन्दी पढ़ाते हैं' इस वाक्य में रिक्त स्थान की पूर्ति अन्यपुरुषवाचक सर्वनाम से करें।
(a) मुझे (b) तुम्हें
(c) उन्हें (d) हमें

19. 'मुझे' शब्द किस प्रकार का सर्वनाम है?
(a) उत्तम पुरुष (b) मध्यम पुरुष
(c) अन्य पुरुष (d) इनमें से कोई नहीं

20. निश्चयवाचक सर्वनाम कौन-सा है?
(a) कौन (b) कुछ
(c) कोई (d) वह

21. जो शब्द संज्ञा व सर्वनाम की विशेषता बताते हैं, उन्हें क्या कहते हैं?
(a) अव्यय (b) क्रिया
(c) कारक (d) विशेषण

22. निम्नलिखित में से विशेष्य क्या है?
(a) संज्ञा (b) सर्वनाम
(c) कारक (d) 'a' और 'b'

23. प्रविशेषण किसे कहते हैं?
(a) विशेषण की विशेषता बताने वाला शब्द
(b) विशेष्य के पहले लगने वाला शब्द
(c) विशेष्य की विशेषता बताने वाला शब्द
(d) विधेय की विशेषता बताने वाला शब्द

24. विशेषण कितने प्रकार के होते हैं?
(a) तीन (b) चार
(c) छः (d) पाँच

25. निम्नलिखित में से कौन-सा शब्द गुणवाचक है?
(a) यह (b) थोड़ा
(c) दस (d) कपटी

26. क्रिया का रूप किसके अनुसार बदलता है?
(a) वचन (b) लिंग
(c) पुरुष (d) ये तीनों

27. क्रिया का मूल रूप क्या है?
(a) धातु (b) कारक
(c) क्रिया-विशेषण (d) इनमें से कोई नहीं

28. कर्म के अनुसार क्रिया के कितने भेद हैं?
(a) तीन (b) दो (c) चार (d) पाँच

29. किस वाक्य में सकर्मक क्रिया है?
(a) सीता हँसती है। (b) मोहन जाता है।
(c) राधा दौड़ती है। (d) राम फल खाता है।

30. किस वाक्य में अकर्मक क्रिया है?
(a) गीता खाना पकाती है।
(b) श्याम पत्र लिखता है।
(c) सीता गाती है।
(d) माता फल काटती हैं।

31. दो वर्णों के मेल से होने वाले विकार को कहते हैं
(a) सन्धि (b) समास
(c) उपसर्ग (d) प्रत्यय

32. सन्धि कितने प्रकार की होती है?
(a) दो (b) तीन
(c) चार (d) छः

33. 'षण्मास' का सन्धि-विच्छेद होगा
(a) षट + मास (b) षण् + मास
(c) षट् + मास (d) षन् + मास

34. 'अ + इ = ए' स्वर सन्धि के किस भेद को व्यक्त करता है?
(a) दीर्घ सन्धि (b) गुण सन्धि
(c) वृद्धि सन्धि (d) यण् सन्धि

35. 'पवन' शब्द में सन्धि है
(a) गुण सन्धि (b) व्यंजन सन्धि
(c) अयादि सन्धि (d) वृद्धि सन्धि

36. 'ऋग्वेद' का सन्धि-विच्छेद क्या है?
(a) ऋक् + वेद (b) ऋ + वेद
(c) ऋग + वेद (d) ऋ + गवेद

37. 'उच्छिष्ट' का शुद्ध सन्धि-विच्छेद है
(a) उत + शिष्ट (b) उत् + शिष्ट
(c) उत + सिष्ट (d) उ + च्छिष्ट

38. गलत सन्धि-विच्छेद वाला विकल्प चुनिए
(a) उद् + डयन = उड्डयन
(b) पद् + हति = पद्धति
(c) तत् + टीका = तट्टीका
(d) शरद् + उल्लास = शरदोल्लास

39. 'व्यर्थ' शब्द में किन वर्णों की सन्धि हुई है?
(a) व + अ (b) वि + अ
(c) ई + अ (d) इ + अ

40. 'गुण स्वर सन्धि' का उदाहरण चुनिए
(a) यमुनोर्मि (b) दध्योदन
(c) मनोदशा (d) शिरोरेखा

41. 'यथोचित' का सही सन्धि-विच्छेद है
(a) यथो + उचित
(b) यथा + उ + चित
(c) यथा + उचित
(d) यथा + ओचित

42. 'विद्यार्थी' का सही सन्धि-विच्छेद है
(a) विद्या + रथी (b) विद्या + अर्थी
(c) विद्य + अर्थी (d) विद्या + आर्थी

43. 'नाविक' का सही सन्धि-विच्छेद है
(a) नौ + विक (b) ना + विक
(c) नौ + इक (d) न + आविक

44. 'व्यवहार' का सही सन्धि-विच्छेद है
(a) वि + अव + हार (b) व्य + हार
(c) व्य + वहार (d) व्य + व + हार

45. 'सावधान' का सही सन्धि-विच्छेद है
(a) साव + धान (b) सा + वधान
(c) स + आवधान (d) स + अवधान

46. 'उड्डयन' के सन्धि-विच्छेद का सही विकल्प कौन-सा है?
(a) उत् + डयन (b) उड् + डयन
(c) उच्च + डयन (d) उड़ + डयन

47. 'निश्चल' का सही सन्धि-विच्छेद है
(a) निः + चल
(b) निश् + चल
(c) निस् + चल
(d) निः + अचल

48. 'सद्धर्म' का सही सन्धि-विच्छेद है
(a) सद् + धर्म (b) सद् + अधर्म
(c) स + द्धर्म (d) सत् + धर्म

49. सन्धि-विच्छेद सही नहीं है
(a) दुस्सन्धि - दुः + सन्धि (b) कोऽपि - कः + अपि
(c) लम्बोष्ठ - लम्ब + ओष्ठ
(d) पावक - पो + अक

50. स्वर सन्धि का उदाहरण नहीं है
(a) मतानुसार (b) जगदीश
(c) अत्यन्त (d) नरेन्द्र

51. यशः + अर्थी =
(a) यर्शोथी (b) यशार्थी
(c) यशोर्थी (d) यशर्थी

52. 'कुश + आसन' में सन्धि है
(a) दीर्घ सन्धि (b) गुण सन्धि
(c) वृद्धि सन्धि (d) यण् सन्धि

53. 'सदानन्द' का सन्धि-विच्छेद कीजिए।
(a) सत् + आनन्द (b) सत + आनन्द
(c) सद + आनन्द (d) सदा + आनन्द

54. 'पुस्तकालय' में कौन-सी सन्धि है?
(a) दीर्घ (b) गुण
(c) वृद्धि (d) यण

55. 'अभि + उदय की सन्धि कीजिए
(a) अभ्युदय (b) अभ्योदय
(c) अभीउदय (d) अभिउदय

56. 'रीत्यनुसार' का सही सन्धि-विच्छेद है
(a) रीत्य + अनुसार
(b) रीत + अनुसार
(c) रीति + अनुसार
(d) रीत्या + अनुसार

57. 'निर्धन' में कौन-सी सन्धि है?
(a) यण् सन्धि (b) व्यंजन सन्धि
(c) विसर्ग सन्धि (d) अयादि सन्धि

58. 'व्याख्यान' में कौन-सी सन्धि है?
(a) गुण (b) दीर्घ
(c) यण् (d) विसर्ग

59. 'अत्युत्तम' के सन्धि-विच्छेद का सही विकल्प चुनिए
(a) अति + युत्तम
(b) अत्य + उत्तम
(c) अत्यु + उत्तम
(d) अति + उत्तम

60. 'हिमांशु' शब्द का सन्धि-विच्छेद कीजिए
(a) हिम + अंशु
(b) हिमा + अंशु
(c) हिम + आंशु
(d) हिमांश + उ

61. 'सप्त+ऋषि' इससे बनी सन्धि है
(a) दीर्घ (b) यण्
(c) व्यंजन (d) गुण

62. 'षट् + रिपु' इससे बनी सन्धि है
(a) व्यंजन (b) यण
(c) वृद्धि (d) विसर्ग

63. 'प्रौढ़' का सही सन्धि-विच्छेद है
(a) प्रा + उढ़ (b) प्र + ऊढ़
(c) प्रौ + ढ़ (d) प्र + औढ़

64. 'कवीश्वर' शब्द का सही सन्धि-विच्छेद बताइए
(a) कवि + ईश्वर
(b) कविश + वर
(c) कवि + इश्वर
(d) कवी + ईश्वर

65. कौन-से शब्द में व्यंजन सन्धि है?
(a) देवर्षि (b) जानकीश
(c) वागीश (d) कवीश

66. 'पंजाब' शब्द का सही सन्धि-विच्छेद क्या है?
(a) पंज + आब (b) पंजा + ब
(c) पंच + आब (d) पंचा + ब

67. व्यंजन सन्धि के उदाहरण हैं
(a) उल्लास, संगम, तथास्तु
(b) सम्भावना, सद्भावना, बहिष्कार
(c) वातावरण, उल्लास, संस्कृत
(d) उल्लास, संगम, सम्भावना

68. 'उच्छवास' का सही सन्धि-विच्छेद है
(a) उत् + श्वास
(b) उत् + छवास
(c) उच् + श्वास
(d) उच् + छवास

69. 'राकेश' का सही सन्धि-विच्छेद है
(a) राके + ईश
(b) राक + एश
(c) राका + ईश
(d) राका + इश

70. 'भानूदय' में प्रयुक्त सन्धि का नाम है
(a) गुण सन्धि (b) दीर्घ सन्धि
(c) व्यंजन सन्धि (d) वृद्धि सन्धि

71. 'अति + आचार' सन्धि-विच्छेद है
(a) अतिचार का (b) अत्याचार का
(c) अत्यचार का (d) ये सभी

72. 'प्रत्युत्तर' का सही सन्धि-विच्छेद है
(a) प्र + त्युत्तर (b) प्रति + उत्तर
(c) प्रत + उत्तर (d) प्रत्यु +उत्तर

73. 'उच्छिष्ट' शब्द का विच्छेद है
(a) उच् + छिष्ट (b) उत् + छिष्ट
(c) उत् + शिष्ट (d) उच् + शिष्ट

74. सच्चिदानन्द का विच्छेद है
(a) सत् + चित् + आनन्द(b)
सच्चिद् + आनन्द
(c) सच्चि + दानन्द
(d) सत् + चिद् + आनन्द

75. 'अन्वेषण' का सन्धि-विच्छेद होगा
(a) अन + वेषण (b) अनु + एषण
(c) अनु + ऐषण (d) अनव + एषण

76. व्यंजन सन्धि का उदाहरण है
(a) उद्यत (b) परमौषध
(c) दुरुपयोग (d) तपोवन

77. .गुण सन्धि का उदाहरण है
(a) महर्षि (b) पावक
(c) अभ्युदय (d) मतैक्य

78. विसर्ग सन्धि का उदाहरण है
(a) हरिश्चन्द्र (b) हरिशचन्द्र
(c) हरीशचन्द्र (d) दिनेशचन्द्र

79. रूपान्तरण
(a) रूप + अन्तरण (b) रुप + आन्तरण
(c) रुपा + अन्तरण (d) रुपा + आतरण

80. मनोयोग
(a) मनोः + योग (b) मन : + योग
(c) मनः + आयोग (d) इनमें से कोई नहीं

81. 'दुराशा'
(a) दुरा + आशा (b) दुरा + शा
(c) दुः + आशा (d) दुर + आशा

82. 'सच्छास्त्र' का उचित विच्छेद निम्न में से कौन-सा है?
(a) सत् + छास्त्र
(b) सच् + छास्त्र
(c) सच् + शास्त्र
(d) सत् + शास्त्र

83. 'नि:+कलंक' का सही सन्धि शब्द कौन-सा है?
(a) निस्कलंक (b) निश्कलंक
(c) निष्कालंक (d) निष्कलंक

84. 'पवन' का सन्धि-विच्छेद कौन-सा है?
(a) पब + अन (b) पो + अन
(c) पव + न (d) पो + आन

85. 'उज्ज्वल' का सही सन्धि-विच्छेद होगा
(a) उज्+वल (b) उज्+जवल
(c) उत् +ज्वल (d) उज्+ज्वल

86. 'प्रेरणास्पद' शब्द का सन्धि-विच्छेद होगा
(a) प्रेरणा + आस्पद (b) प्रेरणा + अस्पद
(c) प्रेरणा+ स्पद (d) प्रेरणा + पद

87. 'योगाभ्यास' में कौन-सी सन्धि है?
(a) दीर्घ सन्धि (b) गुण सन्धि
(c) वृद्धि सन्धि (d) यण् सन्धि

88. 'मनोहर' शब्द में कौन-सी सन्धि है?
(a) स्वर सन्धि (b) व्यंजन सन्धि
(c) विसर्ग सन्धि (d) इनमें से कोई नहीं

89. 'नयन' का शुद्ध सन्धि-विच्छेद है
(a) ने + अन (b) ने + अयन
(c) न + अन (d) नय + अन

90. 'अत्याचार' का सन्धि विच्छेद है
(a) अति + अचार (b) अती + आचार
(c) अति + आचार (d) अतिअ + चार

91. 'तद्धित' का सन्धि-विच्छेद क्या है?
(a) तत + धित (b) तद् + हित्
(c) तत् +हित (d) तद् + धित

92. 'उद्विग्न' का सन्धि-विच्छेद क्या है?
(a) उद + दिन्न (b) अत + विन्न
(c) उत् +विग्न (d) उत + दिग्न

93. अ, आ के बाद
(i) इ, ई आए तो ई ई = ए
(ii) उ, ऊ आए तो ऊ ऊ = ओ
(iii) ऋ आए तो 'अर्' हो जाता है। इसे कहते हैं
(a) वृद्धि सन्धि (b) गुण सन्धि
(c) अयादि सन्धि (d) दीर्घ सन्धि

94. 'मतैक्य' का सन्धि-विच्छेद है
(a) मत् + एक्य (b) मति + एक्य
(c) मत् + ऐक्य (d) मत + ऐक्य

95. इ, ई, उ, ऊ, ऋ, लृ के बाद (आगे) कोई स्वर आए तो ये क्रमशः य, व, र, ल में बदल जाते हैं। इस परिवर्तन को कहते हैं
(a) गुण (b) अयादि
(c) वृद्धि (d) यण्

96. 'बध्वागमन' का सन्धि-विच्छेद है
(a) बधु + आगमन (b) बध्व + आगमन
(c) बधू + आगमन (d) बध्वा + गमन

97. उ, ए, ऐ, ओ, औ के बाद कोई भिन्न स्वर आए तो ए = अय, ऐ = आय, ओ = अव, औ = आव हो जाता है। इस परिवर्तन को कहते हैं
(a) अयादि (b) गुण
(c) दीर्घ (d) वृद्धि

98. 'हिमालय' शब्द का सन्धि-विच्छेद है
(a) हिमा + लय (b) हिमा + अलय
(c) हिमा + आलय (d) हिम + आलय

99. 'वागीश' शब्द का सन्धि-विच्छेद है
(a) वाक् + ईश (b) वाक + ईश
(c) वाग + ईश (d) वाग + इश

100. 'वाक् + मय' का सन्धि पद होगा
(a) वाग्मय (b) वागमय
(c) वाङ्मय (d) वाकमय

101. 'पद + छेद' विग्रह पद का सन्धि शब्द होगा
(a) पदछेद (b) पदछैद
(c) पदच्छेद (d) पदच्छैद

102. 'संयोग' शब्द का सन्धि-विच्छेद है
(a) सम् + योग (b) सम + योग
(c) सं + योग (d) सम्म + योग

103. 'धनुष्टंकार' शब्द का सन्धि-विच्छेद होगा
(a) धनुः+ टंकार (b) धनूः+ टंकार
(c) धनुष् + टंकार (d) धनुस् + टंकार

104. 'यहीं' शब्द की सन्धि है
(a) यहाँ + ही (b) याहाँ + ही
(c) यहा + ही (d) यह + ही

105. दीर्घ सन्धि, गुण सन्धि, वृद्धि सन्धि, यण् सन्धि व अयादि सन्धि–सन्धि के किस मूल भेद के अन्तर्गत सन्निहित हैं?
(a) विसर्ग सन्धि (b) व्यंजन सन्धि
(c) स्वर सन्धि (d) इनमें से कोई नहीं

106. विपत् + जाल = विपज्जाल में कौन-सी सन्धि है?
(a) स्वर सन्धि (b) व्यंजन सन्धि
(c) वृद्धि सन्धि (d) गुण सन्धि

107. स्वर सन्धि कितने प्रकार की होती है?
(a) दो (b) तीन (c) चार (d) पाँच

108. 'लघूर्मि में कौन-सी सन्धि है?
(a) वियोग सन्धि (b) व्यंजन सन्धि
(c) स्वर सन्धि (d) विसर्ग सन्धि

109. यण् सन्धि का उदाहरण नहीं है
(a) स्वल्प (b) स्वच्छ
(c) स्वागत (d) स्वांग

110. निम्नलिखित शब्दों में से किसमें स्वर सन्धि है?
(a) अतएव (b) रजनीश
(c) तपोगुण (d) सदाचार

111. 'महोत्सव' का सही सन्धि-विच्छेद क्या है?
(a) महा + उत्सव (b) महो + उत्सव
(c) महोत + सव (d) महे + उत्सव

112. 'यशोदा' में प्रयुक्त सन्धि का नाम है
(a) स्वर (b) व्यंजन
(c) विसर्ग (d) इनमें से कोई नहीं

113. जब प्रथम शब्द संख्यावाची और द्वितीय शब्द संज्ञा हो, तो कौन-सा समास होता है?
(a) द्विगु (b) कर्मधारय
(c) तत्पुरुष (d) बहुव्रीहि

114. 'आपबीती' शब्द में समास है
(a) द्वन्द्व समास (b) कर्मधारय समास
(c) तत्पुरुष समास (d) द्विगु समास

115. 'धानकोठी' में कौन-सा समास है?
(a) अव्ययीभाव (b) कर्मधारय
(c) तत्पुरुष (d) द्विगु

116. 'चरणकमल' में समास है
(a) कर्मधारय (b) बहुव्रीहि
(c) द्वन्द्व (d) तत्पुरुष

117. निम्न इनमें से कौन-सा कथन पूरी तरह तत्पुरुष समास से सम्बन्धित है?
(a) इसमें पूर्व पद प्रधान होता है
(b) इसमें पूर्व पद संख्यावाची होता है
(c) इसमें प्रायः उत्तर पद प्रधान होता है
(d) इसमें पूर्व पद अव्यय होता है

118. जिस सामासिक शब्द में पूर्व पद और उत्तर पद गौण होते हैं और कोई तीसरा पद प्रधान होता है, वहाँ कौन-सा समास होता है?
(a) बहुव्रीहि (b) कर्मधारय
(c) तत्पुरुष (d) द्वन्द्व

119. योगी शिवेन्द्र कुशासन पर विराजमान हैं। रेखांकित पद में समास है
(a) मध्यम पद लोपी तत्पुरुष
(b) कर्मधारय
(c) बहुव्रीहि
(d) द्वन्द्व

120. दो-या-दो से अधिक शब्दों के मेल से नए शब्द बनाने की क्रिया को ········ कहते हैं।
(a) अलंकार (b) समास
(c) विशेषण (d) रस

121. द्विगु समास के उदाहरण चुनिए
(a) चौमासा (b) नवरत्न
(c) पंचवटी (d) ये सभी

122. 'यथासम्भव' में कौन-सा समास है?
(a) अव्ययीभाव (b) कर्मधारय
(c) तत्पुरुष (d) द्विगु

123. 'देशनिकाला' का सामासिक विग्रह होगा
(a) देश का निकला (b) देश में निकला
(c) देश में निकाला (d) देश से निकाला

124. 'पंचपात्र' में कौन-सा समास है?
(a) कर्मधारय समास (b) द्वन्द्व समास
(c) द्विगु समास (d) तत्पुरुष समास

125. 'कर्मधारय' और 'द्विगु' समास आते हैं
(a) अव्ययीभाव समास के अन्तर्गत
(b) बहुव्रीहि समास के अन्तर्गत
(c) द्वन्द्व समास के अन्तर्गत
(d) तत्पुरुष समास के अन्तर्गत

126. 'मृगनयन' में समास है
(a) अव्ययीभाव (b) कर्मधारय
(c) तत्पुरुष (d) द्वन्द्व

127. किस शब्द में तत्पुरुष समास है?
(a) दौड़धूप (b) त्रिभुवन
(c) पीताम्बर (d) मधुमक्खी

128. निम्नलिखित में द्वन्द्व समास है
(a) यथासम्भव (b) देशभक्ति
(c) देशविदेश (d) पीताम्बर

129. समास के कितने भेद हैं?
(a) तीन (b) चार
(c) पाँच (d) छः

130. किस समास में शब्दों के मध्य में संयोजक शब्द का लोप होता है?
(a) द्विगु
(b) तत्पुरुष
(c) द्वन्द्व
(d) अव्ययीभाव

131. पूर्वपद संख्यावाची शब्द है
(a) अव्ययीभाव (b) द्वन्द्व
(c) कर्मधारय (d) द्विगु

132. 'अनुरूप' समस्त पद में कौन-सा समास है?
(a) तत्पुरुष (b) कर्मधारय
(c) अव्ययीभाव (d) बहुव्रीहि

133. 'देशान्तर' में कौन-सा समास है?
(a) बहुव्रीहि (b) द्विगु
(c) द्वन्द्व (d) कर्मधारय

134. 'चौमासा' में समास है
(a) द्वन्द्व (b) कर्मधारय
(c) द्विगु (d) तत्पुरुष

135. 'पंचामृत' में कौन-सा समास है?
(a) तत्पुरुष (b) द्वन्द्व
(c) कर्मधारय (d) द्विगु

136. 'त्रिवेणी' शब्द में कौन-सा समास है?
(a) द्वन्द्व (b) कर्मधारय
(c) बहुव्रीहि (d) द्विगु

137. 'देव जो महान् है' यह किस समास का उदाहरण है?
(a) तत्पुरुष (b) अव्ययीभाव
(c) कर्मधारय (d) बहुव्रीहि

138. 'योगदान' में कौन-सा समास है?
(a) बहुव्रीहि (b) अव्ययीभाव
(c) तत्पुरुष (d) कर्मधारय

139. निम्नलिखित में कर्मधारय समास किसमें है?
(a) चक्रपाणि (b) चतुर्युग
(c) नीलोत्पल (d) माता-पिता

140. 'चतुरानन' में समास है
(a) कर्मधारय (b) बहुव्रीहि
(c) द्विगु (d) द्वन्द्व

141. कौन-सा शब्द बहुव्रीहि समास का सही उदाहरण है?
(a) निशिदिन (b) त्रिभुवन
(c) पंचानन (d) पुरुषसिंह

142. 'चौराहा' में कौन-सा समास है?
(a) बहुव्रीहि (b) तत्पुरुष
(c) अव्ययीभाव (d) द्विगु

143. 'भाई-बहन' में कौन-सा समास है?
(a) द्वन्द्व (b) बहुव्रीहि
(c) अव्ययीभाव (d) द्विगु

144. 'स्वर्णघट' का विग्रह है
(a) स्वर्ण में घट
(b) घट में स्वर्ण
(c) स्वर्ण का घट
(d) घट के लिए स्वर्ण

145. अव्ययीभाव समास का उदाहरण है
(a) लवकुश
(b) भरपेट
(c) त्रिभुवन
(d) छत्रधारी

146. शताब्दी में समास है
(a) द्वन्द्व (b) द्विगु
(c) कर्मधारय (d) तत्पुरुष

147. पीताम्बर में समास है
(a) तत्पुरुष (b) अव्ययीभाव
(c) बहुव्रीहि (d) द्विगु

148. तत्पुरुष समास है
(a) शताब्दी (b) चौमासा
(c) भाई-बहन (d) पदप्राप्त

149. 'गर्व शून्य' शब्द में समास है
(a) कर्म तत्पुरुष (b) करण तत्पुरुष
(c) सम्प्रदान तत्पुरुष (d) अपादान तत्पुरुष

150. 'रसगुल्ला' में कौन-सा समास है?
(a) तत्पुरुष (b) बहुव्रीहि
(c) अव्ययीभाव (d) द्विगु

151. निम्नलिखित में से किस शब्द में समास और सन्धि दोनों हैं?
(a) यज्ञशाला (b) स्वधर्म
(c) जलोष्मा (d) पंकज

152. अधिकरण तत्पुरुष में
(a) पहला पद प्रधान होता है
(b) दूसरा पद प्रधान होता है
(c) दोनों पद प्रधान होते हैं
(d) प्रथम एवं तृतीय पद प्रधान होते हैं

153. 'राजपुत्र' शब्द में कौन-सा समास है?
(a) बहुव्रीहि (b) तत्पुरुष
(c) द्विगु (d) कर्मधारय

154. 'हाथोंहाथ' शब्द में प्रयुक्त समास है
(a) अव्ययीभाव (b) तत्पुरुष
(c) द्वन्द्व (d) द्विगु

155. 'पंचानन' में कौन-सा समास है?
(a) तत्पुरुष (b) बहुव्रीहि
(c) कर्मधारय (d) द्विगु

156. 'सतसई' में कौन-सा समास है?
(a) कर्मधारय (b) द्विगु
(c) द्वन्द्व (d) तत्पुरुष

157. 'गंगाजल' शब्द में समास का भेद बताइए
(a) तत्पुरुष (b) द्वन्द्व
(c) अव्ययीभाव (d) कर्मधारय

158. 'वाचस्पति' किस समास का समस्तपद है?
(a) नञ् तत्पुरुष (b) अलुक् तत्पुरुष
(c) सम्बन्ध तत्पुरुष (d) बहुव्रीहि

159. 'निर्विवाद' में समास है
(a) कर्मधारय (b) अव्ययीभाव
(c) तत्पुरुष (d) बहुव्रीहि

160. निम्न में तत्पुरुष समास का उदाहरण है
(a) एकतरफा (b) धनंजय
(c) आत्मनिर्भर (d) वक्रतुण्ड

161. 'उपकूल' में कौन-सा समास है?
(a) द्वन्द्व (b) द्विगु
(c) अव्ययीभाव (d) तत्पुरुष

162. 'पतझड़' में समास है
(a) करण तत्पुरुष (b) कर्म तत्पुरुष
(c) बहुव्रीहि (d) द्वन्द्व

163. 'नीलकमल' में कौन-सा समास है?
(a) बहुव्रीहि (b) कर्मधारय
(c) द्विगु (d) द्वन्द्व

164. पथभ्रष्ट
(a) द्वन्द्व (b) तत्पुरुष
(c) कर्मधारय (d) अव्ययीभाव

165. अष्टाध्यायी
(a) द्विगु (b) कर्मधारय
(c) तत्पुरुष (d) बहुव्रीहि

166. निम्नांकित में द्विगु समास नहीं है
(a) शताब्दी (b) नकटा
(c) अष्टभुजा (d) चतुर्भुज

167. 'मृत्युंजय' पद में कौन-सा सही है?
(a) द्विगु
(b) कर्मधारय
(c) बहुव्रीहि
(d) द्वन्द्व

168. 'यावज्जीवन' पद में समास है
(a) अव्ययीभाव
(b) तत्पुरुष
(c) कर्मधारय
(d) बहुव्रीहि

169. निम्नांकित में से किस शब्द में तत्पुरुष समास है?
(a) वाचस्पति
(b) घनश्याम
(c) त्रिभुवन
(d) चन्द्रशेखर

170. 'वनगमन' में समास है
(a) द्वन्द्व समास (b) तत्पुरुष समास
(c) कर्मधारय (d) अव्ययीभाव समास

171. सप्तर्षि में समास है
(a) कर्मधारय (b) तत्पुरुष
(c) द्वन्द्व (d) द्विगु

172. 'अजातशत्रु' में कौन-सा समास है?
(a) तत्पुरुष (b) द्वन्द्व
(c) कर्मधारय (d) बहुव्रीहि

173. 'चन्द्रशेखर' शब्द में समास है
(a) तत्पुरुष (b) द्विगु
(c) बहुव्रीहि (d) कर्मधारय

174. निम्नलिखित में से द्विगु समास का उदाहरण है
(a) त्रिभुवन (b) त्रिनेत्र (c) एकदन्त (d) दशानन

175. द्विगु समास का उदाहरण है
(a) माता-पिता (b) यथाशक्ति
(c) नवग्रह (d) पीताम्बर

176. निम्न में से किस शब्द में बहुव्रीहि समास है?
(a) चौराहा (b) पंसेरी
(c) शताब्दी (d) पंजाब

177. 'पॉकिटमार' शब्द में समास है
(a) अव्ययीभाव (b) तत्पुरुष
(c) कर्मधारय (d) द्वन्द्व

178. निम्नांकित शब्दों में से 'सम्बन्ध बहुव्रीहि' सामासिक शब्द है
(a) दशानन (b) लुप्तपद
(c) प्राप्तोदक (d) उपहृतपशु

179. कौन-सा शब्द अव्ययीभाव समास का उदाहरण है?
(a) नवग्रह (b) गाँठकर
(c) महात्मा (d) आमरण

180. 'यथाशीघ्र' शब्द का समास बताइए।
(a) अव्ययीभाव (b) द्वन्द्व
(c) कर्मधारय (d) तत्पुरुष

181. 'जनतन्त्र' शब्द निम्नांकित में से किस समास-प्रकार के अन्तर्गत है?
(a) सम्प्रदान तत्पुरुष समास
(b) कर्म तत्पुरुष समास
(c) सम्बन्ध तत्पुरुष समास
(d) करण तत्पुरुष समास

182. 'अष्टाध्यायी' में समास है
(a) द्वन्द्व (b) द्विगु
(c) तत्पुरुष (d) कर्मधारय

183. क्रिया के जिस रूप से उसके होने का समय तथा उसकी पूर्णता या अपूर्णता का बोध होता है, उसे क्या कहते हैं?
(a) काल (b) अव्यय
(c) निपात (d) विशेषण

184. काल के बोध का सम्बन्ध किससे है?
(a) वचन (b) क्रिया
(c) संज्ञा (d) अव्यय

185. काल के कितने भेद हैं?
(a) तीन (b) दो
(c) चार (d) पाँच

186. भूतकाल के कितने भेद हैं?

(a) सात (b) पाँच
(c) आठ (d) छः

187. 'श्याम ने गाना गाया होगा'। वाक्य में प्रयुक्त है?

(a) आसन्नभूत
(b) संदिग्धभूत
(c) पूर्णभूत
(d) सामान्य भूत

188. जिन शब्दों का रूप सदैव समान रहता है, उन्हें ...... कहते हैं।

(a) अव्यय (b) वचन
(c) क्रिया (d) लिंग

189. अव्यय कितने प्रकार के होते हैं?

(a) तीन (b) चार
(c) पाँच (d) दो

190. 'धीरे चलो'-में अव्यय का कौन-सा प्रकार है?

(a) क्रिया-विशेषण
(b) सम्बन्धबोधक
(c) समुच्चयबोधक
(d) विस्मयादिबोधक

191. किस वाक्य में परिमाणवाचक क्रिया-विशेषण है?

(a) खेल का मैदान लम्बा है।
(b) पंकज अच्छा गायक है।
(c) मैं सफेद कमीज़ नहीं पहनता।
(d) इस बार बारिश में बहुत ओले पड़े।

192. निम्नलिखित में से कौन-सा शब्द कालवाचक क्रिया-विशेषण है?

(a) बारी-बारी (b) भीतर
(c) आज (d) यथासम्भव

सही उत्तर

1. (b)	2. (b)	3. (a)	4. (c)	5. (a)	6. (b)	7. (c)	8. (a)	9. (b)	10. (c)
11. (a)	12. (c)	13. (a)	14. (c)	15. (d)	16. (b)	17. (c)	18. (a)	19. (b)	20. (d)
21. (a)	22. (d)	23. (d)	24. (a)	25. (d)	26. (b)	27. (d)	28. (b)	29. (d)	30. (c)
31. (a)	32. (d)	33. (c)	34. (a)	35. (c)	36. (d)	37. (c)	38. (a)	39. (b)	40. (b)
41. (c)	42. (d)	43. (b)	44. (d)	45. (c)	46. (c)	47. (d)	48. (d)	49. (a)	50. (b)
51. (b)	52. (a)	53. (d)	54. (b)	55. (d)	56. (b)	57. (a)	58. (b)	59. (d)	60. (d)
61. (c)	62. (c)	63. (a)	64. (a)	65. (d)	66. (a)	67. (d)	68. (b)	69. (a)	70. (c)
71. (d)	72. (c)	73. (d)	74. (d)	75. (c)	76. (b)	77. (d)	78. (d)	79. (c)	80. (b)
81. (d)	82. (b)	83. (c)	84. (a)	85. (b)	86. (b)	87. (c)	88. (a)	89. (d)	90. (c)
91. (b)	92. (d)	93. (d)	94. (c)	95. (b)	96. (a)	97. (a)	98. (d)	99. (c)	100. (d)
101. (d)	102. (b)	103. (b)	104. (c)	105. (a)	106. (d)	107. (d)	108. (b)	109. (a)	110. (c)
111. (b)	112. (c)	113. (c)	114. (b)	115. (b)	116. (c)	117. (a)	118. (a)	119. (b)	120. (b)
121. (d)	122. (c)	123. (d)	124. (d)	125. (d)	126. (b)	127. (c)	128. (c)	129. (c)	130. (c)
131. (a)	132. (d)	133. (d)	134. (c)	135. (a)	136. (b)	137. (d)	138. (a)	139. (b)	140. (a)
141. (a)	142. (a)	143. (b)	144. (a)	145. (b)	146. (d)	147. (d)	148. (d)	149. (d)	150. (a)
151. (d)	152. (d)	153. (d)	154. (d)	155. (d)	156. (d)	157. (c)	158. (c)	159. (a)	160. (c)
161. (c)	162. (b)	163. (a)	164. (d)	165. (a)	166. (a)	167. (a)	168. (a)	169. (a)	170. (a)
171. (a)	172. (a)	173. (a)	174. (a)	175. (a)	176. (a)	177. (a)	178. (c)	179. (a)	180. (d)
181. (a)	182. (a)	183. (a)	184. (a)	185. (a)	186. (a)	187. (a)	188. (c)	189. (a)	190. (d)
191. (a)	192. (a)								

इकाई 08 शब्द और शब्द भण्डार

शब्द-भेद का अर्थ एवं उनका वर्गीकरण

- ऐसी स्वतन्त्र एवं सार्थक ध्वनि जिसका निर्माण एक या अधिक वर्णों से हुआ हो, **शब्द** कहलाती है। प्रयोग के आधार पर शब्दों की भिन्न-भिन्न जातियाँ होती हैं, जिन्हें **शब्द-भेद** कहा जाता है।
- शब्द-भेद मुख्यत: **सार्थक** एवं **निरर्थक** शब्दों के आधार पर किया जाता है। सार्थक शब्द दो शब्दों 'स + अर्थक' से मिलकर बना है, जिसका अर्थ होता है अर्थ सहित अर्थात् सार्थक शब्द में शब्द के अन्दर ही उसका अर्थ निहित होता है।
  निरर्थक शब्द दो शब्दों 'निः + अर्थक' से मिलकर बना है, जिसका अर्थ—बिना अर्थ के होता है।
- हिन्दी शब्दों के वर्गीकरण को 4 भागों में बाँटा गया है

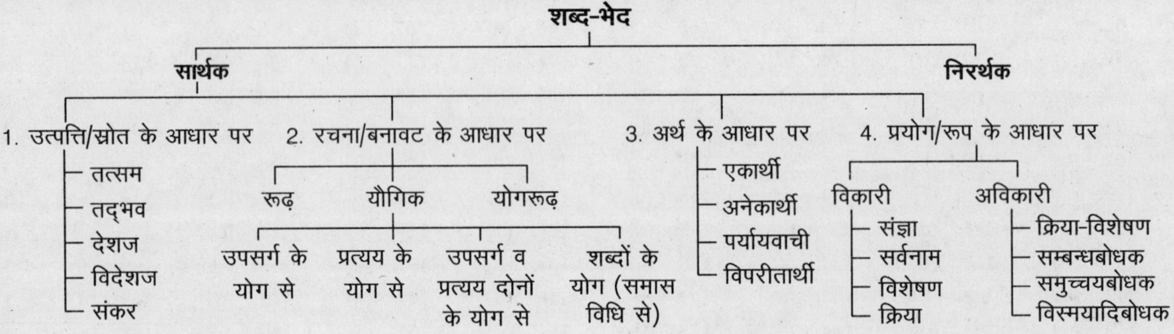

उत्पत्ति/स्रोत के आधार पर

उत्पत्ति/स्रोत के आधार पर शब्दों का वर्गीकरण 5 भागों में किया गया है

1. तत्सम शब्द

- तत्सम शब्द 'तत् + सम' से मिलकर बना है, जिसका अर्थ है—उसके समान अर्थात् संस्कृत के समान।
- वे शब्द जो संस्कृत भाषा से हिन्दी में आए हैं और ज्यों के त्यों प्रयुक्त हो रहे हैं, तत्सम शब्द कहलाते हैं; जैसे—घृत, पुष्प, कवि, आज्ञा, अग्नि, वायु, वत्स, भ्राता इत्यादि।

2. तद्भव शब्द

- तद्भव शब्द 'तत् + भव' से मिलकर बना है, जिसका अर्थ है–'उससे उत्पन्न या विकसित' अर्थात् वे शब्द जो संस्कृत से उत्पन्न या विकसित हुए हैं।
- हिन्दी भाषा में ऐसे अनेक शब्द हैं जिनका जन्म संस्कृत भाषा से हुआ है, परन्तु प्राकृत, अपभ्रंश और प्राचीन हिन्दी से गुजरने के बाद इन शब्दों में परिवर्तन हो गया।

ये परिवर्तित शब्द ही तद्भव शब्द कहलाते हैं; जैसे—

संस्कृत	प्राकृत	हिन्दी
अग्नि	अग्नि	आग
हस्त	हत्थ	हाथ
कार्य	कज्ज	काज
भ्रातृज	भतिज्ज	भतीजा
वरयात्रा	बरआत	बरात
जिह्वा	जिब्भ	जीभ

3. देशज शब्द

- देशज (देशी) शब्द की उत्पत्ति 'देश + ज' के योग से हुई है, जिसका अर्थ है—देश में जन्मा।
- देशज उन शब्दों को कहते हैं, जो स्थानीय बोलचाल तथा देश की अन्य भाषाओं से गृहीत हैं; जैसे— कटोरा, कौड़ी, खिड़की, डिबिया, लोटा आदि।

महत्त्वपूर्ण देशज (देशी) शब्द सूची

लकड़ी	खिड़की	थैला	घरौंदा	पगड़ी
लुटिया	डिबिया	जूता	चिड़िया	तेंदुआ
कपास	पिल्ला	चूड़ी	रोटी	दाल
बेटा	पड़ोसी	कौड़ी	बाप	पेट
ठुमरी	डोंगी	गड़बड़ी	चालू	कसरत
खड़खड़ाना	भीड़-भाड़	लथपथ	पैसा	ढेर
खुरपा	रोड़ा	ढाँचा	गाड़ी	पेटी
फावड़ा	खलिहान	झाड़ू	मास	समय
काया	चेला	गन्ना	हुक्का	दारू
टाँग	बुलबुल	लात	हलचल	औज़ार
लोटा	भात	खड़ाऊँ	ठेस	धुआँ

4. विदेशज शब्द (विदेशी/आगत)

- विदेशज शब्द की उत्पत्ति 'विदेश + ज' के योग से हुई है, जिसका अर्थ है—विदेश में जन्मा अर्थात् किसी विदेशी भाषा से आए शब्द। अत: ऐसे शब्द जो अन्य किसी देश की भाषा से आए हैं, उन्हें विदेशज शब्द कहा जाता है। विदेशी भाषा से आने के कारण ही इन्हें **आगत** शब्द की संज्ञा दी जाती है।
- कुछ विदेशज शब्दों को बिना परिवर्तित किए हिन्दी भाषा में प्रयोग में लाया जाता है; जैसे— कैम्प, क्रिकेट, आर्डर आदि।
- हिन्दी भाषा में अनेक शब्द ऐसे भी हैं जो हैं तो विदेशी मूल के, किन्तु परस्पर सम्पर्क के कारण यहाँ (हिन्दी भाषा में) प्रचलित हो गए हैं। हिन्दी भाषा में विदेशज शब्द दो प्रकार के होते हैं
  1. मुस्लिम शासन के प्रभाव से आए हुए शब्द; जैसे—अरबी, फारसी, उर्दू, आदि भाषा के शब्द।
  2. यूरोपीय कम्पनियों के आगमन तथा ब्रिटिश शासन के प्रभाव से आए हुए शब्द; जैसे—अंग्रेजी भाषा के शब्द।

नीचे कुछ महत्त्वपूर्ण विदेशी शब्दों (अरबी, फ़ारसी और अंग्रेज़ी) की सूची दी गई है, जो विभिन्न प्रतियोगी परीक्षाओं की दृष्टि से उपयोगी हैं

अरबी

अल्लाह	आदमी	अदालत	अक़्ल
अज़ब	अज़ीब	इलाज	ईमान
इज़्ज़त	उम्र	एहसान	औरत
कर्ज़	कमाल	किताब	किस्मत
ख्याल	कुर्सी	जुलूस	जिस्म
जहाज़	जवाब	जलसा	ज़िक्र
तमाम	तकदीर	तारीख़	तकिया
तरक्की	दवा	दिमाग	दुनिया
नतीजा	नहर	नकल	फ़िक्र
फ़ैसला	बहस	मुहावरा	मजबूर
मुकदमा	मुश्किल	मौसम	मुसाफ़िर
राय	लिफ़ाफ़ा	बारिश	शराब
हकीम	हैज़ा	हिम्मत	हुक्म
हज़म	हक	हौंसला	शाम

फ़ारसी

आमदनी	आतिशबाज़ी	आवाज़	उम्मीद
आबरू	आवारा	आफ़त	आराम
उस्ताद	कारीगर	कमीना	किशमिश
कुश्ती	खाक	खुद	खुदा
गिरफ़्तार	गुलाब	गरम	गवाह
ख़ुराक	खामोश	चादर	चालाक
चश्मा	चेहरा	जहर	ज़ागीर
ज़ोर	ज़िन्दगी	ज़ादू	जलेबी
ज़ुरमाना	तबाह	तमाशा	तनख़ाह
तेज़	दंगल	दफ़्तर	दिल
दीवार	नापसंद	नापाक	पाजामा
पैदा	पुल	पेश	बारिश
बुखार	बर्फ़ी	लगाम	लेकिन
सरकार	शादी	सितार	सरदार
वापिस	हज़ार	फ़रिश्ता	फ़रेब

अंग्रेज़ी

अपील	कोर्ट	मजिस्ट्रेट	ज़ज
पुलिस	टैक्स	कलेक्टर	डिप्टी
वोट	पेंशन	कॉपी	पेंसिल
पेन	पिन	पेपर	लाइब्रेरी
स्कूल	कॉलेज़	रॉकेट	डॉक्टर
कम्पाउण्डर	नर्स	ऑपरेशन	वार्ड
प्लेग	मलेरिया	कॉलरा	हार्निया
कैंसर	कालर	पैंट	हैट
बुश्शर्ट	स्वेटर	बूट	जम्पर
ब्लाउज	कप	प्लेट	जग
लैम्प	गैस	माचिस	केक
टॉफी	बिस्कुट	टोस्ट	चॉकलेट
ज़ैम	ज़ैली	ट्रेन	बस
कार	स्कूटर	साइकिल	टिकट
पार्सल	पोस्टकार्ड	मनी ऑर्डर	आफ़िस
क्लर्क	गार्ड	सिनेमा	स्टेशन

अंग्रेज़ी, अरबी, फ़ारसी विदेशी शब्दों के अतिरिक्त तुर्की, पश्तो, पुर्तगाली, फ्रेंच, डच, रूसी, चीनी और जापानी भी ऐसी विदेशी भाषाएँ हैं, जिनके शब्द हिन्दी भाषा में प्रचलित हैं। ऐसे प्रमुख शब्दों की सूची नीचे दी जा रही है

तुर्की

उर्दू	चम्मच	गनीमत	दरोगा
कैंची	चाकू	बारूद	तोप
बेगम	बहादुर	ताश	कलगी
खच्चर	सराय	कुरता	लाश

पश्तो

हड़बड़ी	बाड़	भड़ास	गटागट
अखरोट	पटाखा	डेरा	तहस-नहस
पठान	गुण्डा	खर्राटा	

पुर्तगाली

इस्त्री	इस्पात	कमीज	कमरा
अनन्नास	अलमारी	आलपिन	आया
कर्नल	काफ़ी	काजू	पिस्तौल
गोभी	गोदाम	गमला	पपीता
पादरी	फ़ीता	बाल्टी	तम्बाकू
संतरा	परात	तौलिया	मिस्त्री

अन्य भाषा के महत्त्वपूर्ण शब्द

भाषा	शब्द
फ्रेंच	कारतूस, कर्फ़्यू, कूपन, अंग्रेज़, लाम, बिगुल आदि।
डच	तुरुप, बम (ताँगे का) आदि।
रूसी	रूबल, ज़ार, मिग, वोदका, सोवियत आदि।
चीनी	चाय, लीची, चीनी, चीकू आदि।
जापानी	रिक्शा, सूनामी आदि।

नोट तुर्की, पश्तो, पुर्तगाली, फ्रेंच, डच, रूसी, चीनी और जापानी विदेशी भाषा के शब्द हिन्दी भाषा में कम प्रचलित वर्ग के अन्तर्गत समाहित किए जाते हैं। इनका प्रचलन अंग्रेज़ी, अरबी-फ़ारसी की अपेक्षा कम है।

5. संकर शब्द

वे शब्द जो दो भिन्न भाषाओं के शब्दों को मिलाकर बना लिए गए हों, उन्हें संकर शब्द कहते हैं; जैसे—

रेल (अंग्रेजी) + गाड़ी (हिन्दी) = रेलगाड़ी
वर्ष (संस्कृत) + गाँठ (हिन्दी) = वर्षगाँठ
जाँच (फारसी) + कर्ता (हिन्दी) = जाँचकर्ता
उड़न (हिन्दी) + तश्तरी (फारसी) = उड़नतश्तरी
रफ़ू (फ़ारसी) + चक्कर (हिन्दी) = रफ़ूचक्कर
पान (हिन्दी) + दान (फ़ारसी) = पानदान

अर्द्धतत्सम शब्द

अर्द्धतत्सम शब्द उन संस्कृत शब्दों को कहते हैं, जो प्राकृत भाषा बोलने वालों के उच्चारण से बिगड़ते-बिगड़ते कुछ और ही रूप के हो गए हैं; जैसे—बच्छ, अग्याँ, मुँह, बंस इत्यादि। इन तीनों प्रकार के शब्दों (तत्सम, तद्भव और अर्द्धतत्सम) के कुछ उदाहरण निम्न प्रकार से दिए गए हैं। इन उदाहरणों से तीनों शब्दों के भेद स्पष्ट हो जाएँगे

तद्भव	तत्सम	अर्द्धतत्सम
आन	आज्ञा	अग्याँ
बच्चा	वत्स	बच्छ
आग	अग्नि	अग्नि
काज	कार्य	कारज

तद्भव	तत्सम	तद्भव	तत्सम
	(अ)		
अंगरखा	अंगरक्षक	अढ़ाई	अर्द्धतृतीय
अंगीठी	अग्निष्ठिका	अदरक	आर्द्रक
अँगुरी	अंगुली	अधूरा	अर्द्धपूरक
अँगूठा	अंगुष्ठ	अनाड़ी	अनार्य
अंगूली	अंगुलीय	अनी	अणि
अंगोछा	अंगपौंछा	अनूठा	अनुत्थ
अंतड़ी	अंत्र	अपना	आत्मनः
अजान	अज्ञान	अनाज	अन्न
अमावस	अमावस्या	अठखेली	अष्ट
अंडी	एरंडी	अपाहज	अपादहस्त
अन्धा	अंध	अमचूर	आम्रचूर्ण
अंधेरा	अंधकार	अमी/अमिय	अमृत
अकड़ना	आकड़न	अरग	अर्क
अकाज	अकार्य	अलग	अलग्न
अकेला	एकल	अलोना	अलवण
अखरोट	अक्षोर	असाढ़	आषाढ़
अखाड़ा	अक्षवाट	असीस	आशीष
अगहन	अग्रहायन	अस्सी	आशीति
अगम	अगम्य	अस्तुति	स्तुति
अगार	आगार	अहीर	आभीर
अटारी	अट्टालिका	अहेर	आखेट
अचरज	आश्चर्य	अट्ठावन	अष्टपंचाशन
अक्ख/आखर	अक्षर	अड़सठ	अष्टषष्टि
अट्ठाईस	अष्टाविंशति	अट्ठारह	अष्टादश
अट्ठानवे	अष्टानवति	अनत	अन्यत्र
	(आ)		
आँख	अक्षि	आधा	अर्ध/अर्द्ध
आँच	अर्चि	आधीन	अधीन
आँत	आंत्र	आप	आत्मा
आँब	आमा	आम	आम्र
आँवला	आमलक	आयसु	आदेश
आँसू	अश्रु	आरसी	आदर्शिका
आग	अग्नि	आलस	आलस्य
आज	अद्य	आवाँ	आपाक
आठ	अष्ट	आस	आशा
आढ़त	आढ्यत्व	आसरा	आश्रय
आसोज	आश्विन	आखा	अखिल

(इ/ई)

इकट्ठा	एकत्र	इक्यासी	एकाशीति
इकतीस	एकत्रिंशत्	इतना	इयत
इकतालीस	एकचत्वारिंशत	इतवार	आदित्यवार
इकसठ	एकषष्ठि	इलायची	एला
इक्कीस	एकविंशति	इस	एतस्य
इक्यावन	एकपंचाशत्	इमली	अम्लिका
ईंट	इंष्ट/इष्टिका	ईख	ईक्ष
ईन्धन	ईंधन	ईर्षा	ईर्ष्या

(उ/ऊ)

उड़	उड्‌ड	उनतालीस	ऊनचत्वारिंशत्
उजड़	उज्जड़	उनतीस	ऊनत्रिंशत्
उँगली	अँगुलि	उन्नीस	ऊनविंशति
उगना	उद्‌गत	उपजना	उत्पद्यते
उगलना	उद्‌गलन	उबटन	उद्वर्तन
उछाह	उत्साह	उबालना	उद्वालन
उघाड़ना	उद्‌घाटन	उलाहना	उपालंभ
उजाला	उज्ज्वल	उल्लू	उलूक
उठ	उत्तिष्ठ	उपास	उपवास
उनचास	ऊनपंचाशत्	ऊलूखन	ओखली
ऊँचा	उच्च	ऊँट	उष्ट्र
ऊखल	उद्‌खल	ऊन	ऊर्णा
ऊसर	ऊषर		

(ए/ऐ)

एकलौता	एकल पुत्रः	ऐसा	ईदृश
एका	ऐक्य	एहवात	अविधवात्व

(ओ, औ, ऋ)

ओंठ	ओष्ठ	ओर	अवर
ओखल	उद्‌खल	ओस	अवश्याय
ओझा	उपाध्याय	ओला	उपल
औगुन	अवगुन	और	अपर
औंधा	अवमूर्ध	औचक	अकस्मात
ऋष	ऋषि		

(क)

कंगन	कंकण	किस	कसम
कंचन	काँचन	किसान	कृषक
कंघी	कंकती	किवाड़	कपाट
कँवल	कमल	कीड़ा	कीटक
कई	कति	कुंजी	कुञ्जिका
कचहरी	कृत्यगृह	किसन	कृष्ण
कन्धा	स्कंध	काजल	कज्जल
किरन	किरण	कुअर	कुमार
कातिक	कार्तिक	कीरति	कीर्ति
कैंची	कर्त्तरी	कछुआ	कच्छप
कुछ	किंचित्	कटहरा	काष्ठगृह
कुँवारा	कुमारकः	कटहल	कंटफल
कुआँ	कूप	कुत्ता	कुक्कुर
कठपुतली	काष्ठपुत्तलिका	कुम्हड़ा	कूष्माण्ड
कड़ाह	कटाह	कुम्हार	कुम्भकार
कडुआ	कटुक	कुल्हाड़ा	कुठार
कपड़ा	कर्पट	कूची	कूर्चिका
कपास	कर्पास	कूड़ा	कूट
कपूत	कुपुत्र	कूदना	कूर्दन
कपूर	कर्पूर	कूर	क्रूर
कन	कण	केकड़ा	कर्कट
कलोल	कल्लोल	के	कृते/कार्ये
कलेश	क्लेश	केला	कदली
करम	कर्म	केवट	कैवर्त्त
कर्तब	कर्त्तव्य	कैथा	कपित्थ
करोड़	कोटि	कल	कल्य
कोई	कोऽपि	कसेरा	कांस्यकार
कोख	कुक्षि	कसौटी	कर्षपट्‌टिका
कोठा	कोष्ठक	कहाँ	कुत्रस्थ
कहानी	कथानिका	कोठी	कोष्ठिका
कहार	स्कन्धभार	कोढ़	कुष्ठ
कान	कर्ण	कोढ़ी	कुष्ठी
काँटा	कण्टक	कोना	कोण
काम	कर्म	कोयल	कोकिल
काज	कार्य	कोस	क्रोश
फाट	फर्त	कोहनी	कफोणी
काटना	कर्तन	कौड़ी	कपर्दिका
काठ	काष्ठ	कौआ	काकः
काढ़ा	क्वाथ	कौर	कवल
कान्ह	कृष्ण	क्या	किम्

(ख)

खण्डहर	खंडगृह	खाना	खादन
खज़ूर	खर्ज़ूर	खार	क्षार
खत्री	क्षत्रिय	खीर	क्षीर

तद्भव	तत्सम	तद्भव	तत्सम
खप्पर	खर्पर	खुजली	खर्जू
खम्भा	स्तम्भ	खुर	क्षुर
खाँसी	कास	खेत	क्षेत्र
खाई	खाति	खेती	क्षेत्रित
खाट	खट्वा	खेल	खेला
खान	खनि	खोदना	क्षोदन

(ग)

तद्भव	तत्सम	तद्भव	तत्सम
गँवार	ग्रामीण	गुफा	गुहा
गड्ढा	गर्त	गुसाईं	गोस्वामी
गधा/गद्दा	गर्दभ	गूँजना	गुञ्जन
गनेश	गणेश	गेंद	कंदुक
गहरा	गभीर	गेहूँ	गोधूम
गाँठ	ग्रन्थि	गोबर	गोमय
गाँव	ग्राम	गोत	गोत्र
गागर	गर्गर	गोद	क्रोड
गात	गात्र	गोरा	गौर
गाभिन	गर्भिणी	गोह	गोधा
गाय	गो	गौना	गमन
गाहक	ग्राहक	ग्यारह	एकादश
गिनना	गणन	ग्वाल	गोपाल

(घ)

तद्भव	तत्सम	तद्भव	तत्सम
घड़ा	घट	घिसना	घृषण
घड़ी	घटिका	घी	घृत
घाम	घर्म	घुँघची	गुञ्जा
घाव	घात	घूँघट	गुंठन
घिन	घृणा	घोड़ा	घोटक

(च)

तद्भव	तत्सम	तद्भव	तत्सम
चख	चक्षु	चूना	चूर्ण
चकवा	चक्रवाक	चूमना	चुम्बन
चक्का	चक्र	चैत	चैत्र
चना	चणक	चोंच	चञ्चु
चबाना	चर्वण	चोरी	चौरिका
चमार	चर्मकार	चौ	चतुः
चाँद	चंद्र	चौक	चतुष्क
चाँदनी	चन्द्रिका	चौखट	चतुष्काठ
चाम	चर्म	चौथा	चतुर्थ
चार	चत्वारि	चौथाई	चतुर्थ भागिक
चाहे	चक्षते	चौदह	चतुर्दश
चिकना	चिक्कण	चौपाया	चतुष्पद
चिड़िया	चटिका	चौरासी	चतुरशीति
चितेरा	चित्रकार	चौंरी	चमरी
चीता	चित्रक	चुनना	चिनोति

(छ)

तद्भव	तत्सम	तद्भव	तत्सम
छत	छत्र	छाँह	छाया
छः	षष्	छाजन	छाद्य/छादन
छकड़ा	शकट	छाता	छत्रक
छक्का	षट्क	छिन	क्षण
छठा	षष्ठ	छिमा	क्षमा
छति	क्षति	छिलका	शकल
छत्तीस	षट्त्रिंशत	छुरी	क्षुरिका
छत्री	क्षत्रिय	छेद	छिद्र
छब्बीस	षट्विंशति	छेनी	छेदनी

(ज/झ)

तद्भव	तत्सम	तद्भव	तत्सम
जग	जगत	जानना	ज्ञान
जड़	जटा	जिजमान	यजमान
जत्था	यूथ	जनेऊ	यज्ञोपवीत
जब	यदा	जिस	यस्य
जम	यम	जीभ	जिह्वा
जमाई	जामाता	जीरन	जीर्ण
जम्हाई	जृम्भिका	ज़ूआ	युक्त
जमुना	यमुना	झरना	निर्झर
जलना	ज्वलन	जेठ	ज्येष्ठ
जवान	युवा	जैसा	यादृश
जहाँ	यत्र	जोग	योग
जाँघ	जंघा	जोगी	योगी
जागना	जागरण	जोड़ा	युक्त
जाड़ा	जाड्य	जूठा	जुष्ट

(ट/ठ)

तद्भव	तत्सम	तद्भव	तत्सम
टकसाल	टंकशाला	टूटना	त्रुट्यते
टिटिहरी	टिट्टिभ	ठाँव	स्थान
ठण्डा	स्तब्ध/शीत	ठाकुर	ठक्कुर

(ड/ढ)

तद्भव	तत्सम	तद्भव	तत्सम
डंक/डंका	दंश	डाँड़	दण्ड
डर	दर	डाइन	डाकिनी
डसना	दंशन	डाढ़	दंष्ट्रा
डण्डा	दंड	डाह	दाह

तद्भव	तत्सम	तद्भव	तत्सम
ढाई	अर्द्धतृतीय	ढीठ	धृष्ट
ढीला	शिथिल	ढौंचा	अर्द्धपंच
	(त)		
तब	तदा	तीता	तिक्त
तपसी	तपस्वी	तीसरा	त्रिसृत
तन्डुल	तन्दुल	तुम	तुषमे
तमोली	ताम्बूलिक	तुरंत	त्वरित
तमचूर	ताम्रचूड़	तू	त्वं
तलवार	तरवारि	तैंतीस	त्रित्रिंशत्
ताँबा	ताम्र	तेईस	त्रिविंशत्
ताकना	तर्कन	तेरह	त्रयोदश
ताव	ताप	तेल	तैल
तिगुना	त्रिगुण	तोंद	तुन्द
तिनका	तृण	तोल	तुल्य
तिरछा	तिरश्च	तोड़ना	त्रोटन
तिहाई	त्रिभागिका	त्योहार	तिथिवार
	(थ)		
थम्भ	स्तम्भ	थल	स्थल
थन	स्तन	थिर	स्थित
थान	स्थान	थोड़ा	स्तोक
	(द)		
दबना	दमन	दीवाली	दीपावली
दठी	दृष्ठि	दुबला	दुर्बल
दस	दश	दूज	द्वितीय
दसवाँ	दशम	दूजा	द्वितीय
दही	दधि	दूध	दुग्ध
दाँत	दन्त	दूना	द्विगुण
दाई	धात्री/धाया	दूब	दुर्वा
दाख	द्राक्षा	दूल्हा	दुर्लभ
दाढ़	दंष्ट्रा	दूसरा	द्विसत
दाद	दद्रु	देवर	द्विवर
दामाद	जामाता	दो	द्वौ
दाहिना	दक्षिण	दोना	द्रोण
दीया	दीपक	दृग	दृक्
	(ध)		
धरम	धर्म	धीरज	धैर्य
धरती	धरित्री	धुआँ	धूम
धनिया	धनिका	धूल	धूलि
धान	धान्य	धोना	धावन
	(न)		
नंगा	नग्न	नीचे	नीचैः
नखत	नक्षत्र	निठुर	निष्ठुर
नन्दोई	ननांदृपति	निडर	निर्दर

तद्भव	तत्सम	तद्भव	तत्सम
नया	नव	निभाना	निर्वहण
नब्बे	नवति	निहाई	निघाति
नरसों	अन्यपरश्व	नीचा	नीच्य
नस	नस्या	नीबू	निम्बक
नहना	नखहरण	नीम	निम्ब
नहीं	न हि	नेउता	निमन्त्रण
नाई	नापित	नेम	नियम
लाँघना	लंघन	नेवला	नकुल
नाक	नक्र	नैन	नयन
नाथ	नस्ता	नैहर	ज्ञातिगृह
निगलना	निर्गलन	नोचना	लुंचन
नारियल	नारिकेल	नेह	स्नेह
		(प)	
पंख	पक्ष	पीपल	पिप्पल
पंगत	पंक्ति	पाँव/पैर	पाद
पँछी	पक्षी	पाती	पत्रिका
पंदरह	पंचदश	पान	पर्ण
पकवान	पक्वान्न	पाना	प्रापण
पक्का	पक्व	पानी	पानीय
पचपन	पंचपंचाशत्	पापड़	पर्पट
पछतावा	पश्चात्ताप	पास	पार्श्व
पड़ना	पतन	पाहन	पाषाण
पड़िवा	प्रतिपदा	पाहुना	प्राघूर्ण
पड़ोस	प्रतिवेश	पिटारा	पिटक
पड़ोसी	प्रतिवेशी	पिसन	पिषण
पढ़	पठ	पीठ	पृष्ठ
पीठी	पिष्टिका	पीढ़ा	पीठ
पत्ता	पत्र	पीढ़ी	पीठिका
पत्थर	प्रस्तर	पीला	पीत
पनसारी	पण्यशालिक	पिय	प्रिय
पर	उपरि	पुजारी	पूजाकारी
परकोटा	परिकूट	पतोहू	पुत्रवधु
परछाई	प्रतिच्छाया	पुराना	पुरातन
परनाला	प्रणाल	पूँछ	पुच्छ
परपोता	परपौत्र	पूँजी	पुञ्ज
परपोती	परपौत्री	पूछना	प्रच्छन
परमारथ	परमार्थ	प्यास	पिपासा
परस	स्पर्श	पूरब	पूर्व
परिच्छा	परीक्षा	पूरा	पूरक

तद्भव	तत्सम	तद्भव	तत्सम
परसों	परश्व	पूस	पुष्य
पराठा	पर्पट	प्रभु	परमात्मा
पलंग	पर्यंक	पैंतालीस	पंचचत्वारिंशत्
पलड़ा	पटल	पैंतीस	पंचत्रिंशत्
पल्ला	पल्लव	पोखरा	पुष्कर
पसीना	प्रस्विन्न/स्वेद	पोता	पौत्र
पहचान	प्रत्यभिज्ञान	पोती	पौत्री
पहनना	परिधान	पन्ना	पर्ण
पहर	प्रहर	पोथी	पुस्तिका
पहला	प्रथिल	पौना	पादोन
पहरुआ	प्रहरी	पहुँच	प्रभुत्व
		(फ)	
फटिक/फिटकरी	स्फटिकी	फूटना	स्फुटन
फागुन	फाल्गुन	फुल्का	फुल्ल
फरूआ/फरसा	परशु	फूलना	फुल्लन
फाँसी	पाशिका	फोड़ा	स्फोट
		(ब)	
बँटना	बंटन	बत्ती	वर्तिका
बन्दर	वानर	बात	वार्ता
बकरा	वर्कर	बादल	वारिद
बखान	व्याख्यान	बानवे	द्विनवति
बगुला	वक	बायाँ	वाम
बनिया	वणिक	बार	द्वार
बजरंग	वज्रांग	बारह	द्वादश
बड़/बरगद	वट	बालू	बालुका
बड़ा	वृतक	बावन	द्विपंचाशत्
बढ़ई	वर्द्धकि	बावला	वातुल
बढ़ना	वर्धन	बासठ	द्विषष्ठि
बत्तीस	द्वात्रिंशत्	बिकना	विक्रयण
बनारस	वाराणसी	बिगाड़	विकार
बच्चा	वत्स	बिच्छू	वृश्चिक
बयालीस	द्वाचत्वारिंशत्	बिजली	विद्युत
बरसना	वर्षण	बिदेश	विदेश
बरस	वर्ष	बिनती	विनति
बरात	वरयात्रा	बींधना	वेधन
बसेरा	वासगृह	बीघा	विग्रह
बहन	भगिनी	बीच	वर्त्म
बहनोई	भगिनीपति	बीत	व्यतीत
बहिरा	बधिर	बुआ	पितृश्वसा

तद्भव	तत्सम	तद्भव	तत्सम
बहुत	बहुत्व	बुरा	विरूप
बहेड़ा	विभीतिक	बूँद	बिन्दु
बाट	वर्त्म	बूझना	बुध्यते
बाजा	वाद्य	बूटी	वृत्तिक
बाँका	वक्र	बेर	बदरी
बाँध	बंध	बैस	उपविष्ठ
बाँधना	बन्धन	बैन	वचन
बाँस	वंश	बेल	बलीवर्द
बाँह	बाहु	बोना	वपन
बाग	वल्गा	बौना	वामन
बाघ	व्याघ्र	बाड़ी	वाटिका
बाहर	बहिर	बन	वन
बीट	बिष्टा	बिजली	विद्युत
बिरीछ	वृच्छ	बादल	वारिद
बहू	वधू	बड़	बट
		(भ)	
भण्डार	भाण्डागार	भावज	भ्रातृजाया
भट्ठी	भ्राष्ट्रिका	भिखारी	भिक्षाकारी
भतीज	भ्रातृव्य	भी	अपि
भतीजी	भ्रातृजा	भीख	भिक्षा
भत्ता	भक्त	भीतर	अभ्यन्तर
भभूत	विभूति	भीसम	भीष्म
भरोसा	परवश्यता	भूख	बुभुक्षा
भला	भद्रक	भूखा	बुभुक्षित
भांजा	भागिनेय	भूसा	बुष
भांड	भंड/भट्ट	भूषन	भूषण
भाई	भ्रातृ	भेस	वेश
भाड़ा	भाटक	भौंरा	भ्रमर
भात	ओदन	भाभी	भ्रातृभार्या
भादों	भाद्रपद	भस्मि	भस्म
भालू	भल्लूक	भौ/भौंह	भ्रू
		(म)	
मण्डुआ	मण्डप	मूसल	मुषल
मक्खी	मक्षिका	मुँह	मुख
मच्छर	मत्सर	मुआ	मृत
मछली	मत्स्य	मुखिया	मुख्य
मजीठ	मज्जिष्ठ	मुझे	मह्यम
मिट्टी	मृत्तिका	मुट्ठी/मूठ	मुष्टि
मढ़ना	मंडन	मूँग	मुद्ग

तद्भव	तत्सम	तद्भव	तत्सम
मदारी	मन्त्रकारी	मूँछ	श्मश्रु
मसान	श्मशान	मूंड़	मुंड
महँगा	महार्घ	मूंदना	मुद्रण
महावत	महापात्र	मनिहार	मणिकार
महुआ	मधूक	मेंढ़क	मंडूक
माँग	मार्ग	मेह	मेघ
माँगना	मार्गण	मैल	मल
माई	मातृ	मोती	मौक्तिक
माखन	म्रक्षण	मोर	मयूर
मानुस	मनुष्य	मौर	मुकुट
मिर्च	मरीच	मौसी	मातृश्वसा
मिठाई	मिष्टि	मौत	मृत्यु
मीत	मित्र	मकड़ी	मर्कटी
		(य)	
यह	एष	यों	एवम्
यहाँ	अत्र	युग	जुग
जतन	यत्न	जौ	यव
जमुना	यमुना	जश	यश
जम	यम	जोगी	योगी
जोग	योग	जत्था	यूथ
जन्त्र	यन्त्र	जुग	युग
जजमान	यजमान	जोबन	यौवन
		(र)	
रखना	रक्षण	रीठा	अरिष्ठ
रत्ती	रक्तिका	रीता	रिक्त
रस्सी	रश्मि	रीस	ईर्ष्या
रहट	अरघट्ट	रूखा	रुक्ष
राख	क्षार	रूठा	रुष्ट
राखी	रक्षासूत	रैन	रजनी
राजपूत	राजपुत्र	रोआँ	रोम
रात	रात्रि	राच्छस/राकस	राक्षस
रानी	राज्ञी	राज्य	राष्ट्र
रोना	रुदन	रास	राशि
रीछ	ऋक्ष	रूख	वृक्ष
		(ल)	
लँगड़ा	लंग	लाज	लज्जा
लंगोट	लिंगपट्ट	लिपटना	लिप्त
लकड़ी	लगुड़	लीख	लिक्षा
लखपति	लक्षपति	लेई	लेपिका
लगना	लगन	लोथ	लोष्ट
लच्छा	लवगुच्छ	लोयन	लोचन
लटकना	लटन	लोहा	लौह
लड़ना	रणन	लोहार	लौहकार
लहसुन	लशुन	लौंग	लवंग

तद्भव	तत्सम	तद्भव	तत्सम
लाख	लक्ष/लाक्षा	लोमड़ी	लोमश
		(व)	
वह	असौ	विछोह	विक्षोभ
वैयरबानी	वीरवनिता	वधू	बहू
विआह	विवाह	विथा	व्यथा
बारात	वरयात्रा		
		(श/स)	
शक्कर	शर्करा	शाम	सायं
शिस्य	शिष्य	शीशम	शिंशपा
संडसी	संदंशिका	सूंड	शुण्डा
संभल	सफल	सूअर	शूकर
सकना	शक्यते	सूई	सूचिका
सगा	स्वक	सूखा	शुष्क
सच	सत्य	सूत	सूत्र
सजाना	सज्जापन	सूना/सुन्न	शून्य
सतसई	सप्तशती	सूय	शूर्य
सतहत्तर	सप्तसप्तति	सूरज	सूर्य
सताना	संतापन	सोंठ	शुंठी
सत्त	सत्व	सोंध	सुगन्ध
सत्रह	सप्रदश	सोता	स्रोत
सनीचर	शनैश्चर	सेंध	सन्धि
सत्तासी	सप्तअशीतिः	सेम	शिम्बा
सत्तू	सक्तु	सैंतालीस	सप्तचत्वारिंशत्
सपना	स्वप्न	सैंतीस	सप्तत्रिंशत्
सपूत	सुपुत्र	सोना	स्वर्ण
समझ	संबुद्धि	साहू	साधु
समेटना	समावर्तन	सिंगार	श्रृंगार
सयाना	सज्ञान	सिंघाड़ा	श्रृंगाटक
सलाई	शलाका	सिकड़ी	श्रृंखला/श्रृंखल
साँचा	सच्चक	सगुन	शगुन
सलोना	सलावण्य	सिक्ख	शिष्य
सवा	सपाद	सितार	सप्ततार
ससुर	श्वसुर	सियार	श्रृंगाल
ससुराल	स्वशुरालय	सौरी	प्रसूतिगृह
सहिजन	शोभांजन	सिल	शिला
सहेली	सह हेलनी	सींग	श्रृंग
साँई	स्वामी	सीख	शिक्षा
सांकल	शृंखला	सीढ़ी	श्रेढ़ी/श्रेणी
सांड	षण्ड	सीतल	शीतल
साँवला	श्यामल	सीधा	सिद्ध

तद्भव	तत्सम	तद्भव	तत्सम
साँस	श्वास	सीला	शीतल
साग	शाक	सीस	शीर्ष
सात	सप्त	सुघड़	सुघट
सातवाँ	सप्तम	सुथरा	सुस्थिर
साझा	सांश	सुन	श्रृणु
साठ	षष्ठि	सुनार	स्वर्णकार
साड़ी	शाटी	सुवरन	स्वर्ण
साढ़े	सार्द्ध	सुहाग	सौभाग्य
साथ	सार्थ	सोलह	षोडश
साला	श्याल	सोहन	शोभन
सावन	श्रावण	सौंप	समर्पय
सास	श्वश्रु	सौ	शत
साही	शल्यकी	सौत	सपत्नी
सराप/श्राप	शाप	सेज	शय्या
	(ह)		
हँसी	हास्य	हार	हारि
हड्डी	अस्थि	हीरा	हीरक
हथौड़ा	हस्त	हेठी	अध:स्थिति
हरड़	हरीतकी	हिया	हृदय
हरा	हरित	हिलना	हिल्लन
हलका	लघुक	हींग	हिंगुल
हल्दी	हरिद्रा	होंठ	ओष्ठ
हाथ	हस्त	हाट	हट्ट
हाथी	हस्ती	हितैषी	हितेच्छु

पर्यायवाची

पर्याय का अर्थ 'समान' होता है। अत: पर्यायवाची शब्द से तात्पर्य है—समान अर्थ वाला शब्द। अर्थ में लगभग समानता रखने वाले शब्द पर्यायवाची या समानार्थी शब्द कहलाते हैं।

महत्त्वपूर्ण पर्यायवाची शब्द

शब्द	पर्यायवाची शब्द
	(अ)
अंक	संख्या, गिनती, क्रमांक, निशान, चिह्न, छाप।
अंकुर	कोंपल, अँखुवा, कल्ला, नवोद्भिद्, कलिका, गाभ।
अंकुश	प्रतिबन्ध, रोक, दबाव, रुकावट, नियन्त्रण।
अंग	अवयव, अंश, काया, हिस्सा, भाग, खण्ड, उपांश, घटक, टुकड़ा, तन, कलेवर, शरीर, देह।
अग्नि	आग, अनल, पावक, जातवेद, कृशानु, वैश्वानर, हुताशन, रोहिताश्व, वायुसखा, हव्यवाहन, दहन, अरुण, ज्वाला।
अंचल	पल्लू, छोर, क्षेत्र, अन्त, प्रदेश, आँचल, किनारा।
अचानक	अकस्मात, अनायास, एकाएक, दैवयोग।
अटल	अडिग, स्थिर, पक्का, दृढ़, अचल, निश्चल, गिरि, शैल, नग।
अठखेली	कौतुक, क्रीड़ा, खेल-कूद, चुलबुलापन, उछल-कूद, हँसी-मज़ाक।
अमृत	अमिय, पीयूष, अमी, मधु, सोम, सुधा, सुरभोग, जीवनोदक, शुभा।
अयोग्य	अनर्ह, योग्यताहीन, नालायक, नाकाबिल।
अभिप्राय	प्रयोजन, आशय, तात्पर्य, मतलब, अर्थ, मंतव्य, मंशा, उद्‌देश्य, विचार।
अर्जुन	भारत, गुडाकेश, पार्थ, सहस्रार्जुन, धनंजय।
अवज्ञा	अनादर, तिरस्कार, अवमानना, अपमान, अवहेलना, तौहीन।
अश्व	घोड़ा, तुरंग, हय, बाजि, सैन्धव, घोटक, बछेड़ा, रविसुत, अर्दा।
असुर	रजनीचर, निशाचर, दानव, दैत्य, राक्षस, दनुज, यातुधान, तमीचर।
अवरोध	रुकावट, विघ्न, व्यवधान, अड़ंगा।
अतिथि	मेहमान, पहुना, अभ्यागत, रिश्तेदार, नातेदार, आगन्तुक।
अतीत	पूर्वकाल, भूतकाल, विगत, गत।
अनीक	सेना, सैन्य, फौज, वाहिनी, कटक, लश्कर, अनीकिनी।
अनाज	अन्न, शस्य, धान्य, गल्ला, खाद्यान्न।
अनाड़ी	अनजान, अनभिज्ञ, अज्ञानी, अकुशल, अदक्ष, अपटु, मूर्ख, अल्पज्ञ, नौसिखिया, मूढ़, अबोध, नासमझ।
अनार	सुनील, वल्कफल, मणिबीज, बीदाना, दाड़िम, रामबीज, शुकप्रिय।
अनिष्ट	बुरा, अपकार, अहित, नुकसान, हानि, अमंगल।
अनुकम्पा	दया, कृपा, करम, मेहरबानी।
अनुपम	सुन्दर, अतुल, अपूर्व, अद्वितीय, अनोखा, अप्रतिम, अद्‌भुत, अनूठा, विलक्षण, विचित्र, निराला।
अनुसरण	नकल, अनुकृत, अनुगमन।
अपमान	अनादर, उपेक्षा, निरादर, बेइज़्ज़ती, अवज्ञा, तिरस्कार, अवमान।
अप्सरा	परी, देवकन्या, अरुणप्रिया, सुखवनिता, देवांगना, दिव्यांगना, देवबाला।
अभय	निडर, साहसी, निर्भीक, निर्भय, निश्चिन्त।
अभिजात	कुलीन, सुजात, खानदानी, उच्च, पूज्य, श्रेष्ठ।
अभिज्ञ	जानकार, विज्ञ, परिचित, ज्ञाता।
अभिमान	गौरव, गर्व, नाज, घमण्ड, दर्प, स्वाभिमान, अस्मिता, अहं, अहंकार, अहमिका, मान, मिथ्याभिमान, दंभ।
अभियोग	दोषारोपण, कसूर, अपराध, गलती, आक्षेप, आरोप, इल्ज़ाम।
अभिलाषा	कामना, मनोरथ, इच्छा, आकांक्षा, ईहा, ईप्सा, चाह, लालसा, मनोकामना।
अभ्यास	रियाज़, पुनरावृत्ति, दोहराना, मश्क।
अमर	मृत्युंजय, अविनाशी, अनश्वर, अक्षर, अक्षय।

शब्द	पर्यायवाची शब्द
अमीर	धनी, धनाढ्य, सम्पन्न, धनवान, पैसेवाला।
अनन्त	असंख्य, अपरिमित, अगणित, बेशुमार।
अगुआ	अग्रणी, सरदार, मुखिया, प्रधान, नायक।
अधर	रदच्छद, रदपुट, होंठ, ओष्ठ, लब।
अध्यापक	आचार्य, शिक्षक, गुरु, व्याख्याता, अवबोधक, अनुदेशक।
अंधकार	तम, तिमिर, ध्वान्त, अँधियारा, तिमिस्रा।
अनुरूप	अनुकूल, संगत, अनुसार, मुआफिक।
अन्तःपुर	रनिवास, भोगपुर, जनानखाना।
अदृश्य	अन्तर्धान, तिरोहित, ओझल, लुप्त, गायब।
अकाल	भुखमरी, कुकाल, दुष्काल, दुर्भिक्ष।
अशुद्ध	दूषित, गन्दा, अपवित्र, अशुचि, नापाक।
असभ्य	अभद्र, अविनीत, अशिष्ट, गँवार, उजड्ड।
अधम	नीच, निकृष्ट, पतित।
अपकीर्ति	अपयश, बदनामी, निन्दा, अकीर्ति।
अध्ययन	अनुशीलन, पारायण, पठनपाठन, पढ़ना।
अनुरोध	अभ्यर्थना, प्रार्थना, विनती, याचना, निवेदन।
अखण्ड	पूर्ण, समस्त, सम्पूर्ण, अविभक्त, समूचा, पूरा।
अपराधी	मुजरिम, दोषी, कसूरवार, सदोष।
अधीन	आश्रित, मातहत, निर्भर, पराश्रित, पराधीन।
अनुचित	नाजायज़, गैरवाजिब, बेजा, अनुपयुक्त, अयुत।
अन्वेषण	अनुसन्धान, गवेषण, खोज, जाँच, शोध।
अमूल्य	अनमोल, बहुमूल्य, मूल्यवान, बेशकीमती।
अज	ब्रह्मा, ईश्वर, दशरथ के जनक, बकरा।
अंधा	नेत्रहीन, सूरदास, अन्ध, चक्षुविहीन, प्रज्ञाचक्षु।
अनुवाद	भाषांतर, उल्था, तर्जुमा।
अरण्य	जंगल, कान्तार, विपिन, वन, कानन।
अवनति	अपकर्ष, गिराव, गिरावट, घटाव, ह्रास।
अश्लील	अभद्र, अधिभ्रष्ट, निर्लज्ज, बेशर्म, असभ्य।
(आ)	
आकुल	व्यग्र, बेचैन, क्षुब्ध, बेकल।
आकृति	आकार, चेहरा-मोहरा, नैन-नक्श, डील-डौल।
आदर्श	प्रतिरूप, प्रतिमान, मानक, नमूना।
आलसी	निठल्ला, बैठा-ठाला, ठलुआ, सुस्त, निकम्मा, काहिल।
आयुष्मान्	चिरायु, दोर्घायु, शतायु, दीर्घजीवी, चिरंजीव।
आज्ञा	आदेश, निदेश, फ़रमान, हुक्म, अनुमति, मंजूरी, स्वीकृति, सहमति, इजाज़त।
आश्रय	सहारा, आधार, भरोसा, अवलम्ब, प्रश्रय।
आख्यान	कहानी, वृत्तांत, कथा, किस्सा, इतिवृत्त।

शब्द	पर्यायवाची शब्द
आधुनिक	अर्वाचीन, नूतन, नव्य, वर्तमानकालीन, नवीन, अधुनातन।
आवेग	तेज़ी, स्फूर्ति, जोश, त्वरा, तीव्र, फुरती, चपलता।
आभूषण	गहना, विभूषण, भूषण, अलंकार, जेवर, आभरण, मण्डन।
आलोचना	समीक्षा, टीका, टिप्पणी, नुक्ताचीनी, समालोचना।
आरम्भ	श्रीगणेश, शुरुआत, सूत्रपात, प्रारम्भ, उपक्रम।
आवश्यक	अनिवार्य, अपरिहार्य, ज़रूरी, बाध्यकारी।
आदि	पहला, प्रथम, आरम्भिक, आदिम।
आपत्ति	विपदा, मुसीबत, आपदा, विपत्ति।
आकाश	नभ, अम्बर, अन्तरिक्ष, आसमान, व्योम, गगन, दिव, द्यौ, पुष्कर, शून्य।
आचरण	चाल-चलन, चरित्र, व्यवहार, आदत, बर्ताव, सदाचार, शिष्टाचार।
आडम्बर	पाखण्ड, ढकोसला, ढोंग, प्रपंच, दिखावा।
आँख	अक्षि, नैन, नेत्र, लोचन, दृग, चक्षु, ईक्षण, विलोचन, प्रेक्षण, दृष्टि।
आँगन	प्रांगण, बगड़, बाखर, अजिर, अँगना, सहन।
आम	रसाल, आम्र, फलराज, पिकबन्धु, सहकार, अमृतफल, मधुरासव, अंब।
आनन्द	आमोद, प्रमोद, विनोद, उल्लास, प्रसन्नता, सुख, हर्ष, आह्लाद।
आशा	उम्मीद, तवक्को, आस।
आशीर्वाद	आशीष, दुआ, शुभाशीष, शुभकामना, आशीर्वचन, मंगलकामना।
आश्चर्य	अचम्भा, अचरज, विस्मय, हैरानी, ताज्जुब।
आहार	भोजन, खुराक, खाना, भक्ष्य, भोज्य।
आस्था	विश्वास, श्रद्धा, मान, कदर, महत्त्व, आदर।
आँसू	अश्रु, नेत्रनीर, नयनजल, नेत्रवारि, नयननीर।
(इ/ई)	
इन्दिरा	लक्ष्मी, रमा, श्री, कमला।
इच्छा	लालसा, कामना, चाह, मनोरथ, ईहा, ईप्सा, आकांक्षा, अभिलाषा, मनोकामना, स्पृहा, लिप्सा।
इन्द्र	महेन्द्र, सुरेन्द्र, सुरेश, पुरन्दर, देवराज, मघवा, पाकरिपु, पाकशासन, पुरहूत।
इन्द्राणी	शची, इन्द्रवधू, महेन्द्री, इन्द्रा, पौलोमी, शतावरी, पुलोमजा।
इनकार	अस्वीकृति, निषेध, मनाही, प्रत्याख्यान।
इच्छुक	अभिलाषी, लालायित, उत्कण्ठित, आतुर।
इशारा	संकेत, इंगित, निर्देश।
इन्द्रधनुष	सुरचाप, इन्द्रधनु, शक्रचाप, सप्तवर्णधनु।
इन्द्रपुरी	देवलोक, अमरावती, इन्द्रलोक, देवेन्द्रपुरी, सुरपुर।
ईख	गन्ना, ऊख, रसडंड, रसाल, पेंड्री, रसद।
ईमानदार	सच्चा, निष्कपट, सत्यनिष्ठ, सत्यपरायण।

शब्द	पर्यायवाची शब्द
ईश्वर	परमात्मा, परमेश्वर, ईश, ओम, ब्रह्म, अलख, अनादि, अज, अगोचर, जगदीश।
ईर्ष्या	मत्सर, डाह, जलन, कुढ़न, द्वेष, रश्क, विद्वेष, बैर, शत्रुता।
(उ/ऊ)	
उचित	ठीक, सम्यक्, सही, उपयुक्त, वाजिब।
उत्कर्ष	उन्नति, उत्थान, अभ्युदय, उन्मेष।
उत्पात	दंगा, उपद्रव, फ़साद, हुड़दंग, गड़बड़, उधम।
उत्सव	समारोह, आयोजन, पर्व, त्योहार, मंगलकार्य, जलसा।
उत्साह	जोश, उमंग, हौसला, उत्तेजना।
उत्सुक	आतुर, उत्कण्ठित, व्यग्र, उत्कर्ण, रुचि, रुझान।
उदार	उदात्त, सहृदय, महामना, महाशय, दरियादिल।
उदाहरण	मिसाल, नमूना, दृष्टान्त, निदर्शन, उद्धरण।
उद्देश्य	प्रयोजन, ध्येय, लक्ष्य, निमित्त, मकसद, हेतु।
उद्यत	तैयार, प्रस्तुत, तत्पर।
उन्मूलन	निरसन, अन्त, उत्सादन।
उपकार	परोपकार, अच्छाई, भलाई, नेकी, हित, उद्धार, कल्याण।
उपस्थित	विद्यमान, हाज़िर, प्रस्तुत।
उपमा	तुलना, मिलान, सादृश्य, समानता।
उत्कृष्ट	उत्तम, श्रेष्ठ, प्रकृष्ट, प्रवर।
उपासना	पूजा, आराधना, अर्चना, सेवा।
उद्यम	परिश्रम, पुरुषार्थ, श्रम, मेहनत।
उजाल	प्रकाश, आलोक, प्रभा, ज्योति।
उपाय	युक्ति, ढंग, तरकीब, तरीका, यत्न, जुगत।
उपयुक्त	उचित, ठीक, वाज़िब, मुनासिब, वांछनीय।
उल्टा	प्रतिकूल, विलोम, विपरीत, विरुद्ध।
उजाड़	निर्जन, वीरान, सुनसान, बियावान।
उग्र	तेज़, प्रबल, प्रचण्ड, उत्कृष्ट, महादेव, तीव्र।
उन्नति	प्रगति, तरक्की, विकास, उत्थान, बढ़ोतरी, उठान, उत्क्रमण, चढ़ाव, आरोह।
उपवास	निराहार, व्रत, अनशन, फाँका, लंघन।
उपेक्षा	उदासीनता, विरक्ति, अनासक्ति, विराग, उदासीन, उल्लंघन।
उपहार	भेंट, सौगात, तोहफ़ा।
उपालम्भ	उलाहना, शिकवा, शिकायत, गिला।
उल्लू	उलूक, लक्ष्मीवाहन, कौशिक।
ऊँचा	उच्च, शीर्षस्थ, उन्नत, उत्तुंग।
ऊर्जा	ओज, स्फूर्ति, शक्ति।
ऊसर	अनुर्वर, सस्यहीन, अनुपजाऊ, बंजर, रेत, रेह।
ऊष्मा	उष्णता, तपन, ताप, गर्मी।

शब्द	पर्यायवाची शब्द
ऊँट	लम्बोष्ठ, महाग्रीव, क्रमेलक, उष्ट्र।
ऊँघ	तंद्रा, ऊँचाई, झपकी, अर्द्धनिद्रा, अलसाई।
(ऋ, ए, ऐ)	
ऋषि	मुनि, मनीषी, महात्मा, साधु, सन्त, संन्यासी, मन्त्रदृष्टा।
ऋद्धि	बढ़ती, बढ़ोतरी, वृद्धि, सम्पन्नता, समृद्धि।
एकता	एका, सहमति, एकत्व, मेल-जोल, समानता, एकरूपता, एकसूत्रता, ऐक्य, अभिन्नता।
एहसान	आभार, कृतज्ञता, अनुग्रह।
एकांत	सुनसान, शून्य, सूना, निर्जन, विजन।
एकाएक	अकस्मात, अचानक, सहसा, एकदम।
ऐश	विलास, ऐयाशी, सुख-चैन।
ऐश्वर्य	वैभव, प्रभुता, सम्पन्नता, समृद्धि, सम्पदा।
ऐच्छिक	स्वेच्छाकृत, वैकल्पिक, अख्तियारी।
ऐब	खोट, दोष, बुराई, अवगुण, कलंक, खामी, कमी, त्रुटि।
(ओ, औ)	
ओज	दम, ज़ोर, पराक्रम, बल, शक्ति, ताकत।
ओझल	अन्तर्ध्यान, तिरोहित, अदृश्य, लुप्त, गायब।
ओस	तुषार, हिमकण, हिमसीकर, हिमबिन्दु, तुहिनकण।
ओंठ	होंठ, अधर, ओष्ठ, दन्तच्छद, रदनच्छद, लब।
और	अन्य, दूसरा, इतर, भिन्न, अधिक, ज्यादा, तथा।
औषधि	दवा, दवाई, भेषज, औषध।
(क)	
कमल	सरोज, सरोरुह, जलज, पंकज, नीरज, वारिज, अम्बुज, अम्बोज, अब्ज, सतदल, अरविन्द, कुवलय, अम्भोरुह, राजीव, नलिन, पद्म, तामरस, पुण्डरीक, सरसिज, कंज।
कर्ण	अंगराज, सूर्यसुत, अर्कनन्दन, राधेय, सूतपुत्र, रविसुत, आदित्यनन्दन।
कली	मुकुल, जालक, ताम्रपल्लव, कलिका, कुडमल, कोरक, नवपल्लव, अँखुवा, कोंपल, गुंचा।
कल्पवृक्ष	कल्पतरु, कल्पशाल, कल्पद्रुम, कल्पपादप, कल्पविटप।
कन्या	कुमारिका, बालिका, किशोरी, बाला।
कठिन	दुर्बोध, जटिल, दुरूह।
कंगाल	निर्धन, गरीब, अकिंचन, दरिद्र।
कमज़ोर	दुर्बल, निर्बल, अशक्त, क्षीण।
कुटिल	छली, कपटी, धोखेबाज़, चालबाज़।
काक	काग, काण, वायस, पिशुन, करठ, कौआ।
कुत्ता	कुक्कर, श्वान, शुनक, कूकुर।
कबूतर	कपोत, रक्तलोचन, हारीत, पारावत।
कृत्रिम	अवास्तविक, नकली, झूठा, दिखावटी, बनावटी।

शब्द	पर्यायवाची शब्द
कल्याण	मंगल, योगक्षेम, शुभ, हित, भलाई, उपकार।
कृषक	किसान, काश्तकार, हलधर, जोतकार, खेतिहर।
क्लिष्ट	दुरूह, संकुल, कठिन, दुःसाध्य।
कौशल	कला, हुनर, फ़न, योग्यता, कुशलता।
कर्म	कार्य, कृत्य, क्रिया, काम-काज।
कंदरा	गुहा, गुफा, खोह, दरी, विवर, गह्वर, बिल, गर्त।
कथन	विचार, वक्तव्य, मत, बयान।
कटाक्ष	आक्षेप, व्यंग्य, ताना, छींटाकशी।
कुरूप	भद्दा, बेडौल, बदसूरत, असुन्दर।
कलंक	दोष, दाग, धब्बा, लांछन, कलुषता।
कोमल	मृदुल, सुकुमार, नाजुक, नरम, सौम्य, मुलायम।
किरण	रश्मि, केतु, अंशु, कर, मरीचि, मखूख, प्रभा, अर्चि, पुंज।
कसक	पीड़ा, दर्द, टीस, दुःख।
कोयल	कोकिल, श्यामा, पिक, मदनशलाका।
कायरता	भीरुता, अपौरुष, पामरता, साहसहीनता।
कंटक	काँटा, शूल, खार।
कामदेव	मनोज, कन्दर्प, आत्मभू, अनंग, अतनु, काम, मकरकेतु, पुष्पचाप, स्मर, मन्मथ।
कार्तिकेय	कुमार, पार्वतीनन्दन, शरभव, स्कन्ध, षडानन, गुह, मयूरवाहन, शिवसुत, षड्वदन।
कटु	कठोर, कड़वा, तीखा, तेज़, तीक्ष्ण, चरपरा, कर्कश, रूखा, रुक्ष, परुष, कड़ा, सख्त।
किला	दुर्ग, कोट, गढ़, शिविर।
किंचित	कतिपय, कुछ एक, कई एक, कुछ, अल्प, ज़रा।
किताब	पुस्तक, ग्रन्थ, पोथी।
किनारा	तट, मुहाना, तीर, पुलिन, कूल। अंचल, छोर, सिरा, पर्यन्त।
कीमत	मूल्य, दाम, लागत।
कुबेर	राजराज, किन्नरेश, धनाधिप, धनेश, यक्षराज, धनद।
कुमुदनी	नलिनी, कैरव, कुमुद, इन्दुकमल, चन्द्रप्रिया।
कृष्ण	नन्दनन्दन, मधुसूदन, जनार्दन, माधव, मुरारि, कन्हैया, द्वारकाधीश, गोपाल, केशव, नन्दकुमार, नन्दकिशोर, बिहारी।
कृतज्ञ	आभारी, उपकृत, अनुगृहीत, ऋणी, कृतार्थ, एहसानमंद।
केला	रम्भा, कदली, वारण, अशुमत्फला, भानुफल, काष्ठीला।
क्रोध	गुस्सा, अमर्ष, रोष, कोप, आक्रोश, ताव।
करुणा	दया, तरस, रहम, आत्मीयभाव।

(ख)

शब्द	पर्यायवाची शब्द
खग	पक्षी, चिड़िया, पखेरू, द्विज, पंछी, विहंग, शकुनि।
खंजन	नीलकण्ठ, सारंग, कलकण्ठ।
खंड	अंश, भाग, हिस्सा, टुकड़ा।
खल	शठ, दुष्ट, धूर्त, दुर्जन, कुटिल, नालायक, अधम।
खूबसूरत	सुन्दर, सुरम्य, मनोज्ञ, रूपवान, सौरम्य, रमणीक।
खून	रुधिर, लहू, रक्त, शोणित।
खम्भा	खम्भ, स्तूप, स्तम्भ।
खतरा	अंदेशा, भय, डर, आशंका।
खत	चिट्ठी, पत्र, पत्री, पाती।
खामोश	नीरव, शान्त, चुप, मौन।
खीझ	झुँझलाहट, झल्लाहट, खीझना, चिढ़ना।

(ग/घ)

शब्द	पर्यायवाची शब्द
गरुड़	खगेश्वर, सुपर्ण, वैनतेय, नागान्तक।
गौरव	मान, सम्मान, महत्त्व, बड़प्पन।
गम्भीर	गहरा, अथाह, अतल।
गाँव	ग्राम, मौजा, पुरवा, बस्ती, देहात।
गृह	घर, सदन, भवन, धाम, निकेतन, आलय, मकान, गेह, शाला।
गीदड़	शृगाल, सियार, जम्बुक।
गुप्त	निभृत, अप्रकट, गूढ़, अज्ञात, परोक्ष।
गति	हाल, दशा, अवस्था, स्थिति, चाल, रफ़्तार।
गंगा	भागीरथी, देवसरिता, मंदाकिनी, विष्णुपदी, त्रिपथगा, देवापगा, जाह्नवी, देवनदी, ध्रुवनन्दा, सुरसरि, पापछालिका।
गणेश	लम्बोदर, मूषकवाहन, भवानीनन्दन, विनायक, गजानन, मोदकप्रिय, जगवन्द्य, हेरम्ब, एकदन्त, गजवदन, विघ्ननाशक।
गज	हस्ती, सिंधुर, मातंग, कुम्भी, नाग, हाथी, वितुण्ड, कुंजर, करी, द्विप।
गधा	गदहा, खर, धूसर, गर्दभ, चक्रीवाहन, रासभ, लम्बकर्ण, बैशाखनन्दन, बेसर।
गाय	धेनु, सुरभि, माता, कल्याणी, पयस्विनी, गौ।
गुलाब	सुमना, शतपत्र, स्थलकमल, पाटल, वृन्तपुष्प।
गुनाह	गलती, अधर्म, पाप, अपराध, खता, त्रुटि, कुकर्म।
घड़ा	कलश, घट, कुम्भ, गागर, निप, गगरी, कुट।
घी	घृत, हवि, अमृतसार।
घाटा	हानि, नुकसान, टोटा।
घन	जलधर, वारिद, अंबुधर, बादल, मेघ, अम्बुद, पयोद, नीरद।
घृणा	जुगुप्सा, अरुचि, घिन, बीभत्स।
घुमक्कड़	रमता, सैलानी, पर्यटक, घुमन्तू, विचरणशील, यायावर।
घिनौना	घृण्य, घृणास्पद, बीभत्स, गन्दा, घृणित।

(च/छ)

शब्द	पर्यायवाची शब्द
चंदन	मंगल्य, मलयज, श्रीखण्ड।
चाँदी	रजत, रूपा, रौप्य, रूपक।
चरित्र	आचार, सदाचार, शील, आचरण।
चिन्ता	फ़िक्र, सोच, ऊहापोह।
चौकीदार	आरक्षी, पहरेदार, प्रहरी, गारद, गश्तकार।

शब्द	पर्यायवाची शब्द
चोटी	शृंग, तुंग, शिखर, परकोटि।
चक्र	पहिया, चाक, चक्का।
चिकित्सा	उपचार, इलाज, दवादारू।
चतुर	कुशल, नागर, प्रवीण, दक्ष, निपुण, योग्य, होशियार, चालाक, सयाना, विज्ञ।
चन्द्र	सोम, राकेश, रजनीश, राकापति, चाँद, निशाकर, हिमांशु, मयंक, सुधांशु, मृगांक, चन्द्रमा, कला-निधि, ओषधीश।
चाँदनी	चन्द्रिका, ज्योत्स्ना, कौमुदी, कुमुदकला, जुन्हाई, अमृतवर्षिणी, चन्द्रातप, चन्द्रमरीचि।
चपला	विद्युत, बिजली, चंचला, दामिनी, तड़ित।
चश्मा	ऐनक, उपनेत्र, सहनेत्र, उपनयन।
चाटुकारी	खुशामद, चापलूसी, मिथ्या प्रशंसा, चिरौरी, चमचागीरी।
चिह्न	प्रतीक, निशान, लक्षण, पहचान, संकेत।
चोर	रजनीचर, दस्यु, साहसिक, कभिज, खनक, मोषक, तस्कर।
छात्र	विद्यार्थी, शिक्षार्थी, शिष्य।
छाया	साया, प्रतिबिम्ब, परछाई, छाँव।
छल	प्रपंच, झाँसा, फ़रेब, कपट।
छटा	आभा, कांति, चमक, सौन्दर्य, सुन्दरता।
छानबीन	जाँच-पड़ताल, पूछताछ, जाँच, तहकीकात।
छेद	छिद्र, सूराख, रंध्र।
छली	ठग, छद्मी, कपटी, कैतव, धूर्त, मायावी।
छाती	उर, वक्ष, वक्षःस्थल, हृदय, मन, सीना।

(ज/झ)

शब्द	पर्यायवाची शब्द
जननी	माँ, माता, माई, मइया, अम्बा, अम्मा।
जीव	प्राणी, देहधारी, जीवधारी।
जिज्ञासा	उत्सुकता, उत्कण्ठा, कुतूहल।
जंग	युद्ध, रण, समर, लड़ाई, संग्राम।
जग	दुनिया, संसार, विश्व, भुवन, मृत्युलोक।
जल	सलिल, उदक, तोय, अम्बु, पानी, नीर, वारि, पय, अमृत, जीवक, रस, अप।
जहाज़	जलयान, वायुयान, विमान, पोत, जलवाहन।
जानकी	वैदेही, मैथिली, सीता, रामप्रिया, जनकदुलारी, जनकनन्दिनी।
जुटाना	बटोरना, संग्रह करना, जुगाड़ करना, एकत्र करना, जमा करना, संचय करना।
जोश	आवेश, साहस, उत्साह, उमंग, हौसला।
जीभ	जिह्वा, रसना, रसज्ञा, चंचला।
जमुना	सूर्यतनया, सूर्यसुता, कालिंदी, अर्कजा, कृष्णा।
ज्योति	प्रभा, प्रकाश, लौ, अग्निशिखा, आलोक।
झंडा	ध्वजा, केतु, पताका, निसान।
झरना	सोता, स्रोत, उत्स, निर्झर, जलप्रपात, प्रस्रवण, प्रपात।
झुकाव	रुझान, प्रवृत्ति, प्रवणता, उन्मुखता।
झकोर	हवा का झोंका, झटका, झोंक, बयार।
झूठ	मिथ्या, मृषा, अनृत, असत, असत्य।

(ट/ठ)

शब्द	पर्यायवाची शब्द
टीका	भाष्य, वृत्ति, विवृति, व्याख्या, भाषांतरण।
टक्कर	भिड़ंत, संघट्ट, समाघात, ठोकर।
टोल	समूह, मण्डली, जत्था, झुण्ड, चटसाल, पाठशाला।
टीस	साल, कसक, शूल, शूक्त, चसक, दर्द, पीड़ा।
टेढ़ा	बंक, कुटिल, तिरछा, वक्र, कठिन, पेचीदा, मुश्किल, दुर्गम।
टंच	सूम, कृपण, कंजूस, निष्ठुर।
ठंड	शीत, ठिठुरन, सर्दी, जाड़ा, ठंडक।
ठेस	आघात, चोट, ठोकर, धक्का।
ठौर	ठिकाना, स्थल, जगह।
ठग	जालसाज, प्रवंचक, वंचक, प्रतारक।
ठाठ	आडम्बर, सजावट, वैभव।
ठिठोली	मज़ाक, उपहास, फ़बती, व्यंग्य, व्यंग्योक्ति।
ठगी	प्रतारणा, वंचना, मायाजाल, फ़रेब, जालसाज़।

(ड/ढ)

शब्द	पर्यायवाची शब्द
डगर	बाट, मार्ग, राह, रास्ता, पथ, पंथ।
डर	त्रास, भीति, दहशत, आतंक, भय, खौफ़।
डेरा	पड़ाव, खेमा, शिविर।
डोर	डोरी, रज्जु, तांत, रस्सी, पगहा, तन्तु।
डकैत	डाकू, लुटेरा, बटमार।
डायरी	दैनिकी, दैनन्दिनी, रोज़नामचा।
ढीठ	धृष्ट, प्रगल्भ, अविनीत, गुस्ताख।
ढोंग	स्वाँग, पाखण्ड, कपट, छल।
ढंग	पद्धति, विधि, तरीका, रीति, प्रणाली, करीना।
ढाढ़स	आश्वासन, तसल्ली, दिलासा, धीरज, सांत्वना।
ढोंगी	पाखण्डी, बगुला-भगत, रंगासियार, कपटी, छली।

(त/थ)

शब्द	पर्यायवाची शब्द
तन	शरीर, काया, जिस्म, देह, वपु।
तपस्या	साधना, तप, योग, अनुष्ठान।
तरंग	हिलोर, लहर, ऊर्मि, मौज, वीचि।
तरु	वृक्ष, पेड़, विटप, पादप, द्रुम, दरख्त।
तलवार	असि, खडग, सिरोही, चन्द्रहास, कृपाण, शमशीर, करवाल, करौली, तेग।
तम	अंधकार, ध्वान्त, तिमिर, अँधेरा, तमसा।
तरुणी	युवती, मनोज्ञा, सुन्दरी, यौवनवक्षी, प्रमदा, रमणी।
तारा	नखत, उड्डगण, नक्षत्र, तारक।

शब्द	पर्यायवाची शब्द
तम्बू	डेरा, खेमा, शिविर।
तस्वीर	चित्र, फोटो, प्रतिबिम्ब, प्रतिकृति, आकृति।
तालाब	जलाशय, सरोवर, ताल, सर, तड़ाग, जलधर, सरसी, पद्माकर, पुष्कर।
तारीफ़	बड़ाई, प्रशंसा, सराहना, प्रशस्ति, गुणगान।
तीर	नाराच, बाण, शिलीमुख, शर, सायक।
तोता	सुवा, शुक, दाडिमप्रिय, कीर, सुग्गा, रक्ततुंड।
तत्पर	तैयार, कटिबद्ध, उद्यत, सन्नद्ध।
तन्मय	मग्न, तल्लीन, लीन, ध्यानमग्न।
तालमेल	समन्वय, संगति, सामंजस्य।
तरकारी	शाक, सब्ज़ी, भाजी।
तूफ़ान	झंझावात, अंधड़, आँधी, प्रभंजन।
त्रुटि	अशुद्धि, भूल-चूक, गलती।
थकान	क्लान्ति, श्रान्ति, थकावट, थकन।
थोड़ा	कम, ज़रा, अल्प, स्वल्प, न्यून।
थाह	अन्त, छोर, सिरा, सीना।
थोथा	पोला, खाली, खोखला, रिक्त, छूछा।
थल	धरती, ज़मीन, पृथ्वी, भूतल, भूमि।

(द)

शब्द	पर्यायवाची शब्द
दर्पण	शीशा, आइना, मुकुर, आरसी।
दास	चाकर, नौकर, सेवक, परिचारक, परिचर, किंकर, गुलाम, अनुचर।
दुःख	क्लेश, खेद, पीड़ा, यातना, विषाद, यन्त्रणा, क्षोभ, कष्ट।
दूध	पय, दुग्ध, स्तन्य, क्षीर, अमृत।
देवता	सुर, आदित्य, अमर, देव, वसु।
दोस्त	सखा, मित्र, स्नेही, अन्तरंग, हितैषी, सहचर।
द्रौपदी	श्यामा, पांचाली, कृष्णा, सैरन्ध्री, याज्ञसेनी, द्रुपदसुता, नित्ययौवना।
दासी	बाँदी, सेविका, किंकरी, परिचारिका।
दीपक	आदित्य, दीप, प्रदीप, दीया।
दुर्गा	सिंहवाहिनी, कालिका, अजा, भवानी, चण्डिका, कल्याणी, सुभद्रा, चामुण्डा।
दिव्य	अलौकिक, स्वर्गिक, लोकातीत, लोकोत्तर।
दीपावली	दीवाली, दीपमाला, दीपोत्सव, दीपमालिका।
दामिनी	बिजली, चपला, तड़ित, पीत-प्रभा, चंचला, विजय, विद्युत्, सौदामिनी।
देह	तन, रपु, शरीर, घट, काया, गात, कलेवर, तनु, मूर्ति।
दुर्लभ	अलभ्य, नायाब, विरल, दुष्प्राप्य।
दर्शन	भेंट, साक्षात्कार, मुलाकात।
दंगा	उपद्रव, फ़साद, उत्पात, उधम।
दरवाज़ा	किवाड़, पल्ला, कपाट, द्वार।
दाई	धाया, धात्री, अम्मा, सेविका।
देवालय	देवमन्दिर, देवस्थान, मन्दिर।
दृढ़	पुष्ट, मज़बूत, पक्का, तगड़ा।
दुर्गम	अगम्य, विकट, कठिन, दुस्तर।
द्विज	ब्राह्मण, ब्रह्मज्ञानी, वेदविद्, पण्डित, विप्र।
दिनांक	तारीख, तिथि, मिति।

(ध)

शब्द	पर्यायवाची शब्द
धनुष	चाप, धनु, शरासन, पिनाक, कोदण्ड, कमान, विशिखासन।
धीरज	धीरता, धीरत्व, धैर्य, धारण, धृति।
धरती	धरा, धरणी, पृथ्वी, क्षिति, वसुधा, अवनी, मेदिनी।
धवल	श्वेत, सफ़ेद, उजला।
धुंध	कुहरा, नीहार, कुहासा।
ध्वस्त	नष्ट, भ्रष्ट, भग्न, खण्डित।
धूल	रज, खेहट, मिट्टी, गर्द, धूलि।
ध्रुव	दृढ़, अटल, स्थिर, निश्चित।
धंधा	रोज़गार, व्यापार, कारोबार, व्यवसाय।
धनुर्धर	धन्वी, तीरंदाज़, धनुधारी, निषंगी।
धाक	रोब, दबदबा, धौंस।
धक्का	टक्कर, रेला, झोंका।

(न)

शब्द	पर्यायवाची शब्द
नदी	सरिता, दरिया, अपगा, तटिनी, सलिला, स्रोतस्विनी, कल्लोलिनी, प्रवाहिणी।
नमक	लवण, लोन, रामरस, नोन।
नया	नवीन, नव्य, नूतन, आधुनिक, अभिनव, अर्वाचीन, नव, ताज़ा।
नाश	समाप्ति, अवसान, विनाश, संहार, ध्वंस, नष्ट-भ्रष्ट।
नित्य	हमेशा, रोज़, सनातन, सर्वदा, सदा, सदैव, चिरंतन, शाश्वत।
नियम	विधि, तरीका, विधान, ढंग, कानून, रीति।
नीलकमल	इंदीवर, नीलाम्बुज, नीलसरोज, उत्पल, असितकमल, कुवलय, सौगन्धित।
नौका	तरिणी, डोंगी, नाव, जलयान, नैया, तरी।
नारी	स्त्री, महिला, रमणी, वनिता, वामा, अबला, औरत।
निन्दा	अपयश, बदनामी, बुराई, बदगोई, कुत्सा।
नैसर्गिक	प्राकृतिक, स्वाभाविक, वास्तविक।
नरेश	नरेन्द्र, राजा, नरपति, भूपति, भूपाल।
निष्पक्ष	उदासीन, अलग, निरपेक्ष, तटस्थ।
नियति	भाग्य, प्रारब्ध, विधि, भावी, दैव्य, होनी।
नक्षत्र	तारा, सितारा, खद्योत, तारक।

शब्द	पर्यायवाची शब्द
नाग	सर्प, विषधर, भुजंग, व्याल, फणी, फणधर, उरग।
नग	भूधर, पहाड़, पर्वत, शैल, गिरि।
नरक	यमपुर, यमलोक, जहन्नुम, दौजख।
निधि	कोष, खज़ाना, भण्डार।
नग्न	नंगा, दिगम्बर, निर्वस्त्र, अनावृत।
नीरस	रसहीन, फीका, सूखा, स्वादहीन।
नीरव	मौन, चुप, शान्त, खामोश, निःशब्द।
निरर्थक	बेमानी, बेकार, अर्थहीन, व्यर्थ।
नम	तरल, आर्द्र, भीगा, गीला, द्रवित।
निष्ठा	श्रद्धा, आस्था, विश्वास।
निर्णय	निष्कर्ष, फ़ैसला, परिणाम।
निष्ठुर	निर्दय, निर्मम, बेदर्द, बेरहम।

(प)

शब्द	पर्यायवाची शब्द
पत्थर	पाहन, प्रस्तर, संग, अश्म, पाषाण।
पति	स्वामी, कान्त, भर्तार, बल्लभ, भर्ता, ईश।
पत्नी	दुलहिन, अर्धांगिनी, गृहिणी, त्रिया, दारा, जोरू, गृहलक्ष्मी, सहधर्मिणी, सहचरी, जाया, प्राण प्रिय।
पथिक	राही, बटाऊ, पंथी, मुसाफ़िर, बटोही।
पण्डित	विद्वान्, सुधी, ज्ञानी, धीर, कोविद, प्राज्ञ।
परशुराम	भृगुसुत, जामदग्न्य, भार्गव, परशुधर, भृगुनन्दन, रेणुकातनय।
पर्वत	पहाड़, अचल, शैल, नग, भूधर, मेरू, महीधर, गिरि।
पवन	समीर, अनिल, मारुत, वात, पवमान, वायु, बयार।
पवित्र	पुनीत, पावन, शुद्ध, शुचि, साफ़, स्वच्छ।
पार्वती	भवानी, अम्बिका, गौरी, अभया, गिरिजा, उमा, सती, शिवप्रिया।
पिता	जनक, बाप, तात, गुरु, फ़ादर, वालिद।
पुत्र	तनय, आत्मज, सुत, लड़का, बेटा, औरस, पूत।
परिणय	शादी, विवाह, पाणिग्रहण।
पूज्य	आराध्य, अर्चनीय, उपास्य, वंद्य, वंदनीय, पूजनीय।
पुत्री	तनया, आत्मजा, सुता, लड़की, बेटी, दुहिता।
पृथ्वी	वसुधा, वसुन्धरा, मेदिनी, मही, भू, भूमि, इला, उर्वी, ज़मीन, क्षिति, धरती, धात्री।
प्रकाश	चमक, ज्योति, द्युति, दीप्ति, तेज़, आलोक।
प्रभात	सवेरा, सुबह, विहान, प्रातःकाल, भोर, ऊषाकाल।
प्रथा	प्रचलन, चलन, रीति–रिवाज़, परम्परा, परिपाटी, रूढ़ि।
प्रलय	कयामत, विप्लव, कल्पान्त, गज़ब।
प्रसिद्ध	मशहूर, नामी, ख्यात, नामवर, विख्यात, प्रख्यात, यशस्वी, मकबूल।
प्रार्थना	विनय, विनती, निवेदन, अनुरोध, स्तुति, अभ्यर्थना, अर्चना, अनुनय।
प्रिया	प्रियतमा, प्रेयसी, सजनी, दिलरुबा, प्यारी।
प्रेम	प्रीति, स्नेह, दुलार, लाड़-प्यार, ममता, अनुराग, प्रणय।
पैर	पाँव, पाद, चरण, गोड़, पग, पद, पगु, टाँग।
प्रभा	छवि, दीप्ति, द्युति, आभा।
परतन्त्र	पराधीन, परवश, पराश्रित।
परिवार	कुल, घराना, कुटुम्ब, कुनबा।
परछाई	प्रतिच्छाया, साया, प्रतिबिम्ब, छाया, छवि।
पक्षी	विहग, निहंग, खग, अण्डज, शकुन्त, द्विज
पल	क्षण, लम्हा, दम।
पश्चात्ताप	अनुताप, पछतावा, ग्लानि, संताप।
पाश	जालबन्धन, फन्दा, बन्धन, जकड़न।
पराग	रंज, पुष्परज, कुसुमरज, पुष्पधूलि।
परिवर्तन	क्रांति, हेर-फेर, बदलाव, तब्दीली।
पड़ोसी	हमसाया, प्रतिवासी, प्रतिवेशी।
पुरातन	प्राचीन, पूर्वकालीन, पुराना।
पूजा	आराधना, अर्चना, उपासना।
प्रकाण्ड	अतिशय, विपुल, अधिक, भारी।
प्रज्ञा	बुद्धि, ज्ञान, मेधा, प्रतिभा।
प्रचण्ड	भीषण, उग्र, भयंकर।
प्रणय	स्नेह, अनुराग, प्रीति, अनुरक्ति।
प्रताप	प्रभाव, धाक, बोलबाला, इकबाल।
प्रतिज्ञा	प्रण, वचन, वायदा।
प्रेक्षागार	नाट्यशाला, रंगशाला, अभिनयशाला, प्रेक्षागृह।
प्रौढ़	अधेड़, प्रबुद्ध।
पल्लव	किसलय, घर्ण, पत्ती, पात, कोपल, फुनगी।
पांडुलिपि	हस्तलिपी, मसौदा, पाण्डुलेख।

(फ)

शब्द	पर्यायवाची शब्द
फणी	सर्प, साँप, फणधर, नाग, उरग।
फ़ौरन	तत्काल, तत्क्षण, तुरन्त।
फूल	सुमन, कुसुम, गुल, प्रसून, पुष्प, पुहुप, मंजरी, लतान्त।
फौज	सेना, लश्कर, पल्टन, वाहिनी, सैन्य।
फणीन्द्र	शेषनाग, वासुकी, उरगाधिपति, सर्पराज, नागराज।

(ब)

शब्द	पर्यायवाची शब्द
बलराम	हलधर, बलवीर, रेवतीरमण, बलभद्र, हली, श्यामबन्धु।
बाग	उपवन, वाटिका, उद्यान, निकुंज, फुलवाड़ी, बगीचा।
बन्दर	कपि, वानर, मर्कट, शाखामृग, कीश।
बट्टा	घाटा, हानि, टोटा, नुकसान।
बलिदान	कुर्बानी, आत्मोत्सर्ग, जीवनदान।

शब्द	पर्यायवाची शब्द
बंजर	ऊसर, परती, अनुपजाऊ, अनुर्वर।
बिछोह	वियोग, जुदाई, बिछोड़ा, विप्रलंभ।
बियावान	निर्जन, सूनसान, वीरान, उजाड़।
बंक	टेढ़ा, तिर्यक्, तिरछा, वक्र।
बहुत	ज़्यादा, प्रचुर, प्रभूत, विपुल, इफ़रात, अधिक।
बुद्धि	प्रज्ञा, मेधा, ज़ेहन, समझ, अकल, गति।
ब्रह्मा	विधि, चतुरानन, कमलासन, विधाता, विरंचि, पितामह, अज, प्रजापति, स्वयंभू।
बादल	मेघ, पयोधर, नीरद, वारिद, अम्बुद, बलाहक, जलधर, घन, जीमूत।
बाल	केश, अलक, कुन्तल, रोम, शिरोरूह, चिकुर।
बिजली	तड़ित, दामिनी, विद्युत, सौदामिनी, चंचला, बीजुरी।
बसंत	ऋतुराज, ऋतुपति, मधुमास, कुसुमाकर, माधव।
बाण	तीर, तोमर, विशिख, शिलीमुख, नाराच, शर, इषु।
बारिश	पावस, वृष्टि, वर्षा, बरसात, मेह, बरखा।
बालिका	बाला, कन्या, बच्ची, लड़की, किशोरी।

(भ)

शब्द	पर्यायवाची शब्द
भगवान्	परमेश्वर, परमात्मा, सर्वेश्वर, प्रभु, ईश्वर।
भगिनी	दीदी, जीजी, बहिन।
भारती	सरस्वती, ब्राह्मी, विद्या देवी, शारदा, वीणावादिनी।
भाल	ललाट, मस्तक, माथा, कपाल।
भरोसा	सहारा, अवलम्ब, आश्रय, प्रश्रय।
भास्कर	चमकीला, आभामय, दीप्तिमान, प्रकाशवान।
भुगतान	भरपाई, अदायगी, बेबाकी।
भोला	सीधा, सरल, निष्कपट, निश्छल।
भूखा	बुभुक्षित, क्षुधातुर, क्षुधालु, क्षुधार्त।
भँवरा	भ्रमर, भृंग, मधुकर, मधुप, अलि, द्विरेफ।
भाई	अग्रज, अनुज, सहोदर, तात, भइया, बन्धु।
भाँड	विदूषक, मसखरा, जोकर।
भिक्षुक	भिखमंगा, भिखारी, याचक।

(म)

शब्द	पर्यायवाची शब्द
मछली	मीन, मत्स्य, सफरी, झष, जलजीवन।
मज़ाक	दिल्लगी, उपहास, हँसी, मखौल, मसखरी, व्यंग्य, छींटाकशी।
मदिरा	शराब, हाला, आसव, मद्य, सुरा।
महादेव	शंकर, शंभू, शिव, पशुपति, चन्द्रशेखर, महेश्वर, भूतेश, आशुतोष, गिरीश।
मक्खन	नवनीत, दधिसार, माखन, लौनी।
मंगनी	वाग्दान, फलदान, सगाई।
मनीषी	पण्डित, विचारक, ज्ञानी, विद्वान्।
मुँह	मुख, आनन, बदन।
मित्र	सखा, दोस्त, सहचर, सुहृद।
माँ	मातु, माता, मातृ, मातरि, मैया, महतारी, अम्ब, जननी, जनयित्री, जन्मदात्री।
मैना	सारिका, चित्रलोचना, कलहप्रिया।
मंथन	बिलोना, विलोड़न, आलोड़न।
महक	परिमल, वास, सुवास, खुशबू, सुगन्ध, सौरभ।
मृत्यु	देहावसान, देहान्त, पंचतत्वलीन, निधन, मौत, इंतकाल।
माँझी	मल्लाह, नाविक, केवट।
माया	छल, छलना, प्रपंच, प्रतारणा।
माधुरी	माधुर्य, मिठास, मधुरता।
मानव	मनुज, मनुष्य, मानुष, नर, इंसान।
मोती	सीपिज, मौक्तिक, मुक्ता, शशिप्रभा।
मेंढक	दादुर, दर्दुर, मण्डूक, वर्षाप्रिय, भेक।
मोर	मयूर, नीलकण्ठ, शिखी, केकी, कलापी।
मोक्ष	मुक्ति, निर्वाण, कैवल्य, परमधाम, परमपद, अपवर्ग, सद्‌गति।
मन्दिर	देवालय, देवस्थान, देवगृह, ईशगृह।
मधु	शहद, बसंत-ऋतु, भुसुमासव, मकरंद, पुष्पासव।

(य)

शब्द	पर्यायवाची शब्द
यम	सूर्यपुत्र, धर्मराज, श्राद्धदेव, कीनाश, शमन, दण्डधर, यमुनाभ्राता।
यत्न	प्रयत्न, चेष्टा, उद्यम।
योग्य	कुशल, सक्षम, कार्यक्षम, काबिल।
यात्रा	भ्रमण, देशाटन, पर्यटन, सफ़र, घूमना।
याद	सुधि, स्मृति, ख्याल, स्मरण।
यन्त्र	औज़ार, कल, मशीन।
यती	संन्यासी, वीतरागी, वैरागी।
युद्ध	रण, जंग, समर, लड़ाई, संग्राम।
याचिका	आवेदन-पत्र, अभ्यर्थना, प्रार्थना-पत्र।

(र)

शब्द	पर्यायवाची शब्द
रक्त	खून, लहू, रुधिर, शोणित, लोहित, रोहित।
राधा	ब्रजरानी, हरिप्रिया, राधिका, वृषभानुजा।
रानी	राज्ञी, महिषी, राजपत्नी।
रावण	लंकेश, दशानन, दशकण्ठ, दशकंधर, लंकाधिपति, दैत्येन्द्र।
राज्यपाल	प्रान्तपति, सूबेदार, गवर्नर।
राय	मत, सलाह, सम्मति, मन्त्रणा, परामर्श।

शब्द	पर्यायवाची शब्द
रूढ़ि	प्रथा, दस्तूर, रस्म।
रक्षा	बचाव, संरक्षण, हिफ़ाजत, देखरेख।
रमा	कमला, इन्दिरा, लक्ष्मी, हरिप्रिया, समुद्रजा, चंचला, क्षीरोदतनया, पद्मा, श्री, भार्गवी।
रसना	जीभ, जबान, रसेन्द्रिय, जिह्वा, रसिका।
रविवार	इतवार, आदित्य-वार, सूर्यवार, रविवासर।
राजा	नरेन्द्र, नरेश, नृप, भूपाल, राव, भूप, महीप, नरपति, सम्राट।
रामचन्द्र	रघुवर, रघुनाथ, सीतापति, कौशल्यानन्दन, अमिताभ, राघव, रघुराज, अवधेश।
रात	रैन, रजनी, निशा, विभावरी, यामिनी, तमी, तमस्विनी, शर्वरी, विभा, क्षपा, रात्रि, राका।
रिपु	बैरी, दुश्मन, विपक्षी, विरोधी, प्रतिवादी, अमित्र, शत्रु।
रोना	विलाप, रोदन, रुदन, क्रंदन, विलपन।
(ल)	
लक्ष्मण	अनंत, लखन, सौमित्र।
लग्न	संलग्न, सम्बद्ध, संयुक्त।
लज्जा	शर्म, हया, लाज, व्रीडा।
लहर	लहरी, हिलोर, तरंग, उर्मि।
लालसा	तृष्णा, अभिलाषा, लिप्सा, लालच।
लगातार	सतत, निरन्तर, अजस्र, अनवरत।
लता	बेल, वल्लरी, लतिका, प्रतान, वीरुध।
लघु	थोड़ा, न्यून, हल्का, छोटा।
लक्ष्मी	श्री, कमला, रमा, पद्मा, हरिप्रिया, क्षीरोद, इन्दिरा, समुद्रजा।
(व)	
वर्षा	बरसात, मेह, बारिश, पावस, चौमास।
वक्ष	सीना, छाती, वक्षस्थल, उदरस्थल।
वन	अरण्य, अटवी, कानन, विपिन।
वस्त्र	परिधान, पट, चीर, वसन, कपड़ा, पोशाक, अम्बर।
विकार	विकृति, दोष, बुराई, बिगाड़।
विष	गरल, माहुर, हलाहल, कालकूट, ज़हर।
विरुद	प्रशस्ति, कीर्ति, यशोगान, गुणगान।
विविध	नाना, प्रकीर्ण, विभिन्न।
विभोर	मस्त, मुग्ध, मग्न, लीन।
विप्र	भूदेव, ब्राह्मण, महीसुर, पुरोहित, पण्डित।
विभा	प्रभा, आभा, कांति, शोभा।
विशारद	पण्डित, ज्ञानी, विशेषज्ञ, सुधी।
विलास	आनन्द, भोग, सन्तुष्टि, वासना।
व्यसन	लत, वान, टेक, आसक्ति।
वृक्ष	द्रुम, पादप, तरु, विटप।

शब्द	पर्यायवाची शब्द
विवाद	अनबन, झगड़ा, तकरार, बखेरा।
वंक	टेढ़ा, वक्र, कुटिल।
विपरीत	उलटा, प्रतिकूल, खिलाफ़, विरुद्ध।
व्रण	घाव, फोड़ा, ज़ख्म, नासूर।
वेश्या	गणिका, वारांगना, पतुरिया, रंडी, तवायफ़।
वसन्त	मधुमास, ऋतुराज, माधव, कुसुमाकर, कामसखा, मधुऋतु।
विद्या	ज्ञान, शिक्षा, गुण, इल्म, सरस्वती।
विधि	शैली, तरीका, नियम, रीति, पद्धति, प्रणाली, चाल।
विमल	स्वच्छ, निर्मल, पवित्र, पावन, विशुद्ध।
विष्णु	नारायण, केशव, गोविन्द, माधव, जनार्दन, विशम्भर, मुकुन्द, लक्ष्मीपति, कमलापति, चक्रपाणि, दामोदर।
(श/ष/स)	
शपथ	कसम, प्रतिज्ञा, सौगन्ध, हलफ़, सौं।
शहद	मधु, मकरंद, पुष्परस, पुष्पासव।
शब्द	ध्वनि, नाद, आश्व, घोष, रव, मुखर।
शरण	संश्रय, आश्रय, त्राण, रक्षा।
शिष्ट	शालीन, भद्र, संभ्रान्त, सौम्य, सज्जन, सभ्य।
शेर	सिंह, नाहर, केहरि, वनराज, केशरी, मृगेन्द, शार्दूल, व्याघ्र।
शिरा	नाड़ी, धमनी, नस।
शुभ	मंगल, कल्याणकारी, शुभंकर।
शिक्षा	नसीहत, सीख, तालीम, प्रशिक्षण, उपदेश, शिक्षण, ज्ञान।
श्वेत	सफ़ेद, धवल, शुक्ल, उजला, सित।
शंकर	शिव, उमापति, शम्भू, भोलेनाथ, त्रिपुरारि, महेश, देवाधिदेव, कैलाशपति, आशुतोष।
शाश्वत	सर्वकालिक, अक्षय, सनातन, नित्य।
शिकारी	आखेटक, लुब्धक, बहेलिया, अहेरी, व्याध।
श्मशान	मरघट, मसान, दाहस्थल।
षड्यन्त्र	साज़िश, दुरभिसन्धि, अभिसन्धि, कुचक्र।
सब	अखिल, सम्पूर्ण, सकल, सर्व, समस्त, समग्र, निखिल।
संकल्प	वृत, दृढ़ निश्चय, प्रतिज्ञा, प्रण।
संग्रह	संकलन, संचय, जमाव।
संन्यासी	बैरागी, दण्डी, विरत, परिव्राजक।
सजग	सतर्क, चौकस, चौकन्ना, सावधान।
संहार	अन्त, नाश, समाप्ति, ध्वंस।
समसामयिक	समकालिक, समकालीन, समवयस्क, वर्तमान।
समीक्षा	विवेचना, मीमांसा, आलोचना, निरूपण।
समुद्र	नदीश, वारीश, रत्नाकर, उदधि, पारावार।
सखी	सहेली, सहचरी, सैरंध्री।
सज्जन	भद्र, साधु, पुंगव, सभ्य, कुलीन।
संसार	विश्व, दुनिया, जग, जगत्, इहलोक।

शब्द	पर्यायवाची शब्द
समाप्ति	इतिश्री, इति, अन्त, समापन।
सार	रस, सत्त, निचोड़, सत्त्व।
स्तन	पयोधर, छाती, कुच, उरस, उरोज।
सुन्दरी	ललिता, सुनेत्रा, सुनयना, विलासिनी, कामिनी।
सूची	अनुक्रम, अनुक्रमणिका, तालिका, फेहरिस्त, सारणी।
स्वर्ण	सुवर्ण, सोना, कनक, हिरण्य, हेम, कुंदन।
स्वर्ग	सुरलोक, द्युलोक, बैकुण्ठ, परलोक, दिव।
स्वच्छन्द	निरंकुश, स्वतन्त्र, निर्बंध।
स्वावलम्बन	आत्माश्रय, आत्मनिर्भरता, स्वाश्रय।
स्नेह	प्रेम, प्रीति, अनुराग, प्यार, मोहब्बत, इश्क।
सरस्वती	भारती, शारदा, वीणापाणि, गिरा, वाणी, महाश्वेता, श्री, भाष, वाक्, हंसवाहिनी, ज्ञानदायिनी, वाग्देवी।
सूर्य	सूरज, दिनकर, दिवाकर, भास्कर, रवि, नारायण, सविता, कमलबन्धु, आदित्य, प्रभाकर, मार्तण्ड।
सम्पूर्ण	पूर्ण, समग्र, सारा, पूरा, मुकम्मल।
सर्प	भुजंग, अहि, विषधर, व्याल, फणी, उरग, साँप, नाग, अहि।
सुरपुर	सुलोक, स्वर्गलोक, हरिधाम, अमरपुर, देवराज्य, स्वर्ग।
सेठ	महाजन, सूदखोर, साहूकार, ब्याजजीवी, पूँजीपति, मालदार, धनवान, धनी, ताल्लुकदार।
संध्या	निशारंभ, दिनावसान, दिनांत, सायंकाल, गोधूलि, साँझ।
स्तुति	प्रार्थना, पूजा, आराधना, अर्चना।
	(ह)
हंस	मुक्तमुक, मराल, सरस्वतीवाहन।
हाँसी	स्मिति, मुस्कान, हास्य।
हित	कल्याण, भलाई, भला, उपकार।
हक	अधिकार, स्वत्व, दावा, फर्ज़, उचित पक्ष।
हिमालय	हिमगिरि, हिमाद्रि, गिरिराज, शैलेन्द्र।
हनुमान	पवनसुत, महावीर, आंजनेय, कपीश, बजरंगी, मारुतिनन्दन, बजरंग।
हाथ	कर, हस्त, पाणि, भुजा, बाहु, भुजाग्र।
हाथी	गज, कुंजर, वितुण्ड, मतंग, नाग, द्विरद।
हार	पराजय, पराभव, शिकस्त, मात, माला, कण्ठहार, मोहनमाला, अंकमालिका।
हिम	तुषार, तुहिन, नीहार, बर्फ़।
हिरन	मृग, हरिण, कुरंग, सारंग।
होशियार	समझदार, पटु, चतुर, बुद्धिमान, विवेकशील।
हरि	बन्दर, इन्द्र, विष्णु, चन्द्र, सिंह।
	(क्ष)
क्षेत्र	प्रदेश, इलाका, भू-भाग, भूखण्ड।
क्षणभंगुर	अस्थिर, अनित्य, नश्वर, क्षणिक।
क्षय	तपेदिक, यक्ष्मा, राजरोग।
क्षुब्ध	व्याकुल, विकल, उद्विग्न।
क्षमता	शक्ति, सामर्थ्य, बल, ताकत।
क्षीण	दुर्बल, कमज़ोर, बलहीन, कृश।

विलोम शब्द

'विलोम' शब्द का अर्थ है—उल्टा या विपरीत। अत: किसी शब्द का उल्टा अर्थ व्यक्त करने वाला शब्द विलोमार्थक शब्द कहलाता है। विलोम शब्द का अंग्रेज़ी पर्याय 'Antonyms' होता है। विलोमार्थक शब्दों को विपर्यायवाची, प्रतिलोमार्थक और विलोम शब्द भी कहते हैं।

विपरीतार्थक/विलोम शब्द की रचना

विपरीतार्थक/विलोम शब्द की रचना निम्नलिखित प्रकार से होती है

1. **उपसर्ग जोड़कर** शब्दों के साथ उपसर्ग जोड़कर विलोम शब्द बनाए जाते हैं; जैसे—यश-अपयश, मान-अपमान, राग-विराग, जय-पराजय, सापेक्ष-निरपेक्ष आदि।
2. **उपसर्ग परिवर्तन द्वारा** उपसर्ग में परिवर्तन करके विलोम शब्द बनाए जाते हैं; जैसे—आदान-प्रदान, संयोग-वियोग, सुलभ-दुर्लभ, आयात-निर्यात आदि।
3. **नञ् द्वारा** नञ् अर्थात् निषेध के द्वारा विलोम शब्द बनाए जाते हैं; जैसे—लौकिक-अलौकिक, क्षर-अक्षर, सभ्य-असभ्य, सम्भव-असम्भव आदि।
4. **प्रत्ययवत् प्रयुक्त शब्द-परिवर्तन द्वारा** शब्दों के अन्त में प्रयुक्त होने वाले प्रत्ययों में परिवर्तन करके विलोम शब्द बनाए जाते हैं; जैसे—दयापूर्ण-दयाशून्य, गतिवान-गतिहीन, केंद्राभिगामी-केंद्रापसारी, श्रीयुत-श्रीहीन आदि।
5. **लिंग परिवर्तन द्वारा** शब्दों के लिंग में परिवर्तन करके विलोम शब्द बनाए जाते हैं; जैसे—बेटा-बेटी, भाई-बहन, माता-पिता आदि।
6. **भिन्न शब्द द्वारा** अलग-अलग शब्दों के प्रयोग से भी विलोम शब्द बनते हैं; जैसे—मूक-वाचाल, लाभ-हानि, कटु-मधु, लघु-गुरु आदि।

विद्यार्थियों के अध्ययन हेतु विलोमार्थक शब्दों की सूची प्रस्तुत है

शब्द	विलोम	शब्द	विलोम
	(अ)		
अंत	आदि	अकंटक	कंटकित
अंतरंग	बहिरंग	अक्षत	विक्षत
अंतर्द्वन्द्व	बहिर्द्वन्द्व	अक्षम	सक्षम
अंतर्मुखी	बहिर्मुखी	अदृश्य	दृश्य
अंदर	बाहर	अस्तित्व	अनस्तित्व
अंधकार	प्रकाश	अर्हता	अनर्हता
अकर्मक	सकर्मक	अभिमुख	प्रतिमुख
अकाल	सुकाल	अभिप्रेत	अनभिप्रेत
अग्र	पश्च	अधिमूल्यन	अवमूल्यन

शब्द	विलोम	शब्द	विलोम
अगला	पिछला	अवर	प्रवर
अच्छा	बुरा	अवनति	उन्नति
अधम	उत्तम	अर्पण	ग्रहण
अध्यवसाय	अनध्यवसाय	अभिज्ञ	अनभिज्ञ
अधोमुखी	ऊर्ध्वमुखी	अनागत	विगत
अधोगामी	ऊर्ध्वगामी	अधिकृत	अनधिकृत
अति	अल्प	अथाह	छिछला
अथ	इति	अनाथ	सनाथ
अनुकूल	प्रतिकूल	अविचल	विचल
अर्पण	ग्रहण	अविस्मरणीय	विस्मरणीय
अनिवार्य	वैकल्पिक	अनुराग	विराग
अच्युत	च्युत	अग्रज	अनुज
अस्त	उदय	अवनि	अम्बर
अवनत	उन्नत	अस्त्रीकरण	निरस्त्रीकरण
अनुलोम	प्रतिलोम/विलोम	अवलम्ब	निरालम्ब
अमित	परिमित	अद्यत	अनुद्यत
अपकार	उपकार	अनुक्रिया	प्रतिक्रिया
अस्थिर	स्थिर	अपशकुन	शकुन
आरोह	अवरोह	अचल	चल
अपचय	उपचय	अनायास	सायास
अभिशाप	वरदान	पतन	उत्थान
अपव्यय	मितव्यय	अतिथि	अतिथेय
अनन्त	अन्त	अल्पायु	दीर्घायु
अधूरा	पूरा	अमीर	गरीब
अल्पसंख्यक	बहुसंख्यक	अपना	पराया
अल्पज्ञ	बहुज्ञ	अपेक्षा	उपेक्षा
अशक्त	सशक्त	अत्यधिक	स्वल्प
असीम	ससीम	अनुरक्ति	विरक्ति
अपराध	निरपराध	अर्जन	वर्जन
अभिसरण	अपसरण	अवकाश	अनवकाश
अवाक्	सवाक्	अक्षर	क्षर
अग्नि	जल	अमर	मर्त्य
अहिंसा	हिंसा	अर्थ	अनर्थ
अर्वाचीन	प्राचीन	अगम	सुगम
अल्पमत	बहुमत	अमृत	विष
अपमान	सम्मान	अभ्यास	अनभ्यास
अज्ञ	विज्ञ	अमावस्या	पूर्णिमा

शब्द	विलोम	शब्द	विलोम
अलभ्य	लभ्य	अनुग्रह	विग्रह
अच्छा	बुरा	अन्वय	अनन्वय
अधुनातन	पुरातन	अधिक	कम
अशन	अनशन	अक्रूर	क्रूर
असम्भव	सम्भव	अतिवृष्टि	अनावृष्टि
अभ्यस्त	अनभ्यस्त	अल्प	प्रचुर
अनुमत	अननुमत	अनिवार्य	ऐच्छिक

(आ)

शब्द	विलोम	शब्द	विलोम
आकाश	पाताल	आकर्षण	विकर्षण
आहार	निराहार	आक्रमण	प्रतिरक्षण
आगत	अनागत	आस्तिक	नास्तिक
आगामी	विगत	आत्मीय	अनात्मीय
आचार	अनाचार	आत्मविश्वास	आत्मसंशय
आदर	अनादर/निरादर	आलोक	तिमिर
आतुर	अनातुर	आवश्यक	अनावश्यक
आश्रित	अनाश्रित	आरोही	अवरोही
आध्यात्मिक	भौतिक	आय	व्यय
आविर्भाव	तिरोभाव	आयात	निर्यात
आदृत	अनादृत	आत्यन्तिक	परिमित
उत्साह	निरुत्साह	आशंका	विश्वास
आरोहण	अवरोहण	आघात	अनाघात
आग्रह	दुराग्रह	आह्वान	विसर्जन
आधार	निराधार	आकीर्ण	विकीर्ण
आग	पानी	आकस्मिक	सामयिक
आशा	निराशा	आमिष	निरामिष
आशावादी	निराशावादी	आनन्दमय	विषादपूर्ण
आशीष	अभिशाप	आभ्यन्तर	बाह्य
आगमन	प्रस्थान	आर्ष	अनार्ष
आकुंचन	प्रसारण	आराध्य	दुराध्य
आसक्त	अनासक्त	आवर्तक	अनावर्तक/विवर्तक
आहत	अनाहत	आद्य	अन्त्य
आस्था	अनास्था	आरम्भ	अन्त
आरूढ़	अनारूढ़	आहूत	अनाहूत
आज़ादी	गुलामी	आमन्त्रित	अनामन्त्रित
आदि	अन्त/अनादि	आहार्य	अनाहार्य
आवृत्त	अनावृत्त	आडम्बर	सादगी
आश्चर्य	अनाश्चर्य	आर्य	अनार्य

शब्द	विलोम	शब्द	विलोम
आर्द्र	शुष्क	आज्ञा	अवज्ञा
आरम्भ	अन्त	आदान	प्रदान
आकलन	विकलन	आदर्श	यथार्थ
आदरणीय	निरादरणीय	आच्छादित	अनाच्छादित

(इ/ई)

शब्द	विलोम	शब्द	विलोम
ईडा	निन्दा	इज्जत	बेइज्जत
इष्ट	अनिष्ट	इधर	उधर
इच्छा	अनिच्छा	इहलोक	परलोक
इति	अथ	इतिश्री	श्री गणेश
ईहा	अनीहा	ईश	अनीश
ईश्वर	अनीश्वर	ईप्सित	अनीप्सित
ईमानदार	बेईमान	ईषत्	अलम

(उ/ऊ)

शब्द	विलोम	शब्द	विलोम
उत्तम	अधम	उच्च	निम्न
उदय	अस्त	उपयुक्त	अनुपयुक्त
उपमान	व्यतिरेक	उपादेय	अनुपादेय
उत्तर	दक्षिण	उल्लास	विषाद
उत्थान	पतन	उन्मुख	विमुख
उद्घाटन	समापन	उज्ज्वल	धूमिल
उत्पत्ति	विनाश	ऊर्ध्व	अधो
उन्नयन	पलायन	उस्ताद	चेला
उर्वरा	बंजर	उत्कृष्ट	निकृष्ट
उचित	अनुचित	ऊँच	नीच
उक्त	अनुक्त	उन्मत्त	अनुन्मत्त
उत्तीर्ण	अनुत्तीर्ण	उद्भव	अवसान
उद्गम	विलय	उदात्त	अनुदात्त
उद्धत	विनत	उच्छिष्ट	अनुच्छिष्ट
उषा	संध्या	ऊधम	विनय
उदार	अनुदार/कृपण	उद्वेग	निरुद्वेग
उष्ण	शीतल	उत्तेजन	प्रशमन
उपमेय	अनुपमेय	उपसर्ग	प्रत्यय
उत्कर्ष	अपकर्ष	उपस्थित	अनुपस्थित
उन्मूलन	रोपण	उल्लंघन	अनुल्लंघन
उधार	नकद	उपार्जित	अनुपार्जित
उग्र	सौम्य	उदग्र	अनुदग्र
उदयाचल	अस्ताचल	उन्नत	अवनत
उद्यमी	निरुद्यम	उत्तरार्द्ध	पूर्वार्द्ध

शब्द	विलोम	शब्द	विलोम
उपयोग	अनुपयोग	उन्मीलन	निमीलन

(ऋ)

शब्द	विलोम	शब्द	विलोम
ऋजु	वक्र	ऋण	धन
ऋत	अनृत	ऋद्धि	विपन्न

(ए/ऐ)

शब्द	विलोम	शब्द	विलोम
एकत्र	विकीर्ण	एकाधिकार	सर्वाधिकार
एक	अनेक	एकेश्वरवाद	बहुदेववाद
एड़ी	चोटी	एकार्थक	अनेकार्थक
एकाग्र	चंचल	एकाग्रचित	अन्यमनस्क
एकता	अनेकता	एषणा	अनैषणा
एकांगी	अनेकांगी	एकल	समूह
एकपक्षीय	बहुपक्षीय	एकमुखी	बहुमुखी
ऐहिक	पारलौकिक	ऐन्द्री	इन्द्र
ऐतिहासिक	अनैतिहासिक	ऐच्छिक	अनैच्छिक
ऐक्य	अनैक्य	ऐश्वर्य	अनेश्वर्य

(ओ/औ)

शब्द	विलोम	शब्द	विलोम
ओजस्वी	निस्तेज	ओछा	गम्भीर
ओतप्रोत	विहीन	ओह	वाह
औरत	मर्द	औरस	दत्तक
औपचारिक	अनौपचारिक	औषधि	अनौषधि
औचित्य	अनौचित्य	औदार्य	अनौदार्य
औदित्य	अनौदित्य	औपन्यासिक	अनौपन्यासिक

(क)

शब्द	विलोम	शब्द	विलोम
कर्कश	सुशील	कापुरुष	पुरुषार्थी
कलंकित	निष्कलंक	कसूर	बेकसूर
कनिष्ठ	ज्येष्ठ	कानूनी	गैरकानूनी
काट्य	अकाट्य	कोलाहल	शान्ति
क्रय	विक्रय	कामी	ब्रह्मचारी
कुटिल	सरल	कुंठित	अकुंठित
कर्मठ	निकम्मा	कुपथ	सुपथ
कुरूप	सुरूप	कल्पनातीत	कल्पनीय
कृष्ण	शुक्ल	कुव्यवस्था	सुव्यवस्था
काल	अकाल	कुलीन	अकुलीन
कुशल	अकुशल	कमी	बाहुल्य
कृतज्ञ	अकृतज्ञ/कृतघ्न	कार्य	अकार्य
कृपा	अकृपा/कोप	करुण	निष्ठुर/निस्करुण/ अकरुण
कृत	अकृत	कटु	मधुर

शब्द	विलोम	शब्द	विलोम
कृपण	उदार/दानी	कड़ा	मुलायम
कुफल	सुफल	कपट	निष्कपट
कृश	पुष्ट	कलियुग	सतयुग
कुख्यात	विख्यात	कपूत	सपूत
कुबुद्धि	सुबुद्धि	कोमल	कठोर
कुकृति	सुकृति	कर्मण्य	अकर्मण्य
कुलटा	पतिव्रता	कर्षण	विकर्षण
क्रम	व्यतिक्रम	कुलदीप	कुलांगर
कड़वा	मीठा	कुसुम	वज्र
कीर्ति	अपकीर्ति	कृत्रिम	प्राकृत
क्रोध	क्षमा	कारण	अकारण
कल्याण	अकल्याण	क्रूर	सदय/अक्रूर
कायर	साहसी	कर्ता	अकर्ता

(ख)

शब्द	विलोम	शब्द	विलोम
खण्डन	मण्डन	खाली	भरा
खिलना	मुरझाना	खुशकिस्मत	बदकिस्मत
खगोल	भूगोल	खुशमिज़ाज़	बदमिज़ाज़
खरीदना	बेचना	खूबसूरत	बदसूरत
खुश	नाखुश	खास	आम
खुला	बन्द	खीझना	रीझना
खल	साधु/सज्जन	ख्यात	कुख्यात
खाद्य	अखाद्य	खेचर	भूचर
खर्च	आमदनी	खरा	खोटा
खेद	प्रसन्नता	खुशबू	बदबू

(ग)

शब्द	विलोम	शब्द	विलोम
गणतन्त्र	राजतन्त्र	गहन	विरल
गुप्त	प्रकट	गम्भीर	अगम्भीर
गर्म	ठण्डा	गगन	पृथ्वी
गहरा	छिछला/उथला	ग्रहण	त्याग
गति	अवरोध	गुनाहगार	बेगुनाह
गद्य	पद्य	गम्य	अगम्य
गृही/गृहस्थ	त्यागी/संन्यासी	गीला	सूखा
गृहीत	त्यक्त	गमन	आगमन
ग्राम/ग्राम्य	नगर/नागर	ग्रस्त	मुक्त
गोरी	साँवली	ग्रथित	विकीर्ण
गाढ़ा	पतला	गुरु	लघु
गौरव	लाघव	गुण	दोष
गोचर	अगोचर	गुरुत्व	लघुत्व
गरल	सुधा	गूढ़	प्रकट/अगूढ़
गरिमा	लघिमा	गीत	अगीत
गत	आगत	गेय	अगेय
गौरक्षक	गौभक्षक	ग्रीष्म	शीत

(घ)

शब्द	विलोम	शब्द	विलोम
घर	बाहर	घृणा	प्रेम
घटना	बढ़ना	घाटा	लाभ
घटाना	बढ़ाना	घना	विरल
घटक	समुदाय	घना	छितरा
घात	प्रतिघात	घटित	अघटित
घोषित	अघोषित	घरेलू	बाहरी

(च/छ)

शब्द	विलोम	शब्द	विलोम
चर	अचर	चंड	शांत
चतुर	मूढ़	चेतन	अचेतन
चढ़ाव	उतार	चिकना	खुरदरा
चल	अचल	चाहा	अनचाहा
चर्चित	अचर्चित	चैन	बेचैन
चाटुकार	स्वाभिमानी	चिन्तित	निश्चिन्त
चारु	अचारु	चिरायु	अल्पायु
चित्र	विचित्र	चिरंतन	नश्वर
चिर	अचिर	चिरस्थायी	अल्पस्थायी
चोर	साधु	चपल	स्थिर
चंचु	अयशस्वी	चेष्टा	निश्चेष्टा
छल	निश्छल	छूत	अछूत
छली	निश्छली	छोटा	बड़ा
छादन	प्रकाशन	छोरा	छोरी
छाया	आतप	छुटकारा	बन्धन
छात्र	छात्रा	छाँह	धूप
छिन्न	संलग्न/युक्त	छरहरा	मोटा-ताजा

(ज/झ)

शब्द	विलोम	शब्द	विलोम
जड़	चेतन	जाड़ा	गर्मी
जटिल	सरल	जीवन	मरण
जन्म	मृत्यु	जागरण	शयन/निद्रा
जंगम	स्थावर	जागना	सोना
जय	पराजय	ज्येष्ठ	कनिष्ठ
जाति	विजाति	ज्वार	भाटा
जागृत	सुषुप्त	ज्योति	तम
जीत	हार	जेय	अजेय

शब्द	विलोम	शब्द	विलोम
जड़ता	चेतनता	जीर्ण	अजीर्ण
जल	थल/स्थल/ निर्जल	जागर	अनवधानता
जवानी	बुढ़ापा	ज़ालिम	रहमदिल
जर्जत	अक्षत	जाली	असली
जननी	जनक	झंझट	निश्चिंतता
जोड़	घटाव	झूठ	सच
झगड़ा	शान्ति	झोपड़ी	महल
झंकृत	निस्तब्ध	झकझकाहट	धुंधला
झंझा	तूफान		

(ट/ठ)

शब्द	विलोम	शब्द	विलोम
टल	अटल	टीका	भाष्य
टकसाली	सामान्य	टूटना	जुड़ना
ठहरना	जाना	ठीक	गलत
ठण्डा	गर्म	ठोस	तरल
ठाठ	सादगी	ठौर	कुठौर

(ड/ढ)

शब्द	विलोम	शब्द	विलोम
डर	निडर	डाल	पत्ती
डाह	सद्भाव	डिम्भ	निराडम्बर
डिम्ब	अक्षोभ	ढाढस	त्रास /निरुत्साह
ढंग	कुढंग/ बेढंग	ढाल	तलवार
ढरना	रुकना	ढीठ	विनम्र
ढालू	समतल		

(त/थ)

शब्द	विलोम	शब्द	विलोम
तरल	ठोस	तप्त	शीतल
तरुण	वृद्ध	तृषा	तृप्ति
तट	मझधार	ताजा	बासी
तल	अतल	तीक्ष्ण	कुंठित
तन्द्रा	जागरण	तीव्र	मन्द
तृष्णा	वितृष्णा	तुलनीय	अतुलनीय
तर्कपूर्ण	कुतर्कपूर्ण	तुच्छ	महान्
तृप्त	अतृप्त	तेज	धीमा
त्यक्त	गृहीत	तेजस्वी	निस्तेज
तामसिक	सात्विक	तुकान्त	अतुकान्त
तितिक्षा	असहिष्णुता	त्वरि	मंथर
तिमिर	प्रकाश	थिर	गतिवान

शब्द	विलोम	शब्द	विलोम
थकावट	स्फूर्ति	थोक	फुटकर/खुदरा
थोड़ा	बहुत	थल	जल

(द/ध)

शब्द	विलोम	शब्द	विलोम
दयालु	निर्दयी	दास	स्वामी
दृश्य	अदृश्य	दुर्गति	सुगति
दृढ़	अदृढ़	दुश्कर	सुकर
दक्षिण	उत्तर	द्वैत	अद्वैत
दरिद्र	सम्पन्न	दुर्लभ	सुलभ
दानी	कृपण	द्वेष	सद्भावना
दिवा	रात्रि	देशभक्त	देशद्रोही
दीर्घायु	अल्पायु	दुष्प्रभाव	सुप्राप्य
दुर्बल	सबल	दाखिल	खारिज
देनदार	लेनदार	दीर्घ	ह्रस्व/लघु
दण्ड	पुरस्कार	दुराचार	सदाचार
दैत्य	देव	देह	विदेह
दाता	सूम/याचक	देव	दानव
द्वन्द्व	निर्द्वन्द्व	देय	अदेय
दुर्जन	सज्जन	देन	लेन
दुष्ट	भला	देर	सवेर/जल्दी
दूषित	स्वच्छ	दक्ष	अदक्ष
दिव्य	अदिव्य	दक्षिण	वाम
दु:शील	सुशील	धीरता	अधीरता
धरा	गगन	ध्रुव	अस्थिर
धवल	श्याम	धैर्य	अधैर्य
धनी	निर्धन	धनात्मक	ऋणात्मक
धर्म	अधर्म	धीर	अधीर
ध्वंस	निर्माण	धृष्ट	विनीत या विनम्र

(न)

शब्द	विलोम	शब्द	विलोम
नकद	उधार	न्याय	अन्याय
नश्वर	अनश्वर	न्यून	अधिक
नख	शिख	नागरिक	ग्रामीण
नवीन	प्राचीन	नर	नारी
नया	पुराना	निर्गुण	सगुण
निषिद्ध	विहित	निराशा	आशा
निश्चल	चंचल	निरोगी	रोगी
निकट	दूर	नि:शुल्क	सशुल्क
निरर्थक	सार्थक	निर्दोष	सदोष
निष्काम	सकाम	नूतन	पुरातन

शब्द	विलोम	शब्द	विलोम
निर्मल	मलिन	निर्माण	विनाश
नत	उन्नत	निडर	कायर
निरक्षर	साक्षर	निर्धनता	धनाढ्यता
निरामिष	सामिष	निन्दा	स्तुति
नियमित	अनियमित	निश्चित	अनिश्चित
नियन्त्रित	अनियन्त्रित	नित्य	अनित्य
निर्भीक	भयभीत	निर्दय	सदय
निर्लज्ज	सलज्ज	नीरुजता	रुग्णता
निष्ठा	अनिष्ठा	नेकी	बदी
न्यायी	अन्यायी	नैतिक	अनैतिक
नीति	अनीति	नैसर्गिक	अनैसर्गिक
निर्दिष्ट	अनिर्दिष्ट	नमकहलाल	नमकहराम
नीरस	सरस	निष्कुलष	कलुष

(प)

शब्द	विलोम	शब्द	विलोम
पण्डित	मूर्ख	परुष	कोमल
परिचित	अपरिचित	परतन्त्र	स्वतन्त्र
प्रकट	गुप्त/अप्रकट	परिश्रम	विश्राम
प्रवेश	निकास	पारितोष	दण्ड
परमार्थ	स्वार्थ	परा	अपरा
पक्षपाती	निष्पक्ष	पेय	अपेय
पसन्द	नापसन्द	पूरा	अधूरा
प्रसारण	संकुचन	पैना	भोथरा
प्रफुल्ल	म्लान	पूर्ववर्ती	परवर्ती
प्रगति	प्रतिगमन	परिहार्य	अपरिहार्य
पक्का	कच्चा	पटु	अपटु
परोक्ष	प्रत्यक्ष/अपरोक्ष	पतन	उत्थान
प्रोत्साहित	हतोत्साहित	परिष्कृत	अपरिष्कृत
प्रधान	गौण	पार्थिव	अपार्थिव
प्रशंसा	निन्दा	पाक	नापाक
प्रत्यय	अप्रत्यय	पाप	पुण्य
प्रभु	भृत्य	प्रगल्भ	अप्रगल्भ
पवित्र	अपवित्र	प्रतिष्ठा	अप्रतिष्ठा
पुरोगामी	पश्चगामी	प्रायः	बहुधा
परिमित	अपरिमित	प्रीति	द्वेष
परिणत	अपरिणत	प्रौढ़	अप्रौढ़
पूर्ण	अपूर्ण	प्रतिपन्न	अप्रतिपन्न
पाच्य	अपाच्य	प्राकृतिक	अप्राकृतिक
पठित	अपठित	पक्ष	विपक्ष
परिग्रही	अपरिग्रही	पात्र	कुपात्र
पोषित	अपोषित	प्राचीन	आधुनिक
पृथक्	संयुक्त	पावन	अपावन
प्रजातन्त्र	राजतन्त्र	पाठ्य	अपाठ्य
पदोन्नत	पदावनत	पालक	घातक
प्रवेश	निर्गम	पारदर्शक	अपारदर्शक
प्रकाश	अन्धकार	पिता	माता
प्रतीची	प्राची	पूर्व	पश्चिम
प्रगतिशील	अप्रगतिशील	पौष्टिक	अपौष्टिक
प्रावैगिक	स्थैतिक	पूर्व (पहला)	उत्तर (बाद का)
प्रशस्त	अप्रशस्त	पूर्णिमा	अमावस्या
प्रशिक्षित	अप्रशिक्षित	पौरस्त्य/पौर्वात्य	पाश्चात्य
प्रलय	सृष्टि	परितुष्ट	कुंठित
प्रच्छन्न	अप्रच्छन्न	प्रज्ञा	अविवेक
प्रकृत	अप्रकृत	प्रत्याशित	अप्रत्याशित
प्रतिबद्ध	अप्रतिबद्ध	पतझड़	बसन्त
परिसीमन	असीमन	प्रवृत्ति	निवृत्ति

(फ/ब)

शब्द	विलोम	शब्द	विलोम
फल	अफल	फूल	काँटा
फाटक	हाटक	फुल्ल	म्लान
फैलना	सिकुड़ना	फ़िरना	स्थिर
फ़ायदा	नुकसान	फलदायक	निष्फल
फ़जीहत	इज़्ज़त	बिहान	आज
बलवान	बलहीन	बन्धन	मोक्ष/मुक्ति
बलिष्ठ	दुर्बल	वृहत	लघु
बचपन	यौवन	बहिष्कार	स्वीकार
बड़ा	छोटा	बहिरंग	अन्तरंग
बहुत	थोड़ा	बंध्या	स्वीकार
बढ़िया	घटिया	बोध्य	अबोध्य
बर्बर	सभ्य	बेडौल	सुडौल
बहुतायत	कमी	बिम्ब	प्रतिबिम्ब
बेमेल	संगत	बुढ़ापा	जवानी
बाधित	अबाधित	बुद्धिमान	मूर्ख
बन्धुत्व	शत्रुत्व	बोध	अबोध
बाढ़	सूखा		

(भ)

शब्द	विलोम	शब्द	विलोम
भगवान्	भगवती	भोला	चालाक
भय	साहस	भीषण	सौम्य

शब्द	विलोम	शब्द	विलोम
भव्य	अभव्य	भग्न	अभग्न
भद्र	अभद्र	भंगुर	अभंगुर
भक्ष्य	अभक्ष्य	भोग्य	अभोग्य
भंजक	योजक	भक्त	अभक्त
भारी	हल्का	भलाई	बुराई
भाग्य	दुर्भाग्य	भिन्न	अभिन्न
भाव	अभाव	भूत	भविष्य
भयभीत	निर्भय	भूगोल	खगोल
भ्रान्त	निर्भ्रान्त	भोगी	योगी
भूषण	दूषण	भोज्य	अभोज्य
भावी	अतीत	भौतिक	आध्यात्मिक
भला	बुरा	भाई	बहन
भेद	अभेद	भीड़	एकांत

(म)

शब्द	विलोम	शब्द	विलोम
महात्मा	दुरात्मा	मनुज	दनुज
मन्द	त्वरित	मौखिक	लिखित
मधु	तिक्त/कटु	मित	अपरिमित
ममता	निर्ममता	मुसीबत	आराम
मानव	दानव	मुख	पृष्ठ/प्रतिमुख
मानवीय	अमानवीय	मार्जित	अमार्जित
मानवता	दानवता/नृशंसता	मूढ़	ज्ञानी
मालिक	नौकर	मिलन	विरह/बिछोह
महीन	मोटा	मृदुल	कठोर
मत	विमत	मिथ्या	सत्य
मसृण	रुक्ष	मैत्री	अमैत्री
मेहमान	मेज़बान	मिश्रित	अमिश्रित
मितव्ययिता	अमितव्ययिता	मूर्त	अमूर्त
मीठा	कड़वा	मित्र	शत्रु
मुदित	खिन्न	मूल	निर्मूल
मूक	वाचाल	मूल्यवान	मूल्यहीन
महायोगी	महाभोगी	मौन	मुखर
मान	अपमान	मोक्ष	बन्धन
मिट	अमिट	मरहूम	जीवित

(य/र/ल)

शब्द	विलोम	शब्द	विलोम
यश	अपयश	योग्यता	अयोग्यता
यथार्थ	कल्पना/आदर्श	यौवन	बुढ़ापा/जरा
याद	भूल	योग्य	अयोग्य
युद्ध	शान्ति	योग	भोग/वियोग
योगी	भोगी	याचक	अयाचक
यंत्रणा	सुख	रोजगार	बेरोजगार
रत	विरत	रूढ़िबद्ध	रूढ़िमुक्त
रक्षक	भक्षक	रुक्ष	मृदु/मसृण
रचना	ध्वंस	रौद्र	अरौद्र
राग	विराग	रद्द	बहाल
राजा/राव	रंक/प्रजा	खाली	भरा
राक्षस	देवता	रुदन	हास्य
रहमदिल	बेरहम	रोगी	निरोगी
राजतन्त्र	जनतन्त्र	राहत	प्रकोप
रागी	विरागी	रिक्त	सिक्त
रात	दिन	रूप	कुरूप
रूढ़िवादी	स्वच्छन्दतावादी	रुचि	अरुचि
रंगीन	रंगहीन	लोलुप	अनासक्त
लक्ष्य	अलक्ष्य	लौकिक	पारलौकिक
लघु	दीर्घ/गुरु	लौह	अलौह
लचीला	कठोर	लाघव	गौरव
लम्बाई	चौड़ाई	लुप्त	व्यक्त/प्रकट
लाभ	हानि	लोहित	अलोहित
लिप्त	निर्लिप्त	लापरवाह	सावधान
लिखित	मौखिक	लुभावना	घिनौना
लेन	देन	लक्षित	अलक्षित
लोक	परलोक	लोकातीत	साधारण

(व)

शब्द	विलोम	शब्द	विलोम
वर्तमान	भूत	विश्लेषण	संश्लेषण
व्यस्त	अव्यस्त	व्यास	समास
व्यक्तिगत	सार्वभौम	वनस्थल	मरुस्थल
वाद	प्रतिवाद	विरत	निरत
विकारी	अविकारी	विशालकाय	क्षीणकाय
विजय	पराजय	विदग्ध	अविदग्ध
विकास	ह्रास	विचारित	अविचारित
विराट/विशाल	क्षुद्र	विबुध	अविबुध
विशेष	साधारण/सामान्य	विकृत	अविकृत
विनत	उद्दण्ड	वसन्त	पतझड़
तिभत	पराभत	तिकल	अतिकल
वर	वधू	विद्यमान	अविद्यमान
विधवा	सधवा/सुहागिन	वर्ण्य	अवर्ण्य
विपन्न	सम्पन्न	विभक्त	अविभक्त
विदाई	स्वागत	विहित	अविहित/निषिद्ध
व्यष्टि	समष्टि	वैदिक	अवैदिक
विचलित	अविचलित	वक्ता	श्रोता
विज्ञ	अविज्ञ	विलम्ब	अविलम्ब

शब्द	विलोम	शब्द	विलोम
विपद	सपद	विनीत	धृष्ट/दुर्विनीत
विरल	सुलभ	विस्तारण	संक्षेपण
व्याप्त	अव्याप्त	विश्वास	अविश्वास
व्यग्र	अव्यग्र	विस्मरण	स्मरण
वैमनस्य	सौमनस्य	विशिष्ट	सामान्य
विश्वस्त	अविश्वस्त	वीर	कायर
विस्तीर्ण	अविस्तीर्ण	विहित	निषेध
व्यवहृत	अव्यवहृत	विद्वान्	मूर्ख
वन	मरु	वेदना	परमानन्द
वृद्ध	बालक	विनम्र	उच्छृंखल
विदेशी	स्वदेशी	विस्तृत	संक्षिप्त

(श/ष/स)

शब्द	विलोम	शब्द	विलोम
शकुन	अपशकुन	शयन	जागरण
शब्द	निःशब्द	शान्ति	अशान्ति
शक्ति	क्षीणता	शासक	शासित
शरण	अशरण	शालीन	धृष्ट
शत्रुता	मित्रता	शिख	नख
शस्त्र	अस्त्र	शोषक	पोषक
शिष्ट	अशिष्ट	शोभनीय	अशोभनीय
शिक्षित	अशिक्षित	शाश्वत	क्षणिक
शिक्षा	अशिक्षा	शाप	वरदान
शीर्ष/शिखर	तल	श्लील	अश्लील
शिष्य	गुरु	शर्मदार	बेशर्म
शीतल	उष्ण	शुष्क	आर्द्र
शुभ	अशुभ	शूर	भीरु
शुद्धि	अशुद्धि	श्वास	उच्छ्वास
शुक्ल	कृष्ण	शोहरत	बदनामी
शुल्क	निःशुल्क	शोधित	अशोधित
शुचि	अशुचि	शंक	निशंक
शेष	अशेष	शहरी	देहाती
शोभन	अशोभन	शोर	शान्ति
सभ्य	असभ्य	स्वामी	सेवक
सम्पन्न	विपन्न	स्वार्थी	परार्थी
सत्कार	तिरस्कार	स्पष्ट	अस्पष्ट
सबल	दुर्बल	संकल्प	विकल्प
समावेश	अनावेश	स्वजाति	विजाति
सनाथ	अनाथ	स्वीकृति	अस्वीकृति
सनातनी	प्रगतिवादी	सामयिक	असामयिक
ससीम	असीम	सामिष	निरामिष

शब्द	विलोम	शब्द	विलोम
सदाचार	दुराचार	साहस	भय
सरल	कठिन	सात्विक	तामसिक
सवर्ण	असवर्ण	साक्षर	निरक्षर
समूल	निर्मूल	साहचर्य	पृथक्करण
सत्य	झूठ/असत्य	सन्निविष्टन	निस्तारण
स्थिर	चंचल	सातत्य	असातत्य
सित	असित	सहयोगी	प्रतियोगी
संगत	असंगत	स्वदेश	विदेश
संपद्	विपद्	सज्जन	दुर्जन
संकोच	निःसंकोच	सत्कर्म	दुष्कर्म
संयोग	वियोग	स्थावर	जंगम
संश्लिष्ट	विश्लिष्ट	सगुण	निर्गुण
सन्त	असन्त	सृजन	विनाश
सन्धि	विग्रह	सत्	असत्
सपूत	कपूत	स्थूल	सूक्ष्म
सक्षम	अक्षम	स्वदेशी	विदेशी
सुकृति	कुकृति	सुनाम	दुर्नाम
सुदूर	निकट	सुमुख	दुर्मुख
सुमार्ग	कुमार्ग	सेवित	असेवित
सुपथ	कुपथ	स्तब्ध	अस्तब्ध
सुन्दर	कुरूप	सुसाध्य	दुःसाध्य
सुपात्र	कुपात्र	सुस्ती	चुस्ती
सुशील	दुःशील	सुसंगति	कुसंगति
सुगन्ध	दुर्गन्ध	स्खलित	अस्खलित
सुधा	गरल	स्थिरचित्त	अस्थिरचित्त
सूक्ष्म	स्थूल	सुसमय	कुसमय
सुलभ	दुर्लभ	सुलक्षण	कुलक्षण
सौम्य	उग्र	सुकाल	दुष्काल
सचेत	अचेत	सुगति	दुर्गति
सजल	निर्जल	सुधार्य	असुधार्य
सुरीति	कुरीति	सैद्धान्तिक	असैद्धान्तिक
स्पृश्य	अस्पृश्य	स्मरणीय	विस्मरणीय
सुबोध	दुर्बोध	स्वाभाविक	अस्वाभाविक
सौभाग्य	दुर्भाग्य	स्वार्थ	परमार्थ
सुमति	कुमति	सुखान्त	दुःखान्त
सुर	असुर	सुफल	कुफल
सुप्रबन्ध	कुप्रबन्ध	स्याह	सफेद
समावेशन	अनावेशन	स्निग्ध	अस्निग्ध
स्वर्ग	नरक	स्थैर्य	अस्थैर्य
सन्तोष	असन्तोष	स्वावलम्बी	परावलम्बी

शब्द	विलोम	शब्द	विलोम
सरस	नीरस	स्पर्द्धा	सहयोग
सहित	रहित	सम	विषम
सम्मुख	विमुख	संयत	असंयत

(ह)

शब्द	विलोम	शब्द	विलोम
हर्ष	विषाद	हमदर्द	बेदर्द
हमारा	तुम्हारा	हत	अहत
हँसना	रोना	हिंसा	अहिंसा
ह्रस्व	दीर्घ	हास	रुदन
हित	अहित	ह्रास	वृद्धि
हेय	ग्राह्य	हार	जीत
होनी	अनहोनी	हानि	लाभ

(क्ष/त्र/ज्ञ)

शब्द	विलोम	शब्द	विलोम
क्षर	अक्षर	क्षति	लाभ
क्षमा	दण्ड	क्षुद्र	महत्/विराट
क्षणिक	शाश्वत	क्षुब्द	शान्त
क्षय	अक्षय	क्षोभ	प्रसन्नता
क्षीण	स्वस्थ	त्रिकुटी	भृकुटी
त्रिकोण	षट्कोण	ज्ञेय	अज्ञेय
ज्ञान	अज्ञान	ज्ञानी	मूढ़/मूर्ख
ज्ञात	अज्ञात		

(श्र)

शब्द	विलोम	शब्द	विलोम
श्राप	आशीर्वाद	श्रोता	वक्ता
श्रद्धा	अश्रद्धा	श्रवण	दर्शन
श्रीमान	श्रीमती	श्रांत	प्रसन्न
शृंखला	विशृंखला	श्रव्य	दृश्य

अनेकार्थी

अनेकार्थक शब्द का अर्थ है—अनेक अर्थ वाला अर्थात् जिन शब्दों से एक से अधिक अर्थ-बोध होता है, उन्हें अनेकार्थक (Homonyms) कहते हैं। विद्यार्थियों के अध्ययन हेतु अनेकार्थक शब्दों की सूची प्रस्तुत ह

शब्द	अनेकार्थक शब्द
अंक	गिनती के अंक, गोद, भाग्य, चिह्न, रूपक के दस भेदों में से एक, देह, नाटक का अध्याय।
अंकोर	दोपहरी, रिश्वत, भेंट, गोद, कलेवा।
अंग	शरीर, टुकड़ा, अवयव, भेद, पक्ष, सहायक, भाग, हिस्सा।
अक्रूर	कृष्ण के चाचा, मित्र, कोमल स्वभाव वाला।
अगोचर	अदृश्य, इन्द्रियातीत, ब्रह्म।
अचल	अटल, पहाड़, निश्चल, स्थिर, वृक्ष, पार्वती।
अज	बकरा, दशरथ के पिता, अजन्मा, शिव, ब्रह्मा, मेषराशि, जीव, कामदेव।
अजया	बकरी, भाँग, विजया।
अच्युत	स्थिर, विष्णु, कृष्ण, अपतित।
अक्षर	वर्ण, ईश्वर, आत्मा, स्थिर, शिव, विष्णु, अविनाशी।
अधर	होंठ, आकाश, अनाधार, नीच, बुरा, चंचल।
अदिति	पृथ्वी, प्रकृति, देवताओं की माता, रक्षा, देवलोक, वाणी।
अमृत	जल, दूध, अमर, अन्न, सुधा, पारा, प्रिय, सुन्दर, आत्मा, शिव, घी, धन।
अब्ज	कपूर, अरब की संख्या, कमल, चन्द्रमा, शंख।
अब्द	बादल, वर्षा, मेघ, आकाश, साल।
अपेक्षा	आशा, आवश्यकता, इच्छा, आकांक्षा, लालच, अनुरोध, भरोसा, तुलना।
अनन्त	अन्तहीन, शेषनाग, लक्ष्मण, आकाश, विष्णु।
अरस	आकाश, नीरस, आलस्य, महल, रसशून्य, अनाड़ी, सुस्ती, बेस्वाद।
अरुण	सूर्य का सारथी, लाल, सूर्य, गरुड़, तड़का, सिन्दूर, केसर।
अन्तर	फ़र्क, भीतर, अन्तरिक्ष, समय, व्यवधान।
अपवाद	किसी नियम के विपरीत, कलंक, निन्दा, विरोध, आदेश, आज्ञा।
अतिथि	मेहमान, अग्नि, अपरिचित, संन्यासी, आगन्तुक, अभ्यागत।
अर्क	सूर्य, सत्त्व, ताँबा, बिजली की चमक, स्फटिक, मदार, काढ़ा, रविवार।
अर्थ	धन, प्रयोजन, तात्पर्य, कारण, लिए, अभिप्राय, निमित्त, फल, वस्तु, प्रकार।
अलि	भ्रमर, कोयल, बिच्छू, मदिरा, कौआ, कोयल, बाँध, सेतु।
अवि	सूर्य, पहाड़, पर्वत, आक, भेड़, मेष, वायु, कम्बल।
अहि	दुष्ट, सूर्य, साँप, राहु, पृथ्वी, जल, बादल।
आम	सामान्य, एक फल, मामूली, अपक्व, आँव, कच्चा, आम्र।
आत्मज	पुत्र, कामदेव, बेटा।
आन	दूसरा, क्षण, शपथ, टेक, सीमा, बनावट, लज्जा, प्रतिज्ञा, विचार।
आतुर	उत्सुक, उतावला, रोगी, कमज़ोर, दुःखी, आहत, पीड़ित, व्यग्र, व्याकुल।
आदि	प्रारम्भ, प्रथम, ईश्वर, इत्यादि, पुरातन।
आराम	विश्राम, वाटिका, एक प्रकार का दण्डक वृत्त, फुलवाड़ी।
आली	सखी, पंक्ति, रेखा, सहेली, मान्यवर, गीला, नम।
आसुग	मन, वायु, वाण।
इतर	अन्य, नीच, चरस, अन्त्यज, अवशेष, बाकी, साधारण, दूसरा।
इन्दु	गणित में एक की संख्या, चन्द्रमा, कपूर।
उरु	जाँघ, विशाल, श्रेष्ठ, विस्तीर्ण, अधिक मूल्यवान, जाँच।
उर्मी	लहर, पीड़ा, तरंग, प्रकाश, वेग, भंग, भ्रान्ति, भूल।
ऐन	कस्तूरी, घर, पूर्ण, आँख, उपयुक्त, ठीक।

शब्द	अनेकार्थक शब्द
ओस	गीला, गोद, धरोहर, बहाना, जिमीकन्द।
कंज	कमल, सिर के बाल, अमृत, ब्रह्म, केश।
कनक	सोना, धतूरा, गेहूँ, आटा, खजूर, नागकेसर, पलास।
कर	हाथ, टैक्स, सूँड, किरण, ओला, विषय, छल, युक्ति, काम।
कल	मशीन, चैन, आने वाला कल, बीता हुआ कल, शान्ति, सुन्दर।
कन्द	जड़, मिश्री, बादल, समूह, सूरन, गाँठ, शोथ।
कटाक्ष	आक्षेप, तिरछी चितवन, व्यंग्य।
कर्ण	कान, कुन्ती का पुत्र, समकोण त्रिभुज के सामने की भुजा।
काम	कार्य, इच्छा, कामना, अनुराग, चार पुरुषार्थों में से एक पुरुषार्थ।
काल	समय, शत्रु, यमराज, अवसर, अकाल।
कुशल	चतुर, क्षेम (खैरियत), योग्य, कुश लाने वाला।
कृष्ण	भगवान् कृष्ण, काला, वेदव्यास।
केतु	एक ग्रह, ध्वजा, पुच्छल तारा, ज्ञान, प्रकाश।
कौशिक	विश्वामित्र, इन्द्र, सपेरा, उल्लू, नेवला।
खग	पक्षी, वाण, गन्धर्व, सूर्य, ग्रह, चन्द्रमा, देवता, वायु।
खर	गधा, दुष्ट, तिनका, गर्दभ, खच्चर, कौआ, रावण के भाई का नाम।
खल	दवा कूटने का पात्र, धतूरा, दुष्ट।
गण	समूह, छन्दों में तीन वर्णों का समूह, शिव के अनुचर।
गति	चाल, मोक्ष, हालत, गमन, परिणाम, ज्ञान, प्रमाण, मुक्ति, कर्मफल, दशा।
गुरु	शिक्षक, बड़ा, माता-पिता, भारी, छन्द में दीर्घ, मात्रा।
गोपाल	गाय पालने वाला, कृष्ण, ग्वाला, किसी लड़के का नाम।
गौतम	गौतम बुद्ध, द्रोणाचार्य का साला, भारद्वाज।
गौतमी	हल्दी, गोदावरी नदी, गोरोचन, गौतम ऋषि की पत्नी, अहिल्या, दुर्गा।
घट	शरीर, घड़ा, कम, कलश, जलपात्र, पिण्ड, मन, हृदय, न्यून।
घन	हथौड़ा, बादल, बड़ा, मेघ, समूह, विस्तार, अभ्रक।
घुटना	कष्ट सहना, साँस लेने में कठिनाई, पाँव का मध्य भाग।
चक्र	कुम्हार का चाक, विष्णु का अस्त्र, पहिया, वायु का भँवर, दल।
चक्री	विष्णु, कुम्हार, गाँव का पुरोहित, चकवा पक्षी, कौआ।
चपला	चंचल स्त्री, लक्ष्मी, बिजली, मदिरा, जीभ, भाँग।
चर	विचरण करने वाला, पशुओं के चरने का स्थान, जासूस।
चाप	धनुष, दबाव, परिधि का एक भाग, धनु राशि।
चारा	पशुओं का भोजन, उपाय, आचरण, घास, जिस वस्तु को बंसी में लगाकर मछली फँसाई जाती है।
छन्द	काव्य, बहाना, छल, मत, युक्ति, रंग-ढंग, अभिप्राय, कविता।
छाजन	छप्पर, वस्त्र, अपरस, खपरैल की छवाई, आच्छादन।
जड़	मूल, मूर्ख, हठी, अचेतन, स्तब्ध, चेष्टाहीन, मूक, गूँगा।
जर	जल, जड़, ज्वर, जरा, वृद्धावस्था।
जलज	कमल, शंख, सीप, मोती, सेवार, मछली, चंद्रमा।

शब्द	अनेकार्थक शब्द
जालक	झरोखा, जाल, घोंसला, गवाक्ष।
जीव	जन्तु, जीविका, बृहस्पति, जीवात्मा।
जीवन	ज़िन्दगी, वायु, जल, वृत्ति, प्राणधारण, पानी, घी, मज्जा, परमात्मा, पुत्र
जोड़	योग, मेल, गाँठ, समानता, एक ही तरह की दो वस्तुएँ।
जया	पार्वती, दुर्गा, हरी दूब, पताका, त्रयोदशी, ध्वजा, हरड़।
टीका	तिलक, व्याख्या, चेचक आदि का टीका, धब्बा, फलदान।
ठाकुर	जाति विशेष, भगवान, स्वामी, नाई, बड़ा।
ढाल	रक्षक, उतार, धातुओं की ढलाई, ढलुवाँ भूमि, ढार, प्रकार, रीति, ढंग।
तक्षक	विश्वकर्मा, बढ़ई, सूत्रधार, सर्प विशेष।
तारा	बृहस्पति की स्त्री, नक्षत्र, बालि की स्त्री, आँख के बीच की काली पुतली।
ताल	संगीत का ताल, झील, तालाब, ताड़ का वृक्ष।
तीर	बाण, नदी का किनारा, किनारा, तट, समीप।
तात	पूज्य, पिता, गुरु, मित्र, भाई।
द्रोण	द्रोणाचार्य, कौआ, दोना, नाव, मानव रहित विमान।
दहर	छोटा भाई, कुण्ड, नरक, छछून्दर, चूहा, बालक।
दिवा	दिन, दीपक, दिवस, बाईस अक्षरों का एक वर्ण वृत्त।
धन	जोड़, स्त्री, सम्पत्ति, लाभ, द्रव्य, पूँजी, चौपायों का समूह।
धर्म	सम्प्रदाय, स्वभाव, कर्त्तव्य, प्रकृति।
धारा	सन्तान, सेना, नियम, पानी का झरना, धार, झुण्ड।
नाक	स्वर्ग, इज्जत, एक फल, नासिका, अन्तरिक्ष, आकार, मान, प्रतिष्ठा।
नाग	सर्प, हाथी, बादल, नागवल्ली, एक पर्वत।
नागर	चतुर, नागरमोथा, नागरिक, सोंठ, पौर, सभ्य व्यक्ति, नारंगी।
निशाचर	राक्षस, चोर, उल्लू, सियार, सर्प, बिल्ली, प्रेत, भूत, महादेव।
पत्र	पत्ता, चिट्ठी, पन्ना, आवरण।
पानी	इज्जत, जल, चमक, शस्त्र की धार।
फल	परिणाम, लाभ, सन्तान, खाने वाला फल, हल।
बलि	पितरों को दिया गया भोग, एक राजा, उपहार, न्यौछावर, बलिहारी।
बहार	वसन्त, एक राग, आनन्द।
बल	शक्ति, सेना, बलराम, पार्श्व, बगल, लपेट, ऐंठन, सिकुड़न, अन्तर।
बिम्ब	छाया, चन्द्रमण्डल, बाँबी, घेरा, सूर्य।
भा	चमक, शोभा, बिजली, किरण, प्रभा, कान्ति, प्रकाश, दीप्ति।
भाव	विचार, अभिप्राय, मनोविकार, दर, श्रद्धा, अस्तित्व, सारांश।
भूत	प्रेत, पंचभूत, बीता हुआ समय, मृत शरीर, तत्त्व, सत्य।
मधु	शहद, वसन्त, पराग, चैत्रमास, ऋतु, शराब।
माधव	वसन्त ऋतु, विष्णु, बैसाख महीना, श्रीकृष्ण
मद	नशा, मस्ती, हाथी के मस्तक का स्राव, गर्व, कस्तूरी, अभिमान।

शब्द	अनेकार्थक शब्द
मुद्रा	सिक्का, छापा, आकृति, कुण्डल, चिह्न, अँगूठी।
मूल	पूँजी, एक नक्षत्र, जड़, कन्द, आरम्भ, पास, समीप।
रंग	सातों रंग, आनन्द, विलास, नाटक का प्रदर्शन, शोभा, सौंदर्य, प्रेम, राग
रम्भा	वेश्या, एक अप्सरा, केला, कदली, गौरी, उत्तर दिशा।
रक्त	खून, केशर, लाल, कुंकुम, ताँबा, कमल, सिन्दूर, रुधिर।
रसाल	ईख, आम, मीठा, रसीला, कटहल, गेहूँ, अमलबेंत।
राशि	समूह, मेष-वृष आदि 12 राशियाँ, ढेर, पुंज, समुच्चय।
लक्ष्य	निशाना, बहाना, उद्देश्य, लक्षणर्थ, गन्तव्य, ध्येय, मंजिल।
वंग	राँग, कपास, बंगाल प्रान्त।
वर्ण	रंग, अक्षर, चतुर्वर्ण्य, भेद, रूप।
वन	वाटिका, जंगल, पानी, भवन, काठ का पात्र।
विधि	रीति, भाग्य विधाता, ईश्वर, कार्यक्रम, योजना, प्रकार, कानून, संगति।
वृत्त	गोल-घेरा, हाल, चरित्र।
विहंग	पक्षी, वाण, बादल, विमान, सूर्य, चन्द्रमा, देवता।
शर	सरकण्डा, बाण, तीर, नरकट, जल, पाँच की संख्या, रूस।
शरभ	ऊँट, एक मृग, टिड्डी, सिंह, हाथी का बच्चा, विष्णु।
सरि	समता, माला, नदी, सरिता, बराबरी, सदृश।
सारंग	हिरन, बादल, पानी, मोर, शंख, पपीहा, हाथी, सिंह, राजहंस, भ्रमर, कपूर, कामदेव, कोयल, धनुष, मधुमक्खी, कमल, भूषण।
सार	रस, रक्षा, जुआ, लाभ, उत्तम, पत्नी का भाई, तलवार, तत्त्व।
सिता	चाँदी, चमेली, चाँदनी, शकर, गोरोचन, सफेद दूब।
सूर	वीर, अन्धा, एक कवि, सूर्य, अर्क, मदार, आचार्य, पण्डित।
सूत	बढ़ई, धागा, पौराणिक, सारथी, सूत्रकार, सूर्य, पारा।
सैन	सेना, संकेत, बाजपक्षी, इंगित, लक्षण, चिह्न।
संभव	जन्म, उपयुक्तता, घटित होना, संयोग, उत्पत्ति, आस्तित्व, समीचीनता।
हरि	विष्णु, इन्द्र, बन्दर, हवा, सर्प, सिंह, आग, कामदेव, हंस, मेंढक, चाँद, हरा रंग।
हीन	नीचा, तुच्छ, कम, रहित, छोड़ा हुआ, अल्प, निष्कपट, बुरा, शून्य।
हेम	सोना, तुषार, इज़्ज़त, पीला रंग।
हंस	आत्मा, योगी, श्वेत, घोड़ा, सूर्य, सरोवर का पक्षी।
क्षेत्र	शरीर, तीर्थ, गृह, प्रकृति, खेल, स्त्री।

समोच्चारित भिन्नार्थक शब्द

- समोच्चारित-भिन्नार्थक शब्दों को 'युग्म-शब्द', 'समध्वन्यात्मक शब्द', 'समानाभास शब्द' भी कहते हैं; जैसे—'अनल' और 'अनिल' शब्द का उच्चारण समान-सा है, लेकिन 'अनल' का अर्थ है—'आग' और 'अनिल' का अर्थ है—'वायु'।

- विद्यार्थियों के अध्ययन हेतु समोच्चारित भिन्नार्थक शब्दों की तालिका प्रस्तुत है

शब्द	अर्थ	शब्द	अर्थ
अकर	न करने योग्य	अधूत	निर्भय
आकर	खान/खदान	अवधूत	योगी
अग	सूर्य/अचल	अब्ज	कमल
अघ	पाप	अब्द	वर्ष
अचल	स्थिर	अभिराम	सुन्दर
अंचल	साड़ी का छोर/किनारा	अविराम	लगातार
अंचित	गुथा हुआ/पूजित	अपकार	बुराई
अचित्	जड़/चेतन रहित	अपमान	तिरस्कार
अजय	जो जीता न जा सके	अभिहित	पीटा गया
अजया	भाँग/बकरी	अभिहत	पुकारा गया
अतप	शीतल	अभियान	चढ़ाई
आतप	धूप	अभिमान	घमण्ड
अनल	आग	अविरोध	मेल
अनिल	वायु	अवरोध	रुकावट
अंगना	स्त्री	अविलम्ब	तुरन्त
अँगना	छोटा/आँगन	अवलम्ब	सहारा
अन्त	समाप्ति	अर्जन	संग्रह
अन्त्य	नीच	अर्चन	पूजा
अन्तर	भिन्नता	अर्घ	जलदान
अनन्तर	बाद में	अर्घ्य	पूजाद्रव्य
अपर	दूसरा	अजर	जो पुराना न हो
अपार	असीम	अजिर	आँगन
अम्बुज	कमल	अलिक	ललाट
अम्बुद	बादल	अलीक	झूठ
अंश	भाग/हिस्सा	अलि	भौंरा
अंस	कन्धा	आली	सखी
अतल	जिसका तल न हो	अवलि	पंक्ति
अतुल	जिसकी तुलना न हो	आविल	गन्दा
इति	अन्त	कुम्हार	बर्तन बनाने वाला
ईति	आपदा	कुमार	बिना ब्याहा
इन्दिरा	लक्ष्मी	कृती	पुण्यात्मा/विद्वान
इन्द्रा	इन्द्राणी	कृति	रचना
इत्र	सुगन्ध	कृपाण	तलवार
इतर	दूसरा/चरस	कृपण	कंजूस
इस्तरी	प्रेस	केस	मुकदमा

शब्द	अर्थ	शब्द	अर्थ
स्त्री	महिला	केश	बाल
ईश	स्वामी/मालिक	केसर	जाफरान/कुमकुम
ईष	शिव का एक अनुचर	केशर	सिंह की गर्दन के बाल
ईसा	हरिष/बल/ईसा मसीह	कौशल	नैपुण्य
ईशा	ऐश्वर्य/सुख	कोशल	अवध प्रदेश
उपमान	तुलना	कौड़ी	कपर्दिका
अपमान	तिरस्कार	कोड़ी	बीस या बीस का समूह
उपल	पत्थर	कौर	ग्रास
उपला	कण्डा	कोर	किनारा
उबारना	बचाना	कपीश	हनुमान/सुग्रीव
उभारना	उकसाना/ऊँचा करना	कपिश	मटमैला
उपयुक्त	उचित	करता	करना
उपर्युक्त	ऊपर कहा गया	कर्ता	एक प्रकार का कारक
उद्धत	अक्खड़/उद्दण्ड	कथा	कहानी
उद्यत	तैयार	कत्था	खैर का सत
उपस्थिति	उपलब्धता	कड़ी	सख्त
उपस्थिति	हाजिर	कढ़ी	दही और बेसन का सालन
उत्कच	गंजा	कटिबन्ध	नाड़ा
उत्कट	तीव्र/प्रबल	कटिबद्ध	तैयार
उद्धार	कष्ट से मुक्ति	कोश	शब्द
उधार	कर्ज	कोष	खजाना
ऋत्	सत्य/मोक्ष	करण	साधन
ऋतु	मौसम	कर्ण	कान
ओटना	बिनौले अलग करना	काख	बगल
औटना	खौलने की क्रिया	काक	कौआ
ओर	तरफ	कड़ाई	कड़ापन
और	तथा	कढ़ाई	कशीदाकारी
कटौती	कमी	खर्राच	अमितव्ययी/खर्चीला
कठौती	काठ का बर्तन	खरोंच	छिल जाने का चिह्न
कीला	खूँटी/कील	ग्रह	सूर्य/चन्द्र आदि नक्षत्र
किला	गढ़	गृह	घर
कुल	वंश	गाड़ी	सवारी/यान
कूल	किनारा	गाढ़ी	घनी
कुट	किला/घर	गिरि	पर्वत
कूट	पहाड़ की चोटी/व्यंग्य	गिरी	बीज का गूदा
कँटीला	काँटेदार	गिरा	वाणी
कटीला	काटने वाला	गिरा	पतित
कांता	सुन्दर स्त्री	गेय	गाने वाला

शब्द	अर्थ	शब्द	अर्थ
कांतार	जंगल	ज्ञेय	जो जाना जा सके
कुच	स्तन	गूँथना	सानना
कूच	प्रस्थान	गूथना	पिरोना
नीर	पानी	परिणति	समाप्ति
नीड़	घोंसला	परिणत	रूपान्तरित
निसान	झण्डा	पीड़ा	दर्द
निशान	चिह्न	पीढ़ा	चौकी
निहित	छिपा हुआ/मौज	पुरी	नगरी
निहत	मारा हुआ	पूरी	पूड़ी/सम्पूर्ण
नियत	निश्चित	पूछ	पूछने की क्रिया
नियति	भाग्य	पूँछ	दुम
नीरद	बादल	प्रेषित	भेजा हुआ
नीरज	कमल	प्रोषित	प्रवासी
परुष	कठोर	फल	खाने वाला फल
पुरुष	नर/मर्द	फाल	हल की नोंक
पट	वस्त्र	फन	सर्प का फन
पट्ट	तख्ती	फन	कला/गुण
परिणाम	फल	बहु	बहुत
परिमाण	मात्रा	बहू	वधू
पास	निकट	बहन	सहोदरा
पाश	बन्धन	वहन	ढोना
प्रदीप	दीपक	बान	आदत
प्रतीप	उल्टा	बाण	तीर
प्रसाद	भोग/कृपा	बार	दफा
प्रासाद	महल	वार	दिन
प्रणाम	अभिवादन शब्द	बास	गंध
प्रमाण	सबूत	वास	निवास
पता	ठिकाना	बात	वार्ता
पत्ता	पर्ण	वात	वायु
पतन	गिरना	बाग	लगाम
पत्तन	बन्दरगाह	बाग़	उद्यान
पड़ना	गिरना	बुरा	खराब
पढ़ना	अध्ययन	बूरा	शक्कर
पथ	रास्ता	बलि	नैवेद्य/पशु बलि
पंथ	मत/सम्प्रदाय	बली	बलवान
पवन	हवा	बाड़	फसल रक्षा घेरा
पावन	पवित्र	बाढ़	प्राकृतिक आपदा
प्रवाह	बहाव	भीत	डरा हुआ

शब्द	अर्थ	शब्द	अर्थ
परवाह	फिक्र/ध्यान	भित्ति	दीवार
प्रदेश	प्रान्त	भुवन	संसार
परदेश	विदेश	भवन	घर
प्रचारक	प्रचार करने वाला	मणि	रत्न
परिचारक	सेवक	मणी	साँप
परिणय	विवाह	मानक	स्तर
प्रणय	प्रेम	मानिक	लाल रंग का रत्न
प्रकृत	यथार्थ	मनोज	कामदेव
प्राकृत	एक भाषा	मनोज्ञ	सुन्दर
परिहार	त्याग	मेध	यज्ञ
प्रहार	चोट	मेधा	बुद्धि
मेदा	पेट	स्वजन	सम्बन्धी/मित्र
मैदा	आटा	श्वजन	कुत्ते का बच्चा
तथागत	भगवान बुद्ध	साम	गेय वेद मन्त्र
यथागत	मूर्ख	शाम	सायं
रसा	तरी	संकरी	संकर का स्त्रीलिंग
रस्सा	मोटी रस्सी	सँकरी	तंग
रेखा	लकीर	श्याम	कृष्ण
लेखा	हिसाब-किताब	स्याम	एशिया का एक देश
लक्ष	लाख	संखिया	विष
लक्ष्य	ध्येय	संख्या	गिनती
बँसी	मछली का काँटा	सूत	धागा
वंशी	मुरली	सुत	बेटा
बदन	शरीर	सर्ग	अध्याय
वदन	चेहरा	स्वर्ग	तीसरा लोक
ब्याज	सूद	सती	पतिव्रता
व्याज	कपट/फरेब	शती	शताब्दी
बादी	गरिष्ठ भोजन	सप्त	सात
वादी	मुद्दई/वक्ता	शप्त	श्राप पाया हुआ
वाद	तर्क	सदेह	सशरीर
विवाद	झगड़ा	सन्देह	शक
वस्तु	चीज़	सागर	समुद्र
वास्तु	मकान	सागर	प्याला
विलक्षण	अद्भुत	सुधि	स्मरण
विचक्षण	चतुर	सुधी	समझदार
व्यग	अपंग	सजा	सजाया हुआ
व्यंग्य	परिहास	सजा	दण्ड
व्यजन	पंखा	सत्त्व	सार

शब्द	अर्थ	शब्द	अर्थ
व्यंजन	वर्ण/खाद्य पदार्थ	स्वत्त्व	अधिकार
सकल	सम्पूर्ण	हाल	समाचार
शकल	टुकड़ा	हाला	शराब
शकठ	मचान	हेम	स्वर्ण
शकट	बैलगाड़ी	हिम	बर्फ
संकर	मिश्रित	हंसी	मादा हंस
शंकर	शिवजी	हँसी	हँसने की क्रिया
शशधर	चन्द्रमा	हंसमुख	हंस का मुख
शशिधर	शिव	हँसमुख	मजाकिया
साला	पत्नी का भाई	हल्का	कम वजन
शाला	घर	हलका	क्षेत्र
शिरा	नाड़ी/नालिका	क्षत्र	मुकुट
सिरा	छोर/किनारा	क्षात्र	क्षत्रिय
शूर	वीर	क्षिति	पृथ्वी
सूर	अन्धा	क्षति	हानि
शुक्ल	सफेद	क्षमा	माफ करना
शुल्क	फीस	छमाही	छः महीने का
षष्टि	साठ	ज्ञानी	बुद्धिमान
षष्ठी	छठी	ज्ञान	बुद्धि
शब्द	अर्थ	शब्द	अर्थ
उपेक्षा	तिरस्कार/उदासीनता	अशक्त	असमर्थ
अपेक्षा	तुलना में/आशा	असक्त	उदासीन
अचार	खट्टा खाद्य पदार्थ	अपत	बिना पत्ते का
आचार	व्यवहार	अपट	वस्त्रहीन
अभ्यास	किसी काम को करना	अश्म	पत्थर
अभ्याश	निकट	अश्व	घोड़ा
अम्ब	माता	अविज्ञ	मूर्ख
अम्बु	जल	अभिज्ञ	जानकार
अगम	दुर्लभ	अभय	निर्भय
आगम	शास्त्र/उत्पत्ति	उभय	दोनों
अणी	नोक/अनी	आहूत	बुलाया हुआ
आणि	तलवार की धार	आहूति	होम
अभिज्ञ	जानकार	आवृत्ति	दोहराना
अनभिज्ञ	अनजान	आवृत्त	घिरा हुआ
अभिसार	प्रेमी से छिपकर मिलना	आदी	अभ्यस्त
अभीसार	आक्रमण	आदि	आरम्भ
अरथी	टिकठी/झाँजी	आसकत	सुस्ती
अर्थी	चाहने वाला	आसक्त	लिप्त

शब्द	अर्थ	शब्द	अर्थ
अरबी	अरब की भाषा	आकर	खान
अरवी	कन्द या घुइयाँ	आकार	आकृति
अनिष्ट	बुराई/हानि	आसन्न	निकट
अनिष्ठ	निष्ठाहीन	आसन	लेटने/बैठने का वस्त्र
अमित	बहुत/अधिक	आँठी	गुठली
अमीत	दुश्मन	आँटी	सूत का लच्छा
अमूल	बेजड़	आरती	धूप-दीप दिखाना
अमूल्य	अनमोल	आरति	दुख/विरक्ति
अन्य	दूसरा	आभरण	आभूषण
अन्न	अनाज	आवरण	पर्दा/पट
चरित	जीवनी	ताक	घूरकर देखना
चरित्र	आचरण	ताख	दीवार का आला
चित्त	मन	तरणि	सूर्य
चित	पड़ा हुआ	तरणी	नाव
चिर	दीर्घ	तोष	सन्तुष्टि
चीर	कपड़ा	तोश	हिंसा
चपत	थप्पड़	तरंग	लहर
चम्पत	गायब	तुरंग	घोड़ा
चरस	गाँजा/अतर	थति	धरोहर
चरसा	चमड़े का थैला	तिथि	दिनांक
चक्रवाक	चकवा पक्षी	दशा	हालत
चक्रवात	बवण्डर	दिशा	ओर/तरफ
चिता	मुर्दा (जलने वाला)	दारू	शराब/उपचार
चिन्ता	सोचनीय भाव	दारु	लकड़ी
छात्र	विद्यार्थी	दशन	काटना
छत्र	छत	दंशन	दाँत
जूठा	उच्छिष्ट भोजन	दिया	देना
झूठा	असत्यवादी	दीया	दीपक
जरा	थोड़ा/अल्प	दिन	दिवस
जरा	बुढ़ापा	दीन	गरीब
जन्ता	चक्की	दीप	दीपक
जनता	लोग	द्वीप	टापू
जरठ	बूढ़ा	देव	देवता
जठर	पेट	दैव	भाग्य
जुड़ा	संलग्न	दारा	स्त्री
जूड़ा	केशों का बन्धन	द्वारा	मार्फत
जुआ	बैलों के कन्धे की लकड़ी	द्रव	तरल पदार्थ
जूआ	द्यूत क्रीड़ा	द्रव्य	वस्तु

शब्द	अर्थ	शब्द	अर्थ
जगत	संसार	धूरा	धूल
जगत	कुएँ का चबूतरा	धुरा	अक्ष
छर	छर्रों के वेग का शब्द	धान	अन्न विशेष
झर	पानी गिरने का स्थान	धन्य	सराहना
डोल	लोहे का बर्तन	नीत	लाया हुआ
डौल	ढाँचा	नीति	सदाचार पद्धति
डोंगी	छोटी नाव	नन्दी	शिवजी का बैल
ढोंगी	पाखण्डी	नान्दी	मंगलाचरण
डीठ	नजर	नाइ	तरह/समान
ढीठ	धृष्ट	नाई	बाल काटने वाला
डाल	वृक्ष की शाखा	नाड़ी	शिरा या नब्ज
ढाल	रक्षक/ढलान	नारी	स्त्री
ढलाई	ढालने की क्रिया	नित	प्रतिदिन
ढिलाई	शिथिलता	नत	झुका हुआ
तप्त	गरम	निर्वाण	मोक्ष
तृप्त	संतुष्ट	निर्माण	बनाना
ताकत	शक्ति/बल	नावक	छोटा तीर
तखत	चारपाई	नाविक	मल्लाह
तरुण	युवा	निमित्त	हेतु
तरु	वृक्ष	नमित	झुका हुआ

वाक्यांश के लिए एक शब्द

अपठित गद्यांश से सम्बन्धित सारांश, भावार्थ, आशय, मुख्यार्थ और संक्षेपण व वाक्यांश के लिए एक शब्द का ज्ञान बहुउपयोगी होता है, क्योंकि इन्हें हल करने के लिए संक्षिप्तता पर विशेष बल दिया जाता है। वाक्यांशों के लिए एक शब्द सूत्रात्मक या समास शैली पर आधारित होते हैं। छात्रों के लिए विभिन्न प्रतियोगी परीक्षाओं की दृष्टि से महत्त्वपूर्ण वाक्यांशों के लिए तालिका दी गई है

वाक्यांश	एक शब्द
(अ)	
हाथी हाँकने का लोहे का डण्डेदार हुक	अंकुश
जिसको गोद में स्थान मिला हो	अंकस्थ
गोद में सोने वाली स्त्री	अंकशायिनी
जम्हाई के साथ अंग को तानना	अँगड़ाई
शरीर के किसी अवयव का टूटना	अंगभंग
अण्डे से उत्पन्न होने वाला	अण्डज
गुरु के समीप रहने वाला विद्यार्थी	अंतेवासी
महल का भीतरी भाग	अंतःपुर
जिसका जन्म अन्त्य (छोटी) जाति में हुआ हो	अंत्यज

वाक्यांश	एक शब्द
जो कहा न जा सके	अकथनीय
न करने योग्य	अकरणीय
जिस क्रिया का कर्म न हो	अकर्मक
जो बात न कही गई हो	अकथित
जो दण्ड पाने योग्य न हो	अदण्डनीय
जो न जाना गया हो	अज्ञात
वह रोग जिसका ठीक होना कठिन हो	असाध्य
अन्य माता से पैदा हुआ भाई	अन्योदर/सौतेला
जो अभियोग लगाए/जो शिकायत करे	अभियोगी
जो दूसरे के बलबूते पर हो	अपरबल
जो बिना ढका हो	अनावृत्त
जो दूसरों से सम्बन्धित न हो	अनन्य
जो व्यवहार में न लाया गया हो	अव्यवहृत
पूरे जीवन में	आजीवन
जो पान करने योग्य नहीं है	अपेय
आवश्यकता से अधिक धन का ग्रहण न करना	अपरिग्रह
आवश्यकता या उचित मात्रा से अधिक खर्च करने वाला	अपव्ययी
थोड़ा खर्च करने वाला	अल्पव्ययी
जिसका अस्तित्व अल्पकाल तक रहे	अल्पकालिक
जिसके पास कुछ न हो	अकिंचन
मल्लयुद्ध का स्थान	अखाड़ा
जो खाने योग्य न हो	अखाद्य
पूर्व और दक्षिण का कोना	अग्निकोण
आगे का विचार करने वाला	अग्रसोची
बड़ा भाई (जिसका जन्म पहले हुआ हो)	अग्रज
जिस पर अभियोग लगाया गया हो	अभियुक्त
जिस व्यक्ति का कोई अंग टूटा या खराब हो	अपंग
जिसका जन्म बाद में हुआ हो	अनुज
जिसका खण्डन न किया जा सके	अखण्डनीय
जो गिना न जा सके	अगणित
जिसकी गिनती प्रमुख व्यक्तियों में हो	अग्रणी
जिसका ज्ञान इन्द्रियों द्वारा न हो	अगोचर/इन्द्रियातीत
जिसकी चिन्ता न हो	अचिन्त्य

वाक्यांश	एक शब्द
जो छुआ न गया हो	अछूता
जो जीता न जा सके	अजेय
जिसका कभी जन्म न हो	अजन्मा
जिसका कोई शत्रु उत्पन्न न हुआ हो	अजातशत्रु
जिसकी समता न हो सके या जिसकी तुलना न हो सके	अतुल
सीमा का अनुचित उल्लंघन	अतिक्रमण
जिसके आने की तिथि ज्ञात न हो	अतिथि
आवश्यकता से अधिक वर्षा	अतिवृष्टि
किसी बात को बढ़ा-चढ़ाकर कहना	अतिशयोक्ति
जो बीत चुका हो	अतीत
जिसका अनुभव इन्द्रियों द्वारा न किया जा सके	अतीन्द्रिय
जो कभी दिखाई न देता हो	अदृश्य
जिसके जोड़ या बराबरी का कोई न हो	अद्वितीय
जो देखा न गया हो (भाग्य)	अदृष्ट
अधिकार में आया हुआ	अधिकृत
विशेष आदेश जो किसी निश्चित अवधि तक लागू हो	अध्यादेश
पढ़ाने-लिखने का कार्य	अध्यापन
वह स्त्री जिसका पति दूसरा विवाह कर ले	अध्यूढ़ा
जिसका कहीं अन्त न होता हो	अनन्त
जो जाना न गया हो	अनवगत
जिसका कोई घर न हो	अनिकेत
जिस पर आक्रमण न किया गया हो	अनाक्रान्त
जो नियमानुकूल न हो	अनियमित
जिस पर कोई रोक-टोक न हो	अनियन्त्रित
प्रत्येक पदार्थ को क्षणिक और नश्वर मानने वाला सिद्धान्त	अनित्यवादी
जिसका जवाब न दिया गया हो	अनिस्तीर्ण
जो वचन या वाणी से न कहा जा सके	अनिर्वचनीय
जो रुका हुआ न हो	अनिरुद्ध
जिसका अन्य उपाय न हो	अनन्योपाय
जिस बच्चे के माँ-बाप न हों	अनाथ
जिसे बुलाया न गया हो	अनाहूत
बिना पलक गिराए	अनिमेष
जिसका निवारण न किया जा सके	अनिवार्य
जिसकी समानता न प्रकट की जा सके	अनुपम
जिसका अनुभव किया गया हो	अनुभूत

वाक्यांश	एक शब्द
परम्परा से चली आई हुई बात या कथा	अनुश्रुति
जिस पर अनुग्रह किया गया हो	अनुगृहीत
जो अनुकरण योग्य हो	अनुकरणीय
जो नया न हो	अनूतन
किसी पुरुष से प्रेम करने वाली अविवाहित स्त्री	अनूढ़ा
जो किसी वस्तु या व्यक्ति के प्रति आसक्त हो	अनुरक्त
जिसका मन दूसरी ओर हो	अन्यमनस्क
जिसे पढ़ा न जा सके	अपठनीय
जिसे पढ़ा न गया हो	अपठित
जिसके फलस्वरूप अपमान होता हो	अपमानजनक
दोपहर के बाद का समय	अपराह्न
देवलोक या इन्द्रपुरी की नर्तकी	अप्सरा
जो ढीठ न हो	अप्रगल्भ
बिगड़ा हुआ शब्द	अपभ्रंश
जिसका विवाह न हुआ हो	अपरिणीत
जिसकी नाप-तौल न हो सके	अपरिमेय
साधारण या व्यापक नियम के विरुद्ध वस्तुएँ	अपवाद
जिसके बिना काम न चल सके	अपरिहार्य
जिसकी आशा न की जा सकती हो	अप्रत्याशित
जिसे पराजित न किया जा सके	अपराजेय
जो पहले न रहा हो	अपूर्व
जिसके टुकड़े न हो सकें	अखण्डनीय
जो प्रमाण से सिद्ध न हो सके	अप्रमेय
जो कपड़ा न पहना गया हो	अप्रहत
जो प्रमाण देने योग्य न हो	अप्रमाण्य
जो समझा न जा सके	अबोध
जिस पर मत दे दिया गया हो	अभिमत
जो पहले न घटित हुआ हो	अभूतपूर्व
जो भेदा न जा सके	अभेद्य
न मरने वाला	अमर
जिसे मारना उचित न हो	अवध्य
जो बाँटा न गया हो	अविभक्त
सम्पूर्ण लक्ष्य पर लक्षण का घटित न होना	अव्याप्ति
जिसकी संख्या सीमित न हो	असंख्य
सौ करोड़ की संख्या	अरब
जो इस लोक का न हो	अलौकिक
कम जानने वाला	अल्पज्ञ

वाक्यांश	एक शब्द
कम बोलने वाला	अल्पभाषी/मितभाषी
अवश्य होने वाला	अवश्यम्भावी
बिना वेतन का	अवैतनिक
जो शोक करने के योग्य न हो	अशोच्य
एक-एक अक्षर तक	अक्षरशः
जो संविधान के अनुकूल न हो	असंवैधानिक
जो बराबर न हो	असम
जिसे जाना न जा सके	अज्ञेय
जो कुछ न जानता हो	अज्ञ
जो स्त्री सूर्य भी नहीं देख पाती	असूर्यपश्या
अहंकारपूर्वक अपने को सबसे बढ़कर समझना	अहंमन्यता
जिसमें प्रतिभा का अभाव हो	अप्रतिभा
जिसका जवाब न दिया गया हो	अनिस्तीर्ण

(आ)

वाक्यांश	एक शब्द
अचानक होने वाला	आकस्मिक
भगवान के सहारे अनिश्चित आय	आकाशवृत्ति
जिस पर आक्रमण हो	आक्रान्त
वह नायिका जिसका पति परदेश से लौटा हो	आगतपतिका
जो इधर-उधर से घूमता-फिरता आ जाए	आगन्तुक
जो सूँघने योग्य हो	आघ्रेय
जो अपने आचरण से पवित्र है	आचारपूत
दूसरों के सुख के लिए आत्मसुख को त्यागना	आत्मोत्सर्ग
अपने प्राण अपने आप लेने वाला	आत्मघाती/आत्महन्ता
वह स्त्री जिसका पति आने वाला हो	आगमिस्यत्पतिका
स्वयं पर अभिमान करना	आत्माभिमान
अत्याचार करने वाला	आततायी
अतिथि की सेवा करने वाला	आतिथेयी
अतिथि की सेवा	आतिथ्य
जो जन्म लेते ही गिर या मर गया हो	आदण्डपात
आदर्शमूलक भावना को प्रश्रय देने वाला मत	आदर्शवाद
किसी मत का सर्वप्रथम प्रवर्तन करने वाला	आदि प्रवर्तक
आदि से अन्त तक	आद्यान्त
देवता अथवा भूतादि के द्वारा होने वाला दुःख	आधिदैविक
जीवों या शरीरधारियों के द्वारा प्राप्त दुःख	आधिभौतिक
नवीन बनाने की क्रिया	आधुनिकीकरण
आत्मा से सम्बन्ध रखने वाला	आध्यात्मिक
जिसका अहंकार चूर हो गया हो	आन्तगर्व

वाक्यांश	एक शब्द
परम्परा से सुना हुआ	आनुश्राविक
जो किसी वंश में बराबर होता आया हो	आनुवंशिक
जिसकी समस्त कामनाएँ पूरी हो गई हों	आप्तकाम
सिर से पैर तक	आपादमस्तक
ऐसा व्रत जो मरने पर ही समाप्त हो	आमरणव्रत
जड़ से चोटी तक	आमूलचूल
देश में विदेश से माल आने की क्रिया	आयात
रुपये-पैसे से सम्बन्ध रखने वाला	आर्थिक
आलोचना करने वाला	आलोचक
जन्म लेना और मरना	आवागमन
ईश्वर, धर्मग्रन्थ आदि में विश्वास करने वाला	आस्तिक
वह कवि जो तत्क्षण कविता कर सके	आशुकवि
आशा से परे	आशातीत
जो आशा करता हो	आशावादी
लिखने की वह कला जो बोलने के साथ ही (तीव्रगति से) लिखी जाती है	आशुलिपि

(इ/ई)

इतिहास को जानने वाला	इतिहासज्ञ; इतिहासवेत्ता
इन्द्र को जीतने वाला	इन्द्रजीत
इन्द्रियों को वश में रखने वाला	इन्द्रियजीत
जिसकी आकांक्षा हो	इष्ट
केवल इसी लोक से सम्बन्धित	इहलौकिक
जो इन्द्रियों की पहुँच से बाहर हो	इन्द्रियातीत
जिस वस्तु को चाहा गया हो	ईप्सित
जो दूसरों से ईर्ष्या करता हो	ईर्ष्यालु
पूरब और उत्तर के बीच की दिशा	ईशान

(ए/ऐ)

केवल एक आँख वाला	एकाक्ष
जिस पर किसी एक का ही अधिकार हो	एकाधिकार
व्यक्ति की इच्छा पर निर्भर	ऐच्छिक
इन्द्रियों को भ्रमित करने वाला	ऐन्द्रजालिक
इन्द्रियों से सम्बन्धित	ऐन्द्रिय
इस लोक से सम्बन्धित	ऐहिक

(उ/ऊ, औ)

सूरज के निकलने से पूर्व का काल	उषाकाल
जिसने ऋण चुका दिया हो	उऋण
सबसे ऊँचा	उच्चतम
ऊपर से नीचे लाना	उतारना/अवरोहण

वाक्यांश	एक शब्द
जो पास हो गया हो	उत्तीर्ण
छाती के बल चलने वाला	उदक (सर्प)
जिसकी वृत्ति उदार हो	उदारचेता
ऊपर कहा गया	उपरोक्त/उपर्युक्त
पर्वत के पास की भूमि	उपत्यका
जिसका उपकार किया गया हो	उपकृत
सूर्य जिस स्थान से निकलता है	उदयाचल
जिसके दाँत न जन्मे हों	उदन्त
जिसके विषय में लिखना आवश्यक हो	उल्लेखनीय
जिस भूमि में बहुत अन्न पैदा होता हो	उर्वरा
ऊपर की ओर जाने वाला	ऊर्ध्वगामी
ऊँचे स्वर से उच्चारण किया गया	ऊर्ध्वोच्चारित
जिस भूमि में कुछ न पैदा होता हो	ऊसर
विवाहित स्त्री से उत्पन्न पुत्र	औरस
जो केवल कहने सुनने के लिए हो	औपचारिक

(क/ख)

वह कथा जो जन साधारण में प्रचलित हो	किंवदन्ती
काँटों या बाधाओं से भरा हुआ	कंटकाकीर्ण
जो कहा गया है	कथित
जो फूल अभी खिला न हो	कली
कर्म करने वाला	कर्मठ
जिसे यह न सूझ पड़े कि अब क्या करना चाहिए और क्या नहीं करना चाहिए	किंकर्त्तव्यविमूढ़
जिसकी उत्पत्ति स्वभावगत न हो	कृत्रिम
जिस लड़की का विवाह न हुआ हो	कुमारी
तीक्ष्ण बुद्धि वाला व्यक्ति	कुशाग्रबुद्धि
पद, वय आदि के विचारों से अन्य की अपेक्षा छोटा	कनिष्ठ
जो अच्छे कुल में उत्पन्न हुआ हो	कुलीन
जिसे बाहरी जगत् का ज्ञान न हो	कूपमण्डूक
अहसान मानने वाला	कृतज्ञ
अहसान न मानने वाला	कृतघ्न
किसी की कृपा से परम सन्तुष्ट	कृतार्थ
जो अपने काम से जी चुराता है	कामचोर
केन्द्र से दूर जाने की प्रवृत्ति रखने वाला	केन्द्रापसारी
केन्द्र की ओर उन्मुख होने वाला	केन्द्राभिमुख
जो पाप-पुण्य से रहित हो	केवलात्मा
सुन्दर बड़े बालों वाली स्त्री	केशिनी

वाक्यांश	एक शब्द
किसी वस्तु या बात के विषय में जानने की प्रबल इच्छा	कौतूहल/जिज्ञासा
कष्ट सहन करने वाला	कष्ट-सहिष्णु
अँधेरी रातों वाला पखवारा	कृष्णपक्ष
सूर्य या चन्द्र के समस्त मण्डल से ढक जाने वाला ग्रहण	खग्रास
खाने योग्य पदार्थ	खाद्य
आकाश में चलने वाला	खेचर/नभचर
(ग/घ)	
बहुत गप्पे हाँकने वाला	गपोड़िया
जो शीघ्र न पचे	गरिष्ठ
गणित का ज्ञाता	गणितज्ञ
वह नाटक जिसमें गीत अधिक हों	गीतरूपक
गाँव में रहने वाला	ग्रामीण
जो छिपाने के योग्य हो	गोपनीय
गायों के रहने का स्थान	गौशाला/गोष्ठ
परम्पराओं (रूढ़ियों) के अनुसार चलने वाला	गतानुगतिका/रूढ़िवादी
रात और संध्या के बीच की बेला	गोधूलि
हाथी का बच्चा	गजशावक/कलभ
घृणा करने योग्य	घृणास्पद
जिसकी घोषणा की गई हो	घोषित
(च/छ)	
चन्द्र है चूड़ा पर जिसके	चन्द्रचूड़
जो चक्र धारण करता है	चक्रधर
सम्पूर्ण पृथ्वी के राजा	चक्रवर्ती
चार मासों का समूह	चौमासा
चार पैरों वाला	चतुष्पद
जिसके हाथ में चक्र सुदर्शन है	चक्रपाणि
वह काव्य जिसमें पद्य एवं गद्य मिश्रित हो	चम्पू
ऐसा वस्त्र जो पुराना एवं फटा हुआ हो	चिरकुट
जो चर्चा का विषय हो	चर्चित
स्वार्थवश किसी का गुणगान करने वाला/चापलूसी करने वाला	चाटुकार
जिसकी चार भुजाएँ हों	चतुर्भुज
किसी वस्तु का चौथा भाग	चतुर्थांश
किसी को सावधान करने के लिए कही जाने वाली बात	चेतावनी
महीने के किसी पक्ष की चौथी तिथि	चतुर्थी/चौथ

वाक्यांश	एक शब्द
अधिक दिनों तक जीने वाला	चिरंजीवी
बहुत दिनों तक रहने वाला	चिरस्थायी
जो हर समय दूसरों की बुराइयाँ खोजते हैं	छिद्रान्वेषी
सेना के ठहरने का स्थान	छावनी
अचानक किया जाने वाला हमला	छापा
किसी को दोषारोपण करके छेड़ना	छींटाकशी
(ज/झ)	
जिसकी इन्द्रियाँ वश में हों	जितेन्द्रिय
पेट की अग्नि	जठराग्नि
जल में रहने वाले जन्तु	जलचर
जल में जन्म लेने वाला/जल में पैदा होने वाला	जलज
जेठ का पुत्र	जेठौत
जानने की इच्छा वाला	जिज्ञासु
जीतने की इच्छा	जिगीषु
जीने की इच्छा	जिजीविषा
जन्म से सौ वर्ष का समय	जन्मशती
जो यान जल में चलता हो	जलयान
जोतने का काम	जुताई
जान से मारने की इच्छा	जिघांसा
बिखरे हुए बड़े-बड़े बालों वाला	झबरा
वह कपड़ा जिससे कोई चीज झाड़ी जाए	झाड़न
झीं-झीं की तेज आवाज करने वाल कीड़ा	झींगुर
झूठ बोलने वाला	झूठा
(ट/ठ)	
सिक्कों की ढलाई का स्थान	टकसाल
वस्तुएँ प्रदान करने की रस्म	टीका
अधिक देर तक चलने वाला	टिकाऊ
छोटे कद वाला	ठिगना
बर्तन बनाने वाला	ठठेरा
(ड/ढ)	
डाका डालने वाला	डकैत
डण्डी मारने वाला	डण्डीमार
अधिक डरने वाला	डरपोक
स्थल तथा जल के बड़े खण्डों को मिलाने वाला सँकरा या पतला स्थान	जलडमरूमध्य

वाक्यांश	एक शब्द
ढिंढोरा पीटने वाला	ढिंढोरिया
ढलान वाला स्थान	ढाल
ढोंग करने वाला	ढोंगी
ढोलक बजाने वाला	ढोलकिया
ढालने का काम	ढलाई
(त/थ)	
तैरने, तरने या पार होने की इच्छा	तितीर्षा
अपने काम में निष्ठा से लगा हुआ	तत्पर
गुटों से अलग रहने वाला	तटस्थ
तत्त्व जानने वाला	तत्त्वविद्
त्याग करने योग्य	त्याज्य
थाने का प्रधान अधिकारी	थानेदार
चौपायों को बाँधने का स्थान	थान
पुलिस की बड़ी चौकी	थाना
जमी हुई गाढ़ी चीज की मोटी तह	थक्का
(द/ध)	
स्वामी के स्नेह से रहित स्त्री	दुर्भगा
जिसको पकड़ने में दिक्कतों का सामना करना पड़े	दुरभिग्रह
अनुचित बातों के लिए आग्रह	दुराग्रह
किसी काम को चित्त लगाकर करने वाला	दत्तचित्त
जो दो बार जन्म लेता हो	द्विज
जिसे कठिनता से धारण किया जा सके	दुर्वह
जिसका दमन करना कठिन हो	दुर्दम्य
वह व्यक्ति जो अपने ऋणों को चुकता करने में असमर्थ हो गया हो	दिवालिया
स्त्री और पुरुष का जोड़ा	दम्पति
गोद लिया हुआ पुत्र	दत्तक
जिसे दबाया या सताया गया हो	दलित
जंगल की आग	दावानल
संकीर्ण (संकुचित) विचारों वाला व्यक्ति	दकियानूसी
जहाँ जाना कठिन हो	दुर्गम
जिसे करना कठिन हो	दुष्कर
बहुत दूर की बात सोचने वाला/देखने वाला	दूरदर्शी

वाक्यांश	एक शब्द
वह रोग जिसमें सूर्य की तेज किरणों के कारण दिन में बहुत कम दिखाई देता हो।	दिनौंधी
यात्रियों के ठहरने के लिए धर्मार्थ बना हुआ घर	धर्मशाला
धारण करने वाला	धारक
धर्म में आस्था रखने वाला	धर्मात्मा
मछली पकड़ने/बेचने वाली जाति	धीवर
बहुत प्रचण्ड, चंचल और अपने गुणों का अपने आप वर्णन करने वाला नायक	धीरोद्धत
(न)	
जो ममत्व से रहित हो	निर्मम
जिस पर कोई कलंक न लगा हो	निष्कलंक
चन्द्रमास के किसी पक्ष की नौवीं तिथि	नवमी
हाल की ब्याही स्त्री	नवोढ़ा
निशा (रात्रि) में विचरण करने वाला	निशाचर
जिसमें तेज न हो	निस्तेज
हाल ही में उत्पन्न हुआ बालक	नवजात
जिसे किसी बात की स्पृहा (आकांक्षा) न हो	निःस्पृह
जहाँ किसी बात का डर या खतरा न हो	निरापद
जो नष्ट होने वाला हो	नश्वर
जो ईश्वर पर विश्वास न करता हो	नास्तिक
तथ्यों के आधार पर दोषारोपण	निन्दा
जिसके मन में भय न हो	निर्भीक
जिसका कोई आकार न हो	निराकार
नख से शिखा तक के सब अंग	नखशिख
मांस न खाने वाला	निरामिष
जो अक्षर भी न जानता हो	निरक्षर
जिसके हृदय में दया न हो	निर्दय
बिना पलक झपकाए	निर्निमेष
जो निन्दा के योग्य हो	निन्दनीय
जिसका कोई आधार न हो	निराधार
जो कामना रहित हो	निष्काम
जो उत्तर न दे सके	निरुत्तर
रंगमंच के पीछे का स्थान	नेपथ्य
जो देश से निकाला गया हो	निर्वासित
जिसे कोई भ्रम या सन्देह न हो	निर्भ्रान्त

वाक्यांश	एक शब्द
जो न्याय जानता हो	नैयायिक
(प)	
पशु के ढंग का	पाश्विक
पूर्ण रूप से फूला, पका या पचा हुआ	परिपक्व
वह जो प्रार्थना करता है	प्रार्थी
जिसकी प्रताड़ना की गई हो	प्रताड़ित
प्रश्न के रूप में पूछे जाने योग्य	प्रष्टव्य
इतिहास के पूर्व काल से सम्बन्धित	प्रागैतिहासिक
अगुआ बनकर मार्ग दिखाने वाला	पथ-प्रदर्शक
परलोक से सम्बन्धित	पारलौकिक
ऐसी बुद्धि वाला जो किसी बात का हल तुरन्त निकाल सके/जिसे तुरन्त उत्तर सूझ जाए	प्रत्युत्पन्नमति
ऐसा लेख अथवा कहानियाँ जो हास्यरस से पूर्ण हों	प्रहसन
एक बार कही बात को दुहराते रहना	पिष्टपेषण
वह भावना जिसमें प्रतिकार की गन्ध हो	प्रतिचिकीर्षा
उत्तर पाने पर दिया हुआ उत्तर	प्रत्युत्तर
जो दूसरों के अधीन हो	पराधीन
जो आँखों के सामने हो	प्रत्यक्ष
जो आँख के सामने न हो	परोक्ष
सामान्य विचार-विमर्श	परामर्श
जिसके पार देखा जा सके	पारदर्शी
जिसका कारण पृथ्वी है या जो पृथ्वी से सम्बद्ध है	पार्थिव
जो प्रतिकूल पक्ष का है	प्रतिपक्षी
दोष या पाप मिटाने के लिए शास्त्रानुकूल कर्म या कृत्य	प्रायश्चित
पाने की इच्छा वाला	पिपासु
कुत्ते का बच्चा	पिल्ला
जो बात बार-बार कही जाए	पुनरुक्ति
उपकार के बदले किया गया उपकार	प्रत्युपकार
दोपहर से पहले का समय	पूर्वाह्न
किसी आदमी के निधन की वार्षिक तिथि	पुण्यतिथि
प्रकाश में लाने योग्य	प्रकाश्य
जो कहीं जाकर लौट आया हो	प्रत्यागत

वाक्यांश	एक शब्द
वह कथन जिसका उत्तर देना पड़े	प्रहेलिका (पहेली)
किए हुए परिश्रम के बदले मिलने वाला धन	पारिश्रमिक
(फ, ब)	
फल की आकांक्षा वाला	फलासक्त
केवल फल खाकर जीवन व्यतीत करने वाला	फलाहारी
आय से अधिक व्यर्थ खर्च करने वाला	फिजूलखर्ची
घूम-फिरकर सौदा बेचने वाला	फेरीवाला
जिस कागज पर मानचित्र, विवरण या कोष्ठक अंकित हो	फलक
रात्रि के चार बजे का समय	ब्रह्ममुहूर्त
बहुत-से लोगों की मिलकर एक राय	बहुमत
अत्यधिक मूल्यवान वस्तु	बहुमूल्य
बहुत-सी भाषाओं को जानने वाला	बहुभाषाविद्
जो बालकों के लिए उपयोगी हो	बालोपयोगी
जिसकी जीविका बुद्धि के माध्यम से चलती हो	बुद्धिजीवी
(भ/म)	
किसी गूढ़ विषय की वृहत टीका	भाष्य
टूटे-फूटे पदार्थ के बचे टुकड़े	भग्नावशेष
भय उत्पन्न करने वाला	भयानक
वर्तमान से पूर्व का	भूतपूर्व
भूगोल से सम्बन्ध रखने वाला	भौगोलिक
किसी बात का गूढ़ रहस्य जानने वाला	मर्मज्ञ
किसी विषय का गम्भीर मनन और विचार करने वाला	मीमांसक
मन के मलिन होने की स्थिति या भाव	मनोमालिन्य
मन के दुर्बल होने की स्थिति या भाव	मनोदौर्बल्य
वह दानी जो खुले हाथ दान करे	मुक्तहस्त
मृत्यु की इच्छा	मुमूर्षा
मधुर बोलने वाला	मृदुभाषी
मत के अनुसार चलने वाला	मतानुयायी
झूठ बोलने वाला	मिथ्यावादी/मिथ्याभाषी
जो फूल आधा खिला हो	मुकुल
मछली के समान जिसकी आँखें हों	मीनाक्षी
हिरण की आँख के समान आँखों वाली	मृगनयनी
थोड़ा और नपा-तुला भोजन करने वाला	मिताहारी
जिसके हृदय को चोट पहुँची हो	मर्माहत
वह व्यक्ति जो मार्क्स की विचारधारा को मानता हो	मार्क्सवादी

वाक्यांश	एक शब्द
(य/र/ल)	
अपने युग का बहुत बड़ा व्यक्ति	युगपुरुष
लड़ाई लड़ने को उत्सुक या युद्ध की इच्छा रखने वाला	युयुत्सु
युद्ध करने की इच्छा	युयुत्सा
यश ही जिसका धन हो	यशस्वी
यन्त्र से सम्बन्धित	यान्त्रिक
जहाँ तक सम्भव हो	यथासम्भव
शक्ति के अनुसार	यथाशक्ति
जो कोई वस्तु या भिक्षा माँगता हो	याचक
जिससे रोंगटे खड़े हो जाएँ	रोमांचित
वह काव्य जिसका अभिनय हो सके	रूपक
खून से रँगा हुआ या लथ-पथ	रक्त-रंजित
वह रोग जिसमें रात को दिखाई नहीं देता	रतौंधी
राष्ट्र का प्रधान	राष्ट्रपति
पच्चीस वर्ष पूरे करने के उपलक्ष्य में होने वाला	रजत जयंती
वह व्यक्ति जो लोहे को पीटकर अपना गुजारा करता है	लोहार
वह व्यक्ति जो लकड़ियाँ काटकर अपना रोजगार करता है	लकड़हारा
लम्बे या मोटे उदर (पेट) वाला	लम्बोदर
लुभाया या ललचाया हुआ	लुब्ध
जो भूमि का लेखा-जोखा रख़ता हो	लेखपाल
जो लोक या संसार में न हो	लोकोत्तर
जनसाधारण के गीत	लोकगीत
(व)	
कन्या का विवाह कर देने का वचन देने की रस्म	वाग्दान
जिससे हिलोरें पैदा की जा सकें	विलोड़नीय
जिसे जीत लिया गया हो	विजित
जो किसी विकार से ग्रस्त हो	विकृत
भले-बुरे की पहचान का ज्ञान	विवेक
जो पत्नी को अपने साथ न रखे हो	विपत्नीक
जिसका वर्णन न हो सके	वर्णनातीत
जो दूसरे को वाणी से देने को कह चुका हो	वाग्दत्त
जिसके हाथ में वज्र हो	वज्रपाणि
बाल्यावस्था और युवावस्था के बीच का समय	वयःसन्धि
जो कोई वस्तु वहन करता है	वाहक

वाक्यांश	एक शब्द
जो अच्छा बोलता है	वाग्मी
जो विषय विचार में आ सकता है	विचारगम्य
बिजली की तरह तीव्र वेग वाला	विद्युतवेग
किसी विषय को विशेष रूप से जानने वाला	विशेषज्ञ
वेतन पर काम करने वाला	वैतनिक
जो वचन से परे हो	वचनातीत
जो मुकदमा दायर करता है	वादी/मुद्दई
जो अपने धर्म के विपरीत आचरण करता हो	विधर्मी
बोलने की इच्छा	विवाक्षा
जो व्याकरण का ज्ञाता हो	वैयाकरण
जो बहुत और व्यर्थ बोलता हो	वाचाल
अनुचित यौन सम्बन्ध रखने वाला	व्यभिचारी
सौतेली माँ	विमाता
विपत्ति उत्पन्न करने वाला	विपत्तिजनक
जो विश्वास करने योग्य हो	विश्वसनीय
जिसका विद्या से विशेष अनुराग हो	विद्याव्यसनी
(श/स)	
शिव की उपासना करने वाला	शैव
जिसे शास्त्रों की अच्छी जानकारी हो	शास्त्रज्ञ
शक्ति की आराधना करने वाला	शाक्त
तरकारी और फलों का भोजन करने वाला	शाकाहारी
शरण में आया हुआ	शरणागत
शत्रु का हनन करने वाला	शत्रुघ्न
जो शरण का इच्छुक हो	शरणार्थी
सदैव रहने वाला	शाश्वत
सावधान रहने वाला व्यक्ति	सतर्क
बाएँ हाथ से कार्य करने वाला	सव्यसाची
चोरी के लिए मकान की दीवार में किया गया बड़ा-सा छेद	सेंध
अपने ही पति की अनुरागिनी स्त्री	स्वकीया
जो अपने आप उत्पन्न हुआ हो	स्वयंभू
इच्छानुसार अपना पति चुनने वाली कन्या	स्वयंवरा
अलग-अलग अवयवों को एक में जोड़ना	संश्लेषण

वाक्यांश	एक शब्द
जो स्पष्ट किया हुआ हो	स्पष्टीकृत
वह व्यक्ति जिसके सिद्धान्त हों	सिद्धान्तवादी
जिसको एक स्थान से दूसरे पर न ले जाया जा सके	स्थावर
जो स्त्री के वशीभूत या उसके स्वभाव का हो	स्त्रैण

वे वस्तुएँ जो एक प्रकृति की हों	सजातीय
छूत या संसर्ग से फैलने वाला रोग	संक्रामक
जो पढ़ना-लिखना जानता हो	साक्षर
जो आसानी से पचता हो	सुपाच्य
स्वतन्त्रता प्राप्ति के बाद	स्वातन्त्र्योत्तर
जिसे सरलता से पढ़ा जा सके	सुपाठ्य
जहाँ अनेक नदियों का मिलन हो	संगम
जो स्मरण करने योग्य हो	स्मरणीय/स्मर्तव्य
प्राणों पर संकट लाने वाला	सांघातिक
सड़ी हुई वस्तु की गंध	सड़ाँध
जहाँ मुफ्त में खाना बँटता हो	सदावर्त
एक ही जाति का	सजातीय
कुछ खास शर्तों द्वारा कोई कार्य कराने का समझौता	संविदा
सब कुछ खाने वाला	सर्वभक्षी
जिसका आचार अच्छा हो	सदाचारी
न बहुत शीत न बहुत उष्ण	समशीतोष्ण
दूसरों के स्थान पर काम करने वाला	स्थानापन्न
सबसे सम्बन्ध रखने वाला	सार्वजनिक
जो सारी पृथ्वी से सम्बन्धित हो	सार्वभौमिक
सिंह का बच्चा	सिंहशावक
सेना का संचालक	सेनापति
पसीने से युक्त	स्वेदित
अपना प्रयोजन सिद्ध करने वाला	स्वार्थी
अपने भरोसे रहने वाला	स्वावलम्बी

(ह)

जिसे देख-सुनकर हृदय फटता हो	हृदयविदारक
किसी व्यक्ति द्वारा शपथपत्र के साथ लिखा हुआ न्यायालय में प्रस्तुत पत्र	हलफ़नामा
हाथ की चतुराई	हस्तलाघव
वह सामग्री जो हवन के लिए हो	हवि
किसी वस्तु को दूसरे के हाथों देना	हस्तान्तरित
हाथ की कारीगरी	हस्तकौशल
भलाई की इच्छा रखने वाला	हितैषी

(क्ष/त्र/ज्ञ)

जिसका हाथ बहुत तेज़ चलता हो	क्षिप्रहस्त
जिसका कुछ क्षणों में ही नाश हो जाए	क्षणभंगुर
जो क्षमा पाने योग्य हो	क्षम्य
क्षमा करने वाला व्यक्ति	क्षमाशील
भूख से व्याकुल	क्षुधातुर
वाक्यांश	**एक शब्द**
छुटकारा दिलाने वाला	त्राता
तीनों कालों को जानने वाला	त्रिकालज्ञ
जो तीन माह में एक बार हो	त्रैमासिक
ज्ञान प्रदान करने वाला	ज्ञानदा
वाक्यांश	**एक शब्द**
बताने का काम	ज्ञापन
जो जानने योग्य हो	ज्ञेय
जो जाना जा सके	ज्ञातव्य
अपने यौवन का ज्ञान रखने वाले	ज्ञात यौवना

वस्तुनिष्ठ प्रश्न

1. अर्थ के आधार पर शब्द कितने प्रकार के होते हैं?
(a) 1 (b) 2
(c) 3 (d) 4

2. इनमें से कौन-सा शब्द एकार्थी शब्द है?
(a) राधा (b) कनक
(c) अर्थ (d) कर

3. एकार्थी शब्द किस संज्ञा के होते हैं?
(a) व्यक्तिवाचक (b) गुणवाचक
(c) भाववाचक (d) द्रव्यवाचक

4. समानार्थी शब्दों को अन्य किस नाम से जाना जाता है?
(a) पर्यायवाची (b) विलोम शब्द
(c) अनेकार्थी शब्द (d) विपरीत शब्द

5. निम्न में से कौन-सा विलोम शब्द-युग्म है?
(a) संख्या-अंक (b) अच्छा-बुरा
(c) गंगा-यमुना (d) सेब-अनार

6. अर्थ के आधार पर सही शब्द युग्म पहचानिए
(a) संज्ञा, विलोम, अनेकार्थी, रूढ़
(b) यौगिक, पर्यायवाची, विलोम
(c) विलोम, एकार्थी, अनेकार्थी, पर्यायवाची
(d) शंकर, देशज, विदेशज, विलोम

7. निम्न में से अनेकार्थी शब्द कौन-सा है?
(a) कनक (b) गंगा
(c) सच (d) राम

8. विलोम शब्दों को अन्य किस नाम से जाना जाता है?
(a) समानार्थी (b) विपरीतार्थी
(c) एकार्थी (d) पर्यायवाची

9. रूप/प्रयोग के आधार पर शब्द कितने प्रकार के होते हैं?
(a) 1 (b) 2
(c) 3 (d) 4

10. निम्न में से अविकारी शब्द है
(a) संज्ञा (b) सर्वनाम
(c) विशेषण (d) क्रिया-विशेषण

11. निम्न में से विकारी शब्द कौन-सा है?
(a) विस्मयबोधक (b) समुच्चयबोधक
(c) सर्वनाम (d) क्रिया-विशेषण

12. 'सफाई' किस प्रकार का शब्द है?
(a) विकारी (b) अविकारी
(c) संकर (d) देशज

13. तत्सम और तद्भव का कौन-सा युग्म सही है?
(a) कर्हाट-कड़ाह (b) कपित्थ-कैथा
(c) कुक्षि-कोख (d) '' व 'ᐳ' दोनों

14. निम्नलिखित में से कौन-सा शब्द तद्भव है?
(a) खेत (b) त्रिकुटी
(c) नाथ (d) प्रभु

15. निम्नलिखित में कौन-सा शब्द तत्सम नहीं है?
(a) परतीत (b) प्रतीत
(c) प्रतिमान (d) प्रतिबिम्ब

16. निम्नलिखित में कौन-सा शब्द तद्भव है?
(a) उल्लास (b) उच्छ्वास
(c) निःश्वास (d) उजास

17. निम्नलिखित में कौन-सा शब्द तत्सम नहीं है?
(a) किशन (b) कटि
(c) कर्क (d) कृशकाय

18. निम्नलिखित में से तत्सम शब्द है
(a) घोटक (b) कपूत
(c) कोयल (d) धरम

19. निम्नलिखित में से कौन-सा शब्द तद्भव नहीं है?
(a) दाँत (b) अधर
(c) आँख (d) कान

20. निम्नलिखित में से कौन-सा शब्द तत्सम नहीं है?
(a) धृष्ट (b) पृष्ठ
(c) पानिप (d) पंक

21. निम्नलिखित में से कौन-सा शब्द तत्सम नहीं है?
(a) गायक (b) नायक
(c) शावक (d) उपखान

22. निम्नलिखित में तत्सम शब्द है
(a) आँख (b) पाँव
(c) गाँव (d) गृह

23. निम्नलिखित में कौन-सा शब्द तद्भव नहीं है?
(a) उपज (b) तद्भव
(c) उपला (d) उबाल

24. निम्नलिखित में कौन-सा शब्द तत्सम नहीं है?
(a) उर्वर (b) कोंकण
(c) उलझन (d) कोण

25. इन शब्दों में से तत्सम शब्द पहचानिए
(a) अज्ञानी (b) अदरक
(c) किवाड़ (d) गाँव

26. इन शब्दों में से तत्सम शब्द पहचानिए
(a) वधू (b) घर
(c) सूत (d) दूध

27. इन शब्दों में से तद्भव शब्द पहचानिए
(a) उपवास (b) शत
(c) अचरज (d) वधू

28. निम्न में से कौन-सा शब्द तत्सम है?
(a) प्रिय (b) पिया
(c) मोर (d) चार

29. निम्न में से कौन-सा शब्द तत्सम नहीं है?
(a) वचन (b) शलाका
(c) तिक्त (d) चार

30. 'तत्सम' का अर्थ है
(a) उसके समान
(b) किसी भाषा का वह शब्द जो अन्य भाषा में मूल रूप में प्रयुक्त हो
(c) वे संस्कृत शब्द जो हिन्दी भाषा में बिना किसी परिवर्तन के प्रयुक्त होते हैं
(d) उपरोक्त सभी

31. 'कवि' शब्द है
(a) संकर (b) तद्भव
(c) देशज (d) तत्सम

32. निम्नलिखित में से कौन-सा शब्द तत्सम नहीं है?
(a) पक्ष (b) वायु
(c) साईं (d) राजा

33. निम्नलिखित में से कौन-सा शब्द तत्सम नहीं है?
(a) पंख (b) अक्षर
(c) कार्य (d) आज्ञा

34. संस्कृत से हिन्दी में प्रयुक्त मूल शब्द से वर्तमान स्थायी तद्भव रूप तक पहुँचने के मध्य में, संस्कृत के अशुद्ध या टूटे-फूटे स्वरूप में प्रयुक्त होने वाले शब्द क्या कहलाते हैं?
(a) तत्सम (b) विदेशी
(c) देशज (d) अर्द्ध-तत्सम

35. निम्नलिखित में से कौन-सा शब्द तत्सम है?
(a) माँ (b) मछली
(c) केला (d) अमूल्य

36. जो शब्द संस्कृत भाषा से उत्पन्न या विकसित हुए हैं, क्या कहलाते हैं?
(a) तत्सम (b) तद्भव
(c) अर्द्ध-तत्सम (d) देशज

37. निम्नलिखित विकल्पों में से तत्सम शब्द का चयन कीजिए
(a) गहरा (b) तीखा
(c) अटारी (d) निकृष्ट

38. निम्नलिखित शब्दों में से तद्भव शब्द का चयन कीजिए
(a) आश्रम (b) प्यास
(c) प्रांगण (d) उद्वेग

39. इलायची का तत्सम शब्द ह
(a) एला (b) इला
(c) अला (d) अल्ला

40. प्रस्तर का तद्भव शब्द है
(a) पाथर (b) पत्थर
(c) पत्तर (d) फत्थर

41. निम्नलिखित में से कौन-सा शब्द तत्सम है?
(a) आँख (b) अग्र
(c) आग (d) आज

42. 'अंगीठी' का तत्सम शब्द है
(a) अग्निका (b) अनिष्ठिका
(c) अग्निष्ठिका (d) अग्निष्ठकी

43. 'गँवार' का तत्सम शब्द है
(a) मूर्ख (b) गम्भीर
(c) ग्राहक (d) ग्रामीण

44. 'चोंच' का तत्सम शब्द कौन-सा है?
(a) चूँचूँ
(b) चूँचुः
(c) चंचु
(d) इनमें से कोई नहीं

45. नीचे दिए गए विकल्पों में से तत्सम शब्द का चयन कीजिए
(a) पड़ोसी (b) गोधूम
(c) बहू (d) शहीद

46. निम्नलिखित में से कौन-सा शब्द तत्सम नहीं है?
(a) आँख (b) नयन
(c) नेय (d) दृग

47. 'आज' का तत्सम शब्द है
(a) अजः (b) आजः
(c) अद्य (d) इदम्

48. 'हल्दी' शब्द का तत्सम है
(a) हरदी (b) हरिद्रा
(c) हल्दिका (d) हरद्रिका

49. 'शक्कर' शब्द का तत्सम रूप है
(a) शकट (b) सूगर
(c) शर्करा (d) चीनी

50. 'साखी' का मूल तत्सम शब्द क्या है?
(a) शिक्षा
(b) साक्षी
(c) सखी
(d) इनमें से कोई नहीं

51. निम्नलिखित में से कौन-सा शब्द देशज है?
(a) लाश (b) धड़ाम
(c) पतलून (d) औरत

52. निम्न में से कौन-सा शब्द विदेशज है?
(a) रिक्शा (b) जूता
(c) तेन्दुआ (d) नव

53. निम्नलिखित में से कौन-सा शब्द विदेशी नहीं है?
(a) कमर (b) कमरा
(c) कमेटी (d) कान

54. व्युत्पत्ति के आधार पर 'किलकिल' कौन-सा शब्द है?
(a) देशज (b) विदेशज
(c) तत्सम (d) अर्द्ध-तत्सम

55. 'रेलगाड़ी' शब्द है
(a) देशज शब्द (b) विदेशज शब्द
(c) संकर शब्द (d) तद्भव शब्द

56. निम्नलिखित में से कौन-सा शब्द देशज नहीं है?
(a) ढिबरी (b) पगड़ी
(c) पुष्कर (d) ढोर

57. हिन्दी में प्रयुक्त 'तुरुप' शब्द................है।
(a) अंग्रेजी (b) डच
(c) रूसी (d) फ्रेंच

58. 'अगम' शब्द है
(a) तत्सम (b) तद्भव
(c) देशज (d) विदेशी

59. 'जाँचकर्ता' शब्द है
(a) तत्सम (b) संकर
(c) आगत शब्द (d) तद्भव

60. निम्न में से कौन-सा शब्द 'देशज' नहीं है?
(a) अण्टा (b) कलाई
(c) जूता (d) चमचा

61. जिन शब्दों की उत्पत्ति का पता नहीं चलता, उन्हें कहा जाता है
(a) तत्सम (b) तद्भव
(c) देशज (d) यौगिक

62. स्रोत के आधार पर शब्द के कितने भेद हैं?
(a) तीन (b) दो
(c) छः (d) पाँच

63. 'संकर' शब्द किसे कहते हैं?
(a) ग्रामीण भाषा का शब्द
(b) संस्कृत भाषा का शब्द
(c) ग्रामीण व संस्कृत भाषा के कुछ विशेष शब्द
(d) दो भाषाओं के शब्दों से मिलकर बना शब्द

64. 'चाय' किस भाषा का शब्द है?
(a) चीनी (b) जापानी
(c) अंग्रेजी (d) फ्रेंच

65. निम्न में से संकर शब्द का उदाहरण है
(a) वर्षगाँठ (b) लम्बोदर
(c) स्टेशन (d) परमार्थ

66. निम्न में से कौन-सा शब्द तुर्की भाषा का है?
(a) चाय (b) रिक्शा
(c) कमरा (d) कैंची

67. निम्नांकित शब्दों में संकर शब्द है
(a) प्रकाश (b) कपूर
(c) छायादार (d) पगड़ी

68. निम्न में से कौन-सा शब्द 'फ़ारसी' भाषा का है?
(a) लिफ़ाफा (b) हज़म
(c) फ़िक्र (d) ज़िन्दगी

69. 'तोता' शब्द किस शब्द-भेद का रूप है?
(a) देशज (b) तद्भव
(c) तत्सम (d) विदेशज

70. शब्द-रचना के आधार पर अधोलिखित में से योगरूढ़ शब्द का चयन कीजिए
(a) पवित्र (b) कुशल
(c) विनिमय (d) जलज

71. अधोलिखित में 'रूढ़' शब्द कौन-सा है?
(a) मलयज (b) पंकज
(c) जलज (d) वैभव

72. निम्नलिखित में कौन यौगिक शब्द है?
(a) लेखक (b) पुस्तक
(c) विद्यालय (d) योगी

73. 'यौगिक' शब्द कौन-सा है?
(a) पंकज (b) पाठशाला
(c) दिन (d) जलज

74. 'योगरूढ़' शब्द कौन-सा है?
(a) पीला (b) घुड़सवार
(c) लम्बोदर (d) नाक

75. जिस शब्द का कोई सार्थक खण्ड हो सके, उन्हें क्या कहते हैं?
(a) रूढ़ (b) यौगिक
(c) योगरूढ़ (d) मिश्रित

76. निम्न में से कौन-सा शब्द रूढ़ शब्द नहीं है?
(a) नाक (b) जल
(c) आग (d) विज्ञान

77. निम्नलिखित शब्दों में से सही योगरूढ़ शब्द चुनिए
(a) लम्बोदर (b) राजकुमार
(c) सामाजिक (d) कमल

78. निम्नलिखित में से 'तत्सम' शब्द है
(a) दही (b) जीर्ण
(c) गयंद (d) गाहक

79. 'अगहन' का तत्सम रूप कौन-सा है?
(a) अग्रहायण (b) अगहण
(c) आग्रहण (d) अग्रासन

80. निम्नलिखित में से 'तद्भव' शब्द है
(a) चतुर्दश (b) चतुर्थ
(c) चौदह (d) चत्वारि

81. 'आभ्यंतर' का तद्भव शब्द है
(a) अन्दर (b) भीतर (c) बाहर (d) गहरा

82. 'कर्पट' का तद्भव रूप है
(a) कपट (b) कारपेट
(c) कपूर (d) कपड़ा

83. निम्नलिखित में से 'तत्सम' शब्द है
(a) उछाह (b) उजला
(c) उल्लू (d) ओष्ठ

84. 'परिवा' का तत्सम रूप है
(a) परवा
(b) परेवा
(c) प्रतिपदा
(d) पड़ीवा

85. निम्नलिखित में से एक 'तद्भव' शब्द है
(a) आँसू (b) एकत्र
(c) वानर (d) उच्च

86. 'कपित्थ' का तद्भव शब्द है
(a) कपूर (b) कैथा
(c) केला (d) खजूर

87. विप्र
(a) निर्धन (b) धनी
(c) ब्राह्मण (d) सैनिक

88. आविर्भाव
(a) मृत्यु (b) मोक्ष
(c) वानप्रस्थ (d) उत्पत्ति

89. निम्नलिखित में पर्यायवाची शब्द है
(a) अचिर, अचर
(b) राधारमण, कंसनिकन्दन
(c) अम्बुज, अम्बुधि
(d) नीरद, नीरज

90. कौन-सा विकल्प वैचारिक अन्तर के समानार्थी शब्दों का है?
(a) देखना, घूरना (b) बेहद, असीम
(c) जल, नीर (d) सौन्दर्य, खूबसूरती

91. 'नौका' शब्द का पर्याय बताइए।
(a) तिया (b) तरंगिणी
(c) तरी (d) तरणिजा

92. 'घर' के लिए यह पर्यायवाची नहीं है
(a) गृह (b) ग्रह
(c) आलय (d) निलय

93. 'पवन' का पर्यायवाची शब्द है
(a) मिलना (b) पूजना
(c) समीर (d) आदर

94. 'खर' का पर्यायवाची शब्द है
(a) खरगोश (b) शशक
(c) मूर्ख (d) गधा

95. अनिल पर्यायवाची है
(a) पवन का (b) चक्रवात का
(c) पावस का (d) अनल का

96. 'प्रसून' शब्द का पर्यायवाची है
(a) वृक्ष (b) पुष्प
(c) चन्द्रमा (d) अग्नि

97. 'नियति' शब्द का समानार्थी शब्द है
(a) चरित्र (b) स्वभाव
(c) भाग्य (d) कर्म

98. स्वच्छ
(a) निर्मल (b) पंकिल
(c) नीरज (d) नीरद

99. ग्रीष्म
(a) गर्मी (b) वर्षा
(c) तपन (d) पावक

100. शाश्वत
(a) आंशिक (b) साकार
(c) चिरंतन (d) लौकिक

101. सुगन्ध
(a) इत्र (b) सौरभ
(c) चन्दन (d) केसर

102. जंगल
(a) बहिन (b) द्रुमदल
(c) कानन (d) कुसुम

103. बादल
(a) पयोधि (b) अंबुज
(c) अंबुधि (d) पयोद

104. 'व्यवहार' और 'मत' शब्दों के सही पर्याय हैं
(a) आचार और विचार
(b) आचरण और सिद्धान्त
(c) विचार और राय
(d) बरताव और निर्णय

105. निम्न विकल्पों में से जो 'चतुर' शब्द का समानार्थी नहीं है वह छाँटिए।
(a) नागर
(b) पटु
(c) देवप्रिय
(d) दक्ष

106. पर्यायवाची शब्द का कौन-सा युग्म सही नहीं है?
(a) वसुमती-धरती
(b) वाजि-सिंह
(c) मरीचि-किरण
(d) वहिन-आग

107. सुधाकर शब्द किसका पर्यायवाची है?
(a) सिन्धु (b) जलाशय
(c) चन्द्रमा (d) बादल

108. 'अद्भुत' शब्द का समानार्थी नहीं है
(a) अद्वितीय (b) आश्चर्यजनक
(c) भयानक (d) अपूर्व

109. 'पापी' शब्द का समानार्थी शब्द है
(a) पामर (b) निर्दयी
(c) कुत्सित (d) अधम पाव की

110. 'फूल' शब्द का समानार्थी नहीं है
(a) पुष्प (b) सरोज
(c) प्रसून (d) मंजरी

111. 'मृषा' किस शब्द का पर्याय है?
(a) मिथ्या (b) मृत्यु
(c) मुक्ति (d) मित्र

112. 'असुर' का समानार्थी है
(a) पापी (b) भूत
(c) राक्षस (d) उद्दण्ड

113. 'आनन्द' का पर्यायवाची है
(a) सहकार (b) स्पृहा
(c) प्रमाद (d) प्रमोद

114. 'इन्द्र' का पर्यायवाची है
(a) पुरन्दर (b) महेश
(c) महीसुर (d) देवासुर

115. 'चपला' का समानार्थी है
(a) ज्वाला (b) कंजूस
(c) भामिनी (d) दामिनी

116. 'जीभ' का पर्याय है
(a) वचन (b) रसना
(c) ध्वनि (d) जीव

117. 'तरंग' किसका पर्यायवाची है?
(a) क्षीण (b) काया
(c) ऊर्मि (d) प्रतिकृति

118. 'दास' किसका पर्यायवाची है?
(a) किन्नर (b) सेवक
(c) नायक (d) इनमें से कोई नहीं

119. 'माहवार' किसका पर्यायवाची है?
(a) महावर (b) मंगलवार
(c) प्रतिमाह (d) महावत

120. 'शिव' का पर्यायवाची है
(a) शिवालय (b) रुद्र
(c) रुद्राक्ष (d) हरि

121. 'सिवा' शब्द का पर्यायवाची है
(a) शंकर (b) अतिरेक
(c) रिश्तेदार (d) अलावा

122. 'सूरज' किसका पर्यायवाची है?
(a) अंशुमाली (b) आदित्य
(c) भास्कर (d) ये सभी

123. 'हिरण्य' पर्यायवाची है
(a) कुरंग (b) सारंग
(c) कंचन (d) केशरी

124. 'अहि'
(a) उरग (b) सरीसृप
(c) पवनाश (d) सिंधुर

125. 'इन्दिरा'
(a) श्री (b) कमला
(c) पद्मा (d) भारती

126. 'कर्ण'
(a) सूतपुत्र (b) धनंजय
(c) राधेय (d) अंगराज

127. 'कल्पद्रुम'
(a) पारिजात (b) हरिचन्दन
(c) बोधिवृक्ष (d) कल्पवृक्ष

128. 'खामोश'
(a) शान्त (b) मौन
(c) नीरव (d) नीरस

129. 'चाँदनी'
(a) चन्द्रातप (b) कौमुदी
(c) ज्योत्स्ना (d) मयंक

130. 'जिज्ञासा'
(a) वृत्तिका (b) उत्कण्ठा
(c) उत्सुकता (d) कुतूहल

131. 'झरना'
(a) उत्स (b) स्तोत्र
(c) स्रोत (d) निर्झर

132. 'तोष'
(a) तुष्टि (b) तृप्ति
(c) तृष्णा (d) संतोष

133. 'थकान'
(a) श्रान्ति (b) विश्रान्ति
(c) क्लान्ति (d) थकावट

134. 'दर्पण'
(a) आरसी (b) आइना
(c) दर्शन (d) मुकुर

135. 'पृथ्वी'
(a) भारती (b) क्षिति
(c) वसुधा (d) धरा

136. 'ब्रह्मा'
(a) प्रजापति (b) विधि
(c) स्वयंभू (d) पंचानन

137. 'महादेव'
(a) हरि (b) शिव
(c) नीलकण्ठ (d) आशुतोष

138. 'रात्रि'
(a) यामिनी (b) शर्वरी
(c) उर्वशी (d) विभावरी

139. 'समुद्र'
(a) पयोधि (b) जलद
(c) जलधि (d) वारिधि

140. 'सूर्य'
(a) प्रभाकर (b) निशाकर
(c) दिनकर (d) दिनेश

141. 'सुन्दर'
(a) चारु (b) ललाम
(c) मंजुल (d) मंजूषा

142. 'हिमालय'
(a) गिरिजेश (b) गिरिराज
(c) नगराज (d) हिमाद्रि

143. 'शांति' शब्द का समानार्थी नहीं है
(a) चुप्पी (b) मौन
(c) नीरवता (d) आकाश

144. निम्नलिखित में से किस एक विकल्प में सभी शब्द पर्यायवाची नहीं हैं
(a) प्रदीप, दीपक, दिवाली, दीया
(b) अन्य, इतर, गैर, पराया
(c) असि, खंजर, तेग, शमशीर
(d) गृहिणी, दारा, पत्नी, अर्धांगिनी

145. निम्नलिखित में से किस एक विकल्प में सभी शब्द पर्यायवाची हैं?
(a) औषध, दवा, भेषज, वैद्य
(b) अलौकिक, लोकोत्तर, पीयूष, दिव्य
(c) जलाशय, सरोवर, पुष्कर, तड़ाग
(d) रीति, पद्धति, त्रास, प्रणाली

146. निम्नलिखित में से किस वर्ग में सभी शब्द पर्याय नहीं हैं?
(a) अचल, नग, गिरि, भूधर
(b) कृपाण, असि, करवाल, चन्द्रहास
(c) सरिता, तटिनी, तरंगिणी
(d) अभर, सुर, कैवल्य, देव

147. मृगेन्द्र का पर्याय है
(a) अहि (b) कुरंग
(c) हय (d) शार्दूल

148. कौन-सा शब्द 'भ्रमर' का पर्यायवाची नहीं है?
(a) षट्पद (b) मधुकर
(c) अलि (d) प्रभाकर

149. 'पन्नग' का समानार्थी शब्द है?
(a) उरग (b) पिक
(c) पिनाक (d) केशरी

150. निम्न में से कौन-सा शब्द 'गंगा' का पर्यायवाची नहीं है?
(a) त्रिपथगा (b) अमरतरंगिनी
(c) पुष्पधन्वा (d) विष्णुपदी

151. निम्न में से 'लक्ष्मी' का पर्यायवाची शब्द कौन-सा है?
(a) श्री (b) पुष्पासव
(c) राज्ञी (d) महीसुर

152. समुद्र
(a) अर्णव (b) विश्वंभर
(c) उदक (d) त्रुंग

153. सौदामनी
(a) द्वारा (b) विद्युत
(c) गंगोत्री (d) व्यापारी

154. दिए हुए शब्दों में भिन्न अर्थ वाला शब्द है
(a) तुरंग (b) मृगेन्द्र
(c) मृगराज (d) व्याघ्र

155. हिमांशु का पर्यायवाची शब्द है
(a) कलकण्ठ (b) सुधाकर
(c) उत्कृष्ट (d) शार्दूल

156. जाह्नवी का पर्यायवाची शब्द है
(a) संसार (b) जानने वाली
(c) सुरसरि (d) जहन्नुम

157. दिए गए शब्द के पर्यायवाची शब्द का चयन करें अमृत
(a) नीर (b) विष
(c) रस (d) पीयूष

158. दिए गए शब्द के पर्यायवाची शब्द का चयन करें प्रख्यात
(a) शोणित (b) विमुख
(c) प्रसिद्ध (d) हस्ती

159. इनमें से कौन-सा शब्द 'ज्वाला' शब्द का पर्यायवाची नहीं है, उसे पहचानिए?
(a) आग (b) अग्निकानन
(c) कानन (d) अनल

160. इनमें से कौन-सा शब्द 'इच्छा' शब्द का पर्यायवाची नहीं है, उसे पहचानिए?
(a) लिप्सा (b) कामना
(c) वैभवी (d) स्पृहा

161. इनमें से कौन-सा शब्द 'अश्व' शब्द का पर्यायवाची नहीं है, उसे पहचानिए?
(a) सैंध (b) घोटक
(c) तुरंग (d) घोड़ा

162. कौन-सा शब्द 'अनीक' का पर्यायवाची है?
(a) अर्जुन (b) सेना
(c) अग्नि (d) घोड़ा

163. 'कपड़ा' का पर्यायवाची बताइए
(a) चलन (b) वसन
(c) गगन (d) जंगल

164. 'परशुराम' का पर्यायवाची नहीं है
(a) भार्गव (b) शिवप्रिय
(c) भृगुनन्दन (d) रेणुकातनय

165. निम्नलिखित में से कौन-सा शब्द 'नम' का पर्यायवाची नहीं है?
(a) गीला (b) भीगा
(c) आर्द्र (d) आर्द्रा

166. निम्नलिखित में से कौन-सा शब्द 'डर' का पर्यायवाची नहीं है?
(a) शीति (b) भीति
(c) भय (d) त्रास

167. निम्नलिखित में से कौन-सा शब्द 'कुशल' का पर्यायवाची नहीं है?
(a) दक्ष (b) अक्ष
(c) निपुण (d) प्रवीण

168. निम्नलिखित में से कौन-सा शब्द 'पक्षी' का पर्यायवाची नहीं है?
(a) द्विज (b) खग
(c) पन्थी (d) विहग

169. निम्नलिखित में से कौन-सा शब्द 'पुत्री' का पर्यायवाची नहीं है?
(a) दुहिता (b) दौहित्र
(c) तनया (d) सुता

170. निम्नलिखित में से कौन-सा शब्द 'पान' का पर्यायवाची नहीं है?
(a) पितृ (b) तांबुल
(c) नागबेल (d) मुख भूषण

171. 'कमल' का पर्यायवाची शब्द नहीं है?
(a) अरविन्द (b) राजीव
(c) गिरीश (d) नीरज

172. 'आभूषण' का पर्यायवाची शब्द नहीं है?
(a) अलंकार (b) उल्लास
(c) गहना (d) विभूषण

173. 'युद्ध' का/के पर्यायवाची शब्द है/हैं
(a) रण (b) समर
(c) संग्राम (d) ये सभी

174. 'अनुपम' का/के पर्यायवाची शब्द है/हैं
(a) अपूर्व (b) अनोखा
(c) निराला (d) ये सभी

175. 'पत्नी' का पर्यायवाची शब्द नहीं है
(a) कलत्र (b) दारा
(c) नंदिनी (d) प्राणप्रिया

176. 'सर्प' का पर्यायवाची बताओ
(a) भुजंग (b) करि
(c) वारण (d) नग

177. 'हाथी' का पर्यायवाची बताओ
(a) व्याल राज (b) मकरन्द
(c) मतंग (d) पन्नपति

178. कौन-सा शब्द विष्णु का पर्यायवाची नहीं है?
(a) केशव (b) चक्रपाणि
(c) दामोदर (d) मुक्तपुरुष

179. 'नलिनी, कैरव, चन्द्रप्रिया' किसके पर्यायवाची शब्द हैं?
(a) कौमुदी (b) सौदामिनी
(c) कुमुदनी (d) कुमुदकला

180. निम्नलिखित में से कौन-सा शब्द 'आसमान' का पर्यायवाची है?
(a) अनल (b) पवन
(c) गगन (d) सुमन

181. निम्नलिखित में से कौन-सा शब्द सरस्वती का पर्याय नहीं है?
(a) वीणापाणि (b) भारती
(c) वाग्देवी (d) जाह्नवी

182. इनमें से कौन-सा शब्द 'अरुण' का समानार्थी नहीं है?
(a) सूर्य (b) सूर्य का सारथी
(c) कुमकुम (d) बिम्बा फल

183. इनमें से कौन-सा शब्द 'उच्च' का समानार्थी नहीं है?
(a) टीला (b) श्रेष्ठ
(c) बड़ा (d) उठा हुआ

184. अशुद्ध पर्याय समूह का चयन करें
(a) अरविंद, कंज, नलिन
(b) आगार, विलय, धाम
(c) दस्यु, मोषक, खनक
(d) पीयूष, सुधा, दृग

185. 'मीमांसा' का सही पर्यायवाची शब्द है
(a) स्वरूप (b) सुविज्ञता
(c) समालोचन (d) निष्क्रिय

186. 'बिजली' का पर्यायवाची शब्द है
(a) चमक (b) सौदामिनी
(c) प्रकाश (d) इनमें से कोई नहीं

187. निम्नलिखित में से कौन-सा शब्द 'लक्ष्मी' का पर्यायवाची नहीं है?
(a) रमा (b) इंदिरा
(c) कमला (d) भारती

188. निम्नलिखित मे से कौन-सा शब्द 'कपड़ा' का पर्यायवाची नहीं है?
(a) वस्त्र (b) पट
(c) वसन (d) वासन

189. निम्नलिखित में से कौन-सा शब्द 'मेघ' का पर्यायवाची नहीं है?
(a) पयोधर (b) जलधर
(c) वारिधर (d) दामोधर

190. 'उसके प्राण-पखेरू उड़ गये।' इस वाक्य में 'पखेरू' शब्द किसका पर्यायवाची है?
(a) पक्षी (b) जल्दी
(c) पखवाड़ा (d) पखरना

191. निम्नलिखित में से कौन-सा शब्द 'चन्द्रमा' का पर्यायवाची नहीं है?
(a) सुधांशु (b) सुधाकर
(c) सुधाधर (d) सलिल

192. निम्नांकित शब्दों में से एक शब्द 'माता' का पर्यायवाची नहीं है? वह है
(a) अम्ब (b) अम्बु
(c) अम्बा (d) जननी

193. 'अध:' शब्द के साथ प्रयुक्त 'उपरि' शब्द किस प्रकार की शब्द कोटि में आएगा?
(a) पर्याय (b) अनेकार्थी
(c) अनाधिक (d) विलोम

194. 'कृपा' किस शब्द का विलोम है?
(a) कोप (b) कटु
(c) क्रोध (d) क्रूर

195. अनुरक्ति
(a) आसक्ति (b) विरक्ति
(c) उक्ति (d) विज्ञप्ति

196. स्वप्न
(a) निद्रा (b) जागरण
(c) ध्यान (d) मनन

197. निम्नलिखित में से विलोम शब्दों की दृष्टि से एक युग्म गलत है, वह है
(a) विधि-निषेध
(b) आह्वान-विसर्जन
(c) आग्रह-विग्रह
(d) अमिय-हलाहल

198. विलोम शब्द की दृष्टि से इनमें से सही युग्म है
(a) आकीर्ण-विकीर्ण (b) ईप्सित-अभीप्सित
(c) आदृत-निरादृत (d) दोष-सदोष

199. 'आविर्भूत' का सही विलोम शब्द है
(a) अनास्था (b) अनेकता
(c) तिरोभूत (d) अनावृष्टि

200. 'सूक्ष्म' शब्द का विलोम है
(a) सूक्ष्म (b) सूक्ष्महीन
(c) स्थूल (d) अस्थूल

201. 'सुस्ती' का विलोम है
(a) तन्दुरुस्ती (b) चुस्ती
(c) ताज़गी (d) सुस्तीविहीन

202. 'मिथ्या' का विलोम शब्द कौन-सा है?
(a) आडम्बर (b) धुंधला
(c) दिखाना (d) सत्य

203. 'अथ' का विलोम शब्द है
(a) अन्त (b) इति
(c) अर्थ (d) अघ

204. 'शोषक' शब्द का विलोम चुनिए
(a) शोषित (b) पोषक
(c) पोसक (d) पोषित

205. 'हर्ष' शब्द के लिए चार विकल्प दिए गए हैं। सही विलोम शब्द का चयन कीजिए
(a) खेद (b) वेदना
(c) दु:ख (d) विषाद

206. अविश्वास
(a) श्वास (b) विश्वास
(c) सन्तोष (d) उच्छ्वास

207. उदय
(a) अस्त (b) लाल
(c) भासित (d) बलिष्ठ

208. पुण्य
(a) दोष (b) असंगति
(c) पाप (d) पीड़ा

209. 'साक्षर' शब्द का विलोम क्या है?
(a) अशिक्षित (b) अनपढ़
(c) सुरक्षर (d) निरक्षर

210. 'उद्धत' शब्द का विलोम है?
(a) विनय (b) अवनति
(c) अनुबार (d) बिनीत

211. 'आरोह' का विलोम शब्द है
(a) अवरोह (b) क्रमबद्ध
(c) क्रमानुसार (d) लगातार

212. 'सन्मार्ग' शब्द का विलोम है
(a) सहज मार्ग
(b) सुमार्ग
(c) अमार्ग
(d) कुमार्ग

213. निम्नलिखित विकल्पों में से 'कृश' का विलोम शब्द चुनिए
(a) हृष्ट-पुष्ट (b) केश
(c) भव (d) विटप

214. 'अल्पज्ञ' का विलोम दिए गए विकल्पों में से चुनिए
(a) अभिज्ञ (b) अवज्ञ
(c) कृतज्ञ (d) सर्वज्ञ

215. 'अंतरंग' का विलोम शब्द है
(a) बाहरी (b) बहिरंग
(c) ऊपरी (d) बाह्य

216. 'अक्षत' का विलोम है
(a) क्षति (b) चावल
(c) विक्षत (d) पूर्ण

217. निम्नलिखित अनुलोम-विलोम युग्मों में से कोई एक युग्म सही नहीं है
(a) अन्तरंग-बहिरंग (b) उचित-अनुचित
(c) सुख-कष्ट (d) सुसाध्य-दु:साध्य

218. 'मसृण' का विलोम है
(a) कम (b) रुक्ष
(c) साबुत (d) गाफिल

219. 'अभिज्ञ' का विलोम शब्द है
(a) अज्ञ (b) नज्ञ
(c) प्रज्ञ (d) चतुर

220. 'निरर्थक' शब्द का विलोम शब्द है
(a) सार्थक (b) अर्थक
(c) निरर्थ (d) निरक्ष

221. विलोम शब्दों के सही युग्म का चयन कीजिए।

	शब्द	विलोम
(a)	पक्षपाती	निष्पक्ष
(b)	प्राचीन	नवीन
(c)	बलवान	निर्बल

(d) उपरोक्त सभी

222. 'उद्घाटन' का विलोम शब्द है
(a) समाप्ति (b) लोकार्पण
(c) विमोचन (d) समापन

223. 'एक' का विलोम शब्द है
(a) दो (b) अधिक
(c) बहुत (d) अनेक

224. 'ऐश्वर्य' का विलोम शब्द है
(a) अनैश्वर्य (b) वैभव
(c) विलासिता (d) दरिद्रता

225. 'ऋजु' का विलोम शब्द है
(a) त्रिकोण (b) सरल
(c) सीधा (d) वक्र

226. 'वारुण' का विलोम शब्द है
(a) कृतघ्न
(b) कृथित
(c) शीलवान
(d) निष्ठुर

227. 'कृतज्ञ' का विलोम शब्द है
(a) कृतघ्न (b) कृतार्थ
(c) निन्दक (d) प्रत्युपकार

228. 'कृत्रिम' का विलोम शब्द है
(a) सहज (b) असली
(c) प्राकृतिक (d) निर्मित

229. 'छिन्न' का विलोम शब्द है
(a) भिन्न (b) अभिन्न
(c) प्रक्षिप्त (d) संलग्न

230. 'जंगम' का विलोम शब्द है
(a) स्थावर (b) प्रवाह
(c) सबल (d) दुर्बल

231. 'नैसर्गिक' का विलोम शब्द है
(a) समानार्थक (b) कृत्रिम
(c) चमत्कार (d) इनमें से कोई नहीं

232. 'भोला' का विलोम है
(a) चालाक (b) तेजस्वी
(c) बुद्धिमान (d) चंचल

233. 'यथार्थ' का विलोम शब्द है
(a) कृत्रिम (b) आदर्श
(c) उचित (d) अनुचित

234. 'विग्रह' का विलोम शब्द है
(a) सन्धि (b) अविग्रह (c) आग्रह (d) ग्रहण

235. 'संकीर्ण' का विलोम शब्द है
(a) संक्षेप (b) विस्तार
(c) विकीर्ण (d) विस्तीर्ण

236. 'साधु' का विलोम शब्द है
(a) साधुनी (b) संन्यासिन
(c) साध्वी (d) असाधु

237. 'आपेक्ष' का विलोम शब्द है
(a) असापेक्ष (b) निष्पक्ष
(c) निरपेक्ष (d) सापेक्ष

238. 'अपेक्षा' का विलोम शब्द है
(a) निन्दा (b) अनुपेक्षा (c) उपेक्षा (d) तिरस्कार

239. 'स्वाधीन' शब्द का विलोम है
(a) स्वतन्त्र (b) स्वच्छन्द
(c) पराधीन (d) निरंकुश

240. 'सृष्टि' का विलोम शब्द है
(a) विनाश (b) विध्वंस
(c) प्रलय (d) सृजन।

241. 'राजा' का विलोम शब्द है
(a) प्रजा (b) रानी
(c) सेनापति (d) रंक

242. निम्नलिखित में से कौन-सा विलोम शब्द युग्म गलत है?
(a) इष्ट-अनिष्ट
(b) छली-निश्छल
(c) उत्कर्ष-निष्कर्ष
(d) सानुनासिक-निरनुनासिक

243. निम्नलिखित में से सही विलोम शब्द-युग्म कौन-सा है?
(a) पाठ्य-सुपाठ्य (b) नत-अवनत
(c) शिष्ट-विशिष्ट (d) संश्लिष्ट-विश्लिष्ट

244. विलोम शब्द का कौन-सा युग्म सही नहीं है?
(a) निष्पक्ष-पक्षधर (b) तिक्त-मधुर
(c) कल्पित-स्वप्निल (d) अकिंचन-सम्पन्न

245. गोचर
(a) अगोचर (b) उभयचर
(c) जलचर (d) नभचर

246. ज्योतिर्मय
(a) प्रकाशमय (b) तमोमय
(c) विभावरी (d) शर्वरी

247. पाश्चात्य
(a) प्रतीची (b) प्राची
(c) पौर्वात्य (d) प्रत्यक्ष

248. क्षमा
(a) बुरा (b) अनहित
(c) दण्ड (d) प्रताड़न

249. खेचर
(a) भूचर (b) जलचर
(c) परिचर (d) नभचर

250. गम्भीर
(a) शरारती (b) उत्पाती
(c) वाचाल (d) सतर्क

251. अनादर
(a) मान (b) सम्मान
(c) आदर (d) सत्कार

252. धरा
(a) क्षिति (b) इला
(c) गगन (d) अन्तरिक्ष

253. इष्ट
(a) विरोधी (b) अनिष्ट
(c) प्रतिद्वन्द्वी (c) शत्रु

254. कर्षण
(a) आकर्षण (b) विकर्षण
(c) प्रक्षेपण (d) फेंकना

255. खण्डन
(a) एकीकरण (b) प्रस्फुटन
(c) विघटन (d) मण्डन

256. 'भौतिक' का विलोम शब्द है
(a) आध्यात्मिक (b) दार्शनिक
(c) सांस्कृतिक (d) राजनीतिक

257. 'प्राची' शब्द का विपरीतार्थक है
(a) उदीची (b) प्रतीची
(c) नवीन (d) समीची

258. 'समष्टि' का विलोम शब्द है
(a) विशिष्ट (b) व्यष्टि
(c) अशिष्ट (d) अपुष्टि

259. 'स्वर्ग' शब्द का विलोम है
(a) बैकुंठ (b) देवलोक
(c) नरक (d) परमधाम

260. 'राग' शब्द का विलोम है
(a) अनुराग (b) विराग
(c) आसक्ति (d) अनुरक्ति

261. 'सूक्ष्म' शब्द का विलोम है
(a) स्थूल (b) बारीक (c) क्षीण (d) पतला

262. 'कौटिल्य' का विलोम शब्द है
(a) मृदुलता (b) आर्तव
(c) मार्दव (d) आर्जव

263. 'अवनि' का विलोम शब्द है
(a) धरा (b) शशांक
(c) अम्बर (d) सितारा

264. 'मूर्त' शब्द का विलोम है
(a) अमूर्त (b) प्रतिमूर्त (c) सम्मूर्त (d) अदृष्ट

265. 'सम' शब्द का विलोम है
(a) खसम (b) भसम
(c) विषम (d) कसम

266. 'लोक' शब्द का विलोम है
(a) द्युलोक (b) अलोक
(c) विलोक (d) परलोक

267. 'सम्मुख' शब्द का विलोम है
(a) विमुख (b) प्रमुख
(c) पार्श्व (d) समक्ष

268. 'वक्ता' शब्द का विलोम है
(a) आयोजक (b) प्रायोजक
(c) श्रोता (d) व्याख्याता

269. 'आवृत' शब्द का विलोम है
(a) विमोचित (b) आच्छन्न
(c) परिच्छिन्न (d) अनावृत्त

270. 'उपकार' का विलोम शब्द है
(a) परोपकार (b) अपकार
(c) अहंकार (d) अहम

271. 'खोटा' शब्द का विलोम शब्द है
(a) विखोटा (b) खरा
(c) अखोटा (d) छोटा

272. दिए गए शब्द का विलोम चुनें
आदि
(a) आरम्भ (b) बर्बादी
(c) आबादी (d) अनादि

273. दिए गए शब्द का विलोम चुनें
आदान
(a) ग्रहण (b) निदान
(c) प्रदान (d) नादान

274. 'पूर्ववर्ती' का विपरीतार्थक शब्द है
(a) पश्चिमवर्ती (b) दक्षिणवर्ती
(c) परवर्ती (d) इनमें से कोई नहीं

275. कौन-सा शब्द 'परमार्थ' शब्द का विलोम है, उसे पहचानिए
(a) स्वार्थ (b) साक्षर
(c) मूर्ख (d) इनमें से कोई नहीं

276. दिए गए शब्दों में से 'आविर्भाव' शब्द का विलोम शब्द पहचानिए।
(a) अनाविर्भव (b) भार्गव
(c) तिरोभाव (d) ग्रहणी

277. 'प्रतिकूल' का विलोम शब्द है
(a) समान
(b) प्रतिदर्श (c) अनुकूल
(d) अनुसार

278. 'अनिवार्य' का विपरीतार्थक शब्द है
(a) निवारणीय (b) ऐच्छिक
(c) अनावश्यक (d) आवश्यक

279. 'प्रफुल्ल' का विलोम शब्द है
(a) करुणा (b) शोक
(c) दुःख (d) विषाद

280. 'बच्चे—बूढ़े' किस शब्द युग्म के अन्तर्गत आते हैं?
(a) सार्थक-निरर्थक युग्म
(b) विलोम युग्म
(c) पर्याय युग्म
(d) निरर्थक-निरर्थक युग्म

281. 'आदि-अन्त' किस शब्द युग्म के अन्तर्गत आते हैं?
(a) सार्थक-निरर्थक युग्म
(b) विलोम युग्म
(c) पर्याय युग्म
(d) निरर्थक-निरर्थक युग्म

282. 'चिरंतन' का विलोम शब्द है
(a) अन्त (b) आदि
(c) निरन्तन (d) नश्वर

283. अशुद्ध विलोम युग्म का चयन कीजिए
(a) कर्कश-मधुर (b) ऐश्वर्य-अनैश्वर्य
(c) ऋजु-वक्र (d) ऐहिक-लौकिक

284. 'उथला' शब्द का विलोम है
(a) गहरा (b) छिछला
(c) समतल (d) उभार

285. 'भौतिक' का विलोम निम्नलिखित में से कौन-सा है?
(a) लौकिक (b) आध्यात्मिक
(c) क्षणिक (d) जटिल

286. निम्नलिखित में से 'अनाथ' शब्द का विलोम है
(a) अन्नदाता (b) अबोध
(c) सनाथ (d) दुर्बोध

287. अशुद्ध विलोम युग्म है
(a) संश्लेषण-विश्लेषण (b) श्लील-अश्लील
(c) सति-कुलटा (d) ससीम-असीम

288. 'ऋतु' का विलोम शब्द क्या है?
(a) अनृत (b) वक्र
(c) विकीर्ण (d) अनैक्य

289. 'परिसीमन' का विलोम शब्द है
(a) ससीम (b) निरसीमन
(c) असीमन (d) ससीमन

290. 'त्यक्त' शब्द का सही विलोम है
(a) गृहीत (b) त्याज्य
(c) तुच्छ (d) प्रिय

291. 'निषिद्ध' का विलोम शब्द है
(a) विहित (b) संदिग्ध
(c) अनुपयोगी (d) प्रतिबन्धित

292. अधोलिखित विलोम शब्द युग्मों में से कौन-सा सही नहीं है?
(a) प्रसारण-संकुचन (b) ओजस्वी-निस्तेज
(c) भिन्न-सभिन्न (d) देहाती-शहरी

293. 'क्षणिक' का सही विलोम शब्द है
(a) अल्प (b) शाश्वत
(c) क्षर (d) विमुख

294. 'अग्रज' का विलोम शब्द है
(a) अक्षत (b) अतुल
(c) अनुज (d) अटल

295. निम्नलिखित में से विलोम शब्दों की दृष्टि से एक युग्म गलत है, वह है
(a) मौन-मुखर (b) शानदार-शर्मनाक
(c) बर्बर-सभ्य (d) अनुचर-परिचर

296. विलोम शब्दों की दृष्टि से इनमें एक युग्म गलत है, वह है
(a) अमित-परिमित
(b) सत्कार-तिरस्कार
(c) आच्छादित-परिच्छन्न
(d) सुख-दुःख

297. अंक
(a) दैनन्दिनी (b) गोद
(c) भाग्य (d) संख्या

298. अक्षर
(a) वर्ण (b) अक्षत
(c) आत्मा (d) स्थिर

299. अज
(a) अजन्मा (b) बकरा
(c) संन्यासी (d) मेष राशि

300. अधर
(a) आकाश (b) अनाधार
(c) होंठ (d) गाताल

301. अपेक्षा
(a) निराशा (b) आशा
(c) आवश्यकता (d) इच्छा

302. अमृत
(a) अमर (b) अनमोल
(c) दूध (d) जल

303. अर्क
(a) सत्त्व (b) सूर्य
(c) बुध (d) ताँबा

304. अर्थ
(a) कारण (b) प्रयोजन
(c) धन (d) अन्न

305. अलि
(a) रूपसी (b) सखी
(c) बिच्छू (d) भ्रमर

306. आम
(a) सामान्य (b) अप्रचलित
(c) व्यापक (d) फल का नाम

307. इतर
(a) अन्य (b) चरस
(c) ऊँच (d) नीच

308. उत्तर
(a) बाद में (b) श्रेष्ठ
(c) उत्तर दिशा (d) प्रश्न

309. कृष्ण
(a) करोड़ (b) अंधकार
(c) कौणा (d) वासुदेव पुत्र

310. कुशल
(a) क्षेम (b) क्षमा
(c) चतुर (d) योग्य

311. खल
(a) दवा कूटने का पात्र (b) धतूरा
(c) केश (d) दुष्ट

312. खर
(a) दुष्ट (b) तिनका
(c) गधा (d) श्रृगाल

313. गुरु
(a) उत्कोच (b) छन्द में दीर्घ
(c) माता-पिता (d) शिक्षक

314. गोपाल
(a) ग्वाला (b) बटुक
(c) कृष्ण (d) गाय पालने वाला

315. गोली
(a) दवा की टिकिया (b) कारतूस
(c) धोखेबाज (d) खेल में गोल रक्षक

316. गौतम
(a) महात्मा बुद्ध (b) भारद्वाज
(c) द्रोणाचार्य का साला (d) महावीर

317. गौतमी
(a) वृद्धा स्त्री (b) हल्दी
(c) गोरोचन (d) गोदावरी नदी

318. घुटना
(a) कष्ट सहना (b) सहनशीलता
(c) पाँव का मध्य भाग (d) साँस लेने में कठिनाई

319. चपला
(a) लक्ष्मी (b) बिजली
(c) महिला (d) चंचल स्त्री

320. छन्द
(a) छल (b) बहाना
(c) काव्य (d) उपाय

321. जीव
(a) निर्जीव (b) जी
(c) प्राणी (d) बृहस्पति

322. जीवन
(a) वायु (b) कर्त्तव्य
(c) प्राण (d) जिन्दगी

323. जलज
(a) कमल (b) शंख
(c) कपोत (d) मछली

324. टीका
(a) तिलक (b) फलदान
(c) व्याख्या (d) आडम्बर

325. ठाकुर
(a) सेवक (b) स्वामी
(c) भगवान (d) जाति विशेष

326. तक्षक
(a) बढ़ई (b) शिलान्यास
(c) विश्वकर्मा (d) सूत्रधार

327. द्विज
(a) पक्षी (b) दाँत
(c) गौना (d) ब्राह्मण

328. धन
(a) सम्पत्ति (b) जोड़
(c) स्त्री (d) नरेश

329. धर्म
(a) अध्ययन (b) स्वभाव
(c) प्रकृति (d) कर्त्तव्य

330. निशाचर
(a) उल्लू (b) हाथी
(c) चोर (d) राक्षस

331. अनेकार्थी शब्द 'अक्ष' का आशय नहीं है
(a) भूतल
(b) पहिया (c) आँख
(d) चौसर का पासा

332. अनेकार्थक शब्द 'पानी' के लिए निम्न में से गलत विकल्प का चयन कीजिए
(a) इज़्जत (b) चमक
(c) संजीवनी (d) जल

333. निम्नलिखित अनेकार्थी शब्द का दूसरा अर्थ बताइए
अज-अजन्मा
(a) निर्भीक (b) आजीवन
(c) ईश्वर (d) आजन्म

334. कनक-धतूरा
(a) सोना (b) प्रसाद
(c) कसौटी (d) आभूषण

335. प्रमत्त-स्वेच्छाचारी
(a) उत्कृष्ट (b) उन्मत्त
(c) प्रपीड़ित (d) परितप्त

336. अनेकार्थी शब्दों का कौन-सा युग्म सही नहीं है?
(a) नाना – अनेक, माँ के पिता
(b) अयन – दिशा, वन
(c) सैंधव – नमक, घोड़ा
(d) नाक – स्वर्ग, नासिक

337. 'कर' का अर्थ है
(a) कल, किरण, टैक्स
(b) हाथ, रात्रि, टैक्स
(c) हाथ, किरण, व्यवसाय (d) हाथ, किरण, टैक्स

338. 'आदि' का अर्थ है
(a) दूसरा
(b) आखरी
(c) इनमें से कोई नहीं
(d) प्रथम

339. 'सम्भव' शब्द का आशय है
(a) जन्म (b) घटित होना
(c) संयोग (d) ये सभी

340. 'अगोचर' का आशय है
(a) ब्रह्म
(b) इन्द्रियातीत
(c) वह जो देखा या जाना न जा सके
(d) उपरोक्त सभी

341. 'सुधा' का अनेकार्थक शब्द क्या है?
(a) बादल, बिजली (b) अमृत, पानी
(c) प्राण, प्रियतम (d) सेना, शक्ति

342. 'लक्ष्य' का अनेकार्थक शब्द है
(a) निशाना, उद्देश्य (b) नाम, बल
(c) गति, चाल (d) सही, गलत

343. 'मुद्रा' शब्द का अर्थ समूह चुनिए
(a) मोहर, छाप, सिक्का, अँगूठी
(b) चेहरे का भाव, छाप, अँगूठी, प्रति
(c) नाम, लिखना, सिक्का, छापाखाना
(d) चोट, छापा, धन, स्टाम्प

344. निम्नलिखित में से एक अनेकार्थी शब्द 'खग' का अर्थ नहीं है?
(a) मन (b) तीर (c) पक्षी (d) आकाश

345. 'कनक' शब्द का अर्थ समूह चुनिए
(a) वृक्ष, स्वर्ण, धतूरा
(b) स्वर्ण, धतूरा, गेहूँ
(c) स्त्री, पलाश, आभूषण
(d) इनमें से कोई नहीं

346. 'वर्ण' शब्द का अर्थ नहीं होता है
(a) रंग (b) आकाश
(c) जाति (d) अक्षर

347. 'द्रोण' का अर्थ है
(a) द्रोणाचार्य, मुर्गा (b) द्रोणाचार्य, गौरेया
(c) द्रोणाचार्य, कौआ (d) द्रोणाचार्य, तोता

348. 'अचल' का अर्थ है
(a) पेड़ गतिहीन, अटल
(b) पर्वत, गतिहीन, अटल
(c) तालाब, गतिहीन, अटल
(d) उपरोक्त में से कोई नहीं

349. 'फल' का अर्थ है
(a) वृक्ष का फल, परिणाम, तीर का अगला भाग
(b) वृक्ष का फल, परिणाम, भाला
(c) वृक्ष का फल, परिणाम, तलवार का अगला भाग
(d) वृक्ष का फल, परिणाम, चाकू

350. अनेकार्थी शब्द 'अर्थ' का आशय नहीं है
(a) प्रतीक (b) मतलब
(c) धन (d) उद्देश्य

351. अनेकार्थी शब्द 'कोटि' का आशय नहीं है
(a) धनुष की नोक (b) करोड़
(c) आशीर्वाद (d) वर्ग

352. 'अंज' शब्द से अभिप्राय है
(a) ब्रह्मा, बकरा (b) अजर, अमर
(c) अजाना, दशरथ (d) ये सभी

353. निम्न में से 'हंस' शब्द का अनेकार्थी शब्द है
(a) जीवात्मा (b) जीभ
(c) जीत (d) जन

354. 'घृणा' शब्द के सही अनेकार्थी रूप को दिए गए विकल्पों में से छाँटिए
(a) बादल, घिन (b) इन्द्रपुत्र, बादल
(c) घिन, किरण (d) किरण, बादल

355. अब्ज—अब्द
(a) कमल-वर्ष (b) सुन्दर-लगातार
(c) चढ़ाई-घमण्ड (d) मतलब-धन

356. अपर—अपार
(a) विस्तृत–संकुचित (b) दूसरा–असीम
(c) ऊँचा–अथाह (d) छोटा–हिस्सा

357. अम्बुज—अम्बुद
(a) बादल–कमल (b) समुद्र–बादल
(c) कमल–बादल (d) भ्रमर–मकरन्द

358. अपेक्षा—उपेक्षा
(a) ग्रहण–त्याग (b) निकट–दूर
(c) तिरस्कार–आशा (d) आशा–तिरस्कार

359. अगम—आगम
(a) दुर्लभ–उत्पत्ति (b) शास्त्र–शास्त्री
(c) उत्पत्ति–दुर्लभ (d) स्वानुभूत–अनजान

360. अवर—अपर
(a) अतिरिक्त-निम्न (b) निम्न-अन्य
(c) उच्च-निम्न (d) निम्न-उच्च

361. अभियुक्त—अभ्युक्ति
(a) वादी–प्रतिवादी
(b) टिप्पणी–अपराधी
(c) अपराधी–टिप्पणी
(d) अभ्यर्थी–नियोक्ता

362. अभिराम—अविराम
(a) सामर्थ्य–उन्नति (b) प्रातःकाल–सायंकाल
(c) लगातार–सुन्दर (d) सुन्दर–लगातार

363. अमित—अमीत
(a) बहुत–शत्रु (b) शत्रु–मित्र
(c) पर्याप्त–अधिक (d) अधिक–न्यून

364. अविरोध—अवरोध
(a) तुरन्त-सहारा (b) मेल-रुकावट
(c) असमर्थ-आरम्भ (d) मेल-तुरन्त

365. आभास—अभ्यास
(a) दृश्य–परिश्रम (b) अनुभूति–कसरत
(c) भ्रम–आदत (d) छाया–प्रतिछाया

366. आसन—आसन्न
(a) योग–ध्यान (b) निकट–दूर
(c) चटाई–बिछाया हुआ आया हुआ (d) बिछौना–निकट

367. आयुक्त—अयुक्त
(a) कमिश्नर–जो उचित न हो
(b) अधिकारी–जो कहा न जाए
(c) अनुचित–उच्चाधिकारी
(d) संलग्न–अनुचित

368. आद्य—अद्य
(a) वर्तमान–भूत (b) पहला–आज
(c) मर्यादा–अनुचित (d) प्रकाश–वर्तमान

369. आचार—आचार्य
(a) प्रकृति–पुरुष
(b) शिक्षक–स्वभाव
(c) रीति-व्यवहार–विद्वान्
(d) अनुष्ठान–कथावाचक

370. ईशा—ईषा
(a) महान्–तपस्वी
(b) परोपकारी–प्रभुत्व
(c) त्याग–ऐश्वर्य
(d) ऐश्वर्य–हल की लम्बी लकड़ी

371. उपल—उत्पल
(a) ओला–कमल (b) ऊपरी–पानी
(c) जवाब–वर्षा (d) कमल–शैवाल

372. ऋत—ऋतु
(a) मौसम–वर्षा (b) सत्य–मौसम
(c) अनित्य–सर्दी (d) ईश्वर–गर्मी

373. उपमान—उपकार
(a) उचित-भलाई
(b) सत्य-साधन
(c) तुलना-भलाई
(d) वाणी-पतित

374. कर्ण—करण
(a) ऊपर–कर्ता
(b) ऊपरी–इन्द्रिय
(c) कोण की भुजा–कारक
(d) कान–साधन

375. कंकाल—कंगाल
(a) अस्थिपंजर–दरिद्र
(b) कर्कश–भिखारी
(c) अकिंचन–बेईमान
(d) दरिद्रता–तुच्छत

376. कक्षा—कच्छा
(a) जाँघिया–छात्र समूह
(b) छात्र समूह–जाँघिया
(c) घेरा–परिधान
(d) चक्र–व्यायाम

377. कुल—कूल
(a) समस्त–शान्ति
(b) योग–ठण्डा
(c) वंश–किनारा
(d) ठण्डाई–योग

378. कल्मष—कुल्माष
(a) मन का मैल–सात्विक
(b) पाप–पुण्य
(c) कुल्थी, उर्द–कालिख
(d) कालिख–कुल्थी, उर्द

379. कृतज्ञ—कृतघ्न
(a) उपकार मानने वाला–उपकार न मानने वाला
(b) उपकारी–अपकारी
(c) अपकारी–उपकारी
(d) उपरोक्त में से कोई नहीं

380. कृपण—कृपाणं
(a) तलवार–कंजूस
(b) कंजूस–तलवार
(c) अपव्ययी–मितव्ययी
(d) मितव्ययी–अपव्ययी

381. कटिबद्ध—कटिबन्ध
(a) करधनी–तैयार
(b) तटबंध–कटुत्व
(c) तैयार–कमरबंद
(d) कटुत्व–तटबंध

382. केश—केस
(a) मामला–घोड़े की गर्दन के बाल
(b) केसर–कस्तूरी
(c) हल्दी–दूब
(d) बाल–मुकदमा

383. खाद—खाद्य
(a) उर्वरक–खाने योग्य
(b) सड़न–पथ्य
(c) पाथेय–अन्न
(d) शीतलपेय–भोजन

384. गणना—गड़ना
(a) संख्या–दबाना
(b) गिनती–चुभना
(c) जोड़ना–घटाना
(d) योग–भोग

385. गृह—ग्रह
(a) निवास–कक्षा
(b) नक्षत्र–मगरमच्छ
(c) घर–नक्षत्र
(d) घड़ियाल–तारागण

386. चित्त—चित
(a) दुविधा–थका हुआ
(b) पराजित–अन्तःकरण
(c) चंचल–पराजित
(d) मन–पीठ के बल पड़ा हुआ

387. अण—अनु
(a) कण–पश्चात्
(b) पश्चात्–कण
(c) मिट्टी–पत्थर
(d) अनाज-पश्चात्

388. छत्र—क्षत्र
(a) मुकुट–छाता
(b) छाता–क्षत्रिय
(c) राजा–सेनापति
(d) विद्यार्थी–सैनिक

389. जर-जरा
(a) मूल–रोग
(b) बुखार–जला हुआ
(c) दौलत–थोड़ा, अल्प
(d) ज्वार-भाटा

390. जुड़ा-जूड़ा
(a) बन्धन–संलग्न
(b) व्यसन–द्यूत क्रिया
(c) यौगिक–मिश्रण
(d) संलग्न–केश बन्धन

391. तरंग—तुरंग
(a) लहर–घोड़ा
(b) आवेश–त्वरित क्रिया
(c) आनन्द–हाथा
(d) वैभव–तीव्रगामी

392. तृण—त्राण
(a) साधारण–शोषण
(b) तिनका–मुक्ति, छुटकारा
(c) विनम्र–कुटिल
(d) कुश की नोंक–आसन

393. तनु—तनू
(a) हल्का–तीक्ष्ण
(b) शरीर–प्रिय
(c) पतला–शरीर, देह
(d) पुत्र–पतला

394. द्वार—द्वारा
(a) प्रवेश–निकास
(b) घर–गृहस्थ
(c) माध्यम–पत्नी
(d) दरवाजा–माध्यम

395. धरा—धारा
(a) पृथ्वी–प्रवाह
(b) आधार–आवेश
(c) रखा हुआ–तीव्र वेग
(d) स्थिर–अस्थिर

396. धन—धना
(a) योग–पत्नी
(b) सम्पत्ति–प्रीतम
(c) लाभ–धानी रंग
(d) रुपया–भू-सम्पत्ति

397. नारी—नाड़ी
(a) मादा–कमरबन्द (करधनी)
(b) महिला–जल निकास
(c) स्त्री–नब्ज
(d) एक प्रकार का साग–बथुआ

398. नित—नत
(a) मोक्ष-बनाना
(b) वाण-मल्लाह
(c) पानी-ताड़ का रस
(d) प्रतिदिन-झुका हुआ

399. निर्वाद—निर्विवाद
(a) भ्रम, निन्दा–बिना विवाद के
(b) गन्दगी–समझौता
(c) निष्कासन–भाईचारा
(d) सद्गुण–मित्रता

400. परुष—पुरुष
(a) कायर–निडर
(b) कठोर–आदमी
(c) निर्भय–बलवान
(d) लचीला–बहादुर

401. प्रहार—परिहार
(a) आक्रमण–अपनाना
(b) हमला–रक्षा करना
(c) मारना–त्यागना
(d) उत्पीड़न–प्रतिज्ञा

402. पर्जन्य—परिजन
(a) आत्मीयजन–सामाजिक लोग
(b) अन्न उगाना–आत्मीयजन
(c) सिंचाई–उपकार करना
(d) मेघ–परिवार के लोग

403. यथागत—तथागत
(a) मूर्ख–भगवान् बुद्ध
(b) आज्ञाकारी–भगवान् महावीर
(c) किंकर्तव्यविमूढ़–पार्श्वनाथ
(d) ज्ञानी–नागार्जुन

404. सकल—शकल
(a) सफेद-फीस
(b) सम्पूर्ण-टुकड़ा
(c) मचान-बैलगाड़ी
(d) विष-गिनती

405. 'अम्बर-अम्बार' युग्म का सही अर्थ है
(a) अमर–अमराई
(b) वस्त्र–अत्यधिक
(c) आकाश–एक फल विशेष
(d) कपड़ा–सिलाई

406. 'मन्दिर-मन्दिरा' युग्म का उपयुक्त अर्थ वाला युग्म कौन है?
(a) पूजागृह–पुजारी
(b) मकान–सवारी
(c) गुफा–बड़ी गुफा
(d) देवालय–अश्वशाला

407. 'धात्र-धात्री' शब्द युग्म का सही अर्थ वाला विकल्प पहचानिए
(a) बर्तन–माता
(b) आकाश–धरती
(c) तम्बाकू–रस कलश
(d) झण्डा–धारण करने वाला

408. 'नौटंकी-नौटंका' शब्द युग्म का सही अर्थ क्या है?
(a) ड्रामा–अभिनेता
(b) लोकनाट्य–अत्यन्त हल्का
(c) संगीत–धूर्तता
(d) दिखावा–पहनावा

409. 'परिषद्य-परिषिक्त' शब्द युग्म का सही अर्थ है
(a) स्वीकृत–त्याज्य
(b) सदन–संचालन
(c) परिषद् का सदस्य–सींचा गया
(d) परिषद्–पदाधिकारी

410. 'प्रतिकूल-प्रतिकूला' शब्द युग्म का सही अर्थ वाला विकल्प चुनिए
(a) विरोधी–विरोधाभास
(b) प्रतिद्वन्द्वी–सहयोगी
(c) प्रतियोगी–वियोगी
(d) विपरीत–सपत्नीक

411. 'बड़ाई-बढ़ाई' शब्द युग्म का सही अर्थ है
(a) प्रशंसा–बढ़ोतरी
(b) महानता–कारपेण्टर
(c) सम्मान–तक्षक
(d) खुशामद–आमद

412. 'इति-ईति' शब्द युग्म का सही अर्थ है
(a) समाप्त–शुभ
(b) प्रारम्भ–विघ्न
(c) विघ्न–समाप्त
(d) समाप्त–विघ्न

413. 'कुच-कूच' शब्द युग्म का सही अर्थ है
(a) उरोज–सेना
(b) सेना–स्तन
(c) उरोज–प्रस्थान
(d) स्तन–कली

414. 'सम-शम' शब्द युग्म का सही अर्थ वाला युग्म है
(a) शान्ति–चावल
(b) शान्ति–मोक्ष
(c) चावल–शान्ति
(d) समान–मोक्ष

415. 'अभय-उभय' शब्द युग्म का सही अर्थ है
(a) निर्भय-दोनों
(b) हवा-अग्नि
(c) पढ़ना-पढ़ाना
(d) दोनों-निर्भय

416. अलि-अली शब्द युग्म का सही अर्थ है
(a) कन्धा-हिस्सा
(b) भौंरा-सखी
(c) दमन-दामन
(d) दसन-दर्शन

417. कपिश और कपीश का अर्थ है
(a) केकड़ा और कूड़ा
(b) बन्दर और बेल
(c) गर्मी और बन्दर
(d) मटमैला और बन्दर

418. नीचे दिए गए शब्दों के अर्थ बताइए।
'अमूल–अमूल्य'
(a) जकड़रहित–कीमत (b) जालरहित–कीमती
(c) जड़रहित–कीमती (d) जलरहित–कीमती

419. नीचे दिए गए शब्दों के अर्थ बताइए।
'असाध्य और असाधु'
(a) आसन और दुष्ट (b) कठिन और डूष्ट
(c) कठिन और दूष्ट (d) कठिन और दुष्ट

420. अवली और आविल का अर्थ है।
(a) भंवरा और जल (b) नदी और गन्दा
(c) पंक्ति और मित्र (d) पंक्ति और गन्दा

421. 'अभिज्ञ—अनभिज्ञ' शब्दों का सही अर्थ बताइए।
(a) अज्ञान - ज्ञानी
(b) ज्ञानी - पढ़ना
(c) जानकार - नजानकार
(b) अगम्य - गम्य

422. शब्द-युग्म 'यदा-कदा' के सही अर्थ युग्म का चयन कीजिए
(a) जब-तब (b) कब-तब
(c) जब-कब (d) कब-जब

423. 'नियत-नीयत' शब्द-युग्म के सही अर्थ-भेद का चयन कीजिए।
(a) इरादा-भाग्य (b) इरादा-निश्चित
(c) निश्चित-इरादा (d) भाग्य-निश्चित

424. अधोलिखित शब्द-युग्म का सही अर्थ विकल्प चुनिए।
'अनुलम्ब—अनुलग्न'
(a) ऊर्ध्वाकार-समय के अनुसार
(b) ऊपरी-जुड़ा हुआ
(c) अनिश्चित-किसी के साथ जुड़ा हुआ
(d) लम्बाई के अनुसार-शुभकाल

425. जो पहले कभी नहीं हुआ हो
(a) अद्‌भुत (b) अप्रत्याशित
(c) अनुपम (d) अभूतपूर्व

426. जो सब कुछ जानता हो
(a) सर्वज्ञ (b) अज्ञ
(c) विशेषज्ञ (d) कृतज्ञ

427. जिसकी गर्दन सुन्दर हो
(a) सुदर्शन (b) सुगर्दन
(c) सुग्रीव (d) सुगद

428. अपनी हत्या करने वाला
(a) पराघाती (b) मित्रघाती
(c) सर्वघाती (d) आत्मघाती

429. जिसे बुलाया न गया हो
(a) अनाहूत (b) अनबोला
(c) अतिथि (d) अभ्यागत

430. जो आँखों के सामने न हो
(a) प्रत्यक्ष (b) अप्रत्यक्ष
(c) अद्रष्टव्य (d) अपरोक्ष

431. जो कम बोलता हो
(a) अल्पभाषी (b) मितव्ययी
(c) प्रत्युत्पन्नमति (d) वाचाल

432. किसी के उपकार की उपेक्षा करने वाला
(a) कृतज्ञ (b) कृतघ्न
(c) अजातशत्रु (d) दूरदर्शी

433. जो हर समय अपना मतलब साधता हो, उसे क्या कहा जाता है?
(a) स्वारथी (b) मतलबी
(c) परमार्थी (d) स्वार्थी

434. समुद्र में लगने वाली आग
(a) जठराग्नि (b) वनाग्नि
(c) दावाग्नि (d) वड़वाग्नि

435. मन को आनन्दित करने वाला
(a) प्रिय (b) श्रेयस्
(c) मनोरंजन (d) मोहित

436. जिसको प्राप्त न किया जा सके
(a) अलभ्य (b) दुर्लभ्य
(c) दुष्कर (d) दुष्प्राप्य

437. राकेश बहुत मेहनत करने वाला लड़का है। रेखांकित अंश के लिए एक शब्द बताइए
(a) परिश्रमी (b) संघर्षरत
(c) श्रमिक (d) श्रमवान

438. किस वाक्यांश के लिए दिया हुआ एक शब्द सही नहीं है?
(a) जिस स्त्री को कोई संतान न हो – बाँझ
(b) जो बहुत बोलता हो – मितभाषी
(c) क्रम के अनुसार – यथाक्रम
(d) जो स्मरण रखने योग्य है – स्मरणीय

439. तेज चलने वाला
(a) गतिशील (b) चुस्त
(c) कर्मठ (d) द्रुतगामी

440. बिना स्वार्थ के कार्य करने वाला
(a) सहायक (b) निःस्वार्थी
(c) पुण्यात्मा (d) हितैषी

441. किसी की सहायता करने वाला
(a) सहकार (b) सहायक
(c) सहृदय (d) सहचर

442. जिसका निवारण करना कठिन हो
(a) अनिवार्य (b) अपरिहार्य
(c) दुर्निवार (d) अवश्यम्भावी

443. आशा जगाने वाला
(a) आशाजनक (b) आशातीत
(c) आशानुगत (d) आशीष

444. जो सबके लिए हो
(a) सार्वजनिक (b) सार्वभौमिक
(c) सार्वकालिक (d) सार्वदेशिक

445. पर्वत की तलहटी
(a) बेसिन (b) घाटी
(c) उपत्यका (d) द्रोण

446. कंजूसी से धन व्यय करने वाला
(a) मसृण (b) मितव्ययी
(c) अल्पव्ययी (d) कृपण

447. 'वीर पुत्र को जन्म देने वाली स्त्री' के लिए एक शब्द है
(a) वसुन्धरा (b) माते
(c) वीरप्रसू (d) इनमें से कोई नहीं

448. जो सबसे आगे रहता हो उसको …… कहते हैं।
(a) अग्रणी (b) अनादि
(c) अनुकरणीय (d) अवैध

449. वाक्यांश के लिए एक शब्द से सम्बन्धित कौन-सा जोड़ा गलत है?
(a) जिसका इलाज कठिन हो-दुःसाध्य
(b) जो मनुष्यता से दूर हो-अमानुषिक
(c) जो कम खर्च करने वाला हो-अपव्ययी
(d) जो इतिहास लिखे जाने के युग से पूर्व का हो-प्रागैतिहासिक

450. निम्नलिखित वाक्यांशों के लिए एक शब्द में से कौन-सा सुमेलित नहीं है?
(a) जो वर्णन के बाहर है- वर्णनातीत
(b) जो देखा नहीं जा सकता- अदृश्य
(c) जो आमिष नहीं खाता- सामिष
(d) जो पहरा देता है- प्रहरी

451. रंगमंच पर पर्दे के पीछे का स्थान
(a) पृष्ठमंच (b) दर्शकदीर्घा
(c) नाट्यस्थल (d) नेपथ्य

452. जिसके सिर पर चन्द्रमा हो
(a) चन्द्रवदन (b) चन्द्रहास
(c) चन्द्रशेखर (d) सिरमौर

453. फेंक कर चलाया जाने वाला हथियार
(a) प्रक्षिप्त (b) प्रक्लेदित
(c) शस्त्र (d) अस्त्र

454. जो देखने में प्रिय लगे
(a) प्रियदर्शी (b) प्रियांशु
(c) प्रियंवदा (d) प्रियसखी

455. जो खाने योग्य न हो
(a) अखाद्य (b) गम्य
(c) अपाच्य (d) अलभ्य

456. विशिष्ट अवसर पर विशिष्ट लोगों के समक्ष दिया गया विद्वत्तापूर्ण भाषण
(a) सम्भाषण
(b) अभिभाषण
(c) अपभाषण
(d) अनुभाषण

457. जिसके पास घर न हो
(a) गृही (b) अनिकेत
(c) अभिषेक (d) अकिंचन

458. 'जिसके पास कुछ न हो' उसके लिए उपयुक्त शब्द है
(a) अभावग्रस्त (b) अकिंचन
(c) दीनहीन (d) महादीन

459. बिना प्रयास/परिश्रम के
(a) आकस्मिक (b) अप्रत्याशित
(c) अनायास (d) अचानक

460. जानने की इच्छा रखने वाला
(a) उत्साही (b) जिज्ञासु
(c) तत्पर (d) जिज्ञासा

461. दूसरों की बात सहन करने वाला
(a) कृपालु (b) सहिष्णु
(c) उदार (d) तटस्थ

462. 'शक्तिशाली, दयालु, शान्त-धीर और योद्धा नायक' के लिए एक शब्द है
(a) धीरललित (b) धीरोद्धत
(c) धीरोदात्त (d) इनमें से कोई नहीं

463. 'जो प्रमाण से सिद्ध न हो सके' के लिए एक शब्द है
(a) अप्रमाणित (b) अप्रमेय
(c) अपरिमित (d) अनप्रमाणित

464. 'वन में लगने वाली आग' वाक्यांश के लिए एक शब्द है
(a) बड़वाग्नि (b) दावाग्नि
(c) विरहाग्नि (d) जठराग्नि

465. 'वह नायिका जो अपने पति के परदेश में होने के कारण दु:खी हो' वह है
(a) प्रोषितपतिका (b) वियोगिनी
(c) विरहविदग्धा (d) खण्डिता

466. 'मोक्ष की इच्छा रखने वाला' वाक्यांश के लिए सार्थक शब्द है
(a) मुमुक्षु (b) मुमूर्षु
(c) बुभुक्षु (d) जिगीषु

467. 'इन्द्रियों को जीत लिया हो जिसने', वाक्यांश के लिए सही विकल्प का चयन कीजिए।
(a) इन्द्रजीत (b) इन्द्र
(c) जितेन्द्रिय (d) इन्द्रिपति

468. 'जिसका उपचार न हो सके' के लिए एक शब्द है
(a) दु:साह्य (b) असाध्य
(c) श्रमसाध्य (d) साधनहीन

469. ईश्वर को नहीं मानने वाला
(a) आस्तिक (b) अधर्मी
(c) दुराचारी (d) नास्तिक

470. ईश्वर में विश्वास करने वाला
(a) आस्तिक (b) नास्तिक
(c) भक्त (d) इनमें से कोई नहीं

471. पेट की अग्नि
(a) दावाग्नि (b) बड़वाग्नि
(c) जठराग्नि (d) मन्दाग्नि

472. दिशाएँ ही जिनके वस्त्र हैं
(a) विश्वम्भर (b) दिक्पाल
(c) पैगम्बर (d) दिगम्बर

473. 'गुरु के समीप रहकर शिक्षा ग्रहण करने वाला' के लिए एक शब्द है
(a) गुरुकुलवासी (b) छात्रावासी
(c) अन्तेवासी (d) आश्रमवासी

474. बहुत-सी भाषाओं को जानने वाला
(a) बहुभाषाविद् (b) बहुभाषाभाषी
(c) बहुश्रूत (d) बहुदर्शी

475. 'जो वाणी द्वारा व्यक्त न किया जा सके'
(a) आत्मसाक्षात्कार (b) स्वानुभूति
(c) अनिर्वचनीय (d) रहस्य

476. पूरब और उत्तर के बीच की दिशा
(a) अग्निकोण (b) उदीची
(c) प्राची (d) ईशान

477. 'जो अच्छे कुल में उत्पन्न हुआ हो' इस शब्द समूह के लिए एक शब्द क्या है?
(a) कुलीन (b) समृद्ध
(c) धनी (d) कृपण

478. जिसका जन्म कन्या के गर्भ से हुआ हो
(a) कन्यापुत्र (b) कानीन
(c) अवैधपुत्र (d) कुमारीसुत

479. हवन में जलाने वाली लकड़ी
(a) हवन सामग्री (b) वनकाष्ठ
(c) शुष्ककाष्ठ (d) समिधा

480. सत्, रज् व तम् से परे
(a) गुणातीत (b) गूढ़ोक्ति
(c) गुढ़ोत्तर (d) गवेषण

481. आधी रात का समय
(a) शर्वरी (b) विभावरी
(c) निशा (d) निशीथ

482. कमल से युक्त जलाशय
(a) सरोवर (b) शतदल
(c) नीरज (d) पद्माकर

483. 'जिसका अनुभव किया गया हो'
(a) अनुभवी (b) अनुभूत
(c) अनुभवयोग्य (d) अनुभाव्य

484. 'जो बनावटी हो', वाक्यांश के लिए एक शब्द होगा
(a) प्राकृतिक (b) कृत्रिम
(c) प्राकृत (d) नैसर्गिक

485. 'किसी भी पक्ष का समर्थन नहीं करने वाला'
(a) निरापद (b) निष्पक्ष
(c) तटस्थ (d) दत्तचित्त

486. 'युयुत्सु' का अर्थ है
(a) युद्ध में अमर होने वाला
(b) युद्ध की इच्छा
(c) युद्ध की इच्छा रखने वाला
(d) दूसरों को रुलाने वाला

487. 'जिसमें अपमान का भाव हो, वह हँसी' क्या कहलाती है?
(a) हास (b) परिहास
(c) व्यंग्य (d) उपहास

488. 'अच्छाई और बुराई को पहचानने का गुण' कहलाता है
(a) ज्ञान (b) परिज्ञान
(c) विवेक (d) विद्वत्ता

489. जो क्षमा किया जा सके
(a) क्षम्य (b) अक्षम्य
(c) क्षमाशील (d) क्षमाशाली

490. तर्क के द्वारा जो माना गया हो
(a) तर्कसम्मत (b) तर्कसंगत
(c) तकानी (d) तटस्थ

491. 'थोड़ा खर्च करने वाला' के लिए एक शब्द है
(a) अल्पव्ययी (b) अल्पक्रयी
(c) अल्पज्ञ (d) अमूल्य

492. 'दूसरे के स्थान पर काम करने वाला' वाक्यांश के लिए एक शब्द है।
(a) स्थान (b) स्थानान्तरण
(c) स्थानापन्न (d) अपुस्थान

493. दिए गए अनेक शब्दों के लिए एक उपयुक्त शब्द पहचानिए 'पच्चीस वर्ष पूरे करने के उपलक्ष्य में होने वाला उत्सव'
(a) सुवर्ण जयन्ती (b) वीर जयन्ती
(c) कांस्य जयन्ती (d) रजत जयन्ती

494. 'जो स्त्री सूर्य भी न देख सके' के लिए एक शब्द है
(a) विदुषी (b) अलक्ष्या
(c) असूर्यपश्या (d) शास्त्रज्ञा

495. 'सारी पृथ्वी के राजा' को कहते हैं
(a) चक्रवर्ती (b) चक्रवात
(c) चौधरी (d) चक्रात

496. 'चार मासों का समूह' का समस्त पद होगा
(a) चारमास (b) चौराहा
(c) चौमासा (d) चार रास्ता

497. 'चार पैरों वाला' को इनमें से क्या कहते हैं?
(a) चौराहा (b) चारपैर
(c) चतुष्पद (d) चरवाहा

498. जो इन्द्रियों की पहुँच से बाहर हो
(a) इन्द्रियनिग्रह (b) इन्द्रियजीत
(c) इच्छाधारी (d) इन्द्रियातीत

499. 'जो आँखों के सामने हो' के लिए एक शब्द बताइए।
(a) सामाजिक (b) प्रत्यक्ष
(c) सुलभ (d) प्रियतम

500. वाक्यांश के लिए कौन-सा शब्द अशुद्ध है?
(a) क्षण में या शीघ्र टूटने वाला–खण्डहर
(b) जिसकी आशा न की गई हो–अप्रत्याशित
(c) जिसे जाना न जा सकें–अज्ञेय
(d) दोपहर के पहले का समय–पूर्वाह्न

501. 'एक बार कही बात को दुहराते रहना' वाक्यांश के लिए शब्द है
(a) आगार (b) प्राक्कथन
(c) पिष्टपेषण (d) प्रस्तावना

502. जिसे तुरन्त उचित उत्तर सूझ जाए, उसे कहते हैं
(a) मेधावी (b) प्रत्युत्पन्नमति
(c) कुशाग्रबुद्धि (d) जिर्गाणु

503. 'सव्यसाची' शब्द के लिए एक वाक्य है
(a) सदा सत्य बोलने वाला
(b) बाएँ हाथ से कार्य करने वाला
(c) जिसने बहुत कुछ सुना हो
(d) अपनी इच्छा के अनुसार आचरण करने वाला

504. 'किसी बात का गूढ़ रहस्य जानने वाला' वाक्य के लिए एक शब्द क्या होगा?
(a) मर्मज्ञ (b) सुविज्ञ
(c) विद्वान् (d) निगूढ़

505. जो मुश्किल से प्राप्त हो, उसे कहते हैं
(a) अलभ्य
(b) सुलभ
(c) दुर्लभ
(d) अलंघ्य

506. अवसर के अनुरूप बदल जाने वाले को कहते हैं
(a) यथास्थितिवादी
(b) आदर्शवादी
(c) भाववादी
(d) अवसरवादी

507. भूमि के अन्दर की जानकारी रखने वाले को कहा जाता है
(a) भूगर्भवेत्ता (b) पुरातत्ववेत्ता
(c) नृतत्वशास्त्री (d) भूकम्पवेत्ता

508. रात में विचरण करने वाले प्राणी को कहा जाता है
(a) निशाकर (b) वनचर
(c) तमचोर (d) निशाचर

509. 'परम्परा से चली आ रही बात' के लिए प्रयुक्त होने वाला शब्द है
(a) प्रतिश्रुति (b) व्याजस्तुति
(c) अनुलोम (d) अनुश्रुति

510. 'जिसके पास कुछ न हो' वाक्यांश के लिए एक शब्द है
(a) अक्षम (b) अकिंचन
(c) अज्ञ (d) असमर्थ

511. 'स्वेद से उत्पन्न होने वाला' वाक्यांश के लिए एक शब्द है
(a) स्वेदज (b) अण्डज (c) पिण्डज (d) उभयज

512. 'अपरिणीत' शब्द निम्नलिखित में से किस वाक्यांश के लिए प्रयुक्त होता है?
(a) जिसका परिणाम न निकलता हो
(b) जिसका विवाह न हुआ हो
(c) जिसका विवाह हो चुका हो
(d) जो देखने में प्रीतिकर न हो

513. 'जिसका कोई शत्रु नहीं जन्मा है' वाक्यांश के लिए एक शब्द है
(a) अज्ञेय (b) शत्रुजयी
(c) अजातशत्रु (d) शत्रुविहीन

514. 'खोज करने वाला' इस वाक्यांश के लिए एक शब्द है
(a) अन्वेषक (b) अनुपम
(c) अन्विति (d) निवेशक

515. 'जिसकी ग्रीवा सुन्दर हो' वाक्यांश के लिए एक शब्द है
(a) पार्थिव (b) सुग्रीव
(c) सुधीर (d) सुनील

516. 'जिसका अनुभव इन्द्रियों द्वारा न हो सके' इस वाक्यांश के लिए एक शब्द है
(a) जीतेन्द्र
(b) अतीन्द्रिय
(c) एन्द्रिक
(d) इनमें से कोई नहीं

517. वाक्यांशों और उनके लिए प्रयुक्त शब्दों के निम्नलिखित युग्मों में सही युग्म का चयन कीजिए
(a) जो स्त्री अभिनय करे - अभिनेता
(b) जो व्याकरण जानता हो- व्याकरणीय
(c) आँखों से परे- प्रत्यक्ष
(d) लौटकर आया हुआ - प्रत्यागत

सही उत्तर

1. (d)	2. (a)	3. (a)	4. (a)	5. (d)	6. (c)	7. (a)	8. (b)	9. (b)	10. (d)
11. (c)	12. (a)	13. (d)	14. (a)	15. (a)	16. (d)	17. (a)	18. (a)	19. (b)	20. (c)
21. (d)	22. (d)	23. (b)	24. (c)	25. (a)	26. (a)	27. (c)	28. (a)	29. (d)	30. (d)
31. (d)	32. (c)	33. (a)	34. (d)	35. (d)	36. (b)	37. (d)	38. (b)	39. (a)	40. (b)
41. (b)	42. (c)	43. (d)	44. (c)	45. (b)	46. (a)	47. (c)	48. (b)	49. (c)	50. (b)
51. (b)	52. (a)	53. (d)	54. (a)	55. (c)	56. (c)	57. (b)	58. (c)	59. (b)	60. (d)
61. (c)	62. (d)	63. (d)	64. (a)	65. (a)	66. (d)	67. (c)	68. (d)	69. (d)	70. (d)
71. (d)	72. (c)	73. (b)	74. (c)	75. (b)	76. (d)	77. (a)	78. (b)	79. (a)	80. (c)
81. (b)	82. (d)	83. (d)	84. (b)	85. (a)	86. (b)	87. (c)	88. (d)	89. (b)	90. (a)
91. (c)	92. (b)	93. (c)	94. (d)	95. (a)	96. (b)	97. (c)	98. (a)	99. (a)	100. (c)
101. (b)	102. (c)	103. (d)	104. (a)	105. (c)	106. (b)	107. (c)	108. (c)	109. (d)	110. (d)
111. (a)	112. (c)	113. (d)	114. (a)	115. (b)	116. (b)	117. (c)	118. (b)	119. (c)	120. (b)
121. (d)	122. (d)	123. (c)	124. (d)	125. (d)	126. (b)	127. (c)	128. (d)	129. (d)	130. (a)
131. (b)	132. (c)	133. (b)	134. (c)	135. (a)	136. (d)	137. (a)	138. (c)	139. (b)	140. (b)
141. (d)	142. (a)	143. (d)	144. (a)	145. (c)	146. (d)	147. (d)	148. (d)	149. (a)	150. (c)
151. (a)	152. (a)	153. (b)	154. (a)	155. (b)	156. (c)	157. (d)	158. (c)	159. (c)	160. (c)
161. (a)	162. (b)	163. (b)	164. (b)	165. (d)	166. (a)	167. (b)	168. (c)	169. (b)	170. (a)
171. (c)	172. (b)	173. (d)	174. (d)	175. (c)	176. (a)	177. (c)	178. (d)	179. (c)	180. (c)
181. (d)	182. (d)	183. (c)	184. (d)	185. (c)	186. (b)	187. (d)	188. (d)	189. (d)	190. (a)
191. (d)	192. (b)	193. (d)	194. (a)	195. (b)	196. (b)	197. (c)	198. (c)	199. (c)	200. (c)

201. (b)	**202.** (d)	**203.** (b)	**204.** (b)	**205.** (d)	**206.** (b)	**207.** (a)	**208.** (c)	**209.** (d)	**210.** (d)
211. (a)	**212.** (d)	**213.** (a)	**214.** (d)	**215.** (b)	**216.** (c)	**217.** (c)	**218.** (b)	**219.** (a)	**220.** (a)
221. (d)	**222.** (d)	**223.** (d)	**224.** (a)	**225.** (d)	**226.** (d)	**227.** (a)	**228.** (c)	**229.** (d)	**230.** (a)
231. (b)	**232.** (a)	**233.** (b)	**234.** (a)	**235.** (d)	**236.** (d)	**237.** (c)	**238.** (c)	**239.** (c)	**240.** (c)
241. (d)	**242.** (c)	**243.** (b)	**244.** (c)	**245.** (a)	**246.** (b)	**247.** (c)	**248.** (c)	**249.** (a)	**250.** (c)
251. (c)	**252.** (c)	**253.** (b)	**254.** (b)	**255.** (d)	**256.** (a)	**257.** (b)	**258.** (b)	**259.** (c)	**260.** (b)
261. (a)	**262.** (c)	**263.** (c)	**264.** (a)	**265.** (c)	**266.** (d)	**267.** (a)	**268.** (c)	**269.** (d)	**270.** (b)
271. (b)	**272.** (d)	**273.** (c)	**274.** (c)	**275.** (a)	**276.** (c)	**277.** (c)	**278.** (b)	**279.** (d)	**280.** (b)
281. (b)	**282.** (d)	**283.** (d)	**284.** (c)	**285.** (d)	**286.** (c)	**287.** (c)	**288.** (a)	**289.** (c)	**290.** (a)
291. (a)	**292.** (c)	**293.** (b)	**294.** (c)	**295.** (d)	**296.** (c)	**297.** (a)	**298.** (b)	**299.** (c)	**300.** (d)
301. (a)	**302.** (b)	**303.** (c)	**304.** (d)	**305.** (a)	**306.** (b)	**307.** (c)	**308.** (d)	**309.** (a)	**310.** (b)
311. (c)	**312.** (d)	**313.** (a)	**314.** (b)	**315.** (c)	**316.** (d)	**317.** (a)	**318.** (b)	**319.** (c)	**320.** (d)
321. (a)	**322.** (b)	**323.** (c)	**324.** (d)	**325.** (a)	**326.** (b)	**327.** (c)	**328.** (d)	**329.** (a)	**330.** (d)
331. (a)	**332.** (c)	**333.** (c)	**334.** (a)	**335.** (b)	**336.** (b)	**337.** (d)	**338.** (d)	**339.** (d)	**340.** (d)
341. (b)	**342.** (a)	**343.** (a)	**344.** (a)	**345.** (b)	**346.** (b)	**347.** (c)	**348.** (b)	**349.** (a)	**350.** (a)
351. (c)	**352.** (a)	**353.** (a)	**354.** (a)	**355.** (a)	**356.** (b)	**357.** (c)	**358.** (d)	**359.** (a)	**360.** (b)
361. (c)	**362.** (d)	**363.** (a)	**364.** (b)	**365.** (c)	**366.** (d)	**367.** (a)	**368.** (b)	**369.** (c)	**370.** (d)
371. (a)	**372.** (b)	**373.** (c)	**374.** (d)	**375.** (a)	**376.** (b)	**377.** (c)	**378.** (d)	**379.** (a)	**380.** (b)
381. (c)	**382.** (d)	**383.** (a)	**384.** (b)	**385.** (c)	**386.** (d)	**387.** (a)	**388.** (b)	**389.** (c)	**390.** (d)
391. (a)	**392.** (b)	**393.** (c)	**394.** (d)	**395.** (a)	**396.** (b)	**397.** (c)	**398.** (d)	**399.** (a)	**400.** (b)
401. (a)	**402.** (d)	**403.** (a)	**404.** (b)	**405.** (b)	**406.** (d)	**407.** (a)	**408.** (b)	**409.** (c)	**410.** (d)
411. (a)	**412.** (d)	**413.** (c)	**414.** (d)	**415.** (a)	**416.** (b)	**417.** (d)	**418.** (c)	**419.** (d)	**420.** (d)
421. (c)	**422.** (a)	**423.** (c)	**424.** (c)	**425.** (d)	**426.** (a)	**427.** (c)	**428.** (d)	**429.** (a)	**430.** (b)
431. (a)	**432.** (b)	**433.** (b)	**434.** (d)	**435.** (c)	**436.** (a)	**437.** (a)	**438.** (b)	**439.** (d)	**440.** (b)
441. (b)	**442.** (c)	**443.** (a)	**444.** (a)	**445.** (c)	**446.** (b)	**447.** (c)	**448.** (a)	**449.** (c)	**450.** (c)
451. (d)	**452.** (c)	**453.** (d)	**454.** (a)	**455.** (a)	**456.** (a)	**457.** (b)	**458.** (b)	**459.** (c)	**460.** (b)
461. (b)	**462.** (c)	**463.** (b)	**464.** (b)	**465.** (a)	**466.** (a)	**467.** (c)	**468.** (b)	**469.** (d)	**470.** (a)
471. (c)	**472.** (d)	**473.** (c)	**474.** (a)	**475.** (c)	**476.** (d)	**477.** (a)	**478.** (b)	**479.** (d)	**480.** (a)
481. (d)	**482.** (d)	**483.** (b)	**484.** (b)	**485.** (c)	**486.** (c)	**487.** (d)	**488.** (c)	**489.** (a)	**490.** (a)
491. (a)	**492.** (c)	**493.** (d)	**494.** (c)	**495.** (a)	**496.** (c)	**497.** (c)	**498.** (d)	**499.** (b)	**500.** (a)
501. (c)	**502.** (b)	**503.** (b)	**504.** (a)	**505.** (c)	**506.** (d)	**507.** (a)	**508.** (d)	**509.** (a)	**510.** (b)
511. (a)	**512.** (b)	**513.** (c)	**514.** (a)	**515.** (b)	**516.** (b)	**517.** (d)			

इकाई 09 रचना के आधार पर

रचना/बनावट के आधार पर

हिन्दी एक रचनात्मक भाषा है। रचना के आधार पर शब्दों का वर्गीकरण तीन प्रकार से किया गया है

रूढ़

- रूढ़ शब्द वे हैं, जिनका **कोई भी खण्ड सार्थक नहीं होता** और जो परम्परा से किसी विशिष्ट अर्थ में चले आ रहे हैं; जैसे—नाक, जल, आग, लाल, दीमक, कलम, चींटी, धन, दिन, रात, जग, सरल, किताब आदि।
- 'नाक' में 'ना' और 'क' खण्डों का कोई अर्थ नहीं। इसी प्रकार 'जल' शब्द में 'ज' और 'ल' खण्डों का पृथक्-पृथक् कोई अर्थ नहीं होता। रूढ़ शब्दों को **मूल** या **अयौगिक** शब्द भी कहते हैं।

यौगिक

- वे शब्द, जो **दो या दो से अधिक सार्थक शब्द-खण्डों के योग से निर्मित** होते हैं, यौगिक शब्द कहलाते हैं; जैसे—

  पाठशाला = पाठ और शाला,

  विज्ञान = वि + ज्ञान

  राजपुत्र = राजा का पुत्र,

  रेलगाड़ी = रेल + गाड़ी

नोट यौगिक शब्दों की रचना मुख्यतः उपसर्ग, प्रत्यय एवं समास से होती है।

योगरूढ़

- यौगिक का शाब्दिक अर्थ योग है। ऐसे शब्द जो यौगिक तो होते हैं, परन्तु उनका एक विशेष अर्थ (रूढ़) होता है, योगरूढ़ शब्द कहलाते हैं। ये सामान्य अर्थ को प्रकट न कर किसी विशेष अर्थ को प्रकट करते हैं; जैसे—लम्बोदर, जलज, चारपाई, चौपाई, दशानन, चतुर्भुज, नीलकण्ठ आदि।
- 'लम्बोदर' शब्द का अर्थ है—लम्बे उदर (पेट) वाला। इस प्रकार लम्बे उदर वाले जितने भी जीव हैं, लम्बोदर हुए। लेकिन लम्बोदर शब्द का प्रयोग केवल गणेशजी के लिए ही किया जाता है।

इसी प्रकार 'जलज' का सामान्य अर्थ है 'जल में जन्मा' किन्तु यह विशेष अर्थ में केवल 'कमल' के लिए प्रयुक्त होता है। जल में जन्मे और किसी वस्तु को हम 'जलज' नहीं कह सकते। बहुव्रीहि समास के सभी उदाहरण मुख्यतः योगरूढ़ शब्द ही होते हैं।

अर्थ के आधार पर

अर्थ के आधार पर शब्द चार प्रकार के होते हैं

एकार्थी शब्द ऐसे शब्द जिनका प्रयोग केवल एक ही अर्थ में होता है, एकार्थी शब्द कहलाते हैं। व्यक्तिवाचक संज्ञा के शब्द एकार्थी शब्द होते हैं; जैसे—गंगा, पटना, जर्मन, मार्च, राधा आदि।

अनेकार्थी शब्द ऐसे शब्द जिनका प्रयोग एक से अधिक अर्थ के लिए होता है या जिन शब्दों के अर्थ एक से अधिक होते हैं, अनेकार्थी शब्द कहलाते हैं; जैसे—

शब्द	अर्थ
अंक	चिह्न, गिनती, भाग्य, नाटक का अध्याय।
कर्ण	कान, कुन्ती पुत्र, समकोण त्रिभुज की भुजा।
काल	समय, शत्रु, अकाल, अवसर।
धर्म	सम्प्रदाय, स्वभाव, प्रकृति, कर्त्तव्य।

समानार्थी/पर्यायवाची समानार्थी शब्द का अर्थ है— समान अर्थ वाले शब्द। हिन्दी भाषा में ऐसे अनेक शब्द हैं, जो समान अर्थ प्रकट करते हैं, उन्हें समानार्थी शब्द कहते हैं; जैसे—

शब्द	पर्यायवाची
अग्नि	आग, अनल, पावक, दहन।
उपकार	परोपकार, अच्छाई, नेकी, कल्याण।
कटु	कठोर, कड़वा, तीव्र, तेज।
झूठ	मिथ्या, मृषा, अनृत, असत्य।

विपरीतार्थी/विलोम इसका अर्थ है—उल्टा या विपरीत। किसी शब्द का उल्टा अर्थ व्यक्त करने वाला शब्द विपरीतार्थी शब्द कहलाता है; जैसे—

शब्द	विलोम	शब्द	विलोम
अन्त	आदि	उपयोग	अनुपयोग
अकाल	सुकाल	दुख	सुख

प्रयोग के आधार पर

प्रयोग के आधार पर शब्द दो प्रकार के होते हैं

विकारी शब्द

जिन शब्दों का लिंग, वचन व कारक के आधार पर रूप परिवर्तन होता है, वे विकारी शब्द कहलाते हैं; जैसे—मैं-मुझे, अच्छा-अच्छे आदि।

- लड़का काम कर रहा है ⟶ (लिंग परिवर्तन) ⟶ लड़की काम कर रही है
- लड़का भाग रहा है ⟶ (वचन परिवर्तन)⟶ लड़के भाग रहे हैं
- लड़के के लिए खाना लाओ⟶ (कारक परिवर्तन)⟶ लड़कों के लिए सेब लाओ।

विकारी शब्दों के अन्तर्गत संज्ञा, सर्वनाम, विशेषण, क्रिया आदि आते हैं। उदाहरणस्वरूप

1. **संज्ञा**—राम, किताब, हाथ, आम, केला, सोना, शीतल, पुलिस आदि।
2. **सर्वनाम**—यह, वह, तुम, तुम्हारा, क्या, कोई, जो, सो आदि।
3. **विशेषण**—अच्छा, खट्टा, मीठा, मोटा, चमकीला, नीला, हरा आदि।
4. **क्रिया**—हँसना, गाना, खाना, जाना, लेना, देना आदि।

अविकारी शब्द

जिन शब्दों में लिंग, वचन व कारक के आधार पर रूप परिवर्तन नहीं होता है तथा जो सदैव एक से रहते हैं, वे अविकारी शब्द (अव्यय) कहलाते हैं। ये शब्द अपने मूल रूप में ही प्रयोग होते हैं; जैसे—आज, अब, कौन, यह, किसने आदि। क्रिया-विशेषण अव्यय, सम्बन्धबोधक अव्यय, समुच्चयबोधक अव्यय, विस्मयादिबोधक अव्यय इसी के अन्तर्गत आते हैं; उदाहरणस्वरूप—

1. **क्रिया-विशेषण**—कब, कल, आज, इधर, उधर आदि।
2. **सम्बन्धबोधक**—में, से, के ऊपर, आगे की ओर, पर आदि।
3. **समुच्चयबोधक**—या, यदि, किन्तु, परन्तु, जोकि आदि।
4. **विस्मयबोधक**—ओह!, वाह!, हाय! आदि।

अपसर्ग

- 'उपसर्ग' दो शब्दों (उप + सर्ग) के योग से निर्मित हुआ है। 'उप' का अर्थ 'समीप', 'निकट' या 'पास में' है, जबकि 'सर्ग' का अर्थ सृष्टि करना है।
- ऐसे शब्दांश जो शब्दों के प्रारम्भ (आदि) में जुड़कर उनके अर्थ में कुछ विशेषता लाते हैं या नए शब्द का निर्माण करते हैं, उपसर्ग (Prefixes) कहलाते हैं; जैसे—'हार' के पहले 'प्र' उपसर्ग लगा दिया जाए, तो नया शब्द 'प्रहार' बन गया, जिसका नया अर्थ हुआ 'मारना'।
- उपसर्ग को **आदि प्रत्यय** भी कहा जाता है, क्योंकि इसका प्रयोग शब्द के आदि (प्रारम्भ) में किया जाता है।

हिन्दी भाषा में प्रयुक्त होने वाले उपसर्ग निम्न भागों में विभक्त किए जा सकते हैं

1. संस्कृत के उपसर्ग (तत्सम)

संस्कृत के कुल 22 उपसर्ग हैं, किन्तु 'निस्', 'निर्' तथा 'दुस्', 'दुर्' में कोई अन्तर नहीं होता है, अतः 'संस्कृत' भाषा के 19 उपसर्ग उन तत्सम् शब्दों के साथ प्रयुक्त होते हैं जिनका प्रयोग 'हिन्दी' भाषा में होता है, इसलिए इन्हें 'तत्सम्' उपसर्ग भी कहा जाता है।

संस्कृत के उपसर्ग

उपसर्ग	अर्थ	उदाहरण
अति	अधिक, सीमा से परे	अतिवृद्धि, अत्युक्ति, अत्याचार
अधि	अधिक, ऊपर, श्रेष्ठ समीपता	अधिकृत, अध्यवसाय, अधिकार
अनु	पीछे, क्रम, समानता	अनुमान, अनुकूल, अनुप्रास
अप	बुरा, अभाव, विपरीत	अपराध, अपहरण, अपशब्द
अभि	सामने, अधिक, अच्छा	अभिमान, अभिलाषा, अभियान
अव	पतन, हीनता	अवनति, अवगुण, अवमानना
आ	तक, सब तरफ से, ओर	आदर, आडम्बर, आचरण
उत्, उद्	ऊपर, अधिक	उद्भव, उत्संग, उद्गम, उत्पात, उत्पन्न
उप	समीप, सहायक, छोटा	उपयुक्त, उपहार, उपद्रव, उपसम्पादक
दुः (दुर्, दुस्)	बुरा, दुष्ट, कठिन	दुर्गम, दुष्कर, दुर्लंध्य, दुर्लभ, दुर्जन
नि	बहुत-नीचे, अलावा	निवास, निवेदन, निकट, निबन्ध, निदान
निः (निस्, निर्)	बिना, बाहर, निषेध	निर्देश, निराकरण, निर्जीव, निष्काम, निःशब्द
परा	विपरीत, अनादर	पराधीन, पराकाष्ठा, परार्द्ध, परामर्श, पराविद्या
परि	चारों ओर, आस-पास	परिचय, परिणाम, परिसर, परित्याग
प्र	अधिक, ऊपर, आगे, गति	प्रणाम, प्रख्यात, प्रगति, प्रवेग, प्रयोग
प्रति	विपरीत, समान, प्रत्येक परिवर्तन	प्रतिकूल, प्रतिमूर्ति, प्रतिदिन, प्रतिहिंसा
वि	विशेष, रहित, विपरीत भिन्न	विहार, विरह, विपक्ष, वियोग, विदेश, विवाद, विमर्श
सम्	संयोग, पूर्णता	सन्तोष, संचय, सम्भाषण, सन्देश
सु	अच्छा, सरल	स्वागत, सुवासित, सुअवसर, सुकवि

2. हिन्दी के उपसर्ग (तद्भव)

हिन्दी के उपसर्ग मूलतः संस्कृत से ही विकसित हुए हैं। इनकी कुल संख्या 10 है, जो निम्न हैं

हिन्दी के उपसर्ग

उपसर्ग	अर्थ	उदाहरण
अ/अन्	निषेध, अभाव	अपढ़, अलग, अनाम, अजान, अथाह, अनपढ़, अनमोल, अनगढ़, अनिच्छा
अध्	आधा	अधखिला, अधपका, अधकचरा
उन	एक कम	उनचास, उनहत्तर, उनतालीस
औ (अव)	हीनता, नहीं	औघड़, औघट, अवगुण
क, कु	बुरा	कुपात्र, कुलेख कुपूत, कुचाल
स, सु	अच्छा, सहित	सगोत्र, सरस, सहित, सजग, सुकर्म, सुपूत, सुजान
दु	बुरा, हीन	दुकाल, दुलारा, दुसाध्य
नि	नहीं, अभाव	निधड़क, निडर, निकम्मा
बिन	बिना, निषेध	बिनबादल, बिनपाए, बिनब्याहा
भर	पूरा	भरपूर, भरपेट, भरमार, भरसक

3. आगत उपसर्ग (विदेशी)

हिन्दी में विदेशी भाषाओं से आए आगत उपसर्ग मुख्यत: उर्दू (अरबी, फ़ारसी) भाषा से विकसित हुए हैं, जो निम्न हैं

उर्दू के उपसर्ग (अरबी, फ़ारसी)

उपसर्ग	अर्थ	उदाहरण
कम	थोड़ा, हीन	कमज़ोर, कमअक्ल, कमउम्र
खुश	अच्छा	खुशबू, खुशदिल, खुशहाल
गैर	नहीं, अभाव	गैरहाजिर, गैर-कानूनी, गैर-सरकारी
दर	में	दरअसल, दरमियान, दरकार
ना	अभाव	नापसन्द, नासमझ, नाराज़
ब	अनुसार में	बनाम, बदस्तूर, बदौलत
अल	निश्चित	अलबत्ता, अलमस्त, अलगरज़
बिल	के साथ	बिल्कुल, बिलआखिर, बिलवजह
बर	ऊपर, पर, बाहर	बरदाश्त, बरखास्त
फ़िल/फी	में, प्रति	फिलहाल, फ़ीआदमी
बद	बुरा	बदमाश, बदनीयत, बदतमीज़
बा	साथ	बाइंसाफ, बाकायदा, बावफा
बिला	बिना	बिलाकसूर, बिलाशक
बे	बिना	बेइमान, बेचारा
ला	बिना	लाचार, लाजबाव
सर	मुख्य	सरदार, सरताज
हम	बराबर	हमउम्र, हमवतन
हर	प्रत्येक	हररोज, हरएक

अंग्रेजी के उपसर्ग

हिन्दी में विदेशी भाषा (अंग्रेजी) से आए आगत उपसर्ग मुख्यत: निम्न हैं

अंग्रेज़ी के उपसर्ग

उपसर्ग	अर्थ	उदाहरण
सब	अधीन, नीचे	सब-जज, सब-कमेटी
डिप्टी	सहायक	डिप्टी कलेक्टर, डिप्टी रजिस्ट्रार
वाइस	सहायक	वाइसराय, वाइस चांसलर
जनरल	प्रधान	जनरल मैनेजर, जनरल सैक्रेटरी
चीफ	प्रमुख	चीफ-मिनिस्टर, चीफ-इन्जीनियर
हेड	मुख्य	हेड मास्टर, हेड क्लर्क
डबल	दुगुना	डबलरोटी, डबल बेड
फुल	पूरा	फुल शर्ट, फुल प्रूफ
हाफ	आधा	हाफ शर्ट, हाफ पैंट

प्रत्यय

- 'प्रत्यय' दो शब्दों से बना है— प्रति + अय। 'प्रति' का अर्थ है 'साथ में, पर बाद में जबकि 'अय' का अर्थ 'चलने वाला' है। अत: 'प्रत्यय' का अर्थ हुआ—शब्दों के साथ, पर बाद में चलने वाला या लगने वाला।
- ऐसे शब्दांश जो शब्दों के अन्त में जुड़कर उनके अर्थ में कुछ परिवर्तन कर देते हैं या नए शब्द का निर्माण करते हैं, प्रत्यय (Suffixes) कहलाते हैं;

जैसे— सफल + ता = सफलता
अच्छा + ई = अच्छाई

यहाँ 'ता' और 'आई' दोनों शब्दांश प्रत्यय हैं, जो 'सफल' और 'अच्छा' मूल शब्द के बाद में जोड़ दिए जाने पर 'सफलता' और 'अच्छाई' शब्द की रचना करते हैं।

प्रत्यय के भेद

प्रत्यय के दो भेद कृत् प्रत्यय व तद्धित प्रत्यय होते हैं

1. कृत् प्रत्यय

- वे प्रत्यय जो क्रिया या धातु के अन्त में प्रयुक्त होते हैं, कृत् प्रत्यय कहलाते हैं। कृत् प्रत्यय से बने शब्द कृदन्त शब्द कहलाते हैं;
- जैसे-पढ़ना (क्रियापद) + वाला (कृत् प्रत्यय) = पढ़ने वाला (कृदन्त शब्द)। कृदन्त या कृत् प्रत्यय पाँच प्रकार के होते हैं

1. कर्तृवाचक कृदन्त
2. कर्मवाचक कृदन्त
3. करणवाचक कृदन्त
4. भाववाचक कृदन्त
5. क्रियावाचक कृदन्त

- हिन्दी एवं संस्कृत के कृत् प्रत्ययों का हिन्दी भाषा में महत्त्वपूर्ण स्थान है। हिन्दी के लगभग सभी कृत् प्रत्यय संस्कृत के कृत् प्रत्ययों से ही विकसित हुए हैं। हिन्दी एवं संस्कृत के महत्त्वपूर्ण कृत् प्रत्यय निम्नलिखित हैं

हिन्दी के कृत् प्रत्यय

प्रत्यय	मूल क्रिया	उदाहरण
अ	लूट्, खेल्	लूट, खेल
अक	लेख, पाठ	लेखक, गायक, पाठक
अन्त	लड़, पिट्	लड़न्त, पिटन्त
अन	जल्, ले	जलन, लेन
अना	पढ़, दे	पढ़ना, देना
आ	मेल, बैठ	मेला, बैठा
आई	खेल, लिख्	खेलाई, लिखाई
आऊ	टिक्, खा	टिकाऊ, खाऊ
आन	उठ्, मिल्	उठान, मिलान
आव	घुम् , जम्	घुमाव, जमाव
आवा	छल्, बहक्	छलावा, बहकावा
आवना	सुह, डर	सुहावना, डरावना
आक, आका, आकू	तैर, लड़ा, पढ़	तैराक, लड़ाका, पढ़ाकू
आप, आपा	मिल्, पुज्	मिलाप, पुजापा

प्रत्यय	मूल क्रिया	उदाहरण
आहट	घबर, झनझन	घबराहट, झनझनाहट
आस	पी, मीठा	प्यास, मिठास
ओड़, ओड़ा	भाग, हँस,	भगोड़ा, हँसोड़
औता, औती	समझ्, चुन्	समझौता, चुनौती
औना, औनी, आवनी	खेल्, मिच्, डर्	खिलौना, मिचौनी, डरावनी
इया	छल, घट	छलिया, घटिया
ई	घुड़क्, लग्	घुड़की, लगी
ऊ	मार्, काट्	मारू, काटू
एरा	लूट्, बस्	लुटेरा, बसेरा
ऐया	हँस, बच	हँसैया, बचैया
ऐत	लड़, बिगड़	लड़ैत, बिगड़ैत
का	छील, फूल	छिलका, फूलका
ना	ओढ़, पढ़	ओढ़ना, पढ़ना, खाना
नी	चट, छल	चटनी, छलनी, कहानी
वाला	जा, सो	जानेवाला, सोनेवाला

संस्कृत के कृत् प्रत्यय

प्रत्यय	मूल धातु	उदाहरण
क्तिन् (ति)	दृश्, कृ	दृष्टि, कृति
तव्य	गम्, रक्ष्	गन्तव्य, रक्षितव्य
क्त	पठ्, दा	पठित, दत्त
अनीय	कथ्, रक्ष	कथनीय, रक्षणीय
यत् (य)	लभ्, गम्	लभ्य, गम्य
तृच् (तृ)	दा, कृ	दातृ, कर्तृ
अक्	पाठ्, लेख	पाठक, लेखक
धञ्	धृ, भृ	धर, भर

2. तद्धित प्रत्यय

- वे प्रत्यय जो क्रिया या धातु को छोड़कर अन्य शब्दों; जैसे–संज्ञा, सर्वनाम, विशेषण व अव्यय में जुड़ते हैं, तद्धित प्रत्यय कहलाते हैं।
- तद्धित प्रत्यय से बने शब्द **तद्धितांत** शब्द कहलाते हैं; जैसे–नील + इमा = नीलिमा; यहाँ 'इमा' तद्धित प्रत्यय तथा 'नीलिमा' तद्धितांत शब्द है।
- हिन्दी के लगभग सभी तद्धित प्रत्यय संस्कृत के तद्धित प्रत्ययों से ही विकसित हुए हैं।
- तद्धित प्रत्यय के नौ भेद होते हैं
  - i. कर्तृवाचक
  - ii. भाववाचक
  - iii. सम्बन्धवाचक
  - iv. गणनावाचक
  - v. गुणवाचक
  - vi. स्थानवाचक
  - vii. सादृश्यवाचक
  - viii. ऊनवाचक
  - ix. स्त्रीवाचक

हिन्दी के तद्धित प्रत्यय

प्रत्यय	मूल शब्द	उदाहरण
आ	भूख, प्यास	भूखा, प्यासा
आई	विदा, ठाकुर	विदाई, ठकुराई
आलु	दया, श्रद्धा	दयालु, श्रद्धालु
आन	ऊँचा, नीचा	ऊँचान, निचान
आना	तेलंग, बघेल	तेलंगाना, बघेलाना
आर	कुम्भ, सोना	कुम्भार, सोनार
आरी, आरा	हत्या, घास	हत्यारा, घसियारा
आल, आला	ससुर, दया	ससुराल, दयाला
आवट	नीम, आम	निमावट, अमावट
आस	मीठा, खट्टा	मिठास, खटास
आहट	चिकना, कड़ुआ	चिकनोहट, कड़ुवाहट
इया	दुःख, भोजपुर	दुखिया, भोजपुरिया
इमा	लालि, अरूण	लालिमा, महिमा, अरुणिमा
इक	शरीर, धर्म	शारीरिक, नैतिक, धार्मिक
इत	पुष्प, आनन्द	पुष्पित, आनंदित, क्रोधित
ई	खेत, सुस्त	खेती, सुस्ती
ईला	रंग, जहर	रंगीला, जहरीला
उ	दया, कृपा	दयालु, कृपालु, शंकालु
ऊ	गँवार, बाज़ार	गँवारू, बाज़ारू
एरा	मामा, चाचा	ममेरा, चचेरा
एड़ी	भांग, गाँजा	भँगेड़ी, गँजेड़ी
ऐला	विष, कस	विषैला, कसैला
औती	काठ, मान	कठौती, मनौती
ओला	साँप, खाट	सँपोला, खटोला
क	ढोल, बाल	ढोलक, बालक
ऐल	झगड़ा, तोंद	झगड़ैल, तोंदैल
त	संग, रंग	संगत, रंगत
त्व	मनुष्य, पशु	मनुष्यत्व, पशुत्व
वत्	पुत्र, मातृ	पुत्रवत्, मातृवत्
पन	मैला, लड़का	मैलापन, लड़कपन
पा	बहन, बूढ़ा	बहनापा, बुढ़ापा
मान	बुद्धि, शक्ति	बुद्धिमान, शक्तिमान
हारा	लकड़ी, पानी	लकड़हारा, पनिहारा
स	उष्मा, तम	उमस, तमस
सा	पीला, नीला	पीला-सा, नीला-सा
ता	मधुर, मनुज	मधुरता, मनुजता
जा	भाव प्रधान	भतीजा, भानजा
हरा	एक, तीन	एकहरा, तिहरा

प्रत्यय	मूल शब्द	उदाहरण
वाँ	पाँच, छः	पाँचवाँ, नौवाँ, सातवाँ
वाला	टोपी, धन	टोपीवाला, धनवाला
वान	गुण, धन, रूप	गुणवान, धनवान, रूपवान
ला	पहल, नहल	पहला, नहला
टा	रोंग, कलू	रोंगटा, कलूटा, चोट्टा
टी	चोट, लँगोट	चोटी, लँगोटी, कलूटी

संस्कृत के तद्धित प्रत्यय

प्रत्यय	मूल शब्द	उदाहरण
अ	मृदु, गुरु	मार्दव, गौरव
आयन	तिलक, वत्स	तिलकायन, वात्स्यायन
इक	मुख, मातृ	मौखिक, मातृक
इत्	पुष्प, तृषा	पुष्पित, तृषित
इम्	पश्च, अग्र	पश्चिम, अग्रिम
इमा	हरित, महा	हरीतिमा, महिमा
इय्	क्षत्र	क्षत्रिय
इष्ठ	भूमि, धर्म	भूमिष्ठ, धर्मिष्ठ
ई	वसन्त, लोभ	वसन्ती, लोभी
ईन्	काल, नव	कालीन, नवीन
ईय	मत्, नगर	मदीय, नगरीय
एय	राधा, विनिता	राधेय, वैनतेय
इका	प्रकाश, काशी	प्रकाशिका, काशिका
क	बाल, नीति	बालक, नीतिक या नैतिक
तः	वस्तु, मूल	वस्तुतः, मूलतः
ता	शिशु, लघु	शिशुता, लघुता
त्व	पुरुष, स्त्री	पुरुषत्व, स्त्रीत्व
त्र	यत्, कु	यत्र, कुत्र
था	सर्व, अन्य	सर्वथा, अन्यथा
दा	फल, सर्व	फलदा, सर्वदा
धा	द्वि, बहु	द्विधा, बहुधा
मान्	शक्ति, श्री	शक्तिमान्, श्रीमान्
वान्	श्रद्धा, धन	श्रद्धावान्, धनवान्
बत्	पुत्र, ब्राह्मण	पुत्रवत्, ब्राह्मणवत्
वी	यश, तेज	यशस्वी, तेजस्वी
श	तर्क, कर्क	तर्कश, कर्कश
शः	बहु, शन	बहुशः, शतशः
सात्	आत्म, भूमि	आत्मसात्, भूमिसात्
य	सम, शरण	साम्य, शरण्य
ल	वत्स, बहु	वत्सल, बहुल
मय	तप, शान्ति	तपोमय, शान्तिमय

कृत प्रत्यय एवं तद्धित प्रत्यय में समानता एवं अन्तर

- कृत् प्रत्यय एवं तद्धित प्रत्यय में मुख्य समानता यह है कि दोनों प्रकार के प्रत्ययों से निर्मित होने वाले शब्द संज्ञा या विशेषण होते हैं।
- कृत् प्रत्यय एवं तद्धित प्रत्यय में मुख्य अन्तर यह है कि कृत् **प्रत्यय** मुख्यतः धातुओं में लगते हैं तथा तद्धित प्रत्यय संज्ञा, सर्वनाम, विशेषण आदि शब्दों में लगते हैं।

स्रोतों के आधार पर प्रत्ययों का विभाजन

हिन्दी भाषा के कुछ विद्वान् प्रत्यय के वर्गीकरण कृत् एवं तद्धित् प्रत्यय को सही नहीं मानते, क्योंकि हिन्दी भाषा में ऐसे अनेक प्रत्यय हैं जो धातु में जुड़ते हैं तथा संज्ञा में जुड़ते हैं; जैसे–

आई– लिखा + आई (लिखाई) –*कृत् प्रत्यय*
विदा + आई (विदाई) –*तद्धित प्रत्यय*
आहट– घबर + आहट (घबराहट) –*कृत् प्रत्यय*
चिकना + आहट (चिकनाहट) –*तद्धित प्रत्यय*

इसलिए हिन्दी भाषा के विद्वानों ने इतिहास या स्रोत के आधार पर प्रत्ययों को चार भागों में बाँटा गया है

1. देशज प्रत्यय

प्रत्यय	मूल शब्द	उदाहरण
अक्कड़	पी, घूम्	पिअक्कड़, घुमक्कड़
आवट	बन्, दिख्	बनावट, दिखावट
इयल	मर, अड़	मरियल, अड़ियल
अड़	अंध्, भूख	अंधड़, भुक्खड़
आटा	फर्र्, खर्र्	फर्राटा, खर्राटा

2. विदेशज प्रत्यय

उर्दू एवं फ़ारसी के प्रत्यय

प्रत्यय	मूल शब्द	उदाहरण
आनी	बर्फ, रूह	बर्फानी, रूहानी
इयत	इंसान, खैर	इंसानियत, खैरियत
चा/ची	वाला	बगीचा, डोलची
गार	करने वाला	मद्दगार, रोजगार
गी.	भाव प्रधानता	जिंदगी, गन्दगी
मन्द	अक्ल, जरूरत	अक्लमन्द, ज़रूरतमन्द
बाज/बाजी	चाल, धोखा	चालबाज, धोखेबाज
दार	कर्म प्रधान	ईमानदार, कर्जदार
कार	पेश, काश्त	पेशकार, काश्तकार
खाना	डाक, मुर्गी	डाकखाना, मुर्गीखाना
खोर	रिश्वत, चुगल	रिश्वतखोर, चुगलखोर
दान	कलम, पान	कलमदान, पानदान
दार	फल, माल	फलदार, मालदार
आ	खराब, चश्म	खराबा, चश्मा
आब	गुल, जूल	गुलाब, जुलाब
इन्दा	बसि, चुनि	बसिन्दा, चुनिन्दा

अंग्रेजी के प्रत्यय

प्रत्यय	मूल शब्द	उदाहरण
अर	पेंट, डेंट	पेन्टर, डेन्टर
आइट	नक्सल	नक्सलाइट
इयन	द्रविड़	द्रविड़ियन
इज्म	कम्यून, बुद्ध	कम्यूनिज्म, बुद्धिज्म
इस्ट	कम्यु, सोशल	कम्युनिस्ट, सोशललिस्ट

3. तत्सम प्रत्यय

प्रत्यय	मूल शब्द	उदाहरण
आ	पूज्, कथ्	पूजा, कथा
आनी	देव, भव	देवरानी, भवानी
ईन	कुल, युग	कुलीन, युगीन
ईय	भारत, भवत्	भारतीय, भवदीय
इत	फल, पुष्प	फलित, पुष्पित
इक	लोक, वेद	लौकिक, वैदिक
कार	पत्र, लेख	पत्रकार, लेखाकार
तया	साधारण, मुख्यत्	साधारणतया, मुख्यतया
ता	कोमल, मम	कोमलता, ममता
तम	उच्च, निकट	उच्चतम, निकटतम
त्व	लघु, कवि	लघुत्व, कवित्व
आयु	अल्प, दीर्घ	अल्पायु, दीर्घायु
लु	दया, कृपा	दयालु, कृपालु
मान्	विद्या, बुद्धि	विद्यामान, बुद्धिमान
वान्	गुण, बल	गुणवान, बलवान

4. तद्भव प्रत्यय

प्रत्यय	मूल शब्द	उदाहरण
आ	सफ़ेद, चश्म	सफ़ेदा, चश्मा
आना	मर्द, मस्त	मर्दाना, मस्ताना
आनी	जिस्म, रुह	जिस्मानी, रुहानी
ई	खुश, दुःख	खुशी, दुःखी
इचा	बाग, दरी	बागीचा, दरीचा
कार	पेश, काश्त	पेशकार, काश्तकार
खाना	डाक, मुर्गी	डाकखाना, मुर्गीखाना
खोर	रिश्वत, चुगल	रिश्वतखोर, चुगलखोर
गी	मर्दाना, गंद	मर्दानगी, गंदगी
गार	मदद, रोज़	मददगार, रोज़गार
चा/ची	बंदूक, बाग	बंदूकची, बग़ीचा
दार	फल, माल	फलदार, मालदार
दान	कलम्, पान	कलमदान, पानदान
दानी	मच्छर, साबुन	मच्छरदानी, साबुनदानी
पोश	सफ़ेद	सफ़ेदपोश
नाक	दर्द, शर्म	दर्दनाक, शर्मनाक
नामा	इकरार, फरार	इकरारनामा, फरारनामा
बाज़	चाल, मुकदमा	चालबाज़, मुकदमेबाज़
बाज़ी	धोखा, चाल	धोखेबाज़ी, चालबाज़ी
बंद	कमर, लटक	कमरबंद, लटकबंद
बार	दर, हर	दरबार, हरबार
बीन	दूर	दूरबीन

आंचलिक शब्द

ऐसे शब्द जो किसी अंचल यानी क्षेत्र विशेष में प्रयुक्त होते हैं उन्हें आंचलिक शब्द कहा जाता है। आंचालिक शब्द किसी प्रदेश का पर्यायवाची नहीं होता । उदाहरण कुची-कुची, खोटी, राहदारी, भीटा, थुक्पा, गाँव-गिराँव, भरिया, गंडा, कन्जुर, चोडी।

आंचलिक शब्द का प्रयोग किसी क्षेत्र-विशेष या छोटे से क्षेत्र विशेष का वर्णन करने के लिए किया जाता है। ये शब्द किसे विशिष्ट संस्कृति का घातेक होते है।

वस्तुनिष्ठ प्रश्न

1. रचना के आधार पर शब्द कितने प्रकार के हैं?
(a) दो (b) तीन
(c) चार (d) पाँच

2. जिन शब्दों का कोई भी खण्ड सार्थक नहीं होता, वे कहलाते हैं
(a) रूढ़ शब्द (b) यौगिक शब्द
(c) योगरूढ़ शब्द (d) उपसर्ग

3. 'वैद्यशाला' शब्द है
(a) योगरूढ़ (b) यौगिक
(c) अयौगिक (d) रूढ़

4. जो शब्द किसी विशेष अर्थ में प्रयुक्त होते हैं, उन्हें कहते हैं
(a) रूढ़ (b) यौगिक
(c) योगरूढ़ (d) ये सभी

5. 'रूढ़' शब्द का चयन कीजिए
(a) राजनैतिक (b) चक्रपाणि
(c) त्रिकोण (d) गरल

6. निम्नलिखित शब्दों में से सही यौगिक शब्द को चुनिए
(a) मेज़ (b) सहपाठी
(c) चारपाई (d) घर

7. अर्थ के आधार पर शब्द कितने प्रकार के होते हैं?
(a) 1 (b) 2
(c) 3 (d) 4

8. इनमें से कौन-सा शब्द एकार्थी शब्द है?
(a) राधा (b) कनक
(c) अर्थ (d) कर

9. एकार्थी शब्द किस संज्ञा के होते हैं?
(a) व्यक्तिवाचक (b) गुणवाचक
(c) भाववाचक (d) द्रव्यवाचक

10. समानार्थी शब्दों को अन्य किस नाम से जाना जाता है?
(a) पर्यायवाची (b) विलोम शब्द
(c) अनेकार्थी शब्द (d) विपरीत शब्द

11. निम्न में से कौन-सा विलोम शब्द-युग्म है?
(a) संख्या-अंक (b) अच्छा-बुरा
(c) गंगा-यमुना (d) सेब-अनार

12. अर्थ के आधार पर सही शब्द युग्म पहचानिए
(a) संज्ञा, विलोम, अनेकार्थी, रूढ़
(b) यौगिक, पर्यायवाची, विलोम
(c) विलोम, एकार्थी, अनेकार्थी, पर्यायवाची
(d) शंकर, देशज, विदेशज, विलोम

13. निम्न में से अनेकार्थी शब्द कौन-सा है?
(a) कनक (b) गंगा
(c) सच (d) राम

14. विलोम शब्दों को अन्य किस नाम से जाना जाता है?
(a) समानार्थी (b) विपरीतार्थी
(c) एकार्थी (d) पर्यायवाची

15. रूप/प्रयोग के आधार पर शब्द कितने प्रकार के होते हैं?
(a) 1 (b) 2
(c) 3 (d) 4

16. निम्न में से अविकारी शब्द है
(a) संज्ञा (b) सर्वनाम
(c) विशेषण (d) क्रिया-विशेषण

17. निम्न में से विकारी शब्द कौन-सा है?
(a) विस्मयबोधक (b) समुच्चयबोधक
(c) सर्वनाम (d) क्रिया-विशेषण

18. 'सफाई' किस प्रकार का शब्द है?
(a) विकारी (b) अविकारी
(c) संकर (d) देशज

19. उपसर्ग-प्रत्यय है
(a) शब्द (b) धातु
(c) शब्दांश (d) वर्ण

20. उपसर्ग को कहते हैं
(a) अन्त्य प्रत्यय (b) आदि प्रत्यय
(c) मध्य प्रत्यय (d) इनमें से कोई नहीं

21. उपसर्ग शब्द की व्युत्पत्ति है
(a) उपर्स + ग (b) उप + सर्ग
(c) उ + पसर्ग (d) उपस + र्ग

22. उपसर्ग के नहीं किए जा सकते हैं
(a) खण्ड (b) सार्थक खण्ड
(c) निरर्थक खण्ड
(d) इनमें से कोई नहीं

23. उपसर्ग का प्रयोग कहाँ होता है?
(a) शब्द के आदि में
(b) शब्द के मध्य में
(c) शब्द के अन्त में
(d) इनमें से कोई नहीं

24. 'उत्कर्ष' शब्द में उपसर्ग है
(a) उत (b) उत्
(c) उतक (d) इनमें से कोई नहीं

25. 'निष्कपट' शब्द में उपसर्ग है
(a) निष (b) निष्
(c) निस् (d) निस

26. 'जय' शब्द में कौन-सा उपसर्ग लगाने से वह 'जय' का विलोमार्थक हो जाता है?
(a) वि (b) परि
(c) परा (d) अ

27. किस शब्द में उपसर्ग का प्रयोग हुआ है?
(a) उपकार (b) लाभदायक
(c) अपनापन (d) समझदार

28. निम्नलिखित में से कौन-सा उपसर्ग रहित शब्द है?
(a) संयोग (b) विदेश
(c) अत्यधिक (d) सुरेश

29. 'अत्यन्त' में कौन-सा उपसर्ग है?
(a) अ (b) अति (c) अन्त (d) अ

30. इन्दिरा गाँधी के मन्त्रिमण्डल में मोरारजी देसाई उप-प्रधानमन्त्री भी रह चुके थे। 'उप-प्रधानमन्त्री' में प्रयुक्त उपसर्ग है
(a) तत्सम उपसर्ग (b) तद्भव उपसर्ग
(c) विदेशज उपसर्ग (d) देशज उपसर्ग

31. 'प्रत्यय' शब्द निर्मित है
(a) प्रत् + अय (b) प्रत्य + य
(c) प्रति + अय (d) प्रति + य

32. 'प्रत्यय' लगाए जाते हैं
(a) शब्द के आदि में (b) शब्द के मध्य में
(c) शब्द के अन्त में (d) इनमें से कोई नहीं

33. जो शब्द के अन्त में जुड़कर उसके अर्थ या भाव में परिवर्तन कर देते हैं, उसे क्या कहते हैं?
(a) समास (b) अव्यय
(c) उपसर्ग (d) प्रत्यय

34. 'कृत्' प्रत्यय किन शब्दों के साथ जुड़ते हैं?
(a) संज्ञा (b) सर्वनाम
(c) विशेषण (d) क्रिया

35. निम्नलिखित में कौन-सा पद 'इक' प्रत्यय से नहीं बना है?
(a) दैविक (b) सामाजिक
(c) भौमिक (d) इनमें से कोई नहीं

36. 'अनुज' शब्द को स्त्रीवाचक बनाने के लिए किस प्रत्यय का प्रयोग किया जाता है?
(a) आई (b) ईय
(c) आ (d) ई

37. 'सनसनाहट' में कौन-सा प्रत्यय है?
(a) सन (b) सनसन
(c) हट (d) आहट

38. 'दासत्व' में प्रत्यय है
(a) त्व (b) सत्व (c) व (d) तव

39. संज्ञा, सर्वनाम, विशेषण, क्रिया-विशेषण आदि के साथ लगने वाले प्रत्यय कहलाते हैं
(a) तद्धित
(b) कृत्
(c) स्त्री
(d) ये सभी

40. किस शब्द में 'हार' प्रत्यय नहीं है?
(a) लुहार (b) खेवनहार
(c) जाननहार (d) पालनहार

41. 'उल्लंघन' में कौन-सा उपसर्ग है?
(a) उल् (b) उ
(c) उत् (d) न

42. 'साहित्यिक' में कौन-सा प्रत्यय है?
(a) इक (b) इत्यिक
(c) सा (d) क

43. 'बहिर्मुखी' शब्द में कौन-सा उपसर्ग है?
(a) बहिस (b) बहि
(c) बहिर् (d) बहिर

44. शीला तभी नाचेगी जब उसे पूरे पैसे मिलेंगे, इस वाक्य में रेखांकित शब्द की रचना हुई है
(a) तब + भी (b) तब + ही
(c) तभ + ई (d) तब + ई

45. 'गवैया' किस प्रत्यय का शुद्ध रूप है?
(a) कर्तृवाच्य
(b) कर्मवाचक कृत् प्रत्यय
(c) करणवाचक कृत् प्रत्यय
(d) भाववाचक कृत् प्रत्यय

46. किस शब्द में 'अन्' उपसर्ग का प्रयोग नहीं हुआ है?
(a) अनिच्छा (b) अनुचित
(c) अनुपम (d) अनुगमन

47. एक से अधिक उपसर्गों से बना शब्द है
(a) असुरक्षित (b) अत्याचार
(c) अधकचरा (d) पर्यावरण

48. 'अप्रत्याशित' शब्द में मूल शब्द है
(a) प्रत्याशित (b) आशा
(c) आशित (d) प्रत्य

49. निम्नलिखित में से कौन-सा शब्द प्रत्यय से बना है?
(a) देहदान (b) पीकदान
(c) जीवनदान (d) धनदान

50. कौन-सा शब्द प्रत्यय से नहीं बना है?
(a) नवल (b) मृदुल
(c) बहुत (d) निगल

51. किस शब्द में प्रत्यय नहीं है?
(a) गन्तव्य (b) वैधव्य
(c) ज्ञातव्य (d) द्रष्टव्य

52. किस शब्द में प्रत्यय है?
(a) ननिहाल (b) बेहाल
(c) खुशहाल (d) बहाल

53. 'स्वयंवर' शब्द में कौन-सा उपसर्ग है?
(a) स्व (b) स
(c) स्वयं (d) सम्

54. इनमें से एक उपसर्ग नहीं है
(a) अ (b) स
(c) कु (d) ता

55. उपसर्ग युक्त शब्द है
(a) आहार-विहार (b) चढ़ावा-चढ़ाई
(c) भुलावा-छलावा (d) डूबता-बहता

56. क्रिया के अन्त में लगकर बने यौगिक शब्दों को कहते हैं
(a) प्रत्यय (b) स्त्री प्रत्यय
(c) तद्धितान्त (d) कृदन्त

57. 'धुंधला' शब्द में प्रयुक्त प्रत्यय है
(a) धुं (b) धुंध
(c) ला (d) इनमें से कोई नहीं

58. 'निर्वासित' शब्द में प्रयुक्त प्रत्यय है
(a) इक (b) नि
(c) सित (d) इत

59. किस शब्द में उपसर्ग नहीं है?
(a) अपवाद (b) पराजय
(c) प्रभाव (d) ओढ़ना

60. 'अभ्यागत' शब्द में उपसर्ग है
(a) अभि (b) अ
(c) अभ्य (d) अंभ

61. निम्नलिखित में से किस शब्द में प्रत्यय नहीं है?
(a) गुणवान (b) दूजा
(c) इकहरा (d) दुबला

62. उपसर्ग को कहते हैं
(a) शब्दांश (b) वाक्यांश
(c) शब्द (d) पद

63. इनमें से नया उपसर्ग नहीं है?
(a) अ (b) चिर
(c) प्रति (d) इका

64. महान शब्द में 'त्व' प्रत्यय जोड़ने से शब्द बनेगा?
(a) महनीय (b) महत्ता
(c) महत्व (d) महती

65. 'प्रत्यय' शब्द कितने शब्दों से बना है?
(a) दो (b) तीन (c) चार (d) छः

66. निम्नलिखित में से कौन-सा उपसर्ग रहित शब्द है?
(a) सुयोग (b) सुरेश
(c) विदेश (d) अत्यधिक

67. किस शब्द में 'अव' उपसर्ग का प्रयोग नहीं हुआ है?
(a) अवनद्ध (b) अवलेह
(c) अवेक्षण (d) अवधी

68. .... वे शब्दांश हैं जो किसी शब्द से पूर्व लगकर उस शब्द का अर्थ बदल देते हैं।
(a) उपसर्ग (b) प्रत्यय
(c) पद (d) पदबन्ध

69. 'अना' प्रत्यय से कौन-सा शब्द बनेगा?
(a) भावना
(b) कामना
(c) 'a' और 'b' दोनों
(d) पढ़नी

70. 'अध्यक्ष' में कौन-सा उपसर्ग है?
(a) अभि (b) अधि
(c) अत (d) अद

71. 'संग्राम' में उपसर्ग बताइए।
(a) सन (b) सम्
(c) स (d) सत

72. 'सावधानी' में कौन-सा प्रत्यय है?
(a) नी (b) धानी
(c) ई (d) आनी

73. 'जिन्दगी' में कौन-सा प्रत्यय है?
(a) गी (b) ई
(c) दगी (d) यी

74. निम्नलिखित शब्दों में किसमें उपसर्ग का निर्देश अशुद्ध है?
(a) निम् + अज्जित = निमज्जित
(b) उत् + ग्रीव = उद्ग्रीव
(c) अध + सेरा = अधसेरा
(d) नि + खरा = निखरा

75. 'नीलिमा' शब्द में प्रयुक्त प्रत्यय है
(a) इमा (b) लिमा
(c) नी (d) मा

76. 'निश्चितता' मूल शब्द से जुड़े उपसर्ग-प्रत्यय सही है
(a) निः + चिंत + ता (b) निः + चिन्त + ता
(c) नि + चिंत + ता (d) निश् + चिंत + ता

77. 'प्राक्तन' शब्द में उपसर्ग एवं मूल शब्द का सही विकल्प है
(a) प्रा + तन (b) प्राक् + तन
(c) पर् + तन (d) प्रा + कतन

78. 'प्रागैतिहासिक' में किस उपसर्ग का प्रयोग हुआ है?
(a) प्राक् (b) प्राग
(c) प्रा (d) प्रागैति

79. 'सरकार' शब्द में कौन-सा उपसर्ग है?
(a) स (b) सर
(c) कार (d) सरक

80. निम्नलिखित विकल्पों में से उपसर्ग-रहित शब्द है
(a) विज्ञान (b) अधिवक्ता
(c) प्राचार्य (d) छात्र

81. इनमें से कौन-सा शब्द 'ओड़ा' प्रत्यय से बना है?
(a) हसोड़ा (b) हसोरा
(c) हंसोड (d) हँसोड़ा

82. इनमें से कौन-सा शब्द 'गार' प्रत्यय से बना शब्द है?
(a) मदगर (b) मददगार
(c) कमगर (d) कामगार

83. निम्नांकित में तद्धित प्रत्ययान्त शब्द बताइए।
(a) शान्त (b) निन्दित
(c) पतित (d) आदित्य

84. कृदन्त प्रत्यय किसके साथ जुड़ते हैं?
(a) संज्ञा (b) सर्वनाम
(c) धातु (d) विशेषण

85. सुहावना, लिखाई व छलिया में निहित प्रत्यय के लिए सही विकल्प का चयन कीजिए।
(a) अवना, खायी, या
(b) वना, आई, इया
(c) आवना, ई, या
(d) आवना, आई, इया

86. 'दुरात्मा' में कौन-सा उपसर्ग है?
(a) दुर् (b) दुरा
(c) दुर (d) दुस्

87. 'टिकाऊ' में प्रत्यय है
(a) ऊ (b) आऊ
(c) वू (d) उक

88. 'सुत्' शब्द को स्त्रीवाचक बनाने के लिए किस प्रत्यय का प्रयोग होगा?
(a) ई (b) ई
(c) इक (d) आ

89. निम्नलिखित प्रश्न में, चार विकल्पों में से उस विकल्प का चयन करें जो प्रत्यय से नहीं बना है।
(a) चिकनाहट (b) चाँदनी
(c) खटास (d) बखूबी

90. निम्नलिखित प्रश्न में, चार विकल्पों में से उस विकल्प का चयन करें जो सही विकल्प है।
उपसर्ग शब्द के ········ में लगते हैं।
(a) अंत
(b) आरम्भ
(c) क्रिया
(d) आठ

91. 'अनु' उपसर्ग से बना शब्द है
(a) अनुचर
(b) अनुपमा
(c) अंतर
(d) अनुत्तर

92. 'भुलक्कड़' शब्द में किस प्रत्यय का प्रयोग हुआ है?
(a) भू
(b) ड
(c) अक्कड़
(d) भूल

93. 'सम्' उपसर्ग से बना शब्द है
(a) संयोग
(b) सुकर्म
(c) समभाव
(d) स्वयं

94. 'रंगीला' शब्द में किस प्रत्यय का प्रयोग हुआ है?
(a) गीला (b) इला
(c) ला (d) ईला

95. निम्न में से कौन-सा 'बड़प्पन' शब्द में प्रत्यय है?
(a) अपन (b) पन
(c) प्पन (d) बड़

96. 'इक' प्रत्यय लगाने पर 'सप्ताह' का रूप क्या होगा?
(a) सप्ताहिक
(b) साप्ताहिक
(c) साप्तहिक
(d) सत्पहिक

97. 'पुस्तकीय' शब्द में प्रत्यय बताइए
(a) कीय
(b) य
(c) ईय
(d) इय

98. निम्नलिखित पद में कौन-सा पद 'वैया' प्रत्यय लगाने से बना है?
(a) रवैया
(b) डटैया
(c) खवैया
(d) बचैया

99. 'उन्नीस' शब्द में उपसर्ग है
(a) उत् (b) उत
(c) उन (d) उन्

100. निम्न शब्द में प्रयुक्त प्रत्यय के लिए सही विकल्प चुनिए
मच्छरदानी
(a) अनीय (b) अन
(c) इया (d) दानी

101. निम्न शब्द में प्रयुक्त सही उपसर्ग का चयन कीजिए
उत्कर्ण
(a) उत् (b) उद्
(c) उप (d) अ

102. 'कहावत' शब्द में प्रयुक्त प्रत्यय है
(a) हावत (b) वत
(c) कह (d) आवत

103. 'हसन्ती' पद में प्रत्यय है
(a) क्तिन् (b) क्त
(c) शतृ (d) ल्युद्

104. 'पाठक' शब्द में कौन-सा प्रत्यय है?
(a) क (b) अक
(c) आक (d) अ

105. 'सुशांत' शब्द में प्रयुक्त उपसर्ग और मूल शब्द के लिए सही विकल्प चुने
(a) सू + शांत (b) सु + शांत
(c) सु + अशांत (d) सुष + अंत

106. 'परा' उपसर्ग का अर्थ है
(a) भीतर (b) उल्टा
(c) बाहर (d) आसपास

107. 'तिराहा' इस शब्द में उपसर्ग है
(a) ति (b) तिरा (c) ती (d) तिर्

108. 'धड़ाक' में प्रत्यय है
(a) अक (b) आक (c) अप (d) ओक

109. 'सुशिक्षित' में उपसर्ग है
(a) पर (b) सु
(c) उ (d) सी

110. उपसर्ग का प्रयोग होता है
(a) शब्द के आदि में
(b) शब्द के मध्य में
(c) शब्द के अन्त में
(d) इनमें से कोई नहीं

111. 'मिठास' शब्द में किस प्रत्यय का प्रयोग है?
(a) मीठा (b) ठास
(c) आस (d) प्यास

112. 'आंशिक' शब्द में प्रत्यय क्या है?
(a) अ (b) क
(c) इक (d) शिक

113. 'असुरक्षित' शब्द में कौन-सा उपसर्ग है?
(a) अ (b) सु
(c) अ + सु (d) इत

114. सुमित्रा में प्रत्यय होगा
(a) आ (b) अ
(c) इत्रा (d) त्रा

115. 'अधिमानता' में प्रयुक्त उपसर्ग बताएँ
(a) अ (b) अध
(c) अधि (d) ता

116. दिए गए वाक्य में एक शब्द रेखांकित है उस शब्द में प्रयुक्त उपसर्ग किस कोटि का है, चिन्हित कीजिए
''विद्यालय का <u>उपप्रधानाचार्य</u> जिम्मेदार व्यक्ति होता है।''
(a) तत्सम उपसर्ग
(b) तद्भव उपसर्ग
(c) विदेशज उपसर्ग
(d) देशज उपसर्ग

117. प्रत्यय होता है
(a) शब्दांश (b) वाक्यांश
(c) पदांश (d) पद्यांश

118. 'लोकसभा में मन्त्रियों का <u>पागलपन</u> स्पष्ट दिखाई देता है' वाक्य में रेखांकित शब्द किस कोटि का उपसर्ग है?
(a) विदेशज
(b) तत्सम
(c) देशज
(d) तद्भव

119. निम्नलिखित में प्रत्यय युक्त शब्द नहीं है
(a) बोली
(b) भाषा
(c) पिपासा
(d) अंकुर

120. 'इक' प्रत्यय के प्रयोग से बना शब्द है
(a) अनन्त (b) अन्वेषण
(c) अवैतनिक (d) अपेक्षा

सही उत्तर

1. (b)	2. (a)	3. (b)	4. (c)	5. (d)	6. (b)	7. (d)	8. (a)	9. (a)	10. (a)
11. (b)	12. (c)	13. (a)	14. (b)	15. (b)	16. (d)	17. (c)	18. (a)	19. (c)	20. (b)
21. (b)	22. (b)	23. (a)	24. (b)	25. (c)	26. (c)	27. (a)	28. (d)	29. (b)	30. (a)
31. (c)	32. (c)	33. (d)	34. (d)	35. (d)	36. (c)	37. (d)	38. (a)	39. (a)	40. (a)
41. (c)	42. (a)	43. (c)	44. (b)	45. (b)	46. (d)	47. (d)	48. (b)	49. (b)	50. (d)
51. (b)	52. (c)	53. (c)	54. (d)	55. (a)	56. (d)	57. (c)	58. (d)	59. (d)	60. (a)
61. (b)	62. (a)	63. (d)	64. (c)	65. (a)	66. (b)	67. (d)	68. (a)	69. (c)	70. (b)
71. (b)	72. (c)	73. (a)	74. (a)	75. (a)	76. (a)	77. (b)	78. (a)	79. (b)	80. (d)
81. (d)	82. (b)	83. (b)	84. (c)	85. (d)	86. (a)	87. (b)	88. (d)	89. (d)	90. (b)
91. (a)	92. (c)	93. (a)	94. (d)	95. (b)	96. (b)	97. (c)	98. (c)	99. (c)	100. (d)
101. (a)	102. (d)	103. (c)	104. (b)	105. (b)	106. (b)	107. (a)	108. (b)	109. (b)	110. (a)
111. (c)	112. (c)	113. (c)	114. (a)	115. (c)	116. (a)	117. (a)	118. (c)	119. (d)	120. (c)

इकाई 10 वाक्य संरचना

वाक्य

सार्थक शब्दों का वह व्यवस्थित रूप जिसमें एक पूर्ण अर्थ की प्रतीति होती है, वाक्य कहलाता है।

वाक्य के तत्त्व

वाक्य के मुख्य तत्त्व छ: हैं

1. **सार्थकता** वाक्य के उचित अर्थ को समझने के लिए सार्थक शब्दों का प्रयोग किया जाता है। यदि वाक्य में सार्थकता नहीं होगी; तो वाक्य की अभिव्यक्ति सही नहीं है;

   • जैसे—**राम रोटी पीता है।**

   यहाँ 'रोटी पीना' सार्थकता का बोध नहीं कराता, क्योंकि रोटी खाई जाती है। सार्थकता की दृष्टि से यह वाक्य अशुद्ध माना जाएगा। सार्थकता की दृष्टि से सही वाक्य है—**राम रोटी खाता है।**

2. क्रम/पदक्रम सार्थक शब्दों को भाषा के नियमों के अनुरूप क्रम में रखना चाहिए। वाक्य में शब्दों के अनुकूल पदक्रम के अभाव में अर्थ का अनर्थ हो जाता है;

   • जैसे—**नाव में नदी है।**

   इस वाक्य में सभी शब्द सार्थक हैं, फिर भी पदक्रम के अभाव में वाक्य गलत है। सही पदक्रम करने पर **नदी में नाव है** वाक्य बन जाता है, जो शुद्ध है।

3. **योग्यता** वाक्य में प्रसंग के अनुकूल भावों का बोध कराने वाली योग्यता या क्षमता होनी चाहिए। इसके अभाव में वाक्य अशुद्ध हो जाता है;

   • जैसे—**हिरण उड़ता है।**

   यहाँ पर **हिरण** और **उड़ने** की परस्पर योग्यता नहीं है, अत: यह वाक्य अशुद्ध है। यहाँ पर **उड़ता** के स्थान पर **चलता** या **दौड़ता** लिखें, तो वाक्य शुद्ध हो जाएगा।

4. आकांक्षा आकांक्षा का तात्पर्य जिज्ञासा अथवा इच्छा से है। वाक्य भाव की दृष्टि से इतना पूर्ण होना चाहिए कि उसके अर्थ को समझने के लिए कुछ जानने की इच्छा या आवश्यकता न हो।

   अर्थात् वाक्य में किसी ऐसे शब्द या समूह की कमी न हो जिसके बिना अर्थ स्पष्ट न होता हो;

   • जैसे—**खाना खाता है।**

   इस वाक्य में क्रिया के कर्ता को जानने की जिज्ञासा होगी। अत: यह वाक्य **रोहन खाना खाता है** इस प्रकार पूर्ण होगा।

5. **आसक्ति/निकटता** आसक्ति का अर्थ है 'समीपता'। वाक्यों को लिखते एवं बोलते समय उनमें समीपता या निकटता होना अति आवश्यक है, क्योंकि रुक-रुक कर लिखे गए अथवा बोले गए शब्दों से वाक्य अर्थपूर्ण नहीं होता।

6. **अन्वय** अन्वय का तात्पर्य शब्दों के मेल से है। पदों में व्याकरण की दृष्टि से लिंग, पुरुष, वचन, काल, कारक आदि का सामंजस्य होना चाहिए। अन्वय के अभाव में भी वाक्य अशुद्ध हो जाता है;

   • जैसे—**नेताजी का लड़का का हाथ में बन्दूक था।**

   इस वाक्य में भाव तो स्पष्ट है लेकिन व्याकरणिक सामंजस्य नहीं है। अत: यह वाक्य अशुद्ध है। यदि इसे **नेताजी के लड़के के हाथ में बन्दूक थी,** लिखें तो वाक्य व्याकरणिक दृष्टि से शुद्ध होगा।

वाक्य के अंग

वाक्य के दो प्रमुख अंग होते हैं

1. **उद्देश्य** वाक्य में जिसके बारे में कुछ बताया जाता है, उसे उद्देश्य (Subject) कहते हैं। इन वाक्यों में कर्ता और कर्ता के विस्तार का वर्णन किया जाता है। उद्देश्य एक शब्द या एक से अधिक शब्दों का भी हो सकता है; जैसे—

   • **राम** खेलता है।

   • **रेणु का भाई अनुभव** बहुत तेज दौड़ता है।

   उपर्युक्त वाक्यों में 'राम' और 'रेणु का भाई अनुभव' के विषय में बताया गया है। अत: 'राम' और 'रेणु का भाई अनुभव' यहाँ उद्देश्य रूप में प्रयुक्त हुए हैं। ये दोनों यहाँ कर्ता हैं।

2. **विधेय** वाक्य में उद्देश्य के विषय में जो कुछ कहा जाता है, उसे विधेय (Predicate) कहते हैं। अन्य शब्दों में, वाक्य के उद्देश्य (कर्ता) को अलग करने के पश्चात् वाक्य में जो भी शेष बचता है वह विधेय कहलाता है; जैसे—

   • बच्चे **फल खाते हैं।**

   • राहुल **क्रिकेट मैच देख रहा है।**

   उपर्युक्त वाक्यों में **फल खाते हैं** और **क्रिकेट मैच देख रहा है** वाक्यांश क्रमश: बच्चे तथा राहुल के बारे में कहे गए हैं। अत: स्थूलांकित वाक्यांश विधेय रूप में प्रयुक्त हुए हैं।

   आज्ञासूचक वाक्यों में उद्देश्य छिपा हुआ होता है, परन्तु विधेय उपस्थित रहता है; जैसे—खड़े रहो।

   इस वाक्य में जिसे आज्ञा दी गई है, वह उद्देश्य (तुम/आप) छिपा हुआ है।

वाक्यों का वर्गीकरण

वाक्यों का वर्गीकरण दो आधारों पर किया गया है

रचना के आधार पर

रचना के आधार पर वाक्य तीन प्रकार के होते हैं

1. **सरल/साधारण वाक्य** वे वाक्य जिनमें एक उद्देश्य तथा एक विधेय और एक ही क्रिया (किया, करेगा, करता आदि) हो वह सरल या साधारण वाक्य (Simple Sentence) कहलाते हैं;

   • जैसे—**श्याम खाता है।**

इस वाक्य में एक ही कर्ता (उद्देश्य) 'श्याम' तथा एक ही क्रिया (विधेय) 'खाता' है। अत: यह वाक्य सरल या साधारण वाक्य है।

2. **मिश्र वाक्य** वे वाक्य, जिनमें एक साधारण वाक्य हो तथा उसके अधीन या आश्रित दूसरा उपवाक्य हो, जो आपस में कि, क्योंकि, जैसा-वैसा, जितना-उतना, जो, जब-कब, जहाँ-वहाँ, यद्यपि/यदि, अगर, तथापि आदि से जुड़ा हो उसे मिश्र वाक्य (Complex Sentence) कहते हैं;
   - जैसे—**श्याम ने लिखा है कि वह कल आ रहा है।**

   वाक्य में 'श्याम ने लिखा है'—प्रधान उपवाक्य, 'वह कल आ रहा है' आश्रित उपवाक्य है तथा दोनों समुच्चयबोधक अव्यय **कि** से जुड़े हैं, अत: यह मिश्र वाक्य है।

3. **संयुक्त वाक्य** वे वाक्य, जिनमें एक से अधिक प्रधान उपवाक्य हों (चाहे वह मिश्र वाक्य हों या साधारण वाक्य) और वे संयोजक अव्ययों (और, एवं, तथा, या, अथवा, इसलिए, अत:, किन्तु, परन्तु, लेकिन पर आदि) द्वारा जुड़े हों, संयुक्त वाक्य (Compound Sentence) कहलाते हैं;
   - जैसे—**वह लखनऊ गया और शॉल ले आया।**

   इस वाक्य में दोनों ही प्रधान उपवाक्य हैं तथा **और** संयोजक द्वारा जुड़े हैं। अत: यह संयुक्त वाक्य है।

रचना के आधार पर वाक्य के भेद एवं उनकी पहचान नीचे दी गई तालिकानुसार समझी जा सकती है

वाक्य के भेद	पहचान	उदाहरण
सरल वाक्य	एक उद्देश्य + एक विधेय = सरल वाक्य	सूर्योदय (उद्देश्य) होने पर कुहासा जाता रहा। (विधेय) — **सरल वाक्य**
मिश्र वाक्य	प्रधान उपवाक्य + आश्रित उपवाक्य = मिश्र वाक्य **मिलाने वाले शब्द** (कि, जो वह, जितना ... उतना,) (जैसे... वैसे..., जब... तब... ,) (जहाँ..., वहाँ..., अगर, यदि, आदि)	जैसे ही सूर्योदय हुआ (प्रधान उपवाक्य) वैसे ही कुहासा जाता रहा। (आश्रित उपवाक्य) यहाँ जैसे - - - वैसे (प्रधान उपवाक्य और आश्रित उपवाक्य को मिलाने वाले शब्द)
संयुक्त वाक्य	सरल वाक्य + सरल वाक्य = संयुक्त वाक्य **जोड़ने वाले शब्द** (और, एवं, तथा, या, अथवा, इसलिए, फिर, भी, किन्तु, परन्तु, लेकिन, पर, अत:, नहीं तो आदि।)	सूर्योदय हुआ (**सरल वाक्य**) और (**योजक शब्द**) कुहासा जाता रहा। (**सरल वाक्य**)

अर्थ के आधार पर

अर्थ के आधार पर वाक्य आठ प्रकार के होते हैं, जिनका विवरण इस प्रकार है

1. **विधिवाचक/विधानवाचक वाक्य** वे वाक्य, जिनसे क्रिया के होने या कराने का बोध होता है, विधिवाचक/विधानवाचक वाक्य (Assertive Sentence) कहलाते हैं; जैसे—
   - श्याम आया।
   - तुम लोग जा रहे हो।
2. **निषेधवाचक वाक्य** वे वाक्य, जिनसे किसी बात या कार्य के न होने अथवा इनकार किए जाने का बोध होता है, निषेधवाचक वाक्य (Negative Sentence) कहलाते हैं; जैसे—
   - राम नहीं पढ़ता है।
   - मैं यह कार्य नहीं करूँगा।
3. **आज्ञावाचक वाक्य** वे वाक्य, जिनसे किसी प्रकार की आज्ञा, उपदेश या प्रार्थना का बोध होता है, आज्ञावाचक वाक्य (Imperative Sentence) कहलाते हैं; जैसे—
   - श्याम पानी लाओ।
   - कृपया घर आ जाइए।
4. **विस्मयवाचक वाक्य** वे वाक्य, जिनसे किसी प्रकार का विस्मय, हर्ष, दु:ख, आश्चर्य, क्रोध आदि का बोध होता है, विस्मयवाचक वाक्य (Exclamatory Sentence) कहलाते हैं; जैसे—
   - अरे! वह उत्तीर्ण हो गया।
   - अहा! कितना सुन्दर दृश्य है।
5. **सन्देहवाचक वाक्य** वे वाक्य, जिनसे किसी प्रकार के सन्देह या भ्रम का बोध होता है, सन्देहवाचक वाक्य (Sentence Indicating Doubt) कहलाते हैं; जैसे—
   - वह अब जा चुका होगा।
   - महेश पढ़ा-लिखा है या नहीं।
6. **इच्छावाचक वाक्य** वे वाक्य, जिनसे किसी प्रकार की इच्छा, आशीष और शुभकामना का बोध होता है, इच्छावाचक वाक्य (Illative Sentence) कहलाते हैं; जैसे—
   - ईश्वर आपकी यात्रा सफल करे।
   - आप जीवन में उन्नति करें।
7. **संकेतवाचक वाक्य** वे वाक्य, जिनसे किसी प्रकार के संकेत या इशारे का बोध होता है, संकेतवाचक वाक्य (Conditional Sentence) कहलाते हैं; जैसे—
   - जो परिश्रम करेगा वह सफल होगा।
   - अगर वर्षा होगी तो फसल भी अच्छी होगी।
8. **प्रश्नवाचक वाक्य** वे वाक्य, जिनसे किसी प्रश्न के पूछे जाने का बोध होता है, प्रश्नवाचक वाक्य (Interrogative Sentence) कहलाते हैं; जैसे—
   - आपका क्या नाम है?
   - तुम किस कक्षा में पढ़ते हो?

उपवाक्य

जिन क्रियायुक्त पदों से आंशिक भाव व्यक्त होता है, उन्हें उपवाक्य (Clause) कहते हैं; जैसे—'यदि वह कहता', 'यद्यपि वह अस्वस्थ था' आदि।

उपवाक्य के भेद

उपवाक्य के मुख्यत: दो भेद आश्रित उपवाक्य एवं प्रधान उपवाक्य होते हैं।

1. आश्रित उपवाक्य

- ऐसे वाक्य जिनका अर्थ किसी प्रधान (मुख्य) वाक्य पर आश्रित रहता है, आश्रित उपवाक्य कहलाते हैं।
- आश्रित उपवाक्य प्रधान उपवाक्य के बिना पूरा अर्थ नहीं दे सकते और इन्हें स्वतन्त्र भी नहीं लिखा जा सकता;

  जैसे—**यदि सोहन आ जाए तो मैं उसके साथ चलूँ।**

  यहाँ 'यदि सोहन आ जाए' आश्रित उपवाक्य है तथा 'मैं उसके साथ चलूँ' प्रधान उपवाक्य है।

- आश्रित उपवाक्यों को पहचानना अत्यन्त सरल है। जो उपवाक्य कि, जिससे कि, ताकि, ज्यों ही, जितना, ज्यों, क्योंकि, चूँकि, यद्यपि, यदि, जब तक, जब, जहाँ तक, जहाँ, जिधर, चाहे, मानो, कितना भी आदि शब्दों से आरम्भ होते हैं वे आश्रित उपवाक्य हैं।

आश्रित उपवाक्य तीन प्रकार के होते हैं, जिनकी पहचान निम्न प्रकार से की जा सकती है

(i) **संज्ञा उपवाक्य** जो आश्रित उपवाक्य संज्ञा की तरह प्रयोग हों, उन्हें 'संज्ञा उपवाक्य' कहते हैं। अन्य शब्दों में, ऐसे आश्रित उपवाक्य जो प्रधान उपवाक्य की क्रिया के उद्देश्य (कर्ता), कर्म, पूरक क्रिया, सर्वनाम के स्थान पर प्रयुक्त हो, वे संज्ञा उपवाक्य कहलाते हैं;

- जैसे–मोहन ने कहा कि **मैं अभी खेलूँगा।**

यहाँ 'कि मैं अभी खेलूँगा' संज्ञा उपवाक्य है।

पहचान का नियम–संज्ञा उपवाक्य का प्रारम्भ **कि** से होता है।

(ii) **विशेषण उपवाक्य** जो आश्रित उपवाक्य विशेषण की तरह प्रयोग हों, उन्हें विशेषण आश्रित उपवाक्य कहते हैं। अन्य शब्दों में, जब कोई आश्रित उपवाक्य प्रधान वाक्य की संज्ञा पद की विशेषता बताते हैं, तब उन्हें विशेषण आश्रित उपवाक्य कहते हैं;

- जैसे–मैंने एक बच्चे को देखा **जो बहुत नटखट था।**

यहाँ 'जो बहुत नटखट था' विशेषण आश्रित उपवाक्य है।

पहचान का नियम–विशेषण उपवाक्य का प्रारम्भ **जो** अथवा इसके किसी रूप (जिसे, जिसको, जिसने, जिनको आदि) से होता है।

(iii) **क्रिया-विशेषण उपवाक्य** जो उपवाक्य क्रिया-विशेषण की तरह प्रयोग हों, उन्हें क्रिया-विशेषण उपवाक्य कहते हैं। अन्य शब्दों में, जो आश्रित उपवाक्य मुख्य उपवाक्य की क्रिया की काल, स्थान, कारण, परिणाम आदि से सम्बद्ध विशेषता बताएँ, उन्हें क्रिया-विशेषण आश्रित उपवाक्य कहते हैं;

- जैसे–**जब रजनी पढ़ रही थी तब** मैं सो रही थी।

यहाँ 'जब रजनी पढ़ रही थी' क्रिया-विशेषण उपवाक्य है।

पहचान का नियम-क्रिया-विशेषण उपवाक्य का प्रारम्भ **जब, जहाँ, जैसे** आदि से होता है।

2. प्रधान उपवाक्य

जो उपवाक्य पूरे वाक्य से पृथक् भी लिखा जाए तथा जिसका अर्थ किसी दूसरे पर आश्रित न हो अर्थात् जो स्वतन्त्र हो, उसे प्रधान उपवाक्य कहते हैं।

वाक्यों का रूपान्तरण

किसी वाक्य में अर्थ परिवर्तन किए बिना उसकी संरचना में परिवर्तन की प्रक्रिया वाक्यों का रूपान्तरण कहलाती है। एक प्रकार के वाक्य को दूसरे प्रकार के वाक्यों में बदलना वाक्य परिवर्तन या वाक्य रचनान्तरण कहलाता है। वाक्य परिवर्तन की प्रक्रिया में इस बात का विशेष ध्यान रखना चाहिए कि वाक्य का केवल प्रकार बदला जाए, उसका अर्थ या काल आदि नहीं।

वाक्य परिवर्तन सम्बन्धी नियम

- वाक्य परिवर्तन में केवल वाक्य रचना बदलनी चाहिए, वाक्य का अर्थ नहीं।
- सरल वाक्यों को मिश्र या संयुक्त वाक्य बनाते समय कुछ शब्द या सम्बन्धबोधक अव्यय अथवा योजक आदि से जोड़ना;
  जैसे-क्योंकि, कि, और, इसलिए, तब आदि।
- संयुक्त/मिश्र वाक्यों को सरल वाक्यों में बदलते समय योजक शब्दों या सम्बन्धबोधक अव्ययों का लोप करना।

सरल वाक्य से मिश्र वाक्य में परिवर्तन

- लड़के ने अपना दोष मान लिया। (सरल वाक्य)
  लड़के ने माना कि दोष उसका है। (मिश्र वाक्य)
- राम मुझसे घर आने को कहता है। (सरल वाक्य)
  राम मुझसे कहता है कि मेरे घर आओ। (मिश्र वाक्य)
- मैं तुम्हारे साथ खेलना चाहता हूँ। (सरल वाक्य)
  मैं चाहता हूँ कि तुम्हारे साथ खेलूँ। (मिश्र वाक्य)
- आप अपनी समस्या बताएँ। (सरल वाक्य)
  आप बताएँ कि आपकी समस्या क्या है। (मिश्र वाक्य)
- मुझे पुरस्कार मिलने की आशा है। (सरल वाक्य)
  आशा है कि मुझे पुरस्कार मिलेगा। (मिश्र वाक्य)
- महेश सेना में भर्ती होने योग्य नहीं है। (सरल वाक्य)
  महेश इस योग्य नहीं है कि सेना में भर्ती हो सके। (मिश्र वाक्य)
- राम के आने पर मोहन जाएगा। (सरल वाक्य)
  जब राम जाएगा तब मोहन आएगा। (मिश्र वाक्य)
- मेरे बैठने की जगह कहाँ है? (सरल वाक्य)
  वह जगह कहाँ है जहाँ मैं बैठूँ? (मिश्र वाक्य)
- मैं तुम्हारे साथ व्यापार करना चाहता हूँ। (सरल वाक्य)
  मैं चाहता हूँ कि तुम्हारे साथ व्यापार करूँ। (मिश्र वाक्य)
- श्याम ने आगरा जाने के लिए टिकट लिया। (सरल वाक्य)
  श्याम ने टिकट लिया ताकि वह आगरा जा सके। (मिश्र वाक्य)
- मैंने एक घायल हिरन देखा। (सरल वाक्य)
  मैंने एक हिरण देखा जो घायल था। (मिश्र वाक्य)
- मुझे उस कर्मचारी की कर्तव्यनिष्ठा पर सन्देह है। (सरल वाक्य)
  मुझे सन्देह है कि वह कर्मचारी कर्तव्यनिष्ठ है। (मिश्र वाक्य)
- बुद्धिमान व्यक्ति किसी से झगड़ा नहीं करता है। (सरल वाक्य)
  जो व्यक्ति बुद्धिमान है वह किसी से झगड़ा नहीं करता है। (मिश्र वाक्य)
- यह किसी बहुत बुरे आदमी का काम है। (सरल वाक्य)
  वह कोई बुरा आदमी है जिसने यह काम किया है। (मिश्र वाक्य)
- न्यायाधीश ने कैदी को हाज़िर करने का आदेश दिया। (सरल वाक्य)
  न्यायाधीश ने आदेश दिया कि कैदी हाज़िर किया जाए। (मिश्र वाक्य)

सरल वाक्य से संयुक्त वाक्य में परिवर्तन

- पैसा साध्य न होकर साधन है। (सरल वाक्य)
  पैसा साध्य नहीं है, किन्तु साधन है। (संयुक्त वाक्य)
- दोनों में से कोई काम पूरा नहीं हुआ। (सरल वाक्य)
  न एक काम पूरा हुआ न दूसरा। (संयुक्त वाक्य)
- पंगु होने के कारण वह घोड़े पर नहीं चढ़ सकता। (सरल वाक्य)
  वह पंगु है इसलिए घोड़े पर नहीं चढ़ सकता। (संयुक्त वाक्य)
- परिश्रम करके सफलता प्राप्त करो। (सरल वाक्य)
  परिश्रम करो और सफलता प्राप्त करो। (संयुक्त वाक्य)
- रमेश दण्ड के भय से झूठ बोलता रहा। (सरल वाक्य)
  रमेश को दण्ड का भय था, इसलिए वह झूठ बोलता रहा। (संयुक्त वाक्य)

- वह खाना खाकर सो गया। (सरल वाक्य)
  उसने खाना खाया और सो गया। (संयुक्त वाक्य)
- उसने गलत काम करके अपयश कमाया। (सरल वाक्य)
  उसने गलत काम किया और अपयश कमाया। (संयुक्त वाक्य)

संयुक्त वाक्य से सरल वाक्य में परिवर्तन

- सूर्योदय हुआ और कुहासा जाता रहा। (संयुक्त वाक्य)
  सूर्योदय होने पर कुहासा जाता रहा। (सरल वाक्य)
- जल्दी चलो, नहीं तो पकड़े जाओगे। (संयुक्त वाक्य)
  जल्दी न चलने पर पकड़े जाओगे। (सरल वाक्य)
- वह धनी है पर लोग ऐसा नहीं समझते। (संयुक्त वाक्य)
  लोग उसे धनी नहीं समझते। (सरल वाक्य)
- वह अमीर है फिर भी सुखी नहीं है। (संयुक्त वाक्य)
  वह अमीर होने पर भी सुखी नहीं है। (सरल वाक्य)
- बाँस और बाँसुरी दोनों नहीं रहेंगे। (संयुक्त वाक्य)
  न रहेगा बाँस न बजेगी बाँसुरी। (सरल वाक्य)
- राजकुमार ने भाई को मार डाला और स्वयं राजा बन गया। (संयुक्त वाक्य)
  भाई को मारकर राजकुमार राजा बन गया। (सरल वाक्य)

संयुक्त वाक्य से मिश्र वाक्य में परिवर्तन

- काम पूरा कर डालो नहीं तो जुर्माना होगा। (संयुक्त वाक्य)
  यदि काम पूरा नहीं करोगे तो जुर्माना होगा। (मिश्र वाक्य)
- इस समय सर्दी है इसलिए कोट पहन लो। (संयुक्त वाक्य)
  क्योंकि इस समय सर्दी है, इसलिए कोट पहन लो। (मिश्र वाक्य)
- वह मरणासन्न था, इसलिए मैंने उसे क्षमा कर दिया। (संयुक्त वाक्य)
  मैंने उसे क्षमा कर दिया, क्योंकि वह मरणासन्न था। (मिश्र वाक्य)
- वक्त निकल जाता है पर बात याद रहती है। (संयुक्त वाक्य)
  भले ही वक्त निकल जाता है, फिर भी बात याद रहती है। (मिश्र वाक्य)
- जल्दी तैयार हो जाओ, नहीं तो बस चली जाएगी। (संयुक्त वाक्य)
  यदि जल्दी तैयार नहीं होओगे तो बस चली जाएगी। (मिश्र वाक्य)
- इसकी तलाशी लो और घड़ी मिल जाएगी। (संयुक्त वाक्य)
  यदि इसकी तलाशी लोगे तो घड़ी मिल जाएगी। (मिश्र वाक्य)
- सुरेश या तो स्वयं आएगा या तार भेजेगा। (संयुक्त वाक्य)
  यदि सुरेश स्वयं न आया तो तार भेजेगा। (मिश्र वाक्य)

मिश्र वाक्य से सरल वाक्य में परिवर्तन

- ज्यों ही मैं वहाँ पहुँचा त्यों ही घण्टा बजा। (मिश्र वाक्य)
  मेरे वहाँ पहुँचते ही घण्टा बजा। (सरल वाक्य)
- यदि पानी न बरसा तो सूखा पड़ जाएगा। (मिश्र वाक्य)
  पानी न बरसने पर सूखा पड़ जाएगा। (सरल वाक्य)
- उसने कहा कि मैं निर्दोष हूँ। (मिश्र वाक्य)
  उसने अपने को निर्दोष बताया। (सरल वाक्य)
- यह निश्चित नहीं है कि वह कब आएगा? (मिश्र वाक्य)
  उसके आने का समय निश्चित नहीं है। (सरल वाक्य)
- जब तुम लौटकर आओगे तब मैं जाऊँगा। (मिश्र वाक्य)
  तुम्हारे लौटकर आने पर मैं जाऊँगा। (सरल वाक्य)
- जहाँ राम रहता है वहीं श्याम भी रहता है। (मिश्र वाक्य)
  राम और श्याम साथ ही रहते हैं। (सरल वाक्य)
- आशा है कि वह साफ बच जाएगा। (मिश्र वाक्य)
  उसके साफ बच जाने की आशा है। (सरल वाक्य)

मिश्र वाक्य से संयुक्त वाक्य में परिवर्तन

- वह उस स्कूल में पढ़ा जो उसके गाँव के निकट था। (मिश्र वाक्य)
  वह स्कूल में पढ़ा और वह स्कूल उसके गाँव के निकट था। (संयुक्त वाक्य)
- मुझे वह पुस्तक मिल गई है जो खो गई थी। (मिश्र वाक्य)
  वह पुस्तक खो गई थी परन्तु मुझे मिल गई है। (संयुक्त वाक्य)
- जैसे ही उसे तार मिला वह घर से चल पड़ा। (मिश्र वाक्य)
  उसे तार मिला और वह तुरन्त घर से चल पड़ा। (संयुक्त वाक्य)
- काम समाप्त हो जाए तो जा सकते हो। (मिश्र वाक्य)
  काम समाप्त करो और जाओ। (संयुक्त वाक्य)
- आश्चर्य है कि वह हार गया। (मिश्र वाक्य)
  वह हार गया परन्तु यह आश्चर्य है। (संयुक्त वाक्य)
- जैसा बोओगे वैसा काटोगे। (मिश्र वाक्य)
  जो जैसा बोएगा वैसा ही काटेगा। (संयुक्त वाक्य)

विधानवाचक वाक्य से निषेधवाचक वाक्य में परिवर्तन

- यह प्रस्ताव सभी को मान्य है। (विधानवाचक वाक्य)
  इस प्रस्ताव के विरोधाभास में कोई नहीं है। (निषेधवाचक वाक्य)
- तुम असफल हो जाओगे। (विधानवाचक वाक्य)
  तुम सफल नहीं हो पाओगे। (निषेधवाचक वाक्य)
- शेरशाह सूरी एक बहादुर बादशाह था। (विधानवाचक वाक्य)
  शेरशाह सूरी कायर बादशाह नहीं था। (निषेधवाचक वाक्य)
- रमेश सुरेश से बड़ा है। (विधानवाचक वाक्य)
  रमेश सुरेश से छोटा नहीं है। (निषेधवाचक वाक्य)
- शेर गुफा के अन्दर रहता है। (विधानवाचक वाक्य)
  शेर गुफा के बाहर नहीं रहता है। (निषेधवाचक वाक्य)
- मुझे सन्देह हुआ कि यह पत्र आपने लिखा। (विधानवाचक वाक्य)
  मुझे विश्वास नहीं हुआ कि यह पत्र आपने लिखा। (निषेधवाचक वाक्य)
- मुगल शासकों में अकबर श्रेष्ठ था। (विधानवाचक वाक्य)
  मुगल शासकों में अकबर से बढ़कर कोई नहीं था। (निषेधवाचक वाक्य)

निश्चयवाचक वाक्य से प्रश्नवाचक वाक्य में परिवर्तन

- आपका भाई यहाँ नहीं है। (निश्चयवाचक)
  आपका भाई कहाँ है? (प्रश्नवाचक)
- किसी पर भरोसा नहीं किया जा सकता। (निश्चयवाचक)
  किस पर भरोसा किया जाए? (प्रश्नवाचक)

- गाँधीजी का नाम सबने सुन रखा है। (निश्चयवाचक)
  गाँधीजी का नाम किसने नहीं सुना? (प्रश्नवाचक)
- तुम्हारी पुस्तक मेरे पास नहीं है। (निश्चयवाचक)
  तुम्हारी पुस्तक मेरे पास कहाँ है? (प्रश्नवाचक)
- तुम किसी न किसी तरह उत्तीर्ण हो गए। (निश्चयवाचक)
  तुम कैसे उत्तीर्ण हो गए? (प्रश्नवाचक)
- अब तुम बिल्कुल स्वस्थ हो गए हो। (निश्चयवाचक)
  क्या तुम अब बिल्कुल स्वस्थ हो गए हो? (प्रश्नवाचक)
- यह एक अनुकरणीय उदाहरण है। (निश्चयवाचक)
  क्या यह अनुकरणीय उदाहरण नहीं है? (प्रश्नवाचक)

विस्मयादिबोधक वाक्य से विधानवाचक वाक्य में परिवर्तन

- वाह! कितना सुन्दर नगर है! (विस्मयादिबोधक)
  बहुत ही सुन्दर नगर है। (विधानवाचक वाक्य)
- काश! मैं जवान होता। (विस्मयादिबोधक)
  मैं चाहता हूँ कि मैं जवान होता। (विधानवाचक वाक्य)
- अरे! तुम फेल हो गए। (विस्मयादिबोधक)
  मुझे तुम्हारे फेल होने पर आश्चर्य हो रहा है। (विधानवाचक वाक्य)

पदबन्ध

अनेक पदों के योग से बना वाक्यांश, जो एक ही पद का कार्य करता है, पदबन्ध (Pharse) कहलाता है। अन्य शब्दों में, पदबन्ध वाक्य का एक अंश होता है। जब एक से अधिक पद मिलकर एक व्याकरणिक इकाई का काम करते हैं, उसी बँधी हुई इकाई को 'पदबन्ध' कहा जाता है;

जैसे—सड़क पर गिरा हुआ थैला राम का है।

इस वाक्य में 'सड़क पर गिरा हुआ थैला' में पाँच पद हैं, परन्तु ये साथ मिलकर एक ही व्याकरणिक इकाई अर्थात् **संज्ञा** (थैला) के रूप में प्रयोग हो रहे हैं। अत: यह पूरा अंश एक पदबन्ध है;

जैसे—यमुना बहती चली जा रही है।

इस वाक्य में 'बहती चली जा रही है' में चार पद हैं, परन्तु ये साथ मिलकर एक ही व्याकरणिक इकाई अर्थात् **क्रिया** (बहती) के रूप में प्रयोग हो रहे हैं;

जैसे—राम परिश्रमी तथा शान्त स्वभाव का व्यक्ति है।

इस वाक्य में 'परिश्रमी तथा शान्त स्वभाव' में चार पद हैं, परन्तु ये साथ मिलकर एक ही व्याकरणिक इकाई अर्थात् **विशेषण** (परिश्रमी तथा शान्त) का कार्य कर रहे हैं;

जैसे—चिड़ियाँ चूँ-चूँ करती हुई उड़ रही हैं।

इस वाक्य में भी 'चूँ-चूँ करती हुई' में चार पद हैं, परन्तु ये साथ मिलकर एक ही व्याकरणिक इकाई अर्थात् **क्रिया-विशेषण** (चूँ-चूँ) का कार्य कर रहा है।

पदबन्ध के प्रकार

पदबन्ध मुख्य रूप से पाँच प्रकार के होते हैं

1. संज्ञा पदबन्ध

संज्ञा पद के स्थान पर प्रयुक्त होने वाले पदबन्ध 'संज्ञा पदबन्ध' कहलाते हैं। इसकी पहचान यह है कि इसमें शीर्ष शब्द या पदबन्ध का अन्तिम शब्द संज्ञा पद होता है तथा शेष पद उस पर आश्रित होते हैं; जैसे—

- विदेश में रहने वाले मेरे चाचा जी ने मुझे बुलाया है।
- गाड़ी से गिरकर घायल हुआ लड़का ठीक हो गया।
- श्याम का बड़ा भाई रमेश कल आया था।
- तताँरा की तलवार एक विलक्षण रहस्य थी।
- पीली बस फुटपाथ पर चढ़ गई।

उपर्युक्त वाक्यों में रेखांकित शब्द 'संज्ञा पदबन्ध' के उदाहरण हैं। इन सभी वाक्यों में शेष पद रेखांकित वाले भाग पर आश्रित हैं।

2. सर्वनाम पदबन्ध

सर्वनाम पद के स्थान पर प्रयुक्त होने वाले पदबन्ध और जो पदबन्ध वाक्य में सर्वनाम का कार्य करते हैं वे सर्वनाम पदबन्ध कहलाते हैं; जैसे—

- जो स्त्री आज सुबह आई थी वह बीमार है।
- मंच पर नृत्य करने वाला आज नहीं आएगा।
- बड़ों की सेवा करने वाले तुम सचमुच सम्माननीय हो।
- वह भागा-भागा वहाँ पहुँच जाता।

उपर्युक्त वाक्यों में रेखांकित शब्द 'सर्वनाम पदबन्ध' के उदाहरण हैं।

3. क्रिया पदबन्ध

क्रिया पद के स्थान पर प्रयुक्त होने वाले पदबन्ध 'क्रिया पदबन्ध' कहलाते हैं। इस पदबन्ध में मुख्य क्रिया का प्रयोग वाक्य के प्रारम्भ में ही किया जाता है, इसके बाद अन्य क्रियाएँ मिलकर एक पूर्ण इकाई का निर्माण करती हैं। इस पदबन्ध के शीर्ष में क्रिया होती है; जैसे—

- बड़े भैया कल ही दिल्ली चले गए थे।
- मोहन नदी में डूब गया।
- मोहन शर्बत पीकर चला गया।
- आयुष सुरभि का चुटकुला सुनकर हँसता रहा।

उपर्युक्त वाक्यों में रेखांकित शब्द 'क्रिया पदबन्ध' के उदाहरण हैं।

4. विशेषण पदबन्ध

वे पदबन्ध जो विशेषण पद के स्थान पर प्रयुक्त होते हैं, विशेषण पदबन्ध कहलाते हैं। अन्य शब्दों में, ऐसे पदबन्ध जिनका शीर्ष या अन्तिम शब्द यदि विशेषण है और अन्य सभी पद उस पर आश्रित हैं, विशेषण पदबन्ध कहलाते हैं; जैसे—

- महेश बहुत दुर्जन, बेइमान और कामचोर युवक है।
- फल बेचने वाला व्यक्ति आज बीमार है।
- सफ़ेद साड़ी पहने हुए महिला घर में घुस गई।
- सुनीता परिश्रमी और होशियार लड़की है।
- उसकी कल्पना में वह एक अद्भुत साहसी युवक था।

उपर्युक्त में रेखांकित शब्द 'विशेषण पदबन्ध' के उदाहरण हैं।

5. क्रिया-विशेषण (अव्यय) पदबन्ध

क्रिया-विशेषण पद के स्थान पर प्रयुक्त होने वाले पदबन्ध 'क्रिया विशेषण पदबन्ध' कहलाते हैं। क्रिया का विशेषण रूप होने के कारण इसका प्रयोग क्रिया से पहले किया जाता है। इसमें क्रिया-विशेषण शीर्ष स्थान पर रहता है एवं अन्य पद उस पर आश्रित होते हैं; जैसे—

- भाभी जल्दी-जल्दी चलकर छत पर पहुँची।
- मोहन धीरे-धीरे चलकर थक गया।
- फल बेचने वाला व्यक्ति बात-बात पर झगड़ने लगता है।
- अरुणिमा धीरे-धीरे चलते हुए वहाँ जा पहुँची।
- उसने साँप को पीट-पीटकर मार डाला।

उपर्युक्त वाक्यों में रेखांकित शब्द 'क्रिया-विशेषण पदबन्ध' के उदाहरण हैं।

शीर्ष पद

पदबन्ध के अन्तर्गत एक 'शीर्ष पद' होता है, जो अन्य पदों का आधार केन्द्र होता है। शेष पद उस पर आश्रित होते हैं और वे 'आश्रित पद' कहलाते हैं;
जैसे—'संकटमोचन हनुमान' में 'हनुमान' शीर्ष पद है और 'संकटमोचन' आश्रित पद है।

शीर्ष पद की पहचान

सर्वप्रथम यह समझा जाना आवश्यक है कि वह पदबन्ध संज्ञा का कार्य कर रहा है या विशेषण, क्रिया, सर्वनाम या क्रिया-विशेषण का। पद की जगह न्यूनतम एक पद को रखकर देखना चाहिए कि कौन-सा पद वाक्य के पद के अर्थ की संगति को बनाए रखता है। यही उसका शीर्ष पद कहलाएगा;
जैसे—''संकटमोचन हनुमान संजीवनी बूटी लाए।'' यहाँ 'हनुमान संजीवनी बूटी लाए' भी संगत है। इसलिए 'हनुमान', 'संकटमोचन हनुमान' पदबन्ध का शीर्ष पद है

वाक्य भाषा की मुख्य इकाई है। इसलिए वाक्य का शुद्ध होना आवश्यक है। वाक्य लिखते समय निम्नलिखित बातों को ध्यान में रखना आवश्यक है

- वाक्य रचना में संज्ञा, सर्वनाम, कर्म, विशेषण, क्रिया-विशेषण, वचन, लिंग, कारक का प्रयोग आवश्यकतानुसार होना चाहिए।
- वाक्य में अपेक्षित पदक्रम का प्रयोग होना चाहिए।
- विराम-चिह्नों का सही प्रयोग होना चाहिए।
- शब्दों का प्रयोग सन्दर्भ के अनुसार होना चाहिए।
- वाक्य में भाषा का प्रयोग तर्कसंगत और सार्थक होना चाहिए।
- ऐसे दो पर्यायवाची शब्दों का प्रयोग न हो जो एक ही अर्थ के वाचक हों।
- कोई भी वाक्य समाज, धर्म, इतिहास के विरुद्ध नहीं होना चाहिए।
- मुहावरों और लोकोक्ति का प्रयोग सन्दर्भ के अनुसार होना चाहिए।

हिन्दी में वाक्यगत अशुद्धियाँ

हिन्दी में निम्न प्रकार की वाक्यगत अशुद्धियाँ होती हैं

- व्याकरण की अशुद्धियाँ
- अनावश्यक शब्द प्रयोग की अशुद्धियाँ
- शब्द ज्ञान सम्बन्धी अशुद्धियाँ
- शब्द निर्माण की अशुद्धियाँ
- वर्तनीगत अशुद्धियाँ

व्याकरण की अशुद्धियाँ

संज्ञा, लिंग, वचन, कारक, सर्वनाम, विशेषण, क्रिया, क्रिया-विशेषण, अव्यय, पदक्रम आदि से सम्बन्धित अशुद्धियों को व्याकरण की अशुद्धियाँ कहते हैं। व्याकरण की अशुद्धियों के कुछ उदाहरण निम्नलिखित हैं

संज्ञा सम्बन्धी

अशुद्ध	शुद्ध
ये **लड़किए** परीक्षा में प्रथम आई है।	यह **लड़की** परीक्षा में प्रथम आई है।
आज **घोड़ा दौड़** भी होगी।	आज **घुड़दौड़** भी होगी।
चिड़ियामार पक्षी बेचता है।	**चिड़ीमार** पक्षी बेचता है।
लौहार लोहा का सामान बनाता है।	**लुहार लोहे** का सामान बनाता है।
क्या कुछ **अशगुन** हो गया?	क्या कुछ **अपशकुन** हो गया?
भिखारिणी को देखकर दया आ गई।	**भिखारिन** को देखकर दया आ गई।
अल्मोड़े की बालमिठाई मशहूर है।	**अल्मोड़ा** की बालमिठाई मशहूर है।
अपने **घोड़ा** का इलाज करो।	अपने **घोड़े** का इलाज करो।
वह **आगरे** से है।	वह **आगरा** से है।
वह अंग्रेज़ी बोलने की **कसरत** कर रहा है।	वह अंग्रेज़ी बोलने का **अभ्यास** कर रहा है।
आपने वहाँ जाकर बड़ी **अशुद्धि** की।	आपने वहाँ जाकर बड़ी **गलती** की।
कामायनी एक **उपन्यास** है।	कामायनी एक **महाकाव्य** है।
गड़ित मेरा प्रिय विषय है।	**गणित** मेरा प्रिय विषय है।
'सेवासदन' **मुन्सी प्रेमचन्द्र** का उपन्यास है।	'सेवासदन' **मुंशी प्रेमचन्द** का उपन्यास है।

लिंग सम्बन्धी

अशुद्ध	शुद्ध
कल विद्यालय बन्द **रहेगी**।	कल विद्यालय बन्द **रहेगा**।
कृष्ण और राधा मधुवन में **गई**।	कृष्ण और राधा मधुवन में **गए**।
आपकी लिखावट बहुत **अच्छा** है।	आपकी लिखावट बहुत **अच्छी** है।
दही बहुत **खट्टी** है।	दही बहुत **खट्टा** है।
सुधा बड़ी **बुद्धिमान** है।	सुधा बड़ी **बुद्धिमती** है।
सभी स्त्रियाँ **गुणवान** नहीं होती हैं।	सभी स्त्रियाँ **गुणवती** नहीं होती हैं।
उसके मन में लालच बहुत बढ़ **रही** है।	उसके मन में लालच बहुत बढ़ **रहा** है।
सभा को अनेक **विद्वान** महिलाओं नें सम्बोधित किया।	सभा को अनेक **विदुषी** महिलाओं ने सम्बोधित किया।
सुरेश **का** आदत **बड़ा** खराब है।	सुरेश **की** आदत **बड़ी** खराब है।
पुत्री **आयुष्मान्** भव।	पुत्री! **आयुष्मती** भव।
'कल्याणी' इस महाकाव्य की **नायकी** है।	'कल्याणी' इस महाकाव्य की **नायिका** है।
आपके काम करने **का** विधि **अच्छा** है।	आपके काम करने **की** विधि **अच्छी** है।
तुम्हारी कल कब **आएगी?**	**तुम्हारा** कल कब **आएगा**?
कोयल मीठे स्वर में बोल **रहा** है।	कोयल मीठे स्वर में बोल **रही** है।
कौआ बोल **रही** है।	कौआ बोल **रहा** है।
उसके सामने **मेरी** होश उड़ **गई**।	उसके सामने **मेरे** होश उड़ **गए**।
महारानी **धनवान** है।	महारानी **धनवती** है।
कमरे में बन्दूक **रखा** है।	कमरे में बन्दूक **रखी** है।
राजा और रानी भोजन **कर रही हैं**।	राजा और रानी भोजन **कर रहे हैं**।

वचन सम्बन्धी

अशुद्ध	शुद्ध
प्यास से मेरे होंठ सूख **रहा है**।	प्यास से मेरे होंठ सूख **रहे हैं**।
पिताजी **आ रहा है**।	पिताजी **आ रहे हैं**।
चार **आदमी** ने नगर की यात्रा की।	चार **आदमियों** ने नगर की यात्रा की।
हमारी कमीज में पाँच **बटनें** हैं।	हमारी कमीज में पाँच **बटन** हैं।
पाँच किलो आलुओं के दाम पचास रुपये हैं।	**पाँच किलो आलू** के दाम पचास रुपये हैं।
उसने **चार-पाँच जलेबी** खाईं।	उसने **चार-पाँच जलेबियाँ** खाईं।
मैं **मोटरसाइकिलों** पर सवार होकर गया।	मैं **मोटरसाइकिल** पर सवार होकर गया।
खगवृन्द **कलरव कर रहा था**।	खगवृन्द **कलरव कर रहे थे**।
दस सिपाही **एक साथ आ रहा है**।	दस सिपाही **एक साथ आ रहे हैं**।
आज चेला भी गुरु **का** कान काट रहा है।	आज चेला भी गुरु **के** कान काट रहा है।

अशुद्ध	शुद्ध
अपनी-अपनी **पुस्तकें** लाओ।	अपनी-अपनी **पुस्तक** लाओ।
प्रेमचन्द ने **अनेकों** उपन्यास लिखे।	प्रेमचन्द ने **अनेक** उपन्यास लिखे।
महाभारत **अट्ठारह** दिनों तक चलता रहा।	महाभारत **अट्ठारह दिन** तक चलता रहा।
हमारे **सामानों** का ध्यान रखना।	हमारे **सामान** का ध्यान रखना।
वह मेरे घर **कई दिनों** तक रहा।	वह मेरे घर **कई दिन** तक रहा।

कारक सम्बन्धी

अशुद्ध	शुद्ध
आप अपनी साइकिल **को** भी लाए हैं।	आप अपनी साइकिल भी लाए हैं।
अतुल घर नहीं है।	अतुल घर **में** नहीं है।
कवि सम्मेलन का दायित्व **आपके ऊपर** है।	कवि सम्मेलन का दायित्व **आप पर** है।
जनता **के अन्दर** असन्तोष है।	जनता **में** असन्तोष है।
आपने यह काम करना है।	**आपको** यह काम करना है।
आपके हाथ **में** कुछ नहीं आया।	आपके हाथ कुछ नहीं आया।
वह चाँद **को** देखता है।	वह चाँद देखता है।
आपके नए पते **से** पत्र भेजा है।	आपके नए पते **पर** पत्र भेजा है।
तुमको क्या कहें?	**तुम्हें** क्या कहें?
मैंने अपनी आँखों **की** वह घटना देखी।	मैंने अपनी आँखों **से** वह घटना देखी।
गंगा हिमालय **पर से** निकलती है।	गंगा हिमालय **से** निकलती है।
लड़का पेड़ **पर** गिरा।	लड़का पेड़ **से** गिरा।
इस बात मैं अच्छी तरह समझता हूँ।	इस बात **को** मैं अच्छी तरह समझता हूँ।
उसने यही कहना था।	**उसको** यही कहना था।
फोड़े **में** मरहम लगाओ।	फोड़े **पर** मरहम लगाओ।

सर्वनाम सम्बन्धी

अशुद्ध	शुद्ध
वह बड़े विद्वान् व्यक्ति हैं।	**वे** बड़े विद्वान् व्यक्ति हैं।
पिताजी **तुम कहाँ जा रहे हो**?	पिताजी **आप कहाँ जा रहे हैं**?
आप **आपके** विद्यालय जाएँ।	आप **अपने** विद्यालय जाएँ।
उसके पास जो कलम है **यह** हमारा है।	उसके पास जो कलम है **वह** हमारा है।
दूध में **कौन** पड़ गया?	दूध में **क्या** पड़ गया?
वहाँ **क्या** जा रहा है?	वहाँ **कौन** जा रहा है?
सन्दूक में **कौन-कौन-सी** वस्तुएँ हैं?	सन्दूक में **क्या-क्या** वस्तुएँ हैं?
हम **हमारे** घर जाएँगे।	हम **अपने** घर जाएँगे।
उनने हमारे यहाँ चाय पिया।	**उन्होंने** हमारे यहाँ चाय पी।
मैंने अल्मोड़ा जाना है।	**मुझे** अल्मोड़ा जाना है।
वह वही लड़का है जो कल मिला था।	**यह** वही लड़का है जो कल मिला था।
गीता आई और कहा।	गीता आई और **उसने** कहा।
यह **उन्हें** समझ में नहीं आएगा।	यह **उनकी** समझ में नहीं आएगा।
यह **जो** कलम है गोपाल की है।	यह कलम गोपाल की है।

अशुद्ध	शुद्ध
यह मेरा भाई है **यह** मेरे साथ रहता है।	यह मेरा भाई है **जो** मेरे साथ रहता है।
वह सब अच्छे आदमी हैं।	**वे** सब अच्छे आदमी हैं।

विशेषण सम्बन्धी

अशुद्ध	शुद्ध
अधिकांश लोगों का यही हाल है।	**अधिकतर** लोगों का यही हाल है।
आकाश बहुत **ऊँचा** है।	आकाश बहुत **विशाल** है।
सभी लोग **अपना** काम करें।	सभी लोग **अपना-अपना** काम करें।
किसी **और** लड़के को बुलाओ।	किसी **दूसरे** लड़के को बुलाओ।
निरपराधी को दण्ड देना पाप है।	**निरपराध** को दण्ड देना पाप है।
यह **हमारा वाला** घर है।	यह **हमारा** घर है।
मेरे घर **सुपुत्री** का जन्म हुआ है।	मेरे घर **पुत्री** का जन्म हुआ है।
निराला की दशा **गम्भीर** थी।	निराला की दशा **चिन्ताजनक** थी।
नीरज की **सौभाग्यवती** कन्या का विवाह कल होगा।	नीरज की **सौभाग्यकांक्षिणी** कन्या का विवाह कल होगा।
रमा ने उस दृश्य का सुन्दर चित्रण **उपस्थित** किया।	रमा ने उस दृश्य का सुन्दर चित्रण किया।
छोटी-छोटी बालक स्कूल जा रहे हैं।	**छोटे-छोटे** बालक स्कूल जा रहे हैं।
मन्त्री जी की **चिन्ताजनक** मुद्रा देखकर मैं बहुत प्रभावित हुआ।	मन्त्री जी की **गम्भीर** मुद्रा देखकर मैं बहुत प्रभावित हुआ।
उसे बहुत **वजन** दुःख हुआ।	उसे **बहुत** दुःख हुआ।
आपकी कविता **श्रेष्ठतम** है।	आपकी कविता **श्रेष्ठ** है।
यहाँ **कोई एक भी व्यक्ति** नहीं है।	यहाँ कोई व्यक्ति नहीं है।
पठित समाज में अंधविश्वास नहीं है।	**शिक्षित समाज** में अंधविश्वास नहीं है।
दुर्घटना में **हताहत हुए** लोगों की मरहम-पट्टी की गई।	दुर्घटना में **हताहत** लोगों की मरहम-पट्टी की गई।

क्रिया सम्बन्धी

अशुद्ध	शुद्ध
क्या **यह सम्भव हो सकता है**?	क्या **यह सम्भव** है?
मैं इसका कारण **दे सकता** हूँ।	मैं इसका कारण **बता सकता** हूँ।
वहाँ अकस्मात् **अट्टहास हो उठा**।	वहाँ अकस्मात् **अट्टहास हुआ**।
तुम चार बजे तक मेरी **प्रतीक्षा देखना**।	तुम चार बजे तक मेरी **प्रतीक्षा करना**।
इस कथन का स्पष्टीकरण **करने** की आवश्यकता है।	इस कथन **के** स्पष्टीकरण की आवश्यकता है।
पुस्तक मेज पर **डाल दो**।	पुस्तक मेज पर **रख दो**।
मैंने बहुत **परिश्रम उठाकर** धन कमाया है।	मैंने बहुत **परिश्रम करके** धन कमाया है।
वह डरकर **दौड़ खड़ा हुआ**।	वह डरकर **भाग खड़ा हुआ**।
उसने नहाकर **भोजन खाया**।	उसने नहाकर **भोजन किया**।
आप इन्हें इतना परेशान क्यों **बना** रहे हैं?	आप इन्हें इतना परेशान क्यों **कर** रहे हैं?

क्रिया-विशेषण सम्बन्धी

अशुद्ध	शुद्ध
यह पुस्तक **विद्वत्तापूर्ण** लिखी गई है।	यह पुस्तक **विद्वत्तापूर्वक** लिखी गई है।
यह कार्य आपके स्वभाव के **अनुरूप** है।	यह कार्य आपके स्वभाव के **अनुकूल** है।
आपकी आज्ञा के **अनुकूल** कार्य होगा।	आपकी आज्ञा के **अनुसार** कार्य होगा।
आप इस कार्य को **सरलतापूर्ण** कर सकता हैं।	आप इस कार्य को **सरलता से/सरलतापूर्वक** कर सकते हैं।
आपसे मिलकर **महानतम्** प्रसन्नता हुई।	आपसे मिलकर **अत्यन्त** प्रसन्नता हुई।

अव्यय सम्बन्धी

अशुद्ध	शुद्ध
यह पाप है या कि पुण्य।	यह पाप है **या** पुण्य/यह पाप है कि पुण्य।
सीता **तथा** गीता और राधा एक साथ पढ़ती हैं।	सीता, गीता और राधा एक साथ पढ़ती हैं।
शिक्षक ने छात्रों से कहा कि भारत **उनका** देश है।	शिक्षक ने छात्रों से कहा कि भारत **हमारा** देश है।
यदि वह आता **तब** मैं जाता।	यदि वह आता **तो** मैं जाता।
वह आ जाए तो **कैसी रहेगी**?	वह आ आए तो **कैसा रहेगा**?
जब मैं पढ़ता हूँ **जभी** तुम आ जाते हो।	जब मैं पढ़ता हूँ **तभी** तुम आ जाते हो।
ज्यों ही मैं स्टेशन पहुँचा **वैसे ही** गाड़ी चल दी।	ज्यों ही मैं स्टेशन पहुँचा **त्यों ही** गाड़ी चल दी।

पदक्रम-सम्बन्धी

अशुद्ध	शुद्ध
कई बैंक के कर्मचारियों ने प्रदर्शन किया	**बैंक के कई कर्मचारियों** ने प्रदर्शन किया।
कुंभ के मेले में **चार दिल्ली** के व्यक्ति भी थे।	कुंभ के मेले में **दिल्ली के चार** व्यक्ति भी थे।
मंत्री जी ने मुख्य अतिथि को **एक फूलों की माला** पहनाई।	मंत्री जी ने मुख्य अतिथि को **फूलों की एक माला** पहनाई।
यहाँ **ताजे गन्ने का रस** बिकता है।	यहाँ **गन्ने का ताजा रस** बिकता है।

अनावश्यक शब्द प्रयोग की अशुद्धियाँ

इन अशुद्धियों का सम्बन्ध शब्दों के अनावश्यक एवं अनपेक्षित प्रयोग से है। इस प्रकार जब अनावश्यक शब्द का प्रयोग किया जाता है, तो वाक्य के अर्थ में नीरसता उत्पन्न हो जाती है। अनावश्यक शब्द प्रयोग की अशुद्धियों के कुछ उदाहरण निम्नलिखित हैं

अशुद्ध	शुद्ध
कुछ लोग परस्पर **आपस** में बातें कर रहे थे।	कुछ लोग परस्पर बातें कर रहे थे।
मैंने उनकी बात पर आपत्ति **प्रकट** की।	मैंने उनकी बात पर आपत्ति की।
वह **समस्त** प्राणिमात्र का हितैषी है।	वह प्राणिमात्र का हितैषी है।
सभी छात्रों में गोपाल **बहुत** श्रेष्ठ है।	सभी छात्रों में गोपाल श्रेष्ठ है।
नेताजी को सब **कोई** जानते हैं।	नेताजी को सब जानते हैं।
व्यापारी ने सारा माल मनोहर के हाथ **में** बेच दिया है।	व्यापारी ने सारा माल मनोहर के हाथ बेच दिया है।
कवि ने प्रकृति की **सुन्दर** शोभा का वर्णन किया है।	कवि ने प्रकृति की शोभा का वर्णन किया है।
पत्र किसके नाम **पर** लिखा गया है?	पत्र किसके नाम लिखा गया है?
इस समय बच्चे स्कूल **को** जा रहे हैं।	इस समय बच्चे स्कूल जा रहे हैं।
तब **शायद** यह काम **अवश्य** हो जाएगा।	तब यह काम अवश्य हो जाएगा।
मुझसे यह काम सम्भव नहीं **हो सकता**।	मुझसे यह काम सम्भव नहीं।
कृपया आप ही यह **बताने का अनुग्रह** करें।	कृपया आप ही यह बताएँ।
हमारे यहाँ **तरुण** नवयुवकों की शिक्षा की अच्छी व्यवस्था है।	हमारे यहाँ नवयुवकों की शिक्षा की अच्छी व्यवस्था है।
जवाहरलाल नेहरू भारत के **प्रमुख** प्रधानमन्त्री थे।	जवाहरलाल नेहरू भारत के प्रथम प्रधानमन्त्री थे।
वह नगर का **बढ़िया** सर्वोत्तम खिलाड़ी है।	वह नगर का सर्वोत्तम खिलाड़ी है।
तमाम देशभर में बात फैल गई है।	देशभर में बात फैल गई है।
न जाने कितने बेशुमार जीव पैदा होते हैं।	न जाने कितने जीव पैदा होते हैं।
केवल पाँच रुपये **मात्र** दीजिए।	केवल पाँच रुपये दीजिए।
उसका **आचरण स्वभाव** अच्छा है।	उसका आचरण अच्छा है।
पर्वतों में हिमालय सबसे **बहुत** ऊँचा है।	पर्वतों में हिमालय सबसे ऊँचा है।
आप **सब लोग** विश्राम करें।	आप सब विश्राम करें।
आपस में मिलकर **परस्पर** सहयोग करो।	आपस में मिलकर सहयोग करो।
खिलाड़ियों में रामू **बहुत बहुत** श्रेष्ठ है।	खिलाड़ियों में रामू श्रेष्ठ है।
वह लड़का **विलाप** करके **रोने** लगा।	वह लड़का रोने लगा।
आपको **उचित न्याय** मिलेगा।	आपको न्याय मिलेगा।
सभा में **प्रायः** सभी उपस्थित थे।	सभा में सभी उपस्थित थे।
मैं **सायंकाल के समय** बाजार गया।	मैं सायंकाल बाजार गया।
वह **लगभग** गायब हो गया।	वह गायब हो गया।
दिल्ली के **अन्दर** में मलेरिया का प्रकोप है।	दिल्ली में मलेरिया का प्रकोप है।
किसी **भी** लड़के को बुला लें।	किसी लड़के को बुला लें।
आपका **गुप्त रहस्य** कौन जान सकता है?	आपका रहस्य कौन जान सकता है?
इस पेंटिंग में **मुगलकालीन समय की** संस्कृति का चित्रण है।	इस पेंटिंग में मुगलकालीन संस्कृति का चित्रण है।
यही कारण है कि देश की एक भाषा न होने के कारण भावात्मक एकता नहीं है।	देश में एक भाषा न होने के कारण भावात्मक एकता नहीं है।
जहाँ तक हमारा विचार तो यही है।	हमारा विचार तो यही है।
किसी भी साहित्यकार की एक विशेषता यह भी है।	साहित्यकार की एक विशेषता यह भी है।
मैं केवल इतना जानता **ही** जानता हूँ।	मैं केवल इतना जानता हूँ।
शराब **पीना** विष से भयंकर है।	शराब विष से भयंकर है।
यह चीज़ सपने में भी **मिलना** दुर्लभ है।	यह चीज सपने में भी दुर्लभ है।
सिवाय आपको छोड़कर सभी आए थे।	आपको छोड़कर सभी आए थे।
उसे **लगभग** शत-प्रतिशत अंक मिले।	उसे शत-प्रतिशत अंक मिले।

अशुद्ध	शुद्ध
आप **कभी किसी समय** वहाँ हो आते।	आप किसी समय वहाँ हो आते।
मैं उस समय **लगभग** सो रहा था।	मैं उस समय सो रहा था।
अब आज से ऐसी गलती मत करना।	अब ऐसी गलती मत करना।
जो धन का लालची है, **फिर** वह साधु नहीं है।	जो धन का लालची है, वह साधु नहीं है।

शब्द ज्ञान सम्बन्धी अशुद्धियाँ

इन अशुद्धियों का सम्बन्ध शब्दों के चुनाव से है। हम बोलते व लिखते समय वाक्यों में शब्द का गलत चुनाव कर लेते हैं और तब शब्द चयन की अशुद्धियाँ होती हैं। शब्द चयन की अशुद्धियों के कुछ उदाहरण निम्नलिखित हैं

अशुद्ध	शुद्ध
मन की चंचलता घटने पर **एकाग्रचित्तता** बढ़ती है।	मन की चंचलता घटने पर **एकाग्रता** बढ़ती है।
इस पुस्तक की यही **अच्छाई** है।	इस पुस्तक की यही **विशेषता** है।
आपके कथन से मुझे **शक्ति** मिली है।	आपके कथन से मुझे **बल** मिला है।
रंगशाला में **नाटक का खेल** हुआ।	रंगशाला में **नाटक खेला गया**।
गले में पराधीनता की बेड़ियाँ पड़ गईं।	**पैरों** में पराधीनता की बेड़ियाँ पड़ गईं।
आयकर जमा करने में ही तुम्हारी **अच्छाई** है।	आयकर जमा करने में ही तुम्हारी **भलाई** है।
कार्यक्रम की **सभापति** श्रीमती रेखा जैन है	कार्यक्रम की **सभानेत्री** श्रीमती रेखा जैन हैं।
चिड़ियाँ **बोल** रही हैं।	चिड़ियाँ **चहक** रही हैं।
प्रेम करना तलवार की **नोंक** पर चलना है।	प्रेम करना तलवार की **धार** पर चलना है।
छात्रों में पारस्परिक **युद्ध** हो गया।	छात्रों में पारस्परिक **लड़ाई** हो गई।
स्वनिर्मित गीत की दो-चार **लड़ियाँ** सुनाओ।	**स्वरचित** गीत की दो-चार **कड़ियाँ** सुनाओ।
सफलता के मार्ग में कुछ **संकट** हैं।	सफलता के मार्ग में कुछ **बाधाएँ** हैं।
शोक है कि मैं आपकी सहायता न कर सका।	**खेद** है कि मैं आपकी सहायता न कर सका।
उसे भाषा-विज्ञान का अच्छा **बोध** है।	उसे भाषा-विज्ञान का अच्छा **ज्ञान** है।
जीवन और साहित्य का **घोर** सम्बन्ध है।	जीवन और साहित्य का **घनिष्ठ** सम्बन्ध है।
मेरे लिए गणित **कठोर** विषय है।	मेरे लिए गणित **कठिन** विषय है।
महात्मा जी अपना **भावी** जीवन यहीं बिताएँगे।	महात्मा जी अपना **शेष** जीवन यहीं बिताएँगे।
मन्त्री जी के निधन से **अपूर्ण** क्षति हुई है।	मन्त्री जी के निधन से **अपूरणीय** क्षति हुई है।
निदेशक महोदय **अत्यन्त** सख्त हैं।	निदेशक महोदय **बहुत** सख्त हैं।
मैं आपके **प्रतिकूल** कुछ भी नहीं कहूँगा।	मैं आपके **विरुद्ध** कुछ भी नहीं कहूँगा।
हम अपने वचन पर **स्थायी** हैं।	हम अपने वचन पर **दृढ़** हैं।
मेरा आपसे **आग्रहपूर्ण** निवेदन है कि....	मेरा आपसे **आग्रहपूर्वक** निवेदन है कि....
पुस्तक के **छपित** मूल्य पर 10% छूट मिलेगी।	पुस्तक के **मुद्रित** मूल्य पर 10% छूट मिलेगी।

अशुद्ध	शुद्ध
मेरी शंकाओं का **निराकरण** हो जाना चाहिए।	मेरी शंकाओं का **समाधान** हो जाना चाहिए।
श्री नरेन्द्र मोदी भारत सरकार के **मुख्यमन्त्री** हैं।	श्री नरेन्द्र मोदी भारत सरकार के **प्रधानमन्त्री** हैं।
रिज़र्व बैंक के **राज्यपाल** ने सम्बोधित किया।	रिज़र्व बैंक के **गवर्नर** ने सम्बोधित किया।
गुण्डों ने चौराहे पर **रुधिर** कर दिया।	गुण्डों ने चौराहे पर **खून** कर दिया।
दुकानदार का **गणित** कर दो।	दुकानदार का **हिसाब** कर दो।
मैं आपके सुखी जीवन की **आकांक्षा** करता हूँ।	मैं आपके सुखी जीवन की **कामना** करता हूँ।
दीन-दु:खियों पर **कृपा** करो।	दीन-दु:खियों पर **दया** करो।
शिखा को अपने सौन्दर्य पर **गौरव** है।	शिखा को अपने सौन्दर्य पर **गर्व** है।
इस बाल्टी में बीस लीटर पानी भरने की **योग्यता** है।	इस बाल्टी में बीस लीटर पानी भरने की **क्षमता** है।
हमारे कॉलेज में कॉमर्स की **विद्या** दी जाती है।	हमारे कॉलेज में कॉमर्स की **शिक्षा** दी जाती है।
दूध की **नाप** होती है।	दूध की **माप** होती है।
कपड़े की **माप** होती है।	कपड़े की **नाप** होती है।
आप अपराधी के **प्रतिकूल** गवाही दें।	आप अपराधी के **विरुद्ध** गवाही दें।
उसने दण्ड **देने** का काम किया है।	उसने दण्ड **पाने** का काम किया है।
आपको हिन्दी का अच्छा **बोध** है।	आपको हिन्दी का अच्छा **ज्ञान** है।
गरमी के कारण पथिक पेड़ की **परछाई** में बैठ गया।	गरमी के कारण पथिक पेड़ की **छाया** में बैठ गया।
आप **पानी-पान** करें।	आप **जल-पान** करें।
सागर **अधिक** गहरा है।	सागर **बहुत** गहरा है।
मैंने उसकी बात पर **परेशानी** की।	मैंने उसकी बात पर **आपत्ति** की।
बरछी **शस्त्र** और बन्दूक **अस्त्र** है।	बरछी **अस्त्र** और बन्दूक **शस्त्र** है।
आपको ऐसा नहीं **बोलना** चाहिए।	आपको ऐसा नहीं **कहना** चाहिए।
रामदयाल की शैक्षिक **क्षमता** हाईस्कूल है।	रामदयाल की शैक्षिक **योग्यता** हाईस्कूल है।
समारोह में मुख्य अतिथि को अभिनन्दन पत्र **प्रदान** किया गया।	समारोह में मुख्य अतिथि को अभिनन्दन पत्र **भेंट** किया गया।
भारत **विकासशाली** देश है।	भारत **विकासशील** देश है।
आपने नौकरी पाने का एक अच्छा **संयोग** खो दिया।	आपने नौकरी पाने का एक अच्छा **अवसर** खो दिया।
वाल्मीकि ने रामायण की रचना **लिखी**।	वाल्मीकि ने रामायण की रचना **की**।
अनुशासनहीनता एक **गहरी** समस्या है।	अनुशासनहीनता एक **विकट** समस्या है।

शब्द निर्माण की अशुद्धियाँ

हिन्दी भाषा में शब्दों का निर्माण कई प्रकार से होता है। लिखते व बोलते समय जब हम शब्द निर्माण सम्बन्धी नियमों का अनुपालन नहीं करते तो वहाँ शब्द निर्माण सम्बन्धी अशुद्धियाँ उत्पन्न हो जाती हैं। शब्द निर्माण की अशुद्धियों के कुछ उदाहरण निम्नलिखित हैं

अशुद्ध	शुद्ध
भारत सबसे बड़ा **लोकतंत्रिक** देश है।	भारत सबसे बड़ा **लोकतान्त्रिक** देश है।
समस्या का **तत्कालिक** समाधान करें।	समस्या का **तात्कालिक** समाधान करें।
गिरीश जी **लब्धप्रतिष्ठित** नेता हैं।	गिरीश जी **लब्धप्रतिष्ठ** नेता हैं।
इस इमारत की **इतिहासिकता** संदिग्ध है।	इस इमारत की **ऐतिहासिकता** संदिग्ध है।
आपकी **मनोकामना** पूरी हो।	आपकी **मनःकामना** पूरी हो।
महात्मा जी **यावत्जीवन** काशी में रहे।	महात्मा जी **यावज्जीवन** काशी में रहे।
संगम तट पर भिखारियों की **बाहुल्यता** है।	संगम तट पर भिखारियों का **बाहुल्य** है।
श्रद्धामान् को ही ज्ञान की प्राप्ति होती है।	**श्रद्धावान्** को ही ज्ञान की प्राप्ति होती है।
भगवान् श्रीकृष्ण को **योगीराज** कहा जाता है।	भगवान् श्रीकृष्ण को **योगिराज** कहा जाता है।
उसकी **बुद्धिमानता** सराहनीय है।	उसकी **बुद्धिमत्ता/बुद्धिमानी** सराहनीय है।
अजोध्या सिंह उपाध्याय 'हरीऔध' 'वैदेही वनवास' के रचनाकार हैं।	**अयोध्या सिंह उपाध्याय 'हरिऔध'** 'वैदेही वनवास' के रचनाकार हैं।
बिनय पतृका तुलसीदास की **स्रेस्ठ** रचना है।	**विनय पत्रिका** तुलसीदास की **श्रेष्ठ** रचना है।
नारद अस्म्रति में **बिधवा** को **पुर्नबियाह** की अनुमति दी गई है।	**'नारद स्मृति'** में **विधवा** को **पुनर्विवाह** की अनुमति दी गई है।
मेरी प्रथम **न्युक्ति कष्टम** अधिकारी पद पर हुई थी।	मेरी प्रथम **नियुक्ति कस्टम** अधिकारी पद पर हुई थी।
अन्तर्साक्ष्य के आधार पर सूर जन्मांध नहीं थे।	**अन्तःसाक्ष्य** के आधार पर सूर जन्मांध नहीं थे।
उपन्यासकार की जीवनी **बहिर्साक्ष्य** पर आधारित है।	उपन्यासकार की जीवनी **बहिःसाक्ष्य** पर आधारित है।
यह भारत का **आँतरिक** मामला है।	यह भारत का **आन्तरिक** मामला है।
स्वालम्बन पर प्राण निछावर।	**स्वावलम्बन** पर प्राण निछावर।
निस्वार्थ सेवा का आनन्द ही कुछ और है।	**निःस्वार्थ** सेवा का आनन्द ही कुछ और है।
आप मेरे **पितावत पूज्यनीय** हैं।	आप मेरे **पितृवत पूजनीय** हैं।
बँगला, उड़िया, असमी आदि **प्रदेशिक** भाषाएँ हैं।	बँगला, उड़िया, असमी आदि **प्रादेशिक** भाषाएँ हैं।
राधा **कृशांगिनी** बाला है।	राधा **कृशांगी** बाला है।
इसका **उत्तरदाई** कौन है?	इसका **उत्तरदायी** कौन है?
उन दिनों मैं **पहाण** पर **स्वस्थता** लाभ **पृाप्त** कर रहा था।	उन दिनों मैं **पहाड़** पर **स्वास्थ्य** लाभ **प्राप्त** कर रहा था।
प्रायः लोग **देहिक** सुख चाहते हैं।	प्रायः लोग **दैहिक** सुख चाहते हैं।
उपरिउक्त वाक्य की **पुनर्रचना** कीजिए।	**उपर्युक्त** वाक्य की **पुनःरचना** कीजिए।
उनकी भाषा **सर्ल** और **सुबोधपूर्ण** है।	उनकी भाषा **सरल** और **सुबोध** है।
मैं किसी **आवश्यकीय** कार्य से **बजार** गया था।	मैं किसी **आवश्यक** कार्य से **बाज़ार** गया था।
मैं आपकी **चातुर्यता** से प्रभावित हूँ।	मैं आपकी **चतुरता** से प्रभावित हूँ। अथवा मैं आपके **चातुर्य** से प्रभावित हूँ।

वर्तनीगत अशुद्धियाँ

वर्तनीगत अशुद्धियाँ दो प्रकार की होती हैं

1. **स्वर सम्बन्धी अशुद्धियाँ** वे अशुद्धियाँ जो बोलते व लिखते समय अ, आ, इ, ई, उ, ऊ, ए, ऐ, ओ, औ आदि हिन्दी वर्णमाला के स्वरों से सम्बन्धित होती हैं, स्वर सम्बन्धी अशुद्धियाँ कहलाती हैं। स्वर सम्बन्धी अशुद्धियों के कुछ उदाहरण निम्नलिखित हैं

अशुद्ध	शुद्ध
महंत जी को **आध्यात्म** का अच्छा ज्ञान है।	महंत जी को **अध्यात्म** का अच्छा ज्ञान है।
महादेवि आधुनीक युग की मीरा हैं।	**महादेवी आधुनिक** युग की मीरा हैं।
मेरा **परिक्षा-परणाम** कल घोषित होगा।	मेरा **परीक्षा-परिणाम** कल घोषित होगा।
अहिल्या का उद्धार राम ने किया था।	**अहल्या** का उद्धार राम ने किया था।
धोबन अपनी **पड़ोसन** के बच्चों को प्यार करने लगी।	**धोबिन** अपनी **पड़ोसिन** के बच्चों को प्यार करने लगी।
श्रीलंका **भरत** के **आधीन** था।	श्रीलंका **भारत** के **अधीन** था।
वाल्मीकी संस्कृत के **आदिकवी** माने जाते हैं।	**वाल्मीकि** संस्कृत के **आदिकवि** माने जाते हैं।
विधाएक जी **अगामी** रविवार को आएँगे।	**विधायक** जी **आगामी** रविवार को आएँगे।
मेरी **अवाज** संसद में गूँजेगी।	मेरी **आवाज़** संसद में गूँजेगी।
जब गरीब **जगेगा** तब **क्रान्ती** होगी।	जब गरीब **जागेगा** तब **क्रान्ति** होगी।
होली में **कूर्ता-पजामा** पहनूँगा।	होली में **कुर्ता-पाजामा** पहनूँगा।
दिपावलि हिन्दुओं का प्रमुख **त्यौहर** है।	**दीपावली** हिन्दुओं का प्रमुख **त्योहार** है।
मुझे **राहूल** का पता **मालुम** है।	मुझे **राहुल** का पता **मालूम** है।
उनके **तलाब** में सुन्दर-सुन्दर **मछलीयाँ** है।	उनके **तालाब** में सुन्दर-सुन्दर **मछलियाँ** हैं।
बदाम का तेल त्वचा और **बालौ** के लिए **बहूत गूणकरी** है।	**बादाम** का तेल त्वचा और **बालों** के लिए **बहुत गुणकारी** है।
जपान में **भुकम्प** और **सूनामी** से जन-धन की भारी **क्षती** हुई है।	**जापान** में **भूकम्प** और **सुनामी** से जन-धन की भारी **क्षति** हुई है।
बच्चों ! तुम **उधम क्यूँ** मचा रहे हो?	बच्चों ! तुम **ऊधम क्यों** मचा रहे हो?
भारत **समृद्धशाली** देश है।	भारत **समृद्धिशाली** देश है।
उद्यौगिक क्रान्ति सर्वप्रथम **इग्लेड** में हुई थी।	**औद्योगिक** क्रान्ति सर्वप्रथम **इंग्लैण्ड** में हुई थी।
कालीदास की **ऊपमायें** बेजोड़ हैं।	**कालिदास** की **उपमाएँ** बेजोड़ हैं।
रत्नवलि, नागानंद और **प्रीयदर्शका** 'हर्ष' की **रचनयें** हैं।	**रत्नावली**, नागानंद और **प्रियदर्शिका** 'हर्ष' की **रचनाएँ** हैं।
कामाएनी उच्च **कोटी** का काव्य है।	**कामायनी** उच्च **कोटि** का काव्य है।
प्रमाणिक पुस्तकों का **अध्यन** करें।	**प्रामाणिक** पुस्तकों का **अध्ययन** करें।
बजार से **आइना** लाओ।	**बाज़ार** से **आईना** लाओ।

अशुद्ध	शुद्ध
मुझे **स्वनिर्मीत मिठाईयां** पसन्द हैं।	मुझे **स्वनिर्मित मिठाइयाँ** पसन्द हैं।
गोपाल को **परिक्षा** में अच्छे **अँक** मिले।	गोपाल को **परीक्षा** में अच्छे **अंक** मिले।
गरीबों के लिए **निशुल्क** शिक्षा **कि** व्यवस्था है।	गरीबों के लिए **निःशुल्क** शिक्षा **की** व्यवस्था है।
'यशोधरा' **मैथलीशरण** गुप्त की श्रेष्ठ रचना है।	'यशोधरा' **मैथिलीशरण** गुप्त की श्रेष्ठ रचना है।
हिन्दी का **व्यवहारिक** ज्ञान अपेक्षित है।	हिन्दी का **व्यावहारिक** ज्ञान अपेक्षित है।

2. **व्यंजन सम्बन्धी अशुद्धियाँ** वे अशुद्धियाँ जो बोलते व लिखते समय क, ख, ग, प, फ, य, र, ल आदि हिन्दी वर्णमाला के व्यंजनों से सम्बन्धित होती हैं, व्यंजन सम्बन्धी अशुद्धियाँ कहलाती हैं। व्यंजन सम्बन्धी अशुद्धियों के कुछ उदाहरण निम्नलिखित हैं

अशुद्ध	शुद्ध
प्रातः **प्राड़ायाम** करो।	प्रातः **प्राणायाम** करो।
मैं **तुमारी इक्षा** पूरी करूँगा।	मैं **तुम्हारी इच्छा** पूरी करूँगा।
शरोबर में कमल के **पुस्प** खिले हैं।	**सरोवर** में कमल के **पुष्प** खिले हैं।
हिन्दी भाषा का **श्रोत संस्क्रत** है।	हिन्दी भाषा का **स्रोत संस्कृत** है।
हमारा **संघटन** मजबूत है।	हमारा **संगठन** मज़बूत है।
सोहन **जबरजस्त** आदमी है।	सोहन **ज़बरदस्त** आदमी है।
भगवान् **भाष्कर** को **प्रड़ाम** करो।	भगवान् **भास्कर** को **प्रणाम** करो।
हिन्दी संघ की **राज्यभासा** है।	हिन्दी संघ की **राजभाषा** है।
वरिष्ट अधिकारी से **सर्म्पक** करो।	**वरिष्ठ** अधिकारी से **सम्पर्क** करो।
हमें अपना **आर्शीवाद** दें।	हमें अपना **आशीर्वाद** दें।
आपका **स्वास्थ** कैसा है?	आपका **स्वास्थ्य** कैसा है?
अपनी **सब्द-सामर्थ** बढ़ाएँ।	अपनी **शब्द-सामर्थ्य** बढ़ाएँ।
दलाईलामा **अधात्मिक** धर्म-गुरु हैं।	दलाईलामा **आध्यात्मिक** धर्म-गुरु हैं।
यह कर्मचारी-हित पर **कुटाराघात** है।	यह कर्मचारी-हित पर **कुठाराघात** है।
निबन्ध में **संसोधन** किया है।	निबन्ध में **संशोधन** किया है।
आपका सामान **सुरच्छित** रहेगा।	आपका सामान **सुरक्षित** रहेगा।
बालक बहुत **उछृंखल** है।	बालक बहुत **उच्छृंखल** है।
कौव्वा कॉव-कॉव करता है।	**कौआ काँव-काँव** करता है।
आपका **भविस्य उज्जवल** हो।	आपका **भविष्य उज्ज्वल** हो।
माता-पिता **पूज्यनीय** हैं।	माता-पिता **पूजनीय** हैं।
दुरबासा ऋषि ने शकुन्तला को **श्राप** दे दिया।	**दुर्वासा** ऋषि ने शकुन्तला को **शाप** दे दिया।
सूर्य और पृथ्वी के पाँच-पाँच **परियायवाची** लिखें।	सूर्य और पृथ्वी के पाँच-पाँच **पर्यायवाची** लिखें।
अपना **कुसलछेम** अवश्य लिखना।	अपना **कुशलक्षेम** अवश्य लिखना।
उसको **दुसाध्य** बीमारी है।	उसको **दुस्साध्य** बीमारी है।

अशुद्ध	शुद्ध
स्वास्थ के लिए **स्वक्ष** जल आवश्यक है।	**स्वास्थ्य** के लिए **स्वच्छ** जल आवश्यक है।
सेठजी गल्ले का **व्योपार** करते हैं।	सेठजी गल्ले का **व्यापार** करते हैं।
सन्तोस का फल मीठा होता है।	**सन्तोष** का फल मीठा होता है।
नखलऊ उत्तर प्रदेश की **राज्यधानी** है।	**लखनऊ** उत्तर प्रदेश की **राजधानी** है।
ईश्वर **सवका भाग-बिधाता** है।	ईश्वर **सबका भाग्य-विधाता** है।
नेताजी का **प्रतिद्वन्दी** आया है।	नेताजी का **प्रतिद्वन्द्वी** आया है।
उन्हें **यथेष्ठ** लाभ मिला।	उन्हें **यथेष्ट** लाभ मिला।
मठ्ठा उदर के लिए लाभकारी है।	**मट्ठा** उदर के लिए लाभकारी है।
तुमारी कच्छा में कितने **क्षात्र** हैं?	**तुम्हारी कक्षा** में कितने **छात्र** हैं?
नियमों का **उलंघन** न करें।	नियमों का **उल्लंघन** न करें।
गीता ने अग्नि **प्रजवलित** किया।	गीता ने अग्नि **प्रज्वलित** की।
मजदूरों का **शोशड़** न करो।	मजदूरों का **शोषण** न करो।

मुहावरा

'मुहावरा' शब्द अरबी भाषा से लिया गया है, जिसका अर्थ है 'अभ्यास होना' या 'उत्तर देना'। इस प्रकार मुहावरा शब्द अपने-आप में स्वयं मुहावरा है, क्योंकि यह अपने सामान्य अर्थ को छोड़कर असामान्य अर्थ प्रकट करता है। वाक्यांश शब्द से स्पष्ट है कि मुहावरा संक्षिप्त होता है, परन्तु अपने इस संक्षिप्त रूप में ही किसी बड़े विचार या भाव को प्रकट करता है।

जैसे एक मुहावरा है-**काठ का उल्लू**। इसका अर्थ यह नहीं कि 'लकड़ी का उल्लू' बना दिया गया है, अपितु इससे यह अर्थ निकलता है कि जो उल्लू (मूर्ख) काठ का है, वह हमारे किस काम का, उसमें सजीवता तो है ही नहीं। इस प्रकार हम इसका अर्थ लेते हैं-'महामूर्ख' से।

हिन्दी के महत्त्वपूर्ण मुहावरे तथा उनके अर्थ

(अ/आ)

- *अंक में समेटना* — गोद में लेना, आलिंगनबद्ध करना
- *अंकुश लगाना* — पाबन्दी या रोक लगाना
- *अंकुश न मानना* — न डरना
- *अंग बन जाना* — सदस्य बनना या हो जाना
- *अंग लगाना* — आलिंगन करना
- *अंग न समाना* — अत्यन्त प्रसन्न होना
- *अंग-अंग ढीला होना* — बहुत थक जाना
- *अंग टूटना* — थकावट से शरीर में दर्द होना
- *अँगूठा दिखाना* — इनकार करना
- *अँगूठे पर मारना* — परवाह न करना
- *अँगूठी का नगीना* — सजीला और सुन्दर
- *अंधे की लकड़ी* — एक मात्र सहारा
- *अंधे के आगे रोना* — व्यर्थ प्रयत्न करना
- *अंधे के हाथ बटेर लगना* — अनायास ही मिलना
- *अँधेरे घर का उजाला* — इकलौता बेटा
- *अंधेर नगरी* — जहाँ धाँधली हो

- *अंधाधुंध लुटाना* — बहुत अपव्यय करना
- *अन्धा बनाना* — मूर्ख बनाकर धोखा देना
- *अक्ल के अंधे* — मूर्ख, बुद्धिहीन
- *अक्ल खर्च करना* — समझ को काम में लाना
- *अक्ल पर पत्थर पड़ना* — कुछ समझ में न आना
- *अक्ल के पीछे लट्ठ लिए फिरना* — मूर्खतापूर्ण कार्य करना
- *अक्ल का अंधा/अक्ल का दुश्मन होना* — महामूर्ख होना
- *अक्ल के घोड़े दौड़ाना* — केवल कल्पनाएँ करते रहना
- *अक्ल चरने जाना* — बुद्धिमत्ता गायब हो जाना
- *अपनी खिचड़ी अलग पकाना* — अलग-थलग रहना, किसी की न मानना
- *अपनी खाल में मस्त रहना* — अपनी दशा से सन्तुष्ट रहना
- *अपनी हाँकना* — आत्म श्लाघा करना/अपनी ही बात को महत्ता देना
- *अपना उल्लू सीधा करना* — स्वार्थ सिद्ध करना
- *अपना सा मुँह लेकर रह जाना* — लज्जित होना
- *अपने मुँह मियाँ मिट्ठू बनना* — आत्मप्रशंसा करना
- *अन्न-जल उठना* — प्रस्थान करना, एक स्थान से दूसरे स्थान पर चले जाना
- *अन्न का टन्न करना* — बनी चीज को बिगाड़ देना
- *अन्न-जल बदा होना* — कहीं का जाना और रहना अनिवार्य हो जाना
- *अन्न न लगना* — खाकर-पीकर भी मोटा न होना
- *अंगारे उगलना* — क्रोध में लाल-पीला होना
- *अंगारे बरसना* — कड़ी धूप होना
- *अंगारों पर पैर रखना* — स्वयं को खतरे में डालना
- *आँख लगना* — झपकी आना
- *आँखों से गिरना* — आदर भाव घट जाना
- *आँखों पर चर्बी चढ़ना* — अहंकार से ध्यान तक न देना
- *आँखें नीची होना* — लज्जित होना
- *आँखें मूँदना* — मर जाना
- *आँखों का पानी ढलना* — निर्लज्ज होना
- *आँख का काँटा* — बुरा होना
- *आँख में खटकना* — बुरा लगना
- *आँख का उजाला* — अति प्रिय व्यक्ति
- *आँख मारना* — इशारा करना
- *आँखों पर परदा पड़ना* — धोखा होना
- *आँखें बिछाना* — स्वागत, सम्मान करना
- *आँखों में धूल डालना* — धोखा देना
- *आँख में घर करना* — हृदय में बसना
- *आँख लगाना* — बुरी अथवा लालचभरी दृष्टि से देखना
- *आँखें ठण्डी करना* — प्रिय-वस्तु को देखकर सुख प्राप्त करना
- *आँखें फाड़कर देखना* — आश्चर्य से देखना
- *आँखें चार करना* — आमना-सामना करना
- *आँखें फेरना* — उपेक्षा करना
- *आँख भरकर देखना* — इच्छा भर देखना
- *आँख खिल उठना* — प्रसन्न हो जाना
- *आँख चुराना* — कतराना/सामने आने से परहेज़ करना
- *आँख का काजल चुराना* — सामने से देखते-देखते माल गायब कर देना
- *आँख निकलना* — विस्मय होना
- *आँखों में धूल झोंकना* — धोखा देना
- *आँखें दिखाना* — डराने-धमकाने के लिए रोष भरी दृष्टि से देखना
- *आँखें तरेरना* — क्रोध से देखना
- *आँखों का तारा* — अत्यन्त प्रिय
- *आँखों में खून उतरना* — अत्यधिक क्रोधित होना
- *आकाश में उड़ना* — कल्पना क्षेत्र में घूमना
- *आकाश-पाताल एक करना* — कठिन परिश्रम करना
- *आकाश-कुसुम होना* — दुर्लभ होना
- *आकाश से बातें करना* — काफी ऊँचा होना
- *आसमान सिर पर उठाना* — उपद्रव मचाना
- *आसमान से तारे तोड़ना* — असम्भव काम करना
- *आसमान से गिरकर खजूर के पेड़ पर अटकना* — एक विपत्ति के बाद दूसरी विपत्ति आना
- *आसमान टूटना* — विपत्ति आना
- *आग पर तेल छिड़कना* — और भड़काना
- *आग पर पानी डालना* — झगड़ा मिटाना
- *आग-पानी या आग और फूस का बैर होना* — स्वाभाविक शत्रुता होना
- *आग लगाकर तमाशा देखना* — लड़ाई कराकर प्रसन्न होना
- *आग बबूला होना* — अत्यधिक क्रोधित होना
- *आटे दाल की फ़िक्र होना* — जीविका की चिन्ता होना
- *आटे दाल का भाव मालूम होना* — वास्तविकता का पता चलना
- *आटा गीला होना* — कठिनाई में पड़ना
- *अधर में लटकना या झूलना* — दुविधा में पड़ा रह जाना
- *अंटी मारना* — कम तौलना
- *अर्श से फर्श तक* — आकाश से भूमि तक
- *अलबी-तलबी धरी रह जाना* — निष्प्रभावी होना
- *अस्ति-नास्ति में पड़ना* — दुविधा में पड़ना
- *अन्दर होना* — जेल में बन्द होना
- *अरमान निकालना* — इच्छाएँ पूरी करना
- *आँचल में बाँधना* — ध्यान में रखना
- *आगा पीछा करना* — हिचकिचाना
- *आवाज़ उठाना* — विरोध में कहना
- *आस्तीन का साँप* — विश्वासघाती मित्र
- *आठ-आठ आँसू रोना* — बहुत पश्चात्ताप करना
- *आसन डोलना* — विचलित होना
- *आधी जान सूखना* — अत्यन्त भय लगना
- *आपे से बाहर होना* — क्रोध से अपने वश में न रहना
- *आधा तीतर आधा बटेर* — बेमेल चीजों का सम्मिश्रण
- *आव देखा न ताव* — बिना सोचे-विचारे
- *आप मरे जग प्रलय* — मृत्यु उपरान्त मनुष्य का सब कुछ छूट जाना
- *आड़े हाथों लेना* — खरी-खोटी सुनाना
- *अड़ियल टट्टू* — जिद्दी/रुक कर काम करने वाला
- *अड्डे पर चहकना* — अपने घर पर रौब दिखाना
- *आगे का पैर पीछे पड़ना* — विपरीत गति या दशा में पड़ना
- *अंगूर खट्टे होना* — अप्राप्त वस्तु की उपेक्षा करना
- *अल्लाह मियाँ की गाय* — सरल प्रकृति वाला
- *अंतड़ियों में बल पड़ना* — संकट में पड़ना

(इ/ई)

- *इधर-उधर की हाँकना* — अप्रासंगिक बातें करना
- *इधर की उधर करना* — चुगली करके भड़काना
- *इज़्ज़त उतारना* — सम्मान को ठेस पहुँचाना
- *इतिश्री करना* — कर्त्तव्य पूरा करना/सुखद अन्त होना
- *इशारों पर नाचना* — गुलाम बनकर रह जाना

- *इन्द्र की परी* — अत्यन्त सुन्दर स्त्री
- *इन तिलों में तेल नहीं* — किसी भी लाभ की आशा न करना
- *ईंट से ईंट बजाना* — नष्ट-भ्रष्ट कर देना
- *ईंट का जवाब पत्थर से देना* — दुष्ट के साथ दुष्टता करना
- *ईद का चाँद होना* — बहुत दिनों बाद दिखाई देना
- *ईंट-ईंट बिक जाना* — सर्वस्व नष्ट हो जाना
- *ईमान देना/बेचना* — झूठ बोलना अथवा अपने धर्म, सिद्धान्त आदि के विरुद्ध आचरण करना

(उ/ऊ)

- *उँगली उठाना* — इशारा करना, आलोचना करना
- *उँगली पर नचाना* — वश में रखना
- *उँगलियों पर गिनने योग्य* — संख्या में न्यूनतम/बहुत थोड़े
- *उँगली पकड़ते ही पहुँचा पकड़ना* — अल्प सहारा पाकर सम्पूर्ण की प्राप्ति हेतु उत्साहित होना
- *उल्टी गंगा बहाना* — नियम के विरुद्ध कार्य करना
- *उल्टी खोपड़ी होना* — ऐसा व्यक्ति जो उचित ढंग के विपरीत आचरण करता हो
- *उल्टी पट्टी पढ़ाना* — बहकाना
- *उड़ती चिड़िया पहचानना* — दूरदर्शी होना
- *उजाला करना* — कुल का नाम रोशन करना
- *उल्लू बोलना* — उजाड़ होना
- *उल्टे छुरे से मूँडना* — किसी को मूर्ख बनाकर उससे धन ऐंठना या अपना काम निकालना
- *उन्नीस-बीस होना* — दो वस्तुओं में थोड़ा बहुत अन्तर होना
- *उड़न छू होना* — गायब हो जाना
- *उबल पड़ना* — एकदम गुस्सा हो जाना
- *उल्टी माला फेरना* — अहित सोचना
- *उखाड़-पछाड़ करना* — त्रुटियाँ दिखाकर कटूक्तियाँ करना
- *उम्र का पैमाना भर जाना* — जीवन का अन्त नज़दीक आना
- *ऊँचे-नीचे पैर पड़ना* — बुरे काम में फँसना
- *ऊँट की चोरी झुके-झुके* — किसी निन्दित, किन्तु बड़े कार्य को गुप्त ढंग से करने की चेष्टा करना
- *ऊधौ का लेना न माधौ का देना* — किसी से किसी प्रकार का सम्बन्ध न रखना

(ए/ऐ)

- *एक ही लकड़ी से हाँकना* — अच्छे-बुरे की पहचान न करना
- *एक ही थैली के चट्टे-बट्टे होना* — सभी का एक जैसा होना
- *एक म्यान में दो तलवारें* — एक वस्तु या पद पर दो शक्तिशाली व्यक्तियों का अधिकार नहीं हो सकता
- *एक ढेले से दो शिकार* — एक कार्य से दो उद्देश्यों की पूर्ति करना
- *एक की चार लगाना* — छोटी बातों को बढ़ाकर कहना
- *एक आँख से देखना* — सबको बराबर समझना
- *एक-एक नस पहचानना* — सब कुछ समझना
- *एक पंथ दो काज* — एक कार्य के साथ दूसरा कार्य भी पूरा करना
- *एक और एक ग्यारह होते हैं* — संघ में बड़ी शक्ति है
- *एड़ियाँ घिसना / रगड़ना* — सिफ़ारिश के लिए चक्कर लगाना
- *एड़ी-चोटी का पसीना एक करना* — घोर परिश्रम करना
- *ऐसी-तैसी करना* — दुर्दशा करना
- *ऐबों पर परदा डालना* — अवगुण छुपाना

(ओ/औ)

- *ओखली में सिर देना* — जानबूझकर अपने को जोखिम में डालना
- *ओस पड़ जाना* — लज्जित होना
- *ओले पड़ना* — विपत्ति आना
- *औने-पौने करना* — जो कुछ मिले उसे उसी मूल्य पर बेच देना
- *औंधे मुँह गिरना* — पराजित होना
- *औंधी खोपड़ी* — मूर्ख होना
- *औकात पहचानना* — यह जानना कि किसमें कितनी सामर्थ्य है
- *और का और हो जाना* — पहले जैसा ना रहना, बिल्कुल बदल जाना

(क)

- *कंधा देना* — अरथी में कंधा लगाना/सहारा देना
- *कंधे से कंधा छिलना* — भारी भीड़ होना
- *कंचन बरसना* — अधिक आमदनी होना
- *कच्चा चिट्ठा खोलना* — सब भेद खोल देना
- *कच्चा खा/चबा जाना* — पूरी तरह नष्ट कर देने की धमकी देना
- *कब्र में पाँव लटकना* — वृद्ध या जर्जर हो जाना/मरने के करीब होना
- *कलेजे पर पत्थर रखना* — धैर्य धारण करना
- *कलेजे का टुकड़ा* — बहुत प्यारा
- *कलेजे पर साँप लोटना* — ईर्ष्या से कुढ़ना
- *कलेजा धक से रह जाना* — डर जाना
- *कलेजा ठण्डा होना* — मन को शान्ति मिलना
- *कलेजा मुँह को आना* — दु:ख होना/घबरा जाना
- *कलम का धनी* — अच्छा लेखक
- *कली खिलना* — खुश होना
- *कान में तेल डालना* — चुप्पी साधकर बैठे रहना
- *कान भरना* — चुगली करना
- *कान का कच्चा* — किसी भी बात पर विश्वास कर लेना
- *कान गरम करना* — दण्ड देना
- *कान कतरना* — अधिक होशियार हो जाना
- *कान पर जूँ तक न रेंगना* — बिलकुल ध्यान न देना
- *कान काटना* — चालाकी में बढ़कर होना
- *कान खड़े होना* — आशंका या खटका होने पर चौकन्ना होना
- *कान खाना/खा जाना* — ज़्यादा बातें करके कष्ट पहुँचाना
- *कान में डाल देना* — सुना देना या अवगत कराना
- *कुत्ते की मौत मरना* — बुरी मौत मरना
- *कुत्ते की दुम* — वैसे का वैसा
- *कौड़ी के मोल* — व्यर्थ होकर रह जाना
- *कौड़ी-कौड़ी पर जान देना* — कंजूस होना
- *कूच कर जाना* — चले जाना
- *कूच का डंका बजना* — सेना का युद्ध के लिए निकलना
- *कूपमण्डूक* — सीमित ज्ञान
- *कुएँ में ही भाँग पड़ना* — सभी लोगों की मति भ्रष्ट होना
- *कुआँ खोदना* — हानि पहुँचाना
- *काँटों पर लेटना* — बेचैन होना
- *काँटा दूर होना* — बाधा दूर होना
- *कच्ची गोली खेलना* — अनुभवहीन होना
- *कोढ़ में खाज होना* — एक दु:ख पर दूसरा दु:ख होना
- *काटने दौड़ना* — चिड़चिड़ाना/क्रोध करना

- *काम तमाम करना* — मार डालना
- *कीचड़ उछालना* — बदनाम करना
- *कट जाना* — अलग होना
- *कदम उखड़ना* — भाग खड़े होना
- *किए कराए पर पानी फेरना* — बिगाड़ देना
- *काफूर होना* — गायब हो जाना
- *काजल की कोठरी* — कलंक लगने का स्थान
- *कागजी घोड़े दौड़ाना* — केवल लिखा-पढ़ी करते रहना
- *कागज काले करना* — अनावश्यक लिखना
- *काला नाग* — खोटा या घातक व्यक्ति
- *किरकिरा हो जाना* — विघ्न पड़ना
- *काया पलट जाना* — और ही रूप हो जाना
- *काले कोसों* — बहुत दूर
- *कलम तोड़ देना/कर रख देना* — प्रभावपूर्ण लेखन करना
- *कसर लगना* — हानि या क्षति होना
- *कमर कसना* — तैयार होना
- *कलई खुलना* — भेद खुलना या रहस्य प्रकट होना
- *कसौटी पर कसना* — परखना
- *कहते न बनना* — वर्णन न कर पाना
- *काठ मार जाना* — स्तब्ध रह जाना
- *कालिख पोतना* — बदनामी करना
- *किताब का कीड़ा* — हर समय पढ़ाई में लगा रहने वाला
- *किराए का टट्टू होना* — कम मजदूरी वाला अयोग्य व्यक्ति
- *किला फ़तेह करना* — विजय पाना/विकट या कठिन कार्य पूरा कर डालना
- *किस्सा खड़ा करना* — कहानी गढ़ना
- *कील काँटे से लैस* — पूरी तरह तैयार
- *कुठाराघात करना* — बड़ी हानि पहुँचाना
- *कोल्हू का बैल होना* — निरन्तर काम में लगे रहना
- *कौए उड़ाना* — बेकार के काम करना
- *कंगाली में आटा गीला* — अभाव में भी अभाव
- *किस्मत फूटना* — बुरे दिन आना

(ख)

- *खून खुश्क होना* — भयभीत होना
- *खून के घूँट पीना* — बुरी लगने वाली बात को सह लेना
- *खून पीना* — तंग करना/मार डालना
- *खून सफेद हो जाना* — दया न रह जाना
- *खून-पसीना एक करना* — कठिन परिश्रम करना
- *खून खौलना* — गुस्सा चढ़ना
- *खून सवार होना* — किसी को मार डालने के लिए उद्यत होना
- *खरी-खोटी सुनाना* — बुरा-भला कहना
- *खीरा-ककड़ी समझना* — दुर्बल और तुच्छ समझना
- *खरा खेल फर्रूखाबादी* — निष्कपट व्यवहार
- *ख्याली पुलाव पकाना* — कल्पनाएँ करना
- *खाक में मिलना* — पूर्णत: नष्ट होना
- *खाक छानना* — दर-दर भटकना
- *खालाजी का घर* — जहाँ मनमानी चले
- *खिचड़ी पकाना* — गुप्त मन्त्रणा करना
- *खेल-खेल में* — आसानी से
- *खेत रहना* — युद्ध में मारा जाना
- *खोपड़ी को मान जाना* — बुद्धि का लोहा मानना
- *खाल उधेड़ना* — कड़ा दण्ड देना
- *खुले हाथ* — उदारता से
- *खूँटे के बल कूदना* — कोई सहारा मिलने पर अकड़ना

(ग/घ)

- *गले का हार होना* — अत्यन्त प्रिय होना
- *गड़े मुर्दे उखाड़ना* — पुरानी बातों पर प्रकाश डालना
- *गढ़ जीतना* — कठिन कार्य पूरा होना
- *गिरगिट की तरह रंग बदलना* — किसी बात पर स्थिर न रहना
- *गुरु घण्टाल* — बहुत धूर्त
- *गुस्सा नाक पर रहना* — जल्दी क्रोधित हो जाना
- *गुस्सा पी जाना* — क्रोध रोकना
- *गूलर का फूल* — असम्भव बात/अदृश्य होना
- *गाँठ बाँधना* — याद रखना
- *गोबर गणेश* — बुद्धू
- *गाल फुलाना* — रूठना
- *गाल बजाना* — डींग हाँकना
- *गँवार की अक्ल गर्दन में* — मूर्ख को दण्ड मिले, तभी होश में आता है।
- *गीदड़-भभकी* — दिखावटी क्रोध
- *गागर में सागर भरना* — थोड़े में बहुत कुछ कहना
- *गोल कर जाना* — गायब कर देना
- *घड़ों पानी पड़ना* — बहुत लज्जित होना
- *घोड़े बेचकर सोना* — निश्चिन्त होकर सोना
- *घोड़े पर चढ़े आना* — उतावली में होना
- *घोड़े दौड़ाना* — अत्यधिक कोशिश करना
- *घर फूँक तमाशा देखना* — अपना नुकसान करके आनन्द मनाना
- *घर काटे खाना* — मन न लगना/सूनापन अखरना
- *घर में गंगा बहना* — अनायास लाभ प्राप्त होना
- *घर का न घाट का* — कहीं का नही
- *घट में बसना* — मन में बसना
- *घाट-घाट का पानी पीना* — बहुत अनुभव प्राप्त करना
- *घाव पर नमक छिड़कना* — दु:खी को और दु:खी करना
- *घास छीलना* — व्यर्थ समय बिताना
- *घात लगाना* — ताक में रहना/उचित अवसर की प्रतीक्षा में रहना
- *घी के दीए जलाना* — खुशियाँ मनाना
- *घी खिचड़ी होना* — खूब मिल-जुल जाना
- *घिग्घी बँधना* — डर के कारण बोल न पाना
- *घाव हरा करना* — भूले दु:ख की याद दिलाना
- *घुटने टेकना* — अपनी हार/असमर्थता स्वीकार करना

(च)

- *चक जमाना* — पूरी तरह से अधिकार या प्रभुत्व स्थापित होना
- *चंगुल में फँसना* — मीठी-मीठी बातों से वश में करना
- *चाँदी का जूता मारना* — रिश्वत या घूस देना
- *चाँद पर थूकना* — भले व्यक्ति पर लाँछन लगाना
- *चाँद खुजलाना* — पिटने की इच्छा होना
- *चार चाँद लगना* — शोभा बढ़ जाना
- *चित्त पर चढ़ना* — सदा स्मरण रहना
- *चादर से बाहर पाँव पसारना* — सीमा के बाहर जाना

- *चुल्लू भर पानी में डूब मरना* — शर्म के मारे मुँह न दिखाना
- *चूलें ढीली करना* — अधिक परिश्रम के कारण बहुत थकावट होना
- *चुटिया हाथ में होना* — संचालन-सूत्र हाथ में होना, पूर्णत: नियन्त्रण में होना
- *चेरी बनाना/बना लेना* — दास या गुलाम बना लेना
- *चूना लगाना* — धोखा देना
- *चारपाई से लगना* — बीमारी से उठ न पाना
- *चण्डाल चौकड़ी* — निकम्मे बदमाश लोग
- *चार दिन की चाँदनी* — कम दिनों का सुख
- *चल बसना* — मर जाना
- *चींटी के पर निकलना* — मरने के दिन निकट आना
- *चोली दामन का साथ* — अत्यन्त निकटता
- *चैन की बंशी बजाना* — मौज़ करना
- *चिराग तले अँधेरा* — अपना दोष स्वयं दिखाई नहीं देता
- *चोर की दाढ़ी में तिनका* — अपराधी सदैव सशंक रहता है
- *चेहरे पर हवाइयाँ उड़ना* — आश्चर्य
- *चूड़ियाँ पहनना* — कायर होना

(छ)

- *छक्के छूटना* — हिम्मत हारना
- *छक्के छुड़ाना* — हिम्मत पस्त करना
- *छक्का-पंजा भूलना* — कुछ भी याद न रहना
- *छप्पर फाड़कर देना* — अनायास ही धन की प्राप्ति
- *छाती पर मूँग दलना* — निरन्तर दु:ख देना
- *छाती भर आना* — दिल पसीजना
- *छाँह न छूने देना* — पास तक न आने देना
- *छठी का दूध याद दिलाना* — संकट में डाल देना
- *छूमन्तर होना* — गायब हो जाना
- *छाती ठोंकना* — साहस दिखाना

(ज/झ)

- *जान के लाले पड़ना* — जान पर संकट आ जाना
- *जान में जान आना* — चैन मिलना
- *जान हथेली पर रखना* — प्राणों की परवाह न करना
- *जबान कैंची की तरह चलना* — बढ़-चढ़कर तीखी बातें करना
- *जबान में लगाम न होना* — बिना सोचे समझे बिना लिहाज के बातें करना
- *जलती आग में घी डालना* — क्रोध भड़काना
- *जड़ जमना* — अच्छी तरह प्रतिष्ठित या प्रस्थापित होना
- *जहर का घूँट पीना* — कड़ी और कड़वी बात सुनकर भी चुप रहना
- *जिगरी दोस्त* — घनिष्ठ मित्र
- *ज़िन्दगी के दिन पूरे करना* — कठिनाई में समय बिताना
- *जीती मक्खी निगलना* — जान बूझकर अन्याय सहना
- *जी चुराना* — किसी काम या परिश्रम से बचने की चेष्टा करना
- *जी खट्टा होना* — विरक्त होना/खराब अनुभव होना
- *जी भर आना* — दु:खी होना
- *ज़मीन पर पैर न रखना* — अकड़कर चलना
- *जोड़-तोड़ करना* — उपाय करना
- *जली-कटी सुनाना* — बुरा-भला कहना
- *जूतियाँ चाटना* — चापलूसी करना
- *जितने मुँह उतनी बातें* — एक ही विषय पर अनेक मत होना
- *जोंक होकर लिपटना* — बुरी तरह पीछे पड़ना
- *जहर उगलना* — कड़वी बातें करना
- *झण्डा गाड़ना* — अधिकार जमाना
- *झकझोर देना* — हिला देना/पूर्णत: त्रस्त कर देना
- *झाँव-झाँव होना* — जोरों से कहा-सुनी होना
- *झाड़ू फिरना/फिर जाना* — नष्ट करना
- *झुरमुट मारना* — बहुत से लोगों का घेरा बनाकर खड़े होना
- *झूमने लगना* — आनन्द-विभोर हो जाना

(ट/ठ)

- *टिप्पस लगाना* — सिफारिश करवाना
- *टूट पड़ना* — आक्रमण करना
- *टेढ़ी खीर* — कठिन काम या बात
- *टका-सा जवाब देना* — साफ़ इनकार कर देना
- *टाट उलटना* — दिवाला निकलना
- *टोपी उछालना* — बेइ़ज़्ज़ती करना
- *टाँग अड़ाना* — व्यवधान डालना
- *टाँय-टाँय फिस होना* — काम बिगड़ जाना
- *ठण्डे कलेजे से* — शान्त होकर/शान्त भाव से
- *ठूँठ होना* — निष्प्राण होना
- *ठन-ठन गोपाल* — पैसा पास न होना
- *ठौर-ठिकाने लगना* — आश्रय मिलना
- *ठीकरा फोड़ना* — दोष लगाना

(ड/ढ)

- *डंक मारना* — घोर कष्ट देना
- *डंका बजना* — ख्याति होना
- *डंड पेलना* — निश्चिन्ततापूर्वक जीवनयापन करना
- *डाली देना* — अधिकारियों को प्रसन्न रखने के लिए कुछ भेंट देना
- *डींग मारना* — अनावश्यक बातें कहना
- *डूबना-उतराना* — संशय में रहना
- *डेढ़ चावल की खिचड़ी पकाना* — बहुमत से अलग रहना
- *डेढ़ बीता कलेजा करना* — अत्यधिक साहस दिखाना
- *ढोंग रचना* — किसी को मूर्ख बनाने के लिए पाखण्ड करना
- *ढिंढोरा पीटना* — प्रचार करना
- *ढाई दिन की बादशाहत* — थोड़े समय के लिए पूर्ण अधिकार मिलना

(त/थ)

- *तीन-तेरह करना* — पृथकता की बात करना
- *तीन-पाँच करना* — टाल-मटोल करना
- *तंग आ जाना* — परेशान हो जाना
- *तकदीर का खेल* — भाग्य में लिखी हुई बात
- *ताक पर रखना* — व्यर्थ समझकर दूर हटाना
- *तीसमार खाँ बनना* — अपने को शूरवीर समझ बैठना
- *तिल का ताड़ बनाना* — किसी बात को बढ़ा-चढ़ाकर कहना
- *तार-तार होना* — पूरी तरह फट जाना
- *तेली का बैल* — हर समय काम में लगे रहना
- *तुर्की-ब-तुर्की बोलना* — जैसे को तैसा
- *तालू से जीभ न लगना* — बोलते रहना
- *तूती बोलना* — रौब जमाना
- *तेल की कचौड़ियों पर गवाही देना* — सस्ते में काम करना

- *तालू में दाँत जमना*— विपत्ति या बुरा समय आना
- *तेवर चढ़ना*— गुस्सा होना
- *तारे गिनना*— रात को नींद न आना
- *तलवे चाटना*— खुशामद करना
- *थाली का बैंगन*— ढुलमुल विचारों वाला/सिद्धान्तहीन व्यक्ति
- *थुड़ी-थुड़ी होना*— बदनामी होना
- *थैली का मुँह खोलना*— खुले दिल से व्यय करना
- *थूककर चाटना*— कही हुई बात से मुकर जाना
- *थाह लेना*— किसी गुप्त बात का भेद जानना

(द/ध)

- *दंग रह जाना*— अत्यधिक चकित रह जाना
- *दाँतों तले उँगली दबाना*— आश्चर्यचकित होना
- *दाल में काला होना*— सन्देह होना
- *दुम दबाकर भागना/भाग जाना/भाग खड़े होना*— चुपचाप भाग जाना
- *दूध का दूध और पानी का पानी*— पूर्ण न्याय करना
- *दूध का धुला होना*— बहुत पवित्र होना
- *दूध के दाँत न टूटना*— ज्ञान व अनुभव न होना
- *दो नावों पर सवार होना*— दुविधापूर्ण स्थिति में होना या खतरे में डालना
- *द्वार झाँकना*— दान, भिक्षा आदि के लिए किसी के दरवाजे पर जाना
- *दिन-रात एक करना*— प्रयास करते रहना
- *दिन दूनी रात चौगुनी होना*— बहुत शीघ्र उन्नति करना
- *दिन पहाड़ होना*— कार्य के अभाव में समय गुजारना
- *दिन में तारे दिखाई देना*— बुद्धि चकराने लगना
- *दिनों का फेर होना*— भाग्य का चक्कर
- *दिमाग दिखाना*— अहम् भाव प्रदर्शित करना
- *दिमाग आसमान पर चढ़ना*— बहुत घमण्ड होना
- *दाँत काटी रोटी*— घनिष्ठ मित्रता
- *दाँत खट्टे करना*— पराजित करना
- *दाँत पीसकर रह जाना*— क्रोध रोक लेना
- *दाना पानी उठना*— जगह छोड़ना
- *दिल का गुबार निकालना*— मन की बात कह देना
- *दिल भर आना*— शोकाकुल होना या भावुक होना
- *दिल में फफोले पड़ना*— अत्यन्त कष्ट होना
- *दाहिना हाथ*— बहुत बड़ा सहायक होना
- *दमड़ी के तीन होना*— सस्ते होना
- *दम भरना*— भरोसा करना
- *दर-दर की ठोकरें खाना*— बहुत कष्ट उठाना
- *दाल जूतियों में बँटना*— अनबन होना
- *देवता कूच कर जाना*— घबरा जाना
- *दो दिन का मेहमान* — जल्दी मरने वाला
- *दमड़ी के लिए चमड़ी उधेड़ना*— छोटी-सी बात के लिए अधिक माँग करना या दण्ड देना
- *दुम दबाकर भागना*— डरकर कुत्ते की भाँति भागना
- *धोती ढीली होना*— घबरा जाना
- *धौंस जमाना*— रौब दिखाना/आतंक जमाना
- *ध्यान टूटना*— एकाग्रता भंग होना
- *ध्यान रखना*— देखभाल करना/सावधान रहना
- *धज्जियाँ उड़ाना*— दुर्गति करना
- *धूप में बाल सफ़ेद होना*— अनुभवहीन होना

(न)

- *नाक भौं चढ़ाना*— असन्तोष प्रकट करना
- *नाक में नकेल डालना*— वश में करना
- *नाक कटना*— इज़्ज़त चली जाना
- *नाक रगड़ना*— बहुत विनती करना
- *नाक का बाल होना*— अत्यन्त प्रिय होना
- *नाको-चने चबाना*— बहुत तंग होना
- *नंगा कर देना*— वास्तविकता प्रकट करना/असलियत खोलना
- *नंगे हाथ*— खाली हाथ
- *नमक-मिर्च लगाना*— बढ़ा-चढ़ाकर कहना/कमी निकालना
- *निन्यानवे के फेर में पड़ना*— धन संग्रह की चिन्ता में पड़ना/लोभ में पड़ना
- *नौ दो ग्यारह होना*— भाग जाना
- *नाच नचाना*— मनचाही करना/परेशान करना
- *नीला-पीला होना*— गुस्सा होना
- *नीचा दिखाना*— अपमानित करना
- *नमक अदा करना*— उपकारों का बदला चुकाना
- *नकेल हाथ में होना*— वश में होना
- *नहले पर दहला मारना*— करारा जवाब देना
- *नानी याद आना*— मुसीबत का एहसास होना
- *नस-नस पहचानना*— किसी के अवांछित व्यवहार को विस्तार से जानना
- *नाव में धूल उड़ाना*— व्यर्थ बदनाम करना

(प)

- *पत्थर की लकीर होना*— स्थिर होना या दृढ़ विश्वास होना
- *पहाड़ टूट पड़ना*— मुसीबत आना
- *पाँचों उँगली घी में होना*— पूर्ण लाभ में होना
- *पानी उतर जाना*— लज्जित हो जाना
- *पानी-पानी होना*— शर्मसार होना
- *पानी में आग लगाना*— असम्भव कार्य करना
- *पेट में दाढ़ी होना*— चालाक होना
- *पेट में चूहे दौड़ना*— भूख लगना
- *पेट का पानी न पचना*— अत्यन्त अधीर होना
- *पेट का हल्का*— बात को अपने तक छिपा न सकने वाला
- *पीठ में छुरा भोंकना*— विश्वासघात करना
- *पीठ पर हाथ रखना*— पक्ष मज़बूत बनाना
- *पीठ दिखाना*— पराजय स्वीकार करना
- *पैरों पर खड़ा होना*— स्वावलम्बी होना
- *पाँव तले ज़मीन खिसकना*— घबरा जाना
- *पाँव फूँक-फूँक कर रखना*— सतर्कता से कार्य करना
- *पाँव उखड़ जाना*— पराजित होकर भाग जाना
- *पगड़ी रखना*— इज़्ज़त रखना
- *पत्थर पर दूब जमना*— अप्रत्याशित घटित होना
- *पापड़ बेलना*— विषम परिस्थितियों से गुज़रना
- *पटरी बैठना*— अच्छे सम्बन्ध होना
- *पंख न मारना*— पहुँच न होना

(फ)

- *फ़रिश्ता निकलना*— बहुत भला और परोपकारी सिद्ध होना
- *फिकरा कसना*— व्यंग्य करना
- *फीका लगना*— घटकर या हल्का प्रतीत होना

- *फूटी आँखों न भाना* — बिल्कुल अच्छा न लगना
- *फूला न समाना* — बहुत प्रसन्न होना
- *फूल सूँघकर रह जाना* — अत्यन्त थोड़ा भोजन करना
- *फूलकर कुप्पा होना* — बहुत प्रसन्न होना
- *फूँक-फूँक कर कदम रखना* — अत्यन्त सतर्कता के साथ काम करना
- *फूँक मारना* — किसी को चुपचाप बहकाना
- *फावड़ा चलाना* — मेहनत करना
- *फट पड़ना* — एकदम गुस्से में हो जाना

(ब/भ)

- *बाल-बाल बचना* — किसी संकट से किसी प्रकार बचना/मुश्किल से बच पाना
- *बाल बाँका न होना* — कुछ भी हानि या कष्ट न होना
- *बालू में से तेल निकालना* — असम्भव को सम्भव कर देना
- *बंटाधार होना* — चौपट या नष्ट होना
- *बहती गंगा में हाथ धोना* — बिना प्रयास ही यश पाना
- *बाग-बाग होना* — अति प्रसन्न होना
- *बीड़ा उठाना* — दृढ़ संकल्प करना
- *बेपर की उड़ाना* — अफवाहें फैलाना/निराधार बातें चारों ओर करते फिरना
- *बट्टा लगाना* — दोष या कलंक लगना
- *बाँछें खिलना* — अत्यन्त प्रसन्न होना
- *बखिया उधेड़ना* — भेद खोलना
- *बच्चों का खेल* — सरल काम
- *बाएँ हाथ का खेल* — अति सरल काम
- *बात का धनी होना* — वचन का पक्का होना
- *बेसिर पैर की बात करना* — व्यर्थ की बातें करना
- *बछिया का ताऊ* — अत्यधिक मूर्ख व्यक्ति
- *बड़े घर की हवा खाना* — जेल जाना
- *बेपेंदी का लोटा* — अपनी बात पर स्थिर न रहना
- *बल्लियाँ उछलना* — बहुत खुश होना
- *बावन तोले पाव रत्ती* — बिल्कुल ठीक हिसाब
- *बाज़ार गर्म होना* — काम-धंधा तेज़ होना
- *बात ही बात में* — तुरन्त/अतिशीघ्र
- *बात न पूछना* — आदर न करना
- *बरस पड़ना* — अति क्रुद्ध होकर डाँटना
- *बिल्ली के गले में घण्टी बाँधना* — स्वयं को संकट में डालना
- *भण्डा फोड़ना* — रहस्य खोलना/भेद प्रकट करना
- *भविष्य पर आँख होना* — आगे का जीवन सुधारने के लिए प्रयत्नशील रहना
- *भिरड़ के छत्ते में हाथ डालना* — जान-बूझकर संकट अपने पीछे लगाना
- *भीगी बिल्ली बनना* — टर जाना
- *भूमिका निभाना* — निष्ठापूर्वक अपने काम का निर्वाह करना
- *भेड़िया धसान* — अंधानुकरण
- *भाड़े का टट्टू* — पैसे लेकर ही काम करने वाला
- *भाड़ झोंकना* — समय व्यर्थ खोना
- *भैंस के आगे बीन बजाना* — बेसमझ आदमी को उपदेश देना
- *भागीरथ प्रयत्न करना* — कठोर परिश्रम

(म)

- *मुँह पर नाक न होना* — कुछ भी लज्जा या शर्म न होना
- *मुँह में पानी आना* — लालच भरी दृष्टि से देखना/खाने हेतु लालच
- *मुँह बनाना* — खीझ प्रकट करना
- *मुँह काला करना* — कलंकित करना
- *मुँह की खाना* — हार जाना/अपमानित होना
- *मुँह पकड़ना* — बोलने न देना
- *मुँह धो रखना* — आशा रखना
- *मुख से फूल झड़ना* — मधुर वचन बोलना
- *मन के लड्डू खाना* — व्यर्थ की आशा पर प्रसन्न होना
- *मन ही मन में रह जाना* — इच्छाएँ पूरी न होना
- *मन मैला करना* — खिन्न होना
- *मीठी छुरी चलाना* — प्यार से मारना/विश्वासघात करना
- *मुट्ठी गरम करना* — रिश्वत देना
- *मुट्ठी में करना* — वश में करना
- *मीनमेख निकालना* — त्रुटि निकालना
- *मंच पर आना* — सामना करना
- *मिट्टी का माधो* — मूर्ख
- *मक्खी नाक पर न बैठने देना* — इज़्ज़त खराब न होने देना
- *मोहर लगा देना* — पुष्टि करना
- *मीठी छुरी चलाना* — विश्वासघात करना
- *मैदान मारना* — विजय प्राप्त करना
- *मुहर्रमी सूरत* — शोक मनाने वाला चेहरा
- *मक्खी मारना* — बेकार बैठे रहना
- *माथे पर शिकन न आना* — कष्ट में थोड़ा भी विचलित न होना
- *माथे पर शिकन आना* — मुखाकृति से अप्रसन्नता/रोष आदि प्रकट होना
- *म्याऊँ का ठौर पकड़ना* — खतरे में पड़ना

(य/र)

- *यम की यातना* — असह्य कष्ट
- *यमराज का द्वार देख आना* — मरकर जीवित हो जाना
- *युग बोलना* — बहुत समय बाद होना
- *युधिष्ठिर होना* — अत्यन्त सत्य-प्रिय होना
- *रफूचक्कर होना* — भाग जाना
- *राई का पहाड़ बनाना* — बढ़ा-चढ़ाकर कहना
- *रातों की नींद हराम होना* — चिन्ता, भय, दुःख आदि के कारण रातभर नींद न आना
- *रीढ़ टूटना* — आधारहीन रहना
- *रोंगटे खड़ा होना* — भय से रोमांचित हो जाना
- *रास्ते पर लाना* — सुधार करना
- *रो-धोकर दिन काटना* — जैसे-तैसे जीवन व्यतीत करना
- *रंग में भंग होना* — आनन्द में विघ्न आना
- *रंग लाना* — हालात पैदा करना
- *रंग बदलना* — बदलाव होना
- *रँगा सियार* — धोखेबाज़ होना
- *रास्ता नापना* — चले जाना

(ल/व)

- *लंगोटी बिकवाना* — दरिद्र कर देना
- *लंगोटिया यार* — बचपन का मित्र
- *लंगोटी में फाग खेलना* — दरिद्रता में आनन्द मनाना
- *लकीर का फकीर होना* — रूढ़िवादी होना
- *लेने के देने पड़ना* — लाभ के बदले हानि
- *लासा लगाना* — किसी को फँसाने की युक्ति करना
- *लोहे के चने चबाना* — कठिनाइयों का सामना करना
- *लौ लगाना* — मग्न हो जाना/आसक्त हो जाना

- *ललाट में लिखा होना* — भाग्य में लिखा होना
- *लम्बी तानकर सोना* — निष्क्रिय होकर बैठना
- *लाल-पीला होना* — गुस्से में होना
- *लल्लो-चप्पो करना* — चिकनी-चुपड़ी बातें करना
- *लहू के आँसू पीना* — दु:ख सह लेना
- *लुटिया डुबोना* — कार्य खराब कर देना
- *वकालत करना* — पक्ष का समर्थन करना
- *वक्त की आवाज़* — समय की पुकार
- *वारी हो जाना* — न्योछावर हो जाना
- *विधि बैठना* — युक्ति सफल होना/संगति बैठना
- *विष उगलना* — क्रोधित होकर बोलना
- *विष की गाँठ* — उपद्रवी/हानि पहुँचाने वाला
- *विष घोलना* — गड़बड़ पैदा करना/ईर्ष्या पैदा करना

(श्र/श/स)

- *श्रीगणेश करना* — कार्य आरम्भ करना
- *शहद लगाकर चाटना* — किसी व्यर्थ की वस्तु को सँभालकर रखना
- *शैतान के कान कतरना/ काटना* — बहुत चालाक होना
- *शान में बट्टा लगना* — शान घटना
- *शेर की सवारी करना* — खतरनाक कार्य करना
- *शेर और बकरी का एक घाट पर पानी पीना* — ऐसी स्थिति होना जिसमें दुर्बल को सबल का कुछ भी भय न हो
- *शिकंजा कसना* — नियन्त्रण और कठोर करना
- *सिर आँखों पर* — विनम्रता तथा सम्मानपूर्वक ग्रहण करना
- *सिर ऊँचा करना* — सम्मान बढ़ाना
- *सिर पर भूत सवार होना* — धुन लग जाना
- *सिर पर कफ़न बाँधना* — बलिदान देने के लिए तैयार होना
- *सिर गंजा करना* — बुरी तरह पीटना
- *सिर पर पाँव रखकर भागना* — तुरन्त भाग जाना
- *सिर उठाना* — विरोध करना
- *सिर मुँड़ाते ओले पड़ना* — काम शुरू होते ही बाधा आना
- *सिर पर हाथ होना* — सहारा होना
- *सिर झुकाना* — पराजय स्वीकार करना
- *सिर खपाना* — व्यर्थ ही सोचना
- *सोने की चिड़िया* — बहुत कीमती वस्तु
- *सफ़ेद झूठ* — सर्वथा असत्य
- *साँप को दूध पिलाना* — शत्रु पर दया करना
- *साँप सूँघना* — निष्क्रिय या बेदम हो जाना
- *साँप, छछूँदर की गति होना* — असमंजस की दशा होना
- *समझ पर पत्थर पड़ना* — विवेक खो देना
- *साँच को आँच नहीं* — सच बोलने वाले को किसी का भय नहीं
- *सूरज को दीपक दिखाना* — किसी व्यक्ति की तुच्छ प्रशंसा करना
- *संसार से उठना* — मर जाना
- *सब्जबाग दिखाना* — लालच देकर बहकाना
- *सिट्टी-पिट्टी गुम होना* — होश उड़ जाना
- *सिक्का जमाना* — प्रभाव स्थापित करना
- *सेमल का फूल होना* — थोड़े दिनों का अस्तित्व होना
- *सूखते धान पर पानी पड़ना* — दशा सुधरना
- *सुई की नोंक के बराबर* — ज़रा-सा

(ह)

- *हाथ खाली होना* — पैसा न होना
- *हाथ खींचना* — सहायता बन्द कर देना
- *हाथ का मैल* — तुच्छ और त्याज्य वस्तु
- *हाथ को हाथ न सूझना* — घना अँधेरा होना
- *हाथ-पैर मारना* — कोशिश करना
- *हाथ डालना* — शुरू करना
- *हाथ साफ़ करना* — बेईमानी से लेना या चोरी करना
- *हाथों हाथ रखना* — देखभाल के साथ रखना
- *हाथ धो बैठना* — किसी व्यक्ति या वस्तु को खो देना
- *हाथों के तोते उड़ जाना* — होश हवास खो जाना
- *हाथ पीले कर देना* — लड़की की शादी कर देना
- *हाथ-पाँव फूल जाना* — डर से घबरा जाना
- *हाथ मलना या हाथ मलते रह जाना* — पश्चाताप करना
- *हाथ पर हाथ धरे रहना* — बेकाम रहना
- *हाथी के पैर में सबका पैर* — बड़ी चीज के साथ छोटी का साहचर्य
- *हाल पतला होना* — दयनीय दशा होना
- *हवाई किले बनाना* — कोरी कल्पना करना
- *हथियार डालना* — संघर्ष बन्द कर देना

हक्का-बक्का रह जाना — अचम्भे में पड़ जाना

लोकोक्तियाँ

लोकोक्ति का अर्थ है—लोक (संसार) में प्रचलित उक्ति अर्थात् कहावतें। 'कहावतें' हिन्दी-भाषा का शब्द है। इसका अर्थ होता है 'कही हुई बातें।' यदि हम इसके अर्थ पर विचार करते हैं तो स्पष्ट हो जाता है कि प्रत्येक कही हुई बात कहावत नहीं होती, बल्कि जिस कहावत में जीवन के अनुभव का सार-संक्षेपण चमत्कृत ढंग से किया जाए, उसे कहावत के अन्तर्गत माना जाता है।

उदाहरणार्थ रवीश ने कहा, **मैं अकेला ही कुआँ खोद लूँगा।** इस पर सभी ने रवीश की हँसी उड़ाते हुए कहा, व्यर्थ की बातें करते हो, **अकेला चना भाड़ नहीं फोड़ता।** यहाँ कहावत का प्रयोग किया गया है, जिसका अर्थ है ''एक व्यक्ति के करने से कोई कठिन काम पूरा नहीं होता।''

कहावत को 'सूक्ति', 'सुभाषित' और 'लोकोक्ति' भी कहते हैं। इनमें से कहावत शब्द ही उपयुक्त है, क्योंकि सूक्ति या सुभाषित का अर्थ है—सुन्दर उक्ति या बात। लोकोक्ति शब्द इसलिए उपयुक्त नहीं है, क्योंकि लोकोक्ति का अर्थ- ''लोक(जनसाधारण) की उक्ति होता है।''

मुहावरा और कहावत में अन्तर

मुहावरा	कहावत
• मुहावरा एक वाक्यांश होता है।	• कहावत एक वाक्य होता है।
• मुहावरे का स्वतन्त्र रूप में प्रयोग नहीं होता।	• कहावत का स्वतन्त्र रूप में प्रयोग होता है।
• मुहावरे में उद्देश्य, विधेय का बन्धन नहीं होता, लेकिन अर्थ की स्पष्टता के लिए इसका प्रयोग किया जाता है।	• कहावत में उद्देश्य और विधेय का पूर्ण विधान होता है, इसलिए अर्थ स्वतः स्पष्ट हो जाता है।
• मुहावरे किसी बात को कहने का तरीका अथवा पद्धति है।	• कहावत उस कथन में व्यक्त किए गए विचार अथवा अनुभव का मूल है।
• मुहावरे में काल, वचन तथा पुरुष के अनुरूप परिवर्तन हो जाता है।	• कहावत में उसके रूप में किसी प्रकार का परिवर्तन नहीं होता।
• मुहावरा का प्रयोग लाक्षणिक अर्थ व्यक्त करने के लिए होता है।	• कहावत का प्रयोग अन्योक्ति अथवा अप्रस्तुत व्यंजना के लिए होता है।

हिन्दी की महत्त्वपूर्ण कहावतें/लोकोक्ति व उनके अर्थ

(अ)

- *अंधों में काना राजा* — मूर्खों के मध्य कुछ चतुर।
- *अंधे को अंधा कहने से बुरा लगता है* — कटु वचन सत्य होने पर भी बुरा लगता है।
- *अंधे की लकड़ी* — बेसहारे का सहारा।
- *अंधा बाँटे रेवड़ी फिर-फिर अपनों को दे* — स्वार्थी व्यक्ति पक्षपात करता है।
- *अंधा सिपाही कानी घोड़ी, विधि ने खूब मिलाई जोड़ी* — दोनों साथियों में एक से अवगुण।
- *अंधी पीसे कुत्ता खाय* — जब कार्य कोई करे उसका फायदा दूसरा व्यक्ति उठाए।
- *अंधेर नगरी चौपट राजा* — अन्याय का बोलबाला।
- *अपनी-अपनी ढपली, अपना-अपना राग* — मनमानी।
- *अपनी करनी पार उतरनी* — अपने किए का फल भोगना।
- *अपनी पगड़ी अपने हाथ* — अपने सम्मान को बनाए रखना अपने ही हाथ में है।
- *अपनी छाछ को कोई खट्टा नहीं कहता* — अपनी चीज को कोई बुरा नहीं बताता।
- *अपनी चिलम भरने को मेरा झोंपड़ा जलाते हो* — अपने अल्प लाभ के लिए दूसरे की भारी हानि करते हो।
- *अपनी नींद सोना, अपनी नींद जागना* — पूर्ण स्वतन्त्र होना।
- *अपनी टाँग उघारिये आपहि मरिए लाज* — अपने घर की बात दूसरों से कहने पर बदनामी होती है।
- *अपनी गली में कुत्ता भी शेर होता है* — अपने घर में, क्षेत्र में सभी जोर बताते हैं।
- *अपना सोना खोटा तो परखैया का क्या दोष* — हममें ही कमजोरी हो तो बताने वालों का क्या दोष।
- *अपना हाथ जगन्नाथ* — स्वयं का काम स्वयं करना अच्छा होता है।
- *अपना रख पराया चख* — निजी वस्तु की रक्षा एवं अन्य वस्तु का उपभोग।
- *अपने झोंपड़े की खैर मनाओ* — अपनी कुशल देखो।
- *अब पछताए होत क्या जब चिड़िया चुग गई खेत* — अवसर निकल जाने के बाद पछताना व्यर्थ होता है।
- *अब की अब के साथ, जब की जब के साथ* — सदा वर्तमान की ही चिन्ता करनी चाहिए।
- *अभी दिल्ली दूर है* — अभी कसर है।
- *अढ़ाई दिन की बादशाहत* — थोड़े दिन की शान-शौकत।
- *अधजल गगरी छलकत जाए* — कम ज्ञान, धन, सम्मान वाले व्यक्ति अधिक प्रदर्शन करते हैं।
- *अक्ल बड़ी या भैंस* — शारीरिक बल से बौद्धिक बल अधिक अच्छा होता है।
- *अन्त भला तो सब भला* — परिणाम अच्छा हो जाए तो सब कुछ अच्छा माना जाता है।
- *अटकेगा सो भटकेगा* — दुविधा या सोच विचार में पड़ोगे तो काम नहीं होगा।
- *अच्छी मति जो चाहो बूढ़े पूछन जाओ* — बड़े-बूढ़ों की सलाह से कार्य सिद्ध हो सकते हैं।
- *अस्सी की आमद नब्बे खर्च* — आय से अधिक खर्च।
- *अटका बनिया देय उधार* — स्वार्थी और मज़बूर व्यक्ति अनचाहा कार्य भी करता है।

(आ)

- *आ पड़ोसन लड़ें* — बिना बात झगड़ा करना।
- *आ बैल मुझे मार* — जानबूझकर आफत मोल लेना
- *आम के आम गुठलियों के दाम* — दुहरा फायदा।
- *आम खाने से काम, पेड़ गिनने से क्या काम* — अपने मतलब की बात करो।
- *आई तो रोजी नहीं तो रोज़ा* — कमाया तो खाया नहीं तो भूखे।
- *आई है जान के साथ जाएगी जनाजे के साथ* — आजीवन किसी चीज़ से पिण्ड न छूटना।
- *आई मौज फ़कीर की दिया झोंपड़ा फूँक* — मौजी और विरक्त आदमी।
- *आँख का अंधा नाम नयनसुख* — नाम के विपरीत गुण।
- *आँख के अंधे गाँठ के पूरे* — मूर्ख किन्तु धनी।
- *आगे नाथ न पीछे पगहा* — बिल्कुल स्वतन्त्र।
- *आगे जाए घुटने टूटे, पीछे देखे आँखें फूटे* — जिधर जाएँ उधर ही मुसीबत।
- *आदमी पानी का बुलबुला है* — मनुष्य जीवन नाशवान है।
- *आदमी की दवा आदमी है* — मनुष्य ही मनुष्य की सहायता करता है।
- *आए थे हरि भजन को ओटन लगे कपास* — जब कोई व्यक्ति किसी अच्छे कार्य के लिए जाता है, किन्तु बुरे कामों में फँस जाता है; तब यह कहावत कही जाती है।
- *आटे के साथ घुन भी पिस जाता है* — अपराधी की संगति से निरपराध भी दण्ड का भागी बनता है।
- *आधी छोड़ सारी को धावै, आधी मिलै न पूरी पावै* — अधिक लोभ करने से हानि ही होती है।
- *आप न जावै सासुरे औरों को सिख देत* — कोई कार्य स्वयं तो न करे पर दूसरों को सीख दे।
- *आया है सो जाएगा राजा रंक फकीर* — सबको मरना है।
- *आसमान पर थूका मुँह पर आता है* — बड़े लोगों की निन्दा करने से अपनी ही बदनामी होती है।
- *आठ कनौजिये नौ चूल्हे* — अलगाव की स्थिति।

(इ/ई)

- *इधर न उधर, यह बला किधर* — अचानक विपत्ति आ जाना।
- *इधर कुआँ उधर खाई* — हर तरफ़ मुसीबत।
- *इतना खाएँ जितना पचे* — सीमा के अन्दर कार्य करना चाहिए।
- *इस हाथ दे उस हाथ ले* — कर्म का फल शीघ्र मिलता है।
- *इसके पेट में दाढ़ी है* — उम्र कम बुद्धि अधिक।
- *इमली के पात पर दण्ड पेलना* — सीमित साधनों से बड़ा कार्य करने का प्रयास करना।
- *इन तिलों में तेल नहीं* — किसी भी लाभ की संभावना न होना।
- *ईंट की देवी माँगे का प्रसाद* — जैसा व्यक्ति वैसी आवभगत।
- *ईश्वर की माया कहीं धूप कहीं छाया* — संसार में कहीं दुःख है कहीं सुख है।

(उ/ऊ)

- *उसी की जूती उसी का सिर* — जिसकी करनी उसी को फल मिलता है।
- *उगले तो अंधा, खाए तो कोढ़ी* — दुविधा में पड़ना।
- *उल्टे बाँस बरेली को* — विपरीत कार्य करना।
- *ऊँट किस करवट बैठता है* — न जाने भविष्य में क्या होगा।
- *ऊधौ का लेन न माधौ का देन* — किसी से कोई वास्ता न रखना।

(ए/ऐ)

- *एक अनार सौ बीमार* — एक ही वस्तु के अनेक आकांक्षी।
- *एक तो करेला दूजे नीम चढ़ा* — दोहरा कटुत्व।
- *एक सड़ी मछली सारे तालाब को गन्दा कर देती है* — अच्छे समाज को एक बुरा व्यक्ति कलंकित कर देता है।
- *एक हाथ से ताली नहीं बजती* — झगड़े में दोनों पक्षों की गलती होती है।
- *एक पन्थ दो काज/एक ढेले से दो शिकार* — एक उपाय से दो कार्यों का होना।
- *एक आँख से रोवे, एक आँख से हँसे* — दिखावटी रोना।
- *एक टकसाल के ढले हैं* — सब एक जैसे हैं।
- *एक मुँह दो बात* — अपनी बात से पलट जाना।
- *एक और एक ग्यारह होते हैं* — एकता में बल है।
- *ऐसे बूढ़े बैल को कौन बाँध भुस देय* — बूढ़ा और बेकार आदमी दूसरे पर बोझ हो जाता है।

(ओ/औ)

- *ओखली में सर दिया तो मूसलों से क्या डरना* — जब कार्य करना ही है तो आने वाली कठिनाइयों से नहीं डरना चाहिए।
- *ओछे की प्रीति बालू की भीति* — दुष्ट व्यक्तियों की मित्रता क्षणिक होती है।
- *ओस चाटे प्यास नहीं बुझती* — बहुत कम वस्तु से आवश्यकता की पूर्ति नहीं होती।

(क)

- *कोयला होय न उजला सौ मन साबुन धोय* — दुष्ट व्यक्ति की प्रकृति में कोई परिवर्तन नहीं होता उसे चाहे कितनी ही सीख दी जाए।
- *कोयले की दलाली में हाथ काले* — बुरी संगति का परिणाम बुरा होता है।
- *कुत्ते भौंकते रहते हैं और हाथी चलता जाता है* — महान् व्यक्ति छोटी-सी नुक्ता-चीनी पर ध्यान नहीं देता है।
- *कुत्ता भी दुम हिलाकर बैठता है* — सफ़ाई सबको पसन्द होती है।
- *काम का ना काज का दुश्मन अनाज का* — निकम्मा व्यक्ति।
- *काम को काम सिखाता है* — काम करते-करते आदमी होशियार हो जाता है।
- *कहाँ राजा भोज कहाँ गंगू तेली* — अत्यधिक अन्तर।
- *काठ की हाण्डी बार-बार नहीं चढ़ती* — अन्याय बार-बार नहीं चलता।
- *कर सेवा खा मेवा* — अच्छे कार्य का फल अच्छा मिलता है।
- *कभी घना-घना, कभी मुट्ठी भर चना, कभी वह भी मना* — जो मिले उसी में सन्तुष्ट रहना चाहिए।
- *कब्र में पाँव लटकाए बैठा है* — मरने वाला है।
- *कमली ओढ़ने से फकीर नहीं होता* — ऊपरी वेशभूषा से किसी के अवगुण नहीं छिप जाते।
- *कोठी वाला रोवे छप्पर वाला सोवै* — अधिक धन चिन्ता का कारण होता है।
- *कहे खेत की, सुने खलिहान की* — कहा कुछ गया और समझा कुछ गया।
- *कहने से कुम्हार गधे पर नहीं चढ़ता* — हठी पुरुष समझाने से दूसरों का कहना नहीं मानता।
- *कोऊ नृप होय हमें का हानी* — किसी के पद, धन या अधिकार मिलने से हम पर कोई प्रभाव नहीं होता।
- *कौआ चला हंस की चाल* — दूसरों की नकल पर चलने से असलियत नहीं छिपती तथा हानि उठानी पड़ती है।
- *कुएँ की मिट्टी कुएँ में ही लगती है* — लाभ जहाँ से होता है, वहीं खर्च हो जाता है।
- *कुंजड़ा अपने बेरों को खट्टा नहीं बताता* — कोई अपने माल को खराब नहीं कहता।
- *किया चाहे चाकरी राखा चाहे मान* — स्वाभिमान की रक्षा नौकरी में नहीं हो सकती।
- *कखरी लरका गाँव गोहार* — वस्तु के पास होने पर दूर-दूर उसकी तलाश करना।
- *काला अक्षर भैंस बराबर* — निरक्षर व्यक्ति।
- *कानी के ब्याह को सौ जोखो* — पग-पग पर बाधाएँ।

(ख)

- *खरबूजे को देखकर खरबूजा रंग बदलता है* — एक को देखकर दूसरे में परिवर्तन आता है।
- *खुदा की लाठी में आवाज़ नहीं होती* — कोई नहीं जानता कि भगवान कब, कैसे, क्यों दण्ड देता है।
- *खुदा गंजे को नाखून नहीं देता* — अयोग्य को अधिकार नहीं मिलता।
- *खेत खाए गदहा, मारा जाए जुलाहा* — जब किसी व्यक्ति के अपराध पर किसी अन्य को दण्ड मिलना।
- *खोदा पहाड़ निकली चुहिया* — अधिक कार्य का अत्यल्प फल।
- *खाक डाले चाँद नहीं छिपता* — अच्छे आदमी की निंदा करने से कुछ नहीं बिगड़ता।
- *खग ही जाने खग की भाषा* — सब अपने-अपने सम्पर्क के लोगों का हाल समझते हैं।
- *खरी मज़ूरी चोखा काम* — पूरी मज़दूरी देने पर ही काम अच्छा होता है।
- *खुशामद से ही आमद है* — खुशामद से ही धन आता है।
- *खूँटे के बल बछड़ा कूदे* — किसी की शह पाकर ही आदमी अकड़ दिखाता है।

(ग)

- *गुड़ खाए गुलगुलों से परहेज* — बनावटी त्याग।
- *गंगा गए गंगादास जमुना गए जमुनादास* — जो व्यक्ति सामने आए उसकी प्रशंसा करना/सिद्धांतहीन/अवसरवादी व्यक्ति
- *गंगा का आना हुआ और भागीरथ को यश* — काम तो होना ही था, यश किसी को मिल गया।
- *गवाह चुस्त मुद्दई सुस्त* — जिसका काम है वो आलस्य में रहे और दूसरे फुर्ती दिखाएँ।
- *गोदी में बैठकर दाढ़ी नोचे* — भला करने वाले के साथ दुष्टता करना।
- *गधा धोने से बछड़ा नहीं हो जाता है* — किसी भी उपाय से स्वभाव नहीं बदलता।
- *गीदड़ की शामत आए तो गाँव की ओर भागे* — विपत्ति में बुद्धि काम नहीं करती।
- *गरजै सो बरसै नहीं* — डींग हाँकने वाले काम नहीं करते।

(घ)

- *घर का भेदी लंका ढावे* — घर का रहस्य जानने वाला बड़ा घातक होता है।
- *घर आए कुत्ते को भी नहीं निकालते* — घर में आने वाले का सत्कार करना चाहिए।
- *घर की मुर्गी दाल बराबर* — अपने घर के गुणी व्यक्ति का सम्मान न करना।
- *घर खीर तो बाहर भी खीर* — सम्पन्नता में सर्वत्र प्रतिष्ठा मिलती है।
- *घोड़ा घास से यारी करे तो खाए क्या* — व्यापार में रिश्तेदारी नहीं निभाई जाती।

- *घोड़ों को घर कितनी दूर*— पुरुषार्थी के लिए सफलता सरल है।
- *घोड़े को लात, आदमी को बात*— दुष्ट से कठोरता का और सज्जन से नम्रता का व्यवहार करें।
- *घायल की गति घायल जाने*— जो कष्ट भोगता है वही दूसरे के कष्ट को समझ सकता है।

(च, छ)

- *चमड़ी जाय पर दमड़ी न जाय*— बहुत कंजूस होना।
- *चार दिन की चाँदनी फिर अँधेरी रात*— अल्प समय के लिए लाभ।
- *चोर की दाढ़ी में तिनका*— अपराधी सदा सशंकित रहता है।
- *चोर-चोर मौसरे भाई*— एक पेशे वाले आपस में नाता जोड़ लेते हैं।
- *चोर के पैर नहीं होते*— अपराधी अशक्त होता है।
- *चोरी और सीना जोरी*— दोषी भी हो घुड़की भी दे।
- *चोरी का माल मोरी में*— गलत ढंग से कमाया धन ऐसे ही बर्बाद होता है।
- *चूहों की मौत बिल्ली का खेल*— किसी को कष्ट देकर मौज़ करना।
- *चूहे का बच्चा बिल खोदता है*— जाति स्वभाव में परिवर्तन नहीं होता।
- *चींटी की मौत आती है तो पर निकलते हैं*— घमण्ड विनाश का कारण है।
- *चिकने घड़े पर पानी नहीं ठहरता*— निर्लज्ज पर उपदेशों का असर नहीं पड़ता।
- *चिराग में बत्ती और आँख में पट्टी*— शाम होते ही सोने लगना।
- *चुपड़ी और दो-दो*— अच्छी चीज और वह भी बहुतायत में।
- *छछूँदर के सिर पर चमेली का तेल*— किसी व्यक्ति को ऐसी वस्तु की प्राप्ति हो, जिसके लिए वह सर्वथा अयोग्य हो।
- *छोटा मुँह बड़ी बात*— छोटे लोगों का बढ़-चढ़कर बोलना।

(ज)

- *जान बची लाखों पाए*— किसी झंझट से मुक्ति।
- *जान मारे बनिया पहचान मारे चोर*— बनिया और चोर जान पहचान वाले को ही ज़्यादा ठगते हैं।
- *जान है तो जहान है*— जीवन ही सब कुछ है।
- *जैसे साँपनाथ वैसे नागनाथ*— दोनों एक समान।
- *जैसे कन्ता घर रहे वैसे रहे परदेश*— निकम्मा आदमी घर में हो या बाहर कोई अन्तर नहीं।
- *जैसा करोगे वैसा भरोगे*— अपनी करनी का फल मिलता है।
- *जैसा मुँह वैसा थप्पड़*— जो जिसके योग्य हो उसे वही मिलता है।
- *जैसा देश वैसा भेष*— किसी स्थान का पहनावा, उस क्षेत्र विशेष के अनुरूप होता है।
- *जल में रहकर मगर से बैर*— बड़ों से शत्रुता नहीं चलती।
- *जब तक साँस तब तक आस*— आशा जीवनपर्यन्त बनी रहती है।
- *जहाँ न जाए रवि वहाँ जाए कवि*— कवि की कल्पना अनन्त होती है।
- *जहाँ जाय भूखा वहाँ पड़े सूखा*— दु:खी कहीं भी आराम नहीं पा सकता।
- *जहाँ मुर्गा नहीं होता क्या सवेरा नहीं होता*— किसी एक की वजह से संसार का काम नहीं रुकता।
- *जिसका खाइये उसका गाइये*— जिससे लाभ हो उसी का पक्ष लें।
- *जिसका काम उसी को साजै*— जो काम जिसका है वही उसे ठीक तरह से कर सकता है।
- *जिसकी लाठी उसकी भैंस*— जबर्दस्त का बोल-बाला।
- *जितने मुँह उतनी बातें*— एक ही बात पर भिन्न-भिन्न कथन।
- *जितना गुड़ डालो, उतना ही मीठा*— जितना खर्च करोगे वस्तु उतनी ही अच्छी मिलेगी।
- *जितनी चादर देखो उतने पैर पसारो*— अपनी आमदनी के हिसाब से खर्च करो।
- *जिस थाली में खाना उसी में छेद करना*— जो उपकार करे उसका अहित करना।
- *जाकै पैर न फटे बिवाई वह क्या जाने पीर पराई*— स्वयं दु:ख भोगे बिना दूसरे के दर्द का एहसास नहीं होता।
- *जाय लाख रहे साख*— इज़्ज़त रहनी चाहिए व्यय कुछ भी हो जाए।
- *जिन ढूँढा तिन पाइया गहरे पानी पैठ*— जो संकल्पशील होते हैं, वे कठिन परिश्रम करके अपने लक्ष्य को प्राप्त कर लेते हैं।
- *जस दूल्हा तस बनी बरात*— जैसा मुखिया वैसे ही अन्य साथी।
- *जीभ जली और स्वाद भी कुछ न आया*— बदनामी भी हुई और लाभ भी नहीं मिला।
- *जड़ काटते जाना और पानी देते रहना*— ऊपर से प्रेम दिखाना, अप्रत्यक्ष में हानि पहुँचाते रहना।
- *ज्यों-ज्यों भीजे कामरी त्यों-त्यों भारी होय*— जैसे-जैसे समय बीतता है जिम्मेदारियाँ बढ़ती जाती हैं।

(झ, ट, ठ, ड, ढ)

- *झूठ के पाँव नहीं होते*— झूठ बोलने वाला एक बात पर नहीं टिकता।
- *झोंपड़ी में रह, महलों का ख़्वाब देखें*— सामर्थ्य से बढ़कर चाह रखना।
- *टके की मुर्गी नौ टके महसूल*— कम कीमती वस्तु अधिक मूल्य पर देना।
- *टके का सब खेल*— धन-दौलत से ही सब कार्य सिद्ध होते हैं।
- *ठोक बजा ले चीज़, ठोक बजा दे दाम*— अच्छी वस्तु का अच्छा मूल्य।
- *ठोकर लगे तब आँख खुले*— कुछ गँवाकर ही अक्ल आती है।
- *डण्डा सबका पीर*— सख़्ती करने से लोग नियंत्रित होते हैं।
- *डायन को दामाद प्यारा*— अपना सबको प्यारा होता है।
- *ढाक के तीन पात*— सदैव एक-सी स्थिति में रहने वाला।
- *ढोल के भीतर पोल/ढोल में पोल*— केवल ऊपरी दिखावा।

(त, थ)

- *तलवार का घाव भरता है, पर बात का घाव नहीं भरता*— मर्मभेदी बात आजीवन नहीं भूलती।
- *तेली का तेल जले, मशालची का दिल जले*— जब कोई व्यक्ति किसी की सहायता करता है, तो जलन अन्य व्यक्ति को होती है।
- *तिरिया बिन तो नर है ऐसा, राह बटोही होवे जैसा*— बिना स्त्री के पुरुष का कोई ठिकाना नहीं।
- *तू डाल-डाल, मैं पात-पात*— एक से बढ़कर दूसरा चालाक।
- *तख्त या तख्ता*— शान से रहना या भूखो मरना।
- *तुम्हारे मुँह में घी-शक्कर*— तुम्हारी बात सच हो।
- *तेल देखो तेल की धार देखो*— सावधानी और धैर्य से काम लो।
- *थूक से सत्तू सानना*— कम सामग्री से काम पूरा करना।
- *थोथा चना बाजे घना*— अकर्मण्य अधिक बात करता है।
- *थोड़ी पूँजी धणी को खाय*— अपर्याप्त पूँजी से व्यापार में घाटा होता है।

(द, ध)

- *दुविधा में दोनों गए माया मिली न राम*— अस्थिर विचार वाला व्यक्ति कुछ भी नहीं कर पाता है।
- *दूध का जला छाछ भी फूँक-फूँककर पीता है*— ठोकर खाने के बाद आदमी सावधान हो जाता है।
- *दूध पिलाकर साँप पोसना*— शत्रु का उपकार करना।
- *दुधारू गाय की लात सहनी पड़ती है*— जिससे कुछ पाना होता है, उसकी धौंस डपट सहन करनी पड़ती है।

- *दूर के ढोल सुहावने* — दूर से ही कुछ चीजें अच्छी लगती हैं।
- *दाल भात में मूसलचन्द* — दो के बीच अनावश्यक व्यक्ति का हस्तक्षेप करना।
- *दाने-दाने पर मुहर* — हर व्यक्ति का अपना भाग्य।
- *दाम सँवारे काम* — पैसा सब काम करता है।
- *दूसरे की पत्तल लम्बा-लम्बा भात* — दूसरे की वस्तु अच्छी लगती है।
- *दोनों दीन से गए पाण्डे हलुआ मिला न माँडे* — किसी तरफ़ के न होना।
- *दो मुल्लों में मुर्गी हलाल* — दो को दिया काम बिगड़ जाता है।
- *धन्ना सेठ के नाती बने हैं* — अपने को अमीर समझते हैं।
- *धूप में बाल सफेद नहीं किए हैं* — सांसारिक अनुभव बहुत हैं।

(न)

- *नंगा क्या नहायेगा, क्या निचोड़ेगा* — जिसके पास कुछ है ही नहीं, वह क्या अपने पर खर्च करेगा और क्या दूसरों पर।
- *न नौ मन तेल होगा, न राधा नाचेगी* — काम न करने के उद्देश्य से असम्भव बहाने बनाना/ऐसी शर्त पर काम स्वीकार करना जो पूरी न हो सके।
- *नाच न आवे आँगन टेढ़ा* — जब कोई व्यक्ति दूसरों के दोष निकालकर अपनी अयोग्यता को छिपाने का प्रयास करता है।
- *नीम न मीठा होय सींचो गुड़ घी-से* — बुरे लोगों का स्वभाव नहीं बदलता, प्रयास चाहे जैसा किया जाए।
- *नाक दबाने से मुँह खुलता है* — कठोरता से कार्य सिद्ध होता है।
- *नक्कारखाने में तूती की आवाज* — बड़ों के बीच में छोटे आदमी की कौन सुनता है।
- *नदी नाव संयोग* — कभी-कभी मिलना।
- *नकटा बूचा सबसे ऊँचा* — निर्लज्ज आदमी सबसे बड़ा है।
- *नेकी कर और कुएँ में डाल* — भलाई का काम करके फल की आशा मत करो।
- *नौ नकद, न तेरह उधार* — नकद का काम उधार के काम से अच्छा है।
- *नया नौ दिन पुराना सौ दिन* — पुरानी चीजें ज्यादा दिन चलती हैं।

(प)

- *पाँचों उँगलियाँ बराबर नहीं होतीं* — सभी के गुण समान नहीं होते, उनमें कुछ न कुछ अन्तर होता है।
- *पाँचों सवारों में मिलना* — अपने को बड़े व्यक्तियों में गिनना।
- *पत्नी टटोले गठरी और माँ टटोले अंतड़ी* — पत्नी देखती है कि मेरे पति के पास कितना धन है और माँ देखती है कि मेरे बेटे का पेट अच्छी तरह भरा है या नहीं।
- *पढ़े फ़ारसी बेचे तेल यह देखो कुदरत का खेल* — योग्यतानुसार कार्य न मिलना।
- *पराधीन सपनेहुँ सुख नाहीं* — पराधीनता सदैव दुःखदायी होती है।
- *पराये धन पर लक्ष्मी नारायण* — दूसरे के धन पर गुलछर्रे उड़ाना।
- *पानी पीकर जात पूछते हो* — काम करने के बाद उसके अच्छे-बुरे पहलुओं पर विचार करना।

(फ, ब)

- *फ़कीर की सूरत ही सवाल है* — फ़कीर कुछ माँगे या न माँगे, यदि सामने आ जाए तो समझ लेना चाहिए कि कुछ माँगने ही आया।
- *फलेगा सो झड़ेगा* — उन्नति के पश्चात् अवनति अवश्यम्भावी है।
- *बन्दर क्या जाने अदरक का स्वाद* — जब कोई व्यक्ति ज्ञान के अभाव में किसी वस्तु की कद्र नहीं करता है।
- *बनिया मीत न वेश्या सती* — बनिया किसी का मित्र नहीं होता और वेश्या चरित्रवान नहीं होती।
- *बीती ताहि बिसार दे आगे की सुधि लेय* — जो कुछ हो चुका है उसे भूलकर भविष्य के लिए सँभल जाना चाहिए।
- *बोया पेड़ बबूल का आम कहाँ ते होय* — बुरे कर्मों का परिणाम अच्छा नहीं हो सकता।

(भ, म)

- *भीगी बिल्ली बताना* — बहाना बनाना।
- *भूल गए राग रंग, भूल गए छकड़ी, तीन चीज याद रहीं नून तेल लकड़ी* — जब कोई स्वतन्त्र प्रकृति का व्यक्ति बुरी तरह से गृहस्थी के चक्कर में पड़ जाता है।
- *भैंस के आगे बीन बजे, भैंस खड़ी पगुराय* — मूर्ख अच्छी वस्तु की कद्र नहीं करते, मूर्खों को उपदेश देना व्यर्थ है।
- *मन चंगा तो कठौती में गंगा* — यदि मन शुद्ध है तो तीर्थाटन आवश्यक नहीं है।
- *मान न मान मैं तेरा मेहमान* — जबर्दस्ती गले पड़ना।
- *मुल्ला की दौड़ मस्जिद तक* — सीमित क्षेत्र तक पहुँच।
- *मेरी ही बिल्ली और मुझसे म्याऊँ* — आश्रयदाता को ही रॉब दिखाना।

(य, र, ल, व)

- *यह मुँह और मसूर की दाल* — जब कोई व्यक्ति अपनी योग्यता से अधिक पाने की अभिलाषा करता है तब यह कहावत चरितार्थ होती है।
- *रस्सी जल गई पर ऐंठन नहीं गई* — स्वाभिमानी व्यक्ति बुरी अवस्था को प्राप्त होने पर भी अपनी शान नहीं छोड़ता है।
- *राम नाम जपना, पराया माल अपना* — ऊपर से भक्त, भीतर से ठग होना।
- *लकड़ी के बल बन्दर नाचे* — दुष्ट लोग भय से ही काम करते हैं।
- *वही मन, वही चालीस सेर* — बात एक ही है, दोनों बातों में कोई अन्त नहीं।

(श, स, ह)

- *शक्ल चुड़ैल की, मिज़ाज परियों का* — बेकार का नखरा।
- *शेख़ी सेठ की, धोती भाड़े की* — कुछ न होने पर भी बड़प्पन दिखाना।
- *सब धान बाइस पंसेरी* — अच्छे-बुरे को एक समान समझना।
- *सीधी उँगली से घी नहीं निकलता* — हमेशा सीधेपन से कार्य नहीं होता है।
- *सूरदास खल काली कामरि चढ़े न दूजौ रंग* — दुष्ट व्यक्ति अपनी दुष्टता नहीं छोड़ता।
- *सौ सुनार की एक लुहार की* — निर्बल की सौ चोटों की अपेक्षा बलवान की एक चोट काफी होती है।
- *सहज पके सो मीठा होय* — ठीक समय लेकर किया गया कार्य अच्छा होता है।
- *समय चूकि पुनि का पछिताने* — अवसर चले जाने पर पछताने का कोई लाभ नहीं होता।
- *सावन हरे न भादो सूखा* — सदा एक-सा रहना।
- *हाथ कंगन को आरसी क्या* — प्रत्यक्ष को प्रमाण की क्या आवश्यकता।
- *होनहार बिरवान के होत चीकने पात* — बचपन से ही अच्छे लक्षणों का दिखाई देना।
- *हाथी के दाँत दिखाने के और, खाने के और होते हैं* — कथनी और करनी में अंतर।

हथेली पर सरसों नहीं उगती — कोई भी कार्य बिना एक प्रक्रिया और समय के पूर्ण नहीं होता।

वस्तुनिष्ठ प्रश्न

1. वाक्य के गुणों में सम्मिलित नहीं है
(a) लयबद्धता (b) सार्थकता
(c) क्रमबद्धता (d) आकांक्षा

2. 'नाव में नदी है'—इस वाक्य में किस वाक्य गुण का अभाव है?
(a) आकांक्षा (b) क्रम
(c) योग्यता (d) आसक्ति

3. वाक्य गुण 'आसक्ति' का अर्थ है
(a) व्याकरणानुकूल (b) क्रमबद्धता
(c) योग्यता (d) समीपता

4. वाक्यों का वर्गीकरण कितने आधारों पर किया गया है?
(a) दो (b) चार
(c) आठ (d) तीन

5. वे वाक्य सरल वाक्य कहलाते हैं, जिनमें
(a) एक से अधिक प्रधान उपवाक्य हों
(b) एक साधारण और दूसरा आश्रित उपवाक्य हो
(c) एक ही उद्देश्य और एक ही विधेय हो
(d) आश्रित उपवाक्य समुच्चयबोधक अव्यय से जुड़े हों

6. मिश्र वाक्य कहते हैं
(a) जिनमें एक कर्ता और एक ही क्रिया होती है
(b) जिनमें एक से अधिक प्रधान उपवाक्य हों
(c) जिनमें एक साधारण वाक्य तथा उसके अधीन दूसरा उपवाक्य हो
(d) उपरोक्त में से कोई नहीं

7. जिन वाक्यों में एक-से-अधिक प्रधान उपवाक्य हों और वे संयोजक अव्यय द्वारा जुड़े हों, उसे कहते हैं
(a) विधिवाचक (b) सरल वाक्य
(c) मिश्र वाक्य (d) संयुक्त वाक्य

8. अर्थ के आधार पर वाक्यों के भेद बताइए।
(a) दो (b) चार
(c) छः (d) आठ

9. प्रश्नवाचक चिह्न का प्रयोग किस वाक्य में होगा?
(a) मोहन ने पूछा राम की वय (आयु) कितनी है
(b) सीता जानना चाहती है, भाई घर कब आएगा
(c) मोहन बाजार गया था
(d) मोहन को बाजार क्यों जाना था

10. जिन वाक्यों से किसी कार्य या बात करने का बोध होता है, उन्हें कहते हैं
(a) आज्ञावाचक
(b) विधानवाचक
(c) इच्छावाचक
(d) संकेतवाचक

11. जिन वाक्यों से किसी बात या कार्य न होने का बोध होता है, उन्हें कहते हैं
(a) आज्ञावाचक (b) विस्मयवाचक
(c) निषेधवाचक (d) संकेतवाचक

12. 'श्याम स्कूल जाओ'-वाक्य है
(a) विधानवाचक (b) निषेधवाचक
(c) संकेतवाचक (d) आज्ञावाचक

13. 'राम ने कहा गाड़ी पलट गई'
(a) सरल वाक्य है (b) द्वित्व वाक्य है
(c) संयुक्त वाक्य है (d) मिश्र वाक्य है

14. 'अहा! कितना सुन्दर दृश्य है'—वाक्य किस प्रकार का है?
(a) निषेधवाचक (b) विस्मयवाचक
(c) इच्छावाचक (d) आज्ञावाचक

15. 'रमेश पढ़ा-लिखा है या नहीं'—वाक्य है
(a) विधानवाचक (b) इच्छावाचक
(c) सन्देहवाचक (d) आज्ञावाचक

16. 'पिता ने समझाया कि सदा सत्य बोलना चाहिए।' यह वाक्य उदाहरण है
(a) सरल वाक्य का
(b) इच्छावाचक वाक्य का
(c) मिश्र वाक्य का
(d) आज्ञावाचक वाक्य का

17. 'आपका भविष्य उज्ज्वल हो'—वाक्य है
(a) इच्छावाचक (b) आज्ञावाचक
(c) विधानवाचक (d) संकेतवाचक

18. 'जो पढ़ेगा वह उत्तीर्ण होगा'—वाक्य है
(a) सन्देहवाचक (b) संकेतवाचक
(c) आज्ञावाचक (d) विधानवाचक

19. निम्न में से कौन-सा वाक्य मिश्र वाक्य नहीं है?
(a) मैंने एक पुस्तक खरीदी जो नई है।
(b) यह वही बच्चा है जिसे बैल ने मारा।
(c) एक विज्ञान गोष्ठी हुई जिसमें अनेक वक्ता बोले।
(d) वह परिश्रमी ही नहीं वरन् ईमानदार भी है।

20. निम्नलिखित विकल्पों में से दिए गए वाक्य का सही वाक्य भेद पहचानिए।
'पुस्तक बाजार में बहुत महँगी थी, इसलिए पुस्तकालय से ले ली।'
(a) विधानवाचक वाक्य (b) सरल वाक्य
(c) मिश्र वाक्य (d) संयुक्त वाक्य

21. निम्नलिखित में से कौन-सा मिश्र वाक्य है?
(a) उसमें न पत्ते थे, न फूल थे
(b) वह उड़ती हुई चिड़िया पहचानता है
(c) यज्ञदत्त देवदत्त को व्याकरण पढ़ाता है
(d) मैंने सुना है कि आपके देश में अच्छा राजप्रबन्ध है

22. संयुक्त वाक्य पहचानिए
(a) उत्तर देने का यह ढंग ठीक नहीं है
(b) उसे गर्व है कि वह उच्चकुल में पैदा हुआ
(c) दवा लो और बुखार कम हो जाएगा
(d) उपरोक्त सभी

23. इनमें से विधानवाचक वाक्य कौन-सा है?
(a) यह एक अनुकरणीय उदाहरण नहीं है।
(b) इस बात से किसी को इनकार नहीं है।
(c) मुझे कौन वोट नहीं देगा?
(d) यह बात सभी को स्वीकार्य है।

24. 'शायद' में भी वाक्य है
(a) सन्देहवाचक (b) संकेतवाचक
(c) इच्छार्थक (d) विधानवाचक

25. वाक्य के घटक या अंग होते हैं
(a) उद्देश्य और विधेय (b) कर्ता और क्रिया
(c) कर्म और क्रिया (d) कर्म और विशेषण

26. संरचना के आधार पर किए गए वाक्य के वर्गीकरण में इनमें से कौन-सा प्रकार नहीं है?
(a) सरल वाक्य
(b) मिश्र वाक्य
(c) आज्ञार्थक वाक्य
(d) संयुक्त वाक्य

27. निम्नलिखित में से क्रिया-विशेषण उपवाक्य है
(a) मेरे पास एक गुड़िया है जो नाचती है
(b) मेरी इच्छा है कि मैं एक उपन्यास लिखूँ
(c) जब बारिश हो रही थी तब मैं घर में था
(d) कविता ने कहा कि सुनीता ने शादी कर ली

28. 'हाथी जंगल में रहते हैं'—यह वाक्य है
(a) विधानवाचक (b) अनिश्चयवाचक
(c) निषेधवाचक (d) प्रश्नवाचक

29. 'वह हार गया परन्तु यह आश्चर्य है'—यह वाक्य है
(a) मिश्र वाक्य (b) सरल वाक्य
(c) संयुक्त वाक्य (d) इनमें से कोई नहीं

30. निम्नलिखित में से इच्छार्थक वाक्य है
(a) सौरभ को बुलाओ
(b) तुम्हारा मंगल हो
(c) तुमने सुना होगा
(d) आज विद्यालय में अवकाश है

31. 'मैं आपसे सहमत नहीं हूँ'—वाक्य है
(a) विधानवाचक
(b) इच्छावाचक
(c) सन्देहवाचक
(d) निषेधवाचक

32. वाक्य और उसके भेद से सम्बन्धित कौन-सा जोड़ा गलत है?
(a) बच्चे नाश्ता करके विद्यालय गए – सरल वाक्य
(b) जो प्रथम आएगा वह पुरस्कार पाएगा – मिश्र वाक्य
(c) नेता ने भाषण दिया और चला गया – संयुक्त वाक्य
(d) लक्ष्मी गई और सोफिया आ गई – सरल वाक्य

33. 'आपके अवकाश का क्या हुआ?' कैसा वाक्य है?
(a) सन्देहवाचक (b) प्रश्नवाचक
(c) इच्छावाचक (d) विधिवाचक

34. 'राकेश आया होगा'—वाक्य है
(a) विस्मयवाचक (b) इच्छावाचक
(c) सन्देहवाचक (d) संकेतवाचक

35. 'जो गरीबों की सहायता करते हैं वे धर्मात्मा होते हैं'—वाक्य है
(a) सरल वाक्य (b) मिश्र वाक्य
(c) संयुक्त वाक्य (d) इनमें से कोई नहीं

36. 'राजनीति अब एक व्यवसाय बन गई है, जो अनैतिकता के आधार पर चलती है।' यह किस प्रकार का वाक्य है?
(a) सरल वाक्य (b) संयुक्त वाक्य
(c) मिश्र वाक्य (d) इनमें से कोई नहीं

37. आज्ञावाचक वाक्य को चिह्नित कीजिए
(a) उसने दरवाजा खोला
(b) उसके द्वारा दरवाजा खोला गया
(c) जल्दी दरवाजा खोलो
(d) क्या वह दरवाजा खोल पाएगा?

38. मिश्र वाक्य को चिह्नित कीजिए
(a) आपने ऐसा क्यों किया?
(b) उसने कहा कि आज छुट्टी हो जाएगी।
(c) वाह! आप एम.पी. हो गए।
(d) बालक आया और मेरे पास बैठ गया।

39. संकेतवाचक वाक्य चुनिए
(a) ईश्वर सर्वशक्तिमान है
(b) ईश्वर का वास प्रत्येक हृदय में है
(c) ईश्वर करे आप जल्दी स्वस्थ हो जाएँ
(d) ईश्वर की माया कहीं धूप कहीं छाया

40. मयंक सुन्दर है, वह हँसमुख भी है—इस वाक्य का सरल वाक्य में रूपान्तर होगा
(a) मयंक सुन्दर है तथा हँसमुख भी है
(b) मयंक सुन्दर है, लेकिन हँसमुख है
(c) मयंक सुन्दर और हँसमुख है
(d) मयंक सुन्दर भी है और हँसमुख भी

41. छात्रों ने परिश्रम किया, वे उत्तीर्ण हो गए—इस वाक्य का 'मिश्र वाक्य' में रूपान्तरण होगा
(a) छात्रों ने परिश्रम किया और उत्तीर्ण हो गए
(b) परिश्रम करने वाले छात्र उत्तीर्ण हो गए
(c) जिन छात्रों ने परिश्रम किया वे उत्तीर्ण हो गए
(d) छात्र परिश्रम करके उत्तीर्ण हो गए

42. "वह लाचार है, क्योंकि वह अन्धा है।" इस वाक्य में कौन-सा अव्यय है?
(a) संकेतवाचक (b) कारणवाचक
(c) परिणामवाचक (d) सम्बन्धवाचक

43. 'छात्र ने परिश्रम नहीं किया इसलिए वह अनुत्तीर्ण हो गया' यह वाक्य है
(a) सरल वाक्य
(b) जटिल वाक्य
(c) संयुक्त वाक्य
(d) निरर्थक वाक्य

44. इस वाक्य को संयुक्त वाक्य में बदलिए
(a) कठोर बनो परन्तु सहृदय बनो
(b) कठोर होते हुए सहृदय बनो
(c) कठोर बनते हुए सहृदय बनो
(d) कठोर और सहृदय बनो

45. वाक्य भेद के आधार पर वाक्य का नाम बताइए। 'मैंने उसे बहुत समझाया, परन्तु वह नहीं समझी।'
(a) मिश्रित वाक्य
(b) निषेधात्मक वाक्य
(c) संयुक्त वाक्य
(d) सरल वाक्य

46. अर्थ के आधार पर वाक्य का कौन-सा भेद इनमें से नहीं है?
(a) विस्मयबोधक
(b) विधानवाचक
(c) मिश्र
(d) प्रश्नात्मक

47. 'मेरा छोटा भाई प्रशान्त धार्मिक पुस्तकें अधिक पढ़ता है' इस वाक्य में विधेय का विस्तार है
(a) छोटा भाई
(b) धार्मिक पुस्तकें अधिक
(c) मेरा भाई प्रशान्त
(d) पढ़ता है

48. 'कठोर बनो परन्तु दयालु रहो'.........वाक्य है।
(a) विधिवाचक
(b) विधानवाचक
(c) इच्छावाचक
(d) उद्गारवाचक

49. वाक्य का नाम बताइए
'रमेश ने बताया कि वह घर जा रहा है।
(a) विधि वाचक वाक्य
(b) मिश्रित वाचक वाक्य
(c) संयुक्त वाक्य
(d) सरल वाक्य

50. 'वह इतना कमजोर है कि चल भी नहीं सकता।' में 'कि चल भी नहीं सकता', है
(a) विशेषण उपवाक्य (b) संज्ञा उपवाक्य
(c) क्रिया-विशेषण उपवाक्य (d) सरल वाक्य

51. 'पानी न बरसता, तो धान सूख जाता।' किस प्रकार का वाक्य है?
(a) आज्ञावाचक
(b) संकेतवाचक
(c) सन्देहवाचक
(d) इच्छावाचक

52. पदबन्ध के कितने प्रकार हैं?
(a) तीन (b) चार
(c) पाँच (d) सात

53. निम्नलिखित में से कौन-सा पदबन्ध का भेद नहीं है?
(a) विशेषण पदबन्ध (b) उपवाक्य पदबन्ध
(c) अव्यय पदबन्ध (d) क्रिया पदबन्ध

54. संज्ञा अथवा सर्वनाम की विशेषता बताने वाले पद-समूह को क्या कहा जाता है?
(a) संज्ञा पदबन्ध
(b) सर्वनाम पदबन्ध
(c) विशेषण पदबन्ध
(d) क्रिया-विशेषण पदबन्ध

55. 'देशभक्ति और साहस सुभाषचन्द्र बोस के व्यक्तित्व की प्रमुख विशेषताएँ थीं।'-रेखांकित पदबन्ध का उचित भेद बताइए
(a) क्रिया-विशेषण पदबन्ध
(b) संज्ञा पदबन्ध
(c) विशेषण पदबन्ध
(d) क्रिया पदबन्ध

56. निम्नलिखित वाक्यों में से क्रिया पदबन्ध का उदाहरण कौन-सा है?
(a) कक्षा नायक बुद्धिमान लड़का है
(b) जोर-जोर से रोता हुआ बालक चुप हो गया
(c) आपके परिवार में से कोई समय पर नहीं पहुँचा
(d) आजकल वह मेरी दुकान की सफाई कर रहा है

57. 'नल से पानी लगातार बहता रहता है'-प्रस्तुत वाक्य में क्रिया-विशेषण पदबन्ध कौन-सा है?
(a) लगातार (b) नल से पानी
(c) बहता रहता है (d) नल से पानी लगातार

58. निम्नलिखित वाक्यों में संज्ञा पदबन्ध कौन-सा है?
(a) नन्दनन्दन कृष्ण ने पूतना को मारा
(b) सोहन पुस्तक पढ़ता है
(c) योग्य पिता की सन्तान भी योग्य होती है
(d) सोहन भागकर घर पहुँचा

59. 'सुबह-सुबह दौड़ना स्वास्थ्य के लिए अच्छा होता है।'-रेखांकित पदबन्ध का भेद कौन-सा है?
(a) सर्वनाम पदबन्ध (b) क्रिया पदबन्ध
(c) संज्ञा पदबन्ध (d) क्रिया-विशेषण पदबन्ध

60. निम्नलिखित वाक्यों के रेखांकित पदों में सर्वनाम पदबन्ध कौन-सा है?
(a) विरोध करने वाले लोगों में से आज कोई नहीं बोला
(b) इतने परिश्रम से कार्य करने वाले तुम असफल नहीं हो सकते
(c) विदेश से आए उन युवकों में कुछ हिन्दीभाषी है
(d) उपरोक्त सभी

61. निम्नांकित में शुद्ध वाक्य छाँटिए
(a) रेखा ने भोजन कर ली है।
(b) रेखा भोजन कर ली है।
(c) रेखा भोजन कर ली।
(d) रेखा ने भोजन किया है।

62. सही वाक्य है
(a) सीता ने अपनी सहेलियों को बुलाई।
(b) सीता ने अपनी सहेलियों को बुलाई।
(c) सीता ने अपनी सहेलियों को बुलाए।
(d) सीता ने अपनी सहेलियों को बुलाया।

63. निम्नलिखित में कौन-सा वाक्य अशुद्ध है?
(a) यह एक गम्भीर समस्या है।
(b) मुझे बड़ी भूख लगी है।
(c) मैंने राम से पूछा।
(d) वह घर गया

64. सही वाक्य क्या है?
(a) वह सप्रमाण सहित अपनी बात बताएगा।
(b) वह प्रमाण सहित अपनी बात बताएगा।
(c) वह सप्रमाण के साथ अपनी बात बताएगा।
(d) वह प्रमाण के सहित अपनी बात बताएगा।

निर्देश (प्र.स. 65-68) प्रश्नों में चार वाक्यों में तीन त्रुटिपूर्ण हैं। त्रुटिरहित वाक्य छाँटकर उसे चिह्नित करें।

65. (a) एक गीतों की पुस्तक ला दीजिए।
(b) एक गीत की पुस्तक ला दीजिए।
(c) गीतों की एक पुस्तक ला दीजिए।
(d) गीतों की एक पुस्तकें ला दीजिए।

66. (a) मैं पूरी रात में जागता रहा।
(b) मैं सारी रात जागता रहा।
(c) मैं सारी रात भर जागता रहा।
(d) मैं पूरी रात भर जागता रहा।

67. (a) जब तक मैं न आऊँ उस समय तब तुम पढ़ते रहना।
(b) जब तक मैं नहीं आऊँ तब तक तुम पढ़ते रहना।
(c) जब तक मैं नहीं आऊँ उस समय तक तुम पढ़ते रहनां
(d) जब तक मैं न आऊँ तब तक तुम पढ़ते रहना।

68. (a) यह काम मैं आसानीपूर्वक कर सकता हूँ।
(b) यह काम मैं आसानी के साथ कर सकता हूँ।
(c) यह काम मैं आसानी सहित कर सकता हूँ।
(d) यह काम मैं आसानी से कर सकता हूँ।

निर्देश (प्र.स. 69-74) निम्नलिखित प्रश्नों में कौन-सा वाक्य शुद्ध है?

69. (a) वह सब लोग भले हैं।
(b) भीड़ में चार जयपुर के व्यक्ति थे।
(c) मनुष्य ईश्वर की उत्कृष्टतम कृति है।
(d) वह सारे गुप्त रहस्य प्रकट कर देगा।

70. (a) राम को अनुत्तीर्ण होने की आशंका है।
(b) राम को अनुत्तीर्ण होने का शक है।
(c) जंगल में प्रातःकाल के समय बहुत सुहावना दृश्य होता है।
(d) मेरे से मत पूछो।

71. (a) बन्दूक एक उपयोगी अस्त्र है।
(b) यह मेरा पुस्तक है।
(c) इन्हें एक पुत्र है।
(d) भारत में अनेकों जातियाँ हैं।

72. (a) रागिनी अपने आप चली गई।
(b) रागिनी खुद चली गई।
(c) रागिनी अपने से ही चली गई।
(d) रागिनी आपके आप चली गई।

73. (a) आपने आपके घर जाएँ।
(b) आप ही आपके घर जाएँ।
(c) आप अपने घर जाएँ।
(d) आप आपकी घर जाएँ।

74. शुद्ध वाक्य छाँटिए
(a) नेताजी को आज वहाँ जाना है।
(b) नेताजी ने आज वहाँ जाना है।
(c) आज वहाँ नेताजी ने जाना है।
(d) वहाँ आज नेताजी ने जाना है।

निर्देश (प्र.स. 75-82) प्रश्नों में दिए गए वाक्यों में से शुद्ध वाक्य का चयन कीजिए।

75. (a) मैंने तेरे को बोला था।
(b) मैंने तुमको कहा था।
(c) मैंने तुमसे कहा था।
(d) मैंने तेरे से कहा था।

76. (a) आज बेहद गर्मी है।
(b) आज बेशुमार गर्मी है।
(c) आज अधिक गरमी है।
(d) आज अनाधिक गरमी है।

77. (a) मैं मेरा काम करता हूँ।
(b) मैं मेरी काम करता हूँ।
(c) मैं अपुन का काम करता हूँ।
(d) मैं अपना काम करता हूँ।

78. (a) फल बच्चे को काटकर खिलाओ।
(b) बच्चे को काटकर फल खिलाओ।
(c) बच्चे को फल काटकर खिलाओ।
(d) काटकर फल बच्चे को खिलाओ।

79. निम्नलिखित में से अशुद्ध वाक्य है
(a) वहाँ बहुत से पशु और पक्षी उड़ते और चरते हुए दिखाई दिए।
(b) देश भर में यह बात फैल गई।
(c) बाघ और बकरी एक घाट पर पानी पीते हैं।
(d) न जाने कितने जीव पैदा होते हैं।

80. वाक्य शुद्ध है
(a) मोहन और गीता गा रही है
(b) गीता और मोहन गा रहा है
(c) मोहन और गीता गा रहे हैं
(d) मोहन और गीता गा रही है

81. 'उसे मृत्युदण्ड की सजा मिली' प्रस्तुत वाक्य की अशुद्धि स्पष्ट करें
(a) संस्कृत के शब्दों को प्रयोग हुआ है।
(b) विदेशी शब्द 'सजा' का प्रयोग हुआ है।
(c) दण्ड और सजा समानार्थी शब्दों का प्रयोग हुआ है।
(d) कोई अशुद्धियाँ नहीं है।

82. दिए गए वाक्यों में कौन-सा वाक्य सर्वाधिक सही है?
(a) यद्यपि तुम अजनबी हो, परन्तु मैं तुम्हें अपना मानता हूँ।
(b) यद्यपि तुम अजनबी हो, मैं तुम्हें अपना मानता हूँ।
(c) यद्यपि तुम अजनबी हो, किन्तु मैं तुम्हें अपना मानता हूँ।
(d) यद्यपि तुम अजनबी हो, तथापि मैं तुम्हें अपना मानता हूँ।

निर्देश (प्र.स. 83-85) निम्नलिखित वाक्यों के जिस अंश में त्रुटि है उसका चयन कीजिए।

83. बुरा-से-बुरा व्यक्ति भी सम्मान और प्रशंसा पाना चाहता है
(a) सम्मान और प्रशंसा।
(b) बुरा-से-बुरा व्यक्ति भी।
(c) कोई त्रुटि नहीं।
(d) पाना चाहता है।

84. शीर्षक को चयन करते समय अवतरण में निहित भावों और विचारों की परख कर लेनी चाहिए।
(a) अवतरण में निहित।
(b) कोई त्रुटि नहीं।
(c) भावों और विचारों की परख कर लेनी चाहिए।
(d) शीर्षक को चयन करते समय।

85. खुले हुए भोजन पर मक्खियाँ हर क्षण भिनभिनाती हुई रहती हैं।
(a) भिनभिनाती हुई रहती हैं
(b) खुले हुए भोजन पर
(c) कोई त्रुटि नहीं
(d) मक्खियाँ हर क्षण

निर्देश (प्र.स. 86-88) दिए गए वाक्यों में रेखांकित खण्ड को प्रतिस्थापित करने के लिए सबसे उपयुक्त विकल्प का चयन करें।

86. जैसे ही मैंने शेर देखा, डर के मारे <u>मेरा तो प्राण निकल गया।</u>
(a) मेरा तो प्राण निकल गई।
(b) प्राण मेरे तो निकल गए।
(c) मेरे तो प्राण निकल गया।
(d) मेरे तो प्राण निकल गए।

87. मेरे <u>दादाजी की चित्र बहुत पुराना है।</u> यह चित्र मुझे बहुत प्रिय है।
(a) दादाजी का चित्र बहुत पुराना है।
(b) दादाजी की चित्र बहुत पुरानी है।
(c) दादाजी का चित्र बहुत पुरानी है।
(d) चित्र बहुत पुराना दादाजी को है।

88. कौन-सा वाक्य शुद्ध है?
(a) खेतों में लम्बे-लम्बे घास उग आए।
(b) परशुराम की क्रोधाग्नि ने क्षत्रियों को जला दिया।
(c) गलियों को चौड़ा करना आवश्यक है।
(d) वृक्षों पर कोयल कूक रही है।

निर्देश (प्र.स. 89-94) निम्नलिखित वाक्यों के जिस भाग में त्रुटि है उसका चयन कीजिए।

89. शीला/अस्वस्थ होने के लिए/आज विद्यालय नहीं गई/कोई त्रुटि नहीं
(a) शीला।
(b) अस्वस्थ होने के लिए।
(c) आज विद्यालय नहीं गई।
(d) कोई त्रुटि नहीं।

90. सड़क में/बारिश का पानी/भर गया है/कोई त्रुटि नहीं
(a) सड़क में
(b) बारिश का पानी
(c) भर गया है।
(d) कोई त्रुटि नहीं

91. आकाश में/बादल/गरजा रहे हैं/कोई त्रुटि नहीं
(a) आकाश में
(b) बादल
(c) गरजा रहे हैं
(d) कोई त्रुटि नहीं

92. विद्यालय में/जलपान को/उत्तम प्रबन्ध है/कोई त्रुटि नहीं।
(a) विद्यालय में
(b) जलपान को
(c) उत्तम प्रबन्ध है
(d) कोई त्रुटि नहीं है

93. मुझे/रेलगाड़ी में यात्रा करना/अच्छी लगती है/कोई त्रुटि नहीं
(a) मुझे।
(b) रेलगाड़ी में यात्रा करना।
(c) अच्छी लगती है।
(d) कोई त्रुटि नहीं।

94. कौन-सा वाक्य अशुद्ध है?
(a) साहित्य और जीवन का अभिन्न सम्बन्ध है।
(b) श्रीकृष्ण के अनेकों नाम हैं।
(c) हमारे शिक्षक प्रश्न करते हैं।
(d) यह काम आप पर निर्भर है।

निर्देश (प्र.स. 95-99) निम्नलिखित प्रश्न में तीन वाक्यांश दिए गए हैं। त्रुटि वाले वाक्यांश को चुनिए और उसके अनुरूप (a), (b), (c) पर चिह्न लगाइए। यदि वाक्य त्रुटिहीन हो, तो (d) पर चिह्न लगाइए।

95. (a) 'रामचरितमानस' भक्तिकाल
(b) की सबसे श्रेष्ठतम
(c) रचना मानी जाती है।
(d) कोई त्रुटि नहीं

96. (a) ठण्ड के दिनों में
(b) प्रातःकाल के समय
(c) सर्दी काफी बढ़ जाती है।
(d) कोई त्रुटि नहीं

97. (a) जब मोहन सभा स्थल
(b) पर पहुँचा तब सभा
(c) विसर्जन हो चुकी थी।
(d) कोई त्रुटि नहीं

98. (a) मैं जिस बस से
(b) जा रहा था वह
(c) बहुत भरी हुई थी
(d) कोई त्रुटि नहीं

99. (a) उसने लिखा था कि
(b) उसकी दुकान पर शुद्ध गाय
(c) का घी मिलता है
(d) कोई त्रुटि नहीं

100. सही रूप है
(a) पिताजी मुझे कुछ रुपये दिए।
(b) पिताजी ने मुझे कुछ रुपया दिए।
(c) पिताजी ने मुझे कुछ रुपये दिए।
(d) पिताजी ने मुझे कुछ रुपया दिए।

101. सही रूप है
(a) उनके पास बहुत सोने हैं।
(b) उनके पास बहुत सोना हैं।
(c) उनके पास बहुत सोना है।
(d) उनके पास बहुत सोने है।

102. शुद्ध वाक्य छाँटिए
(a) आज रविवार का दिन है।
(b) कल रविवार का दिन था।
(c) रविवार का दिन बहुत मजेदार होता है।
(d) रविवार को हम दिन में सिनेमा देखते हैं।

103. शुद्ध वाक्य छाँटिए
(a) पिछले सोमवार को स्कूल बन्द है।
(b) पिछले सोमवार को स्कूल बन्द रहेगा।
(c) पिछले सोमवार को स्कूल बन्द होना है।
(d) पिछले सोमवार को स्कूल बन्द था।

104. इस वाक्य के अशुद्ध भाग का चयन कीजिए
(a) तुष्टीकरण करने की
(b) नीति अपना कर
(c) न तो व्यक्ति आगे बढ़ सकता है
(d) और न राष्ट्र आगे बढ़ सकता है

105. 'मैं इतना मीठा चाय नहीं पी सकता' इस वाक्य में दोष है
(a) अन्विति का (b) पदक्रम का
(c) क्रिया का (d) सर्वनाम का

106. 'मैंने यह कुर्सी सौ रुपये की खरीदी है' इस वाक्य में दोष है
(a) विशेषण का
(b) क्रिया का
(c) परसर्ग का
(d) क्रिया-विशेषण का

107. इस वाक्य के अशुद्ध भाग का चयन कीजिए
(a) जो स्त्री अपनी
(b) नौकरी को परिवार से
(c) अधिक महत्त्व देती है
(d) वह विवाह नहीं करती

108. शुद्ध वाक्य छाँटिए
(a) लहराते खेत हरे-भरे
(b) हरे-भरे लहराते खेत
(c) खेत हरे-भरे लहराते
(d) हरे लहराते खेत भरे

109. शुद्ध वाक्य छाँटिए
(a) उसकी आयु तीस वर्ष है इस समय
(b) इस समय उसकी अवस्था तीस वर्ष है
(c) तीस वर्ष की अवस्था है इस समय उसकी
(d) इस समय तीस वर्ष की अवस्था है उसकी

110. शुद्ध वाक्य का चयन कीजिए
(a) मध्यकालीन युग में कलाओं की बहुत उन्नति हुई।
(b) साहब ने किसी को अन्दर न जाने दिया जाए।
(c) इस मोहन की आयु 20 वर्ष है।
(d) वे चाहे भले ही न आएँ, पर तुम्हें आना होगा।

111. शुद्ध वाक्य का चयन कीजिए
(a) इस ग्रन्थ का निर्माण तुलसीदास ने किया।
(b) समाज की वर्तमान दिशा चिन्ताजनक है।
(c) मैंने तरह-तरह के रेशम के कपड़े पसन्द किए।
(d) तुम्हारी दृष्टि तुम्हारी पुस्तक पर होनी चाहिए।

112. शुद्ध वाक्य का चयन कीजिए
(a) माता-पिता की शुश्रूषा करनी चाहिए।
(b) तुफान आने का सन्देह है।
(c) अनेक निरपराध दण्ड के भागी हुए।
(d) इसके मात्र दो कारण हो सकते हैं।

113. निम्नलिखित में से शुद्ध वाक्य का चयन कीजिए
(a) गन्दा पानी उबालकर पिएँ।
(b) पड़ोसी ने मुझे स्वतन्त्रता दिवस की बधाई दिया।
(c) यमुना का पानी गन्दा और प्रदूषित है।
(d) बच्चा लोग क्रिकेट खेलता है।

114. निम्नलिखित में से शुद्ध वाक्य का चयन कीजिए
(a) सीधी लकीर खींचना बहुत कठिन है।
(b) जंक फूड से मोटापा बढ़ती है।
(c) हरा पेड़ ऑक्सीजन देते हैं।
(d) मेरे घर में तुम्हारी स्वागत है।

115. दिए गए वाक्य में रेखांकित खण्ड को प्रतिस्थापित करने के लिए सबसे उपयुक्त विकल्प का चयन करें। <u>वक्ताओं ने श्रोताओं की मन मोह लिया।</u>
(a) श्रोताओं को मन मोह लिया।
(b) श्रोताओं के मन मोह लिया।
(c) श्रोताओं का मन मोह लिया।
(d) श्रोताओं से मन मोह लिया।

116. दिए गए वाक्य का वह भाग ज्ञात करें जिसमें कोई त्रुटि है। भारत की संस्कृति कृषक-संस्कृति है और भारतीय किसान बड़ा कठोरता जीवन जीता है।
(a) भारत की संस्कृति।
(b) कृषक-संस्कृति है।
(c) और भारतीय किसान
(d) बड़ा कठोरता जीवन जीता है।

117. 'नौ बजने को दस मिनट है।' इस वाक्य का शुद्ध रूप क्या होगा?
(a) नौ बज कर दस मिनट है।
(b) नौ बजने में दस मिनट है।
(c) नौ बजने तक दस मिनट है।
(d) नौ बजने पर दस मिनट है।

118. 'पेड़ों पर मैना बैठी है' इस वाक्य का शुद्ध रूप क्या होगा?
(a) पेड़ पर मैना बैठी है। (b) पेड़ों पर मैना बैठे है।
(c) पेड़ों पर मैनों बैठी है। (d) पेड़ों में मैना बैठी है।

119. 'कंचन एक कृशंगिनी युवती है।' इस वाक्य में कौन-सी अशुद्धि है?
(a) शब्द चयन सम्बन्धी अशुद्धि।
(b) वर्तनीगत अशुद्धि।
(c) व्याकरण अशुद्धि।
(d) शब्द-निर्माण की अशुद्धि।

120. निम्नलिखित में से शुद्ध वाक्य का चयन कीजिए
(a) बाल पक जाने से कोई अनुभवी नहीं हो जाता।
(b) बाल पक जाने से लोग अनुभवी हो जाता है।
(c) बाल पक जाने से ही लोग अनुभवी होता है।
(d) बाल पक जाने से लोगों का अनुभव बढ़ते है।

121. निम्नलिखित में से शुद्ध वाक्य का चयन कीजिए
(a) कृपया करके खुले पैसे दें।
(b) कृपया खुले पैसे देने की कृपा करें।
(c) कृपया खुले पैसे दें।
(d) कृपया करके खुले पैसे देने की कृपा करें।

122. निम्नलिखित में से शुद्ध वाक्य का चयन कीजिए
(a) चिड़िया ने दनादन पाँच दाना चुग गई।
(b) चिड़िया दनादन पाँचों दाने चुग गई।
(c) चिड़िया दनादन पाँच दाना चुग लिए।
(d) चिड़िया दनादन पाँच दाना चुग गई।

123. निम्नलिखित में से शुद्ध वाक्य का चयन कीजिए
(a) भारत में चंद्रयान-2 लॉन्च की है।
(b) भारत ने चंद्रयान-2 लॉन्च की है।
(c) भारत ने चंद्रयान-2 लॉन्च किए हैं।
(d) भारत ने चंद्रयान-2 लॉन्च किया है।

124. निम्नलिखित में से शुद्ध वाक्य का चयन कीजिए
(a) बतखों का झुण्ड पानी में तैर रहा था।
(b) बतखों के झुण्ड पानी में तैर रहा था।
(c) बतखों का झुण्ड पानी में तैर रहे थे।
(d) बतखों का झुण्ड पानी में तैरते थे।

125. निम्नलिखित में से शुद्ध वाक्य का चयन कीजिए
(a) नदियों के पानियों से सिंचाई की जाती है।
(b) नदियों के पानियों से सिंचाइयाँ की जाती है।
(c) नदियों के पानी से सिंचाइयाँ की जाती है।
(d) नदियों के पानी से सिंचाई की जाती है।

126. निम्नलिखित में से एक शुद्ध वाक्य है, वह है
(a) प्रत्येक विद्यार्थी को चाहिए कि वह हिन्दी की अनेक पुस्तकें पढ़े।
(b) हरेक विद्यार्थी को चाहिए कि वह हिन्दी की अनेक पुस्तकें पढ़े।
(c) हरेक विद्यार्थी को चाहिए कि वह हिन्दी की अनेकों पुस्तकें पढ़े।
(d) हरेक विद्यार्थियों को चाहिए कि वह हिन्दी की अनेकों पुस्तकें पढ़े।

127. निम्नलिखित में से एक वाक्य अशुद्ध है, वह है
(a) मोहन गेहूँ पिसवाने चक्की पर गया है।
(b) निर्दय व्यक्ति से मित्रता नहीं करनी चाहिए।
(c) उसके घर के पास एक मिठाई की दुकान है।
(d) उपरोक्त कथन असत्य है।

128. निम्नलिखित वाक्यों में शुद्ध वाक्य है
(a) मुझसे यह काम सम्भव नहीं हो सकता।
(b) वह बिल्कुल भी बात नहीं करना चाहता।
(c) यह कविता अनेक भाव प्रकट करती है।
(d) इन दोनों में केवल यही अन्तर है।

129. निम्नलिखित में से एक वाक्य शुद्ध है, वह है
(a) इसके बावजूद भी हमसे हिन्दी लिखने में बहुत भूल हो जाती है।
(b) इसके बावजूद भी हमसे हिन्दी लिखने में बहुत भूलें हो जाती हैं।
(c) इसके बावजूद भी हम लोगों से हिन्दी लिखने में बहुत भूल हो जाती है।
(d) इसके बावजूद हम लोगों से हिन्दी लिखने में बहुत भूलें हो जाती हैं।

130. अशुद्ध वाक्य का चयन कीजिए।
(a) पुलिस द्वारा डाकुओं का पीछा किया गया।
(b) देश की वर्तमान मौजूदा हालात ठीक नहीं है।
(c) मैं पुस्तकालय में नित्य समय पर पहुँचता हूँ
(d) तुम चिन्ता न करो, मैं कोई न कोई रास्ता निकालूँगा।

131. मुहावरा है
(a) एक वाक्यांश (b) एक पूर्ण वाक्य
(c) निरर्थक शब्द समूह (d) सार्थक शब्द समूह

132. 'मुहावरा' शब्द है
(a) अरबी भाषा का (b) फ़ारसी भाषा का
(c) उर्दू भाषा का (d) हिन्दी भाषा का

133. मुहावरे का प्रयोग वाक्य में किया जाता है
(a) भाषा में सजीवता लाने के लिए
(b) भाषा का सौन्दर्य बढ़ाने के लिए
(c) भाषा को आकर्षक बनाने के लिए
(d) भाषा में आडम्बर या चमत्कार के लिए

134. मुहावरे का अक्षय कोष है
(a) हिन्दी और उर्दू भाषा के पास
(b) हिन्दी और फ़ारसी भाषा के पास
(c) हिन्दी और अरबी भाषा के पास
(d) इनमें से कोई नहीं

135. 'आधा तीतर आधा बटेर' मुहावरे का अर्थ है
(a) आधी-आधी चीजों को साथ रखना
(b) बेमेल चीजों का सम्मिश्रण
(c) सुमेल चीजों को बटोरना
(d) आधी-आधी चीजों को मिलाकार एक करना

136. 'कलेजे पर पत्थर रखना' का अर्थ है
(a) घोर दुःख या शोक को कठोर हृदय के साथ सहन करना
(b) पहले जैसा न रहना
(c) धोखा खाना
(d) क्रोध में आकर किसी को मिटा देना

137. 'गुदड़ी का लाल' मुहावरे का अर्थ है
(a) असुविधाओं में उन्नत होने वाला
(b) गरीबी में घिरा होना
(c) गुदड़ी का लाल रंग का होना
(d) महत्त्वपूर्ण व्यक्ति होना

138. निम्नलिखित में से किस मुहावरे का अर्थ शर्मिंदा होना नहीं है?
(a) पानी-पानी होना
(b) अपना-सा मुँह लेकर रह जाना
(c) टका-सा मुँह लेकर रहना
(d) मुँह में पानी आना

139. 'आदमी बनना' मुहावरे का उपयुक्त अर्थ है
(a) किसी अन्य जीव का आदमी में परिवर्तित होना
(b) आदमी जैसा दिखना
(c) अच्छा व्यवहार सीखना
(d) कृत्रिम ढंग से आदमी का प्रतिरूप बनाना

140. राई का पहाड़ बनाना मुहावरे का अर्थ क्या है?
(a) बढ़ा चढ़ा कर कहना (b) असम्भव कार्य करना
(c) कलंकित करना (d) पुष्टि करना

141. 'किताब का कीड़ा होना' का उपयुक्त अर्थ है
(a) बहुमूल्य वस्तु को नष्ट करने वाला
(b) अनुपयुक्त जगह रहने वाला
(c) बहुत अधिक पढ़ने वाला
(d) ज्ञान का दुश्मन

142. 'कच्चा चिट्ठा खोलना' का उपयुक्त अर्थ है
(a) सारा भेद खोल देना
(b) कच्चे काम को पक्का करना
(c) भेद छिपाना
(d) कान का कच्चा होना

143. दाँतों तले उँगली दबाना
(a) आश्चर्य करना (b) हीनता प्रकट करना
(c) बहुत हैरान होना (d) मुसीबत में पड़ना

144. "मनोज ने तो अपने बाल धूप में सफेद किए हैं" का आशय है
(a) मनोज बहुत समझदार है
(b) मनोज बूढ़ा हो गया है
(c) मनोज अब तक मूर्ख है
(d) मनोज ने उम्र भर परिश्रम किया है

145. निम्नलिखित में से उस विकल्प का चयन करें जो 'अक्ल पर पत्थर पड़ना' मुहावरे का अर्थ व्यक्त करता है?
(a) घायल होना
(b) अक्ल को पत्थर से मारना
(c) बुद्धि भ्रष्ट हो जाना
(d) अक्ल को पत्थर पर रखना

146. निम्नलिखित में से उस विकल्प का चयन करें जो 'आँखों में धूल झोंकना' मुहावरे का अर्थ व्यक्त करता है।
(a) धोखा देना
(b) अपमानित करना
(c) आँखों से धूल उड़ाना
(d) घायल करना

147. 'गंगाजली उठाना' मुहावरे का अर्थ है
(a) गंगा नहाना
(b) एक पात्र में गंगाजल भरना
(c) कसम खाना
(d) बड़बोलापन

148. 'सिर आँखों पर बैठाना' इस मुहावरे का अर्थ है
(a) बहुत सम्मान देना (b) बगावत करना
(c) जबरदस्ती का लगाव (d) पास आकर बैठना

149. "घड़ों पानी पड़ जाना" का सही अर्थ है
(a) स्नान करना
(b) परेशान करना
(c) अत्यन्त लज्जित होना
(d) सिर पर पानी डालना

150. 'आँख खुलना' मुहावरे का सही अर्थ है
(a) ज्ञान होना (b) भ्रम में पड़ना
(c) आँख किरकिराना (d) लज्जा दूर होना

151. नीचे दिए गए मुहावरों में से कौन-सा मुहावरा, दर्शाए गए व्यवहार का सबसे सटीक वर्णन करता है?
कुछ लोगों की सोच तो साधारण होती है; मगर उनका मुँह हमेशा चलता रहता है।
(a) मन-मन भाए मुण्डी हिलाए
(b) नाच ना जाने आँगन टेढ़ा
(c) जितनी लम्बी चादर उतने लम्बे पैर
(d) अधजल गगरी छलकत जाए

152. रवि का मन आज पढ़ाई में नहीं लग रहा था उसे आज चाट पकोड़ी खाने का मन था, वो अपनी माँ के पास गया और बोला, "माँ, तुम आज बहुत सुन्दर दिख रही हो।"
कौन-सा मुहावरा रवि के इस व्यवहार को सबसे बखूबी दर्शाता है?
(a) मन-मन भाए मुण्डी हिलाए
(b) नाच ना जाने आँगन टेढ़ा
(c) अपना उल्लू सीधा करना
(d) ना नौ मन तेल होगा ना राधा नाचेगी

153. 'सिर पर सवार रहना' मुहावरे का अर्थ है
(a) पीछे पड़ना
(b) मरने-मारने पर उतारू होना
(c) भाग जाना
(d) बाधक होना

154. 'आँख उठाकर न देखना' का सही अर्थ है
(a) पलकें बन्द रखना (b) आँख न खोलना
(c) उपेक्षा करना (d) तपस्या करना

155. 'मिट्टी का माधो' होने का अर्थ है
(a) समझदार होना
(b) बहुत ही मूर्ख
(c) कृष्णा की मूर्ति
(d) मिट्टी की मूर्ति

156. नीचे दिए गए वाक्य के लिए सही मुहावरा बताइए।
'युवकों को·····होने पर ही विवाह करना चाहिए।'
(a) अपने पैरों पर दोड़ने योग्य
(b) अपने पैर पसारने के बाद
(c) अपने पैरों पर खड़े
(d) अपने मुँह मिया मिट्ठू

157. 'आँखों का पानी ढलकना'
(a) अत्यन्त प्रिय होना (b) बेशर्म बन जाना
(c) अक्ल आ जाना (d) धोखा देना

158. आकाश से बातें करना
(a) असम्भव काम कर दिखाना
(b) घमण्ड करना
(c) काफी ऊँचा होना
(d) आकाशवाणी में काम करना

159. नीचे दिए गए मुहावरे का अर्थ बताइए।
'दाग लगना'
(a) स्पष्ट कहना
(b) कलंक लगना
(c) बहुत रुलाना
(d) हर सम्भव कष्ट देना

160. 'कान फूँकना' का अर्थ है
(a) चौकन्ना करना (b) गुरुमन्त्र देना
(c) जादू-टोना करना (d) चुगली करना

161. नीचे दिए गए वाक्य के लिए सटीक मुहावरा बताइए।
'बहुत अधिक परिश्रम करने वाला'
(a) कोल्हू का बैल (b) बैलगाड़ी का बैल
(c) मेहनती (d) कामकाजी

162. नीचे दिए गए वाक्य के लिए सही मुहावरा बताइए।
'राम उससे जब पुस्तक माँगने लगा तो वह·····करने लगा।'
(a) अना-कनी (b) आना-कनी
(c) आना-कानी (d) काना-कानी

163. नीचे दिए गए वाक्य के लिए सही मुहावरा बताइए।
'कुर्सी की होड़ ने सरकार को जनता की.....।'
(a) ठोकरों में गिरा दिया
(b) पैरों में गिरा दिया
(c) आँखों में गिरा दिया
(d) आँखों में बिठा दिया

164. 'गोल कर जाना' मुहावरे का सही अर्थ है
(a) मोटा होना (b) भाग जाना
(c) गुस्सा होना (d) गायब कर देना

165. निम्न में से कौन-सा युग्म गलत है?
(a) लुटिया डूबना-सारा काम चौपट होना
(b) सब्ज बाग दिखलाना-हरा-भरा करना
(c) मुट्ठी गरम करना-रिश्वत देना
(d) माई का लाल-साहसी व्यक्ति

166. 'सावधान करना' के अर्थ में मुहावरा है
(a) आँख दिखाना (b) कान खोलना
(c) ओंठ चबाना (d) खून पीना

167. 'अँगूठा चूसना' के लिए सही विकल्प है
(a) खुशामद करना
(b) सम्मान करना
(c) बहुत विनय प्रकट करना
(d) ये सभी

168. नीचे पंक्तियों के सामने उनके अर्थ लिखे हैं। इनमें से गलत अर्थ वाली पंक्ति छाँटिए
(a) लंगोटी में फाग खेलना – दरिद्रता में आनन्द
(b) गाल बजाना – डींग मारना
(c) पटरी बैठना – विचार मिलना
(d) कौड़ी का तीन – बहुत अच्छा होना

169. "बेवकूफ मत समझना ·········" वाक्य को पूरा करो।
(a) मैं भी उल्टी गंगा बहाना जानता हूँ
(b) मैंने कच्ची गोलियाँ नहीं खेली हैं
(c) मैं दुःखती रग पर हाथ रख सकता हूँ
(d) मैं भी दिन में तारे देख सकता हूँ

170. 'गरीब के घर में गुणवान का उत्पन्न होना' के लिए उपयुक्त विकल्प होगा।
(a) गुदड़ी का लाल (b) छप्पर फाड़ के देना
(c) घी के दीए जलाना (d) दिन दूना रात चौगुना

171. निम्नलिखित युग्मों में से कौन-सा गलत है?
(a) लोहा लेना-सामना करना
(b) रास्ता नापना-आकलन करना
(c) रग-रग जानना-अच्छी तरह से परिचित होना
(d) शैतान के कान काटना-बहुत चतुर होना

172. 'अपना उल्लू सीधा करना' मुहावरे का अर्थ है
(a) अपना मतलब निकालना
(b) कार्य पूरा हो जाना
(c) दूसरे से कार्य करवाना
(d) अपना कार्य पूरा करना

173. 'गाँठ का पूरा' मुहावरे का क्या अर्थ है?
(a) ईमानदार (b) दुकानदार
(c) लापरवाह (d) मालदार

174. 'पाखण्डी व्यक्ति' के लिए उपयुक्त मुहावरा है
(a) बछिया के ताऊ (b) बगुला भगत
(c) पैंतरेबाज (d) माई का लाल

175. 'त्रिशंकु होना' का उपयुक्त अर्थ है
(a) चारों ओर ध्यान होना
(b) किसी ओर का न रहना
(c) तीन ओर ध्यान देना
(d) केवल ऊपर देखना

176. तलवार की धार पर चलना
(a) नुकीला होना (b) पराजित कर देना
(c) ईर्ष्या करना (d) कठिन कार्य करना

177. विहंगम दृष्टि
(a) तीखी नजर (b) मन्द नजर
(c) सरसरी नजर (d) गहरी नजर

178. काटो तो खून नहीं
(a) बिल्कुल निर्जीव हो जाना
(b) भय के कारण स्तब्ध हो जाना
(c) गुस्सा शान्त हो जाना
(d) पीड़ा शान्त हो जाना

179. एक आँख न भाना
(a) विरक्त होना
(b) तटस्थ होना
(c) बिल्कुल अच्छा न लगना
(d) उपेक्षा करना

180. उँगली उठाना
(a) अपना महत्त्व व्यक्त करना
(b) दोष की ओर संकेत करना
(c) अस्वीकार करना
(d) क्षमा करना

181. 'नई ज़मीन तोड़ना' के चार अर्थ दिए गये हैं, सही का चयन कीजिए
(a) पुराने को मिटाना
(b) लिखे हुए को काटना
(c) अनूठा प्रयोग
(d) बड़ी लकीर खींचना

182. 'सोने में सुगन्ध' मुहावरा का सही अर्थ है
(a) सुन्दर वस्तु में और गुण होना
(b) सुगन्ध से युक्त आभूषण
(c) सुन्दर आभूषण होना
(d) सुगन्धित सोना

183. 'कान का कच्चा होना' मुहावरे का अर्थ है
(a) बहरा होना
(b) सुनी-सुनायी बातों पर विश्वास करना
(c) सभी पर अविश्वास करना
(d) कम सुनायी देना

184. 'घुटने टेकना' मुहावरे का अर्थ है:
(a) घुटने में दर्द होना
(b) दुःखी होना
(c) हार मान लेना
(d) विजय प्राप्त करना

185. 'खिचड़ी पकाना' मुहावरे का अर्थ है:
(a) भोजन बनाना
(b) चावल-दाल मिलाकर बनाना
(c) किसी पड्यन्त्र की तैयारी करना
(d) किसी के लिए खाना पकाना

186. 'औंधी खोपड़ी' मुहावरे का अर्थ है
(a) मूर्ख होना
(b) कुछ निर्णय न कर पाना
(c) किंकर्त्तव्यविमूढ़ होना
(d) झगड़ालू होना

187. 'आँखे फेर लेना' का अर्थ है
(a) दूसरी तरफ देखना
(b) किसी और की चाहत
(c) उदासीन हो जाना (प्रतिकूल हो जाना)
(d) नाराज हो जाना

188. 'नाक का बाल होना' मुहावरे का अर्थ है
(a) अधिक समीप होना (b) कष्ट होना
(c) अधिक प्रिय होना (d) पालतू होना

189. 'कलेजे पर साँप लोटना' मुहावरे का अर्थ है
(a) दुःखी होना (b) ईर्ष्या से जल उठना
(c) दुश्मनी निकालना (d) दीनता प्रकट करना

190. 'अपना हाथ जगन्नाथ' का अर्थ है
(a) मनमानी करना
(b) अपना हाथ पूज्यनीय होता है
(c) अपने आप से काम करना ही उपयुक्त होता है
(d) अपने हाथ से दान करना

191. 'अवसर का लाभ उठाना' के लिए उपयुक्त है
(a) बहती गंगा में हाथ धोना
(b) आकाश-पाताल एक करना
(c) फूले न समाना
(d) अंगारों पर पैर रखना

192. 'बाधा डालना' मुहावरे का अर्थ है
(a) पाला पड़ना
(b) रोड़ा अटकाना
(c) बरस पड़ना
(d) दाँतों में जीभ होना

193. 'पारा उतरना' मुहावरे का अर्थ है
(a) तापमान कम होना (b) क्रोध कम होना
(c) बुखार उतरना (d) सर्दी पड़ना

194. 'खेत रहना' मुहावरे का शाब्दिक अर्थ है
(a) सम्पत्ति का बचा रह जाना
(b) इज्जत बच जाना
(c) वीरगति को प्राप्त हो जाना
(d) शत्रु से मुकाबला होना

195. 'चाँद पर थूकना' मुहावरे का आशय है
(a) असम्भव काम करना
(b) निरर्थक काम करना
(c) सौन्दर्य का अनादर करना
(d) सम्मानीय का अनादर करना

196. 'जूतियों में दाल बाँटना' मुहावरे का सही अर्थ है
(a) दुःखी होना (b) अपमान करना
(c) चापलूसी करना (d) लड़ाई-झगड़ा हो जाना

197. 'पौ बारह होना' मुहावरे का सही अर्थ है
(a) सब तरह की सुख-सुविधाओं का होना
(b) उपद्रव करना
(c) पलायन करना
(d) प्रयासरत करना

198. 'नक्कारखाने में तूती की आवाज' मुहावरा का अभिप्राय है
(a) तूती की आवाज सबसे ऊँची होती है
(b) नक्कारखाने में तूती नहीं बोलती
(c) नकारे लोगों की सर्वत्र तूती बोलती रहती है
(d) समर्थ व्यक्ति के सामने असमर्थ व्यक्ति का प्रभाव नहीं पड़ता

199. कौन मुहावरा नहीं है?
(a) लाल पीला रहना
(b) सब्ज बाग दिखाना
(c) पीला मुँह करना
(d) हरा ही हरा सूझना

200. 'गड़े मुर्दे उखाड़ना' का अभिप्राय है
(a) व्यर्थ श्रम करना
(b) कब्रिस्तान में शरीर उखाड़ना
(c) अन्तिम संस्कार करना
(d) पुरानी बातों को दुहराना

201. 'अंडे सेना' मुहावरे का अर्थ है
(a) मुर्गी का चूजों के ऊपर बैठना
(b) स्वावलम्बी होना
(c) स्वार्थ सिद्ध करना
(d) घर में बेकार बैठना

202. 'जूतम पैजार' मुहावरे का अर्थ है
(a) लड़ाई-झगड़ा होना
(b) लूट गचाना
(c) छीनाझपटी करना
(d) किसी वस्तु की बहुतायत

203. 'सिर से पानी गुजर जाना' मुहावरे का उपयुक्त अर्थ क्या है?
(a) गहरे पानी में स्नान करना
(b) सहनशीलता की सीमा टूट जाना
(c) अच्छी प्रकार से सिर धोना
(d) डूबने से बच जाना

204. दुर्घटना का दृश्य देखकर नीलिमा का कलेजा पसीज गया।
(a) दिल बैठ जाना
(b) हालत खराब होना
(c) गर्मी लगना
(d) दया उत्पन्न होना

205. मन्त्री के आने पर जनता ने उन्हें आँख उठाकर भी नहीं देखा।
(a) चुप रहना
(b) जी चुराना
(c) ध्यान तक न देना
(d) अनसुनी करना

206. महाराज दशरथ यथा नाम तथा गुण थे।
(a) नाम मात्र की उपयोगिता
(b) जैसा नाम वैसा ही गुण
(c) उपयोगिता विहीन
(d) गुणवान

207. बार-बार नाक रगड़ने पर भी पुलिस ने अशोक को नहीं छोड़ा।
(a) विनती करना (b) खुशामद करना
(c) अधीन होना (d) बीमार पड़ना

208. 'बेटा समय रहते न पढ़े तो भविष्य में बुरी तरह पछताओगे'—वाक्य में 'बुरी तरह पछताओगे' के स्थान पर यह मुहावरा आ सकता है
(a) अंगारों पर लोटोगे
(b) आठ-आठ आँसू रोओगे
(c) अंचरा पसारोगे
(d) कुएँ में गिरोगे

209. 'भारत के अतुलित धन वैभव पर अंग्रेजों ने दाँत गड़ा दिये'—वाक्य में प्रयुक्त 'दाँत गड़ा दिये' का अर्थ है
(a) किसी वस्तु को गलत ढंग से पाने की गहरी चाह
(b) दूसरे की वस्तु देखकर ललचा जाना
(c) दूसरे की वस्तु चुराने की चेष्टा करना
(d) धोखे से दूसरे की वस्तु लेना

निर्देश (प्र.स. 210-212) निम्नलिखित मुहावरों के लिए उचित विकल्प चुनिए।

210. गंगा नहाना
(a) पवित्र होना
(b) कार्य पूरा कर निश्चिन्त होना
(c) नदी में स्नान करना
(d) प्रशंसा करना

211. आँख लगना
(a) आशंका होना (b) मृत्यु होना
(c) नींद आना (d) प्रेम होना

212. जूते चाटना
(a) इधर-उधर घूमना
(b) घूस देना
(c) जूतों को चमकदार बनाना
(d) खुशामद करना

निर्देश (प्र.स. 213-218) निम्नलिखित मुहावरों के लिए उपयुक्त विकल्प चुनिए।

213. थाली का बैंगन
(a) अधिक चिकना (b) चौड़ा होना
(c) गोल होना (d) सिद्धान्तहीन व्यक्ति

214. 'आँसू पीकर रह जाना' मुहावरे का सही अर्थ है
(a) आँसू बहने न देना
(b) अन्न के अभाव में आँसू से भूख मिटाना
(c) गुस्सा होना
(d) चुपचाप दुःख सह लेना

215. 'अक्ल का दुश्मन' मुहावरे का अर्थ है
(a) मित्र (b) महापंडित
(c) महामूख& (d) शत्रु

216. 'आँखों में धूल झोंकना' मुहावरे का अर्थ है
(a) धोखा खाना
(b) धोखा देना
(c) होली खेलना
(d) आँख में धूल डालना

निर्देश (प्र.स. 217-226) नीचे दिए गए मुहावरों के चार-चार वैकल्पिक अर्थ दिए गए हैं। इनमें से सही अर्थ का चयन कर उसे चिह्नित करें।

217. मुँह की खाना
(a) भोजन खा लेना
(b) भाग जाना
(c) हार जाना
(d) गिर पड़ना

218. डपोरशंख
(a) विशेष तरह का शंख
(b) बे सिर-पैर की बातें करने वाला
(c) बहुत बड़ी गिनती
(d) भारतीय शंख

219. 'शैतान की आँत'—इस मुहावरे का उपयुक्त अर्थ है
(a) अत्यन्त धूर्त व्यक्ति
(b) बहुत लम्बी वस्तु
(c) अत्यन्त नगण्य वस्तु
(d) अत्यन्त लाभदायक वस्तु

220. 'द्रौपदी का चीर' का अर्थ है
(a) नारी का अपमान करना
(b) शर्मनाक कार्य
(c) कभी समाप्त न होना
(d) सुन्दर स्त्री

221. ''कूपमंडूक होना'' का अर्थ है
(a) कुएँ में गिरना
(b) मूर्ख होना
(c) मात देना
(d) सीमित ज्ञान/सीमित अनुभव होना

222. 'छक्का-पंजा करना' मुहावरे का सही अर्थ है
(a) झगड़ा लगाना
(b) ओछी हरकत से कार्य सिद्ध करना
(c) चापलूसी करना
(d) नारदगीरी करना

223. ''अन्धे को दीपक दिखाना'' मुहावरे का सही अर्थ चुनिए
(a) अन्धे का रास्ता रोशन करना
(b) नासमझ को उपदेश देना
(c) नासमझ को रोशनी देना
(d) अन्धे की सहायता करना

224. 'गूलर का फूल होना' मुहावरे का सही अर्थ है
(a) फूल की तरह खिलना
(b) अति प्रसन्न होना
(c) दुर्लभ वस्तु
(d) सुगन्धित होना

225. 'अंग-अंग फूले न समाना' मुहावरे का सही अर्थ है
(a) गुस्सा होना
(b) दुःखी होना
(c) बहुत आनन्दित होना
(d) बीमारी होना

226. 'अंगारों पर पैर रखना' मुहावरे का सही अर्थ क्या है?
(a) मूर्ख होना (b) समझदार होना
(c) नुकसान होना (d) जोखिम मोल लेना

227. 'शोक करना' के लिए मुहावरा है
(a) सिर भारी होना
(b) सिर चढ़ना
(c) सिर पीटना
(d) सिर पर सवार होना

228. 'आसमान फट जाना' मुहावरे का सही अर्थ है
(a) असम्भव काम होना
(b) बहुत शोर करना
(c) चुगली करना
(d) अचानक आफत आ पड़ना

229. 'स्वावलम्बी होने' के लिए सही मुहावरा है
(a) पौ बारह होना
(b) पानी फेर देना
(c) पैरों पर खड़ा होना
(d) फूँक-फूँक कर पैर रखना

230. उसने तो मेरी <u>आँखें खोल दी</u> रेखांकित मुहावरे का अर्थ होगा
(a) भ्रम दूर करना
(b) किसी बात पर ध्यान न देना
(c) स्वागत के लिए राह देखना
(d) अन्धकार दूर करना

231. 'गुड़ गोबर कर देना'—मुहावरे का उचित अर्थ बताइए।
(a) कोई बखेड़ा खड़ा करना
(b) गायब कर देना
(c) बना बनाया काम बिगाड़ देना
(d) अपनी हानि करके मौज उड़ाना

232. 'हथियार डाल देना'—मुहावरे का सही अर्थ बताइए।
(a) मात्र कल्याण करते रहना
(b) हथियार गिरा देना
(c) हथियार उठा लेना
(d) हार मान लेना

233. सुमेलित कीजिए

	सूची-I (मुहावरा)		सूची-II (अर्थ)
A.	कान लगाना	1.	ध्यान देना
B.	कान खड़े करना	2.	चौकन्ना होना
C.	आँख लगाना	3.	निगाह रखना
D.	आँखें खुलना	4.	सजग होना

कूट

	A	B	C	D		A	B	C	D
(a)	3	4	2	1	(b)	1	2	3	4
(c)	1	2	4	3	(d)	3	1	4	2

234. 'अँगुली उठाना' मुहावरे का अर्थ निम्न विकल्पों में से कौन-सा है?
(a) दोष निकालना
(b) दोष न निकालना
(c) दोष निगलना
(d) दोषी को निकालना

235. मुहावरे का युक्तियुक्त अर्थ नहीं है
(a) छठी का राजा-कठिन परिश्रम करने वाला
(b) पेंदे के बल बैठना-पराभव मानना
(c) छाती उमड़ आना-प्रेम या करुणा से गदगद होना
(d) चादर से बाहर पैर फैलाना-मर्यादा का उल्लंघन करना

236. उस विकल्प का चयन करें जो दिए गए मुहावरे का सही अर्थ है।
माथे पर बल पड़ना।
(a) सिर दर्द होना
(b) पसंद करना
(c) गुस्सा करना
(d) असन्तोष प्रकट करना

237. उस विकल्प का चयन करें जो दिए गए मुहावरे का सही अर्थ है।
आठ-आठ आँसू रोना।
(a) पछताना
(b) बहुत अधिक विलाप करना
(c) आश्चर्यचकित होना
(d) गिन चुनकर रोना

238. उस विकल्प का चयन करें जो दिए गए मुहावरे का सही अर्थ है।
कमर टूटना।
(a) निराश होना (b) जीत जाना
(c) कमर टूट जाना (d) चोट लगना

239. निम्न में 'गाल-बजाना' मुहावरे का अर्थ है
(a) ज्यादा आवाज करना
(b) सोने जाना
(c) व्यर्थ की बातें करना
(d) ढोल बजाना

240. 'दर-दर भटकना' किस मुहावरे का सटीक अर्थ है?
(a) खाक छानना
(b) गोल कर जाना
(c) नौ दो ग्यारह होना
(d) घाट-घाट का पानी पीना

241. 'किनारे लगना' मुहावरे का उपयुक्त अर्थ है
(a) किसी कार्य का समाप्त होना
(b) डूबने से बचना
(c) लहरों द्वारा किसी वस्तु को किनारे फेंकना
(d) नदी पार करने में असफल होना

242. 'खेह खाना' मुहावरे का अर्थ है
(a) खाने का लालची होना
(b) आसान समझना
(c) बुरी दशा में रहना
(d) चालाक होना

243. 'गले के नीचे उतरना' मुहावरे का अर्थ है
(a) पचाना (b) खो जाना
(c) हजम करना (d) समझ में आना

244. 'बालू से तेल निकालना' मुहावरे का अर्थ है
(a) शीघ्र नष्ट होने वाली वस्तु
(b) असम्भव काम करना
(c) पूर्णतः स्वस्थ होना
(d) बहुत साधन सम्पन्न होना

245. 'बाँछें खिलना' से आशय है
(a) फसल में फलियाँ आ जाना
(b) अत्यन्त प्रसन्न होना
(c) काम पूरा हो जाना
(d) खिलखिलाकर हँसना

निर्देश निम्नलिखित मुहावरों के लिए उचित विकल्प चुनिए।

246. केर-बेर का संग होना
(a) समन्वय होना
(b) गलत काम होना
(c) असम्भव काम होना
(d) विरुद्ध स्वभाव वालों का एक साथ मिलना

247. घर-घर में माटी के चूल्हे होना
(a) प्रत्येक परिवार में बँटवारा होता है
(b) सब जगह क्लेश है
(c) सब समान होना
(d) मिट्टी का चूल्हा आसानी से बना लिया जाता है

248. भात सड़ना
(a) बिरादरी से निकालना
(b) लापरवाह होना
(c) आवश्यकता से अधिक भोजन तैयार होना
(d) बासी भोजन

249. अँगारों पर पैर रखना
(a) जानबूझकर खतरे का काम करना
(b) होली के अवसर पर किए जाने वाले कृत्य
(c) असम्भव काम करना
(d) नखरे करना

250. खरा खेल फर्रुखाबादी
(a) फर्रुखाबाद में खेला जाने वाला एक खेल
(b) धोखाधड़ी
(c) सच्चा काम
(d) कथनी और करनी में अन्तर

251. हाथ का मैल
(a) मेहनत की कमाई
(b) अत्यन्त तुच्छ वस्तु
(c) सहज प्राप्त वस्तु
(d) परमात्मा की देन

252. सर्वनाश कर देना (सही मुहावरे पर निशान लगाओ)
(a) ईंट से ईंट बजा देना
(b) इतिश्री कर देना
(c) नामोनिशान मिटा देना
(d) उपरोक्त में से कोई नहीं

253. 'बुद्धिमान होने का गर्व' अर्थबोधक मुहावरा है
(a) अक्ल पर पत्थर पड़ना
(b) अक्ल के घोड़े दौड़ाना
(c) अक्ल का दुश्मन
(d) अक्ल का पुतला

254. 'बहुत कष्ट होना' अर्थ के लिए निकटतम मुहावरा है
(a) छाती फटना
(b) छाती पीटना
(c) छाती पर धर कर ले जाना
(d) छाती पर मूँग दलना

255. 'उड़ती चिड़ियाँ के पंख गिनना' मुहावरा का सही अर्थ होगा
(a) अनुभवी होना
(b) वाक्चतुर होना
(c) प्रतिभाशाली होना
(d) असम्भव कार्य करना

256. 'नक्कारखाने में तूती की आवाज' मुहावरा का अभिप्राय है
(a) तूती की आवाज सबसे ऊँची होती है
(b) नक्कारखाने में तूती नहीं बोलती
(c) नकारे लोगों की सर्वत्र तूती बोलती रहती है
(d) समर्थ व्यक्ति के सामने असमर्थ व्यक्ति का प्रभाव नहीं पड़ता

257. 'जूतियों में दाल बाँटना' मुहावरे का सही अर्थ है
(a) दुःखी होना
(b) अपमान करना
(c) चापलूसी करना
(d) लड़ाई-झगड़ा हो जाना

258. 'सब्जबाग दिखाना' मुहावरा का अर्थ है
(a) बाग में घूमने जाना
(b) साग-सब्जी पैदा करना
(c) प्रलोभन देना
(d) भयभीत करना

259. 'निन्यानवे के फेर में पड़ना' का अर्थ है
(a) किसी कार्य को पूरा न करना
(b) वास्तविकता से भिन्न स्थिति
(c) धन संग्रह की चिन्ता में पड़ना
(d) अनुभवहीन होना

260. 'भारत के अतुलित धन वैभव पर अंग्रेजों ने दाँत गड़ा दिये'-वाक्य में प्रयुक्त 'दाँत गड़ा दिये' का अर्थ है
(a) किसी वस्तु को गलत ढंग से पाने की गहरी चाह
(b) दूसरे की वस्तु देखकर ललचा जाना
(c) दूसरे की वस्तु चुराने की चेष्टा करना
(d) धोखे से दूसरे की वस्तु लेना

261. कहावत को कहते हैं
(a) लोकोक्ति, (सूक्ति, सुभाषित), कही हुई बातें
(b) बढ़ा-चढ़ा कर कहना
(c) छोटे से वाक्यांश में कुछ कहना
(d) उपरोक्त में से कोई नहीं

262. 'एक अनार सौ बीमार' कहावत का अर्थ है
(a) अत्यन्त कम
(b) हर हाल में मुसीबत
(c) एक ही वस्तु के अनेक आकांक्षी
(d) दुहरा फायदा

263. 'जल में रहकर मगर से बैर' कहावत का अर्थ है
(a) अपराधी हमेशा शंकित रहता है
(b) बड़ों से शत्रुता नहीं चलती
(c) मगरमच्छ से दुश्मनी
(d) जल में मगर के साथ रहना

264. 'जस दूल्हा तस बनी बारात' कहावत का अर्थ है
(a) जिससे लाभ हो उसी का पक्ष लें
(b) जो जिसके योग्य हो उसे वही मिलता है
(c) लालच में कोई काम करना
(d) जैसा मुखिया वैसे ही अन्य साथी

265. 'नाच न आवे आँगन टेढ़ा' कहावत का अर्थ है
(a) बुरे लोगों का स्वभाव नहीं बदलता
(b) नाचने का मन नहीं होना
(c) अपने दोष (अयोग्यता) को छिपाने के लिए दूसरों के दोष निकालना
(d) सीधे आँगन में नाचने की इच्छा

266. 'दूध का दूध पानी का पानी' कहावत का अर्थ है
(a) दूध में पानी मिला होना
(b) असम्भव कार्य हो जाना
(c) दो को दिया काम बिगड़ जाता है
(d) ठीक-ठाक न्याय हो जाना

267. 'दूर के ढोल सुहावने' कहावत का अर्थ है
(a) ढोल को दूर रखना
(b) ढोल को अपने पास से हटा देना
(c) दूर की वस्तु अच्छी लगना
(d) ढोल के बारे में दूर की सोचना

268. 'पढ़े फ़ारसी बेचे तेल यह देखो कुदरत का खेल' कहावत का अर्थ है।
(a) फ़ारसी पढ़े-लिखे तेल बेचते हैं
(b) कुदरत के खेल में फ़ारसी तेल बेचते हैं
(c) योग्यतानुसार कार्य न मिलना
(d) सभी के गुण समान नहीं होते

269. बोया पेड़ बबूल का आम कहाँ से खाय लोकोक्ति का अर्थ है
(a) बबूल का पेड़ आम के पेड़ जैसा होता है
(b) बबूल का पेड़ आम के पेड़ से अच्छा होता है
(c) बुरे कर्मों की अपेक्षा कलंकित होना अधिक बुरा है
(d) बुरे कर्मों का परिणाम, अच्छा नहीं हो सकता

270. 'यह मुँह और मसूर की दाल' कहावत का अर्थ है
(a) मसूर की दाल का महँगा होना
(b) मूर्ख अच्छी वस्तु की कद्र नहीं करते
(c) अपने को बड़े व्यक्तियों में गिनना
(d) अपनी योग्यता से अधिक पाने की उम्मीद

271. 'छछूँदर के सिर पर चमेली का तेल' का अर्थ है
(a) मिथ्या आडम्बर
(b) अयोग्य व्यक्ति को अच्छी चीज देना
(c) योग्य व्यक्ति को अच्छी चीज देना
(d) अधिक पाने का लालच करना

272. 'घाट-घाट का पानी पीना' लोकोक्ति का उपयुक्त अर्थ है
(a) अनेक क्षेत्रों का अनुभव
(b) जीवन में स्थिरता का अभाव
(c) दर-दर भटकना
(d) परोपकार के लिए यहाँ-वहाँ घूमना

273. 'भई गति साँप छछूँदर केरी'
(a) शिकार की स्थिति
(b) आक्रामक स्थिति
(c) हास्यास्पद स्थिति
(d) असमंजस की स्थिति

274. 'कठोर परिश्रम के बिना जीवन में सफलता नहीं मिलती' इस सन्देश की व्यंजक उक्ति इनमें से है
(a) बालू से तेल निकालना
(b) खोदा पहाड़ निकली चुहिया
(c) जिन खोजा तिन पाइया गहरे पानी पैठ
(d) नौ दिन चले अढ़ाई कोस

275. 'विपत्ति के समय थोड़ी-सी सहायता भी बहुत बड़ी होती है' इस भाव की व्यंजक पंक्ति है
(a) चार दिन की चाँदनी फिर अँधेरी रात
(b) आम के आम गुठलियों के दाम
(c) चुपड़ी और दो-दो
(d) डूबते को तिनके का सहारा

276. 'आँधी आवे बैठ गँवाने' लोकोक्ति का उपयुक्त अर्थ है
(a) संकट से मुँह फेरना
(b) विपरीत परिस्थिति में उपयुक्त समय आने का इंतजार करना
(c) विपत्ति से टकराने का हौसला रखना
(d) आँधी के बाद पानी बरसने का इंतजार करना

277. 'एक दिन का पाहुना, दूजे दिन अनखावना'
(a) दामाद को ससुराल में अधिक दिन नहीं रहना चाहिए
(b) मेहमान थोड़े ही समय में शैतान बन जाता है
(c) अतिथि ज्यादा दिन नहीं रहता
(d) अतिथि को कम समय में ही चले जाना चाहिए

278. 'खिसियानी बिल्ली खम्भा नोचे' का अर्थ है
(a) अपने से बड़ों पर क्रोध करना
(b) कायरतापूर्ण व्यवहार करना
(c) किसी बात पर शर्मिन्दा होकर क्रोध करना
(d) अपनी शर्म छिपाने के लिए व्यर्थ झुँझलाना

279. 'काठ की हाण्डी बार-बार नहीं चढ़ती' का अर्थ है
(a) दुर्भाग्य की मार बार-बार नहीं होती
(b) बुरे दिन हमेशा नहीं रहते
(c) छल-कपट का व्यवहार हमेशा नहीं चलता
(d) लकड़ी का बर्तन अग्नि से जल सकता है

280. 'देशी मुर्गी विलायती बोल' कहावत/लोकोक्ति का सही अर्थ दिए गए विकल्पों में से चुनिए
(a) कम कीमत में अच्छी वस्तु
(b) उम्मीद से बढ़कर
(c) बेमेल बातों का मेल
(d) अनोखी चीज देखना

281. 'अपनी-अपनी ढपली, अपना-अपना राग' लोकोक्ति का अर्थ है।
(a) सबका अपना मत
(b) अपना कार्य निष्ठा से करना
(c) दूसरे का कार्य निष्ठा से करना
(d) गाकर नृत्य करना

282. 'न सावन सूखे न भादो हरे' कहावत का अर्थ है
(a) सदैव एक सी मानसिक स्थिति में होना
(b) सदैव सुखी रहना
(c) सदैव प्रसन्न रहना
(d) सुख-दुःख का भेद न जानना

283. 'एक तो करेला, दूजे नीम चढ़ा' लोकोक्ति का अर्थ है
(a) करेले की बेल नीम पर चढ़ाई जाती है
(b) करेले और नीम पास-पास उगते हैं
(c) गुणी की अच्छी संगत में पड़कर और गुणवान हो जाना
(d) बुरे का बुरी संगत में पड़कर और बुरा हो जाना

284. 'जिन ढूँढा तिन पाइयाँ गहरे पानी पैठ' लोकोक्ति का अर्थ है
(a) परिश्रम का फल गहरे पानी में मिलता है
(b) परिश्रम का फल अवश्य मिलता है
(c) परिश्रम का फल कभी-कभी मिलता है
(d) परिश्रम का फल भाग्य से मिलता है

285. 'नीम हकीम खतरे जान' लोकोक्ति का अर्थ है
(a) नीम का पत्ता चबाना
(b) नीम से हकीमी करना
(c) खतरनाक चीज
(d) अल्प-ज्ञान भयंकर

286. 'तन पर नहीं लत्ता, पान खाए अलबत्ता' लोकोक्ति का अर्थ है
(a) बहुत गरीब होना
(b) व्यर्थ का प्रदर्शन
(c) एक साथ दो लाभ
(d) बुरी आदत का शिकार

287. 'तू डाल-डाल, मैं पात-पात' लोकोक्ति का अर्थ है
(a) दोनों विद्वान्
(b) दोनों मूर्ख
(c) दोनों तत्वज्ञ
(d) दोनों चालाक

288. 'आँख के अंधे गाँठ के पूरे' लोकोक्ति का सही अर्थ है
(a) गुण के विरुद्ध नाम का होना
(b) किसी तरह की जिम्मेदारी का न होना
(c) मूर्ख धनवान
(d) डींग हाँकना

289. तुलसीदास का कथन 'ढोल गँवार, शूद्र, पशु, नारी, ये सब ताड़न के अधिकारी' किस लोकोक्ति का समर्थन करता है?
(a) आमी, नींबू, बनिया। चापें तें रस देय
(b) बाँमन कुकुर, नाऊ। आप जाति देखि गुर्राऊ
(c) ऊँचजाति बतिअवले। नीचजाति लतिअवले
(d) तीन कनौजिया तेरह चूल्हा

290. 'ऊँट के मुँह में जीरा' लोकोक्ति का अर्थ है
(a) बहुत बड़े प्राणी को भोजन बनाना
(b) बहुत अधिक खाने वाले को बहुत कम देना
(c) जानवर को दवाई देना
(d) बड़े प्राणी को सांत्वना देना

निर्देश निम्नलिखित लोकोक्तियों के लिए उपयुक्त विकल्प चुनिए।

291. 'विनाशकाले विपरीत बुद्धि' लोकोक्ति का अर्थ है
(a) बुद्धि से विनाश नहीं होता
(b) हमेशा बुद्धि से कार्य करना चाहिए
(c) विपरीत बुद्धि सही नहीं होती
(d) प्रतिकूल समय पर बुद्धि भी विपरीत हो जाती है

292. 'बन्दर क्या जाने अदरक का स्वाद'
(a) बन्दर के लिए अदरक विष है
(b) बन्दर को खाँसी-जुकाम नहीं होता
(c) मूर्ख अच्छी वस्तु की कद्र नहीं करता
(d) बन्दर को अदरक पसन्द नहीं

293. 'आए थे हरि भजन को ओटन लगे कपास'-लोकोक्ति का सही अर्थ है।
(a) साधुओं की संगति छोड़ देना
(b) वांछित कार्य को छोड़कर अन्य कार्य में लग जाना
(c) भक्ति छोड़कर व्यापार करने लगना
(d) गृहस्थी के झंझटों में फँस जाना

294. लोकोक्ति और उसके अभिप्राय का कौन-सा जोड़ा गलत है?
(a) ओस चाटे प्यास नहीं बुझती – बड़े काम के लिए विशेष प्रयत्न की जरूरत होती है
(b) कढ़ाही से गिरा, चूल्हे में पड़ा – एक आपत्ति से छूटकर दूसरी विपत्ति में पड़ना
(c) घी भी खाओ और पगड़ी भी रक्खो – इतना खर्च करो कि इज्जत बनी रहे
(d) काठ की हाँडी बार-बार चूल्हे पर नहीं चढ़ती – काठ की हाँडी बार-बार जल जाती है

295. निम्नलिखित में लोकोक्ति कौन सी है?
(a) आसमान पर थूकना
(b) उल्टा चोर कोतवाल को डाँटे
(c) गूलर का फूल होना
(d) कोढ़ में खाज होना

296. स्थिति में परिवर्तन न होने के भाव को व्यक्त करने वाली सही कहावत है
(a) जस दूल्हा तस बनी बारात
(b) न सुख में मोटे न दुःख में दुबले
(c) न गरजे न बरसे वही धूप की धूप
(d) वही ढाक के तीन पात

297. 'हाथ कंगन को आरसी क्या' का सही अर्थ है?
(a) गुणी को आडम्बर की जरूरत नहीं
(b) धनी के लिए पैसे का महत्त्व नहीं
(c) प्रत्यक्ष के लिए प्रमाण की आवश्यकता नहीं
(d) बलवान को सहयोगी की जरूरत नहीं

298. पत्थर को जोंक नहीं लगती
(a) मजबूत चीज आसानी से खराब नहीं होती
(b) दो धूर्तों में प्रायः टकराव नहीं होता
(c) हठी पर कोई प्रभाव नहीं होता
(d) सबल का शोषण नहीं होता

299. 'हृदय पवित्र तो सब कुछ ठीक' के अर्थ में लोकोक्ति है
(a) मान न मान मैं तेरा मेहमान
(b) मार-मार कर हकीम बनाना
(c) पराए धन पर लक्ष्मीनारायन
(d) मन चंगा तो कठौती में गंगा

300. 'एक तवे की रोटी, क्या छोटी क्या मोटी' लोकोक्ति का तात्पर्य है
(a) तवे की रोटी
(b) सभी एक-समान
(c) सभी श्रेष्ठ
(d) रोटी के प्रकार

301. 'खरबूजे को देख खरबूजा रंग बदलता है'-लोकोक्ति का अर्थ है
(a) संगति का प्रभाव अवश्य पड़ता है
(b) प्रयत्न ज्यादा पर लाभ थोड़ा
(c) कपटपूर्ण व्यवहार
(d) किए का फल भोगना पड़ेगा

302. 'पगड़ी रख, घी चख' लोकोक्ति का अर्थ है
(a) मान-सम्मान से ही जीवन का आनन्द है
(b) पढ़-लिखकर भी अनुभवहीन
(c) निर्लज्ज होकर कुछ पाना
(d) बदनामी से बुरा नेकनामी

303. 'हृदय सम्राट' लोकोक्ति का अर्थ है
(a) मनमौजी व्यक्ति
(b) शक्तिशाली व्यक्ति
(c) उदार हृदय वाला व्यक्ति
(d) अत्यन्त प्रिय

304. 'अशर्फियाँ लुटें : कोयलों पर मुहर' इस कहावत का अर्थ क्या है?
(a) मूल्यवान वस्तु की अपेक्षा तुच्छ वस्तु का ध्यान
(b) छोटी वस्तु की सुरक्षा में अधिक व्यय
(c) सम्पूर्ण लाभ स्वयं उठाना
(d) आय से अधिक व्यय

305. 'कार्य करने के बाद उसके बारे में जाँच करना' का अर्थ वाली कहावत है
(a) साँप निकलने पर लकीर पीटते रहना
(b) पानी पीकर जाति पूछना
(c) अब पछताए होत क्या जब चिड़िया चुग गई खेत
(d) उपर्युक्त सभी

306. 'कभी नाव गाड़ी पर कभी गाड़ी नाव पर' लोकोक्ति का सही आशय है
(a) संघर्ष होना
(b) एक दूसरे की सहायता करना
(c) भलाई करना
(d) एक-से स्वभाव वाले होना

307. 'एक हाथ से ताली नहीं बजती' लोकोक्ति का अभिप्राय है
(a) शत्रुता दोनों पक्षों की गलती से होती है
(b) संघर्ष बराबरी वाले दो पक्षों में होना चाहिए
(c) एक आदमी से काम नहीं चलता
(d) सराहना हेतु दोनों ने ताली बजाई

308. 'जितने मुँह उतनी बातें' का अर्थ है
(a) बहुत ज्यादा बातूनी होना
(b) झूठ बोलना
(c) एक ही बात पर अनेक कथन
(d) उपरोक्त में से कोई नहीं

309. 'न नौ मन तेल होगा न राधा नाचेगी' का भाव है
(a) काम न करने का बहाना बनाना
(b) खूब काम करना
(c) काम से दिल ऊबना
(d) काम में आलस्य करना (न पूरी होने वाली शर्त)

310. 'आठ कनौजिया नौ चूल्हे' लोकोक्ति का अर्थ क्या होता है?
(a) मस्त रहना
(b) फाँका करना
(c) अलगाव की स्थिति
(d) सम्पन्नता की स्थिति

311. 'खुदा गंजे को नाखून न दें' लोकोक्ति का अभिप्राय है
(a) छोटे आदमी का प्रेम अस्थिर होता है
(b) लज्जित होकर दूसरे पर क्रोध न निकाले
(c) एक दोष पहिले से था, दूसरा और आ गया
(d) अत्याचारी को शक्ति नहीं मिलनी चाहिए

312. 'समय के अनुसार काम करना चाहिए' अर्थ की बोधक लोकोक्ति है
(a) जैसी बहै बयार, पीठ तब तैसी दीजै
(b) जाके पांव न फटी बिवाई, सो क्या जाने पीर पराई
(c) ऊँगली पकड़ कर पहुँचा पकड़ना
(d) का बरसा जब कृषि सुखाने

313. 'नौ दिन चले अढ़ाई कोस' से तात्पर्य है
(a) नौ दिन में अढ़ाई कोस चलना
(b) धीरे-धीरे चलना (बहुत सुस्त होना)
(c) चलने की कोशिश करना
(d) अधिक परिश्रम का थोड़ा फल मिलना

314. 'आँख के अन्धे नाम नयनसुख' का सही अर्थ है
(a) गुणों के विरुद्ध नाम का होना
(b) बुद्धिहीन किन्तु पर्याप्त धनवान
(c) अन्धा आदमी प्रायः गुणवान होता है
(d) एक आँख के अन्धे को भी सभी सुखद अनुभव हो सकते हैं

315. 'कोयले की दलाली में हाथ काले' का अर्थ है
(a) कोयले का व्यापार मत करो
(b) कोयले की दलाली में हाथ गंदे हो जाते हैं
(c) दलाली नहीं करनी
(d) खराब काम का परिणाम भी खराब ही होता है

316. जहाँ न पहुँचे रवि, वहाँ पहुँचे कवि
(a) कवि बहुत तर्कशील होते हैं
(b) कवि बहुत भावप्रवण होते हैं
(c) कवि बहुत विचारशील होते हैं
(d) कवि बहुत कल्पनाशील होते हैं

317. 'बाँझ क्या जाने प्रसव की पीड़ा' का अर्थ है
(a) दूसरों का दुःख-दर्द नहीं समझना
(b) सहानुभूति नहीं दिखाना
(c) सन्तानहीन होना
(d) जिस पर बीतती है, वहीं जानता है

318. 'अकेला चना भाड़ नहीं फोड़ता' का अर्थ है
(a) एक चना किसी काम का नहीं
(b) एक चना शक्तिहीन होता है
(c) अकेला व्यक्ति शक्तिशाली नहीं होता
(d) एक चने से भूख नहीं मिटती

319. हथेली पर सरसों नहीं जमती का अर्थ है
(a) सरसों के लिए जमीन चाहिए, हथेली नहीं
(b) हर काम में मनमानी नहीं चल सकती
(c) काम के लिए समय चाहिए, जब चाहो तभी काम नहीं हो सकता
(d) सफलता समय पर आती है

320. गए थे रोज़ा छुड़ाने, नमाज गले पड़ी का अर्थ है
(a) मुश्किल में पड़ जाना
(b) कष्ट पहुँचाना
(c) ग़रीब हो जाना
(d) उपकार करने के बदले स्वयं को दुःख भोगना पड़ा

321. गंगा गए गंगादास, जमुना गए जमुनादास का अर्थ है
(a) अपने-अपने घर जाना
(b) अपना-अपना काम करना
(c) किसी की नहीं सुनना
(d) जिसका कोई दृढ़ सिद्धान्त नहीं होता

322. सिर सहलाए भेजा खाए का अर्थ है
(a) एकदम निकट आकर शोरगुल करना
(b) किसी के सिर पर सवार हो जाना
(c) दोस्त बनकर हानि पहुँचाना
(d) चापलूसों के कहने को करना

323. सौ सयाने एक मत का अर्थ है
(a) कुछ भी निश्चय न कर पाना
(b) ज्यादा चालाक बनना
(c) अच्छे विचारों में भिन्नता होना
(d) बुद्धिमानों के विचार एक-से होते हैं

324. तन पर नहीं लत्ता पान खाए अलबत्ता का अर्थ है
(a) बहुत ग़रीब होना
(b) झूठा दिखावा करना
(c) एक साथ दो लाभ होना
(d) बुरी आदत का शिकार

325. गुरु गुड़ चेला चीनी का अर्थ है
(a) गुरु हमेशा सर्वोपरि होता है
(b) गुरु से चेले का आगे बढ़ जाना
(c) चेले द्वारा महान कार्य करना
(d) गुरु के कथानुसार कार्य करना

326. तबेली की बला बन्दर के सिर का अर्थ है
(a) किसी की शिकायत दूसरों से करना
(b) एक-दूसरे से लड़वाना
(c) किसी का अपराध दूसरे के सिर
(d) अपना दोष दूसरों के सिर मढ़ना

327. फिसल पड़े तो हर गंगे का अर्थ है
(a) मज़बूरी में काम पड़ना
(b) नुक़सान उठाना
(c) एक साथ दो काम करना
(d) विपत्ति पड़ने पर ईश्वर का स्मरण करना

328. अन्धा पावै आँखें तो पतियाय का अर्थ है
(a) सबसे मूल्यवान वस्तु प्राप्त करके प्रसन्न होना
(b) अभीष्ट की प्राप्ति होने पर विश्वास का जमना
(c) असम्भव की चाह होना
(d) असम्भव को सम्भव कर दिखाना

329. उधो का लेना न माधो को देना का अर्थ है
(a) अपने काम से काम
(b) भक्ति भाव से दूर रहना
(c) हिसाब साफ रखना
(d) सबसे अलग रहना

330. कहाँ राजा भोज कहाँ गंगू तेली का अर्थ है
(a) ऊटपटांग बात करना
(b) राजा और सामान्य व्यक्ति की तुलना
(c) राजा भोज और गंगू तेली के बीच तुलना करने का प्रयास
(d) आकाश-पाताल का अन्तर होना

331. आप डूबे तो जग डूबा का अर्थ है
(a) बुरा आदमी सबको बुरा कहता है
(b) मरने के बाद कौन देखने आता है कि क्या हुआ
(c) अपनी हानि होने पर दूसरों को भी हानि पहुँचाना
(d) सबको अपने समान समझना

332. तेल देखो तेल की धार देखो का अर्थ है
(a) लापरवाही से नुक़सान होता है
(b) तेल की धार देखकर तेल का परीक्षण करना
(c) काम करते समय उसकी पहचान करना
(d) रुख पहचानना

333. ओखली में सिर दिया तो मूसलों से क्या डर का अर्थ है
(a) मूर्ख के साथ मित्रता करने पर हानि ही होती है
(b) मुसीबतों से घबराना किसी भी प्रकार से उचित नहीं
(c) ओछे व्यक्ति किसी को लाभ नहीं पहुँचा सकते
(d) कठिन काम शुरू करने पर कष्ट तो सहन करने ही पड़ते हैं

334. उपाय वही सफ़ल और श्रेष्ठ है जिसका लोहा विरोधी को भी मानना पड़े के लिए सही लोकोक्ति है
(a) आधा तीतर आधा बटेर
(b) चमत्कार को नमस्कार
(c) जादू वही जो सिर चढ़कर बोले
(d) इनमें से कोई नहीं

335. कुम्हार अपना ही घड़ा सराहता है, का अर्थ है
(a) अपनी ही प्रशंसा करना
(b) अपनी बनाई हुई वस्तु सबको अच्छी लगती है
(c) किसी को बोलने नहीं देना
(d) दूसरों की वस्तु को तुच्छ समझना

336. घर का जोगी जोगड़ा, आन गाँव का सिद्ध का अर्थ है
(a) घर के ज्ञानी को सम्मान नहीं
(b) घर-घर में मिट्टी के चूल्हे
(c) घर की मुर्गी दाल बराबर
(d) घर का भेदी लंका ढाहे

337. टूट चाप नहिं जुरै रिसाने का अर्थ है
(a) टूटा धनुष क्रोध करने से नहीं जुड़ता
(b) चिन्ता छोड़ो सुख से जिओ
(c) नुक़सान के लिए परेशान नहीं होना चाहिए
(d) नुक़सान हो जाने पर क्रोध करना व्यर्थ है

338. पुचकारा कुत्ता सिर चढ़े का अर्थ है
(a) पुचकारने पर कुत्ता भी प्यार दिखाता है
(b) ओछे लोग मुँह लगाने पर अनुचित लाभ उठाते हैं
(c) ओछे लोग ही इस जमाने में तरक्क़ी कर सकते हैं
(d) नगण्य व्यक्ति को कभी अपमानित नहीं करना चाहिए

339. तीन दिन मेहमान चौथे दिन हैवान का अर्थ है
(a) आतिथ्य थोड़े दिन का ही अच्छा होता है
(b) अतिथि का कभी अनादर नहीं करना चाहिए
(c) मेहमान भी कभी-कभी शैतान बन जाते हैं
(d) ससुराल में दामाद को अधिक दिन नहीं रहना चाहिए

340. जैसी बहे बयार, पीठ तब तैसी दीजे का अर्थ है
(a) समय का रुख देखकर काम करना चाहिए
(b) राजनीति में दल-बदल करते रहना चाहिए
(c) ऐसा काम करना चाहिए जिससे संकट में न फँसा जाए
(d) पवन की तरह कभी शीत और कभी उष्ण होना चाहिए

341. चूहे के चाम से नगाड़े नहीं मढ़े जाते का अर्थ है
(a) कंजूसी करना
(b) सीमित साधनों से काम चलाना
(c) छोटा होकर बड़ा काम करना
(d) सीमित साधनों से बड़े काम नहीं होते

342. अंधे के हाथ बटेर लगना का अर्थ है
(a) अंधा भी अपना लक्ष्य प्राप्त कर सकता है
(b) अंधेरे में कोई वस्तु मिल जाना
(c) अपात्र को बड़ी सफलता मिलना
(d) मुसीबत पर मुसीबत आना

343. 'खग जाने खग की भाषा' लोकोक्ति का उचित अर्थ, नीचे दिए विकल्पों में से बताइए
(a) पक्षियों की तरह बोलना
(b) पक्षियों की भाषा न जानना
(c) पक्षी अपनी भाषा स्वयं समझते हैं
(d) समान प्रवृत्ति वाले लोग एक-दूसरे को सराहते हैं

344. नीचे लोकोक्तियाँ और उनके अर्थ दिए गए हैं। इनमें गलत अर्थ वाली लोकोक्ति का चयन कीजिए।
(a) आगे नाथ न पीछे पगहा – बन्धनहीन
(b) तीन तेरह होना – संगठित होना
(c) एक टकसाल के ढले हैं – सब एक जैसे हैं
(d) आँख के अन्धे गाँठ के पूरे – मूर्ख लेकिन धनवान

345. 'होनहार बिरवान के होत चीकने पात' लोकोक्ति का सही अर्थ है
(a) होनहार बालक सुंदर होता है।
(b) सुंदर बालक होनहार होता है।
(c) होनहार बालक के गुण बचपन से ही दिखाई देने लगते हैं।
(d) होनहार बालक सुंदर नहीं होता है।

346. 'एक से बढ़कर दूसरे' का अर्थ व्यक्त करने के लिए सही लोकोक्ति है
(a) समरथ को नहिं दोष गोसाई
(b) सेर को सवा सेर
(c) सइया भये कोतवाल अब डर काहे का
(d) सखी न सहेली, भली अकेली

347. 'लाभ ही लाभ' अर्थ के लिए सही लोकोक्ति है
(a) पाँचों उँगलियाँ घी में
(b) पाँचों उँगलियाँ बराबर नहीं होती
(c) नेकी कर और कुएँ में डाल
(d) नेकी और पूछ-पूछ

348. निम्नलिखित में से कौन-सी कहावत का अर्थ है—'कहीं ठिकाना न होना'?
(a) दोनों नावों पर पैर रखना
(b) न सावन हरा न भादो सूखा
(c) न रहेगा बाँस न बजेगी बाँसुरी
(d) इनमें से कोई नहीं

349. उस विकल्प का चयन करें जो दी गई लोकोक्ति का सही अर्थ है।
आँख का अंधा गाँठ का पूरा
(a) अच्छा व्यक्ति (b) मूर्ख धनी
(c) सोच समझकर करना (d) कठोर व्यक्ति

350. आग लगने पर कुआँ खोदना — लोकोक्ति का सही अर्थ होगा
(a) जल्दी से कार्य करना
(b) संकट के समय बचाव के लिए सोचना
(c) मुसीबत आने से घबरा जाना
(d) कुआँ खोदकर पुण्य कमाना

351. 'चिराग तले अँधेरा' लोकोक्ति का उपयुक्त अर्थ है
(a) अपने आसपास की परवाह न करना
(b) जहाँ जरूरी हो वहीं उजाला करना
(c) दूसरे लोगों का ध्यान रखना
(d) निकट के दोष को न देख पाना

352. 'आसमान से गिरा खजूर पर अटका' लोकोक्ति का उपयुक्त अर्थ है
(a) बाधा-मुक्त होना
(b) एक नई मुसीबत में पड़ना
(c) मुसीबत ही मुसीबत
(d) मुसीबत में किसी का सहारा मिलना

353. 'नेकी कर दरिया में डाल' लोकोक्ति का उपयुक्त अर्थ है
(a) मदद करके मदद की उम्मीद करना
(b) उपकार करके उपकार की बात को भूल जाना
(c) घृणा के बदले प्रेम करना
(d) कष्ट सहकर परोपकार करना

सही उत्तर

1. (a)	2. (b)	3. (d)	4. (a)	5. (c)	6. (c)	7. (d)	8. (d)	9. (d)	10. (b)
11. (c)	12. (d)	13. (d)	14. (b)	15. (c)	16. (c)	17. (a)	18. (b)	19. (d)	20. (d)
21. (d)	22. (c)	23. (d)	24. (a)	25. (a)	26. (c)	27. (c)	28. (a)	29. (c)	30. (b)
31. (d)	32. (d)	33. (b)	34. (c)	35. (b)	36. (c)	37. (c)	38. (b)	39. (c)	40. (c)
41. (c)	42. (b)	43. (c)	44. (a)	45. (c)	46. (c)	47. (b)	48. (c)	49. (b)	50. (c)
51. (b)	52. (c)	53. (b)	54. (c)	55. (c)	56. (d)	57. (a)	58. (a)	59. (c)	60. (d)
61. (d)	62. (d)	63. (b)	64. (c)	65. (c)	66. (b)	67. (d)	68. (d)	69. (c)	70. (a)
71. (a)	72. (a)	73. (c)	74. (a)	75. (c)	76. (a)	77. (d)	78. (c)	79. (a)	80. (c)
81. (c)	82. (d)	83. (b)	84. (d)	85. (a)	86. (d)	87. (a)	88. (c)	89. (b)	90. (a)
91. (c)	92. (b)	93. (c)	94. (b)	95. (b)	96. (b)	97. (c)	98. (d)	99. (b)	100. (d)
101. (c)	102. (d)	103. (d)	104. (a)	105. (a)	106. (c)	107. (a)	108. (b)	109. (b)	110. (d)
111. (a)	112. (a)	113. (a)	114. (a)	115. (c)	116. (d)	117. (b)	118. (a)	119. (b)	120. (a)
121. (c)	122. (b)	123. (d)	124. (a)	125. (d)	126. (a)	127. (c)	128. (c)	129. (c)	130. (b)
131. (a)	132. (a)	133. (a)	134. (a)	135. (b)	136. (a)	137. (a)	138. (d)	139. (c)	140. (a)
141. (c)	142. (a)	143. (a)	144. (c)	145. (c)	146. (a)	147. (c)	148. (a)	149. (c)	150. (a)
151. (d)	152. (c)	153. (a)	154. (c)	155. (b)	156. (c)	157. (b)	158. (c)	159. (b)	160. (b)
161. (a)	162. (c)	163. (d)	164. (d)	165. (b)	166. (b)	167. (d)	168. (b)	169. (b)	170. (a)
171. (b)	172. (a)	173. (d)	174. (b)	175. (b)	176. (d)	177. (c)	178. (b)	179. (c)	180. (b)
181. (c)	182. (a)	183. (b)	184. (c)	185. (c)	186. (a)	187. (c)	188. (c)	189. (b)	190. (c)
191. (a)	192. (b)	193. (b)	194. (c)	195. (a)	196. (d)	197. (a)	198. (d)	199. (c)	200. (d)
201. (d)	202. (a)	203. (d)	204. (d)	205. (c)	206. (b)	207. (d)	208. (b)	209. (b)	210. (b)
211. (c)	212. (d)	213. (d)	214. (d)	215. (c)	216. (b)	217. (c)	218. (b)	219. (b)	220. (c)
221. (d)	222. (b)	223. (b)	224. (c)	225. (c)	226. (d)	227. (c)	228. (d)	229. (c)	230. (a)
231. (c)	232. (d)	233. (d)	234. (a)	235. (c)	236. (d)	237. (a)	238. (a)	239. (c)	240. (a)
241. (a)	242. (c)	243. (d)	244. (b)	245. (b)	246. (d)	247. (c)	248. (a)	249. (a)	250. (c)
251. (c)	252. (c)	253. (d)	254. (a)	255. (d)	256. (c)	257. (d)	258. (c)	259. (c)	260. (b)
261. (a)	262. (c)	263. (b)	264. (d)	265. (c)	266. (d)	267. (c)	268. (c)	269. (d)	270. (d)
271. (b)	272. (a)	273. (d)	274. (c)	275. (d)	276. (b)	277. (d)	278. (c)	279. (c)	280. (d)
281. (a)	282. (a)	283. (d)	284. (b)	285. (d)	286. (b)	287. (d)	288. (c)	289. (c)	290. (b)
291. (d)	292. (c)	293. (b)	294. (d)	295. (b)	296. (d)	297. (c)	298. (c)	299. (d)	300. (b)
301. (a)	302. (c)	303. (c)	304. (a)	305. (d)	306. (b)	307. (a)	308. (c)	309. (d)	310. (c)
311. (d)	312. (a)	313. (b)	314. (a)	315. (d)	316. (d)	317. (d)	318. (c)	319. (c)	320. (d)
321. (d)	322. (c)	323. (d)	324. (b)	325. (b)	326. (c)	327. (a)	328. (b)	329. (a)	330. (d)
331. (a)	332. (d)	333. (d)	334. (c)	335. (b)	336. (a)	337. (d)	338. (b)	339. (a)	340. (a)
341. (d)	342. (a)	343. (d)	344. (b)	345. (c)	346. (b)	347. (a)	348. (d)	349. (b)	350. (b)
351. (d)	352. (b)	353. (b)							

इकाई 11

मुंशी प्रेमचन्द

गबन

- गबन मुंशी प्रेमचन्द द्वारा रचित उपन्यास है। निर्मला के बाद यह प्रेमचन्द का दूसरा यथार्थवादी उपन्यास है। मुंशी प्रेमचन्द के उपन्यास गबन में एक सुन्दर स्त्री का वर्णन किया गया है। गबन उपन्यास में जालपा एक बहुत सुन्दर स्त्री है, इस उपन्यास में जालपा को मुख्य पात्र बनाया गया है। जालपा को बचपन से ही आभूषण के प्रति गहरा लगाव था। अर्थात् गबन उपन्यास उनके विकास की अगली कड़ी मानी जाती है।
- **गबन का मूल विषय** दीनदयाल प्रयाग के एक छोटे-से गाँव में रहता था। दीनदयाल की अपने गाँव में खूब चलती थी। जब वह किसी काम से प्रयाग जाता था, तो यह जालपा के लिए आभूषण जरूर लेकर आता था, क्योंकि जालपा को खिलौने और गुड़िया से खेलने का शोक नहीं था, बल्कि वह आभूषण से खेलती थी। जालपा शुरू से ही चन्द्रहार पाने के लिए बहुत ज्यादा उत्साहित थी कि उन्हें ससुराल से जरूर चन्द्रहार मिलेगा, परन्तु वह कभी यह सोचकर मायूस भी हो जाती थी।
- मुंशी प्रेमचन्द के इस प्रसिद्ध उपन्यास गबन में भारतीय समाज का सुन्दर चित्रण किया गया है। गबन उपन्यास में बताया गया है कि कैसे एक इन्सान दिखावे के चक्कर में अपनी पत्नी को खुश रखने के लिए आभूषण लेकर आता था।
- मुन्शी प्रेमचन्द के एक जाने-माने लेखक और उपन्यासकार हैं, जिन्होंने अपनी रचनाओं में भारतीय समाज का बहुत ही मार्मिक तरीके से चित्रण किया है। गबन उनके प्रमुख उपन्यासों में से एक है जिसमें इन्होंने भारतीय नारी की गहनों के प्रति लालसा तथा महिलाओं का अपने पति के जीवन पर प्रभाव को बहुत ही जीवन्त तरीके से समझाने का प्रयास किया है।

मन्नू भण्डारी

आपका बण्टी

- मनू भण्डारी द्वारा रचित 'आपका बण्टी' एक प्रसिद्ध उपन्यास है। इस उपन्यास का प्रकाशन वर्ष 1971 में हुआ है। इसमें एक बालक की मानसिकता का सुन्दर चित्रण किया गया है। विशेष रूप से असामान्य बालक की मनोवैज्ञानिकता का परिचय देने के लिए इस उपन्यास की रचना की गई है। इस उपन्यास के प्रमुख पात्र 'अजय' और 'शकुन' हैं, जो इस बच्चे (बण्टी) के जन्म के कुछ समय पश्चात् ही अलग हो गए थे। दोनों ही पर्याप्त उच्च शिक्षा प्राप्त थे, अत: उनमें अहं की टकराहट हुई। इसने उनके दाम्पत्य सम्बन्धों को समाप्त कर दिया।
- अजय कलकत्ता चला जाता है और वहाँ मीरा से विवाह कर लेता है। उससे एक सन्तान का जन्म भी हो जाता है। इधर बण्टी के तीन-चार वर्ष का होने पर कथा का प्रारम्भ होता है। उसकी माता शकुन एक कॉलेज की प्रिन्सिपल है और कॉलेज में ही उसे रहने के लिए एक बँगला भी मिला है। उस बंगले में बण्टी उस समय अकेला रह जाता है, जब उसकी माता शकुन कॉलेज चली जाती है।
- माँ की अनुपस्थिति में बण्टी न जाने किस प्रकार की विचित्र बातें सोचता रहता है। घर में उसकी देखभाल करने के लिए फूफी नाम की एक धाय माँ है, जो बण्टी को अपने बेटे से भी अधिक प्यार करती है।
- उसके सहपाठी बच्चों के माँ, बाप, भाई, बहन आदि ने उसके साथ जिस प्रकार का व्यवहार किया, उसकी बण्टी पर गलत प्रतिक्रिया हुई।
- अपने बंगले में लॉन के माली के साथ बण्टी पानी देता था और गुड़ाई करता था। कभी पत्तों पर पानी की धार छोड़कर उन्हें साफ करता था। कभी माँ-बेटे लॉन में पड़ी कुर्सियों पर बैठे चाय पी रहे होते थे, कभी रात में बण्टी होम-वर्क कर रहा होता था।
- इस प्रकार की दैनिक घटनाओं के चित्रण में ही उपन्यास की कथा उलझी है। यदि कुछ उल्लेखनीय घटनाएँ हैं, तो केवल ये कि बण्टी की शैशवकाल से लेकर उसकी मम्मी (प्रिन्सिपल शकुन) ने बण्टी को इतने लाड़ प्यार से पाला है कि वह अपनी मम्मी का कॉलेज जाना भी सहन नहीं कर पाता है। वह स्कूल से लौटता है, तो उसके बस्ते को फूफी रखती है, उसे खाने के लिए पूछती है तथा उसके कपड़े बदलवाती है। इस प्रकार वह स्वतन्त्र रूप से पल्लवित नहीं हो पाता।
- वह अपने आप कुछ नहीं कर पाता। वह यहाँ तक जिद करता है कि फूफी (सेविका) जब उसे नाश्ते में दूध-दलिया देती है, तो वह कटोरी फेंक देता है और रोज-रोज दलिया देने पर लड़ बैठता है। मम्मी के लाड़-प्यार से वह दिन-ब-दिन बिगड़ता जा रहा था।
- बण्टी के पिता (अजय बत्रा) कलकत्ता में अलग रहते थे। कभी दो-एक बार आए भी, तो कुछ खिलौने ले आए, उसे घुमा दिया, आइसक्रीम खिला दी. बस इतने से ही वह प्रसन्न हो जाता था। यदि वे उसकी ओर जरा-सा ध्यान ... उसे बदली-बदली नजर आयीं।
- वह फूफी से जब लोक-कथाएँ सुनता था, तो उन कथाओं की दुनिया में स्वयं को समझने लगता था। उन कहानियों में आने वाले राजा-रानी की, डायनों के रूप बदलने की, बंगाल के जादू आदि की बातें वह हमेशा सोचता रहता था। उसे डर भी लगता था और उपेक्षा करने पर विद्रोह तथा क्रोध की ज्वाला में जलने लगता था।
- कभी इस बात की चिन्ता में सहमा-सहमा रहता था कि उसकी मम्मी नाराज न हो जाएँ। एक दिन कलकत्ता से वकील चाचा अजय का यह सन्देश लेकर आए कि किस तारीख को कोर्ट में जाना होगा और तलाक के कागजों पर हस्ताक्षर करने होंगे।

- पति-पत्नी की इसी बातचीत में एक वाक्य बण्टी को सुनाई पड़ गया, जिसका अर्थ वह सही प्रकार से समझ नहीं पाया, परन्तु जब उसने देखा कि उस दिन से उसकी मम्मी उदास रहने लगीं, तो वह इस चिन्ता में डूब गया कि आखिर क्या गड़बड़ है? वह मन-ही-मन मम्मी से पूछना चाहता था, परन्तु डर के मारे नहीं पूछ पाता।
- इसी प्रकार एक बार जब उसके पापा आए, तो वह सर्किट हाउस में ठहरे और उसे अपने पास बुलाया। वह उन्हें जिद करके घर तक ले आया। बहुत थोड़ी देर रुकने पर जो अति संक्षिप्त वार्तालाप उन दोनों (बण्टी के मम्मी-पापा) में हुआ, उसे भी बण्टी ने आश्चर्य के रूप में लिया और मन में प्रत्येक क्षण यही सोचता रहा कि उसके पापा घर में क्यों नहीं रहते?
- जब वह पड़ोस में जाता और पड़ोसी बच्चों के माता-पिता की बातचीत में वह कुछ संकेत अपने माता-पिता का पा जाता, तो उन्हीं बातों के विषय में सोचता रहता था। वकील चाचा के आने पर वह बहुत प्रसन्न रहता था, उनके जाने पर चिन्तित हो जाता था। वकील चाचा के द्वारा डॉक्टर जोशी के बारे में कहना, मम्मी का कभी-कभी अकेले बाहर जाना भी उसे सहन नहीं होता था। डॉक्टर जोशी का कभी-कभी घर पर आना और चाय पीना भी उसे सहन नहीं होता था।
- इसके साथ ही कभी फूफी के द्वारा, कभी वकील चाचा के द्वारा यह कहने पर कि बण्टी को अधिक लाड़-प्यार करना उसे बिगाड़ना है, शकुन की चिन्ता और अधिक बढ़ा जाती थी। शकुन ने बण्टी को...
- शकुन ने अपने कॉलेज की सहकर्मी टीचर्स को एक दिन घर पर चाय पर बुलाया और उनसे बातचीत की, इसकी भी प्रतिक्रिया बण्टी पर अच्छी नहीं हुई। दीपा आण्टी द्वारा बण्टी की प्रशंसा करने पर भी वह भीतर से सन्तुष्ट नहीं हुआ, बल्कि समझने लगा कि ये टीचर्स उसकी मम्मी को प्रसन्न करने के लिए ही उसकी तारीफ कर रही हैं।
- उसके पापा एक बड़ी एयरगन लाए। जब वह गुस्से में आता, तो अपने साथी बच्चों से लड़ता -'झगड़ता और पेड़ पर चढ़कर धांय-धांय गोलियाँ दागने लगता। हाँ, घर के माली दादा से वह घुट-घुटकर अवश्य बातें करता था। एक दिन उसने छोटी आम की गुठली बो दी। जब आम का पौधा उग आया, तब वह बहुत प्रसन्न हुआ।
- उसके पापा आए तो उसने उन्हें अपना बगीचा दिखाया और कुछ फूल तोड़कर उन्हें दिए। जब से तलाक के कागजों पर हस्ताक्षर हुए, शकुन ने बहुत दिन तो उदास रहकर काट दिए, परन्तु वकील चाचा के द्वारा किए गए संकेत को उसने समझ लिया कि उसको नये सिरे से अपनी जिन्दगी व्यतीत करनी है। इसलिए डॉ. जोशी के साथ उसने उठना-बैठना बढ़ा लिया।
- शकुन दो बच्चों के बाप डॉक्टर जोशी से शादी करना चाहती थी। वह यहाँ तक सोचने लगी कि यदि कॉलेज के मैनेजर ने चूँ-चपड़ की, तो वह नौकरी ही छोड़ देगी। उधर बण्टी पर इस शादी की गम्भीर प्रतिक्रिया हुई। वह उदास रहने लगा, पढ़ने में उसका मन नहीं लगता था।
- यही स्थिति फूफी (सेविका) की थी। उसने तो अपना आक्रोश व्यक्त करने के साथ-साथ नौकरी छोड़कर हरिद्वार जाने की प्रार्थना भी कर दी। फूफी अपनी बात पर इतनी अड़ गई कि शकुन को उसका टिकट मँगाना पड़ा और आखिरकार फूफी भी बण्टी को छोड़कर चली गई। अब बण्टी और अधिक उदास रहने लगा। वैसे तो कॉलेज के चपरासी थे, परन्तु जो स्नेह उसे फूफी से प्राप्त होता था, जितनी चिन्ता फूफी रखती थी, उतनी और कोई नहीं रख सकता।
- इसके बाद सबसे महत्त्वपूर्ण घटना सोमवार के दिन तब घटित हुई , जब शकुन कॉलेज वाला बंगला छोड़कर डॉ. जोशी की कोठी में चली गई।
- बण्टी ने इसका कड़ा प्रतिरोध किया, क्योंकि उस कॉलेज वाले बंगले में उसने पेड़-पौधे लगाए थे, उसको अपनी मम्मी के पास सोने को मिलता था, उसके घर में और कोई होड़ करने वाला अथवा हिस्सा बँटाने वाला बच्चा नहीं था, बण्टी का ही एकछत्र राज्य था।
- उसका चप्पा-चप्पा बण्टी का जाना-पहचाना था। डॉ. जोशी की कोठी दुल्हन की तरह सजाई गई थी।
- उसमें उठने-बैठने के सामान, डबल-बैड आदि समस्त सुख-सुविधा की बहुमूल्य चीजें एकत्रित की गई थीं। वहाँ जाकर शकुन तो उस घर में खप गई, क्योंकि डॉ. जोशी की पत्नी मर चुकी थी, परन्तु बण्टी उस घर में न खप सका। उसके मन में प्रत्येक छोटी-छोटी बात को लेकर उग्र आक्रोश भरने लगा।
- वह इन बातों को तुलना के साथ देखता और अपने कॉलेज वाले बंगले में अपनत्व अनुभव करता और यहाँ परायापन। डॉ. जोशी का कठोर व्यवहार उसे बिल्कुल पसन्द नहीं था। उनके बच्चों में छोटा लड़का था-अनि। उससे तो बात-बात पर बण्टी का झगड़ा होने लगा, क्योंकि वह प्रत्येक बात पर झगड़ा करता अथवा अधिकार जताता था।
- डॉ. जोशी के बच्चों को स्कूल छोड़ने कार ही जाती और स्कूल से लौटने पर ... लाती, उसकी मम्मी भी कॉलेज तक कार में जाती और आती थीं। परन्तु वह अनुभव करता था कि उसे स्कूल की मोटर में जाना पड़ता है। इसी प्रकार की और भी अनेक बातें थीं, जो उसे परायेपन का अनुभव कराती रहती थीं। डॉ. जोशी का लड़का कभी मेज पर बण्टी को किताबें न लगाने देता था और न कुर्सी पर बैठने देता था।
- एक दिन बण्टी ने उसे ऐसी बातें करने पर पीट दिया, तो उसने बण्टी को दाँतों से काट लिया। अब बण्टी का मन विद्रोह करने पर उतारू हो गया। वह न स्कूल में मन लगाकर पढ़ पा रहा था और न सो पा रहा था, क्योंकि उसकी मम्मी डॉ. जोशी के साथ सोती थीं। बण्टी ने जब एक दिन उन दोनों को नग्न अवस्था में देखा, तो उसके मन में भी काम-अपराध जाग्रत हुआ।
- वह बिस्तर में ही पेशाब करने लगा और उसमें हीनता की भावना भर गई। उसके मन में डॉ. जोशी के प्रति ग्लानि बढ़ गई। उसे पापा के साथ कलकत्ता भेज दिया गया। वहाँ अजनबी लोगों के बीच वह कसकर पापा की उँगली पकड़े रहता था। कलकत्ता में बहुत छोटा-सा घर था. वहाँ भीड़-भरी सड़कों को एक खिड़की पर बैठकर वह घण्टों देखता रहता था। वहाँ सौतली माँ मीरा का भी एक छोटा बच्चा था। वह बड़ा प्यारा था, परन्तु उसका आकर्षण भी बण्टी को न बाँध पाया।
- पापा के घर से चले जाने पर बण्टी उदास रहने लगा था। वह न किसी से बोलता, न कुछ खाता-पीता। पापा एक दिन जब उसे स्कूल में दाखिल कराने ले गए, तो टेस्ट में वह किसी प्रश्न का उत्तर नहीं दे पाया। अन्त में परेशान होकर उसके पापा अजय उसे एक हॉस्टल में भर्ती करने लोकल ट्रेन से ले जाने लगे तो वह फूट-फूटकर रोने लगा।
- इस प्रकार, उपन्यास में यह चित्रित किया गया कि तलाकशुदा परिवारों में बच्चों की क्या दुर्दशा होती है? मन्नू भण्डारी का यह उपन्यास बाल मनोविज्ञान का आश्रय लेकर तैयार किया गया है।

हजारी प्रसाद द्विवेदी

बाणभट्ट की आत्मकथा

- बाणभट्ट की आत्मकथा एक प्रसिद्ध हिन्दी साहित्यिक काव्य है, जिसे बाणभट्ट ने अपने जीवन के अनुभवों और संघर्षों के आधार पर लिखा है। इस आत्मकथा में बाणभट्ट ने अपने जीवन के विभिन्न पहलुओं, समाज में अपने स्थान, साहित्यिक यात्रा और साहित्यिक दृष्टिकोण के बारे में विस्तार से बताया है।
- बाणभट्ट का जन्म एक ब्राह्मण परिवार में हुआ था और उन्होंने अपना अधिकांश जीवन कठिन परिस्थितियों और संघर्षों में बिताया। अपनी आत्मकथा में बाणभट्ट ने बताया है कि कैसे इन्होंने अपने जीवन में शिक्षा प्राप्त की और कैसे इनका लेखन समाज और संस्कृति को प्रभावित करने के लिए प्रेरित हुआ।
- बाणभट्ट के जीवन में विभिन्न उतार-चढ़ाव आए और इन्होंने उन संघर्षों के बीच अपने काव्य लेखन को एक साधना के रूप में अपनाया। इन्होंने यह भी बताया कि साहित्य के क्षेत्र में आने के बाद उन्हें कई सामाजिक और व्यक्तिगत समस्याओं का सामना करना पड़ा। हालाँकि इन्होंने हमेशा समाज की स्थिति और इन्सानियत की बेहतरी के लिए अपने लेखन का उपयोग किया।
- इस आत्मकथा में बाणभट्ट ने यह सन्देश दिया कि कठिनाइयाँ जीवन का हिस्सा हैं, लेकिन मनुष्य अपने लक्ष्य के प्रति प्रतिबद्ध हो, तो वह उन्हें पार कर सकता है। आत्मकथा का अन्त उनके जीवन और लेखन के प्रति उनके दृष्टिकोण को दर्शाता है, जो समाज में परिवर्तन और सुधार की दिशा में योगदान करने की प्रेरणा देता है।
- इस प्रकार, बाणभट्ट की आत्मकथा एक संघर्षशील जीवन की कहानी है, जो साहित्य के माध्यम से समाज और व्यक्तिगत उन्नति की ओर अग्रसर होने का सन्देश देती है।

वस्तुनिष्ठ प्रश्न

1. गबन उपन्यास की रचना हुई थी
(a) वर्ष 1920 में (b) वर्ष 1931 में
(c) वर्ष 1940 में (d) वर्ष 1950 में

2. गबन उपन्यास के रचनाकार हैं
(a) मुंशी प्रेमचन्द (b) भगवतीचरण वर्मा
(c) राजकुमार वर्मा (d) भुवनेश्वर

3. गबन के नायक का क्या नाम है
(a) दयाराम (b) रमानाथ
(c) दयानाथ (d) रतन

4. गबन उपन्यास किस प्रकार की रचना है?
(a) आदर्शवादी (b) निराशावादी
(c) यथार्थवादी (d) आशावादी

5. उपन्यास की नायिका ········ प्रेमी है
(a) आभूषणों की (b) वस्त्रों की
(c) मुद्रा की (d) इनमें में से कोई नहीं

6. गबन उपन्यास की नायिका कौन थी ?
(a) सुनीता
(b) जालपा
(c) महादेवी वर्मा
(d) उपरोक्त में से कोई नहीं

7. मुंशी प्रेमचन्द का जन्म कब हुआ था ?
(a) 1877 ई. (b) 1879 ई.
(c) 1880 ई. (d) 1886 ई.

8. मुंशी प्रेमचन्द का देहावसान कब हुआ था?
(a) वर्ष 1935 में (b) वर्ष 1933 में
(c) वर्ष 1934 में (d) वर्ष 1936 में

9. जालपा को किसका शोक अधिक था?
(a) आभूषण (b) खेलना
(c) घूमना (d) सोना

10. रमानाथ ने दुकान खोली
(a) सब्जी की (b) बनिए की
(c) चाय की (d) कपड़ों की

11. जालपा शुरू से ही किसे पाने की इच्छुक थी?
(a) पायल (b) चन्द्रहार
(c) चूड़िया (d) रखड़ी

12. गबन उपन्यास में किसका उल्लेख किया गया है?
(a) जीवन का
(b) सुन्दर स्त्री का
(c) विवाहित पुरुष का
(d) अविवाहित पुरुष का

13. गबन के लेखक प्रेमचन्द का वास्तविक नाम क्या था?
(a) मुंशी (b) गुलाब राय
(c) नवाब राय (d) धनपत राय

14. मन्नू भण्डारी द्वारा रचित एक प्रसिद्ध उपन्यास है।
(a) मेरा बण्टी (b) सातवाँ घोड़ा
(c) आपका बण्टी (d) नींव

15. मन्नू भण्डारी ने 'आपका बण्टी' उपन्यास कब लिखा?
(a) वर्ष 1954 में (b) वर्ष 1973 में
(c) वर्ष 1976 में (d) वर्ष 1971 में

16. अजय कलकत्ता जाने के बाद किससे विवाह करता है?
(a) हेमा (b) लता
(c) मीरा (d) मन्जू

17. बण्टी की माता शकुन किस पद पर कार्यरत् है?
(a) चतुर्थ श्रेणी (b) प्रन्सिपल
(c) डॉक्टर (d) अध्यापक

18. 'बण्टी' का सारा ध्यान कौन रखता है?
(a) शकुन (b) फूफी
(c) मनु (d) अनुराधा

19. माली के साथ लॉन में पानी कौन देता है?
(a) प्रेम (b) बण्टी
(c) शकुन (d) आकाश

20. बण्टी अपने वकील चाचा के द्वारा कही हुई किस बात को सुन लेता है?
(a) चाय की (b) प्रेम की
(c) खाने की (d) तलाक की

21. बण्टी के पापा (पिता) जब आए, तो कहाँ ठहरे?
(a) घर (b) होटल
(c) सर्किट हाऊस (d) धर्मशाला

22. बण्टी को सबसे अधिक प्रेम कौन करता था
(a) फूफी ((b) शकुन
(c) पिता (d) वकील

23. शकुन ने किसे एक दिन चाय पर बुलाया?
(a) शिष्य को ((b) सहपाठी को
(c) वकील को (d) सहकर्मी को

24. बण्टी की प्रशंसा किसने की?
(a) दीपा आण्टी ने
(b) सीता आण्टी ने
(c) मीरा आण्टी ने
(d) उपरोक्त में से कोई नहीं

25. शकुन किससे शादी करना चाहती थी?
(a) वकील (b) अजय
(c) डॉक्टर जोशी (d) सुरेशे

26. दुल्हन की तरह किसे सजाया गया?
(a) सड़क को (b) जोशी की कोठी को
(c) महल को (d) बगीचे को

27. बण्टी को दाँतों से किसने काट लिया
(a) जोशी के लड़के ने (b) शकुन ने
(c) (a)और (b) दोनों ने (d) फूफी ने

28. 'बाणभट्ट की आत्मकथा' के लेखक कौन हैं?
(a) बालकृष्ण भट्ट
(b) रामचन्द्र शुक्ल
(c) अयोध्यासिंह उपाध्याय 'हरिऔध'
(d) हजारी प्रसाद द्विवेदी

29. 'बाणभट्ट की आत्मकथा' किस प्रकार की रचना है?
(a) जीवनी (b) आत्मकथा
(c) संस्मरण (d) उपन्यास

30. 'बाणभट्ट की आत्मकथा' में प्रमुख पात्र कौन-कौन हैं?
(a) बाणभट्ट, भट्टिनी, निपुणिका
(b) बाणभट्ट, कादम्बरी, निपुणिका
(c) बाणभट्ट, भट्टिनी, कादम्बरी
(d) बाणभट्ट, निपुणिका, कादम्बरी

31. 'बाणभट्ट की आत्मकथा' का प्रथम प्रकाशन वर्ष क्या है?
(a) 1936 (b) 1946
(c) 1956 (d) 1966

32. 'बाणभट्ट की आत्मकथा' में किस काल की सामाजिक, सांस्कृतिक एवं राजनीतिक स्थितियों का चित्रण किया गया है?
(a) गुप्त काल
(b) मौर्य काल
(c) हर्षवर्द्धन काल
(d) मुगल काल

33. 'बाणभट्ट की आत्मकथा' उपन्यास किस शैली में लिखा गया है?
(a) ऐतिहासिक उपन्यास
(b) आत्मकथात्मक उपन्यास
(c) सामाजिक उपन्यास
(d) मनोवैज्ञानिक उपन्यास

34. 'बाणभट्ट की आत्मकथा' में प्रमुख कथा किस पर आधारित है?
(a) बाणभट्ट के व्यक्तिगत जीवन पर
(b) तत्कालीन सामाजिक परिस्थितियों पर
(c) धार्मिक विचारधाराओं पर
(d) युद्ध और राजनीति पर

35. उपन्यास में बाणभट्ट की पत्नी का क्या नाम है?
(a) कादम्बरी (b) निपुणिका
(c) भट्टिनी (d) विशाखा

36. 'बाणभट्ट की आत्मकथा' में किस राजा का शासनकाल दर्शाया गया है?
(a) समुद्रगुप्त (b) चन्द्रगुप्त मौर्य
(c) हर्षवर्द्धन (d) अशोक

37. बाणभट्ट किस काल के प्रसिद्ध कवि थे?
(a) गुप्त काल (b) मौर्य काल
(c) हर्षवर्धन काल (d) चोल वंश

38. 'बाणभट्ट की आत्मकथा' उपन्यास में कौन-सा प्रमुख स्थान वर्णित है?
(a) पाटलिपुत्र (b) वाराणसी
(c) थानेश्वर (d) उज्जयिनी

39. बाणभट्ट ने निम्नलिखित में से कौन-सा प्रसिद्ध ग्रन्थ लिखा था?
(a) रामचरितमानस (b) कादम्बरी
(c) अभिज्ञानशाकुन्तलम् (d) गीता गोविन्द

40. 'बाणभट्ट की आत्मकथा' में मुख्य रूप से किस विषय पर प्रकाश डाला गया है?
(a) युद्ध नीति (b) सामाजिक व्यवस्था
(c) साहित्यिक योगदान (d) राजनीतिक घटनाएँ

41. बाणभट्ट की आत्मकथा का प्रमुख प्रतिपाद्य क्या है?
(a) प्रेम और सौन्दर्य
(b) राजा-रानी का जीवन
(c) सामाजिक कुरीतियाँ और जीवन संघर्ष
(d) राजाओं की वीरता

42. उपन्यास में 'निपुणिका' कौन थी?
(a) बाणभट्ट की पत्नी
(b) बाणभट्ट की बहन
(c) बाणभट्ट की परिचारिका
(d) हर्षवर्द्धन की मन्त्री

43. 'बाणभट्ट की आत्मकथा' का लेखन किस उद्देश्य से किया गया था?
(a) इतिहास को संजोने के लिए
(b) आत्मकथा लिखने की परम्परा शुरू करने के लिए
(c) तत्कालीन समाज की स्थिति को दर्शाने के लिए
(d) शासकों की वीरता का वर्णन करने के लिए

44. 'बाणभट्ट की आत्मकथा' किस भाषा में मूल रूप से लिखी गई है?
(a) संस्कृत
(b) हिन्दी
(c) पाली
(d) तमिल

45. इस उपन्यास में बाणभट्ट की शिक्षा का मुख्य केन्द्र कौन-सा था?
(a) नालन्दा विश्वविद्यालय
(b) तक्षशिला विश्वविद्यालय
(c) विक्रमशिला विश्वविद्यालय
(d) उज्जयिनी का गुरुकुल

46. 'बाणभट्ट की आत्मकथा' उपन्यास में किस प्रकार की भाषा शैली प्रयुक्त हुई है?
(a) सरल और सहज
(b) संस्कृत मिश्रित हिन्दी
(c) ब्रज भाषा
(d) फारसी मिश्रित हिन्दी

47. हजारी प्रसाद द्विवेदी ने 'बाणभट्ट की आत्मकथा' में मुख्य रूप से किसका चित्रण किया है?
(a) तत्कालीन समाज की रूढ़ियाँ और बदलाव
(b) राजाओं की वीरता
(c) युद्ध और राजनीति
(d) धार्मिक गतिविधियाँ

सही उत्तर

1. (b)	2. (a)	3. (b)	4. (c)	5. (a)	6. (b)	7. (c)	8. (d)	9. (a)	10. (c)
11. (b)	12. (b)	13. (d)	14. (c)	15. (d)	16. (c)	17. (b)	18. (b)	19. (b)	20. (d)
21. (c)	22. (a)	23. (d)	24. (a)	25. (c)	26. (b)	27. (a)	28. (d)	29. (d)	30. (a)
31. (b)	32. (c)	33. (a)	34. (a)	35. (c)	36. (c)	37. (c)	38. (c)	39. (b)	40. (b)
41. (c)	42. (c)	43. (c)	44. (b)	45. (a)	46. (b)	47. (a)			

इकाई 12

कबीर

साखी (कबीर को अंग पद संख्या 1, 5, 7)

हिन्दी-सन्त-काव्य के प्रवर्तक, युगद्रष्टा, महात्मा कबीरदास का आविर्भाव भक्तिकाल के प्रथम चरण में माना जाता है, जब उत्तरी भारत में इस्लाम का प्रभुत्व स्थापित होने लगा था। चौदहवीं शताब्दी में तुगलक बादशाहों ने धार्मिक और राजनीतिक अत्याचारों से भारतीय जनता को संत्रस्त और पीड़ित कर रखा था। देश में दरिद्रता, अराजकता और निराशा का वातावरण था। लोदी वंश के ही एक शासक सिकन्दर लोदी ने अपने शासनकाल में इतने अधिक धार्मिक अत्याचार किए थे कि हिन्दू-जनता त्राहि-त्राहि कर उठी थी। हिन्दुओं की आपसी फूट भी इसके लिए उतरदायी थी। सामाजिकता क्षेत्र में हिन्दू और इस्लाम दो संस्कृतियों और विचाराधाराओं का भी संघर्ष चल रहा था। हिन्दू संस्कृति अपनी प्राचीनता के दम्भ के साथ आत्म-रक्षा का प्रयत्न कर रही थी। इस्लाम अपने नवीन धार्मिक उन्माद के साथ अपना वर्चस्व स्थापित करना चाहता था।

कबीर से पूर्व ही भारत की धार्मिक परिस्थिति के प्रभाव स्वरूप निर्गुण भक्ति की उत्पत्ति हो चुकी थी। हिन्दी साहित्य पर सिद्धों और नाथों का पर्याप्त प्रभाव था। समाज में जाति-प्रथा छुआछूत, बाल-विवाह, पर्दा-प्रथा आदि अनेक विकृतियाँ अपने चरम-शिखर पर थीं। ऐसे वातावरण में सन्त-मत और सम्प्रदाय भारत की मिट्टी में अंकुरित हो रहा था। कबीर के सम्बन्ध में संकेत देने वाले प्राचीन ग्रन्थों में नाभादास कृत 'भक्तमाल' नामदेव, नानक, पीपा, रैदास आदि सन्तों की वाणियाँ, कबीर पंथ के साम्प्रदायिक ग्रन्थ आदि का महत्त्व है। कबीर के ग्रन्थों का अन्त: साक्ष्य के आधार पर कबीर का जन्म जेठ सुदी पूर्णिमा सोमवार सम्वत् 1456 वि. काशी के समीप मगहर में हुआ; किन्तु बाद में ये काशी में आकर बस गए थे। कबीर की मृत्यु तिथि भी यद्यपि सुनिश्चित नहीं की जा सकी, किन्तु प्राप्त प्रमाणों के आधार पर माघ सुदी एकादशी सम्वत् 1375 मानने पर अधिकतम विद्वान् सहमत हैं। मरने के पूर्व कबीरदास काशी छोड़कर मगहर चले गए थे। वे अपने स्वभाव के अनुसार इस अन्धविश्वास को दूर करना चाहते थे कि काशी में मरने वाले की मुक्ति होती है और मगहर में मरने वाले मोक्ष प्राप्त नहीं कर सकते। कबीर ने स्वयं मगहर की चर्चा अपने काव्य में यत्र-तत्र खूब की है।

कबीर की वास्तविक जाति के विषय में कुछ नहीं कहा जा सकता किन्तु लोक में यह प्रचलित है कि उनका जन्म एक विधवा ब्राह्मणी के गर्भ से हुआ था जिसने लोक-लाज से डर कर नवजात शिशु को लहर-तालाब के किनारे रख दिया। उधर से नीरू और नीमा नामक नि:सन्तान जुलाहा दम्पत्ति ने बालक को ग्रहण करके उसका पालन-पोषण किया। हिन्दू के गर्भ से जन्म और मुसलमान के घर में पालन-पोषण होने के कारण ही उनका नाम कबीरदास सर्वथा उचित प्रतीत होता है।

कर्म और जाति से कबीर भी अपना पालन-पोषण करने वाले नीरू-नीमा का जुलाहा-कर्म ही करते थे। कबीर की पत्नी का नाम लोई और पुत्र-पुत्री का नाम कमाल और कमाली था। उनका यह प्रसिद्ध दोहा द्रष्टव्य है

बूड़ा बंस कबीर का, उपजा पूत कमाल।
हरि को सुमिरन छाँड कै घर ले आया माल॥

कबीरदास ने गुरु की महत्ता का प्रतिपादन किया है। वे स्वयं अपने युग के महान् सन्त, विद्वान् और पण्डित रामानन्द के शिष्य थे। 'काशी में हम प्रगट भये है, रामानन्द चेताये' वाली उक्ति इस तथ्य की पुष्टि करती है। कबीर की मृत्यु के सम्बन्ध में एक किंवदन्ती प्रसिद्ध है कि उनके शरीर को दफनाने और जलाने के लिए हिन्दुओं और मुसलमानों में संघर्ष की नौबत आने को थी, तभी एक आवाज आई कि मेरे लिए शस्त्र मत चलाना। अब लोगों ने उनके शव को उघाड़ कर देखा तो वहाँ शव के स्थान पर फूलों का ढेर था। हिन्दुओं और मुसलमानों ने आधे-आधे फूल बाँटकर अपने-अपने धर्म के अनुसार विधि-विधान पूरा किया।

कबीर के ग्रन्थ पादरी बेस्टकाट ने कबीर के ग्रन्थों की संख्या 82, हिन्दी नवरन्त में 75, विल्सन ने 8, वेंकटेश्वर प्रेस से प्रकाशित कबीर सागर ने 40 बताई है। नागरी प्रचारिणी सभा काशी की खोज रिपोर्ट के अनुसार कबीर के ग्रन्थों की संख्या 61 बताई जाती है, जिन्हें सात श्रेणियों में विभक्त किया जा सकता है। योगाभ्यास अगाध, मंगल, कायापंजी आदि, आध्यात्मिक-अनुराग सागर, अमरमूल, अलिफनामा आदि, साधु-सन्त-महिमा, छप्पय कबीर का, सत्संग को अंग, साधौ अंग आदि, विनय-अर्जनामा कबीर अष्टक आदि, साम्प्रदायिक-अठ-पहरा, आरती आदि संवाद गोष्ठी-उग्रगीता, कबीर और धर्मदास की गोष्ठी आदि, नाम महात्म्य—साखी राम, रक्षा, रामसार आदि। विद्वानों ने कबीर की रचनाओं को संकलित करके प्रकाशित करने का प्रयास किया है। उनमें से कुछ प्रसिद्ध संग्रह ये हैं

1. कबीर ग्रन्थावली
2. बीजक
3. सदगुरु कबीर साहब का साखी ग्रन्थ
4. कबीर के पद
5. कबीर साहब की शब्दावली
6. सन्त वाणी इत्यादि।

भक्ति साहित्य की दो धाराओं—निर्गुण काव्य और सगुण काव्य का उल्लेख किया जा चुका है। इन दोनों धाराओं की दो-दो उपधाराएँ हैं। निर्गुण काव्य की इन उपधाराओं को ज्ञानाश्रयी शाखा और प्रेमाश्रयी शाखा कहा जाता है। प्रेमाश्रयी काव्य ही हिन्दी का सूफी काव्य है। सगुण धारा की दो उपधाराएँ हैं—राम-भक्ति शाखा और कृष्ण-भक्ति शाखा। कबीर आदि निर्गुण सन्तों के साहित्य को ज्ञानाश्रयी कहने का कारण यह प्रतीत होता है कि इन सन्तों ने 'ज्ञान' पर सूफियों की अपेक्षा अथक बल दिया है। कबीर आदि के यहाँ भगवद् प्रेम पर कम बल नहीं है किन्तु सूफी कवि प्रेम का जितना विशद् चित्रण करते हैं, कबीर आदि नहीं करते।

कबीर का जन्म 1440 ई. में माना जाता है। उनके जन्म और माता-पिता को लेकर बहुत विवाद है। लेकिन यह स्पष्ट है कि कबीर जुलाहा थे, क्योंकि उन्होंने अपने को कविता में अनेक बार जुलाहा कहा है। कहा जाता है कि वे विधवा ब्राह्मणी के पुत्र थे, जिसे लोकापवाद के भय से जन्मते ही काशी के लहरतारा ताल के पास फेंक दिया गया था। अली या नीरू नामक जुलाहा, बच्चे को अपने यहाँ उठा लाया। इस प्रकार कबीर ब्राह्मणी के पेट से उत्पन्न हुए थे, लेकिन उनका पालन-पोषण जुलाहे के यहाँ हुआ। बाद में वे जुलाहा ही प्रसिद्ध हुए। कबीर की मृत्यु के बारे में भी कहा जाता है कि हिन्दू उनके शव को जलाना चाहते थे और मुसलमान दफनाना। इस पर विवाद हुआ, किन्तु पाया गया कि

कबीर का शव अन्तर्धान हो गया है। वहाँ कुछ फूल हैं। उनमें से कुछ फूलों को हिन्दुओं ने जलाया और कुछ को मुसलमानों ने दफनाया। कबीर की मृत्यु मगहर, जिला बस्ती में 1518 ई. में हुई।

कबीर का अपना पन्थ या सम्प्रदाय क्या था, इसके बारे में कुछ भी निश्चयपूर्वक नहीं कहा जा सकता है। वे रामानन्द के शिष्य के रूप में विख्यात हैं, किन्तु उनके 'राम' रामानन्द के 'राम' नहीं हैं। शेख तकनी नाम के सूफी सन्त को भी कबीर का गुरु कहा जाता है, किन्तु इसकी पुष्टि नहीं होती। सम्भवत: कबीर ने इन सबसे सत्संग किया होगा और इन सबसे किसी-न-किसी रूप में प्रभावित भी हुए होंगे।

इससे प्रकट होता है कि कबीर की जाति के विषय में यह दुविधा बराबर बनी रही है। इसका कारण उनके व्यक्तित्व, उनकी साधना और काव्य में कुछ ऐसी विशेषताएँ हैं जो हिन्दू या मुसलमान कहने-भर से नहीं प्रकट होतीं। उनका व्यक्तित्व दोनों में से किसी एक में नहीं समाता।

उनकी जाति के विषय में आचार्य हजारी प्रसाद द्विवेदी ने अपनी पुस्तक 'कबीर' में प्राचीन उल्लेखों, कबीर की रचनाओं, प्रथा, वयनजीवी (बुनकर) जातियों के रीति-रिवाजों का विवेचन-विश्लेषण करके दिखाया है। "आज की वयनजीवी जातियों में से अधिकांश किसी समय ब्राह्मण श्रेष्ठता को स्वीकार नहीं करती थीं। जोगी नामक आश्रम-भ्रष्ट घरबारियों की एक जाति सारे उत्तर और पूर्वी भारत में फैली थी। ये नाथपन्थी थे, कपड़ा बुनकर और सूत कातकर या गोरखनाथ और भरथरी के नाम पर भीख माँग कर जीविका चलाया करते थे। इनमें निराकार भाव की उपासना प्रचलित थी, जाति भेद और ब्राह्मण-श्रेष्ठता के प्रति उनकी कोई सहानुभूति नहीं थी और न अवतारवाद में ही कोई आस्था थी। आसपास के वृहत्तर हिन्दू-समाज की दृष्टि में ये नीच और अस्पृश्य थे। मुसलमानों के आने के बाद ये धीरे-धीरे मुसलमान होते रहे। पंजाब, उत्तर प्रदेश, बिहार और बंगाल में इनकी कई बस्तियों ने सामूहिक रूप से मुस्लिम धर्म ग्रहण किया। कबीर दास इन्हीं नवधर्मान्तरित लोगों में पालित हुए थे।"

कबीर के काव्य पर इन सबका प्रभाव देखा जा सकता है। उनमें वेदान्त का अद्वैत, नाथ-पन्थियों की अन्तस्साधनात्मक रहस्य भावना, हठयोग, कुण्डलिनी योग, सहज साधना, इस्लाम का एकेश्वरवाद सब कुछ मिलता है।

अन्तस्साधनात्मक परिभाषिक शब्दावली का प्रयोग उन्होंने खूब किया है साथ ही अहिंसा की भावना और वैष्णव प्रपत्तिवाद भी। कबीर की वाणी का संग्रह 'बीजक' कहलाता है। इसके तीन भाग हैं—1. रमैनी, 2. सबद और 3. साखी। रमैनी और सबद में गेयपद हैं, साखी दोहों में है। रमैनी और सबद ब्रजभाषा में हैं जो तत्कालीन मध्यदेश की काव्य-भाषा थी।

स्तुति के लिए कबीर ने रमैनियों की रचना की है। इनकी रचना दोहा-चौपाइयों में हुई। इनके अतिरिक्त उन्होने चौंतीसा, वार, वसन्त, चाँचर, कहरा, बेलि, बिरहुली, विप्रमतीसी आदि शीर्षकों या काव्य प्रकारों में भी रचना की है। कबीर युग के निर्माता कवि थे। अपने युग और समाज की विषमताओं के प्रति जागरूक रहकर उन्होंने चिरन्तन सत्य को अपनी सीधी-सादी वाणी में व्यक्त किया—जो कुछ उन्होंने कहा, निर्भीकता से कहा; मानव के कल्याण को ध्यान में रखते हुए कहा; और केवल वही कहा, जो उनके अन्त:करण ने उन्हें कहने को प्रेरित किया। उन्होंने हिन्दुओं के मूर्ति पूजा, तीर्थ-व्रत, छापातिलक का विरोध किया; मुसलमानों में मुल्ला के बांग देने, रोजा-नमाज रखने के झूठे दिखावे को फटकार बताई। दूसरी ओर उन्होंने राम और रहीम की एकता स्थापित की, पारस्परिक प्रेम, सौहार्द और अहिंसा का समर्थन किया। उनका आविर्भाव उस काल में हुआ था जब हिन्दू और मुसलमानों में अनेक प्रकार के बाह्याचार फैले थे। इसलिए उन्होंने एक और 'पांडे वाद बंदते झूठा' दूसरी ओर 'कांजी कौन कतेब बखाने' कहकर उनका खण्डन किया क्योंकि ये 'आपस में दोऊ लड़े मरतु हैं, मरम कोई नहिं जाना।' हिन्दू, मुसलमान, ब्राह्मण और शूद्र को एक ही पाँत में खड़ा कर उन्होंने युग को मानवता का एक नया सत्य प्रदान किया—'जाति पाँति पूछें नहिं कोई, जो हरि को भजे सो हरि का होई।"

कबीर साधक पहले थे और कवि बाद में। वे कविता नहीं लिखते थे, 'वाणियाँ' कहते थे। इसलिए कबीर के काव्य को शुद्ध काव्य-शास्त्रीय कसौटी पर कसकर परखना उचित नहीं होगा। उनका सारा काव्य आत्मानुभव के आधार पर की गई काव्य-रचना थी। जीवन के निशि-दिन के अनुभवों को पाकर उन्होंने रूपकों के माध्यम से जीव के सत्यों को प्रस्तुत करने में जो क्षमता दिखाई है, वह बड़े-से-बड़े कवि में भी उपलब्ध नहीं होती। आचार्य रामचन्द्र शुक्ल ने ठीक ही कहा है—"कविता करने के लिए उन्होंने कविता नहीं की है। उनकी विचारधारा सत्य की खोज में बही है, उसी का प्रकाश करना उनका ध्येय है। उनकी विचारधारा का प्रवाह जीवनधारा के प्रवाह से भिन्न नहीं। उनमें उनका हृदय घुला मिला है। उनकी प्रतिभा हृदय-समन्वित है।

साखियों में पूर्वी प्रयोग अधिक हैं, जिसे स्थानीय या क्षेत्रीय प्रभाव मानना चाहिए। कबीर साहसपूर्वक जन-बोली के शब्दों का प्रयोग अपनी कविता में करते हैं। बोली के ठेठ शब्दों के प्रयोग के कारण ही कबीर को 'वाणी का डिक्टेटर' कहा जाता है। उनकी अनन्त तेजस्विता उनकी भाषा-शैली में भी प्रकट है। काजी, पण्डित, मुल्ला को सम्बोधित करते समय वे प्राय: तन जाते हैं। पाँडे कौन कुमति तोहि लागी, कसरे मुल्ला बाँग नेवाजा। किन्तु सामान्य जन को या हरिजन को सम्बोधित करते समय वे 'भाई' या 'साधो' जैसे शब्दों का प्रयोग करते हैं।

कबीर तथा अन्य निर्गुण सन्तों की उलटबासियाँ प्रसिद्ध हैं। उलटबासियों का पूर्व रूप हमें सिद्धों की 'सधा भाषा' में मिलता है। उलटबासियाँ अन्तस्साधनात्मक अनुभूतियों को असामान्य प्रतीकों में प्रकट करती हैं। वे वर्णाश्रम व्यवस्था को मानने वाले संस्कारों को धक्का देती हैं। इन प्रतीकों का अर्थ खुलने पर ही उलटवासियाँ समझ में आती हैं।

कबीर ने भक्ति-पूर्व धार्मिक साधनाओं को आत्मसात अवश्य किया था। किन्तु वे इन साधनाओं को भक्ति की भूमिका या तैयारी मात्र मानते थे। जीवन की सार्थकता वे भक्ति या भगवद् विषयक रति में ही मानते थे। यद्यपि उनके 'राम' निराकार हैं, किन्तु वे मानवीय भावनाओं के आलंबन हैं। इसलिए कबीर ने निराकार निर्गुण राम को भी अनेक प्रकार के मानवीय सम्बन्धों में याद किया है। वे 'भरतार' हैं, कबीर 'बहुरिया' हैं। वे कबीर की माँ हैं—'हरिजननी मैं बालक तोरा'। वे पिता भी हैं जिनके साथ कबीर बाजार जाने की जिद करते हैं।

कबीर भक्ति के बिना सारी साधनाओं को व्यर्थ और अनर्थक मानते हैं। इसी प्रेम एवं भक्ति के बल पर वे अपने युग के सारे मिथ्याचार, कर्मकाण्ड, अमानवीयता, हिंसा, पर-पीड़ा को चुनौती देते हैं। उनके काव्य, उनके व्यक्तित्व और उनकी साधना में जो अक्खड़पन, निर्भीकता और दोटूकपन है वह भी इसी भक्ति या महाराग के कारण। वे पूर्व साधनाओं की पारिभाषिक शब्दावली को अपनाकर भी उसमें जो नई अर्थवत्ता भरते हैं, वह भी वस्तुत: प्रेम-भक्ति की ही अर्थवत्ता है।

कबीर अपने अनुभव, पर्यवेक्षण और बुद्धि को निर्णायक मानते हैं, शास्त्र को नहीं। इस दृष्टि से वे यथार्थ-बोध के रचनाकार हैं। उनके यहाँ जो व्यंग्य की तीव्रता और धार है वह भी कथनी-करनी के अन्तर को देख पाने की क्षमता के कारण है। अपने देखने या अनुभव को न झुठलाने के कारण ही वे परम्परा द्वारा दिए गए समाधान को अस्वीकार करके नये प्रश्न पूछते हैं—चलन-चलन सब लोग कहत है, न जानो बैकुण्ठ कहाँ है या न जाने तेरा साहब कैसा है?

कबीर बहुत गहरी मानवीयता और सहृदयता के कवि हैं। अक्खड़ता और निर्भयता उनके कवच हैं, उनके हृदय में मानवीय करुणा, निरीहता जगत् के सौन्दर्य से अभिभूत होने वाला हृदय विद्यमान है। कबीर की एक और विशेषता है—काल का तीव्र-बोध। वे काल को सर्वग्रासी रूप में चित्रित करते हैं और भक्ति को उस काल से बचने का मार्ग बताते हैं।

परम्परा पर सन्देह, यथार्थ-बोध, व्यंग्य, काल-बोध की तीव्रता और गहरी मानवीय करुणा के कारण कबीर की आधुनिक भाव-बोध के बहुत निकट लगते हैं। किन्तु कबीर में अन्तस्साधनात्मक रहस्य-भावना भी है और राम में अनन्य भक्ति तो उनकी मूल भाव-भूमि ही है।

अक्खड़ ढंग से कही होने पर भी उनकी बेलाग बातों में एक और ही मिठास है। हार्दिक उमंग की लपेट में जो सहज विदग्धता उनकी उक्तियों में आ गई है, वह भावापन्न है।

भक्ति का अवलम्ब लेकर कबीर ने ऐसे पदों की रचना की है जिनमें उनकी भावना की गहराई और अनुभूति की तीव्रता दिखाई देती है। अपने में यह अनुभूति रहस्यात्मक है, किन्तु लौकिक प्रतीकों के आधार पर कबीर उसे भौतिक स्तर पर ले आते हैं, जिससे पाठक या श्रोता उसमें लीन हो जाते हैं। भक्त और भगवान के सम्बन्ध को कवि ने अनेक पदों में बड़े सजीव रूपकों में प्रकट किया है

हरि जननी मैं बालक तोरा।
काहे न औगुन बकसउ मोरा॥
हरि मेरा पीव, मैं हरि की बहुरिया।
राम बड़े मैं छुटक लहुरिया॥

'बहुत दिनन में प्रीतम पाये', 'दुलहिन गावहु मंगलचार, हम घर आए हो राजा राम भरतार' आदि पदों में कबीर में माधुर्यभाव की अभिव्यक्ति की है। एक अन्य पद में वे कहते हैं

वे दिन कब आवेंगे माई।
जा कारण हम देह धरीं है मिलबौ अंग लगाई।

इसी आधार पर बहुत से आलोचकों ने उन्हें सूफी साधना पद्धति से प्रभावित माना है। दूसरे आलोचक इसे रामानन्द की भक्ति-पद्धति या नारदीभक्ति का प्रभाव मानते हैं। चाहे जो हो, भक्ति और रहस्यानुभूति का सहज आनन्द उनके काव्य की असीम शक्ति है।

'कबीर' में, कई तरह के रंग हैं, भाषा के भी और संवेदना के भी हिन्दी की बहुरूपी प्रकृति उनमें खूब खुली है।

तरह-तरह के चरित्रों और परिस्थितियों के संघर्ष में से विविध प्रकार की मन:स्थितियों का चित्रण महाकाव्यकार करता है। मुक्तक-रचयिता को ऐसा वैविध्य स्वभावत: सुलभ नहीं। इसलिए चाहे विद्यापति हों, चाहे बिहारी या महादेवी वर्मा उनके कृतित्व में एकरम्यता अधिक मिलती है। कबीर बड़े कवि वहाँ हैं जहाँ वे अपने ही अन्तर्जगत् का वैविध्य संधान करते हैं और उसी से जीवन की विराटता सिरजते हैं। तुलसी के सन्दर्भ में कवि की भावुकता की जो कसौटी रामचन्द्र शुक्ल ने निर्धारित की है, "प्रबन्धकार कवि की भावुकता का सबसे अधिक पता यह देखने से चल सकता है कि वह किसी आख्यान के अधिक मर्मस्पर्शी स्थलों को पहचान सका है या नहीं।" वह कबीर के लिए प्रयुक्त नहीं हो सकती। बाहर के वृत्त के अभाव में वे सभी मनोदशाएँ जो कभी-कभी एक दूसरे के विरुद्ध जाती हैं, कवि अपने भीतर ढूँढ़ता है। अपेक्षाकृत कम सामग्री से अपेक्षाकृत अधिक की रचना उसे करनी है। स्पष्ट ही यह अधिक कठिन कवि-कर्म है जिसका निर्वाह कबीर ने किया है। इस प्रक्रिया को लक्षित न करने पर ही यह सम्भव है कि कबीर में कला-पक्ष की न्यूनता दिखाई दे। हिन्दी आलोचना में कबीर के साथ यह व्यवहार अब तक होता आया है कि उनके विरोधियों द्वारा और आश्चर्य है उनके प्रशंसकों तथा पक्षधरों द्वारा भी।

यह विलक्षण है कि कबीर में जैसा बोलियों का सम्मिश्रण है, वैसा ही मनोदशाओं का भी। यह निश्चय ही उनकी कला-क्षमता का प्रमाण है। पूरब में भोजपुरी से लेकर पश्चिम में राजस्थानी तक उनका भाषिक-संवेदनात्मक विस्तार है। यों शब्द के पूरे अर्थ में वे हिन्दी कवि हैं। 'कबीर पढ़े-लिखे नहीं थे', 'उन्हें सुनी-सुनाई बातों का ज्ञान था।', 'वे मूलत: समाज सुधारक थे'—ऐसी उक्तियाँ कबीर के विवेचन और मूल्यांकन में अप्रासंगिक बिन्दु हैं। अपने जीवन-काल में ही हमने देखा है कि आधुनिककालीन शिक्षण-संस्थाओं के ज़माने में निराला प्राय: अनपढ़ थे। पर इस शिक्षा और कवित्व-रचना में कोई सीधा सम्बन्ध नहीं है। निराला की गहन काव्य-साधना और सूक्ष्म दार्शनिक पर्यवेक्षण की प्रशंसा इस तथ्य के उल्लेख की अपेक्षा नहीं रखती कि निराला सिर्फ प्राइमरी स्कूल तक शिक्षित थे। स्वयं कबीर के गुरु रामानन्द बड़े पण्डित और विद्वान् थे तथा निराला के अध्यात्म-गुरु विवेकानन्द भी वैसे ही थे। इन दोनों ने कविताएँ भी लिखी हैं। पर कबीर की तुलना में रामानन्द, और निराला की तुलना में विवेकानन्द का काव्य उल्लेखा-योग्य नहीं हो पाता। समाज-सुधारक और दार्शनिक भी कबीर से कहीं बड़े-बड़े हुए हैं। समाज-सुधार की भावना या हिन्दू-मुस्लिम एकता कबीर के लिए एक प्रमुख वस्तु थी जिसे उन्होंने अपनी काव्य-संवेदना में ढाला और काव्य बन कर ही उनके सन्दर्भ में वह स्पृहणीय है। 'झण्डा ऊँचा रहे हमारा' में राष्ट्रीयता ही राष्ट्रीयता है, कविता नहीं; यह अलग बात है कि इस गान को गाते-गाते न जाने कितने स्वतन्त्रता-सेनानियों ने अपनी जान की बाजी लगा दी। राष्ट्रीयता जहाँ कविता बनी है वे प्रसाद और निराला के गीत हैं। गलत तर्क के सहारे सही प्रशंसा नहीं हो सकती और कबीर बहुत बार ऐसी ही नासमझी के शिकार हुए हैं। देखने की बात यह है कि कबीर की फक्कड़-वृत्ति और उनकी नाराजगी कविता कैसे और कहाँ बनी है। कबीर में कविता के बनने और श्रेष्ठ रूप में निखरने का कारण, जैसा दिखाया गया, उनमें तरह-तरह की और विरोधी मनोदशाओं तथा उनसे जुड़ी काव्यभाषा के स्तरों की रगड़ है।

क्षेपकों की दृष्टि से सम्भवत: कबीर का पाठ सबसे अधिक विपुल है। कई शोधकर्ताओं ने बड़े परिश्रम से उनकी मूल रचना का अनुसन्धान करने का यत्न किया है। क्षेपकों का फैलाव समाज में कवि की व्यापक स्वीकृति का प्रमाण है। ये रचनाएँ कबीर के अनुयायियों और प्रशंसकों ने ऐसे लिखी हैं कि वे कवि के कृतित्व में घुल-मिल गई हैं, पानी में नमक की तरह। प्रबन्ध-रचना के क्षेपक शोधकर्ता और पाठक दोनों को परेशान करने वाले होते हैं, परन्तु फुटकर पदों और साखियों में उनकी उपस्थिति वैसी विकृतिकारी नहीं होती। इस स्थिति में इन पदों और दोहों को कबीर की उप-रचना कहा जा सकता है, क्योंकि वे कवि की रचनाओं से प्रेरित और प्रभावित हैं, तथा व्यापक समाज द्वारा रचे जाने पर वे कवि के अपने वाङ्मय की प्रकृति से स्वीकृत होकर उसका अंग बन गए हैं। चित्रकला के क्षेत्र में यह समस्या कई बार आती है कि कोई विशिष्ट कला-कृति किसी बड़े उस्ताद की मूल रचना के रूप में बरसों तक प्रशंसित होती रहती है, और पुर जब सहसा कभी भेद खुलता है कि यह कला-कृति उस उस्ताद की रचना न होकर महज़ उसकी अनुकृति या कि शैलीगत नकल है तो दर्शकों के मन से उतर कर वह सिर्फ एक 'कैनवैस' हो जाती है। तब यह प्रश्न सहज उठता है कि दर्शकों की प्रतिक्रिया उस कलावस्तु के लिए थी, या उस्ताद के नाम को लेकर, या इन दोनों की अपनी क्रिया-प्रतिक्रिया के लिए ? साहित्य में कालिदास, शेक्सपियर, खुसरो, कबीर, जायसी, सूर, तुलसी—बड़े लेखकों की एक पूरी शृंखला है जिनके साथ पाठ की प्रामाणिकता की समस्या और बहुत बार उनके अपने रचनाकार-व्यक्तित्व के अभिज्ञान की समस्या जुड़ी हुई है। अपने कृतित्व को समाज से मिलाकर और अपने व्यक्तित्व को रचना से अभिन्न करके वे सच्चे अर्थों में 'सुकवि' बनते हैं, जिनके ऊपर जरा-मरण के नियमों का असर नहीं होता। कबीर इसी कोटि के रचनाकार हैं। इस विवेचन से एक रोचक निष्कर्ष यह भी निकलता है कि बड़ा रचनाकार अनुकरणीय नहीं होता, पर यदि कोई अपना नाम हटा कर फिर उसकी नकल करना चाहे तो इसके लिए उसे छूट मिल जाती है। इसी माने में क्षेपक को बड़े कवि की उप-रचना के रूप में स्वीकार किया जा सकता है।

नाद, बिन्दु, कुण्डलिनी, षड्चक्रभेदन आदि का बारम्बार वर्णन कबीर-काव्य का अन्तस्साधनात्मक रहस्यवादी पक्ष है। 'कबीर' में स्वाभाविक रहस्य भावना बड़े मार्मिक तौर पर व्यक्त की गई है। ऐसे अवसरों पर वे प्राय: जिज्ञासु होते हैं

कहो भइया अंबर कासौ लागा।

कबीर में जीवन के द्वंद्वात्मक पक्ष को समझ लेने की अद्भुत क्षमता थी। इस परस्पर-विरोधिता को न समझने पर कबीर का मर्म नहीं खुलता। जिसे जीना कहा जाता है, वह वस्तुत: जीवित रहने और मृत्यु की ओर निरन्तर बढ़ते रहने

की प्रक्रिया है। फिर भी लोग कुशल पूछते हैं और कुशल बताते हैं। लोग जीने का केवल एक पक्ष देखते हैं, दूसरा नहीं। कबीर इस पर व्यंग्य करते हैं, हँसते हैं और करुणा करते हैं

कुसल-कुसल ही पूछते कुसल रहा न कोय।
जरा मुई न भय मुआ कुसल कहाँ ते होय।

कबीर विशाल गतिशील बिम्ब प्रस्तुत करते हुए आकाश और धरती को चक्की के दो पाट बताते हैं

चलती चाकी देखकर, दया कबीरा रोय।
दो पाटन के बीच में, साबुत बचा न कोय।

वे समाधि, सत्संग, गुरु-उपदेश, हरिभजन आदि की सुखानुभूति का चित्रण उत्कृष्ट इन्द्रिय बोधात्मक तीव्रता के साथ करते हैं

सतगुर हमसूं रीझ कर, कहा एक परसंग।
बादर बरसा प्रेम का, भीज गया सब अंग।

कबीर सदृश्य-विधान प्राय: अवर्ण जातियों के व्यवसाय के आधार पर खड़ा करते हैं। जुलाहा, माली, कुम्हार, लोहार, व्याध, कलवार आदि के व्यवसायों का उपयोग वे प्राय: अलंकार योजना में करते हैं। यह प्राय: सभी निर्गुण कवियों में पाया जाता है।

भाषा, संवेदना, विचार-प्रणाली सभी दृष्टियों से कबीर शास्त्रीयता के समक्ष खाँटी देसीपन को महत्त्व देते हैं। 'संसकिरित के कूप-जल' को छोड़कर वे भाखा के बहते नीर तक स्वयं पहुँचते हैं और सबको पहुँचाते हैं। संस्कृत से मुक्त लोक-संस्कृति को बनाने में उनका योगदान अप्रतिम है। पण्डित और मुल्ला यहाँ दोनों को वे एक साथ अप्रासंगिक करार देते हैं। मूलत: कवि होने के नाते शास्त्र की तुलना में वे अनुभव को प्रामाणिक मानते हैं। 'भाखापन' को लेकर यह गहरा आत्मविश्वास-भाव उनके रचनाकार व्यक्तित्व की सबसे बड़ी विशेषता कही जा सकती है। भाखा के पहले बड़े कवि होने के नाते वे युगीन संवेदना की इस माँग को पूरा करते हैं।

कबीर की रचनाएँ 'साखी', 'सबद' और 'रमैनी' शीर्षकों में विभक्त हैं। साखियाँ दोहों में हैं। रमैनियों में चौपाइयों के बाद दोहा-धत्ता का क्रम मिलता है। यह अपभ्रंश की 'कड़वक शैली' के अनुरूप हैं। कबीर की भाषा में अनेक प्रदेशों का शब्द-समूह घुला मिला है। उनकी भाषा एक ओर पूर्वीपन लिए हुए है, दूसरी ओर उस पर पंजाबी प्रभाव बहुत स्पष्ट है।

कबीर का कूट काव्य

कूट शब्द संस्कृत का प्राचीन शब्द है। इसका मूल अर्थ है जटिल, अस्पष्ट या अबोध्य। सामान्यत: कूट शब्द से व्यंग्य, वक्रोक्ति, गूढ़ार्थ, गुप्त शास्त्र आदि अर्थ भी लिए जाते हैं। आजकल एक प्रकार की काव्यरचना के लिए भी कूट काव्य या दृष्टकूट का प्रयोग किया जाता है। कबीर का कूट काव्य और सूरदास के कूट पद या दृष्टकूट बहुत प्रसिद्ध हैं। कूट काव्य वह काव्य होता है जिसमें कवि पाण्डित्य प्रदर्शित करना चाहता है। इस प्रकार के काव्य का अर्थ कठिनाई से निकलता है। अर्थ को प्रच्छन्न बनाने से कवि तरह-तरह से अपना कौशल दिखलाता है। प्रतीक का माध्यम कूट काव्य में अधिक रहता है।

हमारे यहाँ कूट काव्य की परम्परा बहुत प्राचीन है। वैदिक वाङ्मय से लेकर ही गोपनीय ढंग से बात कहने की प्रथा रही है। निरुक्तकार ने इसलिए यह स्पष्ट किया है कि "परोक्षप्रिया: हि देवा:" अर्थात् देवता तो परोक्ष-प्रिय होते हैं। वे साधारण की अपेक्षा गूढ़ रीति से कही गई बात को अधिक पसन्द करते हैं। महाभारत में इसका बहुत अच्छा उदाहरण मिलता है। व्यास महाभारत को लिखना चाहते थे। उन्हें किसी अच्छा लिखने वाले की आवश्यकता थी। इस कार्य के लिए गणेश जी को चुना गया। गणेश जी ने कहा कि मैं महाभारत का लिखना एक शर्त पर स्वीकार कर सकता हूँ कि आप कहीं भी बीच में रुकेंगे नहीं, अबाध गति से बोलते ही जाएँगे। व्यास जी ने कहा कि ठीक है, हम बोलते ही जाएँगे, रुकेंगे नहीं। पर तुम जो लिखो उसे समझ-समझकर लिखना। व्यास जी को जहाँ कुछ सोचने की आवश्यकता होती थी, वहाँ वे कोई कठिन बात कह देते हैं। गणेश जी को उसको समझने में समय लगता था, तब तक व्यास जी आगे की बात सोच लेते थे।

ग्रन्थ ग्रन्थि तदा चक्रे मुनिर्गूढं कूतूहलात्

अर्थात् तब व्यास ने कौतूहलवश उसमें गाँठ लगा दी। उन्होंने यह भी कहा कि इस ग्रन्थ में 8800 श्लोक ऐसे हैं कि उनका अर्थ मैं समझता हूँ, शुकदेव समझते हैं और संजय समझते हैं या नहीं इसमें सन्देह है। महाभारत के ये श्लोक दृष्टकूट को प्रेरणा देने वाले हैं। श्री हर्ष ने अपने 'नैषधचरित' में कहा है कि मैंने अपने ग्रन्थ में कुछ ग्रन्थि प्रयत्नपूर्वक लगा दी हैं ताकि खल उससे खिलवाड़ न कर सकें। हिन्दी में सिद्ध और नाथों ने ऐसे गूढ़ अर्थ व्यंजक वचन कहे हैं जो कूट कहे जा सकते हैं। कबीर आदि सन्तों पर सिद्ध और नाथों का वैसे भी प्रभाव था और उन्होंने भी प्रतीक उलटबासियों के रूप में या प्रहेलिका के रूप में कूट काव्य की रचना की। इसी परम्परा में सूरदास का दृष्टकूट काव्य आता है। सूरदास ने भी 'सूरसागर' में इस तरह के प्रयोग किए हैं; जैसे—

"कंचन पुरपति को जो भ्राता तासु प्रिया नहिं आवै।"

अर्थात् कंचन (सोने का) पुर लंका, लंकापति रावण, रावण का भ्राता कुम्भकर्ण उसकी प्रिया नींद। यानि नींद नहीं आती।

इसी तरह का एक उदाहरण और द्रष्टव्य है

'नखत वेद ग्रह जोरि अरध कर को बरजै हमें खात'

नक्षत्र = 27, वेद = 4, ग्रह = 9 (27 + 4 + 9 = 40) इनका आधा करके चालीस, चालीस का आधा बीस यानी बिस हम बिष खाती हैं—यह अर्थ निकलता है। सन्त कवियों ने जो उलटबासियों का प्रयोग किया है, वह कूट काव्य की ही एक विधि है। सुन्दर दास ने तो पूरा एक अंग 'विपर्यय को अंग' कूट शैली में ही लिखा है और वह सब उलटबासियाँ है। कबीर ने इस तरह का प्रयोग सिद्धों और नाथों के तेवर को लेकर खूब किया है; जैसे—

समुन्दर लागी आग नदियाँ जल कोयला भई।
देख कबीरा जाग, मंछी रूखा चढ़ गई।

इस तरह के अनेक उदाहरण कबीर के काव्य से मिलते हैं। उनकी मेधा सराहनीय है। उनके विषय में यह कथन प्रसिद्ध है

कबीरदास की उल्टी बानी।
बरसै कम्बल भीजै पानी॥

साखी

1. गुरुदेव से सम्बद्ध अंग

सतगुरु सवाँन को सगा, सोधी सईं न दाति।
हरिजी सवाँन को हितू, हरिजन सईं न जाति॥

शब्दार्थ सतगुरु = साधक को सही मार्ग पर चलाने वाला गुरु। सवाँन = समान। सगा = अपना। को = कौन। दाति = दान। हितू = हितैषी। सईं = समान।

बलिहारी गुरु आपणै, द्यौं हाड़ी के बार।
जिनि मानिष में देवता, करत न लागी बार॥

शब्दार्थ आपणै = अपने। द्यौं = दूँ। हाड़ी = शरीर। कै बार = कितनी बार जन्म दिए। मानिष = मनुष्य।

सतगुरु की महिमा अनन्त किया उपगार।
लोचन अनन्त उघाड़िया, अनन्त दिखावण हार॥

शब्दार्थ अनँत = अनन्त, अपार। उपगार = उपकार। लोचन = ज्ञान-नेत्र।

सतगर सांचा सूरिबाँ, सबद जु बाह्या एक।
लागत ही भै मिल गया, पड़या कलेजै छेक॥

शब्दार्थ सूरिवाँ = शूरमा, शूरवीर। सबद = शब्द, उपदेश (ज्ञान-वाक्य)। बाह्या = प्रहार किया। भै = भूमि। छेक = छेद।

हँसे न बोलै उनमनीं, चंचल मेल्ह्या मारि।
कहै कबीर भीर भिद्या, सतगुर कै हथियार॥

शब्दार्थ उनमनीं = उनमनी, उदास, हठयोग की एक क्रिया। चंचल = मन। मेलह्या = नष्ट कर दिया (रख दिया)। भिद्या = घुस गया, वेध दिया गया।

पीछैं लागा जाय था, लोक बेद के साथि।
आगैं थैं सतगुर मिल्या, दीपक दीया हाथि॥

शब्दार्थ आगैं थैं = सामने से। दीपक = ज्ञान का प्रकाश।

दीपक दीया तेल भरि बाती दई अघट्ट।
पूरा किया बिसाहुणा, बहुरि न आवौं हट्ट॥

शब्दार्थ बाती = दीपक की बत्ती। अघट्ट = अटूट। बिसाहुणा = सौदा, क्रय-विक्रय। बहुरि = दुबारा। हट्ट = बाजार।

जाका गुरु भी अंधला, चेला खरा निरंध
अँधा अंधौ ठेलिया, दून्यूं कूप पड़त॥

शब्दार्थ अंधला = अँधा (अज्ञानी)। चेला = शिष्य। खरा = बिल्कुल। निरंध = अन्धा (अज्ञानी)। ठेलिया = धक्का देकर। कूप = कुँआ।

चौसठि दीबा जोइ करि, चौदह चंदा माँहि।
तिहिं घरि किसकौ चानिणौं जिह घरि गोविन्द नाहि॥

शब्दार्थ चौंसठि दीवा = चौसठ कलाओं का ज्ञान। जोइ करि = जलाकर। चौदह चन्दा = चौदह विद्याओं के चन्द्रमा। माँहि = अन्दर। तिहि घरि = उस घर में। चानिणौ = प्रकाश।

निस अँधियारी कारणैं चौरासी लख चन्द।
अति आतुर ऊदै किया, तऊ दिष्टि नहिं मन्द॥

शब्दार्थ निस = रात्रि। अंधियारी = मोह का अँधेरा। चौरासी लख = चौरासी लाख योनियाँ। आतुर = व्यग्र।

सतगुर बपुरा क्या करै, जे सिषही मांहे चूक।
भावै त्यूँ प्रबोधि ले ज्यूँ बंसि बजाई फूँक॥

शब्दार्थ बपुरा = बेचारा। सिषही = शिष्य। चूक = त्रुटियाँ। प्रबोधि ले = समझ लो।

संशै, खाया सकल जग, संसा किनहुँ न खद्ध।
ते बेधे नुर अष्पिरां तिन, संसा चुणि चुणिखद्ध॥

शब्दार्थ संशै = संशय, भ्रम। जुग = युग, संसार। खद्ध = खाया। वेधे = छेद किए गए। अष्पिरां = अक्षर। चुणि-चुणि = चुन-चुन कर।

चेतनि चौकि बैसि करि, सतगुर दीन्हाँ धीर।
निरभै होइ निसंक भजि, केवल कहै कबीर॥

शब्दार्थ चेतनि = चैतन्य, ज्ञान। बैसि करि = बैठ कर। धीर = धैर्य। निरभै = निर्भय। केवल = केवल ब्रह्म।

सतगुर मिल्या ता का भया, जे मनि पाड़ी भोल।
पासि बिनठा कप्पड़ा, क्या करै बिचारी चोल॥

शब्दार्थ मनि = मन। पाड़ी = पड़ी है। भोल = भ्रम। पासि = पास का। बिनठा = नष्ट। चोल = लाल रंग।

गुर गोविन्द तौ एक है, दूधा यहू आकार।
आपा मेट जीवत मरै, तौ पावै करतार॥

शब्दार्थ दूधा = द्विधा। आकार = शरीर। आपा = अहंकार। जीवत मरै = जीवनमुक्त होना। करतार = सृष्टि कर्ता ईश्वर।

सतगुर साँचा सूरिवाँ, तातैं लौहिं लुहार।
कसणी दे कंचन किया, ताइ लिया ततसार॥

शब्दार्थ तातैं = गर्म, तपा हुआ। लौहिं = लोहा। कसणी = निकष पर चढ़ा कर, परख कर, कसौटी। ततसार = तत्त्व-सार।

थापणि पाई थिति भई, सतगुरु दीन्हीं धीर।
कबीर हीरा-बणजिया, मानसरोवर तीर॥

शब्दार्थ थापणि = स्थापना कर दी। थिति भई = स्थिर हुई। बणजिया = व्यापार किया।

2. सुमिरण (स्मरण) से सम्बद्ध अंग

तत तिलक तिहूँ लोक मैं राम नाँव निज सार।
जन कबीर मस्तक दिया, सोभा अधिक अपार॥

शब्दार्थ तत तिलक = तत्त्व रूपी तिलक, बह्म को त्रिकुटी में स्थापित करना। तिहूँ लोक = तीनों लोक में।

कबीर सुमिरण सार है, और सकल जंजाल।
आदि अंति सब सोधिया दूजा देखौं काल॥

शब्दार्थ सार = तत्त्व रूप। जंजाल = माया-भ्रम। सोधिया = खोज कर देखा है।

पच सँगी पिव पिव करै, छठा जु सुमिरे मन।
आई सूति कबीर की, पाया राम रतन॥

शब्दार्थ पच सँगी = पाँच ज्ञानेन्द्रियाँ। सूति = स्मृति।

तूँ तूँ करता तूँ भया, मुझ में रही न हूँ।
वारी फेरी बलि गई, जित देखों तित तूँ॥

शब्दार्थ तूँ तूँ करता = सर्वत्र तुम ही हो, राम का स्मरण करते। हूँ = अहंकार। वारी फेरी = कई बार। तूँ = परब्रह्म।

कबीर सूता क्या करै, उठि न रोवै दुक्ख।
जाका बासा गोर मैं, सो क्यूँ सोवै सुक्ख।।

शब्दार्थ बाँसा = निवास-स्थान। गोर = कब्र।

केसो कहि कहि कूकिये ना सोइये असरार।
रात दिवस क कूकणैं (मत) कबहू लगे पुकार।।

शब्दार्थ केसो = केशव। कूकिये = पुकारिए। असरार = हठ करके।

कबीर प्रेम न चषिया, चषि न लीया साब।
सूने घर का पाहुणां ज्यूँ आया त्यूं जाव।।

शब्दार्थ साव = स्वाद। पाहुणां = अतिथि।

जिहिं हरि जैसा जाँणियाँ, तिन कूँ तैसा लाभ।
आसों प्यार न भाजई, जब उग धसै न आभ।।

शब्दार्थ तिन कूँ = उनको। आसों = ओस की बूँदों से। भाजई = नष्ट होना। धसै = प्रवेश करे। आभ = पानी।

जैसे माया मन रमै, यूँ जे राम रमाइ।
(तौ) तारा मंडल छाँडि छरि, जहाँ केसो तहाँ जाइ।।

शब्दार्थ रमै = रमता है। यूँ = इस प्रकार। केसो = केशव।

गुण गायैं गुण नाम कटै, रटै न राम वियोग।
अह निसि हरि ध्यावै नहीं, श्यूं पावै द्रुलभ जोग।।

शब्दार्थ गुण गायैं = राम नाम का गुणानुवाद। गुण = सत, रज, तम–तीन गुण। नाम = सांसारिक माया के बन्धन। अह = दिन। द्रुलभ = दुर्लभ।

कबीर कठिनाई खरी समिरता हरि नाम।
सूली ऊपरि नट विद्या, गिरूं त नाहीं ठाम।।

शब्दार्थ खरी = अत्यन्त। ठाम = स्थान, ठौर।

कबीर राम रिझाइ लै मुखि अमृत गुण गाइ।
फूटा नग ज्यूँ जोडि मन, संधे संधि मिलाइ।।

शब्दार्थ रिझाई लै = प्रसन्न कर ले। अमृत = निरन्तर शाश्वत। नग = हीरा। संधे संधि = जोड़ में जोड़।

कबीर चित्त चमकिया, चहूँ दिसि लागी लाइ।
हरि सुमिरणा हाथूं घड़ा बेगे लेहु बुझाइ।।

शब्दार्थ चमकिया = चमत्कृत हो गया, चंचल हो गया। लाइ = आग। बेगे = शीघ्र।

3. विरह से सम्बद्ध अंग

रात्यु रूनी बिरहनी ज्यूँ बचौ कूँ कुंज।
कबीर अन्तर प्रजल्या प्रगटया बिरहा पुंज।।

शब्दार्थ रात्युँ = रात भर। रूनी = रोती रही। बचौ = बच्चों के लिए। कुंज = क्रौंच, कुंज पक्षी। प्रजल्या = प्रकाशित हुआ। बिरहा पुंज = विरह की तीव्रता।

अंबर कुंजौं कुरलियाँ, गरजि भरे सब ताल।
जिनि पैं गोविन्द बीछटै, तिण के कौण हवाल।।

शब्दार्थ अंबर = आकाश। कुंजा = क्रौंच पक्षी। कुरलिया = कुरर ध्वनि करना। जिनि पै = जिनसे। तिण के = उनके। हवाल = दशा।

बिरहिन ऊभी पथ सिरि, पंथी बूझे धाइ।
एक सबद कहि पीव का कबर मिलैगे आइ।।

शब्दार्थ ऊभी = खड़ी। पंथ सिरि = मार्ग के किनारे। बूझै = पूछती है। धाइ = दौड़कर। पीव = प्रिय।

मूवाँ पीछै जिनि मिलै, कहै कबीरा राम।
पाथरा घाटा लौहा सब, (तब) पारस कौणें काम।।

शब्दार्थ जिनि = मत। पाथर घाटा = पत्थर पर घिस कर घटा हुआ। कौणें काम = किस काम का।

अंदेसड़ा न भाजिसी, संदेसौ कहियाँ।
के हिर आयाँ भाजिसी, के हरि ही पास गयाँ।।

शब्दार्थ अंदेसड़ा = भ्रम। भाजिसी = जाता है।

यहु तन जालौं मसि करौं, लिखौं राम का नाउँ।
लेखणिं करूँ करंक की, लिखि लिखि राम पठाउँ।।

शब्दार्थ नाउँ = नाम। लेखणिं = कलम। करंक = हड्डी। पठाउँ = भेजूँ।

कबीर पीर पिरावनी, पंजर पींड़ न जाइ।
एक ज पीड़ परीति की, रही कलेजा छाइ।।

शब्दार्थ पीर = पीड़ा। पिरावनी = पीड़ा देने वाली। पंजर = शरीर। परीति = प्रीति। पीड़ = पीड़ा, वेदना।

चोट सतांणी विरह की, सब तन जर जर होइ।
मारणहारा जाँणि है, के जिहिं लागी सोइ।।

शब्दार्थ सताणी = दुःख देती है। जर जर = जर्जर, क्षार-क्षार। जिहिं लागी = जिसको लगी है। सोइ = वह।

विरह भुवंगम पैसि करि, किया कलेजै घाव।
साध अंग न मोड़हीं, ज्यूँ भावै त्यूँ खाव।।

शब्दार्थ पैसि करि = प्रवेश करके। ज्यूँ भावै = जैसा अच्छा लगे।

सब रग तंत रबाब तन, बिरह बजवै नित्त।
और न कोई सूणि सकै, कै साईं के चित्त।।

शब्दार्थ राग = नसें। तंत = ताँत, तार। रबाब = तंजी, एक बाजा। साईं = स्वामी, प्रिय।

अंखड़ियाँ झाँई पडी, पंथ निहारि निहारि।
जीभड़ियाँ छाला पडया राम पुकारि पुकारि।।

शब्दार्थ अंखड़ियाँ = आँखों में। झाँई = जाले पड़ना। जीभड़ियाँ = जीभ पर।

नैना नीझर लाइया, रहट बहै निस जाम।
पपीहा ज्यूँ पिव पिव करौं, कबरु मिलहुगे राम।।

शब्दार्थ नीझर = निर्झर। रहट = पानी निकालने का यन्त्र। जाम = दिन। कबरु = कब।

हँसि हँसि कान्त न पाइये, जिनि पाया तिनि रोइ।
जो हाँसेही हरि मिलै, तौ नहीं दुहागिनि कोइ॥

शब्दार्थ कंत = प्रिय, पति। हाँसेही = हँसने से ही। दुहागिनि = दुर्भागिनी।

विरह जलाई मैं जलौ, जलती जलहरि जाऊँ।
मो देख्याँ जस हरि जलै, संतौ कहाँ बुझाऊँ॥

शब्दार्थ जलहरि = जलाशय, हरि रूपी जल। संतौ = सज्जन पुरुष।

फाड़ि पुटोला धज करौं, कामलड़ी पहिराउँ।
जिहि जिहिं भेषाँ हरि मिलै, सोइ सोइ भेष कराउँ॥

शब्दार्थ पुटोला = रेशमी वस्त्र। धज करौं = धज्जियाँ कर दूँ। कामलड़ी = कामरी, कम्बल। जिहि जिहिं = जिस जिस। सोइ सोइ = वही।

भेला पाया श्रम सौं भौं सागर के माँहि।
जे छाँडो तो डूबि हौं, गहौं त डसिये बाँह॥

शब्दार्थ भेला = बेड़ा। छाँडो = छोड़ता हूँ। डसिये = काटता है।

रैणाँ दूर बिछोहिया, रहु रे संषम झूरि।
देबलि देबलि थाहड़ी, देसी ऊगे सूरि॥

शब्दार्थ रैणाँ = रात्रि। बिछोहिया = वियोगी। संषम = शंख। झूरि = सुनसान, अकेला, जलता रहे। देवलि = मन्दिर। धाहड़ी = चिल्लाना। ऊगे = उदित होने पर। सूरि = सूर्य।

सुखिया सब संसार है, खायै और सोवै।
दुखिया दास कबीर है, जागै अरु रोवै॥

शब्दार्थ सुखिया = सुखी। दुखिया = दुःखी।

4. ज्ञान बिरह से सम्बद्ध अंग

दीपक पावक आँणियाँ, तेल भी आँण्या संग।
तौन्यूँ मिली करि जोइया, (त) उड़ि उड़ि पड़ै पतंग॥

शब्दार्थ दीपक = आत्मा। पावक = ज्ञान की ज्वाला। तेल = प्रेम। जोइया = प्रज्वलित किया। पतंग = सांसारिक प्रलोभन, इच्छाएँ और वासनाओं के पतंगे।

हिरदा भीतरि दौं बलै धूवाँ न प्रगट होइ।
जाके लागा सो लख कै जिंहि लाई सोइ॥

शब्दार्थ हिरदा = हृदय। दौं = दावाग्नि। बलै = जलती है। लाई = जलाई है।

झल ऊठी झोली, खपरा फूटिम फूटि।
जोगी था सी रमि गया, आसणि रही विभूति॥

शब्दार्थ झल ऊठी = लपट उठी। खपरा = खोपड़ी। जोगी = आत्मा। आसणि = आसन पर। विभूति = राख।

अगनि जु लागी नीर मैं कंदू जलियाँ झारि।
उत्तर दक्षिण के पंडिता, रहे विचारि विचारि॥

शब्दार्थ कंदू = कीचड़। जलिया = जल गया। झारि = सम्पूर्ण।

दौं लागि साइर जल्या, पंषी बैठे आइ।
दाधी देह न पालव, सतगुर गया लगाय॥

शब्दार्थ दौं = दावाग्नि। साइर = सागर। पंषी = पक्षी। दाधी = जली हुई। पालवै = पल्लवित।

समदर लागी आगि, नदियाँ जलि कोइला भई।
देखि कबीरा जागि, मंछी रूषाँ चढ़ि गई॥

शब्दार्थ मंछी = आत्मा रूपी मछली। रूषाँ = वृक्ष, मेरुदण्ड।

5. परचा (परिचय) से सम्बद्ध अंग

कबीर तेज अनंत का मानौ ऊगी सूरज सेणि।
पति संगि जागी सुन्दरी, कोतिग दीठा तेणि॥

शब्दार्थ अनंत = ब्रह्म। ऊगी = उदय हुई। सेणि = श्रेणी। कौतिग = आश्चर्य। दीठा = दिखाई दिया। तेणि = उसको।

कौतिग दीठा देह बिन, रवि ससि बिना उजास।
साहिब सेवा माँहिं है, बेपरवाहीं दास॥

शब्दार्थ उजासि = उजाला। बेपरवाही = निश्चिन्त।

पारब्रह्म के तेज का कैसा है उनमान।
कहिबे कूँसो भा नहीं, देख्याहिं परवान॥

शब्दार्थ उनमान = स्वरूप, अनुमान। परवान = प्रमाण।

घट माँहे औघट लह्या, औघट माँहे घाट।
कहि कबीर परचा भय, गुरु दिखाई बाट॥

शब्दार्थ घट = हृदय। माहै = मैं। औघट = विचित्र, अथाह। परचा = परिचय। बाट = मार्ग।

सूर समांणाँ चन्द म दुहु किया घर एक।
मनका च्यंता तब भया, कछू पूरबला लेख॥

शब्दार्थ सूर = सूर्या नाड़ी, इडा। चन्द = चन्द्र नाड़ी, पिंगला। दुहु किया घर एक = दोनों एक की हो गईं। च्यंता = इच्छित। पूरबला = पूर्व जन्म के।

प्यंजर प्रेम प्रकासिया अंतरि भय उजास।
मुख कसतूरी महमहीं, वाणी फूटी बास॥

शब्दार्थ प्यंजर = शरीर। अंतरि = हृदय में। भया = हुआ। कसतूरी = सुगन्ध, सुवास। महमहीं = महकी। बास = सुगन्ध।

मन लागा उनमन सौ, गगन पहुँचा जाइ।
देख्या चन्द बिहूँणा चाँदिणाँ, तहाँ अलख निरंजन राइ॥

शब्दार्थ मन लागा उनमन सौं = मन समाधिस्थ हो गया। गगन = आकाश, शून्य, निर्विकल्प दशा। बिहूँणा = रहित। चाँदिणाँ = चाँदनी। अलख = अलक्ष्य, अदृश्य। निरंजन = निर्लेप, शुद्ध चेतन।

पाँणी ही तै हिम भया, हिम ह्वै गया बिलाइ।
जो कुछ था सोइ भया, अब कछू कह्या न जाइ॥

शब्दार्थ हिम = बर्फ। बिलाइ = विलीन होकर।

चौहटे च्यंतामणि चढ़ी, हाड़ी मारत हाथि।
मीराँ मझसूँ मिहर करि, इब मिलौं न काहू साथि॥

शब्दार्थ चौहटे = बाजार का चौराहा। च्यंतामणि = आत्मा रूपी चिन्तामणि, एक बहुमूल्य रत्न। हाड़ी = माया, भ्रान्ति। मारत हाथि = हाथ से टटोलता फिरता है। मीराँ = स्वामी। मिहर = कृपा।

पंषि उडाणीं गगन कूँ, प्यंड रह्या परदेस।
पाँणी पीया चंच बिन, भूलि गया यहु देस॥

शब्दार्थ पंषि = पक्षी (आत्मा)। गगन = आकाश (सहस्रार चक्र)। प्यंड = शरीर। परदेस = संसार।

सुरति निरति समाँणी निरति मैं, निरति रही निरधार।
सुरति निरति परचा भया, तब खुले स्यंभ दुवार॥

शब्दार्थ सुरति = स्मृति, ईश्वर का ध्यान। निरति = ईश्वर-प्रेम। निराधार = निश्चय। परचा = परिचय। स्यंभ = स्वयं। दुवार = द्वार।

सुरति समाँणी निरति मैं, अजपा माँहैं जाप।
लेख समाँणा अलेख मैं, यूँ आपा माँहैं आप॥

शब्दार्थ अजपा = जपहीन दशा (वह दशा जिसमें न शब्द होता है, न जीभ हिली है, न ओष्ठ हिलते हैं और न कोई मन्त्र ध्यान होता है, आत्मा स्व-प्रकाश में निमग्न होती है।) लेख = दृश्य।

कुछ साखियों की व्याख्याएँ

1. गुरुदेव से सम्बद्ध अंग

सतगुरु .... न जाति॥

प्रसंग सहित व्याख्या सद्‌गुरु के समान कोई अपना (सगा) नहीं है। शुद्धि जैसा कोई दान नहीं है। हृदय को, मन को जो निर्मल कर दे वैसा दान दूसरा नहीं है। गुरु अपने उपदेशों से शिष्यों को नाना विकारों से मुक्त कर देता है। हरि के समान कोई हितैषी नहीं है और भक्त के समान न ही कोई जाति है। कहने का आशय यह है कि जन्म के आधार पर कोई श्रेष्ठ नहीं बनता है। वह श्रेष्ठ तभी बनता है जब वह ईश्वर की भक्ति में लीन होकर स्व को त्याग देता है।

सतगुरु की .... दिखावण हार॥

प्रसंग सहित व्याख्या सतुगुरु की महिमा अनंत है, उसका किया गया उपकार भी अनंत है। उसके अनंत दृष्टि को खोलकर उस अनंत का, जिसका कोई आदि-अंत और ओर-छोर नहीं है, दर्शन कराने की अनुकंपा की है। कह का आशय यह है कि ईश्वर का दर्शन सामान्य दृष्टि से नहीं हो सकता है। उसके लिए ज्ञान नेत्र-अनंत नेत्र की आवश्यकता होती है।

दीपक दीया .... आवौं हट्ट॥

प्रसंग सहित व्याख्या सद्‌गुरु ने प्रेम रूपी तेल से भरकर ज्ञान रूपी दीपक प्रदान किया और उस ज्ञान दीपक में कभी न घटने वाली सुरति रूपी बत्ती डाल दी, जिसके द्वारा शिष्य संसार रूपी हाट (बाजार) में जन्म-मृत्यु का क्रय-विक्रय समाप्त कर लिया। अतः उसे पुनः इस संसार रूपी बाजार में नहीं आना पड़ेगा। कहने का तात्पर्य यह है कि ज्ञान प्राप्ति से मनुष्य जन्म-मृत्यु के चक्कर से पार हो जाता है।

सतगुरु बपुरा .... फूँक ॥

प्रसंग सहित व्याख्या सद्‌गुरु बेचारा क्या कर सकता है, यदि शिष्य में ही कोई खोट-दोष हो। जिस प्रकार कोई व्यक्ति बंशी को बजाकर बेसुरा और अप्रिय स्तर निकाल ले तो उसमें बंशी का कोई दोष नहीं होता है, उसी प्रकार अयोग्य और मूर्ख शिष्य भी गुरु के उपदेश में निहित अर्थ का अनर्थ कर डालते हैं।

सतगुरु मिल्या .... विचारी चोल॥

प्रसंग सहित व्याख्या सद्‌गुरु मिला तो क्या हुआ यदि मन में धेल विद्यमान है अर्थात् धूल पड़ी हुई है। यदि धूल धूसरित कपड़ा विभष्ट हो गया है, तो उसमें बेचारी मजी (चोल) क्या कर सकती है।

कहने का तात्पर्य यह है कि जैसे धूल धूसरित कपड़े पर रंग ठीक से नहीं चढ़ाया जा सकता है, वैसे ही मलिन चित्र वाले साधन पर अध्यात्म का रंग ठीक से नहीं चढ़ सकता है।

थापणि .... मानसरोवर तीर॥

प्रसंग सहित व्याख्या सद्‌गुरु ने धैर्य दिया, जिससे प्रभु में प्रेम स्थिर हो गया। अब कबीर मानसरोवर रूपी चेतना के तीर-ज्ञान रूपी हीरे का व्यापारी बन गया है। कहने का तात्पर्य यह है कि उसकी सारी वृत्तियाँ अन्तर्मुखी बन गई हैं।

2. सुमिरण (स्मरण) से सम्बद्ध अंग

तत तिलक .... अधिक अपार ॥

प्रसंग सहित व्याख्या तीनों लोकों में राम नाम तत्त्व ही श्रेष्ठ है। राम का नाम ही अपना भी सारतत्त्व है। उस राम नाम को कबीर ने अपने माथे पर धारण कर लिया, जिससे सौन्दर्य बढ़ गया। 'तिलक' किसी की आस्था और विश्वास का केन्द्र है। इसको धारण करने से मनुष्य का व्यक्तित्व, मस्तक का सौन्दर्य बढ़ जाता है।

पच सँगी .... राम रतन॥

प्रसंग सहित व्याख्या कबीर भी कहते हैं कि प्रभु-नाम का विस्मरण हो गया था। उन्हें प्रभु-स्मृति आ गई। परिणामतः नेत्र, कान, जिहवा, स्पर्श आदि पाँच ज्ञानेन्द्रियाँ तथा छठी मन 'पीव-पीव' की रट करने लगे। इस स्मरण से साधक शिष्य को राम की प्राप्ति हो गई।

कबीर सूता .... सुम्ख॥

प्रसंग सहित व्याख्या कबीरदास से अपने को या जीव को प्रबोधित करते हुए कहते हैं कि तू अज्ञान की नींद में सोते हुए क्या कर रहा है। जागकर परमात्मा का जप क्यों नहीं करता। एक दिन वो तुझे लम्बे पैर करके नित्य निद्रा (मृत्यु) में सोना ही होगा।

जिहिं हरि .... ना आभ॥

प्रसंग सहित व्याख्या परमात्मा को जिसने जैसा जाना, उसको वैसा ही लाभ मिलता है। जब तक कोई प्यासा व्यक्ति पानी को नहीं पीएगा तब तक उसकी प्यास नहीं समाप्त हो सकती है।

कबीर राम रिझाइ .... संधि मिलाइ॥

प्रसंग सहित व्याख्या कबीर जी कहते हैं कि मुख से अमृत रस के समान गुण वाले राम के गुणों का गान करके उन्हें प्रसन्न करो। अपने मन को परमात्मा में उसी प्रकार लीन कर दो, जैसे सोनार फूटे हुए नग को संधि से संधि मिलाकर एक कर देता है।

3. विरह से सम्बद्ध अंग

रात्यु रुनी .... पुंज ॥

प्रसंग सहित व्याख्या यहाँ जीव की उपमा विरहिणी से दी गई है। विरहिणी अपने प्रिय के वियोग में रात भर उसी प्रकार रोती रही, जैसे कौंच पक्षी अपने प्रिय के वियोग में रोता है। कबीर कहते हैं कि विरह रूपी अग्नि पुंज अपने भीतर उमड़ उठा है अर्थात् विरह वेदना जग उठी है।

अंबर कुंजौं .... कौण हवाल॥

प्रसंग सहित व्याख्या आकाश में कौंच पक्षी अपनी प्रिया की बिरह वेदना रो रहा है। उसके अश्रु से धरती के सारे सरोवर भर गए, कदाचित् मेघों ने भी उसकी वेदना में सहानुभूति दिखाई। जब केवल एक रात्रि के वियोग से एक पक्षी की यह अवस्था हो जाती है, उस जीव का क्या हाल होगा, जो अनेक जन्मों से परमात्मा से अलग है।

अंदेसड़ा न .... पास गयाँ।

प्रसंग सहित व्याख्या कबीर जी कहते हैं कि हे राम! केवल संदेश प्राप्त होने से दु:ख समाप्त नहीं होता। यह तो तभी समाप्त होता है, जब हरि ही आ जाएँ या भक्त ही उनके पास चला जाए। भाव जीव का विरह दु:ख केवल प्रभु के दर्शन से ही समाप्त हो सकता है।

विरह .... व्यूँ खाव॥

प्रसंग सहित व्याख्या विरह रूपी सर्प शरीर में बसा है। उसे बाहर निकालने के लिए सारे प्रयुक्त मन्त्र असफल हो चुके हैं। राम को वियोगी या तो जीता नहीं है, यदि जीता है तो संसार की दृष्टि में पागल सा होकर जीता है अर्थात् उसकी संसार के प्रति कोई आसक्ति नहीं रह जाती।

बिरह जलाई .... कहाँ बुझाउँ॥

प्रसंग सहित व्याख्या कबीर जी कहते हैं कि मैं विरहाग्नि से जल रहा हूँ। हे प्रिय हरि, मैं इसमें जल ही जाऊँ तो ही ठीक है, क्योंकि इसको किसी प्रकार बुझाया नहीं जा सकता। वे संतों से कहते हैं कि अब तो मुझको जलता देखकर जल धर (जलाशय) जल उठे हैं, इस आग को मैं कहाँ बुझाऊँ।

सुखिया .... अरु रोवैं॥

प्रसंग सहित व्याख्या कबीर जी कहते हैं कि सारे संसार के व्यक्ति निश्चिंत हैं, सुखी हैं, खाते-पीते हैं और सुखपूर्वक सोते हैं। दु:खी तो दास कबीर हैं, जिनकी अनुभूतियाँ इतनी तीव्र हैं कि चैन नहीं लेने देतीं, जिनकी विरह-वेदना आँख नहीं लगने देती, वह तो जागता रहता है, रोता रहता है।

4. ज्ञान बिरह से सम्बद्ध अंग

दीपक पावक .... पड़ै पतंग॥

प्रसंग सहित व्याख्या ज्योति के लिए दीपक, आग और तेल की आवश्यकता होती है। अत: जीव में ज्ञान रूपी प्रकाश के लिए जब गुरु जीव रूपी दीपक, ज्ञान रूपी आग और स्नेह रूपी तेल को योजित कर देता है, तब जीव के विषय वासना रूपी पतंगें उस आग में स्वत: सहज ही आकर समाप्त होने लगते हैं अर्थात् जीव स्वत: ही शुद्ध-निर्मल होने लगता है।

हिरदा भीतरि .... लाई सोई॥

प्रसंग सहित व्याख्या हृदय के भीतर विरह की आग जलती है, किन्तु उसे कोई दूसरा नहीं जान पाता। आग को उसके चिह्न धुआँ से जाना जाता है। विरह की आग में धुँआ नहीं है। अत: इस आग का दूसरा कोई अनुमान नहीं कर सकता। इस आग का तो वही प्रत्यक्ष कर सकता है, जिसमें वह लगी हो अथवा वह जानता है, जिसने उसे लगाया हो।

दौं लागि .... लगाय।

प्रसंग सहित व्याख्या कबीर जी कहते हैं कि गुरु ने ज्ञान-विरह की आग लगा दी है, इस आग में विषयों का अनन्त प्रवाहमान समुद्र जलकर समाप्त हो गया है और अब सद्वृत्ति के पक्षी गुरु की शरण में बैठे हैं। अब साधक पूर्णरूप से निश्चिंत है, क्योंकि अब वह वासनाओं से विमुक्त हो गया। उसकी सारी वासनाएँ दग्ध हो चुकी हैं। अब वे पुन: पल्लवित नहीं हो सकतीं अर्थात् यह कि अब मन में विषयों की उत्पत्ति नहीं होगी।

समंदर लागी .... चाढ़ि गई॥

प्रसंग सहित व्याख्या विषयासक्त मानस में ज्ञान-विरह की आग लग गई, फलत: नदी रूपी इन्द्रियाँ थी, जो कि विषयों को लाकर मानस-सागर में प्रविष्ट करती हैं, उस मानस-सागर के जलने पर, स्वयं जलकर भस्म हो गई। कबीर कहते हैं कि सावधान होकर देख, जीवात्मा अब सहस्रदल कमल पर पहुँच गया अर्थात् उसका ब्रह्म से मिलन हो गया, उसकी भौतिकता नष्ट हो गई।

5. परचा (परिचय) से सम्बद्ध अंग

कबीर तेज अनंत .... दीज तेणि॥

प्रसंग सहित व्याख्या कबीर जी कहते हैं कि परमात्मा-अनुभूति (परिचय) के समय उनका ऐसा तेज दिखाई देता है, मानो श्रेणीबद्ध सूर्य उदित हुए हों। यह तेज सभी को दिखाई न देकर आत्मा रूपी सुंदरी, जो प्रिय पति के साथ रही होती है, को ही दिखाई देता है। अर्थात् उस जीव को ही दिखाई देता है, जो मोह-निद्रा में सोया नहीं रहता, परमात्मा के साथ जागता रहता है, उसी आत्मा रूपी सुंदरी को यह रहस्य दिखाई देता है।

पारब्रह्म के .... देख्यहिं परवान।

प्रसंग सहित व्याख्या पारब्रह्म परमात्मा का प्रकाश कैसा और कितना है, उसका पता अनुमान से नहीं लग सकता है। इस प्रकार शोभा कहना कठिन है, क्योंकि अनुमान, प्रत्यक्ष उपमान आदि साधन तो लौकिक या मायिक जगत के हैं और परमात्मा का साक्षात्कार ऐसे किसी भी साधनों के क्षेत्र में नहीं है। उसका सौन्दर्य अनिर्वचनीय है। देखने वाला ही इसका प्रमाण पा सकता है। यह शास्त्र नहीं आत्मानुभूति का विषय है।

सूर समांणाँ चन्द .... पूरबला लेब।

प्रसंग सहित व्याख्या कबीर जी कहते हैं कि जब योग की प्रक्रिया द्वारा सूर्य नाड़ी (पिंगला), चन्द्र नाड़ी (इड़ा) में ससीम जाती है अर्थात् इड़ा-पिंगला दोनों जब सुषुम्ना में मिल जाती है, तब मन वांछित फल मिल जाता है। यह पूर्व जन्म के पुण्य का ही परिणाम है।

सुरति समाँणी .... माँहें आप॥

प्रसंग सहित व्याख्या साधना की गति में साधन स्थूल से सूक्ष्म शब्द से अशब्द, प्रत्यक्ष से अप्रत्यक्ष, साकार से निराकार, ससीम से असीम, अहंकार से निरहंकार की ओर बढ़ता चला जाता है और जब वह अशब्द, निराकार, अप्रत्यक्ष और निरहंकार अवस्था पर पहुँचता है, तब उसे ब्रह्म-तत्त्व का वास्तविक परिचय अर्थात् साक्षात्कार होता है। इसी तथ्य को कबीर ने इन शब्दों में व्यक्त किया है कि साधना की अन्तिम अवस्था में सुरति निरति में लीन हो जाती है। साकार निराकार में परिणत हो जाता है और प्रकाश स्वयं अपने वास्तविक स्वरूप में परिणत हो जाता है, यही परिचय की अन्तिम अवस्था है।

पद

दुलहनी .... पुरिष एक अविनासी।

प्रसंग सहित व्याख्या इस पद में कबीर जी ने आत्मा को प्रेमिका व परमात्मा को प्रेमी के रूप में चित्रित करके माधुर्य भाव की भक्ति से इन दोनों के विवाह का रूपम् द्वारा दोनों के मिलन के आनंद का वर्णन किया है। कबीर जी कहते हैं कि हे सुहागन नारियों, अब तुम विवाह के अवसर पर गाए जाने वाले मंगलमय गीत को गाओ, क्योंकि आज मेरे घर में मेरे पति रूपी राजा राम अर्थात् परमात्मा आए हैं। मेरा तन-मन दोनों ही उनके प्रेम तथा आसक्ति में लीन हो गए हैं। पाँचों तत्त्व (पृथ्वी), आकाश, अग्नि, पानी व वायु) राजा राम के साथ बराती बनकर आए हैं। रामदेव अर्थात् परमात्मा मेरे यहाँ पर अतिथि बन कर आए हैं और मैं अपने यौवन अर्थात् उनकी भक्ति में मदमस्त हो गई हूँ। मैं अपने शरीर रूपी कुण्ड को विवाह की वेदी बना दूँगी, इस विवाह की परिक्रमाएँ पूरी करूँगी। मेरा जीवन धन्य है अर्थात् यह मेरा सौभाग्य है कि मेरा व परमात्मा का मिलन हो रहा है। मेरे व परमात्मा के इस विवाह अर्थात् मिलन को देखने के लिए तैंतीस करोड़ देवी-देवता और अठासी हजार मुन्सिन यहाँ पर आए हैं। कबीर जी कहते हैं कि इस प्रकार मेरी आत्मा उस एक अविनाशी पुरुष अर्थात् परमात्मा के साथ विवाह करके जा रही है।

अब मैं पाइबौ रे .... आवन जाना।।

प्रसंग सहित व्याख्या इस पद में कबीर जी ने परमात्मा के दर्शन करने व उन दर्शनों से प्राप्त होने वाले अलौकिक आनंद का वर्णन किया है।

कबीर जी कहते हैं कि अब मुझे शीघ्र ही ब्रह्म ज्ञान प्राप्त हो जाएगा। अर्थात् मुझे परमात्मा से साक्षात्कार करने का अवसर मिलेगा और फिर मैं उसी सहज समाधि के सुख में लीन रहूँगा और फिर करोड़ों कल्प तक विश्राम करूँगा अर्थात् संसार के आवागमन के चक्र से मुक्त हो जाऊँगा। मेरे दयालु सद्गुरु ने जब मुझ पर दया कर योग-साधना का मार्ग दर्शाया, तब मेरे हृदय में कमल का विकास हुआ। इससे मेरा सांसारिक बन्धनों का सारा भ्रम नष्ट हो गया और मुझे दसों दिशाओं का ज्ञान मिला अर्थात् सच्चे ज्ञान की प्राप्ति हो गई और मेरे हृदय में परमात्मा की ज्योति से प्रकाश फैल गया। अज्ञान रूपी अंधकार में सोए हुए मेरे मन ने जब इस प्रकाश में जागकर भक्ति रूपी धनुष को हाथ में धारण किया तो काल रूपी शिकारी वहाँ से भाग गया अर्थात् मैं मृत्यु का शिकार होने से बच गया। जब ज्ञान रूपी सूर्य का उदय हुआ, तो रात्रि में प्रमाण किया और इस प्रकार मैं सांसारिक मोह-माया रूपी निंदा को त्यागकर खड़ा हो गया अर्थात् प्रभु की भक्ति में लीन हो गया। मैंने उस अविगत, अकल, अनुपम परमात्मा को देखा, जिसके बारे में मैं कुछ भी बताने में असमर्थ हूँ। परमात्मा के दर्शन करने के उपरान्त मेरी दशा उस गूँगे के समान हो गई है, जो गुड़ की मिठास का आनंद तो ले सकता है परन्तु उसका वर्णन नहीं कर सकता।

उस परमात्मा से साक्षात्कार करते समय ऐसा लगा मानो बिना फूल के ही वृक्ष पर फल लग गए हैं, हाथों में पकड़े बिना ही तुरही बज रही है, पनिहारिन के बिना ही घड़े में पानी भर गया है। इस प्रकार सहज में ही मैंने उस परम तत्त्व के रूप में पा लिया। उस परम तत्त्व के दर्शन करते ही मेरा शरीर जो काँच से बना हुआ था अब सोने का बन गया और बिना कुछ माँगे ही मुहमाँगी वस्तु प्राप्त हो गई। आत्मा रूपी पक्षी उस विराट तत्त्व की ओर उड़ गया और उसे खोजने पर भी ढूँढ़ा न जा सका अर्थात् आत्मा और परमात्मा का वैसे ही मिलन हो गया, जैसे जल की बूँद अथाह जल में विलीन हो जाती है। फिर उसे दुबारा खोजा नहीं जा सकता। कबीर जी कहते हैं कि अब तक मैं जिन पूजनीय देवी-देवताओं की पूजा करता था, अब उनकी आराधना में नहीं करूँगा और न ही नहाने वाले जलाशय अर्थात् पवित्र तीर्थ स्थल पर जाकर स्नान करूँगा। ऐसी बातें कहते ही मेरे धर्मांधता, पाखंड आदि सम्बन्धी सारे भ्रम समाप्त हो गए और इस प्रकार सच्चे ज्ञान की प्राप्ति से मुझे यहाँ संसार में बार-बार आना न पड़ेगा। जबसे मैंने अपने अन्दर ही परमात्मा को देखा है, तब से मैंने स्वयं को परमात्मा का एक अंश माना लिया है और आत्मा में परमात्मा का होना स्वीकार कर लिया है। आत्मा का कथन ही परमात्मा का कथन मान लिया है और इस प्रकार मैंने अपने आप को समझ लिया है, जिस व्यक्ति ने आत्म तत्त्वों को पहचान लिया है; वह इस संसार में आवागमन के चक्कर से मुक्त हो गया है।

अबधू ग्यांन .... आवै जांही।

प्रसंग सहित व्याख्या इस पद में कबीर जी ने योग-साधना के प्रतीकों के माध्यम से ईश्वर प्राप्ति की ओर संकेत किया है। कबीर जी कहते हैं कि हे अवधूत ! समाधि लगाने से अब ज्ञान रूपी लहरों की ध्वनि उठ रही है। इस समाधि अवस्था में अनहद नाद के आनंदप्रद शब्दों में उसका मन लीन हो गया है और उसने अपनी समस्त तृष्णाएँ नष्ट कर दी हैं। शरीर रूपी वन में सदा चंचल रहने वाला मन रूपी खरगोश अब ब्रह्म नाड़ी अर्थात् शून्य-समुद्र में लीन हो गया है तथा आत्मा रूपी मछली अब शून्य-शिखर रूपी पहाड़ी पर रहने लग गई है। ब्रह्म-साधना में लीन साधक अब सहस्रार से बहने वाले अमृत का पान करके मतवाला हो गया है और इस प्रकार बिना बगीचे के ही फल लग गया है। कहने का तात्पर्य यह है कि बिना किसी धर्माडम्बर, पाखण्ड के ब्रह्म की प्राप्ति हो गई है।

कबीर जी कहते हैं कि इस अवस्था में पहुँचकर साधक की आत्मा रूपी बुनकर स्वयं की गाड़ी है और स्वयं ही खूँटा है और उसके समक्ष परमात्मा रूपी ताना-बाना पड़ा हुआ है और वह आत्मा रूपी बुनकर ध्यान रूपी महीन कपड़ा बुन रहा है। कबीर जी कहते हैं कि हे संतो ! सुनो, उस अगम्य, परम पद को प्राप्त करने के लिए गुरु की कृपा अत्यन्त आवश्यक है, क्योंकि गुरु की कृपा से साधना रूपी सुई के सूक्ष्म छिद्र में से जीव रूपी हाथी आता-जाता रहता है।

पद

सम्पादक-श्याम सुन्दर दास

राग गौड़ी

दुलहनीं गाबहु मंगलचार,
हम घरि आए हो राजा राम भरतार।। टेक ।।
तन रत करि मैं मन रत करि, पंचतत बराती।
रामदेव मोरै पांहुनै आए, मैं जोबन मैं माती।।
सरीर सरोवर बेदी करिहूँ, ब्रह्मा वेद उचार।
रामदेव संगि भाँवरि लैहूँ, धनि भाग हमार।।
सुर तेतीसू कौतिग आए, मुनिसर सहस अठ्यासी।
कहैं कबीर हत ब्याहि चले, पुरिष एक अविनासी ।।१।।

शब्दार्थ दुलहनीं = सौभाग्यवती नारियों। मंगलचार = संस्कार के मंगलमय गीत। भरतार = पति। रत = अनुरक्त। पंचतत = क्षिति, जल, पावक, गगन, समीर। पाहुनैं = अतिथि। भाँवरि = विवाह-परिक्रमाएँ। धनि-धनि = धन्य-धन्य। कौतिम = कोटिक, करोड़। मुनियर = मुनिवर।

बहुत दिनन थै मैं प्रीतम पाए,
भाग बड़े घरि बैठें आए।। टेक।।
मंगलचार मांहि मन राखौं, राम रसांइण रसनां चावौं।।
मंदिर मांहि भया उजियारा, ले सूती अपनां पीव पियारा।।
मैं रनि रासी जे निधि पाई, हमहिं कहा बहु तुमहि बड़ाई।।
कहैं कबीर मैं कछू न कीन्हाँ, सखी सुहाग रांम मोहि दीन्हां ।। २ ।।

शब्दार्थ थे = मैं (बहुत दिनों में)। रसाइण = रसायन। मंदिर = हृदय, मन्दिर। सूती = सती।

अब तोहि जाँन न देहूँ राम पियारे,
ज्यूँ भावै त्यूँ होइ हमारे।। टेक।।
बहुत दिनन के बिछुरे हरि पाए, भाग बड़े घरि बैठें आये।।
चरननि लागि करौं बरिआई, प्रेम प्रीति राखों उरझाई।।
इत मन मंदिर रहौ नित चौषे, कहै कबीर परहु मति धोषै ।। ३ ।।

शब्दार्थ वरिआई – सेना। धोषै = धोखा। चोषे = भली प्रकार।

मन के मोहन बीठुला, यहु मन लागी तोहिं रे।
चरन कंवल मन मांनियाँ, और न भावै मोहि रे।। टेक।।
षट दल कंवल निवासिया, चहु कौं फेरि मिलाइ रे।।
दहुँ कै बीचि समाधियाँ, तहाँ काल न पासै आइ रे।।
अष्ट कंवल दल भीतरां, तहाँ श्रीरंग केलि कराइ रे।
सतगुरु मिलै तो पाइए, नहीं जन्म अक्यारथ जाइ रे।।
कदली कुसुम दल भीतरां, तहाँ दस आगुल का बीच रे।
तहाँ दुवादस खोजि ले, जनम होत नहीं मींच रे।।

बंक नालि के अंतरै, पछिम दिशम की बाट रे।
नीझर झरै रस पीजिए, तहाँ भँवर गुफा के घाट रे॥
त्रिवेणी मनाह न्हवाइए, सुरति मिलै जौ हाथि रे।
तहाँ न फिरि मध जोइए, सनकादिक मिलिहैं साथि रे॥
घघन गरजि मघ जोइए, तहाँ दीसै तार अनंत रे।
बिजुरी चलकि धन बरविहैं, तराँ भीजत हैं सब संत रे॥
षोडस कंवल जब चेलिया, तब मिलि गए श्री वनवारि रे।
जुरामरण भ्रम भाखिया, पुनरपि जन्म निवारि रे॥
गुर सभि तै पाइये, झंषि मरे जिनि कोइ रे।
तहीं कबीरा रमि रह्या, सहज समाधी साइ रे ॥ ४ ॥

शब्दार्थ अक्यारथ = व्यर्थ। कुसुम दल = रीढ़ की हड्डी। दुवादस = द्वादश। मींच = मृत्यु। बंक नालि = सुषुम्ना। अन्तरै = अन्दर। रीझर झरै = निर्झर झर रहा है, अमृत बरस रहा है। जुरामरण = वृद्धावस्था और मृत्यु। झंषि मरै = प्रयत्न करता हुआ मर जाए, अत्यधिक प्रयत्न करे।

गोकुल नाइज बीठुला, मेरौ मन लागौ तोहि रे।
बहुनक दिन बिछुरें भये, तेरो औसेरि आवै मोहि रे॥ टेक॥
करम कोटि कौ ग्रह रच्यौ रे, नेह गए की आस रे।
आपहिं आप बँधाइया, द्वै लोच मरहिं पियास रे॥
आपा पर संमि चीन्हिए, दीसै सरब समान रे।
इहिं पद नरहरि भेटिए, तूँ छाड़ि कपट अभियान रे॥
नां कतहुँ चलि जाइए, नाँ सिर लीजै भार रे।
रसनां रसहिं बिचारिए, सारंग श्रीरंग धार रे॥
साधं सिधि ऐसी पाइए, किंवा होइ महोइ रे।
जे दिठ ग्यांन न ऊपजै, तौ अहटि रहै जिनि कोइ रे॥
एक जुगति एकै मिलै, किंबा जोग कि भोग रे।
इन दून्यूँ फल पाइए, राँम नाँम सिधि जोग रे।
प्रेम भगति ऐसी कीजिए, मुखि अमृत बरिषै चंद रे।
आपही आप बिचारिए, तब केता होइ अनंद रे॥
तुम्ह जिनि जानौं गीत है, यहु निज ब्रह्म विचार रे।
केवल कहि समझाइया, आतम साधन सार रे॥
चरन कंवल चित लाइए, राँम नाँम गुन गाइ रे।
कहै कबीर संसा नहीं, भगति मुकति गति पाइ रे ॥ ५ ॥

शब्दार्थ नाइक = नायक। बीठुला = बिट्ठल, हिन्दुओं के आराध्य। औसेरि = आश्रम, स्मृति। द्वैलोचन = दोनों आँखें। संमि = समान रूप से।

अब मैं पाइबौ रे पाइबौ ब्रह्म गियान,
सहज समाध सुख मैं रहिबौ, कोटि कलप विश्राम॥ टेक॥
गुर कृपाल कृपा जब कीन्हीं, हिरदै कंवल बिगासा।
भागा भ्रम दसौं दिस सूझ्या, परम जोति प्रकासा॥
मृतक उठ्या धनक कर लीयै, काल अहेड़ी भागा।
उदया सूर निस किया पयांनाँ, सोवत थै जब जागा॥
अविगत अकल अनूपम देख्या, कहतां कह्या न जाई।
सैन करै मनहीं मन रहसैं, गूँगें जाँनि मिठाई॥
पहुप बिना एक तरबर फलियाँ, बिन कर तूर बजाया।
नारी बिना नीर घट भरिया, सहज रूप मो पाया॥
देखत काँच भया तन कंचन, बिन बानी मन मानो।
उड्या बिहंगम खोज न पाया, ज्यूँ जल जलहि समाना॥
पूज्या देव बहुरि नहीं पूजौं, न्हाये उदिक नाऊँ।
भागा भ्रम ये कही कहतां, आए बहुरि न आऊँ॥
आवै मैं तब आपा निरष्या, अपन पैं आपा सूझ्या।
आपै कहत सुनन पुनि अपनां, अपन पै आहा बूझ्या॥
अपनैं परचै लागी तारी, अपन पै आप समाना।
कहै कबीर जे आप विचारे, मिटि गया आवन जाना ॥ ६ ॥

शब्दार्थ कोटि कलप = करोड़ों कल्पों तक। अहेड़ी = बधिक। निस = रात्रि अज्ञान। पयांनां = प्रमाण, नष्ट हो जाना। रहसै = प्रसन्न होना। फूल = पुष्प। कंचन = स्वर्ण, निर्मल। निरष्या = देख। आवन जाना = आवागमन।

नरहरि सहजै हीं जिनि जाना।
गत फल फूल तत तर पलव, अंकूर बीज नसाना॥ टेक ॥
प्रगट प्रकास ग्यांन गुरगामि थे, ब्रह्म अगनि प्रजारी।
ससि हर सूद दूर दूरतर, लागी जोग जुग तारी॥
उलटे पवन चक्र वट बेधा, मेर-डंड सरपूरा।
गगन गरजि मन सुनि समानां, वाजै अनहद तूरा॥
सुमति सरीर कबीर विचारी, त्रिकुटि संगम स्वामी।
पद आनंद कला थै छूटै, सुख मैं सुरति समानी ॥ ७ ॥

शब्दार्थ नरहरि = प्रभु। गुरगमिथै = गुरु के उपदेश से। प्रजरी = जलन।

मन रे मन ही उलटि समाना।
गुर प्रसादि अकलि भई तोकौं, नहीं तर था बेगांनां॥ टेक।
नेड़े थै दूर थै नियरा, जिनि जैसा करि जाना।
औ लौं ठीका चढया बलींडै, जिनि पिवा तिनि माना॥
उलटे पवन चक्र शट बेधाँ, सुनि सुरति तै लागी।
अमर न मरै मरे नहीं जीवै, ताहि खोजि बैरागी॥
अनभै कथा कवन सौं कहिए, है कोई चतुर बबेकी।
कहै कबीर गुर दिया पलीता, सो झल बिरलै देखी ॥ ८ ॥

शब्दार्थ अकलित = ज्ञान, विवेक। बेगानां = आवारा। नेड़े = निकट, यहाँ उर्ध्व स्थान से तात्पर्य है। उलटे पवन = उल्टे होकर प्राणायाम करना। बबेकी = विवेकी। झल = अलख ज्योति।

इति तात राम जपहु रे प्रांनी, बूझो अकथ कहांची।
हरि कर भाव होई जा ऊपरि, जाग्रत रैनि बिहांनी ॥ टेक ॥
डांइन डारै सुन हां डोरै, स्वयं रहै कहै घेरै।
पंच कुटंब मिलि झूझन लागे, बाजत सबद संचैरे॥
रोहै मृग ससा बन धेरैं, पारधी बांण न भेलै।
सायर जलै सकल बन दाझै, मछ अहेरा खेलै॥
सोई पंडित सो तत ग्याता, जो इहि षदहि विचारै।
कहै कबीर सोइ गुर मेरा, आप तिरै मोंहि तारै ॥ ९ ॥

शब्दार्थ डांइन = माया। स्यंध = सिंह, काल। पंच कुटुम्ब = पाँच जानेन्द्रियाँ। रोहे = भागा। पारधि = अहेरी। सायर = सागर। मंछ अहेरा = साधक योगी। तत ग्याता = तत्त्व ज्ञाता, उसको जानने वाला

अबधू ग्यांन लहरि धुनि मांडी रे।
सबद अतत अनाहद राता, इति विधि त्रिष्णां षांडी ॥ टेक॥
बन कै ससै समंद घर कीया। मंछा बसै पहाडी।
सुइ पीवै बांम्हण मतवाला, फल लागा दिन बाड़ी॥
षाड बुणै कोली मैं बैठी, खूँटा में गाड़ी।
तांणै बाणै पड़ी अनवासी, सुत कहै बुणि गाढ़ी॥
कहै कबीर सुनहु रे संतौ, अगत ग्याँन पद मांही।
गुरु प्रसाद सूई के नांकै, हस्तौ आवै जांही ॥ १० ॥

शब्दार्थ षांडी = नष्ट की। ससै = खरगोश, यहाँ चंचल मन के लिए प्रयोग किया गया है। मंछा = आत्मा। पहाड़ी = शून्य रूपी पर्वत। बाड़ी = खेती। षाढ् = थान, वस्त्र। कोली = जुलाहा। खूँटा = बुनाई में काम आने वाली एक खूँटी। गाढ़ी = भी बुनाई से सम्बन्धित। ताणै-बाणै = ताना-बाना वस्त्र में दो तरफ से मुड़ने वाले सूत के धागे। गाड़ी =बुनने वाली।

सूरदास की रचनाएँ

हिन्दी साहित्य में श्रेष्ठ कृष्णभक्त कवि सूरदास का जन्म 1483 ई. के आस-पास हुआ था। इनकी मृत्यु अनुमानत: 1563 ई. के आस-पास हुई। इनके बारे में भक्तमाल और चौरासी वैष्णवन की वार्ता से थोड़ी-बहुत जानकारी मिल जाती है। आईने अकबरी और मुंशियात अब्बुलफजल में भी किसी सन्त सूरदास का उल्लेख है, किन्तु वे बनारस के कोई और सूरदास प्रतीत होते हैं। अनुश्रुति यह अवश्य है कि अकबर बादशाह सूरदास का यश सुनकर उनसे मिलने आए थे। भक्तमाल में इनकी भक्ति, कविता एवं गुणों की प्रशंसा है तथा इनकी अन्धता का उल्लेख है। चौरासी वैष्णवन की वार्ता के अनुसार वे आगरा और मथुरा के बीच साधु या स्वामी के रूप में रहते थे। वे वल्लभाचार्य के दर्शन को गए और उनसे लीलागान का उपदेश पाकर कृष्ण-चरित विषयक पदों की रचना करने लगे। कालान्तर में श्रीनाथ जी के मन्दिर का निर्माण होने पर महाप्रभु वल्लभाचार्य ने इन्हें यहाँ कीर्तन का कार्य सौंपा।

सूरदास के विषय में कहा जाता है कि वे जन्मान्ध थे। उन्होंने अपने को 'जन्म को आँधर' कहा भी है। किन्तु इसके शब्दार्थ पर अधिक नहीं जाना चाहिए। सूर के काव्य में प्रकृति और जीवन का जो सूक्ष्म सौन्दर्य चित्रित है उससे यह नहीं लगता कि वे जन्मान्ध थे। उनके विषय में ऐसी कहानी भी मिलती है कि तीव्र अन्तर्द्वन्द्व के किसी क्षण में उन्होंने अपनी आँखें फोड़ ली थीं। उचित यही मालूम पड़ता है कि वे जन्मान्ध नहीं थे। कालान्तर में अपनी आँखों की ज्योति खो बैठे थे। सूरदास अब अन्धों को कहते हैं। यह परम्परा सूर के अन्धे होने से चली है। सूर का आशय 'शूर' से है। शूर और सती मध्यकालीन भक्त साधकों के आदर्श थे। सूरदास के पहले ब्रजभाषा में काव्य-रचना की परम्परा तो मिल जाती है, किन्तु भाषा की यह प्रौढ़ता, चलतापन और काव्य का यह उत्कर्ष नहीं मिलता। ऐसा लगता है कि सूर ब्रजभाषा काव्य के प्रवर्तक न हों, किसी परम्परा के चरमोत्कर्ष हों। शुक्ल जी ने सूर को एक ओर जयदेव, चण्डीदास और विद्यापति की परम्परा से जोड़ा है, दूसरी ओर लोकगीतों की परम्परा से। विद्यापति और सूरदास में जो निरीहता, तन्मयता मिलती है, अनुभूतियों को जिस प्रकार बाह्य प्रकृति के ताने-बाने में बुना गया है, वह लोकगीतों की विशेषता है। लोकगीतों में अभिव्यक्ति इतनी निश्छल होती है कि वह शास्त्रीयता और सामाजिक विधि-निषेध की मर्यादा का निर्वाह नहीं कर सकती। लगता है कि लोकजीवन और साहित्य में राधा-कृष्ण की जो परम्परा पहले से चली आ रही थी, वह भक्तिकाल में प्रकट हुई। जयदेव की गीत गोविन्द, विद्यापति की पदावली, चण्डीदास का काव्य और सूरदास का सूर सागर उसी परम्परा से जुड़े हैं।

सूर का काव्य

सूरदास वात्सल्य और श्रृंगार के कवि हैं। भारतीय साहित्य क्या, सम्भवत: विश्व-साहित्य में कोई कवि वात्सल्य के क्षेत्र में उनके समकक्ष नहीं है। यह उनकी ऐसी विशेषता है कि केवल इसी के आधार पर वे साहित्य-क्षेत्र में अत्यन्त उच्च स्थान के अधिकारी माने जा सकते हैं। बाल-जीवन का पर्यवेक्षण एवं चित्रण महान सहृदय और मानव-प्रेमी व्यक्ति ही कर सकता है। सूरदास ने वात्सल्य और श्रृंगार का वर्णन लोक सामान्य की भाव-भूमि पर किया। मार्मिकता, मनोवैज्ञानिकता, स्वाभाविकता जीवन के यथार्थ में ही होते हैं। फिर यथार्थ अपने विविध आयामों को अन्तर्सम्बन्धित किए होता है।

तुलसी की अपेक्षा सूर का विषय-क्षेत्र सीमित अवश्य है, किन्तु सूर ने राधा कृष्ण की प्रेम-लीला और कृष्ण की बाल-लीला को प्रकृति और कर्म के विशद क्षेत्र का सन्दर्भ प्रदान कर दिया है। लोक-साहित्य में यह सन्दर्भ सहज तौर पर जुड़ा दिखलाई पड़ता है। सूर ने अपनी रचना में प्रकृति और जीवन के कर्म के क्षेत्रों को अचूक कौशल से उतार लिया है। लोक साहित्य की सहज जीवन्तता जितनी सूर के साहित्य में मिलती है, हिन्दी के किसी कवि में नहीं।

सूर का बाल-लीला वर्णन अपनी सहजता, मनोवैज्ञानिकता एवं स्वाभाविकता में अद्वितीय है। उनका काव्य बाल-चेष्टाओं के स्वाभाविक मनोहर चित्रों का भण्डार है। भक्ति ने भगवान का मानवीकरण कर दिया था। सूर के कृष्ण सामान्य गृहस्थ के बालक बन गए हैं जो हठ करके आँगन में लौटने लगते हैं

काहे को आरि करत मेरे मोहन! यों तुम आँगन लेटी।

यशोदा दही मथ रही थी। कृष्ण हठ करने लगे। आकर आँचल पकड़ लिया। दही भूमि पर ढुलक गया।

कृष्ण चलना सीख रहे हैं। पैर डगमगाते हैं। यशोदा हाथ पकड़कर उन्हें चलना सिखाती है

सिखवत चलन जसोदा मैया
अरबराय करि पानि गहावति डगमगात धरै पैयाँ।

सूरदास के बाल-लीला वर्णन में चित्रण ऐसा है जिसकी दृश्यता में जीवन स्पन्दित है। पंक्तियाँ इतनी सहज हैं कि सपाट लगती है, किन्तु उनमें मार्मिकता रची-बसी होती है। पाठक और श्रोता उस मार्मिकता को अचूक तौर पर ग्रहण कर लेते हैं।

मैया मैं नहिं माखन खायो। यह पंक्ति मार्मिक क्यों है? समूचे जीवन-चित्र के सन्दर्भ में ही रखकर इसे समझा जा सकता है। बालक होते निरीह हैं लेकिन अपने को बहुत चालाक समझते हैं। वयस्क सब समझते हैं। कच्ची चालाकी से मिलकर बच्चों की निरीहता वयस्कों के लिए पहले से अधिक निरीह, अत: प्रिय हो उठती है। कृष्ण के मुख पर माखन लगा है—रंगे हाथों पकड़ लिए गए हैं। लेकिन अपनी तरफ से जबर्दस्त तर्कों की झड़ी लगा रहे हैं। उनकी सारी तर्क-पटुता उनका ऐसा अपराध ही स्पष्ट कर रही है, जिससे माँ को और प्यार ही उमड़ेगा।

जैसे श्रृंगार का संयोग और वियोग होता है, वैसे ही वात्सल्य का भी। सूरदास श्रृंगारी संयोग-वर्णन को वियोग-वर्णन की अपेक्षा अधिक उत्कृष्ट माना जाता है, किन्तु उनके वात्सल्य के विषय में यह बात नहीं कहीं जा सकती। कृष्ण के चले जाने पर नन्द-यशोदा की व्याकुलता का जो वर्णन है वह बहुत मार्मिक है। नन्द-यशोदा दोनों कृष्ण की पिछली बातों को स्मरण करते हैं, एक दूसरे पर खीझते हैं, कृष्ण के न आने के लिए एक दूसरे को दोष देते हैं। उनकी व्याकुलता में ग्वाल-बाल और प्रकृति भी शामिल है। गेयपदों में सूरदास ने पूरे ब्रज की जो दारुण व्यथा उभारी है, वह व्यथा प्रभाव की दृष्टि से नाटकों और महाकाव्यों में मिलने वाली करुणा के समान है।

सूरदास के यहाँ राधा-कृष्ण का प्रेम परिचय से विकसित होता है। वह प्रकृति और कर्म-क्षेत्र की पृष्ठभूमि में पुष्पित-पल्लवित होता है। गोचारण जीवन में प्रकृति का पूरा अवकाश है। सूर के राधा-कृष्ण की प्रेम-लीला में प्रकृति, गाएँ और ग्वाल-बाल का महत्त्वपूर्ण स्थान है। इसी से उनकी प्रेम-लीला जीवन से कहीं कटी अलग-थलग नहीं है। राधा और कृष्ण के प्रथम परिचय का जो चित्र सूर ने खींचा है, वह उनके लोक परिचय का प्रमाण है। साहित्य में प्रेम के सूत्रपात का ऐसा जीवन्त चित्र बहुत दुर्लभ होगा

बूझत स्याम कौन तू गोरी।
कहाँ रहति, काकी है बेटी, देखी नहीं कहूँ ब्रज-खोरी।
काहे कौ हम ब्रज-तन आवति, खेलति रहति आपनी पौरी।
सुनत रहति स्त्रवननि नन्द ढोटा, करत फिरत माखन-दधि चोरी।
तुम्हारौ कहा चोरि हम लैहैं खेलन चलौ संग मिलि जोरी।
सूरदास प्रभु रसिक सिरोमनि बातनि भुरइ राधिका भोरी।

मुक्तकों में ऐसी स्वाभाविक संवाद-योजना भी कम मिलेगी। सूरदास द्वारा चित्रित राधा-कृष्ण की प्रेम-लीला में मध्यकालीन पराधीन-नारी के सहज एवं स्वाधीन जीवन का स्वप्न जैसे साकार हो उठा है। यह स्वप्न सर्वाधिक साक्षात रास-लीला वर्णन में होता है। सूरदास के समय अर्थात् 16वीं शती में ब्रज में नारियों को वह स्वाधीनता नहीं थी, जिसका वर्णन सूरसागर में मिलता है। यह सच है कि रास-लीला का साधनात्मक अर्थ भी है, जहाँ गोपियाँ साधकों की प्रतीक हैं, किन्तु काव्य का प्रतीकार्थ ही ठीक नहीं होता उसका साधारण या वाच्यार्थ भी संगत होता है। गोपियाँ लोक-लाज तजकर घर की चारदीवारी ही नहीं तोड़तीं, वे कृष्ण की बाँसुरी सुनकर उस सामाजिक व्यवस्था को भी तोड़ती हैं, जो नारियों को पराधीन रखती है। जिस तरह तुलसी ने मध्यकालीन भारत में दैहिक, दैविक, भौतिक तापों से रहित 'रामराज्य' का स्वप्न देखा है, वैसे ही सूर ने कृष्ण-कथा और रास-लीला के माध्यम से एक ऐसा सर्वसुखद स्वप्न देखा है, जिसमें नारी और पुरुष दोनों समान तौर पर स्वाधीन हैं। रास-लीला सुख-विभोर मानवता का सजीव, गतिमय स्पन्दित चित्र है। यहाँ मनुष्य सृष्टि के साथ ताल, लय, गति, प्राण, अनुभूति सभी तरह से एकमेक हो गया है। ऐसा स्वप्न जो अखण्ड अनुभूति का हो, सूर ने देखा। तुलसीदास नारी पराधीनता को महसूस करते थे, उसकी पीड़ा का चित्रण कर सकते थे, किन्तु सामाजिक निषेधों में अन्तर्निहित अमानवीयता को सूरदास की तरह तोड़ नहीं सकते

मानौ माई घन-घन अन्तर दामिनि।
घन दामिनि दामिनि घन अन्तर, सोभित हरि-ब्रज भामिनि।
जमुन पुलिन मल्लिका मनोहर, सरद सुहाई जामिनि।
सुन्दर ससि गुन रूप-राग निधि, अंग-अंग अभिरामिनि।
रच्यौ रास मिलि रसिक राइ सौं, मुदित भई गुन ग्रामिनि। "'

सूर का विरह-वर्णन भी अधिकांशतः स्वाभाविक पद्धति से ही चित्रित है। इसमें भी कृष्ण की स्मृति प्रायः दैनन्दिन जीवन-प्रसंगों में आती है। अवश्य ही कहीं-कहीं सूर ने रूढ़ उपमानों की भी झड़ी लगा दी है या अतिशयोक्ति से काम लेते हुए चमत्कार पैदा किया है। सूर के विरह-वर्णन की मार्मिकता का आधार विराहावस्था में हृदय की नाना वृत्तियों का स्वाभाविक पद्धति पर चित्रण है। विरह-वर्णन वहाँ उत्कृष्ट जहाँ गोपियों की निरीह विवशता प्रकट होती है। भ्रमर-गीत में गोपियों की निरीह विवशता उतनी मार्मिक नहीं जितनी कि विरह को प्रकट करने वाली उनकी निरीह निश्छल अनलंकृत उक्तियों में। साहित्य लहरी में सूर के दृष्टकूट के पद संकलित हैं जो काव्य-रूढ़ियों में निबद्ध होने के कारण दुरूह हैं। साहित्य लहरी की प्रामाणिकता भी संदिग्ध है।

सूर पूरी तरह गृहस्थ-मानस के कवि हैं। उनकी दृष्टि के केन्द्र में नन्द, यशोदा, कृष्ण बलराम हैं। माता-पिता की एक जोड़ी वसुदेव और देवकी की है, दूसरी नन्द और यशोदा की कृष्ण का व्यक्तित्व इन्हीं के बीच फेरी लगाता है, और वात्सल्य-भाव दोनों पक्षों में इतना सघन है कि पाठक को बहुत बार यह हिसाब रखना कठिन हो जाता है कि इनमें से वस्तुतः कृष्ण के असली माता-पिता कौन हैं?, जिस एक बिन्दु से वे स्वयं यह दार्शनिक सवाल उठा देते हैं, 'को माता को पिता हमारे'। 'मो सौं कहत मोल कौ लीनो' में कवि का जितना तीखा व्यंग्य है उतनी ही गहरी आत्मीयता है परिवार के अधिकतर आन्तरिक प्रसंगों में अपने को सीमित रखने के कारण सूर में बाह्य जीवन के संघर्षों का चित्रण कम है, गृहस्थ जीवन को तन्मयता अधिक है। फिर इस स्थिति का विरोधाभास आगे यों उभरता है कि कृष्ण बाल रूप में तो वात्सल्य के ऐसे सघन आलम्बन रहे, पर वयस्क रूप में उसके आश्रय कहीं चित्रित नहीं हुए। कृष्ण का व्यक्तित्व पूर्णावतार का कहा गया है, पर उनके व्यक्तित्व के अलग-अलग पक्ष—ब्रज के बाल कृष्ण और युवा प्रेमी, महाभारत के योद्धा और कूटनीतिज्ञ, गीता के दार्शनिक और द्वारका के ऐश्वर्यशाली राजाधिराज क्रमशः अलग-अलग ही चित्रित हुए हैं, उनकी आन्तरिक संगति बैठाना रचनाकारों द्वारा कम हुआ है। यही कारण है कि पूर्णावतार होकर भी उनके खण्ड-चित्र ही सामने आते हैं, शायद पूर्णावतार की रचनात्मक नियति और परिणति यही होनी थी।

ठेठ हिन्दी क्षेत्र में ब्रज का ग्रामीण अंचल ('ब्रज' का मूल अर्थ ही हुआ गोचारण का स्थल) और महर के मन्दिर पर बधाई बजने का दृश्य, मानों नन्द का पूरा पारिवारिक पसारा आँखों के सामने आ जाता है। यही सूर के कृष्ण की लीला-भूमि है। पारिवारिक जीवन के हर कोण से यहाँ चित्र उकेरे गए हैं। मध्यदेशीय जीवन विशेषतः सारे तनावों और आघातों को परिवार के आत्मीय वातावरण में झेलने का अभ्यस्त रहा है। यहाँ के समाज में तटीय जीवन की साहसिकता नहीं, मैदानी जीवन की शान्ति और सुरक्षा-कामना अधिक है। परिवार इस सुरक्षा-कामना का चरम प्रतीक है। भक्तिकाल के उदय की व्याख्या करते हुए जब आचार्य शुक्ल इस निष्कर्ष पर पहुँचते हैं, "इन कृष्णोपासक वैष्णव कवियों ने जीवन के प्रति अनुराग जगाया, या कम से कम जीने की चाह बनी रहने दी।" तो उनकी आशंका समझ में आती है। विषम परिस्थितियों के बीच किसी जाति की जीवनेच्छा को बनाए रखना एक बहुत महत्त्वपूर्ण रचनात्मक उपलब्धि है, यद्यपि आलोचक ने अपनी शैली के अनुसार इसे अत्यन्त मिलकथन के रूप में प्रस्तुत किया है।

जीवन के प्रति अनुराग जगाना परिवार के भावात्मक आकर्षणों का उद्घाटन करके ही सम्भव था और यही सूरदास ने किया है। फिर यह पारिवारिकता, गृहस्थ जीवन और गोचारण का वातावरण मिलकर कृष्ण तथा राधा के प्रणय-जीवन का अनिवार्य सन्दर्भ बनते हैं। यही कारण है जिससे 'इस प्रेम को हम जीवनोत्सव के रूप में पाते हैं; सहसा उठ खड़े हुए तूफान या मानसिक विप्लव के रूप में नहीं, यह प्रेम आगे चलकर एकांतिक हो जाता है, इसकी शिकायत बार-बार की गई है। इस सम्बन्ध में जैसा कहा गया, मुख्य भूमिका कृष्ण के अपने वृत्त की है। उसका फैलाव इतना अधिक है कि कवि एक बार में उसके एक विशिष्ट पक्ष को उभारते हैं। महाभारत, उसका एक भाग गीता, और श्रीमद्‌भागवत में एक ही कृष्ण का चरित्र है, यह बहुत बल देने पर याद आता है। भारतीय पौराणिक माला में विराट् रूप अकेले कृष्ण का प्रदर्शित हुआ है। उनके व्यक्तित्व के ये विविध पक्ष अपने में व्यापक होते हुए भी एक दूसरे की सापेक्षता में एकांतिक लगने लगें तो यह स्वाभाविक है।

सूरदास ने अपने वृत्त की इस कठिनाई को पहचाना और इसीलिए कृष्ण-जीवन के आरम्भिक दो चरणों—बाल्यावस्था, किशोरावस्था और तरुणाई के सन्धि-स्थलों को चुनकर उनकी आन्तरिक संगति बनाने में ही अपने कवि-कर्म को सार्थक माना।

बालक गृहस्थ-जीवन के विविध आकर्षणों का केन्द्र-बिन्दु होता है। उसकी दृष्टि से परिवार का ओर परिवार की दृष्टि से उसका सौन्दर्य-चित्रण सूर के लिए अभीष्ठ रहा है। गोपियाँ कृष्ण की शिकायत के बहाने उन्हें देखने को आती हैं, "अपनौ गाँउँ लेउ नन्दरानी"। कोई-कोई यशोदा की शिकायत भी करती है, "

महरि तैं बड़ी कृपन है माई।'' इन शिकायतों के रूप में मूलत: ब्रज का गृहस्थ जीवन ही चित्रित हुआ है। यदि ये शिकायतें गोपियों के लिए बहाना हैं तो और गहरे स्तर पर कवि के लिए भी। यहाँ केवल वात्सल्य का चित्रण नहीं, वरन् उसे केन्द्र में रख कर समूचा घर-परिवार-कुटुम्ब चित्रित होता है। कृष्ण की ब्योरेवार दिनचर्या, संस्कारों और उत्सवों के क्रमिक चित्रण में एक पूरा परिवार और ग्रामीण समाज उभर कर सामने आता है। आगे चलकर युवा कृष्ण का जीवन भी एकदम निरपेक्ष या एकांतिक नहीं है, पूरा गाँव किसी न किसी रूप में उसमें भागीदार है। बसन्तोत्सव और रास के विविध सामूहिक आयोजन इसके व्यावहारिक प्रमाण हैं।

विधान की दृष्टि से सूरसागर को उन्मुक्त प्रबन्ध कहा जा सकता है। जहाँ प्रत्येक पद स्वत: पूर्ण होने पर भी एक सूक्ष्म कथा-क्रम में है। इतिवृत्त का इससे अधिक बन्धन राजमहलों से बाहर गो-चारण के वातावरण में अटपटा लगता। सूरसागर पर कार्य करने वाले विद्वान् उमाशंकर शुक्ल तथा ब्रजेश्वर वर्मा ने लक्षित किया है कि बाल-लीला के पदों में कवि ने कृष्ण की आयु के जो क्रमिक संकेत रखे हैं ('एक पाख त्रय मास कौ मेरौ भयौ कन्हाई'/'कान्ह कुँवर की करहु पासनी, कछु दिन घटि षट मास गए'/'उमँगी ब्रजनारि सुभग, कान्ह बरष गाँठि उमँग, चहँति बरष बरषनि'/'पाँच बरस को मेरौ कन्हैया, अचरज तेरी बात'/'पाँच बरष अरु कछुक दिननि कौ, कब भयौ चोरी जोग'/'सूर जमुन-तट डेरा दीन्हें, पाँच बरष के कुँवर कन्हाई') वे पूरी रचना में कथा-क्रम की स्थिति के महत्त्वपूर्ण साक्ष्य हैं। सूरसागर का अन्त रुक्मिणी की उत्सुक सहमति के साथ राधा-कृष्ण की संक्षिप्त भेंट में एक अजब ट्रैजिक वातावरण की सृष्टि करता है। इतनी गहमागहमी के बाद ऐसा प्रशमित वातावरण! 'पदमावत' तो पूरी तरह ट्रैजड़ी है। पदमिनी के जौहार-स्थल पर पहुँचकर अलाउद्दीन-सुलतान अलाउद्दीन—एक मुट्ठी मिट्टी हाथ में लेकर उड़ा देता है—'छार उठाइ लीन्ह एक मूठी/दीन्ह उड़ाइ, पिरथिमी झूठी।' यहाँ संसार की नश्वरता की ओर तो मार्मिक संकेत है ही, इस्लामी प्रथा के अनुसार शव के अन्तिम संस्कार के समय एक मुट्ठी मिट्टी देना भी है। सूरसागर के समापन का ट्रैजिक वातावरण जहाँ राधा-कृष्ण की अत्यन्त संक्षिप्त भेंट में हैं, वहाँ इस आध्यात्मिक आश्वासन में भी है कि ब्रज में तो राधा-कृष्ण का नित्य विहार हुआ करता है

बिहँसि कह्यौ हम तुम नहिं अन्तर, यह कहि कै उन ब्रज पठई।
सूरदास प्रभु राधा माधव, ब्रज-बिहार नित नई-नई।

यहाँ आश्वासन कुछ ऐसा उलट गया है जैसे ब्रजभाषा में 'बिसासी' शब्द का अर्थ 'विश्वासघाती' हो गया है। आदि से अन्त तक सूरसागर का यह उन्मुक्त प्रबन्ध अपने विधान में बेजोड़ है। परिवार के सन्दर्भों में पली यह प्रणय-गाथा जितनी सौन्दर्यमय है उतनी ही कारुणिक!

सूर में पारिवारिक जीवन की प्रामाणिकता और रसमयता बढ़ाने वाला एक तत्त्व और है—गोपालन, जिससे कृष्ण होते हैं, गोपाल, आगे चल कर दुहरे अर्थ में। बालक और गाय गृहस्थ जीवन के दो अनिवार्य अंग हैं, भावात्मक और व्यावहारिक दोनों स्तरों पर। इन दोनों के सूरसागर में कितने प्रस्तुत और अप्रस्तुत रूप हैं जिनकी गिनती कठिन है। ''माधौ जू, यह मेरी इक गाइ। अब आज तैं आप-आगैं दई, लै आइयै चराई।'' मन का हरहा गाय के रूप में चित्रण जितना सटीक है उतना ही सन्दर्भ और परिवेश से जुड़ा हुआ है। परम्परित अलंकार-विधान में प्रस्तुत-अप्रस्तुत एक दूसरे के इतने निकट कम आते हैं।

सूरदास के गेयपद मुक्तक हैं, किन्तु उनमें प्रबन्धात्मकता का रस है। इसलिए उन्हें गेयपद के साथ-साथ 'लीला-पद' भी कहा जा सकता है। वे ब्रजभाषा के प्रथम प्रतिष्ठित कवि हैं। उनकी भाषा में साहित्यिकता के साथ चलतापन एवं प्रवाह भी है। कहीं-कहीं वे गीत गोविन्द के वर्णानुप्रास की शैली भी अपना लेते हैं। सूरदास भी यथास्थान विविध शैलियों को अपनाते हैं। उनकी कविता में लोक-साहित्य की सरलता ही नहीं, काव्य-परम्परा से सपरिचित रूढ़ियों का उपयोग भी है। सूर की एक अन्य विशेषता नवीन प्रसंगों की उद्भावना है। उन्होंने कृष्ण-कथा, विशेषत:, बाल-लीला और प्रेम-लीला के अंशों को नवीन मनोरंजक वृत्तों से भर दिया है; जैसे दान-लीला, मान-लीला, चीरहरण आदि।

वल्लभाचार्य के पुत्र विट्ठलनाथ ने पुष्टिमार्गी कवियों में से आठ कवियों को चुनकर उन्हें 'अष्टछाप' की संज्ञा दी। ये कवि हैं—सूरदास, कुम्भनदास, परमानन्द दास, कृष्णदास, छीतस्वामी, गोविन्द स्वामी, चतुर्भुजदास और नन्ददास। इनमें से प्रथम चार वल्लभाचार्य के शिष्य थे और शेष स्वयं विट्ठलनाथ के। सूरदास और उनकी कविता के विषय में हम जान चुके हैं। शेष कवियों में नन्ददास प्रमुख हैं।

सूरदास के काव्य का सबसे अधिक मर्मस्पर्शी अंश 'भ्रमरगीत' प्रसंग है। यद्यपि सूरदास ने उसका भी प्रभाव भागवत पुराण से ही लिया है फिर भी वह अनेक मायनों में भागवत से भिन्न है। 'भ्रमरगीत' की मूल कथा तो वही है जो भागवत में वर्णित है पर सूरदास ने उसे भावावेष्टित विस्तार दिया है। उस वर्णन में सूरदास की मौलिकता सर्वत्र परिलक्षित होती है। सूरदास का प्रतिपाद्य भागवतकार से भिन्न है। सूरदास के समय में शंकराचार्य के अद्धैत सिद्धान्त का व्यापक प्रभाव देखकर उसके विरोध में अनेक सम्प्रदाय खड़े हो रहे थे। वल्लभाचार्य का शुद्धाद्वैत सिद्धान्त उनमें प्रमुख था। सूरदास ने भ्रमरगीत प्रसंग के माध्यम से अद्वैतवादियों को भक्ति के सम्मुख दुर्बल दिखलाने की भरपूर कोशिश की है। भ्रमरगीत-प्रसंग के माध्यम से उन्हें ज्ञानमार्ग की सीमाओं को अंकित करने का अच्छा मौका मिल गया। उन्होंने यह प्रयत्न किया कि ज्ञानमार्ग को प्रेमभक्ति के सामने हार ही खानी पड़ी। उद्धव, ज्ञान मार्गी अद्वैतमतावलम्बी व्यक्ति का प्रतीक हैं। उनको सूरदास ने ज्ञान के गर्व से युक्त चित्रित किया है। कृष्ण उनके ज्ञान के गर्व को दूर करने के लिए ब्रज भेजना चाहते हैं। सूरदास ने भ्रमरगीत के आरम्भ में इसी आशय को व्यक्त करते हुए एक पद लिखा है

याहि और नहिं कछू उपाइ।
मेरौं प्रकट कह्यौ नहिं, ब्रज ही देऊँ पठाइ।।

अन्त में उन्हें सफलता भी मिलती है। उद्धव पर गोपियों के प्रेम का प्रभाव पड़ता है। इस तरह सूरदास के भ्रमरगीत-प्रसंग में एक विशेष उद्देश्य की प्राप्ति की बलवती स्पृहा रही है।

हमारी दृष्टि में भक्त सूरदास के भ्रमरगीत-प्रसंग का एक महत्त्वपूर्ण रहस्य है। जीव, जब ब्रह्म से वियुक्त होता है तो उससे मिलने को छटपटाता है। उन अनुभूति को अव्यक्त, गूँगे का गुड़ आदि नामों से पुकारा गया है। ब्रह्म-वियुक्त जीव की तड़फन का साम्य यदि कुछ हो सकता है तो अपने अतीत्व प्रिय के विरह से हो सकता है। सूरदास के द्वारा गोपियों के अनेक मनोभावों की जो अभिव्यंजना हुई है, वह एक तरह से आत्मा की परमात्मा के प्रति व्यक्त विरह-व्यथा है। यही कारण है कि वह इतनी मार्मिक है। सूर के भ्रमरगीत प्रसंग के विरहोद्गारों की अनूठी मार्मिकता का यही रहस्य है। सूरदास का कवि हृदय इसमें और अधिक सहायक सिद्ध हुआ है। कवि की नूतन निर्माण-क्षमता भी स्तुत्य है। राधा के समावेश से सूरदास के काव्य की रमणीयता और अधिक बढ़ गई है। भागवतकार ने राधा का नाम तक नहीं लिया पर सूरदास ने राधा को बहुत अधिक प्रमुखता देकर प्रसंग को अधिक रसमय बना दिया है। अस्तु, सूरदास का भ्रमरगत-प्रसंग वस्तु संयोजना की दृष्टि से बहुत रोचक और कलात्मक बन गया है। उसका काव्यत्व भी उतना ही प्रशंसनीय है।

भ्रमरगीत का काव्य-सौष्ठव

'सूरसागर' के अनन्य प्रसंगों की भाँति भ्रमरगीत प्रसंग का आधार भी भागवत पुराण है। श्रीमद्भागवत के दशम स्कन्ध में श्रीकृष्ण की लीलाओं का वर्णन है। दशम स्कन्ध के अध्याय 46 और 47 में भ्रमरगीत प्रसंग आया है। सूरदास ने उसी से प्रभाव ग्रहण करके सूरसागर में भ्रमरगीत प्रसंग की अवतारणा की है।

सूरदास का भ्रमरगीत भागवत से प्रभाव ग्रहण करके भी अनेक मायनों में उससे भिन्न है। भ्रमरगीत की मूल कथा तो वही है जो भागवत में वर्णित है पर सूरदास ने उसे बहुत विस्तार के साथ वर्णित किया है। उस वर्णन में सूरदास की मौलिकता सर्वत्र परिलक्षित होती है। सूरदास का प्रतिपाद्य भागवतकार से भिन्न है। सूरदास के समय शंकराचार्य के अद्वैत सिद्धान्त का व्यापक प्रभाव देखकर उसके विरोध में अनेक सम्प्रदाय खड़े हो रहे थे। वल्लभाचार्य का शुद्धाद्वैत सिद्धान्त प्रमुख था। सूरदास ने भ्रमरगीत प्रसंग के माध्यम से अद्वैतवादियों को भक्ति के सम्मुख दुर्बल दिखाने की भरपूर कोशिश की है। उन्हें ज्ञान मार्ग की सीमाओं को अंकित करने का अच्छा मौका मिल गया। उन्होंने यह प्रयत्न किया कि ज्ञानमार्ग को प्रेम आदि के सामने हार ही खानी पड़ी। उद्धव ज्ञानमार्गी अद्वैत-मतावलम्बी व्यक्ति का प्रतीक है। उनको सूरदास ने ज्ञान के गर्व से युक्त चित्रित किया है। कृष्ण उनके ज्ञान के गर्व को दूर करने के लिए ब्रज भेजना चाहते हैं। सूरदास ने भ्रमरगीत के आरम्भ में इसी आशय को व्यक्त करते हुए एक पद लिखा है

याहि और नहिं कछू उपाइ।
मेरौं प्रकट कह्यौं नहिं यदि है, ब्रज ही देऊँ पठाइ।

अन्त में उन्हें सफलता भी मिलती है। उद्धव पर गोपियों के प्रेम का प्रभाव पड़ता है। इस तरह सूरदास के भ्रमरगीत प्रसंग में एक विशेष उद्देश्य की प्राप्ति बलवती स्पृहा रही है।

हमारी दृष्टि में भक्त सूरदास के भ्रमरगीत प्रसंग का एक महत्त्वपूर्ण रहस्य है। जीव जब ब्रह्म से वियुक्त होता है तो उससे मिलने को छटपटाता है। उस अनुभूति को अव्यक्त, गूँगे का गुड़ आदि नामों से पुकारा गया है। ब्रह्म-वियुक्त जीव की तड़फन का साम्य यदि कुछ हो सकता है तो अपने अतीव प्रिय के विरह से हो सकता है। सूरदास के द्वारा गोपियों के अनेक मनोभावों की जो अभिव्यंजना हुई है, वह एक तरह से आत्मा की परमात्मा के प्रति व्यक्त विरह-व्यथा है। यही कारण है कि वह इतनी मार्मिक है। सूर के भ्रमरगीत प्रसंग के विरहोद्‌गारों की अनूठी मार्मिकता का यह रहस्य है। सूरदास का कवि-हृदय इसमें और अधिक सहायक सिद्ध हुआ है। कवि की नूतन-निर्माण क्षमता की स्तुत्य है। राधा के समावेश से सूरदास के काव्य की रमणीयता और अधिक बढ़ गई है। भागवतकार ने राधा का नाम तक नहीं लिया पर सूरदास ने राधा को बहुत अधिक प्रमुखता देकर प्रसंग को अधिक रसमय बना दिया है। अस्तु, सूरदास का भ्रमरगीत प्रसंग वस्तु-समायोजना की दृष्टि से बहुत रोचक और कलात्मक बन गया है। उसका काव्यत्व भी उतना ही प्रशंसनीय है।

भ्रमरगीत का कथकमय

सूरदास के काव्य की उत्तमता अनुभूति पक्ष और अभिव्यक्ति पक्ष—दोनों पक्षों से श्लाघनीय है। अनुभूति पक्ष के अन्तर्गत हम देखते हैं कि उन्होंने भागवतपुराण के एक छोटे से और कम मार्मिक प्रसंग को विस्तृत और मर्म भरा बना दिया है। कथ्य तो केवल इतना ही है कि श्रीकृष्ण के कहने से उद्धव ब्रज आते हैं। वे गोपियों को ज्ञान मार्ग का उपदेश देते हैं। गोपियाँ उनसे तर्क करती हैं। उद्धव उनको उपदेश देकर उनकी जिज्ञासा शान्त कर देते हैं और वे लौटकर श्रीकृष्ण के पास आ जाते हैं। सूरदास ने श्रीकृष्ण के द्वारा उद्धव के ज्ञान के गर्व को चूर करने की भावना वर्णित की है। इससे जब उद्धव के ज्ञान का गढ़ क्रम-क्रम करके ढहने लगता है तो भावक-वृन्द को वह हृदयग्राही लगने लगता है। ऐसे ज्ञान के गर्वीले व्यक्ति को गोपियों ने जमकर फटकार सुनाई। ऐसा पढ़कर हमें मनस्तोष होता है। आचार्य शुक्ल ने साधारणीकरण के प्रसंग में जो शीलद्रष्टा को इंगित किया है, वह भली-भाँति चरितार्थ होता है। उद्धव के ज्ञान के उपदेश का गोपियों पर प्रभाव हो, यह पाठक नहीं चाहता। उद्धव के अपनी चतुराई से प्रभावित करने के भाव में उद्धव आश्रय है, गोपियाँ आलम्बन और पाठक शीलद्रष्टा है क्योंकि पाठक का उद्धव के भावों से तादात्मय नहीं होता, अत: उद्धव ही पाठक की उपेक्षा, घृणा, क्रोध, ह्रास आदि भावों का आलम्बन हो जाते हैं। पाठक की सन्तुष्टि उस समय हो जाती है, जब गोपियाँ उद्धव को फटकारती हैं। यह भी रसानुभूति की एक अवस्था है, इसलिए सूर का भ्रमरगीत प्रसंग इतना रसमय और प्रभावपूर्ण बन गया है। उसमें पाठक को रस की उच्च भूमि पर पहुँचाने की पूर्ण क्षमता है।

सूरदास की अनुभूति एक है। वे गोपियों के माध्यम से उद्धव के निर्गुण ब्रह्म का खण्डन करके प्रेम-मार्ग की प्रतिष्ठा करना चाहते हैं। गोपियाँ बार-बार अपनी बात कहती हैं, इसलिए भ्रमरगीत प्रसंग के पुनरावृत्ति या एकरसता कुछ लोगों को लगती है, पर ऐसी बात नहीं है। यदि ध्यान से देखा जाए तो भ्रमरगीत प्रसंग के पदों में चाहे बात वही घुमा-फिरा कर कही गई हो पर अन्तिम पंक्ति में सूरदास अवश्य ही नई बात कहते हैं। इसी तरह प्रत्येक पद की पहली पंक्ति नई उठान से आरम्भ होती है। यह एकरसता वाली स्थिति नहीं है बल्कि वह स्थिति है जो ईख के गन्ने को खाने में होती है। एक बार छीलिए, फिर छीलिए पर इच्छु दण्ड (गन्ना) अपना स्वाद देता ही रहता है—'छित्रश्छित्र: पुनरिपुपुन: स्वादुमाच्छुदण्ड:''। इसी प्रकार सूर की अनुभूति का माधुर्य समझना चाहिए। कहना न होगा कि भक्ति का समावेश और उत्तम कवित्वपूर्ण अभिव्यक्ति—इन दोनों के योग ने सूरदास के भ्रमरगीत को काव्यानुभूति की दृष्टि से प्रौढ़ि प्रदान कर दी है— इस काव्य में शृंगार रस का आद्योपान्त प्रवाह है, इसलिए भी इसकी रसनीयता अपेक्षाकृत अधिक उत्तम प्रतीत होती है। यानि सूरदास के भ्रमरगीत प्रसंग का कथ्य शक्ति-सम्पन्न है। वह ऐसी वाणी में रचित है कि सहसा रस-चुम्बिनी कोटि को पहुँच गया है।

मर्मस्पर्शिता

भ्रमरगीत प्रसंग में मर्म को छूने वाली अभिव्यंजनाएँ बहुत अधिक देखने में आती हैं। आचार्य रामचन्द्र शुक्ल ने इस दृष्टि से भ्रमरगीत की प्रशंसा करते हुए कहा है—''सूरसागर का सबसे मर्मस्पर्शी और वाग्वैदग्ध्यपूर्ण अंश भ्रमरगीत है।'' वैसे तो सारा ही भ्रमरगीत प्रसंग नारी के प्रति पुरुष की बेवफाई को प्रकट करने वाला शाश्वत सत्य होने के कारण मर्मस्पर्शी है पर इसके कुछ स्थल अधिक सराहनीय हैं। गोपियाँ अपनी स्थिति उस प्रकार समझती हैं, जिस प्रकार कि कोई चिड़ीमार पहले पक्षियों को अनाज के कण खाने के लिए डाल देता है पर बाद में उन्हें जाल में फँसाकर उनके साथ बुरा बर्ताव करता है। श्रीकृष्ण ने इसी तरह पहले तो गोपियों के साथ प्रेम करके उन्हें लुभाया और फिर बाद में मथुरा जाकर उनको भुलाकर उनके साथ बुरा व्यवहार किया। इसलिए गोपियाँ कहती हैं

प्रीति कर दीन्ही गरे छुरी।
जैसे वधिक चुगाय कपट-पन् पाछे करत बुरी॥

उन्हें यह लगता है कि प्रीति क्या मिली हमें तो मानों कोई जहरीली वस्तु ही प्रीति के साथ दे दी गई। यानी कृष्ण ने हमारे साथ बड़ा छल किया

उधो! दीनी प्रीति दिनाई।
वातनि सुहद करम कपटी के चले चोर की हाई॥

गोपियों के इस तरह के कथन हमारे मन को छू लेते हैं। जिन गोपियों का श्रीकृष्ण के साथ बाल्यकाल से प्रेम रहा है, उसे एकदम कैसे भुलाया जा सकता है। गोपियों के वचनों में जो सच्चाई है, वह प्रेममयी भाषा अपने आप बन जाती है और इसलिए हमारे हृदय को छू लेती है। कृष्ण के प्रति प्रेम को व्यंजित करते समय गोपियाँ कभी उलाहने देती हैं, कभी अपने वचनों की विदग्धता के द्वारा प्रेम प्रकट करती हैं। उन सब प्रसंगों में मार्मिकता है। राधा की विरह व्यथित दशा तो और भी अधिक हृदय-द्रावक है। गोपियों के उद्‌गारों में कृष्ण के प्रति परेखा भरा हुआ है। एक तो वे आए नहीं, दूसरे उन्होंने उद्धव को भेजकर ज्ञान का उपदेश कहलवाया। इससे गोपियों के हृदय टूटने की स्थिति में जो प्रेम, व्यंग्य, उपालम्भ, विश्वास उत्कण्ठा आदि के भाव निकले वे रासिक्त वाणी में कहे

गए हैं और मार्मिक हैं। इन सबसे बढ़कर सूरदास ने गोपियों और कृष्ण के बीच की दूरी का एक मनोवैज्ञानिक कारण भी व्यक्त किया है। कृष्ण राजा हो गए हैं। उनका अब राजनैतिक महत्त्व बहुत बढ़ गया है। गोपियों को अब योग के सन्देश से यह लगता है कि कृष्ण की दृष्टि में अब हमारा कोई स्तर नहीं। उनके अवचेतन में अपनी लघुता और कृष्ण की महत्ता के भाव बैठ गए हैं। वे उद्धव के समक्ष भी प्रकट हो जाते हैं।

भ्रमरगीत प्रसंग में गोपियों के अधिकांश उद्‌गार मर्मस्पर्शी हैं। उनमें कोई न कोई हृदय को छूने वाली बात आ ही गई है। एक गीत और ध्यान देने योग्य है। एक स्थिति ऐसी होती है कि व्यक्ति जुझंकर टूट जाता है। वह न चाहते हुए भी अपनी दृढ़ता छोड़ देता है। प्रेम की पगडण्डी पर चलने वाली गोपियाँ अनेक यत्न करके उद्धव से अपने मनोभाव व्यक्त करती हैं। हार कर फिर वे यह कहती हैं कि कृष्ण किसी तरह ब्रज में आकार बसों। उन्होंने प्रेम-व्यवहार के बीच कृष्ण के अनेक कार्य कराये थे। वे सब सिने-चित्र की भाँति उनके मानस-पटल में अंकित होते जाते हैं और वे अत्यन्त भावभीने शब्दों में अपने सब कार्यों के लिए पश्चाताप करती हुई कृष्ण की खुशामद करती हैं

भ्रमरगीत प्रसंग में यशोदा के वात्सल्य से भरे हुए उद्‌गार भी उसी तरह मर्म को छू लेते हैं। इस तरह का एक पद बहुत प्रसिद्ध है

यद्यपि मन समुझावत लोग।
सूख होत नवनीत देख के मोहन के मुख जोग॥

कल्पना-सौन्दर्य

सूरदास के काव्य में कल्पना का सौन्दर्य पग-पग पर मिलता है। 'सूरसागर' की रचना में भागवत से प्रभाव ग्रहण करके कवि ने अपनी कल्पना की सहायता से अनेक नूतन-चित्र उरेहे हैं। 'सूरसागर' का अति प्रसिद्ध और भावपूर्ण प्रसंग भ्रमरगीत है, इसलिए उसमें सूरदास की कल्पना का सौन्दर्य क्यों नहीं होगा? अकेले भ्रमरगीत प्रसंग का कल्पना-वैभव ही सूर की महत्ता को अच्छी प्रकार उजागर करने में समर्थ है। सूरदास ने भ्रमरगीत प्रसंग की वस्तु को अपनी कल्पना ने नूतन बना दिया है। निर्गुण ब्रह्म का खण्डन और उस पर प्रेममार्ग की विजय दिखलाने में कवि ने कल्पना का सहारा लिया है। यह दूसरी बात है कि कवि अपने परिवेश के प्रति इतना सजग है, जिसके कारण वह इस तरह की स्थापना इस काव्यांश में करना चाहता है।

सूरदास का काव्य मुक्तक-काव्य है। मुक्तक-काव्य में अलग-अलग तरह की अभिव्यंजनाएँ की जाती हैं। सूर इस कला में सिद्धहस्त हैं। भ्रमरगीत प्रसंग में इसलिए तरह-तरह की कल्पना से युक्त पद देखने में आते हैं। यों तो गोपियों के तरह-तरह के भाव व्यक्त हुए हैं, उसकी प्रत्येक नई उठान में कवि की कल्पना है, फिर भी कुछ प्रसंग अधिक महत्त्व के कहे जा सकते हैं।

गोपियाँ कृष्ण के विरह में व्यथित हैं। उन्हें इस बात पर बड़ा आश्चर्य होता है कि श्रीकृष्ण वर्षा-ऋतु में भी उनकी याद करके उनके पास नहीं आए। वे तरह-तरह की शंकाएँ करती हैं। उन्हें सन्देह होता है कि जिस देश में कृष्ण हैं क्या वहाँ बादल नहीं गरजते? या इन्द्र को ही भगवान ने वर्षा करने को मना कर दिया है या वर्षा के आगमन की सूचना देने वाले मेंढ़कों को सर्पों ने खा लिया।

तरह-तरह की कल्पनाओं का सौन्दर्य भ्रमरगीत प्रसंग के और भी अनेक पदों में मिलता है। यहाँ पर सूरदास ने दृष्टकूट शैली का प्रयोग किया है। वहाँ जो चमत्कार है वह भी कवि की कल्पना का ही है। 'हरि को तिलक हरि! चित को दहत' तथा 'कहत कत परदेसी की बात' आदि पंक्तियों से आरम्भ होने वाले पद इसी प्रकार की दृष्टकूट शैलीयुक्त हैं।

यहाँ कल्पना का साम्राज्य है। इसी तरह जहाँ सूरदास ने अलंकृत वर्णन किया है, वहाँ पर भी कल्पना का सौन्दर्य देखने योग्य है। 'निस दिन बरसत नैन हमारे', 'लखियत कालिन्दी अतिकारी' तथा 'अति मलीन वृषभानु कुमारी' आदि पंक्तियों से आरम्भ होने वाले पद अलंकृत पद हैं और उनमें कल्पना की सुन्दरता अलंकारों के प्रयोग के रूप में दिखलाई है।

प्राकृतिक सुषमा

सूरदास के भ्रमरगीत काव्य में ब्रज के गोकुल गाँव का वातावरण उभरकर आया है। ग्राम-प्रदेश में प्रकृति का पूरा प्रसार होता है। श्रीकृष्ण का गोकुल गाँव की प्रकृति के साथ घनिष्ठ सम्पर्क रहा। सूरदास ने जो भावाभिव्यक्ति की है उसमें प्रकृति का समावेश हो जाना सर्वथा स्वाभाविक था। भ्रमरगीत का सम्बन्ध सीधे रूप में कृष्ण की ब्रज की लीलओं से है। अत: इसमें काव्य में प्राकृतिक सुषमा का प्रशंसित रूप देखने को मिलता है। हिन्दी-साहित्य में प्रकृति वर्णन की अनेक शैलियाँ प्रसिद्ध हैं—(1) अलम्बन रूप में, (2) उद्‌दीपन रूप में, (3) मानवीकरण रूप में, (4) प्रतीकात्मक रूप में, (5) अलंकार विधान के रूप में, (6) पृष्ठभूमि के रूप में, (7) बिम्ब प्रतिबिम्ब रूप में, (8) उपदेशिका रूप में, (9) दूती रूप में, (10) रहस्यात्मक रूप में, (11) संवेदना के रूप में। भ्रमरगीत प्रसंग में कई प्रकार का वर्णन देखने में आता है। कवि की कला प्रकृति-वर्णन की शैलियों की विविधता में नहीं है। उनका वैशिष्ट्य प्राकृतिक सुषमा के अंकन में है। उन्होंने ब्रज के वन, नदी, पर्वत, लता, पुष्प, कुंज, कछार आदि के साथ सर्वत्र सुलभ सूर्य, चन्द्र, रात्रि, जल, चन्दन आदि अनेक चीजों का भावपूर्ण वर्णन किया है।

भ्रमरगीत प्रसंग में श्रीकृष्ण के विरह में व्यथित गोपियों के प्रेम भरे उद्‌गार हैं। वे कृष्ण के संयोग के समय की स्मृति करती हैं। संयोग के समय की सुखद चीजें वियोग में दुखद हो जाती हैं। गोपियाँ, कृष्ण के वियोग का प्रभाव प्रकृति पर भी मानती हैं। मधुबन को जब हरा-भरा देखा तो वे उसे लज्जित करते हुए कहती हैं

''मधुबन तुम कत रहत हरे।
विरह वियोग स्याम सुन्दर के ठाढ़े क्यों न जरे।''

सूरदास ने प्रकृति के एक-एक पदार्थ को लेकर भी भावाभिव्यक्ति की है—चाहे वह उद्‌दीपन रूप में ही आई है। जैसे

चन्द्रमा को देखकर—**''हर को तिलक हरि! चित्त को दहत''**

बादल को देखकर—**''बरु ये बदराऊ बरसन आए''**

कोयल को देखकर—**''जो तू नेक हू उड़ जाहि''**

मोर को देखकर—**''हमारे माई मोरउ बैर परै''**

प्रकृति सुषमा की छटा अलंकार विधान के रूप में सूर ने खूब की है। जहाँ लम्बे रूपक बाँधे हैं वहाँ पर और तरह-तरह की उपमाएँ दी हैं वहाँ पर तो प्रकृति का सहारा लिया ही है, सामान्य कथनों में भी प्रकृति का उपमान रूप में प्रयोग हुआ है। इस तरह प्रकृति का अलंकरण रूप में वर्णन ''सबन सुन्दरी वधै जनि' टेक वाले पद में अच्छी प्रकार देखा जा सकता है।, सूरदास ने आलम्बन रूप में, दूती रूप में, मानवीकरण रूप में भी प्रकृति का वर्णन किया है। उनकी अनुभूति की यह विशेषता है कि चाहे वह किसी रूप में आई हो प्रकृति अपनी सुषमा विकीर्ण करती हुई ही आई है।

रसाभिव्यक्ति

सूरदास रस-सिद्ध कवि हैं। वात्सल्य और श्रृंगार रस के वर्णन में वे अद्वितीय हैं। इसलिए उन्हें वात्सल्य और श्रृंगार रस का सम्राट कहा जाता है। भ्रमरगीत प्रसंग में सूरदास ने कृष्ण के प्रति गोपियों के विरहोद्‌गारों की मार्मिक अभिव्यंजना की है। उसमें यशोदा के कथनों से वियोग वात्सल्य रस की निष्पत्ति होती है। इस प्रसंग का मुख्य रस श्रृंगार है। श्रृंगार रस का भी वियोग पक्ष भ्रमरगीत प्रसंग में आया है। यहाँ श्रृंगार रस के आलम्बन श्रीकृष्ण हैं। उद्धव की चिट्ठी, जिसमें ज्ञान मार्ग का उपदेश है, गोपियों के विहर को उद्‌दीप्त कर देती है। उनके हृदय से तरह-तरह के उद्‌गार निकलते हैं। सूरदास ने उनका विस्तार के साथ वर्णन

किया हैं। वे सभी प्रसंग श्रृंगार रस के विरह वर्णन के हैं। कहीं-कहीं कृष्ण को भी श्रृंगार रस के आश्रय के रूप में वर्णित किया है। पर ऐसा कुछ ही पदों में है। वियोग श्रृंगार रस की अभिव्यक्ति गोपियों के अनेक भावों में होती है। यहाँ पर कुछ उदाहरण ध्यान देने योग्य हैं। उद्धव श्रीकृष्ण की चिटठी लाते हैं। अपने प्रिय की वस्तु पाकर और अतीत के साहचर्य सम्बन्ध का स्मरण करके गोपियाँ प्रेम विभोर हो जाती हैं। सूरदास ने उसका वर्णन इस प्रकार किया है

निरखत अंक स्याम के बार बार लावति छाती।
लोचन जल कागद-मसि मिलि के है गई स्याम स्याम को पाती॥

यहाँ पर श्रीकृष्ण आलम्बन हैं, उनकी चिट्ठी उद्दीपन है। उसको बार-बार छाती से लगाना अनुभाव है। आँसू सात्त्विक अनुभाव हैं और स्मृति संचारी भाव है। रस के सभी अवयव यहाँ पर हैं और श्रृंगार रस की पूर्ण निष्पत्ति हुई है।

गोपियों का श्रीकृष्ण से बाल्यकाल से अनुराग है। उसे छोड़ना किसी प्रकार भी सम्भव नहीं है। श्रीकृष्ण का रूप और उनका चरित्र उनके लिए सदैव मनोहर उद्दीपक बना हुआ है। इसलिए वे उद्धव के उपदेश की उपेक्षा करके श्रीकृष्ण का ही स्मरण करती हैं। इस तरह के भाव निम्नलिखित पद में आए हैं और वे वियोग श्रृंगार रस के हैं

लरिकाई को प्रेम कहौ अति कैसे करिकै छूटत?
कहा कहौं ब्रजनाथ-चरित अब अन्तरगति यों लूटत॥

गोपियों का श्रीकृष्ण से कितना अधिक अनुराग है, वह सूर की अनेक उक्तियों से अच्छी प्रकार व्यंजित हो जाता है। उनके कथनों में वियोग की ऐसी अभिव्यंजना है जिसे वियोग श्रृंगार के उदाहरणों में सरलता से गिन सकते हैं। वे कभी 'हमारे हरिहारिल की लकरी' कहकर, कभी 'उपमा नैन न एक गही' कहकर, कभी 'सबन अवध सुन्दरी वधै जनि' कहकर, कभी 'हम तो कान्ह केलि की भूखीं कहकर, कभी हमें नन्द नन्दन को गारो' कहकर यानी सहस्त्र प्रकार से अपने मन की व्यथा को व्यक्त करती हैं। इस तरह के अनेक कथनों में से एक यहाँ पर अवेक्षणीय है

निस दिन बरसत नैन हमारे।
सदा रहति पावस ऋतु हम पै जब से स्याम सिधारे॥

भ्रमरगीत प्रसंग में वियोग की अभिव्यक्ति के कवि ने अनेक प्रकार परिकल्पित किए हैं। गोपियाँ विभिन्न ऋतुओं के अनुसार अपने वियोग दु:ख की अभिव्यक्ति करती हैं। प्रकृति के पदार्थों को देखकर वियोग के भावों की वृद्धि का वर्णन करती हैं। कभी कामदेव के सताने की शिकायत करती हैं। अपने विभिन्न अंगों की जैसे मन की, आँखों की व्याकुलता का वर्णन करती हैं। अतीत की अनेक स्मृतियाँ उनके हृदय पटल पर सिने-चित्र की भाँति आती हैं। वे अपने कार्यों के लिए अनुताप प्रकट करती हैं। कृष्ण से तरह-तरह के व्यंग्य और उपालम्भों से युक्त शब्दावली में शिकवा करती हैं। सन्देश भेजने का भी कथन करती हैं। जब बहुत कह लेती हैं तो आत्मीयता से भरे शब्द भी प्रकट करती हैं। इन सभी तरह की अभिव्यंजनाओं में श्रृंगार रस की धारा बहती है। इनके इतने अधिक भावविस्तार को देखकर रामचन्द्र शक्ल ने कहा है

''वियोग की जितनी अन्तर्दशाएँ हो सकती हैं, जितने ढंगों से उन दशाओं का साहित्य में वर्णन हुआ है या सामान्यत: हो सकता है, वे सब इसके भीतर मौजूद हैं।''

गोपियों के वियोग के भावों में सबसे अधिक सरस और हृदयस्पर्शी गोपियों की कृष्ण के प्रति अमिट आस्था है। उनका कृष्ण से जो सम्बन्ध रहा है उसके बल पर वे विश्वास के साथ व्यक्त करती हैं कि चाहे कृष्ण लाखों विवाह कर लें या फिर एक छोड़ दस कुब्जाओं को रख लें, रहेंगे वे अन्तत: हमारे ही।

व्याहो लाख घरो दस कूबरि अंतहि कान्ह हमारे।

श्रृंगार रस की अभिव्यक्ति की परख इसके विभिन्न अवयवों की निबन्धना से भी की जाती है। विभाव के अन्तर्गत आलम्बन तो कृष्ण हैं। उद्दीपन के रूप में सूरदास ने बहुत-सी बातें ली हैं। उद्दीपन के दो प्रकार होते हैं—आलम्बनगत और आलम्बन बाह्य। आलम्बनगत उद्दीपन का आख्यान भ्रमरगीत में इसलिए नहीं हैं क्योंकि श्रीकृष्ण सामने नहीं है। केवल मात्र उनकी चिट्ठी है। आलम्बनगत बाह्य में कवि ने कहीं तो ऋतुओं के अनुसार उद्दीपन की अभिव्यक्ति की है। उनमें वर्षा ऋतु सबसे प्रमुख है; जैसे, 'कारी घटा देखि बादर की नयन नीर भर आए', 'ब्रज तें द्वै ऋतु पै न गई' आदि पदों में वर्षा से गोपियों आदि के विरह के उद्दीप्त होने का वर्णन है। ब्रज की प्रकृति, लता, कुंज यमुना का उद्दीपन 'बिन गोपाल बैरन भई कुंजै' पद में अच्छी प्रकार किया गया है। बादल, कोयल, पपीहा, मोर, चन्द्रमा आदि को लेकर सूर ने अलग-अलग विरह-उद्दीपक वर्णन प्रस्तुत किए हैं। कहीं-कहीं त्यौहारों के समय का बड़ा मर्मभरा उद्दीपक चित्र सूर ने खींचा है; जैसे

आबत दिवारी बिलखाय ब्रजबारी कहै,
अब के हमारे गाँव गोधन पुजैहै को?

श्रृंगार रस के अनुभावों का भी बहुत आधिक्य भ्रमरगीत प्रसंग में मिलता है। ज्ञानमार्ग के उपदेश को सुनकर गोपियों के प्रेम भरे तर्क यत्नज अनुभव में आएँगे और ये इतने अधिक हैं कि उनकी गणना भी नहीं की जा सकती। सात्त्विक भावों में अश्रु का वर्णन बहुत देखने में आता है—'निस दिन बरसत नैन हमारे' और 'सखी इन नैनन ते घन हारे' आदि पदों में आँसुओं का वर्णन है। इस तरह का सूरदास का निम्नलिखित पद ध्यान देने योग्य है। कवि राधा की विरह दशा का वर्णन करते हुए कहता है—यहाँ विभिन्न अनुभावों के साथ-साथ दैन्य, चिन्ता आदि संचारी-भाव भी आ गए हैं

अति मलीन वृषभानु कुमारी।
इरि भ्रमजल अन्तरत भीजे ता लालच न धुआवती सारी॥

इस प्रकार यह स्पष्ट है कि सूरदास ने भ्रमरगीत प्रसंग में वियोग श्रृंगार रस की सांगोपांग अभिव्यक्ति की है। कवि ने बार-बार विरह के इतने उद्गार व्यक्त किए हैं कि उनमें से रस प्रक्रिया की सारी सामग्री ढूँढ निकालना आसान काम है। वियोग की एकादश अस्थाएँ बतलाई गई हैं—अभिलाषा, चिन्ता, स्मरण, गुणकथन, उद्वेग, प्रलाप, उन्माद, व्याधि, जड़ता, मूर्छा, मरण। ये सब भी भ्रमरगीत प्रसंग में मिल जाती हैं। ये सब बातें सूरदास के प्रभावपूर्ण अनुभूति कौशल को प्रकट करने वाली हैं। तभी तो उनके बारे में कहा है

किधौं सूर को सर लग्यौं, किधौं सूर की पीर।
किधौं सूर को याद लग्यौ, तन मन धुनत शरीर॥

शिल्प विन्यास

भाषा सूरदास की भाषा ब्रजभाषा है। सूरसागर ब्रजभाषा का सबसे प्राचीन काव्य ग्रन्थ है। विद्वानों ने यह माना है कि सूरसागर जैसी इतनी उच्चकोटी की ब्रजभाषा की रचना पहले-पहल ही कोई कैसे लिख सकता है? यह किसी प्रचलित ब्रजभाषा की गीति-परम्परा का विकसित रूप है। हो सकता है कि वह परम्परा मौखिक रही हो। सूरदास ने ग्रामीण ब्रजभाषा का प्रयोग किया है। उनकी ब्रजभाषा गोस्वामी तुलसीदास जैसी साहित्यिक ब्रजभाषा नहीं है। ब्रजभाषा अपनी कोमलता और सरसता के बल पर एकदम काव्योचित भाषा है। सूरदास की भाषा में दोनों प्रकार की विशेषताएँ—सामान्य विशेषताएँ और शास्त्रीय विशेषताएँ मिलती हैं।

सूरदास की भाषा में सरलता का गुण विद्यमान है। उन स्थलों को छोड़कर जहाँ सूर का कवि रूप अधिक उद्बुद्ध है, उसमें सर्वत्र बोधगम्यता मिलती है। उन्होंने जो दृष्टकूट लिखे हैं उनकी भाषा अलबत्ता इस प्रकार के गुणों से अलग है। प्रवाह पूर्णता भी ऐसी ही व्याप्त विशेषता है। सूर के काव्य, गीति-काव्य हैं। उनकी रचना विभिन्न राग-रागनियों में हुई है। उनमें संगीतात्मकता और सहज प्रवाह का आना सर्वथा सम्भाव्य है

कवि ने अपनी भाषा में तत्सम, तद्भव, देशज और विदेशी सभी प्रकार के शब्दों का प्रयोग किया है। इससे लगता है कि सूरदास को भावों को अभिव्यक्त करने में जिस प्रकार के शब्द उपयुक्त लगे हैं, उन्होंने ग्रहण कर लिए हैं। उनके द्वारा प्रयुक्त शब्द इस प्रकार हैं

तत्सम

जल, सुत, द्वारा, मदन, अनंग, पद, पट, अवधि, हरि, धन, समीर, द्रुम, मीन, मृग, पीताम्बर, कुसुम, गिरि आदि।

तद्भव

पाती, बुधि, बचन, अंखियाँ, नैन, हाथ, लोंक, सम्पदा, जमुना, दही जुबतिन आदि।

देशज छाक, लरिकिन, कीन, तौर, करा।

विदेशी तरवारि नफा, दिवानी, जहाज, बाज, ख्याल।

भाषा को सशक्त बनाने के लिए सूरदास ने अपने काव्य में मुहावरे और लोकोक्तियों का भी प्रयोग किया है। उदाहरण के लिए—आँख बरति हैं मेरी, ठगोरी लाई, तेरो कह्यौ पवन को भुस भयो, निपट दई को खोयो, मामी पीना, मन की मन ही माँझ रही, आदि मुहावरे बड़ी स्वाभाविकता के साथ प्रयुक्त मिलते हैं। और अपने स्वारथ के सब कोऊ, अपनो दूध छाँड़ि को पीवै खार कूप को वारी, कहा कथत मौसी के आगे जानत नानी नानन, खाटी मही कहा रुचि मानै सूर खवैया घी को, काकी भूख गई मन लाडू सूर सुकत हठि नाव चलावत ये सरिता हैं सूखी, आदि लोकोक्तियाँ भी भ्रमरगीत की भाषा को चुटीला बना देती है।

अलंकार-विधान

सूरदास के काव्य में अलंकारों का अधिकारपूर्वक प्रयोग किया हुआ मिलता है। सूरदास भक्त कवि हैं। जहाँ उनका कवि रूप अधिक उभर आया है, वहाँ उन्होंने आलंकारों का प्रचुर प्रयोग किया है। इसलिए डॉ. हजारी प्रसाद द्विवेदी ने ये शब्द कहे हैं—'सूरदास जब अपने विषय में वर्णन करते हैं तो मानो अलंकार शास्त्र हाथ जोड़कर उनके पीछे दौड़ा करता है, उपमाओं की बाढ़ आ जाती है, रूपकों की वर्षा होने लगती है।'

भ्रमरगीत प्रसंग में भी जहाँ सूरदास का कवि रूप अधिक देखने में आता है वहाँ अलंकारों की योजना की गई है। इनमें कुछ अलंकारों के उदाहरण द्रष्टव्य हैं

अनुप्रास

तब वे लता लगति अति सीतल। (७५)

उपमा

प्रीति करि दीन्ही गरे छुरी।
जैसे बधिक चुगाय कपट कन पाछे करत बुरी॥ (७५)

रूपक

दृष्टि धार करि मारि साँवरे घायल सब ब्रजनारि (१५९)

उत्प्रेक्षा

तुमसों प्रेम कथा को कहिबो मनहूँ काटिबो घास

अर्वान्तरपास

सुनो जोग को का लीजै यहाँ ज्यान है जी को।
खाटी महीं नहीं रुचि मानै सूर खवैया घी को।

सन्देह

किधौं घन गरजत नहिं उन देसनि।
किधौं वहि इन्द्र हठिहि हरि बरज्यौ, दादुर खाए सेसानि॥ (२८०)

व्यतिरेक

देखो माई नयनन्ह ते घन हारे।
बिनु ही ऋतु बरसत निसि बासर सदा सजल दोउ तारे॥
प्रसंग में न क्लिष्ट कल्पनाएँ है न अलंकारों का बरबस प्रयोग।

बिम्ब-योजना सूरदास ने शब्दों द्वारा वर्ण्य-वस्तु का चित्र उपस्थिति कर देने की अद्भुत कला पाई है। उनके द्वारा वर्णित एक-एक बात का सजीव रूप हमारी आँखों के सामने साकार हो जाता है। शास्त्रीय शब्दावली में इसे ही बिम्ब-योजना कहते हैं। ऐसे अनेक बिम्ब भ्रमरगीत प्रसंग में आए हैं। श्रोत-बिम्ब और घ्राण-बिम्ब तो भ्रमरगीत में नहीं हैं पर नेत्र-बिम्ब बहुत हैं। सूर के शब्दों को पढ़कर आँखों के आगे एक चित्र उपस्थित हो जाता है। इस तरह का एक उदाहरण देखिए

है कोई वैसोई अनुहारि।
मधुबन तै इत आवत, सखि री! चितो तु नयन निहारि॥
माथे मुकुट मनोहर कुण्डल पीत बसन रुचिकारि।
रव पर बैठ कहत सारथि सों ब्रज तन बाँह पसारि॥

अन्धे सूर ने अपनी बन्द आँखों से जैसे स्पष्ट बिम्ब जितनी अधिकता से अपने काव्य में व्यक्त किए हैं, उतनी मात्रा में हिन्दी के और किसी कवि की रचना में दुर्लभ हैं।

लक्षणा शक्ति जहाँ मुख्य अर्थ में बाधा हो और कोई अन्य अर्थ लगाना पड़े वहाँ शब्द की लक्षणा शक्ति होती है। सूरदास के काव्य में पर्याप्त मात्रा में लक्षणा शक्ति का प्रयोग मिलता है। भ्रमरगीत प्रसंग एक उपालम्भ-काव्य है। गोपियों के वचनों की वक्रता और वैदग्ध्यपूर्ण अभिव्यक्ति में लक्षणा अत्यधिक प्रभावोत्पादक सिद्ध हुई है। इससे भ्रमरगीत प्रसंग के शिल्प की प्रौढ़ता में अतीव वृद्धि हुई है। शब्द की लक्षणा शक्ति के अनेक उदाहरण भ्रमरगीत प्रसंग में मिलते है; जैसे 'आँखियाँ हरि दर्शन की भूखीं'। यहाँ पर 'भूखीं' शब्द में शब्द की लक्षणा शक्ति है। भूखी का मुख्य अर्थ भूख न लगकर यहाँ इच्छुक अर्थ लगा रहा है, अत: यहाँ शब्द की लक्षणा शक्ति है। इसी तरह—''कहि कहि कथा स्याम सुन्दर की, सीतल करूँ सब गात' में सीतल शब्द में लक्षणा शक्ति है। इस तरह के और भी बहुत से प्रयोग सूरदास के भ्रमरगीत प्रसंग में मिलते हैं। 'ऊधौ कुलिस भई यह छाती', 'ऊधौ काल-चाल चौरासी', 'इकटक मग जोवति अरु रोवति', 'भूलेहु पलक न लागी', 'हरिमुख की सुन मीठी बातें डरति है मन मेरो'—इन सभी कथनों में शबद की लक्षणा शक्ति है।

सूरदास की रचनाएँ

रचनाएँ इनके द्वारा लिखे हुए ग्रन्थों की संख्या के विषय में भी पर्याप्त मतभेद है। इनकी निम्नलिखित तीन रचनाएँ स्वीकार की जाती हैं— (1) सूरसागर (2) साहित्य लहरी (3) सूर-सूरावली। इनमें से 'सूरसागर' अत्यन्त लोकप्रिय तथा प्रामाणिक रचना है।

भ्रमरगीत सार

(उद्धव का कृष्ण के पास आना)

राग बिलावल

तबहिं उपँगसुत आय गए।
सखा सखा कछु अन्तर नाहीं भरि-भरि अंक लए॥
अति सुन्दर तन स्याम सरीखो देखत हरि पछिताने।
ऐसे को वैसी बुधि होती ब्रज पठवैं तब आने॥
या आगे रस-काव्य प्रकासे जोग बचन प्रगटावै।
सूर ज्ञान दृढ़ याके हिरदय जुवतिन जोग सिखावै ॥ १ ॥

राग सारंग

पहिले करि परनाम नन्द सो, समाचार सब दीजो।
और वहाँ वृषभानु-गोप सो जाय, सकल सुधि लीजो॥
श्रीदामा आदिक सब ग्वालन, मेरे हुतो भेंटियो।
सुख-सन्देश सुनाय हमारो, गोपिन को दुख मेटियो॥
मंत्री इक बन बसत हमारो, ताहि मिले सचु पाइयो।
सावधान ह्वै मेरे हुतो, ताही माथ नवाइयो॥
सुन्दर परम किसोर बयक्रम चंचल नयन बिसाल ।
कर मुरली, सिर मोर पंख, पीताम्बर उर बनमाल॥
जनि डारियो तुम सघन बनन में, ब्रजदेवी रखवार।
बृन्दाबन सो बसत निरन्तर, कबहुँ न होत नियार।
उद्धव प्रति सब कहि स्यामजू, अपने मन की प्रीति।
सूरदास किरपा करि पठए, यहै सकल ब्रजरीति ॥ २ ॥

हरि गोकुल की प्रीति चलाई।
सुनहु उपँगसुत मोहि न बिसरत, ब्रजवासी सुखदाई॥
यह चित होत जाऊँ मै अबही, यहाँ नही मन लागत।
गोप सुग्वाल गाय वन चारत, अति दुख पायो त्यागत॥
कहँ माखन चोरी? कहि जसुमत 'पूत जेंव' करि प्रेम।
सूर स्याम के बचन सहित सुन, व्यापत आपन नेम॥ ३ ॥

राग सोरठ

कहियो नन्द कठोर भए।
हम दोउ बीरैं डारि पर-घरै मानो थाती सौंपि गए॥
तनक-तनक तैं पालि बड़े किए बहुतै सुख दिखराए।
गोचारन को चलत हमारे पीछे कोसक धाए॥
ये वसुदेव देवकी हमसों कहत आपने जाए।
बहुरि विधाता जसुमतिजू के हमहि न गोद खिलाए॥
कौन काज यह राज नगर का सब सुख सों सुख पाए?
सूरदास बृज समाधान करु आजु काल्हि हम आए॥ ४ ॥

राग रामकली

जदुपति लख्यो तेहि मुसकात।
कहत हम मन रही जोई सोइ भई यह बात॥
बचन परगट करन लागे प्रेम-कथा चलाय।
सुनहु उद्धव मोहिं ब्रज की सुधि नहीं बिसराय॥
रैनि सोवत, चलत, जागत लगत नहिं मन आन।
नन्द जसुमति नारि नर ब्रज जहाँ मेरो प्रान॥
कहत हरि, सुनि उपँगसुत! यह कहत हौं रसरीति।
सुर चित तैं टरति नाहीं राधिका की प्रीति॥ ५ ॥

राग सारंग

सखा ! सुनो मेरी इक बात।
वह लतागन संग गोपिन सुधि करत पछितात॥
कहाँ वह वृषभानुतनया परम सुन्दर गात।
सुरति आए रासरस की अधिक जिय अकुलात॥
सदा हित यह रहत नाहीं सकल मिथ्या-जात।
सूर प्रभु यह सुनौ भोसों एक ही सों नात ॥ ६ ॥

उद्धव ! यह मन निश्चय जानो।
मन क्रम बच में मुम्हें पठावत, ब्रज को तुरत पलानो ॥
पूरन ब्रह्म, सकल अविनासी, ताके तुम हो ज्ञाता।
रेख, न रूप, जाति, कुल नाहि, जाके नहि पितु माता॥
यह मत दै गोपिन कहँ आवहु, विरह नदी में भासति।
सूर तुरत यह जाय कहौ तुम, ब्रह्म बिना नहीं आसति॥ ७ ॥

उद्धव ! बेगि ही ब्रज जाहु।
सुरति संदेश सुनाय मेटो, वल्लभिन को दाहु॥
काम पावक तूलमय तन, विरह-स्वाँस समीर।
भसम नाहिन होन पावत लोचनन के नीर॥
अजौं लौं यही भाँति ह्वै हैं, कछुक सजग सरीर।
इते पर क्यों समाधानैं, क्यों धरैं तिय धीर॥
कहौं कहा बनाय तुम सों, सखा साधु प्रवीन।
सूर सुमति बिचारिये, क्यों जियैं जल बिनु मीन॥ ८ ॥

पथिक ! संदेसौ कहियो जाय।
आवैंगे हम दोनों भैया, मैया जनि अकुलाय॥
याको बिलगु बहुत हम मान्यो, जो कहि पठयो धाय।
कहँ लौं कीर्ति मानिए तुम्हरो बड़ो कियो पय प्याय॥
कहियो जाय नन्द बाबा सौं, अरू गहि पकर्‌यो पाय।
दोऊ दुःखी होन नहिं पावहिं धूमरि धौरी गाय॥
यद्यपि मथुरा बिभब बहुत है तुम बिनु कछू न सुहाय।
सूरदास ब्रजवासी लोगनि भैंटत हृदय जुड़ाय॥ ९ ॥

नीके रहियो जसुमति मैया।
आवेंगे दिन चार-पाँच में, हम हलधर दोउ भैया॥
जा दिन तैं हम तुमतें बिछुरे, काहु न कह्यो कन्हैया।
कबहूँ प्रात न कियो कलेवा, साँझ न पोन्हीं धैया॥
बंशी बेन सँभारि राखियो, और अबेर सबेरो।
मति लै जाय चुराय राधिका, कछुक खिलौने मेरो॥
कहियो जाय नन्द बाबा सो, निपट निठुर जिय कीन्हो।
सूर स्याम पहुँचाय मधुपुरी बहुरि संदेस न लीन्हो॥ १० ॥

राग कल्याण

उद्धव मन अभिलाष बढ़ायो।
जदुपति जोग जानि जिय साँचो नयन अकास चढ़ायो॥
नारिन पै मोको पठवत हौ कहत सिखावन जोग।
मन ही मन अब करत प्रसंसा है मिथ्या सुख-भोग॥
आयसु मानि लियो सिर ऊपर प्रभु-आज्ञा परमान।
सूरदास प्रभु पठवत गोकुल मैं क्यों कहौं कि आन॥ ११ ॥

राग सारंग

सुनियो एक संदेसौ ऊधो, तुम गोकुल को जात।
ता पाछे तुम कहियौ उनसौं एक हमारी बात॥
मात-पिता को हेत जानि कै, कान्ह मधुपुरी आए।
नाहिंन स्याम तिहारे प्रीतम, ना जसुदा के जाए॥
समुझौ बूझौ अपने मन में, तुम जो कहा भलो कीन्हो।
कहँ बालक, तुम मत्त ग्वालिनी, सबै आप-बस कीन्हो॥
और जसोदा माखन-काजै, बहुतक त्रास दिखाई।
तुमहिं सब मिलि दाँवरि दीन्हीं, रंच दया नहिं आई॥
अरू वृषभानुसुता जो कीन्हीं, जो तुम सब जिय जानो।
याही आज तजी ब्रज मोहन, अब काहे दुख मानो?
सूरदारस यह सुनि-सुनि बातें, स्याम रहे सिर नाई।
इत कुब्जा उत प्रेम ग्वालिनी, कहत न कछु बनि आई॥ १२ ॥

(उद्धव का ब्रज में आना)

राग मलार

कोऊ आवत है तन स्याम।
बैसेइ पट, बैसिय रथ-बैठनि, तैसिय है उर दाम॥
जैसी हुतिं उठि तैसिय दौरी, छाँड़ि सकल गृह-काम।
रोम-पुलक, गद्गद् भइँ तिहि छन, सोच अंग अभिराम॥
इतनी कहत आय गए ऊधौ, रहीं ठगी तिहि ठाम।
सूरदास प्रभु ह्याँ क्यों आवैं, बँधे कुब्जा-रस स्याम॥ १३ ॥

है कोई वैसोई अनुहारि।
मधुवन तें इत आवत, सखि री ! चितौ तु नयन निहारि॥
माथ मुकुट मनोहर, कुण्डल, पीत बसन रुचिकारि।
रथ पर बैठि कहति सारथि सों ब्रज तन बाँह पसारि॥
जानति नाहिंन पहिचानति हौं, मनु बीते जुग चारि।
सूरदास स्वामी के बिछुरे, जैसे मीन बिनु वारि॥ १४ ॥

देखो नन्द-द्वार रथ टाढ़ो।
बहुरि ससौ सुफलक सुत आयो, परयोसन्देह उर गाढ़ो॥
प्रान हमारे तबहिं गयो लै, अब कोहि कारन आयो।
जानति हौं अनुमानी सखी री ! कृपा करन उठि धायो॥
इतने अन्तर आय उपंगसुत, तेही छन दरसन दीन्हो।
तब पहिचानि सखा हरिजू को, परम सुचित तन कीन्हो॥
तब परनाम कियो अति रूचि सों, और सबहिं कर जोरे।
सुनियत रहे तैसेई देखे, परम चतुर मति भोरे॥
तुम्हरो दरसन पाय आपनो, जन्म सफल करि जान्यो।
सूर ऊधो सों मिलत भयो सुख, ज्यों झख पायो पात्यो॥ १५ ॥

कहौं, कहाँ ते आए हो?
जानति हौं। अनुमानि, मनौ तुम जादव नाथ पठाये हो॥
वेसोई वरन, बसन पुनि वैसेई, उन भूषन सजि ल्याए हो।
सरबसु लै तब संग सिधारे, अब का पर पहिराए हो॥
सुनहु मधुप, एकै मन सबको, सो तो वहाँ ले छाए हो।
मधुबन की मानिनी मनोहर तहंहि जाहु जहँ भाए हो॥
अब यह कौन सयानप? ब्रज पर का कारन उठि धाए हो।
सूर जहाँ लौं स्यामगात हैं, जानि भले करि पाए जो॥ १६ ॥

राग नट

ऊधो को उपदेस सुनौ किन कान दै?
सुन्दर स्याम सुजान पठायो मान दै ॥ ध्रुव ॥
कोउ आयो उत तायँ जितै नंदसुवन सिधारे।
वहै बेनु-धुनि होय मनो आए नँदप्यारे॥
धाई सब गलगाजि कैं ऊधौ देखे जाए।
ले आईं ब्रजराज पै हो, आनन्द उर न समाए॥
अरध आरती, तिलक, दूब, दधि माथे दीन्हीं।
कंचन-कलस भराय आनि परिकरमा कीन्हीं॥
गोप-भीर आँगन भई, मिलि बैठे यादवजात।
जलझारी आगे धरी, हो बूझति हरि-कुसलात॥
कुसल-छेम बसुदेव कुसल देवी कुबजाऊ।
कुसल-क्षेम अक्रूर, कुसल नीके बलदाऊ॥
पूछि कुसल गोपाल की रहीं सकल गहि पाय।
प्रेम-मगन ऊधो भए, हो, देखत ब्रज को भाय॥
यह मन ऊधो कहै यह न बूझिय गोपालहिं।
ब्रज को हेतु बिसारि जोग सिखवत ब्रजबालहिं॥
पाती बाँचि न आवई, रहे नयन जल पूरि।
देखि प्रेम गोपीन को, हो, ज्ञान-गरब गयां दूरि॥
तब इत-उत बहराय नीर नयनन में सोख्यो।
ठानी कथा प्रबोध बोलि सब गुरूर समोख्यो॥

जो ब्रत मुनिवर ध्यावहीं, पर पावहिं नहिं पार।
सो ब्रत सीखो गोपिका, हो, छाँड़ि विषय-बिस्तार॥
सुनि ऊधो के बचन रहीं नीचे करि तारे।
मनो सुधा सो सींचि आनि विषज्वाला जारे॥
हम अबला कह जानहीं जोग जुगति की रीति।
नन्दनन्दन ब्रत छाँड़ि कैं, हो, को लिखि पूजै भीति?
अविगत, अगह, अपार, आदि, अवगत है सोई।
आदि निरंजन नाम ताहि रंजै सब कोई॥
नैन नासिका-उग्र है तहाँ ब्रह्म को बास।
अबिनाशी बिनसै नहीं, हो, सहज ज्योति-परकास॥
घर लागै आधूरि कहे मन कहा बँधावै।
अपनो घर परिहरे कहो को घरहि बतावै?
मूरख जादवजात हैं, हमहिं सिखावत जोग।
हमको भूली कहत हैं, हो, हम भूली किधौं लोग?
गापिहु तैं भयो अंध नाहि दुहुँ लोचन ऐसे।
ज्ञाननैन जो अंध ताहि सूझै धौं कैसे?
बूझे निगम बोलाइ कै, कहै बेद समुझाय।
आदि अन्त जाके नहीं, हो, कौन पिता, को माय?
चरन नहीं, भुज नाहिं, कहौं, ऊखल किन बाँधो?
नैन नासिका मुख नहीं, चोरि दधि कौने खाँधो?
कौन खिलायो गोद में, किन कहे तोतरे बैन?
ऊधो ताको न्याव है, हो जाहि न सूझे नैन॥
हम बूझति सतभाव न्याव तुम्हारे मुख साँचो।
प्रेम-नेम रसकथा कहो कँचन की काँचो॥
जो कोउ पावै सीस दै ताको कीजै नेम।
मधुप हमारी सों कहौं, हो, जोग भलो किधौं प्रेम॥
प्रेम-प्रेम सों होय प्रेम सों पारहि जैए।
प्रेम बँध्यो संसार, प्रेम परमारथ पैए॥
एकै लिहचै प्रम को जीवन-मुक्ति रसाल।
साँचो निहचै प्रेम को, हो, जो मिलिहैं नँदलाल॥
सुनि गोपिन को, प्रेम नेम ऊधो को भूल्यो।
गावत गुन-गोपाल फिरत कुंजन में फूल्यो॥
छन गोपिन के पग धरै, धन्य तिहारो नेम।
धाय-धाय द्रुम भेंटहीं, हो, ऊधो छाके प्रेम॥
धनि गोपी, धनि गोप, धन्य सुरभी बनचारी।
धन्य-धन्य ! सो भूमि जहाँ विहरे बनवारी॥
उपदेसन आयो हुतो, मोहिं भयो उपदेस।
ऊधो जदुपति पै गए, हो, किए गोप को बेस॥
भूल्यो 'जदुपति' नाम, कहत गोपाल गोसाँई।
एक बार ब्रज जाहु, देहु गोपिन दिखराई॥
गोकुल को सुख छाँड़ि कैं, कहाँ बसे हौ आय।
कृपावंत हरि जानि कै, हो, ऊधो पकरे पाय॥
देखत ब्रज को प्रेम, नेम कछु नाहिंन भावै।
उमड्यो नयननि नीर, बात कछु कहत न आवै॥
सूर स्याम भूतल गिरे, रहे नयन जल छाय।
पोंछि पीतपट सों कह्यौ, 'आए जोग सिखाय'? ॥ १७ ॥

राग धनाश्री

हमसौं कहत कौन की बातें?
सुनि ऊधो ! हम समुझत नाहीं फिर पूछति हैं तातें॥
को नृप भयो कंस किन मार्‌यो को जसुद्यौ-सुत आहि?
यहाँ हमारे परम मनोहर जीजतु हैं मुख चाहि॥
दिनप्रति जात सहज गोचारन गोप सखा लै संग।
बासरगत रजनीमुख आवत करत नयन गति पंग॥
को ब्यापक पूरन अविनासी, को विधि-वेद-अपार?
सूर बृथा बकवाद करत हौ, या ब्रज नन्द कुमार॥ १८ ॥

राग सारंग

तू अलि ! कार्सो कहत बनाय?
बिन समुझे हम फिर बूझति हैं एक बार कहो गाय॥
किन वै गबन कीन्हों सकटनि चढ़ि सुफलकसुत के संग।
किन वै रजक लुटाइ बिबिध पठ पहिरे अपने अंग?
किन हति चाप निदरि गज मार्‌यो किन वै मल्ल मथि जाने?
उग्रसेन वसुदेव-देवकी किन वै निगड हठि भाने?
तू काकी है करत प्रसंसा, कौने घोष पठायो?
किन मातुल बधि लयो जगत जस कौन मधुपुरी छायो?
माथे मोरमुकुट बनगुंजा, मुख मुरली-धुनि बाजैं।
सूरदास जसोदानन्दन गोकुल कहँ न बिराजैं॥ १९ ॥
गोकुल सबै गोपाल-उपासी।
जोग-अंग साधत जे, ऊधो ! ते सब बसत ईस पुर कासी॥
यद्यपि हरि हम तजि अनाथ करि, तदपि रहति चरननि रसरासी॥
अपनी सीतललाहि न छांडत, यद्यपि है ससि राहु-गरासी॥
का अपराध जोग लिखि पठवत, प्रेम भजन तजि करत उदासी।
सूरदास ऐसी को बिरहिन, मांगति मुक्ति तजे गुनरासी॥ २० ॥

भ्रमरगीत सार
(कुछ पदों की व्याख्या)

राग बिलावल

तबहिं .... जोग सिखावै।

प्रसंग सहित व्याख्या श्रीकृष्ण ब्रज की स्मृतियों में डूबे हुए थे, तभी उद्धव आते हैं। दोनों में शारीरिक रूप से बिल्कुल भी अन्तर नहीं दिख रहा था और दोनों परस्पर स्नेहपूर्वक आलिंगनबद्ध हो गए। एक-दूसरे से स्नेहपूर्वक मिलते हैं। उद्धव का शरीर अत्यन्त सुन्दर और कृष्ण के समान दीप्त था। यह देखकर कृष्ण मन ही मन मुस्कुराए। उन्होंने सोचा कि इनमें शारीरिक सौन्दर्य होने के साथ बुद्धि और विवेक भी होता तो कितना अच्छा था। कहने का तात्पर्य यह है कि इनकी (उद्धव की) बुद्धि ज्ञान पर आधारित न होकर, प्रेममार्गीय भक्ति भावना पर

आधारित होती तो उत्तम था। इसलिए उन्होंने उद्धव को किसी अन्य कारण हेतु ब्रज भेजने का निश्चय किया, क्योंकि वहाँ जाने पर ही उनकी योगमार्गीय बुद्धि का संस्कार होना सम्भव था और तभी ये प्रेमानुभाव भक्ति का भली-भाँति परिपालन कर सकेंगे। यह उद्धव तो ऐसे हैं कि यदि उनके सम्मुख प्रेमसिक्त वाणी सुनाई जाए तो यह योग की नीरस चर्चा करने लगेंगे और इस प्रकार श्रोताओं को उबा देंगे। इनके हृदय में ज्ञान अर्थात् योगमार्गीय आस्था इतनी दृढ़ है कि यदि इन्हें ब्रज की भेजा जाए तो ब्रजवासियों को भी योग की शिक्षा-दीक्षा ही देना प्रारम्भ कर देंगे, किन्तु सम्भव है कि वहाँ गोपियों का अनन्य प्रेमानुराग देखकर इनका योग खण्डित हो जाए और ये प्रेममार्ग की महत्ता स्वीकार करके उसे अपना ले। प्रस्तुत पद भ्रमरगीत की मूल भावना को अभिव्यक्त करता है। कवि का उद्देश्य उद्भव के माध्यम से प्रेमानुराग भक्ति का प्रतिपादन करना है।

उद्धव का अनुमान था कि श्रीकृष्ण अब सांसारिक सुख-भोग को मिथ्या समझने लगे हैं इसलिए नारियों को योग की शिक्षा देने के लिए मुझे ब्रज भेज रहे हैं। यह विचार कर उद्धव ने कृष्ण की आज्ञा को स्वीकार कर लिया। श्रीकृष्ण उनके स्वामी और सखा थे, इसलिए उनकी आज्ञा ही उद्धव के लिए प्रमाण था। इसलिए इस कथन को अन्तिम रूप से स्वीकार कर उद्धव ब्रज के लिए प्रस्थान करने के लिए तत्परता दिखाने लगे। सूरदास जी कह रहे हैं कि उद्धव ने सोचा कि जब मेरे स्वामी श्रीकृष्ण स्वयं मुझे गोपियों को ज्ञान उपदेश देने के लिए ब्रज भेज रहे हैं तो वहाँ जाने में कोई बुराई नहीं है। इसलिए अब मेरा वहाँ जाना ही उचित है। अब अन्य बात सोचना व्यर्थ है।

राग सारंग

सुनियो एक संदेसौ .... कछु बनी आई॥

प्रसंग सहित व्याख्या उद्धव ब्रज जाने के लिए तैयार है। इस पद में कुब्जा गोपियों के लिए उद्धव को सन्देश दे रही है। हे उद्धव ! तुम गोकुल के लिए जा रहे हो तो मेरा भी एक संदेश लेते जाओ। जब श्रीकृष्ण का संदेश सब लोगों को सुना दो तो ब्रज की गोपियों से मेरी भी एक बात कह देना। उनसे कहना कि श्री कृष्ण के माता-पिता अर्थात् वसुदेव और देवकी, जो जेल (कारागार) में थे, उनका हित जानकर और उनका उद्धार करने के लिए कन्हैया गोकुल से मथुरा आए हैं। वास्तव में न तो श्रीकृष्ण तुम्हारे प्रियतम हैं और न ही यशोदा ने उन्हें जन्म दिया है। अत: तुम खुद सोच-विचार कर यह बताओ कि तुमने श्री कृष्ण की कुछ भलाई भी की है, जो आज उन पर अधिकार जता रही हो। कहाँ तो श्रीकृष्ण और कहाँ तुम मतवाली गोपियाँ ! तुम्हारा और उनका तो कोई मेल ही नहीं। तुमने तो श्रीकृष्ण को ऐसे ही अपने वश में कर लिया और यशोदा जो आज श्रीकृष्ण पर माता होने का अधिकार जता रही है, उसने वास्तव में श्रीकृष्ण की कोई भलाई नहीं की। माता का दुलार देना तो दूर उसने कृष्ण को तुच्छ से माखन के लिए कितने कष्ट दिए हैं। कहने का आशय यह है कि श्रीकृष्ण और गोपियों का वह प्रेम अनुचित और अव्यवहारिक था। माता यशोदा का श्रीकृष्ण के प्रति पुत्रवत् न तो स्नेह था और न ही दुलार, उद्धव से कुब्जा कहती है कि वे जाकर गोपिकाओं से कहे कि तुम सबने मिलकर तुच्छ से माखन के लिए श्रीकृष्ण को रस्सियों से बाँधा था। तुम्हें ऐसा करते राग श्रीकृष्ण के मासूम चेहरे पर लेश मात्र भी दया नहीं आई। राधा ने भी श्रीकृष्ण के साथ सही व्यवहार नहीं किया, वह तुम सब जानती ही हो। इसी कारण श्रीकृष्ण ने ब्रज का त्याग कर दिया था, अत: अब किस बात का दु:ख मनाती हो। सूरदास जी कहते है कि श्रीकृष्ण और उद्धव कुब्जा की इस बात को सिर झुकाकर सुन रहे थे। वे दुविधा में थे। इधर कुब्जा तो उधर गोपियों का प्रेम था। यह सब देखकर श्रीकृष्ण के लिए कुछ कहते नहीं बन रहा था।

नीके रहियो .... न लीन्हो॥

प्रसंग सहित व्याख्या श्रीकृष्ण उद्धव के ब्रज प्रस्थान करते समय माता यशोदा के लिए संदेश कह रहे हैं कि हे उद्धव ! तुम माता यशोदा से जाकर कहना कि वह अच्छी तरह खुशी से रहे। हमारे लिए चिन्तित या व्याकुल न हो। हम दोनों भाई अर्थात् मैं और बलराम चार-पाँच दिन में अर्थात् शीघ्र ही वहाँ ब्रज में आकर सबसे मिलेंगे। माता से कहना कि जिस दिन से हम उनसे विलग हुए हैं, उस दिन से किसी ने प्यार से कन्हैया भी नहीं कहा है। हमने न ही कभी प्रात: काल कलेवा (नाश्ता) किया है और न ही गाय के थन से निकलता हुआ ताजा-ताजा दूध ही पिया है। माता जी से यह भी कहना है कि बंसी आदि मेरे खिलौनों को सम्भाल कर रखें, कहीं ऐसा न हो कि राधा मौका पाकर मेरा कोई भी खिलौना चुरा ले जाए।

हे उद्धव ! तुम नंद बाबा से भी यह कहना कि आपने अपने हृदय को बिल्कुल ही निष्ठुर और कठोर कर लिया है। वे जब से हमें मथुरा छोड़कर गए हैं, तब से उन्होंने न तो हमारी खोज खबर ली, न ही किसी के साथ संदेश ही भिजवाया।

राग कल्याण

उद्धव मन .... कि आन॥

दोस्तो ! श्री कृष्ण ने उद्धव को संदेश सुना दिया है। उद्धव के मन में इन संदेशों को सुनकर जो प्रतिक्रिया हुई है, उसे व्यक्त किया गया है। श्रीकृष्ण की प्रेमजन्य विफलता को देखकर उद्धव को मन-ही-मन अत्यन्त आनन्द की अनुभूति हुई। उनका यह आनन्द दो कारणों से था—एक तो अपने ज्ञान की सर्वोच्चता के कारण प्रसन्नता थी, दूसरा ब्रज में जाकर उन्हें अपने ज्ञान की विजय की पूर्ण आशा थी। उन्होंने सोचा कि श्रीकृष्ण ने हमारे योग मार्ग को ही सच्चा एवं वास्तविक मोक्ष का मार्ग स्वीकार कर लिया है। तभी वह हमें गोपियों को योग मार्ग की शिक्षा देने के लिए ब्रज भेज रहे हैं। यह विचार सोचकर उद्धव खुश हो गए। गर्व के कारण उनके नेत्र आकाश की ओर चढ़ गए।

राग सारंग

पहिले करि .... यहै सकल ब्रजरीति।

प्रसंग सहित व्याख्या यह सूरदास जी द्वारा रचित 'भ्रमरगीत' का प्रारम्भिक पद है। भगवान श्रीकृष्ण को अपने माता-पिता व राधा और गोपियों की याद आने पर वे अपने ज्ञानी सखा उद्धव को दूत बनाकर ब्रजवासियों और प्रियजनों की कुशल क्षेम ज्ञात करने के लिए भेज रहे हैं। उद्धव पहली बार ब्रज में जा रहे हैं, इसलिए श्रीकृष्ण ब्रज की रीति-नीति से उद्धव को अवगत करा रहे हैं। श्रीकृष्ण उद्धव को समझा रहे हैं कि ब्रज पहुँचने पर सबसे पहले तुम नंद बाबा को प्रणाम करना, उसके बाद उनसे सारा समाचार कह देना। उसके बाद तुम राधा के पिता वृषभानु गोप के पास जाकर उनसे कुशल क्षेम पूछना। मेरी ओर से श्रीदामा आदि सभी से मिलकर स्नेह से प्रणाम करना और साथ ही गोपियों को हमारा सुख संदेश अर्थात् कुशल समाचार सुनाकर उनके विरह जन्य दु:ख संताप को दूर करना। वहाँ वन में हमारा एक मन्त्री रहता है, यहाँ मन्त्री का अभिप्राय राधा से है। श्रीकृष्ण कहते हैं कि तुम उनसे मिलकर सुख प्राप्त करना। जब तुम उनके सम्मुख जाओगे तो मस्तक नवाकर हमारी ओर से प्रणाम करना।

राग सोरठा

कहियो .... हम आए॥

प्रसंग सहित व्याख्या श्री कृष्ण उद्धव को समझाते हुए कह रहे हैं कि उद्धव तुम ब्रज जाकर नंद बाबा से कहना कि वे इतने कठोर क्यों हो गए हैं। वे हम दोनों भाइयों अर्थात् कृष्ण और बलराम को पराए घर अर्थात् मथुरा में इस प्रकार डाल गए हैं, जैसे कोई किसी की अमानत या धरोहर को लौटाकर एकदम निश्चिंत हो जाता है और पुन: उसकी कोई खोज-खबर नहीं लेता। कहने का तात्पर्य यह है कि हम दोनों भाइयों के प्रति अब उनका कोई अनुराग नही रह गया है। जब हम छोटे-छोटे थे, तब उन्होंने हमारा पालन-पोषण किया था। हमें पाल-पोस कर उन्होंने अनेक सुख प्रदान किए, परन्तु आज ऐसा क्या हो गया है कि वह हमें विस्मरण कर बैठे हैं। जब हम गायें चराने के लिए वन को जाते थे, तब तो वह कोस-कोस भर हमें छोड़ने को पीछे दौड़े आते थे। तब तो उनका हमारे साथ इतना स्नेह था, परन्तु अब न जाने क्या हो गया।

बिहारी सतसई

जीवन परिचय

लेखक बिहारी लाल (रीतिकाल के श्रेष्ठ कवि)

जन्म 1603 ई. [बसुवा, गोविन्दपुर, ग्वालियर (मध्य प्रदेश)]

पिता केशवराय निधन 1663 ई.

रचना बिहारी सतसई

बिहारी के दोहे श्रृंगारपरक, नीतिपरक और भक्तिपरक।

भाषा साहित्यिक ब्रजभाषा (मुहावरेदार)

दोहा - 1

मेरी भव-बाधा हरो, राधा नागरी सोई।
जा तन की झाँई परे, स्याम हरित-दुति होई।।

व्याख्या हे। राधा नागरी मेरी बाधाओं को दूर कीजिए। जिन राधा के रूप की आभा पड़ते ही श्रीकृष्ण जी प्रसन्नचित हो जाते हैं, वे अवश्य ही मेरे कष्टों का समाधान करेंगी।

दोहा - 16

झीनें पट मैं झुलमुली, झलकति ओप अपार।
सुरतरू की मनु सिन्धु मैं, लसति सपल्लव डार।।

व्याख्या झीने घूँघट पट में से फूटकर झलकती नायिका के शरीर की झलक देखकर प्रसन्न होकर नायक कहता है। इसकी झल मल करती सुन्दर आभा झीने घूँघट में से ऐसे झलक रही है। जैसे कल्पवृक्ष की डाल फूल पत्तों सहित समुद्र में विलास कर रही हो।

दोहा - 18

कीने हूँ कोरिक जतन, अब कहि काहे कौनु।
मो मन मोहन-रूपु मिलि, पानी मैं कौ लौनु।।

व्याख्या मोहन के प्रेम में पड़ी नायिका सखी के समझाने पर कहती है-मोहन का मनोहरी रूप मेरे मनरूपी मानसरोवर में मिलकर ऐसे घुल गया है जैसे नमक। अब तू ही बता करोड़ों जतन करके भी इसे कैसे निकालूँ।

महादेवी वर्मा

जीवन परिचय

लेखिका- महादेवी वर्मा (कवयित्री, संस्मरणकार, रेखाचित्रकार, निबन्धकार)

जन्म- वर्ष 1907, फरूखाबाद (उत्तर प्रदेश)

मृत्यु - वर्ष 1987, इलाहाबाद (उत्तर प्रदेश)

माता-पिता- गोविन्द प्रसाद वर्मा- हेमरानी देवी

शिक्षा- बी.ए., एम.ए. (संस्कृत), प्रयाग विश्वविद्यालय

पुरस्कार- सेकसरिया (1934)

पद्म भूषण (1956)- मंगलाप्रसाद पारितोषिक (1943)

कृति (रचना) परिचय

नीहार (1930), रश्मि (1932), नीरजा (1935), साध्यगीत (1936), **दीपशिखा** (1942), यामा, अग्नि रेखा, अतीत के चलचित्र (1941) स्मृति की रेखाएँ (1943), पथ के साथी, मेरा परिवार।

निबन्ध- श्रृंखला की कड़िया (1942), विवेचनात्मक गद्य, साहित्यकार की आस्था, संकल्पिता, क्षणदा)

'मैं नीर भरी दुःख की बदली'

मैं नीर भरी दु:ख की बदली।
स्पन्दन में चिर निस्पन्द बसा,
क्रन्दन में आहत विश्व हंसा,
नयनों में दीपक से जलते,
पलकों में निर्झरिणी मचली!
मेरा पग-पग संगीत भरा,
श्वासो में स्वप्न पराग झरा,
नभ के नव रंग बुनते दुकूल,
छाया में मलय बयार पली,

प्रस्तुत कविता (मैं नीर भरी दु:ख की बदली), कविता संग्रह 'साध्य-गीत' से संकलित है।

व्याख्या महादेवी वर्मा कहती हैं, कि वह नीर (आँसू) से भरी बदली है अर्थात् कोमल, करुणा, दया आदि भावों से भरी हुई है।

महादेवी वर्मा बदली के रूपक से बताना चाहती हैं कि स्त्री के जीवन में कितना कष्ट है और स्त्री का जीवन किस तरह कुछ विशेषताओं से बना हुआ है। इस कविता में समानान्तर रूप से बदली का अर्थ और स्त्री का अर्थ मौजूद है। बदली की आँखों में बिजली चमकती है मानो दीपक जल उठते हैं।

बदली का पग-पग संगीत से भरा है। जब वह चलती है, तब अपने राग में संगीतमय ध्वनि करती हुई चलती है। बदली कहती है कि आकाश अपने नए-नए रंगों से मेरे लिए दुपट्टे का निर्माण करता है। मेरी छाया में चलने वाली हवा मलय-बयार की तरह सुहानी होती है।

अश्रेय

नदी के दीप

जन्म- 7 मार्च 1911 कुशीनगर (उत्तर प्रदेश)

मृत्यु- 4 अप्रैल 1987 नई दिल्ली

शिक्षा- मद्रास विश्वविघालय

कृतियाँ-कहानी, उपन्यास, यात्रा वृत्तन्त निबंध संग्रह

'नदी के द्वीप' अज्ञेय का उपन्यास है, जिसमें प्रेम, आत्मसंघर्ष, अस्तित्वाद और समाज के जटिल सम्बन्धों का वर्णन है। यह केवल एक प्रेमकथा नहीं, बल्कि मनुष्य के मनोवैज्ञानिक, दार्शनिक व भावनात्मक पहलुओं का भी वर्णन करता है।

इस उपन्यास के मुख्य पात्र इस प्रकार हैं

बक्षी उपन्यास का एक नायक है, जो संवेदनशील, विचारशील व आत्मविश्लेषण में डूबा हुआ व्यक्ति है। उसका प्रेम समाज और जीवन की कठिनाइयों से लड़ता रहता है।

रेखा यह एक आत्मनिर्भर, स्वतन्त्र व आधुनिक विचारों वाली महिला है। यह प्रेम के बन्धन के अतिरिक्त स्वतन्त्रता को अधिक महत्त्व देती है।

गीता यह एक सरल, रीति-रिवाजों वाली, संवेदनशील व प्रेम में विश्वास रखने वाली महिला है।

इस रचना में, बक्षी, दोनों महिलाओं के मध्य उलझा रहता है। बक्षी प्रेम को केवल भावनात्मक नहीं, बल्कि दार्शनिक दृष्टि से भी देखता है। रेखा से उसका प्रेम आधुनिक प्रेम का रूप जहाँ स्वतन्त्रता व व्यक्तित्व को प्राथमिकता

दी जाती है। दूसरी ओर, गीता का प्रेम समर्पण व परम्परागत भावनात्मक है। बक्षी केवल प्रेम की उलझन में ही नहीं, बल्कि अपने अस्तित्व के लिए भी संघर्ष करता है।

बक्षी समाज में रहकर भी अकेलेपन का अनुभव करता है। यह 'नदी के द्वीप' की भाँति ही नदी समाज से घिरा हुआ, किन्तु अलग अस्तित्व लिए होता है।

उसके मन में उलझन रहती है, कि प्रेम में पूर्ण स्वतन्त्रता हो या त्याग।

बक्षी को अपने विचारों व समाज की वास्तविकताओं के मध्य द्वंद्व को झेलना पड़ता है।

नदी के द्वीप उपन्यास पाठकों को अपने जीवन व विचारों के बारे में नई या आधुनिक विचारधारा रखने पर मजबूर करती है।

अज्ञेय ने इस उपन्यास में परम्परा, प्रेम, आधुनिकता व मनुष्य के आत्मसंघर्ष को सुन्दर रूप में प्रस्तुत किया है।

मुक्तिबोध

अँधेरे में

गजानन माधव मुक्तिबोध (1917-1964) की गणना प्रगतिवादी कवियों में की जाती है। ये उन गिने-चुने व्यक्तियों में से एक हैं, इन्होंने व्यक्ति और समाज के अन्तर्सम्बन्धों को बड़ी गहराई से समझाने का कविता के माध्यम से प्रयास किया था। इसलिए उनकी कविताओं में उनकी स्पष्ट व्यक्तिकता न होकर व्यक्ति के माध्यम से समाज को जानने की सचेष्टा दिखलाई पड़ती है। आत्मसाक्षात्कार की कविताओं की सृष्टी करने वाले गजानन माधव मुक्ति बोध ने जीवन के कठोर संघर्ष को अनुभति और निर्मित इन दोनों स्तरों पर भोगा है। गजानन माधव मुक्तिबोध की कविताओं में उनकी संवेदना इतनी मुखर जनतान्त्रिक और व्यापक है कि वह किसी गाँव, नगर, देश, व्यक्ति या समाज में ही सीमित न रहकर कविता की एक नई संस्कृति को जन्म देती है।

महत्त्व वर्ष 1964 में मुक्तिबोध काव्य 'अंधेरे में प्रकाशन जगत में आते ही हिन्दी-साहित्य जगत में हलचल सी मच गई। आज से लगभग 53 वर्ष पहले का हिन्दी समाज इन अभिनव विषय, नूतन तेवर तथा नवीन शिल्पगत चमत्कार वाली कविता से अवाक और चमत्कृत हुआ था। तो आज का हिन्दी समाज भी इस कविता से बेहद प्रभावित है। उन्हें भले ही उम्र कम मिली हो, लेकिन अपनी रचनाओं के द्वारा युग परिवर्तन का काम किया, 'मुक्तिबोध' पहली बार व्यवस्थित ढंग से अज्ञेय द्वारा संपादित 'तार सप्तक' के माध्यम से सामने आए; जैसे

''प्रत्येक पत्थर में
चमकता हीरा है
हर एक छाती में आत्मा अधीरा है
प्रत्येक सुस्मित में विमल सदानीया है
प्रत्येक वाणी में
महाकाव्य पीड़ा है।''

गजानन माधव मुक्तिबोध के लिए साहित्य केवल मनोरंजन या शब्द खेल नहीं है, बल्कि एक गहन सामाजिक दायित्व भी है।

वस्तुनिष्ठ प्रश्न

1. कबीरदास जी के अनुसार निकटतम सम्बन्धी कौन है?
(a) सद्‌गुरु (b) माता
(c) पिता (d) ईश्वर

2. कबीरदास के अनुसार 'अनमनी' शब्द से आशय है
(a) संसार में प्रवृत्ति
(b) ज्ञान से निवृत्ति
(c) हठयोग की एक क्रिया
(d) स्वार्थ-भावना रूप प्रवृत्ति

3. कबीरदास जी ने गुरु के उपदेश को बताया है
(a) बाण के समान (b) त्रिशूल के समान
(c) तलवार के समान (d) कटारी के समान

4. कबीरदास जी की दृष्टि में सच्चा शूरवीर है
(a) सदुगुरु
(b) भगवान
(c) इन्द्र
(d) युद्ध क्षेत्र में पराक्रम का प्रदर्शन करने वाला

5. कबीरदास ने सुपात्र व कुपात्र शिष्य को उपमान दिया है
(a) सीपवत्
(b) वंशीवत्
(c) शंखवत्
(d) ढोलकवत्

6. संसार रूपी मायाजाल को काटा जा सकता है
(a) गुरु के उपदेश से प्रकाशित हृदय
(b) अपने बल पर
(c) शास्त्रों का अध्ययन करके
(d) भगवान की भक्ति करके

7. कबीरदास जी ने सद्‌गुरु की तुलना की है
(a) पनिहारिन (b) लुहार
(c) बढ़ई (d) व्यापारी

8. 'गुरु गोविन्द तौ एक है, दूधा यहू आकार
आपा मेट जीवत मरै, तो पावै करतार।।''
उक्त पंक्तियों में आए 'जीवन मरै व करतार' शब्दों से आशय है
(a) जीकर मरना, निजात्मा
(b) जीवन, परमात्मा
(c) जीवनमुक्त, सृष्टि कर्ता ईश्वर
(d) जीवनमुक्त, निजात्मा

9. '<u>पंच संगी</u> पिव पिव करैं'। रेखांकित पदों से क्या आशय है?
(a) पाँच दोस्त (b) पाँच बन्धु
(c) पञ्च ज्ञानेन्द्रियाँ (d) पाँच कर्मेन्द्रियाँ

10. 'गुण गायैं गुण नाम कटै।' उक्त पंक्तियों में रेखांकित पद से क्या आशय है?
(a) विशेषता (b) काम, क्रोध, मोह
(c) हिंसा, झूठ, चोरा (d) सत्व, रज, तम

11. 'कबीर पीर पिरावनी'। 'पिरावनी' शब्द से आशय है
(a) पीड़ा देने वाली
(b) आनन्द देने वाली
(c) सुख देने वाली
(d) सुख-दुःख देने वाली

12. 'रैणां दूर विछोहिया, रहु रे संषन झूरि।
देबलि देबलि धाहड़ी देसी ऊगे सूरि।।'
उक्त पंक्तियों में संषम (शंख) शब्द प्रतीक रूप में प्रयुक्त हुआ है
(a) परमात्मा (b) जीव
(c) माया (d) सूर्य

13. 'कबीर तेज अनन्त का, मानौ सूरज सेणि।
पति संगि जागी सुन्दरि, कोतिग रीटा तोणि।'
उक्त पंक्तियाँ ली गई हैं
(a) परचा अंग से
(b) ज्ञान बिरह अंग से
(c) सुमिरण अंग से
(d) गुरुदेव अंग से

14. 'नैना नीझर लाइया, रहट बहै निस जान।'
उक्त पंक्ति में नीझर व रहट पद प्रस्तुत करते हैं
(a) विरहिणी का बिम्ब
(b) नायक का बिम्ब
(c) रोते हुए बच्चों का बिम्ब
(d) बारिश का दृश्य

15. 'चरननि लागि करौ बरिआई।' यहाँ रेखांकित पद का अर्थ है
(a) बुराई (b) प्रशंसा
(c) सेवा (d) घृणा

16. 'भ्रमरगीत-सार' में कुल कितने पद हैं?
(a) 400 (b) 500 (c) 300 (d) 450

17. आचार्य शुक्ल ने किस कृति को मथकर 'भ्रमरगीत-सार' तैयार किया है
(a) सूर पदावली (b) सूरसागर
(c) सूर रत्नाकर (d) भ्रमर दूत

18. 'भ्रमर दूत' रचना है
(a) कविरत्न सत्यनारायण की
(b) कवि रत्नाकर की
(c) कवि हरिऔद्य जी की
(d) कवि मैथिलीशरण गुप्त की

19. सूरदास जी के काव्य में सर्वाधिक रूप से इन रसों की छटा है
(a) हास्य तथा वीर रस
(b) शृंगार तथा वात्सल्य रस
(c) अद्भुत तथा भयानक रस
(d) वीर तथा शृंगार रस

20. 'भ्रमरगीत-सार' के पदों की भाषा है
(a) हिन्दी (b) अवधी
(c) ब्रज (d) भोजपुरी

21. 'सुन्दर परम किसोर वयक्रम
चंचल नय बिसाल।'
उक्त पंक्ति में किसके सौन्दर्य की चर्चा है?
(a) कृष्ण के (b) राधा के
(c) गोपियों के (d) राधा-कृष्ण के

22. 'उद्धव प्रति सब कही ......।'
उक्त पंक्ति के आधार पर बताइए कि उद्धव के प्रति अपनी बात किसने कही?
(a) गोपियों ने (b) राधा ने
(c) नन्द ने (d) श्रीकृष्ण ने

23. 'सखा? सुनो मेरी एक बात।
वह लतागन संग गोपिन सुधि करत पछिताता।'
पंक्तियों में राग प्रयुक्त है
(a) राग सारंग (b) राग तोड़ी
(c) राग सोरठा (d) राग धनाश्री

24. 'सूर प्रभु यह सुनौ मोसों एक ही सो नात।' उक्त पंक्ति में किसने किसे समझाया है?
(a) राधा ने श्रीकृष्ण को
(b) कृष्ण ने उद्धव को
(c) उद्धव ने कृष्ण को
(d) श्रीकृष्ण ने राधा को

25. 'उद्धव मन अभिलाष बढ़ायो' उद्धव मन ही मन प्रसन्न हुए क्योंकि उन्हें लगा
(a) कृष्ण योग-मार्ग पर विश्वास करने लगे हैं
(b) श्रीकृष्ण मुझे ब्रज भेज रहे हैं
(c) गोपियाँ मेरी बात स्वीकार कर लेंगी
(d) श्रीकृष्ण को मैं योग की बात कहूँगा

26. 'है कोई वैसाई अनुहारि।' पंक्ति किसने किसके प्रति कही?
(a) श्रीकृषण ने उद्धव के प्रति
(b) एक गोपी ने दूसरी गोपी के प्रति
(c) राधा ने एक गोपी के प्रति
(d) उद्धव ने राधा के प्रति

27. 'तुम्हरो दरसन पाय आपनो जन्म सफल करि जान्यो।'
यहाँ किसके जन्म सफल की बात कही गई है?
(a) गोपियों के (b) राधा के
(c) यशोदा के (d) श्रीकृष्ण के

28. 'धाई सब गलगाजि कै।'
रेखांकित पद से आशय है
(a) दौड़कर (b) आनन्दित होकर
(c) गाल बजाकर (d) चरणों में झुककर

29. '........ ज्ञान-गरब गयो दूरि।'
पंक्ति के अनुसार किसका ज्ञान अहंकार दूर हो गया?
(a) गोपियों को (b) श्रीकृष्ण का
(c) उद्धव का (d) राधा का

30. 'गोकुल सबै गोपाल-उपासी।' कथन किसका है?
(a) उद्धव का (b) श्रीकृष्ण का
(c) गोपियों का (d) राधा का

31. कृष्ण का सारथी था
(a) अक्रूर (b) उद्धव
(c) एक ग्वाला (d) कृष्ण का एक सेवक

32. 'वृषभानुतनया' यह पद प्रयुक्त हुआ है
(a) गोपियों के लिए (b) राधा के लिए
(c) यशोदा के लिए (d) देवी के लिए

33. 'भ्रमरगीत-सार' के प्रथम पद में सबसे पहले किसे प्रणाम करने की बात कही गई है?
(a) राधा को (b) बाबा नन्द को
(c) ग्वालों को (d) गोपियों को

34. हम दोउ 'बारै'।
यहाँ रेखांकित पद से आशय है
(a) भाई (b) बहिन
(c) दोनों गोपियों से (d) राधा-कृष्ण

35. 'पथिक! संदेसों कहियो जाय।'
यहाँ पथिक शब्द प्रयुक्त हुआ है
(a) उद्धव के लिए (b) कृष्ण के लिए
(c) अक्रूर के लिए (d) राधा के लिए

36. 'भ्रमरगीत' से आशय है
(a) भौरें को आलम्बन बनाकर कही गई बात
(b) भौरें का गीत
(c) गोपियों का प्रत्युत्तर
(d) उद्धव का प्रत्युत्तर

37. कवि सूर का जन्म हुआ
(a) सीही ग्राम में
(b) जालौर शहर में
(c) भीनमाल ग्राम में
(d) बनारस (लम्ही ग्राम में)

38. सूरदास जी के गुरु थे
(a) गोपीनाथ (b) विट्ठलनाथ
(c) वल्लभाचार्य (d) परमानन्ददास

39. 'जा दिनवें हम तुमते बिछूरे ....।
उक्त पंक्तियों में भाव छिपा है
(a) वर्तमान का दुःख (b) किसी की याद
(c) अतीत की याद (d) राधा की याद

40. 'कोउ आवत है तन स्याम .....।'
उक्त पंक्ति कही है
(a) श्रीकृष्ण ने (b) राधा ने
(c) गोपियों ने (d) उद्धव ने

41. 'सूर ऊधो सों मिलत भयो सूख ज्यों झख पायो पान्यो।'
पंक्ति में अलंकार है
(a) उपमा (b) रूपक
(c) प्रदीप (d) उत्प्रेक्षा

42. 'भ्रमरगीत' परम्परा का सर्वप्रथम उल्लेख मिलता है
(a) श्रीमद्भागवत के दशम स्कन्ध में
(b) श्रीमद्भागवत के एकादश स्कन्ध में
(c) श्रीमद्भागवत के प्रथम स्कन्ध में
(d) श्रीमद्भागवत के द्वितीय स्कन्ध में

43. 'भ्रमरगीत' का उल्लेख दशम स्कन्ध के किस अध्याय में मिलता है?
(a) 43 (b) 44
(c) 45 (d) 47

44. बिहारी की रचना का क्या नाम है?
(a) बिहारी नवनायी (b) बिहारी सतसई
(c) बिहारी चटजई (d) बिहारी सई

45. 'बिहारी सतसई' किस प्रकार की कृति है?
(a) मुक्तक काव्य (b) महाकाव्य
(c) रीतिकाव्य (d) इनमें से कोई नहीं

46. बिहारी सतसई साहित्य किस रस से लबालव भरा हुआ है?
(a) भक्ति (b) शृंगार
(c) वात्सलय (d) शान्त

47. 'बिहारी सतसई' पर किस ग्रन्थ का प्रभाव है?
(a) नवरस तरंग (b) शृंगार सागर
(c) अजविलास (d) गाथा सप्तशती

48. बिहारी सतसई में सर्वाधिक दोहे हैं?
(a) जयसिंह (b) शृंगार
(c) नीति (d) प्रकृति

49. बिहारी सतसई है?
(a) लक्षण ग्रन्थ (b) लक्ष्य ग्रन्थ
(c) (a) और (b) दोनों (d) इनमें से कोई नहीं

50. कविकर बिहारी ने सात सौ से अधिक दोहों की रचना की, जिनका संग्रह नाम से किया गया
(a) बिहारी गद्य
(b) बिहारी सतसई
(c) बिहारी काव्य
(d) काव्य ग्रन्थ

51. बिहारी सतसई की भाषा बढ़ी ही प्रौढ़ प्राजल, परिष्कृत एवं परिमार्जित है
(a) अवधी (b) बृज
(c) शृंगारिक (d) मागधी

52. बिहारी सतसई पर अब तक कितनी टिकाएँ प्राप्त हो चुकी हैं?
(a) 44 (b) 54
(c) 50 (d) 63

53. 'बिहारी सतसई' पर अन्तिम प्राप्त टीका किसकी है?
(a) लल्लू लाल
(b) सदल मिश्र
(c) जगन्नाथ दास रत्नाकर
(d) इनमें से कोई नहीं

54. बिहारी किस काव्यधारा के कवि थे?
(a) रीति मुक्त (b) रीति सिद्ध
(c) रीति बद्ध (d) 'a' और 'b' दोनों

55. निम्नलिखित में से कौन-सी 'बिहारी सतसई' की विशेषता नहीं है?
(a) कल्पनाश की समाहार शक्ति
(b) भाषा की समास शक्ति
(c) शृंगार, भक्ति, नीति की त्रिवेणी
(d) ओजगुण एवं वीर रस की प्रधानता

56. बिहारी सतसई पर किसने 'फिरंगे सतसई' नाम से फारसी भाषा में टीका लिखी?
(a) राधाकृष्ण दास
(b) पघसिंह शर्मा
(c) आनन्दीलाल शर्मा जोशी
(d) लल्लू लाल

57. 'मेरी भव बाधा, राधा नागरि सोई' दोहे में किसकी स्तुति की गई है?
(a) कृष्ण (b) राधा
(c) राम (d) गणेश

58. 'झीनै पट मैं झुलमुली......लसति सपल्लव डार' इस दोहे का मूल भाव है?
(a) झीने वस्त्रों से फूट कर निकलती नायिका की छवि
(b) आँख का वर्णन
(c) नाक का वर्णन
(d) उपरोक्त में से कोई नहीं

59. नीर भरी दुं:ख की बदली' कविता का रचनाकार कौन है?
(a) सुमित्रानन्दन पन्त
(b) महादेवी वर्मा
(c) सूर्यकान्त त्रिपाठी 'निराला'
(d) माखनलाल चतुर्वेदी

60. इस कविता का मुख्य विषय क्या है?
(a) समाज में स्त्री की स्थिति
(b) आशावादी दृष्टिकोण
(c) व्यक्तिगत पीड़ा ओर संवेदना
(d) प्रकृति का सौन्दर्य

61. 'दुकूल' का क्या अर्थ है?
(a) पौधा (b) क्षितिज
(c) नदी का किनारा (d) दुपट्टा

62. इस कविता में कितनी मात्रा की पंक्तियों का उपयोग हुआ है?
(a) 12 (b) 18
(c) 16 (d) 14

63. इस कविता का रस कौन-सा है?
(a) शृंगार रस (b) करुण रस
(c) वीर रस (d) अद्भुत रस

64. इस कविता में कवयित्री ने अपने दु:ख की तुलना किससे की है?
(a) नदी से (b) फूल से
(c) बादल से (d) समुद्र से

65. महादेवी वर्मा का काव्य-संसार करुणा और किसका संसार है?
(a) वेदना (b) संवेदना
(c) संग्रह (d) कविता

66. कवयित्री के आँसू किस भाव की अभिव्यक्ति है?
(a) पतिवियोग की
(b) प्रेमवियोग के वेदना की
(c) शारीरिक दु:ख की
(d) निराशा की

67. कविता "मैं नीर भरी दु:ख की बदली" किस साहित्यिक शैली का उदाहरण है?
(a) प्रतीकवादी (b) रहस्यवादी
(c) छायावादी (d) यथार्थवादी

68. कविता का मुख्य उद्देश्य क्या है?
(a) धार्मिक उपदेश
(b) भावनात्मक अभिव्यक्ति
(c) मनोरंजन
(d) सामाजिक सुधार

69. 'नदी के द्वीप' किस प्रकार का उपन्यास है?
(a) पुरातत्त्व
(b) सामाजिक
(c) वैज्ञानिक
(d) मनोवैज्ञानिक व दार्शनिक

70. 'नदी के द्वीप' का शीर्षक किसका प्रतीक है?
(a) प्राकृतिक सौन्दर्य का
(b) आर्थिक संघर्ष का
(c) सामाजिक संघर्ष
(d) समाज व व्यक्ति के पृथक्करण का

71. इस उपन्यास में बक्षी का प्रमुख द्वन्द्व है
(a) अमीरी व गरीबी (b) प्रेम व आत्मसंघर्ष
(c) राजनीति व धर्म (d) परिवार व भविष्य

72. रेखा का चरित्र किसका प्रतीक है?
(a) आधुनिकता व स्वतन्त्रता का
(b) धार्मिक आस्था
(c) समर्पण व त्याग
(d) संघर्षशीलता

73. गीता का चरित्र किसका प्रतीक है?
(a) स्वतन्त्रता
(b) परतन्त्रता
(c) पारम्परिक प्रेम व समर्पण
(d) राजनीतिज्ञ

74. बक्षी के व्यक्तित्व में कौन-सा तत्त्व प्रमुख रूप से दिखाई देता है?
(a) धर्म व आस्था
(b) आत्ममंथन व संघर्ष
(c) हिंसा व क्रोध
(d) त्याग

75. बक्षी को किस तरह का प्रेम चाहिए?.
(a) शारीरिक आकर्षण
(b) समर्पणयुक्त व स्थिर
(c) सामाजिक मान्यता प्राप्त प्रेम
(d) व्यापारिक सम्बन्ध

76. 'नदी के द्वीप' में समाज की भूमिका है
(a) व्यक्ति को स्वतन्त्र करने वाली शक्ति
(b) विज्ञान व तकनीक बढ़ाने वाली शक्ति
(c) व्यक्ति को सीमित करने वाली शक्ति
(d) आर्थिक लाभ देने वाली शक्ति

77. उपन्यास में नदी प्रतीक है?
(a) व्यापार
(b) जल संसाधन का
(c) जीवन के प्रवाह का (d) राजनीति

78. बक्षी किसकी तलाश में है?
(a) धन कमाने
(b) जीवन के अर्थ की
(c) राजनीतिक सफलता
(d) सामाजिक व्याख्यता

79. उपन्यास में समाज को किस रूप में दिखाया है?
(a) स्वतन्त्रतावादी (b) क्रान्तिकारी
(c) रूढ़ीवादी (d) उदारवादी

80. बक्षी के अनुसार सच्चा प्रेम है?
(a) स्वतन्त्रता हो
(b) समर्पण हो
(c) संघर्ष न हो
(d) स्वतन्त्रता व समर्पण दोनों हों

81. अज्ञेय की लेखन शैली किस प्रकार है?
(a) सरल
(b) हास्यपद
(c) व्यंग्यात्मक
(d) रूढ़, दार्शनिक व मनोवैज्ञानिक

82. रेखा व गीता के पात्र प्रतीक है?
(a) आध्यात्म व भक्ति (b) विज्ञान व तकनीक
(c) स्वतन्त्रता व परम्परा (d) राजनीति व व्याख्यता

83. बक्षी की कमजोरी क्या थी?
(a) क्रोध
(b) लालच
(c) आलस्य
(d) अधिक आत्मविश्लेषण

84. यह उपन्यास सन्देश देता है?
(a) व्यक्ति को समाज व प्रेम के मध्य सन्तुलित रहना चाहिए।
(b) समाज में परिवर्तन असम्भव है
(c) त्याग प्रेम में महत्त्वपूर्ण है
(d) व्यक्ति को समाज से पृथक् रहना चाहिए

85. गजानन माधव मुक्तिबोध का जन्म कब हुआ?
(a) वर्ष 1917 (b) वर्ष 1918
(c) वर्ष 1907 (d) वर्ष 1911

86. मुक्ति बोध को अनेक नामों से जाना जाता है, इनमें से कौन सा एक सही नहीं हैं?
(a) समय का सूर्य
(b) लयानक खबरों का कवि
(c) फैंटेसी का कवि
(d) गजानन माधव

87. "गजानन माधव मुक्तिबोध की कविता अँधेरे में रोशनी की चीख हैं यह कथन किस आलोचक का है?
(a) उदय प्रकाश
(b) गंगा प्रसाद बिमल
(c) नरेन्द्र सिंह
(d) निर्मला जैन

88. मुक्तिबोध की सबसे लम्बी तथा सर्वाधिक चर्चित कविता कौन-सी है।
(a) अँधेरे में
(b) जमाने का चेहरा
(c) अनुभव कि कन्या
(d) आत्मानुभूति

89. मुक्तिबोध की प्रसिद्ध कविता 'अँधेरे में का प्रकाशन कब हुआ?
(a) वर्ष 1964 (b) वर्ष 1965
(c) वर्ष 1970 (d) वर्ष 1960

90. मुक्तिबोध की कविता अँधेरे में' का प्रकाशन किस पत्रिका में हुआ
(a) विशाल भारत (b) इन्दु
(c) कल्पना (d) हंस

91. अधेरे में कविता कुल कितने खंडों में विभाजित है?
(a) आठ (b) सात
(c) पाँच (d) दस

92. "अँधेरे में", कविता, कविता का समग्र अन्वेषण है।" श्ह कथनके
(a) सुरेन्द्र चौधरी (b) मलयज
(c) गिरीशर स्तोगी (d) दूधनाथ सिंह

93. गजानन माधव मुक्तिबोध का जन्म कहाँ हुआ
(a) श्योपुर, मध्य प्रदेश
(b) गाजियाबाद, उत्तर प्रदेश
(c) दिल्ली
(d) राजस्थान

94. मुक्तिबोध के परिवार में कौन-सी दो भाषाएँ बोली जाती थीं ?
(a) हिंन्दी, मराठी
(b) मराठी, बांग्ला
(c) हिन्दी, बांग्ला
(d) उपर्युक्त में से कोई नहीं

95. मुक्तिबोध ने प्रेम विवाह किससे किया था?
(a) शोता जी (b) मनोहरा जी
(c) मनोरमा जी (d) कान्ता जी

96. मुक्तिबोध का कौन-सा काव्य-संग्रह सबसे पहले प्रकाशित हुआ?
(a) चाँद का मुँह टेडा है
(b) भूरी-भूरी खाक धूल
(c) ब्रह्मराक्षस
(d) उपर्युक्त में से कोई नहीं

97. मुक्तिबोध रचने वाली का सम्पादन किसने किया है?
(a) भारत भूषण अग्रवाल (b) नेमी चन्द्र जैन
(c) जैनेन्द्र कुमार (d) भूपेन्द्र कुमार

98. विपात्र किस विधा की रचना है?
(a) कहानी (b) काव्य
(c) उपन्यास (d) कविता

सही उत्तर

1. (a)	2. (c)	3. (a)	4. (a)	5. (b)	6. (a)	7. (b)	8. (c)	9. (c)	10. (d)
11. (a)	12. (b)	13. (a)	14. (a)	15. (c)	16. (b)	17. (b)	18. (a)	19. (b)	20. (c)
21. (b)	22. (c)	23. (a)	24. (c)	25. (a)	26. (b)	27. (a)	28. (b)	29. (c)	30. (c)
31. (a)	32. (b)	33. (b)	34. (a)	35. (a)	36. (a)	37. (a)	38. (c)	39. (c)	40. (c)
41. (a)	42. (a)	43. (d)	44. (b)	45. (a)	46. (b)	47. (d)	48. (b)	49. (a)	50. (b)
51. (b)	52. (b)	53. (c)	54. (b)	55. (d)	56. (c)	57. (b)	58. (a)	59. (b)	60. (c)
61. (d)	62. (c)	63. (b)	64. (c)	65. (a)	66. (b)	67. (c)	68. (c)	69. (d)	70. (d)
71. (b)	72. (a)	73. (c)	74. (b)	75. (b)	76. (c)	77. (c)	78. (b)	79. (c)	80. (d)
81. (c)	82. (c)	83. (d)	84. (a)	85. (a)	86. (b)	87. (c)	88. (a)	89. (a)	90. (c)
91. (a)	92. (c)	93. (a)	94. (a)	95. (a)	96. (a)	97. (b)	98. (c)		

इकाई 13

सुदर्शन

हार की जीत

हार की जीत कहानी सुदर्शन जी की प्रसिद्ध कहानी है, इस कहानी में बाबा भारती के पास एक बहुत सुन्दर घोड़ा था, जिसे देखकर उन्हें बहुत आनन्द आता था। वह उसे सुल्तान कहकर बुलाते थे। वह सायंकाल के समय जब तक उस पर चढ़ सवार होकर दस-पन्द्रह किलोमीटर का चक्कर नहीं लगा लेते थे, उन्हें चैन नहीं आता था इस इलाके के मशहूर डाकू खड़गसिंह को जब सुल्तान की खूबियों का पता चला तो वह एक दिन दोपहर को बाबाजी के पास पहुँचा। उसने सुल्तान की बहुत प्रशंसा की।

बाबाजी ने कहा- ''सचमुच घोड़ा बाँका है।'' उन्होंने अस्तबल में खड़गसिंह को ले जाकर घोड़ा दिखाया। खड़गसिंह घोड़ा देखकर आश्चर्यचकित हो गया और सोचने लगा कि ऐसा घोड़ा तो उसके पास होना ही चाहिए था। उसने बाबा भारती से कहा कि यह घोड़ा मैं तुम्हारे पास नहीं रहने दूँगा। बाबा भारती की डर के मारे रात की नींद उड़ गई तथा वह सारी रात घोड़े की रखवाली के लिए अस्तबल में ही बिताने लगे। एक दिन सांयकाल के समय बाबा भारती सुल्तान की पीठ पर सवार होकर घूमने जा रहे थे कि उन्हें एक आवाज सुनाई दी। ..... ''ओ बाबा! इस अपाहिज की भी बात सुनते जाना।''

बाबा ने देखा कि एक अपाहिज वृक्ष के नीचे बैठा दया की भीख माँग रहा था। बाबाजी के पूछने पर उसने कहा कि मैं चलने में असमर्थ हूँ। मुझे नमा वाला गाँव में मेरे सौतेले भाई वैद्य दुर्गादत्त के घर पहुँचा दो। आपकी बड़ी कृपा होगी। बाबा भारती घोड़े से उतरे। अपाहिज को घोड़े पर चढ़ाकर स्वयं लगाम पकड़कर धीरे-धीरे चलने लगे। सहसा उन्हें एक झटका लगा और लगाम उनके हाथ से छूट गई। आश्चर्यचकित होकर उन्होंने देखा कि अपाहिज घोड़े की पीठ पर तनकर बैठा हुआ घोड़े को दौड़ाए लिए जा रहा है।

यह अपाहिज खड़गसिंह डाकू था। कुछ देर बाद बाबा भारती ने चिल्लाकर उसे ठहरने को कहा। आवाज सुनकर खड़गसिंह ने घोड़ा रोक लिया बाबा ने उसके पास जाकर उसे विश्वास दिलाया कि वे उससे घोड़ा वापिस नहीं लेंगे, लेकिन उसे यह बात माननी होगी कि वह इस घटना के बारे में किसी से नहीं कहेगा अन्यथा लोगों का किसी दीन-हीन पर विश्वास नहीं रहेगा।

बाबा भारती तो चले गए, लेकिन उनके कहे उपरोक्त शब्द खड़गसिंह के कानों में गूँजते रहे। एक रात चारों तरफ सन्नाटा था। खड़गसिंह घोड़ा लेकर बाबा भारती के मन्दिर में पहुँचा अस्तबल का फाटक बन्द करके चला गया। इस समय उसकी आँखों में नेकी के आँसू थे।

सुबह जब बाबा भारती कुटिया से बाहर निकलकर स्नान करने के पश्चात अस्तबल की ओर मुड़े तो घोड़े ने स्वामी के पाँवों की चाप को पहचान लिया। वह जोर से हिन-हिनाया। बाबा भारती दौड़कर अपने घोड़े के गले से लिपटकर रोने लगे। घोड़े को प्यार करते हुए वे कह रहे थे कि गरीबों की सहायता से अब कोई मुँह नहीं मोड़ेगा। थोड़ी देर बाद जब वे अस्तबल से बाहर निकले तो उनके आँसू भी उसी जगह पर गिर रहे थे जहाँ खड़ा होकर खड़गसिंह रोया था। दोनों के आँसू उस भूमि की मिट्टी में मिल गए।

रामनारायण उपाध्याय

क्या ऐसा नहीं हो सकता?

मैं जब भी तुम्हारे यहाँ आता हूँ, तुम मेरा एक मेहमान की तरह स्वागत करते हो। यदि उस दिन तुम्हारे यहाँ शक्कर या घी नहीं होता तो तुम उसे मुझसे छिपाकर लाते हो। यदि उस दिन तुम्हारे बजट में गुंजाइश नहीं होती तो तुम किसी से माँगकर या उधार लेकर सारी व्यवस्था जुटाते हो।

तुम जब मुझसे बात भी करते हो तब भी इस चिन्ता से मुक्त नहीं होते कि नहाने के बाद मुझे टॉवल देना होगा।

तेल के बाद कंघा और आईना देना होगा और मैं जब तक भोजन कर रहा होऊँगा तब तक किसी बच्चे को भेजकर पान मँगाकर रखना होगा।

मैं जब तक स्नान करता हूँ तब तक तुम अपने फटे बिस्तर को नई चादर से ढक देते हो, धुँधले आईने की जगह पडोसी से माँगा हुआ साफ आईना सजा देते हो और खूँटियों पर लटकते बेतरतीब से कपड़ों तथा बिखरी हुई पुस्तकों को करीने से लगा देते हो।

मैं जब तुमसे विदा लेता हूँ तो तुम कहते हो। कल चले जाना पत्र लिखते रहना और अवकाश मिले तब आते रहना।

और मैं जब सचमुच रवाना होता हूँ तो तुम कहते हो पत्र देते रहना और जब कभी अवकाश पाओ तो अधर आने की बात भूल मत जाना।

तुम जाने आने और निमिमेष दृष्टि से निहारते हो, मानों अपनी पलकों पर बिठाकर तुम मुझे विदाई देते हो।

मैं जानता हूँ तुम्हारी उस दृष्टि में कितना दर्द, कितनी लाचारी, कितना स्नेह समाया हुआ है।

हे मित्र तुम्हारे बिस्तर, चादर, कुर्सी, काँच, कन्घा जैसे हैं, वैसे ही मेरे भी हैं। क्या यह नहीं सकता कि हम जैसे है, ठीक वैसे ही मिले और जो हम नहीं हैं, वैसे दिखने का प्रयत्न बन्द कर दें? जैसी सूखी रोटी तुम खाते हो वैसी ही मुझे खिलाओ। जिस फटे टॉवल से तुम अपना शरीर पोंछते हो उसी से मुझे भी अपना शरीर पोंछने दो। चाय पीते समय जिस टूटे हुए कप को तुम मुझसे बदल लेते हो उसे मेरे ही पास रहने दो।

तुम मुझे खुश करने के लिए या दिखावे के लिए ऐसा कोई काम मत करो, जिससे तुम्हें परेशानी हो।

विश्वास रखो, सुख दुःख के इस समन्दर में से ही हमारे अभावों की किश्ती के पार होने का मार्ग गया है।

तुम्हारा वहीं मैं जो तुम हो।

भवानी प्रसाद मिश्र

श्रम की महिमा

तुम कागज पर लिखते हो
वह सड़क झाड़ता है
तुम व्यापारी
वह धरती में बीज गाड़ता है।
एक आदमी घड़ी बनाता
एक बनाता चप्पल
इसलिए यह बड़ा और वह छोटा
इसमें क्या बल।
सूत कातते थे गाँधीजी
कपड़ा बुनते थे
और कपास जुलाहों के जैसा ही
धुनते थे
चुनते थे अनाज के कंकर
चक्की घिसते थे
आश्रम के अनाज याने
आश्रम में पिसते थे
जिल्द बाँध लेना पुस्तक की
उनको आता था
हर काम सफाई से
नित करना भाता था
ऐसे थे गाँधीजी
ऐसा था उनका आश्रम
गाँधीजी के लेखे
पूजा के समान था श्रम।
एक बार उत्साह-ग्रस्त
कोई वकील साहब
जब पहुँचे मिलने
बापूजी पीस रहे थे तब।
बापूजी ने कहा-बैठिए
पीसेंगे मिलकर
जब वे झिझके
गाँधीजी ने कहा
और खिलकर
सेवा का हर काम
हमारा ईश्वर है भाई
बैठ गए वे दबसट में
पर अक्ल नहीं आई।

गोपाल प्रसाद व्यास

खूनी हस्ताक्षर

वह खून कहो किस मतलव का
जिसमें उबाल का नाम नहीं।
वह खून कहो किस मतलब का
आ सके देश के काम नहीं।
वह खून कहो किस मतलब का
जिसमें वजीन न वरानी है। जो पवरश होकर बहता है,
वह खून नहीं है, पानी है।
उस दिन लोगों ने सही-सही
खूँ की कीमत पहचानी थी जिस दिन सुभाष ने बर्मा में
माँगी उनसे कुरबानी थी।
बोले, स्वतंत्रता की खातिर
बलिदान तुम्हें करना होगा।
तुम बहुत जी चुके हो जग में,
लेकिन आगे मरना होगा।
आजादी के चरणों में,
जयमाल चढ़ाई जाएगी
वह सुनो, तुम्हारे शीशों के
फूलों से गुंथी जाएगी।
आजादी का संग्राम कहीं
पैसे पर खेला जाता है
यह शीश कटाने का सौदा
नंगे सर झेला जाता है।
आजादी का इतिहास कहीं
काली स्याही लिख पाती है
इसके लिखने के लिए खून
की नदी बहाई जाती है।
यूँ कहते-कहते वक्ता की।
आँखों में खून उतर आया।
मख रक्त-वर्ण हो दमक उठा
दमकी उनकी रक्तिम काया।
आजान-बाह ऊँची करके,
वे बोले, 'रक्त मुझे देना।
इसके बदले में भारत की
आजादी तुम मुझसे लेना।'
हो गई समा में उथत-पुथल,
सीने में दिल न समाते थे।
स्वर इन्कलाब के नारों के
कोसों तक छाए जाते थे।
'हम देंगे, देंगे खून'।
शब्द बस यही सुनाई देते थे।
रण में जाने को युवक खड़े।
तैयार दिखाई देते थे।
बोले सुभाष, इस तरह नहीं,
बातों से मतलब सरता है।
लो, यह कागज, है कौन यहाँ
आकर हस्ताक्षर करता है?
इसको भरने वाले जन को वर्सस्व-समर्पण करना है।
अपना तन-मन-धन-जन वजीन माता को अर्पण करना है।
पर यह साधारण पत्र नहीं,
आजादी का पवराना है।
इस पर तुमको अपने तन का
कुछ उज्ज्वल रक्त गिराना है।
वह आगे आए, जिसके तन में
भारतीय खूँ बहता हो।
वह आगे आए जो अपने को।
हिन्दुस्तानी कहता हो।
वह आगे आए, जो इस पर
खूनी हस्ताक्षर देता हो।
मैं कफन बढ़ाता हूँ, आए।
जो इसको हँसकर लेता हो।
सारी जनता हुँकार उठी
"हम आते हैं, हम आते हैं।
माता के चरणों में यह लो,
हम अपना रक्त चढ़ाते हैं।"

साहस से बढ़े युवक उस दिन,
देखा, बढ़ते ही आते थे।
चाकू-छुरी कटारों से, वे अपना रक्त गिराते थे।
फिर उसी रक्त की स्याही में,
वे अपनी कलम डुबाते थे।
आजादी के पवराने पर
हस्ताक्षर करते जाते थे।
उस दिन तारों ने देखा था,
हिन्दुस्तानी विवशस नया।
जय लिखा महारवणीरों ने
खूँ से अपना इतिहास नया।

रामप्रसाद बिस्मिल

मेरी माँ

पाठ 'मेरी माँ' रामप्रसाद 'बिस्मिल' की आत्मकथा का एक अंश है, जिसमें उन्होंने अपनी माँ के प्रति अपनी भावनाओं और कृतज्ञता को व्यक्त किया है। इस पाठ में रामप्रसाद 'बिस्मिल' अपनी माँ की महानता, उनके साहस और उनके द्वारा दिए गए संस्कारों का उल्लेख करते हैं।

रामप्रसाद 'बिस्मिल' अपनी माँ को एक साहसी और दृढ़ निश्चयी महिला के रूप में प्रस्तुत करते हैं, जिन्होंने न केवल अपने जीवन में कठिनाइयों का सामना किया, बल्कि अपने बेटे को भी जीवन के संघर्षों से निपटने के लिए तैयार किया। उनकी माँ एक अनपढ़ गाँव की लड़की थीं, जो कम उम्र में विवाह करके शहर आईं और धीरे-धीरे अपने घर-परिवार के कामकाज को समझा और सँभाला। उन्होंने अपनी रुचि और जिज्ञासा के चलते हिन्दी पढ़ना-लिखना भी सीखा, जो उस समय की ग्रामीण महिलाओं के लिए असामान्य था।

फिर भी उस महिला ने अपने आपको इस योग्य बनाया। इतना ही नहीं ग्रामीण महिलाओं को भी पढ़ने-लिखने के महत्त्व को समझाया। ऐसी माँ कोख से जन्म लेने पर बिस्मिल अपने आप को धन्य मानते हैं।

माँ ने उन्हें हमेशा सत्य, ईमानदारी और नैतिकता के मार्ग पर चलने की प्रेरणा दी। जब रामप्रसाद ने स्वतन्त्रता संग्राम में हिस्सा लिया, तब भी उनकी माँ ने उनका पूरा समर्थन किया, भले ही यह उनके लिए आसान नहीं था। उनकी माँ का यह कहना कि "कभी किसी के प्राण नहीं लेने चाहिए, चाहे वह शत्रु ही क्यों न हो," उनके विचारों की उदारता और उच्च नैतिकता को दर्शाता है।

माँ के संस्कार और उनके दिए हुए शिक्षाओं ने रामप्रसाद को एक मजबूत और साहसी इन्सान बनाया। उन्होंने बताया कि उनकी माँ ने उन्हें कभी गलत काम करने के लिए नहीं कहा और हमेशा सही रास्ते पर चलने की प्रेरणा दी। इस पाठ में यह भी स्पष्ट किया गया है कि उनकी माँ ने न केवल उन्हें जीवन के व्यावहारिक सबक सिखाए, बल्कि उन्हें धार्मिक और आध्यात्मिक मार्गदर्शन भी दिया।

माँ ने बिस्मिल को हमेशा बढ़ने तथा दूसरे निर्दोष, असहाय लोगों की रक्षा का पाठ पढ़ाया।

इस पाठ में रामप्रसाद 'बिस्मिल' ने अपनी माँ के प्रति अपनी कृतज्ञता को बहुत ही भावुक और सम्मानपूर्वक तरीके से व्यक्त किया है। वे मानते हैं कि जो कुछ भी वे बन पाए, उसमें उनकी माँ का सबसे बड़ा योगदान है। यह पाठ हर उस माँ को समर्पित है, जो अपने बच्चों के लिए त्याग और समर्पण का प्रतीक है। रामप्रसाद 'बिस्मिल' की आत्मकथा का यह अंश एक माँ के अनमोल योगदान की कहानी है, जो अपने बेटे के जीवन में मार्गदर्शक बनकर उसे सही राह पर चलने के लिए प्रेरित करती है।

अमरकांत

दोपहर का भोजन

इनका जन्म जुलाई, 1925 को उत्तर प्रदेश के बलिया के भागलपुर (नागरा) नामक गाँव में हुआ। इनका वास्तविक नाम श्रीराम वर्मा था

रचनाएँ

कहानी संग्रह जिन्दगी और जोक, देश लोग, मौत का नगर, मिश्र मिलन, कुहासा आदि।

उपन्यास सूखा पत्ता, पराई डाल का पंछी, सुख जीवी, बीथ की दीवार, काले उजाले दिन, ग्राम सेविका इन्हीं हथियारों से आदि।

साहित्यिक विशेषताएँ अमरकान्त नई कहानी आन्दोलन के प्रमुख कहानीकार है। उनके काव्य में चित्रात्मकता देखने को मिलती है।

वर्णनात्मक शैली को प्रभावी बनाने के लिए संवादो का यदा-कदा प्रयोग भी किया गया है।

प्रस्तुत कहानी शहरी मध्यमवर्गीय परिवार की है, जिसमें नौकरी चले जाने के बाद की स्थिति का बड़ा ही मार्मिक चित्रण किया गया है। यह पाठ लेखक अमरकान्त द्वारा रचित है, इन्होंने साहित्य सृजन में मध्यमवर्गीय जीवन को बड़ी ही सूक्ष्मता से दिखाने का प्रयत्न किया है।

दोपहर का भोजन गरीबी से जूझते एक निम्न मध्यवर्गीय शहरी परिवार की कहानी है। जिसके मुखिया की अचानक नौकरी छूट जाने के कारण परिवार के सामने आर्थिक संकट खड़ा हो जाता है। परिवार के सदस्यो को भरपेट भोजन तक नसीब नहीं हो पा रहा है, पूरे परिवार का संघर्ष भावी उम्मीदों पर टिका है। सिद्धेश्वरी संकट की इस घड़ी में परिवार के सभी सदस्यों को एकजुट एवं चिन्तामुक्त रखने का अथक प्रयास करती है।

- यह कहानी एक निर्धन परिवार की दुर्दशा को दर्शाती है।
- कहानी में परिवार के मुखिया की अचानक नौकरी छूट जाने के कारण परिवार पर आर्थिक संकट आ जाता है।
- सिद्धेश्वरी परिवार की धर्मवान महिला अपने पति और बच्चों को सीमित साधनों में भी सँभालती है।
- कहानी में परिवार के सभी सदस्यों की भूख बेकारी और संघर्ष को मार्मिक ढंग से चित्रित किया गया है।
- कहानी में दिखाया गया है कि परिवार में कोई भी सदस्य रूठ सकता है या आत्महत्या कर सकता है।
- कहानी में दिखाया गया है कि परिवार में कोई भी अनैतिक काम कर सकता है।
- **मुख्य पात्र** सिद्धेश्वरी, चन्द्रिका प्रसाद (पति) रामचन्द्र, मोहन और प्रमोद (पुत्र)

वस्तुनिष्ठ प्रश्न

1. सुदर्शन की प्रसिद्ध कहानी है
(a) जीत की हार (b) हार या जीत
(c) हार की जीत (d) जीत के बाद हार

2. 'जीत की हार' कहानी में बाबा भारती के पास क्या था?
(a) घोड़ा (b) शेर
(c) गधा (d) बकरी

3. बाबा भारती के घोड़े का नाम क्या था?
(a) शंकर (b) मुल्तान
(c) शिव (d) सुल्तान

4. बाबा भारती को कितने किलोमीटर चक्कर लगा लेने के बाद भी चैन नहीं आता था।
(a) 10-15 किमी (b) 18-20 किमी
(c) 15-20 किमी (d) 20-21 किमी

5. बाबा भारती के इलाके के डाकू का क्या नाम था?
(a) सुमेर सिंह (b) वाल्मीकि
(c) बाँका सिंह (d) खड़गसिंह

6. डाकू खड़गसिंह को घोड़े की किस बात का पता चला?
(a) आदतों का (b) कमियों का
(c) हीन भावना का (d) खूबियों का

7. बाबा भारती किस समय घोड़े पर सवार होकर घूमने जाते थे?
(a) प्रातः काल (b) सायंकाल
(c) उषा काल (d) रात में

8. बाबा ने खड़गसिंह को घोडा कहाँ दिखाया?
(a) घर में (b) झोंपड़े में
(c) अस्तबल में (d) जंगल में

9. घोड़े को देखकर आश्चर्यचकित कौन हो गया ?
(a) बाबा सुखवीर (b) सुमेर सिंह
(c) बाबा भारती (d) खड़गसिंह

10. ''ऐसा घोड़ा मेरे पास होना चाहिए'' किसने सोचा?
(a) खड़गसिंह ने (b) बाबा भारती ने
(c) सुमेर सिंह ने (d) इनमें से कोई नहीं

11. ''मैं तुम्हारे पास यह घोड़ा नहीं रहने दूँगा''- किससे कहा गया है?
(a) सुल्तान से (b) भारती से
(c) खड़गसिंह से (d) अस्तबल से

12. बाबा भारती की नींद क्यों उड़ गई?
(a) आश्चर्य के कारण (b) डर के कारण
(c) डाकू के कारण (d) प्रसन्नता के कारण

13. बाबा भारती किसकी पीठ पर घूमने जा रहे थे?
(a) मुल्तान की (b) चेतक की
(c) सुल्तान की (d) शक्ति की

14. घोड़े की रखवाली के लिए बाबा कहाँ सोने लगे?
(a) गाँव में (b) मैदान में
(c) अस्तबल में (d) खेत में

15. रात की नींद किसकी उड़ गई?
(a) बाबा भारती की (b) डाकू की
(c) खड़गसिंह की (d) वाल्मीकि की

16. हार की जीत कहानी में सुल्तान किसका नाम है?
(a) अस्तबल का (b) गधे का
(c) बिल्ली का (d) घोड़े का

17. घोड़े पर घूमने जाते हुए किसे आवाज सुनाई दी?
(a) डाकू को (b) खड़गसिंह को
(c) बाबा भारती को (d) ये सभी

18. ''ओ बाबा! इस अपाहिज की बात सुनते जाना''- किसने कहा?
(a) बाबा भारती ने (b) जंगल ने
(c) डाकू खड़गसिंह ने (d) सुल्तान ने

19. एक अपाहिज कहाँ बैठा हुआ था?
(a) वृक्ष के नीचे
(b) किनारे के पास
(c) घर के अन्दर
(d) नदी के पास

20. वृक्ष के नीचे बैठा अपाहिज क्या माँग रहा था?
(a) धन की भीख (b) रोटी की भीख
(c) दया की भीख (d) खुशी की भीख

21. अपाहिज व्यक्ति ने किस काम में असमर्थता जताई?
(a) खाने में (b) दौड़ने में
(c) चलने में (d) घूमने में

22. अपाहिज व्यक्ति के सौतेले भाई का क्या नाम था?
(a) धनदत्त (b) भारती
(c) भीमदत्त (d) दुर्गादत्त

23. अपाहिज के भाई दुर्गादत्त का क्या काम था?
(a) रजक (b) वैद्य
(c) वणिक (d) अध्यापक

24. ''मुझे रामा वाला गाँव में मेरे सौतेले भाई के पास पहुँचा दो''- किसने कहा?
(a) अपाहिज ने (b) बाबा ने
(c) डाकू ने (d) भारती ने

25. अपाहिज को घोड़े पर चढ़ाकर बाबा क्या पकड़कर चलने लगे ?
(a) पूँछ को (b) कान को
(c) लगाम को (d) अपाहिज को

26. सहसा झटका किसे लगा और लगाम उनके हाथ से छूट गई।
(a) डाकू (b) बाबा भारती
(c) अस्तबल (d) दुर्गादत्त

27. अपाहिज व्यक्ति घोड़े की पीठ पर किस प्रकार बैठा हुआ था?
(a) घबराकर (b) तनकर
(c) डरकर (d) झुककर

28. घोड़े की पीठ पर तनकर बैठा हुआ अपाहिज घोड़े को किस प्रकार ले जा रहा है?
(a) सुलाकर (b) चलाकर
(c) खिलाकर (d) दौड़ाकर

29. अपाहिज व्यक्ति को बाबा भारती ने किस रूप में पहचाना।
(a) डाकू (b) वैद्य
(c) सौतेला भाई (d) दुर्गादत्त

30. बाबा भारती ने किसे चिल्लाकर ठहरने को कहा?
(a) रत्नसिंह को (b) दुर्गादत्त को
(c) खड़गसिंह को (d) घोड़े को

31. बाबा के चिल्लाने की आवाज सुनकर खड़गसिंह ने क्या किया?
(a) घोड़ा रोक दिया
(b) घोड़े से उतर गया
(c) घोड़े को तेज कर दिया
(d) घोड़े को मारने लगा

32. घोड़े को वापिस नहीं लेने का विश्वास किसने दिलाया?
(a) डाकू ने (b) बाबा भारती नै
(c) दुर्गादत्त ने (d) सौतेले भाई ने

33. बाबा भारती के शब्द किसके कानों में गुंजतें रहे।
(a) वैद्य (b) दुर्गादत्त
(c) भारती (d) खड़गसिंह

34. खड़गसिंह घोड़ा लेकर बाबा भारती के पास किस स्थान पर गया?
(a) मन्दिर में (b) जंगल में
(c) मस्जिद में (d) अस्तबल में

35. बाबा ने खड़गसिंह से कहा-यह बात किसी से मत कहना क्योंकि लोगों का किन पर विश्वास नहीं रहेगा?
(a) विकलांग पर (b) दीन-हीन पर
(c) अमीरोंपर (d) गरीबों पर

36. खड़गसिंह की आँखों में कैसे आँसू थे?
(a) खुशी के (b) अच्छाई के
(c) नेकी के (d) दु:ख के

37. प्रात:काल बाबा कुटिया से निकलकर कहाँ गए?
(a) नदी (b) मन्दिर
(c) अस्तबल (d) न्यायालय

38. घोड़े ने स्वामी की कौन-सी चीज को पहचान लिया।
(a) आवाज को (b) पाँवों की चाप को
(c) कपड़े को (d) शरीर की खुशबू को

39. बाबा भारती किससे गले लगकर रोने लगे।
(a) खड़गसिंह से (b) दुर्गादत्त से
(c) डाकू से (d) घोड़े से

40. बाबा और खड़गसिंह के आँसू कहाँ मिल गए?
(a) मिट्टी में (b) दूध में
(c) पानी में (d) इनमें से कोई नहीं

41. "अब गरीबों की सहायता से कोई मुँह नहीं मोड़ेगा'' किसने कहा?
(a) दुर्गादत्त ने (b) खड़गसिंह ने
(c) सौतेले भाई ने (d) बाबा भारती ने

42. अस्तबल का फाटक बन्द कर कौन चला गया?
(a) खड्गसिंह (b) बाबा भारती
(c) सौतेला भाई (d) दुर्गादत्त

43. 'क्या ऐसा नहीं हो सकता' पाठ के लेखक हैं
(a) भवानी प्रसाद (b) रामनारायण
(c) अमरकान्त (d) सुदर्शन

44. जब मैं तुम्हारे यहाँ आता हूँ, तो तुम मेरा किसके समान स्वागत करते हो।
(a) मेहमान के (b) भाई के
(c) दुश्मन के (d) सखा के

45. स्वागत शब्द में सन्धि है
(a) दीर्घ (b) अयादि
(c) यण (d) वृद्धि

46. हे मित्र ! तुम मुझसे छिपाकर क्या लाते हो?
(a) शक्कर (b) घी
(c) (a) और (b) दोनों (d) नमक

47. तुम्हारी गुंजाइश किसमें नहीं होती?
(a) खाने में (b) नमक में
(c) घर में (d) बजट में

48. मेरे घर आने पर (मित्र) तुम कैसे व्यवस्था करते हो?
(a) उधार माँगकर
(b) घर पर रहकर
(c) लड़ाई लड़कर
(d) इनमें से कोई नहीं

49. मुझसे बात करते रहने पर भी तुम्हें कौन-सी चिन्ता रहती है।
(a) खाना खिलाने की (b) साबुन देने की
(c) टॉवेल देने की (d) चाय पिलाने की

50. तेल देने के बाद मुझे और क्या देना चाहते हो?
(a) कंघा (b) आईना
(c) (a) और (b) दोनों (d) टॉवेल

51. हे मित्र! तुमने मेरे लिए पान किससे मँगाया?
(a) वृद्ध जन से (b) माँ से
(c) बच्चे से (d) पत्नी से

52. मित्र के बिस्तर कैसे हैं?
(a) गन्दे (b) साफ
(c) मैले (d) फटे

53. हे मित्र! तुम किसे करीने से लगा देते हो?
(a) काँच.कंघा को (b) कपड़ों को
(c) खाने को (d) पुस्तकों को

54. तुमने अपने फटे बिस्तर को किससे ढँका ?
(a) कपड़े से (b) पॉलिथिन से
(c) चादर से (d) रजाई से

55. मेरे लिए पड़ोसी से क्या माँगकर लाते हो?
(a) आईना (b) कंघा (c) पान (d) चाय

56. जब मैं नहाकर भोजन कर रहा था, तो तुमने बच्चे को भेजकर क्या मँगाया?
(a) दूध (b) पान
(c) सिगरेट (d) चाय

57. तुम्हारे पास किस प्रकार का (कैसा) आईना है?
(a) फूटा आईना
(b) धुँधला आईना
(c) (a) और (b) दोनों
(d) साफ आईना

58. तुम्हारे घर में बेतरतीब कपड़े कहाँ लटके हुए हैं?
(a) किवाड़ पर (b) पेड़ पर
(c) खूँटियों पर (d) रास्ते पर

59. फटे बिस्तर का विशेषण शब्द क्या होगा?
(a) फटे बिस्तर (b) बिस्तर
(c) (a) और (b) दोनों (d) फटे

60. प्रस्तुत पाठ में करीने शब्द का अर्थ है
(a) तरीका (b) गलत
(c) कठिन (d) अच्छा

61. नहाने के बाद मुझे देना होगा
(a) नाश्ता (b) चाय
(c) आराम (d) टॉवेल

62. ''पत्र लिखते रहना, अवकाश में आते रहना'' ऐसा मित्र कब बोलता है?
(a) विदा लेते समय
(b) खाना खाते समय
(c) (a) और (b) दोनों
(d) उपरोक्त में से कोई नहीं

63. प्रस्तुत पाठ में 'अवकाश' शब्द का अर्थ है
(a) अच्छा (b) आकाश
(c) पत्र (d) छुट्टी

64. जब मैं विदा लेता हूँ, तो तुम कैसी दृष्टि से निहारते हो?
(a) निनिमेष (b) निमेष
(c) निःशेष (d) ये सभी

65. हे मित्र! तुम मुझे किस प्रकार विदा देते हो?
(a) पलकों पर बैठाकर (b) पान खिलाकर
(c) झगड़ा कर (d) रोकर

66. जब मैं तुमझे विदा लेता हूँ, तो तुम कब जाने की कहते हो?
(a) परसों (b) दो दिन बाद
(c) कल (d) रविवार को

67. मुझे विदा देते समय तुम्हारी दृष्टि किससे परिपूर्ण रहती है?
(a) स्नेह से (b) दर्द से
(c) लाचारी से (d) ये सभी

68. प्रस्तुत पाठ में आए शब्द निमेष का अर्थ है
(a) आँख बन्द कर
(b) बिना पलक झपकाए
(c) आँख खोलकर
(d) पलक झपकाए

69. 'कल चले जाना' ऐसा तुम मुझसे कब बोलते हो?
(a) सोते समय (b) विदा लेते समय
(c) नहाते समय (त) स्नान करते समय

70. तुम किस चादर से ढ़क देते हो
(a) पलंग को
(b) कमरे को
(c) बिस्तर को
(d) उपरोक्त मे से कोई नहीं

71. तुम बिखरी हुई पुस्तकों को कैसे लगाते हो?
(a) गलत (b) करीने से
(c) सरल (d) सरीने से

72. हम सबके चेहरे पर कैसी धुँध छाई हुई है?
(a) सुविधाओं की (b) हीन भावना की
(c) अभावों की (d) गलतियों की

73. प्रस्तुत पाठ में आए हुए 'धुंध' शब्द से लेखक का अभिप्राय है
(a) कमियों से
(b) अन्धकार से
(c) (a) और (b) दोनों
(d) सुख से

74. लेखक ने मित्र को राजनीति साहित्य के बदले कौन-सी बात करने की सलाह दी है?
(a) गृहस्थी की (b) अपनी
(c) विदेश की (d) दूसरे की

75. लेखक मित्र को किस तरह के व्यवहार की सलाह देता है?
(a) दिखावा सहित (b) बनावटी
(c) दिखावा रहित (d) सरल

76. 'तुम धुँधले काँच को छिपाते हो मैं कौन-सी क्रिया है?
(a) काँच (b) सकर्मक
(c) तुम (d) अकर्मक

77. 'हम जैसे है, वैसे ही मिले – इस वाक्य में लेखक क्या व्यक्त करता है?
(a) गरीबी (b) लाचारी
(c) असहनीयता (d) ह्रदय की वेदना

78. ''तुम फटे बिस्तर को उजली चादर से मत ढको'' लेखक क्या व्यक्त करता है?
(a) सच्चाई को
(b) आंडम्बर को
(c) (a) और (b) दोनों
(d) उपरोक्त में से कोई नहीं

79. सारी व्यवस्था के चलते जब बैठने का अवकाश आता है, तब तुम कौन-सी बात छोड़ देते हो?
(a) राजनीति की
(b) साहित्य की
(c) (a) और (b) दोनों की
(d) घर की

80. लेखक अपने मित्र से कैसी रोटी खाना की बात कहता है?
(a) अच्छी रोटी (b) सूखी रोटी
(c) कल की रोटी (d) चिपड़ी रोटी

81. लेखक अपने मित्र से कैसे कप में चाय पीने की जिद करता है?
(a) टूटे कप में (b) छोटे कप में
(c) बड़े कप में (d) कच्चे कप में

82. 'श्रम की महिमा' कविता के रचयिता हैं
(a) रामनारायण (b) सुदर्शन
(c) गोपाल प्रसाद व्यास (d) भवानी प्रसाद मिश्र

83. इस कविता में कवि ने किसके फल पर बल दिया है?
(a) परिश्रम (b) साधना
(c) (a) और (b) दोनों (d) गरीबी

84. वर्तमान युग में मानव क्या भूल रहा है?
(a) धन का महत्त्व
(b) श्रम का महत्त्व
(c) विद्या का महत्त्व
(d) इनमें से कोई नहीं

85. जीवन का अस्तित्व किसमें माना गया है?
(a) ज्ञान में (b) दुःख में
(c) कर्म में (d) सुख में

86. इतने बड़े महात्मा होकर भी कौन अपना काम स्वयं करते थे?
(a) महात्मा गाँधी (b) वल्लभभाई पटेल
(c) जेम्स प्रिंसेप (d) विवेकानन्द

87. महात्मा गाँधी आश्रम में कौन-से कार्य करते थे?
(a) सूत कातना
(b) कपास बुनना
(c) अनाज से कंकड़ चुनना
(d) उपरोक्त सभी

88. 'श्रम' को किसकी तरह पूजनीय माना गया है?
(a) भाई की तरह (b) ईश्वर की तरह
(c) पिता की तरह (d) मित्र की तरह

89. 'तुम कागज पर लिखते हो'- पंक्ति किस कविता से ली गई है?
(a) श्रम की महिमा
(b) क्या ऐसा नहीं हो सकता
(c) हार की जीत
(d) उपरोक्त में से कोई नहीं

90. कवि ने किसे छोटा-बड़ा, ऊँचा-नीचा नहीं माना है?
(a) बाजार को (b) घर को
(c) कद को (d) काम को

91. कवि का कार्य किस पर होता है?
(a) सड़क पर (b) जमीन पर
(c) कागज पर (d) ये सभी

92. सफाई करने वाला सड़क पर क्या करता है?
(a) झाड़ू लगाता है (b) सड़क रोक लेता है
(c) कचरा फैलाता है (d) सड़क तोड़ता है

93. जमीन में बीज बोकर कौन फसल उगाता है?
(a) गरीब (b) किसान
(c) माली (d) व्यापारी

94. गाँधी जी कहाँ अपने काम स्वयं किया करते थे?
(a) विदेश में (b) घर में
(c) सड़क में (d) आश्रम में

95. स्वयं सूत कातकर अपने लिए कपड़ा कौन बनाता था?
(a) महात्मा गाँधी (b) लाला लाजपत राय
(c) नेहरू (d) विवेकानन्द

96. महात्मा गाँधी किसकी तरह कपास बुनते थे?
(a) कुम्हार की तरह (b) व्यापारी की तरह
(c) जुलाहों की तरह (d) मोची की तरह

97. महात्मा गाँधी आश्रम में कंकड़ किससे चुनते थे?
(a) दाल से (b) चावलों से
(c) मिट्टी से (d) खेत से

98. पुस्तकों की जिल्द बनाना कौन जानता था?
(a) गाँधी (b) बोस
(c) नेहरू (d) पटेल

99. गाँधीजी किसे ईश्वर के समान पूजनीय मानते थे?
(a) अमीरी को
(b) आराम को
(c) उदासीनता को
(d) परिश्रम को

100. कर्मों के विषय में शिक्षा किस प्राचीन ग्रन्थ में वर्णित है?
(a) आरण्यक (b) ब्राह्मण
(c) गीता (d) पुराण

101. 'कपड़ा बुनना' किनका परम्परागत काम है?
(a) कसाई का (b) जुलाहों का
(c) व्यापारी का (d) मछुआरों का

102. 'चक्की' का प्रयोग किस काम के लिए मनुष्यों द्वारा किया जाता है?
(a) घड़ी बनाने (b) चप्पल निर्माण
(c) कंकड़ चुनने (d) अनाज पीसने

103. श्रमिक का महत्त्वपूर्ण काम है
(a) सड़क साफ करना (b) मजदूरी करना
(c) घड़ी बनाना (d) ये सभी

104. हम सभी मानवों को छोटा-बड़ा किस आधार पर मानते हैं?
(a) कर्मों के आधार पर
(b) विद्या के आधार पर
(c) धन के आधार पर
(d) उपरोक्त में से कोई नहीं

105. जूते-चप्पल बनाने का काम कौन करता है? पाठ के आधार पर बताइए।
(a) घड़ीसाज (b) जुलाहा
(c) मोची (d) जिल्दसाजी

106. 'जिल्द' बनाने का काम कौन करता है? पाठ के आधार पर बताइए।
(a) मोची (b) जिल्दसाज
(c) कुम्हार (d) किसान

107. एक बार उत्साह-ग्रस्त कौन महात्मा गाँधी से मिलने आया?
(a) वकील (b) डॉक्टर
(c) अध्यापक (d) इन्जीनियर

108. बापूजी ने किससे कहा- 'बैठिए पीसेंगे मिलकर'।
(a) कवि से (b) डॉक्टर से
(c) ईश्वर से (d) वकील से

109. प्रस्तुत पाठ में आए 'नित' शब्द का अर्थ होगा
(a) रोजाना (b) अच्छा (c) कल (d) नया

110. धरती में बीज कौन गाड़ता है?
(a) मजदूर (b) किसान
(c) (a) और (b) दोनों (d) बच्चा

111. अपने काम के लिए कौन निर्भर नहीं रहता था?
(a) भगत सिंह
(b) रामप्रसाद बिस्मिल
(c) महात्मा गाँधी
(d) उपरोक्त में से कोई नहीं

112. 'खूनी हस्ताक्षर' निम्न में से किस कवि की रचना है।
(a) रामप्रसाद बिस्मिल
(b) गोपाल प्रसाद व्यास
(c) अमरकान्त
(d) गोपाल शर्मा

113. गोपाल व्यास ने 'खूनी हस्ताक्षर' में किसके आह्वान का उल्लेख किया है?
(a) महात्मा गाँधी (b) रामप्रसाद बिस्मिल
(c) सुभाषचन्द्र बोस (d) इनमें से कोई नहीं

114. 'खून में उबाल आना' मुहावरे का अर्थ है
(a) मौत के घाट उतारना
(b) शहीद होना
(c) खून गर्म होना
(d) जोश से भर आना

115. "तुम मुझे खून दो, मैं तुम्हे आजादी दूँगा" किसने कहा?
(a) सुभाषचन्द्र बोस ने
(b) भगत सिंह ने
(c) तिलक ने
(d) रामप्रसाद बिस्मिल ने

116. आजादी के लिए नवयुवकों ने हस्ताक्षर दिए थे
(a) नील से (b) काले रंग से
(c) रक्त से (d) लाल स्याही से

117. रण में जाने को कौन तैयार रहता है
(a) बालक (b) वृद्ध
(c) स्त्री (d) नवयुवक

118. "ऐसा खून किस काम का जो काम न आ सके"- कवि ने ऐसा किसके लिए कहा है?
(a) वतन के (b) स्वयं के
(c) राज्य के (d) दूसरे के

119. जिसमें आजादी से जीने की चाह और गति नहीं है, वह क्या है?
(a) माया (b) खून
(c) धन (d) शरीर

120. जिसमें देशभक्ति की भावना नहीं है, वह क्या कहलाने लायक नहीं है?
(a) नारी (b) पुत्र
(c) बच्चा (d) युवक

121. जिसमें उत्साह, उमंग नहीं है, उसका खून कैसा हो गया है?
(a) दूध (b) विष
(c) पानी (d) कठोर

122. जिनका खून पानी हो गया है, कवि ने ऐसे लोगों को किसके समान माना है?
(a) दु:खी हुए (b) थके हुए
(c) (a) और (b) दोनों (d) मरे हुए

123. लोगों को प्राणों की बली देने का आह्वान किसने किया?
(a) तिलक ने
(b) दयानन्द सरस्वती ने
(c) सुभाषचन्द्र बोस ने
(d) महात्मा गाँधी ने

124. जगत में रहने वाले मनुष्यों के खून को किसने ललकारा?
(a) सुभाषचन्द बोस ने
(b) महात्मा गाँधी ने
(c) तिलक ने
(d) भगत सिंह ने

125. भारत माता के चरणों में जो माला चढ़ाई जाएगी वह कैसी होगी?
(a) विजयीमाला
(b) पराजय की माला
(c) साधारण माला
(d) असाधारण माला

126. विजयीमाला में किसके फूल गूँथे हुए हैं?
(a) नासिका के
(b) शीश के
(c) गुलाब के
(d) कर्ण के

127. ''आजादी भाषणों तथा प्रार्थना -पत्रों से प्राप्त नहीं होती'' किसने कहा
(a) जवाहरलाल नेहरू
(b) सुभाषचन्द्र बोस
(c) महात्मा गाँधी
(d) रामप्रसाद बिस्मिल

128. सुभाषचन्द्र बोस के अनुसार आजादी किनसे मिलती है?
(a) बलिदानों से (b) विद्या से
(c) धन से (d) युद्ध से

129. खून की नदियाँ किसके लिए बहानी पड़ती है?
(a) युद्ध के लिए (b) लड़ने के लिए
(c) धन के लिए (d) स्वतन्त्रता के लिए

130. स्वतन्त्रता प्राप्ति के लिए किससे जूझना पड़ता है?
(a) दुःखों से (b) खतरों से
(c) खुशियों से (d) संघर्षों से

131. सुभाषचन्द्र बोस की आँखो में क्या उत्तर आया?
(a) लहू (b) पानी
(c) (a) और (b) दोनों (d) खून

132. क्रोधित बोस की आँखे किस रंग की हो गई?
(a) लाल (b) पीला
(c) हरा (d) गुलाबी

133. सुभाषचन्द्र बोस किसे उत्साहित कर रहे थे?
(a) अंग्रेजों को (b) देशवासियों को
(c) मुस्लिमों को (d) हिन्दुओं को

134. ''तुम मुझे खून दो, मैं तुम्हें आजादी दूँगा' यह सुनकर लोगों का मन कैसा हो गया?
(a) उत्साहित (b) बैचेन
(c) दुःखी (d) ये सभी

135. 'बोस' की बातें सुनकर सभी किसके नारे लगाने लगे
(a) अहिंसा के
(b) आन्दोलन के
(c) हिंसा के
(d) इन्कलाब के

136. लोगों को प्रभावित किसके नारों ने किया?
(a) महात्मा गाँधी (b) सुभाषचन्द्र बोस
(c) सुखवीर (d) तिलक

137. एक ही स्वर में समस्त भारतवासी क्या कहने लगे?
(a) हम खून लेंगे (b) इन्कलाब जिन्दाबाद
(c) हम खून देंगे (d) हम नहीं देंगे

138. इस कागज पर कौन हस्ताक्षर करने को तैयार हुए?
(a) हिन्दुस्तानी (b) अंग्रेज
(c) वृद्ध (d) मुस्लिम

139. इस पाठ में आए हुए 'स्वाक्षरी' शब्द का सन्धि-विच्छेद होगा
(a) स्व + क्षरी (b) स्वा + क्षरी
(c) स्वाक्ष + री (d) स्व + अक्षरी

140. ''यह देश की आजादी का फरमान अर्थात् आदेश- पत्र है''-किसने कहा?
(a) वल्लभभाई पटेल (b) भगत सिंह
(c) सुभाषचन्द्र बोस (d) सुदर्शन

141. भारत माता के चरणों पर कौन रक्त चढ़ाने को तैयार है?
(a) बच्चे (b) देशवासी
(c) स्त्री (d) परदेशी

142. सभी युवकों ने किस-किस से अपने शरीर को खोदकर रक्त गिराया?
(a) चाकू (b) कटार
(c) तलवार (d) ये सभी

143. किनका असीम सागर लहरे मार रहा था?
(a) बच्चों का (b) भाइयों का
(c) युवकों का (d) वृद्धों का

144. सभी नवयुवक किससे हस्ताक्षर कर रहे थे?
(a) कलम से (b) खूनी कलम से
(c) पेन्सिल से (d) स्यायी की कलम से

145. पाठ में आए हुए 'स्वतन्त्रता' शब्द का विलोम पद होगा
(a) प्रवाह (b) बलिदान
(c) रक्त (d) परतन्त्रता

146. 'पवराना' शब्द का अर्थ है
(a) आदेश-पत्र
(b) शपथ-पत्र
(c) घोषणा-पत्र
(d) उपर्युक्त में से कोई नहीं

147. 'इन्कलाब' का क्या अर्थ है? पाठ के आधार पर बताइए।
(a) शपथ (b) इकबाल
(c) आन्दोलन (d) क्रान्ति

148. रामप्रसाद बिस्मिल की रचना है
(a) माँ (b) हार की जीत
(c) मेरी माँ (d) दोपहर का भोजन

149. रामप्रसाद बिस्मिल थे
(a) साहित्यकार (b) रचनाकार
(c) क्रान्तिकारी (d) ये सभी

150. अंग्रेजों का अत्याचार सहते हुए जेल में उन्होंने क्या लिखा?
(a) निज जीवन की एक छटा
(b) एक छटा
(c) निज जीवन
(d) तुम्हारा जीवन, निज छटा

151. 'बिस्मिल' ने 'मेरी माँ' के माध्यम से क्या सन्देश दिया है?
(a) प्रेम (b) श्रद्धा-भक्ति
(c) (a) व (b) दोनों (d) ईर्ष्या

152. 'बिस्मिल' के पालन-पोषण, चरित्र निर्माण में किसकी भूमिका रही?
(a) भाई (b) माँ (c) बहन (d) पिता

153. बिस्मिल के लिए असीम प्रेरणा का स्रोत क्या रहा ?
(a) क्रान्तिकारियों का जीवन
(b) पिता का जीवन
(c) अंग्रेजों का अत्याचार
(d) माता का जीवन

154. बिस्मिल कैसी आयु में देशसेवा की ओर अग्रसर हो गए।
(a) छोटी आयु में (b) बाल्यावस्था में
(c) बड़ी आयु में (d) वृद्धावस्था में

155. माँ ने हमेशा बिस्मिल को कैसी शिक्षा दी?
(a) असत्य की (b) क्रान्तिकारी की
(c) सत्य की (d) गरीबी की

156. परिवार की शिक्षा-दीक्षा को जिम्मेदारी बखूबी किसने निभाई
(a) दादी ने (b) बुआ ने
(c) भाई ने (d) माँ ने

157. माँ ने बिस्मिल का जीवन सुधारा, वह अतुलनीय क्या है?
(a) ईर्ष्या (b) प्रेम
(c) आनन्द (d) घृणा

158. माँ ने बिस्मिल का सहयोग कब दिया है?
(a) आत्मिक उन्नति में
(b) सामाजिक उन्नति में
(c) धार्मिक उन्नति में
(d) उपरोक्त सभी

159. महान देशभक्त बिस्मिल ने किसके लिए सर्वोच्च बलिदान दिया?
(a) भारत माता (b) अपनी माता
(c) अंग्रेज (d) ये सभी

160. बिस्मिल को किनके संस्कारों ने अधीर न होने दिया?
(a) जवाहरलाल नेहरू (b) भाई
(c) महात्मा गाँधी (d) माँ

161. बिस्मिल की माता कब गर्व महसूस करेंगी?
(a) आत्मसमर्पण करने से (b) बलिदान देने से
(c) धोखा देने से (d) सम्मान देने से

162. कर्त्तव्य पथ पर अड़िग कौन रहे?
(a) रामनारायण (b) सुदर्शन
(c) गोपाल व्यास (d) रामप्रसाद बिस्मिल

163. क्रान्तिकारी किसे याद करते हुए अपना बलिदान देते है?
(a) परमात्मा (b) पिता
(c) माँ (d) बन्धुजन

164. बड़े होनहार नौजवान तथा गजब के शायर कौन थे?
(a) सुखवीर (b) भगतसिंह
(c) तिलक (d) बिस्मिल

165. कुछ लोग बिस्मिल को किस रूप में देख रहे थे?
(a) सेनाध्यक्ष (b) सैनिक
(c) सेनापति (d) क्रान्तिकारी

166. बिस्मिल के जन्म के समय किसका आधिपत्य था?
(a) भारतीयों का (b) विदेशियों का
(c) अंग्रेजों का (d) चीनियों का

167. 'सेनाध्यक्ष' के रूप में बिस्मिल को कौन देखना चाहते थे?
(a) भगतसिंह (b) सुखवीर
(c) (a) और (b) दोनों (d) दयानन्द

168. रामप्रसाद बिस्मिल ने अपनी आत्मकथा कहाँ लिखी?
(a) सभा भवन में
(b) घर में
(c) (a) और (b) दोनों
(d) जेल में

169. बिस्मिल की आत्मकथा को किससे प्रकाशित कराया?
(a) माँ ने (b) साथियों ने
(c) भाइयों ने (d) पिता ने

170. बिस्मिल की कौन-सी पुस्तक ने अंग्रेजों के होश उड़ा दिया?
(a) निज जीवन की एक छटा
(b) निज जीवन
(c) एक छटा
(d) हार की जीत

171. कांग्रेस अधिवेशन में जाने की बिस्मिल की इच्छा थी, वह अधिवेशन कहाँ हुआ?
(a) लखनऊ (b) मुम्बई
(c) कलकत्ता (d) नागपुर

172. शाहजहाँपुर में किस समिति का आरम्भ हुआ था?
(a) राज समिति (b) सेवा समिति
(c) देश समिति (d) राष्ट्र समिति

173. बिस्मिल का उत्साह कौन भंग नहीं होने देती थी
(a) पत्नी (b) बहन
(c) दादी (d) माँ

174. रामप्रसाद बिस्मिल के गुरु का नाम क्या था?
(a) महादेव (b) विष्णुदेव
(c) सोमदेव (d) सुखदेव

175. वकील ने बिस्मिल से कहाँ हस्ताक्षर करने को कहाँ?
(a) कागज पर (b) आदेश पत्र पर
(c) वकालतनामा पर (d) घोषणा-पत्र पर

176. अपने जीवन में हमेशा सत्य का आचरण कौन करता रहा
(a) सुखदेव (b) बिस्मिल
(c) दोनों (d) भगतसिंह

177. कितनी उम्र में माताजी विवाह कर शाहजहाँपुर आ गई?
(a) 13 वर्ष में (b) 11 वर्ष में
(c) 14 वर्ष में (d) 12 वर्ष में

178. अशिक्षित एवं ग्रामीण कन्या के समान कौन थी?
(a) सोमदेव की बहिन (b) बिस्मिल की माँ
(c) भगतसिंह की माँ (d) इनमें से कोई नहीं

179. बिस्मिल की माँ किस लिपि की पुस्तकों का अध्ययन करने लगी?
(a) ब्राह्मी लिपि (b) फारसी लिपि
(c) खरोष्ठी लिपि (d) देवनागरी लिपि

180. माताजी का आदेश बिस्मिल के लिए क्या था?
(a) कोई दुःखी न कहो
(b) किसी की प्राणहानि न हो
(c) कोई गरीब न हो
(d) किसी की धन हानि न हो

181. पाठ में आए 'जन्मदात्री' शब्द का अर्थ है?
(a) जन्म देने वाली माता
(b) मित्र
(c) भारत माता
(d) पालने वाली माता

182. किसकी पत्नी पुत्र की मृत्यु के बाद प्रसन्न हुई?
(a) परशुराम (b) गुरु गोविन्द सिंह
(c) विजय सिंह पथिक (d) तेजबहादुर सिंह

183. दोपहर का भोजन पाठ की विधा क्या है?
(a) कविता (b) आत्मकथा
(c) कहानी (d) निबन्ध

184. दोपहर का भोजन पाठ के लेखक कौन हैं?
(a) अमरकान्त (b) प्रेमचन्द
(c) उदय प्रकाश (d) शिवानी

185. सिद्धेश्वरी के कितने पुत्र थे?
(a) तीन (b) दो (c) चार (d) एक

186. उसके गले तथा छाती की हड्डियाँ साफ दिखाई देती थीं। यह किसके बारे में कहा गया है?
(a) प्रमोद (b) रामचन्द्र
(c) मोहन (d) चन्द्रिका प्रसाद

187. रामचन्द्र क्या काम सीख रहा था?
(a) मुनीम गिरी का (b) क्लर्क का
(c) पटवारी का (d) प्रूफ रीडिंग का

188. मुंशी जी ने खाने के बाद क्या माँगा?
(a) दही (b) लस्सी
(c) गुड़ (d) चीनी

189. सिद्धेश्वरी परिवार के सदस्यों से एक-दूसरे के बारे में झूठ क्यों बोलती है?
(a) उसे झूठ बोलने की आदत थी
(b) परिवार की एकता को बनाए रखने हेतु
(c) रामचन्द्र व मोहन के झगड़े से बचने हेतु
(d) उपरोक्त सभी

190. मुंशी जी अपनी उम्र से बड़े लगते थे आपके विचार में इसका क्या कारण हो सकता है?
(a) अधिक धनवान होना
(b) अधिक मोटा होना
(c) जिम्मेदारियों का बोझ और चिन्ता
(d) समाज में बड़ा पद मिलना

191. पागल नहीं है बड़ा होशियार है उस जमाने का कोई महात्मा है यह कथन सिद्धेश्वरी के व्यक्तित्व की किस विशेषता को व्यक्त करता है।
(a) परिवार से प्रेम करने वाली
(b) समझदार गृहिणी
(c) घर के सदस्यों में प्रेम बनाए रखने में सक्षम
(d) उपरोक्त सभी

192. बड़का तो सभी छोटे भाईयों पर जान छिड़कता है इस कथन में बड़का किसे कहा गया है?
(a) रामचन्द्र
(b) प्रमोद
(c) मोहन
(d) मुंशी चन्द्रिका प्रसाद

193. निम्न में से किस वर्ष अमरकान्त जी का जन्म हुआ?
(a) 1915 (b) 1925
(c) 1935 (d) 1945

194. अमरकान्त किस युग के प्रसिद्ध कहानीकार हैं?
(a) भारतेन्दु युग के
(b) द्विवेदी युग के
(c) प्रेमचन्द्र युग के
(d) नई कहानी आन्दोलन के

195. दोपहर का भोजन कहानी में किस वर्ग का चित्रण किया गया है?
(a) पूँजीपति वर्ग का (b) उच्च मध्यम वर्ग का
(c) निम्न मध्यम वर्ग का (d) इनमें से कोई नहीं

196. दोपहर का भोजन कहानी में मुख्य पात्र कौन है?
(a) सिद्धेश्वरी (b) रामचन्द्र
(c) मोहन (d) मुंशी जी

197. दोपहर का भोजन कहानी में कौन-सा पात्र बीमार है?
(a) मुंशी जी (b) सिद्धेश्वरी
(c) माहन (d) प्रमोद

198. इस कहानी में मुख्य समस्या क्या है?
(a) बेरोजगारी (b) बीमारी
(c) शोषण (d) पुनर्वास

199. "तो थोड़े गुड़ का ठण्डा रस बनाओ, पीलूँगा, तुम्हारी कसम भी रह जाएगी जायका भी बदल जाएगा। यह कहकर ठहाका मारकर हँस पड़े।" इन पंक्तियों में मुंशी के किस मनोभाव का पता चलता है?
(a) विनोद प्रिय
(b) विरोधी
(c) झगड़ालू
(d) शंकालू

200. सिद्धेश्वरी ने मुंशी जी की झूठी थाली में खाना खाया, यह क्या दर्शाता है?
(a) गृहस्थ की परम्पराओं का निर्वाह
(b) पति के प्रति प्रेम
(c) घर में दूसरी थाली न होना
(d) उसे झूठी थाली में खाने को कहा गया

201. उसने कुछ देर तक लड़के को लगातार देखा फिर रोटी के दो बराबर टुकड़े करके एक ही टुकड़े को खाया यह कथन सिद्धेश्वरी की किस स्थिति को इंगित करता है?
(a) विक्षिप्तवस्था की ओर
(b) स्वाभाविक प्रवृत्ति की ओर
(c) विपन्नता
(d) उपरोक्त सभी

202. सिद्धेश्वरी की आँखों से आँसू क्यों टपकने लगे?
(a) खुशी के कारण
(b) आँख में चोट लगी थी
(c) किसी को भी भरपेट भोजन न मिलने के दुःख को महसूस करने के कारण
(d) बड़का और मँझले लड़के के झगड़े के करण

203. 'पैबद' का क्या अर्थ है?
(a) कपड़े के छिद्र को ढकने के लिए लगाया गया कपड़े का टुकड़ा
(b) समय का पाबन्द होना
(c) वह बर्तन जिसमें दाल बनाई जाती है
(d) उपरोक्त सभी

204. मुंशी चन्द्रिका पहले कहाँ काम करते थे?
(a) मकान किराया नियन्त्रण विभाग में
(b) आपदा नियन्त्रण विभाग में
(c) पशुपालन विभाग में
(d) शॉपिंग मॉल में

205. सिद्धेश्वरी के परिवार के सभी सदस्य दो रोटी खाकर और रोटी लेने से मना क्यों कर देते थे?
(a) वह अपने परिवार की स्थिति से परिचित है
(b) उनको खाना अच्छा नहीं लगा
(c) 'a' और 'b' दोनों
(d) उन्हें पता है कि यदि वह और रोटी लेंगे तो दूसरा सदस्य भूखा रह जाएगा

206. निम्न में से किसने दोपहर का भोजन बनाया था?
(a) चन्द्रिका प्रसाद ने (b) सिद्धेश्वरी ने
(c) मोहन ने (d) रामचन्द्र ने

207. रामचन्द्र सिद्धेश्वरी का कौन-सा बेटा था?
(a) बड़ा बेटा (b) मँझला बेटा
(c) छोटा बेटा (d) इनमें से कोई नहीं

208. मोहन की उम्र कितनी थी?
(a) 20 वर्ष (b) 18 वर्ष
(c) 16 वर्ष (d) 12 वर्ष

209. मुंशी चन्द्रिका प्रसाद कौन थे
(a) रामचन्द्र का दोस्त (b) सिद्धेश्वरी का पति
(c) सिद्धेश्वरी का पड़ोसी (d) सिद्धेश्वरी का रिश्तेदार

210. चन्द्रिक प्रसाद कौन-से पद पर कार्यरत् थे?
(a) मैनेजर के (b) अध्यक्ष के
(c) क्लर्क के (d) चपरासी के

211. मोहन कौन-सी कक्षा में पढ़ता था?
(a) दसवीं कक्षा में (b) बारहवीं कक्षा
(c) नौंवी कक्षा में (d) आठवीं कक्षा

212. रामचन्द्र कितने वर्ष का था?
(a) 21 वर्ष का (b) 22 वर्ष का
(c) 25 वर्ष का (d) 27 वर्ष का

213. सिद्धेश्वरी के सबसे छोटे लड़के की उम्र कितनी थी?
(a) 5 साल (b) 6 साल
(c) 7 साल (d) 8 साल

214. दोपहर का भोजन पाठ में किसकी शादी तय हो गई थी?
(a) मोहन की
(b) चन्द्रिका प्रसाद की
(c) रामचन्द्र की
(d) गंगा शरण बाबू की लड़की की

215. मुंशी जी की तबीयत किससे ऊब गई थी?
(a) अन्न से
(b) नमकीन से
(c) 'a' और 'b' दोनों से
(d) दाल चावल से

216. मुंशी जी, रामचन्द्र और मोहन के खाना खाने के बाद थाली में कितनी रोटियाँ बचीं थी?
(a) दो रोटी (b) एक रोटी
(c) चार रोटी (d) पाँच रोटी

217. सिद्धेश्वरी किसको बहुत होशियार बताती है?
(a) मोहन को (b) रामचन्द्र को
(c) प्रमोद को (d) चन्द्रिका प्रसाद को

218. प्रमोद ने क्या खाने की जिद पकड़ रखी थी?
(a) रोटी (b) रेवड़ी
(c) सब्जी (d) नमकीन

219. अमरकान्त जी का वास्तविक नाम क्या है?
(a) मोहन (b) प्रमोद
(c) श्रीराम वर्मा (d) इनमें से कोई नहीं

220. रामचन्द्र ने कहाँ तक पढ़ाई की थी?
(a) हाईस्कूल (b) इण्टरमीडिएट
(c) बी.ए. (d) एम.ए.

221. व्यग्रता से क्या तात्पर्य है?
(a) व्याकुलता
(b) घबराया हुआ
(c) 'a' और 'b' दोनों
(d) बेखबर

222. अमरकान्त का जन्म कहाँ हुआ था?
(a) बलिया, उत्तर प्रदेश
(b) बाराबंकी, उत्तर प्रदेश
(c) होशंगाबाद, मध्य प्रदेश
(d) दानापुर, बिहार

223. अमरकान्त की आरम्भिक शिक्षा कहाँ सम्पन्न हुई?
(a) इलाहाबाद
(b) बलिया
(c) बाराबंकी
(d) मथुरा

224. अमरकान्त जी ने किस अवस्था में लेखन कार्य प्रारम्भ किया?
(a) किशोरावस्था
(b) प्रौढ़ावस्था
(c) वृद्धावस्था
(d) बाल्यावस्था

225. अमरकान्त जी पत्रिकाओं के सम्पादकीय विभाग में कार्यरत् रहे?
(a) सैनिक (b) दैनिक अमृत
(c) दैनिक भारत (d) ये सभी

226. अमरकान्त जी ने किस पत्रिका का सम्पादन कार्य किया?
(a) सैनिक (b) दैनिक अमृत
(c) दैनिक भारत (d) कहानी

227. अमरकान्त जी की कहानियों में किस प्रकार का चित्रण रहता है?
(a) शहरी जीवन का यथार्थ चित्रण
(b) ग्रामीण जीवन का यथार्थ चित्रण
(c) 'a' और 'b' दोनों
(d) आधुनिक जीवन का चित्रण

228. निम्न में से कौन-सा अमरकान्त जी का कहानी संग्रह हैं
(a) जिन्दगी ओर जोक
(b) देश के लोग, मौत का नगर
(c) मिश्र-मिलन, कुहासा
(d) उपरोक्त सभी

229. अमरकान्त की जी की मृत्यु कब हुई?
(a) वर्ष 2012 (b) वर्ष 2014
(c) वर्ष 2016 (d) वर्ष 2018

230. सिद्धेश्वरी 'हाय राम' कहकर पर क्यों लेट गई थी?
(a) पेट दर्द के कारण
(b) अधिक थकान के कारण
(c) खाली पेट पानी कलेजे में लगने के कारण
(d) चोट लगने के काराण्

231. 'घर में मक्खियों का भिनभिनाना' पंक्ति से घर की कैसी दशा का संकेत मिलता है?
(a) सम्पन्नता का (b) दरिद्रता का
(c) खुशहाली का (d) ये सभी का

232. सिद्धेश्वरी का मँझला लड़का मोहन किसका प्राइवेट इम्तिहान देने की तैयारी कर रहा था?
(a) हाईस्कूल (b) प्राइमरी
(c) इण्टरमीडिएट (d) मिडिल क्लास

सही उत्तर

1. (c)	2. (a)	3. (d)	4. (a)	5. (d)	6. (d)	7. (b)	8. (c)	9. (d)	10. (a)
11. (b)	12. (b)	13. (c)	14. (c)	15. (a)	16. (d)	17. (c)	18. (c)	19. (a)	20. (c)
21. (c)	22. (d)	23. (b)	24. (a)	25. (c)	26. (b)	27. (b)	28. (d)	29. (a)	30. (c)
31. (a)	32. (b)	33. (d)	34. (a)	35. (b)	36. (c)	37. (c)	38. (b)	39. (d)	40. (a)
41. (d)	42. (a)	43. (a)	44. (b)	45. (c)	46. (c)	47. (d)	48. (a)	49. (c)	50. (d)
51. (c)	52. (d)	53. (d)	54. (c)	55. (a)	56. (b)	57. (b)	58. (c)	59. (d)	60. (a)
61. (d)	62. (a)	63. (d)	64. (a)	65. (a)	66. (c)	67. (d)	68. (b)	69. (b)	70. (c)
71. (b)	72. (c)	73. (c)	74. (a)	75. (c)	76. (b)	77. (d)	78. (a)	79. (c)	80. (b)
81. (c)	82. (d)	83. (c)	84. (b)	85. (c)	86. (a)	87. (d)	88. (b)	89. (a)	90. (d)
91. (c)	92. (a)	93. (b)	94. (d)	95. (a)	96. (c)	97. (b)	98. (a)	99. (d)	100. (c)
101. (b)	102. (d)	103. (d)	104. (d)	105. (c)	106. (b)	107. (a)	108. (d)	109. (a)	110. (b)
111. (c)	112. (b)	113. (c)	114. (d)	115. (a)	116. (c)	117. (d)	118. (a)	119. (b)	120. (d)
121. (c)	122. (d)	123. (c)	124. (a)	125. (a)	126. (b)	127. (b)	128. (a)	129. (d)	130. (b)
131. (d)	132. (a)	133. (d)	134. (a)	135. (d)	136. (b)	137. (c)	138. (a)	139. (d)	140. (c)
141. (b)	142. (d)	143. (c)	144. (b)	145. (d)	146. (a)	147. (d)	148. (c)	149. (d)	150. (a)
151. (c)	152. (b)	153. (b)	154. (a)	155. (c)	156. (d)	157. (b)	158. (d)	159. (a)	160. (d)
161. (b)	162. (d)	163. (a)	164. (d)	165. (a)	166. (c)	167. (a)	168. (d)	169. (b)	170. (a)
171. (a)	172. (b)	173. (d)	174. (c)	175. (c)	176. (b)	177. (b)	178. (b)	179. (d)	180. (b)
181. (a)	182. (b)	183. (c)	184. (a)	185. (a)	186. (a)	187. (d)	188. (c)	189. (b)	190. (c)
191. (d)	192. (a)	193. (b)	194. (d)	195. (c)	196. (a)	197. (d)	198. (a)	199. (a)	200. (a)
201. (a)	202. (c)	203. (a)	204. (a)	205. (c)	206. (b)	207. (d)	208. (b)	209. (b)	210. (c)
211. (c)	212. (a)	213. (b)	214. (d)	215. (c)	216. (c)	217. (b)	218. (b)	219. (c)	220. (b)
221. (c)	222. (a)	223. (b)	224. (a)	225. (d)	226. (d)	227. (c)	228. (d)	229. (b)	230. (c)
231. (b)	232. (a)								

इकाई 14

शिवानी

अपराजिता

- भारतीय नारी पर आधारित काल्पनिक कथाओं को लिखने वाली गौरा पन्त 'शिवानी' हिन्दी साहित्य की महत्त्वपूर्ण लेखिका है।
- उनका जन्म 17 अक्टूबर, 1923 को राजकोट (गुजरात) में विजयादशमी के दिन साहित्य प्रेमी परिवार में हुआ।
- उनकी शिक्षा शान्तिनिकेतन और कोलकाता विश्वविद्यालय में हुई। वे एक साथ कवि, कहानीकार, उपन्यासकार, निबन्धकार, रिपोर्ताज लेखिका, संस्मरणकार, यात्रा वर्णनकार आदि कई रूपों में समाज के सामने प्रस्तुत हुई हैं।
- वर्ष 1951 में 'मैं मुर्गा हूँ,' 'धर्मयुग' पत्रिका में छपी और वह गौरा पन्त से 'शिवानी' बन गई। उनका पहला उपन्यास 'लाल हवेली' था।
- उन्होंने 40 उपन्यास लिखे। हिन्दी साहित्य में उनके योगदान के लिए उन्हें वर्ष 1982 में 'पद्मश्री' की उपाधि से अलंकृत किया गया।
- इसके अलावा महीयसी महादेवी पुरस्कार, रामचन्द्र शुक्ल पुरस्कार, बंकिम पुरस्कार आदि भी मिले हैं।

उनकी प्रमुख कृतियाँ

उपन्यास – कृष्णकली, कालिन्दी, अतिथि, पूतों वाली, चल खुसरो घर आपने, शमशान चम्पा, भैरवी, स्वयंसिद्धा, विषकन्या, विलाप, आज्ञा।

कहानी संग्रह शिवानी की श्रेष्ठ कहानियाँ, झरोखा

संस्मरण अमोदर शान्ति निकेतन, स्मृति कलश

यात्रा वृत्तान्त चरैवैति, यात्रिक

आत्मकथा सुनहूँ तात यह अमर कहानी

मूल संवेदना

- 'अपराजिता' कहानी शिवानी के द्वारा लिखी गई प्रसिद्ध कहानी है। इस कहानी में एक ऐसी महिला का वर्णन किया गया है, जिसमें अद्भुत धैर्य, दृढ़ इच्छा शक्ति और निरन्तर साधना का बल था।
- उसने इसी विशेषता के कारण विकलांगता पर विजय पायी। दूसरों की विपत्ति की तुलना में हमारी विपत्ति कितनी ही कम हो फिर भी हम विधाता को अवश्य दोषी ठहराते हैं।
- 'अपराजिता' कहानी में लेखिका ने दो पीड़ित व्यक्तियों का सच्चा वर्णन किया है, जिसमें एक लड़की के आधे निचले शरीर में लकवा मार गया है, फिर भी उनका मनोबल, साहस और सफलता उल्लेखनीय हैं, जबकि एक लड़का केवल हाथ कट जाने से ही जीवन से निराश हो जाता है।

हरिकृष्ण प्रेमी

राखी का मूल्य

- हरिकृष्ण प्रेमी हिन्दी नाटककारों में अपना महत्त्वपूर्ण स्थान रखते हैं। मध्यकालीन इतिहास से कथा प्रसंगों को लेकर इन्होंने हमें राष्ट्रीय जागरण, धर्म निरपेक्षता एवं विश्व बन्धुत्व के महान सन्देश दिए हैं। इन्होंने नाटकों में स्वच्छतावादी शैली का बड़ा संयमित और अनुशासन पूर्ण उपयोग किया है, इसलिए इनके नाटक रंगमंच की दृष्टि से सफल है।
- हरिकृष्ण प्रेमी का जन्म वर्ष 1908 में गुना, ग्वालियर मध्य प्रदेश में हुआ था। इनका परिवार राष्ट्रभक्त थी, इसलिए बचपन से ही इनमें राष्ट्रीयता के संस्कार थे। दो वर्ष की अवस्था में इनकी माता की मृत्यु हो गई थी। प्रेम की अतृप्त तृष्णा ने उन्हें स्वयं प्रेमी बना दिया। इन्होंने पं. माखनलाल चतुर्वेदी के साथ त्यागभूमि में पत्रकार के रूप में साहित्यिक जीवन का आरम्भ किया।
- फिर कविताएँ लिखने लगे और उसके बाद नाटक रचना की ओर प्रवृत्ति हुई। वर्ष 1933-34 में साहित्यिक कार्य किया। स्वाधीनता आन्दोलन में भी भाग लेते रहे। लाहौर से भारती पत्रिका का प्रकाशन किया।
- प्रेमी जी की सर्वप्रथम प्रकाशित रचना 'स्वर्ण विहान' (1930) मित्ति नाटय है। उसमें प्रेम और राष्ट्रीयता की भावनाओं की बड़ी रसात्मक अभिव्यक्ति है। लेखन के साथ-साथ इन्होंने फिल्म में भी कार्य किया।

हरिकृष्ण प्रेमी की रचनाएँ

- ऐतिहासिक नाटक – रक्षाबन्धन (1938), शिवा साधना, प्रतिशोध (1937) आहुति (1940), स्वप्नमन्त्र (1940), मित्र (1945), विषपान (1945), उद्धार, भग्न प्राचीर, प्रकाश स्तम्भ, कीर्ति स्तम्भ
- पौराणिक नाटक – पाताल विजय
- सामाजिक नाटक – बन्धन (1940) छाया (1941)
- एकांकी – मन्दिर (1942), बादलों के पार (1942)
- कविता संग्रह-आँखों में, जादूगरनी, अनन्त के पथ पर, अभिमान

'राखी का मूल्य' एकांकी का सारांश

'राखी का मूल्य' एकांकी एक मार्मिक कहानी है, जो भारतीय समाज में रिश्तों और संस्कारों की महत्ता को दर्शाती है। इस एकांकी के माध्यम से हरिकृष्ण 'प्रेमी ने रानी कर्मवती द्वारा हुमायूँ को राखी भेजकर मदद माँगने की कथा का वर्णन किया है। तत्पश्चात् हुमायूँ भी राखी मिलने पर शत्रुता भुलाकर चित्तौड़ की रक्षा के लिए सैनाएँ भेजकर राखी का मान रखते हैं।

प्रस्तुत एकांकी में आठ किरदार या पात्र हैं, जिनके नाम है— रानी कर्णावती, बाघसिंह, जवाहरीं बाई, हुमायूँ, तातार खाँ, हिन्दुबेंग, सिपाही और दूत।

प्रस्तुत एकांकी के प्रथम दृश्य में स्थान चित्तौड़ का है। महारानी कर्मवती जवाहरी बाई और बाघसिंह बैठे हुए बातचीत कर रहे हैं।
दूसरे दृश्य में बिहार में गंगा तट पर हुमायूँ का फौजी डेरा है। अपने खास तंबू में हुमायूँ, उसका सेनापति हिन्दुबेंग और तातार खाँ बैठे हुए हैं।

मालती जोशी

साठोत्तरी काल की लोकप्रिय लेखिका मालती जोशी का जन्म 4 जून, 1934 को महाराष्ट्र के औरंगाबाद शहर के ब्राह्मण परिवार में हुआ। इनके पिताजी कृष्णराव दिघे पुराने ग्वालियर राज्य में मजिस्ट्रेट के पद पर कार्यरत थे तथा माताजी सरला देवी एक आदर्श ग्रहणी थी। पिताजी सिविल जज के साथ-साथ एक अच्छे साहित्य प्रेमी भी थे।
उन्होंने चार-पाँच कहानियाँ भी लिखी थीं। इसी कारण मालती जोशी में भी लिखने के बीज अंकुरित हुए। पिताजी के निरन्तर स्थानान्तरण की वजह से पढ़ाई में अनेक बाधाओं का सामना करना पड़ा, परन्तु फिर भी एम.ए. की परीक्षा 'हिन्दी साहित्य' से आगरा विश्वविद्यालय से वर्ष 1956 में पूरी थी। मालती जोशी का विवाह वर्ष 1959 में सुपरिटेन्डेण्ट इन्जीनियर श्री सोमनाथ जोशी के साथ हुआ। मालती जोशी के लेखन कार्य में पति का सहयोग महत्त्वपूर्ण रहा।
मालती जोशी का लेखन प्रारम्भ गीत लिखने से हुआ। गीत लिखने का उत्साह विद्यार्थी जीवन तक ही रहा, फिर बच्चों के लिए कहानियाँ लिखने लगी। वर्ष 1969 में उनको बालकथा प्रति योगिता में पुरस्कार मिला। वर्ष 1979 उनकी पहली कहानी धर्मयुग पत्रिका में छपी थी। उन्होंने गीत, एकांकी, रेखाचित्र निबन्ध, रेडियो व दूरदर्शन, आलेख आदि विधाओं में लेखन किया, लेकिन इन्हें विशेष सफलता कहानी साहित्य में ही मिली।

रचनाएँ

कहानी - पाषाण युग (1976), मध्यान्तर (1977), पराजय (1979), मन ना भए दस-बीस (1981), मालती जोशी की कहानियाँ (1983), एक घर सपनों का (1985), विश्वास गाथा (1985), बोलरी कठपुतली (1985), आखरी शर्त (1991), मोरी रंग दी चुनरियाँ (1992), अन्तिम संक्षेप (1994) एक सार्थक दिन (1995), महकते रिश्ते (1995), शापित शैशव (1996), पिया पिर न जानी (1999), बाबूल का, घर (1999), प्रेस में (1999) और एक रात है (2001), अपने-अपने आंगन की छाँव (2003)
उपन्यास पटाक्षेप (1977), समर्पण का सुख (1978), सहचारिणी (1979), राग-विराग (1985), शोभायात्रा (1785),
बाल साहित्य दादी की घड़ी (1977), जीने की राह (1978), परीक्षा और पुरस्कार (1994), स्नेह के स्वर (1994), सच्चा सिंगार (1994),
अन्य हार्ले स्ट्रीट (व्यंग्य) (1995), मेरा छोटा-सा अपनापन (गीत संग्रह) (1999), पाषाण मराठी (कथा संग्रह) (1980), परिपूर्ति (मराठी कथा संग्रह) (1989)
इनकी कहानियों का अंग्रेजी, रशियन, जापानी आदि विदेशी तथा कन्नड़, मलयालम, तमिल, गुजराती उर्दू आदि भारतीय भाषाओं में अनुवाद हुआ है।

टेलीविजन

'जया बच्चन' ने इनकी 'सात कहानियों पर 'सात फेरे' तथा गुलजार निर्देशित दो कहानियों पर किरदार सीरियल बनाएँ। पुत्र सच्चिदानन्द द्वारा राग-विराग उपन्यास पर धारावाहिक तथा भावना सीरियल में मालती जोशी की तीन कहानियों का प्रस्तुतिकरण हुआ।
मालती जोशी ने हिन्दी तथा मराठी दोनों भाषाओं में साहित्य रचा।

सम्मान एवं पुरस्कार

शिव सेवक तिवारी पदक - अहिन्दी भाषी कथा लेखिका के लिए रचना पुरस्कार कलकत्ता (1983)
पाषाण - महाराष्ट्र शासन का पुरस्कार (1984)
अक्षर आदित्य सम्मान - कला मन्दिर सम्मान
मधुबन गुरु वन्दना सम्मान - महिला वर्ष में
स्टैट बैंक ऑफ इन्दौर सम्मान - मध्य प्रदेश
राज्यपाल द्वारा अहिन्दी भाषी लेखिका के रूप में सम्मान (1985) मध्य प्रदेश, हिन्दी साहित्य सम्मेलन के भावभूति अलंकरण से वर्ष 1998 में विभूषित
कहानी - दादी की घड़ी
प्रकाशन - 1977

जैनेन्द्र

'पत्नी'

हिन्दी के प्रतिष्ठित कथाकार जैनेन्द्र कुमार का जन्म वर्ष 1905 में अलीगढ़ में हुआ। इन्हें हिन्दी के मनोवैज्ञानिक कथा साहित्य का जन्मदाता कहा जाता है। उन्होंने मैट्रिक तक की शिक्षा हस्तिनापुर से तथा उच्च शिक्षा काशी हिन्दू विश्वविद्यालय से प्राप्त की। इन्होंने गाँधीजी के आह्वान पर अध्ययन छोड़कर असहयोग आन्दोलन में भाग लिया। आजीविका के लिए जैनेन्द्र जी ने स्वतन्त्र लेखन को अपनाया तथा अनेक पत्रिकाओं का सम्पादन भी किया। ये गाँधीवादी चितन दृष्टि से प्रभावित रहे। भारतीय दर्शन के प्रखर चिन्तक एवं मनोविज्ञान के पारखी जैनेन्द्र ने अपनी कहानियों एवं उपन्यासों से भी मनोवैज्ञानिक चेतना का प्रवर्तन किया। इनका निधन वर्ष 1990 में हुआ।
जैनेन्द्र की रचनाएँ इस प्रकार हैं—सुनीता, परख, अनामस्वामी, त्याग-पत्र, कल्याणी, जयवर्द्धन, मुक्तिबोध आदि उपन्यास, वातायन, एक रात, दो चिड़ियाँ, फाँसी, नीलम देश की राजकन्या तथा पाजेब कहानी संग्रह तथा प्रस्तुत प्रश्न जड़ की बात, पूर्वोदय, साहित्य का श्रेय और प्रेय, सोच-विचार, समय और हम आदि निबन्ध संग्रह।

पत्नी कहानी का सारांश

सुनन्दा एक परम्परागत भारतीय स्त्री है, जो प्रख्यात राजनेता और विचारक कालिन्दी चरण की पत्नी है। पत्नी अपने सुनन्दा पति के प्रेम व उनके सानिध्य को चाह, उनसे सुख-दुःख बाँटने की अभिलाषा की पूर्ति न होने के कारण, विचित्र ऊहापोह, उलझन में रहती है तथा एकाकीपन का शिकार हो जाती है।
इस कहानी के सम्बन्ध में अज्ञेय का कथन है
''पत्नी कहानी वर्तमान भागदौड़ के कारण टूटते रिश्तों की कहानी है।''
जैनेन्द्र ने भी इस कहानी के सम्बन्ध में कहा है
''मेरी यह कहानी वर्तमान भौतिकतावाद में पीसती स्त्री का वास्तविक वर्णन है।''

विष्णु प्रभाकर

विष्णु प्रभाकर का जन्म 21 जून, 1912 को उत्तर प्रदेश में
पिता का नाम - दुर्गा प्रसाद
माता का नाम - महादेवी
असली नाम - विष्णु दयाल
विष्णु प्रभाकर ने कई लघु कथाएँ, उपन्यास, नाटक, यात्रावृतान्त लिखे हैं। इनकी रचनाओं में देशभक्ति, राष्ट्रवाद और सामाजिक उत्थान के सन्देश हैं। वे हरियाणा से प्रथम साहित्य अकादमी पुरस्कार विजेता थे।

रचनाएँ

उपन्यास धालती रात (1951), निशिकान्त (1955), तट के बधन, दर्पण का व्यक्ति (1968), परछाई (1968), कोई तो (1980), अर्द्धनारीश्वर (1992)

कहानी संग्रह एक कहानी का जन्म (2008), आदि और अन्त (1945), रहमान का बेटा, जिन्दगी , संघर्ष के बाद, धरती अब भी घूम रही है, सफर के साथी, खण्डित पूजा, साँचे और कला, मेरी दस कहानियाँ।

कविता चलता चला जाऊँगा (2009)

नाटक -न प्रभात, समाधि (गान्धर की भिक्षुणी) डॉक्टर, युगे-युगे क्रान्ति, सीमा रेखा आदि।

आत्मकथाएँ जाने-अनजाने, कुछ शब्द, कुछ रेखाएँ आवारा मसीहा, अमर शहीद भगतसिंह सरदार वल्लभभाई पटेल, स्वामी दयानन्द सरस्वती, यादों की तीर्थ-यात्रा काका कालेलकर आदि।

नींव का पत्थर की मूल संवेदना

विष्णु प्रभाकर ने प्रभाकर माचवे को कहने पर एकांकी लिखना प्रारम्भ किया। इनके एकांकीयों के विषय राजनैतिक, सामाजिक, ऐतिहासिक तथा आर्थिक पक्ष पर आधारित हैं।

नींव का पत्थर एक ऐतिहासिक एकांकी है। इसमें स्वाभिमान, देशभक्ति तथा आत्मोसर्ग की भावना उद्‌भाषित हुई है। इस एकांकी में विष्णु प्रभाकर भारतीय इतिहास भी प्रसिद्ध मर्दानी नारी झाँसी की रानी लक्ष्मीबाई की वीरता, आशा, साहस आदर्श रूप का चित्रण किया है।

शरद जोशी

जीप पर सवार इल्लियाँ

हिन्दी साहित्य में प्रसिद्ध व्यंग्यकार शरद जोशी का जन्म 21 मई, 1931 को मध्य प्रदेश के उज्जैन जिले के मध्यमवर्गीय परिवार में हुआ। पिता का नाम श्रीनिवास जोशी तथा माता का नाम शान्ति जोशी था। इनके बचपन का नाम बच्चू था। प्रारम्भिक शिक्षा उज्जैन से प्राप्त करने के बाद इन्दौर के होल्कर विज्ञान महाविद्यालय से स्नातक डिग्री हासिल की।

लेखन की शुरुआत इन्होंने अखबारों में लिखकर की। प्रारम्भ में कहानियाँ लिखते थे, परन्तु बाद में केवल व्यंग्य लेखन में लग गए। उन्होंने सांस्कृतिक सामाजिक, राजनीतिक, धार्मिक सभी विषयों पर व्यंग्य लिखे। जोशी जी ने शालीन भाषा में भी अपनी बात को बेहतर ढंग और बारीकी से रखा, जिससे ये पाठकों में खासे लोकप्रिय होते चले गए।

नवभारत टाइम्स समाचार-पत्र में 'प्रतिदिन' नामक कॉलम लिखते थे। वर्ष 1951-नई दुनिया में परिक्रमा नामक व्यंग्य स्तम्भ लिखे।

रचनाएँ - व्यंग्य संग्रह

परिक्रमा (1988), जीप पर सवार इल्लियाँ (1971), किसी बहाने (1981) रहा किनारे बैठ (1972), तिलिस्म (1973), दूसरी सतह (1978), पिछले दिनों (1979), मेरी श्रेष्ठ व्यंग्य रचनाएँ (1980), यथासम्भव (1984), हम भ्रष्टन के भ्रष्ट हमारे (1987), जादू की सरकार (1993), यन्त्र-तन्त्र सर्वत्र (2000), नावक की तीर, मुद्रिका रहस्य (1992), राग भोपाली (2009), व्यंग्य नाटक एकथा गधा उर्फ अलादाद खाँ (1979), अन्धों का हाथी (1979), शरद जोशी ने फिल्मों के लिए भी लेखन कार्य किया।

क्षितिज, छोटी-सी बात, साँच को आँच नहीं, गोधुली, दिल है कि मानता नहीं, उत्सव

व्यंग्यकार शरद जोशी ने दूरदर्शन के लिए धारावाहिक का लेखन कार्य भी किया।

'सब' चैनल पर लापतागँज शरद जोशी की कहानियों का पता

ये जो है जिंदगी, विक्रम और बेताल, सिंहासन बत्तिसी, वाह। जनाब,

देवी जी, प्यालों में तूफान, दानें अनार के, ये दुनिया गजब की, दैनिक मध्य देश (भोपाल), नवलेखन मासिक (भोपाल), हिन्दी एक्सप्रेस (बम्बई) के लिए शरद जोशी ने सम्पादन कार्य भी किया।

पुरस्कार

वर्ष 1983, चकल्लस (1983)

वर्ष 1990, पद्मश्री (1990), काका हाथरसी

मध्य भारत हिन्दी साहित्य समिति द्वारा 'सारस्वत मार्तण्ड' उपाधि दी गई।

वस्तुनिष्ठ प्रश्न

1. 'अपराजिता' कहानी की लेखिका कौन है?
(a) उषा प्रियंवदा (b) नासिरा शर्मा
(c) ममता कालिया (d) गौरा पन्त 'शिवानी'

2. लेखिका 'शिवानी' का जन्म कहाँ हुआ था?
(a) लखनऊ (b) राजकोट
(c) पटना (d) इलाहाबाद

3. शिवानी लेखिका ने कितने उपन्यास लिखे?
(a) 30 (b) 40
(c) 50 (d) 60

4. लेखिका शिवानी की शिक्षा कहाँ हुई?
(a) शान्ति निकेतन में (b) काशी में
(c) वाराणसी में (d) कैम्ब्रिज में

5. हिन्दी साहित्य में योगदान के लिए लेखिका को वर्ष 1982 में किस पुरस्कार से नवाजा गया?
(a) पद्म विभूषण
(b) पद्मश्री
(c) ज्ञानपीठ
(d) साहित्य अकादमी

6. 'अपराजिता' को यह नाम क्यों मिला?
(a) डॉक्टरेट डिग्री के कारण
(b) अदम्य साहस के कारण
(c) विकलांग होने के कारण
(d) माँ की अत्यधिक प्रिय होने के कारण

7. हम अपनी विपत्ति के लिए हमेशा किसे दोषी ठहराते हैं ?
(a) स्वयं को (b) माता-पिता को
(c) विधाता को (d) परिवार को

8. कवि शिवानी का जन्म कब हुआ था?
(a) 18 सितम्बर, 1945
(b) 17 अक्टूबर, 1923
(c) 19 जनवरी, 1824
(d) 15 अगस्त, 1845

9. लेखिका शिवानी का पूरा नाम क्या है?
(a) सुभद्रा कुमारी (b) कुमारी सुरैया
(c) गौरा पन्त (d) कल्याणी

10. विधाता द्वारा दिए गए कठोरतम दण्ड को नतमस्तक होकर आनन्दमयी मुद्रा में कौन झेल रही थी?
(a) चन्द्रा
(b) अपराजिता
(c) अपराजिता की माँ
(d) अपराजिता का परिवार

11. लेखिका को वह बित्ते भर की लड़की किससे कम नहीं लगी?
(a) देवांगना (b) वीरांगना
(c) नृत्यांगना (d) अप्सरा

12. मेधावी युवक आई.ए.एस. की परीक्षा देने कहाँ गया था?
(a) लखनऊ (b) इलाहाबाद
(c) बिहार (d) दिल्ली

13. चलती ट्रेन में हाथ के कुल्हड़ सहित चढ़ने के प्रयास में गिरने से युवक का कौन-सा अंग कट गया?
(a) दायाँ हाथ (b) बायाँ हाथ
(c) दायाँ पैर (d) बायाँ पैर

14. किसके चेहरे पर विषाद की एक रेखा नहीं, बुद्धि दीप्त आँखों में अदम्य उत्साह, प्रतिपल भरपूर उत्कृष्ट जिजीविषा थी?
(a) लेखिका (b) चन्द्रा
(c) चन्द्रा की माँ (d) लड़के की माँ

15. ड्रग रिसर्च इन्स्टिट्यूट से किस विषय से सम्बन्धित सामग्री माँगी?
(a) बायोलॉजी (b) जूलोजी
(c) माइक्रोबायोलॉजी (d) माइक्रोजूलॉजी

16. चन्द्रा कहाँ से फेलोसिप चाहती थी?
(a) ईस्ट-वेस्ट सेण्टर से
(b) नार्थ-ईस्ट सेण्टर से
(c) साउथ-ईस्ट सेण्टर से
(d) आई. डी. आई. सेण्टर से

17. पूरा निचला धड़ सुन्न होने वह बोटी-बोटी फड़कने के बावजूद वह कहाँ काम करना चाह रही थी?
(a) IIT दिल्ली (b) IIT कानपुर
(c) IIT महाराष्ट्र (d) IIT मद्रास

18. चन्द्रा को कब गरदन के नीचे पूरे शरीर को पोलिया ने निर्जीव कर दिया?
(a) जन्म के 16वें महीने
(b) जन्म के 17वें महीने
(c) जन्म के 18वें महीने
(d) जन्म के 19वें महीने

19. चन्द्रा के प्रोफेसर ने नोबेल पुरस्कार किन्हें संयुक्त रूप से देने का सुझाव दिया?
(a) डॉ. चन्द्रा व उसकी बहन
(b) डॉ. चन्द्रा व उसकी माँ
(c) डॉ. चन्द्रा व उसके पिता
(d) डॉ. चन्द्रा व उसके भाई

20. चन्द्रा का डॉक्टरेट किस वर्ष प्राप्त हुआ?
(a) 1974 (b) 1975
(c) 1976 (d) 1978

21. "यह डॉक्टरेट भी संयुक्त रूप से मिलनी चाहिए" किसने कहा?
(a) चन्द्रा ने (b) चन्द्रा की माँ ने
(c) चन्द्रा के प्रोफेसर ने (d) चन्द्रा के पिता ने

22. किसने अद्भुत साहस से नियति को अँगूठा दिखा दिया?
(a) चन्द्रा ने (b) चन्द्रा की माँ ने
(c) लेखिका ने (d) मेधावी लड़के ने

23. आर्थोपैडिक सर्जन ने यहाँ चन्द्रा का कष्ट साध्य उपचार कितने वर्ष चलाया?
(a) 3 वर्ष (b) 2 वर्ष
(c) 1 वर्ष (d) 6 माह

24. प्रत्येक परीक्षा में चन्द्रा ने पदक जीता था
(a) स्वर्ण (b) कांस्य
(c) रजत (d) स्वर्ण रजत

25. सामान्य ज्वर के किस दिन चन्द्रा को पक्षाघात हुआ?
(a) दूसरे दिन (b) तीसरे दिन
(c) चौथे दिन (d) पाँचवें दिन

26. "जीवनभर गरदन हिला पाएगी। संसार की कोई भी शक्ति इसे रोगमुक्त नहीं कर सकती।" यह वाक्य किसके लिए कहा?
(a) मेधावी लड़के के लिए
(b) लेखिका के लिए
(c) चन्द्रा के लिए
(d) चन्द्रा की माता के लिए

27. "मैंने कभी विधाता से यह नहीं कहा कि प्रभु, इसे उठा लो।" किसने कहा ?
(a) चन्द्रा ने (b) चन्द्रा की माता ने
(c) चन्द्रा के पिता ने (d) चन्द्रा के प्रोफेसर ने

28. चन्द्रा ने M.Sc किस विषय में की?
(a) प्राणिशास्त्र (b) जन्तुशास्त्र
(c) वनस्पतिशास्त्र (d) मानव विज्ञान

29. बंगलोर के प्रसिद्ध माउण्ट कार्मेल में प्रवेश दिलाने के लिए किसे कॉन्वेंट द्वार पर धरना देना पड़ा?
(a) चन्द्रा को (b) चन्द्रा की माता को
(c) पिता को (d) परिवार को

30. "हमें आपसे पूरी सहानुभूति है, पर आप ही सोचिए आपकी पुत्री की चेयर लेकर कौन पूरे क्लास रूम में घुमाता फिरेगा।" किसका कथन है?
(a) चन्द्रा की माता का (b) प्रोफेसर का
(c) चन्द्रा का (d) प्रिन्सिपल का

31. बंगलोर के प्रख्यात इन्स्टिट्यूट ऑफ साइन्स में सीट प्राप्त करने हेतु M.Sc में चन्द्रा ने कौन-सा स्थान प्राप्त किया?
(a) प्रथम (b) द्वितीय
(c) तृतीय (d) चतुर्थ

32. चन्द्रा ने शोध कार्य किसके निर्देशन में किया?
(a) प्रो. सेठना (b) प्रो. शिवानी
(c) प्रो. नॉमचोमस्की (d) प्रो. डेनियल रस

33. चन्द्रा के माता-पिता ने कहाँ से चेयर मँगवाई जिससे वह स्वयं चलाती हुई पूरी प्रयोगशाला में बड़ी सुगमता से घूम सकती थी?
(a) सोमालिया (b) रोमानिया
(c) पैंसिलवानिया (d) ऑण्टेरिओ

34. लेखिका को लैदर जैकेट के कठिन जिरह बख्तर में कसी उस हँसमुख लड़की को देखकर किस योद्धा का स्मरण हुआ?
(a) राणा लाखा (b) राणा चूण्डा
(c) राणा प्रताप (d) राणा साँगा

35. पिता और पुत्री दोनों ने मैक्समूलर भवन से विशेष योग्यता सहित परीक्षा किस भाषा में पास की?
(a) कन्नड़ (b) तेलुगू
(c) फांसिसी (d) जर्मन

36. गर्लगाइड में राष्ट्रपति का स्वर्ण कार्ड पाने वाली चन्द्रा थी
(a) तृतीय अपंग महिला (b) द्वितीय अपंग बालिका
(c) प्रथम अपंग बालिका (d) चतुर्थ अपंग बालिका

37. चन्द्रा की रुचि किस संगीत में थी?
(a) पाश्चात्य (b) भारतीय
(c) शास्त्रीय (d) पाश्चात्य भारतीय

38. चन्द्रा बनना चाहती थी
(a) डॉक्टर (b) अध्यापिका
(c) संगीतज्ञ (d) प्रोफेसर

39. चन्द्रा किस अपंग डॉक्टर की सफल जीवन की कहानी पढ़ चुकी थी ?
(a) डॉ. पॉल एब्रमसन (b) डॉ. हेड रूमेल
(c) डॉ. डेनियल ग्रुसमेन (d) डॉ. मैरी वर्गीज

40. ''ईश्वर सब द्वार एक साथ बन्द नहीं करता, यदि एक द्वार बन्द करता भी है, तो दूसरा द्वार खोल भी देता है'' किसने कहा?
(a) डॉ. चन्द्रा
(b) डॉ. मैरी वर्गीज
(c) मैक्समूलर
(d) जननी शारदा सुब्रह्मण्यम

41. मेवाड़ के क्षत्रियों की अजेय शक्ति का स्रोत है
(a) धागे (b) बल
(c) राखियों के धागे (d) राजा

42. राजपूत मरकर भी अपनी आन की रक्षा नहीं कर पाएँगे। इसका कारण
(a) राजपूत सैनिकों की निर्बलता
(b) राजपूत सैनिकों की संख्या
(c) यूरोपियन तोपखाने
(d) राजपूतों की संख्या व यूरोपियन तोपखाने

43. रानी कर्मवती ने किस बादशाह को राखी भेजी?
(a) बाबर (b) अकबर
(c) हुमायूँ (d) शाहाजहाँ

44. हुमायूँ के पुराने बैर किस युद्ध से सम्बन्धित थे?
(a) हल्दी घाटी का युद्ध (b) खानवाँ का युद्ध
(c) पानीपत का युद्ध (d) सीकरी का युद्ध

45. हुमायूँ ने किसके लिए कहा कि वह उसकी इज्जत करता है और उसकी खाक सर पर लगाने की चीज है?
(a) मारवाड (b) मेवाड़
(c) ढूँढाड (d) हाड़ौती

46. विकट समय में शेर खाँ को खुला छोड़कर मेवाड़ की तरफ लौटना किसके लिए खतरे से खाली नहीं है?
(a) दिल्ली के लिए
(b) मेवाड़ के लिए
(c) सल्तनत के लिए
(d) दिल्ली व सल्तनत

47. हुमायूँ ने किसके लिए कहा कि यह जानी दुश्मन की मुहब्बत की न टूटने वाली जंजीरों में जकड़ देते हैं?
(a) मेवाड़ के लिए
(b) मेवाड़ के राजा के लिए
(c) मेवाड़ के राजपूतों के लिए
(d) राखी के धागों के लिए

48. कौन-सा रिश्ता दुनिया के सारे सुखो, दौलतों, ताकतों और सल्तनतों में बढ़कर है?
(a) मेवाड़ का (b) दिल्ली का
(c) बहन का (d) भाई का

49. यूरोपियन तोपखाना किसके पास था?
(a) हुमायूँ की सेना के पास
(b) मेवाड़ की सेना के पास
(c) बहादुरशाह की सेना के पास
(d) मारवाड की सेना के पास

50. मेरे स्वामी नहीं है उनके रहते मेवाड़ की ओर आँख उठाने का किसका साहस था? यहाँ स्वामी कौन है?
(a) राणा लाखा (b) राणा प्रताप
(c) राणा मोकल (d) राणा साँगा

51. 'जादू के पिटारे' से आशय है?
(a) सैनिक (b) धन (c) राखी (d) हीरे

52. इस एकांकी में अब्बाजान शब्द किसके लिए आया है?
(a) बाबर (b) हुमायूँ
(c) अकबर (d) जहाँगीर

53. ''अफसोस की तुम राखी की कीमत नहीं जानते'' किसका कथन है?
(a) हुमायूँ (b) बाबर
(c) कर्मवती (d) बाघसिंह

54. ''एक मुसलमान के ऊपर एक हिन्दू की तहजीह' किसका कथन है।
(a) हुमायूँ (b) बाघसिंह
(c) तातार खाँ (d) कर्मवती

55. 'क्या उनके हृदय नहीं है' कथन किसके बारे में कहा है?
(a) हिन्दुओं (b) हिन्दुबेंग
(c) सैनिकों (d) मुसलमानों

56. ''हमारी राखी शीतल प्रलेप है, जो सारे घाव भर देती है। यहाँ किस घाव की बात हो रही है?
(a) युद्ध के घाव की
(b) सोना लूटने की
(c) गाली देने की
(d) सीकरी के युद्ध की घर की

57. 'हम देखेंगे कि कौन कितने पानी में है'' यह कथन किसका है?
(a) सैनिक (b) कर्मवती
(c) हुमायूँ (d) जवाहर बाई का

58. हुमायूँ ने अपनी खुश किस्मती किसे कहा?
(a) शेर खाँ ने हार मान ली
(b) युद्ध जीत लिया
(c) दुश्मन को हरा देने में
(d) बहादुर रानी ने हुमायूँ को राखी भेजी

59. ''एक क्षत्राणी की राखी में कितनी ताकत है।'' किसका कथन है?
(a) सैनिक का (b) हुमायूँ का
(c) बाघ सिंह का (d) जवाहर बाई का

60. ''मैं इस रिश्ते की इज्जत सल्तनत को कुर्बान करके भी रखूँगा। किस रिश्ते की बात हो रही है?
(a) दोस्ती की
(b) रिश्तेदारी की
(c) राजनैतिक रिश्ते की
(d) भाई-बहन के रिश्ते की

61. ''तुम्हारी राखी मुझे वही ताकत दे, जो राजपूतों को देती आई है।'' यहाँ किसकी राखी की बात हो रही है
(a) जवाहर बाई (b) हँसाबाई
(c) कर्मवती (d) पदमिनी

62. तातार खाँ और हिन्दुबेग हुमायूँ की किस बात का विरोध कर रहे थे?
(a) शेर खाँ से युद्ध करने का
(b) मेवाड की रक्षा करने का
(c) रक्षा बन्धन बनाने का
(d) उपरोक्त में से कोई नहीं

63. ''प्रण रहते मेवाड की पताका को झुकने न दोगे।'' किससे कहता है
(a) कर्मवती-सैनिकों से
(b) हुमायूँ - सैनिकों से
(c) बाघसिंह-सैनिकों से
(d) हिन्दु बेंग सैनिकों से

64. किसने कहा कि मैं दुनिया को यह कहते नहीं सुनना चाहता कि मुसलमान बहन की इज्जत करना नहीं जानते
(a) कर्मवती (b) तातार खाँ
(c) बाघसिंह (d) हुमायूँ

65. हुमायूँ दुनिया को क्या बताना चाहता था? मुस्लिम निभाना जानते हैं
(a) प्रेम करना जानते हैं
(b) क्षमा करना जानते हैं
(c) हिन्दुओं की रस्मों
(d) रिवाज मुसलमानों को प्यारे हैं

66. हमने आपसे बेगम की आग में अपने ही हाथों अपना स्वाहा कर लिया किसने कहा?
(a) बाघसिंह (b) जवाहर बाई ने
(c) सैनिक ने (d) कर्मवती ने

67. बाघसिंह ने ऐसा क्यों कहा कि मरकर भी मेवाड की रक्षा नहीं कर पाएँगे?
(a) क्योंकि राजपूतों के पास तोपखाना नहीं था
(b) उनके पास धन की कमी थी
(c) उनके पास हथियार नहीं थे
(d) उपर्युक्त सभी

68. रानी कर्मवती को युद्ध में विजय पाने का क्या उपाय सूझा?
(a) हुमायूँ को राखी भेजना
(b) हथियार मँगवाना
(c) शत्रु से सन्धि करना
(d) अन्य राजा से सहायता लेना

69. हिन्दुस्तान का इतिहास गवाह है किस बात का?
(a) मेवाड़ के युद्ध का
(b) प्रेम के संदेह का
(c) सीकरी के युद्ध का
(d) राखी के धागों ने हजारों कुर्बानिएँ कराई

70. हम तो आज्ञा का पालन करना जानते हैं सम्मति देता नहीं। यह कथन किसका है?
(a) सैनिक का (b) जवाहर बाई का
(c) हुमायूँ का (d) बाघसिंह का

71. वे भी इंसान है उनके भी तो बहनें होती होंगी कवयित्री ने किसके बारे में कहा ?
(a) शेर खाँ (b) बाघसिंह
(c) हुमायूँ (d) सैनिक

72. राखी का मूल्य एकांकी के रचयिता कौन है?
(a) क्षत्रिय (b) दूत
(c) पेहरेदार (d) ये सभी

73. राखी का मूल्य एकांकी के रचयिता कौन है
(a) प्रेमचन्द
(b) जयशंकर प्रसाद
(c) हरिकृष्ण प्रेमी
(d) डॉ रामकुमार वर्मा

74. राखी का मूल्य किस विधा की रचना है?
(a) निबन्ध (b) यात्रावृत्त
(c) रेखाचित्र (d) एकांकी

75. हरिकृष्ण प्रेमी मुख्यत: है
(a) उपन्यासकार
(b) नाटककार
(c) आलोचक
(d) कहानीकार

76. रानी कर्मवती को मदद की आवश्यकता क्यों पड़ी?
(a) शत्रुओं से मेवाड़ की रक्षा करने के लिए
(b) धन प्राप्त करने के लिए
(c) साम्राज्य बिस्तार के लिए
(d) लड़ने के लिए

77. रानी कर्मवती को युद्ध में विजय पाने का क्या उपाय सूझा?
(a) हुमायूँ को राखी भेजना
(b) हार मान लेना
(c) समझौता कर लेना
(d) धन सौंप देना

78. कर्मवती द्वारा राखी पाकर हुमायूँ को कैसा लगा?
(a) दुःखी हुआ (b) उदास हुआ
(c) घबरा गया (d) प्रसन्न हुआ

79. ''मैं इस रिश्ते की इज्जत रखूँगा'' किसने कहा?
(a) बाघसिंह (b) हुमायूँ
(c) सेनापति (d) सैनिक

80. ''मैं इस रिश्ते की इज्जत रखूँगा'' इसका अभिप्राय है
(a) युद्ध नहीं करूँगा
(b) कर्मवती से विवाह करूँगा
(c) हार नहीं मानूगा
(d) कर्मवती को बहिन मॉनूगा

81. हरिकृष्ण प्रेमी का जन्म कब हुआ?
(a) वर्ष 1907 (b) वर्ष 1908
(c) वर्ष 1909 (d) वर्ष 1910

82. मध्यकालीन इतिहास से कथा प्रसंगों को लेकर नाटक व एकांकी लिखने वाले लेखक हैं?
(a) उपेद्रनाघ अश्क (b) सुरेन्द्र वर्मा
(c) हरिकृष्ण प्रेमी (d) लक्ष्मीनारायण लाल

83. हरिकृष्ण प्रकमी की सर्वप्रथम प्रकाशित गीति नाटय है
(a) रक्षाबन्धन (b) प्रतिशोध
(c) शिवासहाग (d) स्वर्ण विद्दान

84. मध्यकालीन इतिहास के कथा प्रसंग रानी कर्मवती और हुमायूँ से सम्बन्धित एकांकी है
(a) रक्षाबन्धन
(b) राखी का मूल्य
(c) उद्धार
(d) बन्धन

85. हरिकृष्ण प्रेमी किस युग के नाटककार है?
(a) भारतेन्दु युग
(b) प्रसाद युग
(c) प्रसादोत्तर युग
(d) कोहिनरी

86. कर्मवती कहाँ की रानी थी?
(a) झाँसी (b) कालपी (c) मेवाड़ (d) इन्दौर

87. राखी का मूल्य एकांकी का मुख्य उद्देश्य है
(a) राजपूतों के बारे में बताना
(b) बहन द्वारा भाई को राखी बाँधना
(c) मुसीबत के समय बहन की मदद न करना
(d) सांस्कृतिक व साम्प्रदायिक सद्भावना का विकास करना

88. 'राखी का मूल्य' एकांकी में कितने दृश्य है
(a) 2 (b) 3 (c) 4 (d) 5

89. बाघसिंह है
(a) एक योद्धा (b) एक सैनिक
(c) बादशाह (d) सेनापति

90. रानी कर्मवती किस महाराणा की पत्नी है
(a) राणा लाखा (b) राणा साँगा
(c) राणा मोकल (d) राजा कुम्भा

91. दादी की घड़ी कहानी की रचनाकार कौन है?
(a) महादेवी वर्मा (b) नासिरा शर्मा
(c) मालती जोशी (d) शारदा जोशी

92. घर में सबसे छोटा कौन था?
(a) कानु (b) शीलू (c) दीपू (d) मेनू

93. दीपू कितने बजे का अलार्म लगवाकर सोया था?
(a) चार (b) पाँच
(c) छः (d) सात

94. घड़ी सुधरवाने में कितने रुपये लगेंगे?
(a) पाँच-दस (b) दस-पन्द्रह
(c) पन्द्रह-बीस (d) बीस-तीस

95. दादी कार्तिक माह में कितने बजे नहाती है?
(a) पाँच बजे (b) चार बजे
(c) छः बजे (d) तीन बजे

96. ''असली अलार्म तो हमारे दिल में होता है, जब हमें जरूरी उठना होता है, तो यह हमें जगा देता है'' यह कथन किसका है?
(a) मम्मी का (b) पापा का
(c) दादी का (d) भैया का

97. मालती जोशी का जन्म कहाँ हुआ था?
(a) औरंगाबाद (b) मुरादाबाद
(c) मौजमाबाद (d) मुहम्मदाबाद

98. मालती जोशी को लेखन की प्रेरणा किनसे मिली?
(a) माताजी से (b) पिताजी से
(c) स्वप्रेरणा (d) अध्यापक से

99. मालाती जोशी का लेखन किनसे शुरू हुआ?
(a) कहानी से (b) गीतों से
(c) निबन्ध से (d) लेख से

100. मालती जोशी की प्रारम्भिक कहानी किस पत्रिका में छपी?
(a) धर्मयुग (b) मर्यादा
(c) मतवाला (d) जागरण

101. 'दादी की घड़ी' कहानी का प्रकाशन कब हुआ?
(a) वर्ष 1955 में (b) वर्ष 1966 में
(c) वर्ष 1977 में (d) वर्ष 1999 में

102. दादी की घड़ी कहानी का मुख्य पात्र कौन है?
(a) शीलु (b) दीपू
(c) दीदी (d) भैया

103. दीपू कौन-सी कक्षा में पढ़ता है?
(a) दूसरी (b) तीसरी
(c) चौथी (d) पाँचवीं

104. दीपू की क्या इच्छा थी?
(a) सैर-सपाटा करने की
(b) मिठाई खाने की
(c) घड़ी में खुद चाबी भरने की
(d) घर में सबका लाड़ला बनने की

105. कौन-सी कहानी मालती जोशी की नहीं है?
(a) एक घर सपनों का (b) विश्वास गाथा
(c) बाबुल का घर (d) कुइयांजान

106. 'दादी की घड़ी' कहानी का उद्देश्य निम्न में से कौन-सा है?
(a) बाल-मनोविज्ञान का चित्रण करना
(b) कार्य की सफलता में इच्छा शक्ति का महत्त्व
(c) दीपू की मनोदशा व्यक्त करना
(d) मध्यमवर्गीय परिवार की आर्थिक स्थिति का चित्रण करना

107. दीपू को बिना पैसे का नौकर कौन समझते थे?
(a) दीदी
(b) भैया
(c) (a) और (b) दोनों
(d) उपर्युक्त में से कोई नहीं

108. दीपू की जान कब निकल जाती थी?
(a) जब उसे अलार्म घड़ी नहीं मिलती थी
(b) जब दीदी उसे नहीं जगाती थी
(c) पापा के पास बैठने पर
(d) पापा के डाँटने पर

109. पापा के पास बैठकर दीपू किस लिए पढ़ता था?
(a) पढ़ने के लिए मेज का अभाव था
(b) पापा के पास बैठकर दीपू को अच्छा लगता था
(c) पापा दीपू को अपने पास बिठाना पसन्द करते थे
(d) पापा के पास बैठना दीपू को पसन्द था

110. दीपू किसकी सुरिली आवाज के साथ दिन की शुरुआत करना चाहता था?
(a) आलार्म घड़ी की
(b) मम्मी की
(c) दीदी की
(d) भैया की

111. दीपू ने घड़ी लेने की जिद कब की?
(a) जब पिकनिक पर जाना था।
(b) जब मेले में जाना था।
(c) जब स्कूल में दूसरे दिन इन्स्पेक्टर आने वाले थे।
(d) जब दीदी में साथ कीर्तन जाना था।

112. रातभर दीपू को किसके सपने आते रहे?
(a) पिकनिक जाने के
(b) अलार्म के
(c) तनियाराम के
(d) मिठाई खाने के

113. कहानी में दीपू कितनी बार अलार्म घड़ी माँगता है?
(a) एक बार (b) दो बार
(c) तीन बार (d) चार बार

114. पहली बार दीपू के अलार्म लगाकर सोने पर उठने के बाद क्या स्थिति थी?
(a) वह अलार्म की सुरिली आवाज के साथ उठा था।
(b) मम्मी की डॉट के साथ उठा था
(c) घड़ी स्टूल समेत गायब थी
(d) वह सही समय पर अलार्म से पहले जाग गया था

115. 'दादी की घड़ी' कहानी में 'सारा घर जाग गया था' में कौन-सी शब्द शक्ति है?
(a) लक्षणा शब्द शक्ति
(b) व्यंजना शब्द शक्ति
(c) रुठा शब्द शक्ति
(d) उपर्युक्त में से कोई नहीं

116. 'दादी की घड़ी' कहानी में 'कार्तिक माह में रोज चार बजे नहाती हूँ'' दादी के कथन में निम्न में से कौन-से भाव झलकते हैं?
(a) भारतीय संस्कृति के धार्मिक भाव
(b) सर्दियों में जल्दी उठकर नहाना चाहिए
(c) मस्तिक के सहज घड़ी का प्रयोग
(d) शरीर को स्वस्थ रखना.

117. दादी ने बिना अलार्म घड़ी के जागने का क्या उपाय बताया?
(a) दादी को जगाने के लिए बोलकर सोना
(b) तकियों को बोलकर सोना
(c) मम्मी को जगाने के लिए कहना
(d) उपर्युक्त में से कोई नहीं

118. दीपू दिनभर रात होने का इंतजार क्यों करने लगा?
(a) पापा अच्छा उपहार लाने वाले थे
(b) उसे अलार्म घड़ी मिलने वाली थी
(c) उसे तकिये का करिश्मा देखना था
(d) उसे रात भर खूब सोना था

119. दीपू को दूबारा किस दिन घड़ी की जरूरत पड़ी?
(a) सोमवार (b) बुधवार
(c) बृहस्पतिवार (d) शनिवार

120. दीपू को पिकनिक पर कहाँ जाना था?
(a) मथुरा (b) वृन्दावन
(c) उज्जैन (d) साँची

121. दीपू ने विजयी मुद्रा क्यों बनाई?
(a) वह बिना अलार्म घड़ी के सही समय पर जाग गया था
(b) वह साँची में प्रतियोगिता जीत गया था
(c) वह स्कूल में पुरस्कार जीतकर आया था
(d) पापा ने उसे प्यार से पुकारा था

122. 'दम साधे' मुहावरे का अर्थ कौन-सा है?
(a) साँसें रोकना (b) जोर लगाना
(c) चुप हो जाना (d) दौड लगाना

123. दादी के अनुसार, जब जरूरी उठना होता है, तब बिना अलार्म घड़ी में कौन जागता है?
(a) मनुष्य का आन्तरिक मन
(b) स्वयं दादी
(c) पिताजी
(d) बड़े लोग

124. 'दादी की घड़ी' कहानी भी विशेषता नहीं है?
(a) बाल-मनोविज्ञान का बारीकी से अंकन
(b) संयुक्त परिवार में आपसी समन्वय और प्रेम का महत्त्व
(c) कार्य की सफलता में इच्छा-शक्ति का महत्त्व
(d) बड़े बुजुर्गों की दीन-हीन दशा

125. दादी ने दीपू को सुबह समय पर उठने के लिए क्या तरकीब सुझाई?
(a) मम्मी से सुबह जगाने को कहा
(b) मुर्गे की आवाज से उठो
(c) तकिए से कहो '' तकिए राम सुबह सार बजे जगा देना''
(d) अलार्म घड़ी रखकर सो जाना

126. 'दादी की घड़ी' कहानी में व्याकरणिक विशेषता नहीं है?
(a) कहानी में हिन्दी, अंग्रेजी, उर्दू के शब्दों का प्रयोग हुआ है
(b) केवल हिन्दी एवं अंग्रेजी शब्दों का प्रयोग हुआ है
(c) निपात का प्रयोग हुआ है
(d) यथासमय मुहावरे प्रयुक्त हुए हैं

127. दीपू के सभी दोस्त दीपू से ईर्ष्या क्यों करते थे?
(a) वह कक्षा का मॉनीटर था
(b) घर में सबका लाडला था
(c) वह स्कूल में प्रतिभा सम्पन्न था
(d) मौटल्लों में सबसे प्यारा था

128. मालती जोशी किस युग की कथाकार है?
(a) प्रगतिवाद
(b) साठोत्तरी युग
(c) छायावाद
(d) नकेनवाद

129. मालती जोशी को भवभूति अलंकरण से किस वर्ष विभूषित किया गया?
(a) 1995 (b) 1996
(c) 1997 (d) 1998

130. दादी का तकियाराम किसका प्रतीक है?
(a) अलार्म घड़ी का (b) आन्तरिक मन का
(c) आराम से सोने का (d) रातभर सोने का

131. 'दादी की घड़ी' कहानी का असत्य कथन है
(a) बाल-मनोवैज्ञानिक कहानी है
(b) भारतीय संस्कृति को हल्के भाव दिखाई पड़ते हैं
(c) मध्यमवर्गीय परिवार की आर्थिक स्थिति का अंकन
(d) आदर्श परिवार की झलक मिलती है

132. मालती जोशी को पद्मश्री पुरस्कार कब मिला?
(a) वर्ष 1956 (b) वर्ष 2008
(c) वर्ष 2018 (d) वर्ष 2020

133. मालती जोशी के किस उपन्यास पर धारावाहिक बना?
(a) पटाक्षेप
(b) राग-विराग
(c) सहचारिणी
(d) शोभायात्रा

134. मालती जोशी की कौन-सी रचना व्यंग्य विधा है?
(a) हार्ले स्ट्रीट (b) आखरी शर्त
(c) बोलरी कठपुतली (d) पाषाण युग

135. निम्न में से कौन-सी रचना मालती जोशी की नहीं है?
(a) मध्यान्तर (b) पटाक्षेप
(c) एक घर सपनों का (d) अक्षयवट

136. 'विश्वास गाथा' किस विद्या की रचना है?
(a) उपन्यास (b) नाटक
(c) निबन्ध (d) कहानी

137. मालती जोशी के बारे में असत्य कथन छाँटिए
(a) इनकी सात कहानियों पर सात फेरे सीरियल का निर्माण हुआ
(b) दो कहानियों पर किरदार नामक धारावाहिक बना
(c) राम-विराग उपन्यास पर धारावाहिक बना
(d) 'एक घर सपनों का' कहानी पर फिल्म बनी है

138. "घड़ी की आवाज तो तू बन्द भी कर सकता है, लेकिन इसकी आवाज बन्द नहीं होती, जगाकर ही छोड़ती है।" किसकी आवाज की बात कह रही है?
(a) आन्तरिक मन भी आवाज
(b) मुर्गे की आवाज
(c) दादी की आवाज
(d) मम्मी की आवाज

139. जैनेन्द्र कुमार का जन्म कब हुआ?
(a) वर्ष 1902 (b) वर्ष 1903
(c) वर्ष 1904 (d) वर्ष 1905

140. इनमें से कौन-सी जैनेन्द्र कुमार जी को कृति नहीं है?
(a) पारख (b) जड़ की बात
(c) यह घर (d) कल्याण

141. जैनेन्द्र का जन्म कहाँ हुआ?
(a) कोडियागँज (b) नागपुर
(c) सोनिपत (d) राजे

142. जैनेन्द्र को कौन-से विश्वविद्यालय से डी लिट की उपाधि मिली?
(a) काशी विश्वविद्यालय
(b) आगरा विश्वविद्यालय
(c) दिल्ली विश्वविद्यालय
(d) नागपुर विश्वविद्यालय

143. जैनेन्द्र कुमार ने वर्ष 1921 में काशी विश्वविद्यालय क्यों छोड़ दिया?
(a) एम.ए. की डिग्री लेने हेतु
(b) ज्यादा पढ़ने के लिए
(c) असहयोग आन्दोलन में भाग लेने हेतु
(d) उपर्युक्त से कोई नहीं

144. जैनेन्द्र के माता-पिता का क्या नाम था?
(a) सीता देवी और प्यारे लाल
(b) रमा देवी और घनश्याम
(c) रहनी देवी और आनन्दी लाल
(d) रमादेवी और प्यारे लाल

145. जैनेन्द्र का देहान्त कब हुआ?
(a) वर्ष 1990 (b) वर्ष1989
(c) वर्ष 1987 (d) वर्ष 1991

146. जैनेन्द्र का वास्तविक नाम क्या था?
(a) त्रिलोचन (b) नागार्जुन
(c) आनन्दीलाल (d) देवीलाल

147. 'पत्नी' कहानी का मुख्य पात्र कौन है?
(a) कालिन्दी चरण (b) सुनन्दा
(c) शीला (d) रमेश

148. 'कालिन्दी चरण' किसका पति था?
(a) सुषमा (b) सुनीता
(c) सुनन्दा (d) सुरेखा

149. सुनन्दा को क्या पसन्द है?
(a) पति को गरम रोटी खिलाना
(b) बाजार जाना
(c) स्वयं गरम रोटी खाना
(d) चूल्हे के पास बैठकर कुछ सोचना

150. कालिन्दी चरण के मित्रों किन बातों पर चर्चा की?
(a) भारत को आजादी दिलाने पर
(b) एक नाटक के बाद में
(c) साहित्य के बारे में
(d) अंग्रेजी की सहायता करने के बारे में

151. भारत माता को आजादी दिलाने की योजना पर बातें करते समय और कौन-सी बात आ सकती है
(a) घूमने की (b) पानी पीने की
(c) चाय पीने की (d) भोजन करने की

152. सुनन्दा को कब गुस्सा आता है?
(a) जब पति को खाना परोसती है
(b) जब पति बाहर चले गए
(c) जब पति जाकर चार व्यक्तियों के भोजन के लिए प्रश्न करते हैं
(d) उपर्युक्त में से कोई नहीं

153. पत्नी को भोजन के बारे में पूछने के बाद कालिन्दी चरण मित्रों को क्या कहते हैं?
(a) यहाँ भोजन नहीं हो पाएगा
(b) भोजन आ रहा है
(c) भोजन के लिए होटल जाना पड़ेगा
(d) होटल से मँगावाकर खाते हैं

154. भोजन से भरी थाली को रख देने पर मित्रों को यह अनुभव हुआ कि ..... ।
(a) पति-पत्नी में कुछ झगड़ा हुआ है
(b) कालिन्दी चरण कुछ बोल रहा है
(c) सुनन्दा ने पास के होटल से खाना मँगवाया
(d) कालिन्दी नही चाहती कि वह घर में खाएँ

155. कौन भोजन से भरी थाली रख देती है?
(a) सुनन्दा (b) सुनीता (c) नालन्दा (d) शीला

156. "एक तो बज गया है, खाओंगे नहीं।" किसने कहा ?
(a) कालिन्दी चरण (b) सुनन्दा
(c) सुनन्दा की माँ (d) कालिदी की माँ

157. "एक तो बज गया है, खाओगी नहीं" यह सुनने के बाद कालिन्दी चरण को क्या हुआ?
(a) गुस्सा आ गया
(b) भूख दूर हो गई
(c) खाने चला गया
(d) गुस्सा रफा दफा हो गया

158. पति के लिए एक रोज भूखा रहना .... है।
(a) पाप (b) सौभाग्य की बात
(c) धर्म (d) शर्म की बात

159. "पत्नी" कहानी के अनुसार कालिन्दी चरण कहाँ के सदस्य थे?
(a) आतंकवादी गुट के (b) हिन्दू क्लब के
(c) साहित्य सभा के (d) ग्राम सभा के

160. भोजन के समय कालिन्दीचरण क्या माँगते हैं?
(a) अचार और पानी
(b) चार रोटियाँ व पानी
(c) चार रोटियाँ और सब्जी
(d) अचार और थोड़ी सब्जी

161. कालिन्दी चरण माफी माँगकर किसकी ओर चले?
(a) मित्र (b) बाहर
(c) दफ्तर (d) सुनन्दा

162. सुनन्दा की नजर में फौजी, पुलिस, मजिस्ट्रेट, मुंशी, चपरासी, थानेदार, वायसराय क्या थे?
(a) आडम्बर
(b) पागल
(c) सरकार
(d) उपर्युक्त में से कोई नहीं

163. 'पत्नी' कहानी वर्तमान भाग-दौड़ में टूटते रिश्तों की कहानी है।' यह कथन किसका है?
(a) जैनेन्द्र (b) अज्ञेय
(c) प्रेमचन्द (d) त्रिलोचन

164. "मेरी यह कहानी वर्तमान भौतिकतावाद में पिसती स्त्री का वास्तविक चित्रण है।" किसका कथन है?
(a) जैनेन्द्र (b) जयशंकर प्रसाद
(c) प्रेमचन्द (d) नागार्जुन

165. विष्णु प्रभाकर का जन्म-स्थान निर्धारित कीजिए।
(a) अहमदनगर (b) सदर नगर
(c) मुजफ्फरनगर (d) अहमदाबाद

166. विष्णु प्रभाकर का असली नाम क्या था?
(a) विष्णु दयाल (b) शम्भू दयाल
(c) हर प्रसाद (d) शिव शास्त्री

167. विष्णु प्रभाकर स्वतन्त्रता आन्दोलन में कब गिरफ्तार हुए?
(a) वर्ष 1940 (b) वर्ष1942
(c) वर्ष 1941 (d) (a) व (b) दोनों

168. विष्णु प्रभाकर का जन्म कब हुआ था?
(a) 21 जून, 1912 (b) 21 जून, 1913
(c) 21 जून, 1914 (d) 21 जून, 1915

169. विष्णु प्रभाकर का वास्तविक नाम क्या था?
(a) विष्णु शंकर (b) विष्णु दयाल
(c) विष्णु राही (d) विष्णु प्रभाकर

170. विष्णु प्रभाकर द्वारा रचित आवारा मसीहा जीवनी किसके जीवन पर आधारित है
(a) रवीन्द्रनाथ टैगोर
(b) शरतचन्द्र चट्टोपाध्याय
(c) निराला
(d) अज्ञेय

171. विष्णु प्रभाकर को किस रचना के लिए सोवियत लैण्ड पुरस्कार मिला?
(a) जिन्दगी एक रिहर्सल
(b) अर्द्धनारीश्वर
(c) अवारा मसीहा
(d) युगे-युगे क्रान्ति

172. विष्णु प्रभाकर को किस उपन्यास के लिए साहित्य अकादमी पुरस्कार दिया गया?
(a) स्वप्नमयी (b) तट के बन्धन
(c) ढलती रात (d) अर्द्धनारीश्वर

173. विष्णु प्रभाकर को साहित्य अकादमी पुरस्कार कब दिया गया?
(a) वर्ष 1993 (b) वर्ष 1994
(c) वर्ष 1995 (d) वर्ष 1996

174. विष्णु प्रभाकर को किस नाटक के लिए भारतीय ज्ञानपीठ द्वारा मूर्तिदेवी पुरस्कार दिया गया?
(a) सत्ता के आर-पार
(b) लिपिस्टिक की मुस्कान
(c) टूटते परिवेश
(d) डॉक्टर

175. विष्णु प्रभाकर की 'रचना चलता चला जाऊँगा' की विधा है।
(a) कविता (b) नाटक
(c) संस्मरण (d) रिपोर्ताज

176. विष्णु प्रभाकर ने प्रेमचन्द के किस उपन्यास का चन्द्रहार नाम से नाट्य रूपान्तरण किया था?
(a) गोदान (b) कर्मभूमि
(c) गबन (d) रंगभूमि

177. विष्णु प्रभाकर ने प्रेमचन्द के किस उपन्यास का 'होरी' नाम से नाट्य रूपान्तरण किया था।
(a) गोदान (b) कर्मभूमि
(c) रंगभूमि (d) गबन

178. विष्णु प्रभाकर का जन्म कहाँ हुआ
(a) कमासिन गाँव (बाँदा, उत्तर प्रदेश)
(b) मीरापुर (मुजफ्फरपुर, उत्तर प्रदेश)
(c) सतलखा (दरभंगा, बिहार)
(d) लखनऊ (उत्तर प्रदेश)

179. विष्णु प्रभाकर ने किस नाम से कुछ रचनाएँ लिखी
(a) प्रेमबन्धु (b) प्रेमवीर
(c) प्रेमानन्द (d) प्रेमदास

180. 'आवारा मसीहा' जीवनी कितने भागों में है?
(a) तीन भाग (b) चार भाग
(c) पाँच भाग (d) दो भाग

181. विष्णु प्रभाकर की प्रथम कहानी कौन-सी थी?
(a) संघर्ष के दिन
(b) दिवाली के दिन
(c) धरती अब भी घूम रही है
(d) जिन्दगी एक रिहर्सल

182. ''परन्तु मंजिल है कि पास आकर हर बार दूर चली जाती है।'' लक्ष्मी बाई किस मंजिल के लिए कह रही है?
(a) स्वतन्त्रता (b) स्वराज्य
(c) झाँसी (d) भारत

183. जूही के चरित्र की सबसे बड़ी विशेषता है
(a) ईमानदारी (b) स्वाभिमान
(c) हँसना (d) क्रोध

184. ''वीरता कलंकित न हो, सुशोभित हो'' किसने कहा
(a) तात्या ने (b) लक्ष्मीबाई
(c) रघुनाथ (d) जूही ने

185. ''हम सब मिलकर या तो स्वराज्य प्राप्त करेंगे या स्वराज्य की नींव के पत्थर बनेंगे।'' कथन है
(a) तात्या का (b) लक्ष्मीबाई का
(c) जूही का (d) रघुनाथ राव का

186. ''स्वराज्य की लड़ाई स्वराज्य मिलने पर ही समाप्त हो सकती है, बाई साहब।'' ऐसा लक्ष्मीबाई से किसने कहा ?
(a) मुन्दर ने (b) जूही ने
(c) तात्या ने (d) रघुनाथ राव ने

187. ''आज हमें स्वामी भक्त से ज्यादा देशभक्तों की आवश्यकता है।'' जूही से ऐसा किसने कहा?
(a) लक्ष्मीबाई (b) तात्या ने
(c) रघुनाथ ने (d) मुन्दर ने

188. ''मैं किसी के लिए सरदार हो सकता हूँ, पर आपके लिए तो सेवक ही हूँ।'' किसका कथन है?
(a) जूही ने (b) मुन्दर ने
(c) तात्या ने (d) रघुनाथ

189. ''महारानी जी, विश्वास दिलाता हूँ कि आपकी पवित्र देह को छूने का साहस केवल पवित्र अग्नि ही कर सके।'' कथन है
(a) रघुनाथ राव (b) मुन्दर का
(c) तात्या (d) जूही का

190. 'जीप पर सवार इल्लियाँ' किस विधा की रचना है?
(a) कहानी (b) व्यंग्य
(c) नाटक (d) निबन्ध

191. 'जीप पर सवार इल्लियाँ' के लेखक कौन हैं?
(a) हरिशंकर परसाई (b) शरद जोशी
(c) मधुकर (d) प्रेमचन्द

192. 'जीप पर सवार इल्लियाँ' का प्रकाशन वर्ष निर्धारित किजिए।
(a) वर्ष 1970 (b) वर्ष 1971
(c) वर्ष 1972 (d) वर्ष 1973

193. शरद जोशी किस विधा के लिए जाने जाते हैं?
(a) कहानी (b) व्यंग्य
(c) निबन्ध (d) कवि

194. शरद जोशी को पद्मश्री सम्मान से किस वर्ष सम्मानित किया गया?
(a) वर्ष 1990 (b) वर्ष 1991
(c) वर्ष 1992 (d) वर्ष 1993

195. शरद जोशी 'प्रतिदिन' नामक कॉलम किस समाचार-पत्र में लिखते थे?
(a) नवभारत टाइम्स (b) नई दुनिया
(c) जागरण (d) मतवाला

196. एक खबर में किसकी तस्वीर छपी?
(a) इल्ली की (b) चने की
(c) लेखक की (d) इला की

197. अन्न की अधिष्ठता देवी कौन है?
(a) इला (b) इल्ली
(c) ज्ञानी (d) कवि

198. 'इला' का अर्थ निम्न में से कौन-सा है?
(a) पृथ्वी (b) एक जीव
(c) मित्र (d) ज्ञानी

199. इल्ला का अर्थ निम्न में से कौन-सा है?
(a) एक जीव (b) पौधे का नाम
(c) लड़की का नाम (d) लेखक का नाम

200. लेखक ने इल्ली को क्या बताया है?
(a) अन्न की नष्टार्थी देवी
(b) अन्न की अधिष्ठता देवी
(c) चने की नस्ल
(d) अफसर को गोष्ठी

201. अखबार के कितने पृष्ठ बताए गए हैं?
(a) पाँच (b) छः
(c) सात (d) आठ

202. लेखक एक अखबार की कितनी कीमत बताता है?
(a) दस पैसे (b) बारह पैसे
(c) पाँच पैसे (d) सात पैसे

203. लेखक की किसमें रुचि है?
(a) इतिहास में
(b) साहित्य में
(c) खनन में
(d) इला में

204. मैं इल्ली के विषय में कुछ नहीं जानता।'' यह कथन किसका है?
(a) शरद जोशी का
(b) मैथिलीशरण गुप्त का
(c) रामधारी सिंह दिनकर
(d) रामचन्द्र शुक्ल

205. शरद जोशी को इला का अर्थ पृथ्वी किसने बताया?
(a) एक पड़ोसी (b) एक यात्री
(c) एक मित्र (d) एक शिक्षक

206. शरज जोशी को किसने बताया कि इल्ली से ही तितली बनती है?
(a) पुत्री (b) पुत्र
(c) पत्नी (d) पड़ोसी

207. चने के खेत कौन खा रहा था?
(a) नील गाय (b) पक्षी
(c) चूहे (d) इल्लियाँ

208. बड़े अफसर ने किसकी कविता सुनाई?
(a) सूरदास (b) मैथिलीशरण गुप्त
(c) सुमित्रानदन पन्त (d) बिहारी

209. जीप पर कितनी इल्लियाँ सवार थीं?
(a) एक (b) दो
(c) तीन (d) चार

210. "मुझे खेतों में अच्छा लगता है। यहाँ सचमुच जीवन है, शान्ति है, सुख है।" किसने कहा था?
(a) बड़े अफसर ने
(b) छोटे अफसर ने
(c) शरद जोशी ने
(d) उपर्युक्त में से कोई नहीं

211. "अच्छा खैर, जरा हरा चना छाँटकर साहब की जीप में रखवा दो, चल जरा जल्दी कर।" यह किसने कहा था?
(a) छोटे अफसर ने (b) शरद जोशी ने
(c) बड़े अफसर ने (d) चपरासी ने

212. जीप पर सवार इल्लियाँ किस विधा की रचना है?
(a) व्यंग संग्रह (b) काव्य संग्रह
(c) कथा संग्रह (d) संकलन

213. शरद जोशी के व्यंग्य 'जीप पर सवार इल्लियाँ' में उनकी पैनी दृष्टि किस विसंगति का उद्घाटन करती है?
(a) धार्मिक (b) चारित्रिक
(c) मार्मिक (d) सम्यक

214. 'जीप पर सवार इल्लियाँ' रचना में समाया हुआ है
(a) धर्म (b) राजनीति
(c) सामाजिक जीवन (d) ये सभी

215. शरद जोशी के किस नाटक का मंचन किया गया?
(a) अन्धों का हाथी
(b) एक था गधा
(c) (a) और (b) दोनों
(d) उपर्युक्त में से कोई नहीं

216. इन्दौर के किस समाचार-पत्र में लेखन से उनकी प्रसिद्धि प्राप्त हुई?
(a) दैनिक भास्कर (b) स्वदेश
(c) नई दुनिया (d) उमर उजाला

217. शरद जोशी की पहली पुस्तक किस नाम से छपी?
(a) अराधना (b) जाग्रति
(c) परिक्रमा (d) सन्देश

218. शरद जोशी को कौन-सा पुरस्कार मिला था?
(a) पद्मश्री (b) पद्म भूषण
(c) पदमविभूषण (d) साहित्य

219. शरद जोशी किसके विरोधी थे?
(a) एम. टेक
(b) पी.एच.डी.
(c) एम.बी.ए.
(d) अन्तरिक्ष

220. 'जीप पर सवार इल्लियाँ' व्यंग्य में लेखक ने किस पर व्यंग्य किया है?
(a) सरकारी कर्मचारी
(b) बेरोजगारी
(c) निजी कर्मचारी
(d) व्यापारी

221. छोटे अफसर ने किसान से साहब की जीप में क्या रखने को कहा?
(a) चना (b) पैसे
(c) गेहूँ (d) इनमें से कुछ नहीं

222. 'जीप पर सवार इल्लियाँ' शरद जोशी की किस किताब का लेख है?
(a) यथासम्भव (b) अग्निसम्भवा
(c) परिक्रमा (d) किसी बहाने

223. 'इल्लियाँ' किसकी पुत्रियाँ बताई गई हैं?
(a) अधिकारी (b) किसान
(c) लेखक (d) इला

224. शरद जोशी का जन्म किस शहर में हुआ?
(a) उज्जैन (b) इन्दौर
(c) सागर (d) पटना

225. एकाध मित्र कैसा होना चाहिए?
(a) बड़ा किसान (b) बड़ा अफसर
(c) बुद्धिमान (d) कलाकार

226. शरद जोशी की प्रमुख रचनाएँ हैं
(a) सरकार का जादू
(b) दूतावास में चक्कर
(c) तिलिस्म
(d) उपर्युक्त सभी

227. शरद जोशी मंच पर किस तरह की कविता पढ़ते थे?
(a) गद्य कविता (b) पद्य कविता
(c) तुकान्त कविता (d) अतुकान्त कविता

228. शरद जोशी की मृत्यु कब हुई?
(a) 5 सितम्बर, 1991
(b) 6 सितम्बर, 1985
(c) 15 सितम्बर, 1980
(d) 25 सितम्बर, 1982

229. 'जीप पर सवार इल्लियाँ' में लेखक ने किस पर व्यंग्य किया है?
(a) लाल फीताशाही
(b) अकर्मण्य नौकरशाही
(c) सुशासन
(d) राजतन्त्र

230. 'जीप पर सवार इल्लियाँ' किसे कहा गया?
(a) बड़ा अफसर (b) छोटा अफसर
(c) किसान (d) ये सभी

231. अफसर को माखनलाल चतुर्वेदी की कौन-सी कविता याद आई?
(a) पुष्प की अभिलाषा
(b) ग्राम जीवन
(c) कैदी और कोकिला
(d) सिपाही

232. अखबारों में किसकी तस्वीर छपी थी?
(a) अफसर
(b) चने के पौध पर लगी इल्ली
(c) किसान समूह की
(d) जीप

233. किसान को जीप में क्या रखने को कहा गया?
(a) हरा चना
(b) सूखा चना
(c) चावल
(d) गेहूँ

234. इल्ली को किसकी पुत्री बताया गया है?
(a) पृथ्वी की
(b) चने के पौधे की
(c) अन्न की
(d) पेड़ की

235. किसान हाथ जोड़कर काँपने लगा-किसान को किस बात का डर था?
(a) कर्ज बढ़ जाने का
(b) अफसर की डाँट खाने का
(c) जुर्माना भरे जाने का
(d) खेत जब्त हो जाने का

236. इल्ली उन्मूलन की प्रगति दिखाने अफसर अपने साथ किसे ले गए?
(a) किसान को
(b) लेखक को
(c) मित्र को
(d) नेता को

237. "चने के बारे में मेरी जानकारी सिर्फ इतनी है कि जितनी हर बेसन खाने वाले को होती है।"-किसका कथन है?
(a) बड़े अफसर का (b) छोटे अफसर का
(c) किसान का (d) लेखक का

238. 'मालगुड़ी डेज' तथा 'लापतागँज' दूरदर्शन धारावाहिक के लेखक कौन हैं?
(a) हरिशंकर परसाई (b) प्रेमचन्द
(c) श्रीलाल शुक्ल (d) शरद जोशी

सही उत्तर

1. (d)	2. (b)	3. (b)	4. (a)	5. (c)	6. (b)	7. (c)	8. (b)	9. (c)	10. (a)
11. (a)	12. (b)	13. (b)	14. (b)	15. (c)	16. (a)	17. (d)	18. (d)	19. (b)	20. (c)
21. (c)	22. (a)	23. (c)	24. (a)	25. (a)	26. (c)	27. (a)	28. (a)	29. (b)	30. (a)
31. (a)	32. (a)	33. (c)	34. (d)	35. (d)	36. (c)	37. (d)	38. (a)	39. (d)	40. (d)
41. (c)	42. (d)	43. (c)	44. (d)	45. (b)	46. (d)	47. (d)	48. (a)	49. (c)	50. (b)
51. (c)	52. (a)	53. (a)	54. (c)	55. (d)	56. (d)	57. (c)	58. (d)	59. (d)	60. (d)
61. (c)	62. (b)	63. (a)	64. (d)	65. (c)	66. (d)	67. (a)	68. (a)	69. (d)	70. (d)
71. (c)	72. (d)	73. (c)	74. (d)	75. (b)	76. (a)	77. (a)	78. (d)	79. (b)	80. (c)
81. (b)	82. (c)	83. (a)	84. (b)	85. (b)	86. (c)	87. (d)	88. (a)	89. (a)	90. (b)
91. (c)	92. (c)	93. (b)	94. (c)	95. (b)	96. (c)	97. (a)	98. (b)	99. (b)	100. (a)
101. (c)	102. (b)	103. (c)	104. (c)	105. (d)	106. (b)	107. (c)	108. (c)	109. (a)	110. (a)
111. (c)	112. (a)	113. (a)	114. (c)	115. (a)	116. (c)	117. (b)	118. (b)	119. (d)	120. (d)
121. (a)	122. (a)	123. (a)	124. (d)	125. (c)	126. (b)	127. (b)	128. (b)	129. (d)	130. (b)
131. (d)	132. (c)	133. (b)	134. (a)	135. (d)	136. (d)	137. (d)	138. (a)	139. (d)	140. (c)
141. (a)	142. (a)	143. (c)	144. (d)	145. (a)	146. (c)	147. (b)	148. (c)	149. (a)	150. (a)
151. (d)	152. (c)	153. (a)	154. (a)	155. (a)	156. (b)	157. (d)	158. (b)	159. (a)	160. (a)
161. (d)	162. (c)	163. (b)	164. (a)	165. (c)	166. (a)	167. (d)	168. (a)	169. b()	170. (b)
171. (c)	172. (d)	173. (a)	174. (a)	175. (a)	176. (c)	177. (a)	178. (b)	179. (a)	180. (a)
181. (b)	182. (b)	183. (c)	184. (b)	185. (b)	186. (a)	187. (a)	188. (c)	189. (a)	190. (b)
191. (b)	192. (b)	193. (b)	194. (a)	195. (a)	196. (a)	197. (a)	198. (a)	199. (a)	200. (a)
201. (b)	202. (a)	203. (a)	204. (a)	205. (c)	206. (a)	207. (d)	208. (b)	209. (c)	210. (a)
211. (a)	212. (a)	213. (c)	214. (d)	215. (c)	216. (c)	217. (c)	218. (a)	219. (b)	220. (a)
221. (a)	222. (a)	223. (d)	224. (a)	225. (c)	226. (d)	227. (a)	228. (a)	229. (b)	230. (d)
231. (b)	232. (c)	233. (a)	234. (a)	235. (d)	236. (b)	237. (d)	238. (d)		

इकाई 15

कन्हैया लाल मिश्र प्रभाकर

आत्मविश्वास

- प्रस्तुत पाठ या निबंध आत्मविश्वास, कवि कन्हैयालाल मिश्र 'प्रभाकर' जी के द्वारा लिखित है। लेखक के अनुसार, आत्मविश्वास जीवन की सफलता का सबसे बड़ा रहस्य है। इस तथ्य को लेखक ने इस निबंध में अनेक उदाहरणों द्वारा प्रतिपादित किया है। पाठ के अनुसार, जब सुग्रीव ने राम से अपने भाई बाली के विषय में कही कि – महाराज, उसे ऐसा वरदान प्राप्त है कि जो भी उसके सामने आता है, उसकी आधी ताक़त उसमें आ जाती है और उसे वह आसानी से पछाड़ देता है। तत्पश्चात् राम ने भी बाली के सामने आकर नहीं लड़े और पेड़ की आड़ से ही उन्होंने उसे निशाना बनाया। लेखक कहते हैं कि सामने वाले की आधी ताक़त अपने में खींच लेने की शक्ति का जो वरदान बाली को प्राप्त था, वह हम सबको भी प्राप्त है, पर दुर्भाग्य यह है कि हमने कभी उसका उपयोग नहीं किया। इसलिए विरोधी हमें पीटते रहे हैं और हम उस पीटने को अनिवार्य समझकर पिटते रहे हैं।
- सच बात यह है कि जब कोई विरोधी हमारे सामने आता है तो हम अपनी आत्महीनता से, कायरता से, कुसंस्कार से, कहें आत्मविश्वास की कमी से विरोधी का और अपना बल तौले बिना ही उसे अपने से अधिक शक्तिशाली मान लेते हैं। इससे हमारी शक्ति आधी हो जाती है।
- लेखक के अनुसार, आत्मविश्वास का सबसे बड़ा दुश्मन है दुविधा, क्योंकि दुविधा एकाग्रता को नष्ट कर देती है। आदमी की शक्ति को बाँट देती है। इस तरह सम्बन्धित आदमी खंडित हो जाता है। लेखक कहते हैं कि एक रोज मेरे मित्र अपनी पत्नी के साथ जंगल में बैठकर बातें कर रहे थे।
- तत्पश्चात् उसकी पत्नी सो गई। उसे अचानक लगा कि सामने से कोई भेड़िया चला आ रहा है, तो वह घबराकर पत्नी को सोता छोड़कर वहां से भाग गए। जब कुछ दूरी पर उसे एक बंदूकधारी सज्जन मिला तो वह उससे पत्नी को बचाने की विनती करने लगा। तभी बंदूकधारी शिकारी उस जगह पर पहुँचा, जहाँ उसकी पत्नी अभी भी सो रही थी। जब शिकारी की नज़र उस जानवर पर पड़ी तो वह कुत्ता निकला, जिसे लेखक का दोस्त भेड़िया समझ रहा था। शिकारी ज़ोर से हंसने लगा। दरअसल, लेखक के दोस्त को भय ने आत्मविश्वासहीन कर दिया।
- कृष्ण ने महाभारत में सर्वोत्तम काम यही किया कि पांडवों को उन्होंने आत्मविश्वास से भर दिया। कृष्ण अपने कार्य के महत्त्व को समझते थे, इसलिए पूरे आत्मविश्वास से उन्होंने अर्जुन से कहा था- 'परेशान मत हो, युद्ध कर, तू निश्चित रूप से युद्ध में अपने शत्रुओं पर विजय पाएगा'।
- लेखक कहते हैं कि जब नेताजी सुभाषचंद्र बोस ने आई.सी.एस. की प्रतियोगिता में बैठे तो अंग्रेज़ी परीक्षक ने पूरी तेजी से घूमते हुए बिजली के पंखे की ओर इशारा कर उनसे पूछा-क्या इसकी पंखुड़ियाँ गिनी जा सकती हैं ? जवाब में नेताजी ने पंखा बंद करके बोले -जी हाँ, सुगमता के साथ।
- परीक्षक बहुत खुश हो गया, लेकिन दुबारा अपनी अँगूठी नेताजी के सामने रखकर पूछा- क्या इसमें से सुभाषचंद्र बोस पास हो सकता है? सुभाष बाबू ने भी अपने नाम का विजिटिंग कार्ड मोड़कर उसमें से पास करते हुए कहा, जी इस तरह! सही मानो में यह आत्मविश्वास है।
- दूसरे हमारी क्षमता का विश्वास करें और हमारी सफलता को निश्चित मानें, इसके लिए आवश्यक शर्त यही है कि हमारा अपनी क्षमता और सफलता में अखंड विश्वास हो। लेखक का विद्यालय नगर से दूर जंगल में था। जहाँ एक चौदह वर्षीय बालक अपने घर से पैदल चलकर आता था। कुछ दिनों बाद दूसरा बालक भी उसके साथ आने-जाने लगा, जो बहुत डरपोक था।
- इस बालक के प्रभाव से पहला बालक भी डरपोक हो गया और वे दोनों मिलकर लेखक के साथ चलने की प्रतीक्षा करते रहते हैं। मनुष्य के जीवन के लिए इससे अच्छी और कोई बात नहीं है कि वह सदा मानता- अनुभव करता रहे कि मेरे लिए सब कुछ अच्छा ही होगा। जो भी कार्य मैं हाथ में लूँगा, उसमें मुझे सफलता अवश्य मिलेगी।
- प्रस्तुत निबंध में लेखक प्रेरणात्मक कथन करते हुए कहते हैं कि युद्ध में वे विजय नहीं होते, जो खंदक-खाईयों को ताकते-झांकते हैं। विजयमाला पड़ती है उनके गले, जो अपनी संपूर्ण शक्ति को तौलकर छलांग लगाते हैं, खतरों से खेलते हैं। जीवन में उतार-चढ़ाव दोनों है। अपने मन को सफलता, विजय, सौभाग्य और श्रेष्ठता के विचारों और भावनाओं से सदा भरपूर रखिए और सफलता, विजय, सौभाग्य और श्रेष्ठता की ओर आगे बढ़ते रहिए।

डॉ. शिवमंगल सिंह सुमन

पथिक से

पथ भूल न जाना पथिक कहीं
पथ में काँटे तो होंगे ही,
दूर्वादल सरिता, सर होंगे।
सुन्दर गिरि-वन-वापी होंगे।
सुन्दर-सुन्दर निर्झर होंगे।
सुन्दरता की मृगतृष्णा में,
पथ भूल न जाना पथिक कहीं ।।
जब कठिन कर्म पगडंडी पर,
राही का मन उन्मन होगा।
जब सपने सब मिट जाएँगे,
कर्त्तव्य मार्ग सम्मुख होगा।
तब अपनी प्रथम विफलता में,
पथ भूल न जाना पथिक कहीं।
अपने भी विमुख पराये बन,
आँखों के सम्मुख आएँगे।
पग-पग पर घोर निराशा के,
काले बादल छा जाएँगे।
तब अपने एकाकीपन में,
पथ भूल न जाना पथिक कहीं।
रणभेरी सुन-सुन विदा-विदा
जब सैनिक पुलक रहे होंगे,
हाथों में कुमकुम थाल लिए
जलकण कुछ ढुलक रहे होंगे।
कर्त्तव्य प्रेम की उलझन में
पथ भूल न जाना पथिक कहीं।।
कुछ मस्तक कम पड़ते होंगे,
जब महाकाल की माला में।
माँ माँग रही होगी आहुति,
जब स्वतन्त्रता की ज्वाला में।
पल भर भी पड़ असमंजस में,
पथ भूल न जाना पथिक कहीं।।

रविन्द्रनाथ टैगोर

याचक और दाता

- वह प्रतिदिन मन्दिर के दरवाजे के पास जाकर खड़ी होती, दर्शन करने वालों को पुकारती, कहती- 'ये फूल चढ़ावा तो लेते जाओ।' बोली की मिठास दर्शनार्थियों को आकर्षित करती और लोग नेत्रहीन वृद्धा से महकते फूल लेते; उसकी झोली में पैसा डालते और आगे चढ़ जाते।
- सुबह से शाम तक वह उसी तरह सबका जीवन महकाती और रात्रि को मन ही मन भगवान को प्रणाम कर लाठी टेकती, झोपड़ी की राह पकड़ती। झोपड़ी के समीप आते ही दस वर्षीय बालक उछलता-कूदता उससे लिपट बाता। वृद्धा उसे टटोलती, दुलारती और माथे को चूमकर जैसे पूरा प्यार उड़ेलने का प्रयास करती।
- बच्चा कौन है? कहाँ से आया? इस बात से कोई परिचित नहीं था। कुछ वर्ष पूर्व संध्या के समय लोगों ने उसकी गोद में एक बच्चा देखा, वह से रहा था। असहाय और रोते बच्चे को वृद्धा ने अपनी गोद में बिठाया और उसे चुप कराने का प्रयास करने लगी। ममता का आँचल पाकर बच्चा सब कुछ भूल गया था। इस तरह वह वृद्धा के पास जाने लगा। वात्सल्य की तड़प ने वृद्धा की जिजीविषा बढ़ा दी। अब वह पहले से ज्यादा श्रम करती और शीघ्र लौटने की कोशिश करती। बच्चा माँ के स्नेह को पाकर प्रसन्न था।
- वृद्धा ने अपनी झोपड़ी में एक हाँड़ी गाड़ रखी थी। दिन भर की मेहनत से वह जो कमाती, उसमें से बचत करके डालती जाती। वह वच्चे के सुखद भविष्य को बुन रही थी। बच्चे को अच्छा खिलाना, पहनाना और प्रसन्न देखने में ही वह प्रसन्न रहती थी। उसे लगता जैसे उसको मंजिल मिल गई हो। दिन भर फूल बेचती और घर आकर बच्चे की हृदय से लगा लेती। मंदिर के पुजारी की दया उस वृद्धा पर थी। वह उसे मंदिर की फुलवारी से फूल तोड़ने देता और उसके ममता पर गर्व महसूस करता। वृद्धा भी फुलवारी को पानी से सींचकर सेवा करती।
- उसी नगर में सेठ बनारसीदास रहते थे। देवभक्त और धर्मात्मा के रूप में उनकी अपनी पहचान थी। उनकी कोठी पर हर समय जरूरतमंदों की भीड़ लगी रहती। कुछ कर्ज लेने आते तो कुछ अमानत रखने। क्षेत्र के सभी मजदूर, जो कुछ बचा पाते इन्हीं सेठ जी के यहाँ जमा कराते थे, पर वृद्धा न जाने क्यों सेठ जी के यहाँ धन जमा कराने में हिचकिचाती थी। हाँड़ी में अधिक धन हो जाने के कारण तथा चोरी हो जाने की आशंका से एक दिन संध्या को वृद्धा ने हाँडी उखाड़ी और छिपाकर सेठ जी की कोठी पर जा पहुँची।
- सेठ जी ने बहीखाते के पृष्ठ उलटते हुए पूछा 'क्या है बुढ़िया?' वृद्धा ने हाँडी सेठ जी की ओर सरकाते हुए, सहमे स्वर में कहा, 'सेठ जी इसे जमा कर लें। मैं इसे कहाँ रखती फिरूँगी? इसमें क्या है? सेठ जी ने हाँड़ी की ओर देखते हुए कहा। वृद्धा ने उत्तर दिया मेहनत-मजदूरी करके कुछ पैसे जमा किए हैं। चोरी न हो जाएँ इस डर से इन्हें आपके पास रखने आई। जब जरूरत होगी, तब ले जाऊँगी।
- सेठजी ने मुनीम की ओर ऐनक में से देखते हुए कहा, 'इसे बहीखाते में इसके नाम से जमा कर लो।' वृद्धा चैन की साँस लेती हुई अपनी झोपड़ी में लौट आई । दो वर्ष सुख से बीते। एक दिन ज्वर ने लड़के को आ दबाया। वृद्धा माँ ने दवा-दारू की, वैद्य को दिखाया, पर सारे प्रयत्न जैसे व्यर्थ हो गए थे। उसका साहस टूटने लगा। वह उसे ठीक करने के उपायों पर विचार करने लगी, तभी अचानक शहर के बड़े डॉक्टर का उसे ध्यान आया। इलाज के लिए पैसे का ध्यान आते ही वह सेठ बनारसीदास के यहाँ जा पहुँची। सेठ जी आसन पर टिके बैठे थे ।
- वृद्धा ने आदर प्रकट करते हुए विनम्र भाव से कहा, 'मेरा बच्चा बहुत बीमार है। मेरी जमा हाँड़ी से मुझे कुछ रुपये मिल जाएँ तो मैं डॉक्टर को दिखाकर उसका इलाज करा लूँ।' 'कैसी हाँड़ी? कैसे रुपये? मेरे पास तो तुम्हारा कुछ भी जमा नहीं है।' सेठ जी ने कठोर स्वर में, झल्लाते हुए कहा। वृद्धा ने कहा 'सेठ जी अभी दो वर्ष पहले ही तो मैंने हाँड़ी में जमा-पूँजी आपके यहाँ जमा की थी।' यह कहकर मुनीम जी की ओर सहानुभूति की अपेक्षा की दृष्टि से देखने लगी।
- देखने के बाद वृद्धा से कहा, 'नहीं तेरे नाम तो कुछ भी जमा नहीं है। वृद्धा वहीं जमीन पर बैठ गई और फूट-फूटकर रोने लगी, रो-रोकर यह सेठ जी से दया करने की गुहार लगाती रही।' सेठ जी मेरा बच्चा ठीक हो जाएगा, मैं आपके जीवन भर गुण गाऊँगी?' परन्तु पत्थर में जोंक न लगी। सेठ जी ने क्रुद्ध होकर उत्तर दिया, 'जाती है या नौकर को बुलाऊँ?'
- वृद्धा लाठी टेककर खड़ी हो गई। जाते-जाते सेट जी की ओर मुँह करते हुए उसने कहा, 'अच्छा! भगवान तुम्हें बहुत दे।'
- बच्चे की हालत दिनों-दिन बिगड़ती गई। प्राणों के लाले पड़ते देख वृद्धा माँ हताश हो उठी। रह-रहकर उसे सेठ पर क्रोध आ रहा था। वह करे तो क्या करे। अचानक वह कुछ सोचकर उठी और बच्चे को गोद में उठाकर सेठ जी के घर की ओर चल पड़ी। बच्चे का शरीर ज्वर से और उसका कलेजा क्रोध से जल रहा था। बच्चे को लेकर वह सेठ जी के यहाँ पहुंची और धरना देकर बैठ गई एक नौकर आया और वृद्धा को देखकर सेठ जी को इसकी सूचना दी। सूचना पाते ही सेठ जी ने उसे वहाँ से भगा देने का आदेश दिया। नौकर ने बहुत कोशिश की पर वह टस-से-मस न हुई। थोड़ी देर बाद सेठ जी स्वयं आए। उसे देखकर उन्हें बहुत गुस्सा आया, पर बच्चे को देखकर ये हतप्रभ रह गए। बच्चे की सूरत उनके खोए बालक मोहन से मिल रही थी।
- सात वर्ष पूर्व उनका बेटा मेले में खो गया था। बालक की जाँघ पर लाल रंग का चिह्न पहचानकर सेठ जी एकाएक चिल्ला उठे, 'यह बच्चा तो अपना मोहन ही है।' इसके साथ ही तुरन्त वृद्धा से बालक मोहन को छीनकर सेठ जी ने अपने कलेजे से लगा लिया। बालक का शरीर ज्वर से तप रहा था। हालत को गंभीर समझ सेठ जी ने तुरंत नौकर से कहा 'जाओ, तुरन्त डॉक्टर को लेकर आओ। वे बालक को लेकर अंदर चले गए।
- बाहर वृद्धा चिल्ला रही थी, 'मेरे बच्चे को मुझे वापिस कर दो, वह मेरे दिल का टुकड़ा है। उसे मत छीनो।'
- सेठ जी अपना अधिकार जताते हुए बोले 'यह बच्चा मेरा है। इसे कुछ नहीं होने दूँगा। इसे किसी भी कीमत पर बचाऊँगा।'
- वृद्धा ने जोर-से ठहाका लगाया,' अब यह तुम्हारा बच्चा है? इसलिए इसे प्राण देकर भी बचाओगे। दूसरे के बच्चे की जान क्या जान नहीं होती। यह कहाँ की मानवता है?
- सेठ जी की दशा अजीब थी। वे जैसे निरुतर हो गए थे। उनके अंदर का अहंकार धू-धू करके जल रहा था। वृद्धा कुछ देर बाद अपनी झोपड़ी की ओर चल पड़ी
- डॉक्टर ने आकर मोहन को दवाएँ दी। दवाओं ने अपना प्रभाव दिखाया। होश आने पर उसने आँखें खोलीं और बोला, 'माँ'। अपने आसपास माँ को न पाकर वह रोने लगा। उसकी हालत फिर बिगड़ने लगी। ज्वर बढ़ रहा था और वह माँ की रट लगाए जा रहा था। डॉक्टर परेशान थे। सेठ जी के हाथ-पाँव फूलने लगे। चारों ओर अँधेरा नजर आ रहा था।

- सहसा सेठ जी का ध्यान उस बुद्धा की ओर गया जो थोड़ी ही देर पूर्व अपने बालक की पुकार करते-करते वापिस चली गई थी। सेठ जी शीघ्र अपनी कार से झोपड़ी तक पहुँचे। बिना झिझके वे झोपड़ी के अंदर गए। वृद्धा पलंग पर निस्तब्ध लेटी हुई आँसू बहा रही थी। सेठ जी पहले सहमे, कि किस मुँह से इससे बात करें? पर बालक की गंभीर दशा याद आते ही उन्होंने झुककर उसे हिलाया।
- वृद्धा ज्वर से तप रही थी। सेठ जी ने प्रार्थना भरे शब्दों में कहा- 'तेरा बच्चा मर रहा है। यह बार-बार माँ ही माँ पुकार रहा है। अब तू ही चलकर उसके प्राण बचा सकती है।' आज तक सेठजी ने किसी के सामने सिर न झुकाया था, किन्तु वक्त ने वृद्धा के सामने उन्हें याचक बना दिया। सेठ जी वृद्धा के पाँवों में गिरकर बच्चे की जान बचाने की याचना करने लगे। वे वाले-'ममता की लाज रख लो।' माँ का ममत्व जाग उठा। वह बीता हुआ सब भूल गई और सेठ जी के साथ चल पडी। घर पहुँचते ही वृद्धा ने मोहन के माथे पर हाथ फेरा। हाथ पहचानते ही मोहन ने तुरन्त आँखें खोल दीं। माँ तुम आ गई। वृद्धा ने कहा, 'हाँ बेटा, तुम्हे छोड़कर कहाँ जा सकती हूँ?' उसने मोहन का सिर अपनी गोद में रखकर थपथपाया और मोहन को नींद आ गई। कुछ दिन बाद मोहन बिल्कुल स्वस्थ हो गया। जो काम दवाइयों, डाक्टरों और हकीमों से न हो पाया, वह वृद्धा माँ की ममता ने पूरा कर दिया।
- वृद्धा माँ जब वापिस लौटने लगी तो सेठ जी ने उससे मोहन के पास रुकने की बात कही, लेकिन वह न मानी। सेठ जी ने रुपयों की वह हाँड़ी क्षमा माँगते हुए उसे लौटाई तो उसने कहा, यह तो मैंने मोहन के लिए इकट्ठा किए थे, उसी को दे देना। 'वृद्धा सेठ जी की धरोहर 'मोहन' को सेठ जी के यहाँ छोड़कर, लाठी टेकती हुई, झोपड़ी में लौट आई। उसके नेत्रों से आँसू बह रहे थे, पर आज इन आँसुओं में फूलों का मकरंद और ममता की गंध थी। वह आज सेठ बनारसीदास से महान हो गई थी। सेठ याचक था और वह दाता।

रामधारी सिंह 'दिनकर'

जीवन परिचय

जन्म स्थान - सिमरिया (बिहार)

वर्ष - 1908

मृत्यु - 24 अप्रैल, 1974

पुरस्कार पद्मभूषण, ज्ञानपीठ, साहित्य अकादमी

साहित्यक परिचय दिनकर जी ने राष्ट्रप्रेम, लोक प्रेम आदि विभिन्न विषयों पर काव्य रचना की है, इन्होंने सामाजिक और आर्थिक असमानता तथा शोषण के खिलाफ भी रचनाएँ की। इन्हें वर्ष 1959 में साहित्य अकादमी पुरस्कार तथा वर्ष 1964 में सम्मानित किया गया। इसके अतिरिक्त भारत सरकार के गृह विभाग का सलाहकार बनाया गया।

भगवान के डाकिए

'भगवान के डाकिए' कविता रामधारी सिंह 'दिनकर' द्वारा लिखी गई है। इस कविता में पक्षियों और बादलों को भगवान का डाकिया बताया गया है। कविता में बताया गया है कि पक्षी और बादल भगवान के सन्देश लेकर एक देश से दूसरे देश जाते हैं।

- यह कविता प्रकृति के सन्तुलन और उसके माध्यम से जीवन के पोषण पर आधारित है।
- इस कविता में पक्षियों और बादलों को भगवान का सन्देशवाहक बताया गया है।
- कविता में बताया गया है कि हम पक्षियों और बादलों को लाई चिठियों को नहीं समझा पाते, लेकिन पेड़-पौधे पानी और पहाड़ उन्हें समझाते हैं।
- कविता में बताया गया है कि एक देश की धरती दूसरे देश को सुगंध भेजती है और वह सुगंध पक्षियों के पंखों पर तैरती है।
- कविता में बताया गया है कि एक देश की दूसरे देश में पानी बनकर गिरता है

हजारी प्रसाद द्विवेदी

जीवन परिचय

आचार्य हजारी प्रसाद द्विवेदी का जन्म वर्ष 1907 में बलिया जिले के दुबे का छपरा ग्राम में हुआ था। इनके पिता का नाम अनमोल द्विवेदी तथा माता का नाम ज्योतिषमती देवी था। इन्होंने हिन्दी एवं संस्कृत भाषाओं का गहन अध्ययन किया। वर्ष 1930 में काशी विश्वविद्यालय से ज्योतिषाचार्य की परीक्षा उत्तीर्ण की।

साहित्य परिचय आचार्य हजारी प्रसाद द्विवेदी साहित्य के प्रख्यात निबन्धकार, आलोचक, सम्पादक, उपन्यासकार के अतिरिक्त एक कुशल वक्ता एवं सफल अध्यापक भी थे। उनकी रचनाओं में नवीनता एवं प्राचीनता दोनों का समन्वय था। आधुनिक युग के गद्यकारों में आचार्य हजारीप्रसाद द्विवेदी का महत्त्वपूर्ण स्थान है।

प्रमुख रचनाएँ आचार्य हजारी प्रसाद द्विवेदी के द्वारा लिखित प्रमुख रचनाएँ

निबन्ध संग्रह अशोक के फूल, कुटज, कल्पलता, आलोक पर्व विचार और वितर्क, आम फिर बौरा गए, नाखून क्यों बढ़ते हैं, विचार, प्रवाह आलोक पर्व आदि।

उपन्यास बाणभट्ट की आत्मकथा, अनामदास का पोथा पुनर्नवा आदि।

क्या निराश हुआ जाए

हजारी प्रसाद द्विवेदी द्वारा लिखा गया एक प्रेरणादायक निबन्ध है, इस निबन्ध में लेखक ने समाज में व्याप्त समस्याओं के बावजूद सकारात्मक बनाए रखने की सीख दी है। इस निबन्ध के माध्यम से द्विवेदी जी ने चोरी, भ्रष्टाचार और अविश्वास जैसी सामाजिक बुराइयों का उल्लेख किया है।

- इस निबन्ध के माध्यम से लेखक ने देश में फैली सामाजिक बुराइयों के साथ-साथ अच्छाइयों को भी उजागर किया हैं।
- लेखक ने समझाया कि सिर्फ कपटपूर्ण घटनाओं का हिसाब रखने से हमें कष्ट की अनुभूति होती है।
- द्विवेदी ने इस रचना के माध्यम से कहा कि ऐसी घटनाओं पर ध्यान देने से मन को आशा और हिम्मत मिलती है, जिनमें लोगों ने किसी की अकारण ही सहायता की हो।
- लेखक ने कण्डक्टर और टिकट काटने वाले ईमानदार लोगों के अनुभवों से प्रभावित होकर उन्हें आशा रूपी दीपक की संज्ञा दी है।
- आचार्य हजारी प्रसाद द्विवेदी जी द्वारा लिखित एक प्रेरणात्मक निबन्ध है।
- देश की वर्तमान अवस्था को देखकर लेखक के मन में निराशा के भाव उठते हैं।

रमेशचन्द्र शाह

'डायरी' कठिन समय में

- 'डायरी' कठिन समय में एक आत्मकथात्मक रचना है, जिसमें लेखक रमेशचन्द्र ने अपने जीवन के संघर्षों, सामाजिक विषमताओं और मानसिक द्वन्द्व को डायरी शैली में प्रस्तुत किया है। इस रचना में इन्होंने कठिन परिस्थितियों में जीवन की सच्चाइयों, संघर्षों और उनसे मिले अनुभवों का विस्तारपूर्वक वर्णन किया है।
- इस रचना का मुख्य उद्देश्य जीवन में आने वली कठिनाइयों व उनके प्रभावों पर प्रकाश डालना है।
- लेखक ने अपने व्यक्तिगत जीवन में आए कठिन समय, आर्थिक समस्याओं और मानसिक द्वन्द्व को इस डायरी के माध्यम से अभिव्यक्त किया है।
- डायरी में लेखक के विचारों और संघर्षों का सीधा चित्रण है, जो पाठाकों को भावनात्मक रूप से जोड़ता है।
- कठिन परिस्थितियों में लेखक को अकेलेपन व समाज से कटे होने का अनुभव होता है, किन्तु वे हताश नहीं हुए, बल्कि संघर्ष को जीवन का एक महत्त्वपूर्ण हिस्सा मानकर, आगे बढ़ने का संकल्प लेते हैं। कभी-कभी वे अपने निर्णयों और पस्थितियों को लेकर असमंजस्य में रहते हैं, किन्तु अन्ततः वे अपनी आत्मशक्ति से कठिन परिस्थितियों को पार करते हैं।
- लेखक ने समाज में व्याप्त गरीबी, बेरोजगारी व संसाधनों की असमान उपलब्धता का चित्रण किया है। इन्होंने कठिन समय में लोगों पर पड़ने वाले भावनात्मक व मानसिक प्रभावों को व्यक्त किया है। हालाँकि यह रचना कठिनाइयों और संघर्षों का चित्रण करती है, लेकिन अन्ततः यह आशा धैर्य व आत्मविश्वास का संदेश देती है।
- लेखक का कहना है कि कठिन समय में आत्मबल व धैर्य ही व्यक्ति को अग्रसर होने में सहायक होते हैं। 'डायरी : कठिन समय में' केवल एक व्यक्ति की आत्मकथा नहीं, बल्कि उन सभी लोगों की है, जो जीवन में संघर्ष कर रहे हैं। लेखक ने अपने अनुभवों के माध्यम से संदेश दिया है कि कठिन परिस्थितयों में परेशान होने के अतिरिक्त उनसे प्रेरणा लेकर आगे बढ़ना ही सफलता की कुँजी है।

वस्तुनिष्ठ प्रश्न

1. जीवन की सफलता का सबसे बड़ा रहस्य क्या है?
(a) विश्वास
(b) संघर्ष
(c) आत्मविश्वास
(d) परोपकार

2. बालि के भाई का क्या नाम था?
(a) सुग्रीव
(b) लक्ष्मण
(c) अंगद
(d) निशाचर

3. दुविधा किसका दुश्मन है?
(a) ताकत
(b) एकाग्रता
(c) शक्ति
(d) आत्मविश्वास

4. एकाग्रता किससे नष्ट होती है?
(a) चंचलता (b) दुविधा
(c) असफलता (d) हर्ष

5. पाठ में आए भाग्यवान शब्द का विलोम पद है।
(a) किस्मतवाला (b) पराजय
(c) भाग्यहीन (d) भाग्यशाली

6. एकाग्रता शब्द में प्रयुक्त प्रत्यय है।
(a) आ (b) त (c) अ (d) ता

7. कुसंस्कार शब्द का हिन्दी अर्थ है?
(a) बुरे संस्कार (b) कुकर्म
(c) श्रेष्ठ संस्कार (d) ये सभी

8. आत्मविश्वास निबन्ध किस लेखक की रचना है?
(a) कन्हैयालाल सेठिया
(b) कन्हैया लाल मिश्र
(c) विजयदान देथा
(d) विजयसिंह पथिक

9. राम ने बालि को कहाँ से निशाना बनाया?
(a) महाल के सामने
(b) पेड़ के पीछे
(c) रास्ते से
(d) गुफा के अन्दर

10. कन्हैया लाल मिश्र प्रभाकर द्वारा रचित आत्मविश्वास रचना है?
(a) निबन्ध
(b) कहानी
(c) कविता
(d) उपन्यास

11. दुविधा किसकी शक्ति को बाँट देती है।
(a) जानवर (b) देव
(c) दैत्य (d) आदमी

12. व्यक्ति की शक्ति बँट जाने पर वह हो जाता है?
(a) दुर्बल (b) खण्डित
(c) सारहीन (d) अखण्डित

13. शिकारी किसे देखकर जोर से हँसने लगा?
(a) कुत्ते को (b) शेर को
(c) भेडिये को (d) हाथी को

14. कृष्ण ने पाण्डवों को किससे भर दिया?
(a) खुशी से (b) शोक से
(c) दुःख से (d) आत्मविश्वास से

15. अर्जुन से किसने कहा- "परेशान मत हो युद्ध कर"
(a) दुर्योधन ने (b) कृष्ण ने
(c) युद्धिष्ठर ने (d) भीम ने

16. तू निश्चित रूप से युद्ध में विजय प्राप्त करेगा- 'यह किसने कहा'
(a) कर्ण ने (b) नकुल ने
(c) कृष्ण ने (d) सहदेव ने

17. सुभाष चन्द्र बोस किस प्रतियोगिता में बैठे
(a) आई.सी.एस
(b) आई.आई.एस.
(c) आई.ए.एस.
(d) आर.ए.एस.

18. पंखे की पंखुड़ियों को नेताजी ने कैसे गिना?
(a) पंखे को देखकर
(b) पंखे को बन्द करके
(c) दोनों
(d) उपरोक्त में से कोई नहीं

19. सुभाष बाबू ने परीक्षक के सामने क्या रखा?
(a) धन
(b) अँगूठी
(c) खाने की वस्तु
(d) विजिटिंग कार्ड

20. दोनों बालक किसके साथ चलने की प्रतिक्षा करते रहे?
(a) कवि के साथ (b) मित्र के साथ
(c) लेखक के साथ (d) पिता के साथ

21. लेखक का विद्यालय कहाँ था?
(a) जंगल में (b) नगर में
(c) गाँव में (d) पहाड़ में

22. प्रस्तुत निबन्ध में लेखक ने कैसा कथन कहा है?
(a) संवेदनशील (b) उपदेशात्मक
(c) विरोधात्मक (d) प्रेरणात्मक

23. पाठ में आए हुए 'खंदक' शब्द का क्या अर्थ है?
(a) खाई (b) गहरा गड्डा
(c) दोनों (d) खान

24. उत्साह शब्द का विलोम पद पाठ के अनुसार लिखिए।
(a) निरुत्साह (b) दुःखी
(c) दुर्भाग्य (d) भाग्यहीन

25. अभागा शब्द में प्रत्यय है?
(a) अ (b) गा
(c) आ (d) भागा

26. अपनी क्षमता और सफलता में कैसा विश्वास होना चाहिए
(a) खण्ड (b) सौभाग्य
(c) अखण्ड (d) विजय

27. दूसरा बालक स्वभाव से कैसा था?
(a) डरपोक (b) कायर
(c) निडर (d) वीर

28. आत्मविश्वास जीवन की सफलता का सबसे बड़ा है?
(a) शक्ति (b) विश्वास
(c) रहस्य (d) सख

29. दुर्भाग्य का विलोम पद होगा
(a) सौभाग्य (b) भाग्यहीन
(c) बुराभाग्य (d) ये सभी

30. आत्मविश्वास का उपयोग ना करने के कारण हमें कौन पीटते रहे?
(a) विरोधी (b) मित्र
(c) शत्रु (d) बन्धु

31. आत्मविश्वास की कमी से हम शत्रु को कैसा मानते है?
(a) शक्तिशाली (b) निराशावादी
(c) दुःखी (d) पराक्रमी

32. किस ग्रन्थ में बताया गया है कि कृष्ण ने पाण्डवों को आत्मविश्वास से भर दिया?
(a) गीता (b) रामायण
(c) पुराण (d) महाभारत

33. कृष्ण किसके महत्त्व को समझते थे?
(a) धर्म (b) अर्थ
(c) मोक्ष (d) काम

34. अर्जुन ने किन पर विजय प्राप्त की?
(a) दुर्योधन (b) कर्ण
(c) भीष्म (d) इनमें से कोई नहीं

35. पाठ में आए पंखुड़िया शब्द का वचन है
(a) एकवचन (b) द्विवचन
(c) दोनों (d) बहुवचन

36. 'पथिक से' कविता के रचयिता है
(a) सुदर्शन (b) शिवमंगल सिंह सुमन
(c) रामनारायण (d) कन्हैया लाल मिश्र

37. लक्ष्य को प्राप्त करने के मार्ग में क्या आता है?
(a) रूकावटें (b) परेशानियाँ
(c) बाधाएँ (d) ये सभी

38. लक्ष्य को प्राप्त करने वाले मार्ग में कुछ दृश्य कैसे होते हैं?
(a) मनमोहक (b) सुहावने
(c) दोनों (d) इनमें से कोई नहीं

39. मार्ग के सुहावने दृश्य हमारे साथ कैसा व्यावहार करते हैं?
(a) आकर्षित (b) बुरा
(c) अच्छा (d) ये सभी

40. हमें तो केवल कहाँ आगे बढ़ते जाना चाहिए?
(a) बाजार के रास्ते पर (b) गौरव पथ पर
(c) कर्त्तव्य पथ पर (d) सही मार्ग पर

41. हमें किनके भुलावे में नहीं आना चाहिए?
(a) मनुष्यों के (b) हरियाली
(c) पक्षियों के (d) सौन्दर्य के

42. तुम अपने मार्ग को मत भूल जाना कवि किससे कह रहा है?
(a) पथिक से (b) राम से
(c) सौन्दर्य से (d) सुमन से

43. बाधाओं के साथ मार्ग में और क्या होंगे?
(a) पत्ते (b) फूल
(c) कोमल दूब घास (d) फल-फूल आदि

44. हे पथिक! मार्ग में किसके अच्छे-अच्छे दृश्य होंगे-
(a) तालाब के
(b) नदियों के
(c) समुद्र के
(d) प्राकृतिक वातावरण के

45. हे पथिक! मार्ग में तालाब कैसे मिलेंगे?
(a) मनोरम (b) बड़े
(c) छोटे (d) सुन्दर

46. मार्ग में चलते हुए पथिक तुम्हें सुन्दर जंगल में क्या दिखाई देंगे?
(a) वन (b) बावड़ी
(c) पर्वत (d) ये सभी

47. सुन्दर-सुन्दर झरने कहाँ दिखाई देंगे?
(a) जंगल में (b) नगर में
(c) मार्ग में (d) गाँव में

48. तुम्हें अपने कर्त्तव्य पथ से कौन भटका सकता है?
(a) सुन्दरता का भ्रम (b) बाँधाएँ
(c) फल-फूल (d) झरने आदि

49. प्रस्तुत पाठ में आए 'दुर्वादल' शब्द का अर्थ है।
(a) नदियाँ
(b) जंगल
(c) दूब घास के कोमल पत्ते
(d) कोमल पत्ते

50. रेगिस्तान में रेत पर सूर्य की किरणें पड़ने पर जल का भ्रम होना, कहलाता है
(a) मृगतृष्णा (b) तृष्णा
(c) भ्रम (d) वापी

51. उन्मन शब्द का उचित अर्थ होगा
(a) उदास (b) खिन्न
(c) 'a' और 'b' दोनों (d) उन्नति

52. पाठ में आए 'विफलता' शब्द का समानार्थी होगा-
(a) निराशा (b) सफलता
(c) कल्पनाएँ (d) असफलता

53. कल्पनाएँ किस मार्ग पर चलने से मिट जाती हैं?
(a) आशा का मार्ग (b) कर्म का मार्ग
(c) सीधा मार्ग
(d) फल का मार्ग

54. कर्म के मार्ग पर चलने से हमारी कल्पनाएँ कैसी होने लगती हैं?
(a) आकार (b) निराकार
(c) साकार (d) ये सभी

55. राही का मन किनमें घिरकर उदास हो जाता है?
(a) आकर्षण में (b) सुन्दरता में
(c) मार्ग में (d) बाधाओं में

56. जब मनुष्य की कल्पनाएँ मात्र कल्पनाएँ ही करती है, तब उसके सामने कौन-सा मार्ग होता है?
(a) पहाड़ी (b) कर्त्तव्य
(c) छोटा (d) सीधा

57. राहगीर को अपना 'कर्त्तव्य पथ' कब नही भूलना चाहिए?
(a) असफलता के समय (b) दिन के समय
(c) सफलता के समय (d) बीमारी के समय

58. कवि ने इस कविता में 'काले बादल' को किससे समान बताया है?
(a) विपत्ति (b) कठिनाईयाँ
(c) 'a' और 'b' दोनों (d) निराशा

59. कवि मनुष्यों को कैसी सलाह देता है?
(a) विश्राम करने की (b) सीधा चलने की
(c) वनों में घूमने की (d) पीछे नहीं मुड़ने की

60. काले बादल छा जाने पर कदम-कदम पर क्या आ जाता है?
(a) कठिनाइयाँ (b) आशाहीनता
(c) सुन्दरता (d) मार्ग

61. आशहीनता आ जाने पर पराये कौन हो जाते हैं?
(a) बन्धु (b) पक्षी
(c) जानवर (d) वृद्धजन

62. सभी के क्या हो जाने पर भी तुम्हें अपने मार्ग से भटकना नहीं चाहिए?
(a) अनजान (b) परिचित
(c) रिश्तेदार (d) अपरिचित

63. अपरिचित कौन हो जाते हैं?
(a) सगे सम्बन्धी (b) पड़ोसी
(c) मित्र (d) राहगीर

64. 'युद्धि शुरू करने की ध्वनि पुलक रहे होंगे' के लिए एक शब्द प्रयुक्त है।
(a) कुमकुम (b) रणभेरी
(c) उलझन (d) युद्धभूमि

65. कवि राहगीर को आगे बढ़ने के लिए क्या देता है?
(a) सदुपदेश (b) ज्ञान
(c) उपदेश (d) जानकारी

66. युद्ध की ध्वनि सुनते ही सैनिक कैसे हो रहे होंगे?
(a) निराश (b) प्रसन्न (c) रोमांचित (d) दुःखी

67. सैनिक कहाँ जाने की (विदा) तैयारी कर रहे हैं?
(a) गाँव (b) नगर
(c) घर (d) युद्ध भूमि

68. प्रियतम किससे सजा हुआ थाल अपने साथ लाई होगी?
(a) चित्र से (b) चावल से
(c) फूलों से (d) कुमकुम से

69. तुम्हारे प्रियतम के क्या ढुलक रहे होंगे-
(a) थाल (b) आँसू
(c) दोनों (d) चावल

70. युद्धवीरों के आने की प्रतिक्षा कौन कर रहा होगा?
(a) शत्रु (b) सेना
(c) युद्ध देवी (d) सेनापति

71. युद्धदेवी किनकी संख्या कम होने पर प्रतिक्षा कर रही है?
(a) कायर की (b) वीरों की
(c) डरपोक की (d) शत्रुओं की

72. किसके खातिर मस्तक को काटकर चढ़ाने वालों की संख्या कम हो सकती है?
(a) आजादी (b) गुलामी
(c) परतन्त्रता (d) ये सभी

73. युद्धदेवी नौजवानों से क्या माँग रही है?
(a) विद्या (b) आहूति
(c) जमीन (d) धन

74. 'पाठ में आये हुए' आहूति शब्द का अर्थ होगा-
(a) समिधा (b) हवन सामग्री
(c) लकड़ी (d) यज्ञ में डाली जाने वाली हवन सामग्री

75. 'वापी' शब्द का हिन्दी अर्थ क्या होगा?
(a) बावड़ी (b) तालाब
(c) झरने (d) पागल

76. 'याचक और दाता' रचना के रचयिता हैं
(a) रविन्द्रनाथ टैगोर
(b) रमेश चन्द शाह
(c) बालगंगाधर तिलक
(d) शिवमंगल सिंह 'सुमन'

77. मंदिर के बाहर फूल बेचने वाली महिला कैसी थी।
(a) मोटी
(b) विकलांग
(c) अंधी (नेत्रहीन)
(d) कमजोर

78. नेत्रहीन महिला की बोली कैसी थी?
(a) चुभने वाली (b) कठोर
(c) कर्कश (d) मधुर

79. नेत्रहीन महिला फूल कहाँ बेचती थी?
(a) गुरुद्वारों में (b) मन्दिर में
(c) रास्ते में (d) मस्जिद में

80. वृद्धा से लिपटने वाले बालक की आयु कितनी थी?
(a) 13 वर्ष (b) 9 वर्ष
(c) 12 वर्ष (d) 10 वर्ष

81. किसकी तड़प ने वृद्धा की जिजीविषा बढ़ा दी।
(a) घृणा (b) स्नेह
(c) वात्सल्य (d) भूख

82. बच्चा माँ से क्या पाकर प्रसन्न था?
(a) दूध (b) खाना
(c) खिलौने (d) स्नेह

83. वृद्धा ने अपनी झोपड़ी में क्या गाड़ रखी थी?
(a) हाँडी (b) कटोरी
(c) बर्तन (d) मटकी

84. वृद्धा पर किसकों दया आ गई?
(a) द्वारपाल को (b) पुजारी को
(c) बच्चे को (d) सेवक को

85. वह वृद्धा फूल बेचने के लिए फूल कहाँ से तोड़ती थी?
(a) रास्ते से (b) पहाड़ों से
(c) फुलवारी से (d) घने जंगलों से

86. देवभक्त और धर्मात्मा के रूप में नगर में कौन रहता था?
(a) बनारसी दास (b) बाँके बिहारी
(c) वनवारी लाल (d) विलायत खाँ

87. वृद्धा सेठजी की कोठी पर क्या लेकर गई?
(a) फूल (b) खाना
(c) दूध (d) हाँडी

88. 'सेठजी इसे जमा कर लें'..किसने कहा?
(a) पुजारी ने (b) बच्चे ने
(c) वृद्धा ने (d) बनारसी दास ने

89. सेठ बनारसीदास के यहाँ लोगों की भीड़ क्यों लगी रहती थी?
(a) उधार लेने के लिए
(b) अमानत रखने के लिए
(c) धन जमा करने के लिए
(d) उपरोक्त सभी

90. सेठजी ने हॉडी की ओर देखते हुए क्या कहा?
(a) इसमें क्या है (b) यह मेरा नहीं है
(c) यह किसका है (d) जमा करो इसे

91. बहीखाते में इसे जमा करो, सेठजी ने किससे कहा-
(a) पुजारी (b) मुनीम
(c) बच्चा (d) वृद्धा

92. वृद्धा के लड़के को कौन-सी बीमारी हुई?
(a) हैजा (b) पीलिया
(c) लकवा (d) ज्वर

93. हाँड़ी लेने वृद्धा बनारसीदास के यहाँ कब गई?
(a) 5 वर्ष बाद (b) 2 वर्ष बाद
(c) 4 वर्ष बाद (d) 3 वर्ष बाद

94. वृद्धा बच्चे को दिखाने कहाँ ले जाना चाहती थी?
(a) वैद्य के पास (b) हकीम के पास
(c) डॉक्टर के पास (d) पुजारी के पास

95. मेरे पास तुम्हारा कुछ भी जमा नहीं है, किसने कहा?
(a) बनारसीदास ने (b) मुनीम ने
(c) पुजारी ने (d) संरपंच ने

96. वह सेठजी से किसकी गुहार लगाती रही?
(a) दान (b) दया
(c) धन (d) भीख

97. 'जाती है या नौकर को बुलाऊँ'- किसने कहा?
(a) बच्चे ने (b) मुनीम ने
(c) सेठ ने (d) व्यापारी ने

98. किसे गोद में लेकर वृद्धा सेठ जी के घर पहुँची?
(a) हाँडी को (b) बच्चे को
(c) माला को (d) फूलों को

99. बच्चे की सूरत किससे मिल रही थी?
(a) रमेश से (b) सोहन से
(c) सुरेश से (d) मोहन से

100. सेठजी का पुत्र कितने साल पहले खो गया था?
(a) 8 वर्ष पूर्व (b) 7 वर्ष पूर्व
(c) 6 वर्ष पूर्व (d) 5 वर्ष पूर्व

101. मोंहन सेठजी से कहाँ बिछुड़ गया था?
(a) मेले में (b) बाजार में
(c) रास्ते में (d) शहर में

102. बालक की जाँघ पर किस रंग का चिह्न था?
(a) नीला (b) लाल
(c) काला (d) हरा

103. 'मेरे बच्चे को वापिस कर दो'- ऐसा कौन चिल्ला रहा था?
(a) पुजारी (b) नौकर
(c) वृद्धा (d) मुनीम

104. बीमार मोहन को देखकर सेठजी की दशा कैसी हो गई थ?
(a) अच्छी (b) बेकार
(c) अजीब (d) चिन्तनीय

105. सेठजी को चारों ओर क्या नजर आ रहा था?
(a) अँधेरा (b) प्रकाश
(c) रोशनी (d) धूल

106. 'तेरा बच्चा मर रहा है। तू ही उसके प्राण बचा सकती है।' ऐसा किसने कहा-
(a) डॉक्टर ने (b) मुनीम ने
(c) सेवक ने (d) सेठजी ने

107. वृद्धा के सामने सेठजी किसके समान हो गए?
(a) स्वामी (b) याचक
(c) सेठ (d) सेवक

108. सेठजी ने सर्वप्रथम किसके सामने सिर झुकाया?
(a) ईश्वर के सामने
(b) डॉक्टर के सामने
(c) बच्चे के सामने
(d) वृद्धा के सामने

109. ''ममता की लाज रख लो''- ये किसके वचन हैं?
(a) बनारसीदास (b) वृद्धा
(c) मुनीम (d) पुजारी

110. बच्चे को स्वस्थ करने में दवा-दाँरू काम ना आई, केवल काम आयी
(a) ममता (b) चाकरी
(c) सेवा (d) देखभाल

111. सेठ बनारसीदास से भी महान कौन हो गया?
(a) डॉक्टर (b) वृद्धा
(c) ईश्वर (d) पुजारी

112. बच्चा होश में आते ही किसकी रट लगा रहा था?
(a) ईश्वर (b) पिता
(c) माँ-माँ (d) डॉक्टर

113. वृद्धा पहले से ज्यादा परिश्रम किसके लिए करती थी?
(a) दान देने के लिए (b) स्वयं के लिए
(c) मन्दिर के लिए (d) बच्चे के लिए

114. 'किन्तु पत्थर में जोंक ना लगी'- किसके लिए कहा गया है?
(a) बनारसीदास (b) वृद्धा
(c) मुनीम (d) बच्चा

115. सेठजी ने किससे कहा- "जाओ तुरन्त डॉक्टर को लेकर आओ।
(a) ड्राईवर (b) माली
(c) मुनीम (d) नौकर

116. 'भगवान के डाकिए' नामक कविता के कवि का क्या नाम है?
(a) रामधारी सिंह 'दिनकर'
(b) सूर्यकान्त त्रिपाठी निराला
(c) विष्णु प्रभाकर
(d) भगवतीचरण वर्मा

117. किनकी लाई हुई चिट्ठियाँ पेड़-पौधे, पानी और पहाड़ बाँचते हैं?
(a) डाकिए की
(b) अधिकारी की
(c) पक्षी और बादल की
(d) द्रव की

118. पक्षी और बादल की चिट्ठियों को कौन नहीं समझता?
(a) वृक्ष (b) पहाड़ (c) पानी (d) मानव

119. मनुष्य पक्षी और बादल की चिट्ठियों से केवल क्या समझ सकता है?
(a) एक देश, दूसरे देश को सुंगध भेजता है
(b) एक देश, दूसरे देश को अनाज भेजता है
(c) एक देश, दूसरे देश से शत्रुता रखता है
(d) एक देश दूसरे देश से व्यापार करता है

120. भगवान का डाकिया कौन है?
(a) आकाश (b) वायु
(c) बादल (d) बिजली

121. पक्षी एक महादेश से दूसरे किस स्थान पर जाते हैं?
(a) वृक्ष पर (b) झील पर
(c) पर्वत पर (d) महादेश में

122. एक देश की धरती दूसरे देश को क्या भेजती है?
(a) संदेश (b) सुगंन्ध
(c) सुरंग (d) सूचना

123. एक देश की सुगन्ध दूसरे देश तक किस तरह जाती है?
(a) बादलों द्वारा (b) वायु द्वारा
(c) यान द्वारा (d) वृक्षों द्वारा

124. भगवान के डाकिए कविता का प्रमुख सन्देश क्या है?
(a) देशभक्ति
(b) विश्व बन्धुत्व की भावना
(c) सामाजिक जागृति
(d) दहेज विरोधी भावना

125. 'भगवान के डाकिए' पाठ साहित्य की दृष्टि से क्या है?
(a) कविता (b) नाटक
(c) कहानी (d) निबन्ध

126. कविता में 'बाँचने' शब्द का क्या अर्थ है?
(a) सुनना (b) पढ़ना
(c) रोना (d) धोना

127. भगवान के लाए सन्देश को कौन-कौन पढ़ पाते हैं?
(a) पेड़ (b) पानी
(c) पहाड़ (d) ये सभी

128. 'भाप' शब्द का क्या अर्थ है?
(a) वाष्प (b) जल
(c) वसा (d) घुमक्कड़

129. प्रस्तुत कविता में पक्षी और बादल को क्या कहा जाता है?
(a) भगवान के डाकिए (b) प्रकृति के संरक्षण
(c) खत पहुँचाने वाला (d) सन्देशवाहक

130. 'आँकत' शब्द से क्या तात्पर्य है?
(a) अनुभव (b) जयादा
(c) आकार (d) अनुमान

131. मनुष्य प्रकृति के सम्बन्ध में केवल क्या कर सकता है?
(a) दुरुपयोग
(b) आकलन
(c) अच्छा अनुभव
(d) उपरोक्त में से कोई नहीं

132. पानी बरसने से एक दम पहले उसका रूप होता है
(a) भाप (b) हवा
(c) आँधी (d) धूल

133. 'सौरभ' शब्द का क्या अर्थ है?
(a) बदबू
(b) खुशबू
(c) दुर्गन्ध
(d) उपरोक्त में से कोई नहीं

134. 'तिरता' शब्द का क्या अर्थ है?
(a) बहना (b) रोना
(c) सोना (d) तैरता

135. 'भगवान के डाकिए' कविता का भाव स्पष्ट कीजिए।
(a) पक्षी और बादल भगवान के डाकिए है।
(b) मनुष्य को सभी का ध्यान रखना चाहिए।
(c) मनुष्य को पक्षियों से कुछ सीखना चाहिए।
(d) मनुष्य को भेदभाव से ऊपर उठकर वसुधैव कुटुंबकम की भावना को आत्मसात करना चाहिए।

136. भगवान के सन्देश को पेड़-पौधे, पानी और पहाड़ क्यों समझ पाते हैं?
(a) क्योंकि वे भेदभाव की भावना से परे हैं।
(b) क्योंकि वह ईश्वर की बात मानते हैं।
(c) क्योंकि वह उनकी भाषा समझते हैं।
(d) उपरोक्त में से कोई नहीं

137. बादल और पक्षी क्या नहीं मानते?
(a) धार्मिक भेदभाव
(b) जात-पात
(c) आपसी मनजुटाव
(d) दो देशों की भौतिक सीमाओं के भेद को

138. पक्षियों के पँखों पर क्या तिरता है?
(a) सौख (b) रंग
(c) चमकीलापन (d) सौरभ

139. एक देश का भाप दूसरे देश से क्या बनकर गिरता है?
(a) हवा (b) भूकम्प
(c) जल (d) आँधी

140. पक्षियों के लाए पत्र को कौन पढ़ता है?
(a) डाकिया (b) बालक
(c) छात्र (d) वृक्ष

141. बादल के लाए पत्र को कौन पढ़ता है?
(a) बालिका (b) डाकिया
(c) पर्वत (d) युवक

142. भगवान के द्वारा लाई चिट्ठियाँ कौन बाँचता है?
(a) पेड़-पौधे (b) पहाड़
(c) पानी
(d) उपरोक्त सभी

143. कवि ने पक्षी और बादल को भगवान के डाकिए क्यों बताया है?
(a) पक्षी उड़ते हैं
(b) बादल बरसते हैं
(c) सन्देश लाते हैं
(d) उपरोक्त में से कोई नहीं

144. मनुष्य भगवान के डाकिए का सन्देश कितना समझ पाता है?
(a) पूरी तरह से
(b) वे केवल आँकलन ही कर सकते हैं
(c) बिल्कुल भी नहीं
(d) उपर्युक्त में से कोई नहीं

145. बादल किस प्रकार दो देशों के बीच की तुच्छ सीमा को झुठला देता है?
(a) पानी बरसाकर
(b) झड़ी लगाकर
(c) लोगों की प्यास बुझाकर
(d) एक देश का वाष्पित जल दूसरे देश में बरसाकर

146. पक्षी और बादल भगवान के डाकिए क्यों हैं?
(a) क्योंकि ये ही भगवान के सन्देश हम तक लाते हैं
(b) इनका प्रकृति से अटूट रिश्ता है
(c) बादल वर्षा करते हैं और पक्षी आन्नदित होते हैं
(d) उपर्युक्त में से कोई नहीं

147. पानी बरसने से एकदम पहले उसका रूप होता है
(a) भाप
(b) हवा
(c) आँधी
(d) उपरोक्त में से कोई नहीं

148. जिनके पंख होते हैं, उन्हें पक्षी कहा जाता है, क्योंकि पंख शब्द
(a) पक्ष (b) पर
(c) उड़ान (d) वायु

149. 'पक्षियों की पंखों पर' में कौन-सा अलंकार है?
(a) अनुप्रास (b) उपमा
(c) उत्प्रेक्षा (d) यमक

150. पक्षी और बादल की चिट्ठियों के आदान-प्रदान को किस दृष्टि से देख सकते हैं?
(a) समभाव की दृष्टि
(b) क्षेत्रीयता की दृष्टि से
(c) जातिगत भेदभाव की दृष्टि
(d) उपर्युक्त में से कोई नहीं

151. रामधारी सिंह 'दिनकर' कहाँ के रहने वाले थे?
(a) बिहार (b) राजस्थान
(c) पंजाब (d) मध्य प्रदेश

152. रामधारी सिंह 'दिनकर' की मृत्यु कब हुआ था?
(a) 24 अप्रैल, 1974
(b) 14 मई, 1975
(c) 28 जुलाई, 1976
(d) 5 अगस्त, 1977

153. पेड़, पौधे, पानी और पहाड़ शब्दों में कौन-सा अलंकार उपर्युक्त हुआ है?
(a) अनुप्रास अलंकार
(b) यमक अलंकार
(c) रूपक अलंकार
(d) उपरोक्त में से कोई नहीं

154. 'उनकी लाई चिटिठयाँ को पेड़, पौधे, पानी और पहाड़ बाँचते हैं?' काव्यांश में 'बाँचते' शब्द निम्नलिखित में किस प्रकार का शब्द है?
(a) तत्सम (b) आगत
(c) तद्भव (d) देशज

155. निम्नलिखित में से 'हवा' का पर्यायवाची कौन-सा शब्द नहीं है?
(a) आगत (b) पवन
(c) प्रसून (d) समीर

156. 'महादेश' शब्द में कौन-सा समास है
(a) कर्मधारय समास
(b) द्विगु समास
(c) अव्ययीभाव समास
(d) द्वन्द्व समास

157. 'सुगन्ध' शब्द का विपरीतार्थक शब्द कौन-सा है?
(a) अगंध (b) कुगंध
(c) निर्गंध (d) दुर्गंध

158. दिनकर जी को भारत सरकार द्वारा पद्मभूषण पुरस्कार कब दिया गया?
(a) वर्ष 1960 (b) वर्ष 1950
(c) वर्ष 1959 (d) वर्ष 1955

159. किस आलोचक ने रामधारी सिंह दिनकर को अधैर्य का कवि कहा गया है
(a) आचार्य रामचन्द्र शुक्ल
(b) डॉ. रामकुमार वर्मा
(c) हजारीप्रसाद द्विवेदी
(d) डॉ. बच्चन सिंह

160. रामधारी सिंह दिनकर को ज्ञानपीठ पुरस्कार से कम सम्मानित किया गया
(a) वर्ष 1950 (b) वर्ष 1960
(c) वर्ष 1979 (d) वर्ष 1972

161. दिनकर को साहित्य अकादमी पुरस्कार कब दिया गया?
(a) वर्ष 1959
(b) वर्ष 1960
(c) वर्ष 1979
(d) वर्ष 1972

162. दिनकर को किस काव्य के लिए ज्ञानपीठ पुरस्कार से सम्मानित किया गया?
(a) उर्वशी (b) हुंकार
(c) रश्मिरथी (d) सामधेनी

163. दिनकर को कौन-सी रचना के लिए साहित्य अकादमी पुरस्कार दिया गया?
(a) काव्य की भूमिका
(b) उर्वशी
(c) भारतीय संस्कृति के चार अध्याय
(d) अर्द्धनारीश्वर

164. रामधारी सिंह 'दिनकर' के किस काव्य को विश्व के सर्वश्रेष्ठ 100 काव्यों में 74वाँ स्थान मिला?
(a) सामधेनी (b) उर्वशी
(c) हुंकार (d) कुरुक्षेत्र

165. रामधारी सिंह दिनकर का जन्म कब हुआ था?
(a) वर्ष 1908 (b) वर्ष 1909
(c) वर्ष 1910 (d) वर्ष 1907

166. 'क्या निराश हुआ जाए' पाठ के लेखक कौन हैं?
(a) हरिशंकर परसाई
(b) आचार्य हजारी प्रसाद द्विवेदी
(c) अमरकान्त
(d) उषा प्रियंवदा

167. लेखक का मन क्यों बैठ जाता है?
(a) ठगी के कारण
(b) डकैती के कारण
(c) भ्रष्टाचार के कारण
(d) उपरोक्त सभी के कारण

168. समाचार-पत्रों में क्या समाचार भरे रहते हैं?
(a) ठगी (b) डकैती
(c) भ्रष्टाचार (d) ये सभी

169. ऊँचे पदों पर बैठे लोगों में क्या अधिक दिखाई देता है?
(a) दोष (b) गुण
(c) ज्ञान (d) लोभ

170. पाठ के आधार पर आज कौन सुखी है?
(a) व्यापारी (b) मजदूर
(c) जो कुछ नहीं करता (d) परिश्रमी

171. लेखक ने 'मानव महा-समुद्र' किसे कहा है?
(a) इंग्लैण्ड (b) अमेरिका
(c) चीन (d) भारत

172. लेखक के अनुसार ईमानदारी को किसका पर्याय समझा जाता है?
(a) मेहनत का (b) चालाकी का
(c) बेईमानी का (d) मूर्खता का

173. किस देश में भौतिक वस्तुओं के संग्रह को अधिक महत्त्व नहीं दिया जाता है?
(a) भारत (b) इंग्लैण्ड
(c) हिन्दुस्तान (d) अमेरिका

174. लेखक की दृष्टि में मनुष्य का कौन-सा गुण महान है?
(a) बाहरी गुण (b) लोभ
(c) आन्तरिक गुण (d) भ्रष्टाचार

175. भारतवर्ष सदा किसे धर्म के रूप में देखता रहा है?
(a) आलस्य (b) परिश्रम
(c) शिक्षा (d) कानून

176. लेखक ने समाज के लिए किसमें रस लेना बुरा कहा है?
(a) ज्ञान (b) परिश्रम
(c) बुराई (d) त्याग

177. टिकट बाबू ने लेखक को कितने रूपये लौटा दिए थे?
(a) तीस (b) पचास (c) साठ (d) नब्बे

178. लेखक ने टिकट बाबू वाली घटना को किससे अधिक शक्तिशाली कहा?
(a) ठगी (b) वंचना
(c) भ्रष्टाचार (d) ये सभी

179. बस कण्डक्टर साइकिल लेकर क्यों गया?
(a) टिकट लेने (b) भोजन लेने
(c) दूसरी बस लेने (d) ड्राइवर को लेने

180. लेखक के बच्चों के लिए दूध और पानी कौन लेकर आया था?
(a) बस का कण्डक्टर (b) बस का ड्राइवर
(c) स्वयं लेखक (d) लेखक की पत्नी

181. 'चेहरे की हवाइयाँ उड़ना' का क्या अर्थ है?
(a) चेहरा हवा में होना (b) भाग जाना
(c) डर जाना (d) घबरा जाना

182. बस मंजिल से कितने किलोमीटर पहले खराब हो गई थी?
(a) पाँच (b) छह
(c) आठ (d) दस

183. 'क्या निराश हुआ जाए' पाठ में लेखक के कैसे विचार प्रकट हुए हैं?
(a) आशावादी (b) निराशावादी
(c) संकीर्ण (d) उदार

184. किसमें अधिक दोष दिखाई देते हैं?
(a) आम आदमी में
(b) व्यापारियों में
(c) ऊँचे पदों पर बैठे लोगों में
(d) मजदूरों में

185. आज के युग में कौन पिस रहा है?
(a) मेहनती और ईमानदार
(b) बेईमान और चोर
(c) जमाखोर
(d) नौकरीपेशा लोग

186. आज के युग में कौन फल-फूल रहा है?
(a) ईमानदारी का धंधा
(b) झूठ और फरेब का रोजगार
(c) कामचोर और कंजूस
(d) दानी और दयालु

187. प्रत्येक व्यक्ति को किस दृष्टि से देखा जाता है?
(a) धन-सम्पत्ति (b) लोभ-मोह
(c) घृणा की दृष्टि से (d) मित्र की दृष्टि से

188. भारतवर्ष में कैसी वस्तुओं के संग्रह को अधिक महत्त्व नहीं दिया जाता है?
(a) भौतिक (b) धन सम्बन्धी
(c) अलौकिक (d) शिक्षा सम्बन्धी

189. पाठ के अनुसार भारतवर्ष का सपना किसने देखा था?
(a) तिलक ने (b) गाँधी ने
(c) 'a' ओर 'b' दोनों (d) इनमें से कोई नहीं

190. आज के वातावरण में कौन अधिक परेशान है?
(a) ईमानदार लोग
(b) मेहनत करने वाले
(c) निरीह और भोले-भाले लोग
(d) उपरोक्त सभी

191. दोषों का निराकरण कैसे होता है?
(a) दोषों पर परदा डालकर
(b) दोषों को बढ़ावा देकर
(c) दोषों को दूसरे के सामने प्रकट कर
(d) दोषों का साथ देकर

192. किससे रस लिया जाता है?
(a) दूसरों के गलत पक्ष के उद्घाटन में
(b) अपने दोषों के उद्घाटन में
(c) अच्छाई का उद्घाटन करने में
(d) उपर्युक्त में से कोई नहीं

193. लोग ड्राइवर के साथ क्यों मारपीट कर रहे थे?
(a) बस खराब होने के कारण
(b) बस न चलाने के कारण
(c) कण्डक्टर के चले जाने के कारण
(d) बस गलत जगह खड़ी करने के कारण

194. लेखक ने किसको मार से बचाया?
(a) कण्डक्टर को (b) ड्राइवर को
(c) यात्रियों को (d) डाकुओं को

195. बस का कण्डक्टर कहाँ गया था?
(a) पैसा जमा कराने
(b) डाकुओं को बुलाने
(c) नई बस लाने
(d) पुलिस को बुलाने

196. किसकी हालत खराब हो रही थी?
(a) लेखक की
(b) लेखक की पत्नी की
(c) लेखक के बच्चों की
(d) उपरोक्त सभी

197. लेखक के निराश न होने का क्या कारण था?
(a) ठगा जाना
(b) धोखा खाना
(c) विश्वासघात
(d) उसके साथ धोखा न होना

198. भारतवर्ष में सदा किसे संयम के बन्धन में बाँध कर रखने का प्रयास किया गया है?
(a) क्रोध और विलासिता को
(b) अहंकार को
(c) त्याग को
(d) डर को

199. लेखक ने किस घटना को ठगी और वंचना की अनेक घटनाओं से अधिक शक्तिशाली कहा?
(a) बस वाली घटना
(b) टिकट बाबू वाली घटना
(c) पर्दाफाश करने वाली घटना
(d) विश्वासघात वाली घटना

200. 'चेहरे पर हवाइयाँ उड़ना का अर्थ है
(a) हवा में उड़ना (b) चेहरे पर हवा लगना
(c) हवा का चलना (d) घबरा जाना

201. किस कवि ने अपने गीत में धोखे या नुकसान के अवसर पर भगवान को स्मरण करने की प्रार्थना की थी?
(a) रामधारी सिंह दिनकर
(b) रवीन्द्रनाथ ठाकुर
(c) जयशंकर प्रसाद
(d) भगवतीचरण वर्मा

202. समाज के ऊपरी वर्ग में मानवीय मूल्यों की क्या स्थिति है?
(a) वे प्रगाढ़ हो रहे हैं
(b) वे कम होते जा रहे हैं
(c) वे बहुत बढ़ गए हैं
(d) वे यथावत बने हुए हैं

203. लोगों में सेवा, ईमानदारी सच्चाई जैसे मानवीय गुठा क्यों बचे हुए हैं?
(a) धर्म को कानून से बड़ा समझने के कारण
(b) कानून को धर्म से बड़ा समझने के कारण
(c) धर्म और कानून को बराबर समझने के कारण
(d) धर्म और कानून में कोई सम्बन्ध न होने के कारण

204. कानून की कमियों का लाभ कौन-सा वर्ग उठा रहा है?
(a) समाज का माध्यम वर्ग
(b) समाज का निम्न वर्ग
(c) समाज का उच्च वर्ग
(d) उपरोक्त सभी

205. मनुष्य का मनुष्य से प्रेम करना, महिलाओं का सम्मान करना आदि किसका प्रमाण है?
(a) मानवीय मूल्य नष्ट होने का
(b) मानवीय मूल्य बचे रहने का
(c) सामाजिक दबाव का
(d) कानून का भय होने का

206. लेखक को कौन-सी बात ज्यादा बुरी लगती है?
(a) दोषों को प्रकट करना
(b) आनद लेने के लिए दोष गिनाना
(c) बुराई में आनन्द लेना
(d) दूसरों की अच्छाइयाँ न प्रकट करना

207. दोषों का पर्दाफाश करना है
(a) बुरी बात (b) अच्छी बात
(c) निरर्थक बात (d) इनमें से कोई नहीं

208. कानून की त्रुटियों का लाभ उठाने से निम्नलिखित में से कौन-से लोग संकोच नहीं करते?
(a) धर्मगुप्त (b) धर्मवीर
(c) धर्मभीरू (d) युद्धवीर

209. लेखक के अनुसार आज चिन्ता का विषय क्या है?
(a) लोगों द्वारा दूसरे के दोषों को छिपाना
(b) दूसरे के गुणों को छिपाना
(c) लोगों द्वारा दूसरे की अच्छाइयों का प्रचार
(d) समाज में व्याप्त भ्रष्टाचार, ठगी, डकैती, तस्करी आदि

210. आज देश में करोड़ों लोग किस हालात में जी रहे हैं?
(a) खुशहाली में
(b) समृद्धि में
(c) जरूरतें पूरी करने के लिए
(d) दरिद्रता में

211. इस माहौल में जीवन के महान मूल्यों की क्या स्थिति है?
(a) मजबूत हुए हैं
(b) उन पर लोगों का विश्वास बढ़ा है
(c) उन पर लोगों का विश्वास कमजोर हुआ है
(d) उपरोक्त में से कोई नहीं

212. गरीबों की गरीबी दूर करने में लगाए गए लोग ……… ध्यान देने लगते हैं।
(a) गरीबों पर
(b) अभावग्रस्त लोगों पर
(c) विपभ लोगों पर
(d) अपनी सुख-सुविधा पर

213. टिकट बाबू नब्बे रूपये लेकर लेखक को ढूँढता हुआ डिब्बे में आया। उस समय लेखक किस प्रकार के डिब्बे में यात्रा कर रहा था?
(a) फर्स्ट क्लास के (b) सेकण्ड क्लास के
(c) स्लीपर कोच में (d) ए.साकोच में

214. सेवा, ईमानदारी, सच्चाई और आध्यात्मिकता जैसे मूल्य आज भी नष्ट नहीं हुए हैं, बल्कि वे-
(a) बहुत बढ़ गए हैं।
(b) दब गए हैं।
(c) मिट गए हैं।
(d) उपरोक्त में से कोई नहीं

215. वर्तमान समय में सच्चाई निम्नलिखित में से किनके हिस्से पड़ी है?
(a) भीरु और बेबस के
(b) सत्य बोलने वाले तथा श्रमजीवी के
(c) परिश्रमी और ईमानदार के
(d) कुछ न करने वाले के

216. 'डायरी : कठिन समय में' किस शैली में लेखित की गई है?
(a) आत्मकथा (b) डायरी
(c) यात्रा-वृत्तान्त (d) कथा

217. इस रचना में लेखक द्वारा किसका वर्णन किया गया है?
(a) किसी प्रसिद्ध व्यक्ति की आत्मकथा
(b) ऐतिहासिक घटनाएँ
(c) अपने जीवन की कठिन परिस्थितियाँ
(d) सामाजिक समस्याएँ

218. डायरी शैली में इसे लिखने का मुख्य उद्देश्य क्या है?
(a) काल्पनिक घटनाएँ लिखना
(b) राजनीतिक विचार साझा करना
(c) कहानी सुनाना
(d) मनोभावों की अभिव्यक्ति

219. लेखक ने किस प्रकार के संघर्षों का सामना किया?
(a) आर्थिक संघर्ष
(b) पारिवारिक संघर्ष
(c) सामाजिक संघर्ष
(d) आर्थिक, सामाजिक व मानसिक संघर्ष

220. इस रचना का मुख्य सन्देश है
(a) कठिन परिस्थितियों का सामना करना
(b) समाज से दूर रहना
(c) भाग्य पर निर्भर रहना
(d) संघर्ष से हार जाना

221. डायरी लेखक में कौन-सा मुख्य तत्त्व सम्मिलित है?
(a) अलंकार
(b) व्यंग्य
(c) कल्पना
(d) आत्मविश्लेषण

222. लेखक ने अपने जीवन की कठिन परिस्थितियों को किस रूप में प्रस्तुत किया?
(a) मनोरंजन हेतु
(b) दुख व्यक्त करने हेतु
(c) ऐतिहासिक दृष्टि से
(d) प्रेरणामय अनुभव

223. इस रचना में लेखक की मानसिक स्थिति है
(a) निराशाजनक
(b) सन्तोषजनक
(c) सुखी
(d) आत्मविश्लेषणकारी व संघर्षशील

224. इस रचना का समाज पर क्या प्रभाव पड़ा?
(a) व्यक्तिगत अनुभव
(b) निराशा
(c) संघर्ष से प्रेरणा
(d) कोई प्रभाव नहीं पड़ा

225. लेखक की प्रमुख चिन्ता क्या रहीं?
(a) यात्रा करना
(b) दूसरो के जीवन को जानना
(c) विख्यात होना
(d) मानसिक तनाव व संघर्ष

226. लेखक के अनुसार, कठिन परिस्थितियों से क्या मिलता है?
(a) असफलता
(b) निराशा व भय
(c) आत्मज्ञान व शक्ति
(d) दुःख व दर्द

227. डायरी लेखन मुख्य रूप से किस दृष्टिकोण में लिखा जाता है?
(a) द्वितीय पुरुष (तु, तुम)
(b) तृतीय पुरुष (वे, वह)
(c) प्रथम पुरुष (मैं)
(d) उपरोक्त में से कोई नहीं

228. 'डायरी : कठिन समय में।' किस साहित्य श्रेणी में रखी गई हैं?
(a) कविता संग्रह (b) कहानी संग्रह
(c) विज्ञान संग्रह (d) आत्मकथा साहित्य

229. इस रचना का मुख्य भाव कौन-सा है?
(a) हास्य व मनोरंजन (b) दुःख व दर्द
(c) आत्मविश्वास व संघर्ष (d) निराशा

230. रचना में संघर्षों के दौरान लेखक ने कौन-सी भावनाएँ अनुभव की?
(a) हास्य व मनोरंजन
(b) घृणा व ईर्ष्या
(c) हिंसा व क्रोध
(d) आत्मविश्लेषण व अकेलापन

231. लेखक किस वर्ग में आते हैं?
(a) गरीब वर्ग (b) अमीर वर्ग
(c) मध्यम वर्ग (d) इनमें कोई नहीं

सही उत्तर

1. (c)	2. (a)	3. (d)	4. (b)	5. (c)	6. (d)	7. (a)	8. (b)	9. (b)	10. (a)
11. (d)	12. (b)	13. (a)	14. (d)	15. (b)	16. (c)	17. (a)	18. (b)	19. (d)	20. (c)
21. (a)	22. (d)	23. (c)	24. (a)	25. (a)	26. (c)	27. (a)	28. (c)	29. (a)	30. (a)
31. (a)	32. (d)	33. (a)	34. (b)	35. (d)	36. (b)	37. (c)	38. (b)	39. (a)	40. (c)
41. (d)	42. (a)	43. (c)	44. (b)	45. (a)	46. (d)	47. (c)	48. (a)	49. (c)	50. (a)
51. (c)	52. (a)	53. (b)	54. (d)	55. (d)	56. (b)	57. (a)	58. (c)	59. (d)	60. (b)
61. (a)	62. (d)	63. (a)	64. (b)	65. (a)	66. (c)	67. (d)	68. (d)	69. (b)	70. (c)
71. (b)	72. (a)	73. (b)	74. (d)	75. (a)	76. (a)	77. (c)	78. (d)	79. (b)	80. (d)
81. (c)	82. (d)	83. (a)	84. (b)	85. (c)	86. (a)	87. (d)	88. (c)	89. (d)	90. (a)
91. (b)	92. (d)	93. (b)	94. (c)	95. (a)	96. (b)	97. (c)	98. (b)	99. (d)	100. (b)
101. (a)	102. (b)	103. (c)	104. (c)	105. (a)	106. (a)	107. (b)	108. (d)	109. (a)	110. (a)
111. (b)	112. (c)	113. (d)	114. (a)	115. (d)	116. (d)	117. (c)	118. (d)	119. (a)	120. (c)
121. (d)	122. (c)	123. (b)	124. (b)	125. (a)	126. (a)	127. (d)	128. (a)	129. (a)	130. (d)
131. (c)	132. (a)	133. (b)	134. (d)	135. (d)	136. (b)	137. (d)	138. (d)	139. (c)	140. (d)
141. (c)	142. (d)	143. (c)	144. (b)	145. (d)	146. (a)	147. (a)	148. (b)	149. (a)	150. (a)
151. (a)	152. (a)	153. (a)	154. (d)	155. (b)	156. (a)	157. (a)	158. (c)	159. (d)	160. (d)
161. (a)	162. (a)	163. (c)	164. (d)	165. (a)	166. (a)	167. (d)	168. (d)	169. (a)	170. (c)
171. (d)	172. (d)	173. (a)	174. (c)	175. (d)	176. (b)	177. (d)	178. (d)	179. (c)	180. (a)
181. (d)	182. (c)	183. (a)	184. (c)	185. (a)	186. (c)	187. (c)	188. (a)	189. (c)	190. (d)
191. (c)	192. (c)	193. (c)	194. (b)	195. (c)	196. (d)	197. (c)	198. (a)	199. (b)	200. (d)
201. (b)	202. (b)	203. (a)	204. (c)	205. (b)	206. (d)	207. (b)	208. (c)	209. (b)	210. (d)
211. (c)	212. (d)	213. (b)	214. (b)	215. (a)	216. (b)	217. (c)	218. (d)	219. (d)	220. (a)
221. (d)	222. (d)	223. (d)	224. (c)	225. (d)	226. (c)	227. (c)	228. (d)	229. (c)	230. (d)
231. (c)									

इकाई 16

भगवतीचरण वर्मा

दीवानों की हस्ती

- दीवानों की हस्ती कविता में कवि भगवतीचरण वर्मा जी ने एक मस्तमौला और बेफ्रिक व्यक्ति का स्वभाव दर्शाया है। कवि के अनुसार, ऐसे दीवाने और बेफ्रिक व्यक्ति जहाँ भी जाते हैं, वहाँ केवल खुशियाँ ही फैलाते हैं। उनका हर रूप मन को प्रसन्न कर देता है, फिर चाहे किसी की आँखों में आँसू ही क्यों न हो।
- इस कविता में कवि ने अपने प्रेम से भरे हृदय को दर्शाया है, क्योंकि कवि का स्वभाव बहुत ही प्रेमपूर्ण है। सभी संसार के व्यक्तियों से वह प्रेम करता है और खुशियाँ बाँटता है। इस कविता के द्वारा वे एक सीख देते हैं कि हमें सबके साथ प्रेमपूर्ण व्यवहार करना चाहिए। इस कविता में कवि सन्देश देते हैं कि जीवन में असफल हो जाने पर भी किसी को दोष नहीं देना चाहिए। हमें अपनी सफलता और असफलता का श्रेय स्वयं को ही देना चाहिए, क्योंकि अगर हम असफल होते हैं, तो उसमें भी कहीं न कहीं दोष हमारा ही होता है किसी और का नहीं तथा सफल होते हैं, तो भी श्रेय हमारा ही होता है, क्योंकि मेहनत हमारी ही होती है। यह इन्सानियत की बहुत ही बड़ी बात है, जोकि कवि में देखी जाती है।
- कवि कभी भी एक जगह पर ज्यादा समय तक नहीं टिकते हैं। वे तो संसार को कुछ मीठी-प्यारी यादें और एहसास देकर अपने सफर पर निकल पड़ते हैं। कवि लोग सांसारिक बन्धनों में बन्धे हुए नहीं रहते, इसलिए वो दु:ख और सुख दोनों को एक समान रूप से स्वीकार करते हैं। कवि के अनुसार, उनके लिए संसार में कोई भी पराया नहीं होता है, वो अपने जीवन के रास्ते पर चलकर खुश रहते हैं।

रामचंद्र शुक्ल

पानी की कहानी

- लेखक डॉ. रामचन्द्र शुक्ल (आलोचक, इतिहासकार, समीक्षक)

जीवन परिचय

- जन्म- वर्ष 1924, बनारस में
- शिक्षा - प्रारम्भिक (हरिशचन्द्र हाई स्कूल)
- उच्च शिक्षा (कन्याकुब्ज कॉलेज, बनारस)
- PHD. (लखनऊ विश्वविद्यालय)
- अध्यापन- वर्ष 1952, व्यापारी प्रताप कॉलेज, गोरखपुर
- वर्ष 1958, गोरखपुर विश्वविद्यालय

रचना परिचय

- कविवर लेखराज, गंगाभरण तथा अन्य कृतियाँ, शिवनारायणी सम्प्रदाय और उनका साहित्य , रीतिकालीन कविता और सेनापति, हिन्दी का गद्य साहित्य, मध्ययुगीन काव्य साधना, नाथ योग एक परिचय, साहित्य का आकलन, काव्यधारा, निबन्ध-निहारिका (सम्पादित)
तजिकारा-ए-शुअरा-ए हिन्दी, आचार्य रामचन्द्र शुक्ल आलोचना कोष।
- निधन- 4 जनवरी, 2009

सारांश (पाठ का सारांश)

- "पानी की कहानी" में एक ओस की बूँद अपनी रक्षा के लिए बेर के पेड़ पर से लेखक की हथेली पर आ जाती है और उसे अपनी कहानी सुनाना प्रारम्भ करती है।
- लेखक ने यहाँ पर पानी की बूँदों का मानवीकरण किया है।
- ओस की बूँद कहती है कि अरबों वर्षों पहले हाइड्रोजन और ऑक्सीजन के मिलने से उसका जन्म हुआ। जब पृथ्वी का तापमान कम हुआ, तो वह बर्फ के रूप में बदल गई और जब बर्फ का सामना गर्म धारा से हुआ, तो वह पिघल कर समुद्र के पानी में मिल गई।
- समुद्र की यात्रा करने की इच्छा ने उसे समुद्र की गहराई में ले लिया। वहाँ से वह ऊपर न आ सकी और वर्षों तक समुद्र की चट्टानों से होते हुए जमीन के सहारे ज्वालामुखी तक पहुँच गई।
- वहाँ से उसे तेज गति के साथ भाप के रूप में बादलों में भेज दिया गया और वहाँ आँधी में मिल जाना पड़ा। जब बहुत- से वाष्प कण मिल गए, तो अधिक भार होने के कारण वह बारिश के रूप में पहाड़ पर आ गिरी।
- पहाड़ पर से अपने साथियों के साथ तेजी से एक ऊँची जगह से नीचे गिरी और वहाँ से समतल भूमि की तलाश में नदी की धरा के साथ बहते हुए कभी मिट्टी का कटान किया, तो कभी पेड़ों की जड़ों को खोखला कर उन्हें गिरा दिया। अपनी जिज्ञासा के कारण कारखाने के नलों में कई दिनों तक फँसे रहने के बाद भाग्य का साथ देने पर एक टूटे नल से बाहर निकल कर वापिस भूमि के द्वारा सोख लेने पर बेर के पेड़ तक पहुँच गई।
- बेर के पेड़ की जड़ों के रोएँ द्वारा खींच लेने पर कई दिनों तक वहीं रहने के बाद पत्तों के छोटे-छोटे छिद्रों के द्वारा बाहर निकल गई।
- रात होने के कारण वही सुबह (भोर) का इन्तजार करती रही और सुबह लेखक को देखकर अपनी रक्षा की खातिर उसकी हथेली पर कूद पड़ी और सूरज के निकलते ही वापिस भाप बन कर उड़ गई।

सुभद्राकुमारी चौहान

पानी और धूप

अभी-अभी थी धूप, बरसने
लगा कहाँ से यह पानी
किसने फोड़ घड़े बादल के
की है इतनी शैतानी।
सूरज ने क्यों बन्द कर दिया।
अपने घर का दरवाजा
उसकी माँ ने भी क्या उसको
बुला लिया कहकर आजा।
जोर-जोर से गरज रहे हैं।
बादल हैं किसके काका
किसको डाँट रहे हैं, किसने
कहना नहीं सुना माँ का।
बिजली के आँगन में अम्मा
चलती है कितनी तलवार
कैसी चमक रही है फिर भी
क्यों खाली जाते हैं वार।
क्या अब तक तलवार चलाना
माँ वे सीख नहीं पाए इसीलिए क्या
आज सीखने
आसमान पर हैं आए।

एक बार भी माँ यदि मुझको
बिजली के घर जाने दो उसके बच्चों
को तलवार
चलाना सिखला आने दो।
खुश होकर तब बिजली देगी
मुझे चमकती -सी तलवार
तब माँ कोई कर न सकेगा।
अपने ऊपर अत्याचार पुलिसमैन
अपने काका को
फिर न पकड़ने आएँगे।
देखेंगे तलवार दूर से ही
वे सब डर जाएँगे।
अगर चाहती हो माँ काका
जाएँ अब न जेलखाना
तो फिर बिजली के घर मुझको
तुम जल्दी से पहुँचाना।
काका जेल न जाएँगे अब
तुझे मँगा दूँगी तलवार
पर बिजली के घर जाने का
अब मत करना कभी विचार

उषा प्रियंवदा

'वापसी'

प्रकाशन वर्ष - 1960

विधा - कहानी

लेखक परिचय - आधुनिक हिन्दी साहित्य में उषा प्रियंवदा जी का विशिष्ट स्थान है। नई कहानी में अपनी उत्कृष्ट रचनाओं के कारण उषा जी बहु-चर्चित और बहुप्रशंसित रहीं। अपनी रचनाशीलता के कारण ही वे आज भी हिन्दी कहानी की महत्त्वपूर्ण रचनाकारों में से एक है।

'वापसी' कहानी उषा प्रियंवदा द्वारा रचित है। इस कहानी के माध्यम से आधुनिक युग के वास्तविक यथार्थ को दर्शाया गया है। यह कहानी मध्यवर्गीय परिवार के विघटन और मूल्यों के विघटन की समस्या पर प्रकाश डालती है। यह कहानी गजाधर बाबू नामक एक नौकरी पेशा व्यक्ति के जीवन को उद्घाटित करती है, जो रिटायरमेण्ट के बाद घर लौटते हैं, लेकिन उन्हें वहाँ उपेक्षित महसूस होता है।

- इस कहानी में आधुनिकता और परम्परा का द्वन्द्व है।
- यह कहानी, संयुक्त परिवार के विघटन की कहानी है।
- नए बदलते पारिवारिक मूल्यों ने पुरानी पीढ़ी को परिवार में कितना नगण्य बना दिया है, इसका अत्यन्त संवेदनात्मक चित्रण इस कहानी के माध्यम से किया गया है।
- यह कहानी नई पीढ़ी की आधुनिक जीवन-शैली तथा हृयहीनता पर भी प्रकाश डालती है।
- इस कहानी में, गजाधर बाबू सेवानिवृत्त होकर घर लौटते हैं, लेकिन उन्हें अपने ही घर पराया कर दिया जाता है।
- गजाधर बाबू ने 35 वर्ष नौकरी में अपनी सेवाएँ दी थीं।
- इस कहानी के माध्यम से दो पीढ़ियों के बीच के अन्तर और उनकी सोच को दिखाया गया है।
- इन वर्षों में अधिकांश समय उन्होंने अकेले रहकर काटा था। उन अकेले क्षणों में उन्होंने इसी समय की कल्पना की थी, जब वह अपने परिवार के साथ रह सकेंगे।
- इसी आशा के सहारे वह अपने अभाव का बोझ ढो रहे थे। संसार की दृष्टि में उनका जीवन सफल कहा जा सकता है।
- इस कहानी में, गजाधर बाबू सेवानिवृत्त होकर घर लौटते हैं, लेकिन उन्हें अपने ही घर में पराया कर दिया जाता है।
- यह कहानी मध्य वर्गीय समाज के अकेलेपन अजनबीपन की पीड़ा को प्रकट करती है।
- पारिवारिक पृष्ठभूमि को केन्द्र बनाकर उषा प्रियंवदा जी ने इस कहानी की रचना की है।
- आधुनिक पीढ़ी के लिए परिवार में पुराने मूल्यों की भाँति पिता का भी कोई स्थान नहीं रह गया है।
- वापसी कहानी के मुख्य पात्र-गजाधर बाबू हैं
- अमर, बड़ा बेटा
- नरेन्द्र, छोटा बेटा
- काति, बड़ी बेटी
- बसन्ती, छोटी बेटी
- गजाधर बाबू की पत्नी
- नौकर,गनेशी
- अमर की पत्नी
- यह कहानी अगस्त, 1960 में प्रकाशित हुई थी।
- यह कहानी संयुक्त परिवार के विघटन को दिखाती है।
- वापसी कहानी कला की कसौटी पर खरी उतरती है।

मंगलेश डबराल

संगतकार

- मुख्य गायक के चट्टान जैसे भारी स्वर का साथ देती
- वह आवाज सुन्दर कमज़ोर काँपती हुई थी
- वह मुख्य गायक का छोटा भाई है
- या उसका शिष्य
- या पैदल चलकर सीखने आने वाला दूर का कोई रिश्तेदार
- गायक जब अंतरे की जटिल तानों के जंगल में खो चुका होता है या अपने ही सरगम को लाँघकर चला जाता है भटकता हुआ एक अनहद में
- तब संगतकार ही स्थायी को सँभाले रहता है जैसा समेटता हो मुख्य गायक का पीछे छूटा हुआ सामान
- जैसे उसे याद दिलाता हो उसका बचपन
- जब वह नौसिखिया था
- तारसप्तक में जब बैठने लगता है उसका गला

- प्रेरणा साथ छोड़ती हुई उत्साह अस्त होता हुआ
- आवाज से राख जैसा कुछ गिरता हुआ
- तभी मुख्य गायक को ढाँढ़स बँधाता
- कहीं से चला आता है संगतकार का स्वर
- कभी-कभी वह यों ही दे देता है उसका साथ
- यह बताने के लिए कि वह अकेला नहीं है
- और यह कि फिर से गाया जा सकता है
- गाया जा चुका राग
- और उसकी आवाज में जो एक हिचक साफ़ सुनाई देती है या अपने स्वर को ऊँचा न उठाने की जो कोशिश है
- उसे विफलता नहीं
- उसकी मनुष्यता समझा जाना चाहिए।

वस्तुनिष्ठ प्रश्न

1. दीवानों की हस्ती कविता के रचयिता कौन हैं?
(a) महादेवी वर्मा (b) भगवतीचरण वर्मा
(c) सुभाष गतोड़ (d) जया जादवानी

2. कविता में किसकी हस्ती की बात कही गई है?
(a) कवि की (b) आम लोगों की
(c) दीवानों की (d) इन सभी की

3. मस्ती भरा जीवन जीने वाले लोग, लोगों के बीच किसके समान बन जाते हैं?
(a) आदर्श के (b) शोक के
(c) मेहमान के (d) उल्लास के

4. दीवाने लोग संसार से कैसा भाव रखते हैं?
(a) मैत्रीभाव का
(b) समान भाव का
(c) ईर्ष्या भाव का
(d) उपर्युक्त में से कोई नहीं

5. बलि-वीरों के मन में बलि होने की चाहत किसके लिए है?
(a) परिवार के लिए
(b) राज्य के लिए
(c) देश के लिए
(d) अपने आप के लिए

6. सुख-दु:ख में कौन-सा समास है?
(a) तत्पुरुष (b) द्विगु
(c) द्वन्द्व (d) कर्मधारय

7. यह दुनिया किनकी है?
(a) भिखमँगों की (b) दीवानों की
(c) कवि की (d) इन सभी की

8. दीवानों को क्या पछतावा है?
(a) भिखमँगे बनने का
(b) स्वच्छन्द प्यार लुटाने का
(c) लोगों को मस्त न बना पाने का
(d) उपर्युक्त में से कोई नहीं

9. दीवानों के साथ-साथ क्या चलता है?
(a) दर्द (b) धन
(c) मस्ती का आलम (d) स्वार्थ

10. दीवाने अपने हृदय पर कैसी निशानी ले जाते हैं?
(a) सफलता (b) निराशा
(c) असफलता (d) प्रसन्नता

11. कवि ने रुकने वाले किसे कहा है?
(a) ठहरे हुए
(b) जो एक स्थान पर खड़े हैं
(c) जो चलते नहीं
(d) देशवासियों को

12. दीवानों को किसने बाँधा है?
(a) अंग्रेजों ने (b) स्वयं ने
(c) सम्बन्धियों ने (d) पड़ोसियों ने

13. दीवाने क्या बनकर आते हैं?
(a) उमंग (b) हैरानी
(c) परेशानी (d) उल्लास

14. दीवाने की हस्ती में जाने के लिए क्या शब्द प्रयुक्त हुआ है?
(a) आँसू (b) अमृत
(c) जल (d) दूध

15. दीवाने किसलिए चलते हैं, क्योंकि उन्होंने केवल ……… ?
(a) टहलना है (b) चलना है
(c) लक्ष्य पाना है (d) घर जाना है

16. दीवाने छककर किस का घूँट पीते हैं?
(a) दूध का (b) छाछ का
(c) चाय का (d) सुख-दु:ख का

17. दीवाने कितनी बातें कहते और सुनते हैं?
(a) एक (b) दो
(c) तीन (d) चार

18. दीवाने किस का भार लेकर चलते हैं?
(a) असफलता (b) सफलता
(c) आबाद (d) बरबाद

19. रुकने वालों को दीवाने क्या रहने के लिए कहते हैं?
(a) बगदाद (b) दिलशाद
(c) आबाद (d) बरबाद

20. दीवाने क्या तोड़ चले हैं?
(a) परम्परा (b) संघन
(c) दीवार (d) रिवाज

21. 'उल्लास' शब्द का सही अर्थ बताओ।
(a) खुशीर (b) हर्ष
(c) उमंग (d) ये सभी

22. 'दीवानों की हस्ती' कविता का विषय क्या है?
(a) उत्साह और अलमस्ती
(b) शृंगार
(c) सौन्दर्य
(d) प्रकृति

23. 'स्वच्छन्द' शब्द का सही अर्थ बताओ।
(a) अपनी इच्छा के अनुसार चलने वाला
(b) रुक जाना
(c) दूसरों की इच्छा के अनुसार चलने वाला
(d) उपर्युक्त सभी

24. कवि ने दुनिया को कैसा बताया है?
(a) जनवीर (b) भिखमंगी
(c) वीर (d) संघर्षशील

25. 'दीवानों की हस्ती' कविता की भाषा कैसी है?
(a) ब्रज (b) खड़ीबोली
(c) अवधी (d) मैथिली

26. कविता में किस शैली का प्रयोग है?
(a) आत्मकथात्मक (b) प्रश्नात्मक
(c) भावनात्मक (d) ये सभी

27. 'छककर' शब्द का क्या अर्थ है?
(a) सन्तुष्टि (b) मुखरित
(c) उल्लासित (d) उत्कंठित

28. 'हस्ती' शब्द का क्या अर्थ है?
(a) हाथी
(b) अस्तित्व
(c) हाथ
(d) उपरोक्त में से कोई नहीं

29. मनमौजी व्यक्ति किस ओर चलता है?
(a) जहाँ उसका मन होता है
(b) उत्तर की ओर
(c) पूरब की ओर
(d) जिधर सभी लोग जाए

30. आसाद शब्द का क्या अर्थ है?
(a) प्यार (b) बसना
(c) मुराद (d) भाग्य

31. दीवानों का हृदय कैसा होता है?
(a) नरम
(b) संवेदनशील
(c) भावुक
(d) संवेदनशील व भावुक

32. दीवाने क्या उड़ाते चलते हैं?
(a) हवाई जहाज (b) धूल
(c) पतंग (d) तिरंगा

33. 'उर' शब्द का क्या अर्थ है?
(a) कैद (b) हृदय (c) चलना (d) घूमना

34. दीवाने संसार को क्या लुटाते हैं?
(a) धन (b) जान
(c) प्यार (d) ममता

35. धूल उड़ाकर चलने का अर्थ होगा?
(a) निश्चित होकर चलना
(b) हाथों से धूल उड़ाना
(c) मुँह से धूल उड़ाना
(d) मस्ती में डूबकर चलना

36. प्रेमियों को क्या पता है?
(a) भिखमंगे बनने का
(b) आनंद और प्यार लुटाने का
(c) लोगों को मस्त न बनाने का
(d) उपरोक्त में से कोई नहीं

37. 'पानी की कहानी' पाठ के लेखक हैं
(a) प्रेमचन्द (b) नरोत्तम दास
(c) रामचन्द्र तिवारी (d) सूरदास

38. 'रामचन्द्र तिवारी' का जन्म-स्थान है?
(a) गुजरात (b) बनारस
(c) पंजाब (d) हरियाणा

39. लेखक की कलाई से हथेली पर आकर बूँद के कितने कण हो गए थे?
(a) तीन (b) पाँच
(c) दो (d) चार

40. बेर की झाड़ी से लेखक के हाथ पर क्या गिरा?
(a) पत्ता (b) बेर
(c) मोती-सी एक बूँद (d) बर्फ का टुकड़ा

41. बूँद के हथेली पर पड़ते ही लेखक को किस तरह की ध्वनि सुनाई पड़ी?
(a) वीणा की तार-सी
(b) वायलीन के तार-सी
(c) गिटार के तार-सी
(d) सितार के तार-सी

42. पेड़ से गिरने वाली बूँद लेखक को निम्नलिखित में से कैसी लगी?
(a) सोने-सी (b) मोती-सी
(c) चाँदी-सी (d) हीरे-सी

43. 'असहन' शब्द का क्या अर्थ है?
(a) जो सहा न जा सके
(b) जो सहा जा सके
(c) जो कहने योग्य हो
(d) उपरोक्त में से कोई नहीं

44. निरा नमक कहाँ भरा हुआ है?
(a) तालाब में (b) कूएँ में
(c) नल में (d) समुद्र में

45. 'उन्मत्त' शब्द का क्या अर्थ है?
(a) अनन्त
(b) उमंग
(c) मतवाला
(d) उपरोक्त में से कोई नहीं

46. बूँद ने अपने पूर्वज किन्हें कहा है?
(a) आकाश
(b) ऑक्सीजन
(c) हाइड्रोजन और ऑक्सीजन
(d) वायु

47. पृथ्वी के भीतर खोखले स्थान पर पहुँचने में बूँद को कितनी दूर चलना पड़ा?
(a) दो मील (b) एक मील
(c) थोड़ी दूर (d) कई मील।

48. पिण्ड किसकी ओर तेजी से जा रहा था?
(a) चारों ओर (b) चन्द्रमा की ओर
(c) सूर्य की ओर (d) आकाश की ओर

49. 'साँसत' शब्द का अर्थ है
(a) दबाव (b) भूख-प्यास
(c) साँस न ले पाना (d) दुःख

50. ''मैं अपने दूसरे साथियों के पीछे'' में साथी कौन है?
(a) जीव (b) चट्टान
(c) अन्य बूँदें (d) इनमें से कोई नहीं

51. बूँद प्रारम्भिक अवस्था में किस रूप में थी?
(a) बर्फ (b) वाष्प
(c) सागर (d) पानी

52. 'स्वच्छन्द' शब्द का क्या अर्थ है–
(a) स्वतन्त्र इच्छा (b) अपनी इच्छा
(c) दूसरों की इच्छा (d) इनमें से कोई नहीं

53. कौन-सी दो गैसें सूर्य के घेरे में लपटों के रूप में मौजूद रहीं?
(a) नाइट्रोजन और ऑक्सीजन
(b) मीथेन और एथेन
(c) हाइड्रोजन और ऐथेन
(d) हाइड्रोजन और ऑक्सीजन

54. 'सुभद्रा कुमारी चौहान' की कृति है
(a) तारें जमीं पर (b) रजनी
(c) पानी और धूप (d) पानी की बूँदें

55. 'पानी और धूप' कविता में किसके संवाद का वर्णन किया गया है ?
(a) माँ और बेटी (b) माँ और पुत्र
(c) पिता और बेटी (d) पिता और भाई

56. ''अभी तो धूप निकली थी'' यह किसने कहा?
(a) पुत्र ने (b) माँ ने
(c) पिता ने (d) बेटी ने

57. अचानक क्या बरसने लगा?
(a) रोशनी (b) पानी
(c) अंधकार (d) दूध

58. किसने निकलना बन्द कर दिया है?
(a) सूरज (b) तारे
(c) चन्द्रमा (d) मोहन

59. किसने घर का दरवाजा बन्द कर लिया है?
(a) पड़ोसी ने (b) सूरज ने
(c) राजा ने (d) माँ ने

60. जोर-जोर से कौन गरज रहे हैं? पाठ के अनुसार उत्तर दीजिए।
(a) सिंह (b) कुत्ते
(c) बादल (d) सियार

61. प्रस्तुत कविता में 'काका' शब्द किसके लिए आया है?
(a) बादल (b) बेटी
(c) माँ (d) पिताजी

62. ''यह कौन घड़े भर-भरकर पानी उड़ेल रहा है।'' यह वाक्य किसने कहा?
(a) माँ (b) भाई
(c) बेटी (d) दादी

63. बेटी अपनी माँ से किसके बारे में पूछती है?
(a) सूरज (b) बादल
(c) पानी (d) बिजली

64. बिजली आसमान से क्या चला रही है?
(a) लाठी (b) चाकू
(c) तलवार (d) इनमें से कोई नहीं

65. तलवार चलाना किसे नहीं आया?
(a) बेटी को (b) माँ को
(c) बादल को (d) बिजली को

66. बिजली के बच्चों को तलवार चलाना कौन सिखाना चाहता है ?
(a) बिजली स्वयं (b) माँ
(c) वर्षा (d) पुत्री

67. किसके परिवार पर कोई अत्याचार नहीं कर पाएगा?
(a) चन्द्र के (b) बच्ची के
(c) आसमान के (d) सूर्य के

68. बच्ची के काका को कौन पकड़ने आते हैं?
(a) राजा (b) निरीक्षक
(c) सेनापति (d) पुलिसमैन

69. किसकी आज्ञा लेकर बेटी आसमान में जाना चाहती है।
(a) माँ की आज्ञा (b) पिता की आज्ञा
(c) बादल की आज्ञा (d) सूर्य की आज्ञा

70. बिजली, बेटी के कार्य से खुश होकर बेटी को क्या भेट देगी?
(a) तलवार (b) मिठाई
(c) चाकू (d) खिलौने

71. बिजली किसके साथ तलवार चला रही है?
(a) अन्धकार के साथ
(b) भूख के साथ
(c) अत्याचार के साथ
(d) चमक के साथ

72. किसके वार खाली जा रहे हैं।
(a) चमक के (b) बिजली के
(c) बेटी के (d) सूर्य के

73. बच्ची अपनी माँ से कहा जाने की जिद करती है?
(a) बादलों में (b) मामा के घर
(c) बिजली के घर (d) आसमान में

74. बच्ची 'काका' को कहाँ भेजना नहीं चाहती है?
(a) बिजली के घर (b) जेलखाना
(c) अपने घर (d) अस्पताल

75. माँ ने पुत्री को कहाँ जाने का विचार त्यागने के लिए कहा?
(a) बिजली के घर (b) आसमान में
(c) बादलों में (d) जेलखाना

76. पाठ में आए 'वार' शब्द का अर्थ लिखिए
(a) रविवार (b) हटाना
(c) चोट करना (d) मारना

77. बिजली के घर में तलवार चलाना कौन सीख रहा है?
(a) नवयुवक (b) वृद्ध
(c) स्त्री (d) बच्चे

78. 'पानी और धूप' वाक्य में उपयुक्त समास होगा
(a) द्विगु समास (b) अव्ययीभाव समास
(c) द्वन्द्व समास (d) बहुव्रीहि समास

79. 'काका' किन्हें डाँटते हैं?
(a) कहना न मानने वालों को
(b) देर से उठने वालों को
(c) कहना मानने वालों को
(d) बाहर घूमने वालों को

80. पुलिस मैंन क्या देखकर दूर भाग जाएँगे?
(a) चाकू (b) तलवार
(c) मिठाई (d) बन्दूक

81. "तुम बिजली के घर जाने का विचार त्याग दो" किसने कहा?
(a) सूर्य ने (b) बेटी ने
(c) बादल ने (d) माँ ने

82. बच्ची के परिवार पर कोई क्या नहीं कर पाएगा?
(a) अत्याचार (b) दुश्मनी
(c) बुराई (d) निन्दा

83. कैसी चमक रही है, फिर भी क्यों खाली जाते हैं।
(a) वार (b) धार
(c) बादल (d) नदी

84. गजाधर बाबू ने अपनी नौकरी में कितने वर्ष अकेले व्यतीत किए थे?
(a) 24 (b) 27
(c) 35 (d) 37

85. गजाधर बाबू किस नौकरी से रिटायर हुए थे?
(a) शिक्षक पद से
(b) बैंक से
(c) रेलवे की नौकरी से
(d) उपरोक्त में से कोई नहीं

86. गजाधर बाबू के नौकर का क्या नाम था?
(a) राजू (b) रितू
(c) गनेशी (d) दिनेश

87. गनेशी से विदा होते समय उनकी पत्नी ने गजाधर बाबू के लिए क्या दिया था?
(a) नारियल (b) पावभाजी
(c) आचार (d) बेसन के लड्डू

88. गजाधर बाबू के बड़े बेटे का क्या नाम था?
(a) बीजू (b) अमर
(c) गजाधर (d) कान्ता

89. गजाधर बाबू की बड़ी बेटी का क्या नाम था?
(a) कान्ति (b) बसन्ती
(c) माधवी (d) चित्रा

90. नरेन्द्र कौन है?
(a) गजाधर बाबू का छोटा लड़का
(b) गजाधर बाबू का घरेलू नौकर
(c) गजाधर बाबू का बड़ा भाई
(d) गजाधर बाबू का मामा

91. गजाधर बाबू की चारित्रिक विशेषताओं में समाहित है
(a) व्यवहार कुशलता
(b) उदारता
(c) सहिष्णुता
(d) ये सभी

92. वापसी पाठ में गजाधर बाबू बसन्ती को कहा जाने से मना करते हैं?
(a) मालती के घर
(b) शीला के घर
(c) शान्ति के घर
(d) सुशीला के घर

93. उषा प्रियंवदा की वापसी कहानी आधारित है
(a) राजनीतिक समस्याओं पर
(b) पारिवारिक समस्याओं पर
(c) आर्थिक समस्याओं पर
(d) सामाजिक समस्याओं पर

94. "आप अकेले क्यों बैठे हो और बच्चे कहाँ चले गए" गजाधर बाबू से यह किसने कहा था?
(a) महेन्द्र ने
(b) अमर ने
(c) बसन्ती ने
(d) गजाधर बाबू की पत्नी ने

95. गजाधर बाबू की छोटी लड़की का क्या नाम था?
(a) बसन्ती (b) माधवी
(c) निर्मला (d) संध्या

96. "सिर्फ रुपए से ही आदमी अमर नहीं होता" यह कथन किसका है?
(a) गजाधर बाबू का
(b) बसन्ती का
(c) गजाधर बाबू की पत्नी का
(d) गनेशी का

97. बसन्ती के द्वारा बना खाना कौन खाने को मना कर देता है?
(a) गनेशी (b) गजाधर बाबू
(c) नरेन्द्र (d) अमर

98. 'वापसी' कहानी में गजाधर बाबू का अकेलापन किसका प्रतीक है?
(a) आधुनिक जीवन का अकेलापन
(b) आधुनिक जीवन की त्रासदी
(c) मानवीय मूल्यबोध
(d) घरेलू जीवन

99. गजाधर बाबू को कब लगता है कि वह जिन्दगी द्वारा ठगे गए हैं?
(a) गनेशी से विदा लेने पर
(b) पत्नी से तिरस्कृत होने पर
(c) अमर के डाँट पड़ने से
(d) बैठक खाने से उनकी चारपाई हटा दी जाने से

100. गनेशी रोज सुबह गजाधर बाबू के लिए नाश्ते में क्या बनाता था?
(a) गरम-गरम पूरियाँ व जलेबी
(b) गरम-गमरम हलवा
(c) (a) और (b) दोनों
(d) उपरोक्त में से कोई नहीं

101. अमर, नरेन्द्र, बसन्ती, कान्ति और गनेशी किस कहानी के पात्र हैं?
(a) वापसी (b) अभिशप्त
(c) परिन्दे (d) भिसपाल

102. "सभी खर्च तो वाजिब-वाजिब है किसका पेट काँटू यही जोड़ -गांठ करते-करते बूढ़ी हो गई न मन का पहना, न ओढ़ा।" यह किसने किसको कहा?
(a) गजाधर बाबू की पत्नी ने गजाधर बाबू से
(b) अमर ने अपनी पत्नी से कहा
(c) गनेशी की पत्नी ने गनेशी से कहा
(d) उपरोक्त में से कोई नहीं

103. गजाधर बाबू ने अनुभव किया कि वह पत्नी व बच्चों के लिए केवल ········ के निमित्त पात्र है।
(a) जीविकोपार्जन
(b) धनोपार्जन
(c) चौकीदार
(d) मजदूर

104. घर के वातावरण में गजाधर बाबू की सभी खुशी एक गहरी ············ में डूब गई।
(a) उदासीनता
(b) स्वप्न
(c) मझधार
(d) उपरोक्त में से कोई नहीं

105. 'वापसी' कहानी के आधार पर बताइए कि गजाधर बाबू रेलवे से रिटायर होने के बाद दुबारा नौकरी करने कहाँ चले गए?
(a) सेठ रामजीमल के कपड़ामील में
(b) सेठ रामजीमल के गन्ना मील में
(c) सेठ रामजीमल के राइस मिल में
(d) सेठ रामजीमल के चीनी मिल में

106. घर से विदा होते समय गजाधर बागू के लिए कौन-रिक्शा बुलाकर लाता है ?
(a) गनेशी
(b) नरेन्द्र
(c) अमर
(d) गजाधर बाबू की पत्नी

107. 'वापसी' किस विधा की रचना है?
(a) निबन्ध (b) व्यंग्य
(c) कहानी (d) आत्मकथा

108. गजाधर बाबू नौकरी के कारण प्राय: ······ रहे।
(a) जंगलों में (b) छोटे स्टेशनों में
(c) शहरों में (d) नदी के किनारे

109. गजाधर बाबू स्वभाव से ·········· व्यक्ति थे।
(a) शान्त (b) शर्मीले
(c) बहुत स्नेही (d) क्रोधी

110. गजाधर बाबू किसकी उपेक्षा के पात्र बने ?
(a) समाज (b) परिवार
(c) ऑफिस (d) पड़ोसी

111. गजाधर बाबू किस रेलवे-स्टेशन पर कार्यरत थे?
(a) रानीपुर (b) मऊरानीपुर
(c) रानीखेत (d) राजगिर

112. "बाबूजी यह समझें कि मैं साइकिल पर गेहूँ रख आटा पिसने जाऊँगा ,तो मुझसे यह नहीं होगा" यह कथन किसका है?
(a) नरेन्द्र (b) गनेशी
(c) महेन्द्र (d) बसन्ती

113. संसार की दृष्टि से गजाधर बाबू का जीवन है-
(a) सफल (b) असफल
(c) दु:खी (d) कष्टमय

114. 'वापसी' कहानी का शीर्षक किस आधार पर उपयुक्त मान सकते हैं?
(a) कथ का प्रारम्भ गजाधर बाबू की घर में वापसी
(b) कथा का अन्त गजाधर बाबू की घर में वापसी
(c) 'a' एवं 'b' दोनों
(d) उपरोक्त में से कोई नहीं

115. 'वापसी' कहानी के केन्द्रीय पात्र कौन हैं?
(a) अमर
(b) गनेशी
(c) गजाधर बाबू
(d) बसन्ती

116. 'वापसी' कहानी के बारे में सही कथन हैं
(a) इसमें पुरानी व नई पीढ़ी के संघर्ष को चित्रित किया गया है।
(b) गजाधर बाबू सरकारी सेवा में रहते हुए जीवनभर एकां कीपन में रहने के अभ्यस्त हो जाते हैं।
(c) सेवानिवृत्ति के बाद घर लौटने का सुख तो था किन्तु अपने ही घर में अजनबी रहने का अहसास था।
(d) उपरोक्त सभी

117. गजाधर बाबू के लिए मधुर संगीत क्या था?
(a) बाँसुरी का संगीत
(b) सपेरे की बीन की धुन
(c) पटरी पर रेल के पहियों की खट-खट
(d) बारिश की छम-छम

118. परिवार वालों ने गजाधर बाबू के रहने की कहाँ व्यवस्था की थी?
(a) मुख्य कक्ष में
(b) कोठरी (भण्डार गृह) में
(c) रसोई में
(d) होटल में

119. बहु के चौक खुला छोड़ने पर बिल्ली द्वारा क्या गिरा दिया गया था?
(a) दूध (b) पानी
(c) छाल (d) बर्तन

120. लेखिका उषा प्रियंवदा को वर्ष 2007 में किस पुरस्कार से सम्मानित किया गया था?
(a) साहित्य अकादमी युवा पुरस्कार
(b) पद्मभूषण पुरस्कार
(c) मोटूरी सत्यनारायण पुरस्कार
(d) उपरोक्त में से कोई नहीं

121. रामजी मिल किस चीज का कारखाना था?
(a) ऊन का
(b) चावल का (c) चीनी का
(d) गुड़ का

122. गजाधर बाबू के कितने बच्चे विवाहित थे?
(a) दो (b) एक
(c) तीन (d) चार

123. लेखिका उषा प्रियंवदा ने किस कहानी के माध्यम से आधुनिक युगीन परिवर्तित परिस्थिति की युवा पीढ़ी की मानसिकता और पुरानी पीढ़ी की मान्यताओं के बीच पड़ी दरार को बड़ी सूक्ष्मता से दिखाया है?
(a) अभिशप्त (b) भिसपाल
(c) परिन्दे (d) वापसी

124. गजाधर बाबू की पत्नी और बच्चे शहर में क्यों रहते थे?
(a) गजाधर बाबू के साथ रहने की इच्छा नहीं थी
(b) बच्चों की शिक्षा के लिए
(c) चिकित्सा के लिए
(d) उपरोक्त में से कोई नहीं

125. गजाधर बाबू ने बहु को क्या जिम्मेदारी दी?
(a) सुबह का भोजन बनाने की
(b) शाम का भोजन बनाने की
(c) रात का भोजन बनाने की
(d) उपरोक्त में से कोई नहीं

126. उषा प्रियंवदा किस युग की कहानीकार है?
(a) प्रेमचन्द युग (b) द्विवेदी युग
(c) छायावादी युग (d) प्रगतिवादी युग

127. उषा प्रियंवदा की कहानियों की प्रकृति कैसी थी?
(a) संवेदनात्मक (b) रचनात्मक
(c) विवेकात्मक (d) वर्णनात्मक

128. गजाधर बाबू जब चीनी मिल में रहने के लिए जाते हैं, तो उसके साथ उनकी पत्नी क्यों नहीं गई?
(a) वह बीमार थी।
(b) वह बहु के पास रहना चाहती थी।
(c) सयानी लड़की कान्ता को छोड़कर नहीं जाना चाहती थी।
(d) गजाधर बाबू से उसका झगड़ा हुआ था।

129. 'वापसी' कहानी का प्रकाशन वर्ष है
(a) वर्ष 1960 (b) वर्ष 1970
(c) वर्ष 1975 (d) वर्ष 1965

130. गनेशी कौन था?
(a) गजाधर बाबू का सेवक
(b) गजाधर बाबू का दूधवाला
(c) दुकानदार
(d) परिवार का सदस्य

131. गजाधर बाबू की पत्नी ने गजाधर बाबू को क्या न करने की सलाह दी?
(a) बच्चों के फैसले में न पड़ने को कहा
(b) बच्चों को ताने मारने को कहा
(c) पलायन न करने को कहा
(d) केवल चारपाई पर पड़े रहने से मना किया

132. उषा प्रियंवदा पहले किस नाम से कहानी लिखती थी?
(a) उषा यादव (b)उषा कौशिक
(c) उषा सक्सेना (d) उषा देवगोड़

133. उषा प्रियंवदा की प्रथम कहानी रचना कौन-सी है?
(a) लाल चुनर
(b) कोई दूसरा
(c) फिर बसन्त आया
(d) कितना बड़ा झूठ

134. 'संगतकार' कविता के रचयिता है
(a) महादेवी वर्मा
(b) सुभद्राकुमारी चौहान
(c) धनपत राय
(d) मंगलेश डबराल

135. गंगलेश टबराल का जन्म कहाँ हुआ?
(a) उत्तराखण्ड (b) हिमाचल प्रदेश
(c) राजस्थान (d) कर्नाटक

136. तारसप्तक का क्या अर्थ है?
(a) सरगम को सम स्वर में गाना
(b) सरगम को निम्न स्वर में गाना
(c) सरगम को ऊँचे स्वर में गाना
(d) सरगम को मध्यम स्वर में गाना

137. मंगलेश डबराल किस रूप में प्रतिष्टित हुए?
(a) वकील के रूप में
(b) पत्रकार के रूप में
(c) एक व्यवसायी के रूप में
(d) अध्यापक के रूप में

138. मुख्य गायक के साथ स्वर कौन साधता है?
(a) उसका शिष्य (b) छोटा भाई
(c) कोई रिश्तेदार (d) ये सभी

139. संगतकार ने मुख्य गायक के किस रूप को याद दिलाया
(a) अनपढ़ रूप को
(b) परिपक्व रूप को
(c) बचपन में जब वह नौसिखिया
(d) उपरोक्त में से कोई नहीं

140. पाठ में आए 'गूंज' शब्द का अर्थ है
(a) गम्भीर स्वर (b) भारी स्वर
(c) स्वर का विस्तार (d) स्थिर स्वर

141. संगतकार संगीत के अतिरिक्त किन-किन क्षेत्रों में दिखाई देते हैं?
(a) राजनीति (b) समाज-सेवा
(c) अभिनय (d) ये सभी

142. मुख्य गायक का स्वर कैंसा होता है?
(a) दृढ़ (b) गम्भीर
(c) 'a' व 'b' दोनों (d) धैर्यशाली

143. 'प्रेरणा साथ छोड़ती हुई उत्साह अस्त होता हुआ' पंक्ति में निहित अलंकार बताइए।
(a) उत्प्रेक्षा (b) रूपक
(c) मानवीकरण (d) श्लेष

144. मुख्य गायक को क्या समझाने के लिए संगतकार उसका साथ देता है?
(a) गाए जा चुके राग को पुनः भी गाया जा सकता है।
(b) वह उसको ढाँढ़स बँधाता है।
(c) वह बताना चाहता है कि वह अकेला नहीं है।
(d) उपरोक्त सभी

145. ''आवाज से राख जैसा कुछ गिरता हुआ'' पंक्ति में निहित अलंकार बताइए।
(a) अनुप्रास (b) उत्प्रेक्षा
(c) रूपक (d) श्लेष

146. सरगम को लाँघने से कवि का क्या अभिप्राय है?
(a) संगीत को छोड़कर किसी अन्य ओर ध्यान देना।
(b) मूल स्वर को भूलकर अन्तरे की जटिल तानों में खो जाना।
(c) संगीत की गहराइयों में उत्तर जाना।
(d) उपरोक्त सभी कथन सत्य हैं।

147. मुख्य गायक को ढाँढ़स कौन बँधाता है?
(a) आयोजक (b) संगतकार
(c) श्रोतागण (d) संगीतकार

148. रांगतकार के स्तर में हिचक क्यों सुनाई देती है?
(a) यह ऊँचे स्वर में गा नहीं सकता।
(b) वह मुख्य गायक का मान रखने के लिए ऐसा करता है।
(c) उसका काम केवल साथ देना होता है।
(d) उपरोक्त सभी कथन सत्य हैं।

149. संगतकार द्वारा जानबूझकर स्वर को ऊँचा न उठाए जाने को क्या समझना चाहिए?
(a) संगतकार की इंसानियत
(b) संगतकार की अशिक्षा
(c) संगतकार की नादानी
(d) संगतकार का भोलापन

150. मंगलेश डबराल का जन्म कब और कहाँ हुआ?
(a) वर्ष 1948 में पौड़ी गढ़वाल के रतलाम गाँव में
(b) वर्ष 1948 में टिहरी गढ़वाल के काफलपानी गाँव में
(c) वर्ष 1920 में देहरादून में
(d) वर्ष 1938 में बनारस के सोनवा गाँव में

151. निम्नलिखित में कौन-सी रचना मंगलेश डबरालजी की नहीं है?
(a) नाश और निर्माण
(b) घर का रास्ता
(c) हम जो देखते हैं
(d) पहाड़ पर लालटेन

152. मुख्य गायक के गायन की क्या विशेषता होती है?
(a) वह अपने गायन से सबको मधुर कर देता है
(b) उसका स्वर आत्मविश्वास से भरा हुआ होता
(c) उसका गायन सभी को प्रिय लगता है।
(d) उसका गायन कोयल के समान मधुर होता है।

153. 'नौसिखिया' शब्द का अर्थ होता है–
(a) नाटक करने वाला
(b) जो सीखना नहीं चाहता
(c) जिसने अभी सीखना प्रारम्भ किया हो
(d) उपर्युक्त में से कोई नहीं

154. 'अन्तग' का मतलब क्या है?
(a) अलग-अलग (b) दूरी बताना
(c) गीत का चरण (d) किसी का नाम

155. संगतकार क्या कार्य करता है?
(a) मुख्य गायक की सेवा करना।
(b) मुख्य गायक की अनुपस्थिति में गायन का समाँ बाँध देना।
(c) मुख्य गायक के साथ स्वर मिलाकर उसके स्वर को बल प्रदान करना।
(d) ढोलक, हारमोनियम आदि वाद्य यन्त्रों को उठाकर चलाना।

156. 'जटिल तानों के जंगल में' पंक्ति में निहित अलंकार बताइए।
(a) उत्प्रेक्षा (b) यमक (c) श्लेष (d) रूपक

157. मुख्य गायक कहाँ खो जाता है?
(a) जंगल में (b) संगीत सभा में
(c) अनहद में (d) अपने बचपन में

158. 'जैसे समेटता हो मुख्य गायक का पीछे छूटा हुआ सामना इस पंक्ति में निहित अलंकार बताइए।
(a) विरोधाभास (b) उत्प्रेक्षा
(c) उपमा (d) रूपक

159. 'कमजोर, काँपती' में निहित अलंकार है
(a) अनुप्रास (b) रूपक
(c) उत्प्रेक्षा (d) श्लेष

160. मंगलेश डबराल की शिक्षा-दीक्षा कहाँ हुई?
(a) अमृतसर (b) हरियाणा
(c) देहरादून (d) राजस्थान

161. 'संगतकार' शीर्षक कविता के कवि का क्या नाम है?
(a) ऋतुराज (b) मंगलेश डबराल
(c) निराला (d) जयशंकर प्रसाद

162. स्थायीय किसे कहते हैं?
(a) स्थान को (b) स्थिर को
(c) गीत की मुख्य टेक को (d) गीत के शेष भाग को

163. 'अनहद' का कविता के सन्दर्भ में अर्थ है–
(a) सीमाहीन (b) असीम
(c) अनन्त (d) असीम मस्ती

164. 'मनुष्यता' शब्द का अर्थ है
(a) मानव को पहचानना (b) भलाई की भावना
(c) सफलता की भावना (d) मित्रता की भावन्ना

165. 'नौसिखिया' शब्द का तत्सम रूप लिखिए।
(a) नया गायक (b) नया सीखने वाला
(c) नवागत (d) नवशिक्षु

166. कौन अपना स्वर मुख्य गायक से ऊँचा नहीं उठाता?
(a) संगतकार (b) नृत्यांगना
(c) गायक (d) इनमें से कोई नहीं

167. 'ढाँढस बाँधना' का पर्यायवाची है
(a) तसल्ली देना (b) सांत्वना देना
(c) (a) और (b) दोनों (c) इनमें से कोई नहीं

168. इस अंश में प्रयुक्त छन्द कौन-सा है?
(a) तुकविहीन (b) दोहा
(c) तुकयुक्त (c) ये सभी

169. संगीत में कितने स्वर होते हैं?
(a) पाँच (b) आठ
(c) दस (c) सात

सही उत्तर

1. (b)	2. (c)	3. (d)	4. (b)	5. (c)	6. (c)	7. (b)	8. (c)	9. (c)	10. (c)
11. (d)	12. (b)	13. (d)	14. (d)	15. (b)	16. (d)	17. (b)	18. (c)	19. (c)	20. (b)
21. (d)	22. (a)	23. (a)	24. (b)	25. (b)	26. (d)	27. (a)	28. (b)	29. (a)	30. (b)
31. (d)	32. (b)	33. (b)	34. (c)	35. (d)	36. (b)	37. (c)	38. (b)	39. (c)	40. (c)
41. (d)	42. (b)	43. (a)	44. (d)	45. (a)	46. (c)	47. (b)	48. ()	49. (d)	50. (c)
51. (b)	52. (b)	53. (d)	54. (c)	55. (a)	56. (d)	57. (b)	58. (a)	59. (b)	60. (c)
61. (a)	62. (c)	63. (d)	64. (c)	65. (c)	66. (d)	67. (b)	68. (d)	69. (a)	70. (a)
71. (d)	72. (b)	73. (c)	74. (b)	75. (a)	76. (c)	77. (d)	78. (c)	79. (a)	80. (b)
81. (d)	82. (a)	83. (a)	84. (c)	85. (c)	86. (c)	87. (d)	88. (b)	89. (a)	90. (a)
91. (d)	92. (b)	93. (b)	94. (d)	95. (a)	96. (a)	97. (c)	98. (a)	99. (d)	100. (c)
101. (a)	102. (a)	103. (b)	104. (a)	105. (d)	106. (b)	107. (c)	108. (b)	109. (c)	110. (b)
111. (a)	112. (a)	113. (a)	114. (c)	115. (c)	116. (d)	117. (c)	118. (b)	119. (c)	120. (c)
121. (c)	122. (a)	123. (d)	124. (b)	125. (a)	126. (d)	127. (a)	128. (c)	129. (a)	130. (a)
131. (a)	132. (c)	133. (a)	134. (d)	135. (a)	136. (c)	137. (b)	138. (d)	139. (c)	140. (c)
141. (d)	142. (c)	143. (c)	144. (d)	145. (c)	146. (b)	147. (b)	148. (a)	149. (a)	150. (b)
151. (a)	152. (b)	153. (c)	154. (c)	155. (c)	156. (d)	157. (c)	158. (b)	159. (a)	160. (c)
161. (b)	162. (c)	163. (d)	164. (b)	165. (d)	166. (a)	167. (c)	168. (a)	169. (c)	

इकाई 17

प्रेमचंद के फटे जूते (हरिशंकर परसाई)

लेखक द्वारा प्रेमचंद के चित्र का वर्णन

- लेखक के सामने प्रेमचंद का एक चित्र है जिसमें वे अपनी पत्नी के साथ दिखाई दे रहे हैं। प्रेमचंद के सिर पर किसी मोटे कपड़े की टोपी है और उन्होंने धोती-कुर्ता पहना है। उनके गालों की हड्डियाँ उभरी हुई हैं। घनी मूँछों के कारण चेहरा भरा-भरा सा लगता है। पाँवों में केनवस के जूते हैं और उनके फीते भी ढंग से बँधे हुए नहीं हैं।
- दाहिने पैर का जूता तो ठीक है, पर बाएँ पैर के जूते में बड़ा-सा छेद हो गया है, जिसके कारण पाँव की अँगुली बाहर आ गई है। इसी फटे जूते को देखकर लेखक की नज़र उस पर ही अटक गई है। प्रेमचंद की सादगी का अनुमान उनकी इस पोशाक को देखकर लगाया जा सकता है।

लेखक की चिंता

- लेखक प्रेमचंद के जूते देखकर चिंता में डूब जाता है कि अगर फोटो खिंचवाने के लिए यह पोशाक है, तो वास्तविक जीवन में कैसी पोशाक होगी। फिर उन्हें विचार आया कि प्रेमचंद अंदर-बाहर की अलग-अलग पोशाकें रखने वाले मनुष्य नहीं हैं।
- लेखक के अनुसार, प्रेमचंद हमारे साहित्यिक पुरखे हैं, लेकिन उस फटे जूते के कारण उन्हें ज़रा भी लज्जा महसूस नहीं हो रही है, जैसे यह कोई साधारण-सी बात हो।

प्रेमचंद के बारे में फोटोग्राफर के विचार

- जब फोटोग्राफ़र ने प्रेमचंद से 'रेडी-प्लीज़' कहा होगा, तब परंपरा के अनुसार उन्होंने चेहरे पर मुसकान लाने की कोशिश भी की होगी। ऐसा लगता है कि प्रेमचंद ज़बरदस्ती मुस्कराहट लाने की कोशिश कर रहे होंगे।
- फोटोग्राफ़र ने बीच में ही क्लिक करके 'थैंक यू' कह दिया होगा। वह भी सोचता होगा कि यह कैसा आदमी है, जो फटे जूते पहनकर ही फोटो खिंचवाने आ गया।

लेखक का प्रेमचंद को परामर्श

- प्रेमचंद को अपना परामर्श देते हुए लेखक कहता है कि यदि फोटो खिंचवाना इतना आवश्यक था, तो ढंग के जूते तो पहन लेते या फिर फोटो ही न खिंचवाते। वे शायद पत्नी के आग्रह को न टाल सके होंगे, इसलिए फोटो खिंचवाने आ गए होंगे। शायद तुम फोटो खिंचवाने का महत्त्व नहीं समझते हो वरना फोटो खिंचवाने के लिए जूते किसी से माँग भी लेते। लोग तो माँगे हुए कोट से वर-दिखाई तक कर देते हैं और माँगे हुए मोटर से बारात निकालते हैं।
- फोटो खिंचवाने के लिए तो लोग बीवी तक माँग लेते हैं। कई लोग तो इत्र लगाकर फोटो खिंचवाते हैं, जैसे उन्हें लगता है इससे फोटो में भी शायद खुशबू आ जाए। लेखक कहता है जूता हमेशा टोपी से कीमती रहा है। टोपी आठ आने में मिल जाती है, पर उस ज़माने में भी जूते कम-से-कम पाँच रुपये के रहे होंगे।

लेखक के फटे जूते का हाल

- लेखक ने जब प्रेमचंद का फटा जूता देखा, तो उसे उन पर तरस भी आया। लेखक ने कहा कि वैसे मेरा जूता भी कोई अच्छी दशा में नहीं है, भले ही यह ऊपर से अच्छा दिखाई देता हो।
- इसका अँगूठे के नीचे का तला फट गया है, पर अँगुली ढकी है। मैं पर्दे (छिपाव) का महत्त्व जानता हूँ, पर शायद तुम नहीं जानते हो। तुम तो फटा जूता पहनकर भी शान से जी लेते हो, पर मैं फटा जूता नहीं पहन सकता।

प्रेमचंद के जूते के विषय में लेखक का विचार

लेखक प्रेमचंद की विभिन्न रचनाओं के मुख्य पात्रों का नाम लेते हुए प्रश्न करता है कि तुम्हारा जूता कैसे फट गया? शायद तुम्हारा जूता बनिये की दुकान के चक्कर लगाते-लगाते घिस गया होगा, लेकिन चक्कर लगाने से जूता घिस तो जाता है, पर फटता नहीं। कवि कुंभनदासजी का जूता भी फतेहपुर-सीकरी आने-जाने में घिस गया था और वे हरिनाम अलग से भूल गए।

लेखक के अनुसार प्रेमचंद के जूते फटने का रहस्य

- शायद तुम किसी सख्त चीज़ को ठोकर मारते रहे होंगे, जिससे तुमने अपना जूता फाड़ लिया होगा या फिर तुमने रास्ते के किसी टीले पर अपना जूता आज़माया होगा, पर तुम उससे बचकर भी निकल सकते थे।
- यह तो समझौते की बात थी, लेकिन तुम तो समझौता कभी करते ही नहीं। जैसे 'गोदान' का होरी 'नेम-धरम' को नहीं छोड़ सका, वैसे ही प्रेमचंद भी 'नेम-धरम' को नहीं छोड़ सके। नेम-धरम उनके लिए मुक्ति का साधन था।

लेखक के अनुसार प्रेमचंद की व्यंग्य मुसकान का रहस्य

- लेखक कहता है कि तुम्हारे पाँव की अँगुली ये संकेत करती-सी लगती है कि जिसे तुम घृणित समझते हो, उसकी तरफ़ हाथ की नहीं, पाँव की अँगुली से संकेत करते हो। मैं तुम्हारी अँगुली का भी इशारा समझता हूँ और तुम्हारी व्यंग्य-मुसकान का भी। लगता है कि तुम हम सभी पर हँस रहे हो, क्योंकि हम अँगुली छिपाए और तलुआ घिसाए चल रहे हैं।
- प्रेमचंद जैसे कह रहे हों कि मैंने तो ठोकर मारकर अपना जूता फाड़ लिया और अँगुली बाहर निकल आई, पर पाँव तो बचा लिया और मैं चलता भी रहा। मगर तुम लोगों ने अपनी अँगुली को ढकने के लिए जूते के तले का नाश कर दिया और अब तुम लोग तो चल भी नहीं पाओगे।

शब्दार्थ

कनपटी–कानों के पास का हिस्सा; केनवस–एक प्रकार का मोटा कपड़ा; बंद–तस्में, फीता; बेतरतीब–बेढंगे; दृष्टि–नज़र; पुरखे–पूर्वज; लज्जा–शर्म; संकोच–शर्माना; फोटोग्राफ़र–फोटो खींचने वाला; रेडी-प्लीज–फोटो खिंचवाने के लिए तैयार होना; क्लिक–फोटो लिए जाने पर आने वाली आवाज़; थैंक यू–धन्यवाद; उपहास–हँसी उड़ाना, खिल्ली उड़ाना; व्यंग्य–बातों की चोट। आग्रह–निवेदन करना, हठ करना; ट्रेजडी–दु:खद बात; क्लेश–दु:ख; वर–दूल्हा; आनुपातिक मूल्य–अनुपात के हिसाब से मूल्य तय होना; विडंबना–दुर्भाग्य; तीव्रता–तेज़ी, तीखापन; युग-प्रवर्तक–युग को आरंभ करने वाले; लहूलुहान–खून से लथपथ; परदे–छिपाव; कुर्बान–मुग्ध, ख़ुश होना। ठाठ–शान; हौसला पस्त करना–जोश समाप्त करना; तगादा–ज़ल्दी देने के लिए ज़ोर डालना; पन्हैया–देशी जूतियाँ; बिसर गयो–भूल गया; हरि नाम–भगवान का नाम। उपजत–पैदा होता है; तिनको–उनको; करबों–करना; परै–पड़े; सलाम–नमस्कार करना; सदियाँ–सैकड़ों साल; नेम-धरम– नियम पालन करने को अपना कर्तव्य मानना; ज़ंजीर–बंधन; मुक्ति–आज़ादी; घृणित–घृणा करने योग्य, निंदित, तिरस्कृत; बरकाकर–बचाकर।

मेरे बचपन के दिन (महादेवी वर्मा)

कुलदेवी की पूजा के उपरांत लेखिका का जन्म

लेखिका परिवार में कई पीढ़ियों के बाद पैदा हुई पहली लड़की थी। उनके परिवार में लड़की को पैदा होते ही स्वर्ग भेज देते थे, पर लेखिका के बाबा ने कुलदेवी दुर्गा की पूजा करके लड़की माँगी थी। अत: लेखिका का जन्म होने पर उनकी बहुत आवभगत हुई। लेखिका को वर्षों से लड़कियों के साथ हो रहे अन्याय और भेदभाव की स्थिति का सामना नहीं करना पड़ा था।

लेखिका को विभिन्न भाषाओं का ज्ञान

लेखिका के बाबा उर्दू-फ़ारसी जानते थे। पिताजी ने अंग्रेज़ी पढ़ी थी। उस घर में हिंदी भाषा का वातावरण नहीं था। हिंदी घर में तब से प्रयोग में आने लगी, जब लेखिका की माँ जबलपुर से घर में आई थीं। बाबा की इच्छा थी कि लेखिका विदुषी बने। बालिका के संबंध में उनके विचार उच्च स्तर के थे। लेखिका की माँ पूजा-पाठ बहुत अधिक करती थीं। उन्होंने ही लेखिका को पंचतंत्र पढ़ना सिखाया। लेखिका ने संस्कृत तो पढ़ी, पर उर्दू-फ़ारसी पढ़ने में उनका मन नहीं लगता था।

लेखिका की शिक्षा-दीक्षा

इसके बाद लेखिका को मिशन स्कूल में भर्ती कराया गया, लेकिन वहाँ भी उनका मन नहीं लगा। पाँचवीं कक्षा में उन्हें क्रॉस्थवेट गर्ल्स कॉलेज में भेज दिया गया। वहाँ का वातावरण अच्छा था। कॉलेज में हिंदू, ईसाई व अन्य धर्मों की लड़कियाँ भी पढ़ती थीं। छात्रावास में सब लोगों के लिए एक ही मेस थी। वहाँ खाने में प्याज़ तक नहीं डलती थी।

छात्रावास में लेखिका और सुभद्रा कुमारी चौहान की मित्रता

- छात्रावास में लेखिका को सुभद्रा कुमारी चौहान मिलीं। वे सातवीं कक्षा में पढ़ती थीं और कविता भी लिखती थीं। महादेवी वर्मा को भी कविता लिखने का शौक था, परंतु वह सुभद्रा से उन्हें छिपाती थी।
- एक दिन सुभद्रा कुमारी चौहान ने उनकी चोरी पकड़ ली और पूरे छात्रावास में बता दिया कि महादेवी कविता लिखती हैं। उसके पश्चात् दोनों में मित्रता हो गई। उस समय एक पत्रिका निकलती थी—'स्त्री दर्पण'। उसमें इनकी तुकबंदी वाली कविताएँ छप जाती थीं।

कवि सम्मेलन में लेखिका और उनकी मित्र का भाग लेना

लेखिका और उनकी मित्र सुभद्रा दोनों विद्यालय की मैडम के साथ कवि सम्मेलनों में जाने लगी थीं। जिनकी अध्यक्षता कभी श्रीधर पाठक, कभी हरिऔध, तो कभी रत्नाकर करते थे। ये दोनों अपना नाम पुकारे जाने की बेसब्री से प्रतीक्षा करती थीं। महादेवी वर्मा ने कवि सम्मेलनों में सौ से अधिक पदक जीते थे।

महात्मा गांधीजी से लेखिका की भेंट

एक कविता पर लेखिका को चाँदी का कटोरा भी मिला था जिसे सुभद्रा को दिखाने पर उन्होंने कहा कि उसे खीर बनाकर इस कटोरे में खिलाओ, परंतु उसी बीच आनंद भवन में बापू आए। छात्राएँ अपने जेब खर्च को स्वतंत्रता आंदोलन हेतु दिया करती थीं। जब लेखिका उस कटोरे को महात्मा गांधी को दिखाने गईं, तो वह कटोरा महात्मा गांधी ने अपने पास रख लिया। लेखिका को खुशी थी कि उसने अपना कटोरा बापू को दे दिया है।

लेखिका को जेबुन्निसा का साथ मिलना

- सुभद्रा कुमारी चौहान जब छात्रावास छोड़कर चली गईं, तब उनकी जगह एक मराठी लड़की ज़ेबुन्निसा लेखिका के कमरे में आकर रहने लगी। उस समय ज़ेबुन महादेवी का अधिकांश काम कर देती थी। जिससे लेखिका को कविता लिखने के लिए थोड़ा समय और मिल जाता था। ज़ेबुन मराठी शब्दों से मिली-जुली हिंदी बोलती थी।
- लेखिका ने भी ज़ेबुन के साथ रहकर कुछ-कुछ मराठी सीख ली थी। छात्रावास में एक ज़ीनत बेगम नाम की शिक्षिका रहती थीं, जो ज़ेबुन को कभी-कभी टोक देती थीं, परंतु ज़ेबुन कहती 'हम मराठी हूँ , तो मराठी बोलेंगे'। वह मराठी महिलाओं की तरह किनारीदार साड़ी और वैसा ही ब्लाउज़ पहनती थी।

सांप्रदायिक सद्भाव का अनोखा विवरण

उस समय सांप्रदायिक भेदभाव दूर-दूर तक भी दिखाई नहीं देता था। अवध की लड़कियाँ अवधी बोलती थीं और बुंदेलखंड की बुंदेली। सभी एक मेस में खाना खाते थे और सभी को हिंदी व उर्दू पढ़ाई जाती थी। सब प्रार्थना में एक साथ खड़े होते तथा साथ-साथ प्रार्थना बोलते थे। कहीं कोई भेदभाव नहीं था।

नवाब की बेगम साहिबा और लेखिका के बीच आत्मीय संबंध

जब महादेवी नौकरी करने काशी विद्यापीठ में आईं, तब वे बचपन की एक और घटना का उल्लेख करती हैं। जिस कंपाउंड में वे रहती थीं, वहीं बंगले में एक नवाब व उनकी बेगम साहिबा रहती थीं। बेगम साहिबा के कहने पर लेखिका और उनके परिवार के बच्चे उन्हें 'ताई साहिबा' कहा करते थे। उनका एक लड़का था, जो प्रतिवर्ष लेखिका से राखी बँधवाता था। दोनों परिवारों के बच्चों के जन्मदिन साझे रूप में मनाए जाते थे।

बेगम साहिबा द्वारा लेखिका के भाई का नामकरण

लेखिका के यहाँ एक छोटा भाई हुआ, तो ताई साहिबा को काफी प्रसन्नता हुई और वह शाम को लेखिका के छोटे भाई के लिए कपड़े लेकर आईं। ताई साहिबा ने उस बच्चे का नाम मनमोहन रखा। वही मनमोहन आगे चलकर जम्मू एवं गोरखपुर यूनिवर्सिटी के वाइस चांसलर (कुलपति) बने। लेखिका के कहने का तात्पर्य यह है कि उस समय सांप्रदायिक सद्भाव का ऐसा अनोखा वातावरण अब सिर्फ सपना-सा ही प्रतीत होता है।

शब्दार्थ

स्मृतियाँ–यादें; विचित्र–अनोखा; आकर्षण–खिंचाव; परमधाम–स्वर्ग; कुलदेवी–परंपरागत रूप से परिवार में पूजी जाने वाली देवी; खातिर–सत्कार, सेवा, इज़्ज़त; पंचतंत्र–शिक्षाप्रद कहानियों की पुस्तक; वातावरण–माहौल; विदुषी–बुद्धिमती, विद्वान् स्त्री; उपरांत–बाद में; दर्जा–कक्षा। भर्ती होना–प्रवेश लेना; मेस–भोजनालय; सीनियर– बड़ा, ज्येष्ठ, बुज़ुर्ग; कृपानिधान–ईश्वर; पंछी–पक्षी; वन–जंगल; प्रभाती–सवेरे गाया जाने वाला गीत; प्रतिष्ठित–सम्मानित; डाल–शाखा। तुकबंदी–शब्दों का मिलान (गाने के रूप में); प्रचार-प्रसार–फैलाव; सत्याग्रह–एक आंदोलन का नाम; पदक– सोने-चाँदी या किसी अन्य धातु से बना हुआ गोल या चौकोर टुकड़ा, जो पुरस्कार के रूप में दिया जाता है; नक्काशीदार–बेल-बूटे की सजावट से भरपूर, कढ़ाई किया हुआ। फूल–एक चमकदार धातु; छात्रावास–जहाँ लड़कियाँ मिलकर एक साथ रहती और पढ़ाई करती हैं; देसी कौवा–देशी कौआ; किनारीदार साड़ी–एक सजावटी साड़ी जिसमें किनारे को सजाया गया हो; सांप्रदायिकता–धर्म विशेष का पक्षपाती होने का भाव, संप्रदाय के नाम पर भेद-भाव; विवाद–झगड़ा, मतभेद। संस्कार–पूर्वजों से मिले अच्छे गुण; कंपाउंड– अहाता, क्षेत्र, स्थान; निराहार–बिना कुछ खाए-पिए; लहरिए– रंग-बिरंगी लहरियों वाली साड़ी, जो विशेष रूप से रक्षाबंधन पर पहनी जाती हो; नेग–खुशी के अवसर पर दिया जाने वाला उपहार; वाइस चांसलर–कुलपति; यूनिवर्सिटी–विश्वविद्यालय; तात्पर्य–मतलब, अर्थ; अवधी–अवध प्रदेश की बोली; कथा–कहानी।

उपभोक्तावाद की संस्कृति (श्यामाचरण दुबे)

उपभोक्तावाद से आशय

उपभोक्तावाद के विकास के साथ-साथ हमारी जीवन-शैली भी बदल रही है। चारों ओर केवल उत्पादन को बढ़ाने पर ज़ोर दिया जा रहा है। आज उपभोग को ही 'सुख' मान लिया गया है। समाज पूरी तरह से उत्पाद को समर्पित हो गया है। चारों ओर विज्ञापनों की चमक-दमक है। बिना सोचे-समझे हम इसके षड्यंत्र में फँसते जा रहे हैं। बिना विचार किए किसी भी आकर्षक दिखने वाली वस्तु को खरीद लेते हैं और उसकी निम्न गुणवत्ता को नज़रअंदाज़ कर देते हैं।

विज्ञापनों की होड़

- बाज़ार विलासितापूर्ण सामग्रियों से भरा पड़ा है। विज्ञापन लोगों को अपनी ओर आकर्षित करने में लगे रहते हैं। सौंदर्य प्रसाधनों एवं दैनिक उपयोग से संबंधित सामग्रियों की होड़-सी लग गई है। चाहे टूथ-पेस्ट हो या टूथ-ब्रश सभी वस्तुओं की विशेषताएँ बढ़ा-चढ़ाकर बताई जा रही हैं।
- संभ्रांत महिलाओं के ड्रेसिंग टेबल पर तीस-तीस हज़ार की सौंदर्य सामग्री इकट्ठी हो जाती है, पुरुष भी इस दौड़ में पीछे नहीं हैं। वे भी अब साबुन-तेल से आगे आफ़्टर शेव और कोलोन का इस्तेमाल करने लगे हैं। घड़ी में भी समय नहीं, शान देखी जाती है। लोग लाख-डेढ़ लाख की घड़ी खरीदते हैं।

दिखावे या प्रदेर्शन हेतु खरीदारी

आज 'वस्तुओं को खरीदना' आवश्यकता का नहीं, प्रतिष्ठा का विषय बन चुका है। बहुत-से लोग म्यूज़िक सिस्टम और कंप्यूटर को भी दिखावे के लिए खरीदते हैं। लोग खाने के लिए पाँच सितारा होटल और इलाज के लिए पाँच सितारा अस्पताल में जाने लगे हैं। बच्चों की शिक्षा पाँच सितारा पब्लिक स्कूल में होती है। पैसे के बल पर लोग अपने अंतिम संस्कार का भी भव्य प्रबंध अपने जीवन काल में ही करने में लग गए हैं।

सामंती प्रवृत्ति का बोलबाला

उपभोक्तावादी समाज को जन्म देने वाला एक विशिष्ट प्रकार का समाज है, परंतु सामान्य जन और आम आदमी भी इसे ललचाई निगाहों से देखने लगा है। देखा जाए तो इस उपभोक्तावादी संस्कृति का प्रसार सामंती संस्कृति के कारण ही होता है। यह सामंती संस्कृति का ही विकसित रूप है। ध्यान से देखा जाए तो सामंती तत्त्व भारत में आज भी उपस्थित हैं, केवल सामंत बदल गए हैं।

सांस्कृतिक क्षरण

- हमारी परंपराओं का अवमूल्यन हो रहा है। आस्थाओं का क्षरण हुआ है। हम पश्चिमी संस्कृति का अंधानुकरण करने में लगे हैं। प्रतिष्ठा के झूठे प्रतिमान अपना रहे हैं। अपनी प्रतिष्ठा बढ़ाने के क्रम में हम आधुनिकता के नाम पर छलावा कर रहे हैं। अपनी संस्कृति पर हमारी पकड़ ढीली होती जा रही है। अंततः इस दिखावे की संस्कृति का क्या परिणाम होगा? विज्ञापन और प्रचार-प्रसार की शक्तियों से सम्मोहित होकर किसी अन्य के निर्देशन में हम दिग्भ्रमित हो गए हैं। यह एक गंभीर चिंतन का विषय है।
- इस संस्कृति का एक बड़ा दुष्परिणाम यह है कि हमारे सीमित, किंतु बहुमूल्य संसाधनों का घोर अपव्यय हो रहा है। समाज में विभिन्न वर्गों के बीच की दूरी बढ़ रही है। संबंधों में दूरियाँ बढ़ रही हैं, सांस्कृतिक अस्मिता अर्थात् हमारी पहचान नष्ट हो रही है। मर्यादाएँ टूट रही हैं, नैतिक मानदंड ढीले पड़ रहे हैं, विकास का उद्देश्य नष्ट हो रहा है, व्यक्ति-केंद्रिकता बढ़ रही है, लोग स्वार्थी हो रहे हैं और परमार्थ अर्थात् सहयोग की भावना कम हो गई है। भोग की आकांक्षाएँ आसमान को छू रही हैं।

हमारी संस्कृति खतरे में

उपभोक्तावादी संस्कृति एक खतरा है। गांधीजी ने इसलिए कहा था कि ''हम स्वस्थ सांस्कृतिक प्रभावों के लिए अपने दरवाज़े-खिड़की खुले रखें, पर अपनी बुनियाद पर कायम रहें'' अर्थात् हम चारों ओर से स्वस्थ सांस्कृतिक प्रभाव को अवश्य अपनाएँ, स्वीकार करें, किंतु अपनी जड़ अर्थात् पहचान को न छोड़ें। उपभोक्तावादी संस्कृति हमारी इस नींव को हिला रही है और आज हमारे समाज के लिए एक बड़ा खतरा बन चुकी है।

शब्दार्थ

वर्चस्व – हावी होना; जीवन-दर्शन – जीवन को देखने की दृष्टि; उपभोक्तावाद – उपभोग करने को ही अपना लक्ष्य मानना; उत्पाद – तैयार माल; समर्पित – पूरी तरह से अर्पित; विलासिता – सुख उपभोग करने की सामग्री; स्वीकृत – स्वीकार किया हुआ; मान्य – माना हुआ; सौंदर्य प्रसाधन – सौंदर्य की सामग्री; चमत्कृत – हैरान। सिने स्टार्स – सिनेमा के शीर्ष व्यक्ति; संभ्रांत – उच्च; प्रतिष्ठा चिह्न – सम्मान का प्रतीक या सूचक; हैसियत – पैसे की ताकत; परिधान – सिले-सिलाए वस्त्र; महज़ – केवल; अनंत विश्राम – समाधि में लीन होना। हास्यास्पद – हँसी का विषय; सांस्कृतिक अस्मिता – सांस्कृतिक पहचान; अवमूल्यन – मूल्यों का नीचे की ओर गिरना; क्षरण – पतन या कम होना; बौद्धिक दासता – बुद्धि से गुलाम होना; प्रतिमान – आदर्श; प्रतिस्पर्द्धा – प्रतियोगिता/होड़; छद्म – बनावटी। गिरफ़्त – पकड़; दिग्भ्रमित – दिशाहीन, रास्ता भटक जाना;

सम्मोहन – आकर्षण; वशीकरण – वश में करना; घोर अपव्यय – बेकार का खर्च; सरोकार – संबंध; आक्रोश – गुस्सा; ह्रास – कमी; परमार्थ – लोक-कल्याण; झूठी तुष्टि – संतुष्ट होने का भ्रम पैदा होना; आकांक्षाएँ – इच्छाएँ; बुनियाद – नींव, आधार; सामाजिक नींव – सामाजिक आधार।

ल्हासा की ओर (राहुल सांकृत्यायन)

नेपाल-तिब्बत मार्ग

प्रस्तुत यात्रा वृत्तांत में उस समय का वर्णन है, जब फरी-कलिङ्पोङ् का रास्ता नहीं खुला था। तब नेपाल के रास्ते से तिब्बत में हिंदुस्तान का व्यापार होता था। इस रास्ते पर अनेक सैनिक चौकियाँ और किले भी थे। अब बहुत-से किलों में किसानों ने अपना बसेरा बना लिया है और कई फ़ौजी मकान गिर चुके हैं।

तिब्बत का सामाजिक जीवन

यहाँ पर्दा-प्रथा, जाति-पाँति, छुआछूत आदि न होने के कारण कोई भी अपरिचित व्यक्ति अपना सामान देकर अपनी चाय उस घर की महिला से बनवा सकता है या खुद बना सकता है, निम्न श्रेणी के भिखमंगों को छोड़कर। लोग चोरी के डर से उन्हें घर में नहीं घुसने देते। वहाँ मक्खन, सोडा और नमक देने पर उसे चोङी में मथकर दूधवाली चाय के रंग की बनाकर मिट्टी के टोंटीदार बर्तन में रखकर दिया जाता है।

लेखक की यात्रा की शुरुआत

- लेखक की यात्रा एक परित्यक्त चीनी किले से शुरू हुई थी। उस समय एक तिब्बती आदमी राहदारी (यात्रा करने का कर) माँगने आया था। लेखक ने अपनी और अपने साथी सुमति की चिटें (पर्ची) उसे दे दी थीं।
- सुमति की जान-पहचान होने के कारण एक भिखमंगे के वेश में होते हुए भी लेखक को थोङ्ला के आखिरी गाँव में रहने की अच्छी जगह मिल गई थी। जब पाँच साल बाद लेखक इसी रास्ते एक भद्र यात्री के वेश में घोड़े पर सवार होकर लौटा, तो उसे गाँव के सबसे गरीब घर में रहने को मिला।

निर्जन स्थल डाँड़े

- डाँड़े तिब्बत का सबसे खतरनाक स्थान है, जो सोलह-सत्रह हज़ार फीट की ऊँचाई पर स्थित है। लेखक और उसके साथी को इसे पार करना था। यह स्थान निर्जन है, इसलिए डाकुओं के लिए सबसे अच्छी जगह है। काफ़ी ऊँचाई पर होने के कारण दोनों तरफ़ मीलों तक कोई गाँव नहीं है। लोगों को डाकुओं का भय बना रहता है। यहाँ के डाकू पहले आदमी को मार देते हैं, उसके बाद देखते हैं कि उसके पास कुछ पैसा वगैरह है या नहीं। तिब्बत की कानून व्यवस्था अच्छी नहीं है। सरकार खुफ़िया विभाग व पुलिस पर अधिक खर्च नहीं करती।
- हथियार के संबंध में यहाँ कोई कानून नहीं है, इसलिए लोग अपनी सुरक्षा के लिए बंदूक और पिस्तौल लाठी की तरह लेकर घूमते हैं। चूँकि लेखक और उसका साथी, दोनों भिखमंगे के वेश में थे, इसलिए उन्हें डाकुओं का भय नहीं था। जहाँ कहीं भी इन्हें कोई ऐसी खतरनाक सूरत दिखती, वे अपनी टोपी उतारकर और जीभ निकालकर वहाँ की भाषा में 'कुची-कुची (दया-दया) एक पैसा' कहते हुए भीख माँगने लगते। इनकी पीठ पर सामान था और चढ़ाई भी काफ़ी थी, इसलिए ये दो घोड़ों पर सवार होकर दूसरे दिन दोपहर के समय डाँड़े पहुँचे।

लेखक का रास्ता भटकना

- सर्वोच्च स्थान पर स्थित डाँड़े का स्थान पत्थरों के ढेर, जानवरों के सींगों और रंग-बिरंगे कपड़े की झंडियों से सुसज्जित था। यह स्थान बर्फ़ से ढके हिमालय का सबसे ऊँचा 'डाँड़े के देवता' का स्थान है। इसके आगे उतराई थी। लेखक लङ्कोर का रास्ता भटक गया और अपने साथी से बहुत पीछे रह गया।
- लेखक रास्ता पूछ-पूछकर पुनः वापस लौटकर दूसरे रास्ते से चार बजे के करीब वहाँ पहुँचा। लेखक का साथी सुमति बहुत क्रोध में था, क्योंकि उसे बार-बार चाय गर्म करते हुए लेखक की प्रतीक्षा में घंटों बैठे रहना पड़ा। मंगोलों का मुँह वैसे ही लाल होता है। गुस्से के कारण सुमति का मुँह और लाल हो रहा था। यहाँ से इन लोगों को तिङ्री जाना था। कुछ सामान पीठ पर लादकर और हाथ में डंडा लेकर वे आगे बढ़े।

तिङ्री का मैदान

तिङ्री का विशाल मैदान पहाड़ों से घिरा हुआ था, जो किसी टापू जैसा लग रहा था। मैदान के भीतर दूर से दिखाई देने वाली पहाड़ी का नाम तिङ्री-समाधि-गिरि था। यहाँ पर सुमति के अनेक यजमान थे। उसने उनको बोधगया से लाए हुए कपड़े की बत्तियों के गंडे (डंडे में बाँधकर बनाया गया धार्मिक चिह्न) बनाकर दिए। वहाँ से वे लोग 10-11 बजे के लगभग तेज़ धूप में आगे के लिए चल पड़े। वहाँ से सुमति ने एक आदमी से मिलने का बहाना करके शेकर विहार की ओर चलने के लिए कहा, क्योंकि वह वहाँ अपने एक यजमान से मिलना चाहता था।

जागीरदारी का प्रचलन

तिब्बती ज़मीन छोटे-बड़े जागीरदारों में बँटी है। इन जागीरों का काफ़ी बड़ा हिस्सा मठों (विहारों) की देख-रेख में है। ये जागीरदार बेगार मज़दूरों से अपनी-अपनी जागीरों पर खेती करवाते हैं। समय-समय पर खेती का प्रबंध देखने के लिए भिक्षु आते रहते हैं, जिन्हें राजा के समान आदर मिलता है।

मुखिया भिक्षु (नम्से) से मुलाकात

- शेकर विहार की खेती के मुखिया भिक्षु नम्से बड़े ही भद्र पुरुष थे। लेखक को भिखमंगों के वेश में देखकर भी शंकर की खेती के मुखिया भिक्षु (नम्से) उनसे बहुत प्रेम से मिले। यहाँ एक अच्छा बौद्ध मंदिर था, जिसमें कंजुर (बुद्धवचन अनुवाद) की हस्तलिखित एक सौ तीन पोथियाँ रखी हुई थीं, जो मोटे कागज़ पर बड़े अच्छे अक्षरों में लिखी गई पोथियाँ थीं।
- एक-एक पोथी पंद्रह-पंद्रह सेर से कम नहीं थी। लेखक का आसन वहीं लग गया। वह पोथी पढ़ने में मग्न हो गया और सुमति अपने यजमानों से मिलने चला गया। दूसरे दिन लेखक और उसके साथी भिक्षु नम्से से विदाई लेकर पुनः तिङ्री गाँव के लिए वापस चल पड़े, जो वहाँ से बहुत दूर नहीं था।

शब्दार्थ

चौकियाँ–सुरक्षा-व्यवस्था के लिए बनाए गए स्थान; पलटन–सेना; परित्यक्त–छोड़ा हुआ; निम्न श्रेणी–निचला वर्ग; अपरिचित–जिससे कोई जान-पहचान न हो; मथकर–घुलाकर। राहदारी–यात्रा करने का कर; भद्र–सज्जन; मनोवृत्ति–मन की भावना; छङ्–शराब जैसा एक प्रकार का पेय पदार्थ; डाँड़ा–ऊँची ज़मीन; थोङ्ला–तिब्बती सीमा का एक स्थान; पड़ाव–ठहरने का स्थान। श्वेत शिखर–सफ़ेद चोटियाँ; भीटे–टीले के आकार का ऊँचा स्थान; कंडे–गोबर के बने उपले; थुक्पा–सत्तू या चावल के साथ मूली; हड्डी; मांस के मिश्रण का तरल खाद्य पदार्थ। टापू–बीच में

उठा पर्वतनुमा स्थान; जिसके चारों ओर पानी हो; समाधि-गिरि–वह पहाड़ी जिस पर समाधि बनी हुई हैं; गंडा–मंत्र पढ़कर गाँठ लगाया हुआ धागा या कपड़ा; भरिया–सामान उठाकर ले चलने वाला व्यक्ति; ललाट–माथा; जागीरदार–जागीरों का मालिक; मठ–भिक्षुओं के रहने का स्थान; हस्तलिखित–हाथ से लिखी हुई; पोथियाँ–मोटी किताब।

पंच परमेश्वर (प्रेमचन्द)

- प्रेमचन्द द्वारा लिखित कहानी पंच परमेश्वर जुम्मन शेख व अलगू चौधरी की मित्रता पर आधारित है। दोनों मित्रों में परस्पर विश्वास था। दोनों बचपन से ही मित्र थे। जुम्मन शेख जब हज करने गया, तब अपने घर की देख-रेख की जिम्मेदारी अलगू चौधरी को दे कर गया तथा अलगू चौधरी भी जब बाहर जाता तब अपने घर की देख-रेख का भार जुम्मन शेख पर छोड़ जाता था। जुम्मन पढ़ा-लिखा था और अलगू धनवान था।
- एक बार एक घटना के कारण दोनों की मित्रता में दरार पड़ जाती है। जुम्मन की बूढ़ी खाला ने पंचायत बुलाई, क्योंकि उसकी सारी सम्पत्ति जुम्मन के मिलने के बावजूद वह उसकी देखभाल ठीक से नहीं करता था। जुम्मन की पत्नी भी खाला को खरी-खोटी सुनाती तथा भोजन भी ठीक से नहीं कराती थी। उस पंचायत का पंच अलगू को बनाया गया था। पंच अलगू ने हिब्ब नामा को निरस्त करते हुए खाला को उसकी सारी मिलकियत लौटाने का फैसला दिया। इस पर जुम्मन शेख सन्नाटे में आ गया। कुछ समय पश्चात् जुम्मन शेख को अलगू चौधरी और समझू साहू के बीच पंच बनने का अवसर मिला।
- बटेसर मेले से अलगू चौधरी ने बड़े मजबूत बैल खरीदे। उनमें से एक बैल मर गया, तब अलगू चौधरी ने दूसरा बैल भी समझू साहू को बेच दिया।
- समझू साहू बैल को ठीक से चारा खाने के लिए नहीं देता था। वह उसकी पिटाई भी करता था। कुछ दिन में ही बैल की मृत्यु हो गई। इस पर समझू साहू अलगू चौधरी को बैल की कीमत देने को मना कर देता है। इस पर गाँव में पंचायत बैठती है तथा पंचायत में पंच जुम्मन बनता है।
- जुम्मन शेख के मन में जो अब तक अलगू चौधरी से बदला लेने भी भावना थी वह न्याय और धर्म के सर्वोच्च आसन पर बैठते ही समाप्त हो जाती है। दोनों पक्षों को सुनने के बाद जुम्मन फैसला ने सुनाया कि समझू साहू को उचित है कि वह अलगू चौधरी को बैल की पूरी कीमत दे।
- सभी प्रसन्न होकर पंच परमेश्वर की जयकार करने लगे। थोड़ी देर बाद जुम्मन अलगू के पास आया और उसके गले लगकर बोला जब से तुमने पंचायत में मुझे फैसला सुनाया था, मैं तुम्हारा प्राणघातक शत्रु बन गया था, किन्तु न्यायाधीश के पद पर बैठकर आज मुझे अहसास हुआ कि पंच की जुबान से खुदा बोत है। पंच को न्याय के सिवा और कुछ नहीं सूझता। यह सुनकर अलगू रोने लगा। उन दोनों की मित्रता में पड़ी हुई दरार भर गई तथा दोनों पुनः अच्छे मित्र बन गए।
- पंच परमेश्वर कहानी से हमें समाज की सच्चाई समझने में मदद मिलती है तथा यह सन्दश मिलता कि हमेशा सत्य की विजय होती है।

छाया मत छूना (गिरिजा कुमार माथुर)

- 'छाया मत छूना' कविता गिरिजा कुमार माथुर द्वारा रचित है। इस कविता में कवि ने बीते हुए समय की सुखद स्मृतियों को छाया का नाम दिया है। व्यक्ति को अपने अतीत की खुशनुमा स्मृतियाँ उसे भाव विभोर कर देती हैं। उन्हें याद करके वह खुश हो जाता है, परन्तु वे मधुर स्मृतियाँ व्यक्ति का वर्तमान नहीं बन सकती इसलिए कवि कहते हैं, कि व्यक्ति को वर्तमान में ही जीना चाहिए। व्यक्ति के सामने चाहे कितनी भी कठिनाइयाँ क्यों न हों, उसे धैर्यपूर्वक उनका सामना करना चाहिए। तभी वह खुश रह सकता है।
- कवि कहते हैं, कि मनुष्य के जीवन में कुछ भी स्थायी नहीं रहता। जब मनुष्य दुविधा की स्थिति में रहता है, तब मनुष्य का साहस टूट जाता है। उसके किसी भी कार्य को करने में मन नहीं लगता। उसका विवेक काम करना बन्द कर देता है। उसे कोई रास्ता दिखाई नहीं देता। मनुष्य अपने पास उपलब्ध वस्तुओं से सन्तुष्ट नहीं रहता तथा उसका मन बहुत दुःखी हो जाता है।
- जब उसे इच्छित वस्तु समय पर नहीं मिलती, तब वह दुःखी रहता है। यदि व्यक्ति को मनचाही वस्तु समय के साथ मिल जाए, तो क्या फर्क पड़ता है। उसे सन्तुष्ट हो जाना चाहिए, क्योंकि जो नहीं मिल उसका दुःख मनाने की बजाय मनुष्य उसे भूलकर आगे बढ़ जाना चाहिए, जो कुछ भी है उसी में उसे सन्तुष्ट रहना सीखना चाहिए। मन की इच्छाएँ कभी समाप्त नहीं होती। अर्थात् मनुष्य को सुखद भविष्य के लिए जो नहीं मिला, उसका दुःख मनाने की बजाय (अपेक्षा) जो कुछ मिला है। उसी में खुश रहना चाहिए तथा सुखद भविष्य के आगमन की तैयारी करनी चाहिए।

वस्तुनिष्ठ प्रश्न

1. प्रेमचंद किसके साथ फोटो खिंचवा रहे हैं? 'प्रेमचंद के फटे जूते' पाठ के आधार बताइए।
(a) अपनी पुत्री के साथ
(b) अपनी माताजी के साथ
(c) अपने मित्र के साथ
(d) अपनी पत्नी के साथ

2. प्रेमचंद के किस पैर का जूता फट गया था, जिससे अँगुली बाहर निकल गई थी?
(a) बाएँ पैर का
(b) दाहिने पैर का
(c) 'क' और 'ख' दोनों
(d) बाएँ पैर के तलवे की तरफ का

3. प्रेमचंद जी के किस पैर का जूता ठीक है?
(a) दोनों पैर का
(b) बाएँ पैर का
(c) दाएँ पैर का
(d) दोनों पैर के जूते फटे हैं

4. प्रेमचंद की फोटो देखते समय लेखक की दृष्टि उनके जूतों पर क्यों अटक गई थी?
(a) जूते अच्छे थे इसलिए
(b) उनके जूते फटे थे इसलिए
(c) फोटो में उनके पैर दिखाई दे रहे थे
(d) उपरोक्त में से कोई नहीं

5. प्रेमचंद का पहनावा और उनके जूते क्या दर्शाते हैं?
(a) उनकी आर्थिक स्थिति (b) उनकी लेखन शैली
(c) उनका चरित्र (d) उनका साहित्य

6. लेखक के अनुसार, प्रेमचंद किससे अपनी अँगुली ढक सकते थे?
(a) जुराब पहकर
(b) धोती को नीचे करके
(c) कुर्ते से
(d) पैर को छिपाकर

7. फोटो खिंचाते समय फोटो ग्राफर रेडी-प्लीज़ क्यों कहता है? 'प्रेमचंद के फटे जूते' पाठ के आधार पर स्पष्ट कीजिए।
(a) चेहरे पर मुस्कान लाने के लिए
(b) फोटो खींचने से पहले लोगों को तैयार करने के लिए
(c) कैमरा तैयार करने के लिए
(d) पोशाक बदलवाने के लिए

8. लेखक के अनुसार, प्रेमचंद किसके आग्रह पर फोटो खिंचवाने के लिए बैठ गए होंगे?
(a) अपनी पुत्री के (b) अपने मित्र के
(c) लेखक के (d) अपनी पत्नी के

9. 'प्रेमचंद के फटे जूते' पाठ के आधार पर बताइए कि सबसे बड़ी 'ट्रेजडी' क्या है?
(a) किसी के पास फोटो खिंचाने के लिए भी जूते का न होना
(b) भरपेट भोजन न मिलना
(c) किसी की अधूरी मुस्कान वाली फोटो लेना
(d) पहनने के लिए अच्छे कपड़े न होना

10. 'जूता हमेशा टोपी से कीमती रहा है।' कथन से लेखक का क्या आशय है?
(a) ताकत सदैव सम्मान पर भारी होती है
(b) सम्मान सदैव ताकत पर भारी होता है
(c) टोपी सस्ती होती है
(d) टोपी की कीमत जूते के समान है

11. टोपी तथा जूता लेखक के अनुसार किसका प्रतीक हैं?
(a) टोपी सम्मान तथा जूता ताकत का
(b) टोपी ताकत तथा जूता सम्मान का
(c) दोनों का सम्मान होता है
(d) उपरोक्त सभी

12. 'प्रेमचंद के फटे जूते' पाठ में पर्दे के महत्त्व से लेखक का क्या आशय है?
(a) दिखावटी जीवन
(b) यथार्थवादी जीवन
(c) यथार्थ जीवन
(d) प्रेमचंद का जीवन

13. 'प्रेमचंद के फटे जूते' पाठ के आधार पर बताइए कि प्रेमचंद क्या कहलाते थे?
(a) युग प्रवर्तक (b) महान कथाकार
(c) उपन्यास सम्राट (d) ये सभी

14. प्रेमचंद की फोटो एवं उनकी आर्थिक स्थिति को देखने के बाद लेखक रोना चाहता है पर रो नहीं पाता। लेखक को कौन रोने से मना करता है?
(a) प्रेमचंद का पहनावा
(b) प्रेमचंद के जूते
(c) प्रेमचंद की दर्द-भरी मुस्कान
(d) प्रेमचंद की आँखों का तीखा दर्द भरा व्यंग्य

15. लेखक को कौन-सी बात अधिक चुभ रही थी?
(a) प्रेमचंद का साहित्य
(b) प्रेमचंद का व्यक्तित्व
(c) प्रेमचंद की आर्थिक स्थिति की यथार्थता
(d) प्रेमचंद का युग प्रर्वतक कहलाना

16. लेखक के अनुसार, यदि प्रेमचंद फोटो का महत्त्व समझते, तो फोटो खिंचाने के लिए क्या करते?
(a) जूते खरीद लेते
(b) जूते माँग लेते
(c) बिना तैयार हुए फोटो नहीं खिंचाते
(d) बिना जूते के फोटो खिंचाते

17. लेखक का जूता कहाँ से फटा था, जिससे उसे परेशानी होती थी?
(a) दाएँ पैर के ऊपर के भाग से
(b) बाएँ पैर के ऊपर के भाग से
(c) नीचे तले के भाग से
(d) दोनों पैर के ऊपर का भाग

18. किस विद्यालय का वातावरण लेखिका के अनुकूल नहीं था?
(a) क्रॉस्थवेट गर्ल्स कॉलेज का
(b) मिशनरी स्कूल का
(c) उनके घर के पास के विद्यालय का
(d) संस्कृत स्कूल का

19. क्रॉस्थवेट विद्यालय अपने आप में एक अच्छा विद्यालय था, क्योंकि वहाँ ....
(a) सभी धर्मों का सम्मान होता था।
(b) वह एक महँगा विद्यालय था।
(c) वहाँ प्रार्थना नहीं होती थी।
(d) वहाँ के लोग लेखिका का सम्मान करते थे।

20. लेखिका को छात्रावास में जो सखी मिली थी वह उनसे कितने वर्ष सीनियर थी तथा किस कक्षा में पढ़ती थी?
(a) दो साल सीनियर व सातवीं कक्षा में पढ़ती थी
(b) दोनों एक ही कक्षा में पढ़ती थी
(c) पाँच साल सीनियर व दसवीं कक्षा में पढ़ती थी
(d) एक साल सीनियर व छठीं कक्षा में पढ़ती थी।

21. लेखिका ने बचपन में किससे तुक मिलाना सीखा था?
(a) अपने पिताजी से (b) अपनी माता जी से
(c) अपनी अध्यापिका से (d) अपनी सखी सुभद्रा से

22. लेखिका ने सुभद्रा जी से किस भाषा में लिखना सीखा था?
(a) ब्रजभाषा में लिखना
(b) खड़ी बोली में लिखना
(c) संस्कृत में लिखना
(d) संस्कृत व अंग्रेजी में लिखना

23. लेखिका को सुभद्रा ने किस कार्य के लिए अपराधी की भाँति पकड़ा था?
(a) खाना खाते हुए
(b) कविता छिपाकर लिखते हुए
(c) कहानी लिखते हुए
(d) स्वतंत्रता आंदोलन में भाग लेते हुए

24. लेखिका को उर्दू पढ़ाने के लिए जो मौलवी आते थे, उनसे डरकर वह कहाँ छिप जाती थी?
(a) घर की छत पर
(b) बेगम साहिबा के घर में
(c) चारपाई के नीचे
(d) बेगम साहिबा के आँगन में

25. लेखिका ने अपने विद्यार्थी जीवन में ही कविता लिखना शुरू कर दिया था। वे अपनी आरंभिक कविता किस पत्रिका में प्रकाशित करने के लिए भेजती थी?
(a) सरस्वती पत्रिका में
(b) स्त्री दर्पण पत्रिका में
(c) महिला-दर्पण पत्रिका में
(d) समाज-दर्पण पत्रिका में

26. जेबुन्निसा लेखिका के साथ उनके छात्रावास में कब रहने के लिए आई थी?
(a) जब सुभद्रा जी ने छात्रावास छोड़ दिया था
(b) जब लेखिका को कविता पठने में पुरस्कार मिला था
(c) कोल्हापुर में जब दंगे हुए थे
(d) उपरोक्त सभी

27. एक मेज पर खाना खाना व एक ही प्रार्थना सभा में सबके साथ प्रार्थना करना यह दर्शाता है कि
(a) उस समय सांप्रदायिकता नहीं थी
(b) उस समय लोग नियमों के पाबंद थे
(c) यह उनके कॉलेज का नियम था
(d) उपरोक्त में से कोई नहीं

28. पाठ के आधार पर बताइए कि हम जाने-अनजाने में किस ओर समर्पित होते जा रहे हैं?
(a) नए जीवन दर्शन की ओर
(b) नई संस्कृति की ओर
(c) उत्पाद की ओर
(d) उत्पादन बढ़ाने की ओर

29. ग्राहक को लुभाने के लिए बाजार में किस प्रकार की सामग्रियाँ भरी हुई हैं?
(a) विलासिता संबंधी
(b) अत्यंत महँगी सामग्री
(c) सौंदर्य प्रसाधन संबंधी
(d) स्वास्थ्य वर्धक सामग्री

30. पाठ के आधार पर बताइए कि 'माउथ वॉश' क्या कार्य करता है?
(a) दाँतों को मजबूत बनाता है
(b) दाँतों को मोती जैसा चमकाता है
(c) मुँह की दुर्गंध दूर करता है
(d) मसूड़ों को मजबूत करता है

उत्तर (c) मुँह की दुर्गंध दूर करता है

31. पाठ के आधार पर बताइए कि विज्ञापन से प्रेरित होकर यदि हम कोई उत्पाद खरीदते हैं, तो हमारी नज़र कहाँ नहीं जाती?
(a) उत्पाद के मूल्य पर
(b) उत्पाद की गुणवत्ता पर
(c) उत्पाद के ब्रांड पर
(d) उत्पाद के डिब्बे पर बने चित्रों पर

32. लेखक के अनुसार, संगीत की समझ न होने पर भी म्यूजिक सिस्टम खरीदना क्या दर्शाता है?
(a) दिखाने की संस्कृति
(b) संगीत सीखने की ललक
(c) संगीत की ओर आकर्षक
(d) संगीत का प्रलोभन

उत्तर (a) दिखावे की संस्कृति

33. मृत्यु से पूर्व अपने अंतिम संस्कार और अनंत विश्राम का प्रबंध किन देशों में किया जा सकता है?
(a) भारत और अमेरिका में
(b) अमेरिका और यूरोप में
(c) यूरोप और भारत में
(d) चीन व यूरोप में

34. किसी भी व्यक्ति की मानसिकता को कौन-सा सूक्ष्म तंत्र परिवर्तित कर रहा है?
(a) विज्ञापन तंत्र
(b) सौंदर्य तंत्र
(c) विलासिता संबंधी वस्तुएँ
(d) उपरोक्त में से कोई नहीं

35. लेखक के अनुसार, सभ्रांत महिलाओं की टेबल पर क्या होना एक मामूली बात है?
(a) परफ़्यूम होना
(b) क्रीम होना
(c) महँगी सौंदर्य सामग्री होना
(d) साबुन व तेल होना

36. लेखक के अनुसार, हम लोग धीरे-धीरे किसके उपनिवेश बनते जा रहे हैं?
(a) पाश्चात्य संस्कृति के
(b) अमेरिका जैसे देशों के
(c) चीनी सभ्यता के
(d) यूरोप जैसे देशों के

37. सामंती व उपभोक्ता संस्कृति में अंतर है
(a) उपभोक्ता ने सामंती को जन्म दिया है
(b) सामंती संस्कृति ने उपभोक्ता संस्कृति को जन्म दिया
(c) (a) और (b) दोनों सही
(d) उपरोक्त में से कोई नहीं

38. लेखक के अनुसार, इनमें से किनमें सम्मोहन एवं वशीकरण की शक्ति है?
(a) प्रकृति में
(b) विज्ञापन में
(c) महँगे सौंदर्य प्रसाधनों में
(d) उपभोक्ता संस्कृति में

39. किसके कारण परंपराओं का अवमूल्यन व आस्थाओं का क्षरण हो रहा है?
(a) महँगी वस्तुओं के कारण
(b) पाँच सितारा होटलों के कारण
(c) उपभोक्ता संस्कृति के कारण
(d) नई जीवन-शैली के कारण

40. गाँधीजी ने किस पर कायम रहकर सांस्कृतिक प्रभावों के लिए दरवाजे-खिड़की खुले रखने के लिए कहा है?
(a) अपनी बुनियाद पर
(b) नई संस्कृति पर
(c) उपभोक्ता सस्कृति पर
(d) अपनी आर्थिक स्थिति पर

41. 'ल्हासा की ओर' पाठ में लेखक ने किसका वर्णन किया है?
(a) अपनी भारत यात्रा का
(b) अपनी चीन यात्रा का
(c) अपनी तिब्बत यात्रा का
(d) अपनी नेपाल यात्रा का

42. लेखक ने अपनी तिब्बत यात्रा किस वेश में की?
(a) एक भिखमंगे के छद्म वेश में
(b) अपने वास्तविक रूप में
(c) एक धनी व्यापारी के छद्म वेश में
(d) एक डाकू के छद्म वेश में

43. तिब्बत के लोग किन्हें चोरी के डर से घर के भीतर नहीं आने देते?
(a) उच्च श्रेणी के भिखमंगों को
(b) निम्न श्रेणी के भिखमंगों को
(c) व्यापरियों को
(d) डकैतों को

44. पाँच साल बाद लेखक थोङ्ला के आखिरी गाँव में किस वेश में आया था?
(a) एक डकैत के रूप में
(b) एक भद्र यात्री के रूप में
(c) एक भिखमंगे के वेश में
(d) एक अधिकारी के रूप में

45. तिब्बत में सबसे खतरे की जगह क्या थी?
(a) डाँड़ा (b) आस-पास के गाँव
(c) तिङ्री (d) ल्हासा

46. डाँड़े की विशेषता क्या है?
(a) सोलह-सत्रह हजार फीट ऊँचे हैं
(b) उनके दोनों तरफ कोई भी गाँव नहीं है
(c) अत्यधिक निर्जन होने के कारण डाकुओं के लिए अच्छी जगह हैं
(d) उपरोक्त सभी

47. लेखक को डाकुओं से भय क्यों नहीं था?
(a) क्योंकि वे भिखमंगे के वेश में थे
(b) क्योंकि वे स्वयं डाकू थे
(c) क्योंकि वहाँ कानून व्यवस्था चौकस थी
(d) क्योंकि उनके अधिकारियों से अच्छे संबंध थे

48. डाँड़े के सर्वोच्च स्थान पर क्या था?
(a) वहाँ के निवासियों का स्थान
(b) डाँड़े के देवता का स्थान
(c) बौद्ध मंदिर
(d) उपरोक्त में से कोई नहीं

49. सुमति गुस्से में क्यों था?
(a) लेखक ने सुमति को उसके यमजानों से नहीं मिलने दिया
(b) लेखक देर में उसके पास पहुँचा था
(c) सुमति का सामान चोरी हो गया
(d) उपरोक्त में से कोई नहीं

50. सुमति कौन था?
(a) चीनी
(b) भारतीय
(c) मंगोल
(d) निग्रो

51. जुम्मन शेख की मित्रता किससे थी?
(a) अलगू से (b) समझू से
(c) रामधन से (d) बेटसर से

52. हज के लिए जाते समय जुम्मन शेख अपने घर की जिम्मेदारी किसे सौंप कर गए थे?
(a) बूढ़ी खाला को
(b) अपनी पत्नी को
(c) अलगू चौधरी को
(d) समझू शाह को

53. बूढ़ी खाला ने अपनी मिल्कियत किसके नाम रजिस्ट्री कर दी थी?
(a) जुम्मन के (b) जुम्मन की पत्नी के
(c) जुमराती के (d) किसी के भी नहीं

54. अलगू ने बचपन में किससे शिक्षा प्राप्त की थी?
(a) गुरु जी से (b) महात्मा से
(c) जुमराती से (d) मौलाना से

55. जुमराती कौन थे?
(a) अलगू के पिता (b) जुम्मन के पिता
(c) पाठशाला में गुरुजी (d) पंच

56. मित्रता का मूल मन्त्र है
(a) खान-पान का व्यवहार
(b) आपसी लेन-देन
(c) विचारों का मिलना
(d) धर्म की समानता

57. बूढ़ी खाला में पंचायत क्यों बैठायी?
(a) बह अलग रहना चाहती थी
(b) जुम्मन का व्यवहार अनुचित था
(c) सम्मुन की पत्नी के दुर्व्यवहार के कारण
(d) 'a' व 'b' दोनों

58. बूढ़ी खाला द्वारा पंचायत बुलाने पर पंच के आसन पर किसे बैठाया गया?
(a) समझू साहू को (b) अलगू को
(c) अलगू के पिता को (d) सरकारी अधिकारी को

59. अलगू को पंच के आसन पर देखकर जुम्मन को क्यों प्रसन्नता हुई?
(a) वह उसका मित्र था
(b) वह उसका सहपाठी था
(c) वह उसका रिश्तेदार था
(d) इनमें से कोई नहीं

60. अलगू चौधरी ने पंचायत में क्या फैसला सुनाया?
(a) खाला को माहवार खर्च दने का
(b) खाला को अलग घर देने का
(c) खाला के लिए सेविका रखने का
(d) खाला का आदर सत्कार करने का

61. अलगू के अनुसार विद्या कैसे प्राप्त की जाती है?
(a) रटने से
(b) माता-पिता के आशीर्वाद से
(c) गुरु के आशीर्वाद से
(d) मित्र के आशीर्वाद से

62. पंचायत के फैसले का जुम्मन शेख व अलगू चौधरी भी मित्रता पर क्या प्रभाव पड़ा?
(a) मित्रता गहरी हो गई
(b) मित्रता में दरार पड़ गई
(c) आपसी व्यवहार समाप्त हो गया
(d) कोई प्रभाव नहीं पड़ा

63. अलगू चौधरी बैलों की मजबूत जोड़ी कहाँ से लाए थे?
(a) जुम्मन से
(b) रामधन मिश्रा से
(c) समझू साहू से
(d) बेटसर से

64. बैलों की जोड़ी के साथ क्या हादसा हुआ?
(a) एक बैल बीमार हो गया
(b) दोनों बैल बीमार हो गए
(c) एक बैल मर गया
(d) दोनों बैल मर गए

65. अलगू चौधरी ने अपना दूसरा बैल किसे बेच दिया?
(a) जमींदार को
(b) समझू साहू को
(c) करीमन को
(d) जुम्मन को

66. समझू साहू ने बैल का कितना दाम चुकाने का वादा किया था?
(a) सौ रुपये
(b) डेढ़ सौ रुपये
(c) दो सौ रुपये
(d) पचास रुपये

67. अलगू चौधरी से खरीदा हुआ समझू साहू का बैल किस कारण भरा?
(a) भर-पेट खाना नहीं देता था
(b) उसे मारता था
(c) बहुत अधिक काम कराता था
(d) उपर्युक्त सभी

68. अलगू चौधरी ने समझू साहू के खिलाफ पंचायत क्यों बुलाई?
(a) बैल मरने के कारण
(b) बैल का पूरा दाम देने से मना करने पर
(c) झगड़ा करने के कारण
(d) बैल पर अत्याचार करने के कारण

69. अलगू चौधरी द्वारा बुलाई गई पंचायत में सरपंच कौन था?
(a) समझू साहू
(b) जुम्मन की पत्न
(c जुम्मन शेख
(d) रामधन मिश्रा

70. जुम्मन ने किसके पक्ष में फैसला दिया?
(a) समझू साहू के
(b) अलगू चौधरी के
(c) 'a' व 'b' दोनों के
(d) किसी के पक्ष में भी नहीं

71. जुम्मन ने पंचायत की फैसला सुनाते हुए समझू साहू को क्या आदेश दिया?
(a) बैल की पूरी कीमत देने का
(b) नया बैल खरीद कर देने का
(c) बैल की आधी कीमत देने का
(d) कुछ भी कीमत न देने का

72. पंचायत में जुम्मन सरपंच का समझू साहू को बैल की पूरी कीमत देने का फेसला सुनाया क्योंकि
(a) अलगू से मित्रता के कारण
(b) खरीदते समय बैल की पूर्ण स्वस्थता के कारण
(c) बैल की मृत्यु हो जाने के कारण
(d) अलगू की निर्धनता के कारण

73. पंचायत का फैसला सुनकर अलगू चौधरी की क्या प्रतिक्रिया हुई?
(a) पंच-परमेश्वर का जयघोष किया
(b) समझ साहू को गले लगाया
(c) जुम्मन की निन्दा की
(d) पंचायत के फैसले की निन्दा

74. 'पंच' में किसका वास होता है?
(a) मानव का (b) सत्य का
(c) परमेश्वर का (d) आत्मा का

75. प्रत्येक मनुष्य ने किसकी सराहना की?
(a) जुम्मन की नीति की (b) अलगू भी नीति की
(c) समझू की नीति की (d) ग्राम वासियों की

76. पंच के पद पर बैठकर जुम्मन को क्या ज्ञान हुआ
(a) कोई किसी का दोस्त नहीं होता
(b) कोई किसी का दुश्मन नहीं होता
(c) केवल न्याय सूझता है
(d) उपरोक्त सभी

77. पंचपरमेश्वर कहानी में किस पर प्रकाश डाला गया है?
(a) न्यायप्रियता पर (b) मित्रता पर
(c) 'a' व 'b' दोनों पर (d) इनमें से कोई नहीं

78. पंच परमेश्वर कहानी के अनुसार किसकी जयकार होती है?
(a) सरपंच की (b) मित्रता की
(c) उचित न्याय की (d) विपक्ष की

79. पंचायत के फैसले के पश्चात् जुम्मन व अलगू की मित्रता पर क्या प्रभाव पड़ा?
(a) मित्रता में आई दरार भर गई
(b) मित्रता समाप्त हो गई
(c) दोनों मित्रों में द्वेष बढ़ गया
(d) कोई प्रभाव नहीं पड़ा

80. पंच की कुर्सी पर बैठकर मनुष्य किससे मुक्त हो जाता है?
(a) जाति से (b) धर्म से
(c) सम्बन्ध से (d) इन सभी से

81. 'पंच परमेश्वर' कहानी के रचयिता कौन हैं?
(a) हरिशंकर परसाई (b) रामवृक्ष बेनी पुरी
(c) प्रेमचन्द (d) महादेवी वर्मा

82. 'पंच परमेश्वर' कहानी के अनुसार ग्रामीण लोगों व न्याय कहाँ मिलता था?
(a) न्यायालय में
(b) पंचायत में
(c) जमीदार से
(d) ग्रामीण बुजुर्गों से

83. खुदा किसकी जुबान से बोलता है?
(a) जुमराती (b) अलगू
(c) जुम्मन (d) पंच

84. 'जुम्मन के साथ अब मेरा निर्वाह नहीं होगा' यह कथन किसने कहा?
(a) जुमराती ने (b) खाला जान ने
(c) करीमन ने (d) अलगू ने

85. कविता में छाया का अर्थ क्या है?
(a) पुरानी दु:खद यादें
(b) पुरानी सुखद यादें
(c) परछाई
(d) परेशानी

86. कविता में 'मृग तृष्णा' का क्या अभिप्राय: है?
(a) समृद्धि
(b) जल
(c) प्रभुता
(d) इच्छा

87. शरद रात्रि किसका प्रतीक है?
(a) खुशियों का
(b) धन का
(c) प्रेम का
(d) ठण्डा का

88. किसकी यादों में कवि के मन में मन भावन चित्र उभरते हैं?
(a) प्रकृति के दृश्यों को
(b) रंगबिरंगी यादों को
(c) मित्रों को
(d) अपने प्रियजनों को

89. प्रत्येक सुख में क्या अन्तर्निहित होता है?
(a) दर्द (b) याद
(c) दु:ख (d) प्रेम

90. कवि जीवन में क्या पाने के लिए दौड़ता रहा?
(a) धन
(b) यश
(c) खुशी
(d) परिवार का साथ

91. पुरानी मीठी यादों में जीने का परिणाम कैसा होता है?
(a) सुखद (b) दु:खद
(c) उल्लास पूर्व (d) अभाव पूर्ण

92. चन्द्रिका का प्रतीकार्थ है
(a) उजाला
(b) चाँदनी
(c) सत्य का आभास
(d) जीवन के सुखद क्षण

93. यथार्थ में कठिन क्या है?
(a) यथार्थ वाद
(b) जीवन का भ्रम
(c) जीवन की कड़वी सच्चाई
(d) आदर्शवादी लोग

94. दुविधा-हत साहस' का क्या अभिप्राय है?
(a) साहस से काम लेना
(b) साहस हीन जीवन
(c) दुविधा में पड़ना
(d) दुविधा ग्रस्त साहस

95. पंथ कब दिखाई नहीं देता?
(a) जब व्यक्ति की नजर कमजोर हो
(b) जब मार्ग अस्पष्ट हो
(c) जब व्यक्ति दुविधा ग्रस्त हो
(d) जब व्यक्ति दोराहे पर खड़ा है

96. भविष्य का वरण से कवि का क्या तात्पर्य है?
(a) आगे बढ़कर भविष्य का वरण करना
(b) अपने लक्ष्य को प्राप्त करने के लिए आगे बढ़ना
(c) भविष्य में आने वाली बाधाओं को दूर करने के लिए तत्पर रहना
(d) उपरोक्त सभी कथन सत्य है

97. कवि छाया घूमने से क्यों मना करता है?
(a) छाया भ्रमित करती है
(b) छाया काली होती है
(c) छाया खतरनाक होती है
(d) इससे मन दोगुना दु:खी होता है

98. 'यामिनी' का अभिप्राय: है
(a) काल
(b) निशा
(c बासर
(d) गति

99. यामिनी बीतने का क्या अर्थ है?
(a) रात्रि का बीत जाना
(b) दु:ख के क्षणों का बीत जाना
(c) सुखद क्षणों का बीत जाना
(d) समय बीत जाना

100. 'कुन्तल के फूल' का प्रतीकार्य है
(a) दु:ख के क्षण
(b) सुखद घड़िया
(c) बीता हुआ समय
(d) आने वाला फल

101. उचित समय पर न मिलकर बाद में मिलने वाली खुशी कैसी प्रतीत होती है?
(a) संतोष जनक
(b) निराशा जनक
(c) काल्पनिक व्यर्थ
(d) व्यर्थ

102. वसन्त के समय फूल न खिलने का क्या अभिप्राय है?
(a) सुख प्राप्त न होना
(b) समय पर फूल न खिलना
(c) उचित अवसर का लाभ न मिलना
(d) सूखा पड़ना

103. पुरानी मीठी यादों से लिपटी सुहानी सुगन्ध कवि के तन-मन को कैसा बना देती है?
(a) चंचल
(b) मस्त
(c) सुस्त
(d) रंगीन

104. जब व्यक्ति का मन दुविधाओं से भर जाता है जब क्या होता है?
(a) वह घर से दूर चला जाता है
(b) वह लड़ने लगता है
(c) उसे कोई रास्ता नहीं सूझता
(d) वह रोने लगता है

105. रस बसन्त जीवन के किन दिनों का प्रतीक है
(a) सुहाने
(b) बुरे
(c) निराश
(d) उत्साहवर्द्धक

106. जितना ही दौड़ा तू, उतना भर माया है इस पंक्ति के संकेत है।
(a) धन, वैभव के पीछे दौड़ने का
(b) यश, वैभव, मान, मोहमाया सब व्यर्थ है
(c) धन-सम्पत्ति की लालसा निरन्तर बढ़ती जाती है
(d) उपरोक्त सभी

107. चित्र गंध से कवि का क्या तात्पर्य है?
(a) रंगों की दुर्गन्ध
(b) चित्रों से आने वाली सुगन्ध
(c) मधुर स्मृतियाँ
(d) मधुर यादों के साथ उसके आस-पास फैली गन्ध

108. दु:ख है न चाँद खिला शरद रात के आने पर इस पंक्ति में किस लोकोक्ति का अर्थ निहित है?
(a) नाच न जाने आँगन टेढ़ा
(b) न नौ मन तेल होगा न राधा नाचेगी
(c) बीती ताहि बिसार दे आगे की सुध लेय
(d) का वर्षा जब कृषि सुखाने

109. 'हर चन्द्रिका में छिपी एक रात कृष्ण है' पंक्ति का आशय है
(a) सुख-दु:ख जीवन के अभिन्न अंग है
(b) चाँदनी रात भी अँधेरी हो सकती है
(c) प्रयत्न करने से केवल सुख भी प्राप्ति होती है
(d) चाँदनी चन्द्रमा से ही होती है

110. जीवन में दु:ख का क्या कारण है?
(a) अत्यधिक महत्त्वाकांक्षा
(b) धन लिप्सा
(c) जीवन सुखद पक्ष को याद करना
(d) उपरोक्त में से कोई नहीं

111. कविता में सरमाया का अर्थ है
(a) तारों भरी चाँदनी रात
(b) यश
(c) पूँजी
(d) लम्बे केश

112. प्रभुता का शरण निम्न से क्या अभिप्राय है?
(a) बड़प्पन का एहसास
(b) अहंकार
(c) भगवान
(d) साहसी होते हुए भी दुविधा ग्रस्त होना

113. प्रस्तुत कविता में कवि ने किसके पीछे भागना व्यर्थ बताया है?
(a) पूँजी
(b) यश
(c) वैभव
(d) ये सभी

114. कविता में कौन-सी ऋतु चले जाने के पश्चात् फूल का खिलना बताया गया है?
(a) शरद
(b) वर्षा
(c) बसंत
(d) ग्रीष्म

115. प्रभुता के शरण बिम्ब को कवि ने क्या कहा है?
(a) कृष्णा
(b) मृगतृष्णा
(c) 'a' व 'b' दोनों
(d) इनमें से कोई नहीं

116. 'छाया मत छूना' कविता के रचयिता है
(a) तुलसीदास
(b) सूरदास
(c) मीराबाई
(d) गिरिजा कुमार माथुर

117. 'छाया मत छूना' कविता में कवि ने क्या सन्देश दिया है?
(a) यथार्थ में जीने का
(b) अतीत में जीने का
(c) भविष्य के सपने देखने का
(d) वैभव पूर्ण जीवन जीने का

118. चाँदनी रात को देखकर कवि को किसकी याद आती है।
(a) सांसारिक सुख की
(b) माँ की
(c) प्रमिका की
(d) प्रेमिका के केशों में गूँथे के फूल की

सही उत्तर

1. (d)	**2.** (a)	**3.** (c)	**4.** (b)	**5.** (a)	**6.** (c)	**7.** (a)	**8.** (d)	**9.** (a)	**10.** (a)
11. (a)	**12.** (d)	**13.** (d)	**14.** (a)	**15.** (c)	**16.** (b)	**17.** (c)	**18.** (b)	**19.** (a)	**20.** (a)
21. (b)	**22.** (b)	**23.** (b)	**24.** (c)	**25.** (b)	**26.** (a)	**27.** (a)	**28.** (c)	**29.** (a)	**30.** (c)
31. (b)	**32.** (a)	**33.** (b)	**34.** (a)	**35.** (c)	**36.** (a)	**37.** (b)	**38.** (b)	**39.** (c)	**40.** (a)
41. (c)	**42.** (a)	**43.** (b)	**44.** (b)	**45.** (a)	**46.** (d)	**47.** (a)	**48.** (b)	**49.** (b)	**50.** (c)
51. (a)	**52.** (c)	**53.** (a)	**54.** (c)	**55.** (b)	**56.** (c)	**57.** (d)	**58.** (b)	**59.** (a)	**60.** (a)
61. (c)	**62.** (b)	**63.** (d)	**64.** (c)	**65.** (b)	**66.** (b)	**67.** (d)	**68.** (b)	**69.** (c)	**70.** (b)
71. (b)	**72.** (b)	**73.** (a)	**74.** (c)	**75.** (d)	**76.** (d)	**77.** (c)	**78.** (c)	**79.** (a)	**80.** (d)
81. (c)	**82.** (b)	**83.** (d)	**84.** (b)	**85.** (b)	**86.** (c)	**87.** (a)	**88.** (b)	**89.** (c)	**90.** (b)
91. (b)	**92.** (d)	**93.** (c)	**94.** (d)	**95.** (c)	**96.** (d)	**97.** (d)	**98.** (b)	**99.** (c)	**100.** (b)
101. (d)	**102.** (c)	**103.** (b)	**104.** (c)	**105.** (a)	**106.** (d)	**107.** (d)	**108.** (d)	**109.** (d)	**110.** (d)
111. (c)	**112.** (a)	**113.** (d)	**114.** (c)	**115.** (b)	**116.** (d)	**117.** (a)	**118.** (d)		

इकाई 18

बालगोबिन भगत (रामवृक्ष बेनीपुरी)

बालगोबिन भगत का बाह्य एवं आंतरिक व्यक्तित्व

- बालगोबिन भगत लगभग साठ वर्ष के मँझौले कद के गोरे-चिट्टे व्यक्ति थे। उनके बाल पक चुके थे अर्थात् सफ़ेद हो गए थे। वह बहुत कम कपड़े पहनते थे, कमर पर एक लंगोटी मात्र और सिर पर कबीरपंथियों की-सी टोपी लगाते थे। वह कबीर को ही अपना 'साहब' मानते थे, उन्हीं के गीतों को गाते और उन्हीं के आदर्शों पर चलते थे। वह कभी झूठ नहीं बोलते थे और सबसे खरा व्यवहार करते थे।
- इसका अर्थ यह नहीं है कि वह कोई साधु थे, उनका एक बेटा और पतोहू (पुत्रवधु) थी। थोड़ी-सी खेतीबाड़ी और एक साफ़-सुथरा मकान था। उनका सबसे बड़ा गुण उनका मधुर कंठ और कबीर के प्रति अगाध श्रद्धा एवं प्रेम था। वे कभी किसी की चीज़ नहीं छूते, जो कुछ खेत में पैदावार होती, उसे कबीरपंथी मठ में भेंट स्वरूप ले जाकर रख देते और वहाँ से प्रसादस्वरूप जो कुछ मिलता, उसी से गृहस्थी चलाते।

बालगोबिन भगत का संगीत के प्रति अगाध प्रेम

- आषाढ़ की रिमझिम में जब समूचा गाँव हल-बैल लेकर खेतों में निकल पड़ता और बच्चे भी जब खेतों में उछल-कूद कर रहे होते उसी समय सबके कानों में एक मधुर संगीत लहरी सुनाई देती। उनके कंठ से निकला संगीत का एक-एक शब्द सभी को मोहित कर देता। तब पता चलता है कि बालगोबिन भगत कीचड़ में लिथड़े हुए अपने खेतों में धान के पौधों की रोपनी कर रहे हैं।
- काम और संगीत की ऐसी संयुक्त साधना मिलनी बहुत मुश्किल होती है। भादों की आधी रात में भी दादुरों (मेंढक) की टर्र-टर्र से भी ऊपर बालगोबिन भगत का संगीत सुनाई पड़ता है।
- जब सारा संसार निस्तब्धता में सोया होता है, तब बालगोबिन भगत का संगीत सभी को जगा देता है। कार्तिक में बालगोबिन भगत की प्रभातियाँ (प्रातःकाल में गाया जाने वाला गीत) प्रातःकाल में ही आरंभ हो जाती हैं। माघ में दाँत किटकिटाने वाली भोर में उनकी अँगुलियाँ खँजड़ी (ढफली के ढंग का, परंतु आकार में उससे छोटा एक वाद्य यंत्र) पर चलना आरंभ कर देती हैं और गाते-गाते वह इतने जोश में आ जाते हैं कि उनके मस्तक पर श्रमबिंदु चमक पड़ते हैं।
- गर्मियों की उमस भरी शाम में मित्र-मंडली के साथ बैठकर संगीत में इस प्रकार लीन हो जाते थे कि उनका मन, तन पर हावी हो जाता था अर्थात् वे सब गाना गाते-गाते नृत्य भी करने लगते थे।

सुख-दुःख से ऊपर बालगोबिन भगत का चरित्र

बालगोबिन भगत की संगीत साधना का चरम उत्कर्ष उस दिन देखने को मिला, जब लोगों को यह पता चला कि उनका पुत्र बीमारी के बाद चल बसा। लोग जब उनके घर पहुँचे तो देखा कि भगत ने मृत पुत्र को चटाई पर लिटाकर एक सफ़ेद कपड़े से ढक रखा है तथा उस पर कुछ फूल और तुलसीदल बिखेर दिए हैं। उसके सिरहाने एक चिराग जलाकर आसन जमाए हुए गीत गाए जा रहे हैं। पतोहू को भी रोना भूलकर उत्सव मनाने को कह रहे हैं, क्योंकि आत्मा परमात्मा के पास चली गई है, जिसका शोक मनाना उनकी दृष्टि में व्यर्थ है।

बोलगोबिन भगत : समाज सुधारक के रूप में

बालगोबिन भगत कोई समाज सुधारक नहीं थे, किंतु अपने घर में उन्होंने समाज सुधारकों जैसा कार्य किया। अपनी पतोहू से अपने पुत्र की चिता को आग दिलाई। श्राद्ध की अवधि पूरी होने पर पतोहू के भाई को बुलाकर उसके साथ भेजते हुए कहा कि इसका पुनर्विवाह कर देना, अभी यह जवान है। पतोहू के मायके न जाने की ज़िद करने और यह कहने कि मेरे जाने के बाद आपके खाने-पीने का क्या होगा, किंतु वे अपने निर्णय पर अटल रहे।

बालगोबिन भगत का अन्तिम समय

- बालगोबिन भगत की मृत्यु भी उनके व्यक्तित्व के अनुरूप शांत तरीके से हुई। करीब तीस कोस चलकर वे गंगा स्नान को गए और वहाँ साधु-संन्यासियों की संगत में जमे रहे। उन्हें स्नान की अपेक्षा साधु-संन्यासियों की संगत अधिक अच्छी लगती थी। वहाँ से लौटकर उन्हें बुखार आने लगा।
- इस पर भी उन्होंने अपना नित्य नियम दोनों समय का गीत, स्नान– ध्यान और खेतीबाड़ी देखना इत्यादि नहीं छोड़ा। लोगों ने नियमों में ढील देने को कहा तो हँसकर टालते रहे और शाम को भी गीत गाते रहे, किंतु उस दिन उनके गीतों में वह बात नहीं थी। अगले दिन भोर में भगत का गीत न सुनाई देने पर लोगों ने जाकर देखा तो वह स्वर्ग सिधार चुके थे।

शब्दार्थ

मँझौले–मध्यम अर्थात् न अधिक लंबे न अधिक छोटे; जटाजूट–लंबे बालों की जटाएँ; कमली–कंबल; रामानंदी चंदन–रामानंद संप्रदाय द्वारा लगाया जाने वाला चंदन; बेडौल-गंदी/भद्दी; गृहिणी–पत्नी; खरा व्यवहार रखना–स्पष्ट व्यवहार रखना; दो-टूक बात कहना–स्पष्ट कहना; खामखाह-बेकार में; व्यवहार में लाना–उपयोग करना; कुतूहल–जिज्ञासा; साहब–ईश्वर; कबीरपंथी मठ–कबीरदास के विचारों को बताने वाला स्थान; भेंट-धार्मिक स्थल पर श्रद्धापूर्वक चढ़ाया जाने वाला प्रसाद; सदा–सर्वदा/हमेशा; सजीव-जीवित; रोपनी–धान के पौधों को खेत में रोपना; कलेवा–प्रातः काल किया जाने वाला नाश्ता; मेंड़–खेत के किनारे बनी मिट्टी की ऊँची जगह।

पुरवाई–पूरब दिशा से चलने वाली हवा; स्वर-तरंग–स्वर रूपी लहर; लिथड़े–मिट्टी में सने हुए; रोपनी-धान की रोपाई; अधरतिया–आधी रात; दादुर–मेंढक; कोलाहल–शोर; पियवा–पिया, चिहुँक–खुशी से चिल्लाना; अकस्मात्–अचानक; निस्तब्धता–सन्नाटा; प्रभाती–प्रातःकाल में गाया जाने वाला गीत।

पोखरे–तालाब; भिंडे–मिट्टी से बना ऊँचा स्थान; दाँत किटकिटाने वाली भोर–वह सुबह; जिसमें सर्दी के कारण दाँत किटकिटाने लगते हैं; लोही लगना–सुबह की लाली; कुहासा–कोहरा; आवृत–ढका हुआ; खँजड़ी–हाथों में लेकर बजाने वाला वाद्य यंत्र; सुरूर–नशा/जोश, उत्तेजित–जोश से भड़का हुआ; श्रमबिंदु–मेहनत के फलस्वरूप निकली पसीने की बूँदें; संझा-शाम के समय गाए जाने वाले भजन; तिहराती–तीसरी बार कहती, चरम उत्कर्ष–सबसे ऊपर; बोदा-सा–कम बुद्धि वाला; पतोहू–पुत्रवधू ; सुभग-भाग्यवान; निवृत-मुक्त; तुलसीदल-तुलसी के पौधे का पत्ता; चिराग–दीपक।

तल्लीनता–डूबना; विरहिनी–विरह में रहने वाली स्त्री; दलील-तर्क; संबल–सहारा; टेक-आदत; नेम-व्रत–नियम; छीजना-कमज़ोर होना; जून–समय; तागा टूटना–जीवन की साँसें पूरी हो जाना; पंजर–शरीर।

लखनवी अंदाज (यशपाल)

सेकंड क्लास का टिकट लेने का उद्देश्य

लेखक कोई नई कहानी लिखने हेतु व उस विषय के बारे में सोचने के लिए एकांत चाहता था। इसलिए उसने सेकंड क्लास का टिकट ले लिया। साथ ही, उसकी इच्छा यह भी थी कि वह रेल की खिड़की से मार्ग में आने वाले प्राकृतिक दृश्यों को देखकर कुछ सोच सके।

डिब्बे में नवाब साहब की उपस्थिति

जिस डिब्बे में लेखक चढ़ा, उसमें पहले से ही एक नवाब साहब पालथी मारे बैठे हुए थे। उनके सामने दो ताज़े खीरे तौलिए पर रखे हुए थे। लेखक के उस डिब्बे में चढ़ने पर नवाब साहब ने कोई उत्साह नहीं दिखाया। लेखक को लगा कि नवाब साहब उसके इस डिब्बे में आने से इसलिए खुश नहीं हैं, क्योंकि किसी सफ़ेदपोश के सामने खीरे जैसी साधारण खाद्य सामग्री खाने में उन्हें संकोच हो रहा था।

लेखक, नवाब साहब और खीरा

- जब बहुत देर हो गई तो नवाब साहब को लगा कि वह खीरे किस प्रकार खाएँ तब हारकर उन्होंने लेखक को खीरा खाने का निमंत्रण दिया, जिसे लेखक ने धन्यवाद सहित ठुकरा दिया।
- लेखक द्वारा खीरा खाने के लिए मना करने पर नवाब साहब ने खीरों के नीचे रखे हुए तौलिए को झाड़कर सामने बिछाया, सीट के नीचे से लोटा उठाकर दोनों खीरों को खिड़की से बाहर धोया और तौलिए से पोंछ लिया। इसके बाद ज़ेब से चाकू निकालकर दोनों खीरों के सिर काटे, उन्हें घिसकर उनका झाग निकाला और बहुत एहतियात (सावधानीपूर्वक) से छीलकर खीरों की उन फाँकों को करीने से तौलिए पर सजाया। यह सब करने के बाद उन्होंने उन फाँकों पर जीरा-मिला नमक और लाल मिर्च की सुर्खी बुरक दी। यह सब देखकर लेखक एवं नवाब साहब दोनों के मुँह में पानी आ रहा था।

नवाब साहब का खीरा खाने का विशिष्ट ढंग

- यह सब करने के बाद नवाब साहब ने एक बार फिर से लेखक को खीरा खाने का निमंत्रण दिया। खीरा खाने की इच्छा होते हुए भी लेखक ने नवाब साहब का प्रस्ताव यह कहकर ठुकरा दिया कि उनका मेदा कमज़ोर है।
- तब नवाब साहब ने फाँकों को सूँघा, स्वाद का आनंद लिया और उन फाँकों को एक –एक करके खिड़की से बाहर फेंक दिया। इसके बाद लेखक की ओर देखते हुए तौलिए से हाथ और होंठ पोंछ लिए। लेखक को लगा जैसे वह उससे कह रहे हैं कि यह है खानदानी रईसों का तरीका! इसके बाद लेखक को नवाब साहब के मुँह से भरे पेट की ऊँची डकार का स्वर भी सुनाई दिया।

'नई कहानी' का आधार

यह सब देखकर लेखक सोचने लगा कि जब खीरे की सुगंध और स्वाद की कल्पना मात्र से पेट भर जाने की डकार आ सकती है, तो बिना विचार, घटना और पात्रों के, लेखक की इच्छा मात्र से 'नई कहानी' क्यों नहीं बन सकती।

शब्दार्थ

मुफ़स्सिल–नगर के इर्द-गिर्द के स्थान; उतावली–जल्दबाज़ी; फूँकार–सीटी की आवाज़ निकालना; एकांत–अकेला; नई कहानी–वर्ष 1960 के आस-पास लिखी गई कहानी; प्रतिकूल–विपरीत; निर्जन–खाली; सफ़ेदपोश– भला इंसान; पालथी मारे–टाँगें मोड़कर; विघ्न–बाधा; अपदार्थ वस्तु–सामान्य चीज़; संगति-मेल-मिलाप; किफ़ायत–मितव्ययिता; समझदारी से उपयोग करना; गवारा-अरुचिकर; मँझले दर्जे–दूसरे दर्जे; कनखियों–तिरछी नज़र; आदाब-अर्ज़–अभिवादन करने का एक ढंग; भाव-परिवर्तन–भावों का बदलना; गुमान–घमंड; लथेड़ लेना-शामिल करना।

एहतियात–सावधानी; करीने से–तरीके से; बुरक दी–छिड़क दी; स्फुरण–हिलना; रसास्वादन–आनंद; प्लावित–पानी भर जाना; पनियाती–रसीली; मेदा–आमाशय; तलब महसूस होना–इच्छा होना; सतृष्ण–प्यासी।

वासना–कामना/इच्छा; तसलीम–सम्मान में; सिर खम कर लेना–सिर झुकाना; तहज़ीब–सभ्यता; नफ़ासत–स्वच्छता; नज़ाकत–कोमलता; नफ़ीस–बढ़िया; एब्स्ट्रैक्ट–सूक्ष्म या अमूर्त; उदर-पेट; तृप्ति-संतुष्टि; लज़ीज़–स्वादिष्ट; सकील–आसानी से न पचने वाला; ज्ञान-चक्षु–ज्ञानरूपी आँखें।

एक कहानी यह भी (मन्नुभंडारी)

लेखिका की मध्य प्रदेश और अजमेर की यादें

लेखिका ने अपने जन्म स्थान गाँव भानपुरा, ज़िला मंदसौर (मध्य प्रदेश) के साथ-साथ राजस्थान स्थित अजमेर के ब्रह्मपुरी मोहल्ले के दो-मंज़िले मकान से जुड़ी बहुत-सी बातों को याद किया है। अजमेर के इसी दो-मंज़िले मकान में ऊपरी तल पर उनके पिता अव्यवस्थित ढंग से फैली-बिखरी पुस्तकों-पत्रिकाओं और अखबारों के बीच या तो कुछ लिखते रहते थे या 'डिक्टेशन' देते रहते थे। नीचे के कमरों में उनकी माँ, भाई-बहन आदि रहते थे।

पिता का अतीत एवं वर्तमान

लेखिका के पिता अजमेर आने से पहले मध्य प्रदेश के इंदौर में रहते थे, जहाँ उनकी बहुत प्रतिष्ठा थी। वह अनेक सामाजिक-राजनीतिक संगठनों से भी जुड़े थे। उन्होंने शिक्षा का न केवल उपदेश दिया, बल्कि बहुत-से विद्यार्थियों को अपने घर पर रखकर भी पढ़ाया है, जिसमें से कई तो बाद में ऊँचे-ऊँचे पदों पर भी पहुँचे। यह सब उनकी खुशहाली के दिनों की बात है, जो लेखिका ने सुनी हैं।

पिता का वर्तमान

- लेखिका ने स्वीकार किया है कि उनके पिताजी अंदर से टूटे हुए व्यक्ति थे, जो एक बहुत बड़े आर्थिक झटके के कारण इंदौर से अजमेर आ गए थे और केवल अपने बलबूते पर अपने अधूरे अंग्रेज़ी-हिंदी शब्दकोश (विषयवार) को पूरा कर रहे थे।
- इस कार्य ने उन्हें यश और प्रतिष्ठा तो बहुत दी, किंतु अर्थ नहीं दिया, जिससे उनकी आर्थिक स्थिति में कोई सुधार नहीं हुआ और उनकी सकारात्मक सोच नकारात्मक सोच में परिवर्तित होती चली गई।

लेखिका के पिताजी का व्यक्तित्व

- लेखिका को प्रतीत होता है कि उनके व्यक्तित्व में उनके पिता की कुछ कमियाँ और खूबियाँ तो अवश्य ही आ गई हैं, जिन्होंने चाहे-अनचाहे उनके भीतर कई ग्रंथियों को जन्म दे दिया। लेखिका का रंग काला है तथा बचपन में वे दुबली और मरियल-सी थीं। उनके पिता को गोरा रंग बहुत पसंद था।
- यही कारण है कि परिवार में लेखिका से दो साल बड़ी, खूब गोरी, स्वस्थ और हँसमुख बहन सुशीला से हर बात में उनकी तुलना की जाती थी। इससे लेखिका के भीतर हीन भावना उत्पन्न हो गई, जो आज तक है। इसी का परिणाम है कि इतना नाम और प्रतिष्ठा प्राप्त करने के पश्चात् भी जब उनकी लेखकीय उपलब्धियों की प्रशंसा की जाती है, तो लेखिका संकोच से सिमटने और गड़ने लगती हैं।

पिता से विपरीत स्वभाव वाली माँ

- लेखिका की माँ का स्वभाव अपने पति जैसा नहीं था। वे एक अनपढ़ महिला थीं। वे अपने पति के क्रोध को चुपचाप सहते हुए स्वयं को घर के कामों में व्यस्त किए रहती थीं। अनपढ़ होने के बाद भी लेखिका की माँ धरती से भी अधिक धैर्य और सहनशक्ति वाली थी। उन्होंने अपने पति की हर ज़्यादती (अत्याचार) को अपना भाग्य समझा।
- उन्होंने परिवार में किसी से कुछ नहीं माँगा, बल्कि जहाँ तक हो सका, दिया ही दिया है। इसका परिणाम यह हुआ कि सहानुभूतिवश भाई-बहनों का लगाव तो माँ के साथ था, किंतु लेखिका कभी उन्हें अपने आदर्श के रूप में स्वीकार न कर पाईं।

लेखिका का परिवार और आस-पड़ोस

- लेखिका पाँच भाई-बहनों में सबसे छोटी थीं। जिस समय उनकी सबसे बड़ी बहन का विवाह हुआ, उस समय लेखिका लगभग सात साल की थीं। अपने से दो साल बड़ी बहन सुशीला के साथ लेखिका ने लड़कियों के सारे खेल खेले। वैसे तो उन्होंने लड़कों वाले खेल भी खेले, किंतु भाई घर में कम रहा करते थे, इसलिए वह लड़कियों वाले खेल अधिक खेल सकीं।
- उस समय पड़ोस का दायरा आज की तरह सीमित नहीं था। आज तो हर व्यक्ति अपने आप में सिमट कर रह गया है। पास-पड़ोस की यादें कई बार कई पात्रों के रूप में लेखिका की आरंभिक रचनाओं में आ गई हैं।

40 के दशक में लड़कियों के विवाह की आयु एवं योग्यता

40 के दशक में लेखिका के परिवार में लड़कियों के विवाह की अनिवार्य योग्यता थी—सोलह वर्ष की उम्र और मैट्रिक तक की शिक्षा। वर्ष 1944 में लेखिका की बहन सुशीला ने यह योग्यता पाई और शादी करके कोलकाता चली गई। दोनों बड़े भाई भी आगे पढ़ाई करने के लिए कोलकाता चले गए। इसके बाद पिताजी का ध्यान लेखिका की ओर गया।

पिताजी का लेखिका से आग्रह

- जिस उम्र में लड़की को स्कूली शिक्षा के साथ सुघड़ गृहिणी (घर चलाने में कुशल) और कुशल पाक-शास्त्री बनने के नुस्खे सिखाए जाते थे, उस समय पिताजी का आग्रह रहा करता था कि लेखिका रसोई नामक भटियारखाने (रसोई के काम-काज) से दूर ही रहे, क्योंकि उनके अनुसार वहाँ रहना अपनी प्रतिभा और क्षमता को भट्टी में झोंकना था।
- पिताजी के पास कई पार्टियों, संगठनों के व्यक्ति आते और उनके बीच घंटों तक बहस हुआ करती थी। लेखिका जब चाय-पानी या नाश्ता देने के लिए जातीं, तो उनके पिताजी उन्हें यह कहते हुए बैठा लेते कि वह भी सुने और जाने कि देश में चारों ओर क्या हो रहा है।

लेखिका के जीवन में शीला अग्रवाल का महत्त्व

- वर्ष 1945 में लेखिका ने हाई स्कूल पास करके सावित्री गर्ल्स हाईस्कूल, जो पिछले वर्ष ही कॉलिज बना था, उसमें फर्स्ट इयर में प्रवेश लिया। उस समय उनका परिचय शीला अग्रवाल से हुआ, जो उसी वर्ष हिंदी की प्राध्यापिका नियुक्त हुई थीं। शीला अग्रवाल ने ही लेखिका का वास्तविक रूप में साहित्य से परिचय कराया और मात्र पढ़ने को, चुनाव करके पढ़ने में बदला, जिसका परिणाम यह हुआ कि लेखिका ने साहित्य जगत के कई प्रसिद्ध साहित्यकारों (प्रेमचंद, जैनेंद्र, अज्ञेय, यशपाल, भगवतीचरण आदि) को पढ़ा।
- शीला अग्रवाल ने न केवल लेखिका का साहित्यिक दायरा बढ़ाया, बल्कि घर की चारदीवारी के बीच बैठकर लेखिका ने देश की स्थितियों को जानने-समझने का जो सिलसिला शुरू किया था, उसे सक्रिय भागीदारी में बदल दिया, जिस कारण वह स्वाधीनता आंदोलन में भाग लेने लगीं।

स्वाधीनता आंदोलन और लेखिका के पिताजी

- लेखिका के पिता यह तो चाहते थे कि वह उनकी उपस्थिति में घर में आए लोगों के बीच उठे-बैठे, जाने-समझे, किंतु उन्हें यह बर्दाश्त नहीं था कि लेखिका घर से बाहर निकलकर सड़कों पर लड़कों के साथ नारेबाज़ी करती फिरे। जब भी उन्हें यह पता चलता, वे क्रोध में आग बबूला हो उठते थे।
- कई बार ऐसा होता कि कोई दकियानूसी व्यक्ति पिताजी को भड़का देता कि उनकी लड़की सड़कों पर लड़कों के साथ हंगामा करती फिर रही है। यह सुनकर वे बहुत गुस्सा हो जाते, किंतु जब उन्हें पता चलता कि उनकी पुत्री को लोग बहुत सम्मान देते हैं, तो वे गर्व से भर उठते।

प्रिंसिपल का पत्र पिता का क्रोध

एक बार लेखिका के घर पर कॉलिज से प्रिंसिपल का पत्र आया, जिसमें उनकी शिकायत की गई थी। पत्र पढ़ते ही लेखिका के पिताजी क्रोध से भर उठे और उन्हें भला-बुरा कहने लगे। जब वह कॉलिज से वापस लौटे तो उनके क्रोध का स्थान प्रशंसा ने ले लिया था। उन्हें यह जानकर बहुत खुशी हो रही थी कि उनकी पुत्री को कॉलिज में छात्राएँ इतना सम्मान देती हैं कि उनके एक बार कह देने पर अपनी कक्षाओं का बहिष्कार तक कर देती हैं।

वर्ष 1947 और लेखिका

- वर्ष 1947 के मई माह में प्राध्यापिका शीला अग्रवाल को कॉलिज प्रशासन ने अनुशासनहीनता का आरोप लगाकर नोटिस दिया, जिसमें उन पर लड़कियों को भड़काने और अनुशासन भंग करने में सहयोग करने का आरोप लगाया गया था। इसके अतिरिक्त जुलाई माह में थर्ड ईयर की क्लासेज़ बंद करके लेखिका और एक दो अन्य छात्राओं के प्रवेश पर रोक लगा दी गई।
- इस बात पर लड़कियों ने कॉलिज से बाहर रहकर प्रशासन के निर्णय के विरुद्ध खूब प्रदर्शन किए। इसका परिणाम यह हुआ कि कॉलिज प्रशासन को थर्ड ईयर की क्लासेज़ पुन: शुरू करनी पड़ी। उस समय इस खुशी से भी बड़ी खुशी लेखिका को देश को स्वाधीनता मिल जाने की हुई थी।

शब्दार्थ

सिलसिला-क्रम; निहायत-एकदम; डिक्टेशन-इमला; ओहदा-पद; दरियादिली-अति उदारता; अहंवादी-घमंडी; भग्नावशेष-खंडहर; बल-बूता-ज़ोर/ताकत; यश-नाम/ख्याति; अर्थ-धन-दौलत; विस्फारित-फैला हुआ; भागीदार-हिस्सेदार; हाशिए-किनारे; यातना-कष्ट; विश्वासघात-धोखा/द्रोह।

शक्की-शक करने वाला; पितृ-गाथा-पिता की कथा; खूबी-अच्छाई; खामी-बुराई/कमी; ताना-वस्त्र तैयार करने हेतु लंबाई में फैलाया गया सूत; बाना-वस्त्र तैयार करने हेतु चौड़ाई में भरे जाने वाला सूत; ग्रंथि-गाँठ/गिरह; मरियल-शक्तिहीन; उबरना-छुटकारा पाना; ज़िक्र-उल्लेख; अचेतन-संज्ञाशून्य; पर्त-परत/तह; तुक्का-बेकार उपाय; भन्नाना-झल्लाना; व्यथा-दु:ख; कुंठा-निराशाजन्य अतृप्त भावना; प्रतिच्छाया-प्रतिरूप/चित्र; अहसास-अनुभव/प्रतीति; आसन्न-संबंधित/जुड़ा हुआ; कदर-तरह; प्रवाह-बहाव; ज़्यादती-अत्याचार; प्राप्य-प्राप्त करने योग्य; फ़रमाइश-अनुरोध; ज़िद-हठ; फ़र्ज़-कर्तव्य; सहिष्णुता-सहनशीलता; पैतृक-पुराण-पिता से संबंधित कथा।

नेता जी का चश्मा (स्वयं प्रकाश)

हालदार साहब द्वारा कस्बे से गुजरते हुए मूर्ति को देखना

- हालदार साहब हर पंद्रहवें दिन कंपनी के काम से उस कस्बे से गुज़रते थे। कस्बे में कुछ पक्के मकान, एक छोटा-सा बाज़ार, बालक –बालिकाओं के दो विद्यालय, एक सीमेंट का कारखाना, दो खुली छतवाले सिनेमाघर तथा एक नगरपालिका थी। इसी कस्बे के मुख्य बाज़ार में मुख्य चौराहे पर नेताजी सुभाषचंद्र बोस की एक संगमरमर की मूर्ति लगी हुई थी, जिसे वह गुज़रते हुए हमेशा देखा करते थे।
- हालदार साहब ने जब पहली बार इस मूर्ति को देखा तो उन्हें लगा कि इसे नगरपालिका के किसी उत्साही अधिकारी ने बहुत जल्दबाज़ी में लगवाया होगा। हो सकता है मूर्ति को बनवाने में काफ़ी समय पत्र-व्यवहार आदि में लग गया होगा और बाद में कस्बे के इकलौते हाई स्कूल के इकलौते ड्राइंग मास्टर को यह कार्य सौंप दिया गया होगा, जिन्होंने इस कार्य को महीने भर में पूरा करने का विश्वास दिलाया होगा। मूर्ति संगमरमर की बनी थी और उसकी विशेषता यह थी कि उसका चश्मा सचमुच का था। हालदार साहब को मूर्ति बनाने वालों का यह नया विचार बहुत पसंद आया।

मूर्ति के बदलते चश्मे का कारण

- हालदार साहब जब अगली बार वहाँ से गुज़रे तो उन्हें यह देखकर आश्चर्य हुआ कि इस बार नेताजी की मूर्ति पर दूसरा चश्मा लगा हुआ था। हालदार साहब ने पान वाले से इसका कारण पूछा। उसने बताया कि कैप्टन इन चश्मों को बदलता रहता है। हालदार साहब ने सोचा कि कैप्टन कोई भूतपूर्व सैनिक या नेताजी की आज़ाद हिंद फ़ौज का सिपाही होगा।
- इस संबंध में पूछने पर पान वाले ने मज़ाक बनाते हुए कहा कि वह लँगड़ा क्या जाएगा फ़ौज में। उसी समय हालदार साहब ने देखा कि कैप्टन एक बेहद बूढ़ा मरियल-सा लँगड़ा आदमी है, जो सिर पर गांधी टोपी और आँखों पर काला चश्मा लगाए रहता है। वह इधर-उधर घूमकर चश्मे बेचता है। यदि किसी ग्राहक ने मूर्ति के चश्मे जैसा फ्रेम माँगा तो वह उस फ्रेम को वहाँ से उतारकर ग्राहक को दे देता है और मूर्ति पर नया फ्रेम लगा देता है।

मूर्ति के चश्मे के पीछे की कहानी

हालदार साहब को पान वाले से यह जानकारी मिली कि मूर्तिकार समय कम होने के कारण मूर्ति का चश्मा बनाना भूल गया था, जिसके कारण मूर्ति को बिना चश्मे के ही लगा दिया गया। कैप्टन को नेताजी की बिना चश्मे वाली मूर्ति अच्छी नहीं लगती थी इसलिए वह मूर्ति पर चश्मा लगा दिया करता था। हालदार साहब लगभग दो साल तक मूर्ति पर लगे चश्मे को बदलते, देखते रहे।

मूर्ति पर चश्मा नहीं होने का कारण

एक दिन जब हालदार साहब फिर उसी कस्बे से निकले, तो उन्होंने देखा कि बाज़ार बंद था और मूर्ति के चेहरे पर कोई चश्मा भी नहीं था। अगली बार भी उन्होंने मूर्ति को बिना चश्मे के देखा। उन्होंने पान वाले से इसका कारण पूछा, तो उसने बताया—'कैप्टन मर गया।' हालदार साहब को यह सोचकर बहुत दु:ख हुआ कि अब नेताजी की मूर्ति बिना चश्मे के ही रहेगी।

मूर्ति पर सरकंडे का चश्मा

अगली बार जब हालदार साहब उधर से निकले, तो उन्होंने सोचा कि अब वे मूर्ति को नहीं देखेंगे, किंतु आदत से मज़बूर होने के कारण जब उन्होंने चौराहे पर लगी हुई नेताजी की मूर्ति को देखा, तो उनकी आँखें भर आईं। मूर्ति पर किसी बच्चे ने सरकंडे का बना हुआ चश्मा लगा दिया था। हालदार साहब भावुक हो उठे कि बड़ों के साथ बच्चों में भी अर्थात् प्रत्येक नागरिक में देशभक्ति की भावना व्याप्त है।

शब्दार्थ

सिलसिला –क्रम; एक ठो –एक; सम्मेलन –सभा; उपलब्ध बजट –खर्च करने के लिए प्राप्त धन; ऊहापोह–अनिश्चय की स्थिति में

मन में उत्पन्न होने वाला तर्क-वितर्क; प्रतिमा–मूर्ति; चिट्ठी-पत्री–पत्र-व्यवहार; स्थानीय –उसी क्षेत्र में रहने वाला; पटक देना –जल्दी बनाकर दे देना; बस्ट–वक्ष तक के भाग की बनाई गई आकृति/मूर्ति; कमसिन–कम उम्र; सराहनीय–प्रशंसा करने योग्य; खटकना-बुरा लगना।

लक्षित किया –देखा; कौतुक भरी –उत्सुकता से भरी; दुर्दमनीय –जिसे दबाया न जा सके; खुशमिज़ाज़ –अच्छे स्वभाव वाला/प्रसन्नचित्त; गिराक–ग्राहक; किदर–किधर; आहत–दु:खी; दरकार –आवश्यकता।

ओरिजिनल –मूल; द्रवित करने वाली –पिघलाने वाली; पारदर्शी –जिसके आर-पार देखा जा सके; नतमस्तक –विनीत भाव से सिर झुकाना; भूतपूर्व–पहले का; अवाक् रह जाना –आश्चर्यचकित रह जाना।

प्रफुल्लता –खुशी, कौम –जाति, होम करना –सब कुछ लुटा देना।

हृदयस्थली —बीच में स्थित प्रमुख स्थान; प्रतिष्ठापित–स्थापित; अटेंशन —सावधान की मुद्रा में; भावुक —भावों के वशीभूत होने वाला।

मैं क्यूँ लिखिता हूँ (अज्ञेय)

लिखने का प्रश्न : अत्यंत कठिन

'मैं क्यों लिखता हूँ?' लेखक के अनुसार यह प्रश्न बड़ा सरल प्रतीत होता है, पर यह बड़ा कठिन भी है। इसका सच्चा तथा वास्तविक उत्तर लेखक के आंतरिक जीवन से संबंध रखता है। उन सबको संक्षेप में कुछ वाक्यों में बाँध देना आसान नहीं है।

लिखने का असली कारण

लेखक को 'मैं क्यों लिखता हूँ?' प्रश्न का एक उत्तर तो यह लगता है कि वह स्वयं जानना चाहता है कि वह किसलिए लिखता है। उसे बिना लिखे हुए इस प्रश्न का उत्तर नहीं मिल सकता। लिखकर ही वह उस आंतरिक प्रेरणा को, विवशता को पहचानता है, जिसके कारण उसने लिखा। उसे लगता है कि वह उस आंतरिक विवशता से मुक्ति पाने के लिए, तटस्थ (अलग) होकर उसे देखने और पहचान लेने के लिए लिखता है।

सभी लेखक कृतिकार नहीं

लेखक को ऐसा लगता है कि सभी लेखक कृतिकार नहीं होते तथा उनके सभी लेखन कृति भी नहीं होते। यह तथ्य भी सही है कि कुछ लेखक ख्याति मिल जाने के बाद बाहरी विवशता से भी लिखते हैं। बाहरी विवशता संपादकों का आग्रह, प्रकाशक का तकाजा, आर्थिक आवश्यकता आदि के रूप में हो सकती है।

लेखक का स्वभाव और अनुशासन

लेखन में कृतिकार के स्वभाव और आत्मानुशासन का बहुत महत्त्व है। कुछ लेखक इतने आलसी होते हैं कि बिना बाहरी दबाव के लिख ही नहीं पाते; जैसे—प्रात:काल नींद खुल जाने पर भी कोई बिछौने (बिस्तर) पर तब तक पड़ा रहता है, जब तक घड़ी का अलार्म न बज जाए।

लेखक की भीतरी विवशता

लेखक की भीतरी विवशता का वर्णन करना बड़ा कठिन है। लेखक विज्ञान का विद्यार्थी रहा है और उसकी नियमित शिक्षा भी विज्ञान विषय में ही हुई है। अणु का सैद्धांतिक ज्ञान लेखक को पहले से ही था, परंतु जब हिरोशिमा में अणु बम गिरा, तब लेखक ने उससे संबंधित खबरें पढ़ीं, साथ ही उसके परवर्ती प्रभावों का विवरण भी पढ़ा। विज्ञान के इस दुरुपयोग के प्रति बुद्धि का विद्रोह स्वाभाविक था। लेखक ने इसके बारे में लेख आदि में कुछ लिखा भी, पर अनुभूति के स्तर पर जो विवशता होती है, वह बौद्धिक पकड़ से आगे की बात है।

हिरोशिमा के प्रभावितों से साक्षात्कार

- एक बार लेखक को जापान जाने का अवसर मिला। वहाँ जाकर उसने हिरोशिमा और उस अस्पताल को भी देखा, जहाँ रेडियम पदार्थ से आहत लोग वर्षों से कष्ट पा रहे थे।
- इस प्रकार उसे प्रत्यक्ष अनुभव हुआ। उसे लगा कि कृतिकार के लिए अनुभव से अनुभूति गहरी चीज़ है। यही कारण है कि हिरोशिमा में सब देखकर भी उसने तत्काल कुछ नहीं लिखा। फिर एक दिन उसने वहीं सड़क पर घूमते हुए देखा कि एक जले हुए पत्थर पर एक लंबी उजली छाया है।
- उसकी समझ में आया कि विस्फोट के समय कोई व्यक्ति वहाँ खड़ा रहा होगा और विस्फोट से बिखरे हुए रेडियोधर्मी पदार्थ की किरणें उसमें रुद्ध हो गई होंगी और उन किरणों ने उसे भाप बनाकर उड़ा दिया होगा। इसी कारण पत्थर का वह छाया वाला अंश झुलसने से बन गया होगा। यह देखकर उसे लगा कि समूची ट्रेजडी (दु:खद घटना) जैसे पत्थर पर लिखी गई है।

लेखक का आश्चर्य

उस छाया को देखकर लेखक को जैसे एक थप्पड़-सा लगा। उसी क्षण अणु विस्फोट जैसे उसकी अनुभूति में आ गया और वह स्वयं हिरोशिमा के विस्फोट का भोक्ता बन गया। अचानक एक दिन उसने भारत आकर हिरोशिमा पर एक कविता लिखी। यह कविता अच्छी है या बुरी, इससे लेखक को मतलब नहीं है। उसके लिए तो वह अनुभूतिजन्य सत्य है, जिससे वह यह जान गया कि कोई रचनाकार रचना क्यों करता है।

शब्दार्थ

आंतरिक–भीतरी/मानसिक; संक्षेप–कम; स्पर्श–छूना; आभ्यंतर–भीतर का/अंदरूनी; विवशता–मजबूरी/लाचारी; उन्मेष–प्रकाश/दीप्ति; निमित्त–कारण।

आत्मानुशासन–स्वयं अपनाए गए नियम; यंत्र–मशीन; कदाचित्–शायद; रेडियम-धर्मी तत्त्व–अतिरिक्त ऊर्जा व विकिरण निर्गत करने वाले तत्त्व; भेदन–तोड़ना; परवर्ती–बाद में; तर्क संगति–तर्क परंपरा; अपव्यय-फिजूलखर्ची; व्यर्थ–बेकार।

ज्वलंत–जलना; प्रत्यक्ष–साक्षात्; रुद्ध–बंद होना/फँसना; समूची–सारी; ट्रेजडी–दु:खद घटना।

अवाक्–मौन/चुप्पी; सहसा–अचानक; क्षण–पल; भोक्ता–भोगने वाला; आकुलता–व्याकुलता/बेचैनी; प्रसूत–उत्पन्न।

अकाल और उसके बाद (नागार्जुन)

- नागार्जुन द्वारा रचित कविता 'अकाल और उसके बाद' में अकाल की भयावहता का मार्मिक चित्रण किया गया है। इसमें अकाल के दौरान घरों में अनाज के अभाव, भूख व बीमारियों जैसी समस्याओं का वर्णन किया गया है।

- प्रस्तुत कविता में कवि ने अकाल के समय तथा अकाल के बाद की स्थितियों का वर्णन किया है। अकाल के समय घर में खाने के लिए अनाज नहीं था।
- अत: कई दिनों तक घर में चूल्हा नहीं जला, वह बुझा हुआ है। उस पर पकाने के लिए घर में कुछ भी नहीं है। चक्की भी उदास है, क्योंकि उसमें पीसने के लिए अनाज भी नहीं है। घर में दीवारों पर स्थित छिपकलियों, कुत्तों व चूहों की स्थिति भी दयनीय है, क्योंकि उन्हें भी खाने को कुछ नहीं मिल पा रहा है। अकाल मार से पूरा परिवार, घर- द्वार व पशु-पक्षी सभी पीड़ित हैं।
- अकाल का समय बीत जाने पर घर-परिवार को कुछ राहत मिली। घर में कुछ खाद्य सामग्री आई, उसे पकाने के लिए चूल्हा जला। घर के आँगन से धूआँ उठता दिखाई दिया। खाने-पीने का सामान देखकर घर के सदस्यों को कुछ राहत मिली।
- उनके मुँख पर प्रसन्नता की झलक दिखाई देने लगी। अब उन्हें भरपेट भोजन मिलने की उम्मीद हुई। घर से निकलते धुएँ को देखकर कौए को भी भोजन प्राप्ति की आशा हो गई। वह भी प्रसन्नतापूर्वक अपने पंखों को खुजलाने लगा। इस प्रकार चारों तरफ वातावरण में खुशी का माहौल हो गया।

वस्तुनिष्ठ प्रश्न

1. बालगोबिन भगत के बेटे के मृत शरीर को मुखाग्नि किसने दी?
(a) बहू ने (b) भगत ने
(c) लेखक ने (d) पुजारी ने

2. बालगोबिन भगत की संगीत साधना का चरम उत्कर्ष किस दिन देखा गया?
(a) जब वे बीमार थे।
(b) जब उनके इकलौते बेटे की मृत्यु हुई।
(c) जब वे धान की रोपाई कर रहे थे।
(d) जब वे गंगा घाट पर जाते थे।

3. बेटे की मृत्यु के पश्चात् बालगोबिन भगत का आखिरी निर्णय क्या था?
(a) पतोहू का पुनर्विवाह करवाना
(b) पतोहू का शिक्षा दिलवाना
(c) पतोहू को घर से निकालना
(d) पतोहू से घृणा करना

4. बेटे की मृत्यु पर बालगोबिन भगत ने पतोहू को क्या करने के लिए कहा?
(a) क्रियाकर्म हेतु आवश्यक सामग्री का प्रबंध करने के लिए
(b) रोने के लिए
(c) उत्सव मनाने के लिए
(d) साफ-सफाई करने के लिए

5. बालगोबिन भगत अपने बेटे से अधिक प्यार इसलिए करते थे, क्योंकि
(a) वह उनका इकलौता बेटा था।
(b) वह सुस्त तथा कम बुद्धि वाला था।
(c) वह होशियार एवं तीक्ष्ण बुद्धि वाला था।
(d) उन्हें पुत्र-मोह अधिक था।

6. बालगोबिन भगत ने पतोहू से बेटे के मृत शरीर को मुखाग्नि इसलिए दिलवाई क्योंकि वे
(a) सामाजिक रुढ़ियों को तोड़ना चाहते थे।
(b) बहुत दुःखी थे।
(c) अपने पुत्र से प्यार नहीं करते थे।
(d) बीमार थे।

7. बालगोबिन भगत साधु की सभी परिभाषाओं पर किन गुणों के कारण खरे उतरते थे?
(a) मधुर गायन, खेतीबाड़ी करना, गाँधीवादी दर्शन, सारा समय पूजा-पाठ में बिताना
(b) मृत्यु से न घबराना, हर समय भजन में लीन रहना, बेटे व बहू से बहुत प्रेम करना
(c) सात्विक गृहस्थ जीवन, सत्यवादिता, शुद्ध व्यवहार, कबीर दर्शन से सज्जित आत्मा
(d) आस्तिकता, समाजसेवा, प्रतिदिन मंदिर जाना, रास्ते में जो भी मिले, उसे उपदेश देना

8. आषाढ़ मास के महीने में बालगोबिन भगत क्या कार्य करते थे?
(a) गंगा स्नान के लिए जाते (b) प्रभातियाँ गाते
(c) खँजड़ी बजाते (d) धान की रोपाई करते

9. भगत गृहस्थ होते हुए भी वस्तुत:.........थे।
(a) पाखंडी (b) साधु
(c) साहब (d) धर्मगुरु

10. बालगोबिन भगत 'साहब' किसे मानते थे?
(a) कबीर को (b) लेखक को
(c) खँजड़ी को (d) ग्रामीणवासी को

11. लेखक रामवृक्ष बेनीपुरी जी बालगोबिन भगत की किस विशेषता पर अत्यधिक मुग्ध थे?
(a) पहनावे पर (b) व्यवहार पर
(c) मधुर गान पर (d) कार्यकुशलता पर

12. अचानक रेल के डिब्बे में लेखक को देखकर नवाब की आँखों में कौन-सा भाव दिखाई दिया?
(a) गुस्सा (b) असंतोष
(c) खुशी (d) प्रेम

13. डिब्बे में बैठे सज्जन को देखकर लेखक किस विषय में अनुमान करने लगे?
(a) दूरी के विषय में
(b) नवीन कहानी के विषय में
(c) रेलवे कर्मचारियों के विषय में
(d) नवाब साहब की असुविधा और संकोच के कारणों के विषय में

14. नवाब साहब डिब्बे में क्या लेकर चढ़े थे?
(a) मूली (b) खीरा
(c) गाजर (d) पानी

15. नवाब साहब ने खीरे की तैयारी के बाद उसका क्या किया?
(a) खिड़की से बाहर फेंक दिए।
(b) साथ बैठ मुसाफिरों को दे दिए।
(c) सारे स्वयं खा गए।
(d) लेखक को दे दिए।

16. 'लखनवी अंदाज' पाठ में लेखक ने वस्तुत: किस पर व्यंग्य किया है?
(a) पतनशील सामंती वर्ग पर
(b) लेखकों पर
(c) गरीब लोगों पर
(d) खीरा बेचने वालों पर

17. लेखक ने नवाब साहब से खीरा न खाने का क्या कारण बताया?
(a) अखाद्य वस्तु
(b) कमजोर मेदा
(c) पेटा का भरा होना
(d) अजनबियों से कुछ न लेना

18. लेखक नवाब साहब को कैसे देख रहे थे?
(a) प्रसन्नता से
(b) गुस्से से
(c) दु:ख से
(d) कनखियों से

19. लेखक ने ट्रेन में सेकण्ड क्लास का टिकट क्यों खरीदा?
(a) अमीरी प्रदर्शन के लिए
(b) नई कहानी के विषय में सोचने के लिए
(c) आरामदायक सफर के लिए
(d) पैसों की कमी के कारण

20. लेखिका मन्नू भंडारी को लेखन की प्रेरणा किससे मिली?
(a) अपने पिता से (b) हिंदी प्राध्यापिका से
(c) (a) और (b) दोनों (d) अपनी माता से

21. लेखिका के पिता द्वारा लिखे गए शब्दकोश से उन्हें किसकी प्राप्ति हुई?
(a) यश और प्रतिष्ठा की
(b) धन एवं सम्पदा की
(c) सरकार द्वारा सम्मान की
(d) मंगला पारितोष पुरस्कार की

22. लेखिका के पिता के स्वभाव को क्रोधी किसने बना दिया था?
(a) लंबी बीमारी ने (b) स्वयं लेखिका ने
(c) आर्थिक तंगी ने (d) परिवार के सदस्यों ने

23. लेखिका को अपने अस्तित्व का अहसास कब हुआ?
(a) आंदोलन में भाग लेने पर
(b) पिता से बहस करने पर
(c) बड़ी बहन तथा भाई की छत्र-छाया हटने पर
(d) माँ से दूर जाने पर

24. लेखिका के पिता लेखिका को घर में होने वाली बहसों में बैठने को क्यों कहते थे?
(a) ताकि लेखिका घर से बाहर न जाए
(b) ताकि लेखिका देश में चल रही गतिविधियों को जाने-समझे
(c) ताकि लेखिका पिता की विचारधारा से परिचित हो सके
(d) ताकि लेखिका को किसी भी विषय पर जानकारी प्राप्त हो सके

25. घर की दीवारों का पूरे मोहल्ले तक फैलने से क्या आशय है?
(a) सारे मोहल्ले का घर जैसा होना
(b) घर को मोहल्ले से जोड़कर न रखना
(c) एक ही परिवार के व्यक्तियों का एक साथ रहना
(d) वसुधैव कुटुंबकम की भावना का अभाव होना

26. लेखिका के व्यक्तित्व पर सबसे ज्यादा किसका प्रभाव पड़ा?
(a) हिंदी की प्राध्यापिका का (b) बड़ी बहन सुशीला का
(c) लेखिका की माँ का (d) लेखिका के पिता का

27. लेखिका ने अपनी माँ को कैसा बताया है?
(a) साधारण (b) नासमझ
(c) व्यक्तित्व विहीन (d) पराश्रित

28. नेताजी की मूर्ति पर चश्मा लगाने का कार्य कौन करता था?
(a) हालदार साहब (b) पान वाला
(c) अध्यापक (d) कैप्टन

29. कम्पनी के काम के सिलसिले में हर पंद्रहवें दिन कस्बे से कौन गुजरता था?
(a) हवलदार साहब (b) मजिस्ट्रेट साहब
(c) हालदार साहब (c) डॉक्टर साहब

30. कस्बे के चौराहे पर किसकी मूर्ति लगी हुई थी?
(a) जवाहर लाल नेहरू (b) शास्त्री जी
(c) सुभाष चंद्र बोस (d) सरदार पटेल

31. कैप्टन को देखकर हालदार साहब इसलिए अवाक् रह गए क्योंकि-
(a) कैप्टन का व्यक्तित्व आकर्षक था
(b) कैप्टन आजाद हिंद फौज का सिपाही था
(c) कैप्टन एक भूतपूर्व सैनिक था
(d) कैप्टन बूढ़ा मरियल-सा लँगड़ा आदमी था

32. दूसरी बार कस्बे से गुज़रते समय हालदार साहब ने ध्यान से देखने पर क्या पाया?
(a) नेताजी की मूर्ति के कपड़े बदले हुए हैं।
(b) नेताजी की मूर्ति पर दूसरा चश्मा लगा है।
(c) नेताजी की मूर्ति पर चश्मा ही नहीं है।
(d) नेताजी की मूर्ति पर चौकोर चश्मा लगा है।

33. कैप्टन को क्या अच्छा नहीं लगता था?
(a) लोगों द्वारा उसका मजाक उड़ाना
(b) नेताजी की बिना चश्मे वाली मूर्ति देखना
(c) हालदार साहब का मूर्ति को देखना
(d) जगह-जगह घूमकर फ्रेम बेचना

34. बच्चों द्वारा मूर्ति पर कैसा चश्मा लगाया गया था?
(a) सरकंडे का (b) लकड़ी का
(c) काँच का (d) काले रंग का

35. 'नेताजी का चश्मा' पाठ के माध्यम से लेखक ने पाठकों को क्या संदेश दिया है?
(a) देशभक्ति की भावना का
(b) परस्पर प्रेम की भावना का
(c) सामूहिक श्रम की भावना का
(d) परोपकार की भावना का

36. क्या देखकर हालदार साहब के चेहरे पर कौतुक भरी मुस्कान फैल गई?
(a) कैप्टन का हुलिया देखकर
(b) पान वाले की बातें सुनकर
(c) अध्यापक द्वारा बनाई गई विचित्र तस्वीर देखकर
(d) पत्थर की मूर्ति पर असली चश्मा देखकर

37. कैप्टन के प्रति पान वाले के मन में कैसी भावना थी?
(a) प्रेम (b) घृणा
(c) उपेक्षा (d) सम्मान

38. हालदार साहब की नज़र में कस्बे में मूर्ति लगाने का प्रयास सराहनीय क्यों था?
(a) मूर्ति नेताजी की थी इसलिए
(b) मूर्ति पर असली चश्मा था
(c) मूर्ति लगाने की भावना महत्त्वपूर्ण थी
(d) मूर्ति में नेताजी मासूम दिख रहे थे

39. कस्बे से गुजरते समय हालदार साहब क्या करते थे?
(a) चौराहे पर रुककर पान खाते थे
(b) मूर्ति पर चश्मा लगाते थे
(c) पान वाले से कैप्टन के विषय में पूछते थे
(d) पान वाले को अपने पदभार के विषय में बताते थे

40. कवि नागार्जुन ने किस कारण दशा का वर्णन किया है?
(a) अकाल की (b) महामारी की
(c) अतिवृष्टि की (d) अनावृष्टि की

41. घरों में चूल्हा क्यों नहीं जला?
(a) ईंधन नहीं था (b) अनाज नहीं था
(c) जरूरत नहीं थी (d) लकड़ियाँ मिली थीं

42. अकाल में चूल्हे के पास कौन सोया?
(a) कुतिया (b) बिल्ली
(c) बकरी (c) गाय

43. अकाल के दौरान घर की दीवारों पर कौन घम रहा था?
(a) कोक्रोच (b) छिपकलियाँ
(c) साँप (d) मच्छर

44. कवि ने अकाल की परिस्थितियों का चित्रण किस प्रकार किया?
(a) चक्की का उदास रहना
(a) चूल्हे का न जलन
(c) चूहों की खराब हालत
(d) उपर्युक्त सभी

45. कवि ने अकाल के दौरान किस निर्जीव वस्तु का उल्लेख किया है?
(a) चूल्हा (b) चक्की
(c) दीवारें (d) ये सभी

46. जीव जन्तुओं की व्याकुल स्थिति का क्या कारण था?
(a) ग्रीष्म ऋतु (b) जल का अभाव
(c) अकाल (d) महामारी

47. 'घर भर की आँखें चमक उठी' से कवि का क्या अभिप्राय है?
(a) घर के सभी लोग प्रसन्न हो गए
(b) सभी की आँखें ठीक हो गईं
(c) घर में उजाला हो गया
(d) घर के सदस्यों को सफलता मिल गई

48. घरों से धुआँ उठने का क्या अभिप्राय है?
(a) घरों में आग लग गई
(b) घरों में चूल्हे जलने लगे
(c) ईंधन गीला था
(d) उपर्युक्त में से कोई नहीं

49. घरों में चूल्हे जलने का क्या कारण था?
(a) अकाल समाप्त हो जाना
(b) घर में उत्सव होना
(c) शीत ऋतु होना
(d) उपर्युक्त में से कोई नहीं

50. अकाल के बाद बदले हुए हालात क्या थे?
(a) घरों में अनाज आना
(b) घरों में चूल्हे जलना
(c) लोगों में प्रसन्नता छा जाना
(d) ये सभी

51. छिपकली, कुतिया और चूहे आदि जीव-जन्तुओं को कवि ने घर- परिवार के रूप में बताया है, क्योंकि
(a) उनका जीवन मनुष्य पर निर्भर है
(b) उनका जीवन घर की खाद्य सामग्री पर निर्भर है
(c) उनका जीवन घर भी रसोई पर निर्भर है
(d) उनका जीवन घर की दीवारों पर निर्भर है

52. भूख से संघर्ष करने के पश्चात् जब खाना मिलता है, तब व्यक्ति क्या महसूस करता है?
(a) प्रसन्नता (b) दुःख
(c) सुख (d) गर्व

53. कवि नागार्जुन ने 'अकाल के बाद' कविता में वर्णन किया है
(a) अकाल के समय का
(b) अकाल के बाद का
(c) 'a' और 'b' दोनों
(d) उपर्युक्त में से कोई नहीं

54. 'अकाल के बाद' कविता के रचयिता है
(a) सुभद्रा कुमारी चौहान
(b) नागार्जुन
(c) जयशंकर प्रसाद
(d) महादेवी वर्मा

55. 'अकाल के बाद' कविता का सन्देश है
(a) हमेशा दुःख रहना
(b) दुःख के बाद सुख का आगमन
(c) सदैव सुख की विद्यमानता
(d) अकाल की कठिन परिस्थितियाँ

56. चूल्हे के रोने तथा चक्की के उदास रहने का क्या कारण था?
(a) अकाल पड़ना
(b) पारिवारिक क्लेश
(c) गरीबी
(d) उपर्युक्त में से कोई नहीं

57. अकाल का प्रभाव किस पर पड़ता है?
(a) व्यक्तियों पर
(b) जीव-जन्तुओं पर
(c) बच्चों पर
(d) ये सभी

58. अकाल पड़ने का क्या कारण हो सकता है?
(a) अतिवृष्टि
(b) अनावृष्टि
(c) 'a' व 'b' दोनों
(d) उपर्युक्त में से कोई नहीं

59. कवि ने 'अकाल के बाद' कविता में वर्णन किया है
(a) दो विपरीत परिस्थितियों का
(b) खुशहाल समय का
(c) निराशाजनक परिस्थिति का
(d) उपर्युक्त में से कोई नहीं

सही उत्तर

1. (a)	**2.** (b)	**3.** (a)	**4.** (c)	**5.** (b)	**6.** (a)	**7.** (c)	**8.** (d)	**9.** (b)	**10.** (a)
11. (a)	**12.** (b)	**13.** (d)	**14.** (b)	**15.** (a)	**16.** (a)	**17.** (b)	**18.** (d)	**19.** (b)	**20.** (c)
21. (a)	**22.** (c)	**23.** (c)	**24.** (b)	**25.** (a)	**26.** (d)	**27.** (c)	**28.** (d)	**29.** (c)	**30.** (c)
31. (d)	**32.** (b)	**33.** (b)	**34.** (a)	**35.** (a)	**36.** (d)	**37.** (c)	**38.** (c)	**39.** (a)	**40.** (a)
41. (d)	**42.** (a)	**43.** (b)	**44.** (d)	**45.** (d)	**46.** (c)	**47.** (a)	**48.** (b)	**49.** (a)	**50.** (d)
51. (b)	**52.** (a)	**53.** (c)	**54.** (b)	**55.** (b)	**56.** (a)	**57.** (d)	**58.** (c)	**59.** (a)	

इकाई 19

कैदी और कोकिला (माखन लाल चतुर्वेदी)

काव्यांश 1

क्या गाती हो?
क्यों रह-रह जाती हो?
कोकिल बोलो तो!
क्या लाती हो?
संदेशा किसका है?
कोकिल बोलो तो!
ऊँची काली दीवारों के घेरे में,
डाकू, चोरों, बटमारों के डेरे में,
जीने को देते नहीं, पेट-भर खाना,
मरने भी देते नहीं, तड़प रह जाना!
जीवन पर अब दिन-रात कड़ा पहरा है,
शासन है, या तम का प्रभाव गहरा है?
हिमकर निराश कर चला रात भी काली,
इस समय कालिमामयी जगी क्यूँ आली?

शब्दार्थ

कोकिला-कोयल; बटमार–रास्ते में यात्रियों को लूटने वाले ठग, डाकू; डेरे में–आवास में; तम–अंधकार; हिमकर–चंद्रमा; कालिमामयी–काली; आली–सखी।

भावार्थ

कवि अर्द्ध-रात्रि को गाती कोयल की आवाज़ से चौंककर उससे व्यग्रता से पूछ बैठता है कि हे कोयल! तुम इस प्रकार रह-रहकर क्यों गा रही हो? क्या तुम्हारे इस गीत में किसी तरह का गुप्त संदेश या कोई प्रेरणा छिपी है? यदि कोई ऐसा संदेशा है भी, तो यह संदेशा किसका है? तुम मुझे स्पष्ट रूप से बताओ तो।

हे कोयल! मैं जिस स्थान पर कैद हूँ, वह स्थान मनुष्य के जीने लायक नहीं है। यहाँ की दीवारें भयानक काली और ऊँची हैं। यहाँ चोरों, डाकुओं और राहजनी करने वालों का निवास है।

स्थिति तो यह है कि जीने भर के लिए भी भोजन नहीं मिलता, भरपेट तो दूर की बात है। पर्याप्त भोजन के अभाव में मन एवं शरीर तड़पकर रह जाता है। वे अर्थात् अंग्रेज़ सिपाही हमें मरने भी नहीं देते और ठीक ढंग से जीने भी नहीं देते। हमारे चारों ओर कड़ा पहरा है। हमारी निगरानी के लिए सिपाहियों को बैठा रखा है।

कवि प्रश्न करता है कि यह अंग्रेज़ों का अंधकारमय शासन है या वास्तव में, गहरी काली अँधियारी रात है। रात इस सीमा तक काली है कि प्रकाश या आशा रूपी चंद्रमा भी उसके आगे परास्त है। वह भी निराशा का संदेशा दे रहा है अर्थात् उसका प्रकाश भी क्षीण प्रतीत होता है। कवि कोयल से कहता है कि हे सखी! इस भयानक अँधेरी रात में तुम क्यों जाग रही हो? क्या तुम मुझसे कुछ कहना चाह रही हो?

काव्यांश 2

क्यों हूक पड़ी?
वेदना बोझ वाली-सी;
कोकिल बोलो तो!
क्या लूटा?
मृदुल वैभव की
रखवाली-सी,
कोकिल बोलो तो!

क्या हुई बावली?
अर्द्धरात्रि को चीखी,
कोकिल बोलो तो!
किस दावानल की
ज्वालाएँ हैं दीखीं?
कोकिल बोलो तो!

शब्दार्थ

हूक–कसक या पीड़ा युक्त आवाज़; वेदना–पीड़ा; मृदुल–कोमल, मीठा; वैभव–ऐश्वर्य, धन-दौलत; बावली– पागल; अर्द्धरात्रि–आधी रात; दावानल–जंगल की आग; ज्वालाएँ–आग की लपटें।

भावार्थ

कवि जेल की कोठरी से कोयल को संबोधित करते हुए कहता है कि हे कोयल! तू किस कसक भरी वाणी में कूक रही है? ऐसी कौन-सी बात है, जिसका बोझ तुम्हारी वेदनापूर्ण वाणी में स्पष्ट दिखाई पड़ता है। हे कोयल! तुम्हारा ऐसा क्या लुट गया, जिसको लेकर तुम इतनी उद्विग्न एवं व्याकुल हो और आधी रात को तुम्हारी वाणी इतनी कारुणिक (दुःख भरी) हो रही है? हे कोयल! तुम्हारी वाणी अत्यंत मधुर एवं कोमल है तथा वह मधुर ऐश्वर्य की प्रतीक है, जिसकी तुम स्वामिनी हो, फिर भी तुम इस सीमा तक विचलित क्यों हो? तुम्हारी वाणी में यह विक्षिप्तता क्यों है?

तुम इस आधी रात को क्यों चिल्ला रही हो? क्या किसी जंगल की आग की भयानक लपटें तुम्हें दिख गई हैं अर्थात् क्या तुम्हें भी इस अंग्रेज़ी-राज का अंधकार और भयानक अत्याचार युक्त नीतियों का ज्ञान हो गया है। तुम्हारी वाणी की व्याकुलता क्या इसी कारण है?

काव्यांश 3

क्या?—देख न सकती ज़ंजीरों का गहना?
हथकड़ियाँ क्यों? यह ब्रिटिश-राज का गहना,
कोल्हू का चर्रक चूँ?— जीवन की तान,
गिट्टी पर अँगुलियों ने लिखे गान!
हूँ मोट खींचता लगा पेट पर जूआ,
खाली करता हूँ ब्रिटिश अकड़ का कूआँ।
दिन में करुणा क्यों जगे, रुलानेवाली,
इसलिए रात में ग़ज़ब ढा रही आली?
इस शांत समय में,
अंधकार को बेध, रो रही क्यों हो?
कोकिल बोलो तो!
चुपचाप, मधुर विद्रोह-बीज
इस भाँति बो रही क्यों हो?
कोकिल बोलो तो!

शब्दार्थ

जंजीर–कड़ी, बंधन; गहना–आभूषण; चर्रक चूँ –कोल्हू चलने की ध्वनि; गिट्टी–पत्थर का टूटा छोटा भाग; मोट खींचना–कोल्हू का चरसा खींचना; अकड़–घमंड, ऐंठ; बेध–चीरना; विद्रोह-बीज–क्रांति का प्रारंभ।

भावार्थ

कवि कोयल से कहता है कि हे कोयल! क्या तुम्हें हमारे शरीर पर पड़ी हुई ज़ंजीरें दिखाई नहीं पड़तीं? ये ज़ंजीरें हमें किसी गहने से कम प्रतीत नहीं होतीं और ये जो हथकड़ियाँ हमने पहन रखी हैं, ये अंग्रेज़ी-राज द्वारा हमें दिया गया उपहार है, जो गहनों के रूप में हमारे शरीर और हाथों में सजी हुई हैं। हमें ये कोल्हू के चरसा को खींचते समय चर्रक चूँ की ध्वनि में जीवन की तान सुनाई पड़ती है।

यह जीवन संगीत ही हमें देश के प्रति समर्पित होने की प्रेरणा देता है। हम अपने मज़बूत हाथों से जब पत्थर तोड़ते हैं, तो ऐसा लगता है कि हमारी अँगुलियों में पत्थर के ये टुकड़े स्वतंत्रता-संग्राम का नया गीत रच रहे हों। कवि कहता है कि जब मैं पेट पर कोल्हू का जुआ लगाकर कोल्हू का चरसा खींचता हूँ, तो ऐसा लगता है कि अंग्रेज़ी शासन की अकड़ या घमंड का कुआँ लगातार खाली करता जा रहा हूँ। इससे मेरे अंदर उत्साह का नया संचार होता है अर्थात् अंग्रेज़ों द्वारा दी जाने वाली यातनाएँ, हमें जीवन में अंग्रेज़ों के विरुद्ध संघर्ष करने की प्रेरणा दे रही हैं।

कवि कहता है कि हे कोयल! इस अंधकारमय एवं शांत माहौल में तुम क्यों विलाप कर रही हो? तुम्हें ज्ञात है कि दिन का समय परिश्रम, यातना, संघर्ष का समय होता है, उस समय मधुर आवाज़ और करुणा की आवश्यकता नहीं होती। इसलिए तुम्हारा रुदन इस घोर अंधकार को बेध रहा है। हे कोयल! क्या तुम इन अंग्रेज़ों के विरुद्ध क्रांति का सूत्रपात कर रही हो? क्या तुम अपनी करुण वाणी से स्वतंत्रता-संग्राम का नया अध्याय लिखने जा रही हो? बोलो तो कोयल! क्या तुम इस नीरव, शांत, अंधकारमय वातावरण में इसीलिए चुपचाप रुदन कर रही हो?

काव्यांश 4

काली तू, रजनी भी काली,
शासन की करनी भी काली,
काली लहर कल्पना काली,
मेरी काल कोठरी काली,
टोपी काली, कमली काली,
मेरी लौह-श्रृंखला काली,
पहरे की हुंकृति की ब्याली,
तिस पर है गाली, ऐ आली!
इस काले संकट-सागर पर
मरने की, मदमाती!
कोकिल बोलो तो!
अपने चमकीले गीतों को
क्योंकर हो तैराती!
कोकिल बोलो तो!

शब्दार्थ

रजनी–रात; करनी–कर्म, काम; काल-कोठरी–संकरी छोटी जगह, जहाँ खूँखार कैदियों को रखा जाता है; कमली–कंबल; लौह-श्रृंखला–लोहे की ज़ंजीर; हुंकृति–हुँकार; ब्याली–नागिन; तिस पर–उस पर; संकट-सागर–सागर रूपी संकट; मदमाती–मस्ती, उल्लास से भरी।

भावार्थ

कवि कहता है कि हे कोयल! जिस प्रकार रात का रंग काला है, वही काला रंग तुम्हारा भी है। अंग्रेज़ों का बर्ताव भी नितांत काला अर्थात् अमानवीय है।

उनका यह व्यवहार मेरे मन में कई तरह की भयंकर कल्पनाएँ भर देता है। बुरी-बुरी कल्पनाएँ एवं विचार लहर के समान इस काली अँधेरी कोठरी में घूमते रहते हैं। मेरी काल-कोठरी का वातावरण भी नितांत कालिमा युक्त अर्थात् रोशनीविहीन है। कैदियों को दी जाने वाली टोपी भी काली है और कंबल भी काला है। यहाँ तक कि मेरा शरीर जिन लोहे की ज़ंजीरों से बँधा है, उनका रंग भी काला है अर्थात् कारागार और प्राकृतिक वातावरण सभी कालिमायुक्त हैं। इस अंधकारमय, कालिमायुक्त वातावरण में पहरेदार की भीषण आवाज़ किसी सर्पिणी के डसने जैसा भय उत्पन्न कर रही है।

हे सखी! इस अंधकारमय, अन्याय से भरे वातावरण में अंग्रेज़ी सैनिकों द्वारा दी जाने वाली असभ्य गालियाँ इसे और भयावह बना रही हैं। कवि कहता है कि ऐसे अन्यायपूर्ण एवं अमानवीय वातावरण में भी काले सागर रूपी विपत्ति अर्थात् अंग्रेज़ी हुकूमत से लोहा लेने का उत्साह निरंतर बढ़ता जा रहा है।

प्रबल इच्छा हो रही है कि इस काले सागर रूपी संकट को जल्द-से-जल्द नष्ट कर दिया जाए। हे कोयल! बोलो तो यह विचार कैसा है? तुम अपनी माधुर्यपूर्ण स्वर-लहरी अर्थात् गीतों को क्यों लहरा रही हो? क्या तुम भी इस अंग्रेज़ी हुकूमत से लोहा लेने का मन बना चुकी हो। हे कोयल! सच-सच बताओ।

काव्यांश 5

तुझे मिली हरियाली डाली,
मुझे नसीब कोठरी काली!
तेरा नभ-भर में संचार
मेरा दस फुट का संसार!
तेरे गीत कहावें वाह,
रोना भी है मुझे गुनाह!
देख विषमता तेरी-मेरी,
बजा रही तिस पर रणभेरी!
इस हुंकृति पर,
अपनी कृति से और कहो क्या कर दूँ?
कोकिल बोलो तो!
मोहन के व्रत पर,
प्राणों का आसव किसमें भर दूँ!
कोकिल बोलो तो!

शब्दार्थ

नसीब–भाग्य; नभ-भर–संपूर्ण आकाश; गुनाह–अपराध; विषमता–असमानता, अंतर; रणभेरी–युद्ध का नाद; कृति–रचना; मोहन–मोहनदास करमचंद गांधी अर्थात् महात्मा गांधी; आसव–रस।

भावार्थ

कवि कहता है कि हे कोयल! तुम तो प्रकृति के स्वच्छंद हरे-भरे वातावरण में उन्मुक्त (स्वतंत्र) विचरण करती हो अर्थात् तुम्हें तो बैठने के लिए हरी–भरी डाली मिली है, परंतु मेरे भाग्य में यह संकरी-सी काल-कोठरी है, जहाँ हवा और रोशनी बड़ी मुश्किल से पहुँचते हैं।

हे कोयल! संपूर्ण आकाश तुम्हारा क्षेत्र है, जहाँ तुम निर्बाध (बिना रुकावट के) रूप से उड़ सकती हो, जबकि मैं जिस काल-कोठरी में बंद हूँ, यह मात्र दस फुट की ही है। हे कोयल! तेरे गीत सभी की प्रशंसा के पात्र होते हैं, परंतु यदि मैं अपनी दुर्दशा पर रोना चाहूँ, तो यह अपराध की श्रेणी में गिना जाएगा।

हे कोयल! तुम स्वयं देख लो कि तुम्हारी और मेरी स्थिति में कितना अंतर है? तब भी तुम अंग्रेज़ी शासन के विरुद्ध युद्ध का संगीत बजा रही हो। हे कोयल! यह बताओ कि तुम्हारी इस हुँकार पर मैं क्या कर सकता हूँ? इस काल-कोठरी में रहकर मैं अपनी रचनाओं-कविताओं के द्वारा ऐसा और क्या विशेष करूँ कि स्वतंत्रता-संघर्ष की अग्नि और अधिक धधक उठे। हे कोयल! तुम्हीं बताओ कि महात्मा गांधी के इस स्वतंत्रता आंदोलन के लिए मैं अपने प्राण-रस किस भाँति न्योछावर कर सकता हूँ। तुम बताओ कोयल! मेरे संघर्ष की दिशा क्या होगी! मैं इसके लिए सहर्ष तैयार हूँ।

ग्राम श्री (सुमित्रा नन्दन पन्त)

काव्यांश 1

फैली खेतों में दूर तलक
मखमल की कोमल हरियाली,
लिपटी जिससे रवि की किरणें
चाँदी की सी उजली जाली!
तिनकों के हरे हरे तन पर
हिल हरित रुधिर है रहा झलक
श्यामल भू तल पर झुका हुआ
नभ का चिर निर्मल नील फलक!

शब्दार्थ

तलक–तक; हरित–हरा; रुधिर–खून, रक्त; श्यामल–हरा; भू तल–पृथ्वी; नभ–आकाश; चिर–सदा, हमेशा; निर्मल–स्वच्छ; फलक–आकाश, विस्तार।

भावार्थ

कवि गाँव के सौंदर्य का वर्णन करते हुए कहता है कि गाँव के खेतों में दूर-दूर तक फसलों की मखमली (मुलायम के अर्थ में) कोमल हरियाली फैली हुई है। उस हरियाली पर पड़ने वाली सूर्य की किरणें इस प्रकार लिपट गई हैं, जैसे उस पर चाँदी के समान उज्ज्वल जाली लपेट दी गई हो। कवि तिनकों को हरे शरीर वाला बताते हुए कहता है कि धूप में हरे तन वाले इन तिनकों में हरियाली कुछ इस तरह समा गई है, जैसे नसों में हरा खून झलक रहा हो। फसलों की हरियाली से हरी हुई धरती के ऊपर आकाश का कभी न धूमिल पड़ने वाला नीलवर्णी फलक (छोर या किनारा) इस प्रकार झुका हुआ है, मानो नीचे झुककर वह धरातल को छू लेना चाहता है।

काव्यांश 2

रोमांचित सी लगती वसुधा
आई जौ गेहूँ में बाली,
अरहर सनई की सोने की
किंकिणियाँ हैं शोभाशाली!
उड़ती भीनी तैलाक्त गंध
फूली सरसों पीली पीली,
लो, हरित धरा से झाँक रही
नीलम की कलि, तीसी नीली!

शब्दार्थ

रोमांचित–प्रसन्न; वसुधा–धरती; सनई–एक पौधा, जिससे रस्सी बनाई जाती है; किंकिणियाँ–कमर पर बाँधने वाला घुँघरूदार गहना, करधनी; भीनी–भीगी हुई, मीठी-मीठी; तैलाक्त–तेलयुक्त; हरित धरा–हरी धरती; तीसी–एक खाद्य पदार्थ के पौधे का फूल।

भावार्थ

कवि कहता है कि प्रकृति में इस सौंदर्य को देखकर ऐसा प्रतीत होता है कि धरती रोमांच से भर गई है। इस कारण गेहूँ और जौ के पौधों में नवविकसित बालियाँ दिखाई दे रही हैं, अरहर और सनई की पकी फसलों में फलियों के बीच हवा से हिलकर बज उठने वाले गोल सुनहरे दाने आ गए हैं, वे ऐसे शोभायमान प्रतीत हो रहे हैं मानो धरती की कमर पर सुंदर घुँघरू हों। फूली हुई सरसों के पुष्पों का पीला रंग और उन फूलों से निकलकर हवा में फैलती भीनी तैलीय सुगंध बिखरी पड़ी है, खेतों की हरी-भरी धरती से निकलने वाले नीले फूलों वाले तीसी के छोटे-छोटे पौधे धरती के सौंदर्य को निहारने के लिए हरी-भरी धरती से झाँक रहे हैं। इस कारण धरती मानो रोमांचित होकर पुलक रही है एवं प्रसन्नता से भर-सी गई है।

काव्यांश 3

रंग रंग के फूलों में रिलमिल
हँस रही सखियाँ मटर खड़ी,
मखमली पेटियों सी लटकीं
छीमियाँ, छिपाए बीज लड़ी!
फिरती हैं रंग रंग की तितली
रंग रंग के फूलों पर सुंदर,
फूले फिरते हैं फूल स्वयं,
उड़ उड़ वृंतों से वृंतों पर!

शब्दार्थ

रिलमिल–मिली-जुली; छीमियाँ–फलियाँ; वृंत–डंठल।

भावार्थ

कवि कहता है कि मटर के फूलों एवं शंख के आकार की फलियों से युक्त (मिले-जुले) पौधे ऐसे लगते हैं, मानो विस्तृत फसल राशि के बीच रंग-बिरंगे फूलों वाली सखियाँ मटर के साथ खेतों में खड़ी हँस रही हों। बीजों (मटर के दानों) की लड़ी को अपने भीतर छिपाए मटर की फलियाँ मखमल की थैलियों जैसी मटर के पौधों से लगी लटक रही हैं। खेत में चारों ओर रंग-बिरंगे फूल खिले हैं। मटर के फूलों पर बैठती-उड़ती, रंग-बिरंगी तितलियाँ जब एक फूल से दूसरे फूल पर जाती हैं, तो ऐसा लगता है कि जैसे रंग-बिरंगे फूल स्वयं उड़कर अपने वृंतों से दूसरे फूलों के वृंतों पर जाकर बैठ रहे हैं।

काव्यांश 4

अब रजत स्वर्ण मंजरियों से
लद गई आम्र तरु की डाली,
झर रहे ढाक, पीपल के दल,
हो उठी कोकिला मतवाली!
महके कटहल, मुकुलित जामुन,
जंगल में झरबेरी झूली,
फूले आड़ू, नींबू, दाड़िम,
आलू, गोभी, बैंगन, मूली!

शब्दार्थ

रजत–चाँदी; स्वर्ण–सोना, सुनहरा; मंजरी–आम का बौर; आम्र–आम; तरु–वृक्ष; झर–गिर; दल–पत्ता; कोकिला-कोयल; मतवाली– मदहोश; मुकुलित–अधखिला; दाड़िम–अनार।

भावार्थ

कवि गाँव की धरती व प्रकृति के सौंदर्य का वर्णन करते हुए कहता है कि गाँव की धरती केवल फसलों के सौंदर्य से मंडित नहीं है, अपितु बाग–बगीचों में उगे आम के वृक्षों की डालियाँ भी, जो अब सोने और चाँदी के समान आभा वाली मंजरियों से लद गई हैं, उसकी प्राकृतिक सुषमा में वृद्धि कर रही हैं। वसंत ऋतु के आगमन के प्रभाव से ढाक और पीपल के पुराने पत्ते झड़कर नव किसलयों (पत्ते) को विकसित होने का अवसर दे रहे हैं। इस वातावरण में कोयल भी मतवाली–सी होकर कूक उठी है।

कटहल के वृक्ष, फल आ जाने के कारण महक उठे हैं; जामुन के फूल अधखिले होने (निकलने) लगे हैं। जंगल में झरबेरी की झाड़ियों में झरबेरी (बेरों) के गुच्छे फलकर लटक रहे हैं। इन सबकी भाँति ही आड़ू, नींबू और अनार के पेड़ों में फल के पूर्व आने वाले फूल लग गए हैं। खेतों में आलू , गोभी, बैंगन, मूली भी अपने वांछित विकास को प्राप्त कर रहे हैं।

काव्यांश 5

पीले मीठे अमरूदों में
अब लाल लाल चित्तियाँ पड़ीं
पक गए सुनहले मधुर बेर,
अँवली से तरु की डाल जड़ी!
लहलह पालक, महमह धनिया,
लौकी औ' सेमी फली, फैलीं
मखमली टमाटर हुए लाल,
मिरचों की बड़ी हरी थैली!

शब्दार्थ

चित्तियाँ–चित्र, निशान; मधुर बेर–मीठे बेर; अँवली–आँवला; जड़ी–सुशोभित; लहलह–लहलहाता हुआ; महमह–महकता हुआ।

भावार्थ

कवि प्रकृति के सौंदर्य का वर्णन करते हुए कहता है कि पीले अमरूद अब मीठे और लाल चित्तियों वाले हो गए हैं अर्थात् पहले की अपेक्षा उनमें अधिक मधुरता और सौंदर्य समा गया है। बेर पक गए हैं तथा मीठे और सुनहरे हो गए हैं। आँवले की डालों पर बहुत–से फलों के गुच्छे लटक गए हैं।

खेतों में कहीं हरी पालक लहलहा रही है, तो कहीं धनिये के फूलों की खुशबू वातावरण में महक उठी है। लौकी और सेम की फलियाँ फैल गई हैं। टमाटर के फल हरे से लाल हो गए अर्थात् पक गए हैं। अब वह मखमल की भाँति प्रतीत हो रहे हैं। मिर्च के गुच्छों को देखकर ऐसा लगता है, जैसे वह बड़ी हरी थैली के रूप में उग गए हैं।

काव्यांश 6

बालू के साँपों से अंकित
गंगा की सतरंगी रेती
सुंदर लगती सरपत छाई
तट पर तरबूजों की खेती;
अँगुली की कंघी से बगुले
कलँगी सँवारते हैं कोई,
तिरते जल में सुरखाब, पुलिन पर
मगरौठी रहती सोई!

शब्दार्थ

अंकित–जिस पर निशान पड़े हों; सरपत–घास-पात, तिनके; सुरखाब–चक्रवाक पक्षी; पुलिन–किनारा; मगरौठी–एक प्रकार का पक्षी।

भावार्थ

कवि गंगा की रेत को देखकर कहता है कि गंगा तट की रेती, जो सूर्य का प्रकाश पड़ने के कारण सतरंगी बनकर चमक रही है, लहरों के जल से बालू पर बन जाने वाले सर्पिल (साँप जैसे) निशानों से युक्त है। उसके चारों ओर सरपत (घास-पात) की घनी झाड़ियाँ और तट पर तरबूजों की खेती बड़ी सुंदर दिखाई दे रही है।

गंगा के जल में अपने एक पैर को उठा–उठाकर सिर खुजलाते और कलँगी सँवारते बगुले बालों में कंघी करते से प्रतीत होते हैं। उस निरंतर प्रवाहमान जल में कहीं सुरखाब (चक्रवाक पक्षी) तैर रहे हैं, तो कहीं किनारे पर मगरौठी (एक प्रकार की चिड़िया) सोई हुई है।

काव्यांश 7

हँसमुख हरियाली हिम-आतप
सुख से अलसाए-से सोए,
भीगी अँधियाली में निशि की
तारक स्वप्नों में-से खोए-
मरकत डिब्बे सा खुला ग्राम-
जिस पर नीलम नभ आच्छादन-
निरुपम हिमांत में स्निग्ध शांत
निज शोभा से हरता जन मन!

शब्दार्थ

हिम-आतप-सर्दी की धूप; निशि–रात; तारक–तारे; मरकत– पन्ना नामक हरे रंग का रत्न; नीलम–नीले रंग का कीमती पत्थर; आच्छादन–छा जाना; निरुपम–अद्‌भुत, अनोखा; हिमांत–सर्दी की समाप्ति; स्निग्ध–कोमल, स्नेह भरा; हरता–छीन लेता।

भावार्थ

कवि कहता है कि ऐसा प्रतीत हो रहा है कि हरियाली सर्दी की धूप पड़ने पर हँस रही है तथा सर्दी की धूप और हरियाली आलस्य से युक्त होकर सो रहे हैं। ओस पड़ने के कारण रात भीग चुकी है। तारों की रोशनी फीकी पड़ने से प्रतीत होता है, जैसे वह स्वप्न में खोए हुए हैं। सौंदर्य से पूर्ण गाँव पन्ने (मरकत) के खुले डिब्बे जैसा दिखाई देता है। इस 'मरकत डिब्बे' से गाँव के ऊपर नीला आकाश ऐसे छाया हुआ है, जैसे 'नीलम' का आच्छादन (ढक्कन) हो। अनुपम शोभा युक्त गाँव की यह स्निग्ध, शांत, सौंदर्य छटा (दृश्य) जाड़े की समाप्ति एवं वसंत के आरंभ के प्राकृतिक वातावरण में अपनी सुंदरता से लोगों के मन को हर (चुरा) लेने वाली अर्थात् सम्मोहित कर देने वाली है।

बच्चे काम पर जा रहे हैं (राजेश जोशी)

काव्यांशों का भावार्थ

काव्यांश 1

कोहरे से ढँकी सड़क पर बच्चे काम पर जा रहे हैं
सुबह-सुबह
बच्चे काम पर जा रहे हैं
हमारे समय की सबसे भयानक पंक्ति है यह
भयानक है इसे विवरण की तरह लिखा जाना
लिखा जाना चाहिए इसे सवाल की तरह
काम पर क्यों जा रहे हैं बच्चे?

शब्दार्थ

कोहरे–धुंध, कुहासा; काम–कार्य; भयानक–भयंकर, डरावना; पंक्ति–कतार; विवरण– हाल-चाल, वर्णन; सवाल– प्रश्न।

भावार्थ

कवि कहता है कि सुबह के समय सड़कों पर घना कोहरा छाया हुआ है, चारों ओर भयंकर ठंड पड़ रही है, फिर भी रोज़ी-रोटी कमाने की विवशता के कारण बच्चों को काम पर जाना पड़ रहा है। जिस समय बच्चों को ठंड से बचने के लिए घर में होना चाहिए, उस समय वे काम करने के लिए घने कोहरे के साये में सड़कों पर निकल पड़े हैं।

हमारे युग की सबसे भयावह स्थिति है कि जिस उम्र में बच्चों को खेलना-कूदना व पढ़ना-लिखना चाहिए, उस उम्र में वे काम कर रहे हैं। इससे भी भयानक स्थिति यह है कि हमारा समाज इस समस्या को सामान्य घटना मानकर इस ओर ध्यान ही नहीं दे रहा है।

इस समस्या को महत्त्वपूर्ण प्रश्न के रूप में प्रस्तुत किया जाना चाहिए कि आखिर ये बच्चे खेल-कूद व पढ़ाई-लिखाई की दुनिया से दूर रहकर पेट-पालने की चिंता से ग्रस्त क्यों हैं।

काव्यांश 2

क्या अंतरिक्ष में गिर गई हैं सारी गेंदें
क्या दीमकों ने खा लिया है
सारी रंग-बिरंगी किताबों को
क्या काले पहाड़ के नीचे दब गए हैं सारे खिलौने
क्या किसी भूकंप में ढह गई हैं
सारे मदरसों की इमारतें
क्या सारे मैदान, सारे बगीचे और घरों के आँगन
खत्म हो गए हैं एकाएक

शब्दार्थ

अंतरिक्ष– अनंत आकाश; दीमक–लकड़ी-कागज़ खाने वाला एक प्रकार का कीड़ा; भूकंप–भूचाल; मदरसा–विद्यालय; इमारत–भवन; खत्म– समाप्त; एकाएक– अचानक।

भावार्थ

कवि नन्हे-मुन्हे बच्चों को सुबह-सुबह घने कोहरे में काम पर जाते देख विचलित हो उठता है तथा समाज से प्रश्न करता है कि ये छोटे-छोटे बच्चे काम पर क्यों जा रहे हैं? क्या सारी गेंदें अंतरिक्ष में गिर गईं अर्थात् बच्चों के खेलने के लिए क्या सारी गेंदें नष्ट हो गईं? क्या इनकी रंगीन किताबों को दीमकों ने खा लिया? अर्थात् जो बच्चों की किताबें थीं, क्या वे अब नष्ट हो गई हैं?

क्या बच्चों के सारे खिलौने किसी काले पहाड़ के नीचे दबकर नष्ट हो गए? क्या किसी भूकंप के कारण बच्चों के विद्यालयों की इमारतें नष्ट हो गई हैं? क्या बच्चों के खेलने के सारे मैदान, बगीचे, घरों के आँगन समाप्त हो गए है? आखिर इस तरह से अचानक बच्चों को बचपन की सारी सुख-सुविधाओं से कैसे वंचित कर दिया गया है?

ये सारे प्रश्न हमें उत्तेजित करते हैं कि हमें उनका बचपन लौटाना होगा। उन्हें खेलने तथा पढ़ने के लिए उचित अवसर उपलब्ध कराने होंगे और उन्हें काम पर भेजना बंद करना होगा।

काव्यांश 3

तो फिर बचा ही क्या है इस दुनिया में?
कितना भयानक होता अगर ऐसा होता
भयानक है लेकिन इससे भी ज़्यादा यह
कि हैं सारी चीज़ें हस्बमामूल
पर दुनिया की हज़ारों सड़कों से गुज़रते हुए
बच्चे, बहुत छोटे-छोटे बच्चे
काम पर जा रहे हैं।

शब्दार्थ

दुनिया– संसार; ज़्यादा– अधिक; हस्बमामूल– यथावत/वैसी ही जैसी कि होनी चाहिए।

भावार्थ

कवि कहता है कि यदि बच्चों से उनका बचपन छीन लिया जाएगा तो इस संसार में क्या बचेगा? अगर इस संसार में बच्चों के लिए गेंदें, रंगीन पुस्तकें, खिलौने, विद्यालय, मैदान, बगीचे और आँगन न रहें, तो इस संसार का क्या लाभ है?

ऐसे संसार का होना, न होना व्यर्थ है। यदि संसार सचमुच ही इन वस्तुओं से रहित हो जाए, तो संसार कितना भयंकर प्रतीत होगा।

अंत में कवि स्पष्ट कहता है कि यदि संसार में कुछ न बचता तो यह भयानक बात थी, परंतु उससे भी अधिक भयानक बात यह है कि सब कुछ पहले जैसा ही है। ये वस्तुएँ वैसी ही हैं, जैसी होनी चाहिए, लेकिन दुर्भाग्य यह है कि ये चीज़ें इन बच्चों को नहीं मिल पातीं। देश के बच्चे इनसे वंचित रह जाते हैं।

बच्चे खेलने-कूदने व पढ़ने-लिखने की उम्र में रोज़ी-रोटी कमाने के लिए विवश हैं। संसार की हज़ारों सड़कों पर नन्हें-नन्हें बच्चे काम करने के लिए जा रहे हैं। बाल मज़दूरी निरंतर जारी है। यह सचमुच चिंता का विषय है।

मेघ आए (सर्वेश्वर दयाल सक्सेना)

काव्यांशों का भावार्थ

काव्यांश 1

मेघ आए बड़े बन-ठन के सँवर के।
आगे-आगे नाचती-गाती बयार चली,
दरवाज़े-खिड़कियाँ खुलने लगीं गली-गली,
पाहुन ज्यों आए हों गाँव में शहर के।
मेघ आए बड़े बन-ठन के सँवर के।
पेड़ झुक झाँकने लगे गरदन उचकाए,
आँधी चली, धूल भागी घाघरा उठाए,
बाँकी चितवन उठा, नदी ठिठकी, घूँघट सरके।
मेघ आए बड़े बन-ठन के सँवर के।

शब्दार्थ

मेघ–बादल; सँवर के–सज के; बयार–हवा; पाहुन–मेहमान; उचकाए–उठाकर, ऊँची किए हुए; घाघरा–कमर से एड़ी तक पहने जाने वाला बड़े घेरे वाला स्त्रियों का एक वस्त्र; बाँकी–टेढ़ी, तिरछी; चितवन–नज़र; ठिठकी–हैरान होकर रुकी; सरके–खिसक गए।

भावार्थ

प्रस्तुत पंक्तियों में कवि बादलों की तुलना शहरी अतिथि (मेहमान) से कर रहा है। जिस प्रकार अतिथि सज-धज कर आते हैं। उसी प्रकार बादल भी अलग-अलग रंग-रूप में सज-धज कर आते दिखाई दे रहे हैं। जिस प्रकार लोग अतिथियों के आने से खुश दिखाई देते हैं, ठीक उसी प्रकार बादलों के आने पर भी खुश दिखाई दे रहे है। उनके साथ श्रृंगार रूप में हवा भी आती है, जिससे घरों की खिड़कियाँ-दरवाज़े खुल जाते हैं जैसे सभी, घर आए अतिथि का स्वागत करने के लिए तैयार हो रहे हों। कहने का तात्पर्य यह है कि वर्षा ऋतु में काले-काले बादल घिर आए हैं। हवा भी मस्ती में चलने लगी है। लोगों ने वर्षा की प्रतीक्षा में अपने घर के दरवाज़े और खिड़कियाँ खोल दिए हैं। सभी बादलों के बरसने का इंतज़ार कर रहे हैं।

बादल आ गए, जानकर पेड़ कभी झुककर, कभी ऊपर की तरफ़ उचक कर देखने का प्रयास करते हैं। तेज़ हवा से वृक्ष झुक जाते हैं तो कभी तेज़ हवा के झोंके डालियों को ऊपर उठा देते हैं। धीरे-धीरे मंद हवा आँधी का रूप धारण कर लेती है जिसे देखकर लगता है कि जैसे ग्रामीण स्त्रियाँ अपना घाघरा सँभाले

घर की ओर भागी जा रही हों। नदी तिरछी नज़रों से देखती हुई ठिठक जाती है जैसे कोई गाँव की स्त्री तिरछी नज़र से मेहमान को देखती है। जिससे उसका घूँघट सरक जाता है। कहने का तात्पर्य यह है कि मेघ आकाश में सुशोभित हैं। हवा के कारण पेड़ नीचे को झुक गए हैं। धूल-भरी आँधी चल पड़ी है। ऐसे समय में नदी का मोड़ बड़ा सुहाना लग रहा है।

काव्यांश 2

बूढ़े पीपल ने आगे बढ़कर जुहार की,
'बरस बाद सुधि लीन्हीं'—
बोली अकुलाई लता ओट हो किवार की,
हरसाया ताल लाया पानी परात भर के।
मेघ आए बड़े बन-ठन के सँवर के।

शब्दार्थ

जुहार–आदरसहित (झुककर) नमस्कार करना; बरस–वर्ष, साल; सुधि–खबर, याद; अकुलाई– बेचैन; ओट–आड़; किवार–दरवाज़ा; हरसाया–खुश हुआ; ताल–तालाब; परात–थाल जैसा बड़ा बर्तन।

भावार्थ

प्रस्तुत पंक्तियों में कवि कहता है कि तेज़ हवा और बादलों के आने पर मनुष्य ही नहीं, पेड़-पौधे भी उनका झूम-झूम कर स्वागत करते हैं। हवा और बारिश के वेग से पीपल का बूढ़ा पेड़ भी, जो विशालकाय होता है, झूमता प्रतीत होता है। ऐसा लगता है कि मानो वह झुककर तथा नमस्कार करते हुए मेहमान रूपी बादलों को कह रहा हो कि आपका स्वागत है। नायिका रूपी लता बादल रूपी मेहमान का शरमाते-लजाते हुए दरवाज़े के पीछे से छिपकर स्वागत करती हुई, उनसे कह रही है कि आपने हमें एक साल बाद याद किया है। लता फिर अपनी प्रसन्नता प्रकट करने लगी। गाँव के तालाब मेघों के आने की खुशी में चमकने लगते हैं मानो वे परात में पानी भरकर लाएँ हों और मेहमान रूपी बादलों का स्वागत कर रहे हों।

काव्यांश 3

क्षितिज अटारी गहराई दामिनी दमकी,
'क्षमा करो गाँठ खुल गई अब भरम की',
बाँध टूटा झर-झर मिलन के अश्रु ढरके।
मेघ आए बड़े बन-ठन के सँवर के।

शब्दार्थ

क्षितिज–जहाँ धरती-आकाश मिलते प्रतीत होते हैं; अटारी–महल, ऊँचा स्थान; दामिनी–बिजली; दमकी–चमकना; गाँठ खुलना–रहस्य प्रकट हो जाना; भरम–भ्रम, गलतफ़हमी; बाँध–पुल, सेतु; अश्रु– आँसू; ढरके–गिर पड़े।

भावार्थ

प्रस्तुत पंक्तियों में कवि ने बादल और बिजली के बीच में एक अटूट रिश्ता बताया है। कवि कहता है आकाश में बादल छा जाने से अंधकार हो जाता है। जिस प्रकार मेहमान को ऊँचा स्थान दिया जाता है, उसी प्रकार दूर क्षितिज पर बादल छा जाते हैं तथा बिजली के चमकने से तन-मन खुशी से भर उठता है। साथ ही भ्रम की गाँठें भी खुल गईं कि अब मेघ रूपी प्रियतम नहीं आएगा।

उनकी बात सुनकर बादलों के सब्र का बाँध टूट गया और वर्षा रूपी आँसू बूँदों के रूप में निकल पड़े। आकाश में दूर तक बादलों का जमघट लगा है। अब वे बरस रहे हैं। इस प्रकार बादल सज-सँवरकर आकाश में छा गए हैं। आशय यह है कि आकाश में दूर तक बादल ही बादल छाए हुए हैं और अब लगातार वर्षा हो रही है।

आत्मकथ्य (जयशंकर प्रसाद)

काव्यांशों का भावार्थ

काव्यांश 1

मधुप गुन-गुनाकर कह जाता कौन कहानी यह अपनी,
मुरझाकर गिर रहीं पत्तियाँ देखो कितनी आज घनी।
इस गंभीर अनंत-नीलिमा में असंख्य जीवन-इतिहास
यह लो, करते ही रहते हैं अपना व्यंग्य-मलिन उपहास
तब भी कहते हो-कह डालूँ दुर्बलता अपनी बीती।
तुम सुनकर सुख पाओगे, देखोगे-यह गागर रीती।
किंतु कहीं ऐसा न हो कि तुम ही खाली करने वाले—
अपने को समझो, मेरा रस ले अपनी भरने वाले।

शब्दार्थ

मधुप–भौंरा, घनी–अधिक, अनंत-नीलिमा–विशाल नीला आकाश, जीवन-इतिहास–जीवन की कहानी, व्यंग्य-मलिन–गंदा मज़ाक, उपहास–मज़ाक, दुर्बलता–कमज़ोरी, गागर रीती–खाली घड़ा (ऐसा मन जिसमें भाव नहीं है)।

भावार्थ

कवि जयशंकर प्रसाद भौंरे के माध्यम से अपनी कथा का उल्लेख करते हुए कहते हैं कि हे मन रूपी भौंरे! गुन-गुनाकर अपनी कौन-सी कहानी कह रहा है? कवि के जीवन की इच्छाएँ उचित वातावरण न पाकर मुरझाकर गिर रही हैं अर्थात् उसके जीवन को सुख पहुँचाने वाली खुशियाँ एक-एक करके उसका साथ छोड़कर चली गई हैं।

इस विशाल विस्तार वाले आकाश में न जाने कितने महान् पुरुषों ने अपने जीवन की कथाएँ लिखी हैं। उन्हें पढ़कर ऐसा प्रतीत होता है कि वह स्वयं अपना उपहास कराते हैं। मेरा यह जीवन अनंत अभावों और बुराइयों से भरा हुआ है। फिर भी मित्रों तुम मुझसे यह कहते हो कि मेरे जीवन में जो कमियाँ हैं, जो मेरे साथ घटित हुआ है, उसे मैं सबके सामने कह डालूँ।

क्या तुम मेरी कहानी को सुनकर सुख प्राप्त कर सकोगे? मेरा मन तो खाली गागर के समान है, जिसमें कोई भाव नहीं है। कहीं तुम्हारा मन भी तो मेरी तरह भावों से खाली नहीं है और तुम मेरे भावों द्वारा अपने मन के खालीपन को भरना चाहते हो अर्थात् ऐसा तो नहीं है कि मेरे खाली जीवन को देखकर तुम्हें सुख प्राप्त होगा।

काव्यांश 1

यह विडंबना! अरी सरलते तेरी हँसी उड़ाऊँ मैं।
भूलें अपनी या प्रवंचना औरों की दिखलाऊँ मैं।
उज्ज्वल गाथा कैसे गाऊँ, मधुर चाँदनी रातों की।
अरे खिल-खिला कर हँसते होने वाली उन बातों की।
मिला कहाँ वह सुख जिसका मैं स्वप्न देखकर जाग गया।
आलिंगन में आते-आते मुसक्या कर जो भाग गया।

शब्दार्थ

विडंबना-दुर्भाग्य, सरलते-सरल मन वाले, प्रवंचना-धोखा, उज्ज्वल गाथा-सुखभरी कहानी, आलिंगन-बाँहों में भरना, मुसक्या-मुसकुराकर।

भावार्थ

कवि कहता है कि यह तो दुर्भाग्य की बात होगी कि सरल मन वाले की मैं हँसी उड़ाऊँ। मैं तो अभी तक स्वयं दूसरों के स्वभाव को समझ नहीं पाया हूँ। मैं तुम्हारे सामने अपनी कमियाँ प्रकट करूँ या लोगों के छलकपटपूर्ण व्यवहार को एवं दुनिया से मुझे जो धोखे मिले हैं, उन्हें तुम्हें बताऊँ।

मैं उन मधुर चाँदनी रातों की उज्ज्वल गाथा को कैसे गाऊँ, जिसमें हँसते-खिलखिलाते हुए प्रिया के साथ बातें होती थीं। उन निजी क्षणों का वर्णन मैं कैसे कर सकता हूँ? उन क्षणों को लोगों को बताने की कोई आवश्यकता नहीं है। कवि अपनी आत्मकथा बताते हुए कहता है कि मुझे जीवन में वह सुख कहाँ मिला, जिसका स्वप्न देखकर मैं जाग गया। सुख तो मेरी बाँहों में आने से पहले ही मुसकुराकर भाग गया अर्थात् मेरी अभिलाषाएँ कभी सफल नहीं हुईं, मुझे कभी सुख की प्राप्ति नहीं हुई।

काव्यांश 1

जिसके अरुण-कपोलों की मतवाली सुंदर छाया में।
अनुरागिनी उषा लेती थी निज सुहाग मधुमाया में।
उसकी स्मृति पाथेय बनी है थके पथिक की पंथा की।
सीवन को उधेड़ कर देखोगे क्यों मेरी कंथा की?
छोटे से जीवन की कैसे बड़ी कथाएँ आज कहूँ?
क्या यह अच्छा नहीं कि औरों की सुनता मैं मौन रहूँ?
सुनकर क्या तुम भला करोगे मेरी भोली आत्म-कथा?
अभी समय भी नहीं, थकी सोई है मेरी मौन व्यथा।

शब्दार्थ

अरुण-कपोलों–लाल गाल, मतवाली–मस्त कर देने वाली, अनुरागिनी उषा-प्रेमभरी सुबह, मधुमाया–प्रेम से भरी हुई, पाथेय–सहारा, पथिक–यात्री, पंथा–रास्ता, सीवन–सिलाई, कंथा–गुदड़ी/अंतर्मन (जीवन की कहानी या मन के भाव), मौन–चुप, व्यथा–दुःख।

भावार्थ

कवि अपनी प्रिया के सौंदर्य का वर्णन करते हुए कहता है कि उसके लालिमायुक्त गालों को देखकर ऐसा लगता था जैसे प्रेम बिखेरती उषा उदित हो रही हो अर्थात् ऐसा लगता था जैसे उषा भी अपनी लालिमा उसी से लिया करती थी। आज मैं उसकी ही यादों का सहारा लेकर अपने जीवन के रास्ते की थकान दूर करता हूँ अर्थात् उसी की यादें मेरे थके हुए जीवन का सहारा बनीं।

मेरे जीवन में सुख के ऐसे पल कभी नहीं आए, जिनसे तुम प्रेरित हो सको। इसलिए क्यों तुम मेरे जीवन की कहानी को खोलकर, उधेडकर देखना चाहते हो। मेरे इस छोटे-से जीवन में अभावों से भरी बड़ी-बड़ी कथाएँ हैं। मैं अपने जीवन की उन सामान्य गाथाओं को कैसे कहूँ? मेरे लिए यही अच्छा रहेगा कि मैं दूसरे महान् लोगों की कथाओं को सुनता रहूँ और अपने बारे में चुप रहूँ। भला तुम मेरी भोली-भाली आत्मकथा को सुनकर क्या प्रेरणा प्राप्त कर सकोगे? मेरा दुःख इस समय शांत है। वह अभी थककर सोया है। इसलिए अभी आत्मकथा को लिखने का उचित समय नहीं आया है।

भूषण 'शिवा बावनी' पद संख्या 4, 25, 26

बद्दल न होहिं दल दच्छिन घमंड माँहिं,
घटा हू न होहि दल सिवाजी हँकारी के।
दामिनी दमंक नाहि खुले खग्ग विरन के,
वीर सिर छाप लखु तीजा असवारी के ।।
देखि देखि मुगलों की हरमैं भवन त्यागैं,
उझकि उझकि उठैं बहत बयारी के।
दिल्ली मति भूली कहैं बात घन घोर घोर,
बाजत नगारे जे सितारे गढ़ धारी के।।

कवि भूषण कहते हैं कि शिवाजी के पराक्रम का ऐसा प्रभाव है कि उनके शत्रुओं में आशंकाओं के कारण सदैव ही, संदेह और भ्रम का वातावरण बना रहता है। आकाश में जब बादल गर्जना करते हैं, तो उन्हें लगता है कि शिवाजी की सेना अपनी वीरता के अभिमान में गर्जना कर रही है। काले-काले बादलों से युक्त घटाएँ जब उमड़ती हैं तो, उन्हें ऐसा प्रतीत होता है कि शिवाजी की सेना के चलने के कारण आकाश में धूल के बादल उमड़ पड़े हैं। आकाश में बिजली की चमक को शत्रुदल, शिवाजी के सैनिकों की खुली हुई तलवारें ही समझ लेते हैं और उन्हें ऐसा प्रतीत होता है कि वीर सैनिक अपने सिरों पर बँधे हुए भाँति-भाँति के सुदर और चमकदार चिन्हों को धारण किए हुए हैं। राजपूताने में हरितालिका के दिन राजाओं और सैनिकों की सवारियाँ इसी तरह से सज-धजकर निकला करती हैं।

शिवा बावनी भूषण द्वारा रचित बावन (52) छन्दों का काव्य है, जिसमें छत्रपति शिवाजी महाराज के शौर्य, पराक्रम आदि का ओजपूर्ण वर्णन है। इसमें इस बात का वर्णन है कि किस प्रकार उन्होंने हिन्दू धर्म और राष्ट्र की रक्षा की।

शिवा बावनी की कुछ कविताएँ
साजि चतुरंग बीररंग में तुरंग चढ़ि।
सरजा सिवाजी जंग जीतन चलत है।।
भूषन भनत नाद विहद नगारन के।
नदी नद मद गैबरन के रलत हैं।।
ऐल फैल खेल भैल खलक में गैल गैल,
गाजन की ठेल-पेल सैल उसलत है।
तारा सों तरनि घूरि धरा में लगत जिमि,
थारा पर पारा पाराव्रार यों हलत है।।
पीरा पयगम्बरा दिगम्बरा दिखाई देत,
सिद्ध की सिधाई गई, रही बात रब की।
कासी हूँ की कला गई मथुरा मसीत भई
शिवाजी न होतो तो सुनति होती सबकी।।
कुम्करण असुर अवतारी औरंगजेब,
कशी प्रयाग में दुहाई फेरी रब की।
तोड़ डाले देवी देव शहर मुहल्लों के,
लाखो मुसलमाँ किये माला तोड़ी सब की।।
भूषण भणत भाग्यो काशीपति विश्वनाथ
और कौन गिनती में भुई गीत भव की।
काशी कर्बला होती मथुरा मदीना होती
शिवाजी न होते तो सुन्नत होती सब की।।
बाने फहराने घहराने घण्टा गजन के,
नाहीं ठहराने राव राने देस देस के।
नग भहराने ग्रामनगर पराने सुनि,
बाजत निसाने सिवराज जू नरेस के।।
हाथिन के हौदा उकसाने कुंभ कुंजर के,
भौन को भजाने अलि छूटे लट केस के।
दल के दरारे हुते कमठ करारे फूटे,
केरा के से पात बिगराने फन सेस के।।

वस्तुनिष्ठ प्रश्न

1. कवि के अनुसार कोयल क्यों गाने लगी?
(a) गीत गाना कोयल का स्वभाव होने के कारण
(b) कवि से प्रेरणा मिलने के कारण
(c) कैदियों के साथ होने वाले दुर्व्यवहार से दुःखी होने के कारण
(d) स्वतंत्र आकाश में घूमने के कारण

2. कवि को काराकार में किस प्रकार की कठिनाइयों का सामना करना पड़ा?
(a) चोरों तथा डाकुओं के बीच रहना
(b) भरपेट भोजन न मिल पाना
(c) बंद अँधेरे कमरे में रखा जाना
(d) उपरोक्त सभी

3. कवि ने ब्रिटिश शासन को तम का शासन क्यों कहा है?
(a) चारों और अंधकार व्याप्त होने के कारण
(b) अन्याय व अत्याचार से युक्त शासन होने के कारण
(c) कैदियों को स्वतंत्रता न देने के कारण
(d) जेल की ऊँची-ऊँची दीवार होने के कारण

4. कवि द्वारा कोयल को 'मृदुल वैभव की रखवाली-सी' कहने का क्या कारण है?
(a) कोयल की वाणी अत्यंत मधुर ऐश्वर्य का प्रतीक है
(b) कोयल केवल प्रातःकाल की मधुर बेला में गाती है
(c) कोयल केवल मधुर स्वर के ही गीत गाती है
(d) कोयल की वाणी सरस्वती का वरदान होती है

5. कवि ने दावानल की ज्वालाएँ किसे कहा है?
(a) कारागार की चार दीवारी को
(b) वन की भयंकर आग को
(c) अंग्रेज़ी राज की भयानक व क्रूर नीतियों को
(d) कोयल के कारुणिक स्वर को

6. कवि द्वारा ब्रिटिश राज का गहना किसे कहा गया है?
(a) हथकड़ियों को
(b) कोल्हू चलाने को
(c) लोहे की सलाखों को
(d) क्रांतिकारी विचारों को

7. कवि ने ब्रिटिश अकड़ का कुआँ कैसे खाली किया?
(a) अंग्रेजों द्वारा दी जाने वाली यातनाओं को सहकर
(b) अंग्रेजों को मुँहतोड़ जबाव देकर
(c) अंग्रेजी सैनिकों से युद्ध कर
(d) अंग्रेजों को भारत से बाहर निकालकर

8. आधी रात को कोयल के चीखने का क्या कारण हो सकता है?
(a) सोए हुए लोगों की नींद खराब करना
(b) अनहोनी घटना की जानकारी देना
(c) जंगल की आग की भयानक लपटें दिखाई देना
(d) कवि को दी जाने वाली यातना का बोध होना

9. कविता में वर्णित काली चीजें कैसे वातावरण को निर्मित कर रही हैं?
(a) शांति एवं सद्‌भावपूर्ण
(b) भयप्रद एवं निराशापूर्ण
(c) प्रेम एवं आशापूर्ण
(d) प्रगति एवं विकासपूर्ण

10. कवि ने कोयल के स्वर में किसके स्वर की कल्पना की है?
(a) सरस्वती　　(b) भारत माता
(c) क्रांतिकारी　　(d) आतंकवादी

11. अंग्रेजी सरकार स्वतंत्रता सेनानियों के साथ अपराधियों का-सा व्यवहार क्यों करती थी?
(a) भारतीय उन्हें अपना गुलाम बनाना चाहते थे
(b) वे उनकी सत्ता का समर्थन करते थे
(c) वे उनका विरोध करते थे
(d) वे जड़ से उखाड़ देना चाहते थे

12. कोयल की आवाज़ में कवि को कैसी अनुभूति होती है?
(a) संतोष की　　(b) सुख की
(c) प्रेम की　　(d) दुःख और वेदना की

13. कवि को कोयल से ईर्ष्या क्यों हो रही है?
(a) कोयल द्वारा मधुर आवाज़ में गाने के कारण
(b) कोयल के स्वतंत्र होने के कारण
(c) कोयल के सुंदर दिखने के कारण
(d) कोयल द्वारा कवि को चिढ़ाए जाने के कारण

14. पद्यांश के अनुसार, सरसों के फूलों से कैसी गंध आ रही है?
(a) तैलाक्त गंध
(b) खट्टी-खट्टी
(c) मीठी
(d) रोमांचित कर देने वाली

15. कवि ने अलसी की कली को कैसा बताया है?
(a) पन्ने जैसी　　(b) नीलम जैसी
(c) सोने जैसी　　(d) पुखराज जैसी

16. आम्रमंजरी कैसी लग रही है?
(a) नीलम जैसी　　(b) मरकत जैसी
(c) पुखराज जैसी　　(d) रजत स्वर्ण जैसी

17. पद्यांश में टमाटर के लिए क्या कहा गया है?
(a) हरा
(b) मखमली
(c) लाल
(d) (b) और (c) दोनों

18. धरती साँवली कैसे हो गई है?
(a) सूरज की किरणों से
(b) फसलों की हरियाली से
(c) लताओं के कारण
(d) सूखे पत्तों के कारण

19. 'ग्राम श्री' कविता में ओस को कैसा बताया गया है?
(a) मोती के समान　　(b) सोन के समान
(c) जाली के समान　　(d) हरे रक्त के समान

20. 'लो हरित धरा से झाँक रही, नीलम की कली तीसी नीली' पंक्ति में निहित अलंकार है
(a) मानवीकरण　　(b) अतिशयोक्ति
(c) रूपक　　(d) उपमा

21. खेतों में हरियाली कैसी लग रही है?
(a) चाँदी जैसी　　(b) सोने जैसी
(c) मखमल जैसी　　(d) मरकत जैसी

22. प्रस्तुत कविता का स्वर है
(a) प्रकृति प्रेम　　(b) देश-प्रेम
(c) ओज और वीरता　　(d) भक्ति

23. सुमित्रानंदन पंत किस वाद के कवि थे?
(a) प्रगतिवाद　　(b) प्रयोगवाद
(c) रहस्यवाद　　(d) छायावाद

24. अँधरी रात्रि में तारे किस प्रकार दिखाई दे रहे हैं?
(a) स्वप्नों में खोए से　　(b) जागरूक से
(c) स्निग्ध शांत से　　(d) साँवले से

25. कवि ने गाँव की तुलना किससे की है?
(a) रजत के डिब्बे से　　(b) मरकत के डिब्बे से
(c) सोने के डिब्बे से　　(d) उपरोक्त में से कोई नहीं

26. बच्चे काम पर किस सड़क से जा रहे हैं?
(a) कच्ची सड़क　　(b) कीचड़ युक्त सड़क
(c) पानी से भरी सड़क　　(d) कोहरे से ढकी सड़क

27. 'बच्चे काम पर जा रहे हैं' कविता में कवि ने सबसे अधिक भयावह किसे माना है?
(a) सर्दी की सुबह को
(b) गरीबी की स्थिति को
(c) बच्चों के काम पर जाने को
(d) मूक दर्शक बने रहने को

28. बच्चों का कोहरे से ढँकी सड़क पर काम करने के लिए जाना किसके लिए चिंता का विषय बन गया है?
(a) बच्चों के माता-पिता के लिए
(b) देश की सरकार के लिए
(c) समाज के व्यक्ति के लिए
(d) स्वयं कवि के लिए

29. काम पर जाते बच्चों को देखकर कवि के मन में कौन-सा प्रश्न उठता है?
(a) क्या सारी रंग-बिरंगी पुस्तकों को दीमकों ने खाकर नष्ट कर दिया है?
(b) क्या बच्चों के खेलने की सारी गेंदें अंतरिक्ष में उछलकर खो गई हैं?
(c) क्या भूकंप से विद्यालयों की इमारतें ढह गई हैं?
(d) उपरोक्त सभी

30. कविता के आधार पर बताइए कि बच्चों की रंग-बिरंगी किताबों को किसने खा लिया है?
(a) दीमकों ने　　(b) मधुमक्खियों ने
(c) चूहों ने　　(d) मजदूरों ने

31. कवि के दृष्टिकोण से बच्चों को किस कार्य के लिए विवश नहीं करना चाहिए?
(a) खेलने के लिए
(b) रोजी-रोटी कमाने के लिए
(c) विद्यालय जाने के लिए
(d) अपना भविष्य सँवारने के लिए

32. कवि बच्चों के लिए कैसी सुविधा चाहता है?
(a) पढ़ने-लिखने की
(b) खेलने-कूदने की
(c) निश्चित जीवन जीने की
(d) ये सभी

33. बच्चों के काम पर जाने की समस्या को कवि किस प्रकार उठाना चाहता है?
(a) एक सवाल की तरह
(b) एक विवरण की तरह
(c) आवश्यकता की तरह
(d) कहानी की तरह

34. कवि के अनुसार बच्चों का काम पर जाना किसके समान है?
(a) एक बुराई के समान (b) एक लहर के समान
(c) एक हादसे के समान (d) एक सच्चाई के समान

35. बच्चों को काम पर जाता देख कवि के मन में कैसे भाव उमड़ते हैं?
(a) करुणा (b) चिंता (c) आवेग (d) ये सभी

36. कवि समाज और सरकार से क्या अपेक्षा करता है?
(a) बाल मजदूरी की समस्या के उन्मूलन के लिए मिलकर कार्य करें
(b) बच्चों को आयु अनुसार उचित वेतन दें
(c) बच्चों की शिक्षा के प्रति सचेत रहें
(d) बाल मजदूरी की ओर ध्यान न दें

37. बच्चों द्वारा काम करने का उन पर क्या प्रभाव पड़ता है?
(a) उनका भविष्य सँवर जाता है
(b) उनका बचपन छिन जाता है
(c) उनका दिमाग विकसित हो जाता है
(d) उनको स्वतंत्रता मिल जाती है

38. कवि बाल मजदूरी के लिए किसे दोषी मानता है?
(a) बच्चों को
(b) माता-पिता को
(c) समाज व शासन तंत्र को
(d) स्वयं को

39. 'मेघ आए' कविता में किसकी तुलना शहर से आए दामाद से की गई है?
(a) पीपल के पेड़ की तुलना
(b) बादलों की तुलना
(c) तालाब की तुलना
(d) पवन की तुलना

40. गाँव आए मेघ को देखकर कवि को कैसा प्रतीत हो रहा है?
(a) एक ऐसा मेहमान जो सज-सँवरकर शहर से आया हो
(b) एक ऐसा व्यक्ति जो खेतों से काम करके लौटा हो
(c) एक ऐसा व्यक्ति जो अपने गाँव से किसी दूसरे गाँव जा रहा हो
(d) एक ऐसी युवती जिसकी अभी-अभी शादी हुई हो

41. मेघ के आने पर हवा कैसी प्रतिक्रिया व्यक्त करती है?
(a) आगे-आगे नाचते गाते चलती है
(b) हवा चलना रूक जाती है।
(c) घाघरा सँभालकर भागने लगती है
(d) तिरछी नजरों से उसे देखती रहती है

42. मेघ आए कविता के आधार पर बताइए कि आँधी आने पर क्या होता है?
(a) पेड़ झुक जाते हैं
(b) तालाब में पानी भरने लगता है
(c) लोग प्रसन्न हो जाते हैं
(d) लोग खिड़कियाँ खोल देते हैं

43. "बाँकी चितवन उठा, नदी ठिठकी, घूँघट सरके।" पंक्ति का अर्थ है
(a) नदी ने घूँघट का रखा है
(b) नदी रूपी स्त्री रुककर अपना घूँघट हटाकर तिरछी नजरों से मेहमान को देख रही है
(c) नदी मेहमान से मिलने आई है
(d) उपरोक्त में से कोई नहीं

44. व्याकुल लता किसके पीछे छिपकर मेघ से शिकायत कर
रही है?
(a) बादलों की ओट में
(b) पर्दे के पीछे
(c) दरवाजे की ओट में
(d) पेड़ के पीछे

45. मेघ आए कविता के आधार पर बताइए कि जब गाँव में मेहमान (दामाद) आते हैं, तो क्या होता है?
(a) कोई उस पर ध्यान नहीं देता
(b) गाँव के सभी व्यक्ति उसका स्वागत-सत्कार करते हैं
(c) सभी उससे शिकायत करते हैं
(d) उपरोक्त में से कोई नहीं

46. मेघ रूपी मेहमान का स्वागत करने के लिए ताल परात में पानी भरकर लाता है। यहाँ ताल किसका प्रतीक है?
(a) मेघ की प्रेमिका का
(b) मेघ के रिश्तेदार का
(c) मेघ के भाई का
(d) मेघ के मित्र का

47. 'बरस बाद सुध लीन्हीं' पंक्ति में लता के किस भाव की अभिव्यक्ति हो रही है?
(a) प्रेम भाव की
(b) उलाहना देने के भाव की
(c) उदार भाव की
(d) वियोग की

48. तालाब द्वारा परात में पानी भरकर लाना किस भारतीय परंपरा को दर्शाता है?
(a) मेहमान को पानी पिलाना
(b) मेहमान को खाना खिलाना
(c) मेहमान के पैर धोना
(d) मेहमान को स्नान करवाना

49. मेघ आए कविता के आधार पर बताइए कि गाँव का सम्मानीय व्यक्ति किसे कहा गया है?
(a) नदी को (b) आँधी को
(c) पीपल के पेड़ को (d) हवा को

50. 'क्षमा करो गाँठ खुल गई अब भरम की' इस पंक्ति में प्रियतमा के मन में किस प्रकार का संदेह उत्पन्न हो गया था?
(a) प्रेमी के न आने के संदेह से
(b) प्रेमी के नाराज होने से
(c) प्रेमी द्वारा भुलाए जाने के संदेह से
(d) उपरोक्त में से कोई नहीं

51. आत्मकथ्य कविता के लेखक हैं
(a) मुंशी प्रेमचंद (b) सुमित्रानन्दन पंत
(c) जयशंकर प्रसाद (d) महादेवी वर्मा

52. कवि किन लोगों की कथाओं को सुनकर चुप रहता है?
(a) महान लोगों की (b) सामान्य लोगों की
(c) भक्तजनों की (d) इनमें से कोई नहीं

53. प्रस्तुत कविता में किस रस का समावेश मिलता है?
(a) वीर रस (b) करुण रस
(c) रौद्र रस (d) वात्सल्य रस

54. निम्नलिखित कथनों पर विचार कीजिए।
1. कई बार सुखी जीवन की स्मृतियाँ मनुष्य के जीवन का सहारा बना जाती हैं।
2. सुख तो मेरी बाँहों में आने से पहले ही मुसकुराकर भाग जाता है।
3. कवि अपनी निर्धनता को देखकर बहुत दु:खी था।

इन कथनों में से कौन-सा/से कथन सत्य है/हैं?
(a) केवल 1 (b) 1 और 2
(c) केवल 3 (d) 2 और 3

55. 'गागर रीति' का अर्थ है
(a) खाली कटोरा (b) खाली घड़ा
(c) खाली जमीन (d) खाली डब्बा

56. शिवा बावनी किस कवि की रचना है?
(a) तिलक (b) सुदर्शन
(c) वाणभट्ट (d) भूषण

57. भूषण द्वारा रचित काव्य 'शिवा बावनी' में छन्द है
(a) 52 छन्द (b) 58 छन्द
(c) 42 छन्द (d) 64 छन्द

58. शिवा-बावनी-काव्य में किनके शौर्य का वर्णन किया गया है?
(a) बावन महाराज (b) शिवा
(c) शिवाजी महाराज (d) भगवान शिव

59. शिवाजी के सेना कैसी है?
(a) एकरंगी सेना (b) चतुरंगी सेना
(c) 'a' और 'b' दोनों (d) बहुरंगी सेना

60. शिवाजी की सेना किस पर सवार होकर जा रही है?
(a) हाथी पर
(b) घोड़े पर
(c) शेर पर
(d) ये सभी

61. प्रस्तुत काव्य में औरंगजेब की तुलना किससे की गई है?
(a) रावण (b) मेघनाद
(c) कुम्भकरण (d) राहु

62. शत्रुओं पर किसका पराक्रम का प्रभाव पड़ रहा है
(a) शिवाजी का (b) महेन्द्र का
(c) पृथ्वी का (d) चाणक्य का

63. आकाश में जब बादल गर्जना करते हैं तो शत्रुओं को कैसा महसूस होता है?
(a) भयभीत हो जाते हैं
(b) प्रसन्न होते हैं
(c) शिवाजी की सेना आ गई है
(d) उपर्युक्त सभी

64. शिवाजी की सेना जब चलती है, तो कैसा प्रतीत होता है?
(a) आकाश में धूल के बादल हो गए
(b) सभी प्रसन्नचित्त है
(c) सारा वातावरण कम्पित हो जाता है
(d) उपर्युक्त में से कोई नहीं

65. हरितालिका के दिन किसकी सवाँरिया सजी-धजी निकलती है
(a) राजाओं की (b) राजपुताने की
(c) सेनापतियों की (d) ये सभी

66. 'दमंक' शब्द का हिन्दी अर्थ लिखों
(a) चमक (b) दमक
(c) घमण्ड (d) क्रान्ति

67. "बद्दल न होहिं दल ..... घमण्ड मांहि"-रिक्त स्थान कीं पूर्ति कीजिए।
(a) उत्तर
(b) दक्षिण
(c) पूरब
(d) पश्चिम

68. चतुरंगी सेना के निकलने पर कौन सा वाद्य यंत्र बज रहा है?
(a) ढोलक
(b) बाँसुरी
(c) हरमोनियम
(d) नगाड़ा

69. 'शिवा बावनी' में शिवाजी का ओजपूर्ण वर्णन किसका किया गया है?
(a) पराक्रम का (b) वीरता का
(c) शौर्य का (d) ये सभी

70. "हाथिन के हौंदा उकसाने .... कुंजर के रिक्त स्थान की पूर्ति कीजिये।
(a) कुम्भ (b) काशी
(c) मथुरा (d) विश्वनाथ

सही उत्तर

1. (c)	**2.** (c)	**3.** (c)	**4.** (a)	**5.** (c)	**6.** (a)	**7.** (a)	**8.** (c)	**9.** (b)	**10.** (b)
11. (c)	**12.** (b)	**13.** (b)	**14.** (a)	**15.** (b)	**16.** (c)	**17.** (d)	**18.** (b)	**19.** (d)	**20.** (a)
21. (b)	**22.** (a)	**23.** (c)	**24.** (a)	**25.** (b)	**26.** (d)	**27.** (c)	**28.** (d)	**29.** (d)	**30.** (a)
31. (b)	**32.** (d)	**33.** (a)	**34.** (c)	**35.** (d)	**36.** (b)	**37.** (c)	**38.** (c)	**39.** (b)	**40.** (a)
41. (a)	**42.** (a)	**43.** (b)	**44.** (c)	**45.** (b)	**46.** (b)	**47.** (b)	**48.** (c)	**49.** (c)	**50.** (a)
51. (c)	**52.** (a)	**53.** (b)	**54.** (c)	**55.** (b)	**56.** (d)	**57.** (a)	**58.** (c)	**59.** (b)	**60.** (b)
61. (c)	**62.** (a)	**63.** (c)	**64.** (a)	**65.** (b)	**66.** (a)	**67.** (b)	**68.** (d)	**69.** (d)	**70.** (a)

इकाई 20 अपठित बोध

अपठित गद्यांश का अर्थ

गद्य का ऐसा अंश जिसका पहले अध्ययन नहीं किया गया हो, वह अपठित गद्यांश कहलाता है। प्राय: अपठित गद्यांश का उद्देश्य किसी विषय को समझना, भाषा और शैली के बीच के संबंधों को खोजना तथा विद्यार्थियों की अवबोध क्षमता को परखना होता है।

अपठित गद्यांश के अंतर्गत विद्यार्थियों को भावार्थ (मूल भाव) को समझकर उसका सावधानीपूर्वक, गंभीरता व गहनता से अध्ययन करना अत्यंत आवश्यक है।

अपठित गद्यांश को हल करने के चरणबद्ध तरीके

अपठित गद्यांश को हल करने के चरणबद्ध तरीके निम्नलिखित हैं

- सर्वप्रथम दिए गए अपठित गद्यांश को दो-तीन बार ध्यानपूर्वक पढ़कर उसके मूल भाव को आत्मसात् (समझना) करना चाहिए।
- गद्यांश में दी गई महत्त्वपूर्ण सूचनाओं को रेखांकित करते रहना चाहिए। इससे विषय-वस्तु व पठन कौशल वाले प्रश्नों को हल करने में आसानी होती है।
- भाषिक संरचना एवं व्याकरण संबंधी प्रश्नों के लिए गद्यांश में दिए गए कठिन शब्दों, मुहावरों आदि को रेखांकित करना चाहिए।
- शीर्षक संबंधी प्रश्न पर विशेष ध्यान देना चाहिए तथा पूरे गद्यांश को पढ़ने व समझने के पश्चात् ही उचित शीर्षक का चयन करना चाहिए।
- गद्यांश में कथनों अथवा कथन/कारण पर आधारित बहुविकल्पीय प्रश्न को हल करने के लिए कथनों के मुख्य उद्देश्य या उनके केन्द्र बिन्दु को समझें, जिसके पश्चात् ही सही कथन अथवा कथनों को चयनित करें।
- अंत में एक बार सभी प्रश्नों के उत्तरों को पुन: ध्यानपूर्वक पढ़कर जाँच लेना चाहिए।

गद्यांश 1

एशिया के उच्च पर्वतीय क्षेत्र को सेंट्रल एशियन माउंटेन रीजन भी कहा जाता है। इसमें हिमालयन,काराकोरम और हिंदुकुश पर्वत श्रृंखलाएँ आती हैं, जो चीन से लेकर अफगानिस्तान तक फैली हैं। इस क्षेत्र में करीब 55 हजार हिमनद हैं, जिनमें पेयजल का जितना भंडार है उतना उत्तरी और दक्षिणी ध्रुवों के अतिरिक्त पृथ्वी पर एक साथ पेयजल कहीं नहीं है। इन हिमनदों से पिघला हुआ जल एशिया की दस सबसे बड़ी नदियों को जीवन देता है, जिन पर करीब दो करोड़ लोगों की आबादी निर्भर रहती है।

बढ़ते तापमान की वजह से इन सभी पर खतरा मंडरा रहा है। संयुक्त राष्ट्र विकास कार्यक्रम यानी यूएनडीपी के मुताबिक शेष दुनिया के मुकाबले हिमालयी क्षेत्र में तापमान करीब दोगुनी रफ्तार से बढ़ रहा है, जिसकी वजह से पर्वतों पर जमी बर्फ पिघल रही है और बर्फबारी हो रही है। यदि समय रहते वैश्विक तापमान में लगभग 1.5 फीसदी की कमी नहीं की गई, तो इस शताब्दी के अंत तक दक्षिण एशिया के पहाड़ो पर जो बर्फ जमा है, उसका आधा या फिर दो-तिहाई हिस्सा गायब हो जाएगा।

पिघलते हिमनदों की वजह से बिजली आपूर्ति भी प्रभावित हो रही है। पिछले साल भारत ने गंगा नदी पर नए पनबिजली संयंत्र के निर्माण पर रोक लगा दी थी, ताकि निचले इलाकों में नदियों के पानी के बहाव को बनाए रखा जा सके और नदियाँ सूखने न पाएँ। ग्लेशियरों के पिघलने की दर को कम करने के तरीके ढूँढ़ने के बावजूद तमाम वैज्ञानिक भविष्य को लेकर बहुत चिंतित हैं। जीवाश्म-ईंधनों के जरिए लोग उन गैसों को वायुमंडल में छोड़ते हैं, जो पृथ्वी के चारों ओर ग्रीनहाउस की तरह काम करती हैं और धरती गर्म होने लगती है। कोयला, तेल और गैस जलाने पर कालिख और पार्टिकुलेट मैटर छोड़ते हैं। हवा के जरिए ये प्रदूषक बर्फ पर जम जाते हैं और बर्फ तेजी से गर्म होकर पिघलने लगती है।

I. सेंट्रल एशियन माउंटेन रीजन कहाँ है?
(क) ऑस्ट्रेलिया में (ख) अफ्रीका में
(ग) साउथ अमेरिका में (घ) एशिया में

II. विश्व में सर्वाधिक पीने योग्य जल का भंडार कहाँ उपलब्ध है?
(क) नदियों में (ख) दोनों ध्रुवों पर
(ग) हिमालय पर (घ) हिंदुकुश पर्वत पर

III. जीवनदायिनी नदियों पर खतरे के बादल क्यों मंडरा रहे हैं?
(क) तापमान में वृद्धि के कारण (ख) जनसंख्या वृद्धि के कारण
(ग) अज्ञानता के कारण (घ) वैमनस्यता के कारण

IV. गंगा नदी को नए पनबिजली संयंत्रों के निर्माण पर प्रतिबंध क्यों लगाना पड़ा?
(क) नदियाँ प्रदूषित न हों (ख) वर्षा समय पर हो
(ग) बाढ़ को रोका जा सके (घ) नदियों का प्रवाह बना रहे

V. गद्यांश के आधार पर ग्लेशियरों को पिघलने से कैसे रोका जा सकता है?
(क) जल प्रदूषण में कमी लाकर
(ख) जीवाश्म-ईंधनों का सीमित प्रयोग कर
(ग) प्लास्टिक पर रोक लगाकर
(घ) विकास कार्यों पर लगाम लगाकर

गद्यांश 2

अंतर्राष्ट्रीय श्रम संगठन के अनुसार, बाल श्रम को इस प्रकार परिभाषित किया गया है: ''वह काम जो बच्चों को उनके बचपन, उनकी क्षमता और उनकी गरिमा से वंचित करता है और जो शारीरिक और मानसिक विकास के लिए हानिकारक है।''

एक सामाजिक बुराई के रूप में संदर्भित, भारत में बाल श्रम एक अनिवार्य मुद्दा है जिससे देश वर्षों से निपट रहा है। लोगों का मानना है कि बाल-श्रम जैसी सामाजिक कुरीति को समाप्त करने का दायित्व सिर्फ सरकार का है।

यदि सरकार चाहे तो कानून का पालन न करने वालों एवं कानून भंग करने वालों को सजा देकर बाल-श्रम को समाप्त कर सकती है, किंतु वास्तव में ये केवल सरकार की जिम्मेदारी नहीं है, बल्कि इसे सभी सामाजिक संगठनों, मालिकों और अभिभावकों द्वारा भी समाधित करना चाहिए।

हमारे घरों में, ढाबों में, होटलों में, खानों-कारखानों में अनेक बाल-श्रमिक मिल जाएँगे, जो कड़ाके की ठंड और तपती धूप की परवाह किए बिना काम करते हैं। विकासशील देशों में गरीबी और उच्च स्तर की बेरोजगारी बाल श्रम का मुख्य कारण है। बाल मजदूरी इंसानियत के लिए अपराध है जो समाज के लिए श्राप बनती जा रही है तथा जो देश की वृद्धि और विकास में बाधक के रूप में बड़ा मुद्दा है। हमें सोचना होगा कि सभ्य समाज में यह अभिशाप क्यों मौजूद है? जिस उम्र में बच्चों को सही शिक्षा मिलनी चाहिए, खेल-कूद के माध्यम से अपने मस्तिष्क का विकास करना चाहिए उस उम्र में बच्चों से काम करवाने से बच्चों का शारीरिक, मानसिक, बौद्धिक और सामाजिक विकास रुक जाता है। शिक्षा का अधिकार मूल अधिकार होता है। शिक्षा से किसी भी बच्चे को वंचित रखना अपराध माना जाता है।

आज आवश्यकता इस बात की है कि सरकारी स्तर से लेकर व्यक्तिगत स्तर तक सभी लोग इसके प्रति सजग रहें और बाल-श्रम के कारण बच्चों का बचपन न छिन जाए, इसके लिए कुछ सार्थक पहल करें। आम आदमी को भी बाल मजदूरी के विषय में जागरूक होना चाहिए और अपने समाज में इसे होने से रोकना चाहिए। बाल श्रम को खत्म करना केवल सरकार का ही कर्त्तव्य नहीं है हमारा भी कर्त्तव्य है कि हम इस अभियान में सरकार का पूरा साथ दें।

I. गद्यांश के आधार पर बताइए कि बाल-श्रम जैसी सामाजिक कुरीति को समाप्त करने के लिए लोगों की सोच कैसी है?
   (क) बाल-श्रम को समाप्त करना केवल समाजसेवी संस्थाओं का दायित्व है
   (ख) बाल-श्रम को समाप्त करना जनता का दायित्व है
   (ग) बाल-श्रम को समाप्त करना केवल सरकार का दायित्व है
   (घ) बाल-श्रम को समाप्त करना केवल अभिभावकों का दायित्व है

II. घरों में, ढाबों में, होटलों में, खानों-कारखानों में अनेक बाल-श्रमिकों को काम करता देखकर भी हम उदासीन क्यों बने रहते हैं?
   (क) हम सिर्फ अपने बारे में ही सोचते हैं
   (ख) हम जागरूक बनना नहीं चाहते
   (ग) हम उनकी सहायता करना नहीं चाहते
   (घ) हम संवेदना शून्य हो चुके हैं

III. गद्यांश के आधार पर बताइए कि बाल-श्रम को रोकने के लिए सार्थक प्रयास क्यों किए जाने चाहिए?
   (क) बाल-श्रम के कारण बच्चों का बचपन छिन जाता है
   (ख) बाल-श्रम के कारण वे जल्दी बड़े हो जाते हैं
   (ग) बाल-श्रम के कारण बच्चों को घर पर ही रहना पड़ता है
   (घ) बाल-श्रम के कारण बच्चों को विद्यालय आना नहीं पड़ता

IV. बच्चों को बाल-श्रम के लिए क्यों विवश किया जाता है?
   (क) जागरूकता का अभाव
   (ख) निर्धनता और भुखमरी
   (ग) शिक्षा का अभाव
   (घ) लोगों की मनोवृत्ति

V. बाल-श्रम जैसे सामाजिक अभिशाप से देश को क्या नुकसान होता है?
   (क) बाल-श्रम एक बच्चे को बचपन के सभी लाभों से दूर रखता है
   (ख) लाखों बच्चे उचित शिक्षा से वंचित हो जाते हैं
   (ग) बच्चों का शारीरिक, मानसिक और सामाजिक विकास अवरुद्ध हो जाता है
   (घ) बाल-श्रम से देश का आने वाला कल अंधकार की ओर जाने लगता है

गद्यांश 3

अपनी सभ्यता का जब मैं अवलोकन करता हूँ, तब लोगों को काम के संबंध की उनकी विचारधारा के अनुसार उन्हें विभाजित करने लगता हूँ। एक वर्ग में वे लोग आते हैं, जो काम को उस घृणित आवश्यकता के रूप में देखते हैं, जिसकी उनके लिए उपयोगिता केवल धन अर्जित करना है। वे अनुभव करते हैं कि जब दिनभर का श्रम समाप्त हो जाता है, तब वे जीना सचमुच शुरू करते हैं और अपने आप में होते हैं।

जब वे काम में लगे होते हैं, तब उनका मन भटकता रहता है। काम को वे उतना महत्त्व देने का कभी विचार नहीं करते, क्योंकि केवल आमदनी के लिए ही उन्हें काम की आवश्यकता है। दूसरे वर्ग के लोग अपने काम को आनंद और आत्मपरितोष पाने के एक सुयोग के रूप में देखते हैं। वे धन इसलिए कमाना चाहते हैं, ताकि अपने काम में अधिक एकनिष्ठता के साथ समर्पित हो सकें। जिस काम में वे संलग्न होते हैं, वे उस काम की पूजा करते हैं।

पहले वर्ग में केवल वे लोग ही नहीं आते हैं, जो बहुत कठिन और अरुचिकर काम करते हैं। उसमें बहुत-से संपन्न लोग भी सम्मिलित हैं, जो वास्तव में कोई काम नहीं करते हैं। ये सभी धन को ऐसा कुछ समझते हैं, जो उन्हें काम करने के अभिशाप से बचाता है। इसके सिवाय कि उनका भाग्य अच्छा रहा है, वे अन्यथा उन कारखानों के मजदूरों की तरह ही हैं, जो अपने दैनिक काम को जीवन का सबसे बड़ा अभिशाप समझते हैं। उनके लिए काम कोई घृणित वस्तु है और धन वांछनीय, क्योंकि काम से छुटकारा पाने के साधन का प्रतिनिधित्व यही धन करता है।

यदि काम को वे टाल सकें और फिर भी धन प्राप्त हो जाए, तो खुशी से यही करेंगे। जो लोग काम में अनुरक्त हैं तथा उसके प्रति समर्पित हैं, ऐसे कलाकार, विद्वान् और वैज्ञानिक दूसरे वर्ग में सम्मिलित हैं। वस्तुओं को बनाने और खोजने में वे हमेशा दिलचस्पी रखते हैं। इसके अंतर्गत परंपरागत कारीगर भी आते हैं, जो किसी वस्तु को रूप देने में गर्व और आनंद का वास्तविक अनुभव करते हैं। अपनी मशीनों को ममत्वभरी सावधानी से चलाने और उनका रख-रखाव करने वाले कुशल मिस्त्री और इंजीनियर इसी वर्ग से संबंधित हैं।

I. पहले वर्ग के लोग काम को किस रूप में देखते हैं?
   (क) कर्तव्य भावना के रूप में
   (ख) धन प्राप्ति के साधन के रूप में
   (ग) आनंद प्राप्ति के साधन के रूप में
   (घ) समाज सेवा के रूप में

II. दूसरे वर्ग के लोग धन क्यों कमाना चाहते हैं?
   (क) क्योंकि यही उनका एकमात्र उद्देश्य होता है
   (ख) क्योंकि धन से ही इच्छाओं की पूर्ति होती है
   (ग) क्योंकि वे अपने काम से अधिक एकनिष्ठता के साथ समर्पित हो सकें
   (घ) क्योंकि वे दिनभर की थकान मिटा सकें

III. कथन (A) और कारण (R) को पढ़कर उपयुक्त विकल्प चुनिए।

   कथन (A) काम करना किनके लिए घृणित है।

   कारण (R) जो काम की तुलना में धन को प्राथमिकता देते हैं।

   (क) कथन (A) गलत है, किंतु कारण (R) सही है।
   (ख) कथन (A) और कारण (R) दोनों ही गलत हैं।
   (ग) कथन (A) सही है और कारण (R) कथन (A) की सही व्याख्या है।
   (घ) कथन (A) सही है किंतु कारण (R) कथन (A) की सही व्याख्या नहीं है।

IV. दूसरे वर्ग के लोगों के विषय में कौन-सा कथन सही नहीं है?
(क) वे काम में अनुरक्त रहते हैं
(ख) वे काम के प्रति समर्पित होते हैं
(ग) वे वस्तुओं को रूप देने में आनंद का अनुभव करते हैं
(घ) वे काम से छुटकारा पाना चाहते हैं

V. प्रस्तुत गद्यांश के अनुसार, काम के प्रति समर्पित लोगों में सम्मिलित है
(क) कलाकार (ख) विद्वान्
(ग) वैज्ञानिक (घ) ये सभी

गद्यांश 4

जिस देश को कभी सोने की चिड़िया कहा जाता था, जहाँ कभी दूध की नदियाँ बहा करती थीं, वहाँ आज असंख्य लोगों को रहने के लिए घर, तन ढकने के लिए वस्त्र और खाने के लिए भोजन भी नहीं मिल पाता। इसका एकमात्र कारण है—जनसंख्या की अत्यधिक वृद्धि। यद्यपि जनसंख्या किसी राज्य का प्रमुख तत्त्व है, उसके बिना किसी राज्य एवं जाति की कल्पना नहीं की जा सकती, किंतु 'अति सर्वत्र वर्जयेत्।' भारतवर्ष में जनसंख्या की अत्यधिक वृद्धि के कुछ विशेष कारण हैं, जिसमें बाल-विवाह, बहु-विवाह, अशिक्षा, रूढ़िवादिता, ग्रामीण-क्षेत्रों में परिवार-नियोजन के नवीनतम साधनों का कम प्रचार व अनभिज्ञता, पुत्र की अनिवार्यता आदि शामिल हैं। जनसंख्या वृद्धि के कारण भारत में सर्वत्र अशिक्षा, गरीबी, बेरोजगारी, निम्न जीवन-स्तर, अस्वस्थता, खाद्यान्न संकट आदि अनेक समस्याएँ निरंतर बढ़ रही हैं। जनसंख्या का यह विस्फोट भारत के लिए अभिशाप बन गया है। प्रसिद्ध अर्थशास्त्री माल्थस का विचार है कि "जनसंख्या की वृद्धि ज्यामितीय गति से होती है, जबकि उत्पादन अंकगणितीय गति से।" प्रथम पंचवर्षीय योजना में परिवार नियोजन कार्यक्रम केवल शहरी अस्पतालों तक ही सीमित रहा। द्वितीय पंचवर्षीय योजना में इन कार्यक्रमों को गाँव तक पहुँचाने की चेष्टा की गई।

I. आज भारत में बहुत से लोगों को घर, वस्त्र और भोजन की आपूर्ति नहीं हो पाती, क्योंकि
कथन पढ़कर सही विकल्प का चयन कीजिए
1. जनसंख्या वृद्धि अत्यंत तीव्र गति से हो रही है जबकि उत्पादन बहुत ही कम मात्रा में हो रहा है
2. जनसंख्या वृद्धि ज्यामितीय गति से, जबकि उत्पादन अंगणितीय गति से वृद्धि करता है
3. नवीनतम साधन अनुपलब्ध हैं
4. जनसंख्या वृद्धि अंगणितीय गति से तथा उत्पादन ज्यामितीय गति से वृद्धि करता है

कूट
(क) केवल 1 सही है
(ख) केवल 3 सही है
(ग) 2 और 4 सही हैं
(घ) 1 और 3 सही हैं

II. गद्यांश के आधार पर 'अति सर्वत्र वर्जयेत्' का अर्थ बताइए।
(क) किसी भी कार्य में अति नहीं होनी चाहिए
(ख) जनसंख्या वृद्धि नहीं होनी चाहिए
(ग) बहु-विवाह पर रोक होनी चाहिए
(घ) इनमें से कोई नहीं

III. गद्यांश के आधार पर बताइए कि भारत में जनसंख्या वृद्धि के कारण कौन-सी समस्याएँ उत्पन्न हुई हैं?
(क) अशिक्षा (ख) गरीबी
(ग) बेरोजगारी (घ) ये सभी

IV. प्रथम पंचवर्षीय योजना के दौरान परिवार नियोजन कार्यक्रम की क्या स्थिति थी?
(क) यह शहरी और ग्रामीण दोनों क्षेत्रों में सफल रहा
(ख) यह केवल शहरी अस्पतालों तक ही सीमित रहा
(ग) यह केवल ग्रामीण क्षेत्रों तक फैला
(घ) यह न तो शहरी और न ही ग्रामीण क्षेत्रों में सफल रहा

V. **कथन** (A) जनसंख्या का विस्फोट भारत के लिए अभिशाप बन गया है।
कारण (R) भारत में हर जगह खाद्यान्न, निवास, अस्वस्थता आदि अनेक समस्याएँ उत्पन्न हो गई हैं।

कूट
(क) कथन (A) गलत है, किंतु कारण (R) सही है
(ख) कथन (A) तथा कारण (R) दोनों गलत हैं
(ग) कथन (A) सही है और कारण (R) कथन (A) की सही व्याख्या है
(घ) कथन (A) सही है, किंतु कारण (R) कथन (A) की सही व्याख्या नहीं है

गद्यांश 5

एडुसैट, भारतीय अंतरिक्ष अनुसंधान संगठन (इसरो) द्वारा सितंबर, 2004 में प्रक्षेपित ऐसा पहला उपग्रह है, जिसका उद्देश्य शिक्षा क्षेत्र की उपग्रह संबंधी आवश्यकताओं को पूरा करना है। एडुसैट का मुख्य उद्देश्य दूरस्थ शिक्षा में क्रांतिकारी परिवर्तन लाना है। आधुनिक शिक्षा प्रणाली में कंप्यूटर एवं सूचना प्रौद्योगिकी का प्रयोग बढ़ा है। छात्र अब व्यावसायिक शिक्षा की ओर उन्मुख हो रहे हैं। शिक्षा के विकास में विज्ञान और प्रौद्योगिकी ने महत्त्वपूर्ण भूमिका निभाई है। रेडियो, टेलीविज़न, कंप्यूटर आदि का प्रयोग मानव ने शिक्षा के प्रसार के लिए किया। ऐसे में एडुसैट की स्थापना शिक्षा में विज्ञान के प्रयोग की अगली एवं आधुनिक कड़ी है। इसके द्वारा दूरस्थ क्षेत्रों के लोगों तक शिक्षा उपलब्ध करवाने में सहायता मिल रही है। सूचना प्रौद्योगिकी के इस युग में ई-लर्निंग का प्रचलन बढ़ता जा रहा है। एडुसैट के माध्यम से एक शिक्षक देश के दूरस्थ क्षेत्रों के हज़ारों विद्यार्थियों को पढ़ाने में सक्षम हो सकता है। एडुसैट के माध्यम से कक्षाओं को जोड़कर शिक्षण को और भी प्रभावशाली बनाया जा सकता है। शिक्षा के गुणात्मक सुधार के लिए शुरू एडुसैट के माध्यम से शिक्षकों को भी समय-समय पर प्रशिक्षण दिया जा सकता है।

I. शिक्षा के गुणात्मक सुधार के लिए कार्य किए जा सकते हैं, कथन पढ़कर सही विकल्प का चयन कीजिए।
1. शिक्षकों को समय-समय पर प्रशिक्षण दिया जाना चाहिए
2. विद्यार्थियों की समय-समय पर परीक्षा ली जानी चाहिए।
3. शिक्षा का प्रसार किया जाना चाहिए
4. ये सभी

कूट
(क) 1 और 2 सही हैं (ख) 3 और 2 सही हैं
(ग) केवल 1 सही है (घ) केवल 4 सही है

II. गद्यांश के आधार पर एडुसैट का क्या उद्देश्य है?
(क) दूरस्थ शिक्षा में क्रांतिकारी परिवर्तन लाना
(ख) शिक्षा को सरल रूप में बनाना
(ग) शिक्षा को व्यावहारिक बनाना
(घ) ये सभी

III. एडुसैट का लाभ है
(क) हजारों विद्यार्थियों को एक साथ पढ़ाना
(ख) एक शिक्षक द्वारा देश के दूरस्थ क्षेत्रों के हजारों विद्यार्थियों को पढ़ाने में सक्षम
(ग) एक शिक्षक द्वारा एक ही विद्यार्थी को पढ़ाना
(घ) उपरोक्त सभी

IV. गद्यांश के आधार पर बताइए कि एडुसैट के द्वारा किसका प्रचलन बढ़ता जा रहा है?

(क) ई-लर्निंग का (ख) कंप्यूटर का
(ग) दूरस्थ शिक्षा का (घ) इनमें से कोई नहीं

V. **कथन** (A) एक शिक्षक देश के दूरस्थ क्षेत्रों के हजारों विद्यार्थियों को पढ़ाने में सक्षम हो सकता है।

कारण (R) एडुसैट के माध्यम से शिक्षकों को भी समय-समय पर प्रशिक्षण दिया जा सकता है।

कूट

(क) कथन (A) गलत है, किंतु कारण (R) सही है
(ख) कथन (A) तथा कारण (R) दोनों गलत हैं
(ग) कथन (A) सही है और कारण (R) कथन (A) की सही व्याख्या है
(घ) कथन (A) सही है, किंतु कारण (R) कथन (A) की सही व्याख्या नहीं है

गद्यांश 6

आधुनिक चिकित्सा युग की परिकल्पना शल्य चिकित्सा के बिना अधूरी है। यही कारण है कि वैज्ञानिक अनुसंधानों से जहाँ एक ओर मानव ने अपनी आयु में वृद्धि की है, वहीं दूसरी ओर शल्य चिकित्सा द्वारा वह अत्यंत भयंकर रोगों पर भी काबू पा सका है। आजकल शल्य चिकित्सा के नए तरीके ढूँढ़े जा रहे हैं। इस दिशा में इतनी उन्नति हो चुकी है कि एक व्यक्ति के शरीर के अंग को अब दूसरे व्यक्ति के शरीर में लगाना संभव हो गया है। यदि समाचार-पत्रों में पिछले दशक में आँखों के प्रत्यारोपण की चर्चा होती थी, तो इस दशक में हृदय और गुर्दे प्रत्यारोपित कर मानव ने अपनी प्रतिभा का परिचय दिया है। आज विज्ञान नकली हाथ-पाँव के सहारे किसी भी अपंग के जीवन में उमंग भर देता है, यहाँ तक कि शरीर को सुडौल और सुंदर बनाने तक के लिए शल्य चिकित्सा की जाने लगी है। शल्य चिकित्सकों ने बिना चीर-फाड़ के लेज़र किरणों द्वारा शल्य चिकित्सा भी आरंभ कर दी है।

I. शल्य चिकित्सा के द्वारा नियंत्रण पाया जा सकता है

कथन पढ़कर सही विकल्प का चयन कीजिए

1. मानव की आयु पर 2. विनाश पर
3. भयंकर रोगों पर 4. जन्म और मृत्यु पर

कूट

(क) केवल 3 सही है (ख) 1 और 2 सही हैं
(ग) केवल 4 सही है (घ) 2 और 3 सही हैं

II. गद्यांश के आधार पर बताइए कि आधुनिक चिकित्सा किसके बिना अधूरी है?

(क) चिकित्सा के
(ख) शल्य चिकित्सा के
(ग) प्रतिबंधित चिकित्सा के
(घ) उपरोक्त में से कोई नहीं

III. गद्यांश के आधार पर बताइए कि मनुष्य ने अपनी प्रतिभा का परिचय किस प्रकार दिया है?

(क) हृदय प्रत्यारोपित करके
(ख) गुर्दे प्रत्यारोपित करके
(ग) (क) और (ख) दोनों
(घ) आँखें प्रत्यारोपित करके

IV. गद्यांश के आधार पर बताइए कि बिना चीर-फाड़ के शल्य चिकित्सा किस प्रकार की जा सकती है?

(क) लेजर किरणों से
(ख) तकनीक से
(ग) उपचार से
(घ) अनुसंधानों से

V. **कथन** (A) आज विज्ञान नकली हाथ-पाँव के सहारे किसी भी अपंग के जीवन में उमंग भर देता है।

कारण (R) मानव ने अपनी प्रतिभा का परिचय दिया।

कूट

(क) कथन (A) गलत है, किंतु कारण (R) सही है
(ख) कथन (A) तथा कारण (R) दोनों गलत हैं
(ग) कथन (A) सही है और कारण (R) कथन (A) की सही व्याख्या है
(घ) कथन (A) सही है, किंतु कारण (R) कथन (A) की सही व्याख्या नहीं है

गद्यांश 7

संसार के विकसित देश; जैसे—जापान, अमेरिका, रूस तथा जर्मनी आदि निश्चय ही कठोर परिश्रम द्वारा समृद्धशाली बने हैं। जिस राष्ट्र के लोग दृढ़ संकल्प तथा परिश्रमपूर्वक कर्म में लीन हैं, उनकी उन्नति तथा प्रगति अवश्यंभावी है। परिश्रमी व्यक्ति विश्वासपूर्वक मार्ग की बाधाओं को हटाता हुआ निरंतर अपने लक्ष्य की ओर अग्रसर रहता है। जो परिश्रम से जी चुराता है, वह सदा दीन-हीन ही बना रहता है। संसार में जितने भी महापुरुष हुए हैं, उनकी महानता के पीछे कठिन परिश्रम ही रहा है। चाहे न्यूटन और रमन जैसे वैज्ञानिक हों या शेक्सपियर और टैगोर जैसे कवि हों, रॉकफेलर और बिरला जैसे व्यापारी हों या लिंकन और गाँधी जैसे जन-नेता, सभी ने अपने-अपने क्षेत्र में कठोर संघर्ष तथा अथक परिश्रम किया है। उन्हीं लोगों का जीवन सफल होता है एवं वे ही लोग अमर हो पाते हैं, जो जीवन को परिश्रम की आग में तपाकर इसे सोने की भाँति चमकदार बना लेते हैं। परिश्रमी व्यक्ति सदैव अपने लक्ष्य की ओर अग्रसर होता है। परिश्रमी व्यक्ति को धन और यश दोनों ही मिलते हैं तथा मरणोपरांत भी वह अपने कार्यों के लिए आदरपूर्वक याद किया जाता है।

I. संसार के किसी भी देश के विकसित होने में निहित हैं

कथन पढ़कर सही विकल्प का चयन कीजिए

1. उस देश के लोगों का निरंतर कठोर परिश्रम में रट रहना
2. अपने संकल्प पर अडिग रहकर कर्मरत रहना
3. अपनी इच्छाओं की पूर्ति के लिए प्रयासरत रहना
4. अपने परिश्रम को सीमित बनाना

कूट

(क) केवल 3 सही है (ख) 1 और 2 सही हैं
(ग) 3 और 4 सही हैं (घ) 2 और 3 सही हैं

II. गद्यांश के अनुसार निम्नलिखित में से कौन वैज्ञानिक थे?

(क) न्यूटन और रमन
(ख) शेक्सपीयर और टैगोर
(ग) रॉमफेलर और बिरला
(घ) अब्राहम लिंकन और महात्मा गाँधी

III. गद्यांश के आधार पर बताइए कि कठोर परिश्रम से किसमें सफलता मिलती है?

(क) महान और समृद्धशाली बनने में
(ख) सामाजिक स्तर गिराने में
(ग) व्यावसायिक संबंध बढ़ाने में
(घ) इनमें से कोई नहीं

IV. "जो परिश्रम से जी चुराता है, वह सदा दीन-हीन बना रहता है", पंक्ति से क्या आशय है?

(क) परिश्रम करने वाला कभी सफल नहीं होता
(ख) परिश्रम न करने वाला कभी सफल नहीं होता
(ग) परिश्रमी व्यक्ति ही उन्नति करता है
(घ) ये सभी

V. **कथन** (A) मरणोपरांत भी कुछ लोग अपने कार्यों के लिए आदरपूर्वक याद किए जाते हैं।
कारण (R) परिश्रमी व्यक्ति को धन और यश दोनों प्राप्त होते हैं।
कूट
(क) कथन (A) गलत है, किंतु कारण (R) सही है
(ख) कथन (A) तथा कारण (R) दोनों गलत हैं
(ग) कथन (A) सही है और कारण (R) कथन (A) की सही व्याख्या है
(घ) कथन (A) सही है, किंतु कारण (R) कथन (A) की सही व्याख्या नहीं है

गद्यांश 8

जल मानव की मूल आवश्यकता है। जल के बिना न तो मनुष्य का जीवन संभव है, न ही वह किसी कार्य को संचालित कर सकता है। जल से ही सब कुछ पैदा हुआ है। जन्म से मरण तक मनुष्य के जीवन में सभी कर्मकांडों, यज्ञों आदि में जल का बहुत महत्त्व है। जल दिव्य गुणयुक्त है। इसका ठीक प्रयोग शरीर व मन को स्वस्थ बनाता है, परिणामतः हमारे चेहरे पर एक मुसकुराहट होती है। जल के अभाव में मनुष्य के प्राण कंठ तक आ जाते हैं और सभी काम अधूरे रह जाते हैं। जल के अभाव में सृष्टि की कल्पना भी नहीं की जा सकती। जल को सम्मान का पर्यायवाची भी माना जाता है।

मनुष्य के शरीर में 70% जल की मात्रा है। पशु-पक्षियों का जीवन जल से निर्धारित है। पेड़-पौधों की जल की आवश्यकता मौसम पर निर्भर है। पेड़-पौधे जितना जल लेते हैं, वे वातावरण में उसे रिसने की क्रिया द्वारा छोड़ते भी हैं। इससे जलवायु में भी सुधार होता है। इस प्रकार जीवन में जल का बहुत महत्त्व है। जल ही जीवन है या कहिए जीवन ही जल है। जल को पीने व सिंचाई के लिए देना भी एक पुण्य का कार्य माना गया है। जल प्यासे के गले से उतरकर उसे मौत के मुँह से बचा लेता है। इन सभी दृष्टिकोणों से जल की उपयोगिता मनुष्य के लिए बढ़ जाती है।

I. जल को सृष्टि का जन्मदाता माना गया है, क्योंकि
कथन पढ़कर इनमें से सही विकल्प का चयन कीजिए
1. जल मानव की मूलभूत आवश्यकता है
2. जल के अभाव में जीवन संभव नहीं है
3. जल के बिना मनुष्य किसी भी कार्य को संचालित नहीं कर सकता
4. इससे जलवायु में भी सुधार होता है।

कूट
(क) केवल 1 सही है (ख) 1, 2 और 3 सही हैं
(ग) 3 और 4 सही हैं (घ) 2 और 4 सही हैं

II. मनुष्य के लिए जल किस-किस रूप में महत्त्वपूर्ण है?
(क) पीने हेतु
(ख) सिंचाई हेतु
(ग) पेड़-पौधों एवं जलवायु के संतुलन हेतु
(घ) उपरोक्त सभी

III. गद्यांश के आधार पर पेड़-पौधों के महत्त्व को बताइए।
(क) जलवायु संतुलित रहती है
(ख) वर्षा कराने में सहायक
(ग) (क) और (ख) दोनों
(घ) कर्मकांडों में

IV. गद्यांश के आधार पर बताइए कि मानव जीवन में जल की क्या उपयोगिता है?
(क) जल मानव की मूल आवश्यकता है
(ख) जल के अभाव में जीवन की कल्पना नहीं की जा सकती
(ग) जल यज्ञों में अत्यंत महत्त्वपूर्ण है
(घ) उपरोक्त सभी

V. **कथन** (A) पेड़-पौधों के द्वारा जलवायु में सुधार होता है।
कारण (R) पेड़-पौधे रिसने की क्रिया द्वारा जल को वातावरण में छोड़ते है।
कूट
(क) कथन (A) गलत है, किंतु कारण (R) सही है
(ख) कथन (A) तथा कारण (R) दोनों गलत हैं
(ग) कथन (A) सही है और कारण (R) कथन (A) की सही व्याख्या है
(घ) कथन (A) सही है, किंतु कारण (R) कथन (A) की सही व्याख्या नहीं है

गद्यांश 9

हर भाषा किसी-न-किसी समाज की एक मातृभाषा होती है। उसका अपना एक विशिष्ट साहित्य होता है। उस भाषा के साहित्य का अध्ययन करके हम उस भाषा-भाषी समाज के बारे में, उसकी सभ्यता और संस्कृति के बारे में ज्ञान प्राप्त कर सकते हैं। विदेशी भाषा का अध्ययन बुरी बात नहीं है। इससे हमारी संवेदना व्यापक होती है, हमारे ज्ञान का विस्तार होता है, हमारी मानवीय दृष्टि में व्यापकता आती है और विचारों में उदारता का समावेश होता है। भाषा किसी जाति की सभ्यता और संस्कृति की वाहक होती है। यदि हमारे पास अपनी भाषा का ज्ञान नहीं होगा, तो हम अपनी पहचान खो देंगे। अपनी भाषा या मातृभाषा में हमारा हृदय बोलता है। हमारा राष्ट्र-हृदय उसमें धड़कता है, इसलिए विदेशी भाषा की अपेक्षा मातृभाषा का महत्त्व अधिक होता है। जब तक कोई राष्ट्र अपनी भाषा को नहीं अपनाता तब तक वह स्वावलंबी नहीं बन सकता और विकास नहीं कर सकता। मातृभाषा चिंतन और मनन की भाषा होती है। संपूर्ण समाज उसी के माध्यम से स्वयं को व्यक्त करता है। जरूरत इस बात की है कि हमारे साहित्य का माध्यम भारतीय भाषा या मातृभाषा हो, जिसमें राष्ट्र के हृदय मन-प्राण के सूक्ष्मतः और गंभीर संवेदना मुखरित हो। हमारा साहित्य विदेशी परंपरा से संबंधित न होकर हमारी अपनी सांस्कृतिक परंपराओं का प्रतिनिधित्व करे।

I. प्रत्येक समाज की मातृभाषा में निहित है
कथन को पढ़कर सही विकल्प का चयन कीजिए
1. उस समाज का विशिष्ट साहित्य।
2. उसकी सभ्यता और संस्कृति का ज्ञान।
3. स्वावलंबी बनाने की शक्ति।
4. विस्तारित ज्ञान व व्यापक संवेदना।

कूट
(क) केवल 1 सही है (ख) केवल 2 सही है
(ग) 1, 2 और 3 सही हैं (घ) 3 और 4 सही हैं

II. मनुष्य स्वावलंबी कब बन सकता है?
(क) जब मनुष्य को अपनी भाषा और साहित्य का ज्ञान होगा
(ख) जब अपनी सभ्यता व संस्कृति का ज्ञान होगा
(ग) बिचारों में उदारता आने पर
(घ) जब मानवीय दृष्टि में व्यापकता हो

III. विदेशी भाषा की अपेक्षा मातृभाषा का महत्त्व अधिक क्यों है?
(क) मातृभाषा में हम अपने भावों और विचारों को व्यक्त करते हैं
(ख) मातृभाषा में हमारा हृदय बोलता है
(ग) मातृभाषा में हमारा राष्ट्र-हृदय धड़कता है
(घ) उपरोक्त सभी

IV. 'उसका अपना एक विशिष्ट साहित्य होता है।, वाक्य में 'उसका' शब्द किसके लिए प्रयुक्त हुआ है?
(क) विचारों के लिए (ख) मातृभाषा के लिए
(ग) सभ्यता के लिए (घ) संस्कृति के लिए

V. **कथन** (A) मनुष्य को अपनी मातृभाषा को अधिक महत्त्व देना चाहिए।
कारण (R) संपूर्ण समाज उसी के द्वारा स्वयं को व्यक्त करता है।

कूट

(क) कथन (A) गलत है, किंतु कारण (R) सही है
(ख) कथन (A) और कारण (R) दोनों ही गलत हैं
(ग) कथन (A) सही है और कारण (R) कथन (A) की सही व्याख्या है
(घ) कथन (A) सही है, किंतु कारण (R) कथन (A) की सही व्याख्या नहीं है

गद्यांश 10

मनुष्य ने अपने स्वार्थ के लिए प्रकृति का दोहन कर प्राकृतिक संतुलन ही नहीं, बल्कि स्त्रियों के साथ अन्याय कर, स्त्री-पुरुष के लिंगानुपात को घटाने का अमानवीय कार्य भी किया है। लिंगानुपात में आई भारी गिरावट का मुख्य कारण कन्या भ्रूण हत्या है। गर्भस्थ शिशु के लिंग परीक्षण के पश्चात् कन्या भ्रूण होने की स्थिति में उसे माँ के गर्भ में ही मार दिया जाता है। विदेशी आक्रमणों और समाज में पर्दा-प्रथा, सती-प्रथा जैसी कुप्रथाओं के कारण महिलाओं को शिक्षा से वंचित किया जाने लगा तथा धार्मिक और सामाजिक रूप से पुरुषों को अधिक महत्त्व दिया जाने लगा एवं महिलाओं को घर तक सीमित कर दिया गया है, जिससे संतान के रूप में नर शिशु की कामना करने की गलत परंपरा समाज में विकसित हो गई। इसका अन्य महत्त्वपूर्ण कारण दहेज प्रथा भी है।

किसी भी देश की प्रगति तब तक संभव नहीं है, जब तक वहाँ की महिलाओं को प्रगति के पर्याप्त अवसर न मिलें। जिस देश में महिलाओं का अभाव हो, उसके विकास की कल्पना कैसे की जा सकती है? कन्या भ्रूण हत्या को समाप्त करने में महिलाओं की भूमिका सर्वाधिक महत्त्वपूर्ण हो सकती है। अत: इसके लिए महिला शिक्षा पर विशेष ध्यान देना होगा।

I. संतान के रूप में नर शिशु की कामना करने की गलत परंपरा के कारणों में निहित है/हैं
कथन पढ़कर सही विकल्प का चयन कीजिए

1. महिलाओं को घर तक सीमित रखना।
2. दहेज प्रथा का प्रचलन होना।
3. विदेशी आक्रमणों का होना।
4. प्रकृति का दोहन करना।

कूट

(क) केवल 1 सही है (ख) 1 और 2 सही हैं
(ग) 2 और 3 सही हैं (घ) 3 और 4 सही हैं

II. भारतीय समाज में लिंगानुपात में हुए परिवर्तन का कारण है
(क) विदेशी आक्रमण (ख) कन्या भ्रूण हत्या
(ग) सामाजिक कुप्रथाएँ (घ) ये सभी

III. विदेशी आक्रमणों से महिलाओं की स्थिति पर क्या प्रभाव पड़ा?
(क) महिलाओं को शिक्षा से वंचित किया जाने लगा
(ख) महिलाओं को अधिक महत्त्व दिया जाने लगा
(ग) देश में महिलाओं का अभाव होने लगा
(घ) महिलाओं को प्रगति के अवसर मिलने लगे

IV. देश की प्रगति का संबंध किससे बताया गया है?
(क) मनुष्य की स्वार्थ पूर्ति से
(ख) कन्या भ्रूण हत्या से
(ग) महिलाओं को प्रगति के प्राप्त अवसर से
(घ) महिलाओं को दहेज के लिए प्रताड़ित करने से

V. **कथन** (A) समाज में महिलाओं की दयनीय स्थिति हो गई।
कारण (R) महिलाओं को मानवीय अधिकारों से वंचित कर दिया गया।

कूट

(क) कथन A गलत है, किंतु कारण R सही है
(ख) कथन A और कारण R दोनों ही गलत हैं
(ग) कथन A सही है और कारण R कथन A की सही व्याख्या है
(घ) कथन A सही है, किंतु कारण R कथन A की सही व्याख्या नहीं है

गद्यांश 11

पर्यावरण नैतिकता से अभिप्राय है वे विषय, सिद्धांत और दिशा-निर्देश, जो मनुष्य और पर्यावरण के बीच की क्रियाओं और प्रतिक्रियाओं को दर्शाते हैं। मानव-केंद्रित विचारधारा के अनुसार, मनुष्य प्रकृति का स्वामी है और वह इसे मनचाहे रूप में प्रयोग कर सकता है। इसके विपरीत, पृथ्वी और प्रकृति केंद्रित विचारधारा के अनुसार, पृथ्वी हमारी जननी है। अत: हमें पृथ्वी का आदर करना चाहिए। पहले मत के अनुसार, पृथ्वी केवल एक ग्रह है इसलिए हमें वैज्ञानिक तकनीक द्वारा प्रौद्योगिकी का निरंतर विकास करना होगा और पर्यावरण के अपघटन को रोकना होगा ताकि एक स्वच्छ एवं स्वस्थ पर्यावरण और बेहतर भविष्य की नींव रखी जा सके।

साम्राज्यवाद, उपनिवेशवाद, आधिपत्य के लिए संघर्ष, विश्वयुद्ध आदि ने अपने-अपने ढंग से पर्यावरण को संकट में डाला है। आज फिर आधुनिक प्रौद्योगिकी की सहायता से बड़े पैमाने पर औद्योगिक उत्पादन के लिए प्रकृति के शोषण ने संपूर्ण विश्व में पर्यावरणीय संकट पैदा कर दिया है, जो घातक सिद्ध हो सकता है। यह विवादास्पद है कि विकास आधारित प्रौद्योगिकी वरदान है या विनाश का कारण।

I. मानव-केंद्रित विचारधारा में निहित है
कथन पढ़कर सही विकल्प का चयन कीजिए।

1. पृथ्वी पर वैज्ञानिक तकनीक द्वारा प्रौद्योगिकी का निरंतर विकास करना
2. पर्यावरण के अपघटन को रोकना
3. बड़े पैमाने पर औद्योगिक उत्पादन करना
4. मनुष्य द्वारा पृथ्वी का मनचाहे रूप से प्रयोग करना

कूट

(क) केवल 1 सही है
(ख) 1 और 2 सही हैं
(ग) 2 और 3 सही हैं
(घ) 3 और 4 सही हैं

II. पर्यावरण नैतिकता से क्या अभिप्राय है?
(क) वे विषय, सिद्धांत और दिशा-निर्देश, जो मनुष्य और पर्यावरण के बीच की केवल क्रियाओं को दर्शाते हैं।
(ख) वे विषय, सिद्धांत और दिशा-निर्देश, जो मनुष्य और पर्यावरण के बीच केवल प्रतिक्रियाओं को दर्शाते हैं।
(ग) वे विषय, सिद्धांत और दिशा-निर्देश, जो मनुष्य और पर्यावरण के बीच की क्रियाओं और प्रतिक्रियाओं को दर्शाते हैं।
(घ) वे विषय सिद्धांत और दिशा-निर्देश, जो मनुष्य और पर्यावरण के बीच तुलना को दर्शाते हैं।

III. 'पृथ्वी हमारी जननी है' यह विचारधारा है
(क) मानव केंद्रित
(ख) पृथ्वी और प्रकृति केंद्रित
(ग) प्रौद्योगिकी केंद्रित
(घ) मानव और प्रौद्योगिकी केंद्रित

IV. मानव केंद्रित विचारधारा के अनुसार प्रकृति का स्वामी है
(क) मनुष्य (ख) वैज्ञानिक
(ग) तकनीक (घ) ये सभी

V. **कथन** (A) आधुनिक प्रौद्योगिकी ने प्रकृति पर संकट पैदा कर दिया है।
कारण (R) औद्योगिक उत्पादन के लिए प्रकृति का शोषण किया जा रहा है।
(क) कथन (A) गलत है, किंतु कारण (R) सही है
(ख) कथन (A) तथा कारण (R) दोनों गलत हैं
(ग) कथन (A) सही है और कारण (R) कथन (A) की सही व्याख्या करता है
(घ) कथन (A) सही है और कारण (R) कथन (A) की सही व्याख्या नहीं करता है

गद्यांश 12

अच्छा नागरिक बनने के लिए भारत के प्राचीन विचारकों ने कुछ नियमों का प्रावधान किया है। इन नियमों में वाणी और व्यवहार की शुद्धि, कर्त्तव्य और अधिकार का समुचित निर्वाह, शुद्धतम पारस्परिक सद्भाव और सेवा की भावना आदि नियम बहुत महत्त्वपूर्ण माने गए हैं। ये सभी नियम यदि एक व्यक्ति के चारित्रिक गुणों के रूप में भी अनिवार्य माने जाएँ तो उसका अपना जीवन सुखी और आनंदमय हो सकता है। सभी गुणों का विकास एक बालक में यदि उसकी बाल्यावस्था से ही किया जाए तो वह अपने देश का श्रेष्ठ नागरिक बन सकता है। इन गुणों के कारण वह अपने परिवार, आस पड़ोस, विद्यालय में अपने सहपाठियों एवं अध्यापकों के प्रति यथोचित व्यवहार कर सकेगा। वाणी एवं व्यवहार की मधुरता सभी के लिए सुखदायक होती है, समाज में हार्दिक सद्भाव की वृद्धि करती है, किंतु अहंकारहीन व्यक्ति ही स्निग्ध वाणी और शिष्ट व्यवहार का प्रयोग कर सकता है। अहंकारी और दंभी व्यक्ति सदा अशिष्ट वाणी और व्यवहार का अभ्यासी होता है, जिसका परिणाम यह होता है कि ऐसे आदमी के व्यवहार से समाज में शांति और सौहार्द का वातावरण नहीं बनता। जिस प्रकार एक व्यक्ति समाज में रहकर अपने व्यवहार से कर्त्तव्य और अधिकार के प्रति सजग रहता है, उसी तरह देश के प्रति भी उसका व्यवहार कर्त्तव्य और अधिकार की भावना से भावित रहना चाहिए। उसका कर्त्तव्य हो जाता है कि न तो वह स्वयं कोई ऐसा काम करे और न ही दूसरों को करने दे, जिसमें देश के सम्मान, संपत्ति और स्वाभिमान को ठेस लगे। समाज एवं देश में शांति बनाए रखने के लिए धार्मिक सहिष्णुता भी बहुत आवश्यक है। यह वृत्ति तभी आ सकती है जब व्यक्ति संतुलित व्यक्तित्व का हो। वह आंतरिक व बाहरी संघर्ष से परे सामाजिकता की अनुभूति से परिपूर्ण व्यक्तित्व होना चाहिए।

I. गद्यांश के संदर्भ में अच्छा नागरिक बनने के लिए नियमों का प्रावधान आवश्यक है, क्योंकि यह
(क) स्वतंत्रता को बढ़ावा देता है जिससे वातावरण को शांति से परिपूर्ण करता है
(ख) व्यक्तित्व को निखारकर जीवन को आमोद-प्रमोद से परिपूर्ण करता है
(ग) व्यक्तित्व को निखारकर जीवन को सुख और मंगलकामना से परिपूर्ण करता है
(घ) व्यक्ति को अहंकार, स्निग्ध वाणी और शिष्ट व्यवहार से परिपूर्ण करता है

II. वाणी एवं व्यवहार की मधुरता सभी के लिए सुखदायक होती है। इस कथन के लिए उपयुक्त तर्क है
(क) देश के सम्मान, संपत्ति और स्वाभिमान को ठेस पहुँचती है
(ख) देश व समाज में शांति और सौहार्द का वातावरण नहीं बनता
(ग) कर्त्तव्य और अधिकार का समुचित निर्वाह बहुत आवश्यक है
(घ) समाज में हार्दिक सद्भाव की वृद्धि और सुख की प्रतिष्ठा होती है

III. निम्नलिखित कथन (A) तथा कारण (R) को ध्यानपूर्वक पढ़िए। उसके बाद दिए गए विकल्पों में से कोई एक सही विकल्प चुनकर लिखिए।
कथन (A) व्यक्ति को स्निग्ध वाणी और शिष्ट व्यवहार का प्रयोग करना चाहिए।
कारण (R) व्यक्ति के ऐसे व्यवहार से समाज में शांति और सौहार्द का वातावरण बनता है।
(क) कथन (A) तथा कारण (R) दोनों गलत हैं।
(ख) कथन (A) गलत है, लेकिन कारण (R) सही है।
(ग) कथन (A) सही है, किंतु कारण (R) उसकी गलत व्याख्या करता है।
(घ) कथन (A) तथा और (R) दोनों सही हैं तथा कारण (R) कथन (A) की सही व्याख्या करता है।

IV. संतुलित व्यक्तित्व से तात्पर्य है
(क) आंतरिक व बाहरी संघर्ष से संपूर्ण सामाजिकता की अनुभूति से परिपूर्ण व्यक्तित्व
(ख) देश में पूर्णतः आदर्श नागरिक का व्यवहार करने वाला सुखदायक व्यक्तित्व
(ग) आंतरिक व बाहरी संघर्ष से रहित संपूर्ण सामाजिकता की अनुभूति से परिपूर्ण व्यक्तित्व
(घ) कर्त्तव्य और अधिकार के प्रति सजग रहने वाला भावुक प्रवृत्ति से परिपूर्ण व्यक्तित्व

V. धार्मिक सहिष्णुता की स्थापना आवश्यक है, क्योंकि इससे
(क) अधिकार और कर्त्तव्य पर विजय प्राप्त हो जाएगी
(ख) देश की संपत्ति को नुकसान नहीं पहुँचेगा
(ग) भारतीय संविधान की प्रतिष्ठा बनी रहेगी
(घ) समाज एवं देश में शांति व्यवस्था बनी रहेगी

गद्यांश 13

हम एक ऐसे युग में जी रहे हैं, जहाँ एक तरफ भौतिक समृद्धि अपनी ऊँचाई पर है तो दूसरी तरफ चारित्रिक पतन की गहराई है। आधुनिकीकरण में उलझा मानव सफलता की नित नई परिभाषाएँ खोजता रहता है और अपनी अंतहीन इच्छाओं के रेगिस्तान में भटकता रहता है। ऐसे समय में सच्ची सफलता और सुख-शांति की प्यास से व्याकुल व्यक्ति अनेक मानसिक रोगों का शिकार बनता जा रहा है। हममें से कितने लोगों को इस बात का ज्ञान है कि जीवन में सफलता प्राप्त करना और सफल जीवन जीना, यह दोनों दो अलग-अलग बातें हैं।

यह जरूरी नहीं कि जिसने अपने जीवन में साधारण कामनाओं को हासिल कर लिया हो, वह पूर्णतः संतुष्ट और प्रसन्न भी हो। अतः हमें गंभीरतापूर्वक इस बात को समझना चाहिए कि इच्छित फल को प्राप्त कर लेना ही सफलता नहीं है। जब तक हम अपने जीवन में नैतिक व आध्यात्मिक मूल्यों का सिंचन नहीं करेंगे, तब तक यथार्थ सफलता पाना हमारे लिए मुश्किल ही नहीं, अपितु असंभव कार्य हो जाएगा, क्योंकि बिना मूल्यों के प्राप्त सफलता केवल क्षणभंगुर सुख के समान रहती है। यदि आप असफलता से निराश हो चुके हैं और ऐसा सोच रहे हैं कि सब कुछ यहीं खत्म हो गया तो आपको सफल व्यक्तियों के बारे में पढ़ना चाहिए। निराश और उत्साहहीन करने वाले हर विचार हमें पीछे की ओर धकेलते हैं। निराश हो जाना अथवा हिम्मत हारकर उत्साहहीन होकर बैठ जाना स्वयं के प्रति एक अपराध है। हमें अपने आपमें स्फूर्ति तथा मन में उत्साह भरते हुए स्वयं पर विश्वास करना चाहिए। कुछ निराशावादी लोगों का कहना है कि हम सफल नहीं हो सकते, क्योंकि हमारी तकदीर या परिस्थितियाँ ही ऐसी हैं, परंतु यदि हम अपना ध्येय निश्चित करके उसे अपने मन में बिठा लें तो फिर सफलता स्वयं हमारी ओर चलकर आएगी। सफल होना हर मनुष्य का जन्मसिद्ध अधिकार है, परंतु यदि हम अपनी विफलताओं के बारे में ही सोचते रहेंगे, तो सफलता को कभी हासिल नहीं कर पाएँगे। अतः विफलताओं की चिंता न करें, क्योंकि वे तो हमारे जीवन का सौंदर्य हैं और संघर्ष जीवन का काव्य है। कई बार प्रथम आघात में पत्थर नहीं टूट पाता, उसे तोड़ने के लिए कई आघात करने पड़ते हैं, इसलिए सदैव अपने लक्ष्य को सामने रख आगे बढ़ने की जरूरत है। कहा भी गया है कि जीवन में सकारात्मक कोशिश करने वालों की कभी हार नहीं होती।

I. विफलताओं की चिंता नहीं करनी चाहिए
1. क्योंकि उनका लगातार चिंतन करने से सफलता कभी हासिल नहीं होगी।
2. क्योंकि विफलताएँ हमारे जीवन का सौंदर्य हैं।
3. क्योंकि विफल होना अपराध है।
4. क्योंकि विफलताएँ पथभ्रष्ट करती हैं।

कथन पढ़कर सही विकल्प का चयन कीजिए
(क) केवल 1 सही है (ख) 1 और 2 सही हैं
(ग) 2 और 3 सही हैं (घ) 3 और 4 सही हैं

II. हम कैसे युग में जी रहे हैं?
(क) जहाँ भौतिक सुख-सुविधाओं में वृद्धि होने के साथ-साथ चरित्र का पतन भी होता जा रहा है
(ख) जहाँ हर प्रकार की सुख-सुविधाएँ हैं, तो साथ ही बहुत-सी समस्याएँ भी हैं
(ग) जहाँ मनुष्य प्रतिदिन सफलता के नए-नए प्रतिमान गढ़ता जा रहा है
(घ) जहाँ मनुष्य केवल और केवल पतनोन्मुख होता जा रहा है

III. जीवन में क्या आवश्यक नहीं है?
(क) सफलताओं को प्राप्त करने के बाद कोई असफल न हुआ हो
(ख) जीवन में हर मुकाम हासिल हो गया हो
(ग) जिसने जीवन में अपनी सामान्य इच्छाओं की पूर्ति कर ली हो, वह संतुष्ट और प्रसन्न भी हो
(घ) जो भौतिक रूप से समृद्ध है, वह आध्यात्मिक रूप से भी समृद्ध हो

IV. गद्यांश के अनुसार वास्तविक सफलता क्या है?
(क) हर प्रकार की भौतिक व आध्यात्मिक सुख-सुविधाओं को प्राप्त करना
(ख) जीवन में नैतिक व आध्यात्मिक मूल्यों को सिंचित करना
(ग) जीवन में सभी प्रकार की साधारण कामनाओं को हासिल करना
(घ) अपने लक्ष्य को प्राप्त करके उस पर अमल करना

V. **कथन** (A) मनुष्य मानसिक रोगों का शिकार होता जा रहा है।
कारण (R) मनुष्य अपने कार्य से असंतुष्ट रहता है।
(क) कथन (A) गलत है, किंतु कारण (R) सही है
(ख) कथन (A) तथा कारण (R) दोनों गलत हैं
(ग) कथन (A) सही है और कारण (R) कथन (A) की सही व्याख्या करता है
(घ) कथन (A) सही है, किंतु कारण (R) कथन (A) की सही व्याख्या नहीं करता है

गद्यांश 14

बड़ा बनने के लिए हमें विशाल काम करने की जरूरत नहीं होती, बल्कि प्रत्येक काम में विशालता के चिह्न खोजने पड़ते हैं। अपने अंतर्मन में सदैव जिज्ञासा को जन्म देना होता है। दुनिया में ज्ञान का जो बोलबाला है, उसमें हमारे कौतूहल की केंद्रीय भूमिका है। अल्बर्ट आइंस्टीन ने एक बार अपने साक्षात्कार में कहा था कि हमारी जिज्ञासा ही हमारे अस्तित्व का आधार है। बिना प्रश्न के हमारे जीवन में न गति आएगी और न कोई रस होगा जब हम चिंतन करते हैं, तब नई बातें सामने आती हैं। सवाल करने का ही परिणाम है कि नई तकनीक ऑटोमेशन और आर्टिफिशियल इंटेलिजेंस जैसी चीजें आज दुनिया में आ रही हैं। जब हम कहते हैं क्यों, कैसे, क्या, तब हमारे अंदर की स्नायु प्राण ऊर्जा और संकल्प एक नई गति और उत्साह के साथ नवीनता की यात्रा करने लगते हैं।

हमें इस दुनिया की इतनी आदत पड़ चुकी है कि लीक से हटकर सोचना नहीं चाहते। कोई विभिन्नता नहीं, न ही कोई नवीनता है। यह कैसा जीवन है, जिसमें कोई कौतूहल नहीं कोई आश्चर्य नहीं? इस जगत में हमारी स्थिति एक कीटाणु या विषाणु की तरह है, जो अपनी सुखमयी व्यवस्था में पड़े रहते हैं। लेकिन जो स्वतंत्र होते हैं, वे हृदय की आवाज सुनते हैं। जो बड़ा होना चाहते हैं, इस दुनिया और इसकी प्रत्येक घटना, वस्तु एवं स्थिति पर अपना आश्चर्य प्रकट करते हैं। प्रत्येक घटना और वस्तु से परे हटकर सोचने और उसको देखने की कोशिश जो करते हैं, यही बड़ा बनते हैं। जिज्ञासु मन और बुद्धि ही दर्शन और विज्ञान की दुनिया बनाते हैं।

I. प्रत्येक काम में विशालता के चिह्न खोजने से लेखक का अभिप्राय है
(क) बड़ी सोच व्यक्ति को बड़ा बनने की प्रेरणा देती है
(ख) प्रत्येक काम को महत्त्व देकर गहराई से समझें
(ग) प्रत्येक काम को करने के लिए सदैव तत्पर रहें
(घ) प्रत्येक काम का आयोजन बड़े पैमाने पर करें

II. अस्तित्व शब्द का अर्थ है
(क) विद्यमानता (ख) जिज्ञासु प्रवृत्ति
(ग) गतिमान (घ) नवीनता

III. नवीनता की यात्रा करने से हम परंपरागत प्रणालियों से विमुख हो रहे हैं। नवीनता के पक्षधर के रूप में इसकी आवश्यकता के लिए उपयुक्त तर्क है
(क) हमारी मानसिक स्थिति एक कीटाणु या विषाणु की तरह है
(ख) हमारे शारीरिक, मानसिक, चारित्रिक व राष्ट्रीय विकास के लिए है
(ग) जो स्वतंत्र मानसिकता वाले होते हैं, वे दूसरों की आवाज सुनते हैं
(घ) जब हम चिंतन करते हैं, तब नई बातें सामने आती हैं

IV. लीक से हटकर सोच को विकसित करने के लिए आवश्यक है
(क) सुखमय व्यवस्था (ख) हृदय की आवाज सुनना
(ग) अंतर्मन में सदैव जिज्ञासा (घ) दर्शन और विज्ञान की दुनिया

V. जिज्ञासा ही हमारे अस्तित्व के आधार की परिचायक है, क्योंकि यह
(क) व्यक्ति को नए जमाने का वैज्ञानिक दर्शाती है
(ख) शारीरिक व मानसिक रूप से क्रियाशील रखती है
(ग) आर्टिफिशियल इंटेलिजेंस की उपयोगिता दर्शाती है
(घ) विश्वव्यापी स्तर पर स्थिति निर्धारित करती है

गद्यांश 15

साहित्य की शाश्वतता का प्रश्न एक महत्त्वपूर्ण प्रश्न है। क्या साहित्य शाश्वत होता है? यदि हाँ, तो किस मायने में? क्या कोई साहित्य अपने रचनाकाल के सौ वर्ष बीत जाने पर भी उतना ही प्रासंगिक रहता है, जितना वह अपनी रचना के समय था? अपने समय या युग का निर्माता साहित्यकार क्या सौ वर्ष बाद की परिस्थितियों का भी युग-निर्माता हो सकता है। समय बदलता रहता है, परिस्थितियाँ और भावबोध बदलते हैं, साहित्य बदलता है और इसी के समानांतर पाठक की मानसिकता और अभिरुचि भी बदलती है।

अतः कोई भी कविता अपने सामयिक परिवेश के बदल जाने पर ठीक वही उत्तेजना पैदा नहीं कर सकती, जो उसने अपने रचनाकाल के दौरान की होगी। कहने का तात्पर्य यह है कि एक विशेष प्रकार के साहित्य के श्रेष्ठ अस्तित्व मात्र से वह साहित्य हर युग के लिए उतना ही विशेष आकर्षण रखे, यह आवश्यक नहीं है। यही कारण है कि वर्तमान युग में इंगला पिंगला, सुषुम्ना, अनहद नाद आदि पारिभाषिक शब्दावली मन में विशेष भावोत्तेजन नहीं करती।

साहित्य की श्रेष्ठता मात्र ही उसके नित्य आकर्षण का आधार नहीं है। उसकी श्रेष्ठता का युगयुगीन आधार है, वे जीवन मूल्य तथा उनकी अत्यंत कलात्मक अभिव्यक्तियाँ, जो मनुष्य की स्वतंत्रता तथा उच्चतर मानव-विकास के लिए पथ-प्रदर्शक का काम करती हैं। पुराने साहित्य का केवल वही श्री-सौंदर्य हमारे लिए ग्राह्य होगा, जो नवीन जीवन-मूल्यों के विकास में सक्रिय सहयोग दे अथवा स्थिति रक्षा में सहायक हो। कुछ लोग साहित्य की सामाजिक प्रतिबद्धता को अस्वीकार करते हैं। वे मानते हैं कि साहित्यकार निरपेक्ष होता है और उस पर कोई भी दबाव आरोपित नहीं होना चाहिए। किंतु वे भूल जाते हैं कि साहित्य के निर्माण की मूल प्रेरणा मानव-जीवन में ही विद्यमान रहती है।

जीवन के लिए ही उसकी सृष्टि होती है। तुलसीदास जब स्वांतः सुखाय काव्य-रचना करते हैं, तब अभिप्राय यह नहीं रहता कि मानव-समाज के लिए इस रचना का कोई उपयोग नहीं है, बल्कि उनके अंतःकरण में संपूर्ण संसार

की सुख भावना एवं हित कामना सन्निहित रहती है। जो साहित्यकार अपने संपूर्ण व्यक्तित्व को व्यापक लोक जीवन में सन्निविष्ट कर देता है, उसी के हाथों स्थायी एवं प्रेरणाप्रद साहित्य का सृजन हो सकता है।

I. साहित्य की श्रेष्ठता का निर्धारण सुनिश्चित करता है कि वह
(क) व्यक्ति को बहुमुखी प्रतिभा का धनी बनाता है
(ख) लोक व्यवहार की पराकाष्ठा पर प्रतिक्रिया देता है
(ग) सांस्कृतिक व ऐतिहासिक विरासत को बाधित करता है
(घ) पथ-प्रशस्त कर मूल्यों का समावेशन करके कला भाव जगाता है

II. नवीन जीवन-मूल्यों के विकास में सक्रिय सहयोग से आशय है
(क) स्वांतः सुखाय की कामना कर आगे बढ़ना
(ख) श्री-सौंदर्य को प्राथमिकता देकर आगे बढ़ना
(ग) नवाचार व मूल्यों को आत्मसात् कर आगे बढ़ना
(घ) वर्तमान में साहित्य के माध्यम से आगे बढ़ना

III. 'कोई साहित्य अपने रचनाकाल के सौ वर्ष बीत जाने पर भी उतना ही प्रासंगिक रहता है।' कथन के आधार पर उचित तर्क है
(क) साहित्य की श्रेष्ठता मात्र ही उसके नित्य आकर्षण का आधार नहीं है
(ख) संपूर्ण साहित्य का स्थायी व स्पष्ट आधार नहीं है
(ग) लोक कल्याणकारी, स्थायी एवं प्रेरणाप्रद साहित्य होने की दशा में
(घ) पारिभाषिक शब्दावली द्वारा स्पष्टीकरण करने की दशा में

IV. 'साहित्यकार निरपेक्ष होता है और उस पर कोई भी दबाव आरोपित नहीं होना चाहिए।' कथन किस मनोवृत्ति को प्रकट करता है?
(क) सामाजिक कार्यकर्ता की विचारधारा
(ख) साहित्य की शाश्वत क्रियाशील विचारधारा
(ग) समाज के प्रति वचनबद्धता का अभाव
(घ) निरपेक्ष व्यक्तियों की सकारात्मकता

V. गद्यांश में प्रयुक्त मानव जीवन समस्त पद का विग्रह एवं समास भेद होगा
(क) मानव या जीवन—द्वंद्व समास
(ख) मानव का जीवन—तत्पुरुष समास
(ग) मानव रूपी जीवन—द्विगु समास
(घ) मानव जो जीवन जीता है—अव्ययीभाव समास

गद्यांश 16

मानव सभ्यता पर औद्योगिक क्रांति की धमक अभी थमी भी नहीं कि एक नई तकनीकी क्रांति ने अपने आने की घोषणा कर दी है। 'नैनो-तकनीक' के समर्थक दावा करते हैं कि जब यह अपने पूरे वजूद से आएगी तो धरती का नामोनिशान मिट जाएगा और नैनो रोबोट की स्वनिर्मित फौज पूरी तरह क्षत-विक्षत शव को पलक झपकते ही चुस्त-दुरुस्त इंसान में तबदील कर देगी।

दूसरी ओर नैनो-तकनीक की असीमित शक्ति से आशंकित इसके विरोधी इसे मिस्र के पिरामिडों में सोई ममियों से भी ज्यादा अभिशप्त समझते हैं। इन दोनों अतिवादी धारणाओं के बीच इतना अवश्य कहा जा सकता है कि हम तकनीकी क्रांति के एक सर्वथा नए मुहाने पर आ पहुँचे हैं, जिसके बाद उद्योग, चिकित्सा, दूरसंचार, परिवहन सहित हमारे जीवन में शामिल तमाम तकनीकी जटिलताएँ अपने पुराने अर्थ खो देंगी। इस अभूतपूर्व तकनीकी बदलाव के सामाजिक-सांस्कृतिक निहितार्थ क्या होंगे, यह देखना सचमुच दिलचस्प होगा।

आदमी ने कभी सभ्यता की बुनियाद पत्थर के बेडौल हथियारों से डाली थी, अनगढ़ शिलाओं को छीलकर उन्हें कुल्हाड़ों और भालों की शक्ल में ढाला और इस उपलब्धि ने उत्पादकता की दृष्टि से उसे दूसरे जंतुओं की तुलना में लाभ की स्थिति में ला खड़ा किया। औज़ारों को बेहतर बनाने का यह सिलसिला आगे कई विस्मयकारी मसलों से गुज़रा और औद्योगिक क्रांति ने तो मनुष्य को मानो प्रकृति के नियंत्रक की भूमिका सौंप दी।

तकनीकी कौशल की हतप्रभ कर देने वाली इस यात्रा में एक बात ऐसी है, जो पाषाण युग के बेढब हथियारों से चमत्कारी माइक्रोचिप निर्माण तक एक जैसी बनी रही। हम अपने औजार, कच्चे माल को तराशकर बनाते हैं। यह सर्वविदित तथ्य है कि सारे पदार्थ परमाणुओं से मिलकर बने हैं, लेकिन पदार्थों के गुण इस बात पर निर्भर करते हैं कि उनमें परमाणुओं को किस तरह सजाया गया है। कार्बन के परमाणुओं की एक खास बनावट से कोयला तैयार होता है, तो दूसरी खास बनावट उन्हें हीरे का रूप दे देती है। परमाणु और अणुओं को इकाई मानकर मनचाहा उत्पाद तैयार करना ही 'नैनो-तकनीक' का सार है।

I. नैनो तकनीक के वजूद में आने का क्या परिणाम होगा?
(क) बेरोजगारी को बढ़ावा मिलेगा
(ख) देश में समृद्धि आएगी
(ग) धरती का नामो-निशान मिट जाएगा
(घ) सुविधाओं में वृद्धि होगी

II. नैनो तकनीक के विरोधी द्वारा इसे मिस्र के पिरामिडों में सोई ममियों से भी ज्यादा अभिशप्त क्यों माना गया?
(क) यह तकनीक संपूर्ण मानव जाति के लिए हानिकारक सिद्ध हो सकती है
(ख) यह तकनीक विकास के नए प्रतिमान स्थापित करेगी
(ग) यह तकनीक कौशल को बढ़ाने के बजाय घटा देगी
(घ) यह तकनीक नए युग में चार चाँद लगा देगी

III. मानव प्रकृति का नियंत्रक किस आधार पर बन गया?
(क) औजारों के निर्माण करके
(ख) औद्योगिक क्रांति करके
(ग) (क) और (ख) दोनों
(घ) प्रकृति को प्रोत्साहित करके

IV. गद्यांश के अनुसार 'नैनो-तकनीक' क्या है?
(क) छोटी-छोटी मशीनों का प्रयोग करके बड़ी चीज बनाना
(ख) परमाणु और अणुओं को मूलभूत इकाई मानकर इच्छानुसार उत्पाद तैयार करना
(ग) परमाणु और अणुओं में भेद न करते हुए इनका प्रयोग उत्पाद बनाने में करना
(घ) तकनीक के क्षेत्र में मनुष्य को सर्वाधिक महत्त्व प्रदान करना

V. गद्यांश के अनुसार नैनो तकनीक के महत्त्व के बारे में कौन-सा कथन सही है?
(क) यह ऐसी तकनीक है, जो मनुष्य की सोच की सीमा बढ़ा देगी
(ख) यह मनुष्य के विकास के लिए अत्यंत आवश्यक है
(ग) यह मनुष्य को केवल विनाश की ओर ले जाएगी
(घ) यह ऐसी तकनीक है, जो मनुष्य की सोच को सीमित कर देगी

गद्यांश 17

वर्तमान युग कंप्यूटर का युग है। यदि भारतवर्ष पर नज़र दौड़ाकर देखें तो हम पाएँगे कि जीवन के लगभग सभी क्षेत्रों में कंप्यूटर का प्रवेश हो गया है। बैंक, रेलवे-स्टेशन, हवाई-अड्डे, डाकखाने, बड़े-बड़े उद्योग-कारखाने, व्यवसाय हिसाब-किताब तथा रुपये गिनने तक की मशीनें कंप्यूटरीकृत हो गई हैं। आज भी कंप्यूटर का प्रारंभिक प्रयोग है तथा आने वाला समय इसके विस्तृत फैलाव का संकेत दे रहा है। प्रश्न उठता है कि कंप्यूटर आज की ज़रूरत है? इसका उत्तर है—कंप्यूटर जीवन की मूलभूत अनिवार्य वस्तु तो नहीं है, किंतु इसके बिना आज की दुनिया अधूरी जान पड़ती है। सांसारिक गतिविधियों,

परिवहन और संचार उपकरणों आदि का ऐसा विस्तार हो गया है कि उन्हें सुचारु रूप से चलाना अत्यंत कठिन होता जा रहा है।

पहले मनुष्य जीवन-भर में यदि सौ लोगों के संपर्क में आता था, तो आज वह दो-हज़ार लोगों के संपर्क में आता है। पहले वह दिन में पाँच-दस लोगों से मिलता था, तो आज पचास-सौ लोगों से मिलता है। पहले वह दिन में काम करता था, तो आज रातें भी व्यस्त रहती हैं। आज व्यक्ति के संपर्क बढ़ रहे हैं, व्यापार बढ़ रहे हैं, गतिविधियाँ बढ़ रही हैं, आकांक्षाएँ बढ़ रही हैं तथा साधन बढ़ रहे हैं।

इस अनियंत्रित गति को सुव्यवस्था देने की समस्या आज की प्रमुख समस्या है। कहते हैं आवश्यकता आविष्कार की जननी है। इस आवश्यकता ने अपने अनुसार निदान ढूँढ़ लिया है।

कंप्यूटर एक ऐसी स्वचालित प्रणाली है जो कैसी भी अव्यवस्था को व्यवस्था में बदल सकती है। हड़बड़ी में होने वाली मानवीय भूलों के लिए कंप्यूटर रामबाण औषधि है। क्रिकेट के मैदान में अंपायर की निर्णायक भूमिका हो या लाखों-करोड़ों की लंबी-लंबी गणनाएँ, कंप्यूटर पलक झपकते ही आपकी समस्या हल कर सकता है। पहले इन कामों को करने वाले कर्मचारी हड़बड़ाकर काम करते थे, एक भूल से घबराकर और अधिक गड़बड़ी करते थे। परिणामस्वरूप काम कम, तनाव अधिक होता था। अब कंप्यूटर की सहायता से काफी सुविधा हो गई है।

I. वर्तमान युग कंप्यूटर का युग क्यों है?
   (क) क्योंकि कंप्यूटर के बिना जीवन की कल्पना असंभव सी हो गई है
   (ख) क्योंकि कंप्यूटर ने पूरे विश्व के लोगों को जोड़ दिया है
   (ग) क्योंकि कंप्यूटर जीवन की अनिवार्य मूलभूत वस्तु बन गई है
   (घ) क्योंकि कंप्यूटर मानव सभ्यता के सभी अंगों का अभिन्न अवयव बन चुका है

II. गद्यांश के अनुसार, कंप्यूटर के महत्त्व के विषय में कौन-सा विकल्प सही है?
   (क) कंप्यूटर काम के तनाव को समाप्त करने का उपाय है
   (ख) कंप्यूटर कई मानवीय भूलों को निर्णायक रूप से सुधार देता है
   (ग) कंप्यूटर के आने से सारी हड़बड़ाहट दूर हो गई है
   (घ) मानव की सारी समस्याओं का हल कंप्यूटर द्वारा ही संभव है

III. गद्यांश के अनुसार, किस आवश्यकता ने कंप्यूटर में अपना निदान ढूँढ़ लिया है?
   (क) अनियंत्रित कर्मचारियों को अनुशासित करने की
   (ख) अनियंत्रित गति को सुव्यवस्था देने की
   (ग) अधिक-से-अधिक लोगों से जुड़ जन-जागरण लाने की
   (घ) अधिक-से-अधिक कार्य कभी भी व कहीं भी करने की

IV. कंप्यूटर के प्रयोग से पहले अधिक तनाव क्यों होता था?
   (क) लंबी-लंबी गणनाएँ करनी पड़ती थीं
   (ख) गलतियाँ होने के डर से कर्मचारी घबराए हुए रहते थे
   (ग) क्रिकेट मैचों में गलत निर्णय का ख़तरा रहता था
   (घ) मानवीय भूलों के कारण बड़ी दुर्घटनाएँ होती थीं

V. कंप्यूटर के बिना आज की दुनिया अधूरी है, क्योंकि
   (क) सारी व्यवस्था, उपकरण और मशीनें कंप्यूटरीकृत हैं
   (ख) कंप्यूटर ही मानव एकीकरण का आधार है
   (ग) कंप्यूटर ने सारी प्रक्रियाएँ आसान बना दी हैं
   (घ) कंप्यूटर द्वारा मानव सभ्यता अधिक समर्थ हो गई है

गद्यांश 18

पाठक आमतौर पर रूढ़िवादी होते हैं, वे सामान्यत: साहित्य में अपनी मर्यादाओं की स्वीकृति या एक स्वप्न-जगत में पलायन चाहते हैं। साहित्य एक झटके में उन्हें अपने आस-पास के उस जीवन के प्रति सचेत करता है, जिससे उन्होंने आँखें मूँद रखी थीं। शुतुरमुर्ग़ अफ्रीका के रेगिस्तानों में नहीं मिलते, वे हर जगह बहुतायत में उपलब्ध हैं। प्रौद्योगिकी के इस दौर का नतीजा जीवन के हर गोशे में नक़द फ़सल के लिए बढ़ता हुआ पागलपन है और हमारे राजनीतिज्ञ, सत्ता के दलाल, व्यापारी, नौकरशाह- सभी लोगों को इस भगदड़ में नहीं पहुँचने, जैसा दूसरे करते हैं वैसा करने, चूहादौड़ में शामिल होने और कुछ-न-कुछ हासिल कर लेने को जिए जा रहे हैं।

हम थककर साँस लेना और अपने चारों ओर निहारना, हवा के पेड़ में से गुज़रते वक़्त पत्तियों की मनहर लय-गतियों को और फूलों के जादुई रंगों को, फूली सरसों के चमकदार पीलेपन को, लिखे मैदानों की घनी हरीतिमा को मर्मर ध्वनि के सौंदर्य, हिमाच्छादित शिखरों की भव्यता, समुद्र तट पर पछाड़ खाकर बिखरती हुई लहरों के घोष को देखना-सुनना भूल गए हैं।

कुछ लोग सोचते हैं कि पश्चिम का आधुनिकतावाद और भारत तथा अधिकांश तीसरी दुनिया के नव-औपनिवेशिक चिंतन के साथ अपनी जड़ों से अलगाव, व्यक्तिवादी अजनबियत में हमारा अनिवार्य बे-लगाम धँसाव, अचेतन के बिंब, बौद्धिकता से विद्रोह, यह घोषणा कि दिमाग अपनी रस्सी के अंतिम सिरे पर है, यथार्थवाद का विध्वंस, काम का ऐन्द्रिक सुख मात्र रह जाना और मानवीय भावनाओं का व्यावसायीकरण तथा निम्नस्तरीय- करण इस अंधी घाटी में आ फँसने की वहज है। लेकिन वे भूल जाते हैं कि आधुनिकीकरण इतिहास की एक सच्चाई है, जो नई समस्याओं को जन्म देने और विज्ञान को अधिक जटिल बनाने के बावजूद, एक तरह से, मानव जाति की नियति है।

मेरा सुझाव है कि विवेकहीन आधुनिकता के बावजूद आधुनिकता की दिशा में धैर्यपूर्वक सुयोजित प्रयास होने चाहिए। एक आलोचक किसी नाली में भी झाँक सकता है, पर वह नाली-निरीक्षक नहीं होता। लेखक का कार्य दुनिया को बदलना नहीं, समझना है, साहित्य क्रांति नहीं करता; वह मनुष्यों का दिमाग बदलता है और उन्हें क्रांति की आवश्यकता के प्रति जागरूक बनाता है।

I. गद्यांश में 'शुतुरमुर्ग़' की संज्ञा किसे दी गई है?
   (क) लेखक, जो संसार को समझना चाहता है
   (ख) राजनीतिज्ञ, जो अपनी स्वार्थ साधना चाहता है
   (ग) पाठक, जो सपनों की दुनिया में रहना चाहता है
   (घ) नौकरशाह, जो दूसरों जैसा बनने की होड़ में शामिल है

II. आधुनिकता की दिशा में सुयोजित प्रयास क्यों होने चाहिए?
   (क) इससे जीवन सुगम हो जाएगा तथा मानव प्रकृति का आनंद ले सकेगा
   (ख) इससे नई समस्याओं को जन्म लेने से पहले ही रोका जा सकेगा
   (ग) आधुनिक होने की प्रक्रिया सदा से मानव सभ्यता का अंग रही है
   (घ) इससे विज्ञान सरल हो अधिक मानव कल्याणी हो सकेगा

III. 'नक़द फ़सल के लिए बढ़ता हुआ पागलपन' से क्या तात्पर्य है?
   (क) लोग तुरंत व अधिक-से-अधिक लाभ कमाना चाहते हैं
   (ख) लोग प्रकृति को समय नहीं देना चाहते हैं
   (ग) लोग थके हुए हैं पर विश्राम नहीं करना चाहते
   (घ) लोग भौतिकवादी तथा अमीर लोगों की नकल करना चाहते हैं

IV. पाठक साहित्य से आमतौर पर क्या अपेक्षा रखते हैं?
   (क) साहित्य को हमारे मन की बात कहनी चाहिए
   (ख) साहित्य को संसार को यथावत समझना चाहिए
   (ग) साहित्य तनाव कम करने वाला होना चाहिए
   (घ) साहित्य को जीवन कौशलों व मूल्यों की शिक्षा देनी चाहिए

V. लेखक के अनुसार साहित्य क्या कार्य करने के लिए प्रेरित करता है?
   (क) लोगों को यथार्थ से अवगत करा बदलाव लाने के लिए
   (ख) लोगों को जीवन की समस्याओं को भुला आगे बढ़ते जाने के लिए
   (ग) लोगों को यथार्थवाद का विध्वंस करने के लिए
   (घ) लोगों को भावनाओं व ऐन्द्रिक सुख से ऊपर उठ कार्य करने के लिए

गद्यांश 19

एक ज़माना था जब मुहल्लेदारी पारिवारिक आत्मीयता से भरी होती थी। सब मिल-जुलकर रहते थे। हारी-बीमारी, खुशी-गम सब में लोग एक-दूसरे के साथ थे। किसी का किसी से कुछ छिपा नहीं था। आज के लोगों को शायद लगे कि लोगों की अपनी 'प्राइवेसी' क्या रही होगी, लेकिन इस 'प्राइवेसी' के नाम पर ही तो हम एक-दूसरे से कटते रहे और कटते-कटते ऐसे अलग हुए कि अकेले पड़ गए।

पहले अलग चूल्हे-चौके हुए, फिर अलग मकान लेकर लोग रहने लगे, निजी स्वतंत्रता की अपनी नई परिभाषा देकर यह एकाकीपन हमने स्वयं अपनाया है। मुहल्ले में आपस में चाहे कितनी चखचख हो, यह थोड़े ही संभव था कि बाहर का कोई आकर किसी को कड़वी बात कह जाए! पूरा मोहल्ला टिड्डी-दल की तरह उमड़ पड़ता था। देखते-देखते ज़माना हवा हो गया। मुहल्लेदारी टूटने लगी, आबादी बढ़ी, महँगाई बढ़ी, पर सबसे ज़्यादा जो चीज़ दुर्लभ हो गई वह था आपसी लगाव, अपनापन। लोगों की आँखों का शील मर गया।

देखते-देखते कैसा रंग बदला है! लोग अपने-आप में सिमट कर पैसे के पीछे भागे जा रहे हैं। सारे नाते-रिश्तों को उन्होंने ताक पर रख दिया है, तब फिर पड़ोसी से उन्हें क्या लेना-देना है। यह नीरस महानगरीय सभ्यता महानगरों से चलकर कस्बों और देहातों तक को अपनी चपेट में ले चुकी है। मकानों में रहने वाले एक-दूसरे को नहीं जानते। इन जगहों में आदमी का अस्तित्व समाप्त हो गया है। यदि आपको फ्लैट नंबर मालूम नहीं है तो उसी बिल्डिंग में जा कर भी वांछित व्यक्ति को नहीं ढूँढ पाएँगे। ऐसी जगहों में किसी प्रकार के संबंधों की अपेक्षा ही कहाँ की जा सकती है?

I. 'प्राइवेसी' से तात्पर्य है
(क) निजता (ख) आत्मीयता
(ग) मेल-जोल (घ) भाईचारा

II. मुहल्लेदारी के बारे में क्या सच नहीं है?
(क) आपस में मिल-जुलकर रहना
(ख) दुःख-सुख में साथ देना
(ग) अपनी बात किसी से गुप्त न रखना
(घ) आस-पड़ोस का हस्तक्षेप पसंद न करना

III. आज के व्यक्ति को 'प्राइवेसी' के नाम पर प्राप्त हुआ है
(क) अलगाव और अकेलापन
(ख) अपने में ही सीमित होने का आनंद
(ग) संयुक्त परिवार की समस्याओं से मुक्ति
(घ) मुहल्ले के झंझटों से छुटकारा

IV. 'ताक पर रखना' का अर्थ है
(क) उपेक्षा करना (ख) आशा रखना
(ग) छोड़ देना (घ) निंदा करना

V. प्रस्तुत गद्यांश का उचित शीर्षक है
(क) बदलते समय में संबंधों का ह्रास
(ख) बदलते समय में आत्मीयता का भाव
(ग) बदलते समय में पारिवारिक आत्मीयता
(घ) उपरोक्त में से कोई नहीं

गद्यांश 20

नेहरू के संबंध में लोगों के मानस-पटल पर जो चित्र अंकित हैं, उनमें नेहरू ऐसे व्यक्ति के रूप में विद्यमान हैं जो वैभव में पले, जिन्हें सदा मोटर और हवाई-जहाज़ की सुविधाएँ प्राप्त रहीं, जिनको नेतृत्व पैदाइशी हक के रूप में मिल गया, जिन्होंने कभी धन का अभाव जाना ही नहीं। नेहरू के ये चित्र ध्यान में आते ही नहीं कि पिता की मोटर और बग्घी है, किंतु नेहरू धूप में गाँव-गाँव पैदल घूम रहे हैं; थकान के बाद चाय पीने को मन करता है तो जेब में इतने पैसे नहीं कि पाँच-सात साथी चाय पी सकें। विदेशों में प्रचार के लिए डाक-व्यय मुश्किल से ही जुट पाता है।

घर में कर्ज़ बढ़ गया है—चुकाने के लिए माता और पत्नी के ज़ेवर, चाँदी के बरतन और कीमती क्रॉकरी कलकत्ते के बाज़ार में चुपके-चुपके ले जाई गई हैं। माता-पिता की मृत्यु हो गई है और क्षय से पीड़ित पत्नी विदेश में पड़ी है। देश में दमन-चक्र चल रहा था, स्वयं जेल में बंद चिंता से छटपटा रहे थे। किंतु कर्मयोगी नेहरू ने जेल की नौ वर्ष की इस यातना-भरी अवधि में ही विश्व-साहित्य की अमर कृतियाँ रचीं।

मानसिक वेदनाओं का लंबा इतिहास! आज़ादी मिली, तो देश के टुकड़े हो गए; आदमी जानवर बन गया, लाखों इंसानों के लंबे काफ़िले कुटुंबियों की बेकफ़न लाशों को छोड़कर राजधानी आ गए। अहिंसा, सत्य, प्रेम, त्याग—सारा दर्शन और आदर्श ध्वस्त हो गए और गांधी की हत्या कर दी गई है। भारत गणतंत्र की डगर पर डगमग कदमों से चलना सीख ही रहा था कि चीन ने भारत के गले में मित्रता की एक बाँह डाले-डाले, दूसरे हाथ से कमर में छुरा भोंक दिया। इन परिस्थितियों में भी उस कर्मयोगी ने साहस का परित्याग नहीं किया।

I. नेहरू के विषय में देशवासियों की धारणा थी कि वे
(क) देश का प्रधानमंत्री बनने का स्वप्न देखते थे
(ख) जन्मजात वैभवशाली एवं सुविधासंपन्न व्यक्ति थे
(ग) प्रधानमंत्री बनकर तानाशाही करना चाहते थे
(घ) पुस्तकें लिखकर आमदनी बढ़ाना चाहते थे

II. देश की आज़ादी के लिए नेहरू ने क्या नहीं भोगा?
(क) धन का अभाव (ख) जेल-यात्रा
(ग) पत्नी से वियोग (घ) वैभवपूर्ण जीवन

III. विभिन्न समस्याओं से जूझते हुए भी उनका अमूल्य योगदान किस क्षेत्र में था?
(क) नवयुवकों में देश-प्रेम के भाव जगाना
(ख) अशिक्षित समाज में शिक्षा का प्रचार-प्रसार
(ग) अहिंसा के आधार पर आजादी के लिए प्रयास
(घ) नौ वर्ष तक जेल में रहकर अमर कृतियों की रचना

IV. "विदेशों में प्रचार के लिए पत्र-व्यवहार करना पड़ता है, किंतु जितना डाक-व्यय चाहिए पूरा नहीं पड़ता" वाक्य का प्रकार है
(क) सरल (ख) संयुक्त
(ग) मिश्र (घ) साधारण

V. प्रस्तुत गद्यांश का उचित शीर्षक है
(क) अशिक्षित समाज में शिक्षा का प्रचार करते नेहरू
(ख) देशभक्ति की भावना से ओत-प्रोत नेहरू
(ग) देश की आज़ादी में नेहरू का योगदान
(घ) उपरोक्त में से कोई नहीं

गद्यांश 21

संसार में अमरता ऐसे ही लोगों को मिलती है, जो अपने पीछे कुछ आदर्श छोड़ जाते हैं, जिनका स्थायी मूल्य होता है। बहुधा यही देखा गया है कि ऐसे व्यक्ति संपन्न परिवार में बहुत कम पैदा होते हैं। अधिकांश ऐसे लोगों का जन्म मध्यम वर्ग के घरों में या गरीब परिवार में ही होता है। इस तरह का पालन-पोषण साधारण परिवार में होता है और वे सादा जीवन बिताने के आदी हो जाते हैं। मनुष्य में विनय, उदारता, कष्ट-सहिष्णुता, साहस आदि चारित्रिक गुणों का विकास अत्यावश्यक है। इन गुणों का प्रभाव उनके जीवन पर पड़ता है। ये गुण व्यक्ति को अहंकारहीन या सादा-सरल बनाते हैं। सादा

जीवन या सादगी का अर्थ है, रहन-सहन, वेशभूषा और आचार-विचार का एक निर्दिष्ट स्तर। जीवन में सादगी लाने के लिए दो बातें विशेष रूप से अनुकरणीय हैं, प्रथम कठिन-से-कठिन परिस्थितियों में धैर्य को न छोड़ना, द्वितीय अपनी आवश्यकताओं को न्यूनतम बनाना।

सादगी का विचारों से भी घनिष्ठ संबंध है। सादा जीवन व्यतीत करना चाहिए और अपने विचारों को उच्च रखना चाहिए। व्यक्ति की सच्ची पहचान उसके विचारों और करनी से होती है। मनुष्य के विचार उसके आचरण पर प्रभाव डालते हैं और उसके विवेक को जाग्रत रखते हैं। विवेकशील व्यक्ति ही अपनी आवश्यकताओं को सीमित रखता है, उन्हें अपने ऊपर हावी नहीं होने देता। सादा जीवन व्यतीत करने वाले व्यक्ति को कभी हतप्रभ होकर अपने आत्मसम्मान पर आँच नहीं आने देनी चाहिए। सादगी मनुष्य के चरित्र का अंग है, वह बाहरी चीज नहीं है।

महात्मा गाँधी सादा जीवन पसंद करते थे और हाथ के कते और बुने खद्दर के मामूली वस्त्र पहनते थे, किंतु अपने उच्च विचारों के कारण वे संसार में वंदनीय हो गए।

I. महापुरुष प्राय: कैसे परिवार में जन्म लेते हैं?
(क) गरीब वर्गीय परिवार में (ख) मध्यवर्गीय परिवार में
(ग) (क) और (ख) दोनों (घ) उच्चवर्गीय परिवार में

II. कौन-सा गुण व्यक्ति को अहंकारहीन बनाता है?
(क) विनय (ख) साहस
(ग) उदारता (घ) ये सभी

III. जीवन को सरल और सादा बनाने के लिए हमें क्या करना चाहिए?
(क) ईर्ष्या-द्वेष का परित्याग
(ख) सांसारिक मोह-माया से मुक्ति
(ग) कठिन-से-कठिन परिस्थितियों में भी धैर्य न छोड़ना
(घ) अपनी आवश्यकताओं को अधिकतम बनाए रखना

IV. व्यक्ति की सच्ची पहचान किससे होती है?
(क) उसके रहन-सहन के ढंग से
(ख) उसकी भाषा से
(ग) उसके विचारों और करनी से
(घ) उसके सामाजिक स्तर से

V. प्रस्तुत गद्यांश का सर्वाधिक उपयुक्त शीर्षक क्या हो सकता है?
(क) सादा जीवन उच्च विचार
(ख) मनुष्य की विचारधारा
(ग) जीवन का रहस्य
(घ) सामाजिक स्थिति का निर्धारण

गद्यांश 22

मनुष्यता बौद्धिकता में निवास न करके, उसके व्यवहार में निवास करती है। व्यवहार में बौद्धिकता का समावेश तब ही हो सकता है, जब सद्बुद्धि मौजूद हो, सद्विवेक उपस्थित हो और सद्बुद्धि या सद्विवेक यथार्थ में सुमति ही है। सुमतिसंपन्न व्यक्ति को अनेक अनमोल निधियाँ प्राप्त होती हैं।

व्यक्ति को सुमतिसंपन्न बनाने में महत्त्वपूर्ण भूमिका उसकी शिक्षा एवं समाजीकरण निभाता है। इसी से किसी व्यक्ति के विवेकयुक्त व्यक्तित्व का निर्माण होता है। उचित शिक्षा व्यक्ति को विनम्रता एवं शालीनता का पाठ पढ़ाती है और उसे स्वावलंबी बनाती है। शिक्षा ही उचित-अनुचित, अच्छे-बुरे आदि में अंतर करने की दिव्य-दृष्टि प्रदान करती है, जिससे व्यक्ति सही-गलत, सत्य-असत्य की पहचान कर सकने में सक्षम बनता है। इसके अतिरिक्त, शिक्षा विद्यार्थियों में उच्च चारित्रिक गुणों का निर्माण करके उनमें देश एवं समाज के प्रति उदात्त भावनाओं का विकास करती है अर्थात् समाज के अन्य सदस्यों के प्रति सद्विचार उत्पन्न करती है और सुमतिसंपन्न व्यक्ति निरंतर न सिर्फ़ अपने व्यक्तित्व का विकास करता है, बल्कि इससे समाज एवं राष्ट्र भी प्रगति के पथ पर अग्रसर होता है। जब मनुष्य में सद्विवेक उत्पन्न होगा, तो वह एक-दूसरे से ईर्ष्या एवं द्वेष करना छोड़ देगा।

जातीयता, सांप्रदायिकता, प्रांतीयता, अंध-क्षेत्रीयता आदि से संबंधित स्थापित संकीर्ण मान्यताओं को अस्वीकार कर सकेगा। धर्म एवं जाति की संकीर्ण कलुषित मानसिकता की जकड़न को तोड़कर वह इतना अहसास कर पाएगा कि सभी बंधनों से पूर्व सर्वप्रथम हम मानव हैं और मानव होने के नाते हमारे कुछ सामान्य लक्ष्य हैं, जिन्हें प्राप्त करना सभी मनुष्यों का धर्म है। इससे धर्म, सत्ता, अर्थ एवं वि-संस्कृति की अंधानुकृति के कारण लोप हो रही मानवता की पुनर्स्थापना की जा सकती है।

I. कुशल बुद्धि के निर्माण में किसका महत्त्वपूर्ण योगदान है?
(क) विनम्रता का
(ख) शिक्षा का
(ग) समाजीकरण का
(घ) (ख) और (ग) दोनों

II. शिक्षा किस प्रकार समाज एवं देश की प्रगति में सहयोग करती है?
(क) व्यक्ति में चारित्रिक गुणों का विकास करके
(ख) समाज के अन्य व्यक्तियों के प्रति सद्भावना विकसित करके
(ग) समाज के प्रति आदर सम्मान की भावना विकसित करके
(घ) उपरोक्त सभी

III. मनुष्य किसके माध्यम से स्वावलंबी बनता है?
(क) उच्च विचार के
(ख) उच्च आदर्श के
(ग) शिक्षा के
(घ) ईर्ष्या के

IV. मनुष्य जातीयता, सांप्रदायिकता, प्रांतीयता की संकीर्ण मान्यताओं को अस्वीकार कब करता है?
(क) जब वह धनी हो जाता है
(ख) जब वह निर्धन हो जाता है
(ग) जब उसमें सद्विवेक उत्पन्न होता है
(घ) जब वह बंधनपूर्ण जीवन जीता है

V. प्रस्तुत गद्यांश का सर्वाधिक उपयुक्त शीर्षक क्या होगा?
(क) सांप्रदायिकता का जहर
(ख) मनुष्य का धर्म
(ग) बौद्धिकतापूर्ण मानवता की पुनर्स्थापन
(घ) शिक्षा और समाज

गद्यांश 23

सिनेमा जगत के अनेक नायक-नायिकाओं, गीतकारों, कहानीकारों और निर्देशकों को हिंदी के माध्यम से पहचान मिली है। यही कारण है कि गैर-हिंदी भाषी कलाकार भी हिंदी की ओर आए हैं। समय और समाज के उभरते सच को परदे पर पूरी अर्थवत्ता में धारण करने वाले ये लोग दिखावे के लिए भले ही अंग्रेज़ी के आग्रही हों, लेकिन बुनियादी और ज़मीनी हकीकत यही है कि इनकी पूँजी, इनकी प्रतिष्ठा का एकमात्र निमित्त हिंदी ही है।

लाखों- करोड़ों दिलों की धड़कनों पर राज करने वाले ये सितारे हिंदी फ़िल्म और भाषा के सबसे बड़े प्रतिनिधि हैं। 'छोटा परदा' ने आम जनता के घरों में अपना मुकाम बनाया तो लगा हिंदी आम भारतीय की जीवन-शैली बन गई। हमारे आद्यग्रंथों रामायण और महाभारत को जब हिंदी में प्रस्तुत किया गया तो सड़कों का कोलाहल सन्नाटे में बदल गया। 'बुनियाद' और 'हम लोग' से शुरू हुआ सोप ऑपेरा का दौर हो या सास-बहू धारावाहिकों का, ये सभी हिंदी की रचनात्मकता और उर्वरता के प्रमाण हैं। 'कौन बनेगा करोड़पति' से

करोड़पति चाहे जो बने हों, पर सदी के महानायक की हिंदी हर दिल की धड़कन और हर धड़कन की भाषा बन गई।

सुर और संगीत की प्रतियोगिताओं में कर्नाटक, गुजरात, महाराष्ट्र, असम, सिक्किम जैसे गैर-हिंदी क्षेत्रों के कलाकारों ने हिंदी गीतों के माध्यम से पहचान बनाई। ज्ञान गंभीर 'डिस्कवरी' चैनल हो या बच्चों को रिझाने-लुभाने वाला 'टॉम एंड जेरी'। इनकी हिंदी उच्चारण की मिठास और गुणवता अद्‌भुत, प्रभावी और ग्राह्य है। धर्म-संस्कृति, कला-कौशल, ज्ञान-विज्ञान सभी कार्यक्रम हिंदी की संप्रेषणीयता के प्रमाण हैं।

I. गैर-हिंदी भाषी कलाकारों के हिंदी सिनेमा में आने का क्या कारण था?
   (क) हिंदी के माध्यम से अपनी पहचान बनाना
   (ख) हिंदी के माध्यम से अंग्रेजी को बढ़ावा देना
   (ग) अंग्रेजी भाषा का महत्त्व बताना (घ) अंग्रेजी भाषा को विश्वस्तरीय भाषा बनाना

II. फिल्मों तथा टी.वी. ने हिंदी के प्रचार-प्रसार में क्या भूमिका निभाई है?
   (क) हिंदी का विकास अवरुद्ध हो गया
   (ख) हिंदी का क्षेत्र सीमित हो गया
   (ग) हिंदी साधारण भारतीय की जीवन-शैली बन गई
   (घ) हिंदी अंग्रेजी के समक्ष कमजोर पड़ गई

III. निम्नलिखित में से किसकी हिंदी ने दर्शक वर्ग को सर्वाधिक प्रभावित किया?
   (क) रामायण की (ख) सास-बहू धारावाहिक की
   (ग) सदी के महानायक की (घ) डिस्कवरी चैनल की

IV. प्रस्तुत गद्यांश का सर्वाधिक उपयुक्त शीर्षक क्या होगा?
   (क) टी.वी. चैनल का इतिहास
   (ख) हिंदी भाषा की गुणवत्ता एवं उपयोगिता
   (ग) हिंदी भाषा बनाम अंग्रेजी भाषा
   (घ) हिंदी धारावाहिक

V. गद्यांश के आधार पर बताइए कि हिंदी की संप्रेषणीयता के क्या प्रमाण हैं?
   (क) गैर-हिंदी क्षेत्रों के कलाकारों द्वारा हिंदी को अपनाना
   (ख) गैर-हिंदी राज्यों के कलाकारों द्वारा हिंदी को अपनी पहचान के रूप में चुनना
   (ग) डिस्कवरी चैनल का हिंदी में अनुवाद होना
   (घ) उपरोक्त सभी

गद्यांश 24

राष्ट्रीय भावना के अभ्युदय एवं विकास के लिए भाषा भी एक प्रमुख तत्त्व है। मानव समुदाय अपनी संवेदनाओं, भावनाओं एवं विचारों की अभिव्यक्ति हेतु भाषा का साधन अपरिहार्यत: अपनाता है। इसके अतिरिक्त उसके पास कोई विकल्प नहीं है। दिव्य ईश्वरीय आनंदानुभूति के संबंध में भले ही कबीर ने 'गूंगे केरी शर्करा' उक्ति का प्रयोग किया था, परंतु इससे उनका लक्ष्य शब्दरूपी भाषा के महत्त्व को नकारना नहीं था।

प्रत्युत उन्होंने भाषा को 'बहता नीर' कहकर भाषा की गरिमा प्रतिपादित की थी। विद्वानों की मान्यता है कि जिस प्रकार किसी एक राष्ट्र के भू-भाग की भौगोलिक विविधताएँ तथा उसके पर्वत, सागर, सरिताओं आदि की बाधाएँ उस राष्ट्र के निवासियों के परस्पर मिलने-जुलने में अवरोधक सिद्ध हो सकती हैं, उसी प्रकार भाषागत विभिन्नता से भी उनके पारस्परिक संबंधों में निर्बाधता नहीं रह पाती। आधुनिक विज्ञान के युग में यातायात एवं संचार के साधनों की प्रगति से जिस प्रकार भौगोलिक बाधाएँ अब पहले की तरह बाधित नहीं करतीं, उसी प्रकार यदि राष्ट्र की एक संपर्क भाषा का विकास हो जाए तो पारस्परिक संबंधों के गतिरोध बहुत सीमा तक समाप्त हो सकते हैं। मानव का अपना एक निश्चित व्यक्तित्व होता है। भाषा अभिव्यक्ति के माध्यम से इसके व्यक्तित्व को साकार करती है। उसके अमूर्त मानसिक वैचारिक स्वरूप को मूर्त एवं बिंबात्मक रूप प्रदान करती है। मनुष्यों के विविध समुदाय हैं। उनकी विविध भावनाएँ हैं, विचारधाराएँ हैं, संकल्प एवं आदर्श हैं। उन्हें भाषा ही अभिव्यक्त करने में सक्षम होती है। साहित्य, शास्त्र, गीत-संगीत आदि में मानव समुदाय अपने आदर्शों, संकल्पनाओं, अवधारणाओं एवं विशिष्टताओं को वाणी देता है।

भाषा ही एक ऐसा साधन है, जिससे मनुष्य एक-दूसरे के निकट आ सकते हैं। उनमें परस्पर घनिष्ठता स्थापित हो सकती है। अत: राष्ट्रीय भावना के विकास के लिए भाषा- तत्त्व परम आवश्यक है।

I. देश के हित के लिए संपर्क भाषा क्यों आवश्यक है?
   (क) देश की एकता व अखंडता बनाए रखने के लिए
   (ख) एक-दूसरे को समझने के लिए
   (ग) अपने विचार प्रकट करने के लिए
   (घ) उपरोक्त सभी

II. राष्ट्र की एक संपर्क भाषा का विकास होने से क्या होगा?
   (क) विभिन्न समुदायों में आपसी मतभेद
   (ख) मानव जीवन का स्वरूप बदलना
   (ग) पारस्परिक संबंधों के गतिरोध की समाप्ति
   (घ) साहित्य और संगीत का मिलन

III. मनुष्य को परस्पर जोड़ने का कार्य कौन करता है?
   (क) समाज (ख) परिवार
   (ग) देश (घ) भाषा

IV. कबीर ने भाषा को किस प्रकार गरिमा प्रदान की?
   (क) गूँगे केरी शर्करा कहकर
   (ख) भाषा बहता नीर कहकर
   (ग) भाषा के शब्दरूपी महत्त्व को नकारकर
   (घ) भाषा को अपरिहार्य साधन कहकर

V. प्रस्तुत गद्यांश का सर्वाधिक उपयुक्त शीर्षक क्या होगा?
   (क) कबीर की भाषा
   (ख) राष्ट्र की भाषा
   (ग) भाषा की उपयोगिता
   (घ) भाषा और मानव का इतिहास

गद्यांश 25

फिजूलखर्ची एक बुराई है, इसके पीछे बारीकी से नज़र डालें तो अहंकार नज़र आएगा। अहं के प्रदर्शन से तृप्ति मिलती है। अहं की पूर्ति के लिए कई बार बुराइयों से रिश्ता भी जोड़ना पड़ता है। अहंकारी लोग बाहर से भले ही गंभीरता का आवरण ओढ़ लें, लेकिन भीतर से वे उथलेपन से भरे रहते हैं।

जब कभी समुद्र तट पर जाने का मौका मिले, तो आप देखेंगे कि लहरें आती हैं, जाती हैं और चट्टानों से टकराती हैं। पत्थर वहीं रहते हैं, लहरें उन्हें भिगोकर लौट जाती हैं। हमारे भीतर हमारे आवेगों की लहरें भी हमें ऐसे ही टक्कर देती हैं।

इन आवेगों, आवेशों के प्रति अडिग रहने का अभ्यास करना होगा, क्योंकि अहंकार यदि लंबे समय तक टिकने की तैयारी में आ जाए, तो वह नए-नए तरीके ढूँढेगा। स्वयं को महत्त्व मिले अथवा स्वेच्छाचारिता के प्रति आग्रह, ये सब धीरे-धीरे सामान्य जीवन-शैली बन जाती है। ईसा मसीह ने कहा है—"मैं उन्हें धन्य कहूँगा, जो अंतिम हैं।" आज के भौतिक युग में यह टिप्पणी कौन स्वीकारेगा, जब 'चारों ओर नंबर वन' होने की होड़ लगी है।

ईसा मसीह ने इसी में आगे जोड़ा है कि "ईश्वर के राज्य में वही प्रथम होंगे, जो अंतिम हैं और जो प्रथम होने की दौड़ में रहेंगे, वे अभागे रहेंगे।" यहाँ

'अंतिम' होने का संबंध लक्ष्य और सफलता से नहीं है। जीसस ने विनम्रता, निरहंकारिता को शब्द दिया है 'अंतिम'। आपके प्रयास व परिणाम प्रथम हों, अग्रणी रहें, पर आप भीतर से अंतिम हों यानी विनम्र, निरहंकारी रहें। अन्यथा अहं अकारण ही जीवन के आनंद को खा जाता है।

I. प्रस्तुत गद्यांश में फिजूलखर्ची को सूक्ष्म दृष्टि से क्या कहा गया है?
(क) पैसे का बेहतर उपयोग (ख) अहंकार का प्रदर्शन
(ग) बुराइयों की जड़ (घ) सामान्य जीवन-शैली

II. अहंकारी व्यक्तियों की किन कमियों की ओर संकेत किया गया है?
(क) अहंकारी व्यक्ति भीतर से उथलेपन से भरे होते हैं
(ख) अहंकारी व्यक्ति सतही मानसिकता रखते हैं
(ग) अहंकारी व्यक्ति किसी भी प्रकार से अपने अहं का प्रदर्शन करना चाहते हैं
(घ) उपरोक्त सभी

III. लेखक ने मानव मन में उद्वेलित होने वाली भावनाओं की तुलना किससे की है?
(क) ईसा मसीह से (ख) समुद्र तट की लहरों से
(ग) भौतिक आकांक्षाओं से (घ) निरहंकार से

IV. जीसस के अनुसार, मनुष्य को भीतर से कैसा होना चाहिए?
(क) विनम्र (ख) निरहंकारी
(ग) (क) और (ख) दोनों (घ) स्वेच्छाचारी

V. प्रस्तुत गद्यांश का सर्वाधिक उपयुक्त शीर्षक क्या होगा?
(क) अहंकार: एक बड़ा अवगुण
(ख) फिजूलखर्ची का महत्त्व
(ग) मनुष्य की जीवन-शैली
(घ) जीसस के विचार

गद्यांश 26

शिक्षा ही मानव को मानव के प्रति मानवीय भावनाओं से पोषित करती है। शिक्षा से मनुष्य अपने परिवेश के प्रति जाग्रत होकर कर्त्तव्याभिमुख हो जाता है। 'स्व' से 'पर' की ओर अग्रसर होने लगता है। निर्बल की सहायता करना, दु:खियों के दु:ख दूर करने का प्रयास करना, दूसरों के दु:ख से दु:खी हो जाना और दूसरों के सुख से स्वयं सुख का अनुभव करना जैसी बातें एक शिक्षित मानव में सरलता से देखने को मिल जाती हैं।

इतिहास, साहित्य, राजनीतिशास्त्र, समाजशास्त्र, दर्शनशास्त्र इत्यादि पढ़कर विद्यार्थी विद्वान् ही नहीं बनता, वरन् उसमें एक विशिष्ट जीवन-दृष्टि, रचनात्मकता और परिपक्वता का सृजन भी होता है। शिक्षित सामाजिक परिवेश में व्यक्ति अशिक्षित सामाजिक परिवेश की तुलना में सदैव ही उच्च स्तर पर जीवनयापन करता है। आज आधुनिक युग में शिक्षा का अर्थ बदल रहा है। शिक्षा भौतिक आकांक्षा की पूर्ति का साधन बनती जा रही है। व्यावसायिक शिक्षा के अंधानुकरण में छात्र सैद्धांतिक शिक्षा से दूर होते जा रहे हैं, जिसके कारण रूस की क्रांति, फ्रांस की क्रांति, अमेरिका की क्रांति, समाजवाद, पूँजीवाद, राजनीतिक व्यवस्था, सांस्कृतिक मूल्यों आदि की सामान्य जानकारी भी व्यावसायिक शिक्षा ग्रहण करने वाले छात्रों को नहीं है। यह शिक्षा का विशुद्ध रोज़गारोन्मुखी रूप है। शिक्षा के प्रति इस प्रकार का संकुचित दृष्टिकोण अपनाकर विवेकशील नागरिकों का निर्माण नहीं किया जा सकता।

I. निम्नलिखित में से प्रस्तुत गद्यांश का सर्वाधिक उपयुक्त शीर्षक क्या होगा?
(क) शिक्षा का दुरुपयोग
(ख) शिक्षा का महत्त्व
(ग) शिक्षित व्यक्ति और शिक्षा
(घ) आधुनिक शिक्षा व्यवस्था

II. विद्यार्थी में नवीन जीवन-दृष्टि का निर्माण किसके द्वारा होता है?
(क) विभिन्न प्रकार की यात्राओं से
(ख) विभिन्न प्रकार की पुस्तकों के अध्ययन से
(ग) दूसरों की सहायता करने से
(घ) अपने परिवेश के प्रति जागरूक होने से

III. शिक्षा के प्रति संकुचित दृष्टिकोण किसे माना जाता है?
(क) सैद्धांतिक शिक्षा को (ख) मौलिक शिक्षा को
(ग) व्यावसायिक शिक्षा को (घ) नैतिक शिक्षा को

IV. व्यावसायिक शिक्षा का दुष्परिणाम किस रूप में सामने आता है?
(क) व्यावसायिक शिक्षा ग्रहण करने वाले छात्रों को सामान्य विषयों की जानकारी न होना
(ख) व्यावसायिक शिक्षा ग्रहण कर आत्मनिर्भर न बनना
(ग) व्यावसायिक शिक्षा द्वारा रोजगारोन्मुखी न बनना
(घ) उपरोक्त में से कोई नहीं

V. 'शिक्षा भौतिक आकांक्षा की पूर्ति का साधन बनती जा रही है' पंक्ति का क्या आशय है?
(क) शिक्षा व्यक्ति को आत्मनिर्भर बना रही है
(ख) शिक्षा मात्र धन कमाने का साधन बनती जा रही है
(ग) शिक्षा से जीवन में साधन प्राप्त किए जा रहे हैं
(घ) शिक्षा से मानवीय मूल्यों का विकास हो रहा है

गद्यांश 27

भारत की जलवायु में काफी क्षेत्रीय विविधता पाई जाती है। संपूर्ण विश्व आज जिस बड़ी समस्या से जूझ रहा है, वह है—जलवायु परिवर्तन। जलवायु परिवर्तन आज एक ऐसी विश्वस्तरीय समस्या का रूप ले चुका है, जिसके समाधान के लिए संपूर्ण विश्व को संयुक्त रूप से अंतर्राष्ट्रीय स्तर पर सतत प्रयास करने की आवश्यकता है। सामान्य मौसमी अभिवृत्तियों में किसी विशेष स्थान पर होने वाले विशिष्ट परिवर्तन को ही जलवायु परिवर्तन कहते हैं। मौसम में अचानक परिवर्तन, फसल-चक्र का परिवर्तित होना, वनस्पतियों की प्रजातियों का लुप्त होना, तापमान में वृद्धि, हिमनदों का पिघलना और समुद्र जल-स्तर में लगातार वृद्धि ऐसे सूचक हैं, जिनसे जलवायु परिवर्तन की परिघटना का पता चलता है।

हिमनदों का पिघलना जलवायु परिवर्तन का सबसे संवेदनशील सूचक माना जाता है। पृथ्वी पर हिमनदों के लगातार कम होने तथा उनके स्तर के नीचे खिसकने से समुद्र के जल-स्तर में वृद्धि हुई है। जलवायु परिवर्तन के पीछे कोई एक कारण नहीं है, किंतु वातावरण में ग्रीन हाउस गैसों की मात्रा के निरंतर बढ़ते रहने को इसका सबसे बड़ा कारण माना जाता है। पृथ्वी पर आने वाली सौर ऊर्जा की बड़ी मात्रा अवरक्त किरणों के रूप में पृथ्वी के वातावरण से बाहर चली जाती है। इस ऊर्जा की कुछ मात्रा ग्रीन हाउस गैसों द्वारा अवशोषित होकर पुन: पृथ्वी पर पहुँच जाती है, जिससे तापक्रम अनुकूल बना रहता है। ग्रीन हाउस गैसों में मीथेन, कार्बन डाइऑक्साइड, नाइट्रस ऑक्साइड इत्यादि शामिल हैं। वातावरण में ग्रीन हाउस गैसों का होना अच्छा है, किंतु जब इनकी मात्रा बढ़ जाती है, तो तापमान में वृद्धि होने लगती है। इससे जो समस्या सामने आई है, उसे 'ग्लोबल वार्मिंग' अर्थात् 'वैश्विक तापवृद्धि' की संज्ञा दी गई है। वास्तव में, ग्लोबल वार्मिंग जलवायु परिवर्तन का ही एक रूप है।

I. निम्नलिखित में से प्रस्तुत गद्यांश का सर्वाधिक उपयुक्त शीर्षक क्या होगा?
(क) जलवायु परिवर्तन की समस्या
(ख) ग्रीन हाउस का प्रभाव
(ग) पृथ्वी का बढ़ता तापमान
(घ) हिमनदों का पिघलना

II. गद्यांश में जलवायु परिवर्तन का सबसे संवेदनशील सूचक किसे माना जाता है?
(क) तापमान में वृद्धि को (ख) मौसम में परिवर्तन को
(ग) हिमनदों के पिघलने को (घ) समुद्र जल स्तर में वृद्धि को

III. वातावरण में ग्रीन हाउस गैसों की मात्रा बढ़ जाने के फलस्वरूप किसकी समस्या उत्पन्न होती है?
(क) तापमान में वृद्धि की (ख) वैश्विक तापवृद्धि की
(ग) तापमान में कमी की (घ) वैश्विक प्रदूषण की

IV. समुद्र के जल स्तर में वृद्धि होने का एक प्रमुख कारण क्या है?
(क) फसल चक्र में परिवर्तन होना
(ख) वनस्पति प्रजातियों का लुप्त होना
(ग) हिमनदों के स्तर का नीचे खिसकना
(घ) ये सभी

V. सौर ऊर्जा की कुछ मात्रा ग्रीन हाउस गैसों द्वारा अवशोषित होकर पुनः पृथ्वी पर पहुँच जाती है, इसका तापक्रम पर क्या प्रभाव पड़ता है?
(क) तापक्रम कम हो जाता है
(ख) तापक्रम अनुकूल बना रहता है
(ग) तापक्रम बढ़ जाता है
(घ) तापक्रम में आंशिक परिवर्तन होता है

गद्यांश 28

समाज-कल्याण क्या है, इसकी पूर्ण तथा सांगोपांग परिभाषा देते समय मतभेद हो सकता है, किंतु जहाँ तक इसके सार-तत्त्व को समझने की बात है, लोगों में एक प्रकार से सामान्य सहमति मालूम पड़ती है। इसका तात्पर्य एक व्यक्तिगत सेवा से है, जो विशेष प्रकार की न होकर सामान्य प्रकार की होती है। इसका उद्देश्य किसी ऐसे व्यक्ति की सहायता करना है, जो असमर्थता की भावना से दु:खी होने पर भी अपने जीवन का सर्वोत्तम सदुपयोग करना चाहता है अथवा उन कठिनाइयों पर विजयी होना चाहता है, जो उसे पराजित कर चुकी हैं अथवा पराजय की आशंकाएँ उत्पन्न करती हैं।

समाज-कल्याण की भावना दुर्बल की सहायता करती है तथा अपरिवर्तनीय स्थितियों के साथ संबंध सुधारने या सामंजस्य स्थापित करने का प्रयत्न करती है। इसके सर्वोच्च आदर्शों का सही-सही निरूपण स्वास्थ्य-मंत्रालय के एक परिपत्र द्वारा निर्दिष्ट वाक्य में किया गया है, जिसका संबंध विकलांगों के कल्याण से है। इसके अनुसार, कल्याणकारी सेवाओं का उद्देश्य यह सुनिश्चित करना है कि "सभी विकलांग व्यक्तियों को चाहे उनकी अक्षमता कुछ भी हो, सामुदायिक जीवन में हाथ बँटाने तथा उसके विकास में योगदान देने के लिए अधिक-से-अधिक अवसर दिए जाएँगे, ताकि उनकी क्षमताओं का पूर्ण क्रियान्वयन हो सके, उनका आत्मविश्वास जाग सके तथा उनके सामाजिक संपर्क मजबूत बन सकें।"

I. प्रस्तुत गद्यांश के आधार पर बताइए कि समाज-कल्याण का उद्देश्य क्या है?
(क) ऐसे व्यक्ति की सहायता करना, जो असमर्थता के बाद भी अपने जीवन का सर्वोत्तम सदुपयोग करना चाहता है
(ख) ऐसे व्यक्ति की सहायता करना, जो उन कठिनाइयों पर विजय प्राप्त करना चाहता है, जो उसे पराजित कर चुकी हैं
(ग) (क) और (ख) दोनों
(घ) ऐसे व्यक्ति की सहायता करना, जो पूर्णतः समर्थ है

II. गद्यांश के आधार पर बताइए कि समाज-कल्याण की भावना किसकी सहायता करती है?
(क) दुर्बल व्यक्ति की (ख) सक्षम व्यक्ति की
(ग) आदर्श व्यक्ति की (घ) इनमें से कोई नहीं

III. "उनका आत्मविश्वास जाग सके तथा उनके सामाजिक संपर्क मजबूत बन सकें", वाक्य में 'उनका' शब्द किसके लिए प्रयुक्त हुआ है?
(क) केवल दृष्टिहीन व्यक्ति के लिए
(ख) केवल दुर्बल व्यक्ति के लिए
(ग) सभी विकलांग व्यक्तियों के लिए
(घ) उपरोक्त सभी

IV. स्वास्थ्य मंत्रालय ने अपने परिपत्र में समाज-कल्याण के लिए जो लक्ष्य निर्धारित किए हैं, वे हैं
(क) विकलांग व्यक्तियों को अधिक-से-अधिक अवसर देना
(ख) उनकी क्षमताओं का पूर्ण क्रियान्वयन करना
(ग) उनमें आत्मविश्वास जगाना
(घ) उपरोक्त सभी

V. गद्यांश के आधार पर समाज-कल्याण का तात्पर्य है
(क) व्यक्तिगत सेवा से (ख) अव्यक्तिगत सेवा से
(ग) निरव्यक्तिगत सेवा से (घ) ये सभी

गद्यांश 29

चरित्र का मूल भी भावों के विशेष प्रकार के संगठन में ही समझना चाहिए। लोकरक्षा और लोकरंजन की सारी व्यवस्था का ढाँचा इन्हीं पर ठहरा है। धर्म-शासन, राज-शासन, मत-शासन सबमें इनसे पूरा काम लिया गया है। इनका सदुपयोग भी हुआ है और दुरुपयोग भी। जिस प्रकार लोक-कल्याण के व्यापक उद्देश्य की सिद्धि के लिए मनुष्य के मनोविकार काम में लाए गए हैं, उसी प्रकार संप्रदाय या संस्था के संकुचित और परिमित विधान की सफलता के लिए भी। सब प्रकार के शासन में चाहे धर्म-शासन हो, चाहे राज-शासन हो, मनुष्य-जाति से भय और लोभ से पूरा काम लिया गया है।

दंड का भय और अनुग्रह का लोभ दिखाते हुए राज-शासन तथा नरक का भय और स्वर्ग का लोभ दिखाते हुए धर्म-शासन और मत-शासन चलते आ रहे हैं। प्रायः इसके द्वारा भय और लोभ का प्रवर्तन सीमा के बाहर भी हुआ है और होता रहता है। जिस प्रकार शासक वर्ग अपनी रक्षा और स्वार्थसिद्धि के लिए भी इनसे काम लेते आए हैं, उसी प्रकार धर्म-प्रवर्तक और आचार्य अपने स्वरूप वैचित्र्य की रक्षा और अपने प्रभाव की प्रतिष्ठा के लिए भी।

शासक वर्ग अपने अन्याय और अत्याचार के विरोध की शांति के लिए भी डराते और ललचाते आए हैं। मत-प्रवर्तक अपने द्वेष और संकुचित विचारों के प्रचार के लिए भी कँपाते और डराते आए हैं। एक जाति को मूर्ति-पूजा करते देख दूसरी जाति के मत-प्रवर्तकों ने उसे पापों में गिना है। एक संप्रदाय को भस्म और रुद्राक्ष धारण करते देख दूसरे संप्रदाय के प्रचारकों ने उनके दर्शन तक को पाप माना है।

I. लोकरंजन की व्यवस्था का ढाँचा किस पर आधारित है?
(क) सामाजिक न्याय पर
(ख) मनुष्य के भावों के विशेष प्रकार के संगठन पर
(ग) धर्म व्यवस्था के मत पर
(घ) मनुष्य के समुचित क्रिया कर्म पर

II. धर्म-प्रवर्तकों ने स्वर्ग-नरक का भय और लोभ क्यों दिखाया है?
(क) धर्म के मार्ग पर चलने के लिए
(ख) अपने स्वरूप वैचित्र्य की रक्षा के लिए
(ग) अन्याय के पथ पर चल रहे लोगों को सही मार्ग दिखाने के लिए
(घ) उपरोक्त सभी

III. शासन व्यवस्था किन कारणों से भय और लालच का सहारा लेती है?
(क) अन्याय और अत्याचार के विरोध को रोकने के लिए
(ख) द्वेष और संकुचित विचारों के प्रचार को बनाए रखने के लिए
(ग) उनके द्वारा किए गए अत्याचार के विरुद्ध आवाज न उठाने के लिए
(घ) उपरोक्त सभी

IV. किसी जाति विशेष के किन कार्यों को अन्य जाति अनिष्ट कार्य मानती है?
(क) मूर्ति पूजा करना
(ख) भस्म या रुद्राक्ष धारण करना
(ग) (क) और (ख) दोनों
(घ) अन्य धर्म का सम्मान न करना

V. आपके अनुसार, प्रस्तुत गद्यांश का सर्वाधिक उपयुक्त शीर्षक क्या हो सकता है?
(क) शासन व्यवस्था और समाज (ख) धर्म और संस्कृति
(ग) मनुष्य के मनोविकार (घ) सामाजिक दंड विधान

गद्यांश 30

हरियाणा के पुरातत्त्व विभाग द्वारा किए गए अब तक के शोध और खुदाई के अनुसार लगभग 5500 हेक्टेयर में फैली यह राजधानी ईसा से लगभग 3300 वर्ष पूर्व मौजूद थी। इन प्रमाणों के आधार पर यह तो तय हो ही गया है कि राखीगढ़ी की स्थापना उससे भी सैकड़ों वर्ष पूर्व हो चुकी थी।

अब तक यही माना जाता रहा है कि इस समय पाकिस्तान में स्थित हड़प्पा और मोहनजोदड़ो ही सिंधुकालीन सभ्यता के मुख्य नगर थे। राखीगढ़ी गाँव में खुदाई और शोध का काम रुक-रुक कर चल रहा है। हिसार का यह गाँव दिल्ली से मात्र एक सौ पचास किलोमीटर की दूरी पर है। पहली बार यहाँ वर्ष 1963 में खुदाई हुई थी और तब से इसे सिंधु-सरस्वती सभ्यता का सबसे बड़ा नगर माना गया। उस समय के शोधार्थियों ने सप्रमाण घोषणाएँ की थीं कि यहाँ दबे नगर कभी मोहनजोदड़ो और हड़प्पा से भी बड़े रहे होंगे।

अब सभी शोध विशेषज्ञ इस बात पर सहमत हैं कि राखीगढ़ी, भारत-पाकिस्तान और अफ़गानिस्तान का आकार और आबादी की दृष्टि से सबसे बड़ा शहर था। प्राप्त विवरणों के अनुसार समुचित रूप से नियोजित इस शहर की सभी सड़कें 1.92 मीटर चौड़ी थीं। यह चौड़ाई कालीबंगा की सड़कों से भी ज्यादा है। एक ऐसा बर्तन भी मिला है, जो सोने और चाँदी की परतों से ढका है। इस स्थल पर एक 'फाउंड्री' के भी चिह्न मिले हैं, जहाँ सम्भवतः सोना ढाला जाता होगा।

इसके अलावा टैराकोटा से बनी असंख्य प्रतिमाएँ ताँबे के बर्तन और कुछ प्रतिमाएँ और एक 'फ़र्नेस' के अवशेष भी मिले हैं। मई, 2012 में 'ग्लोबल हैरिटेज फंड' ने इसे एशिया के दस ऐसे 'विरासत स्थलों' की सूची में शामिल किया है, जिनके नष्ट हो जाने का खतरा है।

राखीगढ़ी का पुरातात्त्विक महत्त्व विशिष्ट है। इस समय यह क्षेत्र पूरे विश्व के पुरातत्त्व विशेषज्ञों की रुचि और जिज्ञासा का केंद्र बना हुआ है। यहाँ बहुत से काम बाकि हैं, जो अवशेष मिले हैं, उनका समुचित अध्ययन अभी शेष है। उत्खनन का काम अब भी अधूरा है।

I. अब सिंधु-सरस्वती सभ्यता का सबसे बड़ा नगर किसे माने जाने की संभावनाएँ हैं?
(क) मोहनजोदड़ो (ख) राखीगढ़ी
(ग) हड़प्पा (घ) कालीबंगा

II. चौड़ी सड़कों से स्पष्ट होता है कि
(क) यातायात के साधन थे
(ख) अधिक आबादी थी
(ग) शहर नियोजित था
(घ) बड़ा शहर था

III. इसे एशिया के 'विरासत स्थलों' में स्थान मिला, क्योंकि
(क) नष्ट हो जाने का खतरा है
(ख) सबसे विकसित सभ्यता है
(ग) इतिहास में इसका नाम सर्वोपरि है
(घ) यहाँ विकास की तीन परतें मिली हैं

IV. पुरातत्त्व विशेषज्ञ राखीगढ़ी में विशेष रुचि ले रहे हैं, क्योंकि
(क) काफ़ी प्राचीन और बड़ी सभ्यता हो सकती है
(ख) इसका समुचित अध्ययन शेष है
(ग) उत्खनन का कार्य अभी अधूरा है (घ)
इसके बारे में अभी-अभी पता लगा है

V. निम्नलिखित में से प्रस्तुत गद्यांश का सर्वाधिक उपयुक्त शीर्षक क्या होगा?
(क) राखीगढ़ी : एक सभ्यता की संभावना
(ख) सिंधु-घाटी सभ्यता
(ग) विलुप्त सरस्वती की तलाश
(घ) एक विस्तृत शहर राखीगढ़ी

व्याख्या सहित उत्तर

1. I. (घ) **एशिया में** सेंट्रल एशियन माउंटेन रीजन एशिया के उच्च पर्वतीय क्षेत्र को कहा जाता है। इसमें हिमालयन, कराकोरम और हिंदुकुश पर्वत श्रृंखलाएँ आती हैं, जो चीन से लेकर अफगानिस्तान तक फैली हैं।

II. (ख) **दोनों ध्रुवों पर** विश्व में सर्वाधिक पीने योग्य जल का भंडार दोनों ध्रुवों पर उपलब्ध है। इस क्षेत्र में करीब 55 हजार हिमनद हैं, जिनमें पेयजल का जितना भंडार है उतना उत्तरी और दक्षिणी ध्रुवों के अतिरिक्त पृथ्वी पर एक साथ पेयजल कहीं नहीं है।

III. (क) **तापमान में वृद्धि के कारण** जीवनदायनी नदियों पर खतरे के बादल तापमान में वृद्धि के कारण मंडरा रहे हैं। संयुक्त राष्ट्र विकास कार्यक्रम यानी यूएनडीपी के मुताबिक शेष दुनिया के मुकाबले हिमालयी क्षेत्र में तापमान करीब दोगुनी रफ्तार से बढ़ रहा है, जिसकी वजह से पर्वतों पर जमी बर्फ पिघल रही है और बर्फबारी हो रही है।

IV. (घ) **नदियों का प्रवाह बना रहे** गंगा नदी पर नए पनबिजली संयंत्रों के निर्माण पर प्रतिबंध नदियों का प्रवाह बनाए रखने के लिए लगाना पड़ता है।

V. (ख) **जीवाश्म-ईंधनों का सीमित प्रयोग कर** गद्यांश के आधार पर ग्लेशियरों को पिघलने से जीवाश्म-ईंधनों का सीमित प्रयोग करके रोका जा सकता है। जीवाश्म - ईंधनों के जरिए लोग उन गैसों को वायुमंडल में छोड़ते हैं, जो पृथ्वी के चारों ओर ग्रीनहाउस की तरह काम करती हैं और धरती को गर्म करती है।

2. I. (ग) बाल-श्रम को समाप्त करना केवल सरकार का दायित्व है गद्यांश के आधार पर कह सकते हैं कि बाल-श्रम जैसी सामाजिक कुरीति को समाप्त करने के लिए लोगों की सोच यह है कि इस कुरीति को समाप्त करने का दायित्व केवल सरकार का है। इस संबंध में वे अपनी कोई जिम्मेदारी नहीं समझते हैं, जबकि हमारा कर्त्तव्य है कि इसे रोकने में सरकार का पूरा सहयोग करें।

II. (घ) **हम संवेदना शून्य हो चुके हैं** घरों में, ढाबों में, होटलों में, खानों-कारखानों में अनेक बाल- श्रमिकों को काम करता देखकर भी हम उदासीन बने रहते हैं, क्योंकि हम संवेदना शून्य हो चुके हैं। उनके प्रति हम कोई संवेदना व्यक्त नहीं करते हैं, बल्कि हमें उनके प्रति सार्थक पहल करनी चाहिए।

III. (क) **बाल-श्रम के कारण बच्चों का बचपन छिन जाता है** गद्यांश के अनुसार, बाल-श्रम को रोकने के लिए सार्थक प्रयास किए जाने चाहिए, क्योंकि बाल-श्रम के कारण बच्चों का बचपन छिन जाता है। उनका मानसिक व शारीरिक विकास भी नहीं हो पाता है। अतः इसे रोकना अत्यंत आवश्यक है।

IV. (ख) **निर्धनता और भुखमरी** गद्यांश में कहा गया है कि विकासशील देशों में गरीबी और उच्च स्तर की बेरोजगारी बाल- श्रम का मुख्य कारण है। बच्चों को बाल-श्रम के लिए इसलिए विवश किया जाता है, क्योंकि समाज में निर्धनता और भुखमरी व्याप्त है।

V. (घ) **बाल-श्रम से देश का आने वाला कल अंधकार की ओर जाने लगता है** बाल-श्रम जैसे सामाजिक अभिशाप से देश को यह नुकसान होता है कि बाल-श्रम से देश का आने वाला कल अंधकार की ओर जाने लगता है।

बाल-श्रम समाज के लिए श्राप बन जाता है, जो देश की वृद्धि और विकास में बाधक है।

3. I. (ख) **धन प्राप्ति के साधन के रूप में** पहले वर्ग के लोग काम को केवल धन प्राप्ति के साधन के रूप में देखते हैं। वे काम कम तथा धन को अधिक महत्त्व देते हैं।

II. (ग) **क्योंकि वे अपने काम से अधिक एकनिष्ठता के साथ समर्पित हो सकें** दूसरे वर्ग के लोग धन इसलिए कमाना चाहते हैं, क्योंकि वे अपने काम से अधिक एकनिष्ठता के साथ समर्पित हो सकें। ये लोग काम को पूजा मानते हैं तथा उसे महत्त्व देते हैं।

III. (ग) **कथन (A) सही है और कारण (R) कथन (A) की सही व्याख्या है** काम करना कुछ लोगों के लिए घृणित है, क्योंकि जो काम की तुलना में धन को प्राथमिकता देते हैं। वो कार्य को पूर्णनिष्ठा से नहीं करते हैं। इन दोनों आलोक में, दिए गए विकल्पों में से (ग) विकल्प सही है।

IV. (घ) **वे काम से छुटकारा पाना चाहते हैं** दूसरे वर्ग के लोगों के विषय में यह कथन सही नहीं है कि वे काम से छुटकारा पाना चाहते हैं, क्योंकि ये लोग काम से छुटकारा नहीं पाना चाहते, बल्कि काम को आनंद के साथ करते हैं। अतः विकल्प (घ) सही उत्तर है।

V. (घ) **उपरोक्त सभी** प्रस्तुत गद्यांश के अनुसार काम के प्रति समर्पित लोगों के वर्ग में कलाकार, विद्वान, वैज्ञानिक, परंपरागत कारीगर, कुशल मिस्त्री और इंजीनियर लोग आते हैं, क्योंकि इन वर्गों के लोग वस्तुओं को बनाने और सीखने में रुचि लेते हैं।

4. I. (क) **केवल 1 सही है** आज भारत में बहुत से लोगों को घर, वस्त्र और भोजन की आपूर्ति नहीं हो पाती, क्योंकि देश में जनसंख्या वृद्धि तीव्र गति से हो रही है, जबकि उत्पादन बहुत ही कम मात्रा में हो रहा है।

II. (क) **किसी भी कार्य में अति नहीं होनी चाहिए** प्रस्तुत गद्यांश के अनुसार 'अति सर्वत्र वर्जयेत्' का अर्थ है किसी भी कार्य में अति नहीं होनी चाहिए। गद्यांश में ये शब्द जनसंख्या वृद्धि अत्यधिक होने के संदर्भ में प्रयुक्त हुए हैं।

III. (घ) **ये सभी** भारत में अपार जनसंख्या वृद्धि के कारण सर्वत्र अशिक्षा, गरीबी, बेरोज़गारी, निम्न जीवन स्तर, अस्वस्थता, खाद्यान्न संकट आदि अनेक समस्याएँ उत्पन्न हुई हैं।

IV. (ख) **यह केवल शहरी अस्पतालों तक ही सीमित रहा** प्रथम पंचवर्षीय योजना के दौरान परिवार नियोजन कार्यक्रम केवल शहरी अस्पतालों तक ही सीमित रहा। द्वितीय पंचवर्षीय योजना में इस कार्यक्रम को गाँवों तक पहुँचाया गया।

V. (ग) **कथन (A) सही है और कारण (R) कथन (A) की सही व्याख्या है** भारत में जनसंख्या का विस्फोट भारत के लिए अभिशाप बन गया है, क्योंकि इसके कारण देश में खाद्यान्न में कमी, निवास, अस्वस्थता आदि समस्याएँ उत्पन्न हो गई हैं।

5. I. (ग) **केवल 1 सही है।** एडुसैट के माध्यम से शिक्षा में गुणात्मक सुधार किया जा सकता है, जिसके अंतर्गत शिक्षकों को समय-समय पर प्रशिक्षण दिया जाना सम्मिलित है।

II. (क) **दूरस्थ शिक्षा में क्रांतिकारी परिवर्तन लाना** एडुसैट का उद्देश्य दूरस्थ शिक्षा में क्रांतिकारी परिवर्तन लाना है। इसके माध्यम से दूरस्थ क्षेत्रों के लोगों तक शिक्षा उपलब्ध कराई जाएगी।

III. (ख) **एक शिक्षक द्वारा देश के दूरस्थ क्षेत्रों के हजारों विद्यार्थियों को पढ़ाने में सक्षम** प्रस्तुत गद्यांश के अनुसार, एडुसैट का लाभ यह है कि इसके माध्यम से एक शिक्षक देश के दूरस्थ क्षेत्रों के हज़ारों विद्यार्थियों को पढ़ाने में सक्षम हो सकता है।

IV. (क) **ई-लर्निंग का** एडुसैट के द्वारा सूचना प्रौद्योगिकी के इस युग में ई-लर्निंग का प्रचलन बढ़ता जा रहा है। इसके जरिए एक शिक्षक देश के दूर स्थित क्षेत्रों के हजारों विद्यार्थियों को पढ़ा सकता है।

V. (ग) **कथन (A) सही है और कारण (R) कथन (A) की सही व्याख्या है।** एसैट के माध्यम से यदि एक शिक्षक को समय-समय पर प्रशिक्षण दिया जाए, तो वह देश के दुरस्थ क्षेत्रों के हजारों विद्यार्थियों को पढ़ाने में सक्षम हो सकता है।

6. I. (क) **केवल 3 सही है।** शल्य चिकित्सा के द्वारा अत्यंत भयंकर रोगों पर नियंत्रण पाया जा सकता है। इसके माध्यम से उनका निवारण करना सरल हो सकता है।

II. (ख) **शल्य चिकित्सा के** आधुनिक चिकित्सा शल्य चिकित्सा के बिना अधूरी है। आज के समय में शल्य चिकित्सा में किसी भी रोग का निदान सरलता से किया जा सकता है।

III. (ग) (क) **और** (ख) **दोनों** मानव ने अपनी प्रतिभा का परिचय हृदय और गुर्दे को प्रत्यारोपित करके दिया है, क्योंकि इससे पूर्व केवल आँखों के प्रत्यारोपण की चर्चा होती थी।

IV. (क) **लेज़र किरणों से** लेज़र किरणों के प्रयोग द्वारा बिना चीर-फाड़ के शल्य चिकित्सा की जाती है। इससे शल्य प्रक्रिया और भी आसान बनी है।

V. (घ) **कथन (A) सही है और कारण (R) कथन (A) की सही व्याख्या नहीं है।** आज विज्ञान नकली हाथ-पाँव के सहारे किसी भी अपंग के जीवन में उमंग भर देता है। यहाँ दूसरा कथन मानव ने अपनी प्रतिभा का परिचय दिया पहले कथन को संतुष्ट नहीं करता। अतः यह पहले कथन की सही व्याख्या नहीं है।

7. I. (ख) **1 और 2 सही हैं** संसार के जो भी देश विकसित हैं, उनके विकसित होने में उनके नागरिकों का कठोर परिश्रम में रत रहना तथा अपने संकल्प पर अडिग रहकर कर्मरत रहना निहित है।

II. (क) **न्यूटन और रमन** गद्यांश के अनुसार न्यूटन और रमन वैज्ञानिक थे। उन्होंने अपने-अपने क्षेत्रों में कठोर संघर्ष तथा खूब मेहनत की है।

III. (क) **महान और समृद्धशाली बनने में** कठिन परिश्रम से महान और समृद्धशाली बनने में सफलता मिलती है, क्योंकि परिश्रमी व्यक्ति ही जीवन में उन्नति करते हैं।

IV. (ख) **परिश्रम न करने वाला कभी सफल नहीं होता** ''जो परिश्रम से जी चुराता है, वह सदा दीन-हीन बना रहता है'' पंक्ति से आशय यह है कि परिश्रम न करने वाला कभी सफल नहीं होता और गरीबी भरा जीवन व्यतीत करता है।

V. (ग) **कथन (A) सही है और कारण (R) कथन (A) की सही व्याख्या है** क्योंकि कठिन परिश्रम के द्वारा ही मनुष्य का जीवन सफल हो जाता है तथा मरने के बाद अपने कार्यों के लिए वह आदरपूर्वक याद किया जाता है।

8. I. (ख) **1, 2 और 3 सही हैं।** जल को सृष्टि का जन्मदाता माना गया है, क्योंकि जल मानव की मूलभूत आवश्यकता है। मनुष्य का जीवन जल के अभाव के कारण संभव नहीं है। इसके बिना मनुष्य किसी कार्य को संचालित नहीं कर सकता है।

II. (घ) **उपरोक्त सभी** मानव के लिए जल विभिन्न रूपों में महत्त्वपूर्ण है; जैसे–पीने के पानी एवं सिंचाई हेतु, जन्म से लेकर मृत्यु तक के अनेक क्रिया-कलाप हेतु, पेड़-पौधों एवं जलवायु के संतुलन हेतु आदि।

III. (ग) **(क) और (ख) दोनों** प्रस्तुत गद्यांश के अनुसार, पेड़-पौधों का बहुत महत्त्व है। इनसे जलवायु संतुलित रहती है। ये वर्षा कराने में सहायक होते हैं, जिससे भूमिगत जल स्तर बढ़ता है।

IV. (घ) **उपरोक्त सभी** जल मानव की मूल आवश्यकता माना जाता है इसके अभाव में मनुष्य के जीवन की कल्पना नहीं की जा सकती है। मनुष्य के जीवन में जन्म से मरण तक सभी कर्मकांडों, यज्ञों आदि में जल अत्यंत महत्त्वपूर्ण है।

V. (ग) **कथन (A) सही है और कारण (R) कथन (A) की सही व्याख्या है** पेड़-पौधों को जल की आवश्यकता मौसम पर निर्भर है। पेड़-पौधे जितना जल लेते हैं, वे वातावरण में उसे रिसने की क्रिया द्वारा छोड़ते हैं, जिससे जलवायु में भी सुधार होता है।

9. I. (ग) **1, 2 और 3 सही हैं** प्रत्येक समाज की मातृभाषा में उसका विशिष्ट साहित्य, सभ्यता और संस्कृति का ज्ञान तथा स्वावलंबी बनाने की शक्ति निहित होती है।

II. (क) **जब मनुष्य को अपनी भाषा और साहित्य का ज्ञान होगा** मातृभाषा का हमारे जीवन में विशेष महत्त्व है। संपूर्ण समाज इसी के माध्यम से स्वयं को व्यक्त करता है। अतः जब मनुष्य को अपनी भाषा और साहित्य का ज्ञान होगा, तभी वह स्वावलंबी बन सकता है।

III. (घ) **उपरोक्त सभी** प्रत्येक भाषा का अपना एक विशिष्ट साहित्य होता है। मातृभाषा में हम अपने भावों और विचारों को कुशलता से व्यक्त कर सकते हैं। अपनी भाषा में हमारा हृदय बोलता है, राष्ट्र-हृदय उसमें धड़कता है, इसलिए विदेशी भाषा की अपेक्षा मातृभाषा का महत्त्व अधिक है।

IV. (ख) **मातृभाषा के लिए** प्रस्तुत वाक्य में 'उसका' शब्द मातृभाषा के लिए प्रयुक्त हुआ है।

V. (ग) **कथन (A) सही है और कारण (R) कथन (A) की सही व्याख्या है** मनुष्य को अपनी मातृभाषा को अधिक महत्त्व देना चाहिए, क्योंकि संपूर्ण समाज उसी भाषा के माध्यम से स्वयं को व्यक्त करता है।

10. I. (ख) **1 और 2 सही हैं** गद्यांश के अनुसार, समाज में संतान के रूप में नर शिशु की कामना करने की गलत परंपरा के कारणों में निहित हैं– महिलाओं को घर तक सीमित रखना तथा दहेज प्रथा का प्रचलन होना।

II. (ख) **कन्या भ्रूण हत्या** गद्यांश में स्पष्ट रूप से बताया गया है कि भारतीय समाज में लिंगानुपात में हुए परिवर्तन का प्रमुख कारण कन्या भ्रूण हत्या है।

III. (क) **महिलाओं को शिक्षा से वंचित किया जाने लगा** विदेशी आक्रमणों से महिलाओं की स्थिति पर बहुत बुरा प्रभाव पड़ा। महिलाओं को शिक्षा से वंचित किया जाने लगा तथा उन्हें घर तक सीमित कर दिया गया। धार्मिक और सामाजिक रूप से पुरुषों को अधिक महत्त्व दिया जाने लगा।

IV. (ग) **महिलाओं को प्रगति के प्राप्त अवसर से** देश की प्रगति का संबंध महिलाओं को प्रगति के प्राप्त अवसर से है अर्थात् जिस देश में महिलाओं को सम्मान, अधिकार व उन्नति के अवसर मिलते हैं, वही देश प्रगति के पथ पर अग्रसर होता है।

V. (ग) **कथन A सही है और कारण R कथन A की सही व्याख्या है** समाज में महिलाओं की दयनीय स्थिति हो गई, क्योंकि उन्हें उनके मानवीय अधिकारों से वंचित कर दिया गया। इस प्रकार, अपने अधिकारों से वंचित हो जाने के कारण समाज में उनका स्तर गिरता गया।

11. I. (ख) **1 और 2 सही हैं** गद्यांश के अनुसार, मानव-केंद्रित विचारधारा में निहित हैं–पृथ्वी पर वैज्ञानिक तकनीक द्वारा प्रौद्योगिकी का निरंतर विकास करना तथा पर्यावरण के अपघटन को रोकना, जिससे पर्यावरण स्वस्थ व स्वच्छ रहे।

II. (ग) **वे विषय, सिद्धांत और दिशा-निर्देश, जो मनुष्य और पर्यावरण के बीच की क्रियाओं और प्रतिक्रियाओं को दर्शाते हैं** प्रस्तुत गद्यांश में पर्यावरण नैतिकता से अभिप्राय है वे विषय, सिद्धांत और दिशा-निर्देश, जो मनुष्य और पर्यावरण के बीच की क्रियाओं और प्रतिक्रियाओं को दर्शाते हैं।

III. (ख) **पृथ्वी और प्रकृति केंद्रित** प्रस्तुत गद्यांश में बताया गया है कि पृथ्वी और प्रकृति केंद्रित विचारधारा के अनुसार, पृथ्वी हमारी जननी है। हमें इसका आदर करना चाहिए।

IV. (क) **मनुष्य** प्रस्तुत गद्यांश में स्पष्ट रूप से बताया गया है कि मानव केंद्रित विचारधारा के अनुसार प्रकृति का स्वामी मनुष्य है और वह जैसे चाहे वैसे प्रकृति का प्रयोग कर सकता है।

V. (ग) **कथन (A) सही है और कारण (R) कथन (A) की सही व्याख्या करता है** आज प्रौद्योगिकी की सहायता से बड़े पैमाने पर औद्योगिक उत्पादन के लिए प्रकृति के शोषण ने संपूर्ण विश्व तथा प्रकृति पर पर्यावरणीय संकट पैदा कर दिया है।

12. I. (ख) **व्यक्तित्व को निखारकर जीवन को आमोद-प्रमोद से परिपूर्ण करता है** गद्यांश के अनुसार, भारत के प्राचीन विद्वानों ने अच्छा नागरिक बनने के लिए कुछ नियम बनाए हैं। यदि कोई व्यक्ति इन नियमों को अपनाता है, तो उसके व्यक्तित्व में एक निखार आ जाता है और उसका जीवन सुखपूर्वक व्यतीत होता है।

II. (घ) **समाज में हार्दिक सद्भाव की वृद्धि और सुख की प्रतिष्ठा होती है** गद्यांश के अनुसार, वाणी तथा व्यवहार की मधुरता सभी के लिए सुखदायक होती है, क्योंकि इससे समाज में अच्छी भावना का विकास होता है और सुख की स्थापना होती है अर्थात् सभी खुशी से रहते हैं।

III. (घ) **कथन (A) और कारण (R) दोनों सहीं हैं तथा कारण (R) कथन (A) की सही व्याख्या करता है।** गद्यांश के अनुसार वाणी कें स्निग्धता एवं व्यवहार में शिष्टता रखने वाले व्यक्ति से प्रत्येक व्यक्ति मेल-जोल बढ़ाना चाहता है। इससे वाद-विवाद बढ़ने की संभावना नहीं रहती है जिससे समाज में शांति और सौहार्द्रपूर्ण वातावरण बना रहता है।

IV. (ग) **आंतरिक व बाहरी संघर्ष से रहित संपूर्ण सामाजिकता की अनुभूति से परिपूर्ण व्यक्तित्व** गद्यांश के अनुसार, संतुलित व्यक्तित्व वाला व्यक्ति वह होता है, जिसके अंदर सामाजिकता होती है और उसके मन में आंतरिक व बाहरी संघर्ष नहीं होता अर्थात् उसके मन में सभी के प्रति सहिष्णुता का भाव होता है।

V. (घ) **समाज एवं देश में शांति व्यवस्था बनी रहेगी** गद्यांश के अनुसार, समाज एवं देश में शांति की व्यवस्था बनाए रखने के लिए धार्मिक सहिष्णुता का होना आवश्यक है। धार्मिक सहिष्णुता से तात्पर्य सभी धर्मों के प्रति मन में आदर की भावना रखने से है।

13. I. (ख) **1 और 2 सही हैं** गद्यांश के अनुसार, हमें विफलताओं की चिंता नहीं करनी चाहिए, क्योंकि वे हमारे जीवन का सौंदर्य होती हैं तथा उनका लगातार चिंतन करने से कभी सफलता नहीं मिलती।

II. (क) **जहाँ भौतिक सुख-सुविधाओं में वृद्धि होने के साथ-साथ चरित्र का पतन भी होता जा रहा है** गद्यांश के अनुसार, हम एक ऐसे युग में जी रहे है, जहाँ एक ओर भौतिक समृद्धि अपनी ऊँचाई पर है, तो दूसरी ओर चारित्रिक पतन की गहराई है। जहाँ भोग-विलास की वस्तुओं में वृद्धि हुई है, साथ ही लोगों के चरित्र का भी पतन हुआ है।

III. (ग) **जिसने जीवन में अपनी सामान्य इच्छाओं की पूर्ति कर ली हो, वह संतुष्ट और प्रसन्न भी हो** गद्यांश के अनुसार, जीवन में यह जरूरी नहीं है

कि जिसने अपने जीवन में साधारण इच्छाओं को प्राप्त कर लिया हो, वह पूर्णतः संतुष्ट और प्रसन्न भी हो। कहने का तात्पर्य यह है कि इच्छाओं की कोई सीमा नहीं होती। इनकी जितनी पूर्ति होती है, ये और बढ़ जाती हैं।

IV. (ख) **जीवन में नैतिक व आध्यात्मिक मूल्यों को सिंचित करना** गद्यांश के अनुसार, मनुष्य जब तक अपने जीवन में नैतिक व आध्यात्मिक मूल्यों का सिंचन नहीं करेगा, तब तक उसे वास्तविक सफलता मिलना असंभव है, क्योंकि बिना मूल्यों के प्राप्त सफलता केवल क्षणभंगुर सुख के समान होती है।

V. (ग) **कथन (A) सही है और कारण (R) कथन (A) की सही व्याख्या करता है।** मनुष्य असंतुष्ट होने के कारण मानसिक रोगों का शिकार होता जा रहा है।

14. I. (ख) **प्रत्येक काम को महत्त्व देकर गहराई से समझें** गद्यांश के अनुसार, प्रत्येक काम में हमें विशालता के चिह्न खोजने चाहिए। तात्पर्य यह है कि व्यक्ति को बड़ा काम करने के लिए किसी बड़े या महान् काम को करने की जरूरत नहीं होती, बल्कि उसे प्रत्येक काम को महत्त्वपूर्ण समझकर तथा जिज्ञासा के साथ करना चाहिए।

II. (क) **विद्यमानता** 'अस्तित्व' शब्द का अर्थ 'विद्यमानता' अर्थात् 'उपस्थित होना' होता है।

III. (ख) **हमारे शारीरिक, मानसिक, चारित्रिक व राष्ट्रीय विकास के लिए है** नवीनता की यात्रा करने से हम परंपरागत प्रणालियों से विमुख हो रहे हैं। कहने का आशय यह है कि अपने कार्यों, आचारों-विचारों में नवीनता लाने के लिए हम अपनी शारीरिक, मानसिक व चारित्रिक योग्यताओं से भी हटते जा रहे हैं, जो कि गलत है। अतः नवीनता की आवश्यकता हमारे शारीरिक, मानसिक, चारित्रिक उत्थान तथा राष्ट्र के विकास के लिए होनी चाहिए।

IV. (ग) **अंतर्मन में सदैव जिज्ञासा** गद्यांश के अनुसार, आज के समय में व्यक्ति एक ही विचारों व परंपराओं का अनुसरण करता आ रहा है, जिसमें न तो कोई विभिन्नता है और न ही कोई नवीनता। वह उस परंपरा से हटकर सोचना ही नहीं चाहता। अतः हमें अपने मन में सदैव जिज्ञासा को बढ़ाते हुए कुछ नया करने के बारे में अर्थात् परंपरा से हटकर सोचना चाहिए।

V. (ख) **शारीरिक व मानसिक रूप से क्रियाशील रखती है** गद्यांश के अनुसार, एक बार अपने साक्षात्कार में अल्बर्ट आइंस्टीन ने कहा था कि हमारी जिज्ञासा अर्थात् हर चीज को जानने, समझने व परखने की इच्छा ही हमारे अस्तित्व का आधार है। यह जिज्ञासा ही हमारे शरीर व मन-मस्तिष्क को हमेशा सक्रिय रखती है।

15. I. (ग) **धरती का नामो-निशान मिट जाएगा** गद्यांश के अनुसार नैनो तकनीक के वजूद में आने का परिणाम यह होगा कि इससे धरती का नामो-निशान मिट जाएगा अर्थात् धरती के अस्तित्व पर खतरा उत्पन्न हो जाएगा।

II. (क) **यह तकनीक संपूर्ण मानव जाति के लिए हानिकारक सिद्ध हो सकती है** नैनो तकनीक के विरोधी द्वारा इसे मिस्र के पिरामिडों में सोई ममियों से भी ज्यादा अभिशप्त इसलिए माना गया, क्योंकि यह तकनीक संपूर्ण मानव जाति के लिए हानिकारक सिद्ध हो सकती है।

III. (ग) **(क) और (ख)** दोनों मानव औजारों का निर्माण करके तथा औद्योगिक क्रांति करके प्रकृति का नियंत्रक बन गया। अतः विकल्प (ग) सही उत्तर है।

IV. (ख) **परमाणु और अणुओं को मूलभूत इकाई मानकर इच्छानुसार उत्पाद तैयार करना** गद्यांश के अनुसार नैनो तकनीक परमाणु और अणुओं को मूलभूत इकाई मानकर इच्छानुसार उत्पाद तैयार करना है।

V. (क) **यह ऐसी तकनीक है, जो मनुष्य की सोच की सीमा बढ़ा देगी** गद्यांश के अनुसार नैनो तकनीक के महत्त्व के बारे में यह कथन सही है कि यह ऐसी तकनीक है, जो मनुष्य की सोच की सीमा बढ़ा देगी। जबकि अन्य तीनों विकल्प नैनो तकनीक के महत्त्व के संबंध में गलत हैं।

16. I. (क) **क्योंकि कंप्यूटर के बिना जीवन की कल्पना असंभव सी हो गई है** गद्यांश के आधार पर कह सकते हैं कि वर्तमान युग कंप्यूटर का युग है, क्योंकि कंप्यूटर के बिना जीवन की कल्पना करना असंभव सा हो गया है। इसके बिना दुनिया अधूरी जान पड़ती है।

II. (ख) **कंप्यूटर कई मानवीय भूलों को निर्णायक रूप से सुधार देता है** गद्यांश में स्पष्ट किया गया है कि हड़बड़ी में होने वाली मानवीय भूलों के लिए यह कंप्यूटर रामबाण औषधि है। अतः कंप्यूटर के महत्त्व के विषय में यह कथन सही है कि कंप्यूटर कई मानवीय भूलों को निर्णायक रूप से सुधार देता है।

III. (ख) **अनियंत्रित गति को सुव्यवस्था देने की** गद्यांश के अनुसार, अनियंत्रित गति को सुव्यवस्था देने की आवश्यकता ने कंप्यूटर में अपना निदान ढूँढ लिया है।

IV. (ख) **गलतियाँ होने के डर से कर्मचारी घबराए हुए रहते थे** कंप्यूटर के प्रयोग से पहले अधिक तनाव इसलिए होता था, क्योंकि पहले इन पर काम करने वाले कर्मचारी हड़बड़ाकर काम करते थे, एक भूल से घबराकर और अधिक गड़बड़ी करते थे। इसके परिणामस्वरूप काम कम और तनाव अधिक होता था।

V. (क) **सारी व्यवस्था, उपकरण और मशीनें कंप्यूटरीकृत हैं** कंप्यूटर के बिना आज की दुनिया अधूरी इसलिए है, क्योंकि वर्तमान समय में सारी व्यवस्था, उपकरण और मशीनें कंप्यूटरीकृत हो गई हैं।

17. I. (क) **क्योंकि कंप्यूटर के बिना जीवन की कल्पना असंभव सी हो गई है** गद्यांश के आधार पर कह सकते हैं कि वर्तमान युग कंप्यूटर का युग है, क्योंकि कंप्यूटर के बिना जीवन की कल्पना करना असंभव सा हो गया है। इसके बिना दुनिया अधूरी जान पड़ती है।

II. (ख) **कंप्यूटर कई मानवीय भूलों को निर्णायक रूप से सुधार देता है** गद्यांश में स्पष्ट किया गया है कि हड़बड़ी में होने वाली मानवीय भूलों के लिए यह कंप्यूटर रामबाण औषधि है। अतः कंप्यूटर के महत्त्व के विषय में यह कथन सही है कि कंप्यूटर कई मानवीय भूलों को निर्णायक रूप से सुधार देता है।

III. (ख) **अनियंत्रित गति को सुव्यवस्था देने की** गद्यांश के अनुसार, अनियंत्रित गति को सुव्यवस्था देने की आवश्यकता ने कंप्यूटर में अपना निदान ढूँढ लिया है।

IV. (ख) **गलतियाँ होने के डर से कर्मचारी घबराए हुए रहते थे** कंप्यूटर के प्रयोग से पहले अधिक तनाव इसलिए होता था, क्योंकि पहले इन पर काम करने वाले कर्मचारी हड़बड़ाकर काम करते थे, एक भूल से घबराकर और अधिक गड़बड़ी करते थे। इसके परिणामस्वरूप काम कम और तनाव अधिक होता था।

V. (क) **सारी व्यवस्था, उपकरण और मशीनें कंप्यूटरीकृत हैं** कंप्यूटर के बिना आज की दुनिया अधूरी इसलिए है, क्योंकि वर्तमान समय में सारी व्यवस्था, उपकरण और मशीनें कंप्यूटरीकृत हो गई हैं।

18. I. (क) **निजता** 'प्राइवेसी' मूलतः अंग्रेज़ी भाषा का शब्द है जिसका अर्थ है–निजता।

II. (घ) **आस-पड़ोस का हस्तक्षेप पसंद न करना** उपरोक्त गद्यांश के अनुसार, आपस में मिल-जुलकर रहना, एक-दूसरे के दुःख-सुख में साथ देना और आपस में कुछ भी न छिपाना मुहल्लेदारी के लक्षण हैं।

III. (क) **अलगाव और अकेलापन** प्रस्तुत गद्यांश में स्पष्ट रूप से कहा गया है कि प्राइवेसी के नाम पर हम एक-दूसरे से कटते रहे और कटते-कटते ऐसे अलग हुए कि अकेले पड़ गए अर्थात् आज के व्यक्ति को प्राइवेसी के नाम पर अलगाव और अकेलापन ही मिला है।

IV. (क) **उपेक्षा करना** 'ताक पर रखना' एक मुहावरा है, जिसका अर्थ है–उपेक्षा करना।

वाक्य-प्रयोग का उदाहरण–खिलाड़ियों ने अनुशासन का ध्यान न रखते हुए सारे नियमों को ताक पर रख दिया।

V. (क) **बदलते समय में संबंधों का ह्रास** प्रस्तुत गद्यांश का केंद्रीय विषय संबंधों में आए परिवर्तन को उजागर करना है। इसलिए बदलते समय में संबंधों का ह्रास ही इस गद्यांश का उपयुक्त शीर्षक है।

19. I. (ख) **जन्मजात वैभवशाली एवं सुविधासंपन्न व्यक्ति थे** नेहरू के विषय में देशवासियों की धारणा थी कि उन्होंने कभी धन का अभाव जाना ही नहीं। वह जन्मजात वैभवशाली एवं सुविधा- संपन्न व्यक्ति थे।

II. (घ) **वैभवपूर्ण जीवन** देश की आज़ादी के लिए नेहरू ने उस वैभवपूर्ण जीवन का भोग नहीं किया, जो उन्हें जन्मजात मिला था।

III. (घ) **नौ वर्ष तक जेल में रहकर अमर** कृतियों की रचना विभिन्न व्यक्तिगत और देशव्यापी समस्याओं से जूझते हुए भी उनका अमूल्य योगदान साहित्य के क्षेत्र में था। उन्होंने जेल की नौ वर्ष की यातना-भरी अवधि में ही विश्व साहित्य की अमर कृतियों की रचना की।

IV. (ग) **मिश्र** प्रस्तुत वाक्य मिश्र वाक्य है, क्योंकि प्रधान उपवाक्य और आश्रित उपवाक्य को 'किंतु' व्याधिकरण समुच्चयबोधक से जोड़ा गया है।

V. (ग) **देश की आजादी में नेहरू का योगदान** प्रस्तुत गद्यांश के केंद्र में नेहरू जी के विषय में देश की आज़ादी में उनकी भूमिका के विषय में बताया गया है।

20. I. (ग) **(क) और (ख) दोनों** गद्यांश के अनुसार महापुरुष प्रायः मध्यवर्ग के घरों या गरीब परिवार में जन्म लेते हैं। ऐसे व्यक्ति संपन्न परिवार में बहुत कम पैदा होते हैं।

II. (घ) **ये सभी** विनय, साहस, उदारता, कष्ट सहिष्णुता, साहस आदि गुण मनुष्य को अहंकारहीन बनाते हैं। इन गुणों का प्रभाव व्यक्ति के जीवन पर पड़ता है।

III. (ग) **कठिन-से-कठिन परिस्थितियों में भी धैर्य न छोड़ना** गद्यांश में स्पष्ट रूप से कहा गया है कि जीवन को सरल और सादा बनाने के लिए हमें कठिन-से-कठिन परिस्थितियों में भी धैर्य नहीं छोड़ना चाहिए व अपनी आवश्यकताओं को न्यूनतम रखना चाहिए।

IV. (ग) **उसके विचारों और करनी से** गद्यांश के अनुसार सच्चे व्यक्ति की पहचान उसके विचारों और करनी से होती है। इसलिए हमें सादा जीवन व्यतीत करना चाहिए और अपने विचारों को उच्च रखना चाहिए।

V. (क) **सादा जीवन उच्च विचार** प्रस्तुत गद्यांश का सर्वाधिक उचित शीर्षक 'सादा जीवन उच्च विचार' हो सकता है, क्योंकि यहाँ सरल जीवन-शैली अपनाने तथा विचार की उच्चता पर बल दिया गया है।

21. I. (घ) **(ख) और (ग) दोनों** गद्यांश के अनुसार, व्यक्ति को सुमतिसंपन्न बनाने में महत्त्वपूर्ण भूमिका उसकी शिक्षा एवं समाजीकरण निभाता है। इस प्रकार स्पष्ट है कि कुशल बुद्धि के निर्माण में शिक्षा और समाजीकरण का महत्त्वपूर्ण योगदान है।

II. (घ) **उपरोक्त सभी** गद्यांश में बताया गया है कि शिक्षा व्यक्ति में चारित्रिक गुणों का विकास करके, समाज के अन्य व्यक्तियों के प्रति सद्भावना विकसित करके तथा समाज के प्रति आदर सम्मान की भावना विकसित करके समाज एवं राष्ट्र (देश) की प्रगति में सहयोग करती है।

III. (ग) **शिक्षा के** गद्यांश के अनुसार, शिक्षा व्यक्ति को विनम्रता एवं शालीनता का पाठ पढ़ाती है और उसे स्वावलंबी बनाती है। इस प्रकार कह सकते हैं कि शिक्षा के माध्यम से मनुष्य स्वावलंबी बनता है।

IV. (ग) **जब उसमें सद्विवेक उत्पन्न होता है** गद्यांश में स्पष्टतः बताया गया है कि जब मनुष्य में सद्विवेक उत्पन्न होगा तब वह एक-दूसरे से ईर्ष्या एवं द्वेष करना छोड़ देगा। जातीयता, सांप्रदायिकता, प्रांतीयता की संकीर्ण मान्यताओं को अस्वीकार कर सकेगा।

V. *(ग)* **बौद्धिकतापूर्ण मानवता की पुनर्स्थापना** गद्यांश का सर्वाधिक उपयुक्त शीर्षक बौद्धिकतापूर्ण मानवता की पुनर्स्थापना होगा, क्योंकि इसमें इस तथ्य पर प्रकाश डाला गया है कि विवेकपूर्ण मानव को दोबारा स्थापित किया जाए।

22. I. (क) **हिंदी के माध्यम से अपनी पहचान बनाना** गद्यांश की आरंभिक पंक्तियों में स्पष्ट किया गया है कि सिनेमा जगत के अनेक नायक-नायिकाओं, गीतकारों, कहानीकारों और निर्देशकों को हिंदी के माध्यम से पहचान मिली। इसी कारण गैर-हिंदी भाषी कलाकार भी हिंदी की ओर आए।

II. (ग) **हिंदी साधारण भारतीय की जीवन-शैली बन गई** गद्यांश के आधार पर कह सकते हैं कि टी.वी. ने हिंदी के प्रचार-प्रसार में महत्त्वपूर्ण भूमिका निभाई है। विभिन्न हिंदी धारावाहिकों ने आम जनता के घरों में अपना मुकाम हासिल किया, जिससे हिंदी साधारण भारतीय की जीवन-शैली बन गई।

III. (ग) **सदी के महानायक की** गद्यांश के अनुसार, सदी के महानायक अमिताभ बच्चन की हिंदी ने दर्शक वर्ग को सर्वाधिक प्रभावित किया। इस कारण हिंदी हर दिल की धड़कन और धड़कन की भाषा बन गई।

IV. (ख) **हिंदी भाषा की गुणवत्ता एवं उपयोगिता** प्रस्तुत गद्यांश का सर्वाधिक उपयुक्त शीर्षक 'हिंदी भाषा की गुणवत्ता एवं उपयोगिता' होगा, क्योंकि इसमें हिंदी भाषा के गुणों; जैसे-सरल, सहजता, प्रवाहमय तथा उसके उपयोग पर बल दिया गया है।

V. (घ) **उपरोक्त सभी** गद्यांश से स्पष्ट होता है कि गैर-हिंदी क्षेत्रों के कलाकारों द्वारा हिंदी को अपनाना, गैर-हिंदी राज्यों के कलाकारों द्वारा हिंदी को अपनी पहचान के रूप में चुनना तथा डिस्कवरी चैनल का हिंदी में अनुवाद होना, ये सभी हिंदी की संप्रेषणीयता के प्रमाण हैं।

23. I. (घ) **उपरोक्त सभी** गद्यांश के अनुसार, देश के हित के लिए संपर्क भाषा आवश्यक है, क्योंकि यह देश की एकता व अखंडता को बनाए रखती है, एक-दूसरे को समझने में सहायक है तथा अपने विचार प्रकट करने का माध्यम है। इस प्रकार सभी विकल्प सही हैं।

II. (ग) **पारस्परिक संबंधों के गतिरोध की समाप्ति** गद्यांश में स्पष्टतः कहा गया है कि यदि राष्ट्र की एक संपर्क भाषा का विकास हो जाए तो पारस्परिक संबंधों के गतिरोध बहुत सीमा तक समाप्त हो सकते हैं।

III. (घ) **भाषा** गद्यांश के अनुसार, भाषा ही एक ऐसा साधन है, जिससे मनुष्य एक-दूसरे के निकट जा सकते हैं एवं उनमें परस्पर घनिष्ठता स्थापित हो सकती है। इस प्रकार स्पष्ट है कि मनुष्य को परस्पर जोड़ने का कार्य भाषा करती है।

IV. (ख) **भाषा बहता नीर कहकर** गद्यांश में स्पष्टतः कहा गया है कि कबीर ने भाषा को बहता नीर कहकर भाषा की गरिमा प्रतिपादित की थी, लेकिन उनका लक्ष्य शब्दरूपी भाषा के महत्त्व को नकारना नहीं था।

V. (ग) **भाषा की उपयोगिता** प्रस्तुत गद्यांश का सर्वाधिक उपयुक्त शीर्षक 'भाषा की उपयोगिता' होगा, क्योंकि इसमें भाषा के उपयोग पर प्रकाश डालते हुए उसका महत्त्व स्वीकार किया गया है।

24. I. (ख) **अहंकार का प्रदर्शन** गद्यांश की आरंभिक पंक्तियों से स्पष्ट होता है कि फिजूलखर्ची को सूक्ष्म दृष्टि से अहंकार का प्रदर्शन करना कहा गया है।

II. (घ) **उपरोक्त सभी** गद्यांश में स्पष्ट रूप से कहा गया है कि अहंकारी लोग बाहर से भले ही गंभीरता का आवरण ओढ़ लें, लेकिन भीतर से वे उथलेपन से भरे होते हैं, वे सतही मानसिकता रखते हैं और किसी भी प्रकार से अपने अहं का प्रदर्शन करना चाहते हैं। इस प्रकार, सभी विकल्प सही हैं।

III. (ख) **समुद्र तट की लहरों से** लेखक ने मानव मन में उद्वेलित होने वाली भावनाओं की तुलना समुद्र तट की लहरों से की है। जिस प्रकार समुद्र की लहरें आते-जाते समय चट्टानों के पत्थरों को भिगोकर चली जाती हैं, उसी प्रकार हमारे भीतर आवेगों की लहरें भी हमें टक्कर देती रहती हैं।

IV. (ग) **(क) और (ख) दोनों** जीसस के अनुसार, मनुष्य को भीतर से अंतिम यानी विनम्र और निरहंकारी होना चाहिए।

V. (क) **अहंकार : एक बड़ा अवगुण** प्रस्तुत गद्यांश का सर्वाधिक उपयुक्त शीर्षक 'अहंकार : एक बड़ा अवगुण' होगा, क्योंकि यहाँ अहंकार के कारण होने वाली हानि पर प्रकाश डालते हुए उसे मनुष्य के लिए अनुपयुक्त माना है।

25. I.(ख) **शिक्षा का महत्त्व** प्रस्तुत गद्यांश का सर्वाधिक उपयुक्त शीर्षक 'शिक्षा का महत्त्व' होगा, क्योंकि इसमें शिक्षा की उपयोगिता एवं उसके महत्त्व पर प्रकाश डाला गया है।

II. (ख) **विभिन्न प्रकार की पुस्तकों के अध्ययन से** गद्यांश में स्पष्ट किया गया है कि इतिहास, साहित्य, राजनीतिशास्त्र, समाजशास्त्र, दर्शनशास्त्र आदि की विभिन्न प्रकार की पुस्तकों को पढ़कर विद्यार्थी विद्वान ही नहीं बनता, बल्कि उसमें एक विशिष्ट जीवन-दृष्टि का निर्माण भी होता है।

III. (ग) **व्यावसायिक शिक्षा को** गद्यांश के आधार पर कह सकते हैं कि व्यावसायिक शिक्षा को शिक्षा के प्रति संकुचित दृष्टिकोण माना जाता है, क्योंकि व्यावसायिक शिक्षा प्राप्त करने वाले विद्यार्थी सैद्धांतिक शिक्षा से दूर होते जा रहे हैं।

IV. (क) **व्यावसायिक शिक्षा ग्रहण करने वाले छात्रों को सामान्य विषयों की जानकारी न होना** गद्यांश के अनुसार, व्यावसायिक शिक्षा का दुष्परिणाम इस रूप में सामने आता है कि व्यावसायिक शिक्षा ग्रहण करने वाले छात्रों को सामान्य विषयों की जानकारी भी नहीं होती है। वे केवल रोजगार प्रदान करने वाली शिक्षा पर ही ध्यान देते हैं।

V. (ख) **शिक्षा मात्र धन कमाने का साधन बनती जा रही है** 'शिक्षा भौतिक आकांक्षा की पूर्ति का साधन बनती जा रही है' पंक्ति का आशय यह है कि शिक्षा मात्र धन कमाने का साधन बनती जा रही है।

26. I. (क) जलवायु परिवर्तन की समस्या प्रस्तुत गद्यांश में जलवायु परिवर्तन के कारण होने वाली समस्याओं पर प्रकाश डाला गया है। अतः इसका सर्वाधिक उपयुक्त शीर्षक 'जलवायु परिवर्तन की समस्या' होगा।

II. (ग) **हिमनदों के पिघलने को** गद्यांश में स्पष्ट रूप से बताया गया है कि हिमनदों का पिघलना जलवायु परिवर्तन का सबसे संवेदनशील सूचक माना जाता है।

III. (ख) **वैश्विक तापवृद्धि की** गद्यांश के अनुसार वातावरण में ग्रीन हाउस गैसों का होना अच्छा है, किंतु जब इनकी मात्रा बढ़ जाती है, तो तापमान में वृद्धि होने लगती है, जिसके कारण ग्लोबल वार्मिंग अर्थात् वैश्विक तापमान की समस्या उत्पन्न होती है।

IV. (ग) **हिमनदों के स्तर का नीचे खिसकना** गद्यांश में स्पष्ट रूप से कहा गया है कि पृथ्वी पर हिमनदों के लगातार कम होने तथा उनके स्तर के नीचे खिसकने से समुद्र के जल-स्तर में वृद्धि हुई है।

V. *(ख)* **तापक्रम अनुकूल बना रहता है** गद्यांश के आधार पर कह सकते हैं कि सौर ऊर्जा की कुछ मात्रा ग्रीन हाउस गैसों द्वारा अवशोषित होकर पुनः पृथ्वी पर पहुँच जाती है, जिससे तापक्रम अनुकूल बना रहता है।

27 I. (ग) **(क) और (ख) दोनों** समाज-कल्याण का उद्देश्य ऐसे व्यक्ति की सहायता करना है, जो असमर्थता की भावना से दुःखी होने पर भी अपने जीवन का सर्वोत्तम सदुपयोग करना चाहता है अथवा उन कठिनाइयों पर विजयी होना चाहता है, जो उसे पराजित कर चुकी हैं।

II. (क) **दुर्बल व्यक्ति की** गद्यांश में स्पष्ट रूप से बताया गया है कि समाज-कल्याण की भावना समाज के सबसे दुर्बल व्यक्ति की सहायता करती है।

III. (ग) **सभी विकलांग व्यक्तियों के लिए** ''उनका आत्मविश्वास जाग सके तथा उनके सामाजिक संपर्क मजबूत बन सकें'' वाक्य में 'उनका' शब्द सभी विकलांग व्यक्तियों के लिए प्रयुक्त हुआ है।

IV. (घ) **उपरोक्त सभी** स्वास्थ्य मंत्रालय ने अपने परिपत्र में समाज-कल्याण के लिए अपना लक्ष्य निर्धारित किया है कि सभी विकलांग व्यक्तियों को, चाहे उनकी अक्षमता कुछ भी हो, सामुदायिक जीवन में हाथ बँटाने तथा उसके विकास में योगदान देने के लिए अधिक-से-अधिक अवसर दिए जाएँगे, ताकि उनकी क्षमताओं का पूर्ण क्रियान्वयन हो सके, उनका आत्मविश्वास जाग सके तथा उनके सामाजिक संपर्क मजबूत बन सकें।

V. (क) **व्यक्तिगत सेवा से** गद्यांश में स्पष्ट रूप से बताया गया है कि समाज-कल्याण का तात्पर्य व्यक्तिगत सेवा से है और व्यक्तिगत सेवा भी ऐसी, जो विशेष प्रकार की न होकर सामान्य प्रकार की होती है।

28 I. (ग) **(क) और (ख) दोनों** समाज-कल्याण का उद्देश्य ऐसे व्यक्ति की सहायता करना है, जो असमर्थता की भावना से दुःखी होने पर भी अपने जीवन का सर्वोत्तम सदुपयोग करना चाहता है अथवा उन कठिनाइयों पर विजयी होना चाहता है, जो उसे पराजित कर चुकी हैं।

II. (क) **दुर्बल व्यक्ति की** गद्यांश में स्पष्ट रूप से बताया गया है कि समाज-कल्याण की भावना समाज के सबसे दुर्बल व्यक्ति की सहायता करती है।

III. (ग) **सभी विकलांग व्यक्तियों के लिए** ''उनका आत्मविश्वास जाग सके तथा उनके सामाजिक संपर्क मजबूत बन सकें'' वाक्य में 'उनका' शब्द सभी विकलांग व्यक्तियों के लिए प्रयुक्त हुआ है।

IV. (घ) **उपरोक्त सभी** स्वास्थ्य मंत्रालय ने अपने परिपत्र में समाज-कल्याण के लिए अपना लक्ष्य निर्धारित किया है कि सभी विकलांग व्यक्तियों को, चाहे उनकी अक्षमता कुछ भी हो, सामुदायिक जीवन में हाथ बँटाने तथा उसके विकास में योगदान देने के लिए अधिक-से-अधिक अवसर दिए जाएँगे, ताकि उनकी क्षमताओं का पूर्ण क्रियान्वयन हो सके, उनका आत्मविश्वास जाग सके तथा उनके सामाजिक संपर्क मजबूत बन सकें।

V. (क) **व्यक्तिगत सेवा से** गद्यांश में स्पष्ट रूप से बताया गया है कि समाज-कल्याण का तात्पर्य व्यक्तिगत सेवा से है और व्यक्तिगत सेवा भी ऐसी, जो विशेष प्रकार की न होकर सामान्य प्रकार की होती है।

29. I.(ख) **मनुष्य के भावों के विशेष प्रकार के संगठन पर** प्रस्तुत गद्यांश की आरंभिक पंक्ति में स्पष्ट किया गया है कि लोकरंजन की व्यवस्था का ढाँचा मनुष्य के भावों के विशेष प्रकार के संगठन पर आधारित है।

II. (ख) **अपने स्वरूप वैचित्र्य की रक्षा के लिए** गद्यांश के अनुसार धर्म-प्रवर्तकों ने स्वर्ग-नरक का भय इसलिए दिखाया है, जिससे वह अपने स्वरूप वैचित्र्य की रक्षा और अपने प्रभाव की प्रतिष्ठा को बनाए रख सकें। साथ ही उनके स्वार्थों की पूर्ति भी होते रहे।

III. (घ) **उपरोक्त सभी** गद्यांश के आधार पर कह सकते हैं कि शासन व्यवस्था कई कारणों से भय और लालच का सहारा लेती है, जिनमें से कुछ इस प्रकार हैं—अन्याय और अत्याचार के विरोध को रोकने के लिए, द्वेष और संकुचित विचारों के प्रचार को बनाए रखने के लिए तथा उनके द्वारा किए गए अत्याचार के विरुद्ध आवाज न उठाने के लिए।

IV. (ग) **(क) और (ख) दोनों** गद्यांश में स्पष्ट रूप से कहा गया है कि किसी जाति विशेष को मूर्ति पूजा करते देखना तथा भस्म या रुद्राक्ष धारण करना अन्य जातियों के प्रवर्तकों के लिए अनिष्ट कार्य है।

V. (क) **शासन व्यवस्था और समाज** प्रस्तुत गद्यांश का सर्वाधिक उपयुक्त शीर्षक 'शासन व्यवस्था और समाज' होगा, क्योंकि गद्यांश में समाज और शासन व्यवस्था पर चर्चा करते हुए बताया गया है कि शासन व्यवस्था अपने स्वार्थों की पूर्ति के लिए समाज में भय और लालच की भावना को बढ़ावा देती है।

30. I. (ख) **राखीगढ़ी** हरियाणा के पुरातत्त्व विभाग द्वारा किए गए शोध तथा खुदाई के अनुसार लगभग 5500 हेक्टेयर में फैली ईसा से लगभग 3300 वर्ष मौजूद राखीगढ़ी के सिंधु- सरस्वती सभ्यता का सबसे बड़ा नगर होने की संभावना है।

II. (ग) **शहर नियोजित था** गद्यांश के अनुसार राखीगढ़ी में चौड़ी सड़कों के पाए जाने से स्पष्ट होता है कि यह शहर नियोजित था। इसकी सड़कों की चौड़ाई 1.92 मीटर थी।

III. (क) **नष्ट हो जाने का खतरा है** मई, 2012 में राखीगढ़ी को 'ग्लोबल हैरिटेज फंड' ने एशिया के विरासत स्थलों में शामिल किया है, क्योंकि इसके नष्ट हो जाने का खतरा है।

IV. (ख) **इसका समुचित अध्ययन शेष है** पुरातत्त्व विशेषज्ञ राखीगढ़ी में विशेष रुचि ले रहे हैं, क्योंकि इसके बारे में समुचित अध्ययन शेष है। यहाँ से प्राप्त अवशेष हड़प्पा और मोहनजोदड़ो सभ्यता से भी पुरातन हैं।

V. (घ) **एक विस्तृत शहर राखीगढ़ी** प्रस्तुत गद्यांश में हरियाणा के हिसार जिले में खुदाई में मिले राखीगढ़ी शहर पर प्रकाश डाला गया है, इसलिए इसका उपयुक्त शीर्षक 'एक विस्तृत शहर राखीगढ़ी' होगा।

अपठित काव्यांश का अर्थ

कविता (काव्य) का ऐसा अंश जिसका पहले कभी अध्ययन नहीं किया गया हो, वह अपठित काव्यांश कहलाता है। अपठित काव्यांश का उद्देश्य काव्य—पंक्तियों में प्रयुक्त शब्दों के अर्थ जानना, भाव समझना, विश्लेषण करना, काव्य सौंदर्य को समझना, भाषा—शैली को पहचानना आदि में विद्यार्थियों की क्षमता को परखना होता है। अपठित काव्यांश के अंतर्गत विद्यार्थियों को भावार्थ (मूल भाव) व केंद्रीय भाव को समझकर उसका सावधानीपूर्वक, गंभीरता व गहनता से अध्ययन करना अत्यंत आवश्यक है।

अपठित काव्यांश को हल करने के चरणबद्ध तरीके

अपठित काव्यांश को हल करने के चरणबद्ध तरीके निम्नलिखित हैं

- सर्वप्रथम दिए गए अपठित गद्यांश को दो-तीन बार ध्यानपूर्वक पढ़कर उसके मूलभाव को आत्मसात् (समझना) करना चाहिए।
- काव्यांश में दिए गए महत्त्वपूर्ण संदर्भों को रेखांकित करते रहना चाहिए। इससे बहुविकल्पीय प्रश्नों के सर्वाधिक सही विकल्प का चुनाव करने में आसानी होती है।
- कवि के विचारों को ध्यान में रखकर ही सर्वाधिक उचित विकल्प का चुनाव अपने उत्तर के रूप में करना चाहिए।
- सही उत्तर के विकल्प का चुनाव करते समय एकाग्र होना चाहिए तथा प्रश्न की प्रकृति पूरी तरह स्पष्ट होने पर ही विकल्प का चयन करना चाहिए।
- भाषिक संरचना एवं व्याकरण संबंधी प्रश्नों के लिए काव्यांश में दिए गए कठिन शब्दों को रेखांकित करना चाहिए।
- सभी प्रश्नों को ध्यानपूर्वक पढ़ने व समझने के पश्चात् ही उसके उत्तर उत्तर का चुनाव करना चाहिए।
- पद्यांश पर आधारित कथन व कथन/कारण वाले बहुविकल्पीय प्रश्नों को हल करने हेतु सर्वप्रथम उनके केन्द्र बिन्दु व मुख्य उद्देश्य को समझना चाहिए। इसके पश्चात् ही सही विकल्प का चयन करना चाहिए।
- अंत में एक बार सभी प्रश्नों के उत्तर को ध्यानपूर्वक पढ़कर जाँच लेना चाहिए।

निम्नलिखित काव्यांशों को ध्यानपूर्वक पढ़कर इनसे संबंधित पूछे गए प्रश्नों के उत्तर दीजिए

काव्यांश 1

हाथ हैं दोनों सधे-से
गीत प्राणों के रुँधे-से
और उसकी मूठ में, विश्वास
जीवन के बँधे-से
धकधकाती धरणि थर थर
उगलता अंगार अंबर
भुन रहे तलुवे, तपस्वी-सा
खड़ा वह आज तन कर
शून्य-सा मन, चूर है तन
पर न जाता वार खाली
चल रही उसकी कुदाली।
वह सुखाता खून पर-हित
वाह रे साहस अपरिमित
युगयुगों से वह खड़ा है
विश्व-वैभव से अपरिचित
जल रहा संसार धू-धू
कर रहा वह वार कह 'हूँ'
साथ में संवेदना के
स्वेद-कण पड़ते कभी चू
कौन-सा लालच? धरा की
शुष्क छाती फाड़ डाली
चल रही उसकी कुदाली।
भूमि से रण ठन गया है
वक्ष उसका तन गया है
सोचता मैं, देव अथवा
यंत्र मानव बन गया है
शक्ति पर सोचो जरा तो
खोदता सारी धरा जो
बाहुबल से कर रहा है
इस धरणि को उर्वरा जो

I. 'और उसकी मूठ में, विश्वास' इस वाक्य में 'उसकी' संबोधन किसके लिए आया है?
(क) संपन्न वर्ग (ख) शोषक वर्ग
(ग) युवा वर्ग (घ) श्रमजीवी वर्ग

II. किसान-मजदूर को तपस्वी-सा क्यों कहा है?
(क) उनके शरीर धूल-मिट्टी में लथपथ होने के कारण
(ख) विपरीत परिस्थितियों में भी तन कर खड़ा होने के कारण
(ग) धूप में पसीना बहाने के लिए प्रेरित होने के कारण
(घ) हिमालय के पहाड़ों पर तपस्या में लीन होने के कारण

III. कवि ने किसान-मजदूर के साहस को अपरिमित क्यों कहा है?
(क) विश्व-वैभव से अपरिचित होने के कारण
(ख) दूसरों के लिए अपना सर्वस्व लुटाने के कारण
(ग) निरंतर कुदाली चलाने के कारण
(घ) युगयुगों से खड़ा होने के कारण

IV. किसान-मजदूरों ने धरती को उपजाऊ कैसे बनाया?
(क) आधुनिक तकनीक द्वारा (ख) रासायनिक उर्वरक डालकर
(ग) पूरी शक्ति से खुदाई करके (घ) जैविक खाद का प्रयोग करके

V. **कथन** (A) और कारण (R) को पढ़कर उपयुक्त विकल्प चुनिए।
कथन (A) किसान-मजदूर देवता या मशीनी-मानव तुल्य है।

कथन (R) अग्नि से जलते धरती- अंबर के बीच वह सीना तान युगयुगों से परिश्रम कर रहा है।

(क) कथन (A) गलत है, किंतु कारण (R) सही है
(ख) कथन (A) और कारण (R) दोनों ही गलत हैं
(ग) कथन (A) सही है और कारण (R) कथन (A) की सही व्याख्या करता है
(घ) कथन (A) सही है और कारण (R) कथन (A) की सही व्याख्या नहीं है

काव्यांश 2

'फसल' किसान के कच्चे-अधपके
सपनों की लहलहाती आस है
यह उसके हृदय की गहराइयों में
अंकुरित एक विश्वास है
यह विश्वास है—
ढही हुई दीवार की चिनाई का
अट्ठारह पार कर चुकी बेटी की सगाई का
परचूनिए की उधारी चुकाने का
मन के सपनों को नए परिधान पहनाने का
इसी विश्वास की सलामती के लिए
वह मूँदता है आँखें
दिन में न जाने कितनी बार...
और दुआएँ प्रेषित करता है ऊपर तक
भरोसे और आशंका की रस्साकशी में
न जाने कितनी बार वह जागता है नींद से
और जगा देना चाहता है उस परमात्मा को भी
जिसके बारे में सुनता आया है कि सभी कुछ उसके ही हाथ है...
और इसीलिए जब फसल सोंधियाती है
असल में, किसान के सपने सोंधियाते हैं
और फसल घर आ जाने पर, सपने पक जाते हैं...

I. फसल को किसानों के कच्चे-अधपके सपनों की लहलहाती आस कहने का कारण है

कथन पढ़कर सही विकल्प का चयन कीजिए

(i) फसल देखकर बैंकों से सस्ते ब्याज पर ऋण सरलता से मिल जाना।
(ii) फसल से किसान के स्वप्नों की संबद्धता और भावनात्मक लगाव होना।
(iii) फसल से जुड़े निराई, सिंचाई, कटाई, गहाई, भंडारण आदि के सपने देखना।
(iv) फसल से ही जीवन की जरूरी इच्छाओं के साकार होने की संभावना जुड़ी होना।

कूट

(क) कथन (i) और (ii) सही हैं (ख) कथन (ii) और (iii) सही हैं
(ग) कथन (ii) और (iv) सही हैं (घ) कथन (iii) और (iv) सही हैं

II. किसान के हृदय की गहराइयों में अंकुरित हुए विश्वास की परिधि में आते/आती हैं

(क) कुछ पाकर सामाजिक कार्य करने की इच्छाएँ
(ख) अति आवश्यक कार्य एवं मन के भावात्मक सपने
(ग) आधुनिक कृषि यंत्र आदि जुटा लेने की अभिलाषाएँ
(घ) कठिन समय के लिए कुछ बचाकर रखने की योजनाएँ

III. 'दुआएँ प्रेषित करता है ऊपर तक' का आशय है

(क) ईश्वर को प्रसन्न करने के लिए व्रत-उपवास रखना
(ख) सामूहिक यज्ञ करके फसल की कुशलता की कामना करना
(ग) फसल की कुशलता हेतु मन-ही-मन ईश्वर से प्रार्थना करना
(घ) निवेदन को ग्राम्य विकास से जुड़े अधिकारियों तक पहुँचाना

IV. 'भरोसे और आशंका की रस्साकशी में' पंक्ति के आधार पर किसान की मनोदशा से जुड़ा सही विकल्प है

(क) ईश्वर पर अटूट विश्वास कि वे फसल को कोई हानि नहीं होने देंगे
(ख) ईश्वर पर विश्वास, किंतु फसल की कुशलता को लेकर मन आशंकित रहना
(ग) परिश्रम पर पूर्ण विश्वास, किंतु 'भाग्य में क्या लिखा है' इससे सदा आशंकित रहना
(घ) स्वयं पर भरोसा करना, किंतु प्राकृतिक आपदाओं की आशंका से सदैव भयभीत बने रहना

V. **कथन** (A) किसान अपनी फसल के साथ भावनात्मक रूप से जुड़ा होता है।
कारण (R) व्यवसाय और व्यवसायी के बीच ऐसे संबंध स्वाभाविक हैं।

कूट

(क) कथन (A) गलत है, किंतु कारण (R) सही है।
(ख) कथन (A) और कारण (R) दोनों गलत हैं।
(ग) कथन (A) सही है और कारण (R) कथन (A) की सही व्याख्या है।
(घ) कथन (A) सही है, किंतु कारण (R) कथन (A) की सही व्याख्या नहीं है।

काव्यांश 3

सच हम नहीं, सच तुम नहीं, सच है महज संघर्ष ही।।
संघर्ष से हटकर जिए तो क्या जिए हम या कि तुम
जो नत हुआ, वह मृत हुआ, ज्यों वृंत से झरकर कुसुम
जो पंथ भूल रुका नहीं,
जो हार देख झुका नहीं,
जिसने मरण को भी लिया हो जीत, है जीवन वही।
सच हम नहीं...
ऐसा करो जिससे न प्राणों में कहीं जड़ता रहे।
जो है जहाँ चुपचाप अपने आपसे लड़ता रहे।
जो भी परिस्थितियाँ मिलें,
काँटे चुभें, कलियाँ खिलें,
टूटे नहीं इनसान, बस संदेश यौवन का यही।। सच
हम नहीं...
अपने हृदय का सत्य अपने आप हमको खोजना।
अपने नयन का नीर अपने आप हमको पोंछना।
आकाश सुख देगा नहीं,
धरती पसीजी है कहीं।
हर एक राही को भटककर ही दिशा मिलती रही।।
सच हम नहीं...

I. इस कविता के केंद्रीय भाव हेतु दिए गए कथनों को पढ़कर सबसे सही विकल्प चुनिए

(i) प्रतिकूलता के विरुद्ध जूझते हुए बढ़ना ही जीव की सच्चाई है।
(ii) परिस्थितियों से समझौता करके जोखिमों से बचना ही उचित है।
(iii) लक्ष्य-संधान हेतु मार्ग में भटक जाने का भय त्याग देना चाहिए।
(iv) जीवन में 'अपने छाले, खुद सहलाने' का दर्शन अपनाना चाहिए।

कूट

(क) केवल कथन (ii) सही है।
(ख) कथन (i) और (iii) सही हैं।
(ग) कथन (i), (iii) और (iv) सही हैं।
(घ) कथन (i), (ii), (iii) और (iv) सही हैं।

II. मरण अर्थात् मृत्यु को जीतने का आशय है
(क) साधुता व साधना से अमरत्व प्राप्त करना
(ख) योगाभ्यास व जिजीविषा से दीर्घायु हो जाना
(ग) अर्थ, बल व दृढ़ इच्छाशक्ति से जीवन को कष्टमुक्त करना
(घ) जीवन व जीवन के बाद भी आदर्श रूप में स्मरण किया जाना

III. 'आकाश सुख देगा नहीं, धरती पसीजी है कहीं...' का अर्थ है कि
(क) आकाश और धरती दोनों में संवेदनशीलता नहीं है
(ख) ईश्वर उदार है अतः वही सुख देता है, वही पसीजता है
(ग) जुझारु बनकर स्वयं ही जीवन के दुःख दूर किए जा सकते हैं
(घ) सामूहिक प्रयत्नों से ही संकट की स्थिति से निकला जा सकता है

IV. अपने आपसे लड़ने का अर्थ है
(क) अपनी अच्छाइयों व बुराइयों से भली-भाँति परिचित होना
(ख) किसी मुद्दे पर दिल और दिमाग का अलग-अलग सोचना
(ग) अपने किसी गलत निर्णय के लिए स्वयं को संतुष्ट कर लेना
(घ) अपनी दुर्बलताओं की अनदेखी न करके उन्हें दृढ़ता से दूर करना

V. युवावस्था हमें सिखाती है कि
कथन पढ़कर सही विकल्प का चयन कीजिए
(i) स्वयं को चैतन्य, गतिशील, आत्म-आलोचक व आशावादी बनाए रखें।
(ii) सजग रहें, जीवन में कभी कठिन परिस्थितियाँ उत्पन्न ही न होने दें।
(iii) सुख-दुःख, उतार-चढ़ाव को भाग्यवादी बनकर स्वीकार करना सीखें।
(iv) प्रतिकूल परिस्थितियों के आगे घुटने न टेकें, बल्कि दो-दो हाथ करें।

कूट
(क) कथन (i) और (ii) सही हैं। (ख) कथन (i) और (iv) सही हैं।
(ग) कथन (ii) और (iii) सही हैं। (घ) कथन (iii) और (iv) सही हैं।

काव्यांश 4

जब एक साथ मिल कर खेलते हैं,
एक-दूसरे के दुःख-सुख झेलते हैं;
कभी रूठते हैं, मनाते हैं,
और फिर गले लगकर मुस्कुराते हैं।

जब हम बतियाते हैं- एक हो जाते हैं
भाषा-भूषा हमें पास लाते हैं;
पर बिना शब्दों के भी जोड़ते हैं संगीत के स्वर
जिससे होंठ गुनगुनाते हैं, पाँव थिरक जाते हैं।

हम तब भी एक होते हैं,
जब प्रकृति की गोद में होते हैं।
दीन-दुनिया से परे, चैन की नींद सोते हैं,
और सुनहरे सपनों की दुनिया सँजोते हैं।
हम तब भी एक होते हैं,
जब भय से सहम जाते हैं।
अपने मन के दरवाज़े बंद भी कर लें,
पर स्वयं को दूसरे से जुड़ा पाते हैं।

एक होने का यह भाव बड़ा अजीब है,
इसी भाव में यीशु का यश, अल्लाह का ताबीज़ है।
गुरु की वाणी है, रामनाम का बीज है,
यह परंपरा और संस्कृति की चीज़ है।

I. हम सभी तब मुस्कुराते हैं, जब
(क) मिलकर खेलते हैं (ख) दुःख-सुख झेलते हैं
(ग) एक-दूसरे से रूठते हैं (घ) आपस में गले लगते हैं

II. काव्यांश के अनुसार भूषा का क्या अर्थ माना गया है?
(क) वेश-भूषा
(ख) चारा-भूसा
(ग) सजावट
(घ) शोभा

III. प्रस्तुत काव्यांश में संगीत के स्वर बजने पर होता है। पंक्ति पढ़कर सही विकल्प का चयन कीजिए।
(i) हम सब मन से जुड़ जाते हैं।
(ii) होंठ गुनगुनाते और पाँव थिरकते हैं।
(iii) मन के दरवाजे खुलते हैं।
(iv) कर्त्तव्य के प्रति सजग होते हैं।

कूट
(क) कथन (i) सही है।
(ख) कथन (i) व (ii) सही हैं।
(ग) कथन (ii) व (iii) सही हैं।
(घ) कथन (iii) व (iv) सही हैं।

IV. एक होने के भाव अजीब हैं, क्योंकि
(क) सभी ईश्वरीय शक्तियों की हम पर कृपा है
(ख) हम भारत में रहते हैं
(ग) हम लड़ना नहीं चाहते
(घ) हम सभी का मान करते हैं

V. 'सुनहरे सपनों की दुनिया सँजोते हैं' में अलंकार है
(क) रूपक (ख) अनुप्रास
(ग) श्लेष (घ) यमक

काव्यांश 5

जब भोर में पहुँचा था मेड़ पर
अरहर और मसूर तुषार से जल गई थी खेत पर
शाम तक हरी-भरी खेत की फसलें-रात के तुषार में मर गई थीं
गेहूँ भी बर्बाद हो गया, घबराहट से चेहरा हो गया पीला
सपने सब बिखर गए अब तो रास्ता कँटीला
जीभ सूख गई-गर्दन लटक गई पूरे साल की कल्पना यात्रा
एक रात में भटक गई
और मायूस होकर घर आया
पत्नी ने उत्साहित होकर
अगले माह बेटी के पक्कयात का याद दिलाया
भीतर से माँ बोली
बेटा समय किसने देखा है
जितना जल्दी कर दो वही चोखा है
अब और नहीं सुनूँगी तुम्हारी बात
बस इसी साल फसल आने पर
कर देना नातिन के पीले हाथ
किसान फिर चकराकर
अंदर से रोया
पर ऊपर से मुसकुराया
दूध का गिलास हाथ से छूट गया
सपनों के काँच का महल
बस रात भर में टूट गया
अब कैसे चुकेगा कर्ज़
अब कैसे निभेगा पिता और बेटे का फर्ज़

I. किसान की पूरे साल की कल्पना थी, जो एक रात में भटक गई। पंक्ति पढ़कर सही विकल्प का चयन कीजिए।
(i) इस साल अच्छी फसल होगी।
(ii) वह पिता और बेटे का कर्ज निभाएगा।
(iii) वह महाजन का कर्ज चुकाएगा।
(iv) वह माँ के आदेश का पालन करेगा।
कूट
(क) कथन (i) व (iv) सही है। (ख) कथन (i) व (ii) सही है।
(ग) कथन (ii) व (iii) सही है। (घ) कथन (iii) व (iv) सही है।

II. किसान का चेहरा पीला पड़ने का कारण था
(क) घबराहट और आकुलता
(ख) फ़सल का चौपट होना
(ग) बनाई गई योजना का निष्फल होना
(घ) तुषार का अधिक प्रकोप होना

III. पत्नी ने पति को याद दिलाया था
(क) आभूषण बनवाने का वायदा (ख) बेटी की शादी की पक्कयात
(ग) नए बीज बोने का इरादा (घ) नए मकान की संरचना का सपना

IV. 'समय किसने देखा है' किसान की माँ के इस कथन का क्या आशय है?
(क) समय यों ही बीत जाता है (ख) समय बड़ा बलवान है
(ग) समय की गति अनिश्चित है (घ) समय पर काम होना चाहिए

V. कविता में चित्रण है
(क) किसान की खेती का
(ख) किसान की दुर्दशा का
(ग) किसान पर प्रकृति के प्रकोप का
(घ) भारतीय किसान की वास्तविक स्थिति का

काव्यांश 6

चलो एक आवाज़ उठाएँ—
जीवन देने वाली धरती,
आज हुई है क्योंकर परती?
परजीवी अब हुए पराए,
गर्म हवाएँ क्योंकर चलतीं?
किसको अपनी व्यथा सुनाएँ?
चलो एक आवाज़ उठाएँ।
क्यों मौसम अब नहीं सुहाते?
ज़्यादा गर्मी सर्दी लाते।
क्यों बाढ़ें अक्सर आती हैं?
क्यों बिन बरसे बादल जाते?
किसको एक गुहार लगाएँ?
चलो एक आवाज़ उठाएँ।
क्यों सूखी धरती चटकी है?
क्यों खाली जल की मटकी है?
धरा क्रोध से क्यों धधकी है?
साँस अधर पर क्यों अटकी है?
उग्र धरा को आज मनाएँ—
चलो एक आवाज़ उठाएँ।
अक्षत, रोली, पूजा चंदन—
नहीं चाहती धरती वंदन

I. कवि ने किसके लिए आवाज़ उठाने को कहा है?
(क) प्रकृति को प्रदूषित करने हेतु
(ख) प्रकृति को प्रदूषणमुक्त करने हेतु
(ग) बाढ़ों को रोकने हेतु
(घ) गर्म हवाएँ रोकने हेतु

II. मौसम में कौन-सा परिवर्तन चिंता का कारण नहीं है?
(क) ज़्यादा गर्मी (ख) ज़्यादा सर्दी
(ग) ज़्यादा बाढ़ें (घ) सभी का समय से आना

III. धरा का पर्यायवाची शब्द नहीं है
(क) चपला (ख) अचला (ग) धरणी (घ) भूमि

IV. उग्र धरा को कैसे मनाया जा सकता है?
(क) अक्षत से (ख) रोली से
(ग) चंदन और वंदन से (घ) हरीतिमा से

V. "क्यों बिन बरसे बादल जाते" में अलंकार है
(क) उपमा (ख) यमक
(ग) अनुप्रास (घ) श्लेष

काव्यांश 7

सौदागर कुछ भी खरीद सकते हैं, पर क्या वह जानता है?
दुनिया में सभी चीज़ें खरीदी नहीं जातीं!
महँगा पलंग खरीद सकते हैं
पर नींद नहीं—व्यंजन खरीद सकते हैं
पर भूख नहीं—संवेदना का मूल्य कहाँ रहा
तभी तो किसी ने कहा—सपने वे बड़े नहीं होते,
जो सोने के बाद आते हैं, सपने वे बड़े होते हैं, जो सोने नहीं देते।
अपने वे नहीं होते, जो रोने के बाद आते हैं,
अपने वे होते हैं, जो रोने नहीं देते।
आपने कभी-कहीं देखा?
संवेदना स्टोर्स, अपनत्व सेंटर, अहसास कॉर्नर,
यह सब दिल के अंदर रखा जाता है,
जो न बेचा जाता है और न खरीदा जाता है।
हम आज सुविधा के लिए सब कुछ खरीदना चाहते हैं
पर तैयार नहीं-असुविधाओं के लिए—हम समर्थ हैं,
हेलिकॉप्टर से
केदारनाथ-बद्रीनाथ जा सकते हैं।
पर क्या ईश्वर के करीब आ सकते हैं?
अमीरी का टेंशन उसी समय तक है—जब तक गरीबी है।
अगर रोते चेहरे पर सैकड़ों खर्चकर
मुसकान आएगी—तो उस दिन आपकी खरीदारी सफल हो जाएगी।

I. सौदागर गाँठ में पैसा होने पर भी नहीं खरीद सकता है
(क) तिजोरी का ज़ेवर (ख) महँगी-महँगी साड़ियाँ
(ग) नींद और भूख (घ) किताबें और उपहार

II. "सपने वे बड़े होते हैं, जो सोने नहीं देते" का आशय है
(क) बड़े सपने इंसान को सोने नहीं देते हैं
(ख) श्रेष्ठ विचार व्यक्ति को चेतनता प्रदान करते हैं
(ग) महान् लक्ष्य मानव को निरंतर कर्मशील बनाए रहते हैं
(घ) बड़े सपनों से नींद बाधित होती है

III. कथन (A) और कारण (R) को पढ़कर उपयुक्त विकल्प चुनिए।
कथन (A) कविता में उसी व्यक्ति को अपना माना गया है।
कारण (R) जो कवि के साथ रोता है
(क) कथन (A) गलत है, किन्तु कारण (R) सही है।
(ख) कथन (A) और कारण (R) दोनों ही गलत हैं।
(ग) कथन (A) सही है और कारण (R) कथन (A) की सही व्याख्या है।
(घ) कथन (A) सही है, किन्तु कारण (R) कथन (A) को सही व्याख्या नहीं है।

IV. आज का समर्थ व्यक्ति खरीद नहीं सकता
(क) सांसारिक सुख-साधनों को
(ख) जीवन की समस्त सुविधाओं को
(ग) भौतिक उपलब्धियों को
(घ) परमेश्वर की परमकृपालुता को

V. खरीदारी की सफलता आधारित है
(क) सुख-सुविधा के साधन जुटाने में
(ख) जीवन की असुविधाओं को दूर करने में
(ग) दुःखी व्यक्ति के चेहरे पर मुसकान लाने में
(घ) थके राहगीर को छाया देने में

काव्यांश 8

रात में जब सोया था
सोते-सोते एक सपना बोया था
बस एक दो हफ़्ते में
तैयार होगी अरहर खेतों में
और कटेगी मसूर बिकेगी बाज़ार में
हो जायेगी रहन मुक्त सब ज़मीन
जो बच पायेगा
उसके कुछ हिस्से से मकान बन जायेगा
फिर मार्च के महीने में
जवान बेटी का रिश्ता तय करना है
बस कुछ दिन के बाद आयेगा चैत्र और वैशाख
और गेहूँ की फसलें बेचकर
चुकाऊँगा कर्ज़ और बचा लूँगा साख
बस फिर क्या एक ही काम और करना है
बुड्ढे, बुड्ढी को साथ लेकर चारों धाम की यात्रा करना है उनको दिया
वायदा भी पूरा हो जायेगा
भरने से पहले बेटा तीरथ करा दो
यह सपना भी पूरा हो जायेगा
और देर रात सोया था इन सपनों के साथ

I. कविता में वर्णन है, एक
(क) व्यापारी के स्वप्न का (ख) लेखक के सपने का
(ग) कवि की कल्पना का (घ) किसान की वस्तुस्थिति का

II. प्रस्तुत काव्यांश में किसान के सपने की महत्त्वपूर्ण बात थी। कथन पढ़कर सही विकल्प का चयन कीजिए।
(i) सुंदर सपने को देखना
(ii) अरहर और मसूर का तैयार होना
(iii) अन्न को बेचकर प्राप्त राशि से जमीन को गिरवी से छुड़ना आदि कल्पनाएँ
(iv) माँ-बाप को तीर्थ-यात्रा कराना
कूट
(क) कथन (i) व (iv) सही हैं। (ख) कथन (i) व (ii) सही हैं।
(ग) कथन (ii) व (iii) सही हैं। (घ) कथन (iii) व (iv) सही हैं।

III. किसान गेहूँ बेचकर प्राप्त धनराशि से
(क) अच्छी खेती करेगा (ख) महाजन के कर्ज़ से मुक्त होगा
(ग) सरकारी टैक्स देगा (घ) सिंचाई विभाग की अदायगी करेगा

IV. "बस फिर क्या एक ही काम और करना है", कौन-सा महत्त्वपूर्ण काम था?
(क) कर्ज चुकता करना (ख) गेहूँ की फसल बोना
(ग) माँ-बाप को तीर्थ-यात्रा कराना (घ) बिटिया का ब्याह रचाना

V. कविता परिचायक है किसान की
(क) खुशहाली की (ख) बदहाली की
(ग) ऋणमयी दशा की (घ) ऋणमुक्त दशा की

काव्यांश 9

बहुत कठिन है भले-बुरे का, भेद आज कर पाना।
सहज-बोध के गन्तव्यों का, दुर्लभ हुआ सुझाना।
सबके मन में ललक बलवती, ऊपर उठ पाने की।
किंतु बढ़ी है भूख और भी,सब कुछ खा जाने की।।
गिरा दूसरों को राहों में, बढ़ो दौड़ मंजिल की।
रही न किंचित चाह किसी की, साथी को संबल की।।
स्वार्थ-सिद्धि ही साध्य सभी विध कैसे लक्ष्य मिलेगा।
कब तक जन-मानस विवेक को, यों ही सहज छलेगा।।
ऐसे संभव नहीं धरा पर, सहज-बोध का वर्षण।
तड़पेगी पल-पल मानवता, हो न सकेगा तर्पण।।
बैर-भाव को त्याग सभी बढ़, सृजन-पंथ अपनायें।
व्यक्ति दौड़ में फिसल रहे जो, उनको विहँस उठायें

I. कवि की अभिलाषा है कि
(क) हम मनमुटाव छोड़कर सृजन के कार्य करें
(ख) प्रगति की दौड़ में आगे बढ़ते चलें
(ग) शोषितों के उद्धारक बनें
(घ) दुखियों के दुःखों का निदान करें

II. मानवता के तड़पते रहने का कारण है
(क) स्वार्थपरता ही एकमात्र लक्ष्य होना
(ख) जन-मानस में विवेक का अभाव होना
(ग) शिक्षा का अभाव होना
(घ) जन-जागरण का अभाव होना

III. आज के युग की विशेषता नहीं है
(क) सभी लोगों की ऊपर उठने की ललक
(ख) सब कुछ खा जाने की भूख
(ग) दूसरों की हित-साधना की चिंता
(घ) दूसरों को गिराकर लक्ष्य की ओर बढ़ना

IV. आज के युग में कठिन है पहचान
(क) धूर्तता की (ख) वास्तविकता की
(ग) सज्जन-दुर्जन के अंतर की (घ) विषम समस्याओं के निदान की

V. "स्वार्थ-सिद्धि ही साध्य सभी विध" में अलंकार है
(क) उपमा (ख) श्लेष (ग) अनुप्रास (घ) यमक

काव्यांश 10

चाँद-तारों-सी सहज क्रांति, नदियों में है मुसकान भरी,
है पवन-झकोरों में दुलार खेतों में है दौलत बिखरी,
पग-पग मेरा विश्वास भरा, तप से है यह जीवन निखरा,
प्रखर कर्म का पाठ सतत-
पढ़ती मैं भारत माता हूँ।।
मैं वज्र-सदृश विपदाओं को भी अनायास सह लेती हूँ,
सुधा-दान कर औरों को, मैं विष पीकर मुसकाती हूँ,
धीरज का पाठ पढ़ाती हूँ,
गौरव का मार्ग दिखाती हूँ,
मैं सहज बोध, मैं सहज शक्ति—
मूर्तियाँ बना डालीं सजीव अनगढ़ पत्थर को काट-काट,
बंधुता-प्रेम को फैलाया, अपना ही अंतर बाँट-बाँट,
जिसके गीतों से जगत् मुग्ध,
जिसके नृत्यों पर जगत् मुग्ध
जिसकी कविता-धारा अविरल—
बहती वह भारत माता हूँ।।

I. मुसकान किसमें भरी हुई है?
(क) चाँद-तारों में (ख) वृक्षों में (ग) नदियों में (घ) पहाड़ों में

II. दौलत कहाँ बिखरी हुई है?
(क) उद्यान में (ख) खेतों में
(ग) घरों में (घ) वन में

III. विष पीकर कौन मुसकुराती है?
(क) मीराबाई (ख) हरिदास (ग) भारत माता (घ) ब्रज वसुंधरा

IV. अनगढ़ पत्थर को काट-काट कर क्या बनाया गया?
(क) सजीव मूर्तियाँ (ख) खिलौने
(ग) हथियार (घ) बर्तन

V. निम्नलिखित में अविरल का अर्थ है
(क) धीरे-धीरे चलना (ख) निरंतर बहना
(ग) उड़ना (घ) ठहरना

काव्यांश 11

शहर की इस भागती-दौड़ती ज़िंदगी में
सुबह होते ही शुरू हो जाती है दौड़।
हर कोई भाग रहा लेकर अपनी दुपहिया, तिपहिया
कोई कार में सवार तो कोई पैदल ही निकल पड़ा,
अपने गंतव्य की ओर।
चारों ओर हैं आवाज़ें कहीं मोटरों के हॉर्न की,
कहीं टैंपो, रिक्शा और ठेलों की ठेलमठेल
कहीं ट्रकों की दूर तक लंबी कतार
तो कहीं रेलगाड़ियों की गड़गड़ाहट का शोर।
होती है उठापटक, छोटे-बड़े सामान की
कोई बँधा तो कोई खुला
कोई इस हाथ में तो कोई उस हाथ में
हर तरफ धुंध है, चेहरे भी धुँधलाए-से
कोई इंतज़ार करता है अपनों का
तो कोई डूबा है विछोह के गम में
कोई मुसकुराया है कि घर अपने आया है
इसी बीच कोई मिलता है, तो कोई बिछुड़ता है
कोई रोता है, तो कोई सिसकता है
कोई झिझकता है, तो कोई ठिठकता है।

I. इस कविता के केंद्रीय भाव हेतु दिए गए कथनों को पढ़कर सही विकल्प का चयन कीजिए
1. शहर का जीवन व्यस्तताओं से भरा हुआ होता है
2. मनुष्य को जीवन में भागदौड़ करते रहना चाहिए
3. शहर का जीवन शांत होता है
4. ध्वनि प्रदूषण से बचना चाहिए

कूट
(क) केवल 1 सही है (ख) 1 और 2 सही हैं
(ग) 2 और 3 सही हैं *(घ)* 3 और 4 सही हैं

II. प्रस्तुत काव्यांश में किस प्रकार की जिंदगी का वर्णन किया गया है?
(क) आनंद से भरपूर (ख) भागदौड़ से भरपूर
(ग) निष्क्रिय एवं दुःखी (घ) इनमें से कोई नहीं

III. धुँधले चेहरों से क्या अर्थ है?
(क) लोग व्यस्त जीवन से ऊब गए हैं
(ख) लोगों के चेहरे स्पष्ट नहीं दिख रहे हैं
(ग) लोगों के सामने धुँध छाई हुई है
(घ) लोगों के चेहरे थके हुए से हैं

IV. काव्यांश में प्रयुक्त पंक्ति' 'होती है उठापटक, छोटे-बड़े सामान की' यहाँ छोटे-बड़े सामान की उठापटक किसका प्रतीक है?
(क) दैनिक जीवन के क्रिया-कलाप आरंभ होने का
(ख) दैनिक कार्य समाप्त होने का
(ग) लड़ाई-झगड़ा आरंभ होने का
(घ) उपरोक्त में से कोई नहीं

V. **कथन** (A) जिंदगी में सुबह होते ही दौड़ शुरू हो जाती है।
कारण (R) हर कोई अपने गंतव्य तक पहुँचना चाहता है।
(क) कथन (A) गलत है, किंतु कारण (R) सही है
(ख) कथन (A) तथा कारण (R) दोनों गलत हैं
(ग) कथन (A) सही है और कारण (R) कथन (A) की सही व्याख्या है
(घ) कथन (A) सही है, किंतु कारण (R) कथन (A) की सही व्याख्या नहीं है

काव्यांश 12

जब बचपन तुम्हारी गोद में
आने से कतराने लगे,
जब माँ की कोख से झाँकती जिंदगी
बाहर आने से घबराने लगे,
समझो कुछ गलत है।
जब तलवारें फूलों पर, जोर आजमाने लगे
जब मासूम आँखों में खौफ़ नजर आने लगे
समझो कुछ गलत है।
जब किलकारियाँ सहम जाएँ
जब तोतली बोलियाँ, खामोश हो जाएँ, समझो ....
कुछ नहीं, बहुत कुछ गलत है
क्योंकि जोर से बारिश होनी चाहिए थी,
पूरी दुनिया में, हर जगह, टपकने चाहिए थे आँसू,
रोना चाहिए था ऊपर वाले को,
आसमाँ से फूट-फूट कर,
शर्म से झुकनी चाहिए थी इंसानी सभ्यता
की गर्दनें, शोक का नहीं, सोच का वक्त है
मातम नहीं, सवालों का वक्त है
अगर इसके बाद भी सर उठा कर
खड़ा हो सकता है इंसान
समझो कि बहुत कुछ गलत है।

I. बहुत कुछ गलत है
कथन पढ़कर सही विकल्प का चयन कीजिए
1. जब बचपन समाप्ति की कगार पर हो।
2. जब किलकारियों की गूंज खामोश हो जाए।
3. जब मासूम बच्चे सहम जाएँ।
4. जब बारिश ज्यादा होने लगे।

कूट
(क) केवल 1 सही है (ख) 1 और 2 सही हैं
(ग) 1, 2 और 3 सही हैं (घ) 3 और 4 सही हैं

II. 'जब तलवारें फूलों पर जोर आजमाने लगें', 'जब मासूम आँखों में खौफ नजर आने लगे' का तात्पर्य क्या है?
(क) जब मासूमों पर अत्याचार होने लगे
(ख) जब मासूम बच्चों को भय के बिना रहना पड़े
(ग) जब मासूम आपस में लड़ने लगें
(घ) इनमें से कोई नहीं

III. कुछ भी गलत नहीं है, यदि
(क) बचपन गोद में आने लगे (ख) बच्चों पर अत्याचार होने लगे
(ग) बालश्रम बढ़ जाए (घ) उपरोक्त में से कोई नहीं

IV. काव्यांश के आधार पर बताइए कि बारिश क्यों होनी चाहिए थी?
(क) बच्चों के खेलने के कारण (ख) बच्चों को किलकारी मारते देखकर
(ग) बच्चों की खुशियों को देखकर (घ) बच्चों के साथ गलत व्यवहार होने पर

V. माँ की कोख से झाँकती जिंदगी को घबराहट हो रही है, क्योंकि
कथन को पढ़कर सही विकल्प का चयन कीजिए
1. बाहर का मौसम अनुकूल है।
2. उसे माँ ने बाहर की वास्तविकता बताई है।
3. उसे बाहर किसी असुरक्षा का आभास हो रहा है।
4. समाज में अपनी सुरक्षा को लेकर आश्वस्त नहीं है।।

कूट

(क) केवल 2 सही है (ख) 1 और 3 सही हैं
(ग) 3 और 4 सही हैं (घ) 1, 2, 3 और 4 सही हैं

काव्यांश 13

सुख और शोक
अंधकार और आलोक
मोह और मत्सर
शांति और संघर्ष
आते-जाते बने रहें
तो आदमी को लगता है
वह जी रहा है अभी,
जब से पैदा हुआ है वह
मंशाएँ इसी तरह
उधेड़ रहा है, सी रहा है
और इसी में रमा हुआ है
कभी सुख से एक होता है
कभी शोक से
कभी अंधकार से
कभी आलोक से
गति और दुर्गति इसीलिए
उसके पाँवों में है
और अगति अगर कहीं है
तो सिर्फ़
उसके घावों में है
शुरू से अब तक
वे हरे हैं, जैसे के तैसे।

I. इस कविता के केंद्रीय भाव हेतु दिए गए कथनों को पढ़कर सही विकल्प का चयन कीजिए
1. मनुष्य जीवन भर अपनी कामनाओं की पूर्ति में लगा रहता है
2. वह अपनी कामनाओं के लिए हर परिस्थिति में संघर्ष करता है
3. वह जीवन भर शांति से रहता है
4. उसे सफलता निरंतर प्राप्त होती रहती है

कूट

(क) केवल 1 सही है (ख) 1 और 2 सही हैं
(ग) 2 और 4 सही हैं (घ) 1, 2 और 3 सही हैं

II. पैदा होने के बाद इंसान किस उधेड़बुन में रहता है?
(क) वह जी रहा है (ख) वह क्यों जी रहा है
(ग) वह कैसे जी रहा है (घ) ये सभी

III. काव्यांश के आधार पर बताइए कि गति और दुर्गति कैसे उसके पाँवों में है?
(क) वह जिसं ओर अपने पैर बढ़ाएगा, वैसा ही उसका परिणाम होगा
(ख) उसके पैर दोनों ओर बढ़ने की क्षमता रखते हैं
(ग) उसके पैर सदैव बुरी ओर बढ़ते हैं
(घ) इनमें से कोई नहीं

IV. 'गति और दुर्गति इसलिए उसके पाँव में है' का भाव स्पष्ट कीजिए
(क) मनुष्य को गलत कर्म करने से बचना चाहिए
(ख) मनुष्य को धीरे-धीरे कदम उठाने चाहिए
(ग) मनुष्य का चलना न चलना उसके ऊपर निर्भर है
(घ) मनुष्य की सफलताएँ तथा असफलताएँ उसके ऊपर निर्भर हैं

V. **कथन** (A) मनुष्य के जीवन में अनेक बुरे क्षण आते हैं।
कारण (R) मनुष्य के मन में अनेक बुरे क्षणों की टीस बनी रहती है।
(क) कथन (A) गलत है, किंतु कारण (R) सही है
(ख) कथन (A) तथा कारण (R) दोनों गलत हैं
(ग) कथन (A) सही है और कारण (R) कथन (A) की सही व्याख्या है
(घ) कथन (A) सही है, किंतु कारण (R) कथन (A) की सही व्याख्या नहीं है

काव्यांश 14

कोलाहल हो, या सन्नाटा, कविता सदा सृजन करती है,
जब भी आँसू हुआ पराजित, कविता सदा जंग लड़ती है।
जब भी कर्ता हुआ अकर्ता, कविता ने जीना सिखलाया
यात्राएँ जब मौन हो गईं कविता ने चलना सिखलाया।
जब भी तम का जुल्म चढ़ा है, कविता नया सूर्य गढ़ती है,
जब गीतों की फसलें लुटतीं शीलहरण होता कलियों का,
शब्दहीन जब हुई चेतना तब-तब चैन लुटा गलियों का।
जब कुर्सी का कंस गरजता, कविता स्वयं कृष्ण बनती है।
अपने भी हो गए पराए, यूँ झूठे अनुबंध हो गए
घर में ही वनवास हो रहा यूँ गूँगे संबंध हो गए।

I. कविता सदा जंग लड़ती है, क्योंकि
कथन पढ़कर सही विकल्प का चयन कीजिए
1. कविता में हारे हुए को सांत्वना देने की क्षमता है।
2. कविता संघर्ष की प्रेरणा देती है।
3. कविता चुनौती स्वीकार करने को बाध्य करती है।
4. कविता आनंद देती है।

कूट

(क) केवल 2 सही है (ख) 1 और 2 सही हैं
(ग) 2 और 3 सही हैं (घ) 3 और 4 सही हैं

II. काव्यांश के आधार पर बताइए कि कविता कैसी स्थिति में सृजक की भूमिका निभाती है?
(क) हर परिस्थिति में (ख) गुणों की सराहना करती है
(ग) मौन यात्रा कराती है (घ) कवि का विश्वास दृढ़ करती है।

III. काव्यांश के आधार पर बताइए कि कविता जीना कब सिखाती है?
(क) जब कर्मठ अकर्मण्य हो जाता है (ख) जब लोग मौन साध लेते हैं
(ग) जब लोग हार जाते हैं (घ) इनमें से कोई नहीं

IV. गलियों का चैन लुटने से क्या आशय है?
(क) गीतों की फसलें नहीं लहलहाई (ख) कलियों का शीलहरण नहीं हुआ, जिससे गलियों का चैन लुट गया
(ग) कविता शब्दहीन होने पर गलियों का चैन लुट गया
(घ) जब मनुष्य की चेतना को शब्द नहीं मिले, तो गलियों का चैन लुट गया

V. जब निराशा और अंधकार पाँव पसारता है, तब प्रेरणा
कथन पढ़कर सही विकल्प का चयन कीजिए
1. स्वयं से मिलती है। 2. समस्याओं से मिलती है।
3. लोगों से मिलती है। 4. कविता से मिलती है।

कूट

(क) केवल 1 सही है (ख) केवल 2 सही है
(ग) केवल 3 सही है (घ) केवल 4 सही है

काव्यांश 15

सच हम नहीं सच तुम नहीं
सच है महज संघर्ष हो।
संघर्ष से हटकर जिए तो क्या जिए हम कि तुम,
जो नत हुआ वह मृत हुआ ज्यों वृक्ष से
झरकर कुसुम जो लक्ष्य भूल सका नहीं
जो हार देख झुका नहीं।
जिसने प्रणय पाथेय माना जीत उसकी रही।
सच हम नहीं सच तुम नहीं।
ऐसा करो जिससे न प्राणों में कहीं जड़ता रहे।

जो भी जहाँ चुपचाप अपने आपसे लड़ता रहे।
जो भी परिस्थितियाँ मिलें।
काँटे चुभें, कलियाँ खिलें।
हारे नहीं इंसान, है संदेश जीवन का यही।
सच हम नहीं सच तुम नहीं।

I. इस कविता के केंद्रीय भाव हेतु दिए गए कथनों को पढ़कर सबसे सही विकल्प चुनिए
1. वृक्ष से झड़कर फूल मुरझा जाता है
2. हमें विषम परिस्थितियों में हार नहीं माननी चाहिए
3. किसी को अपना लक्ष्य नहीं भूलना चाहिए
4. संसार में कुछ भी सत्य नहीं है

कूट
(क) केवल 2 सही है (ख) 1 और 3 सही हैं
(ग) 1, 3 और 4 सही हैं (घ) 1, 2 ,3 और 4 सही हैं

II. 'जो नत हुआ वह मृत हुआ' पंक्ति से कवि का आशय है
(क) जो सतत चलता नहीं, वह मर जाता है
(ख) जो गिरता है, उसका पतन होता है
(ग) जो झुक गया, वही सफल हो गया
(घ) जो झुक गया, वह मर गया

III. कवि के अनुसार जीवन का सच क्या है?
(क) केवल संघर्ष ही जीवन का सच है
(ख) मनुष्य स्वयं जीवन का सच है
(ग) अपने लक्ष्य से विमुख होना जीवन का सच है
(घ) हार मान लेना ही जीवन का सच है

IV. कवि के अनुसार जीत उसी की होती है, जो
(क) हर परिस्थिति को चुनौती के रूप में स्वीकार नहीं करता
(ख) समस्याओं से नहीं घबराता
(ग) डर जाता है
(घ) संघर्षों से डरकर पीछे हट जाता है

V. **कथन** (A) मनुष्य को विषम परिस्थितियों में हार नहीं माननी चाहिए।
कारण (R) अपने लक्ष्य के लिए संघर्षरत रहना चाहिए
(क) कथन (A) गलत है, किंतु कारण (R) सही है
(ख) कथन (A) तथा कारण (R) दोनों गलत हैं
(ग) कथन (A) सही है और कारण (R) कथन (A) की सही व्याख्या है
(घ) कथन (A) सही है, किंतु कारण (R) कथन (A) की सही व्याख्या नहीं है

काव्यांश 16

एक दिन तने ने भी कहा था,
जड़?
जड़ तो जड़ ही है,
जीवन से सदा डरी रही है,
और यही है उसका सारा इतिहास
कि ज़मीन में मुँह गड़ाए पड़ी रही है;
लेकिन मैं ज़मीन से ऊपर उठा,
बाहर निकला, बढ़ा हूँ
इसी से तो तना हूँ
एक दिन डालों ने भी कहा था
तना?
किस बात पर है तना?
जहाँ बिठाल दिया गया था वहीं पर है बना,
प्रगतिशील जगती में तिल भर नहीं डोला है,
खाया है, मोटाया है, सहलाया चोला है,
लेकिन हम तने से फूटीं,
दिशा-दिशा में गईं
ऊपर उठीं, नीचे आईं,
हर हवा के लिए ढोल बनीं, लहराईं
इसी से तो डाल कहलाईं
एक दिन पत्तियों ने भी कहा था,
डाल?
डाल में क्या है कमाल?
माना वह झूमी है, झुकी, डोली है
ध्वनि प्रधान दुनिया में
एक शब्द भी वह कभी बोली है?
लेकिन हम हर-हर स्वर करती हैं,
मर्मर स्वर मर्म भरा भरती हैं
नूतन हर वर्ष हुई,
पतझर में झर
बहार-फूट फिर छहरती हैं,
विथकित-चित्त पंथी का
शाप-ताप हरती हैं।

I. इस कविता के केंद्रीय भाव हेतु दिए गए कथनों को पढ़कर सही विकल्प चुनिए
1. जड़ें सदैव जमीन के ऊपर रहती हैं।
2. मनुष्य सदैव अपनी ही उन्नति के मार्ग पर अग्रसर रहता है।
3. इस मार्ग में अनेक लोग आते हैं।
4. सफलता के लिए सहभागिता की आवश्यकता होती है।

कूट
(क) कथन 1 सही है
(ख) कथन 1 और 2 सही हैं
(ग) कथन 2, 3 और 4 सही हैं
(घ) कथन 1, 2, 3 और 4 सही हैं

II. पत्तियाँ डाल की किस कमी की ओर संकेत करती हैं?
(क) डाल के दिशा-दिशा में घूमने की
(ख) डाल के प्रगतिशील होने की
(ग) डाल के बोल न पाने की
(घ) डाल का हवा के लिए ढोल बनने की

III. 'लेकिन हम हर-हर स्वर करती हैं', का अर्थ है कि
(क) हवा चलने पर पत्तियाँ हिलती हैं
(ख) हवा से ध्वनि उत्पन्न होती है
(ग) पत्तियाँ हिलने से हर की ध्वनि उत्पन्न होती है
(घ) पत्तियाँ एक शब्द भी नहीं बोलतीं

IV. डाल ने अपनी क्या सार्थकता बताई है?
(क) उस पर पत्ते हैं
(ख) डालियाँ संख्या में बहुत अधिक होती हैं
(ग) गतिशील होती हैं
(घ) पक्षी घर बना सकते हैं

V. तने ने जड़ को निर्जीव कहा है, क्योंकि
कथन को पढ़कर सही विकल्प का चयन कीजिए
1. वह सदैव जमीन के नीचे रहती है।
2. वह अँधेरे में रहती है।
3. उसने जमीन से बाहर निकलकर विश्व को नहीं देखा है।
4. वह एक ही स्थान पर जीवन पर्यंत स्थिर होकर जमी रहती है।

कूट

(क) 1 और 2 सही हैं (ख) 2 और 3 सही हैं
(ग) 3 और 4 सही हैं (घ) 1, 2, 3 और 4 सही हैं

काव्यांश 17

कोई नहीं पराया, मेरा घर सारा संसार है।
मैं न बँधा हूँ देश-काल की जंग लगी जंजीर में,
मैं न खड़ा हूँ जाति-पाँति की ऊँची-नीची भीड़ में,
मेरा धर्म न कुछ स्याही शब्दों का एक गुलाम है,
मैं बस कहता हूँ कि प्यार है तो घट-घट में राम है,
मुझसे तुम न कहो मंदिर-मस्जिद पर मैं सर टेक दूँ,
मेरा तो आराध्य आदमी देवालय हर द्वार है।
कोई नहीं पराया, मेरा घर सारा संसार है।
कहीं रहे कैसे भी, मुझको प्यारा यह इंसान है,
मुझको अपनी मानवता पर बहुत-बहुत अभिमान है,
अरे नहीं देवत्व, मुझे तो भाता है मनुजत्व ही,
और छोड़कर प्यार, नहीं स्वीकार मुझे अमरत्व भी,
मुझे सुनाओ तुम न स्वर्ग-सुख की सुकुमार कहानियाँ,
मेरी धरती सौ-सौ स्वर्गों से ज्यादा सुकुमार है।
कोई नहीं पराया, मेरा घर सारा संसार है।

I. कवि द्वारा स्वयं को देशकाल की सीमाओं से न बँधे कहने का कारण है कथन पढ़कर सही विकल्प का चयन कीजिए

1. वह किसी बंधन में बँधने के लिए बाध्य नहीं है।
2. वह समस्त संसार से प्रेम करता है।
3. उसके लिए समस्त संसार घर के समान है
4. वह विश्व-बंधुत्व की भावना से ओत-प्रोत है।

कूट

(क) 1 और 2 सही हैं (ख) 2 और 3 सही हैं
(ग) 3 और 4 सही हैं (घ) 2, 3 और 4 सही हैं

II. "मेरा तो आराध्य आदमी देवालय हर द्वार है" का आशय

(क) साधारण व्यक्ति से है
(ख) ऐसे व्यक्ति से है, जिसके मन में प्रेम-भाव है
(ग) यदि साधारण व्यक्ति में राम का वास है, तो कही जाने की आवश्यकता नहीं है
(घ) जो मंदिर, मस्जिद जाने में विश्वास रखता हो

III. कवि क्या नहीं सुनना चाहता है?

(क) मानवता का अभिमान
(ख) आराध्य की महिमा
(ग) स्वर्ग-सुख की सुकुमार कहानियाँ
(घ) उपरोक्त में से कोई नहीं

IV. कविता के माध्यम से कवि क्या संदेश देना चाहता है?

(क) हमें आपस में बैर-भाव न रखकर, प्रेम-भाव से रहना चाहिए
(ख) हमें समाज में बैर-भाव रखना चाहिए
(ग) हमें सदैव स्वर्ग-सुख की कामना करनी चाहिए
(घ) हमें मंदिर मस्जिद जाना चाहिए

V. **कथन** (A) मेरी यह धरती सौ-सौ स्वर्ग से भी अधिक सुकुमार है।
कारण (R) मुझे स्वर्ग की कहानियाँ नहीं सुनना।

(क) कथन (A) गलत है, किंतु कारण (R) सही है
(ख) कथन (A) और कारण (R) दोनों ही गलत हैं
(ग) कथन (A) सही है और कारण (R) कथन (A) की सही व्याख्या है
(घ) कथन (A) सही है, किंतु कारण (R) कथन (A) की सही व्याख्या नहीं है

काव्यांश 18

नीलांबर परिधान हरित पट पर सुंदर है,
सूर्य चंद्र युग-मुकुट, मेखला रत्नाकर है,
नदियाँ प्रेम-प्रवाह, फूल तारे मंडल है,
बंदीजन खग-वृंद, शेषफन सिंहासन है
परमहंस सम बाल्यकाल में सब, सुख पाए,
जिसके कारण 'धूल भरे हीरे कहलाए,
हम खेले कूदे हर्षयुत, जिसकी प्यार गोद में
हे मातृभूमि! तुझको निरख, मग्न क्यों न हो मोद में
निर्मल तेरा नीर अमृत के सम उत्तम है,
शीतल मंद सुगंध पवन हर लेता श्रम है,
षट्ऋतुओं का विविध दृश्य युत अद्भुत क्रम है,
हरियाली का फर्स नहीं मखमल से कम है,
करते अभिषेक पयोद हैं, बलिहारी इस वेश की
हे मातृभूमि! तू सत्य ही, सगुण मूर्ति सर्वेश की;
जिसकी रज में लोट-लोटकर बड़े हुए हैं,
घुटनों के बल सरक-सरक कर खड़े हुए हैं,
शुचि-सुधा सींचता रात में तुझ पर चंद्रप्रकाश है
हे मातृभूमि! दिन में तरणि, करता तम का नाश है
जिस पृथ्वी में मिले हमारे पूर्वज प्यारे,
उससे हे भगवान! कभी हम रहें न न्यारे,
लोट-लोट कर वहीं हृदय को शांत करेंगे
उसमें मिलते समय मृत्यु से नहीं डरेंगे,
उस मातृभूमि की धूल में, जब पूरे सन जाएँगे
होकर भव-बंधन-मुक्त हम, आत्मरूप बन जाएँगे।

I. इस कविता के केंद्रीय भाव हेतु दिए गए कथनों को पढ़कर सबसे सही विकल्प चुनिए

1. हमें कभी भी मृत्यु से भय नहीं करना चाहिए।
2. हमें अपनी मातृभूमि के प्रति कृतज्ञता प्रकट करनी चाहिए।
3. हमें अपने पूर्वजों की आज्ञा का पालन करना चाहिए।
4. हमें पृथ्वी पर पेड़-पौधे लगाने चाहिए।

कूट

(क) केवल 2 सही है (ख) 1 और 3 सही हैं
(ग) 1, 3 और 4 सही हैं (घ) 1, 2, 3 और 4 सही हैं

II. 'षट्ऋतुओं का विविध दृश्य युत अद्भुत क्रम है' से क्या आशय है?

(क) हमारे देश में केवल छः ऋतुएँ आती हैं
(ख) हमारे देश में अनेक ऋतुओं का सौंदर्य अद्भुत है
(ग) हमारे देश में सभी मौसम क्रमानुसार घटते हैं
(घ) हमारे देश में क्रम से होने वाली छः ऋतुओं का दृश्य अद्भुत और उत्तम है

III. कवि अपना मन किस प्रकार शांत करना चाहता है?

(क) जिस भूमि पर कवि का बचपन बीता था वहाँ रहकर
(ख) जिस भूमि पर कभी उसके पूर्वज रहते थे उसकी मिट्टी में लोटकर
(ग) हरे-भरे स्थानों पर कुछ दिन निवास कर
(घ) किसी एकांत स्थान पर निवास कर

IV. 'नीलांबर परिधान हरित पट पर सुंदर है' में हरित पट का अर्थ है

(क) चारों ओर फैले हरे-भरे पेड़-पौधे
(ख) हवा में लहराते हरे रंग के वस्त्र
(ग) चारों ओर फैली हरियाली से युक्त धरती
(घ) नीला वस्त्र पहने कोई सुंदर स्त्री

V. कवि अपनी मातृभूमि पर बलिहारी होना चाहता है, क्योंकि
वह कथन पढ़कर सही विकल्प का चयन कीजिए
1. अपनी मातृभूमि के प्रति अतिशय प्रेम रखता है।
2. अपनी मातृभूमि पर फैली हरियाली को पसंद करता है।
3. अपनी मातृभूमि पर बहने वाली सुगंधित हवा से प्रफुल्लित रहता है।
4. अपनी मातृभूमि को प्रतिक्षण याद करता रहता है।

कूट
(क) केवल 1 सही है (ख) 2 और 3 सही हैं
(ग) 1 और 3 सही हैं (घ) 1, 2, 3 और 4 सही हैं

काव्यांश 19

बहुत कठिन है भले-बुरे का, भेद आज कर पाना।
सहज-बोध के गंतव्यों का, दुर्लभ हुआ सुझाना।
सबके मन में ललक बलवती,
ऊपर उठ पाने की।
किंतु बढ़ी है भूख और भी,
सब कुछ खा जाने की।।
गिरा दूसरों को राहों में, बढ़ो दौड़ मंजिल की।
रही न किंचित चाह किसी को, साथी की संबल की।।
स्वार्थ-सिद्धि ही साध्य सभी
विध कैसे लक्ष्य मिलेगा।
कब तक जन-मानस विवेक
को, यों ही सहज छलेगा।।
ऐसे संभव नहीं धरा पर, सहज-बोध का वर्षण।
तड़पेगी पल-पल मानवता, हो न सकेगा तर्पण।।
बैर-भाव को त्याग सभी बढ़, सृजन-पंथ अपनाएँ।
व्यक्ति दौड़ में फिसल रहे,
जो, उनको विहँस उठाएँ।।

I. काव्यांश के अनुसार, मानव के द्वारा अपना ही स्वार्थ साधने का कारण है
1. भले-बुरे का भेद मुश्किल से कर पाना।
2. दूसरों को गिराकर आगे बढ़ने की चाह करना।
3. हमेशा सब कुछ प्राप्त करने की भूख रखना।
4. बैर-भाव का त्याग करते हुए आगे बढ़ना।

कूट
(क) केवल 2 सही है (ख) केवल 3 सही है
(ग) 2 और 3 सही हैं (घ) 1, 2, 3 और 4 सही हैं

II. आज के युग में किसकी पहचान करना कठिन है?
(क) मंजिल की पहचान करना (ख) लक्ष्य की पहचान करना
(ग) राह की पहचान करना (घ) सज्जन-दुर्जन की पहचान करना

III. 'गिरा दूसरों को राहों में, बढ़ो दौड़ मंजिल की' पंक्ति का क्या आशय है?
(क) दूसरों को साथ लेकर आगे बढ़ना
(ख) दूसरों के मार्ग में अवरोध उत्पन्न कर स्वयं आगे बढ़ना
(ग) दूसरों से मनमुटाव छोड़ आगे बढ़ना
(घ) दूसरों के प्रति दया भाव रखना

IV. आज के युग की विशेषता नहीं है
(क) दूसरों के हित साधने की चिंता करना
(ख) दूसरों के मार्ग में अवरोध उत्पन्न करना
(ग) भले-बुरे की पहचान नहीं करना
(घ) अपने स्वार्थ का त्याग करना

V. **कथन** (A) मनुष्य को मनमुटाव को छोड़ देना चाहिए।
कारण (R) मनुष्य को मिल-जुलकर निर्माण के मार्ग को अपनाना चाहिए।
(क) कथन A गलत है, किंतु कारण R सही है
(ख) कथन A और कारण R दोनों ही गलत हैं
(ग) कथन A सही है और कारण R कथन A की सही व्याख्या है
(घ) कशन A सही है, किंतु कारण R कथन A की सही व्याख्या नहीं है

काव्यांश 20

'फिर क्या होगा उसके बाद?'
उत्सुक होकर शिशु ने पूछा
'माँ, क्या होगा उसके बाद?'
'रवि से उज्ज्वल, शशि से सुंदर
नव किसलयदल से कोमलतर।
वधू तुम्हारी घर आएगी,
उस विवाह-उत्सव के बाद।'
पल भर मुख पर स्मित की रेखा
खेल गई, फिर माँ ने देखा—
कर गंभीर मुखाकृति, शिशु ने
फिर पूछा, ''माँ, उसके बाद?''
''फिर नभ के नक्षत्र मनोहर,
स्वर्ग-लोक से उतर-उतर कर,
तेरे शिशु बनने को मेरे
घर आएँगे उसके बाद।''
''मेरे नए खिलौने लेकर,
चले न जाएँ वे अपने घर।''
चिंतित हो कह उठा, किंतु फिर
पूछा शिशु ने, ''उसके बाद?''
अब माँ का जी ऊब चुका था।
हर्ष श्रांति में डूब चुका था।
बोली, ''फिर मैं बूढ़ी होकर,
मर जाऊँगी उसके बाद।''

I. इस कविता के केंद्रीय भाव हेतु दिए गए कथनों को पढ़कर सबसे सही विकल्प चुनिए
1. शिशु की संवेदनशीलता को स्पष्ट किया गया है।
2. माँ-शिशु के परस्पर संबंध को दर्शाया गया है।
3. संसार क्षणिक होता है तथा अंतिम स्थिति मृत्यु है।
4. जीवन में सुख-दुख आते-जाते रहते हैं।

कूट
(क) केवल 1 सही है (ख) 2 और 3 सही हैं
(ग) 3 और 4 सही हैं (घ) केवल 2 सही है

II. शिशु माँ से बार-बार क्या प्रश्न कर रहा है?
(क) रवि से उज्ज्वल कौन है ख) फिर क्या होगा उसके बाद
(ग) शशि से सुंदर कौन है (घ) मेरा विवाह कैसे होगा

III. बालक के चेहरे पर मुस्कान क्यों आ गई?
(क) विवाह के पश्चात् तुम्हारी वधू घर आएगी सुनकर
(ख) स्वयं को रवि से उज्ज्वल बताने पर
(ग) माँ की मुखाकृति को देखकर
(घ) माँ के उत्तर को सुनकर

IV. 'फिर मैं बूढ़ी होकर, मर जाऊँगी उसके बाद' काव्यांश में माँ ने ऐसा क्यों कहा है?
(क) एक दिन सबको मरना होता है इसलिए
(ख) शिशु को डराने के लिए
(ग) शिशु के प्रश्नों से ऊब कर
(घ) शिशु की जिज्ञासा को शांत करने के लिए

V. शिशु द्वारा बार-बार पूछना है
कथन पढ़कर सही विकल्प का चयन कीजिए
1. शिशु की चिंतित प्रवृत्ति
2. शिशु की खेलने की प्रवृत्ति
3. शिशु की प्रश्न करने की प्रवृत्ति
4. शिशु की बालसुलभ जिज्ञासा प्रवृत्ति

कूट

(क) केवल 1 सही है (ख) 1 और 2 सही हैं
(ग) केवल 4 सही है (घ) 3 और 4 सही हैं

काव्यांश 21

तेजस्वी सम्मान खोजते नहीं गोत्र बतला के,
पाते हैं जग में प्रशस्ति अपना करतब दिखला के।
हीन मूल की ओर देख जग गलत कहे या ठीक,
वीर खींच कर ही रहते हैं इतिहासों में लीक।
जिसके पिता सूर्य थे, माता कुंती सती कुमारी,
उसका पलना हुआ धार पर बहती हुई पिटारी।
सूत-वंश में पला चखा भी नहीं जननि का क्षीर,
निकला कर्ण सभी युवकों में तब भी अद्‌भुत वीर।
तन से समरशूर मन से भावुक, स्वभाव से दानी,
जाति-गोत्र का नहीं, शील का, पौरुष का अभिमानी।
सान-ध्यान, शस्त्रास्त्र शास्त्र का कर सम्यक् अभ्यास,
अपने गुण का किया कर्ण ने आप स्वयं सुविकास।

I. वीर पुरुष अपना नाम इतिहास में दर्ज करा ही देते हैं, इसका कारण है कथन पढ़कर सही विकल्प का चयन कीजिए

1. वीर पुरुषों द्वारा अपने तेजस्वी व्यक्तित्व से स्वयं की पहचान बनाना
2. अच्छे व उच्च कुल में जन्म लेना
3. अपने वीरोचित कार्यों से संसार में प्रशंसा प्राप्त करना
4. अच्छी शिक्षा-दीक्षा प्राप्त करना

कूट

(क) केवल 3 सही है (ख) 1 और 3 सही हैं
(ग) 1, 3 और 4 सही हैं (घ) 1, 2, 3 और 4 सही हैं

II. काव्यांश में तेजस्वी लोगों की क्या विशेषता बताई गई है?

(क) तेजस्वी सम्मान खोजते हैं (ख) गोत्र बताते हैं
(ग) अपने गुणों का बखान करते हैं (घ) करतब दिखाकर यश पाते हैं

III. प्रस्तुत काव्यांश में कर्ण को तन, मन और स्वभाव से क्रमशः क्या बताया गया है?

(क) कायर, भावुक, अहंकारी
(ख) भावुक, कृपण, कुटिल
(ग) समरशूर, भावुक और दानी
(घ) क्षीण, बलिष्ठ, कायर

IV. काव्यांश के आधार पर बताइए कि कर्ण किस प्रकार के गुणों से युक्त महारथी थे?

(क) चाटुकारिता के गुणों से
(ख) बनावटीपन के गुणों से
(ग) अहंकार के गुणों से
(घ) शील और पौरुष जैसे श्रेष्ठ गुणों से

V. **कथन** (A) कर्ण को अपने जाति-गौत्र का नहीं बल्कि अपने पौरुष का अभिमान था।

कारण (R) सूत-वंश में पालन-पोषण होने के बावजूद कर्ण ने अपने परिश्रम से शस्त्रास्त्रों में कुशलता प्राप्त की।

(क) कथन (A) गलत है, किंतु कारण (R) सही है
(ख) कथन (A) तथा कारण (R) दोनों गलत हैं
(ग) कथन (A) सही है और कारण (R) कथन (A) की सही व्याख्या करता है
(घ) कथन (A) सही है, और कारण (R) कथन (A) की सही व्याख्या नहीं करता है

काव्यांश 22

वैराग्य छोड़ बाँहों की विभा सँभालो
चट्टानों की छाती से दूध निकालो।
है रुकी जहाँ भी धार शिलाएँ तोड़ो,
पीयूष चंद्रमाओं को पकड़ निचोड़ो
चढ़ तुंग शैल शिखरों पर सोम पियो रे।
योगियों नहीं, विजयी के सदृश जियो रे।
छोड़ो मत अपनी आन, सीस कट जाए,
मत झुको अनय पर, भले व्योम फट जाए
दो बार नहीं यमराज कंठ धरता है,
मरता है जो, एक ही बार मरता है।
तुम स्वयं मरण के मुख पर चरण धरो रे।
जीना हो तो मरने से नहीं डरो रे।
स्वातंत्र्य जाति की लगन व्यक्ति की धुन है,
बाहरी वस्तु यह नहीं, भीतरी गुण है।
नत हुए बिना जो अशनि-घात सहती है,
स्वाधीन जगत् में वही जाति रहती है।
वीरत्व छोड़ पर का मत चरण गहो रे।

I. युवकों को आदर्श जीवन जीना चाहिए। इसके लिए कथन पढ़कर सही विकल्प का चयन कीजिए

1. युवकों के मन में जोश भरा होना चाहिए।
2. युवकों में देशभक्ति की भावना जागृत होनी चाहिए।
3. युवकों को अपनी युवावस्था का सदुपयोग करना चाहिए।
4. युवाओं को पराक्रमी वीर के समान होना चाहिए।

कूट

(क) 1 और 2 सही हैं (ख) 2 और 3 सही हैं
(ग) 2, 3 और 4 सही हैं (घ) 1, 2, 3 और 4 सही हैं

II. कवि के अनुसार कैसे लोग हर संकट का सामना बहादुरी से करते हैं?

(क) जो हर मुसीबत का सामना करने के लिए तैयार रहते हैं
(ख) जो मुसीबत से डर जाते हैं
(ग) जो आलसी होते हैं
(घ) उपरोक्त में से कोई नहीं

III. काव्यांश के आधार पर बताइए कि कैसी परिस्थितियों में मनुष्य को मृत्यु की चिंता नहीं करनी चाहिए?

(क) जब अपनी आन दाँव पर लगी हो
(ख) जब युद्ध में भाग लेना हो
(ग) जब अचूक अस्त्रों से लड़ना पड़े
(घ) यदि शत्रु अधिक शक्तिशाली हो

IV. कवि के अनुसार कौन-सी जाति स्वाधीनतापूर्वक जीवित रह पाती है?

(क) जो जाति झुकना जानती है
(ख) जो तलवारों की चोट का सामना करने पर भी हार नहीं मानती
(ग) जो तलवारों की चोट का सामना करने पर हार मान लेती है
(घ) उपरोक्त में से कोई नहीं

V. **कथन** (A) भारत के युवकों को साहस भरा और सम्मानपूर्वक जीवन जीना चाहिए।

कारण (R) युवाओं को हर संकट का सामना करना चाहिए।

(क) कथन (A) गलत है, किंतु कारण (R) सही है
(ख) कथन (A) और कारण (R) दोनों ही गलत हैं
(ग) कथन (A) सही है और कारण (R) कथन (A) की सही व्याख्या है
(घ) कथन (A) सही है, किंतु कारण (R) कथन (A) की सही व्याख्या नहीं है

काव्यांश 23

मैं हूँ उनके साथ खड़ी जो
सीधी रखते अपनी रीढ़।
कभी नहीं जो तज सकते हैं
अपना न्यायोचित अधिकार,
कभी नहीं जो सह सकते हैं
शीश नवाकर अत्याचार,
एक अकेले हो या उनके
साथ खड़ी हो भारी भीड़;
मैं हूँ उनके साथ खड़ी जो
सीधी रखते अपनी रीढ़।
निर्भय होकर घोषित करते
जो अपने उद्गार-विचार
जिनकी जिह्वा पर होता है
उनके अंतर का अंगार,
नहीं जिन्हें चुप कर सकती है
आततायियों की शमशीर;
मैं हूँ उनके साथ खड़ी जो
सीधी रखते अपनी रीढ़।
नहीं झुका करते जो दुनिया
से करने को समझौता,
ऊँचे से ऊँचे सपनों को
देते रहते जो न्योता,
दूर देखती जिनकी पैनी आँख
भविष्यत् का तम चीर;
मैं हूँ उनके साथ खड़ी जो
सीधी रखते अपनी रीढ़।

I. इस कविता के केंद्रीय भाव हेतु दिए गए कथनों को पढ़कर सही विकल्प चुनिए

1. यहाँ स्वाभिमानी तथा सत्य एवं न्याय के पक्षधर लोगों की महिमा का गुणगान किया गया है।
2. यहाँ अवसरवादी लोगों की महिमा का गुणगान किया गया है।
3. यहाँ सत्यवादी लोगों की महिमा का गुणगान किया गया है।
4. यहाँ अहंकारी व्यक्तियों की महिमा का गुणगान किया गया है।

कूट

(क) केवल 1 सही है (ख) 1 और 3 सही हैं
(ग) 1, 3 और 4 सही हैं (घ) 1, 2, 3 और 4 सही हैं

II. 'अंतर का अंगार' से क्या तात्पर्य है?

(क) भौतिक लाभों से वंचित रहने के कारण उत्पन्न शेष
(ख) किसी से दूरी के कारण उत्पन्न वैमनस्यता
(ग) अपने हृदय की आग
(घ) इनमें से कोई नहीं

III. काव्यांश में कवि ने कैसे व्यक्तियों की बात की है?

(क) जो व्यक्ति आलसी व स्वार्थी होते हैं
(ख) जो व्यक्ति अपने स्वाभिमान को नहीं छोड़ते
(ग) जो व्यक्ति अहंकारी व दुर्जन होते हैं
(घ) जो व्यक्ति परोपकार पर विश्वास नहीं करते

IV. काव्यांश के आधार पर बताइए कि अत्याचार को सहन कौन नहीं करता है?

(क) ऊँचे सपने देखने वाले लोग
(ख) केवल स्वाभिमानी लोग
(ग) सत्यवादी लोग
(घ) स्वाभिमानी एवं कर्मठ लोग

V. दुनिया के सामने वे लोग नहीं झुकते कथन पढ़कर सही विकल्प का चयन कीजिए

1. जो अपनी रीढ़ की हड्डी सीधी रखते हैं
2. जो आक्रोश व्यक्त करने वाले होते हैं
3. जो स्वाभिमानी होते हैं
4. जो अत्याचारी लोगों का साथ देने वाले होते हैं

कूट

(क) 1 और 2 सही हैं (ख) 1 और 3 सही हैं
(ग) 2 और 3 सही हैं (घ) 3 और 4 सही हैं

काव्यांश 24

विचार लो कि मर्त्य हो न मृत्यु से डरो कभी,
मरो, परंतु यों मरो कि याद जो करें सभी।
हुई न यों सु-मृत्यु तो वृथा मरे, वृथा जिए,
मरा नहीं वही कि जो जिया न आपके लिए।
वही पशु प्रवृत्ति है कि आप आप ही चरे,
वही मनुष्य है कि जो मनुष्य के लिए मरे।।
उसी उदार की कथा सरस्वती बखानती,
उसी उदार से धरा कृतार्थ भाव मानती।
उसी उदार की सदा सजीव कीर्ति कूजती,
तथा उसी उदार को समस्त सृष्टि पूजती।
अखंड आत्मभाव जो असीम विश्व में भरे,
वही मनुष्य है कि जो मनुष्य के लिए मरे।।
क्षुधार्थ रंतिदेव ने दिया करस्थ थाल भी,
तथा दधीचि ने दिया परार्थ अस्थिजाल भी।
उशीनर शिवि ने स्वमांस दान भी किया,
सहर्ष वीर कर्ण ने शरीर-चर्म भी दिया।
अनित्य देह के लिए अनादि जीव क्यों डरे?
वही मनुष्य है कि जो मनुष्य के लिए मरे।।

I. इस कविता के केंद्रीय भाव हेतु दिए गए कथनों को पढ़कर सबसे सही विकल्प चुनिए

1. अपने स्वार्थ की पूर्ति हेतु कार्य करने चाहिए।
2. मनुष्य को हमेशा परोपकार के कार्य करते रहना चाहिए।
3. जरूरतमंदों के लिए सहानुभूति का भाव नहीं रखना चाहिए।
4. परोपकारी मनुष्य का यश हमेशा बना रहता है।

कूट

(क) केवल 2 सही है (ख) 2 और 4 सही हैं
(ग) 1, 3 और 4 सही हैं (घ) 1, 2, 3 और 4 सही हैं

II. 'वही मनुष्य है कि जो मनुष्य के लिए मरे' का अर्थ है कि

(क) वास्तविक मनुष्य वही है, जो अपने लिए जीता है
(ख) वास्तविक मनुष्य वही है, जो दूसरों के लिए जीता है
(ग) वास्तविक मनुष्य वही है, जो केवल अपने स्वार्थ सिद्ध करता है
(घ) वास्तविक मनुष्य वही है, जो भौतिक वस्तुओं की चाह रखता है

III. काव्यांश के आधार पर बताइए कि कैसे व्यक्तियों की कथा स्वयं सरस्वती बखानती हैं?

(क) आत्मसम्मानी व्यक्तियों की (ख) उदार व्यक्तियों की
(ग) अहंकारी व्यक्तियों की (घ) उपरोक्त में से कोई नहीं

IV. कवि ने दधीचि, कर्ण आदि महान व्यक्तियों के उदाहरण से क्या संदेश दिया है?

(क) अहंकार और स्वार्थ मनुष्य के लिए आवश्यक हैं
(ख) वीरता और शक्ति का कोई पर्याय नहीं होता
(ग) त्याग और बलिदान सर्वश्रेष्ठ होता है
(घ) मनुष्य को यश की कामना करनी चाहिए

V. **कथन** (A) महापुरुषों को आज भी याद किया जाता है।

कारण (R) महान व्यक्तियों ने अपना पूरा जीवन दूसरों के लिए त्याग दिया।

(क) कथन (A) गलत है, किंतु कारण (R) सही है
(ख) कथन (A) तथा कारण (R) दोनों गलत हैं
(ग) कथन (A) सही है और कारण (R) कथन (A) की सही व्याख्या करता है
(घ) कथन (A) सही है और कारण (R) कथन (A) की सही व्याख्या नहीं करता है

काव्यांश 25

दो में से क्या तुम्हें चाहिए, कलम या कि तलवार?
मन में ऊँचे भाव कि तन में शक्ति अजेय अपार!
कलम देश की बड़ी शक्ति है, भाव जगाने वाली,
दिल ही नहीं, दिमागों में भी आग लगाने वाली।
पैदा करती कलम विचारों के जलते अँगारे,
और प्रज्वलित-प्राण देश क्या कभी मरेगा मारे?
लहू गरम रखने को रखो मन में ज्वलित विचार,
हिंस्र जीव से बचने को चाहिए किंतु तलवार!
एक भेद है और जहाँ निर्भय होते नर-नारी,
कलम उगलती आग, जहाँ अक्षर बनते चिंगारी।
जहाँ मनुष्यों के भीतर, हर दम जलते हैं शोले,
बाँहों में बिजली होती, होते दिमाग में गोले।
जहाँ लोग पालते लहू में हलाहल की धार,
क्या चिंता यदि वहाँ हाथ में हुई नहीं तलवार।

I. कलम को देश की बड़ी शक्ति कहने का कारण है
1. इससे हम विचारों का आंदोलन छेड़ सकते हैं।
2. लोगों में जागरूकता ला सकते हैं।
3. दया व प्रेम के भाव जगा सकते हैं।
4. शारीरिक शक्ति का प्रदर्शन कर सकते हैं।

कूट
(क) केवल 1 सही है (ख) 1 और 2 सही हैं
(ग) 1, 2 और 3 सही हैं (घ) 3 और 4 सही हैं

II. प्रस्तुत काव्यांश किस विषय से संबंधित है?
(क) कलम और तलवार दोनों की उपयोगिता से
(ख) शारीरिक बल की उपयोगिता से
(ग) तार्किक विचारों की शक्ति से
(घ) केवल तलवार की उपयोगिता से

III. काव्यांश के आधार पर बताइए कि मन में जलते विचार क्यों रखने चाहिए?
(क) अपनी शक्ति का अहसास कराने के लिए
(ख) क्रांति की मशाल जलाने के लिए
(ग) कलम को चलाने के लिए
(घ) इनमें से कोई नहीं

IV. काव्यांश के आधार पर बताइए कि समाज में बड़ी-बड़ी क्रांति का सूत्रपात कैसे हुआ है?
(क) तलवार के बल पर (ख) विचारों के बल पर
(ग) कलम के बल पर (घ) सत्य और अहिंसा के बल पर

V. **कथन** (A) कलम एवं तलवार दोनों क्रांति का माध्यम हैं।
कारण (R) इनसे लोगों में जागरूकता फैलती है।
(क) कथन (A) गलत है, किंतु कारण (R) सही है
(ख) कथन (A) तथा कारण (R) दोनों गलत हैं
(ग) कथन (A) सही है और कारण (R) कथन (A) की सही व्याख्या करता है
(घ) कथन (A) सही है, किंतु कारण (R) कथन (A) की सही व्याख्या नहीं करता है

व्याख्या सहित उत्तर

1. I. (घ) **श्रमजीवी वर्ग** 'और उसकी मूठ में , विश्वास' इस वाक्य में 'उसकी' संबोधन श्रमजीवी वर्ग के लिए आया है।

II. (ख) **विपरीत परिस्थितियों में भी तन कर खड़ा होने के कारण** किसान-मजदूर को तपस्वी-सा इसलिए कहा है, क्योंकि वह विपरीत परिस्थितियों में भी तन कर खड़ा रहता है।

III. (क) **विश्व वैभव से अपरिचित होने के कारण** कवि ने किसान-मजदूर के साहस को अपरिमित विश्व-वैभव से अपरिचित होने के कारण कहा है।

IV. (ग) **पूरी शक्ति से खुदाई करके** किसान-मजदूरों ने धरती को उपजाऊ पूरी शक्ति से खुदाई करके बनाया है।

V. (क) **कथन (A) गलत है, किंतु कारण (R) सही है।** युगों-युगों से किसान-मजदूर शोषण का शिकार होता आया है। चिलचिलाती धूप में वह औरों के हित के लिए अपना पसीना बहाकर धरती का सीना चीरता रहा है, किंतु आज वह शोषक- वर्ग की असलियत पहचान गया है। इसलिए वह उसके विरोध में उठ खड़ा होने का साहस भी रखता है।

2. I. (ग) **(ii) और (iv) सही हैं** जब किसान की फसल लहलहाती है तो किसान ने जिस उद्देश्य से फसल बोई थी, वह उद्देश्य और सपने किसान को उस फसल के माध्यम से पूर्ण होते दिखाई देते हैं। अतः फसल से किसान के भावनात्मक संबंध जुड़े रहते हैं।

II. (ख) **अति आवश्यक कार्य एवं मन के भावात्मक सपने** जब फसल खेत में लहलहाती है तब किसान के मन में अपने सपने और अधूरे कार्य पूर्ण होने की आशा जागृत होने लगती है। उसे लगने लगता है कि उसके अत्यावश्यक कार्य व मन के भावात्मक सपने साकार होने लगे हैं।

III. (ग) **फसल की कुशलता हेतु मन-ही-मन ईश्वर से प्रार्थना करना** प्रस्तुत पंक्ति से आशय है कि किसान फसल की कुशलता हेतु दिन-रात ईश्वर से प्रार्थना करता है कि यह फसल मेरे भविष्य का निर्माण करने वाली है अतः इसकी रक्षा करना।

IV. (ख) **ईश्वर पर विश्वास, किंतु फसल की कुशलता को लेकर मन आशंकित रहना** 'भरोसे और आशंका की रस्साकशी में' पंक्ति के अनुसार किसान को ईश्वर पर तो पूर्ण विश्वास है फिर भी उसके मन में एक अनजान भय फसल की कुशलता को लेकर दिन-रात बना रहता है और उसकी सलामती की वह दिन-रात ईश्वर से प्रार्थना करता है।

V. (घ) **कथन (A) सही है, किंतु कारण (R) कथन (A) की सही व्याख्या नहीं है** किसान बीज बोने से लेकर फसल के पकने तक फसल के साथ भावनात्मक रूप से इसलिए जुड़ा रहता है कि अच्छी फसल उसके अच्छे भविष्य का संकेत है।

3. I. (ग) **कथन (i), (iii) और (iv) सही हैं** मनुष्य को प्रतिकूल परिस्थितियों में कठिनाइयों का सामना करते हुए हमेशा आगे बढ़ते रहना चाहिए, जो परिस्थितियों से समझौता करने का जोखिम लेता है, वह अपने लक्ष्य से भटक जाता है। अतः लक्ष्य-संधान हेतु मार्ग में भटक जाने का भय त्याग देना चाहिए। मनुष्य को अपनी परेशानियों का समाधान स्वयं ही ढूँढना चाहिए।

II. (घ) **जीवन व जीवन के बाद भी आदर्श रूप में स्मरण किया जाना** मरण अर्थात् मृत्यु को जीतने का आशय है—जीवन व जीवन के बाद भी आदर्श रूप में स्मरण किया जाना। वस्तुतः मनुष्य को, जब तक वह जीवित है अच्छे कर्म और लोगों की भलाई करनी चाहिए। इस संसार में आप अपने कर्मों और सत्कर्मों से ही पहचाने जाओगे और इस प्रकार मृत्यु के पश्चात् भी आपका यश और कीर्ति इस संसार में सदा बनी रहेगी।

III. (ग) **जुझारु बनकर स्वयं ही जीवन के दुःख दूर किए जा सकते हैं** प्रस्तुत पंक्ति का अर्थ है कि जुझारु बनकर स्वयं ही जीवन के दुःख दूर किए जा सकते हैं। प्रतिकूल परिस्थितियों में आपकी कोई सहायता नहीं करेगा, आप स्वयं हिम्मत से जीवन के कष्टों का सामना करके अपने जीवन के दुःखों को दूर कर सकते हैं।

IV. (घ) **अपनी दुर्बलताओं की अनदेखी न करके उन्हें दृढ़ता से दूर करना** अपने आपसे लड़ने का अर्थ है—अपनी दुर्बलताओं की अनदेखी न करके उन्हें दृढ़ता से दूर करना। आप अपनी कमजोरी को अच्छी तरह से

जानते हो और जीवन में सफल होने के लिए आपको अपनी कमजोरियों से डरने के बजाय उन्हें दूर कर लक्ष्य की ओर बढ़ना चाहिए।

V. (ख) **(i) और (iv) सही हैं**
युवावस्था हमें सिखाती है कि हमें प्रतिकूल परिस्थितियों के आगे घुटने नहीं टेकने चाहिए, बल्कि उनका डटकर सामना करना चाहिए तथा स्वयं को चैतन्य, गतिशील, आत्म-आलोचक व आशावादी बनाए रखना चाहिए।

4. I. (घ) **आपस में गले लगते हैं**
प्रस्तुत काव्यांश के आरंभ में स्पष्ट किया गया है कि हम एक साथ मिलकर एक-दूसरे के दुःख सुख झेलते हैं, एक-दूसरे को मनाते हैं और आपस में गले लगकर मुसकराते हैं।

II. (क) **वेश-भूषा**
प्रस्तुत काव्यांश में भूषा का अर्थ वेश-भूषा है। जिस प्रकार भाषा मनुष्य को परस्पर जोड़ती है, उसी प्रकार वेश-भूषा मनुष्यों के बीच अपनत्व का संबंध स्थापित करती है।

III. (क) **कथन (i) सही है**
काव्यांश के अनुसार संगीत के स्वर बजते ही हम सभी मन से जुड़ जाते हैं।

IV. (घ) **हम सभी का मान करते हैं**
प्रस्तुत काव्यांश में एक होने के भावों को अजीब कहा गया है, क्योंकि भले ही मनुष्य विभिन्न धर्मों और संप्रदायों के आधार पर बँटा हुआ है, परंतु सभी धर्म उसे दुःख-सुख में साथ रहने का संदेश देते हैं।

V. (ख) **अनुप्रास**
प्रस्तुत पंक्ति में 'स' वर्ण की आवृत्ति के कारण अनुप्रास अलंकार है।

5. I. (ग) **कथन (ii) व (iii) सही उत्तर है।**
किसान की पूरे साल की कल्पना थी कि वह पिता व बेटे का कर्ज चुकाएगा व महाजन का कर्ज चुकाएगा परन्तु एक रात में ही उसकी कल्पना पर पानी फिर गया अर्थात् उसकी आकांक्षा पूरी न हो सकी।

II. (क) घबराहट और आकुलता
जब किसान सुबह अपने खेत में पहुँचा, तो उसने देखा कि पाले के कारण उसकी फसल नष्ट हो गई है। यह देखकर घबराहट और आकुलता से उसका चेहरा पीला पड़ गया।

III. (ख) बेटी की शादी की पक्कयात
किसान की पत्नी ने उसे अगले माह में बेटी की शादी की पक्कयात होने की बात याद दिलाई थी।

IV. (क) समय यों ही बीत जाता है
किसान की माँ के कथन से उनका आशय है कि समय यों ही बीत जाता है। अतः काम जितनी शीघ्रता से पूरा हो जाए, उतना ही अच्छा है।

V. (घ) भारतीय किसान की वास्तविक स्थिति का
प्रस्तुत काव्यांश के अनुसार, भारतीय किसान प्रकृति के प्रकोप से सबसे ज़्यादा प्रभावित होता है, जिसके कारण उसे अनेक समस्याओं का सामना करना पड़ता है।

6. I. (ख) प्रकृति को प्रदूषणमुक्त करने हेतु
कवि ने प्रकृति को प्रदूषणमुक्त करने हेतु आवाज़ उठाते हुए कहा है कि प्रदूषण के कारण ही उपजाऊ धरती बंजर होती जा रही है।

II. (घ) सभी का समय से आना
काव्यांश के अनुसार ज़्यादा गर्मी, ज़्यादा सर्दी और ज़्यादा बाढ़ें आना चिंता का कारण है, क्योंकि ये सभी मौसम-चक्र में प्रतिकूल परिवर्तन के लक्षण हैं।

III. (क) चपला
'चपला' शब्द धरा का पर्यायवाची शब्द नहीं है। यह 'बिजली' का पर्यायवाची शब्द होता है।

IV. (घ) हरीतिमा से
प्रस्तुत काव्यांश के अंत में कहा गया है कि धरती को अक्षत, रोली तथा पूजा-चंदन से नहीं मनाया जा सकता। इसे केवल हरीतिमा अर्थात् हरियाली फैलाकर ही मनाया जा सकता है।

V. (ग) अनुप्रास
प्रस्तुत पंक्ति में 'ब' वर्ण की आवृत्ति हुई है। अतः यहाँ अनुप्रास अलंकार है।

7. I. (ग) नींद और भूख
प्रस्तुत काव्यांश के अनुसार, सौदागर पैसे से बहुत सारी चीज़ें ज़ेवर, साड़ियाँ, किताबें, उपहार आदि खरीद सकता है, किंतु वह पैसे से नींद और भूख नहीं खरीद सकता।

II. (ग) **महान् लक्ष्य मानव को निरंतर कर्मशील बनाए रहते हैं**
''सपने वे बड़े होते हैं, जो सोने नहीं देते'' अर्थात् महान् लक्ष्य सदैव व्यक्ति में नए उत्साह का संचार करते हैं, जिससे वह निरंतर लक्ष्य प्राप्ति की दिशा में कर्मशील बना रहता है।

III. (घ) **कथन (A) सही है, किन्तु कारण (R) कथन (A) की सही व्याख्या नहीं है।**
कवि के अनुसार कविता में उसी व्यक्ति को अपना माना गया है जो व्यक्ति धनवान हो अथवा नहीं परन्तु वह इच्छाओं के अतिरिक्त किसी रोते चहरे पर मुस्कान लाए।

IV. (घ) परमेश्वर की परमकृपालुता को
आज का समर्थ व्यक्ति भले ही केदारनाथ-बद्रीनाथ जैसे दुर्गम तीर्थस्थलों पर आसानी से पहुँच जाए, परंतु यह आवश्यक नहीं कि वह ईश्वर के करीब पहुँचकर उनकी कृपा प्राप्त कर सके।

V. (ग) **दुःखी व्यक्ति के चेहरे पर मुसकान लाने में**
काव्यांश के अंत में कहा गया है कि यदि आपकी खरीदारी से किसी दुःखी या अभावग्रस्त व्यक्ति के चेहरे पर मुसकान आ जाए, तो आपकी खरीदारी सफल सिद्ध हो जाएगी।

8. I. (घ) **किसान की वस्तुस्थिति का**
काव्यांश में किसान की वास्तविक स्थिति का चित्रण है। वह खेत में बोई जाने वाली फसल पर पूर्ण रूप से निर्भर है तथा फसल के पककर तैयार होने तक कई सपने सँजोए रहता है।

II. (घ) **कथन (iii) व (iv) सही उत्तर हैं।**
प्रस्तुत काव्यांश में किसान के सपने की महत्त्वपूर्ण बात की गयी है क्योंकि काव्यांश में किसान द्वारा अन्न को बेचकर प्राप्त राशि से माँ-बाप को तीर्थ-यात्रा करा देना व गिरवी जमीन को छुडाएगा।

III. (ख) **महाजन के कर्ज़ से मुक्त होगा**
काव्यांश में स्पष्ट रूप से कहा गया है कि गेहूँ की फसलें बेचकर चुकाऊँगा कर्ज़ अर्थात् गेहूँ की फसल बेचकर वह महाजन के कर्ज़ से मुक्त होना चाहता है।

IV. (ग) माँ-बाप को तीर्थ-यात्रा कराना
काव्यांश में स्पष्ट रूप से कहा गया है कि माँ-बाप को तीर्थ यात्रा कराकर उनको दिया गया वचन पूरा करना है।

V. (घ) **ऋणमुक्त दशा की**
काव्यांश में किसान की ऋणमुक्त दशा का वर्णन किया गया है, क्योंकि फसल के बाज़ार में बिकने पर प्राप्त राशि से वह महाजनों के ऋण से मुक्ति पाने की कल्पना कर रहा है।

9. I. (क) **हम मनमुटाव छोड़कर सृजन के कार्य करें**
काव्यांश में स्पष्ट रूप से कहा गया है कि हमें बैर-भाव को त्याग कर सृजन के पथ पर अग्रसर होना चाहिए।

II. (क) **स्वार्थपरता ही एक मात्र लक्ष्य होना**
अपने स्वार्थों की पूर्ति करना ही सभी का उद्देश्य है और जब तक मनुष्य स्वार्थ-सिद्धि में लगा रहेगा, तब तक उसे अपने लक्ष्य की प्राप्ति नहीं हो सकेगी।

III. (ग) **दूसरों की हित-साधना की चिंता**
काव्यांश में कहा गया है कि आज का मनुष्य दूसरों को गिराकर लक्ष्य की ओर बढ़ना चाहता है, वह स्वार्थपरता के कारण दूसरों की हित-साधना की चिंता नहीं करता।

IV. (ग) सज्जन-दुर्जन के अंतर की
काव्यांश की प्रथम पंक्ति में भले लोगों को सज्जन व बुरे लोगों को दुर्जन शब्दों से संबोधित किया जाता है, इसलिए (ग) उचित विकल्प है।

V. (ग) **अनुप्रास**
प्रस्तुत काव्य पंक्ति में 'स' वर्ण की आवृत्ति हुई है। अतः यहाँ अनुप्रास अलंकार है।

10. I. (ग) **नदियों में**
प्रस्तुत काव्यांश के अनुसार, 'नदियों में है मुसकान भरी' अर्थात् नदियाँ जीवन का आधार हैं। इनकी धाराओं में बहने वाली मुसकान जब किसानों के खेतों में पहुँचती है, तो उनके जीवन में खुशहाली भर देती है।

II. (ख) **खेतों में**
काव्यांश के अनुसार, खेतों में दौलत बिखरी हुई है, क्योंकि यहाँ दौलत का अर्थ फसल के रूप में ग्रहण किया गया है।

III. (ग) भारत माता
काव्यांश में स्पष्ट रूप से कहा गया है कि सारी विपदा एवं दुःखों को सहजता से स्वीकारने एवं अमृत का दान करने के कारण भारत माता विष पीकर भी मुसकराती है।

IV. (क) सजीव मूर्तियाँ
काव्यांश में सजीव मूर्तियों से अभिप्राय मनुष्य से है, जिन्हें धैर्य, गर्व, शक्ति आदि के गुणों से गढ़कर बनाया गया है।

V. (ख) निरंतर बहना
अविरल का अर्थ निरंतर बहते जाना है। काव्यांश में भारत माता के त्यागमयी, ममतामयी व बंधुत्व की भावना पर संपूर्ण विश्व मुग्ध हुआ और हर्षोल्लास की अविरल धारा के रूप में निरंतर बहता रहा।

11. I. (क) **केवल 1 सही है** प्रस्तुत पंक्तियों के माध्यम से शहर के व्यस्त जीवन के बारे में बताया गया है। शहर के लोगों का जीवन भाग-दौड़ से भरा होता है। शहर की सड़कों पर उनके वाहनों का शोर उनकी व्यस्ततम जिंदगी के बारे में संकेत करता है।

II. (ख) **भागदौड़ से भरपूर** प्रस्तुत काव्यांश में भागदौड़ से भरपूर जिंदगी का वर्णन किया गया है कि शहर में सुबह होते ही लोगों की भाग-दौड़ शुरू हो जाती है। कोई दुपहिया वाहन लेकर तो कोई कार में सवार होकर अपनी मंजिल की ओर निकल जाता है।

III. (घ) **लोगों के चेहरे थके हुए से है** धुँधले चेहरों से अर्थ है कि भागदौड भरी जिंदगी के कारण लोगों के चेहरे थके हुए से हो गए है।

IV. (क) **दैनिक जीवन के क्रिया-कलाप आरंभ होने का** 'छोटे-बड़े सामान की उठापटक' दैनिक जीवन के क्रिया-कलाप आरंभ होने का प्रतीक है। कवि के अनुसार प्रत्येक व्यक्ति अपने-अपने काम में इतना व्यस्त हो जाता है कि केवल उनके द्वारा किए जाने वाले काम की ही आवाज चारों ओर सुनाई पड़ती है।

V. (ग) **कथन (A) सही है और कारण (R) कथन (A) की सही व्याख्या है** शहर की भागती दौड़ती जिंदगी में सुबह होते ही दौड़ शुरू हो जाती है। हर कोई अपने गंतव्य तक पहुँचना चाहता है।

12. I. (ग) **1, 2 और 3 सही हैं** तब बहुत कुछ गलत है, जब बचपन समाप्ति की कगार पर हो। बच्चों की किलकारियों की गूँज खामोश हो जाए और मासूम बच्चे सहम जाएँ।

II. (क) **जब मासूमों पर अत्याचार होने लगे** प्रस्तुत पंक्ति से तात्पर्य बच्चों पर होने वाले अत्याचार तथा उनके शोषण से है, जिसके कारण उनका बचपन समाप्ति की कगार पर पहुँच गया है।

III. (क) **बचपन गोद में आने लगे** काव्यांश में कहा गया है कि जब बचपन गोद में आने लगे अर्थात् उनके भीतर समाया हुआ खौफ व डर समाप्त हो जाए तो कुछ भी गलत नहीं है।

IV. (घ) **बच्चों के साथ गलत व्यवहार होने पर** काव्यांश के अनुसार, बच्चों के साथ गलत व्यवहार होने पर बारिश होनी चाहिए थी अर्थात् ऊपर वाले को भी फूट-फूट कर रोना चाहिए था।

V. (ग) **3 और 4 सही हैं** माँ की कोख से झाँकती जिंदगी को घबराहट इसलिए हो सकती है, क्योंकि उसे बाहर की असुरक्षा का आभास हो रहा है तथा वह समाज में अपनी सुरक्षा को लेकर आश्वस्त नहीं है।

13. I. (ख) **1 और 2 सही हैं** प्रस्तुत काव्यांश का केंद्रीय भाव यह है कि मनुष्य जीवन भर अपनी कामनाओं की पूर्ति में लगा रहता है, जिसके लिए वह हर परिस्थिति में संघर्ष करता है।

II. (क) **वह जी रहा है** पैदा होने के बाद इंसान इसी उधेड़-बुन में रहता है कि वह जी रहा है और यही काल्पनिक विश्वास उसे जीवित रखता है।

III. (क) **वह जिस ओर अपने पैर बढ़ाएगा, वैसा ही उसका परिणाम होगा** गति और दुर्गति इसलिए उसके पाँवों में है, क्योंकि स्पष्टतः वह जिस ओर अपने कर्मरत् कदम बढ़ाएगा, वैसा ही उसका परिणाम होगा।

IV. (घ) **मनुष्य की सफलताएँ तथा असफलताएँ उसके ऊपर निर्भर हैं** प्रस्तुत पंक्ति से आशय यह है कि मनुष्य की गति (सफलताएँ) तथा दुर्गति (असफलताएँ) उसके पाँव में है अर्थात् उसके ऊपर निर्भर हैं।

V. (घ) **कथन (A) सही है, किंतु कारण (R) कथन (A) की सही व्याख्या नहीं है** कथन मनुष्य के जीवन में अनेक बुरे क्षण आते हैं। सही है परंतु कथन मनुष्य के मन में उसके द्वारा बिताए गए बुरे क्षणों की टीस बनी रहती है। पहले कथन को संतुष्ट नहीं करता।

14. I. (क) **केवल 2 सही है** कविता सदा जंग लड़ती है अर्थात् जब भी व्यक्ति निराश-हताश होकर हार स्वीकार कर लेता है, तब कविता ही उसे संघर्ष करने की प्रेरणा देती है।

II. (क) **हर परिस्थिति में** प्रस्तुत काव्यांश के प्रारंभ में ही स्पष्ट रूप से कहा गया है कि कोलाहल हो या सन्नाटा अर्थात् शांति हो या अंशाति कविता प्रत्येक परिस्थिति में सृजक की भूमिका निभाती है।

III. (क) **जब कर्मठ अकर्मण्य हो जाता है** जब कर्ता अकर्ता हो जाता है अर्थात् जब कर्मठ व्यक्ति भी कर्महीन बन जाता है, तब कविता उसे जीना सिखाती है।

IV. (घ) **जब मनुष्य की चेतना को शब्द नहीं मिले, तो गलियों का चैन लुट गया** गलियों का चैन लुटने से आशय यह है कि जब मनुष्य की चेतना शब्दहीन हो गई, तो चैन भी खो गया।

V. (घ) **केवल 4 सही है** जब निराशा का अंधकार चारों ओर फैल जाता है और व्यक्ति का उत्साह क्षीण हो जाता है, तब कविता से ही उसे प्रेरणा मिलती है।

15. I. (क) **केवल 2 सही है** प्रस्तुत कविता का केंद्रीय भाव यह है कि हमें विषम परिस्थितियों में हार नहीं माननी चाहिए, बल्कि उनका सामना करते हुए जीवन के मार्ग में आगे बढ़ना चाहिए।

II. (घ) **जो झुक गया, वह मर गया** जो संघर्षों के कारण स्वयं को हारा हुआ मान लेता है अर्थात् उनके आगे झुक जाता है, वह मृत व्यक्ति के समान होता है।

III. (क) केवल संघर्ष ही जीवन का सच है कवि के अनुसार, जीवन का सच ही संघर्ष है। कवि कहता है कि मेरा तुम्हारा सच वास्तव में सच नहीं है असली सच तो निरंतर संघर्ष में है।

IV. (ख) **समस्याओं से नहीं घबराता** कवि के अनुसार, जीत उसी की होती है, जो समस्याओं से नहीं घबराता है, बल्कि डटकर उनका सामना करता है तथा संघर्ष करते हुए अपने लक्ष्य की ओर बढ़ता रहता है।

V. (ग) **कथन (A) सही है और कारण (R) कथन (A) की सही व्याख्या है** मनुष्य को विषम परिस्थितियों में हार नहीं माननी चाहिए, बल्कि अपने लक्ष्य को पाने के लिए निरंतर संघर्षरत रहना चाहिए।

16. I. (ग) **कथन 2, 3 और 4 सही हैं** काव्यांश में सहभागिता के महत्त्व को प्रतिपादित किया गया है अर्थात् मनुष्य अपने जीवन में उन्नति के मार्ग पर सदैव अग्रसर रहता है और इस मार्ग में अनेक लोग आते हैं, जिनकी वह सहायता लेता है, क्योंकि सफलता के लिए सहभागिता की आवश्यकता होती है।

II. (ग) **डाल के बोल न पाने की** पत्तियाँ डाल के बोल न पाने की कमी की ओर संकेत करती हैं। वे कहती हैं कि माना डाल झूमती हुई सभी दिशाओं में घूमती है, परंतु ध्वनि प्रधान दुनिया में वह कभी एक शब्द भी नहीं बोलती है।

III. (ग) **पत्तियाँ हिलने से हर की ध्वनि उत्पन्न होती है** 'लेकिन हम हर-हर स्वर करती हैं।' का आशय हवा चलने पर पत्तियों के हिलने से हर की ध्वनि उत्पन्न होने से है।

IV. (ग) **गतिशील होती हैं** डाल अपनी सार्थकता बताते हुए कहती है कि मैं चारो दिशाओं में फैली हूँ अर्थात् गतिशील हूँ। तने की भाँति एक ही स्थान पर स्थिर नहीं रहती हूँ।

V. (घ) **1, 2, 3 और 4 सही हैं** तने ने जड़ को निर्जीव इसलिए कहा है, क्योंकि वह सदैव जमीन के नीचे अँधेरे में पड़ी रहती है और उसने कभी-भी जमीन से बाहर निकलकर विश्व को नहीं देखा है। वह एक ही स्थान पर जीवन पर्यंत स्थिर होकर जमी रहती है।

17. I. (घ) **2, 3 और 4 सही हैं** कवि स्वयं को देशकाल की किसी भी प्रकार की सीमा में बँधा हुआ नहीं मानता, क्योंकि वह समस्त संसार से प्रेम करता है। उसके लिए समस्त संसार घर के समान है। वह विश्व-बंधुत्व अर्थात् भाईचारे की भावना से ओत-प्रोत है।

II. (क) **साधारण व्यक्ति से है** ''मेरा तो आराध्य आदमी देवालय हर द्वार है'' पंक्ति से कवि का आशय साधारण व्यक्ति से है। उसके अनुसार यदि हमारे मन में प्यार है, तो हमारे मन में ही राम का वास रहता है। अतः हमें मंदिर-मस्जिद जाने की कोई आवश्यकता नहीं है।

III. (ग) **स्वर्ग-सुख की सुकुमार कहानियाँ** कवि समस्त संसार को अपना घर मानता है, इसलिए उसे यह धरती ही प्यारी है। इस धरती पर रहने वाले प्रत्येक मनुष्य से वह प्रेम करता है, इसलिए वह स्वर्ग की सुकुमार कहानियाँ नहीं सुनना चाहता।

IV. (क) **हमें आपस में बैर-भाव न रखकर, प्रेम-भाव से रहना चाहिए** प्रस्तुत कविता के माध्यम से कवि यह संदेश देना चाहता है कि हमें आपस में बैर-भाव नहीं रखना चाहिए तथा एक-दूसरे के साथ प्रेम से रहना चाहिए।

V. (ग) **कथन (A) सही है और कारण (R) कथन (A) की सही व्याख्या है** कवि प्रत्येक मनुष्य से प्रेम करता है इसके लिए वह अमरत्व को भी वह स्वीकार नहीं करता और वह स्वर्ग की कहानियाँ भी सुनना नहीं चाहता, क्योंकि यह धरती उसे सौ-सौ स्वर्गों से भी सुकुमार है।

18. I. (क) **केवल 2 सही है** प्रस्तुत कविता का केंद्रीय भाव यह है कि हमें अपनी मातृभूमि के प्रति कृतज्ञता प्रकट करनी चाहिए, क्योंकि हम उसी की गोद में पैदा हुए हैं, उसी की माटी में खेले हैं तथा उसी के संपन्न संसाधनों का हमने उपभोग किया है।

II. (घ) **हमारे देश में क्रम से होने वाली छः ऋतुओं का दृश्य अद्भुत और उत्तम है** प्रस्तुत पंक्ति से आशय है कि हमारे देश में छः ऋतुएँ क्रम से आती हैं–शरद ऋतु, हेमंत ऋतु, शीत ऋतु, वसंत ऋतु, ग्रीष्म ऋतु तथा वर्षा ऋतु, जिनके दृश्य अपने समय के अनुसार बहुत ही सुहावने, अद्भुत व मनोरम प्रतीत होते हैं।

III. (ख) **जिस भूमि पर कभी उसके पूर्वज रहते थे, उसकी मिट्टी में लोटकर** प्रस्तुत काव्यांश के अनुसार, कवि अपना मन, जिस भूमि पर कभी उसके पूर्वज रहते थे, उसकी मिट्टी में लोटकर शांत करना चाहता है। वस्तुतः कवि को अपनी मातृभूमि से बहुत ज्यादा प्रेम है। वह उसकी मिट्टी को माँ की गोद के समान समझता है।

IV. (ग) **चारों ओर फैली हरियाली से युक्त धरती** प्रस्तुत पंक्ति में 'हरित पट' का अर्थ चारों ओर फैली हरियाली से युक्त धरती से है। कवि के अनुसार, उसकी मातृभूमि नीले आसमान रूपी वस्त्र को पहने हुए चारों ओर फैली हरियाली से युक्त है।

V. (क) **केवल 1 सही है** प्रस्तुत काव्यांश के अनुसार, कवि अपनी मातृभूमि पर बलिहारी होना चाहता है, क्योंकि वह अपनी मातृभूमि के प्रति अतिशय प्रेम रखता है। वह उसकी सुंदरता पर मुग्ध है। उसने अपना बचपन उसकी गोद में बिताया है तथा उसे अपनी मातृभूमि पर गर्व है।

19. I. (ग) **2 और 3 सही हैं** मानव के द्वारा अपना ही स्वार्थ साधने का कारण यह है कि वह दूसरों को गिराकर आगे बढ़ने की चाह रखता है तथा हमेशा सब-कुछ प्राप्त करने की भूख रखता है अर्थात् सब कुछ प्राप्त करने में ही जीवन-भर लगा रहता है।

II. (घ) **सज्जन-दुर्जन की पहचान करना** काव्यांश में स्पष्ट रूप से बताया गया है कि आज के युग में सज्जन-दुर्जन के मध्य पहचान करना कठिन है, क्योंकि आज का युग स्वार्थपरता का है। कौन सज्जन है तथा कौन दुर्जन, इसकी पहचान नहीं हो पाती है।

III. (ख) **दूसरों के मार्ग में अवरोध उत्पन्न कर स्वयं आगे बढ़ना** प्रस्तुत पंक्ति का आशय है कि आज का मनुष्य दूसरों के मार्ग में अवरोध उत्पन्न कर स्वयं आगे बढ़ना चाहता है। अतः आज मनुष्य स्वार्थी हो गया है। वह स्वयं की उन्नति करने के लिए दूसरों के मार्ग में बाधा उत्पन्न करता है।

IV. (क) **दूसरों के हित साधने की चिंता करना** आज के युग में व्यक्ति दूसरों के हित की चिंता नहीं करता। अतः यही आज के युग की विशेषता नहीं है। आज व्यक्ति अपनी ही स्वार्थ सिद्धि में लगा रहता है।

V. (ग) **कथन A सही है और कारण R कथन A की सही व्याख्या है** प्रस्तुत काव्यांश में कवि की अभिलाषा है कि हम मनमुटाव छोड़कर सृजन के लिए कार्य करें अर्थात् हम बैर-भाव को त्याग दें तथा मिल-जुलकर निर्माण के मार्ग को अपनाएँ।

20. I. (ग) **3 और 4 सही हैं** संसार क्षणिक होता है तथा अंतिम स्थिति मृत्यु ही है। जीवन में सुख-दुख आते-जाते रहते हैं, परंतु फिर भी मानव भावी योजनाओं के प्रति लगातार चिंतित रहता है।

II. (ख) **फिर क्या होगा उसके बाद** प्रस्तुत काव्यांश में शिशु माँ से बार-बार उत्सुक होकर यही प्रश्न कर रहा है कि फिर क्या होगा उसके बाद, क्योंकि शिशु की बालसुलभ जिज्ञासा कभी शांत नहीं होती। वह बार-बार यही प्रश्न करता है कि इसके बाद क्या होगा?

III. (क) **विवाह के पश्चात् तुम्हारी वधू घर आएगी सुनकर** प्रस्तुत पंक्ति में जब माँ ने बालक को उसके प्रश्न का उत्तर देते हुए समझाया कि जब वह बड़ा हो जाएगा तो उसका विवाह होगा और वधू घर आएगी, यह सुनकर बालक के चेहरे पर मुस्कान आ गई।

IV. (ग) **शिशु के प्रश्नों से ऊब कर** प्रस्तुत पंक्ति में 'फिर मैं बूढ़ी होकर, मर जाऊँगी उसके बाद' माँ ने ऐसा शिशु के प्रश्नों से ऊब कर कहा।

V. (ग) **केवल 4 सही है** शिशु द्वारा बार-बार प्रश्न करने से उसकी जिज्ञासु प्रवृत्ति प्रकट होती है, क्योंकि शिशु की बालसुलभ जिज्ञासा कभी शांत नहीं होती।

21. I. (ख) **1 और 3 सही हैं** वीर पुरुष अपना नाम इतिहास में दर्ज करा ही देते हैं, क्योंकि वे अपने तेजस्वी व्यक्तित्व से समाज में स्वयं की पहचान बनाते हैं और अपने वीरोचित कार्यों से संसार में प्रशंसा के पात्र बनते हैं।

II. (घ) **करतब दिखाकर यश पाते हैं** प्रस्तुत काव्यांश में बताया गया है कि संसार में तेजस्वी लोग वही होते हैं, जो अपने गुणों और करतबों के द्वारा यश अर्जित करते हैं।

III. (ग) **समरशूर, भावुक और दानी** प्रस्तुत काव्यांश में कर्ण को तन से समरशूर, मन से भावुक और स्वभाव से दानी बताया गया है।

IV. (घ) **शील और पौरुष जैसे श्रेष्ठ गुणों से** प्रस्तुत काव्यांश में स्पष्ट रूप से बताया गया है कि कर्ण वीरता, भावुकता, शील, दान और पौरुष आदि श्रेष्ठ गुणों से युक्त महारथी थे।

V. (ग) **कथन (A) सही है और कारण (R) कथन (A) की सही व्याख्या करता है** कर्ण को अपने जाति-गौत्र का नहीं, बल्कि अपने पौरुष का अभिमान था, क्योंकि सूत-वंश (रथ हाँकने वाली एक निम्न जाति) में पालन-पोषण होने के बावजूद कर्ण ने अपने परिश्रम से शस्त्रास्त्रों का कठिन अभ्यास किया तथा उन्हें चलाने में कुशलता प्राप्त की।

22. I. (घ) **1, 2, 3 और 4 सही हैं** भारत के युवाओं को जोश से भरा होना चाहिए। उनमें देशभक्ति की भावना जागृत होनी चाहिए तथा युवावस्था का सदुपयोग करना चाहिए। युवाओं को एक पराक्रमी वीर के समान जीवन जीना चाहिए न की योगियों की तरह।

II. (क) **जो हर मुसीबत का सामना करने के लिए तैयार रहते हैं** जो लोग हर मुसीबत का सामना करने के लिए तैयार रहते हैं, वे हर संकट का सामना बहादुरी से करते हैं।

III. (क) **जब अपनी आन दाँव पर लगी हो** काव्यांश में स्पष्ट रूप से बताया गया है कि जब अपनी आन अर्थात् अपना आत्मसम्मान दाँव पर लगा हो, तब मनुष्य को मृत्यु की भी चिंता नहीं करनी चाहिए।

IV. (ख) **जो तलवारों की चोट का सामना करने पर भी हार नहीं मानती** कवि के अनुसार, संसार में केवल वही जाति स्वाधीनतापूर्वक जीवित रह पाती है, जो तलवारों की चोट का सामना करने पर भी हार नहीं मानती अर्थात् झुकना नहीं जानती।

V. (घ) **कथन (A) सही है, किंतु कारण (R) कथन (A) की सही व्याख्या नहीं है** भारत के युवकों को साहस भरा और सम्मानपूर्वक जीवन जीना चाहिए। मनुष्य को कभी भी स्वाधीनता की जिंदगी नहीं जीनी चाहिए, चाहे उसे कितनी ही विपत्तियों का सामना करना पड़ जाए। यहाँ कारण (R) केवल युवाओं को संकट का सामना करने के बारे में ही बात कर रहा है, लेकिन यह स्पष्ट नहीं कर पा रहा है कि भारत के युवकों को साहस भरा व सम्मानपूर्वक जीवन क्यों जीना चाहिए।

23. I. (क) **केवल 1 सही है** प्रस्तुत काव्यांश में स्वाभिमानी तथा सत्य एवं न्याय के पक्षधर लोगों की महिमा का गुणगान किया गया है।

II. (ग) **अपने हृदय की आग** 'अंतर का अंगार' से तात्पर्य है कि स्वाभिमानी एवं जुझारू लोगों की जिह्वा पर हमेशा उनके हृदय की आग, उनके अंदर का आक्रोश व्याप्त रहता है।

III. (ख) **जो व्यक्ति अपने स्वाभिमान को नहीं छोड़ते** काव्यांश में कवि ने उन व्यक्तियों की बात की है, जो स्वाभिमानी एवं कर्मठता से जीवन जीते हैं और हमेशा सत्य का साथ देते हैं।

IV. (घ) **स्वाभिमानी एवं कर्मठ लोग** काव्यांश में बताया गया है कि स्वाभिमानी एवं कर्मठ लोग अत्याचार को सहन नहीं करते। वे सिर झुकाकर कभी भी गलत बात का समर्थन नहीं करते अपितु सत्य के प्रति सदैव अपनी आवाज उठाते हैं।

V. (ख) **1 और 3 सही हैं** जो अपनी रीढ़ की हड्डी सीधी रखते हैं अर्थात् जो स्वाभिमानी होते हैं। काव्यांश के अनुसार, दुनिया के सामने वे लोग नहीं झुकते जो अपनी रीढ़ की हड्डी सीधी रखते हैं अर्थात् दुनिया के सामने किसी भी प्रकार का समझौता नहीं करते। ऐसे लोग स्वाभिमानी होते हैं।

24. I. (ख) **2 और 4 सही हैं** प्रस्तुत काव्यांश के माध्यम से कवि कहना चाहता है कि मनुष्य को हमेशा परोपकार के कार्य करते रहना चाहिए। परोपकारी मनुष्य का यश हमेशा बना रहता है।

II. (ख) **वास्तविक मनुष्य वही है, जो दूसरों के लिए जीता है** प्रस्तुत पंक्ति का अर्थ है कि वास्तविक मनुष्य वही होता है, जो दूसरों की चिंता करता है, उनके काम आता है तथा उनके लिए जीता है।

III. (ख) **उदार व्यक्तियों की** काव्यांश में बताया गया है कि जो व्यक्ति दूसरों के लिए परोपकार की भावना रखता है तथा समय पड़ने पर उनकी सहायता करता है, ऐसे उदार व्यक्तियों की कथा स्वयं सरस्वती बखानती हैं।

IV. (ग) **त्याग और बलिदान सर्वश्रेष्ठ होता है** कवि ने दधीचि, कर्ण आदि महान व्यक्तियों का उदाहरण देकर त्याग और बलिदान का संदेश दिया है। उन्होंने अपना पूरा जीवन दूसरों के लिए त्याग दिया तथा अपना सर्वस्व उनकी सेवा में न्योछावर कर दिया।

V. (ग) **कथन (A) सही है और कारण (R) कथन (A) की सही व्याख्या करता है** महापुरुषों को आज भी याद किया जाता है, क्योंकि उन्होंने अपना पूरा जीवन दूसरों के लिए त्याग दिया।

25. I. (ग) **1, 2 और 3 सही हैं** कलम देश की वह शक्ति है, जिसके द्वारा हम विचारों का आंदोलन छेड़ सकते हैं, साथ ही लोगों में जागरूकता ला सकते हैं तथा दया व प्रेम के भाव जगा सकते हैं।

II. (क) **कलम और तलवार दोनों की उपयोगिता से** कवि ने कलम और तलवार दोनों को प्रधानता दी है। उनके अनुसार कलम और तलवार दोनों में ही समाज में बदलाव लाने की क्षमता है। अतः प्रस्तुत काव्यांश कलम और तलवार दोनों की उपयोगिता से संबंधित है।

III. (ख) **क्रांति की मशाल जलाने के लिए** काव्यांश के अनुसार, अपने लहू को गरम रखने अर्थात् क्रांति की मशाल जलाने के लिए मन में जलते विचार रखने चाहिए।

IV. (ग) **कलम के बल पर** काव्यांश में बताया है कि समाज में बड़ी-बड़ी क्रांति का सूत्रपात कलम के बल पर हुआ है, क्योंकि कलम के माध्यम से ही ऐसे विचार व भाव निकलते हैं, जो लोगों में क्रांति की भावना का संचार करते हैं।

V. (ग) **कथन (A) सही है और कारण (R) कथन (A) की सही व्याख्या करता है** कलम और तलवार दोनों क्रांति का माध्यम हैं, जिसके द्वारा लोगों में जागरूकता फैलती है तथा समाज में बदलाव लाया जा सकता है।